HENRY BRADSHAW SOCIETY

Founded in the Year of Our Lord 1890
for the editing of Rare Liturgical Texts

VOLS I, V and XII

MISSALE

AD USUM

ECCLESIE WESTMONASTERIENSIS

NUNC PRIMUM TYPIS MANDATUM

CURANTE IOHANNE WICKHAM LEGG.

FASCICULUS I.

THE HENRY BRADSHAW SOCIETY

THE BOYDELL PRESS

First published 1891

Reprinted 1999
for The Henry Bradshaw Society
by The Boydell Press
an imprint of Boydell & Brewer Ltd
PO Box 9, Woodbridge, Suffolk IP12 3DF, UK
and of Boydell & Brewer Inc.
PO Box 41026, Rochester, NY 14604–4126, USA
website: http://www.boydell.co.uk

ISBN 1 870252 12 8

ISSN 0144–0241

A catalogue record for this book is available
from the British Library

This publication is printed on acid-free paper

Printed in Great Britain by
St Edmundsbury Press Ltd, Bury St Edmunds, Suffolk

PREFACE.

THE first liturgical book named in the inventory of the vestry of Westminster Abbey, that was made in 1388, is: "unum bonum missale et grande ex dono quondam Nicholai Lytlington abbatis."[1] Again, in the inventory, taken at the suppression of the convent, about 1540, the first book named is the "Masse Booke of Abbott Nicholas Lytlyngton's gyffte, ii. folio ad te leuaui."[2] There can be little doubt that these entries describe the book which has remained down to our time in the possession of the Dean and Chapter of Westminster. The second leaf after the calendar begins: *ad te levavi*, and the book can be traced to Nicholas Lytlington and Westminster in many ways. The illuminated borders which surround not a few of the leaves frequently bear the cypher of Nicholas Lytlington, N.L. crowned (see plate 3) a cypher which also appears in the buildings set up by him in the Abbey itself; among these is the Jerusalem Chamber, a room which, besides its own historic interest, may be remembered by the members of the Henry Bradshaw Society as the place in which their own Society was founded, on November 25, 1890. Lytlington's coat of arms appears almost as frequently, which is: *Quarterly argent and gules, in the second and third quarters a fret or, over all on a bend azure three fleurs-de-lis of the third.* (See plate 3.) As Nicholas Lytlington was chosen Abbot of Westminster in 1362, and died in 1386, the book must have been written at some time between these two dates.

The book is also connected with the Abbey of Westminster by the arms of that church in the border surrounding the coronation

[1] *Archæologia*, 1890, Vol. lii. p. 233.

[2] *Transactions of the London and Middlesex Archæological Society*, 1875, Vol. iv. 343.

service [fo. 206] which are: *Per fess indented or and azure, in chief a crosier in pale gules;* by the public instrument (a hundred years later than the Missal itself), on the leaf preceding the calendar, bearing witness to some of the ceremonies that followed the choosing of John Islip as Abbot of Westminster in 1500; by the high place in the calendar given to St. Edward the Confessor, the illuminated borders and initials which adorn the services for his feasts, and the special benedictions for his feasts and their eves given in the benedictional. To this may be added the coronation service written in a form evidently intended for use.

The book, as it now exists, has been divided into two volumes, the place of division being the leaf on which the canon of the mass begins. The first volume consists of 157 leaves of vellum, including two blank leaves of more modern character. The second volume consists of 189 leaves, two of which also are blank and modern, and of another leaf [fo. 157*] the recto of which is indeed blank, but the verso contains the representation of the crucifixion before the canon of the mass, and no writing.

After the calendar, up to fo. 200, the book is made up of quires of eight leaves each, the quiring beginning on fo. 9, immediately after the calendar; at the bottom of the verso of each eighth leaf the catchword from the top of the following leaf is written. In many cases the word has been cut in half by the binder, and in some only the tops of the letters have been left. There is a catchword on the verso of fo. 204, the last leaf but one of the benedictional, indicating a half quire of four leaves, the coronation service beginning on fo. 206. There are catchwords on the verso of ff. 212 and 220, and then another half quire of four leaves. On fo. 225 begins the *Sanctorale*, which goes on regularly in eight leaves until fo. 328, which is followed by a half quire of four leaves. Ff. 333–340 is a whole quire followed by two leaves, ff. 341 and 342.

The endings of the leaves have been indicated in this printed edition in the following manner. This sign / has been placed after the word or letter with which the leaf ends; and close by, either in the same line or immediately below, is the number of the leaf which there ends. A number followed by b indicates the verso of that leaf. It is hardly needful to say that the headings of the printed page are not found in the manuscript.

With the exception of the public instrument, and of the calendar, the writing throughout the book is divided into double columns; it is in red and black, and of two sizes only for the greater part of the book; though in the canon of the mass, a third larger letter is used. The red letters used for the rubrics are given in italics. In the body of the work, the columns are prepared for thirty-two lines, but in the canon for twenty-seven. The surface prepared for writing is $14\frac{1}{2} \times 9\frac{3}{4}$ inches (368 mm. × 287 mm.), exclusive of borders and floriations. The size of the vellum leaf is now $20\frac{3}{4} \times 14\frac{1}{2}$ inches (525 mm. × 360 mm.).

The size of the letters has been indicated in the print by a corresponding difference of type. The collects, epistles, and gospels are all written in a larger letter than the offices, grails, sequences, offertories, &c., and this distinction in the size of the written letters has been followed throughout in the type. As usual, the scribe has not been consistent. *Oremus* is sometimes written in the smaller, sometimes in the larger letter, and in these variations the manuscript has been followed without questioning. But in the initial letters the scribe has sometimes used a large capital letter with a smaller capital following, sometimes only a large. In this matter it was thought that the convenience of the reader would be consulted by always using a large capital for each liturgical member; especially as the use of two capitals by the scribe could not be traced to any definite rule, but appeared to be rather the result of accident.

Some of the initials, as on col. 385, have not been filled up by the illuminator; and here in some cases a cursive letter has been written by the scribe in the centre of the space that the illuminated letter should fill. In these cases a capital letter has been printed between square brackets.

In the printing of this book permission was given by the Council to give in full the words contracted in the manuscript, without indicating by means of italics the letters supplied. It was felt that there were few cases in which there could be any reasonable doubt as to the value of the contraction. In transcribing and printing, the great aim has been to follow precisely the spelling of the Westminster scribe, and to give as exact a reproduction as was possible of the words as they were spelt by him, without considering whether he were consistent with himself or not. The symbols ihc and xpc have been expanded into *ihesus* and *christus ;* as in most of the cases where these words are written in full they are spelt in this manner, though an instance, *cristus,* does occur in col. 2, line 3 from top.

As not unfrequently happens in mediæval Latin, t before an i is usually changed into c. When two m's come together, in some words the former is changed to n as *inmensam* (col. 1), *inmaculati* (col. 45, last line), but in some other words the change is never made as far as I have observed : for example, it is always *immolamus* (col. 107, second line). The second m is often left out, as in *accomoda* (col. 14). When mn or nt come together in ordinary spelling a p is often inserted ; as *temptans, sollempnis.* These variations from the usual spelling are spoken of in order that they may not be held for misprints. It is not imagined that the following pages will be found entirely free from printer's errors ; but without some notice of this sort, the reader at first glance might think that many of the mediæval forms of the words were by accident represented as they are, and not intentionally.

When the spelling has been so corrupt that it was clearly a scribal error, or when the sentence could not by any means be construed, the word has been marked with *sic* as a foot note. Early in the editing of the book it was thought that it might be well to note with *sic,* not meaning thereby to suggest a fault, all the variations from the text of the Sarum Missal, or indeed all cases where the reader might possibly be in doubt, and think the reading a printer's error. This, however, would have loaded the pages with asterisks or their equivalents ; especially in the sequences where the variations from the text given in the Sarum Missal or other authorities are very numerous. Some relics of the ideas adopted at first may be found here and there, in places where they have escaped revision; as, for example, on col. 35, where *karissime* at the beginning of an epistle is marked with *sic*, to show that it is so written in the manuscript and that the singular is really intended.

In the spelling of Hebrew words the scribe has followed the fancy of his time. Jerusalem is spelt as *ierusalem* (col. 65), *iherosolimis* (col. 7), *ierusolima* (col. 9). A curious collection of Hebrew words may be seen in one of the sequences for Whitsuntide on col. 373, which has been printed exactly as it stands in the MS. The texts of the sequences may be compared with those in the Sarum and other English missals which have been edited in our time, and some of the rarer are printed in the valuable work of Dreves, *Analecta Hymnica Medii Aevi*, which is now being printed at Berlin.

The calendar is written in five different colours; and as it seemed clear that by these colours was indicated the dignity of the festival, they have been shown in the printing by a corresponding variety of type. For example, the highest festivals, as Christmas Day and St. Edward's Day, are written in gold or gold and blue. In the printed calendar these have been represented in large black letter, the blue and gold words being underlined. The next class such as Midsummer Day and the Assumption, are written in gold only, and these are represented in large black letter without underlining. A third class of festivals, as Twelfth Day, and the Apostles' feasts that fall about the twenty-fifth of each month, are written in blue, and these are represented by small black letter. There remain two sets of saints' days; one written in red, the other in black; the red are represented by italics, the black by ordinary roman type. It does not appear that the number of copes always corresponds with the colours employed. For example, Lady Day in harvest is kept in eight copes, but is written in gold without colours; while Lady Day in autumn is kept in five copes, but is written in gold and gold and blue.

The contents of the two volumes are as follows: fo. 1 is blank; on fo. 2 recto is the public instrument attesting the oath of John Islip, Abbot elect of Westminster, before taking possession of the Church, to observe all the laws, statutes, and laudable customs observed by his predecessors ; from fo. 3 to fo. 8b. is the Calendar surrounded by a narrow border ; on fo. 9 is the form for the blessing of salt and water, surrounded by a highly ornamented border and adorned with initial pictures, part of which are represented in plates 1, 2, 3 ; on fo. 10 begins the office for the first Sunday of Advent, also surrounded by a highly ornamented border and initial pictures, represented on plate 4. The *Temporale* ends on fo. 144. The leaves for the services from Christmas to Epiphany, on Easter Day, Holy Thursday, Whitsunday, Trinity Sunday, and Corpus Christi, are adorned with miniatures, large initials and highly ornamented borders. The initial picture for St. Stephen is shown on plate 5. The office for the anniversary of the dedication of a church is on fo. 144, and is adorned in a like manner. (See plate 7.)

The ordinary of the mass begins on the verso of fo. 145. The preface is adorned with a highly decorated border and a miniature. On fo. 157 begins the canon of the mass, highly decorated with borders and a picture, and preceded by a full-page representation of the crucifixion, bordered by the four evangelistic creatures, incidents in the passion, beginning with the kiss of Judas The series ends with the Resurrection. In the lower part are the shield and cypher of Nicholas Lytlington. *Placeat tibi*, at the end of mass, is on fo. 161. b. Then follow several benedictions of priestly vestments ; and on fo. 164 begin the episcopal benedictions, the page being surrounded by a highly ornamented border, and the first letter by an initial picture. These blessings run on to the recto of fo. 205, and with them are the blessings of ashes, palms, the paschal candle, and the like. The office for the anointing and crowning of the kings of England, and its additions, runs from fo. 206 to fo. 224, on the recto of which are directions for the royal funeral. Both these leaves are adorned with borders and pictures ; so also is the verso of fo. 221, on which begins the office for the crowning of a queen.

The *Sanctorale* begins on fo. 225, both sides of the leaf having very handsome borders, the initial, that of St. Sylvester, being defaced, as that of a pope. The *Proprium Sanctorum* ends on the recto of fo. 288. The services for Candlemas, the Annunciation, Midsummer Day, SS. Peter and Paul, the Feast of Relics, St. Mary Magdalene, Lammas Day, St. Laurence, the Assumption and the Nativity of B.V.M., St. Matthew and St. Maurice, Michaelmas Day, St. Edward's Day, All Hallows, St. Katherine, St. Andrew, the Conception of B.V.M., are surrounded by borders and adorned by initial pictures.

The *Commune Sanctorum* begins on fo. 289, and the page is surrounded by a border. Commemorations begin on fo. 312, likewise surrounded by a border.

The office for the dead begins on fo. 326, and is surrounded by a border; it ends on fo. 331. Fo. 332 is entirely blank, though prepared for writing. On fo. 333 begins *ordo professionis faciende*, and it ends on fo. 341. The office for the veiling of *mulieres seculo renunciantes* begins on the last fo. 342, and with this the book ends.

The ordinary initial letters of each liturgical part are, in most cases, illuminated, though not with pictures.

A book belonging to a church so well-known in the kingdom and so near the court as Westminster was not likely to have escaped the notice of the visitors of Henry VIII. Accordingly we find numerous erasures of the word *papa* in the calendar, where the two feasts of St. Thomas of Canterbury are also erased. In the canon of the mass it would seem that some such words as *papa nostro N. et abbate* (or *antistite*) *nostro N. et rege nostro N.* have been erased and *Rege nostro H. Regina N. antistite nostro N.* written over in a middle sixteenth century hand, the scribe with excellent foresight not venturing to give the initial of the queen's name. The Good Friday address and collect on behalf of the pope have also been erased, but not so completely that they cannot be read, and they appear to differ in nothing from the Sarum text. The Midsummer and Christmas offices (ff. 24 and 253) for St. Thomas of Canterbury have been very thoroughly erased, especially the Christmas sequence and collect. The gospel and parts which follow it could be made out by placing the leaf in a good light, but the sequence resisted all such attempts. Under these circumstances, permission was asked of the Dean and Chapter of Westminster to apply ammonium sulphide to the sequence, a permission which was most courteously given, and the operation was carried out at the British Museum under the direction of Mr. Maunde Thompson, the Principal Librarian, and Mr. Scott, Keeper of Manuscripts. Every letter of the sequence became almost as clear as the day that it was written, and with the help of Mr. Maunde Thompson it was transcribed as it now appears on col. 55 and 56. The collect for St. Thomas has not been restored; for although it seems likely that it is the same as that in the Sarum Missal, yet as only four words of the collect survive, hardly enough remains to make it certain that the rest was the same. On the other hand, of the address inviting to prayer on behalf of the pope in the Good Friday service on col. 284, so much had been recovered, and the address itself is so ancient and universal, that it seemed certain that the few words which could not be read must be the same as those in the other missals. They have therefore been restored between square brackets.

Of the Westminster books noticed in the inventories of 1388 and 1540, but few have yet been recognised. One psalter in the British Museum (2. A. xxii.) answers to a book described in 1388, adorned "cum diversis ymaginibus post kalendare," and in 1540 as having "divers ymages affter the calendar ij° folio tunc loquetur." The calendar of this manuscript points very distinctly to Westminster, and will be printed in the appendix. The manuscript is of the thirteenth century.

A book of episcopal benedictions, with the services for the coronation of the king, baptism, marriage, orders, extreme unction, and certain monastic offices, is preserved in the Bodleian Library at Oxford. (Rawl. c. 425.) The greater part was written in the beginning of the fourteenth century, and though it contains no calendar or other points by which it could be assigned to Westminster, yet the episcopal benedictions and other offices are closely allied to those contained in Abbot Nicholas Lytlington's book, and the second folio begins with *dum carnem*, to which answers a "pontifical" noted in the inventory of 1540. This manuscript has been collated with the present print as far as the contents are alike, and the variations are noted as those of O. The manual offices, baptism, marriage, the visitation of the sick, &c., will be given in the appendix.

The service for the anointing and crowning of the King and Queen of England has been collated with three other manuscripts. First there is the *Liber Regalis*, preserved at Westminster, and edited for the Roxburgh Club by the late Earl Beauchamp; the variants of this are given under the symbol W^2. The manuscript now printed is spoken of as W^1.

The collation of a second *Liber Regalis* we owe to the generosity of Mr. Brooke, who with great kindness has allowed his precious volume to be deposited in the Library of the Society of Antiquaries for this purpose. It appears to be a copy of, or closely allied to, the Westminster *Liber Regalis*, and its variants are indicated by the letter B. The manuscript is described on p. 308 of the first volume of *A Catalogue of the Manuscripts and printed Books collected by Thomas Brooke, F.S.A.*, London, 1891.

The third manuscript collated for the coronation office is the manuscript in the Bodleian Library already spoken of, and the variants of which are indicated by the symbol O. The coronation offices of this book are probably the earliest of those which are collated; but the note *de exequiis regalibus* is much later.

There have long been rumours of the existence of a Westminster book in the chapter library of Valencia in Spain; and Mr. J. H. Dart, the English Vice-Consul there, has been doing his best during the past twelvemonth to obtain some accurate information of the existence of a Westminster book and its liturgical character. The Society is very greatly indebted to this gentleman for the energy with which he has combated the obstacles that he has encountered; and only some few days ago, I received from him the welcome intelligence that three manuscripts of English origin were still preserved in Valencia, and that one of them bore marks of having come from Westminster. It is hoped that further information upon this book may soon be obtained; and if so, it will be given in the appendix.

Another Westminster book, mainly of private prayers, but with a Westminster Calendar, is contained in the Bodleian Library. (Rawl. Liturg. g. 9.) It was written at the end of the fourteenth or beginning of the fifteenth century. The calendar will be printed in the appendix with some of the offices which are of liturgical interest.

The Society's best thanks are due to the Dean and Chapter of Westminster for their liberality in allowing the transcription of this most precious manuscript; and for the good will that they have manifested on all occasions towards the smallest efforts to promote the study of the historical and ecclesiastical sciences. They have for many months allowed these invaluable volumes to be deposited in the rooms of the Society of Antiquaries at Burlington House, the permission of the President and Council of the Society having been previously obtained; but for this help the attempt at transcribing and printing the manuscript could hardly have been made.

To the Committee, the Rev. E. S. Dewick, and Mr. W. H. St. John Hope, who have assisted me throughout the transcribing and printing of this volume, I am bound to express my deepest gratitude. Mr. Dewick transcribed all the book from the service of Palm Sunday to the Dedication festival, and has most patiently gone through the proofs as they came out. Mr. Hope has always been at hand with advice and counsel in hard matters, and has overlooked everything connected with the reproduction of the illuminations. Whatever is excellent in this print is due to my colleagues, and any errors of judgment and inaccuracies may safely be attributed to the Editor.

Mr. W. J. Birkbeck has with great kindness undertaken the supervision of the ritual music contained in this Missal; this is no small task, needing great special knowledge, and considerable diligence and perseverance, for all which I am indeed very grateful to him.

For the seven facsimiles which adorn this edition, the Society may thank the Chairman of Council, the Rev. W. Cooke, Honorary Canon of Chester, and the Rev. E. S. Dewick, Member of Council. Five are the gift of Mr. Dewick: three are from fo. 9, the initial letter being from the office of blessing holy water (plate 1) and the procession represented in two plates (2 and 3) is from the lower border of the same leaf. The next initial is from fo. 10, that of the office of the first Sunday in Advent. The fifth is the initial of St. Stephen's office, and represents the saint as a deacon holding up stones in a sudary. The two others (6 and 7) the gift of Mr. Cooke, are the initials of the office of Corpus Christi, and of the anniversary of the dedication of the church. All are of the same size as the original.

J. WICKHAM LEGG.

47, *Green Street, London, W.*
November, 1891.

ILLUSTRATIONS.

PLATE 1.

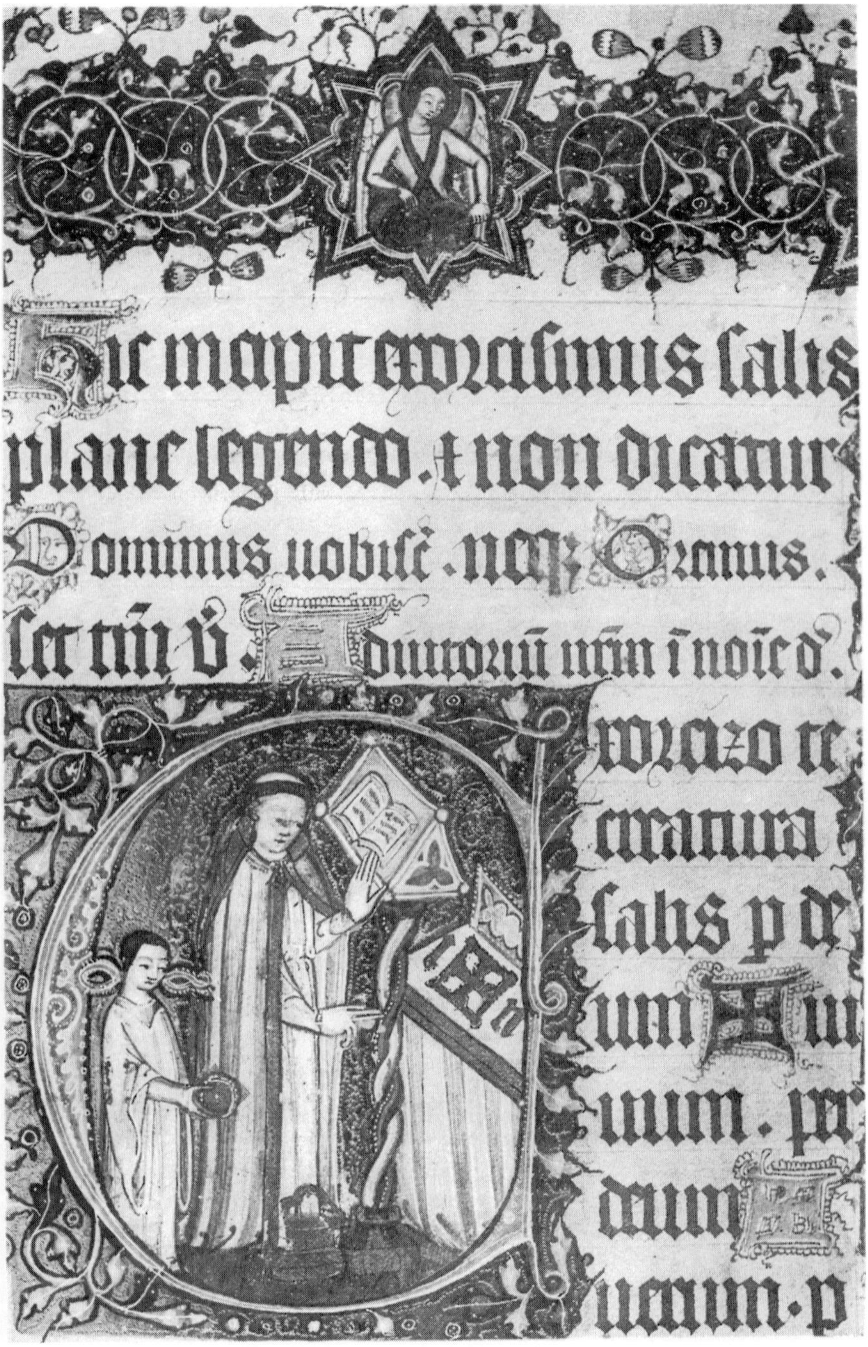
Hic incipit exorcismus salis plane legendo. et non dicatur Dominus vobisc. nec Oremus.
Sec tm v. Adiutoriu nrm i noie d.
Exorcizo te
creatura
salis p de
um Viu
uum. pe
deum
uerum. p

PLATE 2.

PLATE 3.

PLATE 4.

PLATE 5.

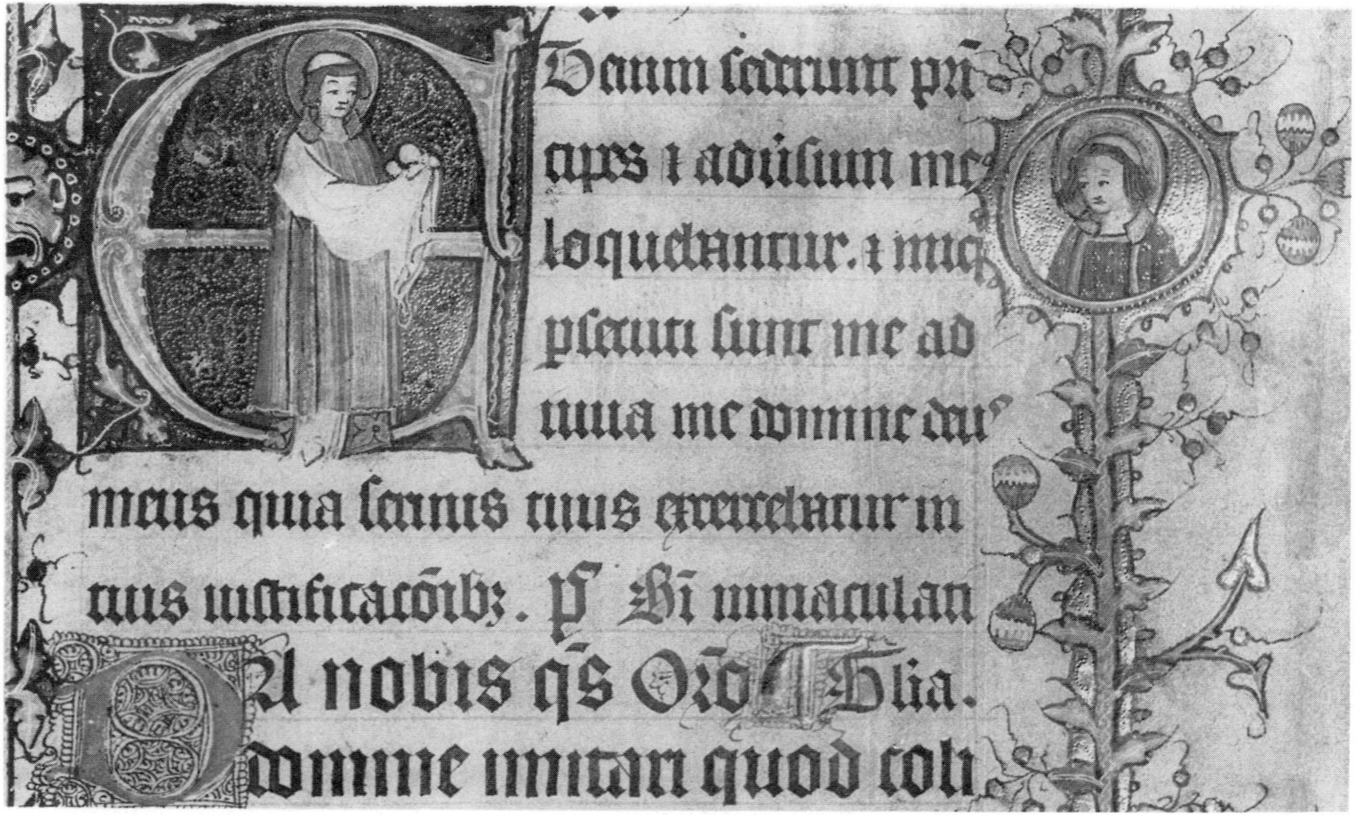

tenim sederunt pri
cipes et adversum me
loquebantur. et iniq
persecuti sunt me ad
iuva me domine deus
meus quia servus tuus exercebatur in
tuis iustificacoib;. ps. Beati immaculati
a nobis qs. Oro. Filia.
omnine unitam quod coli

PLATE 6.

confessio. in qua uni
festiuitate
corporis
officium.
ex adipe fru
et de petra

PLATE 7.

In anniuersario dedicacionis ecc[lesie]
Terribilis est
est locus iste hic
domus dei est et
porta celi et uo
cabitur aula
dei. Ps. Surgens
autem mane iacob tulit lapidem quem sup
posuerat capiti suo et erexit in titulum

MISSALE

AD USUM ECCLESIE

WESTMONASTERIENSIS.

Instrumentum super Iuramento Abbatum Monasterii sancti Petri Westmonasterii die Installacionis eorum.

IN dei nomine Amen. Per presens publicum Instrumentum constat omnibus manifeste quod anno domini Millesimo Quingentesimo. Indicione tercia pontificatus sanctissimi in christo patris et domini nostri Domini Alexandri diuina prouidencia pape sexti. Anno nono. Mensis uero Nouembris die xxv°. In Cimiterio Ecclesie Conuentualis sancti Petri Westmonasterii non multum extra portam Occidentalem dicte Ecclesie in mei Notarii publici subscripti ac testium inferius nominatorum presencia personaliter constituto. Uenerabili in christo patri et domino Domino Iohanni permissione diuina monasterii Westmonasterii predicti Abbati electo et confirmato eodem tempore a Capella beate Marie Magdalene iuxta Tothyll cum multitudine copiosa procerum Amicorum ac Familiarium uersus dictam Ecclesiam sancti Petri Westmonasterii ad capiendum installacionem et corporalem possessionem dicti Monasterii ac Iurium tam spiritualium quam temporalium eidem pertinencium. Uenienti occurrerunt quinque fratres eiusdem monasterii Westmonasterii monachi seniores uidelicet frater Ricardus Charyng. frater Iohannes Waterden. frater Radulphus Langley. frater Iohannes Holonde. et frater Willelmus Borowgh quorum unus scilicet frater Iohannes Waterden quandam Sedulam quam manu sua tenebat prius osculando tradidit dicto Reuerendo patri legendam. petens uice et nomine suo et omnium confratrum suorum ut dignaretur suo mediante iuramento promittere se obseruaturum omnia et singula in eadem Sedula contenta ut sui predecessores abbates facere consueuerunt Cuius Sedule uerba sunt hec que sequuntur. In dei nomine Amen. Ego Iohannes permissione diuina abbas huius monasterii ad Romanam ecclesiam nullo medio pertinentis Electus et confirmatus atque ad capiendum Realem Corporalem et actualem possessionem in dignitate abbacie huiusmodi ac singulis rebus tam spiritualibus quam temporalibus eidem dignitati pertinentibus sufficienter admissus quam possessionem deo et fratribus meis fauentibus hodie capere intendo. Fide mea promitto me obseruaturum omnia iura. statuta. ac laudabiles huius monasterii constituciones et consuetudines a predecessoribus meis abbatibus obseruata. Que omnia et singula quantum in me est obseruabo. sicut deus me adiuuet et hec sancta dei ewangelia. Quam quidem Sedulam dictus Reuerendus pater accipiens ac primo bassa uoce legens tandem alta et aperta uoce recitabat et legebat. Post cuius lecturam librum quendam qui tunc sibi porrectus erat corporaliter ab eo tactum deosculabatur. quo facto ultra progrediens occurrentibus ei suppriore et Conuentu cum textu et Cruce. ac baculo pastorali genibus flexis textum quem optulit ei supprior deosculatus est. quo facto processionaliter eum duxerunt in dictam Ecclesiam sancti Petri Westmonasterii predicti. Acta sunt hec prout supra recitantur. Anno Indictione. mense et die supradictis. Presentibus tunc ibidem uenerabilibus uiris Magistro Ewardo Wawghan. Magistro Ricardo Rawlyns. Magistro Nicholao West. et Magistro Willelmo Haryngton sacre Theologie et legum doctoribus cum alia populi multitudine copiosa.

Et Ego Iohannes Paynter clericus Londoniensis diocesis publicus auctoritatibus apostolica et Imperiali notarius omnibus et singulis premissis dum sic ut premittitur fierent et agerentur una cum prenominatis testibus presens personaliter interfui eaque omnia et singula sic fieri uidi et audiui per alium scribi feci publicaui et in hanc publicam formam redegi signoque ac nomine et cognomine meis solitis et consuetis signaui meque hic subscripsi rogatus et requisitus in fidem et testimonium omnium et singulorum premissorum.

Et ego Iohannes Paynter Clericus Londoniensis Diocesis publicus Auctoritate Apostolica Notarius omnibus et singulis premissis dum sic ut premittitur fierent et agerentur una cum prenominatis testibus presens personaliter interfui eaque omnia et singula sic fieri uidi et audiui per alium scribi feci publicaui et in hanc publicam formam redegi signoque ac nomine et cognomine meis solitis et consuetis signaui meque hic subscripsi rogatus et requisitus in fidem et testimonium omnium et singulorum premissorum. [fo. 2.

[fo. 2.b. blank].

Principium iani sanccit tropicus capricornus.

iii.	A	KL		IANUARIUS. **Circumcisio domini.** D'	iiii cape
	b	*iiii.*	*N'.*	*Octaua sancti stephani.*	iii lecciones
xi.	c	*iii.*	*N'.*	Octaua sancti Iohannis.	iii lecciones
	d	*ii.*	*N'.*	*Octaua sanctorum innocencium.*	iii lecciones
xix.	e	*Nonas.*		**Sancti Edwardi Regis anglorum et confessoris.**	viii cape
viii.	f	*viii.*	*Id'.*	**Epiphania domini.**	v cape
	g	*vii.*	*Id'.*		
xvi.	A	*vi.*	*Id .*	Sancti Wlsini episcopi et confessoris. Prima incensio lune .lxx[e].	
v.	b	*v.*	*Id'.*		
	c	*iiii.*	*Id'.*		
xiii.	d	*iii.*	*Id'.*		
ii.	e	*ii.*	*Id'.*	**Octaua sancti Edwardi Regis et confessoris.**	in albis
	f	*Idus.*		*Octaua epiphanie iiii. lecciones.* Et sancti Hillarii episcopi.	viii lecciones
x.	g	*xix.*	*kl'.*	Februarii. Sancti Felicis in pincis.	iii lecciones
	A	*xviii.*	*kl'.*	*Sancti Mauri abbatis.*	in albis
xviii.	b	*xvii.*	*kl'.*	Sancti Marcelli [pape et[1]] martiris. Et sancti fursei confessoris commemoracio.	iii lecciones
vii.	c	*xvi.*	*kl'.*		
	d	*xv.*	*kl'.*	Sancte Prisce uirginis et martiris. Sol in aquario.	iii lecciones
xv.	e	*xiiii.*	*kl'.*	Sancti Wlstani episcopi et confessoris.	
iiii.	f	*xiii.*	*kl'.*	*Sanctorum martirum fabiani et sebastiani.*	in albis
	g	*xii.*	*kl'.*	**Sancte Agnetis uirginis et martiris.**	in albis
xii.	A	*xi.*	*kl'.*	**Sancti Uincencii martiris.**	iii cape
i.	b	*x.*	*kl'.*	Sancte Emerenciane uirginis et martiris.	iii lecciones
	c	*ix.*	*kl'.*		
ix.	d	*viii.*	*kl'.*	**Conuersio sancti pauli apostoli in albis.** *Et sancti proiecti martiris commemoracio.*	
	e	*vii.*	*kl'.*		
xvii.	f	*vi.*	*kl'.*	Sancti Iuliani episcopi et confessoris.	iii lecciones
vi.	g	*v.*	*kl'.*	*Octaua sancti[2] Agnetis uirginis.*	iii lecciones
	A	*iiii.*	*kl'.*		
xiiii.	b	*iii.*	*kl'.*	Prima dies mensis. et septima truncat ut ensis.	
iii.	c	*ii.*	*kl'.*		[fo. 3.

[1] erased. [2] *sic.*

Quarta subit mortem. prosternit tercia fortem.
Mense mime medio sol constat sydus aquarii.

	d	KL		FEBRUARIUS. Sancte Brigide uirginis.	iii lecciones
xi.	e	*iiii.*	*N*.	**Purificacio sancte marie uirginis.**	in v capis
	f	*iii.*	*N'*.	*Sancti Blasii episcopi et martiris.*	iii lecciones
xix.	g	*ii.*	*N'*.		
viii	A	*Nonas.*		Sancte Agathe uirginis et martiris.	xii lecciones
xvi.	b	*viii.*	*Id*.	Sanctorum episcoporum Uedasti et Amandi.	iii lecciones
v.	c	*vii.*	*Id'*.	Ueris inicium.	
	d	*vi.*	*Id'*.	Ante istum locum non potest esse xl[a].	
xii.	e	*v.*	*Id'*.		
ii.	f	*iiii.*	*Id'*.	*Sancte scolastice uirginis xii lecciones.* Et sancte Austreberte uirginis commemoracio.	
	g	*iii.*	*Id'*.		
x.	A	*ii.*	*Id'*.		
	b	*Idus.*			
xviii.	c	*xvi.*	*kl'*.	Marcii. Sancti Ualentini martiris.	iii lecciones
v.	d	*xv.*	*kl'*.	Sol in pisce.	
	e	*xiiii.*	*kl'*.		
xv.	f	*xiii.*	*kl'*.		
iiii.	g	*xii.*	*kl'*.		
	A	*xi.*	*kl'*.		
xii.	b	*x.*	*kl'*.		
i.	c	*ix.*	*kl'*.		
	d	*viii.*	*kl'*.	**Cathedra sancti Petri xii lecciones.**	iiii[or] cape
ix.	e	*vii.*	*kl'*.	*Sancte Milburge uirginis.*	xii lecciones
	f	*vi.*	*kl'*.	Sancte mathie apostoli. xii lecciones. Locus bisexti.	
xvii.	g	*v.*	*kl'*.		
vi.	A	*iiii.*	*kl'*.	D'	
	b	*iii*	*kl'*.		
xiiii.	c	*ii.*	*kl'*.		[fo. 3.b.

Procedunt duplices in marcis tempore pisces
Primus mandantem. dirumpit quarta bibentem.

iii.	d	KL	MARCIUS.		D'	
	e	*vi.*	*N'.*			
xi.	f	*v.*	*N'.*			
	g	*iiii.*	*N'.*			
xix.	A	*iii.*	*N'.*			
viii.	b	*ii.*	*N'.*			
	c	*Nonas.*		Sanctarum martirum Perpetue et felicitatis.		
xvi.	d	*viii.*	*Id'.*		Prima incensio lune .i^e^.	
v.	e	*vii.*	*Id'.*			
	f	*vi.*	*Id'.*			
xiii.	g	*v.*	*Id'.*			
ii.	A	*iiii.*	*Id'.*	Sancti Gregorii [pape[1].]		in capis
	b	*iii.*	*Id'.*			
x.	c	*ii.*	*Id'.*			
	d	*Idus.*				
xviii.	e	*xvii.*	*kl'.*	Aprilis. *Sancti Cyriaci sociorumque eius martirum.*		in albis
vii.	f	*xvi.*	*kl'.*			
	g	*xv.*	*kl'.*	*Sancti Edwardi regis et martiris.*	Primus dies seculi.	xii lecciones
xv.	A	*xiiii.*	*kl'.*			
iiii.	b	*xiii.*	*kl'.*	*Sancti Cuthberti episcopi et confessoris.*		in albis
	c	*xii.*	*kl'.*	Sancti Benedicti abbatis.		in albis
xii.	d	*xi.*	*kl'.*		Sedes epactarum.	
i.	e	*x.*	*kl'.*			
	f	*ix.*	*kl'.*		Concurrencium locus.	
ix.	g	*viii.*	*kl'.*	**Annunciacio dominica.**		v cape
	A	*vii.*	*kl'.*			
xvii.	b	*vi.*	*kl'.*	Resurreccio domini.		
vi.	c	*v.*	*kl'.*		D'	
	d	*iiii.*	*kl'.*			
xiiii.	e	*iii.*	*kl'.*			
iii.	f	*ii.*	*kl'.*			[fo. 4.

[1] erased.

Denus et undenus est mortis uulnere plenus.
Respicis aprilis aries fixere Kalendas.

	g	KL	APRILIS.		
xi.	A	*iiii.*	*N'.* Sancte Marie Egypciace.		commemoracio
	b	*iii.*	*N'.* *Sancte Ricardi episcopi et confessoris.*		xii lecciones
xix.	c	*ii.*	*N'.* **Sancti Ambrosii episcopi et confessoris.**		in capis
viii.	d	*Nonas.*		ultima incensio lune.	
xvi.	e	*viii.*	*Id'.*		
v.	f	*vii.*	*Id'.*		
	g	*vi.*	*Id'.*		
xiii.	A	*v.*	*Id'.*	D'	
i.	b	*iiii.*	*Id'.*		
	c	*iii.*	*Id'.* Sancti Cuthlaci confessoris.		iii lecciones
x.	d	*ii.*	*Id'.*		
	e	*Idus.*			
xviii.	f	*xviii.*	*kl'.* Maii. *Sanctorum martirum Tyburcii et ualeriani.*		
vii.	g	*xvii.*	*kl'.*		
	A	*xvi.*	*kl'.*		
xv.	b	*xv.*	*kl'.*	Sol in tauro.	
iiii.	c	*xiiii.*	*kl'.*		
	d	*xiii.*	*kl'.* *Sancti Alphegi episcopi.*		iii lecciones
xii.	e	*xii.*	*kl'.*		
i.	f	*xi.*	*kl'.* *Sancti Ethelwoldi episcopi et confessoris.*		xii lecciones
	g	*x.*	*kl'.*		
ix	A	*ix.*	*kl'.* *Sancti Georgii martiris.*		iii lecciones
	b	*viii.*	*kl'.* Sancti Melliti episcopi et confessoris.		iii lecciones
xvii.	c	*vii.*	*kl'.* **Sancti Marci euuangeliste.** xii lecciones. letania maior.		
vii.	d	*vi.*	*kl'.*		
	e	*v.*	*kl'.*		
xiii.	f	*iiii.*	*kl'.* Sancti Uitalis martiris.		
iii.	g	*iii.*	*kl'.* **Translacio sancti Edmundi Regis et martiris.**		v cape
	A	*ii.*	*kl'.* *Sancti erkenwaldi episcopi et confessoris.*		iii lecciones

[fo. 4.b.

Tercius occidit et denus ora relidit
Maius agenorii miratur cornua tauri.

xi.	b	KL		MAIUS. Sanctorum apostolorum philippi et iacobi.	in albis
	c	vi.	N’.	Sancti Athanasii episcopi et confessoris.	iii lecciones
xix.	d	v.	N’.	Inuencio sancte crucis in albis. *Et sanctorum martirum Alexandri euencii et theoduli.*	
viii.	e	iiii.	N’.		
	f	iii.	N’.	*Translacio sancti Aldelmi episcopi et confessoris.*	iii lecciones
xvi.	g	ii.	N’.	**Sancti Iohannis ante portam latinam.**	iii cape
v.	A	Nonas.			
	b	viii.	Id’.		
xiii.	c	vii.	Id’.	Estatis inicium. Terminus pentecostes.	
ii.	d	vi.	Id’.	Sanctorum martirum Gordiani et epimachi.	iii lecciones
	e	v.	Id’.		
x.	f	iiii.	Id’.	*Sanctorum martirum Nerei achillei atque Pancracii.*	xii lecciones
	g	iii.	Id’.		
xviii.	A	ii.	Id’.		
vii.	b	Idus.			
	c	xvii.	kl’.	Iunii.	
xv.	d	xvi.	kl’.	Sol in geminos.	
iiii.	e	xv.	kl’.		
	f	xiiii.	kl’.	**Sancti Dunstani archiepiscopi.** Et sancte potenciane uirginis commemoracio.	iiii cape
xii.	g	xiii.	kl’.	Sancti Ethelberti regis et martiris.	iii lecciones
i.	A	xii.	kl’.		
	b	xi.	kl’.		
ix.	c	x.	kl’.		
	d	ix.	kl’.		
xvii.	e	viii.	kl’.	*Sancti Aldelmi episcopi in albis.* Et sancti Urbani martiris commemoracio.	D’
v.	f	vii.	kl’.	Sancti Augustini archiepiscopi in albis. *Et sancti bede presbiteri commemoracio.*	
	g	vi.	kl’.		
xiiii.	A	v.	kl’.	Sancti Germani episcopi et confessoris.	iii lecciones
iii.	b	iiii.	kl’.		
	c	iii.	kl’.		
ix.	d	ii.	kl’.	*Sancte Petronille uirginis.*	iii lecciones

[fo. 5.

Denus pallescit. quindenus federa nescit
Iunius equxtos celo uidet ire locanas.

e KL IUNIUS.

xix.	f	*iiii.*	*N'.*	*Sanctorum martirum marcellini et Petri.*	iii lecciones
viii.	g	*iii.*	*N'.*	Sancti Herasmi episcopi et martiris iii lecciones.	
xvi.	A	*ii.*	*N'.*		
v.	b	*Nonas.*		Sancti Bonefacii sociorumque eius martirum.	iii lecciones
	c	*viii.*	*Id'.*		
xiii.	d	*vii.*	*Id'.*		
ii.	e	*iv.*	*Id'.*	*Sanctorum episcoporum medardi et Gildardi.*	iii lecciones
	f	*v.*	*Id'.*	Sanctorum martirum Primi et feliciani. Translacio sancti Edmundi confessoris commemoracio.	
x.	g	*iiii.*	*Id'.*	*Translacio sancti yuonis.* D'	xii lecciones
	A	*iii.*	*Id'.*		
xviii.	b	*ii.*	*Id'.*	Sanctorum martirum Cirini Naboris et Nazarii.	
vii.	c	*Idus.*			
	d	*xviii.*	*kl'.*	Iulii. Sancti Basilii episcopi et confessoris.	iii lecciones
xv.	e	*xvii.*	*kl'.*	*Sanctorum martirum uiti et modesti iii lecciones. Et sancte Edburge uirginis commemoracio.*	
iiii.	f	*xvi.*	*kl'.*	Sanctorum martirum Cirici et Iulitte matris eius.	iii lecciones
	g	*xv.*	*kl'.*	*Sancti Botulphi abbatis in albis.* Sol in cancro.	
xii.	A	*xiiii.*	*kl'.*	Sanctorum martirum marci et marcelliani fratrum.	iii lecciones
i.	b	*xiii.*	*kl'.*	*Sanctorum martirum geruasii et prothasii fratrum.*	iii lecciones
	c	*xii.*	*kl'.*		
ix.	d	*xi.*	*kl'.*		
	e	*x.*	*kl'.*	Sancti albani prothomartiris anglorum.	xii lecciones
xvii.	f	*ix.*	*kl'.*	Sancte Etheldrithe uirginis commemoracio. de uigilia iii lecciones et maior missa.	
vi.	g	*viii.*	*kl'.*	**Natiuitas sancti Iohannis baptiste.**	v cape
	A	*vii.*	*kl'.*		
xiiii.	b	*vi.*	*kl'.*	*Sanctorum martirum Iohannis et pauli.*	iii lecciones
iii.	c	*v.*	*kl'.*		
	d	*iiii.*	*kl'.*	Sancti Leonis [pape et[1]] confessoris commemoracio de uigilia iii lecciones et maior missa.	
xi.	e	*iii.*	*kl'.*	**Apostolorum Petri et Pauli.**	viii cape
	f	*ii.*	*kl'.*		[fo. 5.b.

[1] erased.

Colsticio[1] *ardentis cancri fert iulius austrum.*

Tredecimus mactat iulii denus labefactat.

xix.	g	KL		IULIUS. Octaua sancti Johannis baptiste viij lecciones et iiii lecciones de apostolis.	
viii.	A	*vi.*	*N'.*	Sanctorum martirum processi et martiniani. Et sancti Swthuni[1] commemoracio.	
	b	*v.*	*N'.*		
xvi.	c	*iiii.*	*N'.*	*Translacio et ordinacio sancti martini.*	commemoracio
v.	d	*iii.*	*N'.*		
	e	*ii.*	*N'.*	Octaua apostolorum Petri et pauli.	iii cape
xiii.	f	*Nonas.*		**T[ranslacio sancti thome martiris.**	v cape.][2]
ii.	g	*viii.*	*Id'.*		
	A	*vii.*	*Id'.*		
x.	b	*vi.*	*Id'.*	Sanctorum septem fratrum.	iii lecciones
	c	*v.*	*Id'.*	Translacio sancti benedicti abbatis.	
xviii.	d	*iiii.*	*Id'.*		
vii.	e	*iii.*	*Id'.*	Sancte Mildrithe uirginis iii lecciones. Dies caniculares incipiunt.	
	f	*ii.*	*Id'.*		
xv.	g	*Idus.*		*Translacio sancti Swythuni episcopi.*	iii cape
iiii.	A	*xvii.*	*kl'.*	Augusti. Festiuitas reliquiarum.	v cape
	b	*xvi.*	*kl'.*	Sancti Kenelmi martiris.	iii lecciones
xii.	c	*xv.*	*kl'.*	*Octaua sancti benedicti abbatis.*	xii lecciones
i.	d	*xiiii.*	*kl.*	Commemoracio omnium fidelium defunctorum quorum corpora in nostro cimiterio requiescunt.	
	e	*xiii.*	*kl'.*	Sancte margarete uirginis et martiris xii lecciones. Et sancti wlmari abbatis commemoracio.	
ix.	f	*xii.*	*kl'.*	Sancte praxedis uirginis.	iii lecciones
	g	*xi.*	*kl'.*	**Sancte marie magdalene in capis.**	
xvii.	A	*x.*	*kl'.*	*Sancti Appollinaris episcopi et martiris.*	iii lecciones
vi.	b	*ix.*	*kl'.*	Sancte Cristine uirginis et martiris. uigilia.	iii lecciones
	c	*viii.*	*kl'.*	Sancti Jacobi apostoli in albis. *Et sanctorum martirum christofori et cucufati commemoracio.*	
xiiii.	d	*vii.*	*kl'.*	*Sancte Anne matris marie uirginis.*	
ii.	e	*vi.*	*kl'.*	Sanctorum septem dormiencium.	iii lecciones
	f	*v.*	*kl'.*	*Sancti Pantaleonis martiris iii lecciones.* Et sancti sampsonis episcopi commemoracio.	
xi.	g	*iii.*[1]	*kl'.*	Sanctorum martirum simplicis Faustini et beatricis.	iii lecciones
ix.	A	*iii.*	*kl'.*	*Sanctorum Abdon et sennen.*	iii lecciones
	b	*ii.*	*kl'.*	Sancti Germani episcopi iii lecciones. *Et sancti Neotis abbatis commemoracio.*	

[fo. 6.

[1] *sic* [2] erased.

Prima necat fortem. sternitque secunda cohortem.
Augustum mensem leo feruidus igne perurit.

viii.	c	KL		AUGUSTUS. **Ad uincula sancti Petri.** *Et sanctorum machabeorum commemoracio.*	
xvi.	d	*iiii.*	*N'.*	Sancti stephani [pape et[1]] martiris.	iii lecciones
v.	e	*iii.*	*N'.*	*Inuencio sancti stephani sociorumque eius.*	in albis
	f	*ii.*	*N'.*		
xiii.	g	*Nonas.*		Sancti Oswaldi regis et martiris.	iii lecciones
ii.	A	*viii.*	*Id'.*	*Sanctorum martirum Sixti felicissimi et Agapiti.*	*commemoracio*
	b	*vii.*	*Id'.*	Sancti Donati episcopi et martiris.	
x.	c	*vi.*	*Id'.*	**Octaua sancti Petri in albis.** *Et sanctorum martirum Cyriaci sociorumque eius.*	
	d	*v.*	*Id'.*	Sancti Romani martiris iii lecciones.	uigilia
xviii.	e	*iiii.*	*Id'.*	**Sancti Laurencii martiris.**	iii cape
vii.	f	*iii.*	*Id'.*	*Sancti Taurini confessoris in albis.* Et sancti Tyburcii martiris commemoracio.	
	g	*ii.*	*Id'.*		
xv.	A	*Idus.*		Sancti ypoliti sociorumque eius martirum.	iii lecciones
iiii.	b	*xix.*	*kl'.*	September. *Sancti Eusebii confessoris.* de uigilia iii lecciones et maior missa.	
	c	*xviii.*	*kl'.*	**Assumpcio sancte marie uirginis.**	viii cape
xii.	d	*xvii.*	*kl'.*		
i.	e	*xvi.*	*kl'.*	*Octaua sancti laurencii viii lecciones.* Et de sancta maria iiii lecciones. Sol in uirgine.	
	f	*xv.*	*kl'.*	Sancti Agapiti martiris.	commemoracio
ix.	g	*xiiii.*	*kl'.*	*Sancti magni martiris.*	commemoracio
	A	*xiii.*	*kl'.*	Sancti Philiberti abbatis.	commemoracio
xvii.	b	*xii.*	*kl'.*		
vi.	c	*xi.*	*kl'.*	**Octaua sancte marie iii cape.** Et sanctorum Tymothei et simphoriani commemoracio.	
	d	*x.*	*kl'.*	*Sanctorum martirum Tymothei et appollinaris* uigilia.	iii lecciones
xiiii.	e	*ix.*	*kl'.*	**Sancti bartholomei apostoli.**	in albis
iii.	f	*v.*[2]	*kl'.*	*Sancti Audoeni episcopi viii lecciones.* Et sancti Genesii iiii lecciones.	
	g	*vii.*	*kl'.*		
xi.	A	*vi.*	*kl'.*	Sancti Rufi martiris.	
xix.	b	*v.*	*kl'.*	*Sancti Augustini episcopi xii lecciones.* Et sancti heremetis martiris commemoracio.	
	c	*iiii.*	*kl'.*	**Decollacio sancti Johannis baptiste in albis.** *Et sancte sabine uirginis commemoracio.*	
viii.	d	*iii.*	*kl'.*	Sanctorum martirum Felicis et audacti.	iii lecciones
	e	*ii.*	*kl'.*		[fo. 6.b.

[1] erased. [2] *sic.*

Tercia septembris. et denus fert mala membris.

Sidere uirgo tuo bachum september opinat.

xv.	f	KL		SEPTEMBER. *Sancti Egidii abbatis.* Et sancti prisci martiris.		iiii lecciones
v.	g	*iiii.*	*N'.*	*Sancti Antonini martiris.*		iii lecciones
	A	*iii.*	*N'.*	*Ordinacio sancti Gregorii.*	D	in albis
xiii.	b	*ii.*	*N'.*			
ii.	c	*Nonas.*		Sancti Bertini abbatis. Dies caniculares finiunt.		ii lecciones
	d	*viii.*	*Id'.*			
x.	e	*vii.*	*Id'.*			
	f	*vi.*	*Id'.*	**Natiuitas sancte marie uirginis.** Et sancti adriani martiris commemoracio.		v cape
xviii.	g	*v.*	*Id'.*	*Sancti gorgonii martiris.*		
vii.	A	*iiii.*	*Id'.*			
	b	*iii.*	*Id'.*	Sanctorum martirum Prothi et Iacincti.		commemoracio
xv.	c	*ii.*	*Id'.*			
iiii.	d	*Idus.*				
	e	*xviii.*	*kl'.*	October. Exaltacio sancte crucis iii cape. *Et sanctorum cornelii et cipriani.*		
xii.	f	*xvii.*	*kl'.*	*Octaua sancte marie in albis.* Et sancti nichomedis martiris commemoracio.		
i.	g	*xvi.*	*kl'.*	*Sancte Eufemie uirginis.*		iii lecciones
	A	*xv.*	*kl'.*	Sancti lamberti episcopi et martiris. Sol in libra.		iii lecciones
ix.	b	*xiiii.*	*kl'.*			
	c	*xiii.*	*kl'.*			
xvii.	d	*xii.*	*kl'.*	Equinoccium autumpnale.		uigilia
vi.	e	*xi.*	*kl'.*	Sancti Mathei apostoli et euuangeliste.		in albis
	f	*x.*[1]	*kl'.*	*Sanctorum martirum mauricii sociorumque eius.*	D'	iii cape
xiiii.	g	*ix.*	*kl'.*	Sancte Tecle uirginis.		iii lecciones
iii.	A	*viii.*	*kl'.*			
	b	*vii.*	*kl'.*			
xi.	c	*vi.*	*kl'.*	*Sancte Iustine uirginis et martiris.*		
xix.	d	*v.*	*kl'.*	Sanctorum martirum Cosme et damiani.		iii lecciones
	e	*iiii.*	*kl'.*			
viii.	f	*iii.*	*kl'.*	**Sancti Michaelis archangeli.**		in iii capis
	g	*ii.*	*kl'.*	Sancti Ieronimi presbiteri et doctoris.		in capis

[fo. 7.

[1] Before x an i has been erased.

Tercia cum dena clamat sis integra uena.
Equat et october sementis tempore libram.

xvi.	A	KL		OCTOBER. *Sanctorum Germani remigii episcoporum.*	iii lecciones
v.	b	*vi.*	*N'.*	Sancti Leodegarii episcopi et martiris.	iii lecciones
xiii.	c	*v.*	*N'.*		
ii.	d	*iiii.*	*N'.*		
	e	*iii.*	*N'.*		
x.	f	*ii.*	*N'.*	*Sancte Fidis uirginis et martiris.*	xii lecciones
	g	*Nonas.*		Sancti Marci [pape et[1]] confessoris.	
xvii.	A	*viii.*	*Id'.*		
vii.	b	*vii.*	*Id'.*	*Sanctorum martirum Dyonisii sociorumque eius.*	in albis
	c	*vi.*	*Id'.*	Sancti Paulini episcopi et confessoris.	iii lecciones
xv.	d	*v.*	*Id'.*	Sancte Ethelburge uirginis iii lecciones. Et sancti Nigasii sociorumque martirum commemoracio.	
iiii.	e	*iiii.*	*Id'.*	Sancti Wilfridi episcopi iii lecciones. De uigilia maior missa.	
	f	*iii.*	*Id'.*	**Translacio sancti Edwardi Regis anglorum.**	viii cape
xii.	g	*ii.*	*Id'.*	*Sancti Kalixte[2] [pape et[1]] martiris iii lecciones* Bellum anglorum.	ii cape
i.	A	*Idus.*			
	b	*xvii.*	*kl'.*	Nouembris.	
ix.	c	*xvi.*	*kl'.*	Sol in scorpionem.	
	d	*xv.*	*kl'.*	Sancti luce euuangeliste.	xii lecciones
xvii.	e	*xiiii.*	*kl'.*	Sancte Fredeswythe uirginis.	iii lecciones
vi.	f	*xiii.*	*kl'.*	Octaua sancti Edwardi regis et confessoris.	iii cape
	g	*xii.*	*kl'.*	*Sanctarum undecim milia uirginum.*	iii lecciones
xiiii.	A	*xi.*	*kl'.*		
iii.	b	*x.*	*kl'.*	Sancti Romani archiepiscopi.	iii lecciones
	c	*ix.*	*kl'.*		
xi.	d	*viii.*	*kl'.*	*Sanctorum martirum Crispini et crispiniani.*	iii lecciones
xix.	e	*vii.*	*kl'.*		
	f	*vi.*	*kl'.*	Uigilia.	
viii.	g	*v.*	*kl'.*	Apostolorum symonis et iude.	in albis
	A	*iiii.*	*kl'.*		
xvi.	b	*iii.*	*kl'.*		
v.	c	*ii.*	*kl'.*	Sancti Quimtini[2] martiris.	iii lecciones

[fo. 7.b.

[1] erased. [2] *sic.*

Scorpius est quintus et tercius est nece cinctus.

Scorpius hybernem preceps iubet ire nouembrem.

	d	KL	NOVEMBER	**Festiuitas omnium sanctorum.**	viii cape
xii.	e	*iiii.*	*N'.*	Sancti Eustachii sociorumque eius martirum.	iii lecciones
ii.	f	*iii.*	*N'.*		
	g	*ii.*	*N'.*		
x.	A	*Nonas.*		D'	
	b	*viii.*	*Id'.*	*Sancti Leonardi abbatis.*	xii lecciones
xviii.	c	*vii.*	*Id'.*		
vii.	d	*vi.*	*Id'.*	Sanctorum quatuor coronatorum martirum.	iii lecciones
	e	*v.*	*Id'.*	Sancti Theodori martiris.	iii lecciones
xv.	f	*iiii.*	*Id'.*		
iiii.	g	*iii.*	*Id'.*	Sancti martini episcopi et confessoris xii lecciones. *Et sancti menne martiris commemoracio.*	
	A	*ii.*	*Id'.*		
xii.	b	*Idus.*		*Sancti bricii episcopi et confessoris.*	xii lecciones
i.	c	*xviii.*	*kl'.*	Decembris.	
	d	*xvii.*	*kl'.*	Sancti machuti episcopi et confessoris.	iii lecciones
ix.	e	*xvi.*	*kl'.*	*Sancti Edmundi Archiepiscopi et confessoris.* Sol in sagittarium.	
	f	*xv.*	*kl'.*	*Sancte Hilde uirginis.*	xii lecciones
xvii.	g	*xiiii.*	*kl'.*	*Octaua sancti martini.*	xii lecciones
vi.	A	*xiii.*	*kl'.*		
	b	*xii.*	*kl'.*	**Sancti Edmundi regis et martiris.**	v cape
xiiii.	c	*xi.*	*kl'.*	Oblacio beate marie uirginis.	
iii.	d	*x.*	*kl'.*	*Sancte Cecilie uirginis et martiris.*	xii lecciones
	e	*ix.*	*kl'.*	*Sancti clementis* [pape et[1]] *martiris viii lecciones.* Et sancte felicitatis martiris iiii lecciones.	
xi.	f	*viii.*	*kl'.*	Sancti Grisogoni martiris.	iii lecciones
xix.	g	*vii.*	*kl'.*	**Sancte Katerine uirginis et martiris.** xii lecciones	iii cape
	A	*vi.*	*kl'.*		
viii.	b	*v.*	*kl'.*	Primus aduentus domini.	
	c	*iiii.*	*kl'.*	D'	
xvi.	d	*iii.*	*kl'.*	*Sancti Saturnini martiris.* Uigilia.	iii lecciones
v.	e	*ii.*	*kl'.*	Sancti Andree apostoli.	iii cape

[fo. 8.

[1] erased.

Septimus exanguis. uirosus denus ut anguis.

Terminat architenens mensi sua signa decembri.

xiii.ii.	f	KL	DECEMBER.			
ii.	g	*iiii.*	*N'.*			
	A	*iii.*	*N'.*		ultimus aduentus domini.	
x.	b	*ii.*	*N'.*			
	c	*Nonas.*				
xviii.	d	*viii.*	*Id'.*	Sancti Nicholai episcopi et confessoris.		iii cape
vii.	e	*vii.*	*Id'.*	*Octaua sancti Andree apostoli.*	D'	iii lecciones
	f	*vi.*	*Id'.*	**Concepcio sancte marie uirginis.**		iiii cape
xv.	g	*v.*	*Id'.*			
iiii.	A	*iiii.*	*Id'.*			
	b	*iii.*	*Id'.*	Sancti Damasi [pape et[1]] confessoris.		iii lecciones
xii.	c	*ii.*	*Id'.*			
i.	d	*Idus.*		*Sancte Lucie uirginis xii lecciones.* Et sancti Iudoci confessoris commemoracio.		
	e	*xix.*	*kl'.*	Ianuarii.		
ix.	f	*xviii.*	*kl'.*			
	g	*xvii.*	*kl'.*	Sancte Barbare uirginis.	O sapiencia.	commemoracio
xvii.	A	*xvi.*	*kl'.*		Sol in capricornium.	
vi.	b	*xv.*	*kl'.*			
	c	*xiiii.*	*kl'.*			
xiiii.	d	*xiii.*	*kl'.*		uigilia.	
iii.	e	*xii.*	*kl'.*	Sancti Thome apostoli in albis.		xii lecciones
	f	*xi.*	*kl'.*			
xi.	g	*x.*	*kl'.*			
xix.	A	*ix.*	*kl'.*			
	b	*viii.*	*kl'.*	**Natiuitas domini nostri iesu christi.**		viii cape
viii.	c	*vii.*	*kl'.*	Sancti stephani prothomartiris.		iiii cape
	d	*vi.*	*kl'.*	**Sancti Iohannis euuangeliste.**		iiii cape
xvi.	e	*v.*	*kl'.*	Sanctorum innocencium martirum.		iiii cape
v.	f	*iiii.*	*kl'.*	**S[ancti Thome archiepiscopi et martiris.**		iiii cape][1]
	g	*iii.*	*kl'.*	De natiuitate domini. iii lecciones.		in albis
xiii.	A	*ii.*	*kl'.*	*Sancti Siluestri confessoris viii lecciones.* De natiuitate iiii lecciones.		in albis

[fo. 8.b.

[1] erased.

1

Hic incipit exorcismus salis plane legendo. et non dicatur Dominus uobiscum *neque* Oremus. *set tantum Uersiculus.* Adiutorium nostrum in nomine domini.

EXorcizo te creatura salis per deum ✠ uiuum. per deum ✠ uerum. per deum sanctum ✠ per deum qui te per heliseum prophetam in aquam mitti iussit ut sanaretur sterilitas aque : ut efficiaris sal exorcizatum in salutem credencium. et sis omnibus te sumentibus sanitas anime et corporis. et effugiat atque discedat ab eo loco quo aspersus fueris omnis fantasia nequicia uel uersucia diabolice fraudis. omnisque spiritus inmundus adiuratus per eum qui uenturus est iudicare uiuos et mortuos. et seculum per ignem.

Oracio.

INmensam clemenciam tuam omnipotens eterne deus humiliter imploramus : ut hanc creaturam salis quam in usum humani generis tribuisti benedi✠cere. et sancti✠ficare tua pietate digneris : ut sit omnibus sumentibus salus mentis et corporis. et quicquid eo tactum uel respersum fuerit careat omni inmundicia. omnique impugnacione spiritualis nequicie. Per uirtutem eiusdem domini nostri ihesu qui uenturus est iudicare uiuos et mortuos et seculum per ignem.

2

Exorcismus aque.

EXorcizo te creatura aque in nomine dei ✠ patris omnipotentis. et in nomine ihesu cris✠ti filii eius domini nostri et in uirtute ✠ spiritus sancti : ut fias aqua exorcizata ad effugandam omnem potestatem inimici. et ipsum inimicum eradicare et explantare ualeas cum angelis suis apostaticis. per uirtutem eiusdem domini nostri ihesu christi qui uenturus.

Oracio.

DEus qui ad salutem humani generis maxima queque sacramenta in aquarum substancia condidisti. adesto inuocacionibus nostris et elemento huic multimodis purificacionibus preperato uirtutem tue benedic✠cionis infunde ut creatura tua misteriis tuis seruiens. ad abiciendos demones morbosque pellendos diuine gracie sumat effectum : ut/ quicquid in domibus [fo. 9. uel in locis fidelium hec unda resperserit. careat inmundicia. liberetur a noxa. non illic resideat spiritus pestilens non aura corrumpens. discedant omnes insidie latentis inimici. et siquid est quod aut incolumitati habitancium inuidet aut quieti. aspersione huius aque effugiat. ut salubritas per inuocacionem nominis tui expetita. ab omnibus sit impugnacionibus defensa. Per dominum.

3

Hic mittat sal in aquam dicendo in auditu.

COmmixcio salis et aque pariter. In nomine patris et filii et spiritus sancti amen. Dominus uobiscum. Et cum spiritu.

DEus inuicte uirtutis auctor et insuperabilis imperii rex ac semper magnificus triumphator. qui aduerse dominacionis uires reprimis. qui inimici rugientis seuiciam superas. qui hostiles nequicias potens expugnans te domine trementes et supplices deprecamur ac petimus. ut hanc creaturam salis et aque dignanter accipias benignus illustres. pietatis tue more sanc✠tifices ut ubicumque fuerit aspersa per inuocacionem sancti tui nominis: omnis infestacio inmundi spiritus abiciatur. terrorque uenenosi serpentis procul pellatur. et presencia sancti spiritus nobis misericordiam tuam poscentibus ubique adesse dignetur. Per.

4

Antiphona.

ASperges me domine ysopo et mundabor. lauabis me et super niuem dealbabor. *Ps.* Miserere mei deus.

In tempore paschali.

UIdi aquam egredientem de templo a latere dextero alleluya. Et omnes ad quos peruenit aqua ista salui facti sunt et dicunt alleluya. alleluya. *Psalmus.* Confitemini domino quoniam bonus. quoniam in seculum. Gloria patri. ℣. Ostende nobis domine misericordiam tuam. Dominus uobiscum.

Oracio.

EXaudi nos domine sancte pater omnipotens eterne deus: et mittere dignare sanctum angelum tuum de celis qui custodiat. foueat. protegat. uisitet atque defendat omnes habitantes in hoc habitaculo. et in cunctis habitaculis nostris. Per dominum nostrum ihesum christum filium tuum. Qui tecum uiuit et regnat in unitate spiritus sancti deus. per omnia secula seculorum. Amen.

Dominica prima aduentus domini ad missam officium./ [fo. 9. b.

AD te leuaui animam meam deus meus in te confido non erubescam. neque irrideant me inimici mei. etenim uniuersi qui te expectant non confundentur. *Ps.* Uias tuas domine demonstra michi: et semitas tuas edoce me. Gloria.

Oracio.

EXcita domine quesumus potenciam tuam et ueni: ut ab iminentibus peccatorum nostrorum periculis te mereamur protegente eripi. te liberante saluari. Qui uiuis et regnas cum deo patre.

Ad Romanos.

FRatres: Scientes: quia hora est iam nos de sompno surgere. Nunc autem propior est nostra salus: quam cum credidimus. Nox precessit. dies autem appropinquauit. Abiciamus ergo opera tenebrarum: et induamur arma lucis. sic ut in die honeste ambulemus. Non in commessacionibus et ebrietatibus. non in cubilibus et impudiciciis non in contencione et emulacione. Set induimini: dominum ihesum christum.

Gradale.

UNiuersi qui te expectant non confundentur domine. ℣. Uias tuas domine notas fac michi et semitas tuas edoce me. Alleluya. ℣. Ostende nobis domine misericordiam tuam et salutare tuum da nobis.

Inicium sancti euangelii secundum marcum.

PRincipium euangelii ihesu christi filii dei sicut scrip-

tum est in ysaia propheta. Ecce mitto angelum meum ante faciem tuam qui preparabit uiam tuam ante te. uox clamantis in deserto. parate uiam domini rectas facite semitas eius. Fuit iohannes in deserto baptizans et predicans baptismum penitencie: in remissionem peccatorum. Et egrediebatur ad illum omnis iudee regio. et ierusolimite uniuersi. et baptizabantur ab illo in iordane flumine confitentes peccata sua. Et erat iohannes uestitus pilis cameli: et zona pellicia circa lumbos eius. Et locustas et mel siluestre edebat: et predicabat dicens. Uenit forcior me post me: cuius non sum dignus procumbens soluere corrigiam calciamentorum eius. Ego baptizaui uos aqua: ille uero baptizabit uos spiritu sancto.

Offertorium.

AD te domine leuaui animam meam. deus meus in te confido non erubescam neque irrideant mei etenim uniuersi qui te expectant non confundentur.

Secretum.

HEc sacra nos domine potenti uirtute mundatos/ ad [fo. 10. suum faciant puriores uenire principium. Per.

Communio.

DOminus dabit benignitatem. et terra nostra dabit fructum suum.

Postcommunio.

SUscipiamus domine misericordiam tuam in medio templi tui. et reparacionis nostre uentura sollempnia congruis honoribus precedamus. Per.

7

Feria iiii.

Leccio epistole beati iacobi apostoli.

KArissimi. Pacientes estote: usque ad aduentum domini. Ecce agricola expectat preciosum fructum terre: pacienter ferens donec accipiat temporaneum et serotinum. Pacientes igitur estote et uos: et confirmate corda uestra quoniam aduentus domini appropinquabit. Nolite ingemiscere fratres: in alterutrum: ut non iudicemini. Ecce iudex ante ianuam assistit. Exemplum accipite fratres laboris et paciencie. prophetas qui locuti sunt in nomine domini nostri ihesu christi.

Secundum matheum.

IN illo tempore: Cum appropinquasset ihesus iherosolimis et uenisset bephage ad montem olиueti: tunc misit duos de discipulis suis dicens eis. Ite in castellum quod contra uos est. et statim inuenietis asinam alligatam. et pullum cum ea. Soluite: et adducite michi. Et siquis uobis aliquid dixerit: dicite quia dominus hiis opus habet. et confestim dimittet eos. Hoc autem totum factum est ut adimpleretur quod dictum est per prophetam dicentem. Dicite filie syon. Ecce rex tuus uenit tibi mansuetus: sedens super asinam et pullum filium subiugalis. Euntes autem discipuli: fecerunt sicut preceperat illis ihesus. Et adduxerunt asinam et pullum: et imposuerunt super eum uestimenta sua: et eum

8

desuper sedere fecerunt. Plurima autem turba: strauerunt uestimenta sua in uia. Alii autem cedebant ramos de arboribus: et sternebant in uia. turbe autem que precedebant et que sequebantur: clamabant dicentes. Osanna filio dauid: benedictus qui uenit: in nomine domini.

Feria vi.

Leccio ysaie prophete.

IN diebus illis: Dixit ysaias propheta. Ecce nomen domini uenit de longinquo. ardens furor eius et grauis ad portandum. Labia eius repleti[1] sunt indignacione. et lingua eius quasi ignis deuorans. Spiritus eius uelud torrens inundans usque ad medium collis: ad perdendas gentes/ in [fo. 10. b. nichilum. Et frenum erroris [2]quod erroris[2] quod erit in maxillis populorum canticum eorum nobis sicut nox sanctitate sollempnitatis et leticia cordis sicut qui pergit cum tibia. ut intret in montem domini ad fortem israel. Et auditam faciet dominus gloriam uocis sue in leticia cordis uestri.

Matheum.

IN illo tempore. Uenit iohannes baptista predicans in deserto iudee et dicens. Penitenciam agite: appropinquabit enim regnum celorum. Hic est enim qui dictus est per ysayam prophetam dicentem. Uox clamantis in deserto: parate uiam domini rectas facite semitas eius. Ipse autem iohannes habebat uesti-

[1] *Sic.*

[2]——[2] Struck out by red line.

9

mentum de pilis camelorum: et zona pellicea circa lumbos eius. Esca autem eius erat locuste : et mel siluestre. Tunc exibat ad eum ierusolima et omnis iudea: et omnis regio circa iordanem. Et baptizabantur in iordane ab eo . confitentes peccata sua.

Dominica ii. Officium.

POpulus syon ecce dominus ueniet ad saluandas gentes. et auditam faciet dominus gloriam uocis sue in leticia cordis uestri. *Ps.* Iubilate deo omnis terra. Gloria patri.

Oracio.

EXcita domine corda nostra ad preparandas unigeniti tui uias. ut per eius aduentum purificatis tibi mentibus seruire mereamur. Qui tecum.

Ad romanos.

FRatres: Quecumque scripta sunt ad nostram doctrinam scripta sunt: ut per pacienciam et consolacionem scripturarum spem habeamus. Deus autem paciencie et solacii det uobis idipsum sapere in alterutrum secundum ihesum christum : ut unanimes uno ore honorificetis deum. et patrem domini nostri ihesu christi. Propter quod suscipite inuicem sicut et christus suscepit uos in honorem dei. Dico enim christum ihesum ministrum fuisse circumtisionis[1] propter ueritatem dei : ad confirmandas promissiones patrum. Gentes autem super misericordia honorare deum : sicut scriptum. Propterea confitebor tibi in gentibus: et nomini tuo cantabo.

[1] *Sic.*

10

Et iterum dicit. Letamini gentes cum plebe eius. Et iterum. Laudate omnes gentes dominum. et magnificate eum omnes populi. Et rursum ysaias ait. Erit radix iesse : et qui exurget regere gentes. in eum gentes sperabunt. Deus autem spei repleat uos omni gaudio et pa/ce in [fo. 11. credendo : ut habundetis in spe : et uirtute spiritus sancti.

Gradale.

EX syon species decoris eius deus manifeste ueniet. ℣. Congregate illi sanctos eius qui ordinauerunt testamentum eius super sacrificia. Alleluya. ℣. Letatus sum in hiis que dicta sunt michi in domum domini ibimus. ℣. Stantes erant pedes nostri in atriis tuis ierusalem.

Secundum Lucam.

IN illo tempore: Dixit ihesus discipulis suis. Erunt signa in sole et luna et stellis : et in terris pressura gencium pre confusione sonitus maris et fluctuum. arescentibus hominibus pre timore et expectacione. que superuenient uniuerso orbi. Nam uirtutes celorum mouebuntur. Et tunc uidebunt filium hominis uenientem in nube cum potestate magna et magestate. Hiis autem fieri incipientibus: respicite et leuate capita uestra quoniam appropinquat redempcio uestra. Et dixit illis similitudinem. Uidete ficulneam. et omnes arbores. Cum producunt iam ex se fructum : scitis quoniam prope est estas. Ita et uos cum uideritis hec fieri: scitote quoniam prope est regnum dei. Amen dico uobis quia non preteribit generacio hec donec omnia fiant. Celum et terra transibunt: uerba autem mea non transibunt.

Offertorium.

DEus tu conuertens uiuificabis nos et plebs tua letabitur in te. ostende nobis domine misericordiam tuam et salutare tuum da nobis.

Secretum.

PLacare quesumus domine humilitatis nostre precibus et hostiis et ubi nulla suppetunt suffragia meritorum. tuis nobis succurre presidiis. Per.

Prefacio.

QUi cum unigenito.

Communio.

IErusalem surge et sta in excelso et uide iocunditatem que ueniet tibi a domino deo tuo.

Postcommunio.

REfecti cibo potuque spiritualis alimonie supplices te domine deprecamur: ut huius participacione misterii doceas nos terrena despicere. et amare celestia. Per.

Feria iiii. Leccio ysaie prophete.

HEc dicit dominus deus. In die illa congregabo claudicantem. et eum quem eieceram colligam. et quem afflixeram consolabor. Et ponam claudicantem in reliquias. et eum qui laborat in gentem robustam. Et regnabit dominus super eos in montem syon: ex hoc nunc et usque ineternum. Et tu bethleem effrata: paruulus es in milibus iuda. Ex te enim egredietur: qui sit dominator in israel. Et egressus eius sicut ab inicio: a diebus eternitatis. Et stabit et/ pascet in [fo. 11. b. fortitudine domini: in sublimitate nominis domini dei sui. Et magnificabitur usque ad terminos uniuerse terre. et pax erit in terra nostra dum uenerit. Ait dominus: exercituum.

Matheum.

IN illo tempore: Dixit ihesus turbis Amen dico uobis: non surrexitinter natos mulierum maior iohanne baptista. Qui autem iunior est in regno celorum: maior est illo. A diebus autem iohannis baptiste usque nunc regnum celorum uim patitur. et uiolenti rapiunt illud. Omnes enim prophete et lex usque ad iohannem prophetauerunt. Et si uultis recipere ipse est helyas qui uenturus est. Qui habet aures audiendis audiat.

Feria vi. Leccio ysaie prophete.

HEc dicit dominus redemptor noster sanctus israel dominus exercituum nomen eius. Primus ad syon dicet ecce assum: et ierusalem euuangelistam dabo. Ecce seruus meus suscipiam eum. electus meus. complacuit sibi in illo anima mea. Dedi spiritum meum super eum: iudicium gentibus profert. Non clamabit neque accipiet personam: neque audieter foris uox eius. Calamum quassatum non conteret: et lignum fumigans non extinguet. In ueritate educet

13

iudicium : non erit tristis neque turbulentus. Donec ponat in terra iudicium : et legem eius insule expectabunt. Ego dominus uocaui nomen meum in iusticia : et apprehendi manum eius et seruaui. Et dedi eum in fedus populi et in lucem gencium. ut aperiret oculos cecorum et educeret de conclusione uinctum de domo carceris sedentem in tenebris. Ego dominus hoc est nomen meum et gloriam meam alteri non dabo. neclaudem meam sculptilibus. Que prima fuerunt ecce uenerunt : noua quoque ego annuncio. antequam oriatur auditum uobis faciam. Cantate domino canticum nouum : laus eius ab extremis terre. Quia dominus sicut fortis egredietur : et sicut uir preliator suscitabit zelum.

Marcum.

IN illo tempore : Interrogabant ihesum discipuli dicentes. Quid ergo dicunt pharisei et scribe : quia helyam oportet primum uenire ? Qui respondens ait illis. Helyas cum uenerit : primo restituet omnia. Et quomodo scriptum est in filium hominis. ut multa paciatur et contempnatur./ Set [fo. 12. dico uobis quia helyas uenit. et fecerunt illi quecumque uoluerunt sicut scriptum est de eo. Et ueniens ad discipulos uidit turbam magnam et scribas circa eos. conquirentes cum illis. Et confestim omnis populus uidens eum stupefactus est : et expauerunt. Occurrentesque salutabant eum. Et interogauit eos : quid inter se conquirerent.

14

Dominica iii. Officium.

GAudete in domino semper iterum dico gaudete modestia uestra nota sit omnibus hominibus dominus prope est nichil solliciti sitis. set in omni oracione peticiones uestre innotescant apud deum. *Ps.* Et pax dei que exuperat omnem sensum : custodiat corda uestra et intelligencias uestras. Gloria patri.

Oracio.

AUrem tuam quesumus domine precibus nostris accomoda : et mentis nostre tenebras gracia tue uisitacionis illustra. Qui uiuis.

Ad corinthios.

FRatres : Sic nos existimet homo ut ministros christi : et dispensatores ministeriorum dei. Hic iam queritur : inter dispensatores : ut fidelis quis inueniatur. Michi autem pro minimo est ut a uobis iudicer aut ab humano die. Set neque meipsum iudico. Nichil enim michi conscius sum. Set non in hoc iustificatus sum. Qui autem iudicat me dominus est. Itaque nolite ante tempus iudicare quoadusque ueniat dominus qui et illuminabit abscondita tenebrarum. et manifestabit consilia cordium. Et tunc laus erit : unicuique a deo.

Gradale.

QUi sedes domine super cherubyn excita potenciam tuam et ueni. ℣. Qui regis israel intende qui deducis uelud ouem ioseph. Alleluya. ℣. Excita domine potenciam tuam et ueni ut saluos facias nos.

15

Secundum matheum.

IN illo tempore: Cum audisset iohannes in uinculis opera christi mittens duos de discipulis suis ait illi. Tu es qui uenturus es an alium expectamus? Et respondens ihesus: ait illis. Euntes renunciate iohanni que audistis et uidistis. Ceci uident. claudi ambulant. leprosi mundantur. Surdi audiunt mortui resurgunt pauperes euuangelizantur. Et beatus est qui non fuerit scandalizatus in me. Illis autem abeuntibus: cepit ihesus dicere ad turbas de iohanne. Quid existis in desertum uidere? Arundinem uento agitatam? Set quid existis uidere? Hominem mollibus uestitum? Ecce qui mollibus uestiuntur: in domibus/ [fo. 12. b. regum sunt. Set quid existis uidere? Prophetam. Eciam dico uobis: et plusquam prophetam. Hic est enim de quo scriptum est. Ecce mitto angelum meum ante faciem tuam: qui preparabit uiam tuam ante te.

Offertorium.

BEnedixisti domini terram tuam auertisti captiuitatem iacob remisisti iniquitatem plebis tue.

Secretum.

DEuocionis nostre tibi quesumus domine hostia immoletur que et sacra peragat instituta misterii. et salutare tuum nobis mirabiliter operetur. Per.

Prefacio.

QUi cum unigenito.

16

Communio.

DIcite pusillanimes confortamini et nolite timere ecce deus noster ueniet et saluabit nos.

Postcommunio.

IMploramus domine clemenciam tuam. ut hec diuina subsidia a uiciis expiatos. ad festa uentura nos preparent. Per.

Feria iiii. Officium.

ROrate celi desuper et nubes pluant iustum aperiatur terra et germinet saluatorem. *Ps.* Et iusticia oriatur simul: ego dominus creaui eum. Gloria.

Oracio.

PResta quesumus omnipotens deus. ut redempcionis nostre uentura sollempnitas: et presentis nobis uite subsidia conferat et eterne beatitudinis premia largiatur. Per.

Leccio ysaie prophete.

IN diebus illis: Dixit ysayas propheta. Erit in nouissimis diebus preparatus mons domus domini in uertice moncium et eleuabitur colles et fluent ad eum omnes gentes et ibunt populi multi et dicent. Uenite ascendamus ad montem domini. et ad domum dei iacob. et docebit nos uias suas et ambulabimus in semitis eius quia de syon exibit lex. et uerbum domini de ierusalem. Et iudicabit gentes: et arguet populos multos. Et conflabunt gladios suos in uomeres. et lanceas suas in falces. Non leuabit gens contra gentem gladium. nec exercebuntur ultra in prelium. Domus iacob uenite et ambulemus in lumine domini dei nostri.

17

Gradale.

TOllite portas principes uestras et eleuamini porte eternales et introibit rex glorie. ℣. Quis ascendet in montem domini aut quis stabit in loco sancto eius innocens manibus et mundo corde.

Dominus uobiscum.

Oracio.

FEstina quesumus domine ne · tardaueris. et auxilium nobis superne uirtutis impende. ut aduentus tui consolacionibus subleuentur. qui in tua pietate confidunt. Qui uiuis.

Leccio ysaie prophete.

IN diebus illis: Locutus est dominus ad achaz dicens. Pete/ tibi signum a [fo. 13. domino deo tuo in profundum inferni: siue in excelsum supra. Et dixit achaz. Non petam: et non temptabo dominum. Et dixit. Audite ergo domus dauid. Numquid parum uobis est molestos esse hominibus quia molesti estis et deo meo. Propter hoc dabit dominus ipse uobis signum. Ecce uirgo in utero concipiet et pariet filium: et uocabitur nomen eius emanuel. Butirum et mel comedet: ut sciat reprobare malum: et eligere bonum.

Gradale.

PRope est dominus omnibus inuocantibus eum. omnibus qui inuocant eum in ueritate. ℣ Laudem domini loquetur os meum et benedicat omnis caro nomen sanctum eius.

18

Secundum Lucam.

IN illo tempore: Missus est angelus gabriel a deo in ciuitatem galilee cui nomen nazareth: ad uirginem desponsatam uiro cui nomen erat ioseph de domo dauid: et nomen uirginis maria. Et ingressus angelus ad eam dixit: Aue gracia plena: dominus tecum. Benedicta tu in mulieribus. Que cum audisset: turbata est in sermone eius: et cogitabat qualis esset ista salutacio. Et ait angelus ei. Ne timeas maria: inuenisti enim graciam apud deum. Ecce concipies in utero et pariet[1] filium: et uocabis nomen eius ihesum. Hic erit magnus: et filius altissimi uocabitur. Et dabit illi dominus deus sedem dauid patris eius: et regnabit in domo iacob ineternum. et regni eius non erit finis. Dixit autem maria ad angelum. Quomodo fiet istud quoniam uirum non cognosco? Et respondens angelus: dixit ei. Spiritus sanctus superueniet in te. et uirtus altissimi obumbrabit tibi. Ideoque et quod nascetur ex te sanctum: uocabitur filius dei. Et ecce elizabeth cognata tua: et ipsa concepit filium in senectute sua. et hic mensis est sextus illi que uocatur sterilis: quia non erit impossibile apud deum omne uerbum. Dixit autem maria. Ecce ancilla domini. Fiat michi secundum uerbum tuum.

Offertorium.

AUe maria gracia plena dominus tecum benedicta tu in mulieribus et benedictus fructus uentris tui.

[1] *Sic.*

Secretum.

SAlutari ieiunio competentes domine hostias immolamus. presta. ut ad natiuitatem panis eterni hiis officiis preparemur. Per eundem.

Communio.

ECce uirgo concipiet./ et [fo. 13. b. pariet filium et uocabitur nomen eius emanuel.

Postcommunio.

SAlutaris tui domine munere saciati supplices deprecamur: ut cuius letamur gustu. renouemur effectu. Per.

Feria vi. Officium.

PRope esto domine et omnes uie tue ueritas inicio cognoui de testimoniis tuis quia ineternum tu es. *Ps.* Beati inmaculati. Gloria.

Oracio.

EXcita domine quesumus. potenciam tuam et ueni: ut hii qui in tua pietate confidunt. ab omni cicius aduersitate liberentur. Qui uiuis.

Leccio ysaie prophete.

HEc dicit dominus deus: Egredietur uirga de radice iesse: et flos de radice eius ascendet. Et requiescet super eum spiritus domini. spiritus sapiencie et intellectus. spiritus consilii et fortitudinis. spiritus sciencie et pietatis. et replebit eum spiritus timoris domini. Non secundum uisionem oculorum iudicabit: neque secundum auditum aurium arguet: set iudicabit in iusticia pauperes: et arguet in equitate

pro mansuetis terre. Et percuciet terram uirga oris sui: et spiritu labiorum suorum interficiet impium. Et erit iusticia cingulum lumborum eius: et fides cinctorium renum eius.

Gradale.

OStende nobis domine misericordiam tuam. et salutare tuum da nobis. ℣. Benedixisti domine terram tuam auertisti captiuitatem iacob.

Secundum Lucam.

IN illo tempore: Exurgens maria abiit in montana cum festinacione in ciuitatem iuda: et intrauit domum zacharie. et salutauit elizabeth. Et factum est ut audiuit salutacionem marie elizabeth: exultauit in gaudio infans in utero eius. Et repleta est spiritu sancto elizabeth: et exclamauit uoce magna et dixit. Benedicta tu inter mulieres: et benedictus fructus uentris tui. Et unde hoc michi ut ueniat mater domini mei ad me? Ecce enim ut facta est uox salutacionis tue in auribus meis: exultauit in gaudio infans in utero meo. Et beata que credidisti: quoniam perficientur ea que dicta sunt tibi a domino. Et ait maria. Magnificat anima mea dominum. Et exultauit spiritus meus: in deo salutari meo.

Offertorium.

DEus tu conuertens.

Secretum.

SAcrificiis quesumus domine salutaribus hiis diebus aptemur propensius quibus illud est

21

misterium celebrandum. cui seruit omnis execucio mandatorum. Per.

Communio./ [fo. 14.

ECce dominus ueniet et omnes sancti eius cum eo. et erit in die illa lux magna.

Postcommunio.

PErfice domine misericordiam tuam populo supplicanti quem tuorum refectum largitate donorum. et instancius graciam postulare maiorem. et fiducialius sperare concedas. Per.

Sabbato. Officium.

UEni et ostende nobis domine faciem tuam qui sedes super cherubyn et salui erimus. *Ps.* Qui regis.

Oracio.

DEus qui conspicis quia ex nostra prauitate affligimur. concede propicius ut ex tua uisitacione consolemur. Qui uiuis.

Leccio ysaie prophete.

IN diebus illis : Clamabunt ad dominum a facie tribulantis: et mittet eis saluatorem et propugnatorem qui liberet eos. Et cognoscetur dominus ab egypto. et cognoscent egypcii dominum in die illa : et colent eum in hostiis et muneribus. et uota uouebunt domino et soluent. Et percuciet dominus egyptum plaga : et sanabit eos. Et reuertentur ad dominum et placabitur eis. et sanabit eos : dominus deus noster.

22

Gradale.

A Summo celo egressio eius. et occursus eius usque ad summum eius. ℣. Celi enarrant gloriam dei et opera manuum eius annunciat firmamentum.

Oracio.

COncede quesumus omnipotens deus : ut qui sub peccati iugo ex uetusta seruitute deprimimur. expectata unigeniti tui noua natiuitate liberemur. Per eundem.

Leccio ysaie prophete.

HEc dicit dominus deus. Letabitur deserta et inuia. et exultabit solitudo et florebit quasi lilium. Germinans germinabit et exultabit letabunda et laudans. Gloria libani data est ei decor carmeli et saron. Ipsi uidebunt gloriam domini : et decorem dei nostri. Confortate manus dissolutas et genua debilia roborate. Dicite pusillanimes confortamini : et nolite timere. Ecce deus uester ulcionem adducet retribucionis : deus ipse ueniet et saluabit nos. Tunc aperientur oculi cecorum : et aures surdorum patebunt. Tunc saliet sicut ceruus claudus : et aperta erit lingua mutorum. Quia scisse sunt in deserto aque. et torrentes in sollitudine : et que erat arida in stagnum. et siciens in fontes aquarum. Ait dominus : omnipotens.

Gradale.

IN sole posuit tabernaculum suum et ipse tanquam sponsus procedens de thalamo suo. ℣. A summo celo egressio eius. et occursus eius usque/ ad [fo. 14. b. summum eius.

23

Oracio.

INdignos nos quesumus domine famulos tuos quos accionis proprie culpa contristat. unigeniti filii tui aduentu letifica. Qui tecum.

Leccio ysaie prophete.

HEc dicit dominus deus. Super montem excelsum ascende tu qui euuangelizas syon. Exalta in fortitudine uocem tuam qui euuangelizas iherusalem. Exalta. noli timere. Dic ciuitatibus iude. Ecce deus uester. Ecce dominus in fortitudine ueniet: et brachium eius dominabitur. Ecce merces eius cum eo. et opus illius coram illo. Sicut pastor gregem suum pascet in brachio suo congregabit agnos et in sinu suo leuabit eos dominus deus noster.

Gradale.

DOmine deus uirtutum conuerte nos et ostende faciem tuam et salui erimus. ℣. Excita domine potenciam tuam et ueni ut saluos facias nos.

Oracio.

PResta quesumus omnipotens deus ut filii tui uentura sollempnitas. et presentis nobis uite remedia conferat. et premia eterna concedat. Per eundem.

Leccio ysaie prophete.

HEc dicit dominus christo meo cyro cuius apprehendi dexteram. ut subiciam ante faciem eius gentes et dorsa regum uertam. et aperiam coram eo ianuas. et porte ei non claudentur. Ego ante te ibo. et

24

gloriosos terre humiliabo. Portas ereas conteram: et uectes ferreos confringam. Et dabo tibi thesauros absconditos et archana secretorum. ut scias quia ego dominus. qui uoco nomen tuum deus israel. propter seruum meum iacob. et israel electum meum. et uocaui te nomine tuo assimulaui te et non cognouisti me. Ego dominus et non est amplius. Extra me non est deus. Accinxi te et non cognouisti me. Ut sciant hii qui ab ortu solis. et qui ab occidente quoniam absque me non est deus. Ego dominus et non est alter. Formans lucem. et creans tenebras. Faciens pacem: et creans malum. Ego dominus: faciens omnia hec. Rorate celi desuper et nubes pluant iustum aperiatur terra. et germinet saluatorem. et iusticia oriatur simul. Ego dominus creaui eum.

Gradale.

EXcita domine potenciam tuam et ueni ut saluos facias nos. ℣. Qui regis israel intende qui deducis uelud ouem ioseph qui sedes super cherubyn appare coram effraym beniamin et manasse.

Oracio./ [fo. 15

PReces populi tui quesumus domine clementer exaudi: ut qui iuste pro peccatis nostris affligimur. pietatis tue uisitacione consolemur. Qui uiuis.

Leccio danielis prophete.

IN diebus illis: Angelus domini descendit cum azaria et sociis eius in fornacem et excussit flammam ignis de fornace et fecit medium fornacis quasi uentum roris flantem. Flamma autem diffusa est super fornacem cubitis quadraginta nouem et incendit quos reperit iuxta fornacem de chaldeis ministros regis qui eam incendebant. Illos autem omnino non tetigit ignis neque contristauit. nec quicquam molestie intulit. Tunc hii tres quasi ex uno ore. ympnum dicebant et magnificabant deum in fornace dicentes.

Tractus.

BEnedictus es domine deus pratrum[1] nostorum. Et laudabilis et gloriosus in secula. ℣. Et benedictum nomen glorie tue quod est sanctum. Et laudabile et gloriosum in secula. ℣. Benedictus es in templo sancto glorie tue. Et laudabilis. ℣. Benedictus es super thronum sanctum regni tui. Et laudabilis. ℣. Benedictus es super sceptrum diuinitatis tue. Et laudabilis. ℣. Benedictus es qui sedes super cherubyn. et intueris abyssos. Et laudabilis. ℣. Benedictus es qui ambulas super pennas uentorum. Et laudabilis. ℣. Benedicant te omnes angeli et sancti tui. laudabilem et gloriosum in secula. ℣. Benedicant te celi terra mare. et omnia que in eis sunt. laudabilem. ℣. Gloria patri et filio et spiritui sancto. laudabili et glorioso in secula. ℣. Sicut erat in principio et nunc et semper et in secula seculorum amen. Laudabili. Benedictus.

Oracio.

DEus qui tribus pueris mitigasti flammas ignium: concede propicius: ut aduueniente filio tuo domino nostro: nos famulos tuos non exurat flamma uiciorum. Per eundem.

[1] *Sic.*

Ad thessalonicenses.

FRatres: Rogamus uos per aduentum domini nostri ihesu christi et nostre congregacionis in ipsum: ut non cito moueamini a uestro sensu neque terreamini. neque per spiritum. neque per sermonem. neque per epistolam tanquam per nos missam. quasi instet dies domini. Ne quis uos seducat ullo modo. Quoniam nisi uenerit discessio primum et reuelatus fuerit homo peccati. filius perdicionis. qui aduersatur et extollitur super omne quod dicitur deus aut quod colitur ita ut in templo dei sedeat ostendens se tanquam sit deus. Non retinetis quod/ cum [fo. 15b. adhuc essem apud uos hec dicebam uobis. Et nunc quid detineat scitis: ut reueletur in suo tempore. Nam misterium iam operatur iniquitatis. Tantum ut qui tenet nunc teneat donec de medio fiat. Et tunc reuelabitur ille iniquus quem dominus interficiet spiritu oris sui: et destruet illustracione: aduentus sui.

Gradale.

QUi regis israel intende qui deducis uelud ouem ioseph. ℣. Qui sedes super cherubyn appare coram effraym beniamin et manasse. ℣. Excita domine potenciam tuam et ueni ut saluos facias nos.

Secundum Lucam.

ANno quintodecimo imperii tyberii cesaris procurante poncio pilato tetrarcha autem galilee herode. philippo autem fratre eius tetrarcha iturie. et trachonitidis regionis. et lysania abiline tetrarcha sub principibus sacerdotum anna et caypha: factum est uerbum domini super iohannem zacharie filium in deserto. Et uenit in omnem regionem iordanis: predicans baptismum penitencie in remissionem peccatorum sicut scriptum est in libro sermonum ysaie prophete. Uox clamantis in deserto: parate uiam domini. rectas facite semitas eius. Omnis uallis implebitur. et omnis mons et collis humiliabitur. et erunt praua indirecta. et aspera in uias planas. Et uidebit omnis caro salutare dei.

Offertorium.

EXulta satis filia syon predica filia ierusalem ecce rex tuus uenit tibi sanctus et saluator.

Secretum.

SUper has fidelium hostias domine propicio uultu respice: et quia nostris meritis non ualemus: hiis pocius muneribus tuo occursui mundemur. Per.

Communio.

EXultauit ut gigas ad currendam uiam a summo celo egressio eius et occursus eius usque ad summum eius.

Postcommunio.

QUesumus domine deus noster ut sacrosancta misteria que pro reparacionis nostre munimine contulisti: et presens nobis remedium esse facias et futurum. Per.

Dominica iiii. Officium.

MEmento nostri domine in beneplacito popùli tui uisita nos in salutari tuo ad uidendum in

bonitate electorum tuorum in leticia gentis tue ut lauderis cum hereditate tua. *Ps.* Confitemini domino.

Oracio.

EXcita domine quesumus potenciam tuam et ueni: et magna nobis uirtute succurre: ut auxilium gracie tue quod nostra peccata prepediunt. indulgencia tue/ propicia- [fo. 16. cionis acceleret. Qui uiuis. et regnas cum deo patre.

Ad philippenses.

FRatres: Gaudete in domino semper: iterum dico gaudete. Modestia uestra nota sit omnibus hominibus. Dominus prope est. Nichil solliciti sitis: set in omni oracione et obsecracione cum graciarum accione peticiones uestre innotescant apud deum. Et pax dei que exuperat omnem sensum custodiat corda uestra et intelligencias uestras. In christo ihesu: domino nostro.

Gradale.

PRope est dominus omnibus. ℣. Laudem domini. *ut supra in iiii. feria.* Alleluya. ℣. Ueni domine et noli tardare relaxa facinora plebis tue.

Iohannem.

IN illo tempore: Miserunt iudei ab iherosolimis sacerdotes et leuitas ad iohannem ut interrogarent eum. Tu quis es? Et confessus est: et non negauit. Et confessus est: quia non sum ego christus. Et interrogauerunt eum. Quid ergo? Helyas es tu? Et dixit. Non sum. Propheta es tu? Et respondit.

Non. Dixerunt ergo ei. Quis es ut responsum demus hiis qui miserunt nos. Quid dicis de te ipso? Ait. Ego uox clamantis in deserto: dirigite uiam domini sicut dixit ysaia propheta. Et qui missi fuerant: erant ex phariseis. Et interrogauerunt eum: et dixerunt ei. Quid ergo baptizas si tu non es christus neque helias neque propheta? Respondit eis iohannes dicens. Ego baptizo in aqua: medius autem uestrum stetit quem uos nescitis. Ipse est qui post me uenturus est qui ante me factus est cuius non sum dignus ut soluam eius corrigiam calciamenti. Hec autem in bethania facta sunt trans iordanem: ubi erat iohannes baptizans.

Offertorium.

COnfortamini et iam nolite timere ecce enim deus noster retribuet iudicium ipse ueniet ut saluos nos faciat.

Secretum.

SAcrificiis presentibus quesumus domine intende placatus: quibus ad filii tui natiuitatem suscipiendam purificemur. Qui tecum.

Prefacio.

QUi cum unigenito.

Communio.

ECce uirgo.

Postcommunio.

POpulum tuum quesumus domine donorum tuorum largitate prosequere: ut a malis omnibus sacramentorum tuorum

uirtute protectus. ad ineffabile misterium celebrandum. et mente preparetur et corpore. Per.

Feria iiii. Leccio epistole beati petri apostoli.

KArissimi: Unum hoc non lateat uos: quia unus/ dies apud dominum [fo. 16. b. sicut mille anni. et mille anni sicut dies unus. Non tardat dominus promissi: set pacienter agit propter uos nolens aliquos perire. set omnes ad penitenciam reuerti. Adueniet autem dies domini ut fur. in quo celi magno impetu transeunt. elementa uero calore soluentur. Cum hec igitur omnia dissoluenda sunt: quales esse oportet nos in sanctis conuersacionibus et pietatibus expectantes et properantes in aduentum diei dei. Per quem celi ardentes soluentur: et elementa ignis ardore tabescent. Nouos uero celos. et nouam terram. et promissa ipsius expectamus. in quibus iusticia habitat. Propter quod karissimi hec expectantes: satagite inmaculati et inuiolati ei: inueniri in pace.

Secundum matheum.

IN illo tempore: Uidens iohannes multos phariseorum et saduceorum uenientes ad baptismum suum: dixit eis. Progenies uiperarum quis demonstrauit uobis fugere a uentura ira. Facite ergo fructum dignum penitencie: et ne uelitis dicere intra uos patrem habemus abraham. Dico enim uobis quoniam potens est deus de lapidibus istis suscitare filios abrahe. Iam enim securis ad radicem arborum posita est. Omnis ergo arbor que non facit fructum bonum excidetur et in ignem mittetur. Ego quidem baptizo uos in aqua in penitenciam: qui post me uenturus est forcior me est. cuius non sum dignus calciamenta portare. Ipse baptizabit: in spiritu sancto et igni.

Feria vi. Leccio ysaie prophete.

HEc dicit dominus: Emitte agnum domine dominatorem terre: de petra deserti ad montem filie syon. Et erit sicut ouis fugiens et pulli nido auolantes: sic erunt filie moab in transcensu arnon. Ini consilium. coge consilium. pone quasi noctem umbram tuam. In meridie absconde fugientes: et uagos ne perdas. Habitabunt apud te profugi mei: moab esto latibulum eorum a facie uastatoris. Finitus est enim puluis: consummatus est miser. defecit qui conculcabat terram. Et preparabitur in misericordia solium eius: et sedebit super illud in ueritate in tabernaculo dauid. iudicans et querens iudicium: et uelociter reddens quod iustum est. Ait dominus: omnipotens.

Secundum Iohannem./ [fo. 17.

IN illo tempore: Iohannes testimonium perhibens de domino: clamabat dicens. Hic erat quem dixi. qui post me uenturus est ante me factus est quia prior me erat. Et de plenitudine eius nos omnes accepimus graciam pro gracia. Quia lex per moysen data est. gracia et ueritas per ihesum christum facta

est. Deum nemo uidit umquam. Unigenitus qui est in sinu patris: ipse enarrauit.

In uigilia natalis domini ad missam officium.

HOdie scietis quia ueniet dominus et saluabit nos et mane uidebitis gloriam eius. *Ps.* Domini est terra. Gloria patri.

Oracio.

DEus qui nos redempcionis nostre annua expectacione letificas. presta ut unigenitum tuum quem redemptorem leti suscipimus. uenientem quoque iudicem securi uideamus dominum nostrum ihesum christum filium tuum.

Leccio ysaie prophete.

HEc dicit dominus. Propter syon non tacebo. et propter ierusalem non quiescam: donec egrediatur ut splendor iustus eius. et saluator eius ut lampas accendatur. Et uidebunt gentes iustum tuum: et cuncti reges inclitum tuum. Et uocabitur tibi nomen nouum: quod os domini nominauit. Et eris corona glorie in manu domini: et dyadema regni in manu dei tui. Non uocaberis ultra derelicta: et terra tua non uocabitur amplius desolata. Set uocaberis uoluntas mea in ea: et terra tua inhabitabitur. quia complacuit domino in te.

Ad Romanos.

FRatres: Paulus seruus christi ihesu uocatus apostolus segregatus in euuangelium dei quod ante promiserat per prophetas suos in scripturis sanctis de filio suo qui factus est ei ex semine dauid. secundum carnem: qui predestinatus est filius dei in uirtute secundum spiritum sanctificacionis ex resurreccione mortuorum ihesu christi domini nostri. Per quem accepimus graciam et apostolatum ad obediendum fidei in omnibus gentibus pro nomine eius. In quibus estis et uos uocati: ihesu christi domini nostri.

Gradale.

HOdie scietis quia ueniet dominus et saluabit uos et mane uidebitis gloriam eius. ℣. Qui regis israel intende qui deducis uelut ouem ioseph qui sedes super cherubyn appare coram effraym beniamyn et manasse.

Si in dominica euenerit.

ALleluya. Crastina die delebitur iniquitas terre. et regnabit super nos saluator mundi.

Secundum matheum.

IN illo tempore: Cum esset despon/sata mater [fo. 17. b. ihesu maria ioseph: antequam conuenirent inuenta est maria[1] in utero habens de spiritu sancto. Ioseph autem uir eius cum esset iustus et noluit eam traducere: uoluit occulte dimittere eam. Hec autem eo cogitante: ecce angelus domini in sompnis apparuit ei dicens. Ioseph fili dauid: noli timere accipere mariam coniugem tuam. Quod enim in ea natum est: de spiritu sancto est. Pariet tibi filium: et uocabis nomen eius ihesum. Ipse enim saluum faciet populum suum: a peccatis eorum.

[1] Struck out with a red line.

Offertorium.

TOllite portas principes uestras et eleuamini porte eternales et introibit rex glorie.

Secretum.

DA nobis quesumus omnipotens deus. ut sicut adoranda filii tui natalicia preuenimus. sic eius munera capiamus sempiterna gaudentes. Qui tecum.

Communio.

REuelabitur gloria domini. et uidebit omnis caro salutare dei nostri.

Postcommunio.

DA nobis domine unigeniti filii tui recensita natiuitate respirare. cuius celesti mysterio pascimur et potamur. Qui tecum.

Missa in gallicantu. officium.

DOminus dixit ad me filius meus es tu ego hodie genui te. *Ps.* Postula a me. Gloria patri.

Oracio.

DEus qui hanc sacratissimam noctem ueri luminis fecisti illustracione clarescere: da quesumus. ut cuius lucis misteria in terra cognouimus. eius quoque gaudiis in celo perfruamur. Qui tecum.

Leccio ysaie prophete.

HEc dicit dominus. Populus qui ambulabat in tenebris: uidit lucem magnam. Habitantibus in regione umbre mortis: lux orta est eis. Paruulus enim natus est nobis. filius datus est nobis. Et factus est principatus super humerum eius. et uocabitur nomen eius admirabilis. consiliarius. deus fortis. pater futuri seculi. princeps pacis. Multiplicabitur eius imperium : et pacis non erit finis. Super solium dauid. et super regnum eius sedebit : ut confirmet illud et corroboret in iudicio et iusticia. Amodo et usque in sempiternum.

Ad titum.

KArissime[1] : Apparuit gracia dei saluatoris nostri omnibus hominibus erudiens nos : ut abnegantes impietatem et secularia desideria sobrie et iuste et pie uiuamus in hoc seculo. Expectantes beatam spem : et aduentum glorie magni dei et saluatoris/ [fol. 18. nostri ihesu christi : qui dedit semetipsum pro nobis ut nos redimeret ab omni iniquitate et mundaret sibi populum acceptabilem. sectatorem bonorum operum. Hec loquere : et exhortare. In christo ihesu : domino nostro.

Gradale.

TEcum principium in die uirtutis tue in splendoribus sanctorum ex utero ante luciferum genui te. ℣. Dixit dominus domino meo sede a dextris meis. donec ponam inimicos tuos scabellum pedum tuorum. Alleluya. ℣. Dominus dixit ad me filius meus es tu. ego hodie genui te.

Sequencia.

NAto canunt omnia domino pie agmina. Sillabatim pneumata perstringendo organica. Hac die sacrata in qua noua sunt gaudia mundo plene dedita. Hac nocte

[1] *Sic.*

precelsa intonuit et gloria in uoce angelica. Fulserunt et immania nocte media pastoribus lumina. Dum fouent sua pecora subito diua percipiunt monita. Natus alma uirgine qui extat ante secula. Est inmensa in celo gloria pax et in terra. Sic ergo celi caterua altissime iubila. Et tanto canore tremat alta poli machina. Sonet et per omnia hac in die gloria uoce clara reddita. Humana concrepent cuncta deum natum in terra. Confracta sunt imperia hostis crudelissima. Pax in terra reddita. Nunc letentur omnia nati per exordia. Solus qui condidit omnia. Solus qui tuetur omnia. Ipse sua pietate soluat omnia peccata nostra.

Secundum lucam.

IN illo tempore : Exiit edictum a cesare augusto : ut describeretur uniuersis orbis. Hec descripcio prima facta est : a preside syrie cyrino. Et ibant omnes : ut profiterentur singuli in suam ciuitatem. Ascendit autem et ioseph a galilea de ciuitate nazareth : in iudeam ciuitatem dauid. que uocatur bethleem. eo quod esset de domo et familia dauid. ut profiteretur cum maria desponsata sibi uxore pregnante. Factum est autem cum essent ibi : impleti sunt dies ut pareret. Et peperit filium suum primogenitum. Et pannis eum inuoluit : et reclinauit eum in presepio. quia non erat ei locus in diuersorio. Et pastores erant in regione eadem : uigilantes et custodientes uigilias noctis. super gregem suum. Et ecce angelus domini stetit iuxta illos. et claritas dei circumfulsit illos. et timuerunt timore magno.

37

Et dixit illis angelus. Nolite timere. Ecce enim euuangelizo uobis gaudium magnum quod erit omni populo: quia natus est nobis hodie saluator qui est christus dominus/ in [fo. 18. b. ciuitate dauid. Et hoc uobis signum. Inuenietis infantem pannis inuolutum et positum in presepio. Et subito facta est cum angelo multitudo milicie celestis: laudancium deum et dicencium. Gloria in excelsis deo. et in terra pax hominibus: bone uoluntatis. Credo.

Offertorium.

LEtentur celi et exultet terra ante faciem domini quoniam uenit.

Secretum.

ACcepta sit tibi quesumus domine hodierne festiuitatis oblacio. ut tua gracia largiente. per hec sacrosancta commercia in illius inueniamur forma. in quo tecum est nostra substancia. Qui tecum.

Prefacio.

QUia per incarnati.

Infra canonem.

COmmunicantes et noctem.

Communio.

IN splendoribus sanctorum ex utero ante luciferum genui te.

Postcommunio.

DA nobis quesumus domine deus noster ut qui natiuitatem domini nostri ihesu christi nos frequentare gaudemus: dignis conuersacionibus ad eius mereamur peruenire consorcium. Qui tecum.

38

Missa in primo mane officium.

LUx fulgebit hodie super nos quia natus est nobis dominus. et uocabitur admirabilis deus princeps pacis pater futuri seculi cuius regni non erit finis. *Ps.* Dominus regnauit decorem. Gloria.

Oracio.

DA quesumus omnipotens deus ut qui noua incarnati uerbi tui luce perfundimur: hoc in nostro resplendeat opere. quod per fidem fulget in mente. Per eundem.

Leccio ysaie prophete.

HEc dicit dominus. Spiritus domini super me eo quod unxerit me: ad annunciandum mansuetis misit me. Ut mederer contritis corde. et predicarem captiuis indulgenciam et clausis apercionem ut predicarem annum placabilem domino: et diem ulcionis deo nostro. Ut consolarer omnes lugentes: et ponerem fortitudinem lugentibus syon. Et darem eis coronam pro cinere oleum gaudii pro luctu. pallium laudis pro spiritu meroris. Et uocabuntur in ea fortes iusticie: plantacio domini ad glorificandum. Ecce dominus auditum fecit in extremis terre Dicite filie syon. Ecce saluator tuus uenit: ecce merces eius cum eo: et opus illius coram illo. Et uocabunt eos populus sanctus: redempti a domino deo nostro.

Ad titum.

KArissime[1]: Apparuit benignitas et humanitas saluatoris nostri dei: non ex

[1] *Sic.*

operibus/ iusticie que [fo. 19. fecimus nos: set secundum misericordiam suam saluos nos fecit. Per lauacrum regeneracionis et renouacionis spiritus sancti quem effudit in nos habunde per ihesum christum saluatorem nostrum. Ut iustificati gracia ipsius: heredes simus secundum spem uite eterne. In christo ihesu: domino nostro.

Gradale.

BEnedictus qui uenit in nomine domini deus dominus et illuxit nobis. ℣. A domino factum est istud et est mirabile in oculis nostris. Alleluya. ℣. Dominus regnauit decorem induit. induit dominus fortitudinem et precinxit se uirtute.

Sequencia.

LEtabundus exultet fidelis chorus alleluya. Regem regum intacte profudit chorus res miranda. Angelus consilii natus est de uirgine sol de stella. Sol occasum nesciens stella semper rutilans semper clara. Sicut sydus radium profert uirgo filium pari forma. Neque sydus radio neque uirgo filio fit corrupta. Cedrus alta libani conformatur ysopo ualle nostra. Uerbum ens altissimi corperari passum est carne sumpta. Ysayas precinit synagoga meminit numquam tamen desinit esse ceca. Si non suis uatibus credat uel gentilibus sibilinis uersibus hec predicta. Infelix propera. crede uel uetera. cur dampnaberis gens misera. Quem docet litera. natum considera. Ipsum genuit puerpera.

Secundum Lucam.

IN illo tempore: Pastores loquebantur adinuicem. Transeamus usque bethleem.

et uideamus hoc uerbum quod factum est quod fecit dominus et ostendit nobis. Et uenerunt festinantes: et inuenerunt mariam et ioseph et infantem positum in presepio. Uidentes autem cognouerunt de uerbo. quod dictum erat illis de puero hoc. Et omnes qui audierunt mirati sunt et de hiis que dicta erant a pastoribus ad ipsos. Maria autem conseruabat omnia uerba hec conferens in corde suo. Et reuersi sunt pastores glorificantes et laudantes deum: in omnibus que audierant et uiderant: sicut dictum est ad illos.

Offertorium.

DOminus enim firmauit orbem terre qui non commouebitur parata sedes tua deus extunc a seculo tu es.

Secretum.

MUnera nostra quesumus domine natiuitatis hodierne misteriis apta proueniant ut sicut homo genitus idem refulsit deus. sic nobis hec terrena substancia conferat quod diuinum est. Per eundem.

Prefacio.

QUia per incarnati.

Infra canonem.

COmmunicantes et diem.

Communio.

EXulta filia syon lauda filia ierusalem. ecce rex tuus uenit tibi sanctus et saluator mundi.

Postcommunio.

HUius nos domine sacramenti/ semper [fo. 19. b. nouitas natalis instauret: cuius natiuitas singularis humanam repulit uetustatem. Per eundem.

Sancte Anastasie martiris. Oracio.

DA quesumus omnipotens deus ut qui beate anastasie martiris tue sollempnia colimus: eius apud te patrocinia senciamus. Per.

Secretum.

ACcipe quesumus domine munera dignanter oblata. et beate anastasie suffragantibus meritis ad nostre salutis auxilium prouenire concede. Per.

Postcommunio.

SAciasti domine familiam tuam muneribus sacris: eius quesumus semper interuencione nos refoue. cuius sollempnia celebramus. Per.

Missa in die natalis domini officium.

PUer natus est nobis. et filius datus est nobis. cuius imperium super humerum eius et uocabitur nomen eius magni consilii angelus. *Ps.* Multiplicabitur eius imperium et pacis non erit finis.

Oracio.

COncede quesumus omnipotens deus ut nos unigeniti tui noua per carnem natiuitas liberet: quos sub peccati iugo uetusta seruitus tenet. Per eundem.

Leccio ysaie prophete.

HEc dicit dominus. Propter hoc sciet populus meus nomen meum in die illa: quia

ego ipse qui loquebar ecce assum. Quam pulchri super montes pedes annunciantis et predicantis pacem annunciantis bonum. predicantis salutem dicentis. Syon: regnabit deus tuus: Uox speculatorum tuorum leuauerunt uocem. simul laudabunt: quia oculo ad oculum uidebunt cum conuerterit dominus syon. Gaudete et laudate simul deserta ierusalem: quia consolatus est dominus populum suum redemit ierusalem. Parauit dominus brachium suum in oculis omnium gencium: et uiderunt omnes fines terre salutare dei nostri.

Leccio epistole beati pauli apostoli: Ad hebreos.

FRatres: Multiphariam multisque modis olim deus loquens patribus in prophetis: nouissime diebus istis locutus est nobis in filio quem constituit heredem uniuersorum per quem fecit et secula. Qui cum sit splendor glorie. et figura substancie eius portansque omnia uerbo uirtutis sue purgacionem peccatorum faciens. sedet ad dexteram magestatis/ in [fo. 20. excelsis tanto melior angelis effectus. quanto differencius pre illis. nomen hereditauit. Cui enim dixit aliquando angelorum. Filius meus es tu: ego hodie genui te. et rursum. ego ero illi in patrem: et ipse erit michi in filium. Et cum iterum introducit primogenitum in orbemterre dicit. Et adorent eum omnes angeli dei. Et ad angelos quidem dicit. Qui facit angelos suos spiritus: et ministros suos flammam ignis. Ad filium autem. Thronus tuus deus in seculum seculi: uirga equitatis uirga regni tui. Dilexisti iusticiam et odisti iniquitatem propterea unxit te deus deus tuus oleo exultacionis pre participibus tuis. Et tu in principio domine terram fundasti: et opera manuum tuarum sunt celi. Ipsi peribunt tu autem permanebis: et omnes ut uestimentum ueterascent. Et uelud amictum mutabis eos. et mutabuntur. Tu autem idem ipse es: et anni tui non deficient.

Gradale.

UIderunt omnes fines terre salutare dei nostri iubilate deo omnis terra. ℣. Notum fecit dominus salutare suum ante conspectum gencium reuelauit iusticiam suam. Alleluya. ℣. Dies sanctificatus illuxit nobis uenite gentes et adorate dominum quia hodie descendit lux magna super terram.

Sequencia.

CElica resonent clare camenas agmina. Nunc regis celebrando gratulantur nupcias. Lux noua iam terras illustrat ueteres pellens tenebras. Reserat superna gracia diu clausa palacia. Felix mater et sola intacta eterna puerpera. Iam[1] nato stas grauida cum uiri sis cubilis nescia. Omnis caterua nostra te rogat domina. Soluas ut nostra cuncta peccaminum uincula uirgo sempiterne beata. Digna fuisti sola tollentem crimina. Intra uteri claustra portare qui gubernat omnia supera infera. Hunc sua laudant facta gaudendo bona qua uiuunt super essencia. Nos humillima tuba

[1] A letter elided between *iam* and *nato*.

damus debita poscentes eius clemenciam. Ut nostra prestans tempora nunc quieta. Det placida frui uita. Utilia donando famulis munera. Hac inter nos discrimina. seua soluens. Post funera derelictam. Sedem ducat mortis ac malorum ignaram. Ubi ad dexteram patris almam sedens conregnat. Potenter cuncta disponendo cum eo secla. Beata iustis donans omnibus premia. Preclara qua lux uere micat que est salus eterna et nostra gloria.

Inicium sancti euuangelii secundum Iohannem.

IN principio erat uerbum et uerbum erat apud deum: et deus erat uerbum. Hoc erat in principio/ apud [fo. 20 b. deum. Omnia per ipsum facta sunt: et sine ipso factum est nichil. Quod factum est in ipso uita erat: et uita erat lux hominum. Et lux in tenebris lucet: et tenebre eam non comprehenderunt. Fuit homo missus a deo: cui nomen erat iohannes. Hi[1] uenit in testimonium: ut testimonium perhiberet de lumine. ut omnes crederent per illum. Non erat ille lux: set ut testimonium perhiberet de lumine. Erat lux uera: que illuminat omnem hominem uenientem in hunc mundum. In mundo erat et mundus per ipsum factus est: et mundus eum non cognouit. In propria uenit. et sui eum non receperunt. Quotquot autem receperunt eum: dedit eis potestatem filios dei fieri hiis qui credunt in nomine eius. Qui non ex sanguinibus neque ex uoluntate

[1] *Sic.*

carnis neque ex uoluntate carnis[1] set ex deo nati sunt. Et uerbum caro factum est : et habitauit in nobis. Et uidimus gloriam eius : gloriam quasi unigeniti a patre. Plenum gracie : et ueritatis.

Offertorium.

TUi sunt celi et tua est terra orbem terrarum et plenitudinem eius tu fundasti iusticia et iudicium preparacio sedis tue.

Secretum.

OBlata domine munera noua unigeniti tui natiuitate sanctifica. nos quoque a peccatorum nostrorum maculis emunda. Per eundem.

Prefacio.

QUia per incarnati.

Infra canonem.

COmmunicantes et diem.

Communio.

UIderunt omnes fines terre salutare dei nostri.

Postcommunio.

PResta quesumus omnipotens deus : ut natus hodie saluator mundi. sicut diuine nobis generacionis est auctor. ita et inmortalitatis sit ipse largitor. Qui tecum.

Sancti stephani prothomartiris officium.

ETenim sederunt principes et aduersum me loquebantur. et iniqui persecuti sunt me adiuua me domine deus meus quia seruus tuus exercebatur in tuis iustificacionibus. *Ps.* Beati inmaculati. Gloria.

[1] *Sic.*

Oracio.

DA nobis quesumus domine imitari quod colimus : ut discamus et inimicos diligere : quia eius natalicia celebramus. qui nouit eciam pro persecutoribus exorare. dominum nostrum ihesum christum filium tuum.

Leccio actuum apostolorum.

IN diebus illis : Stephanus plenus gracia et fortitudine : faciebat prodigia et signa magna in populo. Sur/rexerunt [fo. 21. autem quidam de synagoga que appellatur libertinorum et cyrenensium. et alexandrinorum : et eorum qui erant a cilicia et asya : disputantes cum stephano. Et non poterant resistere sapiencie : et spiritui qui loquebatur. Audientes autem hec : discecabantur cordibus suis et stridebant dentibus in eum. Cum autem esset stephanus plenus spiritu sancto : intendens in celum uidit gloriam dei. et ihesum stantem a dextris uirtutis dei. et ait. Ecce uideo celos apertos : et filium hominis stantem a dextris uirtutis dei. Exclamantes autem uoce magna : continuerunt aures suas et impetum fecerunt unanimiter in eum. Et eicientes eum extra ciuitatem : lapidabant. Et testestes[1] miserunt uestimenta sua secus pedes adolescentis : qui uocabatur saulus. Et lapidabant stephanum : inuocantem et dicentem. Domine ihesu : suscipe spiritum meum. Positis autem genibus : exclamauit uoce magna dicens. Domine : ne statuas illis hoc peccatum. Et cum hoc dixisset : obdormiuit in domino.

[1] *Sic.*

Gradale.

SEderunt principes et aduersum me loquebantur et iniqui persecuti sunt me. ℣. Adiuua me domine deus meus saluum me fac propter misericordiam tuam. Alleluya. ℣. Uideo celos apertos et ihesum stantem a dextris uirtutis dei.

Secretum.[1]

MAgnus deus in uniuersa terra. Alleluya. Magna sunt eius ubique in celo atque in terra opera. Qui est rex regum dominus omnium a patre genitus ante secula. Cuius caritas uera celo subleuat stephanum de terra. Atque perenni uita ornat candida digniter corona. Plenus etenim stephanus deitate atque gracia. Magna dabat prodigia docens uerissima dogmata. Cum autem predicaret iam presencia. Nostre redempcionis noua gaudia. Intento in superna celi patet ianua. Dixitque circumstanti plebi uoce publica. Sacra plenus gracia. Ecce dei uideo admirabilem gloriam. Claritate fulgidam. Atque ihesum stantem ad uirtutis dei dexteram. Cum hoc audisset impia gens iudaica. Dans fremitum concita. Quassat lapidibus stephani membra. Sed stat fortiter paciens martir et orat. Ne eis christe noxam statuas. Set iam accipe animam meam. Et cum hoc dixisset in domino obdormiuit pace eterna. Tu et nobis martir o stephane sempiterna impetra gaudia.

Matheum.

IN illo tempore: Dicebat ihesus turbis iudeorum et principibus sacerdotum. Ecce ego mitto ad uos prophetas et sapientes et scribas: et ex illis occidetis et crucifigetis. et ex/eis flagellabitis in [fo. 21. b.

[1] *Sic.* for *Sequencia.*

synagogis uestris. et persequimini de ciuitate in ciuitatem. Ut ueniat super uos omnis sanguis iustus qui effusus est super terram: a sanguine abel iusti usque ad sanguinem zacharie filii barachie. quem occidistis inter templum et altare. Amen dico uobis: uenient hec omnia super generacionem istam. Ierusalem ierusalem que occidis prophetas et lapidas eos qui ad te missi sunt: quociens uolui congregare filios tuos quemadmodum gallina congregat pullos suos sub alas et noluisti. Ecce relinquetur uobis: domus uestra deserta. Dico enim uobis: non me uidebitis amodo donec dicatis. Benedictus qui uenit: in nomine domini.

Offertorium.

ELegerunt apostoli stephanum leuitam plenum fide et spiritu sancto quem lapidauerunt iudei orantem et dicentem domine ihesu. accipe spiritum meum. alleluya.

Secretum.

SAcrificium tibi domine placacionis in hac beatissimi stephani leuite sollempnitate deferimus. cuius nos precibus. hec redempcionis nostre suffragia et intelligere quesumus concedas et assequi. Per.

Prefacio.

QUia per incarnati.

Infra canonem.

COmmunicantes.

Communio.

UIdeo celos apertos et ihesum stantem a dextris uirtutis dei. domine ihesu accipe spiritum meum

49

et ne statuas illis hoc peccatum quia nesciunt quid faciunt.

Postcommunio.

BEatus leuita stephanus domine nobis misterium quod sumpsimus efficiat salutare. qui post mortem filii tui laurea martirum primus meruit coronari. Per eundum.

Sancti Iohannis euuangeliste officium.

IN medio ecclesie aperuit os eius et impleuit eum dominus spiritu sapiencie et intellectus stola glorie induit eum. *Ps.* Iocunditatem et exultacionem thesaurizabit super eum. Gloria.

Oracio.

ECclesiam tuam domine benignus illustra: ut beati iohannis euuangeliste illuminata doctrinis. ad dona perueniat sempiterna. Per.

Leccio libri sapiencie.

QUi timet deum: faciet bona: Et qui continens est iusticie apprehendit illam: et obuiabit illi quasi mater honorificata. Cibabit illum pane uite et intellectus: et aqua sapiencie salutaris potabit illum. Et firmabitur in illo et non flectetur: et continebit illum et non confundetur. et exaltabit illum apud proximos suos. In medio ecclesie ape/ruit os eius: et implebit eum [fo. 22. dominus spiritu sapiencie et intellectus. et stola glorie induet eum. Iocunditatem et exultacionem: thesaurizabit super eum. Et nomine eterno hereditabit illum: dominus deus noster.

Gradale.

EXit sermo inter fratres quod discipulus ille non moritur.

50

℣. Set sic eum uolo manere donec ueniam tu me sequere. Alleluya. ℣. Hic est discipulus ille qui testimonium perhibet de hiis et scimus quia uerum est testimonium eius.

Sequencia.

IOhannes ihesu christo multum dilecte uirgo. Alleluya. Tu eius amore carnalem. In naui parentem liquisti. Tu leue coniugis pectus respuisti messyam secutus. Ut eius pectoris sacra meruisses fluenta potare. Tu que in terra positus gloriam conspexisti filii dei. Que solum sanctis in uita creditur contuenda esse perhenni. Te christus in cruce triumphans matri sue dedit custodem. Ut uirgo uirginem seruares atque curam suppeditares. Tute carcere flagrisque fractus testimonio pro christi es gauisus. Idem mortuos suscitas inque ihesu nomine uenenum forte uincis. Tibi summus tacitum ceteris uerbum suum pater reuelat. Tu nos omnes precibus sedulis apud deum semper commenda. Iohannes christi care.

Iohannem.

IN illo tempore: Dixit ihesus petro. Sequere me. Conuersus autem petrus: uidit illum discipulum quem diligebat ihesus sequentem qui et recubuit in cena super pectus eius. et dixit. Domine: quis est qui tradet te? Hunc ergo cum uidisset petrus dicit ihesu. Domine: hic autem quid? Dicit ei ihesus. Sic eum uolo manere. donec ueniam. Quid ad te? Tu me sequere. Exiuit ergo sermo iste inter fratres: quod discipulus ille non moritur: Et non dixit ei ihesus quia non moritur: set sic eum uolo manere donec ueniam. Hic est discipulus qui testimonium perhibet de hiis: et scripsit hec.

Et scimus quia uerum est: testimonium eius.

Offertorium.

IUstus ut palma florebit sicut cedrus que in libano est multiplicabitur.

Secretum.

PLebis tue omnipotens deus oblacionem beati iohannis apostoli et euuangeliste magestati tue commendet oracio. cuius gloriosa predicacione uerbi tui patefacta est incarnacio. Per eundem.

Prefacio.

QUia per incarnati.

Infra canonem.

COmmunicantes.

Communio.

EXiit sermo inter fratres quod discipulus ille non moritur. et non dixit ihesus non moritur set sic eum uolo manere donec ueniam.

Postcommunio.

BEati euuangeliste iohannis natalicia recolentes domine/ sancta misteria [fo. 22. b. percepimus exorantes: ut eius doctrinis. tam de uerbi tui diuinitate perpetua. quam de humanitate carius assumpta reddamur instructi. Per eundem.

In natali sanctorum innocencium officium.

EX ore infancium deus et lactencium perfecisti laudem propter inimicos tuos. *Ps.* Domine dominus noster. Gloria patri.

Oracio.

DEus cuius hodierna die preconium innocentes martires non loquendo sed moriendo confessi sunt: omnia in nobis uiciorum mala mortifica: ut fidem tuam quam lingua nostra loquitur. eciam moribus uita fateatur. Per.

Leccio libri apocalypsis Iohannis apostoli.

IN diebus illis. Uidi supra montem syon agnum stantem: et cum eo centum quadraginta quatuor milia habentes nomen eius. et nomen patris eius scriptum in frontibus suis. Et audiui uocem de celo tanquam uocem aquarum multarum: et tanquam uocem tonitrui magni. Et uocem quam audiui: sicut cytharedorum cytharizancium in cytharis suis. Et cantabant quasi canticum nouum ante sedem dei: et ante quatuor animalia et seniores. Et nemo poterat dicere canticum nisi illa centum quadraginta quatuor milia qui empti sunt de terra. Hii sunt qui cum mulieribus non sunt coinquinati: uirgines enim sunt. Hii secuntur agnum: quocumque ierit. Hii empti sunt ex omnibus primicie deo et agno: et in ore eorum non est inuentum mendacium. Sine macula sunt: ante thronum dei.

Gradale.

ANima nostra sicut passer erepta est de laqueo uenancium. ℣. Laqueus contritus est et nos liberati sumus adiutorium nostrum in nomine domini qui fecit celum et terram. Alleluya. ℣. Mirabilis dominus noster in sanctis suis.

Sequencia.

CElsa pueri concrepent melodia. Pia innocentum colentes tripudia. Quos infans christus hodie uexit in astra. Hos trucidauit frendens insania. Herodis fraudis ob nulla crimina. In bethleem ipsius cuncta et per confinia. A bimatu et infra iuxta nascendi tempora. Herodes rex christi nati uerens infelix imperia. Infremit totus et erigit arma superba dextera. Querit lucem et celi regem cum mente turbida. Ut extinguat qui uitam prestat per sua iacula. Dum non ualent intueri lucem splendidam nebulosa querentis pectora. Ira feruet/ [fo. 23. fraudes auget herodes seuus ut perdat piorum agmina. Castra militum dux iniquus aggregat. ferrum figit in membra tenera. Inter ubera lac effudit antequam sanguinis fierent coagula. Hostis nature natos euiscerat atque iugulat. Ante prosternit quam etas paruula sumat robora. Quam beata sunt innocentum ab herode cesa corpuscula. Quam felices existunt matres que fuderunt talia pignora. O dulces innocentum acies o pia lactentum pro christo certamina. Paruorum trucidantur milia membris ex teneris manant lactis flumina. Ciues angelici ueniunt in obuiam. Mira uictoria uite captat premia turba candidissima. Te christe quesumus mente deuotissima. Nostra qui uenisti reformare secula innocentum gloria. Perfrui nos concedas per eterna.

Matheum.

IN illo tempore: Angelus domini apparuit in sompnis ioseph dicens. Surge et accipe puerum et matrem eius et fuge in egyptum: et esto ibi usque dum dicam tibi. Futurum est enim: ut herodes querat puerum

ad perdendum eum. Qui consurgens accepit puerum et matrem eius et secessit in egyptum: et fuit ibi usque ad obitum herodis. Ut adimpleretur quod dictum est per prophetam dicentem. Ex egypto uocaui filium meum. Tunc herodes uidens quoniam illusus esset a magis: iratus est ualde. Et mittens occidit omnes pueros qui erant in bethleem et in omnibus finibus eius a bimatu et infra: secundum tempus quod exquisierat a magis. Tunc adimpletum est quod dictum est per ieremiam prophetam dicentem. Uox in rama audita est ploratus et ululatus multus: rachel plorans filios suos. Et noluit consolari: quia non sunt.

Offertorium.

ANima nostra sicut passer erepta est de laqueo uenancium laqueus contritus est et nos liberati sumus.

Secretum.

ADesto domine muneribus innocencium festiuitate sacrandis. et presta ut eorum sinceritatem possimus imitari. quorum tibi dicatam ueneramur infanciam. Per.

Prefacio.

QUia per incarnati.

Infra canonem.

COmmunicantes.

Communio.

UOx in rama audita est ploratus et ululatus multus rachel plorans filios suos et noluit consolari quia non sunt.

Postcommunio.

UOtiua domine dona percepimus. que sanctorum innocencium nobis precibus. et presentis quesumus uite pariter et eterne tribue conferre subsidium. Per.

In natali | [[1]*Sancti* [fo. 23. b. *Thome archiepiscopi et martiris. Officium.*]

GAudeamus omnes in domino de cuius [passione]. *Ps.* Exultate iusti.

Oracio.

D

sue salutarem consequantur effectum. Per [*Epistola*] Omnis p[ontifex].

Gradale.

[SAcerdotes eius.] ℣. [Illuc] Alleluya. ℣. [Inueni Dauid seruum].[2]

Sequencia.

PEr unius ortum floris circa finem temporis creuit florum copia. Flos hic florum christus fuit qui per carnem floruit ut florerent omnia. Ex hoc flore singulari sorte quadam compari florum surgunt milia. Dum a christo sumunt uires quos decreuit martires sola christi gracia. Hos ut hostes odit mundus hos ut ciues rubicundus sponsus ille diligit. Qui ad suum dyadema roseum et candens

[1] The mass for St. Thomas has been erased, most likely in the time of Henry VIII. The restoration of the sequence is due to the application of ammonium-sulphide. (See Preface.) The collect, except the five last words, has been completely erased. The words between brackets are mainly conjectural.

[2] *Cf. Commune unius confessoris.*

scema pari uoto colligit. Hii triumphant in agone hii de christi passione sibi pingunt stigmata. Fide firmi spe robusti ferro cesi flammis usti set nunc habent sabbata. Inter tales celi flores inter primos et maiores uernat thomas flos anglorum. Qui pastoris curam nactus pastorales gessit actus uiam tenens perfectorum. Non hunc pompa mundi fregit non terrena uis coegit ut exponat lupis gregem. Uicit carnem. mundum spreuit qui mundanum non decreuit set celestem sequi regem. Si uis nosse floris ortum nostri thome norunt ortum felices londonie. Urbs insignis urbs fecunda urbs excellens nec secunda constantini glorie. In hoc orto flos est natus cuius totus uite status per successus floruit. Primo regis candidatus primus regni post sacratus primas esse meruit. Hic armatus zelo recti dum non potest nec uult flecti exulat ad libitum. Reuocatus ense cadit sic flos[1] florem tradit thomas christo spiritum. Iam exutus tunica thomas ope medica flagrescit per secula. Licet non compareat nec in carne floreat floret per miracula. Cuius excellencia graciam de gracia prefert egris alleluya.

Euuangelium.

EGo sum pastor. *Require dominica prima post octauas pasce.*

Offertorium.

POsuisti domine bonus.

Secretum.

MUnera tibi domine dicata sanctifica et intercedente beato thoma martire tuo atque pontifice per eadem nos placatus intende. Per dominum.

[1] Florum? *add.*

Prefacio.

QUia per incarnati.

Infra canonem.

COmmunicantes.

Communio.

BEatus seruus.

Postcommunio.

ADiuuet nos quesumus omnipotens et misericors deus per hec sancta que sumpsimus beati/ thome martiris [fo. 24. tui atque pontificis intercessio ueneranda. qui pro tui nominis honore glorioso meruit coronari martirio. Per.

Dominica prima post octauam Natalis officium.

DUm medium silencium tenerent omnia. et nox in suo cursu medium iter haberet omnipotens sermo tuus domine de celis a regalibus sedibus uenit. *Ps.* Qui regis. Gloria patri.

Oracio.

OMnipotens sempiterne deus. dirige actus nostros in beneplacito tuo: ut in nomine dilecti filii tui mereamur bonis operibus habundare. Per eundem.

Ad galathas.

FRatres: Quanto tempore heres paruulus est: nichil differt a seruo cum sit dominus omnium. Sed sub tutoribus et actoribus est: usque ad prefinitum tempus a patre. Ita et nos cum essemus paruuli: sub elementis huius mundi eramus seruientes. At ubi uenit plenitudo temporis

misit deus filium suum factum ex muliere factum sub lege ut eos qui sub lege erant redimeret. ut adopcionem filiorum reciperemus. Quoniam autem estis filii dei: misit deus spiritum filii sui in corda nostra clamantem abba pater. Itaque iam non est seruus: sed filius. Quod si filius: et heres per deum.

Gradale.

SPeciosus forma pre filiis hominum. diffusa est gracia in labiis tuis. ℣. Eructauit cor meum uerbum bonum dico ego opera mea regi lingua mea calamus scribe uelociter scribentis. Alleluya. ℣. Dominus regnauit decorem induit. induit dominus fortitudinem et precinxit se uirtute.

Secundum Lucam.

IN illo tempore: Erant Ioseph et maria mater ihesu mirantes: super hiis que dicebantur de illo. Et benedixit illis symeon: et dixit ad mariam matrem eius. Ecce positus est hic in ruinam et in resurreccionem multorum in israel: et in signum cui contradicetur. Et tuam ipsius animam pertransibit gladius: ut reuelentur ex multis cordibus cogitaciones. Et erat anna prophetissa filia phanuel de tribu aser. Hec processerat in diebus multis. et uixerat cum uiro suo annis septem a uirginitate sua. Et hec uidua usque ad annos octoginta quatuor que non discedebat de templo ieiuniis et obsecracionibus seruiens die ac nocte. Et hec ipsa hora superueniens confitebatur domino: et loquebatur de illo omnibus qui expectabant redempcionem ierusalem. Et ut perfecerunt omnia secundum

59

legem domini/ reuersi [fo. 24. b. sunt in galileam in ciuitatem suam nazareth. Puer autem crescebat et confortabatur : plenus sapiencia. Et gracia dei : erat cum illo.

Offertorium.

DEus enim firmauit. *Require in officio.* Lux fulgebit.

Secretum.

ACcepta domine sacrificium plebis tue quam ihesu christi filii tui domini nostri iubeas esse consortem. qui humanitatis nostre dignitatis est fieri particeps. Qui tecum.

Prefacio.

QUia per incarnati.

Communio.

TOlle puerum et matrem eius et uade in terram iuda defuncti sunt enim qui querebant animam pueri.

Postcommunio.

SUmpto sacrificio domine tua generaliter exultet ecclesia. quo infirmitates eius sunt absumpte. ut diuine particeps fieret ipsa substancie. Per dominum.

In circumcisione domini officium.

PUer natus. *Ps.* Multiplicabitur.

Oracio.

DEus qui nobis nati saluatoris diem celebrare concedis octauum : fac nos quesumus perpetua diuinitate muniri : cuius sumus carnali commercio reparati. Qui tecum.

60

Ad romanos.

FRatres : Arbitramur iustificari hominem per fidem : sine operibus legis. An iudeorum deus tantum ? Nonne et gencium ? Immo et gencium. Quoniam quidem unus deus iustificat circumcisionem ex fide : et prepucium per fidem. Legem ergo destruimus per fidem ? Absit ? Sed legem statuimus. Quid ergo dicimus inuenisse abraham patrem nostrum secundum carnem ? Si enim abraham ex operibus legis iustificatus est : habet gloriam set non apud deum. Quid enim dicat scriptura ? Credidit abraham deo : et reputatum est illi ad iusticiam. Ei autem autem[1] qui operatur : merces non imputatur secundum graciam. sed secundum debitum. Ei uero quia non operatur : credenti autem in eam qui iustificat impium : reputatur fides eius ad iusticiam secundum propositum gracie dei. sicut et dauid dicit. beatitudinem hominis. cui deus accepto fert iusticiam sine operibus. Beati quorum remisse sunt iniquitates : et quorum tecta sunt peccata. Beatus uir cui non imputauit dominus peccatum. Beatitudo ergo hec in circumcisione tantum manet an eciam in prepucio ? Dicamus enim : quia reputata est abrahe/ fides ad iusticiam. Quo- [fo. 25. modo ergo reputata est ? In circumcisione an eciam in prepucio ? Non in circumcisione : set in prepucio. Et signum accepit circumcisionis signaculum iusticie fidei que est in prepucio : ut sit pater omnium cre-

[1] Struck through with red line.

dencium in prepucium ut reputetur et illis ad iusticiam. et sit pater circumcisionis. Non hiis tantum qui sunt ex circumcisione : sed et hiis qui sectantur uestigia fidei. que est in prepucio : patris nostre[1] abrahe.

Gradale.

UIderunt omnes. ℣. Notum fecit. Alleluya. ℣. Multipharie olim deus loquens in prophetis nouissime diebus istis locutus est nobis in filio suo.

Sequencia.

EYa recolamus laudibus piis digna. Alleluya. Huius diei gaudia in qua nobis lux oritur gratissima. Noctis interit nebula pereunt nostri criminis umbracula. Hodie seculo maris stella est enixa noue salutis gaudia. Quem tremunt baratra mors cruenta pauent ipsa a quo peribunt mortua. Gemit capta pestis antiqua coluber liuidus perdit spolia. Homo lapsus ouis abducta reuocatur ad eterna gaudia. Gaudent in hac die agmina angelorum celestia. Quia erat dragma decima perdita et est inuenta. O proles nimium beata qua redempta est natura. Deus qui creauit omnia nascitur ex femina. Mirabilis natura Mirifice induta. Assumens quod non erat manens quod erat. Induitur natura Diuinitas humana quis audiuit talia dic rogo facta. Querere uenerat pastor pius quod perierat. Induit galeam certat ut miles armatura. Prostratus in sua propria ruit hostis spicula auferuntur tela. In quibus fidebat diuisa sunt illius spolia. capta preda sua. Christi pugna fortissima salus nostra est uera. Qui nos suam ad patriam duxit post uictoriam. In qua sibi laus est eterna.

[1] *Sic.*

Secundum Lucam.

IN illo tempore : Postquam consummati sunt dies octo ut circumcideretur puer : uocatum est nomen eius ihesus. Quod uocatum est ab angelo : priusquam in utero conciperetur.

Offertorium.

TUi sunt.

Secretum.

PResta quesumus domine ut per hec munera que domini nostri ihesu christi archane natiuitatis misterio gerimus. purificate mentis. intelligenciam consequamur. Per eundem.

Prefacio.

QUia per incarnati.

Infra canonem.

COmmunicantes.

Communio.

UIderunt omnes.

Postcommunio.

PResta quesumus domine. ut quod saluatoris mundi iterata/ festiuitate per- [fo. 25. b. cepimus. perpetue nobis saluacionis conferat medicinam. Per eundem.

In uigilia epiphanie officium.

LUx fulgebit.

Oracio.

COrda nostra quesumus domine uenture festiuitatis splendor illustret. quo mundi huius tenebris carere ualeamus : et perueniamus ad patriam claritatis eterne. Per.

63

Epistola.

APparuit gracia dei.

Gradale.

BEnedictus qui uenit in nomine domini deus dominus et illuxit nobis. ℣. A domino factum est istud et est mirabile in oculis nostris. Alleluya. ℣. Dominus regnauit decorem induit. induit dominus fortitudinem et precinxit se uirtute.

Matheum.

IN illo tempore: Defuncto herode: ecce angelus domini apparuit in sompnis ioseph in egypto dicens. Surge et accipe puerum et matrem eius: et uade in terram israel. Defuncti sunt enim qui querebant animam pueri. Qui consurgens accepit puerum et matrem eius: et uenit in terram israel. Audiens autem quod archelaus regnaret in iudea pro herode patre suo: timuit illo ire. Et admonitus in sompnis: recessit in partes galilee. Et ueniens habitauit in ciuitate que uocatur nazareth. Ut adimpleretur quod dictum est per prophetas: quoniam nazareus uocabitur.

Offertorium.

DEus enim firmauit orbem terre qui non commouebitur parata sedes tua deus extunc a seculo tu es.

Secretum.

TRibue quesumus domine. ut presentibus illum immolemus sacrificiis. et eum sumamus. quem uenture sollempnitatis pia munera preloquuntur. Qui tecum.

64

Communio.

TOlle puerum et matrem eius et uade in terram iudam. defuncti sunt enim qui querebant animam pueri.

Postcommunio.

DA nobis quesumus domine digne celebrare misterium quod in nostri saluatoris infancia miraculis choruscantibus declaratur: et corporalibus incrementis manifesta designatur humanitas. Per eundem.

In die epiphanie Officium.

ECce aduenit dominator dominus et regnum in manu eius et potestas et imperium. *Ps.* Deus iudicium. Gloria.

Oracio.

DEus qui hodierna die unigenitum tuum gentibus stella duce reuelasti: concede propicius. ut qui iam te ex fide cognouimus. usque ad contemplandam speciem tue celsitudinis/ perducamur. Per [fo. 26. eundem.

Leccio ysaie prophete.

SUrge illuminare ierusalem: quia uenit lumen tuum et gloria domini super te orta est. Quia ecce tenebre operient terram: et caligo populos. Super te autem orietur dominus: et gloria eius in te uidebitur. Et ambulabunt gentes in lumine tuo: et reges in splendore ortus tui. Leua in circuitu oculos tuos et uide: omnes isti congregati uenerunt tibi. Filii tui delonge uenient: et filie tue delate resurgent. Tunc uidebis et afflues et mirabitur et dilatabitur cor tuum: quando conuersa fuerit ad te multitudo maris fortitudo gencium uenerit tibi. Inundacio camelorum operiet te dromedarii maidan et effa. Omnes de saba uenient. aurum et thus deferentes: et laudem domino annunciantes.

Gradale.

OMnes de saba uenient aurum et thus deferentes et laudem domino annunciantes. ℣. Surge illuminare ierusalem quia gloria domini super te orta est. Alleluya. ℣. Uidimus stellam eius in oriente et uenimus cum muneribus adorare dominum.

Sequencia.

EPiphaniam domino canamus gloriosam. Alleluya. Qua prolem dei ueram magi adorant. Inmensam caldei cuius perseque uenerantur potenciam. Quem cuncti prophete precinere uenturum gentes ad saluandas. Cuius maiestas ita est inclinata ut assumeret serui formam. Ante secula qui deus et tempora homo factus est in maria. Balaam de quo uaticinans exibit ex iacob rutilans inquid stella. Et confringet ducum agmina regionis moab maxima potencia. Huic magi munera deferunt preclara aurum simul thus et mirram. Thure deum predicant auro regem magnum hominem mortalem mirra. In sompnis hos monet angelus ne redeant ad regem commotum propter regna. Pauebat etenim nimium regem natum uerens amittere regni iura. Magi dicta sibi implentes monita. Pergunt alacres itinera patriam. Que eos ducebant ad propriam linquentes herodis mandata. Qui percussus corde nimium pre ira. Extemplo mandat infantulos per cuncta. Inquiri bethleem

confinia. et mox priuari eos uita. Omnis ergo nunc caterua tinnulum iungat laudibus organi neupma. Mistice offerens regi regum christo munera preciosa. Poscens ut per orbem regna omnia protegat in secla sempiterna.

Secundum matheum.

CUm natus esset ihesus in bethleem iude in diebus herodis regis. ecce magi ab oriente uenerunt ierusolimam dicentes. Ubi est qui natus est/ rex iudeorum? [fo. 26. b. Uidimus enim stellam eius in oriente: et uenimus cum muneribus adorare eum. Audiens autem herodes rex turbatus est: et omnis ierusolima cum illo. Et congregans omnes principes sacerdotum et scribas populi: sciscitabatur ab eis ubi christus nasceretur. At illi dixerunt ei. In bethleem iude. sic enim scriptum est per prophetam. Et tu bethleem terra iuda. nequaquam minima es in principibus iuda. Ex te enim exiet dux: qui regat populum meum israel. Tunc herodes clam uocatis magis: diligenter didicit ab eis tempus stelle que apparuit eis. Et mittens illos in bethleem dixit. Ite et interrogate diligenter de puero. Et cum inueneritis renunciate michi: ut et ego ueniens adorem eum. Qui cum audissent regem abierunt. Et ecce stella quam uiderant in oriente antecebat[1] eos usque dum ueniens staret supra ubi erat puer. Uidentes autem stellam: gauisi sunt gaudio magno ualde. Et intrantes domum: inuenerunt puerum cum maria matre eius.

[1] *Sic.*

67

et procidentes: adorauerunt eum. Et apertis thesauris suis: optulerunt ei munera. Aurum: thus. et mirram. Et responso accepto in sompnis ne redirent ad herodem: per aliam uiam reuersi: sunt in regionem suam.

Offertorium.

REges tharsis et insule munera offerent reges arabum et saba dona adducent et adorabunt eum omnes reges terre omnes gentes seruient ei.

Secretum.

ECclesie tue quesumus domine dona propicius intuere. quibus non iam aurum. thus. et mirra profertur. set quod eisdem muneribus declaratur immolatur et sumitur. ihesus christus dominus noster.

Prefacio.

ETerne deus. Quia cum unigenitus tuus in substancia nostre carnis apparuit: in nouam nos inmortalitatis sue lucem reparauit. Et ideo.

COmmunicantes et diem sacratissimum celebrantes quo unigenitus tuus in tua tecum gloria coeternus in ueritate carnis nostre uisibiliter corporalis apparuit. Set et memoriam uenerantes. In primis gloriose semper uirginis.

Communio.

UIdimus stellam eius in oriente et uenimus cum muneribus adorare dominum.

68

Postcommunio.

PResta quesumus omnipotens deus: ut quod sollempni celebramus/ officio. purificate mentis intelligencia consequamur. [fo. 27.

Dominica infra octauam. Secundum matheum.

IN illo tempore: Uenit ihesus a galilea in iordanem ad iohannem. ut baptizaretur ab eo. Iohannes autem prohibebat eum dicens. Ego a te debeo baptizari: et tu uenis ad me? Respondens autem ihesus: et dixit ei. Sine modo. Sic enim decet nos implere omnem iusticiam. Tunc dimisit eum. Baptizatus autem ihesus: confestim ascendit de aqua. Et ecce aperti sunt celi et uidit spiritum dei descendentem sicut columbam. et uenientem super se. Et ecce uox de celis dicens. Hic est filius meus dilectus: in quo michi bene complacui.

In octaua epiphanie.

Officium.

ECce aduenit.

Oracio.

DEus cuius unigenitus in substancia nostre carnis apparuit presta quesumus: ut per eum quem similem nobis. foris agnouimus. intus reformari mereamur. Qui tecum.

Leccio ysaie prophete.

DOmine deus honorificabo te: laudem tribuam nomini tuo qui facis mirabiles res. Consilium tuum antiquum uerum fiat. Domine excelsum est brachium tuum deus sabaoth corona spei que ornata est gloria. Exultet desertum: et exultent solitudines iordanis. Et populus meus uidebit altitudinem domini et magestatem dei. et erit congregatus et redemptus per deum. Et ueniet in syon cum leticia. et leticia sempiterna super capud eius laus et exultacio. Et aperiam in montibus flumina. in mediis campis fontes dirumpam. et terram sicientem sine aqua infundam. Ecce puer meus exaltabitur et eleuabitur: et sublimis erit ualde. Haurietis aquas in gaudio de fontibus saluatoris: et dicetis in illa die. Confitemini domino et inuocate nomen eius. Notas facite in populis uirtutes eius cantate domino quia mirabilia fecit. Annunciate hoc in uniuersa terra. Dicit dominus: omnipotens.

Gradale.

OMnes de saba. ℣. Surge illuminare. Alleluya. ℣. Uidimus stellam.

Secundum Iohannem.

IN illo tempore: Uidit iohannes ihesum uenientem ad se: et ait. Ecce agnus dei ecce qui tollit peccata mundi. Hic est de quo dixi. Post me uenit uir qui ante me factus est quia prior me erat. Et ego nesciebam eum. Set ut manifestaretur in israel: propterea/ ueni [fo. 27. b. ego in aqua baptizans. Et testimonium perhibuit iohannes dicens: quia uidi spiritum descendentem quasi columbam de celo: et mansit super eum. Et

ego nesciebam eum. Et qui misit me baptizare in aqua: ille michi dixit. Super quem uideris spiritum descendentem et manentem super eum hic est qui baptizat in spiritu sancto. Et ego uidi et testimonium perhibui: quia hic est filius dei.

Offertorium.

REges tharsis.

Secretum.

HOstias tibi domine pro nati filii tui apparicione deferimus suppliciter exorantes. ut sicut idem auctor est munerum. ita ipse misericors sit et susceptor. Qui tecum.

Prefacio.

QUia cum unigenitus.

Infra canonem.

COmmunicantes.

Communio.

UIdimus stellam.

Postcommunio.

CElesti lumine quesumus domine semper et ubique nos preueni: ut misterium cuius nos participes esse uoluisti. et puro cernamus intuitu. et digno percipiamus effectu. Per.

Dominica prima post octauam epiphanie. officium.

IN excelso throno uidi sedere uirum quem adorat multitudo angelorum psallentes in unum ecce cuius imperii numen est ineternum. *Ps.* Iubilate deo omnis terra: psalmum dicite nomini eius date gloriam laudi eius.

Oracio.

UOta quesumus domine supplicantis populi celesti pietate prosequere: ut et que agenda sunt uideant et adimplenda que uiderint conualescant. Per.

Ad romanos.

FRatres: Obsecro uos per misericordiam dei: ut exhibeatis corpora uestra hostiam uiuentem. sanctam. deo placenttem. racionabile obsequium uestrum. Et nolite conformari huic seculo. set reformamini in nouitate sensus uestri. Ut probetis que sit uoluntas dei bona et beneplacens: et perfecta. Dico enim per graciam que data est michi omnibus qui sunt inter uos non plus sapere quam oportet sapere. set sapere ad sobrietatem. Et unicuique sicut deus diuisit mensuram fidei. Sicut enim in uno corpore multa membra habemus. omnia autem membra non eundem actum habent. ita multi unum corpus sumus in christo. Singuli autem: alter alterius membra. In christo ihesu: domino nostro.

Gradale.

BEnedictus dominus deus israel qui facit mirabilia magna solus a seculo. ℣. Suscipiant montes pacem populo tuo et colles iusticiam. Alleluya. ℣. Iubilate deo omnis terra seruite domino in leticia.

Secundum Lucam./ [fo. 28.

IN illo tempore: Cum factus esset ihesus annorum duodecim: ascendentibus illis iheru-

solimam: secundum consuetudinem diei festi. Consummatisque diebus cum redirent. remansit puer in ierusalem. et non cognouerunt parentes eius. Existimantes autem illum esse in comitatu: uenerunt iter diei et requirebant eum inter cognatos et notos. Et non inuenientes: regressi sunt in iherusalem requirentes eum. Et factum est post triduum inuenerunt illum in templo sedentem in medio doctorum audientem eos et interrogantem. Stupebant autem omnes qui eum audiebant: super prudencia et responsis eius. Et uidentes admirati sunt. Et dixit mater eius ad illum. Fili: quid fecisti nobis sic? Ecce pater tuus et ego: dolentes querebamus te? Et ait ad illos: quid est quod me querebatis? Nesciebatis quia in hiis que patris mei sunt: oportet me esse? Et ipsi non intellexerunt uerbum: quod locutus est ad illos. Et descendit cum eis et uenit nazareth: et erat subditus illis. Et mater eius conseruabat omnia uerba hec in corde suo. Et ihesus proficiebat sapiencia etate et gracia: apud deum et homines.

Offertorium.

IUbilate deo omnis terra iubilate deo omnis terra seruite domino in leticia intrate in conspectu eius in exultacione quia dominus ipse est deus.

Secretum.

OBlatum tibi domine sacrificium uiuificet nos semper et muniat. Per dominum.

73

Prefacio.

QUia per incarnati.

Communio.

FIli quid fecisti nobis sic ego et pater tuus dolentes quereb-amus te et quid est quod me quere-batis. nesciebatis quia in hiis que patris mei sunt oportet me esse.

Postcommunio.

TUa domine sancta libantes: et perfecte capiamus pur-gacionis effectum. et continuum diuine defensionis auxilium. Per.

Dominica ii. post octauam epiphanie officium.

OMnis terra adoret te deus et psallat tibi psalmum dicat nomini tuo altissime. *Ps.* Iubilate deo omnis terra. i.

Oracio.

OMnipotens sempiterne deus qui celestia simul et terre-na moderaris: supplicaciones populi tui clementer exaudi: et pacem tuam nostris concede temporibus. Per.

Ad Romanos.

FRatres: Habentes dona-ciones. secundum graciam que data est nobis differentes. Siue propheciam: secundum racionem fidei. Siue minis-terium in/ministrando: [fo. 28.b. siue qui docet in doctrina. Qui exhortatur in exhortando: qui tribuit in simplicitate. qui preest in solicitudine. qui miseretur in hillaritate. Dileccio sine simulacione. Odientes malum: adherentes bono. Caritatem fraternitatis: inuicem diligentes. Honore inuicem preuenientes.

74

Sollicitudine non pigri. Spiritu feruentes: domino seruientes. Spe gaudentes: in tribulacione pacientes. Oracioni instantes: necessitatibus sanctorum com-municantes hospitalitatem sec-tantes. Benedicite persequen-tibus uos: benedicite et nolite maledicere. Gaudere cum gaudentibus: flere cum flen-tibus. Idipsum inuicem sen-cientes: non alta sapientes: sed humilibus consencientes.

Gradale.

MIsit dominus uerbum suum et sanauit eos. et eripuit eos de interitu eorum. ℣. Confiteantur domino misericordie et mirabilia eius filiis hominum. Alleluya. ℣. Dominus regnauit exultet terra. letentur insule multe.

Secundum Iohannem.

IN illo tempore: Nupcie facte sunt in chana galilee: et erat mater ihesu ibi. Uocatus est autem ihesus: et discipuli eius. ad nupcias. Et deficiente uino: dicit mater ihesu ad eum. Uinum non habent. Et dicit ei ihesus. Quid michi et tibi est mulier? Nondum uenit hora mea. Dicit mater eius minis-tris. Quodcumque dixerit uobis facite. Erant autem ibi lapidee ydrie sex posite secundum puri-ficacionem iudeorum: capientes singule metretas binas uel ternas. Dicit ei ihesus. Implete ydrias aqua. Et impleuerunt eas: usque ad summum. Et dixit eis ihesus. Haurite nunc: et ferte architriclino. Et tulerunt. Ut autem gustauit architriclinus aquam uinum factum et non sciebat unde esset ministri

75

autem sciebant qui hauserant aquam: uocat sponsum architriclinus. et dicit ei. Omnis homo primum bonum uinum ponit: et cum inebriati fuerint tunc id quod deterius est: tu autem seruasti uinum bonum adhuc. Hoc fecit inicium signorum ihesus in chana galilee: et manifestauit gloriam suam. Et crediderunt in eum: discipuli eius.

Offertorium.

IUbilate deo omnis terra iubilate deo omnis terra psalmum dicite nomini eius uenite et audite et narrabo uobis omnes qui timetis deum quanta fecit dominus anime mee. Alleluya.

Secretum.

PLacare domine sacrificio singulari. ut hoc celerius. / [fo. 29. nobis misericordie tue dona conciliet. quod tibi super omnes hostias uoluisti munus offerri. Per dominum.

Prefacio.

QUia per incarnati.

Communio.

DIcit dominus implete ydrias aqua et ferte architriclino dum gustasset architriclinus aquam uinum factum dicit sponso. seruasti bonum uinum usque adhuc hoc signum fecit ihesus primum coram discipulis suis.

Postcommunio.

AUgeatur in nobis domine quesumus tue uirtutis operacio. ut diuinis uegetati sacramentis. ad eorum promissa capienda tuo munere preparemur. Per.

76

Feria iiii ad collocenses.

FRatres: Audistis dispensacionem dei que data est michi in uobis: ut impleam uerbum dei. Misterium quod absconditum fuit a seculis et generacionibus: nunc autem manifestatum est sanctis eius. Quibus uoluit deus notas facere diuicias glorie sacramenti huius in gentibus. quod est christus in uobis spes glorie. Quem uos annunciamus corripientes omnem hominem: et docentes omnem hominem in omni sapiencia. Ut exhibeamus omnem hominem perfectum. In christo ihesu domino nostro.

Secundum marcum.

[I[1]]N illo tempore: Egressus ihesus abiit in patriam.

Secundum lucam.

IN illo tempore: Descendens ihesus in capharnaum.

Dominica iii officium.

ADorate dominum omnes angeli eius audiuit et letata est syon et exultauerunt filie iude. *Ps.* Dominus regnauit exultet.

Oracio.

OMnipotens sempiterne deus infirmitatem nostram propicius respice: atque ad protegendum nos dexteram tue magestatis extende. Per dominum.

Ad romanos.

FRatres: Nolite esse prudentes apud uosmetipsos: nulli malum pro malo reddentes. Prouidentes bona: non tantum

[1] I omitted in MS.

coram deo set eciam coram omnibus hominibus. Si fieri potest quod ex uobis est cum omnibus hominibus pacem habentes. Non uosmetipsos defendentes karissimi: set date locum ire. Scriptum est enim. Michi uindictam: et ego retribuam dicit dominus. Sed si esurierit inimicus tuus: ciba illum. Si sitit: potum da illi. Hoc enim faciens: carbones ignis congeres super capud eius. Noli uinci a malo: set uince in bono malum.

Gradale.

TImebunt gentes nomen tuum domine et omnes reges terre gloriam tuam. ℣. Quoniam edificauit dominus syon et uidebitur in magestate sua. Alleluya./ [fo. 29. b. ℣. Laudate deum omnes angeli eius laudate eum omnes uirtutes eius.

matheum.

IN illo tempore: Cum descendisset ihesus de monte. secute sunt eum turbe multe. et ecce leprosus ueniens adorabat eum dicens. Domine: si uis potes me mundare. Et extendens ihesus manum: tetigit eum dicens. Uolo: mundare. Et confestim mundata est lepra eius. Et ait illi ihesus. Uide nemini dixeris. Set uade ostende te sacerdoti: et offer munus quod precepit moyses in testimonium illis. Cum autem introisset capharnaum: accessit ad eum centurio rogans eum et dicens. Domine: puer meus iacet in domo paraliticus: et male torquetur. Et ait illi ihesus. Ego ueniam: et curabo eum. Et respondens centurio ait. Domine: non sum dignus

ut intres sub tectum meum: set tantum dic uerbo et sanabitur puer meus. Nam et ego homo sum sub potestate constitutus: habens sub me milites. Et dico huic uade: et uadit. Et alio ueni: et uenit. Et seruo meo fac hoc et facit. Audiens autem ihesus miratus est: et sequentibus se dixit. Amen dico uobis: non inueni tantam fidem in israel. Dico autem uobis: quod multi ab oriente et occidente uenient et recumbent cum abraham et ysaac et iacob in regno celorum. Filii autem regni: eicientur in tenebras exteriores. Ibi erit fletus: et stridor dencium. Et dixit ihesus centurioni. Uade: et sicut credidisti fiat tibi. Et sanatus est puer: ex illa hora.

Offertorium.

DExtera domini fecit uirtutem dextera domini exaltauit me non moriar set uiuam et narrabo opera domini.

Secretum.

UIte perpetue misteria ueneranda recolimus te domine deprecantes ut et deuotis eadem sacrificiis. et dignis operibus assequantur. Per.

Prefacio.

QUia per incarnati.

Communio.

MIrabantur omnes de hiis que procedebant de ore dei.

Postcommunio.

QUos tantis domine largiris uti misteriis. quesumus ut effectibus eorum ueraciter aptare digneris. Per.

Dominica iiii. officium.

ADorate deum omnes. *Ps.* Dominus regnauit.

Oracio.

DEus qui nos in tantis periculis constitutos pro humana scis fragilitate non posse subsistere: da nobis salutem mentis et corporis: ut ea que pro peccatis nostris patimur te adiuuante uincamus. Per.

Ad romanos.

FRatres: Nemini quicquam/ debeatis nisi ut in- [fo. 30. uicem diligatis. Qui enim diligit proximum: legem impleuit. Nam non adulterabis. non occides non furaberis. non falsum testimonium dices. non concupisces rem proximi tui. Et si quod est aliud mandatum: in hoc uerbo instauratur. Diliges proximum tuum: sicut teipsum. Dileccio proximi: malum non operatur. Plenitudo ergo legis: est dileccio.

Gradale.

TImebunt gentes. ℣. Quoniam edificauit. Alleluya. ℣. Laudate.

Secundum matheum.

IN illo tempore: Ascendente ihesu in nauiculam: secuti sunt eum discipuli eius. Et ecce motus magnus factus est in mari: ita ut nauicula operiretur fluctibus. Ipse uero dormiebat. Et accesserunt et suscitauerunt eum dicentes. Domine salua nos perimus. Et dicit eis ihesus. Quid timidi estis modice fidei? Tunc surgens imperauit uentis et mari: et facta est

tranquillitas magna. Porro homines mirati sunt dicentes. Qualis est hic? Quia uenti et mare: obediunt ei.

Offertorium.

DExtera domini.

Secretum.

COncede quesumus omnipotens deus: ut huius sacrificii munus oblatum. fragilitatem nostram ab omni malo purget semper et muniat. Per.

Prefacio.

QUia per incarnati. *Si post purificacionem euenerit dicitur prefacio de trinitate.*

Communio.

MIrabantur.

Postcommunio.

MUnera tua nos deus delectacionibus terrenis expediant. et celestibus semper instruant alimentis. Per.

Dominica v^a^. officium.

ADorate deum.

Oracio.

FAmiliam tuam quesumus domine continua pietate custodi: ut que in sola spe gracie celestis innititur. tua semper proteccione muniatur. Per dominum.

Ad colocenses.

FRatres: Induite uos sicut electi dei sancti et dilecti uiscera misericordie: benignitatem. humilitatem. modestiam. pacienciam. supportantes inuicem et donantes uobismetipsis. Si quis aduersus aliquem habet querelam: sicut et dominus donauit uobis ita et uos. Super omnia autem hec caritatem habentes: quod est uinculum perfeccionis. Et pax christi exultet in cordibus nostris: in qua et uocati estis in uno corpore. Et grati estote: et uerbum christi habitet in uobis habundanter. In omni sapiencia docentes et commonentes/ [fo. 30. b. uosmetipsos: psalmis. ympnis. canticis spiritualibus in gracia cantantes in cordibus uestris deo. Omne quodcumque facitis in uerbo aut in opere: omnia in nomine domini ihesu christi gracias agentes deo et patri. Per ihesum christum: dominum nostrum.

Gradale.

TImebunt. ℣. Quoniam edificauit. Alleluya. ℣. Laudate.

Matheum.

IN illo tempore: Respondens ihesus: dixit. Confiteor tibi domine pater celi et terre: quia abscondisti hec a sapientibus et prudentibus et reuelasti ea paruulis. Ita pater: quoniam sic fuit placitum ante te. Omnia michi tradita sunt: a patre meo. Et nemo nouit filium nisi pater. neque patrem quis nouit nisi filius et cui uoluerit filius reuelare. Uenite ad me omnes qui laboratis et onerati estis: et ego reficiam uos. Tollite iugum meum super uos: et dicite quia mitis sum et humilis corde: et inuenietis requiem animabus uestris. Iugum enim meum suaue est: et onus meum leue.

Offertorium.

DExtera domini.

Secretum.

SUscipe quesumus domine tuorum oblaciones preces que seruorum ut sub tue proteccionis auxilio: et collata non perdant. et que expetunt apprehendant. Per dominum.

Prefacio.

QUia per incarnati. *Si post purificacionem euenerit dicatur prefacio de trinitate.*

Communio.

MIrabantur.

Postcommunio.

QUos munere celesti domine reficis. diuino tuere presidio. ut tuis perfruentes misteriis. nullis subdantur aduersis Per.

Dominica in septuagesima officium.

CIrcumdederunt me gemitus mortis dolores inferni circumdederunt me. et in tribulacione mea inuocaui dominum et exaudiuit de templo sancto suo uocem meam. *Ps.* Diligam te domine. Gloria patri.

Oracio.

PReces populi tui quesumus domine clementer exaudi: ut qui iuste pro peccatis nostris affligimur: pro tui nominis gloria misericorditer liberemur. Per.

83

Ad corinthios.

FRatres: Nescitis quod hii qui in stadio currunt. omnes quidem currunt. set unus accipit brauium? Sic currite. ut comprehendatis. Omnis enim qui in agone contendit: ab omnibus se abstinet. et illi quidem ut corruptibilem coronam accipiant: nos autem incorruptam. Ego igitur sic curro: non quasi in incertum. Sic pugno: non quasi aerem uerberans. Set castigo corpus meum et in serui/tutem [fo. 31. redigo: ne forte cum aliis predicauerim ipse reprobus efficiar. Nolo enim uos ignorare fratres: quoniam patres nostri omnes sub nube fuerunt. et omnes mare transierunt. et omnes in moyse baptizati sunt in nube et mari. Et omnes eandem escam spiritualem manducauerunt. et omnes eundem potum spiritualem biberunt. Bibebant autem de spirituali: consequenti eos petra. Petra autem: erat christus.

Gradale.

ADiutor in oportunitatibus in tribulacione sperent in te qui nouerunt te quoniam non derelinquis querentes te domine. ℣. Quoniam non in finem obliuio erit pauperis paciencia pauperum non peribit ineternum exurge domine non preualeat homo.

Tractus.

DE profundis clamaui ad te domine domine exaudi uocem meam. ℣. Fiant aures tue intendentes in oracionem serui tui. ℣. Si iniquitates obseruaueris domine domine quis sustinebit. ℣. Quia

84

apud te propiciacio est et propter legem tuam sustinui te domine.

Secundum matheum.

IN illo tempore: Dixit ihesus discipulis suis parabolam hanc. Simile est regnum celorum homini patrifamilias: qui exiit primo mane conducere operarios in uineam suam. Conuencione autem facta cum operariis ex denario diurno: misit eos in uineam suam. Et egressus circa horam terciam: uidit alios stantes in foro ociosos et illis dixit. Ite et uos in uineam meam: et quod iustum fuerit dabo uobis. Illi autem abierunt. Iterum autem exiit circa sextam et nonam horam: et fecit similiter. Circa undecimam uero exiit: et inuenit alios stantes et dixit illis. Quid hic statis tota die ociosi? Dicunt ei. Quia nemo nos conduxit. Dicit illis. Ite et uos in uineam meam. Cum sero autem factum esset: dicit dominus uinee procuratori suo. Uoca operarios et redde illis mercedem: incipiens a nouissimis usque ad primos. Cum uenissent ergo qui circa undecimam horam uenerant: acceperunt singulos denarios. Uenientes autem et primi: arbitrati sunt quod plus essent accepturi. Acceperunt autem et ipsi: singulos denarios. Et accipientes: murmurabant aduersus patremfamilias dicentes. Hii nouissimi una hora fecerunt et pares illos nobis fecisti qui portauimus pondus diei et estus: At ille respondens: uni eorum dixit. Amice: non facio tibi iniuriam. Nonne/ ex denario [fo. 31. b.

conuenisti mecum. Tolle quod tuum est et uade. Uolo autem et huic nouissimo dare sicut et tibi. Annon licet michi quod uolo facere? an oculus tuus nequam est. quia ego bonus sum. Sic erunt nouissimi primi: et primi nouissimi. Multi enim sunt uocati: pauci uero electi.

Offertorium.

BOnum est confiteri domino et psallere nomini tuo altissime.

Secretum.

MUneribus nostris quesumus domine precibus que susceptis. et celestibus nos munda misteriis: et clementer exaudi. Per.

Prefacio.

QUi cum unigenito.

Communio.

ILlumina faciem tuam super seruum tuum et saluum me fac in misericordia tua domine non confundar quoniam inuocaui te.

Postcommunio.

FIdeles tui deus per tua dona firmentur. ut eadem et percipiendo requirant. et querendo sine fine percipiant. Per.

Dominica in sexagesima officium.

EXurge quare obdormis domine exurge et ne repellas in finem. quare faciem tuam auertis. obliuisceris tribulacionem nostram adhesit in terra uenter noster. exurge domine adiuua nos et libera nos. *Ps.* Deus auribus nostris audiuimus: patres nostri annunciauerunt nobis.

Oracio.

DEus qui conspicis quia ex nulla nostra accione confidimus: concede propicius: ut contra aduersa omnia doctoris gencium proteccione muniamur. Per.

Ad corinthios.

FRatres: Libenter suffertis insipientes: cum sitis ipsi sapientes. Sustinetis enim: siquis uos in seruitutem redigit. Siquis deuorat. siquis accipit. si quis extollitur. siquis in faciem uos cedit. Secundum ignobilitatem dico: quasi nos infirmi fuerimus in hac parte: In quo quis audet? In insipiencia dico: audeo et ego. Hebrei sunt: Et ego. Israelite sunt? Et ego. Semen abrahe sunt? Et ego. Ministri christi sunt: Et ego. Ut minus sapiens dico: Plus ego. In laboribus plurimis: in carceribus habundancius in plagis supra modum. in mortibus frequenter. A iudeis quinquies quadragenas una minus accepi. Ter uirgis cesus sum: semel lapidatus sum. ter naufragium feci. Nocte ac die: in profundum maris fui. In itineribus sepe: periculis fluminum. periculis latronum. periculis ex genere. periculis ex gentibus. periculis in ciuitate. periculis in solitudine. periculis in mari. periculis in falsis/fratribus. In labore [fo. 32. et erumpna: in uigiliis multis. In fame et siti: in ieiuniis multis in frigore et nuditate. Preter illa que extrinsecus sunt: instancia mea cotidiana sollicitudo omnium ecclesiarum. Quis infirmatur et ego non infirmor? Quis scandalizatur et ego non uror? Si gloriari oportet: que infirmitatis mee sunt gloriabor. Deus et pater domini nostri ihesu christi scit qui est benedictus in secula: quia non mencior. *Diuisio.* Damasci prepositus gentis arethe regis custodiebat ciuitatem damascenorum ut me comprehenderet: et per fenestram in sporta dimissus sum: per murum: et sic effugi manus eius. Si gloriari oportet: non expedit quidem. Ueniam autem ad uisiones et reuelaciones domini. Scio hominem in christo ante annos quatuordecim siue in corpore siue extra corpus nescio. deus scit raptum huiusmodi usque ad tercium celum. Et scio huiusmodi hominem siue in corpore siue extra corpus nescio deus scit quoniam raptus est in paradisum. et audiuit archana uerba que non licet homini loqui. Pro huiusmodi gloriabor: pro me autem nichil nisi in infirmitatibus meis. Nam et si uoluero gloriari: non ero insipiens. Ueritatem enim dicam. Parco autem nequis me existimet supra id quod uidet me: aut audit aliquid ex me. Et ne magnitudo reuelacionum extollat me: datus est stimulus carnis mee. angelus sathane qui me colaphizet. Propter quod ter dominum rogaui ut discederet a me: et dixit michi. Sufficit tibi gracia mea. Nam uirtus in infirmitate perficitur. Libenter igitur gloriabor in infirmitatibus meis: ut inhabitet in me: uirtus christi.

Gradale.

SCiant gentes quoniam nomen tibi deus. tu solus altissimus super omnem terram. ℣. Deus meus pone illos ut rotam et sicut stipulam ante faciem uenti.

Tractus.

COmmouisti terram et conturbasti eam. ℣. Sana contriciones eius quia commota est. ℣. Ut fugiant a facie arcus ut liberentur dilecti tui.

Lucam.

IN illo tempore: Cum turba plurima conueniret. et de ciuitatibus properarent ad ihesum: dixit per similitudinem. Exiit qui seminat: seminare semen suum. Et dum seminat: aliud cecidit secus uiam et conculcatum est. et uolucres celi/ comederunt illud. [fo. 32. b. Et aliud cecidit supra petram: et natum aruit quia non habebat humorem. Et aliud cecidit inter spinas: et simul exorte spine suffocauerunt illud. Et aliud cecidit in terram bonam: et ortum fecit fructum centuplum. Hec dicens clamabat. Qui habet aures audiendi: audiat. Interrogabant autem eum discipuli eius: que esset hec parabola. Quibus ipse dixit. Uobis datum est nosse misterium regni dei: ceteris autem in parabolis. Ut uidentes non uideant. et audientes non intelligant. Est autem hec parabola. Semen est uerbum dei. Qui autem secus uiam: hii sunt qui audiunt. deinde uenit dyabolus. et tollit uerbum de corde eorum ne credentes salui fiant. Nam qui supra petram qui cum audierint: cum

89

gaudio suscipiunt uerbum. Et hii radices non habent: quia ad tempus credunt. et in tempore temptacionis recedunt. Quod autem in spinis cecidit: hii sunt qui audierunt et a sollicitudinibus et diuiciis et uoluptatibus uite euntes suffocantur et non referunt fructum. Quod autem in terram bonam: hii sunt qui in corde bono et optimo audientes uerbum retinent. Et fructum afferunt: in paciencia.

Offertorium.

PErfice gressus meos in semitis tuis ut non moueantur uestigia mea inclina aurem tuam et exaudi uerba mea mirifica misericordias tuas qui saluos facis sperantes in te domine.

Secretum.

[I[1]]Ntende quesumus domine hostiam familie tue. ut quam sacris muneribus facis esse participem: tribuas ad eius plenitudinem peruenire. Per.

Communio.

INtroibo ad altare dei ad deum qui letificat iuuentutem meam.

Postcommunio.

SUpplices te rogamus omnipotens deus: ut quos tuis reficis sacramentis. tibi eciam placitis moribus dignanter deseruire concedas. Per.

Dominica in quinquagesima.
Officium.

ESto michi in deum protectorem et in locum refugii ut saluum me facias. quoniam firmamentum meum et refugium meum es tu. et propter nomen tuum dux michi eris.

[1] I omitted in MS.

90

et enutries me. *Ps.* In te domine speraui. Gloria patri.

Oracio.

PReces nostras quesumus domine clementer exaudi: atque a peccatorum uinculis absolutos. ab omni nos aduersitate custodi. Per.

Ad corinthios.

FRatres Si linguis hominum loquar/ et ange-[fo. 33. lorum caritatem autem non habeam: factus sum uelud es sonans aut cymbalum tinniens. Et si habuero propheciam et nouerim misteria omnia. et omnem scientiam. et si habuero omnem fidem ita ut montes transferam. caritatem autem non habeam nichil sum. Et si distribuero in cibos pauperum omnes facultates meas et si tradidero corpus meum ita ut ardeam caritatem autem non habuero nichil michi prodest. Caritas paciens est. benigna est. Caritas non emulatur: non agit perperam non inflatur non est ambiciosa. non querit que sua sunt Non irritatur: non cogitat malum. non gaudet super iniquitate. congaudet autem ueritati. Omnia suffert. omnia credit. omnia sperat. omnia sustinet. Caritas numquam excidit. siue prophecie euacuabuntur. siue lingue cessabunt siue sciencia destruetur. Ex parte enim cognoscimus: et ex parte prophetamus. Cum autem uenerit quod perfectum est: euacuabitur quod ex parte est. Cum essem paruulus: loquebar ut paruulus. sapiebam ut paruulus. cogitabam

91

ut paruulus. Quando autem factus sum uir: euacuaui que erant paruuli. Uidemus nunc per speculum in enigmate: tunc autem facie ad faciem. Nunc cognosco ex parte. tunc autem cognoscam sicut et cognitus sum. Nunc autem manent: fides. spes. caritas. tria hec. Maior autem horum: est caritas.

Gradale.

TU es deus qui facis mirabilia solus. notam fecisti in populis uirtutem tuam. ℣. Liberasti in brachio tuo populum tuum filios israel et ioseph.

Tractus.

IUbilate domino omnis terra. seruite domino in leticia. ℣. Intrate in conspectu eius in exultacione. ℣. Scitote quo dominus ipse est deus. ℣. Ipse fecit nos et non ipsi nos nos autem populus eius et oues pascue eius.

Secundum Lucam.

IN illo tempore: Assumpsit ihesus duodecim discipulos suos: et ait illis. Ecce ascendimus iherosolimam: et consummabuntur omnia que scripta sunt per prophetas de filio hominis. Tradetur enim gentibus et illudetur. et flagellabitur et conspuetur. Et postquam flagellauerint occident eum: et die tercia resurget. Et ipsi nichil horum intellexerunt. Erat autem uerbum istud absconditum ab eis: et non intelligebant que dicebantur. Factum est autem. Cum appropinquaret: iherico/ cecus [fo. 33. b. quidam sedebat secus uiam

92

mendicans. Et cum audiret turbam pretereuntem: interrogabat quid hoc esset. Dixerunt autem ei: quod ihesus nazarenus transiret. Et clamauit dicens. Ihesu fili dauid: miserere mei. Et qui preibant: increpabant eum ut taceret. Ipse uero multomagis clamabat: fili dauid miserere mei. Stans autem ihesus: iussit eum adduci ad se. Et cum appropinquasset interrogauit illum dicens. Quid tibi uis faciam? At ille dixit. Domine: ut uideam. Et ihesus: dixit illi. Respice. Fides tua: te saluum fecit. Et confestim uidit: et sequebatur illum magnificans deum. Et omnis plebs ut uidit: dedit laudem deo.

Offertorium.

BEnedictus es domine doce me iustificaciones tuas. benedictus es domine doce me iustificaciones tuas in labiis meis pronunciam omnia iudicia oris tui.

Secretum.

HEc hostia domine quesumus emundet nostra delicta. et sacrificium celebrandum subditorum tibi corpora mentes que sanctificet. Per.

Communio.

MAnducauerunt et saturati sunt nimis et desiderium eorum attulit eis dominus non sunt fraudati a desiderio suo.

Postcommunio.

QUesumus omnipotens deus: ut qui celestia alimenta percepimus: per hec contra omnia aduersa muniamur. Per.

93

Feria iiii. cinerum.

MIsereris omnium domine et nichil odisti eorum que fecisti dissimulans peccata hominum propter penitenciam et parcens illis quia tu es dominus deus noster. *Ps.* Miserere mei deus. Gloria patri.

Oracio.

PResta domine fidelibus tuis: ut ieiuniorum ueneranda sollempnia. et congrua pietate suscipiant. et secura deuocione percurrant. Per.

Leccio Iohelis prophete.

HEc dicit dominus deus. Conuertimini ad me in toto corde uestro: in ieiunio et fletu et planctu. et scindite corda uestra. et non uestimenta uestra. Et conuertimini ad dominum deum uestrum quia benignus et misericors est paciens et multum misericors. prestabilis super malicia. Quis scit si conuertatur et ignoscat deus et relinquat post se benediccionem. Sacrificium et libamen: domino deo nostro. Canite tuba in syon. sanctificate ieiunium. uocate cetum. congregate populum. sanctificate ecclesiam. coadunate senes. congregate paruulos. et suggentes ubera. Egrediatur sponsus de cubili suo: et sponsa de thalamo suo./ inter [fo. 34. uestibulum et altare: plorabunt sacerdotes ministri domini et dicent. Parce domine parce populo tuo: et ne des hereditatem tuam in obprobrium. ut dominentur eis naciones. Quare dicunt in populis ubi est deus eorum. Zelatus est dominus terram suam: et pepercit populo suo. Et res-

94

pondit dominus: et dixit populo suo. Ecce ego mittam uobis frumentum et uinum et oleum: et replebimini in eis. et non dabo uos ultra obprobrium gentibus Dicit dominus: omnipotens.

Gradale.

MIserere mei deus miserere mei quoniam in te confidit anima mea. ℣. Misit de celo et liberauit me dedit in obprobrium conculcantes me.

Tractus.

DOmine non secundum peccata nostra facias nobis neque secundum iniquitates nostras retribuas nobis. ℣. Domine ne memineris iniquitatum nostrarum antiquarum cito anticipent nos misericordie tue quia pauperes facti sumus nimis. ℣. Adiuua nos deus salutaris noster. et propter gloriam nominis tui domine libera nos. et propicius esto peccatis nostris propter nomen tuum.

Matheum.

IN illo tempore: Dixit ihesus discipulis suis. Cum ieiunatis: nolite fieri sicut ypocrite tristes. Exterminant enim facies suas: ut appareant hominibus ieiunantes. Amen dico uobis: receperunt mercedem suam. Tu autem cum ieiunas: ungue capud tuum. et faciem tuam laua ne uidearis hominibus ieiunans. sed patri tuo qui est in abscondito. Et pater tuus qui uidet in abscondito reddet tibi. Nolite thesaurizare uobis thesauros in terra. ubi erugo et tinea demollitur. et ubi fures effodiunt et furantur. Thesaurizate autem uobis thesauros in celo: ubi neque erugo neque tinea demolitur. et ubi fures non effodiunt nec furantur. Ubi enim est thesaurus tuus: ibi est et cor tuum.

Offertorium.

EXaltabo te domine quoniam suscepisti me nec delectasti inimicos meos super me domine clamaui ad te et sanasti me.

Secretum.

FAc nos quesumus domine hiis muneribus offerendis conuenienter aptari. quibus uenerabilis ieiunii celebramus exordium. Per.

Prefacio.

QUi corporali ieiunio uicia comprimis: mentem eleuas uirtutem largiris et premia. per christum dominum nostrum.

Communio.

QUi meditabitur in lege domini die ac nocte dabit fructum suum in tempore suo.

Postcommunio.

PErcepta nobis domine prebeant sacramenta subsidium/ ut et tibi grata [fo. 34. b. sint nostra ieiunia et nobis proficiant ad medelam. Per.

Super populum.

INclinantes se domine magestati tue propiciatus intende. ut qui diuino munere sunt refecti: celestibus semper nutriantur auxiliis. Per.

Feria v. officium.

DUm clamarem ad dominum exaudiuit uocem meam ab hiis qui appropinquant michi. et

humiliabit eos qui est ante secula et manet ineternum: iacta cogitatum tuum in domino. et ipse te enutriet. *Ps.* Exaudi deus oracionem meam et ne despexeris. Gloria.

Oracio.

DA quesumus domine fidelibus tuis ieiuniis pascalibus conuenienter aptari: ut suscepta sollempniter castigacio corporalis. cunctis ad fructum proficiat animarum. Per.

Leccio ysaie prophete.

IN diebus illis. Egrotauit ezechias usque ad mortem. et introiuit ad eum ysaias filius amos propheta. et dixit ei. Hec dicit dominus. Dispone domui tue: quia morieris tu et non uiues. Et conuertit ezechias faciem suam ad parietem: et orauit ad dominum et dixit. Obsecro domine memento queso quomodo ambulauerim coram te in ueritate et in corde perfecto. et quod bonum est in oculis tuis fecerim. Et fleuit ezechias fletu magno. Factumque est uerbum domini ad ysaiam dicens. Uade: et dic ezechie. Hec dicit dominus deus dauid patris tui. Audiui oracionem tuam: et uidi lacrimas tuas. Ecce ego adiciam super dies tuos quindecim annos et de manu regis assiriorum eruam te. et ciuitatem istam. et protegam eam. Dicit dominus: omnipotens.

Gradale.

IActa cogitatum tuum in domino et ipse te enutriet. ℣. Dum clamarem ad dominum exaudiuit uocem meam ab hiis qui appropinquant michi.

97

Secundum matheum.

IN illo tempore: Cum introisset ihesus capharnaum: accessit ad eum centurio rogans eum et dicens. Domine: puer meus iacet in domo paraliticus: et male torquetur. Et ait illi ihesus. Ego ueniam: et curabo eum. Et respondens: centurio ait. Domine: non sum dignus. ut intres sub tectum meum: set tantum dic uerbo. et sanabitur puer meus. Nam et ego homo sum sub potestate constitutus: habens sub me milites. Et dico huic uade: et uadit. Et alio ueni: et uenit. Et seruo meo fac hoc: et facit. Audiens autem ihesus miratus est: et/ [fo. 35. sequentibus se dixit. Amen dico uobis: non inueni tantam fidem in israel. Dico autem uobis: quod multi ab oriente et occidente uenient et recumbent cum abraham et ysaac. et iacob in regno celorum. Filii autem regni: eicientur in tenebras exteriores. Ibi erit fletus: et stridor dencium. Et dixit ihesus centurioni. Uade: et sicut credidisti fiat tibi. Et sanatus est puer: ex illa hora.

Offertorium.

AD te domine leuaui animam meam deus meus in te confido non erubescam neque irrideant me inimici mei etenim uniuersi qui te expectant non confundentur.

Secretum.

OFferimus tibi domine munera que dedisti: ut et creacionis tue circa mortalitatem nostram testificentur auxilium. et remedium nobis inmortalitatis operentur. Per.

98

Communio.

ACceptabis sacrificium iusticie oblaciones et holocausta super altare tuum domine.

Postcommunio.

COncede fidelibus tuis quesumus domine. et sine cessacione capere paschalia sacramenta. et desiderabiliter expectare uentura ut in misteriis quibus renouati sunt permanentes. ad nouam uitam hiis operibus perducantur. Per.

Super populum.

PArce domine parce populo tuo ut dignis flagellacionibus castigatus in tua miseracione respiret. Per.

Feria vi. officium.

AUdiuit dominus et misertus est michi dominus factus est adiutor meus. *Ps.* Exaltabo te. Gloria.

Oracio.

INchoata ieiunia quesumus domine benigno fauore prosequere. ut obseruanciam quam corporaliter exhibemus: mentibus eciam sinceris exercere ualeamus. Per.

Leccio ysaie prophete.

HEc dicit dominus deus: Clama ne cesses: quasi tuba exalta uocem tuam. et annuncia populo meo scelera eorum. et domui iacob peccata eorum. Me etenim de die in diem querunt et scire uias meas uolunt. quasi gens que iusticiam fecerit. et que iudicium dei sui non dereliquerit. Rogant me iudicia iusticie: et appropinquare deo uolunt. Quare ieiunauimus et non aspexisti.

humiliauimus animas nostras. et nescisti? Ecce in die ieiunii uestri inuenitur uoluntas uestra: et omnes debitores uestros repetitis. Ecce ad litês et contenciones ieiunatis: et percutitis pugno impie. Nolite ieiunare sicut usque ad hanc diem: ut audiatur in/excelso clamor ues- [fo. 35. b. ter. Numquid tale est ieiunium quod elegi per diem affligere hominem animam suam? Numquid contorquere quasi circulum capud suum. et saccum et cinerem sternere? Numquid istud uocabis ieiunium et diem acceptabilem domino? Nonne hoc est magis ieiunium quod elegi? Dissolue colligaciones impietatis: solue fasciculos deprimentes. Dimitte eos qui confracti sunt liberos: et omne onus dirumpe. Frange esurienti panem tuum: et egenos uagos que induc in domum tuam. Cum uideris nudum: operi eum: et carnem tuam ne despexeris. Tunc erumpet quasi mane lumen tuum: et sanitas tua cicius orietur. Et anteibit faciem tuam iusticia tua et gloria domini colliget te. Tunc inuocabis: et dominus exaudiet. Clamabis: et dicet ecce assum. Quia misericors sum: dominus deus tuus.

Gradale.

DOmine refugium factus es nobis a generacione et progenie. ℣. Priusquam montes fierent aut formaretur terra et orbis a seculo. et in seculum tu es deus.

Matheum.

IN illo tempore: Dixit ihesus discipulis suis. Audistis quia dictum est antiquis. Dili-

ges proximum tuum. et odio habebis inimicum tuum. Ego autem dico uobis. Diligite inimicos uestros: benefacite hiis qui oderunt uos. Et orate pro perseqentibus et calumpniantibus uos: ut sitis filii patris uestri qui in celis est. Qui solem suum oriri facit super bonos et malos: et pluit super iustos et iniustos. Si enim diligitis eos qui uos diligunt: quam mercedem habebitis? Nonne et publicani hoc faciunt? Et si salutaueritis fratres uestros tantum. quid amplius facietis? Nonne et ethnici hoc faciunt? Estote ergo uos perfecti: sicut et pater uester celestis perfectus est. Attendite ne iusticiam uestram faciatis coram hominibus: ut uideamini ab eis. Alioquin: mercedem non habebitis apud patrem uestrum qui in celis est. Cum ergo facis elemosinam: noli tuba canere ante te. sicut ypocrite faciunt. in synagogis et in uicis ut honorificentur ab hominibus. Amen dico uobis: receperunt mercedem suam. Te autem faciente elemosinam: nesciat sinistra tua quid faciat dextera tua. ut sit elemosina tua in abscondito. Et pater tuus qui uidet in abscondito: reddet tibi. Et/ cum oratis: non [fo. 36. eritis sicut ypocrite qui amant in synagogis et in angulis platearum stantes orare: ut uideantur ab hominibus. Amen dico uobis: receperunt mercedem suam. Tu autem cum oraueris: intra in cubiculum tuum. et clauso ostio. ora patrem tuum in abscondito. Et pater tuus qui uidet in abscondito: reddet tibi.

Offertorium.

DOmine uiuifica me secundum eloquium tuum. ut sciam testimonia tua.

Secretum.

SAcrificium domine obseruancie paschalis offerimus presta quesumus: ut tibi et mentes nostras reddat acceptas. et continencie prompcioris nobis tribuat facultatem. Per.

Communio.

SEruite domino in timore et exultate ei cum tremore apprehendite disciplinam ne pereatis de uia iusta.

Postcommunio.

TRibue nobis omnipotens deus: ut dona celestia que debito frequentamus obsequio. salutaria nobis iugiter senciamus. Per.

Super populum.

TUere domine populum tuum et ab omnibus peccatis clementer emunda. quia nulla ei nocebit aduersitas. si mulla[1] dominetur iniquitas. Per.

Sabbato officium.

AUdiuit dominus *ut supra in vi feria.*

Oracio.

ADesto domine supplicacionibus nostris. et presta: ut hoc sollempne ieiunium quod animabus corporibus que curandis salubriter institutum est. deuoto seruicio celebremus. Per.

Leccio ysaie prophete.

HEc dicit dominus. Si abstuleris de medio tui cathenam. et desieris digitum tuum

[1] *Sic.*

extendere. et loqui quod non prodest. cum effuderis esurienti animam tuam et animam afflictam repleueris. orietur in tenebris lux tua. et tenebre tue erunt sicut meridies. Et requiem tibi dabit dominus deus tuus semper. et implebit splendoribus animam tuam et ossa tua liberabit. Et eris quasi ortus irriguus: et sicut fons aquarum cuius non deficient aque. Et edificabuntur in te deserta seculorum: fundamenta generacionis et generacionis suscitabis. Et uocaberis edificator sepium: auertens semitas iniquitatis. Si auerteris a sabbato pedem tuum facere uoluntatem tuam in die sancto meo. et uocaberis sabbatum dedicatum et sanctum domini gloriosum. et glorificaueris eum dum non facis uias tuas/ et non in- [fo. 36. b. uenietur uoluntas tua ut loquaris sermonem tunc delectaberis super domino. et sustollam te super altitudinem terre et cibabo te hereditate iacob patris tui. Os enim domini: locutum est hec.

Gradale.

UNam pecii a domino hanc requiram ut inhabitem in domo domini. ℣. Ut uideam uoluntatem domini et protegar a templo sancto eius.

Secundum marcum.

IN illo tempore: Cum sero esset factum erat nauis in medio mari. et ihesus solus in terra. et uidit eos laborantes in remigando. Erat enim uentus contrarius eis. Et circa quartam uigiliam noctis uenit ad eos ambulans supra mare: et uolebat preterire eos. At illi ut uiderunt eum supra mare ambulantem: putauerunt fantasma esse et exclamauerunt. Omnes enim eum uiderunt: et conturbati sunt. Et statim locutus est cum eis et dixit eis. Confidite: ego sum. nolite timere. Et ascendit ad illos in nauem: et cessauit uentus et plusmagis intra se stupebant. Non enim intellexerant de panibus. Erat enim cor illorum obcecatum. Et cum transfretassent: peruenerunt in terram genesaret et applicuerunt. Cumque egressi essent de naui: continuo cognouerunt eum. Et percurrentes uniuersam regionem illam. ceperunt in grabatis eos qui se male habebant circumferre ubi audiebant eum esse. Et quocumque introibat in uicos uel in uillas aut ciuitates: in plateis ponebant infirmos. et deprecabantur eum ut uel fimbriam uestimenti eius tangerent. Et quotquot tangebant eum: salui fiebant.

Offertorium.

DOmine uiuifica me.

Secretum.

PRepara nos huius quesumus domine festiuis abstinencie officiis. ut hec sacrificia ueneranda. sobriis semper mentibus celebremus. Per.

Communio.

SEruite domino.

Postcommunio.

CElestis uite munere uegetati quesumus domine. ut quod est nobis in presenti uita mis-

terium. fiat eternitatis auxilium. Per dominum.

Super populum.

FAc nos quesumus domine salutis nostre causas. et deuotis semper frequentare seruiciis. et deuocius recolere principaliter inchoatas. Per.

Dominica prima xl^e. officium.

INuocauit me et ego exaudiam eum eripiam eum et glorificabo eum longitudine dierum adimplebo eum. *Ps.* Qui habitat. Gloria.

Oracio.| [fo. 37

DEus qui ecclesiam tuam annua quadragesime obseruacione purificas: presta familie tue. ut quod a te optinere abstinendo nititur. hoc bonis operibus exequatur. Per.

Ad corinthios.

FRatres: Hortamur uos: ne in uacuum graciam dei recipiatis. Ait enim. Tempore accepto exaudiui te: et in die salutis adiuui te. Ecce nunc tempus acceptabile: ecce nunc dies salutis. Nemini dantes ullam offensionem: ut non uituperetur ministerium nostrum. Set in omnibus exhibeamus nosmetipsos sicut dei ministros: in multa paciencia. in tribulacionibus in necessitatibus. in angustiis. in plagis. in carceribus. in sedicionibus. in laboribus in uigiliis. in ieiuniis. in castitate. in sciencia. in longanimitate. in suauitate. in spiritu sancto. In caritate non ficta: in uerbo ueritatis in uirtute dei. Per arma iusticie: a dextris et a sinistris. Per gloriam: et ignobilitatem. Per infamiam: et bonam famam. Ut seductores: et ueraces. Sicut qui ignoti: et cogniti. Quasi morientes: et ecce uiuimus. Ut castigati: et non mortificati. Quasi tristes: semper autem gaudentes. Sicut egentes: multos autem locupletantes. Tanquam nichil habentes: et omnia possidentes.

Gradale.

ANgelis suis mandauit de te ut custodiant te in omnibus uiis tuis. ℣. In manibus portabunt te ne umquam offendas ad lapidem pedem tuum.

Tractus.

QUi habitat in adiutorio altissimi. in proteccione dei celi commorabitur. ℣. Dicet domino susceptor meus es tu. et refugium meum deus meus sperabo in eum. ℣. Quoniam ipse liberauit me de laqueo uenancium et a uerbo aspero. ℣. Scapulis suis obumbrabit tibi. et sub pennis eius sperabis. ℣. Scuto circumdabit te ueritas eius. non timebis a timore nocturno. ℣. A sagitta uolante per diem a negocio perambulante in tenebris a ruina et demonio meridiano. ℣. Cadent a latere tuo mille et decem milia a dextris tuis tibi autem non appropinquabit. ℣. Quoniam angelis suis mandauit de te ut custodiant te in omnibus uiis tuis. ℣. In manibus portabunt te neumquam offendas ad lapidem pedem tuum. ℣. Super aspidem et basiliscum ambulabis. et conculcabis leonem et draconem. ℣. Quoniam in me sperauit liberabo eum protegam eum quoniam cognouit nomen meum. ℣. Inuocauit me et ego exaudiam eum cum ipso sum/ in [fo. 37. b. tribulacione. ℣. Eripiam eum et

glorificabo eum. longitudine dierum adimplebo eum et ostendam illi salutare meum.

Secundum matheum.

IN illo tempore: Ductus est ihesus in desertum a spiritu: ut temptaretur a dyabolo. Et cum ieiunasset quadraginta diebus et quadraginta noctibus: postea esuriit. Et accedens temptator: dixit ei. Si filius dei es; dic ut lapides isti panes fiant. Qui respondens. dixit. Scriptum est: non in solo pane uiuit homo. sed in omni uerbo quod procedit de ore dei. Tunc assumpsit eum dyabolus in sanctam ciuitatem: et statuit eum supra pinnaculum templi. et dixit ei. Si filius dei es: mitte te deorsum. Scriptum est enim. quia angelis suis mandauit de te. et in manibus tollent te neforte offendas ad lapidem pedem tuum. Ait illi ihesus rursum: Scriptum est: non temptabis dominum deum tuum. Iterum assumpsit eum dyabolus in montem excelsum ualde. et ostendit ei omnia regna mundi et gloriam eorum et dixit illi. Hec omnia tibi dabo: si cadens adoraueris me. Tunc dixit ei ihesus: Uade sathana. Scriptum est enim: dominum deum tuum adorabis: et illi soli seruies. Tunc reliquit eum dyabolus: Et ecce angeli accesserunt: et ministrabant ei.

Offertorium.

SCapulis suis obumbrabit tibi. et sub pennis eius sperabis scuto circumdabit te ueritas eius.

Secretum.

SAcrificium quadragesimalis inicii sollempniter immolamus te domine deprecantes. ut cum epularum restriccione carnalium. a noxiis quoque uoluptatibus temperemus. Per.

Communio.

SCapulis suis obumbrabit tibi et sub pennis eius sperabis scuto circumdabit te ueritas eius.

Postcommunio.

TUi nos domine sacramenti libacio sancta restauret. et a uetustate purgatos. in misterii salutaris faciat transire consorcium. Per.

Feria ii. officium.

SIcut oculi seruorum in manibus dominorum suorum ita oculi nostri ad dominum deum nostrum donec misereatur nostri miserere nobis domine miserere nobis. *Ps.* Ad te leuaui. Gloria.

Oracio.

COnuerte nos deus salutaris noster: et ut nobis ieiunium quadragesimale proficiat: mentes nostras celestibus instrue disciplinis. Per.

Leccio ezechielis prophete.

HEc dicit dominus deus. Ecce/ ego ipse re- [fo. 38. quiram oues meas: et uisitabo illas sicut uisitat pastor gregem suum in die quando fuerit in medio ouium suarum dissipatarum. Sic uisitabo oues meas et liberabo eas de omnibus locis in quibus disperse fuerant in die nubis et caliginis. Et educam eas de populis: et congregabo eas de terris. Et inducam eas

in terram suam. et pascam eas in montibus israel. in riuis et in cunctis sedibus terre. In pascuis uberrimis pascam eas: et in montibus excelsis israel erunt pascue earum. Ibi requiescent in herbis uirentibus: et in pascuis pinguibus pascentur super montes israel. Ego pascam oues meas. et ego eas accubare faciam dicit dominus deus. Quod perierat requiram: et quod abiectum fuerat reducam. et quod confractum erat alligabo. et quod infirmum fuerat consolidabo. et quod pingue et forte custodiam: et pascam illas in iudicio et iusticia. Dicit dominus: omnipotens.

Gradale.

PRotector noster aspice deus et respice super seruos tuos. ℣. Domine deus uirtutum exaudi preces seruorum tuorum.

Secundum matheum.

IN illo tempore: Dixit ihesus discipulis suis. Cum uenerit filius hominis in magestate sua. et omnes angeli cum eo: tunc sedebit super sedem magestatis sue. Et congregabuntur ante eum omnes gentes. et separabit eas abinuicem sicut pastor segregat oues ab hedis. Et statuet oues quidem a dextris suis: hedos autem a sinistris. Tunc dicet rex. hiis qui a dextris eius erunt. Uenite benedicti patris mei possidete paratum uobis regnum a constitucione mundi. Esuriui enim: et dedistis michi manducare. Sitiui: et dedistis michi bibere. Hospes eram: et collegistis me. Nudus: et cooperuistis me. Infirmus:

et uisitastis me. In carcere eram : et uenistis ad me. Tunc respondebunt ei iusti : dicentes. Domine : quando te uidimus esurientem et pauimus. sicientem et dedimus tibi potum? Quando autem te uidimus hospitem : et collegimus te? Aut nudum. et cooperuimus te. Aut quando te uidimus infirmum aut in carcere et uenimus ad te. Et respondens rex : dicet illis. Amen dico uobis quamdiu fecistis uni de hiis fratribus meis minimis. michi fecistis. Tunc dicet et hiis qui/ a [fo. 38. b. sinistris eius erunt. Discedite a me maledicti in ignem eternum : qui preparatus est dyabolo et angelis eius. Esuriui : et non dedistis michi manducare. Sitiui et non dedistis michi bibere. Hospes eram : et non collegistis me. Nudus : et non cooperuistis me. Infirmus et in carcere : et non uisitastis me : Tunc respondebunt ei et ipsi dicentes. Domine : quando te uidimus esurientem. aut sicientem aut hospitem. aut nudum. aut infirmum. uel in carcere. et non ministrauimus tibi. Tunc respondebit illis dicens. Amen dico uobis quamdiu non fecistis uni de minoribus meis hiis. nec michi fecistis. Et ibunt hii in supplicium eternum : iusti autem : in uitam eternam.

Offertorium.

LEuabo oculos meos et considerabo mirabilia tua domine ut doceas me iusticiam tuam da michi intellectum ut discam mandata tua.

Secretum.

ACcepta tibi domine sit nostre deuocionis oblacio. que et ieiunium nostrum te operante sanctificet. et indulgenciam nobis tue consolacionis optineat. Per.

Communio.

UOce mea ad dominum clamaui et exaudiuit me de monte sancto suo. non timebo milia populi circumdantis me.

Postcommunio.

PRosint nobis domine quesumus frequentata misteria : que nos a cupiditatibus terrenis expediant. et instituant amare celestia. Per.

Super populum.

Oracio.

ABsolue quesumus domine nostrorum uincula peccatorum : et quicquid pro eis meremur propiciatus auerte. Per.

Feria iii. Officium.

DOmine refugium factus es nobis a generacione et progenie a seculo et in seculum tu es. *Ps.* Priusquam montes fierent aut formaretur terra. et orbis a seculo.

Oracio.

REspice domine familiam tuam. et presta. ut apud te mens nostra tuo desiderio fulgeat. que se carnis maceracione castigat. Per.

Leccio ysaie prophete.

IN diebus illis : Locutus est ysaias propheta dicens. Querite dominum dum inueniri potest : inuocate eum dum prope est. Derelinquat impius uiam suam et uir iniquus cogitaciones suas et reuertatur ad dominum. et miserebitur eius. et ad deum nostrum quoniam multus est ad ignoscendum. Non enim cogitaciones mee cogitaciones uestre. neque uie mee uie uestre dicit dominus. Quia sicut exaltantur celi a terra: sic/ exaltate sunt [fo. 39. uie mee a uiis uestris et cogitaciones mee a cogitacionibus uestris. Et quomodo descendit ymber et nix de celo. et illuc ultra non reuertitur. sed inebriat terram et infundit eam et germinare eam facit. et dat semen serenti et panem comedenti. sic erit uerbum meum quod egredietur de ore meo. Non reuertetur ad me uacuum: set faciet quecumque uolui. et prosperabitur in hiis ad que misi illud. Ait dominus: omnipotens.

Gradale.

DIrigatur oracio mea sicut incensum in conspectu tuo domine. ℣. Eleuacio manuum mearum sacrificium uespertinum.

Secundum matheum.

IN illo tempore: Cum intrasset ihesus iherosolimam: commota est uniuersa ciuitas dicens. Quis est hic? Populi autem dicebant. Hic est ihesus propheta: a nazareth. galilee. Et intrauit ihesus in templum dei: et eiciebat omnes uendentes et ementes in templo. et mensas nummulariorum et cathedras uendencium columbas euertit. Et dicit eis. Scriptum est: quia domus mea domus oracionis

uocabitur. Uos autem: fecistis illam speluncam latronum. Et accesserunt ad eum ceci et claudi in templo; et sanauit eos. Uidentes autem principes sacerdotum et scribe mirabilia que fecit. et pueros clamantes in templo et dicentes osanna filio dauid: indignati sunt et dixerunt ei. Audis quid isti dicunt. Ihesus autem dixit eis. Utique. Numquam legistis quia ex ore infancium et lactencium perfecisti laudem? Et relictis illis abiit foras extra ciuitatem in bethaniam. Ibique mansit et docebat eos: de regno dei.

Offertorium.

IN te speraui domine dixi deus meus es tu in manibus tuis tempora mea.

Secretum.

PResta domine quesumus ut dicato muneri congruentem nostre deuocionis tibi offeramus affectum. Per.

Communio.

CUm inuocarem te exaudisti me deus iusticie mee in tribulacione dilatasti me miserere michi domine et exaudi oracionem meam.

Postcommunio.

QUesumus omnipotens deus ut illius salutaris capiamus effectum cuius per hec misteria pignus accepimus. Per.

Super populum oracio.

AScendant ad te domine preces nostre et ab ecclesia tua cunctam repelle nequiciam. Per.

113

Feria iiii. Officium.

REminiscere miseracionum tuarum domine et misericordie tue que a seculo sunt/ [fo. 39. b. neumquam dominentur nobis inimici nostri libera nos deus israel ex omnibus angustiis nostris. *Ps.* Ad te domine leuaui. Gloria.

Oracio.

PReces nostras quesumus domine clementer exaudi: et contra cuncta nobis aduersancia dexteram tue magestatis extende. Per.

Leccio libri exodi.

IN diebus illis: Dixit dominus ad moisen. Ascende ad me in montem: et esto ibi. Daboque tibi duas tabulas lapideas et legem ac mandata que scripsi ut doceas filios israel. Surrexerunt moyses et iosue minister eius. Ascendens que moyses in montem dei: senioribus ait. Expectate hic: donec reuertamur ad uos. Habetis aaron et hur uobiscum: siquid natum fuerit questionis: referetis ad eos. Cumque ascendisset moyses operuit nubes montem: et habitauit gloria domini super synai tegens illum nube sex diebus. Septimo autem die: uocauit eum dominus de medio caliginis. Erat autem species glorie domini quasi ignis ardens super uerticem montis: in conspectu filiorum israel. Ingressus que moyses medium nebule ascendit in montem: et fuit ibi quadraginta diebus: et quadraginta noctibus.

114

Gradale.

TRibulaciones cordis mei dilatate sunt de necessitatibus meis eripe me domine. ℣. Uide humilitatem meam et laborem meum. et dimitte omnia peccata mea.

Oracio.

DEuocionem populi tui quesumus domine benignus intende. ut qui per abstinenciam macerantur in corpore. per fructum boni operis reficiantur in mente. Per.

Leccio libri regum.

IN diebus illis: Uenit helyas in bersabee iuda et dimisit ibi puerum suum et perrexit in desertum uia unius diei. Cumque uenisset et sederet subter unam iuniperum: petiuit anime sue ut moreretur et ait. Sufficit michi domine: tolle animam meam. Neque enim melior sum quam patres mei. Proiecitque se et obdormiuit in umbra iuniperi. et ecce angelus domini tetigit eum: dixit que ei. Surge comede. Et respexit: et ecce ad capud subcinerius panis et uas aque. Comedit ergo et bibit: et rursum obdormiuit. Reuersus que est angelus domini secundo et tetigit eum dixitque illi. Surge comede. Grandis enim tibi restat uia. Qui cum surrexisset: comedit et bibit. et ambulauit in fortitudine/ [fo. 40. cibi illius quadraginta diebus et quadraginta noctibus: usque ad montem dei oreb.

Tractus.

DE necessitatibus meis eripe me domine. uide humilitatem meam et laborem meum et dimitte omnia peccata mea. ℣. Ad te domine leuaui animam meam deus meus in te confido non erubescam. neque irrideant me inimici mei. ℣. Etenim uniuersi qui te expectant non confundentur. confundantur omnes facientes uana.

Secundum matheum.

IN illo tempore: Accesserunt ad ihesum scribe et pharisei: dicentes. Magister. uolumus a te signum uidere: Qui respondens: ait illis. Generacio mala et adultera signum querit: et signum non dabitur ei nisi signum ione prophete. Sicut enim fuit ionas in uentre ceti tribus diebus et tribus noctibus. sic erit filius hominis in corde terre tribus diebus et tribus noctibus. Uiri niniuite surgent in iudicio cum generacione ista et condempnabit eam: quia penitenciam egerunt in predicacione ione. Et ecce plus quam iona hic. Regina austri surget in iudicio cum generacione ista et condempnabit eam. quia uenit a finibus terre audire sapienciam salamonis. Et ecce plusquam salamon hic. Cum autem inmundus spiritus exierit ab homine ambulat per loca arida querens requiem et non inuenit. Tunc dicit. Reuertar in domum meam unde exiui. Et ueniens inuenit eam uacantem scopis mundatam et ornatam. Et tunc uadit et assumit septem alios spiritus secum nequiores se: et ingressi habitant ibi. Et sunt nouissima hominis illius peiora prioribus. Sic erit et generacioni huic pessime. Adhuc eo loquente ad turbas: ecce mater eius et fratres foris stabant

querentes loqui ei. Dixit autem ei quidam. Ecce mater tua et fratres tui foris stant querentes te. At ipse respondens dicenti sibi ait. Que est mater mea et qui sunt fratres mei. Et extendens manum in discipulos suos dixit. Ecce mater mea: et fratres mei. Quicumque enim fecerit uoluntatem patris mei qui in celis est: ipse meus frater et soror: et mater est.

Offertorium.

MEditabor in mandatis tuis que dilexi ualde et leuabo manus meas ad mandata tua que dilexi.

Secretum.

INtende quesumus domine sacrificium singulare. ut huius participacione misterii. que speranda credimus/ [fo. 40. b. expectata sumamus. Per.

Communio.

INtellige clamorem meum intende uoci oracionis mee rex meus et deus meus quoniam ad te orabo domine.

Postcommunio.

DA quesumus omnipotens deus ut reatum nostrum munera sacra purificent. et recte uiuendi nobis operentur effectum. Per.

Super populum.

MEntes nostras quesumus domine lumine tue claritatis illustra. ut uidere possimus que agenda sunt. et que recta sunt agere ualeamus. Per.

Feria quinta officium.

COnfessio et pulchritudo in conspectu eius sanctitas et magnificencia in sanctificacione eius. *Ps.* Cantate i. Gloria.

Oracio.

OMnipotens sempiterne deus qui in obseruacione ieiunii. et elemosinarum largicione posuisti nostrorum remedia peccatorum: concede nos mente et corpore semper tibi esse deuotos. Per.

Leccio ezechielis prophete.

IN diebus illis: Factus est sermo domini ad me dicens. Quid est quod inter uos parabolam uertitis in prouerbium istud in terra israel dicentes. patres nostri comederunt uuam acerbam et dentes filiorum obstupescunt. Uiuo ego dicit dominus. si erit ultra fabula hec in prouerbium in israel. Ecce omnes anime mee sunt. Ut anima patris ita et anima filii mea est. Anima que peccauerit: ipsa morietur. Et uir si fuerit iustus et fecerit iudicium et iusticiam in montibus non comederit. et oculos suos non leuauerit ad ydola domus israel. uxorem proximi sui non uiolauerit. et ad mulierem menstruatam non accesserit. hominem non contristauerit pignus debitori reddiderit. per uim nichil rapuerit. panem suum esurienti dederit et nudum operuerit uestimento ad usuram non commodauerit. et amplius non acceperit. ab iniquitate auerterit manum suam. iudicium uerum fecerit inter uirum et uirum. in preceptis meis ambulauerit. et iudicia mea custodierit ut faciat ueritatem. hic iustus est. uita uiuet et non morietur. Quod si genuerit fi-

lium latronem effundentem sanguinem et fecerit unum de istis. et hec quidem omnia non facientem numquid uiuet? Cum uniuersa hec detestanda fecerit: morte morietur sanguis/ [fo. 41. eius in ipso erit. Quod si genuerit filium qui uidens omnia peccata patris sui que fecit. timuerit et non fecerit simile eis. iudicia mea fecerit et in preceptis meis ambulauerit: hic non morietur in iniquitate patris sui. set uita uiuet. Ait dominus: omnipotens.

Gradale.

CUstodi me domine ut pupillam oculi sub umbra alarum tuarum protege me. ℣. De uultu tuo iudicium meum prodeat: oculi tui uideant equitates.

Iohannem.

IN illo tempore: Dicebat ihesus ad eos qui crediderunt ei ex iudeis. Si uos manseritis in sermone meo: uere discipuli mei eritis. Et cognoscetis ueritatem: et ueritas liberabit uos. Responderunt ei iudei. Semen abrahe sumus et nemini seruiuimus unquam. Quomodo tu dicis quia liberi eritis? Respondit eis ihesus. Amen amen dico uobis: quia omnis qui facit peccatum: seruus est peccati. Seruus autem non manet in domo ineternum: filius autem manet ineternum. Si ergo uos filius liberauerit: uere liberi eritis. Scio quia filii abrahe estis: set queritis me interficere. quia sermo meus non capit in uobis. Ego quod uidi apud patrem meum loquor: et uos que uidistis apud patrem uestrum facitis. Responderunt iudei. et dixerunt ei. Pater noster abraham est. Dixit eis ihesus. Si filii abrahe estis: opera abrahe facite. Nunc autem queritis me interficere: hominem qui ueritatem locutus sum uobis quam audiui a deo. Hoc abraham non fecit. Uos facitis opera patris uestri. Dixerunt ergo iudei. Nos ex fornifacione[1] non sumus nati: unum patrem habemus deum. Dixit ergo eis ihesus. Si deus pater uester esset: diligeretis utique me. Ego enim ex deo processi: et ueni. Neque enim a meipso ueni: sed ille me misit. Quare loquelam meam non cognoscitis? Quia non potestis audire sermonem meum. Uos ex patre dyabolo estis: et desideria patris uestri uultis facere. Ille homicida erat ab inicio et in ueritate non stetit. quia non est ueritas in eo. Cum loquitur mendacium ex propriis loquitur: quia mendax est et pater eius. Ego enim qui ueritatem dico uobis: non creditis michi. Quis ex uobis arguet me de peccato. Si ueritatem dico: quare uos non creditis/ michi. Qui est [fo. 41. b. ex deo: uerba dei audit.

Offertorium.

IMmittit angelus domini in circuitu timencium eum et eripiet eos gustate et uidete quoniam suauis est dominus.

Secretum.

SAcrificia domine quesumus propensius ista nos saluent que medicinalibus sunt instituta ieiuniis. Per.

[1] *Sic.*

Communio.

PAnis quem ego dedero caro mea est pro seculi uita.

Postcommunio.

TUorum nos domine largitate donorum. et temporalibus nos attolle presidiis: et renoua sacramentis. Per.

Super populum.

DA quesumus domine populis christianis. et que profitentur agnoscere. et celeste munus diligere quod frequentant. Per.

Feria vi. officium.

DE necessitatibus meis eripe me domine uide humilitatem meam et laborem meum et dimitte omnia peccata mea. *Ps.* Ad te domine leuaui. Gloria.

Oracio.

ESto domine propicius plebi tue. et quam tibi facis esse deuotam benigno refoue miseratus auxilio. Per.

Leccio ezechielis prophete.

HEc dicit dominus deus. Anima que peccauerit: ipsa morietur. Filius non portabit iniquitatem patris: et pater non portabit iniquitatem filii. Iusticia iusti super eum erit: et impietas impii erit super eum. Si autem impius egerit penitenciam ab omnibus peccatis suis que operatus est. et custodierit uniuersa precepta mea. et fecerit iudicium et iusticiam: uita uiuet et non morietur. Omnium iniquitatum eius quas operatus est: non recordabor. In iusticia quam operatus est uiuet. Numquid uoluntatis mee est mors impii. dicit dominus deus: et non ut conuertatur a uiis suis et uiuat? Si autem auerterit se iustus a iusticia sua et fecerit iniquitatem secundum omnes abhominaciones quas operari solet impius numquid uiuet? Omnes iusticie eius quas fecerat: non recordabuntur. In preuaricacione quam preuaricatus est et in peccato suo quod peccauit. in ipsis morietur. Et dixistis. Non est equa uia domini. Audite ergo domus israel. Numquid uia mea non est equa et nonmagis uie uestre praue sunt? Cum enim auerterit se iustus a iusticia sua et fecerit iniquitatem morietur in ea. In iniusticia sua quam operatus est: morietur. Et cum auerterit se impius ab impietate sua quam operatus est et fecerit iudicium et/ iusticiam: [fo. 42. ipse animam suam uiuificabit. Considerans enim et auertens se ab omnibus peccatis suis que operatus est uita uiuet et non morietur. Dicit dominus: omnipotens.

Gradale.

SAluum fac seruum tuum deus meus sperantem in te. ℣. Auribus percipe domine oracionem meam.

Iohannem.

IN illo tempore: Erat dies festus iudeorum: et ascendit ihesus ierosolimam. Est autem ierosolimis probatica piscina que cognominabatur hebraice bethsaida quinque porticus habens. In hiis iacebat multitudo magna languencium. cecorum. claudorum. aridorum. expectancium aque motum. Angelus autem domini secundum tempus descendebat in piscinam: et moueba-

tur. aqua. Et qui prior descendisset in piscinam post mocionem aque: sanus fiebat a quacumque detinebatur infirmitate. Erat autem quidam homo ibi: triginta et octo annos habens in infirmitate sua. Hunc cum uidisset ihesus iacentem et cognouisset quia iam multum tempus haberet: dicit ei. Uis sanus fieri? Respondit ei languidus. Domine: hominem non habeo: ut cum turbata fuerit aqua mittat me in piscinam. Dum uenio enim ego: alius ante me descendit. Dicit ei ihesus. Surge tolle grabatum tuum et ambula. Et statim sanus factus est homo: et sustulit grabatum suum et ambulabat. Erat autem sabbatum: in die illa. Dicebant ergo iudei: illi qui fuerat sanatus factus. Sabbatum est: non licet tibi tollere grabatum tuum. Respondit eis. Qui me sanum fecit: ille michi dixit tolle grabatum tuum et ambula. Interrogauerunt ergo eum. Quis est ille homo qui dixit tibi tolle grabatum tuum et ambula? Is autem qui sanus fuerat effectus nesciebat quis esset. Ihesus autem declinauit a turba: constituta in loco. Postea inuenit eum ihesus in templo: et dixit illi. Ecce sanus factus es iam noli peccare: ne tibi deterius aliquid contingat. Abiit ille homo et nunciauit iudeis quia ihesus esset: qui fecit eum sanum.

Offertorium.

BEnedic anima mea domino et noli obliuisci omnes retribuciones eius et renouabitur sicut aquile iuuentus tua.

Secretum.

SUscipe quesumus domine munera nostris oblata seruiciis. et tua propicius dona sanctifica. Per./ [fo. 42. b.

Communio.

ERubescant et conturbentur uehementer omnes inimici mei auertantur retrorsum et erubescant ualde uelociter.

Postcommunio.

PEr huius domine operacionem misterii et uicia nostra purgentur. et iusta desideria compleantur. Per.

Super populum.

EXaudi nos misericors deus et mentibus nostris gracie tue lumen ostende. Per.

Sabbato officium.

INtret oracio mea in conspectu tuo inclina aurem tuam ad precem meam domine. *Ps.* Domine deus salutis mee. Gloria.

Oracio.

POpulum tuum domine quesumus propicius respice atque ab eo flagella tue iracundie clementer auerte. Per.

Leccio libri deutronomii.

IN diebus illis: Locutus est moyses ad dominum dicens. Respice domine de sanctuario tuo. et de excelso celorum habitaculo: et benedic populo tuo israel. et terram quam dedisti nobis sicut iurasti patribus nostris terram lacte et melle manantem. Audi israel. Hodie dominus deus tuus precepit tibi.

ut facias mandata eius atque iudicia. et custodias et impleas ex toto corde tuo. et ex tota anima tua. Dominum elegisti hodie ut sit tibi deus et ambules in uiis eius. et custodias cerimonias illius. et mandata atque iudicia. et obedias eius imperio. Et dominus elegit te hodie ut sis ei populus peculiaris sicut locutus est tibi. et custodias omnia precepta eius. et faciat te excelsiorem cunctis gentibus quas creauit in laudem et nomen. et gloriam suam. et sis populus sanctus domini dei tui: sicut locutus est tibi.

Gradale.

PRopicius esto domine peccatis nostris nequando dicant gentes ubi est deus eorum. ℣. Adiuua nos deus salutaris noster. et propter honorem nominis tui domine libera nos.

Oracio.

DEus qui nos per temporalia ducis ad eterna: pretende misericordiam tuam ad celestia promissa nitentibus. et quia tuum est quod in te credimus. tuum sit omne quod uiuimus. Per.

Leccio libri deutronomii.

IN diebus illis: Dixit moyses filiis israel: Si custodieritis mandata que ego precipio uobis feceritis ea. ut diligatis dominum deum uestrum. et ambuletis in omnibus uiis eius adherentes ei. disperdet dominus omnes gentes istas ante faciem uestram. et possidebitis eas que maiores et forciores uobis sunt. Omnis locus quem calcauerit pes uester: uester erit. A deserto et libano et fluuio magno/ eufrate [fo. 43. usque ad mare occidentale erunt termini uestri. Nullus stabit contra uos. Terrorem uestrum et formidinem dabit dominus deus uester super omnem terram quam calcaturi estis. sicut locutus est uobis: dominus deus uester.

Gradale.

PRotector noster aspice deus et respice super seruos tuos. ℣. Domine deus uirtutum exaudi preces seruorum tuorum.

Oracio.

PRotector noster aspice deus: ut qui malorum nostrorum pondere premimur. percepta misericordia libera tibi mente famulemur. Per.

Leccio libri machabeorum.

IN diebus illis. Oracionem faciebant sacerdotes dum offerrent sacrificium pro populo israel: ionatha inchoante. ceteris autem respondentibus et dicentibus. Benefaciat uobis deus et meminerit testamenti sui quod ad abraham. et ysaac. et iacob. locutus est seruorum suorum fidelium. Et det uobis cor omnibus ut colatis eum: et faciatis eius uoluntatem corde magno et animo uolenti. Adaperiat dominus cor uestrum in lege sua. et in preceptis suis: et faciat pacem. Exaudiat dominus oraciones uestras: et reconsilietur uobis. nec uos deserat in tempore malo: dominus deus uester.

Gradale.

AB occultis meis munda me domine et ab alienis parce seruo tuo. ℣. Si mei non fuerint dom-

inati tunc inmaculatus ero et emundabor a delicto maximo.

Oracio.

ADesto quesumus domine supplicacionibus nostris. ut esse te largiente mereamur et inter prospera humiles et inter aduersa securi. Per.

Leccio libri sapiencie.

MIserere nostri deus omnium. et respice nos. et ostende nobis lucem miseracionum tuarum. Et immitte timorem tuum super gentes que non exquisierunt te. ut cognoscant quia non est deus nisi tu ut enarrant mirabilia tua. Alleua manum tuam super gentes alienas: ut uideant potenciam tuam. Sicut enim in conspectu eorum sanctificatus es in nobis. sic in conspectu nostro magnificaberis in illis: ut cognoscant te sicut et nos cognouimus. quoniam non est deus preter te domine. Innoua signa: et immuta mirabilia. Glorifica manum: et brachium dextrum. Excita furorem: et effunde iram. Extolle aduersarium: et afflige inimicum. Festina tempus et memento finis: ut enarrent mirabilia tua: domine deus noster./ [fo. 43. b.

Gradale.

COnuertere domine aliquantulum et deprecare super seruos tuos. ℣. Domine refugium es nobis a generacione et progenie.

Oracio.

ACciones nostras quesumus domine aspirando preueni et adiuuando prosequere: ut cuncta nostra operacio. et a te semper incipiat. et per te cepta finiatur. Per.

Leccio danielis prophete.

IN diebus illis: Angelus domini descendit cum azaria et sociis eius in fornacem. et excussit flammam ignis de fornace et fecit medium fornacis quasi uentum roris flantem. Flamma autem diffusa est super fornacem cubitis quadraginta nouem et incendit quos reperit iuxta fornacem de chaldeis ministros regis qui eam incendebant. Illos autem omnino non tetigit ignis neque contristauit nec quicquam molestie intulit. Tunc hii tres quasi ex uno ore ympnum dicebant et magnificebant[1] deum in fornace dicentes. Benedictus es domine deus patrum nostrorum. et laudabilis et superexaltatus in secula. Et benedictum nomen glorie tue sanctum. et laudabile et superexaltatum in omnibus seculis. Benedictus es in templo sancto glorie tue: et superlaudabilis et supergloriosus in secula. Benedictus es in throno regni tui. et superlaudabilis et superexaltatus. secula. Benedictus es qui intueris abyssos et sedes super cherubyn: et laudabilis et superexaltatus in secula.

Tractus.

BEnedictus es in firmamento celi. et laudabilis et gloriosus in secula. ℣. Benedicite omnia opera domini domino. benedicite celi domino. ℣. Benedicite angeli domini domino. Hympnum dicite et superexaltate eum in secula. ℣. Benedicite aque que super celos

[1] *Sic.*

sunt domino benedicite omnes uirtutes domini domino. benedicite sol et luna domino. ympnum dicite. ℣. Benedicite stelle celi domino. benedicite ymber et ros domino. benedicite omnes spiritus dei domino. ympnum dicite. ℣. Benedicite ignis et estus domino. benedicite noctes et dies domino benedicite tenebre et lumen domino. ympnum dicite. ℣. Benedicite frigus et cauma domino. benedicite niues et pruina domino. benedicite fulgura et nubes domino. ympnum dicite. ℣. Benedicat terra domino. benedicite montes et colles domino. benedicite omnia nascencia terre domino. ympnum dicite. ℣. Benedicite maria et flumina domino. benedicite fontes domino. benedicite cete et omnia que mouentur in aquis domino. Ympnum dicite./ [fo. 44. ℣. Benedicite uolucres celi domino. benedicite bestie et uniuersa pecora domino. benedicite filii hominum domino. ympnum dicite. ℣. Benedicat israel domino. benedicite sacerdotes domini domino. benedicite serui domini domino. ympnum dicite. ℣. Benedicite spiritus et anime iustorum domino. benedicite sancti et humiles corde domino. ympnum dicite. ℣. Benedicite ananias azarias misael domino. ympnum dicite. ℣. Benedictus es in firmamento celi. Et laudabilis.

Oracio.

DEus qui tribus pueris mitigasti flammas ignium: concede propicius: ut nos famulos tuos non exurat flamma uiciorum. Per.

Ad thessalonicenses.

FRatres: Rogamus uos corripite inquietos consolamini pusillanimes. suscipite infirmos pacientes estote ad omnes. Uidete nequis malum pro malo alicui reddat. set semper quod bonum est sectamini inuicem et in omnes. Semper gaudete: sine intermissione orate. in omnibus gracias agite: hec est enim uoluntas dei in christo ihesu in omnibus nobis. Spiritum nolite extinguere: prophecias nolite spernere. Omnia autem probate: quod bonum est tenete. ab omni specie mala abstinete uos. Ipse autem deus pacis sanctificet uos per omnia. et integer spiritus uester. et anima et corpus sine querela in aduentu: domini nostri ihesu christi seruetur.

Tractus.

LAudate dominum omnes gentes et collaudate eum omnes populi. ℣. Quoniam confirmata est super nos misericordia eius et ueritas domini manet ineternum.

Matheum.

IN illo tempore: Assumpsit ihesus petrum et iacobum. et iohannem fratrem eius: et duxit in montem excelsum seorsum. et transfiguratus est ante eos. Et resplenduit facies eius sicut sol: uestimenta autem eius facta sunt alba sicut nix. Et ecce apparuit illis moyses et helyas: cum eo loquentes. Respondens autem petrus. dixit ad ihesum. Domine: bonum est nos hic esse. Si uis faciamus hic tria tabernacula. Tibi unum: moysi unum. et helye unum. Adhuc eo loquente: ecce nubes lucida obumbrauit eos. Et ecce uox de nube dicens. Hic est filius meus dilectus: in quo

michi bene complacui. ipsum audite. Et audientes discipuli: ceciderunt in faciem suam. et timuerunt ualde. Et accessit ihesus: et tetigit eos: dixitque illis. Surgi/te: nolite [fo. 44. b. timere. Leuantes autem oculos suos: neminem uiderunt nisi solum ihesum. Et descendentibus illis de monte: precepit eis dicens. Nemini dixeritis uisionem: donec filius hominis: a mortuis resurgat.

Offertorium.

DOmine deus salutis mee in die clamaui et nocte coram te intret oracio mea in conspectu tuo domine.

Secretum.

PResentibus sacrificiis domine ieiunia nostra sanctifica: ut quod obseruancia nostra profitetur extrinsecus. interius operetur. Per.

Communio.

DOmine deus meus in te speraui. libera me ab omnibus persequentibus me et eripe me.

Postcommunio.

QUos diuino domine reficis misterio. perpetuo defende presidio: et quos imbuisti celestibus institutis salubribus comitare solaciis. Per.

Super populum.

AB omnibus nos quesumus domine peccatis propiciatus absolue. ut percepta uenia peccatorum. liberis tibi mentibus seruiamus. Per.

Dominica ii. Officium.

REminiscere miseracionum tuarum domine et misericordie tue que a seculo sunt. neumquam dominentur nobis inimici nostri libera nos deus israel ex omnibus angustiis nostris. *Ps.* Ad te domine leuaui.

Oracio.

DEus qui conspicis omni nos uirtute destitui: interius exterius que custodi: ut ab omnibus aduersitatibus muniamur in corpore. et a prauis cogitacionibus mundemur in mente. Per.

Ad thessalonicenses.

FRatres: Rogamus uos et obsecramus in domino ihesu ut quemadmodum accepistis a nobis quomodo uos oporteat ambulare et placere deo: sic et ambuletis. ut habundetis magis. Scitis enim que precepta dederim uobis: per dominum ihesum. Hec est enim uoluntas dei sanctificacio uestra: ut abstineatis uos a fornicacione. ut sciat unusquisque uestrum suum uas possidere in sanctificacione et honore. Non in passione desiderii: sicut et gentes que ignorant deum. Et nequis supergrediatur neque circumueniat in negocio fratrem suum: quoniam uindex est dominus de hiis omnibus sicut prediximus uobis. et testificati sumus. Non enim uocauit nos deus in inmundiciam: set in sanctificacionem. In christo ihesu: domino nostro.

Tractus.

COnfitemini domino quoniam bonus. quoniam in seculum misericordia eius. ℣./ Quis [fo. 45.

loquetur potencias domini. auditas faciet omnes laudes eius Quoniam. ℣. Beati qui custodiunt iudicium et faciunt iusticiam in omni tempore Quoniam. ℣. Memento nostri domine in beneplacito populi tui. uisita nos in salutari tuo.

Tractus.

DIxit dominus mulieri chananee non est bonum sumere panem filiorum. et mittere canibus ad manducandum. ℣. At illa dixit eciam domine. nam et catelli edunt de micis que cadunt de mensa dominorum suorum. ℣. Ait illi ihesus mulier magna est fides tua fiat tibi sicut petisti.

Secundum matheum.

IN illo tempore: Egressus ihesus. secessit in partes tyri et sidonis. Et ecce mulier chananea a finibus illis egressa clamauit dicens. ei. Miserere mei domine fili dauid: filia mea male a demonio uexatur. Qui non respondit ei uerbum. Et accedentes discipuli eius: rogabant eum dicentes. Dimitte eam: quia clamat post nos. Ipse autem respondens ait. Non sum missus: nisi ad oues que perierunt domus israel. At illa uenit: et adorauit eum dicens: Domine: adiuua me. Qui respondens ait. Non est bonum sumere panem filiorum: et mittere canibus. At illa dixit. Eciam domine. Nam et catelli edunt de micis que cadunt de mensa dominorum suorum. Tunc respondens ihesus: ait illi. O. mulier. magna est fides tua: fiat tibi sicut uis. Et sanata est filia eius: ex illa hora.

133

Offertorium.

MEditabor in mandatis tuis que dilexi ualde. et leuabo manus meas ad mandata tua que dilexi.

Secretum.

ECclesie tue domine munera placatus assume: que et misericors offerenda tribuisti: et in nostre salutis potenter efficis transire misterium. Per.

Communio.

INtellige clamorem meum intende uoci oracionis mee rex meus et deus meus quoniam ad te orabo domine.

Postcommunio.

COrporis et sanguinis sacrosancti domine quesumus gracia nos sumpta uiuificet. et quod misticis accionibus pollicetur. eternis effectibus largiatur. Per.

Feria ii. Officium.

REdime me domine et miserere mei. pes enim meus stetit in uia recta in ecclesiis benedicam te domine. *Ps.* Iudica me domine quoniam.

Oracio.

PResta quesumus omnipotens deus. ut familia tua. que se affligendo carnem ab alimentis abstinet. sectando iusticiam a culpa ieiunet. Per.

Leccio danielis prophete.

IN diebus illis: Orauit daniel dicens. Domine deus noster qui/ eduxisti popu- [fo. 45. b. lum tuum de terra egypti. in manu forti. et fecisti tibi nomen secundum diem hanc. Peccaui-

134

mus iniquitatem fecimus in omnem iusticiam tuam. Auertatur obsecro ira tua. et furor tuus a ciuitate tua iherusalem: et a monte sancto tuo. Propter peccata enim nostra et iniquitates patrum nostrorum. ierusalem et populus tuus in obprobrium sunt omnibus per circuitum nostrum. Nunc ergo exaudi deus noster oracionem serui et preces eius et ostende faciem tuam super sanctuarium tuum quod desertum est. Propter temetipsum inclina deus meus aurem tuam et audi aperi oculos tuos et uide desolacionem nostram. et ciuitatem super quam inuocatum est nomen tuum. Neque enim in iustificacionibus nostris prosternimus preces ante faciem tuam: sed in miseracionibus tuis multis. Exaudi domine. placare domine: attende et fac. Ne moreris propter temetipsum deus meus: quia nomen tuum inuocatum est super ciuitatem et super populum tuum: domine deus noster.

Gradale.

ADiutor meus et liberator meus esto domine ne tardaueris. ℣. Confundantur et reuereantur inimici mei qui querunt animam meam.

Secundum Iohannem.

IN illo tempore: Dixit ihesus turbis iudeorum. Ego uado et queretis me: et in peccato uestro moriemini. Quo ego uado: uos non potestis uenire. Dicebant ergo iudei. Quo hic iturus est quia non inuenimus eum? Numquid in dispersionem gencium iturus est et docturus gentes? Dicebant ergo. Numquid interficiet semetipsum quia dicit quo ego uado uos non potestis uenire. Et dicebat eis. Uos de deorsum estis: ego de supernis sum. Uos de mundo hoc estis. ego non sum de hoc mundo. Dixi ergo uobis: quia moriemini in peccatis uestris. Si enim non credideritis quia ego sum: moriemini in peccato uestro. Dicebant ergo ei. Tu quis es? Dixit eis ihesus. Principium qui et loquor uobis. Multa habeo de uobis loqui: et iudicare. Sed qui misit me uerax est: et que audiui ab eo hec loquor in mundo. Et non cognouerunt: quia de patre eis dicebat. Dixit ergo eis ihesus. Cum exaltaueritis filium hominis: tunc cognoscetis quia ego sum. Et a meipso facio/ nichil: [fo. 46. set sicut docuit me pater hec loquor. Et qui me misit mecum est: et non reliquid me solum. Quia ego que placita sunt ei: facio semper.

Offertorium.

BEnedicam dominum qui tribuit michi intellectum. prouidebam deum in conspectu meo semper. quoniam a dextris est michi ne commouear.

Secretum.

HEc hostia domine placacionis et laudis tua nos propiciacione dignos efficiat. Per.

Communio.

DOmine dominus noster. quam admirabile est nomen tuum in uniuersa terra.

Postcommunio.

HEc nos communio domine purget a crimine et celestis remedii faciat esse consortes. Per.

Super populum.
Oracio.

ADesto supplicacionibus nostris omnipotens deus: et quibus fiduciam sperande pietatis indulges. consuete misericordie tribue benignus effectum. Per.

Feria iii. officium.

TIbi dixit cor meum quesiui uultum tuum. uultum tuum domine requiram ne auertas faciem tuam a me. *Ps.* Dominus illuminacio.

Oracio.

PErfice quesumus domine benignus in nobis obseruancie sancte subsidium: ut que te auctore facienda cognouimus. te operante impleamus. Per.

Leccio libri regum.

IN diebus illis: Factum est uerbum domini ad helyam thesbiten dicens. Surge et uade in sareptam sydoniorum: et manebis ibi. Precepi enim ibi mulieri uidue: ut pascat te. Surrexit et abiit in sareptam. Cumque uenisset ad portam ciuitatis apparuit ei mulier uidua colligens ligna. Et uocauit eam: dixitque ei. Da michi paululum aque in uase: ut bibam. Cumque illa pergeret ut afferret: clamauit post tergum eius dicens. Affer michi obsecro et buccellam panis in manu tua. Que respondit. Uiuit dominus deus tuus quia non habeo panem nisi quantum pugillus potest capere farine in ydria: et paululum olei in lechito. En colligo duo ligna: ut ingrediar et faciam illud michi et filio meo. ut comedamus et moriamur. Ad quam helyas ait. Noli timere: sed uade et fac sicut dixisti. Uerumptamen: michi primum fac de ipsa farinula subcinericium panem paruulum: et affer ad me. Tibi autem et filio tuo: facies postea. Hec autem dicit dominus deus israel. Ydria farine/ non deficiet: [fo. 46. b. et lechitus olei non minuetur usque in diem in qua daturus est dominus pluuiam super faciem terre. Que abiit et fecit: iuxta uerbum helye. Et comedit ipse et ipsa: et domus eius. Ex illa die ydria farine non defecit et lechitus olei non est inminutus iuxta uerbum domini: quod locutus est: in manu helye.

Gradale.

IActa cogitatum tuum in domino et ipse te enutriet. ℣. Dum clamarem ad dominum exaudiuit uocem meam ab hiis qui appropinquant michi.

Secundum matheum.

IN illo tempore: Locutus est ihesus ad turbas: et ad discipulos suos dicens. Super cathedram moysi: sederunt scribe et pharisei. Omnia ergo quecumque dixerint uobis: seruate et facite. Secundum uero opera eorum: nolite facere. Dicunt enim: et non faciunt. Alligant enim onera grauia. et importabilia. et imponunt in humeros hominum: digito autem

suo nolunt ea mouere. Omnia uero opera sua faciunt: ut uideantur ab hominibus. Dilatant enim philacteria sua. et magnificant fimbrias. Amant autem primos recubitus in cenis et primas cathedras in synagogis. et salutaciones in foro. et uocari ab hominibus rabi. Uos autem nolite uocari rabi. Unus est enim: magister uester. Omnes autem uos fratres estis. Et patrem nolite uocare uobis super terram. Unus est enim pater uester: qui in celis est. Nec uocemini magistri: quia magister uester unus est christus. Qui maior est uestrum: erit minister uester. Qui autem se exaltauerit: humiliabitur. Et qui se humiliauerit: exaltabitur.

Offertorium.

MIserere michi domine secundum magnam misericordiam tuam dele domine iniquitatem meam.

Secretum.

SAnctificacionem tuam nobis domine hiis misteriis placatus operare: que nos et a terrenis uiciis purget. et ad celestia dona perducat. Per.

Communio.

NArrabo omnia mirabilia tua letabor et exultabo in te psallam nomini tuo altissime.

Postcommunio.

SIt nobis domine quesumus medicina mentis et corporis: quod de sancto altari tuo percepimus: ut nullis aduersitatibus fatigemur. qui tanti remedii participacione munimur. Per.

139

Super populum.

PRopiciare domine supplicacionibus nostris: et animarum nostrarum medere languoribus. ut remissione percepta: in tua semper/ benediccione [fo. 47. letemur. Per.

Feria iiii. officium.

NE derelinquas me domine deus meus ne discedas a me intende in adiutorium meum domine uirtus salutis mee. *Ps.* Domine ne in furore tuo. ii.

Oracio.

POpulum tuum domine propicius respice. et quos ab escis carnalibus precipis abstinere. a noxiis quoque uiciis cessare concede. Per.

Leccio libri hester.

IN diebus illis: Orauit hester ad dominum dicens. Domine deus rex omnipotens in dicione tua cuncta sunt posita. et non est qui possit resistere tue uoluntati. Si decreueris saluare nos: continuo liberabimur. Tu enim domine fecisti celum et terram. et quicquid celi ambitu continetur. Tu es deus omnium: et non est qui resistat uoluntati tue. Et nunc domine rex regum deus abraham miserere populo tuo quia uolunt inimici nostri perdere. et hereditatem tuam delere. Ne despicias partem quam redemisti tibi: set exaudi deprecacionem nostram et propicius esto sorti. et funiculo hereditatis tue. Et conuerte luctum nostrum in gaudium: ut uiuentes laudemus nomen tuum. Et ne claudas ora te canencium te: domine deus noster.

140

Gradale.

SAluum fac populum tuum domine. et benedic hereditati tue. ℣. Ad te domine clamabo deus meus ne sileas a me et ero similis descendentibus in lacum.

Secundum matheum.

IN illo tempore: Ascendens ihesus iherosolimam assumpsit duodecim discipulos secreto. et ait illis. Ecce ascendimus iherosolimam: et filius hominis tradetur principibus sacerdotum et scribis: et condempnabunt eum morte. Et tradent eum gentibus ad illudendum et flagellandum. et crucifigendum. Et tercia die resurget. Tunc accessit ad eum mater filiorum zebedei cum filiis suis: adorans et petens aliquid ab eo. Qui dixit ei. Quid uis. Ait illi. Dic ut sedeant hii duo filii mei unus ad dexteram tuam. et alius ad sinistram in regno tuo. Respondens autem ihesus: dixit. Nescitis quid petatis. Potestis bibere calicem quem ego bibiturus sum? Dicunt ei. Possumus. Ait illis. Calicem quidem meum bibetis: sedere autem ad dexteram meam uel sinistram non est meum dare uobis: sed quibus paratum est: a patre meo. Et audientes decem: indignati sunt de duobus fratribus. Ihesus autem uocauit eos ad se: et/ ait illis. [fo. 47. b. Scitis quia principes gencium dominantur eorum: et qui maiores sunt potestatem exercent in eos. Non ita erit inter uos. Set quicumque uoluerit inter uos maior fieri: sit uester minister. Et qui uoluerit inter

141

uos primus esse: erit uester seruus. Sicut filius hominis non uenit ministrari: sed ministrare. Et dare animam suam: redempcionem pro multis.

Offertorium.

AD te domine leuaui animam meam deus meus in te confido non erubescam. neque irrideant mei inimici mei etenim uniuersi qui te expectant non confundentur.

Secretum.

HOstias domine quas tibi offerimus propicius respice. et per hec sancta commercia uincula peccatorum nostrorum absolue. Per.

Communio.

IUstus dominus et iusticias dilexit. equitatem uidit uultus eius.

Postcommunio.

UIcia cordis humani hec domine quesumus medicina salutaris compescat. que mortalitatis nostre uenit curare languores: Per dominum.

Super populum.

DEus innocencie restitutor et amator. dirige ad te tuorum corda seruorum: ut spiritus tui feruore concepto. et in fide inueniantur stabiles. et in opere efficaces. Per dominum. In unitate.

Feria quinta officium.

DEus in adiutorium meum intende. domine ad adiuuandum me festina. confundantur et reuereantur inimici mei qui querunt animam meam. *Ps.* Auertantur retrorsum.

142

Oracio.

PResta nobis domine quesumus auxilium gracie tue: ut ieiuniis et oracionibus conuenienter intenti: liberemur ab hostibus mentis et corporis. Per dominum.

Leccio Ieremie prophete.

HEc dicit dominus deus. Maledictus homo: qui confidit in homine. et ponit carnem brachium suum: et a domino recedit cor eius. Erit enim quasi mirice in deserto. et non uidebit cum uenerit bonum. set habitabit in siccitate in deserto in terra salsuginis et inhabitabili. Benedictus uir qui confidit in domino: et erit dominus fiducia eius. Et erit tanquam lignum quod transplantatur super aquas quod ad humorem mittit radices suas. et non timebit cum uenerit estus. Et erit folium eius uiride. et in tempore siccitatis non erit sollicitum. nec aliquando desinet facere fructum. Prauum est cor hominis: et inscrutabile. Quis cognoscet illud? Ego dominus scrutans corda et probans renes qui do/ unicuique iuxta [fo. 48. uiam suam. et iuxta fructum adinuencionum suarum. Dicit dominus: omnipotens.

Gradale.

PRopicius esto domine peccatis nostris nequando dicant gentes ubi est deus eorum. ℣. Adiuua nos deus salutaris noster et propter honorem nominis tui domine libera nos.

Iohannem.

IN illo tempore: Dixit ihesus turbis iudeorum. Non possum ego a meipso facere quicquam. set sicut audio iudico. Et iudicium meum uerum est: quia non quero uoluntatem meam. set uoluntatem eius qui me misit. Si ego testimonium perhibeo de meipso: testimonium meum non est uerum. Alius est quî testimonium perhibet de me. et scio quia uerum est testimonium eius quod perhibet de me. Uos misistis ad iohannem et testimonium perhibuit ueritati. Ego enim testimonium non accipio. ab homine sed hec dico ut uos salui sitis. Ille erat lucerna ardens et lucens: uos autem uoluistis ad horam exultare in luce eius. Ego autem testimonium habeo: maius iohanne. Opera enim que dedit michi pater ut perficiam ea ipsa opera que ego facio testimonium perhibent de me. quia pater me misit. Et qui me misit pater: ipse testimonium perhibet de me. Neque uocem eius umquam audistis neque speciem eius uidistis. Et uerbum eius non habetis in uobis manens: quia quem misit ille huic uos non creditis. Scrutamini scripturas: in quibus putatis uos uitam eternam habere. Et ipse sunt que testimonium perhibent de me. Et non uultis uenire ad me: ut uitam habeatis. Claritatem ab hominibus non accipio: set cognoui uos quia dileccionem dei non habetis in uobis. Ego ueni in nomine patris mei: et non accepistis me. Si alius uenerit in nomine

suo: illum suscipietis. Quomodo potestis uos credere qui gloriam abinuicem expectatis. et gloriam que a solo deo est non queritis. Nolite ergo putare: quia ego accusaturus sum uos apud patrem. Est qui uos accusat: moyses in quo uos speratis. Si enim crederetis moysi: crederetis forsitan et michi. De me enim: ille scripsit. Si enim illius litteris non creditis: quomodo uerbis meis credetis.

Offertorium.

PRecatus est moyses in conspectu domini dei sui et dixit. precatus est moyses in conspectu domini dei sui et dixit. quare domine irasceris in populo tuo. parce ire animi/ tui memento [fo. 48. b. abraham ysaac et iacob. quibus iurasti dare terram fluentem lac et mel. et placatus factus est dominus de malignitate quam dixit facere populo suo.

Secretum.

DEus cui omnium sacrificiorum uarietate finita hostiam nunc offerimus singularem: adesto uotis tua inspiracione conceptis: ut in te sperancium. et desideria iubeas perfici. et peccata deleri. Per.

Communio.

QUi manducat carnem meam et bibit sanguinem meum. in me manet et ego in eo dicit dominus.

Postcommunio.

GRacia tua nos quesumus domine non derelinquat. que et sacre nos deditos faciat seruituti: et tue nobis opem semper adquirat largitatis. et ab omnibus tueatur aduersis. Per.

Super populum.
Oracio.

ADesto domine famulis tuis. et perpetuam benignitatem largire poscentibus. ut hiis qui te auctore et gubernatore gloriantur. et congregata restaures et restaurata conserues. Per.

Feria vi. officium.

EGo autem cum iusticia apparebo in conspectu tuo saciabor dum manifestabitur gloria tua. *Ps.* Exaudi domine. iusticiam meam. Gloria patri.

Oracio.

DA quesumus omnipotens deus: ut sacro nos purificante ieiunio. sinceris mentibus ad sancta uentura facias peruenire. Per.

Leccio libri Genesis.

IN diebus illis: Dixit ioseph fratribus suis. Audite sompnum meum quod uidi. Putabam ligare nos manipulos in agro. et quasi consurgere manipulum meum et stare. uestros que manipulos circumstantes adorare manipulum meum. Responderunt fratres eius. Numquid rex noster eris aut subiciemur dicioni tue? Hec ergo causa sompnorum atque sermonum inuidie et odii fomitem ministrauit. Aliud quoque uidit sompnium quod narrans fratribus ait. Uidi per sompnium: quasi solem et lunam et stellas undecim adorare me. Quod cum patri suo et fratribus retulisset: increpauit eum pater et dixit. Quid sibi uult hoc somp-

nium quod uidisti. Num ego et mater tua. et fratres tui adorabimus te super terram? Inuidebant ei igitur fratres sui: pater uero rem tacitus considerabat. Cumque fratres illius in pascendis gregibus patris morarentur in sychem. dixit ad eum israel. Fratres tui pascunt oues in sychimis: ueni mittam te ad eos. Quo respondente presto sum: ait Uade et uide si cuncta prospera sint erga fratres tuos et pecora: et renuncia/ [fo. 49. michi quid agatur. Missus de ualle ebron: uenit in sichem. Inuenitque eum uir errantem in agro: et interrogauit quid quereret. At ille respondit. Fratres meos quero: indica michi ubi pascunt greges. Dixitque ei uir. Recesserunt de loco isto. audiui autem eos dicentes eamus in dothaym. Perrexit ergo ioseph post fratres suos. et inuenit eos in dothaym. Qui cum uidissent eum procul: antequam accederet ad eos: cogitauerunt illum occidere et mutuo loquebantur. Ecce sompniator uenit. Uenite occidamus eum: et mittamus eum in cisternam ueterem. Dicemus que. Fera pessima deuorauit eum. Et tunc apparebit: quid illi prosint sompnia sua. Audiens autem hoc ruben: nitebatur liberare eum de manibus eorum et dicebat. Non interficiamus animam eius nec effundamus sanguinem: set proicite eum in cisternam hanc que est in solitudine: manus que uestras seruate innoxias. Hoc autem dicebat: uolens eripere eum de manibus eorum: et reddere patri suo.

147

Gradale.

AD dominum cum tribularer clamaui. et exaudiuit me. ℣. Domine libera animam meam a labiis iniquis : et a lingua dolosa.

Secundum matheum.

IN illo tempore : Dixit ihesus discipulis suis et turbis iudeorum parabolam hanc. Homo quidam erat paterfamilias qui plantauit uineam : et sepem circumdedit ei. et fodit in ea torcular. et edificauit turrim et locauit eam agricolis et peregre profectus est. Cum autem tempus fructuum appropinquasset : misit seruos suos ad agricolas. ut acciperent fructus eius. Et agricole apprehensis seruis eius. alium ceciderunt. alium occiderunt alium uero lapidauerunt. Iterum misit alios seruos : plures prioribus et fecerunt illis similiter. Nouissime autem misit ad eos filium suum dicens. Uerebuntur filium meum. Agricole autem uidentes filium : dixerunt intra se. Hic est heres. Uenite occidamus eum et habebimus hereditatem eius. Et apprehensum eum : eiecerunt extra uineam et occiderunt. Cum autem uenerit dominus uinee. quid faciet agricolis illis ? Aiunt illi. Malos male perdet : et uineam suam locabit aliis agricolis qui reddunt ei fructum temporibus suis./ Dicit illis ihesus. [fo. 49. b. Numquam legistis in scripturis. lapidem quem reprobauerunt edificantes : hic factus est in capud anguli a domino factum est istud. et est mirabile in oculis nostris. Ideo dico uobis auferetur a uobis regnum dei : et

148

dabitur genti facienti fructus eius. Et qui ceciderit super lapidem istum confringetur Super quem uero ceciderit. conteret eum. Et cum audissent principes sacerdotum et pharisei parabolas eius : cognouerunt quod de ipsis diceret. Et querentes eum tenere timuerunt turbas : quoniam sicut prophetam : eum habebant.

Offertorium.

DOmine in auxilium meum respice confundantur et reuereantur qui querunt animam meam ut auferant eam.

Secretum.

HEc in nobis sacrificia deus et accione permaneant et operacione firmentur. Per.

Communio.

TU domine seruabis nos et custodies nos a generacione hac ineternum.

Postcommunio.

FAc nos quesumus domine accepto pignore salutis eterne sic tendere congruenter. ut ad eam peruenire possimus. Per.

Super populum.

DA quesumus domine populo tuo salutem mentis et corporis : ut bonis operibus inherendo tue semper uirtutis mereatur proteccione defendi. Per.

Sabbato officium.

LEx domini irreprehensilis[1] conuertens animas testimonium domini fidele sapienciam prestans paruulis. *Ps.* Celi enarrant.

[1] *Sic.*

Oracio.

DA quesumus domine nostris effectum ieiuniis salutarem: ut castigacio carnis assumpta. ad nostrarum uegetacionem transeat animarum. Per.

Leccio libri Genesis.

IN diebus illis : Dixit rebecca filio suo iacob. Audiui patrem tuum loquentem cum esau fratre tuo et dicentem ei. Affer michi de uenenacione[1] tua et fac michi cibos ut comedam : et benedicam tibi coram domino antequam moriar. Nunc ergo fili mi adquiesce consiliis meis et pergens ad gregem affer michi duos hedos optimos ut faciam ex eis escas patri tuo quibus libenter uescetur. Quas cum intuleris et comederit : benedicat tibi priusquam moriatur. Cui ille respondit. Nosti quod esau frater meus homo pilosus sit. et ego lenis. Si attrectauerit me pater meus et senserit : timeo ne putet sibi me uoluisse illudere. et inducat super me malediccionem pro benediccione. Ad quem mater. In me sit/ [fo. 50. sit[1] ista malediccio fili mi. Tantum audi uocem meam et pergens affer que dixi. Abiit et attulit : deditque matri. Parauit illa cibos sicut nouerat uelle patrem illius. et uestibus esau ualde bonis quas apud se habebat domi induit eum. Pelliculasque hedorum circumdedit manibus : et colli nuda protexit. Dedit pulmentum : et panes quos coxerat tradidit. Quibus illatis. dixit. Pater mi ? At ille respondit. Audio. Quis es

[1] *Sic.*

tu fili mi ? Dixitque iacob. Ego sum esau primogenitus tuus. Feci : sicut precepisti michi. Surge sede. et comede de uenacione mea : ut benedicat michi anima tua. Rursum ysaac ad filium suum. Quomodo inquid tam cito inuenire potuisti fili mi. Qui respondit. Uoluntas dei fuit : ut cito michi occurreret quod uolebam. Dixit que ysaac. Accede huc ut tangam te fili mi : et probem utrum tu sis filius meus esau annon. Accesit ille ad patrem : Et palpato eo : dixit ysaac. Uox quidem uox iacob est : set manus manus sunt esau. Et non cognouit eum quia pilose manus similitudinem maioris expresserant. Benedicens ergo illi ait. Tu es filius meus esau. Respondit : Ego sum. At ille. Affer michi inquid cibos de uenacione tua fili mi : ut benedicat tibi anima mea. Quos cum oblatos comedisset : optulit ei eciam uinum. Quo hausto : dixit ad eum. Accede ad me : et da michi osculum fili mi. Accessit : et osculatus est eum. Statimque ut sensit uestimentorum eius fragranciam : benedicens ait : Ecce odor filii mei sicut odor agri pleni cui benedixit dominus. Det tibi deus de rore celi. et de pinguedine terre habundanciam frumenti et uini et olei. et seruiant tibi populi et adorent te tribus. Esto dominus fratrum tuorum : et incuruentur ante te filii matris tue. Qui maledixerit tibi sit ille maledictus : et qui benedixerit tibi. benediccionibus repleatur. Uix ysaac sermonem impleuerat. et egresso

151

iacob foras: uenit esau. Coctos que de uenacione cibos: intulit patri dicens. Surge pater mi: et comede de uenacione filii tui: ut benedicat michi anima tua. Dixitque ysaac. Quis enim es tu? Qui respondit. Ego sum filius tuus primogenitus esau. /Ex-[fo. 50. b. pauit ysaac stupore uehementi: et ultra quam credi potest admirans ait. Quis igitur ille est qui dudum captam uenacionem mihi attulit michi et comedi ex omnibus priusquam tu uenires? benedixique ei: et erit benedictus. Auditis esau sermonibus patris: irriguit[1] clamore magno et consternatus ait. Benedic eciam et michi pater mi. Qui ait. Uenit germanus tuus fraudulenter: et accepit benediccionem tuam. At ille subiunxit. Iuste uocatum est nomen eius iacob. Supplantauit enim me: en altera uice. Primogenita mea ante tulit: et nunc secundo surripuit benediccionem meam? Rursumque ad patrem. Numquid non reseruasti ait et michi benediccionem? Respondit ysaac. Dominum tuum illum constitui: et omnes fratres eius seruituti illius subiugaui. Frumento et uino stabiliui eum: et tibi post hec fili mi ultra quid faciam? Cui esau. Num unam inquid tantum benediccionem habes pater? Michi quoque obsecro: ut benedicas. Cumque eiulatu magno fleret: motus ysaac dixit ad eum. In pinguedine terre. et in rore celi desuper: erit benediccio tua.

[1] *Sic.*

152

Gradale.

BOnum est[1] est confiteri domino et psallere nomini tuo altissime. ℣. Ad annunciandum mane misericordiam tuam. et ueritatem tuam per noctem.

Secundum Lucam.

IN illo tempore: Dixit ihesus discipulis suis. Homo quidam habuit duos filios: et dixit adoloscencior[1] ex illis patri. Pater: da michi porcionem substancie que me contingit. Et diuisit illis substanciam. Et non post multos dies congregatis omnibus adolescencior filius peregre profectus est in regionem longinquam. Et ibi dissipauit omnem substanciam suam uiuendo luxuriose. Et postquam omnia consummasset: facta est fames ualida in regione illa. Et ipse cepit egere. Et abiit et adhesit uni ciuium regionis illius: et misit illum in uillam suam ut pasceret porcos. Et cupiebat implere uentrem suum de siliquis quas porci manducabant: et nemo illi dabat. In se autem reuersus dixit. Quanti mercenarii in domo patris mei habundant panibus: ego autem hic fame pereo. Surgam et ibo ad patrem meum: et dicam ei. Pater: peccaui in celum et coram te: et iam non sum dignus uocari filius tuus. Fac me sicut unum de/ mercen-[fo. 51. ariis. Et surgens: uenit ad patrem suum. Cum autem adhuc longe esset. uidit illum pater ipsius et misericordia motus est. Et accurrens cecidit super collum eius et osculatus est eum. Dixitque ei filius.

[1] *Sic.*

153

Pater: peccaui in celum et coram te: et iam non sum dignus uocari filius tuus. Dixit autem pater ad seruos suos. Cito proferte stolam primam et induite illum. et date anulum in manu eius. et calciamenta in pedes eius. Et adducite uitulum saginatum et occidite. et manducemus et epulemur: quia hic filius meus mortuus fuerat et reuixit. perierat: et inuentus est. Et ceperunt epulari. Erat autem filius eius senior in agro. Et cum ueniret et appropinquaret domui: audiuit symphoniam et chorum. Et uocauit unum de seruis: et interrogauit que hec essent. Is que dixit illi. Frater tuus uenit. et occidit pater tuus uitulum saginatum quia saluum illum recepit. Indignatus est autem: et nolebat introire. Pater ergo illius egressus: cepit rogare eum. At ille respondens: dixit patri suo. Ecce tot annis seruio tibi. et nunquam mandatum tuum preteriui. et numquam dedisti michi hedum ut cum amicis meis epularer. Sed postquam hic filius tuus qui deuorauit substanciam suam cum meretricibus uenit. occidisti illi uitulum saginatum. At ipse dixit illi. Fili: tu semper mecum es: et omnia mea tua sunt. Epulari autem et gaudere oportebat. quia frater tuus hic mortuus fuerat et reuixit. perierat: et inuentus est.

Offertorium.

ILlumina oculos meos neumquam obdormiam in morte nequando dicat inimicus meus preualui aduersus eum.

154

Secretum.

HIis sacrificiis domine concede placatus: ut qui propriis oramus absolui delictis. non grauemur exterius. Per.

Communio.

OPortet te fili gaudere quia frater tuus mortuus fuerat et reuixit. perierat. et inuentus est.

Postcommunio.

SAcramenti tui domine diuina libacio penetralia nostri cordis infundat. et sui participes potenter efficiat. Per.

Super populum.

FAmiliam tuam quesumus domine continua pietate custodi: ut que in sola spe gracie celestis innititur. celesti eciam proteccione muniatur. Per.

Dominica iii. officium.

OCuli mei semper ad dominum quia ipse euellet de laqueo pedes meos respice in me et miserere mei quoniam unicus/ et [fo. 51. b. pauper sum ego. *Ps.* Ad te domine leuaui.

Oracio.

QUesumus omnipotens deus uota humilium respice: atque ad defensionem nostram dexteram tue magestatis extende. Per.

Ad ephesios.

FRatres: Estote imitatores dei sicut filii karissimi: et ambulate in dileccione sicut et christus dilexit nos. et tradidit semetipsum pro nobis oblacionem et hostiam deo in odorem suauitatis. Fornicacio autem et omnis inmundicia aut auaricia nec nominetur in uobis sicut decet sanctos: aut turpitudo. aut stultiloquium aut scurilitas que ad rem non pertinet. set magis graciarum accio. Hoc enim scitote intelligentes: quod omnis fornicator aut inmundus aut auarus. quod est ydolorum seruitus non habet hereditatem in regno christi et dei. Nemo uos seducat inanibus uerbis. Propter hec enim: uenit ira dei in filios diffidencie. Nolite ergo effici participes eorum. Eratis enim aliquando tenebre: nunc autem lux in domino. ut filii lucis ambulate. Fructus enim lucis est in omni bonitate: et iusticia et ueritate.

Gradale.

EXurge domine non preualeat homo iudicentur. gentes in conspectu tuo. ℣. In conuertendo inimicum meum retrorsum infirmabuntur et peribunt a facie tua.

Tractus.

AD te leuaui oculos meos qui habitas in celis. ℣. Ecce sicut oculi seruorum in manibus dominorum suorum. ℣. Et sicut oculi ancille in manibus domine sue. ℣. Ita oculi nostri ad dominum deum nostrum donec misereatur nostri. ℣. Miserere nobis domine. miserere nobis.

Secundum lucam.

IN illo tempore: Erat ihesus eiciens demonium: et illud erat mutum. Et cum eiecisset demonium: locutus est mutus et admirate sunt turbe. Quidam autem ex eis dixerunt. In beelzebub principe demoniorum

eicit demonia. Et alii temptantes: signum de celo querebant ab eo. Ipse autem ut uidit cogitaciones eorum dixit eis. Omne regnum in seipsum diuisum. desolabitur et domus supra domum cadet. Si autem et sathanas in seipsum diuisus est: quomodo stabit regnum ipsius. quia dicitis in beelzebub eicio demonia? Si autem ego in beelzebub eicio demonia: filii uestri in quo eiciunt? Ideo ipsi: iudices uestri erunt. Porro si in digito dei eicio demonia: profecto peruenit in uos regnum dei./ Cum fortis armatus [fo. 52. custodit [1]armatus custodit[1] atrium suum: in pace sunt ea que possidet. Si autem forcior illo superueniens uicerit eum. uniuersa arma eius auferet in quibus confidebat et spolia eius distribuet. Qui non est mecum: aduersum me est. Et qui non colligit mecum: dispergit. Cum inmundus spiritus exierit ab homine: ambulat per loca inaquosa querens requiem. Et non inueniens: dicit. Reuertar in domum meam unde exiui. Et cum uenerit: inuenit eam uacantem scopis mundatam et ornatam. Et tunc uadit et assumit septem alios spiritus secum nequiores se: et ingressi habitant ibi. Et fiunt nouissma hominis illius: peiora prioribus. Factum est autem. Cum hec diceret extollens uocem quedam mulier de turba dixit illi. Beatus uenter qui te portauit: et ubera que suxisti. At ipse dixit. Quinimmo: beati qui audiunt uerbum dei: et custodiunt illud.

[1]—[1] These two words struck out with a red line.

Offertorium.

IUsticie domini recte letificantes corda et dulciora super mel et fauum nam et seruus tuus custodiet ea.

Secretum.

SUscipe quesumus domine deuotorum munera famulorum tuorum et tua diuinis purifica seruientes pietate misteriis. quibus eciam iustificas ignorantes. Per.

Communio.

PAsser inuenit sibi domum. et turtur nidum ubi reponat pullos suos altaria tua domine uirtutum rex meus et deus meus. beati qui habitant in domo tua in seculum seculi laudabunt te.

Postcommunio.

ACunctis nos domine reatibus et periculis propiciatus absolue : quos tanti misterii tribuis esse participes. Per.

Feria ii. officium.

IN deo laudabo uerbum. in domino laudabo sermonem in deo speraui non timebo quid faciat michi homo. *Ps.* Miserere mei deus quoniam conculcauit me homo.

Oracio.

COrdibus nostris quesumus domine graciam tuam benignus infunde : ut sicut ab escis corporalibus abstinemus. ita sensus quoque nostros a noxiis retrahamus excessibus. Per.

Leccio libri regum.

IN diebus illis : Naaman princeps milicie regis syrie : erat uir magnus apud dominum suum et honoratus. Per illum enim :

dedit dominus salutem syrie. Erat autem uir fortis et diues : set leprosus. Porro de syria egressi fuerant latrunculi. et captiuam duxerant de terra israel puellam paruulam : que erat in obsequio uxoris naaman. Que ait ad dominam suam./ [fo. 52. b. Utinam fuisset dominus meus ad prophetam qui est in samaria. profecto curasset eum : a lepra quam habet. Ingressus est itaque naaman ad dominum suum et nunciauit ei dicens. Sic et sic locuta est puella de terra israel. Dixitque ei rex syrie. Uade : et mittam literas ad regem israel. Qui cum profectus esset et tulisset secum decem talenta argenti et sex milia aureos et decem mutatoria uestimentorum detulit literas ad regem israel in hec uerba. Cum acceperis epistolam hanc. scito quod miserim ad te naaman seruum meum. ut cures eum a lepra sua. Cumque legisset rex israel literas : scidit uestimenta sua et ait. Numquid deus ego sum ut occidere possim et uiuificare quia iste misit ad me ut curem hominem a lepra sua? Animaduertite et uidete : quod occasiones querat aduersum me. Quod cum audisset heliseus uir dei scidisse uidelicet regem israel uestimenta sua : misit ad eum dicens. Cur scidisti uestimenta tua? ueniat ad me et sciat prophetam esse in israel. Uenit ergo naaman cum equis et curribus et stetit ad ostium domus helysei. misitque ad eum heliseus nuncium dicens. Uade et lauare sepcies in iordane et recipiet sanitatem caro tua atque mundaberis. Iratus que naaman recedebat dicens. Putabam quod egrederetur ad me et stans inuocaret nomen domini dei sui. et tangeret manu sua locum lepre et curaret me. Numquid non meliores sunt abana et pharphar fluuii damasci. omnibus aquis israel. ut lauer in eis et munder? Cum ergo uertisset se et abiret indignans accesserunt ad eum serui sui et locuti sunt ei. Pater: et si rem grandem dixisset tibi propheta: certe facere debueras. Quanto magis quia nunc dixit tibi lauare et mundaberis. Descendit et lauit in iordane sepcies. iuxta sermonem uiri dei: et restituta est caro eius sicut caro pueri paruuli. et mundatus est a lepra. Reuersus que ad uirum dei cum uniuerso comitatu suo uenit et stetit coram eo et ait. Uere scio quod non sit alius deus in uniuersa terra: nisi tantum dominus deus israel.

Gradale.

DEus uitam meam annunciaui tibi. posuisti lacrimas meas in conspectu tuo. ℣. Miserere michi domine quoniam conculcauit me homo tota die bellans/ tribula- [fo. 53. uit me.

Secundum Lucam.

IN illo tempore: Dixerunt pharisei ad ihesum. Quanta audiuimus facta in capharnaum: fac et hic in patria tua. Ait autem. Amen dico uobis. quia nemo propheta acceptus est in patria sua. In ueritate dico uobis multe uidue erant in diebus helie in israel quando clausum est celum annis tribus et mensibus sex. cum facta esset fames magna

in omni terra. et ad nullam illarum missus est helyas nisi in sarepta sidonie ad mulierem uiduam. Et multi leprosi erant in israel sub helyseo propheta: et nemo eorum mundatus est nisi naaman syrus. Et repleti sunt omnes in synagoga ira: hec audientes. Et surrexerunt et eiecerunt illum extra ciuitatem: et eduxerunt illum usque ad supercilium montis super quem ciuitas illorum erat edificata. ut precipitarent eum. Ipse autem transiens: per medium illorum ibat.

Offertorium.

EXaudi deus oracionem meam et ne despexeris deprecacionem meam intende in me et exaudi me.

Secretum.

MUnus quod tibi domine nostre seruitutis offerimus. tu salutare nobis perfice sacramentum. Per.

Communio.

QUis dabit ex syon salutare israel cum auerterit dominus captiuitatem plebis sue exultabit iacob et letabitur israel.

Postcommunio.

PResta quesumus omnipotens et misericors deus: ut que ore contingimus pura mente capiamus. Per.

Super populum.

SUbueniat nobis domine misericordia tua. ut ab iminentibus peccatorum nostrorum periculis te mereamur protegente saluari. Per.

161

Feria iii. officium.

EGo clamaui quoniam exaudisti me deus inclina aurem tuam et exaudi uerba mea custodi me domine ut pupillam oculi sub umbra alarum tuarum protege me. *Ps.* Exaudi domine iusticiam meam. Gloria patri.

Oracio.

EXaudi nos omnipotens et misericors deus. et continencie salutaris propicius nobis dona concede. Per.

Leccio libri Regum.

IN diebus illis: Mulier quedam clamabat ad helyseum prophetam dicens. Seruus tuus uir meus mortuus est: et tu nosti quia seruus tuus fuit timens deum. Et ecce creditor uenit: ut tollat duos filios meos ad seruiendum sibi. Cui dixit helyseus. Quid uis ut faciam tibi? Dic michi quid habes in domo tua. At illa respondit. Non habeo ancilla tua quicquam in domo mea: nisi parum olei quo ungar. Cui ait./ Uade et pete [fo. 53. b. mutuo ab omnibus uicinis tuis uasa uacua non pauca. et ingredere in[1] domum tuam et claude hostium cum intrinsecus fueris tu et filii tui. et mitte inde in omnia uasa hec. Et cum plena fuerint tolles. Iuit itaque mulier et clausit ostium super se. et super filios suos. Illi offerebant uasa: et illa infundebat. Cumque plena fuissent uasa: dicit ad filium suum. Affer michi adhuc uas. At ille respondit. Non habeo. Stetitque oleum. Uenit autem illa et indicauit homini dei. At ille. Uade inquid uende oleum: et redde creditori tuo. Tu autem et filii tui: uiuite de reliquo.

[1] Struck out with red line.

162

Gradale.

AB occultis meis munda me domine et ab alienis parce seruo tuo. ℣. Si mei non fuerint dominati tunc inmaculatus ero. et emundabor a delicto maximo.

Secundum matheum.

IN illo tempore: Respiciens ihesus in discipulos suos: dicit symoni petro. Si peccauerit in te frater tuus uade et corripe eum inter te et ipsum solum. Si te audierit: lucratus eris fratrem tuum. Si autem non te audierit: adhibe tecum adhuc unum uel duos ut in ore duorum uel trium testium stet omne uerbum. Quod si non audierit eos: dic ecclesie. Si autem ecclesiam non audierit: sit tibi sicut ethnicus et publicanus. Amen dico uobis quecumque alligaueritis super terram erunt ligata et in celo. Et quecumque solueritis super terram erunt soluta et in celo. Iterum dico uobis: quia si duo ex uobis consenserint super terram de omni re quamcumque pecierint: fiet illis a patre meo qui in celis est. Ubi enim sunt duo uel tres congregati in nomine meo: ibi sum in medio eorum. Tunc accedens petrus: ad eum dixit. Domine: quociens peccabit in me frater meus dimittam ei usque sepcies. Dixit illi ihesus. Non dico tibi usque sepcies. sed usque septuagies sepcies.

Offertorium.

DExtera domini fecit uirtutem dextera domini exaltauit me non moriar sed uiuam et narrabo opera domini.

Secretum.

PEr hec ueniat quesumus domine sacramenta nostre redempcionis effectus. que nos et ab humanis retrahat semper excessibus. et ad salutaria cuncta perducat. Per.

Communio.

DOmine quis habitabit in tabernaculo tuo aut quis requiescet in monte sancto tuo. qui ingreditur sine macula et operatur iusticiam.

Postcommunio.

SAcris domine misteriis expiati et ueniam/ [fo. 54. consequamur et graciam. Per.

Super populum.

TUa nos domine proteccione defende : et ab omni semper iniquitate custodi. Per.

Feria iiii. officium.

EGo autem in domino speraui exultabo et letabor in tua misericordia. quia respexisti humilitatem meam. *Ps.* In te domine speraui. i. Gloria patri.

Oracio.

PResta nobis quesumus domine : ut ieiuniis et oracionibus eruditi. a noxiis quoque uiciis abstinentes propiciacionem tuam facilius impetremus. Per.

Leccio libri exodi.

HEc dicit dominus deus : Honora patrem tuum et matrem tuam : ut longeuus sis

super terram quam dominus deus tuus dabit tibi. Non occides non mechaberis non furtum facies. Non loqueris contra proximum tuum falsum testimonium. Non concupisces rem proximi tui : nec desiderabis uxorem eius. Non seruum non ancillam. non bouem non asinum. nec omnia que illius sunt. Cunctus autem populus audiebat uoces et uidebat lampades : et sonitum buccine. montemque fumantem. Et perterriti ac pauore concussi. steterunt procul dicentes moysi. Loquere tu nobis : et audiemus. Non loquatur nobis dominus : neforte moriamur. Et ait moyses ad populum. Nolite timere. Ut enim probaret uos : uenit deus. et ut terror illius esset in uobis. et non peccaretis. Stetitque populus de longe : moyses autem accessit ad caliginem in qua erat deus. Dixit preterea dominus ad moysen. Hec dices filiis israel. Uos uidistis quod de celo locutus sum uobis. Non facietis deos argenteos : nec deos aureos facietis uobis. Altare de terra facietis michi. et offeretis super illud holocausta et pacifica uestra. Oues uestras et boues : in omni loco in quo memoria fuerit : nominis mei.

Gradale.

MIserere mei domine quoniam infirmus sum sana me domine. ℣. Conturbata sunt omnia ossa mea et anima mea turbata est ualde.

Secundum matheum.

IN illo tempore : Acesserunt ad ihesum ab iherosolimis scribe et pharisei dicentes.

Quare discipuli tui transgrediuntur tradiciones seniorum? non enim lauant manus suas cum panem manducant. Ipse autem respondens ait illis. Quare et uos transgredimini mandatum dei propter tradicionem uestram? Nam deus dixit. Honora patrem tuum et matrem tuam. Et qui male/dixerit patri [fo. 54. b. uel matri: morte moriatur. Uos autem dicitis. Quicumque dixerit patri uel matri munus quodcumque est ex me tibi proderit: et non honoricauit[1] patrem suum aut matrem suam. et irritum fecistis mandatum dei propter tradicionem uestram. Ypocrite: bene prophetauit de uobis ysaias propheta dicens. Populus hic labiis me honorat: cor autem eorum longe est a me. Sine causa autem colunt me docentes doctrinas et mandata hominum. Et conuocatis ad se turbis: dixit eis. Audite: et intelligite. Non quod intrat in os coinquinat hominem: sed quod procedit ex ore hoc coinquinat hominem. Tunc accedentes discipuli eius: dixerunt ei. Scis quia pharisei audito hoc uerbo scandalizati sunt? At ille respondens ait illis: Omnis plantacio quam non plantauit pater meus celestis: eradicabitur. Sinite illos. Ceci sunt. et duces cecorum. Cecus autem si ceco ducatum prebeat: ambo in foueam cadunt. Respondens autem petrus: dixit ei. Edissere nobis parabolam istam. At ille dixit. Adhuc et uos sine intellectu estis? Non intelligitis quia omne quod in os intrat in uentrem uadit et in secessum emittitur. Que autem procedunt de ore. de corde exeunt et ea sunt que coinquinant hominem. De corde enim exeunt cogitaciones male. homicidia. adulteria. fornicaciones. furta. falsa testimonia. blasphemie. Hec sunt: que coinquinant hominem. Non lotis autem manibus manducare: non coinquinat hominem.

[1] *Sic.*

Offertorium.

DOmine fac mecum misericordiam tuam propter nomen tuum quoniam suauis est misericordia tua.

Secretum.

SUscipe domine quesumus preces populi tui cum oblacionibus hostiarum. et tua misteria celebrantes ab omnibus nos defende periculis. Per.

Communio.

NOtas michi fecisti uias uite adimplebis me leticia cum uultu tuo domine.

Postcommunio.

SAnctificet nos quesumus domine qua pasti sumus mensa celestis: et a cunctis erroribus expiatos: supernis promissionibus reddat acceptos. Per.

Super populum.

COncede quesumus omnipotens deus: ut qui proteccionis tue graciam querimus: liberati a malis omnibus secura tibi mente seruiamus. Per.

Feria v. officium.

SAlus populi ego sum dicit dominus de quacumque tribulacione clamauerint/ ad me [fo. 55. exaudiam eos. et ero illorum dominus imperpetuum. *Ps.* Attendite popule meus.

Oracio.

COncede quesumus omnipotens deus: ut ieiuniorum nobis sancta deuocio. et purificacionem tribuat et magestati tue nos reddat acceptos. Per.

Leccio Ieremie prophete.

IN diebus illis: Factum est uerbum domini ad me dicens. Sta in porta domus domini: et predica ibi uerbum istud et dic. Audite uerbum domini omnis iuda. qui ingredimini per portas has. ut adoretis dominum. Hec dicit dominus exercituum deus israel. Bonas facite uias uestras. et studia uestra: et habitabo uobiscum in loco isto. Nolite confidere in uerbis mendacii dicentes. Templum domini. templum domini. templum domini est. Quoniam si benedixeritis uias uestras et studia uestra. si feceritis iudicium uerum inter uirum et proximum eius. aduene et pupillo. et uidue non feceritis calumpniam. nec sanguinem innocentem effuderitis in loco isto. et post deos alienos non ambulaueritis in malum uobismetipsis. habitabo uobiscum in loco isto. in terra quam dedi patribus uestris: a seculo. et usque in seculum. Dicit dominus: omnipotens.

Gradale.

OCuli omnium in te sperant domine et tu das escam illorum in tempore opportuno. ℣. Aperis tu manum tuam. et imples omne animal benediccione.

Secundum Iohannem.

IN illo tempore: Dixit ihesus turbis. Operamini non cibum qui perit: sed qui permanet in uitam eternam. quem filius hominis dabit uobis. Hunc enim pater signauit deus. Dixerunt ergo ad eum. Quid faciemus ut operemur opera dei? Respondit ihesus: et dixit eis. Hoc est opus dei: ut credatis in eum quem misit ille. Dixerunt ergo ei. Quod ergo tu facis signum ut uideamus et credamus tibi? Quid operaris? Patres nostri manducauerunt manna in deserto: sicut scriptum est. Panem de celo dedit eis manducare. Dixit ergo eis ihesus. Amen amen dico uobis: non moyses dedit uobis panem de celo. sed pater meus dat uobis panem de celo. Uerus enim panis est qui de celo descendit et dat uitam mundo. Pater meus dat nobis panem uerum Panis enim dei est qui descendit de celo: et dat uitam mundo. Dixerunt ergo ad eum. Domine: semper da nobis panem hunc. Dixit autem eis ihesus. Ego sum panis uite. Qui uenit ad me: non esuriet./ Et [fo. 55. b. qui credit in me: non siciet unquam.

Offertorium.

SI ambulauero in medio tribulacionis uiuificabis me domine et super iram inimicorum meorum extendes manum tuam. et saluum me fecit dextera tua.

Secretum.

FAc nos quesumus domine ad sancta misteria purificatis mentibus accedere: ut tibi semper competens deferamus obsequium. Per.

Communio.

TU mandasti mandata tua custodiri nimis utinam dirigantur uie mee ad custodiendas iustificaciones tuas.

Postcommunio.

SAcramenti tui domine ueneranda percepcio. et mistico nos mundet effectum. et perpetua uirtute defendat. Per.

Super populum.

SUbiectum tibi populum quesumus domine propiciacio celestis amplificet. et tuis semper faciat seruire mandatis. Per.

Feria vi. officium.

FAc mecum domine signum in bono. ut uideant qui me oderunt et confundantur quoniam tu domine adiuuisti me. et consolatus es me. *Ps.* Inclina domine aurem tuam.

Oracio.

IEiunia nostra quesumus domine benigno fauore prosequere: ut sicut ab alimentis abstinemus in corpore. ita a uiciis ieiunemus in mente. Per.

Lęccio libri numeri.

IN diebus illis: Conuenerunt filii israel ad moysen et aaron: et uersi in sedicionem dixerunt. Da nobis aquam ut bibamus. Ingressus que moyses et aaron dimissa multitudine ante tabernaculum federis corruerunt proni in terram. clamaueruntque ad dominum atque dixerunt. Domine deus exaudi clamorem populi huius: et aperi eis thesaurum tuum fontem aque

uiue ut saciati cesset murmuracio eorum. Et apparuit gloria domini super eos. Locutus est dominus ad moysen dicens. Tolle uirgam et congrega populum tu et aaron frater tuus: et loquimini ad petram coram eis. et illa dabit aquas. Cumque eduxeris aquam de petra: bibet omnis multitudo et iumenta eius. Tulit igitur moyses uirgam que erat in conspectu domini: sicut preceperat ei. Congregataque multitudine ante petram: dixit eis. Audite rebelles et increduli. Num de petra hac uobis aquam poterimus eicere? Cumque eleuasset moyses manum percuciens uirga bis silicem: egresse sunt aque largissime. ita ut populus biberet. et iumenta. Dixitque preterea dominus ad moysen et aaron. Quia non credidistis michi. ut sanctificaretis me coram filiis israel: non introducetis hos populos in terram quam dabo eis. Hec est aqua/ contradiccionis. ubi [fo. 56. iurgati sunt filii israel contra dominum: et sanctificatus est in eis.

Gradale.

IN deo sperauit cor meum et adiutus sum et refloruit caro mea. et ex uoluntate mea confitebor illi. ℣. Ad te domine clamabo: deus meus ne sileas ne discedas a me.

Secundum Iohannem.

IN illo tempore: oportebat ihesum: transire per samariam. Uenit ergo in ciuitatem samarie que dicitur sychar: iuxta predium quod dedit iacob ioseph filio suo. Erat autem ibi fons iacob. Ihesus ergo fatigatus ex itinere : sedebat sic super fontem. Hora erat : quasi sexta. Uenit mulier de samaria : haurire aquam. Dicit ei ihesus. Da michi bibere. Discipuli autem eius abierant in ciuitatem : ut cibos emerent. Dicit ergo ei mulier illa samaritana quomodo tu iudeus cum sis bibere a me poscis. que sum mulier samaritana? non enim coutuntur iudei samaritanis. Respondit ihesus : et dixit ei. Si scires donum dei. et quis est qui dicit tibi da michi bibere. tu forsitan petisses ab eo. et dedisset tibi aquam uiuam. Dicit ei mulier. Domine. neque in quo haurias habes : et puteus altus est. Unde ergo habes aquam uiuam? Numquid tu maior es patre nostro iacob qui dedit nobis puteum. et ipse ex eo bibit. et filii eius et pecora eius? Respondit ihesus : et dixit ei. Omnis qui bibit ex aqua hac. siciet iterum. Qui autem biberit ex aqua quam ego dabo ei non siciet ineternum. Sed aqua quam ego dabo ei : fiet in eo fons aque salientis in uitam eternam. Dicit ad eum mulier. Domine : da michi hanc aquam. ut non siciam neque ueniam huc haurire. Dicit ei ihesus. Uade uoca uirum tuum : et ueni huc. Respondit ei mulier : et dixit. Non habeo uirum. Dicit ei ihesus. Bene dixisti quia non habeo uirum. Quinque enim uiros habuisti : et nunc quem habes non est tuus uir. Hoc uere dixisti. Dicit ei mulier. Domine : uideo quia propheta es tu. Patres nostri in monte hoc adorauerunt : et uos dicitis quia iherosolimis est locus ubi adorari oportet. Dicit ei ihesus. Mulier crede michi : quia uenit hora quando neque in monte hoc neque in iherosolimis adorabitis patrem. Uos adoratis quod nescitis. nos adoramus quod scimus quia salus ex iudeis est. Set uenit hora et nunc est quando ueri adoratores adorabunt patrem in spiritu et ueritate. Nam et pater tales querit :/ qui adorent eum. Spiritus [fo. 56. b. est deus : et eos qui adorant eum in spiritu. et ueritate oportet adorare. Dicit ei mulier. Scio quia messyas uenit qui dicitur christus. Cum ergo uenerit : ille nobis annunciabit omnia. Dicit ei ihesus. Ego sum : qui loquor tecum. Et continuo uenerunt discipuli eius : et mirabantur quia cum muliere loquebatur. Nemo tamen dixit ei quid queris. aut quid loqueris cum ea. Reliquid ergo ydriam suam mulier. et abiit in ciuitatem. et dicit illis hominibus. Uenite et uidete hominem qui dixit michi omnia quecumque feci. Numquid ipse est christus? Exierunt de ciuitate : et ueniebant ad eum. Interea rogabant eum discipuli eius dicentes. Rabi : manduca. Ille autem dicit eis. Ego cibum habeo manducare : quem uos nescitis. Dicebant ergo discipuli adinuicem. Numquid aliquis attulit ei manducare? Dicit eis ihesus. Meus cibus est ut faciam uoluntatem eius qui misit me : ut perficiam opus eius. Nonne uos dicitis quia adhuc quatuor menses sunt. et messis uenit? Ecce dico uobis. Leuate oculos uestros et uidete regiones : quia albe sunt iam ad messem. Et qui metit mercedem accipit: et congregat fructum in uitam eternam. Ut et qui seminat simul gaudeat. et qui metit. In hoc enim est uerbum uerum: quia alius est qui seminat. et alius est qui metit. Ego misi uos metere: quod uos non laborastis. Alii laborauerunt: et uos in labores eorum introistis. Ex ciuitate autem illa multi crediderunt in eum samaritanorum propter uerbum mulieris testimonium perhibentis: quia dixit michi omnia quecumque feci. Cum ergo uenissent ad illum samaritani: rogauerunt eum ut ibi maneret. Et mansit ibi duos dies. Et multoplures crediderunt in eum propter sermones eius: et mulieri dicebant quia iam non propter tuam loquelam credimus. Ipsi enim audiuimus et scimus: quia hic est uere saluator mundi.

Offertorium.

INtende uoci oracionis mee rex meus et deus meus quoniam ad te orabo domine.

Secretum.

REspice domine propicius ad munera que sacramus. ut et tibi grata sint. et nobis salutaria semper existant. Per.

Communio.

QUi biberit aquam quam ego dabo/ ei[1] dicit dominus [fo. 57. samaritane fiet in eo fons aque salientis in uitam eternam.

Postcommunio.

HUius domine nos percepcio sacramenti mundet a crimine. et ad celestia regna perducat. Per.

[1] Written over erasure.

Super populum.

PResta quesumus omnipotens deus ut qui in tua proteccione confidimus cuncta nobis aduersancia te adiuuante uincamus. Per.

Sabbato officium.

UErba mea auribus percipe domine intellige clamorem meum intende uoci oracionis mee. *Ps.* Quoniam ad te orabo.

Oracio.

PResta quesumus omnipotens deus: ut qui se affligendo carnem ab alimentis abstinent. sectando iusticiam a culpa ieiunent. Per.

Leccio danielis prophete.

IN diebus illis: Erat uir in babylone: et nomen eius ioachim. Et accepit uxorem nomine susannam filiam helchie pulcram nimis. et timentem dominum. Parentes enim illius cum essent iusti: erudierunt filiam suam secundum legem moysi. Erat autem ioachim diues ualde. et erat ei pomerium uicinum domui sue. Et ad ipsum confluebant iudei: eo quod esset honorabilior esset omnibus. Et constituti sunt duo senes iudices in anno illo de quibus locutus est dominus quia egressa est iniquitas de babilone a senioribus iudicibus qui uidebantur regere populum. Isti frequentabant domum ioachim: et ueniebant ad eos omnes qui habebant iudicia. Cum autem populus reuertisset post meridiem: ingrediebatur susanna. et deambulabat in pomerio uiri sui. Et uidebant eam senes cotidie ingredientem. et deambulantem et exarcerunt in concupiscenciam eius. et auerterunt sensum suum. et declinauerunt oculos suos ut non uiderent celum. neque recordarentur iudiciorum iustorum. Factum est autem. cum obseruarent diem aptum quando eam inuenire possent solam ingressa est aliquando sicut heri et nudius tercius cum duabus solis puellis uoluitque lauari in pomerio. Estus quippe erat. Et non erat ibi quisquam preter duos senes absconditos. et contemplantes eam. Dixit ergo puellis. Afferte michi oleum et smigmata: et ostia pomerii claudite ut lauer. Cum autem egresse essent puelle. surrexerunt duo senes. et dixerunt. Ecce hostia pomerii clau/sa sunt: et nemo [fo. 57. b. nos uidet. Quamobrem assentire nobis: et commiscere nobiscum. quod si nolueris dicemus testimonium contra te quod fuerit tecum iuuenis. et ob hanc causam emiseris puellas a te. Ingemuit susanna et ait. Angustie michi sunt undique. Si enim hoc egero: mors michi est. Si autem non egero: non effugiam manus uestras. Set melius est michi absque opere incidere in manus uestras. quam peccare in conspectu domini. Et exclamauit uoce magna susanna. Exclamauerunt autem et senes aduersus eam. Cum ergo audissent clamorem in pomerio famuli domus: irruerunt per posticum. ut uiderent quid nam esset. Postquam autem senes locuti sunt: erubuerunt serui uehementer. quia numquam dictus fuerat sermo huiuscemodi de susanna. Et facta est dies crastina.

Cumque uenisset populus ad uirum eius ioachim: uenerunt et duo presbiteri pleni iniqua cogitacione aduersus susannam. ut interficerent eam. Et dixerunt coram populo. Mittite ad susannam filiam helchie: uxorem ioachym. Et statim miserunt. Et uenit cum parentibus et filiis et uniuersis cognatis suis. Flebant igitur sui: et omnes qui nouerant eam. Consurgentes autem duo presbiteri in medio populi: posuerunt manus suas super capud eius. Que flens: suspexit ad celum. Erat enim cor eius: fiduciam habens in domino. Et dixerunt presbiteri. Cum deambularemus in pomerio soli: ingressa est hec cum duabus puellis et clausit ostia pomerii. et dimisit puellas a se. Uenitque adolescens qui erat absconditus: et concubuit cum ea. Porro nos cum essemus in angulo pomerii uidentes iniquitatem cucurrimus ad eos. et uidimus eos pariter commisceri. Et illum quidem non quiuimus comprehendere. quia forcior nobis erat: et aperto ostio exiliuit. Hanc autem cum apprehendissemus interrogauimus quisnam esset adolescens. et noluit indicare nobis. Huius igitur rei testes sumus. Credidit eis multitudo quasi senibus populi et iudicibus. et condempnauerunt eam ad mortem. Exclamauit autem uoce magna susanna et ait. Deus eterne qui absconditorum es cognitor. qui nosti omnia antequam/ fiant. tu scis quo- [fo. 58. niam falsum testimonium tulerunt contra me. Et ecce morior cum nichil horum fecerim: que isti maliciose composuerunt aduersum me. Exaudiuit autem dominus uocem eius. Cumque duceretur ad mortem suscitauit deus spiritum sanctum pueri iunioris: cui nomen daniel. Et exclamauit uoce magna daniel. Mundus ego sum: a sanguine huius. Et conuersus omnis populus ad eum ait. Quis est iste sermo quem tu locutus es? Qui cum staret in medio eorum dixit: Sic fatui israel non iudicantes neque quod uerum est cognoscentes condempnastis filiam israel. Reuertimini ad iudicium: quia falsum testimonium locuti sunt aduersus eam. Reuersus est ergo populus cum festinacione: et dixit ad eos daniel. Separate eos abinuicem procul: et diiudicabo eos. Cum ergo diuisi essent alter ab altero: uocauit unum de eis. et dixit ad eum. Inueterate dierum malorum: nunc uenerunt peccata tua que operabaris prius iudicans iudicia iniusta innocentes opprimens. et dimittens noxios dicente domino. Innocentem et iustum non interficies. Nunc ergo si uidisti eam dic sub qua arbore uidisti eos colloquentes sibi. Qui ait. Sub cino. Dixit autem daniel. Recte mentitus es in capud tuum. Ecce enim angelus domini accepta sentencia ab eo: scindet te medium. Et amoto eo: iussit uenire alium. et dixit ei. Semen chanaan et non iuda: species decepit te. et concupiscencia subuertit cor tuum. Sic faciebatis filiabus israel: et ille timentes loquebantur uobis. Set non filia iuda: sustinuit iniquitatem uestram.

Nunc ergo dic michi sub qua arbore comprehenderis eos colloquentes sibi. Qui ait. Sub prino. Dixit autem ei daniel. Recte mentitus es et tu in capud tuum. Manet enim angelus domini gladium habens ut cecet te medium. et interficiat uos. Exclamauit itaque omnis cetus uoce magna et benedixerunt dominum qui saluat sperantes in se. Et consurrexerunt aduersum duos presbiteros. conuicerat enim eos daniel ex ore suo falsum dixisse testimonium. fecerunt que eis sicut male egerant aduersus proximam. et interfecerunt eos. Et saluatus est sanguis innoxius: / in [fo. 58 b. die illa.

Gradale.

SI ambulem in medio umbre mortis non timebo mala quoniam tu mecum es domine. ℣. Uirga tua et baculus tuus ipsa me consolata sunt.

Secundum Iohannem.

IN illo tempore: Perrexit ihesus in montem oliueti: et diluculo iterum uenit in templum. Et omnis populus uenit ad eum et sedens docebat eos. Adducunt autem scribe et pharisei mulierem in adulterio deprehensam et statuerunt eam in medio et dixerunt ei. Magister: hec mulier modo deprehensa est in adulterio. In lege autem moyses mandauit nobis huiusmodi lapidare. Tu ergo quid dicis? Hoc autem dicebant temptantes eum: ut possent accusare eum. Ihesus autem inclinans se deorsum: digito scribebat in terra. Cum autem perseuerarent interrogantes eum: erexit se et dixit eis. Quis sine peccato est uestrum: primus in illam lapidem mittat. Et iterum se inclinans: scribebat in terra. Audientes autem: unus post unum exibant incipientes a senioribus. Et remansit ihesus solus: et mulier in medio stans. Erigens autem se ihesus: dixit ei. Mulier: ubi sunt[1] qui te accusabant? Nemo te comdempnauit? Que dixit. Nemo domine. Dixit autem. ei ihesus. Nec ego te condempnabo. Uade: et iam amplius noli peccare.

Offertorium.

GRessus meos dirige domine secundum eloquium tuum ut non dominetur mei omnis iniusticia domine.

Secretum.

EFficiatur hec hostia domine quesumus sollempnibus grata ieiuniis. et ut tibi fiat accepcior. purificatis mentibus immoletur. Per.

Communio.

NEmo te condempnauit mulier nemo domine. nec ego te condempnabo iam amplius noli peccare.

Postcommunio.

QUesumus omnipotens deus: ut inter eius membra numeremur cui corpori communicamus et sanguini. Ihesu christi domini nostri. Qui tecum.

Super populum.

PRetende domine fidelibus tuis dexteram celestis auxilii: ut te corde perquirant.

[1] In lower margin of this column is a sketch of battlements.

et que digne postulant assequantur. Per.

Dominica iiii. officium.

LEtare ierusalem. et conuentum facite omnes qui diligitis eam. gaudete cum leticia. qui in tristicia fuistis. ut exultetis et saciemini ab uberibus consolacionis uestre. *Ps.* Letatus sum. Gloria patri.

Oracio.

COncede quesumus omnipotens deus: ut qui ex merito nostre accionis affligimur. tue gracie consolacione respiremus. Per.

Ad galathas./ [fo. 59.

FRatres: Scriptum est quoniam abraham duos filios habuit. Unum de ancilla: et unum de libera. Set qui de ancilla: secundum carnem natus est. Qui autem de libera: per repromissionem. que sunt per allegoriam dicta. Hec enim sunt duo testamenta. Unum quidem a monte syna in seruitutem generans: que est agar. Syna enim mons est in arabia: qui coniunctus est ei que nunc est ierusalem. et seruit cum filiis suis. Illa autem que sursum est ierusalem libera est que est mater nostra. Scriptum est enim. Letare sterilis que non paris: erumpe et clama que non parturis. quia multi filii deserte magis quam eius que habet uirum. Nos autem fratres: secundum ysaac promissionis filii sumus. Sed quomodo tunc is qui secundum carnem natus fuerat. persequebatur eum qui secundum spiritum: ita et nunc. Sed quid dicit scriptura? Eice ancillam et filium eius. Non enim heres erit filius ancille: cum filio libere. Itaque fratres non sumus ancille filii. sed libere. Qua libertate: christus nos liberauit.

Gradale.

LEtatus sum in hiis que dicta sunt michi in domum domini ibimus. ℣. Fiat pax in uirtute tua. et habundancia in turribus tuis.

Tractus.

QUi confidunt in domino sicut mons syon non commouebitur ineternum qui habitat in iherusalem. ℣. Montes in circuitu eius et dominus in circuitu populi sui ex hoc nunc et usque in seculum.

Iohannem.

IN illo tempore: Abiit ihesus transmare galilee: quod est tyberiadis. Et sequebatur eum multitudo magna. quia uidebant signa que faciebat super hiis qui infirmabantur. Subiit ergo in montem ihesus et ibi sedebat cum discipulis suis. Erat autem proximum pascha: dies festus iudeorum. Cum subleuasset ergo oculos ihesus et uidisset quia multitudo maxima uenit ad eum: dixit ad philippum. Unde[1] ememus panes ut manducent hii? Hoc autem dicebat: temptans eum. Ipse enim sciebat: quid esset facturus. Respondit ei philippus. Ducentorum denariorum panes non sufficiunt eis: ut unusquisque modicum quid accipiat. Dicit ei unus ex discipulis eius: andreas frater symonis petri. Est puer unus hic qui habet quinque panes ordaceos.

[1] Added in margin.

et duos pisces. Sed hec quid sunt./ inter tantos? [fo. 59. b. Dixit ergo ihesus. Facite homines discumbere. Erat autem fenum multum in loco. Discubuerunt ergo uiri: numero quasi quinque milia. Accepit ergo ihesus panes: et cum gracias egisset distribuit discumbentibus. Similiter et ex piscibus: quantum uolebant. Ut autem impleti sunt: dixit discipulis suis. Colligite que superauerunt fragmenta ne pereant. Collegerunt ergo et impleuerunt duodecim cophinos fragmentorum ex quinque panibus ordaceis que superfuerunt hiis qui manducauerant. Illi ergo homines cum uidissent quod fecerat signum: dicebant. Quia hic est uere propheta: qui uenturus est in mundum.

Offertorium.

LAudate dominum quia benignus est psallite nomini eius quoniam suauis est omnia quecumque uoluit fecit in celo et in terra.

Secretum.

ANnue nobis quesumus domine. ut et diuinis semper sollempnitatibus occupemur. et misteriis sacris mente pariter congruamus et corpore. Per.

Communio.

IHerusalem que edificatur ut ciuitas cuius participatio eius in idipsum. illuc enim ascenderunt tribus tribus domini ad confitendum nomini tuo domine.

Postcommunio.

DA nobis quesumus misericors deus: ut sancta tua quibus incessanter explemur:

183

sinceris tractemus obsequiis. et fideli semper mente sumamus. Per.

Feria ii. officium.

DEus in nomine tuo saluum me fac et in uirtute tua iudica me deus exaudi oracionem meam. *Ps.* Quoniam alieni.

Oracio.

PResta quesumus omnipotens deus: ut obseruaciones sacras annua deuocione rȩcolentes. et corpore tibi placeamus et mente. Per.

Leccio libri regum.

IN diebus illis: Uenerunt due mulieres meretrices ad regem salamonem: steteruntque coram eo. Quarum una ait. Obsecro mi domine: ego et mulier hec habitabamus in domo una. et peperi apud eam in cubiculo. Tercia uero die postquam ego peperi: peperit et hec. Et eramus simul: nullus que alius in domo nobiscum exceptis nobis duabus. Mortuus est autem filius huius mulieris nocte. Dormiens quippe: oppressit eum. Et consurgens intempeste noctis silencio: tulit filium meum de latere meo ancille tue dormientis. et collocauit in sinu suo. Suum autem filium qui erat mortuus: posuit in sinu meo. Cumque surrexissem mane ut darem lac filio meo: apparuit/ mortuus. [fo. 60. Quem diligencius intuens clara luce: deprehendi non esse meum quem genueram. Responditque altera mulier. Non est ita. Sed filius tuus mortuus est. meus autem uiuit. E contrario illa

184

dicebat. Mentiris. filius quippe meus uiuit. et filius tuus mortuus est. Atque in hunc modum contendebant coram rege. Tunc rex ait. Hec dicit filius meus uiuit et filius tuus mortuus est. et ista respondit non. sed filius tuus mortuus est meus autem uiuit. Dixit ergo rex. Afferte michi gladium. Cumque attulissent gladium coram rege ait. Diuidite inquid infantem uiuum in duas partes: et date dimidiam partem uni. et dimidiam partem alteri. Dixit autem mulier cuius filius erat uiuus ad regem. Commota sunt quippe uiscera eius. super filio suo. Obsecro domine: date illi infantem uiuum. et nolite interficere eum. E contrario illa dicebat. Nec michi nec tibi. sed diuidatur. Respondit rex. et ait. Date huic infantem uiuum: et non occidatur. Hec est enim mater eius. Audiuit itaque omnis israel iudicium quod iudicasset rex et timuerunt regem uidentes sapienciam dei esse in eo. ad faciendum iudicium.

Gradale.

ESto michi in deum protectorem. et in locum refugii ut saluum me facias. ℣. Deus in te speraui domine non confundar ineternum.

Secundum Iohannem.

IN illo tempore: Prope erat pascha iudeorum: et ascendit ihesus iherosolimam. Et inuenit in templo uendentes oues. et boues. et columbas et nummularios sedentes. Et cum fecisset quasi flagellum de funiculis: omnes eiecit de templo.

oues quoque. et boues. et nummulariorum effudit es. et mensas subuertit: et hiis qui columbas uendebant dixit. Auferte ista hinc: et nolite facere domum patris mei domum negociacionis. Recordati sunt uero discipuli eius. quia scriptum est. Zelus domus tue comedit me. Responderunt ergo iudei: et dixerunt ei. Quod signum ostendis nobis quia hec facis? Respondit ihesus: et dixit eis. Soluite templum hoc: et in tribus diebus excitabo illud. Dixerunt ergo ei iudei. Quadraginta et sex annis edificatum est templum hoc: et tu in tribus diebus excitabis illud? Ille autem dicebat. de templo corporis sui. Cum ergo resurrexisset a mortuis: recordati sunt discipuli eius quia/ hoc dicebat. Et [fo. 60. b. crediderunt scripture: et sermoni. quem dixit eis ihesus. Cum autem essent iherosolimis in die festo: multi crediderunt in nomine eius. uidentes signa que faciebat. Ipse autem ihesus non ostendebat semetipsum eis: eo quod ipse nosset omnes. et quia opus ei non erat ut quis testimonium perhiberet de homine. Ipse enim sciebat: quid esset in homine.

Offertorium.

IUbilate deo omnis terra iubilate deo omnis terra seruite domino in leticia intrate in conspectu eius in exultacione quia dominus ipse est deus.

Secretum.

TUis domine quesumus operare mistereriis.[1] ut hec tibi munera dignis mentibus offeramus. Per.

Communio.

AB occultis meis munda me domine. et ab alienis parce seruo tuo.

Postcommunio.

QUos diuinis domine reficis sacramentis. tuis sustenta presidiis. et quos beneficiis temporalibus refoues pasce perpetuis. Per.

Super populum.

DEprecacionem nostram quesumus domine benignus exaudi: et quibus supplicandi prestas affectum. tribue defensionis auxilium. Per.

Feria iii. officium.

EXaudi deus oracionem meam. et ne despexeris deprecacionem meam intende in me et exaudi me. *Ps.* Contristatus sum in exercitacione mea. et conturbatus sum a uoce inimici et a tribulacione peccatoris.

Oracio.

SAcre nobis domine quesumus obseruacionis ieiunia et pie conuersacionis augmentum et tue propiciaciacionis[1] continuum prestent auxilium. Per.

Leccio libri exodi.

IN diebus illis: Locutus est dominus ad moysen dicens. Descende de monte: peccauit populus tuus quem eduxisti de terra egipti. Recesserunt cito de uia. quam ostendisti eis Feceruntque sibi uitulum conflatilem et adorauerunt. atque immolantes ei hostias dixerunt. Isti sunt dii tui israel qui te eduxerunt de terra egypti. Rur-

[1] *Sic.*

[1] *Sic.*

sumque ait dominus ad moysen dicens. Cerno quod populus iste dure ceruicis sit. Dimitte me ut irascatur furor meus contra eos et deleam eos: faciamque te in gentem magnam. Moyses autem orabat dominum deum suum dicens. Cur domine irascitur furor tuus contra populum tuum quem eduxisti de terra egypti in fortitudine magna. et in manu robusta. Ne queso. dicant egypcii. Callide eduxit eos ut interficeret in montibus. et deleret e terra. Quiescat ira tua. et esto placabilis super nequicia populi tui. Recordare/ abraham et ysaac. [fo. 61. et israel seruorum tuorum quibus iurasti per temetipsum dicens. Multiplicabo semen uestrum sicut stellas celi. et uniuersam terram de qua locutus sum. dabo semini uestro. et possidebitis eam semper. Placatus que est dominus ne faceret malum quod locutus fuerat aduersus populum suum. Et misertus est populo suo: dominus deus noster.

Gradale.

EXurge domine fer opem nobis. et libera nos propter nomen tuum. ℣. Deus auribus nostris audiuimus. patres nostri annunciauerunt nobis opus quod operatus es in diebus eorum et in diebus antiquis.

Iohannem.

IN illo tempore: Iam die festo mediante: ascendit ihesus in templum et docebat. Et mirabantur iudei dicentes. Quomodo hic literas scit. cum non didicerit. Respondit eis ihesus et dixit. Mea doctrina non est

mea: sed eius qui misit me. Si quis uoluerit uoluntatem eius facere: cognoscet de doctrina utrum ex deo sit. an ego a meipso loquar. Qui a semetipso loquitur: gloriam propriam querit. Qui autem querit gloriam eius qui misit illum. hic uerax est et iniusticia in illo non est. Nonne moyses dedit uobis legem. et nemo ex uobis facit legem? Quid me queritis interficere? Respondit turba: et dixit. Demonium habes. Quis te querit interficere? Respondit ihesus et dixit eis. Unum opus feci. et omnes miramini. Propterea moyses dedit uobis circumcisionem. non quia ex moyse est. sed ex patribus. Et in sabbato circumciditis hominem. Si circumcisionem accipit homo in sabbato. ut non soluatur lex moysi michi indignamini quia totum hominem sanum feci in sabbato. Nolite iudicare secundum faciem: set iustum iudicium iudicate. Dicebant autem quidam ex iherosolimis. Nonne hic est quem querunt interficere? Ecce palam loquitur. et nichil ei dicunt. Numquid uere cognouerunt principes quia hic est christus: Sed hunc scimus unde sit. christus autem cum uenerit. nemo scit unde sit. Clamabat ergo docens in templo ihesus et dicens. Et me scitis: et unde sim scitis. Et a meipso non ueni: set est uerus qui misit me quem uos nescitis. Ego scio eum. Et si dixero quia non noui eum ero similis uobis mendax. Set scio eum/ quia ab ipso sum. et [fo. 61. b. ipse me misit. Querebant ergo eum apprehendere. Et nemo misit in illum manum: quia nondum uenerat hora eius. De turba autem: multi crediderunt in eum.

Offertorium.

EXpectans expectaui dominum et respexit me. et exaudiuit deprecacionem meam et immisit in os meum canticum nouum ympnum deo nostro.

Secretum.

FIdelium tuorum domine quesumus hostias propicius intuere: ut quod oblatum est per obsequium. et deuotorum uota famulorum tua pocius propiciacione firmentur. Per.

Communio.

LEtabimur in salutari tuo. et in nomine domini dei nostri magnificabimur.

Postcommunio.

PRosit nobis domine quesumus sacer cibus potus que salutaris: qui et temporalem uitam muniat. et prestet eternam. Per.

Super populum.

MIserere domine populo tuo. et continuis tribulacionibus laborantem. propicius respirare concede. Per.

Feria iiii. officium.

DUm sanctificatus fuero in uobis congregabo uos de uniuersis terris et effundam super uos aquam mundam et mundabimini ab omnibus inquinamentis uestris. et dabo uobis spiritum nouum. *Ps.* Tollam quippe uos de gentibus et congregabo uos de uniuersis terris et adducam uos in terram uestram.

Oracio.

DEus qui et iustis premia meritorum. et peccatoribus per ieiunium ueniam prebes. miserere supplicibus tuis. ut reatus nostri confessio indulgenciam ualeat percipere delictorum. Per.

Leccio ezechielis prophete.

HEc dicit dominus deus. Sanctificabo nomen meum magnum: ut sciant gentes quia ego sum dominus cum sanctificatus fuero in uobis coram eis. Tollam quippe uos de gentibus et congregabo uos de uniuersis terris. et adducam uos in terram uestram. Et effundam super uos aquam mundam: et mundabimini ab omnibus inquinamentis uestris et ab uniuersis ydolis uestris mundabo uos. Et dabo uobis cor nouum: et spiritum nouum ponam in medio uestri. Et auferam cor lapideum de carne uestra: et dabo uobis cor carneum: et spiritum meum ponam in medio uestri. Et faciam ut in preceptis meis ambuletis. et iudicia mea custodiatis et operemini. Et habitabitis in terra quam dedi patribus uestris. et eritis michi in populum: et ego ero uobis in deum. Dicit/ dominus: omnipotens. [fo. 62.

Gradale.

UEnite filii audite me timorem domini docebo uos. ℣. Accedite ad eum et illuminamini. et facies uestre non confundentur.

Oracio.

PResta quesumus omnipotens deus: ut quos ieiunia uotiua castigant. ipsa quoque deuocio sancta letificet: ut terrenis affectibus mitigatis: facilius celestia capiamus. Per.

Feria iiii. Leccio ysaie prophete.

HEc dicit dominus deus: Lauamini mundi estote. Auferte malum cogitacionum uestrarum ab oculis meis. Quiescite agere peruerse: discite benefacere. Querite iudicium. subuenite oppresso. iudicate pupillo. defendite uiduam. et uenite. et arguite me dicit dominus. Si fuerint peccata ut coccinum: quasi nix dealbabuntur. Et si fuerint rubra quasi uermiculus: uelud lana alba erunt. Si uolueritis et audieritis me: bona terre comedetis. Dicit dominus: omnipotens.

Gradale.

BEata gens cuius est dominus deus eorum. populus quem elegit dominus in hereditatem sibi. ℣. Uerbo domini celi firmati sunt et spiritu oris eius omnis uirtus eorum.

Iohannem.

IN illo tempore: Preteriens ihesus: uidit hominem cecum a natiuitate sua. Et interrogauerunt eum discipuli eius. Rabi: quis peccauit hic aut parentes eius ut cecus nasceretur? Respondit ihesus. Neque hic peccauit neque parentes eius: set ut manifestentur opera dei in illo. Me oportet operari opera eius qui misit me: donec dies est. Uenit nox: quando nemo potest operari. Quamdiu sum in mundo: lux sum mundi. Hec cum dixisset: expuit in terram. et fecit lutum ex sputo. et liniuit lutum super oculos eius

et dixit ei. Uade et laua in natatoria syloe: quod interpretatur missus. Abiit ergo et lauit: et uenit uidens. Itaque uicini et qui uiderant eum prius quia mendicus erat: dicebant. Nonne hic est qui sedebat et mendicabat? Alii dicebant quia hic est: alii autem nequaquam set similis eius est. Ille uero dicebat: quia ego sum. Dicebant ergo ei. Quomodo aperti sunt tibi oculi: Respondit. Ille homo qui dicitur ihesus lutum fecit. et unxit oculos meos et dixit michi. Uade ad natatoriam syloe: et laua. Et abii et laui: et uidi. Dixerunt ergo ei. Ubi est ille. Ait. Nescio. Adducunt eum ad phariseos: qui cecus fuerat. Erat autem sabbatum: quando lutum fecit/ ihesus. et aperuit [fo. 62. b. oculos eius. Iterum ergo interrogabant eum pharisei: quomodo uidisset. Ille autem dixit eis. Lutum posuit michi super oculos: et laui et uideo. Dicebant ergo ex phariseis quidam. Non est hic homo a deo: qui sabbatum non custodit. Alii autem dicebant. Quomodo potest homo peccator hec signa facere? Et scisma erat intra eos. Dicunt ergo ceco iterum. Tu quid dicis de eo qui aperuit oculos tuos? Ille autem dixit: quia propheta est. Non crediderunt ergo iudei de illo quia cecus fuisset. et uidisset: donec uocauerunt parentes eius qui uiderant. et interrogauerunt eos dicentes. Hic est filius uester quem uos dicitis quia cecus natus est? Quomodo ergo nunc uidet. Responderunt eis parentes eius: et dixerunt. Scimus quia hic est filius noster: et quia cecus natus est. Quomodo ergo nunc uideat nescimus. aut quis eius aperuit oculos nos nescimus. Ipsum interrogate. Etatem habet: ipse de se loquatur. Hec dixerunt parentes eius. quia timebant iudeos. Iam enim conspirauerant iudei: ut siquis eum confiteretur christum. extra synagogam fieret. Propterea parentes eius dixerunt: quia etatem habet ipsum interrogate. Uocauerunt ergo rursum hominem qui cecus fuerat et dixerunt ei. Da gloriam deo. Nos scimus quia hic homo peccator est. Dixit ergo ille. Si peccator est. nescio. Unum scio: quia cecus cum essem modo uideo. Dixerunt ergo illi. Quid fecit tibi? Quomodo aperuit tibi oculos? Respondit eis. Dixi uobis iam: et audistis. Quid iterum uultis audire? Numquid et uos uultis discipuli eius fieri? Maledixerunt ergo ei: et dixerunt. Tu discipulus illius sis. Nos autem moysi discipuli sumus. Nos scimus. quia moysi locutus est deus. Hunc autem nescimus: unde sit. Respondit ille homo: et dixit eis. In hoc enim mirabile est quia uos nescitis unde sit: et aperuit oculos meos. Scimus autem quia peccatores deus non audit. Sed siquis dei cultor est. et uoluntatem eius facit hunc exaudit. A seculo non est auditum. quia quis aperuit oculos ceci nati. Nisi hic esset a deo: non poterat facere quicquam. Responderunt et dixerunt ei. In peccatis natus es totus. et tu doces nos. Et eiecerunt eum foras. Audiuit ihesus quia eiecerunt eum foras: et cum inuenisset eum dixit ei./ Tu credis in filium dei? [fo. 63. Respondit ille et dixit. Quis est domine. ut credam in eum? Et dixit ei ihesus. Et uidisti eum: et qui loquitur tecum ipse est. At ille dixit. Credo domine. Et procidens: adorauit eum.

Offertorium.

BEnedicite gentes dominum deum nostrum et obaudite uocem laudis eius. qui posuit animam meam ad uitam. et non dedit commoueri pedes meos. benedictus dominus qui non ammouit deprecacionem meam et misericordiam suam a me.

Secretum.

SUpplices te domine rogamus. ut hiis sacrificiis peccata nostra mundentur. quia tunc ueram nobis tribuis mentis et corporis sanitatem. Per.

Communio.

LUtum ex sputo dominus fecit et liniuit oculos meos et abii et laui. et uidi. et credidi deo.

Postcommunio.

SAcramenta que sumpsimus domine deus noster: et spiritualibus nos impleant alimentis. et corporalibus tueatur auxiliis.

Super populum.

PAteant aures misericordie tue domine precibus supplicancium. et ut petentibus desiderata concedas. fac eos que tibi sunt placita postulare. Per.

Feria quinta officium.

LEtetur cor querencium dominum querite dominum et confirmamini querite faciem eius semper. *Ps.* Confitemini domino et inuocate.

Oracio.

PResta quesumus omnipotens deus. ut quos ieiunia uotiua castigant ipsa quoque deuocio sancta letificet: ut terrenis affectibus mitigatis. facilius celestia capiamus. Per.

Leccio libri regum.

IN diebus illis: Uenit mulier sunamitis ad heliseum in montem carmeli: et apprehendit pedes eius. Et accessit giezi: ut amoueret eam. Et ait homo dei. Dimitte eam. Anima enim eius in amaritudine est. et dominus celauit a me. et non indicauit michi. Que dixit illi. Numquid petiui filium a domino meo? Numquid non dixi tibi ne illudas me? At ille ait ad giezi. Accinge lumbos tuos: et tolle baculum meum in manu tua et uade. Si occurrerit tibi homo non salutes eum: et si salutauerit te quispiam non respondeas illi. Et pone baculum meum super faciem pueri. Porro mater pueri ait. Uiuit dominus et uiuit anima tua: non dimittam te. Surrexit ergo: et secutus est eam. Giezi autem precesserat ante eos: et posuerat baculum super faciem pueri. et non erat uox neque sensus. Reuersusque est giezi in occursum eius: et nunciauit ei dicens. Non surrexit puer. In/-[fo. 63. b. gressus est ergo helyseus domum: et ecce puer mortuus iacebat in lectulo eius. Ingressusque clau-

sit ostium super se et super puerum: et orauit ad dominum. Et ascendit et incubuit super puerum: posuitque os suum super os eius et oculos suos super oculos eius. et manus suas super manus eius. Et incuruauit se super puerum: et calefacta est caro pueri. Et ille reuersus deambulauit in domo semel huc et illuc: et ascendit et incuruauit se super eum. Et oscitauit puer sepcies. aperuitque oculos suos. At ille uocauit giezi: et dixit ei. Uoca sunamitem hanc. Que uocata: ingressa est ad eum. Cui ait. Tolle filium tuum. Uenit autem illa et corruit ad pedes eius: et adorauit super terram. Tulitque filium suum: et egressa est. Helyseus uero: reuersus est in galgala.

Gradale.

REspice domine in testamentum tuum. et animas pauperum tuorum ne obliuiscaris in finem. ℣. Exurge domine et iudica causam tuam memor esto obprobrii seruorum tuorum.

Iohannem.

IN illo tempore: Dixit ihesus turbis iudeorum. Pater meus usque modo operatur: et ego operor. Propterea ergo magis querebant eum iudei interficere: quia non solum soluebat sabbatum. sed et patrem suum dicebat deum equalem se faciens deo. Respondit ergo ihesus: et dixit eis. Amen amen dico uobis: non potest filius a se facere quicquam. nisi quod uiderit patrem facientem. Quecumque enim ille fecerit: hec et filius similiter facit. Pater enim diligit filium: et omnia demonstrat ei que ipse facit. Et maiora hiis demonstrabit ei opera ut et uos miremini. Sicut enim pater suscitat mortuos et uiuificat: sic et filius quos uult uiuificat. Neque enim pater iudicat quemquam: sed omne iudicium dedit filio. ut omnes honorificent filium. sicut honorificant patrem. Qui non honorificat filium: non honorificat patrem qui misit illum. Amen amen dico uobis: quia qui uerbum meum audit et credit ei qui misit me habet uitam eternam. Et in iudicium non ueniet: sed transibit de morte ad uitam. Amen amen dico uobis: quia uenit hora et nunc est. quando mortui audient uocem filii dei. et qui audierint uiuent. Sicut enim pater habet uitam in semetipso: sic dedit et filio habere uitam in semetipso. Et potestatem dedit ei iudicium facere: quia filius/ homi-[fo. 64. nis est. Nolite mirari hoc: quia uenit hora in qua omnes que in monumentis sunt audient uocem filii dei. Et procedent qui bona fecerunt: in resurreccionem uite. Qui uero mala egerunt: in resurreccionem iudicii.

Offertorium.

DOmine in auxilium meum respice confundantur et uereantur qui querunt animam meam ut auferant eam domine ad adiuuandum me festina. confundantur omnes qui cogitant michi mala.

Secretum.

PUrifica nos misericors deus: ut ecclesie tue preces que

tibi grate sunt pia munera deferentes. fiant expiatis mentibus graciores. Per.

Communio.

DOmine memorabor iusticie tue solius deus docuisti me a iuuentute mea et usque in senectam et senium deus ne derelinquas me.

Postcommunio.

CElestia dona capientes quesumus domine non ad iudicium prouenire paciaris. que fide libus tuis ad remedium prouidisti. Per.

Super populum.

POpuli tui deus institutor et rector peccata quibus impugnatur expelle: ut semper tibi placitus. et tuo munimine sit securus. Per.

Feria sexta officium.

MEditacio cordis mei in conspectu tuo semper domine adiutor meus et redemptor meus. *Ps.* Celi enarrant.

Oracio.

DEus qui ineffabilibus mundum renouas sacramentis: presta quesumus: ut ecclesia tua et eternis proficiat institutis. et temporalibus non destituatur auxiliis. Per.

Leccio libri regum.

IN diebus illis: Egrotauit filius mulieris matris familie: et erat languor fortissimus ita ut non remaneret in eo alitus. Dixit ergo ad helyam. Quid michi et tibi uir dei? Ingressus es ad me ut remorarentur[1] iniquitates mee et interficeres filium meum. Et ait ad eam helyas.

Sic.

Da michi filium tuum. Tulitque eum de sinu illius. et portauit eum in cenaculum ubi ipse manebat. Et posuit eum super lectum suum et clamauit ad dominum et dixit. Domine deus meus: eciam ne uiduam apud quam ego utcumque sustentor afflixisti. ut interficeres filium eius. Et expandit se atque mensus est super puerum tribus uicibus: clamauit que ad dominum et dixit. Domine deus meus: reuertatur oro anima pueri huius in uiscera eius. Exaudiuit autem dominus uocem helye: et reuersa est anima pueri intra eum et/ re- [fo. 64 b. uixit. Tulitque helyas puerum: et deposuit eum de cenaculo in inferiorem domum. et tradidit illum matri sue. et ait illi. En uiuit filius tuus. Dixitque mulier ad helyam. Nunc in isto cognoui: quoniam uir dei es tu: et uerbum domini: in ore tuo uerum est.

Gradale.

BOnum est confidere in domino quam confidere in homine. ℣. Bonum est sperare in domino. quam sperare in principibus.

Iohannem.

IN illo tempore: Erat quidam languens lazarus a bethania: de castello marie et marthe sororum eius. Maria autem erat que unxit dominum unguento. et extersit pedes eius capillis suis cuius frater lazarus infirmabatur. Miserunt ergo sorores eius ad eum dicentes. Domine: ecce quem amas infirmatur. Audiens autem ihesus: dixit eis. Infirmitas hec non est ad mortem: sed pro gloria dei. ut glorificetur filius dei per eam. Diligebat autem ihesus: martham et sororem eius mariam. et lazarum. Ut ergo audiuit quia infirmabatur: tunc quidem mansit in eodem loco duobus diebus. Deinde post hec dixit discipulis suis. Eamus in iudeam iterum. Dicunt ei discipuli eius. Rabi: nunc querebant te iudei lapidare. et iterum uadis illuc? Respondit eis ihesus. Nonne duodecim hore sunt diei? Si quis ambulauerit in die non offendit: quia lucem huius mundi uidet. Siquis autem ambulauerit in nocte offendit: quia lux non est in eo. Hec ait: et post hec dicit eis. Lazarus amicus noster dormit: sed uado ut a sompno excitem eum. Dixerunt ergo discipuli eius. Domine: si dormit saluus erit. Dixerat autem ihesus de morte eius. Illi autem putauerunt: quia de dormicione sompni diceret. Tunc ergo dixit eis manifeste. Lazarus mortuus est. Et gaudeo propter uos ut credatis: quoniam non eram ibi. Sed eamus ad eum. Dixit ergo thomas qui dicitur didimus: ad condiscipulos. Eamus nos et moriamur cum eo. Uenit itaque ihesus: et inuenit eum quatuor dies iam in monumento habentem. Erat autem bethania iuxta iherosolimam quasi stadiis quindecim. Multi autem ex iudeis uenerant ad martham et mariam: ut consolarentur eas de fratre suo. Martha ergo ut audiuit quia ihesus uenit: occurrit illi. Maria autem: domi sedebat. Dixit ergo/ martha [fo. 65. ad ihesum. Domine si fuisses hic : frater meus non fuisset mortuus. Sed et nunc scio : quia quecumque poposceris a deo dabit tibi deus. Dicit ei ihesus. Resurget frater tuus. Dicit ei martha. Scio : quia resurget in resurreccione in nouissimo die. Dicit ei ihesus. Ego sum : resurreccio et uita. Qui credit in me : eciam si mortuus fuerit uiuet. Et omnis qui uiuit et credit in me : non morietur ineternum. Credis hoc ? Ait illi. Utique domine. Ego credidi quia tu es christus filius dei : qui in hunc mundum uenisti. Et cum hec dixisset abiit et uocauit mariam sororem suam silencio dicens. Magister adest : et uocat te. Illa autem ut audiuit surrexit cito : et uenit ad eum. Nondum enim uenerat ihesus in castellum sed erat adhuc in illo loco ubi occurrerat ei martha. Iudei igitur qui erant cum ea in domo et consolabantur eam de fratre suo cum uidissent mariam quia cito surrexit et exiit : secuti sunt eam dicentes quia uadit ad monumentum ut ploret ibi. Maria ergo cum uenisset ubi erat ihesus : uidens eum cecidit ad pedes eius et dicit ei. Domine : si fuisses hic : non esset mortuus frater meus. Ihesus ergo uidens eam plorantem et iudeos qui uenerant cum ea plorantes. infremuit spiritu. et turbauit semetipsum et dixit. Ubi posuistis eum ? Dicunt ei. Domine : ueni et uide. Et lacrimatus est ihesus. Dixerunt ergo iudei. Ecce quomodo amabat eum. Quidam autem ex ipsis dixerunt. Non poterat hic qui aperuit oculos ceci nati

facere ut hic non moreretur Ihesus ergo rursum fremens in semetipso uenit ad monumentum. Erat autem spelunca : et lapis superpositus erat ei. Ait ihesus. Tollite lapidem. Dicit ei martha soror eius qui mortuus fuerat. Domine iam fetet : quatriduanus est. Dicit ei ihesus. Nonne dixi tibi. quoniam si credideris uidebis gloriam dei ? Tulerunt ergo lapidem. Ihesus autem eleuatis sursum oculis : dixit. Pater : gracias ago tibi : quoniam audisti me. Ego autem sciebam : quia semper me audis. Sed propter populum qui circumstat dixi ut credant quia tu me misisti. Hec cum dixisset : uoce magna clamauit. Lazare. ueni foras. Et statim prodiit qui erat mortuus : ligatus manus et pedes/ institis. [fo. 65. b. Et facies illius sudario erat ligata. Dicit eis ihesus. Soluite eum : et sinite abire. Multi ergo ex iudeis qui uenerant ad mariam et martham. et uiderant que fecit : crediderunt in eum.

Offertorium.

POpulum humilem saluum facies domine. et oculos superborum humiliabis quoniam quis deus preter te domine. ℣. Clamor meus in conspectu eius introiuit in aures eius.

Secretum.

MUnera nos domine quesumus oblata purificent : et te nobis iugiter faciant esse placatum. Per.

Communio.

UIdens dominus flentes sorores lazari ad monumentum lacrimatus est coram iudeis et clamabat.

lazare ueni foras et prodiit ligatis manibus et pedibus qui fuerat quatriduanus mortuus.

Postcommunio.

HEc nos quesumus domine participacio sacramenti. et a propriis reatibus indesinenter expediat. et ab omnibus tueatur aduersis. Per.

Super populum.

DA quesumus omnipotens deus: ut qui infirmitatis nostre conscii de tua pietate confidimus sub tua proteccione gaudeamus.

Sabbato officium.

SIcientes uenite ad aquas dicit dominus. et qui non habetis precium uenite bibite cum leticia. *Ps.* Audite audientes me et comedite bonum et dilectabitur in crassitudine anima uestra. Gloria.

Oracio.

FIat domine quesumus per graciam tuam fructuosus nostre deuocionis affectus. quia tunc nobis proderunt suscepta ieiunia si tue sint placita pietati. Per.

Leccio ysaye prophete.

HEc dicit dominus deus. In tempore placito exaudiui te: et in die salutis auxiliatus sum tui. Et seruaui te et dedi te in fedus populi: ut suscitares terram et possideres hereditates dissipatas. Et diceres hiis qui uincti sunt exite. et hiis qui in tenebris reuelamini. Super uias pascentur: et in omnibus planis pascue eorum. Non esurient

neque sicient amplius et non percuciet eos estus et sol. quia miserator eorum reget es.[1] et ad fontes aquarum potabit eos. Et ponam omnes montes meos in uiam: et semite mee exaltabuntur. Ecce isti delonge uenient: et ecce illi ab aquilone et mari. et isti de terra australi. Laudate celi et exultet terra: iubilate montes laudem quia consolatus est dominus populum suum et pauperum suorum miserebitur. Et dixit syon. Dereliquid me dominus: et dominus oblitus est mei. Numquid obliuisci potest mulier/ infantem suum. [fo. 66. ut non misereatur filio uteri sui? Et si illa oblita fuerit: ego tamen non obliuiscar tui. Dicit dominus: omnipotens.

Gradale.

TIbi domine derelictus est pauper pupillo tu eris adiutor. ℣. Ut quid domine recessisti longe despicis in oportunitatibus in tribulacione dum superbit impius incenditur pauper.

Iohannem.

IN illo tempore: Dicebat ihesus turbis. Ego sum lux mundi. Qui sequitur me. non ambulat in tenebris: sed habebit lumen uite. Dixerunt ergo ei pharisei. Tu de te ipso testimonium perhibes. Testimonium tuum: non est uerum. Respondit ihesus: et dixit eis. Et si ego testimonium perhibeo de meipso. uerum est testimonium meum quia scio unde ueni. et quo uado. Uos autem nescitis: unde ueni: aut quo uado. Uos secundum carnem iudicatis: ego non iudico

[1] *Sic.*

quemquam. Et si iudico ego: iudicium meum uerum est quia solus non sum. sed ego et qui misit me pater. Et in lege uestra scriptum est: quia duorum hominum testimonium uerum est. Ego sum qui testimonium perhibeo de meipso: et testimonium perhibet de me qui misit me pater. Dicebant ergo ei. ubi est pater tuus? Respondit ihesus. Neque me scitis: neque patrem meum. Si me sciretis: forsitan et patrem meum sciretis. Hec uerba locutus est ihesus in gazophilacio docens in templo. Et nemo apprehendit eum quia nondum uenerat hora eius.

Offertorium.

FActus est dominus firmamentum meum et refugium meum et liberator meus sperabo in eum. ℣. Persequar inimicos meos. et non conuertar donec deficiant.

Secretum.

OBlacionibus quesumus domine placare supceptis: et ad te nostras etiam rebelles compelle propicius uoluntates. Per.

Communio.

DOminus regit me et nichil michi deerit in loco pascue ibi me collocauit. super aquam refeccionis educauit me.

Postcommunio.

TUa nos quesumus domine que sumpsimus sancta purificent. et operacionis sue remedio. nos tibi faciant esse placitos. Per.

Super populum.

DEus qui sperantibus in te misereri pocius eligis quam

irasci: da nobis digne flere mala que fecimus. ut tue consolacionis graciam inuenire ualeamus. Per.

Dominica in passione domini officium.

IUdica me deus et discerne causam meam de gente non sancta ab homine iniquo/ et doloso [fo. 66. b. erue me. quia tu es deus meus et fortitudo mea. *Ps.* Emitte lucem tuam.

Oracio.[1]

QUesumus omnipotens deus familiam tuam propicius respice: ut te largiente regatur in corpore. et te seruante custodiatur in mente. Per.

Ad hebreos.

FRatres: Christus assistens pontifex futurorum bonorum: per amplius et perfeccius tabernaculum non manufactum id est non huius creacionis. neque per sanguinem hyrcorum aut uitulorum. sed per proprium sanguinem introiuit semel in sancta. eterna redempcione inuenta. Si enim sanguis hyrcorum et taurorum. et cinis uitule aspersus inquinatos sanctificat ad emundacionem carnis. quanto magis sanguis christi qui per spiritum sanctum semetipsum optulit inmaculatum deo emundabit consciencias nostras ab operibus mortuis ad seruiendum deo uiuenti. Et ideo noui testamenti mediator est. ut morte intercedente in redempcionem earum[2] preuaricacionum que erant sub

[1] *Oracio, ad hebreos, secundum Iohannem*, and *V* and *R* of tract of this day are written, not in red, but in red and blue.

[2] *earum* repeated and struck through with red line.

priori testamento repromissionem accipiant qui uocati sunt eterne hereditatis. In christo ihesu: domino nostro.

Gradale.

ERipe me de inimicis inmicis[1] meis. doce me facere uoluntatem tuam. ℣. Liberator meus domine de gentibus iracundis ab insurgentibus in me exaltabis me. a uiro iniquo eripies me.

Tractus.

SEpe expugnauerunt me a iuuentute mea. ℣. Dicat nunc israel sepe expugnauerunt me a iuuentute mea. ℣. Etenim non potuerunt michi supra dorsum meum fabricauerunt peccatores. ℣. Prolongauerunt iniquitatem sibi dominus iustus concidet ceruices peccatorum.

Secundum Iohannem.

IN illo tempore: dicebat ihesus turbis iudeorum. et principibus sacerdotum. Quis ex uobis arguet me de peccato? Si ueritatem dico: quare uos non creditis michi? Qui est ex deo uerba dei audit. Propterea uos non auditis: quia ex deo non estis. Responderunt ergo iudei: et dixerunt. Nonne bene dicimus nos quia samaritanus es tu et demonium habes? Respondit ihesus. Ego demonium non habeo. sed honorifico patrem meum et uos inhonorastis me. Ego non quero gloriam meam: est qui querat et iudicet. Amen amen dico uobis: siquis sermonem meum seruauerit. mortem non uidebit ineternum. Dixe-

[1] *Sic*, repeated apparently for *inimicis* which has just gone before as the last word at the bottom of the column.

runt ergo iudei. Nunc cognouimus: quia/ demonium [fo. 67. habes. Abraham mortuus est et prophete. Et tu dicis. siquis sermonem meum seruauerit: mortem non gustabit ineternum. Numquid tu maior es patre nostro abraham qui mortuus est. et prophete mortui sunt? Quem teipsum facis? Respondit ihesus: Si glorifico meipsum: gloria mea nichil est. Est pater meus qui glorificat me. quem uos dicitis quia deus uester est. et non cognouistis eum. Ego autem noui eum. Et si dixero quia non scio eum: ero similis uobis mendax. Sed scio eum: et sermonem eius seruo. Abraham pater uester exultauit ut uideret diem meum: et uidit et gauisus est. Dixerunt ergo iudei ad eum. Quinquaginta annos nondum habes et abraham uidisti. Dixit ergo eis ihesus. Amen amen dico uobis: antequam abraham fieret ego sum. Tulerunt ergo lapides: ut iacerunt in eum. Ihesus autem abscondit se: et exiuit de templo.

Offertorium.

COnfitebor tibi domine in toto corde meo retribue seruo tuo uiuam et custodiam sermones tuos. uiuifica me secundum uerbum tuum domine. ℣. Beati inmaculati in uia qui ambulant in lege domini. beati qui scrutantur testimonia eius in toto corde exquirunt eum. Uiuifica.

Secretum.

HOstias fidelium tuorum omnipotens deus propicius intuere. et concede: ne cathena secli captiuos teneat. quos passione filii tui in omnibus liberos esse uoluisti. Qui tecum.

Prefacio.

QUi salutem.

Data pace hac die sacerdos incipiat communionem.

HOc corpus quod pro uobis tradetur. *Et prosequatur cum eo ministri ipsius.* ℣. Hic calix noui testamenti est in meo sanguine dicit dominus hoc facite quocienscumque sumitis in meam commemoracionem. Accepit ergo ihesus panem benedixit ac fregit dedit discipulis suis dicens. *Repetatur Communio.* Hoc corpus.

Postcommunio.

ADesto nobis domine deus noster. et quos tuis misteriis recreasti: perpetuis defende presidiis. Per.

Feria ii. officium.

MIserere michi domine quoniam conculcauit me homo tota die bellans tribulauit me. *Ps.* Conculcauerunt.

Oracio.

SAnctifica quesumus domine nostra ieiunia: et cunctarum nobis propicius indulgenciam largire culparum. Per.

Leccio Ione prophete.

IN diebus illis: Factum est uerbum domini ad ionam prophetam/ secundo [fo. 67 b. dicens. Surge et uade in niniuen ciuitatem magnam: et predica in ea predicacionem quam ego loquor ad te. Et surrexit ionas.

et abiit in niniuen iuxta uerbum domini. Et niniue erat ciuitas magna itinere dierum trium. Et cepit ionas introire in ciuitatem itinere diei unius: et clamauit et dixit. Adhuc quadraginta dies: et niniue subuertetur. Et crediderunt uiri niniuite domino: et predicauerunt ieiunium et uestiti sunt saccis. a maiore usque ad minorem. Et peruenit uerbum usque ad regem niniues: et surrexit de solio suo. et abiecit uestimentum suum a se. et indutus est sacco. et sedit in cinere. et clamauit et dixit. In niniue ex ore regis et principum eius: dicens. Homines et iumenta et boues et pecora: non gustent quicquam nec pascantur. et aquam non bibant. Et operiantur saccis homines. et iumenta clament ad deum in fortitudine. Et conuertatur uir a uia sua mala. et ab iniquitate que est in manibus eorum. Quis scit si conuertatur et ignoscat deus. et reuertatur a furore ire sue. et non peribimus? Et uidit deus opera eorum quia conuersi sunt a uia sua mala. Et misertus est populo: suo: dominus deus noster.

Gradale.

DEus exaudi oracionem meam auribus percipe uerba oris mei. ℣. Deus in nomine tuo saluum me fac et in uirtute tua iudica me.

Secundum Iohannem.

IN illo tempore: Miserunt principes et pharisei ministros: ut apprehenderent ihesum. Dixit ergo eis ihesus. Adhuc modicum uobiscum sum: et uado ad eum qui misit me.

Queretis me et non inuenietis. et ubi sum ego uos non potestis uenire? Dixerunt ergo iudei ad semetipsos. Quo hic iturus est quia non inueniemus eum? Numquid in dispersionem gencium iturus est et docturus gentes? Quis est hic sermo quem dixit. queretis me. et non inuenietis. et ubi sum ego uos non potestis uenire? In nouissimo autem die magno festiuitatis: stabat ihesus et clamabat dicens. Si quis sitit ueniat ad me et bibat: Qui credit in me sicut dicit scriptura flumina de uentre eius fluent aque uiue. Hoc autem dixit de spiritu quem accepturi erant: credentes in eum.

Offertorium.

COnuertere domine et eripe animam meam./ saluum [fo. 68. me fac propter misericordiam tuam. ℣. Domine ne in ira tua arguas me. neque in furore tuo corripias me.

Secretum.

SAcrificium laudis de percepcione tuorum domine deferimus[1] presidiorum. quesumus ut percipienda securius. uerius que sumamus. Per.

Communio.

DOminus uirtutum ipse est rex glorie.

Postcommunio.

SAcramenti tui quesumus domine participacio salutaris. et purificacionem nobis prebeat et medelam. Per dominum.

[1] *Sic.*

Super populum.

DA quesumus domine populo tuo spiritum ueritatis et pacis: ut te tota mente cognoscat. et que sunt tibi placita pia deuocione exerceat. Per.

Feria iii. officium.

EXpecta dominum uiriliter age et confortetur cor tuum et sustine domine. *Ps.* Dominus illuminatio.

Oracio.

NOstra tibi quesumus domine sint accepta ieiunia que nos et expiando gracia tua dignos efficiant. et ad remedia perducant eterna. Per.

Leccio danielis prophete.

IN diebus illis: Congregati sunt babilonii ad regem: et dixerunt ei. Trade nobis danielem qui bel destruxit et draconem interfecit. Alioquin: interficiemus te et domum tuam. Uidit ergo rex quod irruerent in eum uehementer. et necessitate compulsus tradidit eis danielem. Qui miserunt eum in lacum leonum: et erat ibi sex diebus. Porro in lacu erant leones septem. et dabantur eis cotidie duo corpora et due oues. Et tunc non data sunt eis: ut deuorarent danielem. Erat autem abacuc propheta in iudea: et ipse coxerat pulmentum et intriuerat panes in alueolo. et ibat in campum. ut ferret messoribus. Dixitque angelus domini ad abacuc. Fer prandium quod habes in babilonem danieli: qui est in lacu leonum. Et dixit abacuc. Domine: babilonem non uidi. et lacum nescio. Et apprehendit eum angelus domini in uertice eius. et portauit eum capillo capitis sui posuitque eum in babilonem super lacum in impetu spiritus sui. Et clamauit abacuc dicens. Daniel serue dei tolle prandium quod misit tibi deus. Et ait daniel. Recordatus es enim mei domine deus: et non dereliquisti diligentes te. Surgens que daniel comedit. Porro angelus domini restituit abacuc confestim in locum suum. Uenit ergo rex die septimo ut lugeret danielem: et uenit ad lacum./ et introspexit. [fo. 68. b. Et ecce daniel sedens in medio leonum. Et exclamauit rex uoce magna dicens. Magnus es domine deus danielis. Et extraxit eum de lacu. Illos autem qui perdicionis eius causa fuerant intromisit in lacum. et deuorati sunt in momento coram eo. Tunc rex ait. Paueant omnes habitantes in uniuersa terra deum danielis. quia ipse est liberator et saluator faciens signa et mirabilia. in celo et in terra. Qui liberauit danielem: de lacu leonum.

[*Gradale.*]

DIscerne causam meam domine ab homine iniquo et doloso eripe me. ℣. Emitte lucem tuam et ueritatem tuam. ipsa me deduxerunt. et adduxerunt in montem sanctum tuum.

Iohannem.

IN illo tempore: Ambulabat ihesus in galileam. Non enim uolebat in iudeam ambulare. quia querebant eum iudei interficere. Erat autem in prox-

imo dies festus iudeorum senophegia. Dixerunt autem ad eum fratres eius. Transi hinc et uade in iudeam: ut et discipuli tui uideant opera tua que facis. Nemo quippe in occulto aliquid facit: et querit ipse palam esse. Si hec facis: manifesta teipsum mundo. Neque enim fratres eius credebant in eum. Dicit eis ihesus. Tempus meum nondum aduenit: tempus autem uestrum semper est paratum. Non potest mundus odisse uos. Me autem odit: quia ego testimonium perhibeo de illo. quia opera eius mala sunt. Uos ascendite ad diem festum hunc. Ego autem non ascendam ad diem festum istum: quia tempus meum nondum impletum est. Hec cum dixisset: ipse mansit in galilea. Ut autem ascenderunt fratres eius: tunc et ipse ascendit ad diem festum non manifeste. sed quasi in occulto. Iudei ergo querebant eum in die festo: et dicebant. Ubi est ille? Et murmur multum de eo erat in turba. Quidam enim dicebant quia bonus est: alii autem dicebant non. sed seducit turbas. Nemo tamen palam loquebatur de illo: propter metum iudeorum.

Offertorium.

SPerent in te omnes qui nouerunt nomen tuum domine quoniam non derelinquis querentes te. psallite domino qui habitat in syon. quoniam non est oblitus oracionem pauperis. ℣. Sedes super thronum qui iudicas equitatem increpasti gentes et periit impius iudicare populum cum iusticia et factus/ est refugium [fo. 69. pauperum. Psallite.

Secretum.

HOstias tibi domine deferimus immolandasque temporali consolacione nos letificent: ut promissa cercius non desperemus eterna. Per.

Communio.

REdime me deus israel ex omnibus angustiis meis.

Postcommunio.

DA quesumus omnipotens deus: ut que diuina sunt iugiter exequentes. donis mereamur celestibus propinquare. Per.

Super populum.

DA nobis domine quesumus perseuerantem in tua uoluntate famulatum: ut in diebus nostris. et merito. et numero. populus tibi seruiens augeatur. Per.

Feria iiii. officium.

LIberator meus de gentibus iracundis ab insurgentibus in me exaltabis me a uiro iniquo eripies me domine. *Ps.* Diligam.

Oracio.

SAnctificato hoc ieiunio deus tuorum corda fidelium miserator illustra. et quibus supplicandi prestas affectum prebe supplicantibus pium benignus auditum. Per.

Leccio libri leuitici.

IN diebus illis: Locutus est dominus ad moysen dicens. Ego sum dominus deus uester. Non facietis furtum. non mentiemini: nec decipiet unusquisque

proximum suum. Non periurabis in nomine meo: nec pollues nomen domini dei tui. Ego dominus. Non facies calumpniam proximo tuo: nec ui opprimes eum. Non morabitur opus mercennarii tui apud te: usque mane. Non maledices surdo. nec coram ceco pones offendiculum. sed timebis deum tuum quia ego sum dominus. Non facies quod iniquum est. nec iniuste iudicabis. Non consideres personam pauperis: nec consideres uultum potentis. Iuste iudica proximo. Non eris criminator: et susurro in populo. Non stabis contra sanguinem proximi tui. Ego dominus. Non oderis fratrem tuum in corde tuo: sed publice argue eum. ne habeas super illo peccatum. Non queres ulcionem. nec memor eris iniurie ciuium tuorum. Diliges proximum tuum sicut teipsum. Ego dominus. Leges meas custodite. Ego enim sum: dominus deus uester.

Gradale.

EXaltabo te domine quoniam suscepisti me nec delectasti inimicos meos super me. ℣. Domine deus meus clamaui ad te et sanasti me. domine abstraxisti ab inferis animam meam./ [fo. 69. b. saluasti me a descendentibus in lacum.

Secundum Iohannem.

IN illo tempore: Facta sunt encennia in iherosolimis: et hyemps erat. Et ambulabat ihesus in templo: in porticu salomonis. Circumdederunt ergo eum iudei: et dicebant ei. Quousque animam nostram tollis?

Si tu es christus: dic nobis palam. Respondit eis ihesus. Loquor uobis: et non creditis. Opera que ego facio: in nomine patris mei: hec testimonium perhibent de me. sed uos non creditis: quia non estis ex ouibus meis. Oues mee uocem meam audiunt. et ego cognosco eas et sequuntur me. Et ego uitam eternam do eis: et non peribunt ineternum. et non rapiat eas quisquam de manu mea. Pater meus quod dedit michi maius omnibus est: et nemo potest rapere de manu patris mei. Ego et pater unum sumus. Sustulerunt lapides iudei: ut lapidarent eum. Respondit eis ihesus. Multa bona opera ostendi uobis: ex patre meo. Propter quod eorum opus me lapidatis? Responderunt ei iudei. De bono opere non lapidamus te: sed de blasphemia. Et quia tu homo cum sis: facis teipsum deum. Respondit eis ihesus. Nonne scriptum est in lege uestra. quia ego dixi dii estis? Si illos dixit deos ad quos sermo dei factus est. et non potest solui scriptura: quem pater sanctificauit. et misit in mundum uos dicitis quia blasphemas quia dixi filius dei sum. Si non facio opera patris mei: nolite credere michi. Si autem facio: etsi non uultis michi credere. operibus credite. Ut cognoscatis et credatis quia in me est pater. et ego in patre.

Offertorium.

ERipe me de inimicis meis deus meus. et ab insurgentibus in me libera me domine. ℣. Quia

ecce captauerunt animam meam. et irruerunt fortes in me. Libera.

Secretum.

ANnue misericors deus: ut hostias placacionis ac laudis. sincero tibi deferamus obsequio. Per.

Communio.

LAuabo inter innocentes manus meas. et circumdabo altare tuum domine. ut audiam uocem laudis tue. et enarrem uniuersa mirabilia tua.

Secretum.[1]

CElestis doni benediccione percepta. supplices te deus omnipotens deprecamur: ut hoc idem nobis. et sacramenti causa/ sit et salutis. Per. [fo. 70.

Super populum.[2]

ADueniat domine quesumus misericordia tua sperata supplicibus: et eis celesti munificencia tribuatur: quatinus et recte petenda postulent et postulata percipiant.

Feria v. officium.

OMnia que fecisti nobis. domine in uero iudicio fecisti quia peccauimus tibi et mandatis tuis non obediuimus. sed da gloriam nomini tuo et fac nobiscum secundum multitudinem misericordie tue. *Ps.* Peccauimus inique egimus recedentes a te: et precepto tuo non obediuimus. *Ps.* Beati inmaculati.

Oracio.

PResta quesumus omnipotens deus: ut dignitas condicionis humane per inmoderanciam sauciata. medicinalis parcimonie studio reformetur. Per.

[1] *Sic.* [2] Written in blue.

219

Leccio danielis prophete.

IN diebus illis: Orauit daniel dicens. Domine deus ne despicias populum tuum neque auferas misericordiam tuam a nobis. propter abraham dilectum tuum et ysaac seruum tuum. et israel sanctum tuum quibus locutus es pollicens. quod multiplicares semen eorum sicut stellas celi. et sicut arenam que est in litore maris. Quia domine imminuti sumus plusquam omnes gentes. sumusque humiles in uniuersa terra hodie propter peccata nostra. et non est in tempore hoc princeps. et propheta. et dux. neque holocaustum. neque sacrificium. neque oblacio. neque incensum. neque locus primiciarum coram te. ut possimus inuenire misericordiam. sed in animo contrito. et spiritu humilitatis suscipiamur. Sicut in holocaustum arietum. et taurorum. et sicut in milibus agnorum pinguium. sic fiat sacrificium nostrum in conspectu tuo hodie. ut placeat tibi. quoniam non est confusio confidentibus in te. Et nunc sequimur in toto corde. et timemus te. et querimus faciem tuam. Ne confundas nos: sed fac nobiscum iuxta mansuetudinem tuam. et secundum multitudinem misericordie tue. Et erue nos in mirabilibus tuis: et da gloriam nomini tuo domine. et confundantur omnes qui ostendunt seruis tuis mala. Confundantur in omni potencia: et robur eorum conteratur. Et sciant quia tu es deus solus et gloriosus super omnem terram: domine deus noster.

220

Gradale.[1]

TOllite hostias. et introite in atria eius. adorate dominum in aula sancta eius. ℣. Reuelauit dominus condensa. et in templo eius/ omnes dicent [fo. 70. b. gloriam.

Secundum Iohannem.

IN illo tempore: Cum audissent quidam de turba sermones ihesu dicebant. Hic est uere propheta. Alii dicebant. Hic est christus. Quidam autem dicebant. Numquid a galilea christus uenit? Nonne scriptura dicit. quia ex semine dauid. et de bethleem castello ubi erat dauid uenit christus? Dissensio itaque facta est in turba propter eum. Quidam autem ex ipsis uolebant eum apprehendere: sed nemo misit in illum manus. Uenerunt ergo ministri: ad pontifices et phariseos. Quibus illi dixerunt. Quare non adduxistis eum? Responderunt ministri. Numquam sic locutus est homo: sicut hic loquitur. Responderunt ergo pharisei. Numquid et uos seducti estis. Numquid aliquis ex principibus credidit in eum aut ex phariseis? Sed turba hec que non nouit legem: maledicti sunt. Dicit nichodemus ad eos ille qui uenit ad ihesum nocte: qui unus erat ex ipsis. Numquid lex nostra iudicat hominem nisi audierit ab ipso prius et cognouerit quid faciat? Responderunt et dix-

[1] This word, and ℣, *Secundum Iohannem*, *Offertorium*, *Secretum*, *Communio*, and *Postcommunio* are, in this Mass, written in red and blue. The word *Postcommunio* is written up to the first *m* in blue; after in red.

221

erunt ei. Numquid et tu galileus es? Scrutare scripturas: et uide quia propheta a galilea non surgit. Et reuersi sunt unusquisque: in domum suam.

Offertorium.

SUper flumina babilonis illic sedimus et fleuimus dum recordaremur tui syon. ℣. Memento domine filiorum edom in diem ierusalem.

Secretum.

DOmine deus noster qui in hiis pocius creaturis quas ad fragilitatis nostre subsidium condidisti. tuo quoque nomini munera iussisti dicanda constitui: tribue quesumus: ut et uite nobis presentis auxilium. et eternitatis efficiant sacramentum. Per.

Communio.

MEmento uerbi tui seruo tuo in quo michi spem dedisti. hec me consolata est in humilitate mea.

Postcommunio.

QUod ore sumpsimus domine mente capiamus. et de munere temporali. fiat nobis remedium sempiternum. Per.

Super populum.

ESto quesumus domine propicius plebi tue: ut que tibi non placent respuens. tuorum pocius repleatur delectacionibus mandatorum. Per.

Feria Sexta.

Officium.

MIserere michi domine quoniam tribulor. libera me. et eripe me de manibus inimicorum meorum

222

et a persequentibus me. domine non confundar quoniam inuo/-[fo. 71 caui te. *Ps.* In te domine speraui.

Oracio.

COrdibus nostris quesumus domine graciam tuam benignus infunde. ut peccata nostra castigacione uoluntaria cohibentes. temporaliter pocius maceremur. quam suppliciis deputemur eternis. Per.

Leccio Ieremie prophete.

IN diebus illis: Dixit Ieremias. Domine: omnes qui te derelinquunt confundentur: recedentes a te in terra scribentur: quoniam dereliquerunt uenam aquarum uiuencium dominum. Sana me domine et sanabor: saluum me fac. et saluus ero. quoniam laus mea tu es. Ecce ipsi dicunt ad me. Ubi est uerbum domini? Ueniat. Et ego non sum turbatus te pastorem sequens. et diem hominis non desideraui tu scis. Quod egressum est de labiis meis rectum in conspectu tuo fuit. Non sis michi tu formidini. spes mea tu in die affliccionis. Confundantur qui me persequuntur: et non confundar ego. Paueant illi: et non paueam ego. Induc super eos diem affliccionis: et duplici contricione contere eos. domine deus meus.

Gradale.

PAcifice loquebantur michi inimici mei. et in ira molesti erant michi. ℣. Uidisti domine deus meus ne sileas ne discedas a me.

Secundum Iohannem.

IN illo tempore: Collegerunt pontifices et pharisei consilium aduersus ihesum: et dicebant. Quid facimus quia hic homo multa signa facit? Si dimittimus eum sic: omnes credent in eum. Et uenient romani: et tollent nostrum locum et gentem. Unus autem ex ipsis cayphas nomine cum esset pontifex anni illius: dixit eis. Uos nescitis quicquam nec cogitatis: quia expedit uobis ut unus homo moriatur pro populo. et non tota gens pereat. Hoc autem a semetipso non dixit: sed cum esset pontifex anni illius prophetauit quia ihesus moriturus erat pro gente. Et non tantum pro gente: sed ut filios dei qui erant dispersi congregaret in unum. Ab illo ergo die cogitauerunt ut interficerent eum. Ihesus ergo iam non palam ambulabat apud iudeos: sed abiit in regionem iuxta desertum in ciuitatem que dicitur effrem. Et ibi morabatur: cum discipulis suis.

Offertorium.

BEnedictus es domine doce me iustificaciones tuas et non tradas calumpniantibus me superbis/ et respondebo expro- [fo. 71. b. brantibus michi uerbum. ℣. Uidi non seruantes pactum et tabescebam. domine. quando facies de persequentibus me iudicium.

Secretum.

PResta nobis misericors deus ut digne tuis seruire semper altaribus mereamur: et eorum perpetua participacione saluari. Per.

Communio.

NE tradideris me domine in animas persequencium me quia insurrexerunt in me testes iniqui. et mentita est iniquitas sibi.

Postcommunio.

SUmpti sacrificii domine perpetua nos tuicio non relinquat. et noxia semper a nobis cuncta repellat. Per.

Super populum.

COncede nobis quesumus domine ueniam peccatorum et religionis augmentum. atque ut in nobis tua dona multiplices. tuis fac mandatis prompciores. Per.

Sabbato officium.

LIberator meus de gentibus iracundis ab insurgentibus in me exaltabis me. a uiro iniquo eripies me domine. *Ps.* Diligam te domine.

Oracio.

PRoficiat quesumus domine plebs tibi dicata pie deuocionis affectu: ut sacris accionibus erudita. quanto magestati tue fit gracior. tanto donis pocioribus augeatur. Per.

Leccio ieremie prophete.

IN diebus illis: Dixerunt impii iudei adinuicem. Uenite cogitemus contra iustum cogitaciones. Non enim peribit lex a sacerdote: neque consilium a sapiente nec sermo a propheta. Uenite et percuciamus eum lingua: et non attendamus ad uniuersos sermones eius. Attende domine ad me: et audi uoces aduersariorum meorum.

Numquid redditur pro bono malum: quia foderunt foueam anime mee? Recordare quod steterim in conspectu tuo. ut loquerer pro eis bonum et auerterem indignacionem tuam ab eis. Propterea da filios eorum in famem: et deduc eos in manus gladii. Fiant uxores eorum absque liberis et uidue: et uiri earum interficiantur morte. Iuuenes eorum confodiantur gladio in prelio: audiatur clamor de domibus eorum. Adduces enim super eos latronem repente: quia foderunt foueam ut caperent me. et laqueos absconderunt pedibus meis. Tu autem domine scis omne consilium eorum aduersum me in mortem. Ne propicieris iniquitati eorum: et peccatum eorum/ a facie [fo. 72. tua non deleatur. Fiant corruentes in conspectu tuo. in tempore furoris tui: domine deus meus.

Gradale.

PAcifice. ℣. Uidisti domine *ut supra in vi^ta^ feria precedenti.*

Secundum Iohannem.

IN illo tempore: Dixit ihesus turbis iudeorum: Amen amen dico uobis: nisi manducaueritis carnem filii hominis et biberitis eius sanguinem non habebitis uitam in uobis. Qui manducat meam carnem. et bibit meum sanguinem: habet uitam eternam. Et ego resuscitabo eum: in nouissimo die. Caro enim mea uere est cibus: et sanguis meus uere est potus. Qui manducat meam carnem et bibit meum sanguinem: in me manet. et ego in illo. Sicut misit me uiuens pater: et ego uiuo propter patrem. Et qui manducat me: et ipse uiuet propter me. Hic est panis uiuus: qui de celo descendit. Non sicut manducauerunt patres uestri manna: et mortui sunt. Qui manducat hunc panem: uiuet ineternum. Hec dixit in synagoga: docens sabbato in capharnaum. Multi ergo audientes ex discipulis eius: dixerunt. Durus est hic sermo. Et quis eum potest audire? Sciens autem ihesus apud semetipsum quod murmurarent de hoc discipuli eius dixit. Hoc uos scandalizat. Cum ergo uideritis filium ascendentem ubi erat prius. Spiritus est qui uiuificat. Nam caro nichil prodest. Uerba que ego locutus sum uobis: spiritus et uita sunt. Set sunt quidam ex uobis: qui non credunt. Sciebat autem ab inicio ihesus qui essent credentes: et quis traditurus esset eum. Et dicebat. Propterea dixi uobis. quia nemo potest uenire ad me nisi ei datum fuerit a patre meo. Ex hoc ergo multi discipulorum eius abierunt retro: et amplius cum illo non ambulabant. Dixit ergo ihesus ad duodecim. Numquid et uos uultis abire? Respondit ei symon petrus dicens. Domine: ad quem ibimus? Uerba uite eterne habes. Et nos credimus et cognouimus: quia tu es christus filius dei. Respondit eis ihesus. Nonne ego uos duodecim elegi: et unus ex uobis dyabolus est? Dicebat enim de iuda symonis scariothis. Hic enim erat traditurus eum:

227

cum esset unus ex duodecim./ [fo. 72. b.

Offertorium.

Recordare quod steterim in conspectu tuo ut loquerer pro eis bonum. et auerterem indignacionem tuam ab eis.

Secretum.

Suscipe creator omnipotens deus ut que ieiunantes de tue munificencie largitate deferimus. et pro temporali nobis collata presidio. ad uitam conuerte propiciatus eternam. Per.

Communio.

NE tradideris.

Postcommunio.

Diuini muneris saciati largitate quesumus domine deus noster: ut huius semper participacione uiuamus. Per.

Super populum.

Tueatur quesumus domine dextera tua populum deprecantem: et purificatum dignanter erudiat. ut consolacione presenti: ad futura dona proficiat. Per.

Dominica in ramispalmarum officium.

Domine ne longe facias auxilium tuum a me. ad defensionem meam aspice. libera me de ore leonis. et a cornibus unicornium humilitatem meam. *Ps.* Deus deus meus respice.

228

Oracio.

Omnipotens sempiterne deus qui humano generi ad imitandum humilitatis exemplum saluatorem nostrum carnem sumere. et crucem subire fecisti: concede propicius: ut et paciencie ipsius habere documenta. et resurreccionis consorcia mereamur. Per.

Ad philippenses.

Fratres. Hoc sentite in uobis. quod et in christo ihesu. Qui cum in forma dei esset non rapinam arbitratus est esse se equalem deo. sed semetipsum exinaniuit formam serui accipiens. in similitudinem hominum factus: et habitu inuentus ut homo. Humiliauit semetipsum factus obediens usque ad mortem: mortem autem crucis. Propter quod et deus exaltauit illum: et donauit illi nomen quod est super omne nomen. ut in nomine ihesu omne genu flectatur. celestium. terrestrium. et infernorum. et omnis lingua confiteatur: quia dominus ihesus christus: in gloria est dei patris.

Gradale.

Tenuisti manum dexteram meam in uoluntate tua deduxisti me. et cum gloria sussumpsisti me. ℣. Quam bonus israel deus rectis corde mei autem pene moti sunt pedes pene effusi sunt gressus mei. quia zelaui in peccatoribus pacem peccatorum uidens.

Tractus.

Deus deus meus respice in me quare me dereliquisti. ℣. Longe a salute mea uerba delictorum meorum. ℣. Deus meus clamabo per diem nec exaudies. et nocte et non ad insipienciam michi. ℣. Tu autem in sancto habitas laus israel in te sperauerunt patres nostri. sperauerunt. et/ liberasti eos. [fo. 73. ℣. Ad te clamauerunt et salui facti sunt in te sperauerunt et non sunt confusi. ℣. Ego autem sum uermis et non homo. obprobrium hominum et abieccio plebis. ℣. Omnes qui uidebant me aspernabantur me. locuti sunt labiis et mouerunt capud. ℣. Sperauit in domino eripiat eum. saluum faciat eum quoniam uult eum. ℣. Ipsi uero considerauerunt et conspexerunt me diuiserunt sibi uestimenta mea. et super uestem meam miserunt sortem. ℣. Libera me de ore leonis et a cornibus unicornium humilitatem meam. ℣. Qui timetis dominum laudate eum uniuersum semen iacob magnificate eum. ℣. Annunciabitur domino generacio uentura. et annunciabunt celi iusticiam eius. ℣. Populo qui nascetur quem fecit dominus.

Secundum marcum.

IN illo tempore: Dum appropinquaret iherosolime et bethanie ad montem oliuarum: misit duos ex discipulis suis et ait illis. Ite in castellum quod contra uos est. et statim introeuntes illuc. inuenietis pullum ligatum super quem nemo adhuc hominum sedit. Soluite illum: et adducite. Et siquis uobis dixerit quid facitis: dicite quia domino necessarius est. et continuo dimittet illum huc. Et abeuntes inuenerunt pullum ligatum ante ianuam foris in biuio: et soluunt eum. Et quidam de hic stantibus dicebant illis. Quid facitis soluentes pullum? Qui dixerunt eis sicut preceperat illis ihesus. et dimiserunt eis. Et duxerunt pullum ad ihesum. et imponunt illi uestimenta sua. et sedit super eum. Multi autem uestimenta sua strauerunt in uia. Alii autem frondes cedebant de arboribus et sternebant in uia. Et qui preibant et qui sequebantur clamabant dicentes osanna: benedictus qui uenit in nomine domini. Benedictum quod uenit regnum patris nostri dauid: osanna in excelsis.

Passio domini nostri ihesu christi. Secundum matheum.

IN illo tempore: Dixit ihesus discipulis suis. Scitis quia post biduum pascha fiet. et filius hominis tradetur ut crucifigatur. Tunc congregati sunt principes sacerdotum et seniores populi in atrium principis sacerdotum qui dicebatur cayphas: et consilium fecerunt ut ihesum dolo tenerent et occiderent. Dicebant autem. Non in die festo: ne forte/ tumultus fieret [fo. 73 b. in populo. Cum autem esset ihesus in bethania in domo symonis leprosi: accessit ad eum mulier habens alabastrum unguenti preciosi et effudit super capud ipsius recumbentis. Uidentes autem discipuli indignati sunt: dicentes. Ut quid perdicio hec? Potuit enim istud uenundari multo: et dari pauperibus. Sciens autem ihesus: ait illis. Quid molesti estis huic mulieri? opus bonum: operata est in me. Nam semper pauperes habetis uobiscum. me autem non semper habebitis. Mittens enim hec unguentum hoc in corpus meum ad sepeliendum me fecit. Amen dico uobis ubicumque predicatum fuerit hoc euangelium in toto mundo dicetur et quod hec fecit in memoriam eius. Tunc abiit unus de duodecim qui dicitur iudas scarioth ad principes sacerdotum: et ait illis. Quid uultis michi dare. et ego uobis eum tradam? At illi constituerunt ei triginta argenteos. Et exinde querebat oportunitatem: ut eum traderet. Prima autem die azimorum: accesserunt discipuli ad ihesum. dicentes. Ubi uis paremus tibi comedere pascha? At ihesus dixit. Ite in ciuitatem ad quemdam: et dicite ei. Magister dicit. Tempus meum prope est: apud te facio pascha cum discipulis meis. Et fecerunt discipuli. sicut constituit illis ihesus: et parauerunt pascha. Uespere autem facto: discumbebat cum duodecim discipulis suis. Et edentibus illis dixit. Amen amen dico uobis: quia unus uestrum me traditurus est. Et contristati ualde: ceperunt singuli dicere. Numquid ego sum domine? At ipse respondens ait. Qui intingit mecum manum in parapside: hic me tradet. Filius quidem hominis uadit: sicut scriptum est de illo. Ue autem homini illi: per quem tradetur. Bonum erat ei: si natus non fuisset homo ille. Respondens autem iudas qui tradidit eum: dixit. Numquid ego sum rabi? Ait illi. Tu dixisti. Cenantibus autem eis: accepit ihesus panem et benedixit ac fregit. deditque discipulis suis et ait accipite et comedite: hoc est corpus meum. Et accipiens calicem: gracias egit et dedit illis dicens. Bibite ex hoc omnes. Hic est enim sanguis meus noui testamenti/ qui pro multis effundetur [fo. 74. in remissionem peccatorum. Dico autem uobis: non bibam amodo de hoc genimine uitis usque in diem illum cum illud bibam uobiscum nouum in regno patris mei. Et ympno dicto. exierunt in montem olIueti. Tunc dicit illis ihesus. Omnes uos scandalum paciemini in me in ista nocte. Scriptum est enim. Percuciam pastorem et dispergentur oues gregis. Postquam autem resurrexero: precedam uos in galileam. Respondens autem petrus: ait illi. Et si omnes scandalizati fuerint in te: ego numquam scandalizabor. Ait illi ihesus: Amen dico tibi: quia in hac nocte antequam gallus cantet. ter me negabis. Ait illi petrus. Eciam si oportuerit me mori tecum: non te negabo. Similiter et omnes discipuli dicebant. Tunc uenit ihesus cum illis in uillam que dicitur gethsemani: et dixit discipulis suis. Sedete hic: donec uadam illuc et orem. Et assumpto petro et duobus filiis zebedei: cepit contristari et mestus esse. Tunc ait illis. Tristis est anima mea usque ad mortem. Sustinete hic: et uigilate mecum. Et progressus pusillum: procidit in faciem suam orans et dicens. Mi pater: si possibile est transeat a me calix iste. Uerumptamen non sicut ego uolo: sed sicut tu. Et uenit ad discipulos suos : et inuenit eos dormientes. Et dicit petro. Sic : non potuisti. una hora uigilare mecum? Uigilate et orate : ut non intretis in temptacionem. Spiritus quidem promptus est caro autem infirma. Iterum secundo abiit : et orauit dicens : Pater mi : si non potest hic calix transire nisi bibam illum : fiat uoluntas tua. Et uenit iterum : et inuenit eos dormientes. Erant enim oculi eorum grauati. Et relictis illis : uerum abiit et orauit tercio eundem sermonem dicens. Tunc uenit ad discipulos suos : et dicit illis. Dormite iam : et requiescite. Ecce appropinquabit hora : et filius hominis tradetur in manus peccatorum. Surgite eamus : ecce appropinquabit qui me tradet. Adhuc ipso loquente : ecce iudas unus de duodecim uenit et cum eo turba multa cum gladiis et fustibus missi a principibus/ sacerdotum et [fo. 74. b. senioribus populi. Qui autem tradidit eum : dedit illis signum dicens. Quemcumque osculatus fuero. ipse est tenete eum. Et confestim accedens ad ihesum dixit. Aue rabi. Et osculatus est eum. Dixitque illi ihesus. Amice : ad quod uenisti. Tunc accesserunt et manus iniecerunt in ihesum : et tenuerunt eum. Et ecce unus ex hiis qui erant cum ihesu extendens manum exemit gladium suum. et percuciens seruum principis sacerdotum : amputauit auriculam eius. Tunc ait illi ihesus. Conuerte gladium tuum in locum suum. Omnes enim qui acceperunt gladium : gladio peribunt.

An putas quia non possum rogare patrem meum et exhibebit michi modo plusquam duodecim legiones angelorum? Quomodo ergo implebuntur scripture quia sic oportet fieri? In illa hora : dixit ihesus turbis. Tanquam ad latronem existis cum gladiis et fustibus comprehendere me? Cotidie apud uos sedebam docens in templo : et non me tenuistis. Hoc autem totum factum est : ut implerentur scripture prophetarum. Tunc discipuli omnes : relicto eo fugerunt. At illi tenentes ihesum : duxerunt ad caypham principem sacerdotum quo scribe et seniores conuenerant. Petrus autem sequebatur eum alonge : usque in atrium principis sacerdotum. Et ingressus intro : sedebat cum ministris ut uideret finem. Princeps autem sacerdotum et omne consilium querebant falsum testimonium contra ihesum : ut eum morti traderent. Et non inuenerunt : cum multi falsi testes accessissent. Nouissime autem uenerunt duo falsi testes : et dixerunt. Hic dixit. Possum destruere templum dei : et post triduum reedificare illud. Et surgens princeps sacerdotum : ait illi. Nichil respondes ad ea que isti aduersum te testificantur. Ihesus autem tacebat. Et princeps sacerdotum ait illi. Adiuro te per deum uiuum : ut dicas nobis si tu es christus filius dei. Dicit illi ihesus. Tu dixisti. Uerumptamen dico uobis : amodo uidebitis filium hominis sedentem a dextris uertutis dei. et uenientem in nubibus celi. Tunc princeps sacerdotum scidit uestimenta sua dicens.

Blasphemauit. Quid/ [fo. 75. adhuc egemus testibus? Ecce nunc audistis blasphemiam. Quid uobis uidetur? At illi respondentes dixerunt. Reus est mortis. Tunc expuerunt in faciem eius et colaphis eum ceciderunt. Alii autem palmas in faciem eius dederunt dicentes. Prophetiza nobis christe. quis est qui te percussit? Petrus uero sedebat foris in atrio. Et accessit ad eum una ancilla dicens. Et tu cum ihesu galileo eras. At ille negauit coram omnibus dicens. Nescio quid dicis. Exeunte autem illo ianuam: uidit eum alia ancilla. et ait hiis qui erant ibi. Et hic erat cum ihesu nazareno. Et iterum negauit cum iuramento: quia non nouisset hominem. Et post pusillum accesserunt qui ibi stabant et dixerunt. Uere et tu ex illis es? Nam et loquela tua manifestum te facit. Tunc cepit detestari. et iurare: quia non nouisset hominem. Et continuo gallus cantauit. Et recordatus est petrus uerbi ihesu quod dixerat: priusquam gallus cantet. ter me negabis. Et egressus foras fleuit amare. Mane autem facto: consilium inierunt omnes principes sacerdotum et seniores populi aduersus ihesum: ut eum morti traderent. Et uinctum adduxerunt eum: et tradiderunt poncio pilato presidi. Tunc uidens iudas qui eum tradidit quod dampnatus esset. penitencia ductus retulit triginta argenteos principibus sacerdotum et senioribus dicens. Peccaui. tradens sanguinem iustum: At illi dixerunt: Quid ad nos? tu uideris.

Et proiectis argenteis in templo. recessit. et abiens laqueo se suspendit. Principes autem sacerdotum acceptis argenteis dixerunt. Non licet mittere eos in carbonan: quia precium sanguinis est. Consilio autem inito: emerunt ex illis agrum figuli in sepulturam peregrinorum. Propter hoc uocatus est ager ille acheldemach: hoc est ager sanguinis usque in hodiernum diem. Tunc adimpletum est quod dictum est per ieremiam prophetam dicentem. Et acceperunt triginta argenteos: precium appreciati quem appreciauerunt a filiis israel et dederunt eos in agrum figuli sicut constituit michi dominus. Ihesus autem stetit ante presidem. Et interrogauit eum/ preses dicens. Tu es rex [fo. 75. b. iudeorum. Dicit ei ihesus. Tu dicis. Et cum accusaretur a principibus sacerdotum et senioribus: nichil respondit. Tunc dicit illi pilatus. Non audis quanta aduersum te dicunt testimonia? Et non respondit ei ad ullum uerbum: ita. ut miraretur preses uehementer. Per diem autem sollempnem consueuerat preses dimittere populo unum uinctum quemcumque uoluissent. Habebat autem tunc uinctum insignem qui dicebatur barrabas: qui propter homicidium missus fuerat in carcerem. Congregatis ergo illis: dixit pilatus. Quem uultis dimittam uobis? Barraban. an ihesum qui dicitur christus? Sciebat enim: quod per inuidiam tradidissent eum. Sedente autem illo pro tribunali: misit ad illum uxor eius dicens. Nichil tibi: et iusto illi. Multa enim passa sum hodie per uisum: propter eum. Principes autem sacerdotum et seniores persuaserunt populis ut peterent barraban: ihesum uero perderent. Respondens autem preses ait illis. Quem uultis uobis de duobus dimitti? At illi dixerunt baraban. Dicit illis pilatus. Quid igitur faciam de ihesu qui dicitur christus. Dicunt omnes. Crucifigatur. Ait illis preses. Quid enim mali fecit? At illi magis clamabant dicentes. Crucifigatur. Uidens autem pilatus quia nichil proficeret. sed magis tumultus fieret. accepta aqua lauit manus suas coram populo dicens. Innocens ego sum a sanguine iusti huius uos uideritis. Et respondens uniuersus populus dixit. Sanguis eius super nos. et super filios nostros. Tunc dimisit illis baraban: ihesum uero flagellatum tradidit eis ut crucifigeretur. Tunc milites presidis suscipientes ihesum in pretorio: congregauerunt ad eum uniuersam cohortem. Et exuentes eum: clamidem coccineam circumdederunt ei. Et plectentes coronam de spinis posuerunt super capud eius et arundinem in dextera eius: et genuflexo ante illudebant dicentes. Aue rex iudeorum. Et expuentes in eum: acceperunt arundinem et percuciebant capud eius. Et postquam illuserunt ei: exuerunt eum clamide. et induerunt eum uestimentis suis et duxerunt eum ut crucifigerent. Exeuntes/ [fo. 76. autem inuenerunt hominem quendam cyreneum nomine symonem. Hunc angariauerunt: ut tolleret crucem eius. Et

uenerunt in locum qui dicitur golgatha: quod est caluarie locus. Et dederunt ei uinum bibere: cum felle mixtum. Et cum gustasset: noluit bibere. Postquam autem crucifixerunt eum: diuiserunt uestimenta eius mittentes sortem. Ut impleretur quod dictum est per prophetam dicentem. Diuiserunt sibi uestimenta mea: et super uestem meam miserunt sortem. Et sedentes: seruabant eum. Et imposuerunt super capud eius causam ipsius scriptam. Hic est ihesus rex iudeorum. Tunc crucifixi sunt cum eo duo latrones: unus a dextris et unus sinistris. Pretereuntes autem blasphemabant eum mouentes capita sua et dicentes. Uath qui destruit templum dei. et in triduo illud reedificat. Salua temetipsum. Si filius dei es: descende de cruce. Similiter et principes sacerdotum illudentes cum scribis et senioribus dicentes. Alios saluos fecit: seipsum non potest saluum facere. Si rex israel est: descendat nunc de cruce et credimus ei. Confidit in deo: liberet eum nunc si uult. Dixit enim quia filius dei sum. Id ipsum autem et latrones qui crucifixi erant cum eo: improperabant ei. A sexta autem hora: tenebre facte sunt super uniuersam terram usque ad horam nonam. Et circa horam nonam: clamauit ihesus uoce magna dicens. Hely: Hely. lamazabathani. Hoc est: Deus meus. deus meus: utquid dereliquisti me? Quidam autem illic stantes et audientes dicebant. Helyam uocat iste. Et continuo currens unus ex eis acceptam spongiam impleuit aceto. et imposuit arundini. et dabat ei bibere. Ceteri uero dicebant. Sine. uideamus an ueniat helyas liberans eum. Ihesus autem iterum clamans uoce magna: emisit spiritum. *Hic dicit sacerdos deuocionem.* Et ecce uelum templi scissum est in duas partes: a summo usque deorsum. Et terra mota est. et petre scisse sunt. et monumenta aperta sunt. et multa corpora sanctorum qui dormierant surrexerunt. Et exeuntes de monumentis post resurreccionem eius uenerunt in sanctam ciuitatem: et apparuerunt/ multis. [fo. 76. b. Centurio autem et qui cum eo erant custodientes ihesum uiso terremotu. et hiis que fiebant: timuerunt ualde dicentes. Uere filius dei erat iste. Erant autem ibi mulieres alonge que secute erant ihesum a galilea ministrantes ei. Inter quas erat maria magdalene. et maria iacobi. et ioseph mater et mater filiorum zebedei. Cum sero autem factum esset. uenit quidam homo diues ab arimathia nomine ioseph: qui et ipse erat discipulus ihesu. Hic accessit ad pilatum: et peciit corpus ihesu. Tunc pilatus: iussit reddi corpus. Et accepto corpore ioseph inuoluit illud in syndone munda: et posuit illud in monumento suo nouo quod exciderat in petra. Et aduoluit saxum magnum ad ostium monumenti: et abiit. Erant autem ibi maria magdalene et altera maria: sedentes contra sepulchrum.

Euangelium.

ALtera autem die que est post parascheuen: conuenerunt

principes sacerdotum et pharisei ad pilatum dicentes. domine: recordati sumus quia seductor ille dixit adhuc uiuens post tres dies resurgam. Iube ergo custodiri sepulchrum usque in diem tercium: neforte ueniant discipuli eius et furentur eum. et dicant plebi surrexit a mortuis. Et erit nouissimus error: peior priore. Ait illis pilatus. Habetis custodiam. Ite: custodite sicu scitis. Illi autem abeuntes munierunt sepulchrum: signantes lapidem cum custodibus.

Offertorium.

IMproperium expectauit cor meum et miseriam. et sustinui qui simul contristaretur et non fuit. consolantem me quesiui et non inueni. et dederunt in escam meam fel. et in siti mea potauerunt me aceto. ℣. Saluum me fac deus quoniam intrauerunt aque usque ad animam meam.

Secretum.

TIbi deus pater omnipotens inmaculati agni paschale offerimus holocaustum. cuius nos sanguine ab exterminatoris uastacione saluatos. ad terram quesumus tue repromissionis inducas. Per eundem.

Communio.

PAter si non potest hic calix transire nisi bibam illum fiat uoluntas tua. ℣. Uerumptamen non sicut ego uolo set sicut uis fiat uoluntas tua.

Postcommunio.

FIdeles tuos domine benignus intende: ut sue redempcionis inicia recolentes quorum munere sunt refecti. eorum proficiant incrementis. Per./ [fo. 77.

Feria ii. Officium.

IUdica domine nocentes me expugna impugnantes me apprehende arma et scutum et exurge in adiutorium meum domine uirtus salutis mee. *Ps.* Effunde frameam et conclude aduersus eos qui me persequuntur dic anime mee salus tua ego sum.

Oracio.

DA quesumus omnipotens deus: ut qui in tot aduersis ex nostra infirmitate deficimus: intercedente unigeniti tui passione respiremus. Per.

Leccio ysaie prophete.

IN diebus illis. Dixit ysaias propheta. Dominus deus aperuit michi aurem: ego autem non contradico. retrorsum non abii. Corpus meum dedi percucientibus: et genas meas uellentibus. Faciem meam non auerti ab increpantibus. et conspuentibus in me. Dominus deus auxiliator meus: et ideo non sum confusus. Iccirco posui faciem meam ut petram durissimam: et scio quoniam non confundar. Iuxta est qui iustificat me. Quis contradicit michi? Stemus simul. Quis est aduersarius meus? Accedat ad me. Ecce dominus deus auxiliator meus. Quis est qui condempnet me? Ecce omnes quasi uestimentum conterentur: tinea comedet eos. Quis est ex uobis timens deum audiens uocem serui sui. Quis ambulauit in tenebris et non est lumen ei: Speret in nomine domini: et innitatur super dominum deum suum.

Gradale.

EXurge domine et intende iudicium meum deus meus. et dominus meus in causam meam. ℣. Effunde frameam et conclude aduersus eos qui me persequuntur.

Secundum Iohannem.

ANte sex dies pasche. uenit ihesus bethaniam: ubi fuerat lazarus mortuus quem suscitauit. Fecerunt autem ei cenam ibi: et martha ministrabat. Lazarus uero unus erat ex discumbentibus cum eo. Maria ergo accepit libram unguenti nardi pistici preciosi: et unxit pedes ihesu: et extersit capillis suis pedes eius et domus impleta est. ex odore unguenti. Dicit ergo unus ex discipulis eius iudas scariothis. qui erat eum traditurus. Quare hoc unguentum non uendidit trecentis denariis et datum est egenis? Dixit autem hoc non quia de egenis pertinebat ad eum: sed quia fur erat. et loculos habens ea que mittebantur portabat. Dixit ergo ihesus. Sine illam: ut/ in diem sepulture [fo. 77. b. mee seruet illud. Pauperes enim semper habebitis uobiscum: me autem non semper habebitis. Cognouit ergo turba multa ex iudeis quia illuc esset: et uenerunt non propter ihesum tantum sed ut lazarum uiderent quem suscitauit a mortuis. Cogitauerunt autem principes sacerdotum ut et lazarum interficerent quia multi abibant propter illum ex iudeis et credebant in ihesum. In crastinum autem turba multa que uenerat ad diem festum cum audissent quia uenit ihesus iherosolimam: acceperunt ramos palmarum. et processerunt obuiam ei. et clamabant. Osanna: benedictus qui uenit in nomine domini rex israel. Et inuenit ihesus asellum et sedit super eum: sicut scriptum est. Noli timere filia syon. Ecce rex tuus uenit sedens super pullum asine. Hec non cognouerunt discipuli eius primum: sed quando clarificatus est ihesus. tunc recordati sunt quia hec scripta erant de eo. et hec fecerunt ei. Testimonium ergo perhibebat turba que erat cum eo: quando et lazarum uocauit de monumento. et suscitauit eum a mortuis. Propterea et obuiam uenit ei turba. quia audierunt eum fecisse hoc signum. Pharisei ergo: dixerunt ad semetipsos. Uidetis: quia nichil proficimus? Ecce mundus totus: post eum abiit. Erant autem gentiles quidam ex hiis qui ascenderant ut adorarent in die festo. Hii ergo accesserunt ad philippum qui erat a bethsaida galilee: et rogabant eum dicentes. Domine. uolumus ihesum uidere. Uenit philippus et dicit andree. Andreas rursum et philippus: dixerunt ihesu. Ihesus autem respondit eis dicens. Uenit hora: ut clarificetur filius hominis. Amen amen dico uobis: nisi granum frumenti cadens in terram mortuum fuerit: ipsum solum manet. Si autem mortuum fuerit: multum fructum affert. Qui amat animam suam perdet eam. Et qui odit animam suam in hoc mundo: in uitam eternam custodit eam. Siquis michi ministrat: me sequatur. Et ubi sum

ego: illic et minister meus erit. Siquis michi ministrauerit honorificabit eum pater meus qui est in celis. Nunc anima mea turbata est. Et quid dicam. Pater: saluiuifica[1] me/ ex [fo. 78. hora hac. Sed propterea ueni in horam hanc. Pater: clarifica nomen tuum. Uenit ergo uox de celo dicens. Et clarificaui. et iterum clarificabo. Turba ergo que stabat et audierat: dicebant tonitruum factum esse. Alii dicebant: Angelus ei locutus est. Respondit ihesus et dixit. Non propter me uox hec uenit: sed propter uos. Nunc iudicium est mundi. Nunc princeps mundi huius. eicietur foras. Et ego si exaltatus fuero a terra: omnia traham ad meipsum. Hoc autem dicebat: significans qua morte esset moriturus. Respondit ei turba. Nos audiuimus ex lege: quia christus manet ineternum. Et quomodo tu dicis oportet exaltari filium hominis. Quis est iste filius hominis? Dixit ergo eis ihesus. Adhuc modicum lumen in uobis est. Ambulate dum lucem habetis: ne tenebre uos comprehendant. Et qui ambulat in tenebris: nescit quo uadat. Dum lucem habetis credite in lucem: ut filii lucis sitis. Hec locutus est ihesus et abiit: et abscondit se ab eis.

Offertorium.

ERipe me de inimicis meis domine ad te confugi doce me facere uoluntatem tuam quia deus meus es tu. ℣. Exaudi me in tua iusticia et non intres in iudicium cum seruo tuo domine.

[1] *Sic.*

Secretum.

IPsa magestati tue domine fideles populos commendet oblacio. que per filium tuum reconsiliauit inimicos. Qui tecum.

Communio.

ERubescant et reuereantur simul qui gratulantur malis meis induantur pudore et reuerencia qui maligna loquuntur aduersum me.

Postcommunio.

SAciati munere salutari tuam domine misericordiam deprecamur ut hoc eodem sacramento quo nos temporaliter uegetas. efficias uite eterne participes. Per.

Super populum.

ADiuua nos deus salutaris noster: et ad beneficia recolenda quibus nos instaurare dignatus es. tribue uenire gaudentes. Per.

Feria iii. officium.

NOs autem gloriari oportet in cruce domini nostri ihesu christi in quo est salus uita et resurreccio nostra per quem saluati et liberati sumus. *Ps.* Deus misereatur.

Oracio.

OMnipotens sempiterne deus da nobis ita dominice passionis sacramenta peragere. ut indulgenciam percipere mereamur. Per eundem.

Leccio Ieremie prophete.

IN diebus illis. Dixit ieremias. Domine demonstrasti michi et/ cognoui. tu osten- [fo. 78. b.

disti michi studia eorum. Et ego quasi agnus mansuetus qui portatur ad uictimam. et non cognoui quia cogitauerunt super me consilia dicentes. Uenite mittamus lignum in panem eius. et eradamus eum de terra uiuencium et nomen eius non memoretur amplius. Tu autem domine sabaoth qui iudicas iuste et probas renes et corda uideam ulcionem tuam ex eis. Tibi enim reuelaui causam meam: domine deus meus.

Gradale.

EGo autem dum michi molesti essent induebam me cilicio. et humiliabam in ieiunio animam meam et oracio mea in sinu meo conuertetur. ℣. Iudica domine nocentes me expugna impugnantes me apprehende arma et scutum. et exurge in adiutorium michi.

Passio domini nostri ihesu christi. Secundum marcum.

IN illo tempore: Erat pascha et azima post biduum. Et querebant summi sacerdotes et scribe: quomodo ihesum dolo tenerent et occiderent. Dicebant enim. Non in die festo: Ne forte tumultus fieret populi. Et cum esset ihesus bethanie in domo symonis leprosi et recumberet: uenit mulier habens alabastrum unguenti nardi spicati preciosi et fracto alabastro effudit super capud eius. Erant autem quidam indigne ferentes intra semetipsos[1]: et dicentes. Utquid perdicio ista unguenti facta est? Poterat enim unguentum istud uenundari plus-

[1] A face of Judas (?) drawn in margin opposite these lines.

quam trecentis denariis: et dari pauperibus. Et fremebant in eam. Ihesus autem dixit eis. Sinite eam. Quid illi molesti estis? Bonum opus: operata est in me. Semper enim pauperes habetis uobiscum: et cum uolueritis potestis illis benefacere. Me autem non semper habebitis. Quod habuit hec fecit. Preuenit unguere corpus meum in sepulturam. Amen dico uobis: ubicumque predicatum fuerit euuangelium istud in uniuerso mundo. et quod hec fecit narrabitur in memoriam eius. Et iudas scariothes unus de duodecim abiit ad summos sacerdotes. ut proderet eum illis. Qui audientes gauisi sunt: et promiserunt ei pecuniam se daturos. Et querebat quomodo oportune illum traderet. Et primo die azimorum quando pascha immolabant dicunt ei discipuli. Quo uis eamus. et pare/mus [fo. 79. tibi ut manduces pascha? Et misit duos ex discipulis suis: et dicit eis. Ite in ciuitatem: et occurret uobis homo lagenam aque baiulans. Sequimini eum. Et quocumque introierit dicite domino domus: quia magister dicit. Ubi est refeccio mea. ubi pascha cum discipulis meis manducem? Et ipse demonstrabit uobis cenaculum grande stratum et illic parate nobis. Et abierunt discipuli eius et uenerunt in ciuitatem: et inuenerunt sicut dixerat illis et parauerunt pascha. Uespere autem facto: uenit cum duodecim. Et discumbentibus illis et manducantibus: ait ihesus. Amen dico uobis quia unus ex uobis me tradet qui manducat mecum. At illi ceperunt contristari et dicere ei singillatim. Numquid ego? Qui ait illis. Unus ex duodecim: qui intingit mecum manum in cathino: Et filius quidem hominis uadit: sicut scriptum est de eo. Ue autem homini illi: per quem filius hominis tradetur. Bonum erat ei: si non esset natus homo ille. Et manducantibus illis accepit ihesus panem: et benedicens fregit et dedit eis et ait. Sumite. Hoc est corpus meum. Et accepto calice: gracias agens dedit eis. Et biberunt ex eo omnes. Et ait illis. Hic est sanguis meus noui testamenti qui pro multis effundetur. Amen dico uobis quod iam non bibam de genimine uitis usque in diem illum cum illud bibam nouum in regno dei. Et ympno dicto: exierunt in montem oliuarum. Et ait illis ihesus. Omnes uos scandalizabimini in me in ista nocte: quia scriptum est. Percuciam pastorem: et dispergentur oues. Sed postea quam resurrexero: precedam uos in galileam. Petrus autem ait ei. Et si omnes scandalizati fuerint: sed non ego. Et ait illi ihesus. Amen dico tibi quia tu hodie in nocte hac priusquam gallus bis uocem dederit: ter me es negaturus. At ille amplius loquebatur. Et si oportuerit me simul commori tibi: non te negabo. Similiter autem: et omnes discipuli dicebant. Et uenerunt in predium cui nomen gethsemani. Et ait discipulis suis. Sedete hic: donec orem. Et assumpsit petrum. et iacobum. et ioannem secum : et cepit pauere et tedere. Et ait illis. Tristis est anima mea usque ad mortem. Sustinete hic : et/ uigilate. [fo. 79. b. Et cum processisset paululum : procidit super terram et orabat ut si fieri posset. transiret ab eo hora. Et dixit abba pater : omnia tibi possibilia sunt. transfer calicem hunc a me. Sed non quod ego uolo : sed quod tu. Et uenit. et inuenit eos dormientes. Et ait petro. Symon dormis? Non potuisti una hora uigilare mecum? Uigilate et orate. ut non intretis in temptacionem. Spiritus quidem promptus est : caro autem infirma. Et iterum abiens orauit eundem sermonem dicens. Et reuersus denuo : inuenit eos dormientes. Erant enim oculi eorum grauati. et ignorabant quid responderent ei. Et uenit tercio : et ait illis. Dormite iam. et requiescite. Sufficit. Uenit hora ecce tradetur filius hominis in manus peccatorum. Surgite : eamus ecce qui me tradet prope est. Et adhuc eo loquente : uenit iudas scarioth unus de duodecim. et cum eo turba multa cum gladiis et lignis missi a summis sacerdotibus. et scribis. et senioribus. Dederat autem traditor eius signum eis dicens. Quemcumque osculatus fuero : ipse est tenete eum. et ducite caute. Et cum uenisset statim accedens ad eum ait. Rabi. Et osculatus est eum. At illi manus iniecerunt in eum : et tenuerunt eum. Unus autem de circumstantibus educens gladium : percussit seruum summi sacerdotis. et amputauit illi

auriculam. Et respondens ihesus ait illis. Tanquam ad latronem existis cum gladiis et fustibus comprehendere me. Cotidie apud uos eram docens in templo. et non me tenuistis. Sed ut impleantur scripture. Tunc discipuli eius relinquentes eum : et omnes fugerunt. Adolescens autem quidam sequebatur eum : amictus syndone super nudo : et tenuerunt eum. At ille reiecta syndone : nudus profugit ab eis. Et adduxerunt ihesum ad summum sacerdotem et conuenerunt omnes sacerdotes et scribe. et seniores. Petrus autem alonge secutus est eum : usque intro in atrium summi sacerdotis. Et sedebat cum ministris : et calefaciebat se ad ignem. Summi uero sacerdotes et omne consilium querebant aduersus ihesum testimonium ut eum morti traderent : nec inueniebant. Multi enim/ testimonium falsum [fo. 80. dicebant aduersus eum : et conueniencia testimonia non erant. Et quidam surgentes. falsum testimonium ferebant aduersus eum dicentes. quoniam nos audiuimus eum dicentem. Ego dissoluo templum hoc manufactum. et per triduum aliud non manufactum edificabo. Et non erat conueniens testimonium illorum. Et exurgens summus sacerdos in medium. interrogauit ihesum dicens. Non respondes quicquam ad ea que tibi obiciuntur de hiis? Ihesus autem tacebat : et nichil respondit. Rursum summus sacerdos interrogabat eum et dixit ei. Tu es christus filius dei benedicti? Ihesus autem dixit illi. Ego sum. Et uidebitis filium hominis a dextris sedentem uirtutis. et uenientem in nubibus celi. Summus autem sacerdos scindens uestimenta sua : et ait. Quid adhuc desideramus testes? Audistis blasphemiam. Quid uobis uidetur? Qui omnes condempnauerunt eum reum esse mortis. Et ceperunt quidam conspuere eum. et uelare faciem eius et colaphis eum cedere. et dicere ei Prophetiza. Et ministri alapis eum cedebant. Et cum esset petrus in atrio deorsum: uenit una ex ancillis summi sacerdotis. Et cum uidisset petrum calefacientem se: aspiciens eum ait. Et tu cum ihesu nazareno eras. At ille negauit dicens. Neque scio. neque noui quid dicas. Et exiit foras ante ostium: et gallus cantauit. Rursus autem cum uidisset illum ancilla: cepit dicere circumstantibus. quia hic ex illis est. At ille iterum negauit. Et post pusillum: rursus qui astabant dicebant petro. Uere ex illis es? Nam et galileus es. Ille autem cepit anathematizare et iurare: quia nescio hominem istum. quem dicitis. Et statim iterum gallus cantauit. Et recordatus est petrus uerbi quod dixerat ihesus: priusquam gallus cantet bis. ter me negabis. Et cepit flere. Et confestim mane consilium facientes summi sacerdotes cum senioribus. et scribis. et uniuerso consilio. uincientes ihesum duxerunt et tradiderunt pilato. Et interrogauit eum pilatus. Tu es rex iudeorum. At ille respondens ait illi. Tu dicis. Et accusabant eum/ summi [fo. 80. b. sacerdotes in multis. Pilatus autem rursus interrogauit eum dicens. Non respondes quicquam. Uide in quantis te accusant. Ihesus autem amplius non respondit: ita ut miraretur pilatus. Per diem autem festum: dimittere solebat illis unum ex uinctis quemcumque petissent. Erat autem qui dicebatur barabas qui cum sediciosus erat uinctus qui et in sedicione fecerat homicidium. Et cum ascendisset turba: cepit rogare sicut semper faciebat illis. Pilatus autem respondit eis dicens. Uultis dimittam uobis regem iudeorum: Sciebat enim: quod per inuidiam tradidissent eum summi sacerdotes. Pontifices autem concitauerunt turbam: ut magis baraban dimitteret eis. Pilatus autem iterum respondens: ait illis. Quid ergo uultis faciam regi iudeorum? At illi iterum clamauerunt. Crucifige eum. Pilatus uero dicebat eis. Quid enim mali fecit? At illi magis clamabant. Crucifige eum. Pilatus autem uolens populo satisfacere: dimisit illis baraban. et tradidit eis ihesum flagellis cesum ut crucifegeretur.[1] Milites autem duxerunt eum intro in atrium pretorii. et conuocant totam cohortem. et induunt eum purpura. et imponunt ei plectentes spineam coronam. Et ceperunt salutare eum. Aue rex iudeorum. Et percuciebant capud eius arundine et conspuebant in eum. et ponentes genua adorabant eum. Et postquam illuserunt ei. exuerunt illum purpura. et induerunt eum uestimentis suis. et educunt

[1] *Sic.*

illum ut crucifigerent eum: et angariauerunt pretereuntem quempiam symonem cyreneum uenientem de uilla patrem alexandri et rufi. ut tolleret crucem eius. Et perducunt eum in golgatha locum: quod est interpretatum caluarie locus. Et dabant ei bibere mirratum uinum: et non accepit. Et crucifigentes eum diuiserunt uestimenta eius mittentes sortem super eis. quis quid tolleret. Erat autem hora tercia: et crucifixerunt eum. Et erat titulus cause eius inscriptus: rex iudeorum. Et cum eo crucifigunt duos latrones: unum a dextris. et unum a sinistris eius. Et adimpleta est scrip/tura que dicit. Et [fo. 81. cum iniquis deputatus est. Et pretereuntes blasphemabant eum mouentes capita sua et dicentes. Uath qui destruit templum. et in tribus diebus edificat. Saluum fac temetipsum descendens de cruce. Similiter et summi sacerdotes ludentes ad alterutrum dicebant. Alios saluos fecit: seipsum non potest saluum facere. Christus rex israel descendat nunc de cruce ut uideamus et credamus. Et qui cum eo crucifixi erant: conuiciabantur ei. Et facta hora sexta: tenebre facte sunt per totam terram usque in horam nonam. Et hora nona exclamauit ihesus uoce magna dicens. Heloy: Heloy: lamazabathani? Quod est interpretatum. Deus meus deus meus? ut quid dereliquisti me. Et quidam de circumstantibus audientes dicebant. Ecce heliam uocat. Currens autem unus. et inplens spongiam aceto circumponensque calamo: potum dabat ei dicens. Sinite: uideamus si ueniat helyas ad deponendum eum. Ihesus autem emissa uoce magna: expirauit. *Hic dicat sacerdos deuocionem.* Et uelum templi scissum est in duo: a summo usque deorsum. Uidens autem centurio qui ex aduerso stabat quia sic clamans expirasset: ait. Uere hic homo filius dei erat. Erant autem et mulieres delonge aspicientes: inter quas erat maria magdalene. et maria iacobi minoris. et ioseph mater. et salomee. et cum esset in galilea sequebantur eum et ministrabant ei. et alie multe qui[1] simul ascenderant cum eo iherosolimam.

Euangelium.

ET cum iam sero esset factum. quia erat parascheue quod est ante sabbatum: uenit ioseph ab arimathia nobilis decurio: qui et ipse erat expectans regnum dei. Et audacter introiuit ad pilatum: et peciit corpus ihesu. Pilatus autem mirabatur: si iam obisset. Et accercito centurione: interrogauit si iam mortuus esset. Et cum cognouisset a centurione donauit corpus ioseph. Ioseph autem mercatus syndonem. et deponens eum inuoluit syndone: et posuit eum in monumento quod erat excisum de petra. et aduoluit lapidem: ad ostium monumenti.

Offertorium.

CUstodi me dome[1] domine de manu peccatoris et ab/ [fo. 81. b. hominibus iniquis eripe me domine.

[1] *Sic.*

℣. Eripe me domine ab homine malo a uiro iniquo libera me.

Secretum.

DIcate tibi plebis domine quesumus oblaciones sanctifica: ut a terrene uetustatis conuersacione mundati celestis uite profectibus innouemur. Per.

Communio.

ADuersum me exercebantur qui sedebant in porta. et in me psallebant qui bibebant uinum. ego uero oracionem meam ad te domine tempus beneplaciti deus in multitudine misericordie tue.

Postcommunio.

REpleti domine sacri muneris gracia supplices exoramus: ut que gustu corporeo dulci ueneracione contingimus dulciora mentibus senciamus. Per.

Super populum.

TUa nos misericordia deus et ab omni surrepcione uetustatis expurget. et capaces sancte nouitatis efficiat. Per.

Feria iiii. officium.

IN nomine domini omne genu flectatur celestium terrestrium et infernorum quia dominus factus obediens usque ad mortem mortem autem crucis. ideo dominus ihesus christus in gloria est dei patris. *Ps.* Domine exaudi oracionem meam: et clamor meus.

Oracio.

PResta quesumus omnipotens deus: ut qui nostris excessibus incessanter affligimur. per unigeniti tui passionem liberemur. Qui tecum.

Leccio ysaie prophete.

HEc dicit dominus deus. Dicite filie syon. Ecce saluator tuus uenit: ecce merces eius cum eo. et opus illius coram illo. Quis est iste qui uenit de edom: tinctis uestibus de bosra? Iste formosus in stola sua gradiens in multitudine fortitudinis sue. Ego qui loquor iusticiam: et propugnator sum ad saluandum. Quare ergo rubrum est indumentum tuum: et uestimenta tua sicut calcancium in torculari? Torcular calcaui solus: et de gentibus non est uir mecum. Calcaui eos in furore meo: et conculcaui eos in ira mea. Et aspersus est sanguis eorum super uestimenta mea: et omnia indumenta mea inquinaui. Dies enim ulcionis in corde meo: annus retribucionis mee uenit. Circumspexi. et non erat auxiliator: quesiui. et non fuit qui adiuuaret. Et saluauit michi brachium meum: et indignacio mea ipsa auxiliata est michi. Miseracionum domini recordabor. laudem domini super omnibus que reddidit nobis: dominus deus noster.

Gradale.

NE auertas faciem tuam a puero tuo quoniam tribulor uelociter exaudi/ me. ℣. Saluum me [fo. 82. fac deus. quoniam intrauerunt aque usque ad animam meam infixus sum in limo profundi et non est substancia.

Dominus uobiscum.

Oracio.

DEus qui pro nobis filium tuum crucis patibulum subire uoluisti. ut inimici a nobis expelleres potestatem: concede nobis famulis tuis. ut resurreccionis graciam consequamur. Per eundem.

Leccio ysaie prophete.

IN diebus illis: Dixit ysaias propheta. Domine: quis credidit auditui nostro. et brachium domini cui reuelatum est. Et ascendet sicut uirgultum coram eo. et sicut radix de terra sicienti. et non est species ei neque decor. Et uidimus eum et non erat aspectus: et desiderauimus eum despectum et nouissimum uirorum. uirum dolorum et scientem infirmitatem. Et quasi absconditus uultus eius et despectus. Unde nec reputauimus eum. Uere languores nostros ipse tulit: et dolores nostros ipse portauit. Et nos putauimus eum quasi leprosum: et percussum a deo et humiliatum. Ipse autem uulneratus est propter iniquitates nostras. attritus est propter scelera nostra. Disciplina pacis nostre super eum: et liuore eius sanati sumus. Omnes nos quasi oues errauimus. unusquisque a uia sua declinauit et dominus posuit in eo iniquitatem omnium nostrum. Oblatus est quia ipse uoluit: et non aperuit os suum. Sicut ouis ad occisionem ducetur: et quasi agnus coram tondente se ommutescet et non aperiet os suum. De angustia et de iudicio sublatus est. Generacionem eius quis enarrabit? quia abscisus est de terra uiuencium. Propter scelus populi mei percussi eum: et dabit impios pro sepultura. et diuitem pro morte sua. eo quod iniquitatem non fecerit

nec dolus fuerit in ore eius. Et dominus uoluit conterere eum in infirmitate. Si posuerit pro peccato animam suam: uidebit semen longeuum. et uoluntas domini in manu eius dirigetur pro eo quod tradidit in mortem animam suam et cum sceleratis deputatus est. Et ipse peccata multorum tulit. et pro transgressoribus orauit ut non perirent. Dicit dominus: omnipotens.

Tractus.

DOmine exaudi oracionem meam et clamor meus ad te ueniat. ℣. Non auertas faciem tuam a me. in/ in quacumque die tri- [fo. 82. b. bulor inclina ad me aurem tuam. *Chorus.* Et clamor. ℣. In quacumque die inuocauero te uelociter me. Et clamor. ℣. Quia defece runt sicut fumus dies mei. et ossa mea sicut in fixorio confixa sunt. Et clamor. ℣. Percussus sum sicut fenum et aruit cor meum quia oblitus sum manducare panem meum. Et clamor. ℣. Tu exurgens domine misereberis syon quia uenit tempus miserendi eius. Et clamor. ℣. Domine.

Passio domini nostri ihesu christi. Secundum Lucam.

IN illo tempore: Appropinquabat dies festus azimorum qui dicitur pascha. Et querebant principes sacerdotum et scribe: quomodo ihesum interficerent. Timebant uero plebem. Intrauit autem sathanas in iudam qui cognominabatur scarioth unus de duodecim. Et abiit et locutus est cum principibus sacerdotum et magistratibus: quemadmodum illum traderet eis. Et gauisi sunt et pacti sunt ei pecuniam dare. Et spopondit. Et querebat opportunitatem : ut traderet eum sine turbis. Uenit autem dies azimorum. in qua necesse erat occidi pascha. Et misit petrum et iohannem dicens. Euntes parate nobis pascha ut manducemus. At illi dixerunt. Ubi uis paremus. Et dixit ad eos. Ecce introeuntibus uobis in ciuitatem occurret uobis homo : amphoram aque portans. Sequimini eum in domum in quam intrat et dicetis patrifamilias domus. Dicit tibi magister. Ubi est diuersorium ubi pascha cum discipulis meis manducem ? Et ipse uobis ostendet cenaculum magnum stratum. et ibi parate. Euntes autem inuenerunt sicut dixit illis. et parauerunt pascha. Et cum facta esset hora discubuit : et duodecim apostoli cum eo. Et ait illis. Desiderio desideraui hoc pascha manducare uobiscum antequam paciar. Dico enim uobis quia ex hoc non manducabo illud donec impleatur in regno dei. Et accepto calice : gracias egit et dixit. Accipite et diuidite inter uos. Dico enim uobis quod non bibam de generacione uitis huius donec regnum dei ueniat. Et accepto pane : gracias egit et fregit. et dedit eis dicens. Hoc est corpus meum quod pro uobis tradetur hoc facite in meam commemoracionem. Similiter/ et [fo. 83. calicem : postquam cenauit dicens. Hic calix nouum testamentum in sanguine meo : qui pro uobis fundetur. Uerumptamen ecce manus tradentis me : mecum est in mensa. Et quidem filius hominis secundum quod diffinitum est uadit. Uerumptamen ue illi homini : per quem tradetur. Et ipsi ceperunt querere inter se quis esset ex eis qui hoc facturus esset. Facta est autem et contencio inter illos : quis eorum uideretur esse maior. Dixit autem eis. Reges gencium dominantur eorum : et qui potestatem habent super eos benefici uocantur. Uos autem non sic. Sed qui maior est in uobis : fiat sicut minor. Et qui precessor est : sicut ministrator. Nam quis maior est qui recumbit an qui ministrat ? Nonne qui recumbit ? Ego autem in medio uestrum sum : sicut qui ministrat. Uos autem estis : qui permansistis mecum in temptacionibus meis. Et ego dispono uobis sicut disposuit michi pater meus regnum : ut edatis et bibatis super mensam meam in regno meo. Et sedeatis super thronos : iudicantes duodecim tribus israel. Ait autem dominus. symoni. Symon : ecce sathanas expetiuit uos ut cribraret sicut triticum. Ego autem rogaui pro te : ut non deficiat fides tua. Et tu aliquando conuersus : confirma fratres tuos. Qui dixit ei. Domine tecum paratus sum. et in carcerem et in mortem ire. At ille dixit. Dico tibi petre : non cantabit hodie gallus donec ter abneges nosse me. Et dixit eis. Quando misi uos sine sacculo et pera. et calciamentis numquid aliquid defuit uobis? At illi dixerunt ei. Nichil. Dixit ergo eis. Sed nunc qui habet sacculum tollat similiter et peram. Et qui non habet : uendat tunicam suam et emat gladium. Dico enim uobis : quoniam adhuc hoc quod scriptum est oportet impleri in me. Et cum iniquis deputatus est. Etenim ea que sunt de me : finem habent. At illi dixerunt. Domine: ecce gladii duo hic. At ille dixit eis. Satis est. Et egressus ibat secundum consuetudinem in montem oliuarum. Secuti sunt autem illum et discipuli. Et cum peruenisset ad locum : dixit illis. Orate : ne intretis in temptacionem. Et ipse auulsus/ est ab eis : [fo. 83. b. quantum iactus est lapidis. Et positis genibus orabat dicens. Pater : si uis transfer calicem hunc a me. Uerumptamen non mea uoluntas : sed tua fiat. Apparuit autem ei angelus de celo confortans eum. Et factus in agonia : prolixius orabat. Et factus est sudor eius sicut gutte sanguinis decurrentis in terram. Et cum surrexisset ab oracione. et uenisset ad discipulos suos : inuenit eos dormientes pre tristicia. Et ait illis. Quid dormitis? Surgite orate : ne intretis in temptacionem. Adhuc eo loquente : ecce turba et qui uocabatur iudas unus de duodecim antecedebat eos. Et appropinquauit ihesu : ut eum oscularetur. Ihesus autem dixit illi. Iuda : osculo filium hominis tradis? Uidentes autem hii qui circa ipsum erant quod futurum erat dixerunt ei. Domine si percutimus in gladio. Et percussit unus ex illis seruum principis sacerdotum : et amputauit auriculam eius dextram. Respondens autem ihesus ait. Sinite usque huc. Et cum tetigisset auriculam eius : sanauit eum. Dixit autem ihesus ad eos qui uenerant ad se principes sacerdotum. et magistratus templi et seniores. Quasi ad latronem existis cum gladiis et fustibus. Cum cotidie uobiscum fuerim in templo : non extendistis manus in me. Sed hec est hora uestra : et potestas tenebrarum. Comprehendentes autem eum : duxerunt ad domum principis sacerdotum. Petrus uero : sequebatur eum alonge. Accenso autem igne in medio atrio. et circumsedentibus illis : erat petrus in medio eorum. Quem cum uidisset ancilla quedam sedentem ad lumen : et eum fuisset intuita dixit. Et hic cum illo erat. At ille negauit eum dicens. Mulier : non noui illum. Et post pusillum : alius uidens eum dicens. Et tu de illis es. Petrus uero ait. O homo non sum. Et interuallo facto quasi hore unius : alius quidam affirmabat dicens. Uere et hic cum illo erat. Nam et galileus est. Et ait petrus. Homo. nescio quid dicis. Et continuo adhuc illo loquente : cantauit gallus. Et conuersus dominus : respexit petrum. Et recordatus est petrus uerbi domini quid dixerat : quia priusquam gallus cantet/ ter [fo. 84. me negabis. Et egressus foras : fleuit amare. Et uiri qui tenebant illum : illudebant ei cedentes. Et uelauerunt eum. et percuciebant faciem eius et interrogabant eum dicentes. Prophetiza : quis est qui te percussit. Et alia multa blasphemantes : dicebant in eum. Et ut factus est dies : conuenerunt seniores plebis. et principes sacerdotum et scribe. et duxerunt illum in consilium suum dicentes. Si tu es christus : dic nobis. Et ait illis. Si uobis dixero : non credetis michi. Si autem et interogauero non respondebitis michi neque dimittetis. Ex hoc autem erit filius hominis sedens adextris uirtutis dei. Dixerunt autem omnes. Tu ergo es filius dei? Qui ait. Uos dicitis : quia ego sum. At illi dixerunt. Quid adhuc desideramus testimonium. Ipsi enim audiuimus de ore eius. Et surgens omnis multitudo eorum duxerunt illum ad pilatum. Ceperunt autem illum accusare dicentes. Hunc inuenimus subuertentem gentem nostram et prohibentem tributa dare cesari. et dicentem se christum regem esse. Pilatus autem interrogauit eum dicens. Tu es rex iudeorum? At ille respondit. Tu dicis. Ait autem pilatus ad principes sacerdotum et turbas. Nichil inuenio cause in hoc homine. At illi inualescebant dicentes. Commouet populum docens per uniuersam iudeam. incipiens a galilea usque huc. Pilatus autem autem[1] audiens galileam : interrogauit si homo galileus esset. Et ut cognouit quod de herodis potestate esset : remisit eum ad herodem. qui et ipse iherosolimis erat illis diebus. Herodes autem uiso ihesu : gauisus est ualde. Erat enim ex multo tempore cupiens uidere eum : eo quod audiret multa de illo. et sperabat signum aliquod

[1] The second *autem* struck through with red line.

uidere ab eo fieri. Interrogabat autem illum multis sermonibus. At ipse nichil illi respondebat. Stabant eciam principes sacerdotum et scribe constanter accusantes eum. Spreuit autem illum et herodes cum exercitu suo et illusit. et indutum. ueste alba remisit ad pilatum. Et facti sunt amici herodes et pilatus in ipsa die. Nam antea inimici erant ad inuicem. Pilatus/ autem conuocatis princi-[fo. 84. b. pibus sacerdotum et magistratibus et plebe dixit ad illos. Optulistis michi hunc hominem quasi auertentem populum. Et ecce ego coram uobis interrogans nullam causam inuenio in homine isto. ex hiis in quibus eum accusatis. Sed neque herodes. Nam remisi uos ad illum. et ecce nichil dignum morte actum est ei. Emendatum ergo illum dimittam. Necesse autem habebat; dimittere eis per diem festum unum. Exclamauit autem simul uniuersa turba dicens Tolle hunc : et dimitte nobis barraban. Qui erat propter sedicionem quandam factam in ciuitate et homicidium : missus in carcerem. Iterum autem pilatus locutus est ad illos uolens dimittere ihesum. At illi succlamabant dicentes. Crucifige. crucifige illum. Ille autem tercio dixit ad illos. Quid enim mali fecit iste? Nullam causam mortis inuenio in eo. Corripiam ergo illum : et dimittam. At illi instabant uocibus magnis postulantes ut crucifigeretur. et inualescebant uoces eorum. Et pilatus adiudicauit fieri peticionem eorum. Dimisit autem illis eum qui propter homicidium et sedicionem missus fuerat in carcerem quem petebant. Ihesum uero tradidit uoluntati eorum. Et cum ducerent eum : apprehenderunt sy̆monem quendam cyrenensem uenientem de uilla. et imponunt illi crucem portare post ihesum. Sequebatur autem illum multitudo populi et mulierum : que plangebant et lamentabantur eum. Conuersus autem ad illas ihesus : dixit. Filie iherusalem nolite flere super me: sed super uos ipsas flete et super filios uestros. Quoniam ecce dies uenient in quibus dicent. Beate steriles et uentres que non genuerunt: et ubera que non lactauerunt. Tunc incipient dicere montibus cadite super nos. et collibus operite nos. Quia si in uiridi ligno hec faciunt : in arido quid fiet? Ducebantur autem et alii duo nequam cum illo ut interficerentur. E[1] postquam uenerunt in locum qui dicitur caluarie ubi crucifixerunt eum. Et latrones unum adextris. et alterum asinistris. Ihesus autem dicebat. Pater dimitte illis. Non enim sciunt : quid faciunt. Diui/dentes [fo. 85. uero uestimenta eius : miserunt sortes. Et stabat populus spectans. Et deridebant illum principes sacerdotum cum eis dicentes. Alios saluos fecit. seipsum saluum faciat : si hic est christus dei electus. Illudebant autem ei et milites accedentes. et acetum ei offerentes et dicentes. Si tu es rex iudeorum saluum te fac. Erat autem et superscripcio super eum scripta litteris grecis. et latinis. et hebraicis: hic est rex iudeorum. Unus autem de hiis qui pendebant latronibus blasphemabat eum dicens. Si tu es christus : saluum fac temetipsum et nos. Respondens autem alter: increpabat illum dicens. Neque tu timens deum quod in eadem dampnacione es. Et nos quidem iuste nam digna factis recipimus. Hic uero nichil mali gessit. Et dicebat ad ihesum. Domine memento mei : cum ueneris in regnum tuum. Et dixit illi ihesus. Amen dico tibi : hodie mecum eris in paradiso. Erat autem fere hora sexta. Et tenebre facte sunt in uniuersam terram. usque in horam nonam. Et obscuratus est sol. et uelum templi scissum est medium. Et clamans uoce magna ihesus ait. Pater : in manus tuas commendo spiritum meum. Et hec dicens: expirauit. *Hic dicat sacerdos deuocionem.* Uidens autem centurio quod factum fuerat : glorificauit deum dicens. Uere hic homo iustus erat. Et omnis turba eorum qui simul aderant ad spectaculum istud et uidebant que fiebant : percucientes pectora sua reuertebantur. Stabant autem omnes noti eius alonge : et mulieres que secute erant eum a galilea hec uidentes.

Euangelium.

ET ecce uir nomine ioseph qui erat decurio uir bonus et iustus : hic non consenserat consilio et actibus eorum ab arimathia ciuitate iudee qui expectabat et ipse regnum dei. Hic accessit ad pilatum : et peciit

[1] *Sic.*

corpus ihesu. Et depositum inuoluit syndone: et posuit eum in monumento exciso. In quo nondum: quisquam positus fuerat.

Offertorium.

DOmine exaudi oracionem meam et clamor meus ad te perueniat. ℣. Non auertas faciem tuam ne auertas faciem tuam a me.

Secretum.

SUscipe quesumus domine munus oblatum et dignanter/ operare: ut quod pas-[fo. 85. b. sionis filii tui domini nostri misterio gerimus piis affectibus consequamur. Per eundem.

Communio.

POtum meum cum fletu temperabam quia eleuans allisisti me. et ego sicut fenum arui tu autem domine ineternum permanes tu exurgens misereberis syon quia uenit tempus miserendi eius.

Postcommunio.

LArgire sensibus nostris omnipotens deus: ut per temporalem filii tui mortem quam misteria ueneranda testantur. uitam nobis dedisse perpetuam confidamus. Per.

Super populum.

REspice domine quesumus super hanc familiam tuam pro qua dominus noster ihesus christus non dubitauit manibus tradi nocencium. et crucis subire tormentum. Qui tecum.

Feria v. in cena domini. officium.

NOs autem gloriari. *Require iii. feria proxima precedente.*

Oracio.

DEus a quo et iudas proditor reatus sui penam. et confessionis sue latro premium sumpsit: concede nobis tue propiciacionis affectum: ut sicut in passione sua ihesus christus dominus noster diuersa utrisque intulit stipendia meritorum ita nobis ablato uetustatis errore resurreccionis sue graciam largiatur. Qui tecum.

Ad corinthios.

FRatres: Conuenientibus uobis in unum: iam non est dominicam cenam manducare. Unusquisque enim suam cenam presumit ad manducandum. Et alius quidem esurit: alius autem ebrius est. Numquid domos non habetis ad manducandum et bibendum: aut ecclesiam dei contempnitis et confunditis eos qui non habent? Quid dicam uobis? Laudo uos. in hoc non laudo. Ego enim accepi a domino quod et tradidi uobis: quoniam dominus ihesus in qua nocte tradebatur. accepit panem et gracias agens fregit et dixit. Hoc est corpus meum quod pro uobis tradetur: hoc facite in meam commemoracionem. Similiter et calicem: postquam cenauit dicens. Hic calix nouum testamentum est in meo sanguine. Hoc facite: quociens-cumque bibetis. in meam commemoracionem. Quocienscumque enim manducabitis panem hunc et calicem bibetis: mortem domini annunciabitis donec ueniat. Itaque quicumque manducauerit panem uel biberit calicem domini indigne. reus erit corporis. et sanguinis domini. Probet autem seipsum homo :/ et sic de pane [fo. 86. illo edat et de calice bibat. Qui enim manducat et bibit indigne : iudicium sibi manducat, et bibit. non diiudicans corpus domini. Ideo inter uos multi infirmi et inbecilles. et dormiunt multi. Quod si nosmetipsos diiudicaremus non utique iudicaremur. Dum iudicamur autem a domino corripimur : ut non cum hoc mundo dampnemur.

Gradale.

CHristus factus est pro nobis obediens usque ad mortem mortem autem crucis. ℣. Propter quod et deus exaltauit illum. et dedit illi nomen quod est super omne nomen.

Secundum Iohannem.

ANte diem festum pasche sciens ihesus quia uenit eius hora ut transeat ex hoc mundo ad patrem : cum dilexisset suos qui erant in mundo in finem dilexit eos. Et cena facta cum dyabolus iam misisset in cor. ut traderet eum iudas symonis scariothis : sciens quia omnia dedit ei pater in manus. et quia a deo exiuit. et ad deum uadit : surgit a cena et posuit uestimenta sua. Et cum accepisset lintheum. precinxit se. Deinde misit aquam in peluem : et cepit lauare pedes discipulorum. et extergere lintheo quo erat precinctus. Uenit ergo ad symonem petrum : et dixit ei petrus. Domine : tu michi lauas pedes ? Respondit ihesus et

dixit ei. Quod ego facio tu nescis modo : scies autem postea. Dicit ei petrus. Non lauabis michi pedes ineternum. Respondit ei ihesus. Si non lauero te : non habebis partem mecum. Dicit ei symon petrus. Domine : non tantum pedes meos set et manus et capud. Dicit ei ihesus. Qui lotus est non indiget nisi ut pedes lauet. sed est mundus totus. Et uos mundi estis : sed non omnes. Sciebat enim quisnam esset qui tradere teum : propterea dixit non estis mundi omnes. Postquam ergo lauit pedes eorum et accepit uestimenta sua : cum recubuisset iterum dixit eis. Scitis quid fecerim uobis ? Uos uocatis me magister et domine : et bene dicitis. Sum etenim. Si ergo ego laui uestros pedes dominus et magister : et uos debetis alter alterius lauare pedes. Exemplum enim dedi uobis ut quemadmodum ego feci uobis : ita et uos faciatis. Amen amen dico uobis : non est seruus maior domino suo. neque apostolus maior eo qui misit illum. Si hec scitis : beati eritis/ si feceritis ea. [fo. 86. b. Non de omnibus uobis dico. Ego scio quos elegerim. Sed ut impleatur scriptura. qui manducat mecum panem. leuabit contra me calcaneum suum. Amodo dico uobis priusquam fiat : ut credatis cum factum fuerit. quia ego sum. Amen amen dico uobis : quia qui accipit siquem misero. me accipit. Qui autem me accipit : accipit eum qui me misit. Cum hec dixisset ihesus : turbatus est spiritu. et protestatus est et dixit. Amen amen dico uobis quia unus ex uobis tradet me. Aspiciebant ergo adinuicem discipuli: hesitantes de quo diceret. Erat ergo recumbens unus ex discipulis eius in sinu ihesu. quem diligebat ihesus. Innuit ergo huic symon petrus: et dixit ei. Quis est de quo dicit? Itaque cum recubuisset ille supra pectus ihesu: dicit ei. Domine quis est. Respondit ihesus. Ille est cui ego intinctum panem porrexero. Et cum intinxisset panem: dedit iude symonis scariothis. Et post buccellam. tunc introiuit in illum sathanas. Et dicit ei ihesus. Quod facis: fac cicius. Hoc autem nemo sciuit discumbencium. ad quod dixerit ei. Quidam enim putabant quia loculos habebat iudas quia dicit ei ihesus. eme ea que opus sunt nobis ad diem festum aut egenis aliquid dare. Cum ergo accepisset ille buccellam: exiuit continuo. Erat autem nox. Cum ergo exisset: dicit ihesus. Nunc clarificatus est filius hominis: et deus clarificatus est in eo. Si deus clarificatus est in eo: et deus clarificauit eum in semetipso. Et continuo. clarificabit eum.

Offertorium.

DExtera domini fecit uirtutem dextera domini exaltauit me non moriar sed uiuam et narrabo opera domini.

Secretum.

IPse tibi quesumus domine sancte pater omnipotens eterne deus sacrificium nostrum reddat acceptum. qui discipulis

suis in sui commemoracionem hoc fieri hodierna tradicione monstrauit ihesus christus filius tuus dominus noster. Qui tecum.

Prefacio.

QUi salutem.

Infra canonem.

COmmunicantes et diem sacratissimum celebrantes quo dominus noster ihesus christus pro nobis est traditus. Sed et memoriam uenerantes. In primis gloriose semper uirginis marie genitricis/ eiusdem [fo. 87. dei et domini nostri ihesu christi. Sed et beatorum apostolorum.

Hanc igitur oblacionem seruitutis nostre set cuncte familie tue quam tibi offerimus ob diem in qua dominus noster ihesus christus tradidit discipulis suis corporis et sanguinis misteria celebranda. quesumus domine ut placatus accipias.

QUi pridie quam pro nostra omniumque salute pateretur hoc est hodierna die accepit panem in sanctas ac uenerabiles manus suas.

Hac die non cantetur Agnus dei. *neque pax detur. sed antequam faciat sacerdos sanctam commixcionem incipit.*

[1]HOc corpus[1] quod pro nobis tradetur. hic calix noui testamenti est in meo sanguine dicit dominus hoc facite quocienscumque sumitis in meam commemora-

[1]—[1] Lines for music have been prepared above these two words but no notes filled in.

cionem. ℣. Accepit ergo ihesus panem benedixit ac fregit dedit discipulis suis dicens. *Repetatur.* Hoc corpus.

Communio.

DOminus ihesus postquam cenauit cum discipulis suis lauit pedes eorum et ait illis. scitis quid fecerim uobis ego dominus et magister exemplum dedi uobis. ut et uos ita faciatis ℣. Surgit autem a cena. et ponit uestimenta sua. et cum recubuisset iterum dixit eis. Scitis.

Postcommunio.

REfecti uitalibus alimentis quesumus domine deus noster. ut quod tempore nostre mortalitatis exequimur inmortalitatis tue munere consequamur. Per.

Finiatur missa cum Benedicamus domino.

Feria vi. parascheues ueniens ad altare sacerdos nulla premissa supplicacione dicat. Oremus. Flectamus genua. leuate.

Oracio.

DEus a quo iudas reatus. *Ut supra in v. feria.*

Leccio osee prophete.

HEc dicit dominus deus: In tribulacione sua mane consurgent ad me. Uenite et reuertamur ad dominum quia ipse cepit et sanabit nos: percuciet et curabit nos. Uiuificabit nos post duos dies in die tercia suscitabit nos. et uiuemus in conspectu eius. sciemus sequemurque ut cognoscamus dominum. Quasi diluculum preparatus est egressus eius: et ueniet quasi ymber nobis temporaneus et serotinus terre. Quid faciam tibi effraym? Quid faciam tibi iuda? Misericordia uestra quasi nubes matutina: et quasi ros mane pertransiens. Propter hoc dolui in prophetis et occidi eos in uerbis oris mei. et iudicia mea quasi lux egredi/entur. Quia miseri- [fo. 87. b. cordiam uolui et non sacrificium et scienciam dei plus quam holocausta.

Tractus.

DOmine audiui auditum tuum et timui consideraui opera tua et expaui. ℣. In medio duum animalium innotesceris dum appropinquauerint anni cognosceris dum aduenerit tempus ostenderis in eo dum conturbata fuerit anima mea in ira misericordie memor eris. ℣. Deus a libano ueniet. et sanctus de monte umbroso et condenso. ℣. Operuit celos magestas eius. et laudis eius plena est terra.

Quo finito dicatur Flectamus genua. leuate.

Oracio.

DEus qui peccati ueteris hereditariam mortem in qua posteritatis genus omne successerat christi filii tui domini dei nostri passione soluisti: dona ut conformes eidem facti. sicut ymaginem terreni[1] nature necessitate portauimus. ita ymaginem celestis gracie sanctificacione portemus. Per eundem.

Leccio libri exodi.

IN diebus illis: Dixit dominus ad moysen et aron in terra egipti. Mensis iste uobis princi-

[1] *Sic.*

pium mensium: primus erit in mensibus anni. Loquimini ad uniuersum cetum filiorum israel: et dicite eis. Decimo die mensis huius tollat unusquisque agnum per familias et domos suas. Sin autem minor est numerus ut sufficere possit ad uescendum agnum. assumet uicinum suum qui coniunctus est domui sue iuxta numerum animarum que sufficere possint ad esum agni. Erit enim agnus absque macula: masculus anniculus. Iuxta quem ritum tolletis et hedum et seruabitis eum usque ad quartamdecimam diem mensis huius. Immolabitque eum uniuersa multitudo filiorum israel ad uesperum. Et sument de sanguine ac ponent super utrumque postem et insuper luminaribus[1] domorum in quibus comedent illum. Et edent carnes nocte illa assas igni. et azimos panes cum lactucis agrestibus. Non comedetis ex eo crudum quid nec coctum aqua sed assum tantum igni. Capud cum pedibus eius. et intestinis uorabitis. et os non comminuetis ex eo nec remanebit ex eo quicquam usque mane. Siquid residuum fuerit igne comburetis. Sic autem comedetis illum. Renes uestros accingetis. calciamenta habebitis in pedibus. tenentes baculos in manibus. et comedetis/ [fo. 88. festinantes. Est enim phase: id est transitus domini.

Tractus.

ERipe me domine ab homine malo a uiro iniquo libera me. ℣. Qui cogitauerunt malicias in

[1] *Sic.*

corde. tota die constituebant prelia. ℣. Acuerunt linguas suas sicut serpentes uenenum aspidum sub labiis eorum. ℣. Custodi me domine de manu peccatoris et ab hominibus iniquis libera me. ℣. Qui cogitauerunt supplantare gressus meos absconderunt superbi laqueum michi. ℣. Et funes extenderunt in laqueum pedibus meis: iuxta iter scandalum posuerunt michi. ℣. Dixi domino deus mȩus es tu exaudi domine uocem oracionis mee. ℣. Domine domine uirtus salutis mee obumbra capud meum in die belli. ℣. Ne tradas me a desiderio meo peccatori. cogitauerunt aduersum me ne derelinquas me neumquam exaltentur. ℣. Capud circuitus eorum labor labiorum ipsorum operiet eos. ℣. Uerumptamen iusti confitebuntur nomini tuo. et habitabunt recti cum uultu tuo.

Deinde legatur passio absque.

Dominus uobiscum.

Passio domini nostri ihesu christi.
Secundum Iohannem.

IN illo tempore: Egressus est ihesus cum discipulis suis trans torrenten cedron ubi erat ortus: in quem introiuit ipse et discipuli eius. Sciebat autem et iudas qui tradebat eum ipsum locum: quia frequenter ihesus illuc conuenerat cum discipulis suis. Iudas ergo cum accepisset cohortem. et a pontificibus et phariseis ministros: uenit illuc cum laternis et facibus et armis. Ihesus itaque sciens omnia que uentura erant super eum: processit et dixit eis. Quem queritis? Responderunt ei. Ihesum nazarenum.

Dicit eis ihesus. Ego sum. Stabat autem et iudas qui tradebat eum cum ipsis. Ut ergo dixit eis ego sum: abierunt retrorsum. et ceciderunt in terram. Iterum ergo interrogauit eos et dixit. Quem queritis? Illi autem dixerunt. Ihesum nazarenum. Respondit ihesus. Dixi uobis: quia ego sum. Si ergo me queritis: sinite hos abire. Ut impleretur sermo quem dixit. quia quos dedisti michi non perdidi ex eis quenquam. Symon ergo petrus habens gladium eduxit eum. et percussit pontificis seruum. et abscidit auriculam eius dextram. Erat autem nomen seruo malchus. Dixit ergo ihesus petro. Mitte gladium tuum in uaginam. Calicem quem dedit michi pater: non bibam illum?/ Cohors ergo et tribunus [fo. 88. et ministri iudeorum comprehenderunt ihesum: et ligauerunt eum. et adduxerunt eum ad annam primum. Erat enim socer cayphe: qui erat pontifex anni illius. Erat autem cayphas qui consilium dederat iudeis. quia expedit unum hominem mori pro populo. Sequebatur autem ihesum symon petrus: et alius discipulus. Discipulus autem ille erat notus pontifici: et introiuit cum ihesu in atrium pontificis. Petrus autem stabat ad ostium foris. Exiuit ergo alius discipulus qui erat notus pontifici. et dixit ostiarie et introduxit petrum. Dicit ergo petro ancilla ostiaria. Numquid et tu ex discipulis es hominis istius? Dicit ille: Non sum. Stabant autem. serui et ministri

ad prunas quia frigus erat: et calefaciebant se. Erat autem et petrus cum eis: stans. et calefaciens se. Pontifex uero interrogauit ihesum de discipulis suis: et de doctrina eius. Respondit ei ihesus. Ego palam locutus sum mundo: ego semper docui in synogoga et in templo quo omnes iudei conueniunt. et in occulto locutus sum nichil. Quid me interrogas? Interroga eos qui audierunt: quid locutus sum ipsis. Ecce hii sciunt: que dixerim ego. Hec autem cum dixisset: unus assistens ministrorum dedit alapam ihesu dicens. Sic respondes pontifici? Respondit ei ihesus. Si male locutus sum: testimonium perhibe[1] de malo. Si autem bene: quid me cedis? Et misit eum annas ligatum: ad caypham pontificem. Erat autem symon petrus: stans et calefaciens se. Dixerunt ergo ei. Numquid et tu ex discipulis eius es? Negauit ille et dixit. Non sum. Dicit ei unus ex seruis pontificis cognatus eius. cuius abscidit petrus auriculam. Nonne ego uidi te in orto cum illo? Iterum ergo negauit petrus: et statim gallus cantauit. Adducunt ergo ihesum ad caypham in pretorium. Erat autem mane. Et ipsi non introierunt in pretorium: ut non contaminarentur sed manducarent pascha. Exiuit ergo pilatus ad eos foras: et dixit. Quam accusacionem affertis aduersus hominem hunc? Responderunt et dixerunt ei. Si non esset hic malefactor: non tibi tradidissemus eum./ [fo. 89.

[1] *o* has been added and erased.

Dixit ergo eis pilatus. Accipite eum uos: et secundum legem uestram iudicate eum. Dixerunt ergo iudei. Nobis non licet interficere quemquam. Ut sermo ihesu impleretur quem dixit. significans qua morte esset moriturus. Introiuit ergo iterum in pretorium pilatus: et uocauit ihesum et dixit ei. Tu es rex iudeorum. et respondit ihesus. A temetipso hoc dicis an alii tibi dixerunt de me? Respondit pilatus. Numquid ego iudeus sum? Gens tua et pontifices: tradiderunt te michi. Quid fecisti? Respondit ihesus. Regnum meum non est de hoc mundo. Si de hoc mundo esset regnum meum: ministri mei utique decertarent ut non traderer iudeis. Nunc autem regnum meum non est hic. Dicit itaque ei pilatus. Ergo rex es tu? Respondit ihesus. Tu dicis: quia rex sum ego. Ego in hoc natus sum et ad hoc ueni in mundum: ut testimonium perhibeam ueritati. Omnis qui est ex ueritate: audit meam uocem. Dicit ei pilatus. Quid est ueritas? Et cum hoc dixisset iterum exiuit ad iudeos: et dicit eis. Ego nullam inuenio in eo causam. Est autem consuetudo. ut unum dimittam uobis in pascha. Uultis ergo dimittam uobis regem iudeorum? Clamauerunt ergo rursum omnes dicentes. Non hunc. sed barraban. Erat autem barabas latro. Tunc ergo apprehendit pilatus ihesum: et flagellauit. Et milites plectentes coronam de spinis imposuerunt capiti eius: et ueste purpurea circumde-

derunt eum. Et ueniebant ad eum et dicebant. Aue rex iudeorum. Et dabant ei alapas. Exiit ergo iterum pilatus foras: et dixit eis. Ecce adduco eum uobis foras: ut cognoscatis quia ego nullam causam inuenio in eo. Exiit ergo ihesus portans spineam coronam et purpureum uestimentum. Et dicit eis. Ecce homo. Cum ergo uidissent eum pontifices. et ministri clamabant dicentes. Crucifige: crucifige eum. Dicit eis pilatus. Accipite eum uos: et crucifigite. Ego enim non inuenio in eo causam. Responderunt ei iudei. Nos legem habemus. et secundum legem debet mori quia filium dei se fecit. Cum ergo audisset pilatus hunc sermonem: magis/ timuit. Et [fo. 89. b. ingressus est pretorium iterum: et dixit ad ihesum. Unde es tu? Ihesus autem responsum non dedit ei. Dixit ergo ei pilatus. Michi non loqueris? Nescis quia potestatem habeo crucifigere te: et potestatem habeo dimittere te. Respondit ihesus. Non haberes aduersum me potestatem ullam nisi tibi esset datum desuper. Propterea qui me tradidit tibi: maius peccatum habet. Et exinde querebat pilatus: dimittere eum. Iudei autem clamabant dicentes. Si hunc dimittis: non es amicus cesaris. Omnis qui se regem facit: contradicit cesari. Pilatus autem cum audisset hos sermones adduxit foras ihesum: et sedit pro tribunali in loco qui dicitur lithostrotos hebraice autem gabatha. Erat autem parascheue pasche: hora quasi sexta. Et dicit iudeis. Ecce rex uester. Illi autem clamabant. Tolle. tolle crucifige eum. Dicit eis pilatus. Regem uestrum crucifigam? Responderunt pontifices. Non habemus regem : nisi cesarem. Tunc ergo tradidit eis ihesum: ut crucifigeretur. Susceperunt autem eum : et eduxerunt. Et baiulans sibi crucem exiuit in eum qui dicitur caluarie locum. hebraice golgatha. ubi eum crucifixerunt. Et cum eo duos hinc et hinc medium autem ihesum. Scripsit autem et titulum pilatus: et posuit super crucem. Erat autem scriptum : ihesus nazarenus rex iudeorum. Hunc ergo titulum multi legerunt iudeorum: quia prope ciuitatem erat locus : ubi crucifixus est ihesus. Et erat scriptum hebraice grece et latine. Dicebant ergo pilato pontifices iudeorum. Noli scribere rex iudeorum: sed quia ipse dixit rex sum iudeorum. Respondit pilatus. Quod scripsi scripsi: Milites ergo cum crucifixissent eum: acceperunt uestimenta eius. et fecerunt quatuor partes. unicuique militi partem et tunicam. Erat autem tunica inconsutilis : desuper contexta per totum. Dixerunt ergo ad inuicem. Non scindamus illam : sed sorciamur de illa cuius sit. Ut scriptura impleretur dicens. Partiti sunt uestimenta mea sibi: et super uestem meam miserunt sortem. Et milites quidem hec fecerunt. Stabant autem iuxta crucem ihesu mater eius : et soror matris eius: maria cleophe. et maria magdalene. Cum uidisset ergo ihesus matrem et discipulum quem diligebat: dicit matri sue. Mulier: ecce filius/ tuus. [fo. 90. Deinde dicit discipulo. Ecce mater tua. Et ex illa hora: accepit eum[1] discipulus in sua. Postea sciens ihesus quia iam omnia consummata sunt ut consummaretur scriptura. dicit. Sicio. Uas ergo positum erat aceto plenum. Illi autem spongiam plenam aceto ysopo circumponentes: optulerunt ori eius. Cum ergo accepisset ihesus acetum : dixit. Consummatum est. Et inclinato capite: tradidit spiritum. *Hic dicat sacerdos deuocionem.* Iudei ergo quoniam parascheue erat ut non remanerent in cruce corpora sabbato. erat enim magnus dies ille sabbati. rogauerunt pilatum ut frangerentur eorum crura et tollerentur. Uenerunt ergo milites. et primi quidem fregerunt crura. et alterius qui crucifixus est cum eo. Ad ihesum autem cum uenissent. ut uiderunt eum iam mortuum. non fregerunt eius crura. Sed unus militum lancea latus eius aperuit: et continuo exiuit sanguis et aqua. Et qui uidit testimonium perhibuit: et scimus quia uerum est testimonium eius. Et ille scit quia uera dicit: ut uos credatis. Facta sunt enim hec: ut scriptura impleretur. Os non cominuetis ex eo. Et iterum alia scriptura dicit: Uidebunt in quem transfixerunt.

Euangelium.

POst hec rogauit pilatum ioseph ab arimathia eo quod esset discipulus ihesu occultus autem propter metum

[1] *Sic.*

iudeorum ut tolleret corpus ihesu. Et permisit pilatus. Uenit ergo et tulit corpus ihesu. Uenit autem et nichodemus qui uenerat ad ihesum nocte primum: ferens mixturam mirre et aloes quasi libras centum. Acceperunt ergo corpus ihesu et ligauerunt lyntheis cum aromatibus sicut mos est iudeis sepelire. Erat autem in loco ubi crucifixus est ortus. et in orto monumentum nouum: in quo nondum: quisquam positus fuerat. Ibi ergo propter parascheuen iudeorum quia iuxta erat monumentum. posuerunt eum.

Perlecta passione dicantur oraciones sequentes. prima tamen oracio semper dicetur sine genufleccione.

ORemus dilectissimi nobis pro ecclesia sancta dei. ut eam deus et dominus noster pacificare dignetur toto orbeterrarum subiciens ei principatus et potestates. detque nobis quietam et tranquillam uitam degentibus glorificare deum et patrem omnipotentem.

Oremus.

Flectamus/ genua. [fo. 90. b Leuate.

Oracio.

OMnipotens sempiterne deus qui gloriam tuam omnibus in christo gentibus reuelasti: custodi opera misericordie tue ut ecclesia tua toto orbeterrarum diffusa stabili fide in confessione tui nominis perseueret. Per eundem.

Oracio.

O[1][Remus et pro beatissimo papa nostro *N.* ut deus et dominus noster qui elegit eum in ordine episcopatus saluum atque] incolumem custodiat ecclesie sue sancte ad regendum populum sanctum dei.

Oremus.

Flectamus genua. Leuate.

Oracio.

OMnipotens sempiterne deus. cuius iudicio uniuersa fundantur: respice propitius ad preces nostras: et electum nobis antistitem tua pietate conserua: ut christiana plebs que tali gubernatur auctore sub tanto pontifice [credulitatis sue] meritis augeatur. Per.

Oracio.

ORemus et pro omnibus episcopis presbiteris. et dyaconibus. subdyaconibus. acolitis. exorcistis lectoribus. ostiariis. confessoribus. uirginibus. uiduis. et pro omni populo sancto dei.

Oremus.

Flectamus genua. Leuate.

Oracio.

OMnipotens sempiterne deus cuius spiritu totum corpus ecclesie sanctificatur et regitur: exaudi nos pro uniuersis ordinibus supplicantes. ut gracie tue munere ab omnibus tibi gradibus fideliter seruiatur. Per dominum. In unitate eiusdem.

[1] Both address and collect almost completely erased. The words between square brackets are taken from the Sarum Missal.

285

Oracio.

ORemus et pro christianissimo imperatore nostro ut deus et dominus noster subditas illi faciat omnes barbaras naciones. et faciat sapere ea que recta sunt atque contra inimicos catholice et apostolice ecclesie triumphum largiatur uictorie ad nostram perpetuam pacem.

Oremus.

Flectamus genua. Leuate.

Oracio.

OMnipotens sempiterne deus in cuius manu sunt omnium potestates. et omnium iura regnorum respice ad christianum benignus imperium. ut gentes qui in sua feritate confidunt potencie tue dextra comprimantur. Per.

Oracio.

ORemus et pro cathecuminis nostris: ut deus et dominus noster adaperiat aures precordiorum ipsorum. ianuamque misericordie. ut per lauacrum regeneracionis accepta remissione omnium peccatorum. digni et ipsi inueniantur. In christo ihesu domino nostro.

Oremus.

Flectamus genua. Leuate.

OMnipotens sempiterne deus qui ecclesiam tuam noua semper prole fecundas: auge fidem et intellectum cathecuminis nostris. ut renati/ [fo. 91. fonte baptismatis adopcionis tue

286

filiis aggregentur. Per dominum.

Oracio.

ORemus dilectissimi nobis deum patrem omnipotentem. ut cunctis mundum purget erroribus. morbos auferat. famem depellat. aperiat carceres uincla dissoluat. peregrinantibus reditum. infirmantibus sanitatem. nauigantibus portum salutis indulgeat.

Oremus.

Flectamus genua.

Oracio.

OMnipotens sempiterne deus mestorum consolacio. laborancium fortitudo: perueniant ad te preces de quacumque tribulacione clamancium. ut omnes sibi in necessitatibus suis misericordiam tuam gaudeant affuisse. Per.

Oracio.

ORemus. et pro hereticis et scismaticis. ut deus ac dominus noster ihesus christus eruat eos ab erroribus uniuersis. et ad sanctam matrem ecclesiam catholicam atque apostolicam reuocare dignetur.

Oremus.

Flectamus genua. Leuate.

Oracio.

OMnipotens sempiterne deus. qui saluas omnes. et neminem uis perire respice ad animas dyabolica fraude deceptas. ut omni heretica prauitate deposita errancium corda resipiscant. et ad ueritatis tue redeant unitatem. Per dominum.

OREmus et pro perfidis iudeis ut deus et dominus noster auferat uelamen de cordibus eorum: ut et ipsi agnoscant ihesum christum dominum nostrum.

Hic non dicetur. Flectamus.

Oracio.

OMnipotens sempiterne deus qui eciam iudaicam perfidiam a tua misericordia non repellis: exaudi preces nostras quas pro illius populi obcecacione deferimus: ut agnita ueritatis tue luce que est christus a suis tenebris eruantur. Per eundem.

Oracio.

OREmus et pro paganis ut deus omnipotens auferat iniquitatem a cordibus eorum et relictis ydolis suis conuertantur ad deum uiuum et uerum. et unicum filium eius ihesum christum. deum et dominum nostrum. cum quo uiuit. et regnat. cum spiritu sancto deus.

Oremus.

Flectamus genua. Leuate.

Oracio.

OMnipotens sempiterne deus qui non uis mortem peccatorum. sed uitam semper inquiris: suscipe propicius oracionem nostram: et libera eos ab ydolorum cultura. et aggrega ecclesie tue sancte ad laudem et gloriam nominis tui. Per dominum.

Dictis oracionibus sacerdos ablutis manibus faciat generalem confessionem. et ponat corpus dominicum super| cor-[fo. 91. b. *poralia et calicem cum et uini commixcione quo cum corporalibus cooperto dicat.* In spiritu humilitatis. *et cum se erexerit osculetur altare. et eleuatis sursum brachiis. infigens indices pollicibus incipiat humiliter.*

Oremus.

PReceptis salutaribus moniti et diuina institucione formati audemus dicere. Pater noster. *Responsio a sinistris.* Sed libera nos a malo. *prosequatur sacerdos.* Amen. Libera nos quesumus domine. Per eundem dominum. *et cetera usque* spiritus sancti deus *et facta interim ut mos est fraccione dicat. moderata uoce.* Per omnia secula seculorum. *Et responso a sinistro.* Amen. *non dicatur* Pax domini *neque* Agnus dei *nec detur pacis osculum. sed ponendo ad terciam particulam corporis dominici in calice dicat si uoluerit* In nomine patris et filii et spiritus sancti amen *Deinde communicet se et postea dicat uesperas. Et sic terminabitur seruicium illius diei.*

Sabbato sancto in uigilia pasche sacerdos indutus assistens altari absque Flectamus genua *dicat.*

OMnipotens sempiterne deus qui ad nostrarum contemplacionem tenebrarum hec in mundi huius obscuro luminaria emicare iussisti. presta ut dum ad illum eternitatis diem unigeniti tui properamus occursu. ad hanc interim quam tenebris nostris preparasti lucernam. dum nox ista transcurritur. sine peccatorum offendiculo ambulemus. Per eundem.

Leccio libri genesis.

IN principio creauit deus celum et terram. Terra autem erat inanis et uacua: et tenebre erant super faciem abyssi. et spiritus dei ferebatur super aquas. Dixitque deus. Fiat lux. Et facta est lux. Et uidit deus lucem quod esset bona: et diuisit lucem a tenebris. Appellauitque lucem diem: et tenebras noctem. Factumque est uespere et mane. dies unus. Dixit quoque deus. Fiat firmamentum in medio aquarum. et diuidat aquas ab aquis. Et fecit deus firmamentum. diuisitque aquas que erant sub firmamento. ab hiis que erant super firmamentum. Et factum est ita. Uocauitque deus firmamentum celum. et factum est uespere et mane. dies secundus. Dixit uero deus. Congregentur aque que sub celo sunt in locum unum: et appareat arida. Et uocauit deus arridam/ terram: [fo. 92. congregacionesque aquarum appellauit maria. Et uidit deus quod esset bonum: et ait. Germinet terra herbam uirentem et facientem semen et lignum pomiferum faciens fructum iuxta genus suum. cuius semen in semetipso sit super terram. Et factum est ita. Et protulit terra

herbam uirentem et afferentem semen iuxta genus suum. lignumque faciens fructum et habens unumquodque sementem secundum speciem suam. Et uidit deus quod esset bonum. Et factum est uespere et mane dies tercius. Dixit autem deus. Fiant luminaria in firmamento celi et diuidant diem ac noctem. et sint in signa et tempora et dies. et annos ut luceant in firmamento celi et illuminent terram. Et factum est ita. Fecitque deus duo magna luminaria. Luminare maius ut preesset diei et luminare minus ut preesset nocti. Et stellas. Et posuit eas in firmamento celi ut lucerent super terram. et preessent diei ac nocti. et diuiderent lucem ac tenebras. Et uidit deus quod esset bonum. Et factum est uespere et mane dies quartus. Dixit eciam deus. Producant aque reptile anime uiuentis et uolatile super terram sub firmamento celi. Creauitque deus cete grandia. et omnem animam uiuentem atque motabilem quam produxerant aque in species suas et omne uolatile secundum genus suum. Et uidit deus quod esset bonum: benedixitque eis dicens. Crescite et multiplicamini et replete aquas maris: auesque multiplicentur super terram. Et factum est uespere et mane: dies quintus. Dixit quoque deus. Producat terra animam uiuentem in genere suo: iumenta et reptilia et bestias terre secundum species suas. Factumque est ita. Et fecit deus bestias terre iuxta species suas iumenta et omne reptile terre in genere suo. Et uidit deus quod esset bonum : et ait. Faciamus hominem ad ymaginem. et similitudinem nostram. et presit piscibus maris et uolatilibus celi. et bestiis et uniuerse terre omnique reptili quod mouetur in terra. Et creauit deus hominem ad ymaginem suam. ad ymaginem dei creauit illum. masculum et feminam creauit eos. Benedixitque illis deus et ait. Crescite et multiplicamini et replete terram. et subicite eam. et dominamini piscibus maris. et uolatilibus celi. et uniuersis animantibus que/ mouentur super [fo. 92. b. terram. Dixitque deus. Ecce dedi uobis omnem herbam afferentem semen super terram et uniuersa ligna que habent in semetipsis sementem generis sui ut sint uobis in escam. et cunctis animantibus terre omnique uolucri celi. et uniuersis que mouentur in terra. et in quibus est anima uiuens ut habeant ad uescendum. Et factum est ita. Uiditque deus cuncta que fecit : et erant ualde bona. Et factum est uespere et mane : dies sextus. Igitur perfecti sunt celi et terra : et omnis ornatus eorum. Compleuitque deus die septimo opus suum quod fecerat : et requieuit die septimo ab uniuerso opere quod patrarat.

Oracio.

DEus qui mirabiliter creasti hominem. et mirabilius redemisti: da nobis contra oblectamenta peccati mentis racione persistere : ut mereamur ad gaudia eterna peruenire. Per.

Leccio libri exodi.

IN diebus illis : Factum est in uigilia matutina. et ecce respiciens dominus super castra egypciorum per columpnam ignis et nubis interfecit exercitum eorum. et subuertit rotas curruum ferebanturque in profundum. Dixerunt ergo egipcii. Fugiamus israelem : Dominus enim pugnat pro eis contra nos. Et ait dominus ad moysen. Extende manum tuam super mare ut reuertantur aque ad egypcios super currus et equites eorum. Cumque extendisset moyses manum contra mare. reuersum est primo diluculo ad priorem locum. Fugientibusque egypciis occurrerunt aque. et inuoluit eos dominus nus[1] in mediis fluctibus. Reuerseque sunt aque et operuerunt currus et equites cuncti exercitus pharaonis qui sequentes ingressi fuerant mare : nec unus quidem superfuit ex eis. Filii autem israel perrexerunt per medium sicci maris et aque eis erant quasi pro muro a dextris et a sinistris. Liberauitque dominus in die illa israel de manu egypciorum. et uiderunt egypcios mortuos super litus maris : et manum magnam quam exercuerat dominus contra eos. Metuitque populus dominum : et crediderunt domino. et moysi seruo eius. Tunc cecinit moyses et filii israel carmen hoc domino et dixerunt.

Tractus.

CAntemus domino gloriose enim/ honorificatus est equum [fo. 93. et ascensorem proiecit in mare adiutor et protector factus est michi in

[1] *Sic* repeating last syllable.

salutem. ℣. Hic deus meus et glorificabo eum deus patris mei et exaltabo eum. ℣. Dominus conterens bella dominus nomen est illi.

Oracio.

DEus cuius antiqua miracula eciam nostris seculis choruscare sentimus dum quod uni populo a persecucione egipcia liberando dextere tue potencia contulisti id in salutem gencium per aquam regeneracionis operaris. presta ut et in abrahe filios. et in israeleticam dignitatem tocius mundi transeat plenitudo. Per.

Leccio ysaie prophete.

HEc dicit dominus: Apprehendent septem mulieres uirum unum in die illa dicentes. Panem nostrum comedemus. et uestimentis nostris operiemus tantummodo inuocetur nomen tuum super nos aufer obprobrium nostrum. In die illa erit germen domini in magnificencia et gloria et fructus terre sublimis. et exultacio hiis qui saluati fuerint de israel. Et erit. Omnis qui relictus fuerit in syon. et residuus in iherusalem sanctus uocabitur. omnis qui scriptus est in uita in israel si abluerit dominus sordes filiarum syon et sanguinem iherusalem lauerit de medio eius in spiritu iudicii et spiritu ardoris. Et creauit dominus super omnem locum montis syon. et ubi inuocatus est nubem per diem. et fumum et splendorem ignis flammantis in nocte. Super omnem enim gloriam proteccio et tabernaculum erit in umbraculum diei ab estu. et in securitatem. et absconsionem a turbine et a pluuia.

Tractus.

UInea facta est dilecto in cornu in loco uberi. ℣. Et maceriam circumdedit et circumfodit. et plantauit uineam soreth. et edificauit turrim in medio eius. ℣. Et torcular fodit in ea uinea enim domini sabaoth domus israel est.

Oracio.

DEus qui in omnibus ecclesie tue filiis sanctorum prophetarum uoce manifestasti in omni loco dominacionis tue satorem te bonorum seminum. et electorum palmitum esse cultorem. tribue quesumus populis tuis. qui et uinearum apud te nomine censentur et segetum. ut spinarum et tribulorum squalore resecato. digni efficiantur fruge fecunda. Per.

Leccio libri deutronomii./[1] [fo. 93. b.

IN diebus illis. Scripsit moyses canticum: et docuit filios israel. Precepitque iosue filio nun et ait. Confortare et esto robustus: tu enim introduces filios israel in terram quam pollicitus sum eis. et ego ero tecum. Postquam ergo scripsit moyses uerba legis huius in uolumine atque compleuit. Precepit leuitis qui portabant archam federis dicens. Tollite librum istum. et ponite illum in latere arche federis domini dei uestri ut sit ibi contra te in testimonium. Ego enim scio contencionem tuam et ceruicem tuam durissimam. Adhuc uiuente me et ingrediente uobiscum semper contenciose egistis contra dominum. quanto

[1] *Sic.*

magis cum mortuus fuero? Congregate ad me omnes maiores natu per tribus uestras: atque doctores. et loquar eis audientibus sermones istos. et inuocabo contra eos celum et terram. Noui enim quod post mortem meam inique agetis. et declinabitis cito de uia quam precepi uobis. Et occurrent uobis mala in extremo tempore quando feceritis malum in conspectu domini. ut irritetis eum per opera manuum uestrarum. Locutus est ergo moyses audiente uniuerso cetu israel uerba carminis huius. et ad finem usque compleuit.

Tractus.

ATtende celum et loquar. et audiat terra uerba ex ore meo. ℣. Expectetur sicut pluuia eloquium meum. et descendant sicut ros uerba mea. sicut ymber super gramina. ℣. Et sicut nix super fenum quia nomen domini inuocabo. ℣. Date magnificencia deo nostro. deus. uerax opera eius. et omnes uie eius iudicia. ℣. Deus fidelis in quo non est iniquitas iustus et sanctus dominus.

Oracio.

DEus celsitudo humilium et fortitudo rectorum: qui per sanctum puerum tuum moysen ita erudire populos tuos sacri carminis tui decantacione uoluisti. ut illa legis iteracio. fieret eciam nostra direccio: excita in omnem iustificatarum gencium plenitudinem potenciam tuam. et da leticiam mitigando terrorem. ut omnium peccatis tua remissione deletis. quod denunciatum est in ulcionem. transeat in salutem. Per.

Leccio Ieremie[1] prophete.

HEc dicit dominus deus. Audi israel mandata uite: auribus percipe uerba mea: ut scias prudenciam. Quid est israel/ quod in terra inimi- [fo. 94. corum es? Inueterasti in terra aliena coinquinatus es cum mortuis. deputatus es cum hiis qui in inferno sunt. Dereliquisti fontem sapiencie. Nam si in uia dei ambulasses habitasses usque in pace super terram. Disce ubi sit sapiencia. ubi sit uirtus. ubi sit prudencia. ut scias simul ubi sit longaminitas[2] uite. et uictus: ubi sit lumen oculorum et pax. Quis inuenit locum eius. et quis introiuit in thesauros. Ubi sunt principes gencium et qui dominantur super bestias que sunt super terram? Qui in auibus celi illudunt qui argentum thesaurizant. et aurum in quo confidunt homines. et non est finis possessionis eorum. Qui argentum fabricant. et solliciti sunt. nec est inuencio operum illorum. Et tamen exterminati sunt et ad inferos descenderunt. et alii in locum illorum surrexerunt. Iuuenes uiderunt lumen: et habitauerunt super terram. Uiam autem discipline nescierunt. neque intellexerunt semitas eius: neque susceperunt eam filii eorum. A facie eorum longe facta est. Non est audita in chanaan. neque uisa est in theman. Filii quoque ragar qui exquirunt prudenciam que de terra est. negociatores terre et theman. et fabulatores et exquisitores prudencie et intelligencie:

[1] *Sic* for Baruch.
[2] *Sic.*

uiam autem sapiencie nescierunt neque meminerunt semitarum eius. O israel quam magna domus dei: et ingens locus possessionis eius. Magnus et non habet consummacionem. Excelsus. et inmensus. Ibi fuerunt gigantes nominati illi qui ab inicio fuerunt statura magna scientes bellum. Non hos elegit dominus neque uiam discipline inuenerunt. propterea perierunt. Et quoniam non habuerunt sapienciam: perierunt propter suam insipienciam. Quis ascendit in celos et accepit eam et deduxit eam de nubibus. Quis transfretauit mare et inuenit eam. et attulit eam super aurum electum? Non est qui sciat uiam eius: neque qui excogitet semitas eius. Sed qui scit uniuersa nouit illam. et adinuenit eam prudencia sua. Qui prefecit terram in sempiterno tempore: et adimpleuit eam pecudibus. Qui emittit lucem. et uadit. Et uocauit eam: et audiuit eum in tremore. Stelle autem dederunt/ lumen in cus- [fo. 94. b. todiis suis: et letate sunt. Uocate sunt: et dixerunt. Ecce assumus. Et luxerunt ei cum iocunditate: qui fecit illas. Hic est deus noster: et non estimabitur alius ad illum. Hic adinuenit omnem uiam discipline: et dedit illam iacob puero suo. et israel electo suo. Post hec super terram uisus est: et cum hominibus conuersatus est.

Oracio.

DEus incommutabilis uirtus et lumen eternum. respice propicius ad tocius ecclesie mira-

bile sacramentum. et da famulis tuis. ut hoc quod deuote agimus eciam rectitudine uite teneamus. Per.

Tractus.

SIcut ceruus desiderat ad fontes aquarum ita desiderat anima mea. ad te deus. ℣. Sitiuit anima mea ad deum uiuum quando ueniam et apparebo ante faciem dei mei. ℣. Fuerunt michi lacrime mee panes die ac nocte dum dicitur michi per singulos dies ubi est deus tuus.

Oracio.

OMnipotens sempiterne deus respice propicius ad deuocionem populi renascentis: qui sicut ceruus aquarum tuarum expetit fontem. et concede propicius. ut fidei ipsius sitis baptismatis misterio animam corpusque sanctificet. Per.

Finita hac oracione missa hoc modo incipiatur.

Kyrieleyson *iii.* Christeleyson *iii.* Kyrieleyson *iii.* Gloria in excelsis. Dominus uobiscum.

Oracio.

DEus qui hanc sacratissimam noctem gloria dominice resurreccionis illustras. conserua in noua familie tue progenie adopcionis spiritum quem dedisti: ut corpore et mente renouati. puram tibi exhibeant seruitutem. Per.

Ad collocenses.

FRatres: Si consurrexistis cum christo: que sursum sunt querite. ubi christus est in dextera dei sedens. Que sursum sunt sapite: non que super terram. Mortui enim estis: et uita uestra abscondita est cum christo in deo. Cum autem apparuerit christus uita uestra: tunc et uos apparebitis: cum ipso in gloria.

ALleluya. ℣. Confitemini domino quoniam bonus quoniam in seculum misericordia eius.

Tractus.

LAudate dominum omnes gentes. et collaudate eum omnes populi. ℣. Quoniam confirmata est super nos misericordia eius. et ueritas domini manet ineternum.

Secundum matheum.

UEspere sabbati que lucessit in prima sabbati: uenit maria magdalene. et altera maria uidere sepulchrum. Et ecce terremotus: factus est magnus. Angelus enim/ domini [fo. 95. descendit de celo: et accedens reuoluit lapidem: et sedebat super eum. Erat autem aspectus eius sicut fulgur: et uestimenta eius sicut nix. Pre timore autem eius exterriti sunt custodes: et facti sunt uelud mortui. Respondens autem angelus: dixit mulieribus. Nolite timere uos. Scio enim quod ihesum qui crucifixus est queritis. Non est hic. Surrexit enim: sicut dixit. Uenite et uidete locum: ubi positus erat dominus. Et cito euntes dicite discipulis eius quia surrexit: et ecce precedet uos in galileam. Ibi eum uidebitis: ecce predixi uobis.

Postea dicat Dominus uobiscum *et* Oremus. *Sine offertorio.*

Secretum.

SUscipe domine quesumus preces populi tui cum oblacionibus hostiarum: ut pascha-

libus iniciate misteriis ad eternitatis nobis medelam te operante proficiant. Per.

Prefacio.

ET te quidem omni tempore. sed in hac potissimum nocte gloriosius.

Infra canonem.

COmmunicantes et noctem sacratissimam. Hanc igitur.

Facta fraccione dicat sacerdos Pax domini. *non dicatur* Agnus dei *sed peracta communione inchoet antiphonam.* Alleluya. *Ps.*

LAudate dominum omnes gentes. Gloria patri. *Antiphona.* Alleluya. alleluya. alleluya. alleluya. alleluya alleluya.

Deinde incipiat antiphonam.

UEspere autem sabbati que lucessit in prima sabbati. uenit maria magdalene et altera maria uidere sepulchrum alleluya.

Psalmus. Magnificat *Repetita antiphona.* Uespere autem. *dicat* Dominus uobiscum. *cum postcommunione.*

SPiritum in nobis domine tue caritatis infunde: ut quos sacramentis paschalibus saciasti. tua facias pietate concordes. Per dominum. In unitate eiusdem.

Et sic missa et uespere simu finiantur cum Ite missa est.

In die pasche officium.

REsurrexi et adhuc tecum sum alleluya. posuisti super me manum tuam alleluya. mirabilis facta est sciencia tua alleluya alleluya. *Ps.* Domine probasti me et cognouisti me. Gloria patri.

Oracio.

DEus qui hodierna die per unigenitum tuum eternitatis nobis aditum deuicta morte reserasti: uota nostra que preueniendo aspiras. eciam adiuuando prosequere. Per eundem.

Ad corinthios.

FRatres: Expurgate uetus fermentum: ut sitis noua conspersio. sicut estis azimi. Etenim pascha/ nos- [fo. 95. b. trum: immolatus est christus. Itaque epulemur. non in fermento ueteri: neque in fermento malicie. et nequicie. Sed in azimis sinceritatis et ueritatis.

Gradale.

HEc dies quam fecit dominus exultemus et letemur in ea. ℣. Confitemini domino quoniam bonus. quoniam in seculum misericordia eius. Alleluya. ℣. Pascha nostrum immolatus est christus. ℣. Epulemur in azimis sinceritatis et ueritatis.

Sequencia.

FUlgens preclara. Alleluya. Rutilat per orbem hodie dies in qua christi lucida narrantur ouanter prelia. De hoste superbo quem ihesus triumphauit pulchre castra illius perimens teterrima. Infelix culpa eue qua caruimus omnes uita. Felix proles marie qua epulamur modo una. Benedicta sit celsa regina illa. Generans regem spoliantem tartara. Pollentem iam in ethera. Rex ineternum suscipe benignus preconia nostra sedule tibi canencia. Patris sedens ad dexteram. Uictor ubique morte superata atque triumphata polorum possidens gaudia. O magna. O celsa. O pulchra christi clemencia melliflua

o alma. Laus tibi. Honorque. Ac uirtus qui nostram antiquam leuiasti sarcinam. Roseo cruore agni benignissimi. empta florida micat hec aula. Potenti uirtute nostra qui lauit facinora. tribuens dona fulgida. Stupens ualde in memet iam miror hodierna. Tanta indignis pandere nobis sacramenta. Stirpe dauitica. Ortus de tribu iuda leo potens surrexisti in gloria agnus uisus es in terra. Fundans olim arua. Regna petens supera iustis reddens premia in secula dignanter ouancia. Dic impie zabule quid ualet nunc fraus tua. Ygneis nexe loris a christi uictoria. Tribus lingue admiramini quis audiuit talia miracula. Ut mors mortem sic superaret rei perciperent talem graciam. Iudea incredula cur manes adhuc inuerecunda. Perspice christicolas qualiter leti canunt inclita. Redemptori carmina. Ergo pie rex christe nobis laxans crimina. Solue nexorum uincula. Electorum agmina. Fac tecum resurgere ad beatam gloriam. Digna rependens merita. Paracliti sancti consolacionem piam. Expectamus secundum promissionem tuam. Post acta ascensionis sacra solempnia. Qua es regressus ad celos nube tectus clara. Pollens laude eterna.

Secundum marcum.

IN illo tempore: Maria magdalene. et maria iacobi. et salome emerunt aromata: ut uenientes unguerent ihesum. Et ualde mane una sabbatorum ueniunt ad monumentum: orto iam sole. Et dicebant adinuicem./ [fo. 96. Quis reuoluet nobis lapidem ab ostio monumenti? Et respicientes: uiderunt reuolutum lapidem. Erat quippe magnus ualde. Et introeuntes in monumentum: uiderunt iuuenem sedentem in dextris coopertum stola candida et obstupuerunt. Qui dicit illis. Nolite expauescere. Ihesum queritis nazarenum: crucifixum. Surrexit: non est hic. Ecce locus: ubi posuerunt eum. Sed ite dicite discipulis eius et petro: quia precedet uos in galileam. Ibi eum uidebitis: sicut dixit uobis.

Offertorium.

TErra tremuit et quieuit dum resurgeret in iudicio deus alleluya.

Secretum.

SUscipe quesumus domine preces populi tui cum oblacionibus hostiarum: ut paschalibus iniciate misteriis: ad eternitatis nobis medelam te operante proficiant. Per dominum.

Prefacio.

ET te quidem omni tempore.

Infra canonem.

COmmunicantes et diem sacrum. Hanc igitur oblacionem.

Communio.

PAscha nostrum immolatus est christus alleluya. itaque epulemur in azimis sinceritatis et ueritatis. alleluya alleluya. alleluya.

Postcommunio.

SPiritum in nobis domine tue caritatis infunde: ut quos sacramentis paschalibus saciasti: tua facias pietate concordes. Per.

Feria ii. officium.

INtroduxit nos dominus in terram fluentem lac et mel. alleluya. et ut lex domini semper sit in ore uestro. alleluya alleluya. *Ps.* Confitemini domino quoniam bonus: quoniam in seculum. Gloria.

Oracio.

DEus qui sollempnitate paschali mundo remedia contulisti: populum tuum quesumus celesti dono prosequere: ut et perfectam libertatem consequi mereatur. et ad uitam proficiat sempiternam. Per.

Leccio actuum apostolorum.

IN diebus illis: Stans petrus in medio plebis dixit. Uiri fratres: uos scitis quod factum est uerbum per uniuersam iudeam. incipiens enim a galilea post baptismum quod predicauit iohannes ihesum a nazareth: quomodo unxit eum deus spiritu sancto et uirtute. Qui pertransiuit benefaciendo et sanando omnes oppressos a dyabolo: quoniam deus erat cum illo. Et nos testes sumus omnium que fecit in regione iudeorum et iherusalem: quem occiderunt suspendentes in ligno. Hunc deus suscitauit tercia die: et dedit eum manifestum fieri non omni populo sed testibus preordinatis a deo nobis qui manducauimus et bibimus/ [fo. 96. b. cum illo postquam resurrexit a mortuis. Et precepit nobis predicare populo et testificari: quia ipse est qui constitutus est a deo iudex uiuorum et mortuorum. Huic omnes prophete testimonium perhibent. remissionem peccatorum accipere per nomen eius: omnes qui credunt in eum.

Gradale.

HEc dies. ℣. Dicat nunc israel quoniam bonus quoniam in seculum misericordia eius. Alleluya. ℣. Nonne cor nostrum ardens erat in nobis de ihesu dum loqueretur nobis in uia.

Sequencia.

PRome casta concio cantica organa subnectens ypodorica. Regi claustra deo tartarea rumpenti decanta nunc symphonia. Morte qui uicta. Resurgens gaudia. Mundo gestat colenda. Hac insolita. Morantes perdita. Cochiti confinia. Aspectant lumina intrante illo luce beata. Terrore perculsa tremiscit demonum plebs ualida. Dant suspiria. Fletuum alta. Repagula qui sic audax fregerit mirantur tunc forcia. Sic ad supera. Redit cum turma. Gloriosa et timida refouet discipulorum corda. Precelsa huius trophea admirantes flagitemus nunc uoce decliua. Uirginum inter agmina mereamur preciosa colere ut pascha. Galilea in que sacrata prefulgide contueri lucis exordia.

Secundum Lucam.

IN illo tempore: Exeuntes duo de discipulis ihesu: ibant ipsa die in castellum quod erat in spacio stadiorum sexaginta ab iherusalem: nomine emaus. Et ipsi loquebantur adinuicem de hiis omnibus que acciderant. Et factum est dum fabularentur et secum quererent: et ipse ihesus appropinquans ibat cum illis. Oculi autem illorum tenebantur. ne eum agnoscerent. Et ait ad illos. Qui sunt hii sermones quos confertis adinuicem ambu-

lantes et estis tristes? Et respondens unus cui nomen cleophas: dixit ei. Tu solus peregrinus es in iherusalem. et non cognouisti que facta sunt in illa hiis diebus. Quibus ille dixit. Que? Et dixerunt. De ihesu nazareno qui fuit uir propheta potens in opere et sermone coram deo et omni populo. Et quomodo tradiderunt eum summi sacerdotes et principes uestri in dampnacione mortis: et crucifixerunt eum. Nos autem sperabamus: quod ipse esset redempturus israel. Et nunc super hec omnia tercia dies est hodie: quod hec facta sunt. Sed et mulieres quedam ex nostris terruerunt nos que ante lucem fuerunt ad monumentum Et non inuento/ corpore [fo. 97. eius uenerunt dicentes se eciam uisionem angelorum uidisse qui dicunt eum uiuere. Et abierunt quidam ex nostris ad monumentum et ita inuenerunt sicut mulieres dixerunt. ipsum uero non inuenerunt. Et ipse dixit ad eos. O stulti et tardi corde ad credendum: in omnibus que locuti sunt prophete. Nonne hec oportuit pati christum et ita intrare in gloriam suam? Et incipiens a moyse et omnibus prophetis: interpretabatur illis in omnibus scripturis que de ipso erant. Et appropinquauerunt castello quo ibant: et ipse se finxit longius ire. Et coegerunt illum dicentes. Mane nobiscum. quoniam aduesperascit et inclinata est iam dies. Et intrauit cum illis. Et factum est. Dum recumberet cum illis: accepit panem et benedixit ac fregit et porrigebat illis. Et aperti sunt oculi eorum: et cognouerunt eum. Et ipse euanuit ab oculis eorum. Et dixerunt adinuicem. Nonne cor nostrum ardens erat in nobis dum loqueretur in uia et aperiret nobis scripturas? Et surgentes: eadem hora regressi sunt in iherusalem. Et inuenerunt congregatos undecim. et eos qui cum ipsis erant dicentes quod surrexit dominus uere et apparuit symoni. Et ipsi narrabant que gesta erant in uia: et quomodo cognouerunt eum: in fraccione panis.

Offertorium.

ANgelus domini descendit de celo et dixit mulieribus quem queritis surrexit sicut dixit alleluya.

Secretum.

PAschales hostias immolantes quesumus domine ut quod frequentamus actu. comprehendamus effectu. Per resurgentem a mortuis dominum nostrum ihesum christum.

Prefacio.

ET te quidem omni tempore.

Communio.

SUrrexit dominus et apparuit petro alleluya.

Postcommunio.

IMpleatur in nobis quesumus domine sacramenti paschalis sancta libacio: nosque de terrenis affectibus ad celeste transferat institutum. Per.

Feria iii. Officium.

AQua sapiencie potabit eos alleluya. firmabitur in illis et non flectetur alleluya. et exaltabit illos in-

eternum alleluya alleluya. *Ps.* Confitemini domino quoniam.

Oracio.

DEus qui ecclesiam tuam nouo semper fetu multiplicas: concede famulis tuis: ut sacramentum uiuendo teneant quod fide perceperunt. Per.

Leccio actuum apostolorum.

IN diebus illis: Surgens paulus: et manu silencium indicens ait. Uiri fratres: filii generis/ abraham. et [fo. 97. b. qui in uobis timent deum. uobis uerbum salutis huius missum est. Qui enim habitant iherusalem et principes eius ignorantes ihesum et uoces prophetarum que per omne sabbatum leguntur iudicantes impleuerunt. Et nullam causam mortis inuenientes in eum pecierunt a pilato ut interficerent eum. Cumque consummassent omnia que de eo scripta erant:. deponentes eum de ligno posuerunt in monumento. Deus uero suscitauit eum a mortuis tercia die: qui uisus est per dies multos hiis qui simul ascenderant cum eo de galilea in iherusalem qui usque nunc sunt testes eius ad plebem. Et nos uobis annunciamus eam que ad patres nostros repromissio facta est: quoniam hanc deus adimpleuit filiis uestris. resuscitans ihesum christum: dominum nostrum.

Gradale.

HEc dies. ℣. Dicant nunc qui redempti sunt a domino quos redemit de manu inimici de regionibus congregauit eos. Alleluya. ℣. Oportebat pati christum et resurgere a mortuis et ita intrare in gloriam suam.

Sequencia.

PSalle lyrica carmina. Alleluya. Iubilans domino turmula. Presens mera cum symphonia. Ipsum nam condecet laus gloria. Quem laudat in celo angelica uniuersa dignitas. Is enim celi terre machinam. Pelagus atque ex nichilo que sunt creauit omnia. Is deiectum paradisicolam reduxit ad eterne uite pascua. Carnem sumens pro nobis humanam natus matre de uera sancta maria. Uirgine casta. Hunc[1] crucis misterio deuastans mortem claustra fregit infernalia. Cyrographum antique preuaricacionis delens morte sua. Hic surgens zabulo triumphato die tercia. Quis fisus fuerat eius arma aufert omnia. Forti dextra. Eiusque cuncta spolia diripiens uehit secum ad astra. Angelicis agminibus pastor bonus constituens socia. Qua propter huius in laude pangite gentes cum populis iubilamina. Ipsius cruore sacro redempte mortis a uinculo uita reddita. In poli aula. Ubi pariter letemur semper cum omnibus ad patris dextram. Cum examine supremo iudex iudicabit cuncta secula. Flammis purgata. Simul resonent redempta fiat.

Secundum Iohannem.[2]

IN illo tempore: Stetit ihesus in medio discipulorum suorum et dixit eis. Pax uobis. Ego sum: nolite timere. Conturbati uero et conterriti: existimabant se spiritum uidere. Et dixit eis. Quid turbati estis et cogitaciones ascendunt in corda uestra? Uidete manus meas/ et pedes meos: quia ipse [fo. 98. ego sum. Palpate et uidete:

[1] *Sic.*
[2] *Sic* for Lucam.

quia spiritus carnem et ossa non habet. sicut me uidetis habere. Et cum hoc dixisset ostendit eis. manus et pedes. Adhuc autem illis non credentibus et mirantibus pre gaudio: dixit. Habetis hic aliquid quod manducetur. At illi optulerunt ei partem piscis assi et fauum mellis. Et cum manducasset coram eis: sumens reliquias dedit eis. Et dixit ad illos. Hec sunt uerba que locutus sum ad uos: cum adhuc essem uobiscum. Quoniam necesse est impleri omnia que scripta sunt in lege moysi. et prophetis et psalmis de me. Tunc aperuit illis sensum: ut intelligerent scripturas. Et dixit eis. Quoniam sic scriptum est. et sic oportebat christum pati. et resurgere a mortuis die tercia. Et predicari in nomine eius penitenciam et remissionem peccatorum: in omnes gentes.

Offertorium.

INtonuit de celo dominus et altissimus dedit uocem suam. et apparuerunt fontes aquarum alleluya.

Secretum.

SUscipe domine preces ecclesie tue redempcionis sue gracia exultantis. ut presencium munerum fide. et tue resurreccionis credulitate pascatur. Qui uiuis.

Prefacio.

ET te quidem omni.

Communio.

SI consurrexistis cum christo que sursum sunt querite alleluya. ubi christus est in dextera dei sedens que sursum sunt sapite alleluya.

Postcommunio.

SAnctificent nos domine sumpta misteria. et paschalis obseruancie sufficienter nobis tribuant facultatem. Per.

Feria iiii. officium.

UEnite benedicti patris mei. percipite regnum alleluya. quod uobis paratum est ab origine mundi alleluya alleluya alleluya. *Ps.* Cantate. i.

Oracio.

DEus qui nos resurreccionis dominice annua solempnitate letificas: concede propicius. ut per temporalia festa que agimus peruenire ad gaudia eterna mereamur. Per eundem.

Leccio actuum apostolorum.

IN diebus illis: Aperiens petrus os suum: dixit. Uiri israelite: et qui timetis deum audite. Deus abraham. et deus ysaac et deus iacob. deus patrum nostrorum glorificauit filium suum ihesum. quem uos quidem tradidistis et negastis ante faciem pilati iudicante illo dimitti. Uos autem sanctum et iustum negastis: et petistis uirum homicidam donari uobis. Auctorem uero uite interfecistis: quem deus suscitauit a mortuis cuius nos testes sumus. Et nunc fratres scio quia per ignoranciam fecistis sicut et principes uestri. Deus autem qui prenunciauit per/ os omnium prophe- [fo. 98. b. tarum pati christum suum impleuit sic. Penitemini igitur et conuertimini: ut deleantur uestra peccata.

Gradale.

HEc dies. ℣. Dextera domini fecit uirtutem dextera domini exaltauit me. Alleluya. ℣. Uenite benedicti patris mei percipite regnum cum gaudio magno.

Sequencia.

HEc est sancta sollempnitas sollempnitatum. Alleluya. Insignita triumpho christi. Qui deuicit imperium. Male potens dyaboli. Suo nos precioso sanguine. Eius de potestate eruens. Redempti ergo gracias agamus nostro redemptori. Rex regum christe cui angelorum chori iuge famulantur. Uultu placido homines in tuis laudibus sedulos pius intuere. Quorum moribus condolens in tantum humilis factus es. ut mortem subires. Tu deuictis inferni legibus resurgens triumphas. Ut post crucem per orbem gentibus imperas omnipotens filius dei.

Secundum Iohannem.

IN illo tempore: Manifestauit se iterum ihesus ad mare tyberiadis: manifestauit autem sic. Erant simul symon petrus et thomas qui dicitur didimus et nathanael qui erat a chana galilee. et filii zebedei. et alii ex discipulis eius duo. Dicit eis symon petrus. Uado piscari. Dicunt ei. Uenimus et nos tecum. Et exierunt et ascenderunt in nauim: et illa nocte nichil prendiderunt. Mane autem facto: stetit ihesus in litore. Non tamen cognouerunt discipuli: quia ihesus est. Dicit ergo eis ihesus. Pueri: numquid pulmentarium habetis? Responderunt ei. Non. Dixit eis. Mittite in dexteram nauigii rethe: et inuenietis. Miserunt ergo: et

313

iam non ualebant trahere illud pre multitudine piscium. Dicit ergo discipulus ille quem diligebat ihesus petro. Dominus est. Symon cum audisset quia dominus est tunica succinxit se erat enim nudus. et misit se in mare. Alii autem discipuli: nauigio uenerunt. Non enim longe erant a terra sed quasi cubitis ducentis: trahentes rethe piscium. Ut ergo descenderunt in terram uiderunt prunas positas. et piscem superpositum et panem. Dicit eis ihesus. Afferte de piscibus: quos prendidistis nunc. Ascendit autem symon petrus. et traxit rethe in terram. plenum magnis piscibus. centum quinquaginta tribus. Et cum tanti essent: non est scissum rethe. Dicit eis ihesus. Uenite prandete. Et nemo audebat discumbencium interrogare eum tu quis es: scien/tes [fo. 99. quia dominus est. Et uenit ihesus et accepit panem et dat eis. et piscem similiter. Hoc iam autem tercio manifestatus est ihesus discipulis suis: cum surrexisset a mortuis.

Offertorium.

POrtas celi aperuit dominus et pluit illis manna ut ederent panem celi dedit illis panem angelorum manducauit homo. alleluya.

Secretum.

SAcrificia domine paschalibus gaudiis immolata nobis tue propiciacionis munus optineant. quibus ecclesia tua mirabiliter pascatur et nutritur. Per.

314

Prefacio.

ET te quidem.

Communio.

CHristus resurgens ex mortuis iam non moritur alleluya. mors illi ultra non dominabitur. alleluya alleluya.

Postcommunio.

AB omni nos quesumus domine uetustate purgatos: sacramenti tui ueneranda percepcio in nouam transferat creaturam. Per.

Feria v. officium.

UIctricem manum tuam domine laudauerunt pariter alleluya quia sapiencia aperuit os mutum. et linguas infancium fecit disertas alleluya alleluya. *Ps.* Confitemini domino quoniam bonus.

Oracio.

DEus qui diuersitatem gencium in confessione tui nominis adunasti. da ut renatis fonte baptismatis una sit fides mencium. et pietas accionum. Per.

Leccio actuum apostolorum.

IN diebus illis: Angelus domini locutus est ad philippum dicens. Surge et uade contra meridianum ad uiam que descendit ab iherusalem in gazam: hec est deserta. Et surgens abiit. Et ecce uir ethiops eunuchus potens candacis regine ethyopum. qui erat super omnes gazas eius uenerat adorare in iherusalem. Et reuertebatur sedens super currum suum. legensque ysaiam prophetam. Dixit autem spiritus philippo. Accede et adiunge te ad currum istum. Accurrens autem philippus: audiuit eum legentem ysaiam prophetam et dixit ei. Putasne intelligis que legis? Qui ait. Et quomodo possum intelligere nisi aliquis ostenderit michi? Rogauitque philippum ut ascenderet et sederet secum. Locus autem scripture: hic erat quam legebat. Tanquam ouis ad occisionem ductus est: et sicut agnus coram tondente se sine uoce sic non aperuit os suum. In humilitate iudicium eius sublatum est. Generacionem eius quis enarrabit? Quoniam tolletur de terra uita eius. Respondens autem eunuchus dixit philippo. Obsecro te de quo propheta dicit/ hoc. De [fo. 99. b. se an de alio aliquo? Aperiens autem philippus os suum: et incipiens ab scriptura ista euuangelizauit illi ihesum. Et dum irent per uiam: uenerunt ad quandam aquam. Et ait eunuchus. Ecce aqua. Quis prohibet me baptizari? Dixit autem philippus. Si credis ex toto corde: licet. Et respondens eunuchus dixit. Credo dei filium esse ihesum. Et iussit stare currum. Et descenderunt uterque in aquam philippus et eunuchus: et baptizauit eum. Cum autem ascendissent de aqua: spiritus domini rapuit philippum: et amplius non uidit eum eunuchus. Ibat autem per uiam suam gaudens. Philippus autem inuentus est in azoto. Et pertransiens euuangelizabat ciuitatibus cunctis donec ueniret cesaream: nomen domini nostri ihesu christi.

Gradale.

HEc dies. ℣. Lapidem quem reprobauerunt edificantes hic factus est in capud anguli a domino factum est istud et est mirabile in oculis nostris. Alleluya. ℣. Surrexit dominus uere et apparuit petro.

Sequencia.

UIctime paschali laudes immolant christiani. Agnus redemit oues christus innocens patri reconciliauit peccatores. Mors et uita duello conflixere mirando dux uite mortuus regnat uiuus. Dic nobis maria quid uidisti in uia. Sepulchrum christi uiuentis et gloriam uidi resurgentis. Angelicos testes sudarium et uestes. Surrexit christus spes nostra precedet uos in galileam. Credendum est magis soli marie ueraci quam iudeorum turbe fallaci. Scimus christum surrexisse a mortuis uere. tu nobis uictor rex miserere.

Secundum Iohannem.

IN illo tempore: Maria stabat ad monumentum foris plorans. Dum ergo fleret: inclinauit se et prospexit in monumentum. Et uidit duos angelos in albis sedentes unum ad capud et unum ad pedes ubi positum fuerat corpus ihesu. Dicunt ei illi. Mulier: quid ploras? Dicit eis. Quia tulerunt dominum meum: et nescio ubi posuerunt eum. Hec cum dixisset conuersa est retrorsum. Et uidit ihesum stantem: et nesciebat quia ihesus est. Dicit ei ihesus. Mulier: quid ploras: Quem queris? Illa existimans quia ortalanus esset dicit ei. Domine: si tu sustulisti eum: dicito michi ubi posuisti eum. et ego eum tollam.

Dixit ei ihesus. Maria. Conuersa illa: dicit ei. Raboni: quod dicitur magister. Dicit ei ihesus. Noli me tangere: nondum enim ascendi ad patrem meum. Uade autem ad fratres/ [fo. 100. meos et dic eis. Ascendo ad patrem meum et patrem uestrum. deum meum et deum uestrum. Uenit autem maria magdalene annuncians discipulis quia uidi dominum: et hec dixit michi.

Offertorium.

IN die sollempnitatis uestre dicit dominus inducam uos in terram fluentem lac et mel alleluya.

Secretum.

SUscipe quesumus domine munera famulorum tuorum propicius. ut confessione tui nominis. et baptismate renouati. sempiternam beatitudinem consequamur. Per.

Prefacio.

ET te quidem omni tempore.

Communio.

POpulus adquisicionis annunciate uirtutes eius alleluya. qui uos de tenebris uocauit in admirabile lumen suum alleluya.

Postcommunio.

EXaudi domine preces nostras ut redempcionis nostre sacrosancta commercia. et uite nobis conferant presentis auxilium. et gaudia sempiterna concilient. Per.

Feria vi. officium.

EDuxit eos dominus in spe alleluya et inimicos eorum operuit mare alleluya alleluya alle-

luya. *Ps.* Attendite popule meus legem meam. Gloria.

Oracio.

OMnipotens sempiterne deus qui paschale sacramentum in reconciliacionis humane federe contulisti. da mentibus nostris. ut quod professione celebramus imitemur effectu. Per.

Leccio epistole beati petri apostoli.

KArissimi: Christus semel pro peccatis nostris mortuus est: iustus pro iniustis. ut nos offerret deo. mortificatos quidem carne: uiuificatos autem spiritu. In quo et hiis qui in carne erant spiritualiter ueniens predicauit: qui increduli fuerant aliquando. quando expectabant dei pacienciam in diebus noe cum fabricaretur archa: in qua pauci id est octo anime salue facte sunt per aquam. Quod et uos nunc similis forme saluos facit baptisma. Non carnis deposicio sordium. sed consciencie bone interrogacio in deum. per resurreccionem ihesu christi: qui est in dextera dei.

Gradale.

HEc dies. ℣. Benedictus qui uenit in nomine domini deus dominus et illuxit nobis. Alleluya. ℣. Surrexit dominus et occurrens mulieribus ait. auete. tunc accesserunt et tenuerunt pedes eius.

Sequencia.

MAne prima sabbati surgens dei filius nostra spes et gloria. Uicto rege sceleris rediit ab inferis cum summa uictoria. Cuius resurreccio omni plena gaudio consolatur omnia. Resurgentis itaque maria magdalene facta est prenuncia. Ferens christi fratribus eius morte tristibus expectata gaudia. O beati oculi quibus regem seculi morte iam deposita prima est intuita. Hec est illa femina cuius cuncta crimina ad christi ues-/ [fo. 100. b. tigia eius lauit gracia. Que dum plorat et mens orat facto clamat quod cor amat ihesum super omnia. Non ignorat quem adorat. quid precetur sed deletur quod mens timet conscia. O maria mater pia stella maris appellaris operum per merita. Matri christi coequata dum fuisti sic uocata. sed honore subdita. Illa mundi imperatrix ista beata peccatrix leticie primordia fuderunt in ecclesia. Illa enim fuit porta per quam fuit lux exorta hec resurgentis prenuncia mundum replet leticia. O maria magdalena audi uoces laude plena apud christum chorum istum clementer concilia. Ut fons summe pietatis qui te lauit a peccatis seruos suos atque tuos mundet data uenia. Amen dicant omnia.

Secundum matheum.

IN illo tempore: Undecim discipuli abierunt in galileam: in montem ubi constituerat illis ihesus. Et uidentes eum adorauerunt. Quidam autem dubitauerunt. Et accedens ihesus: locutus est eis dicens. Data est michi omnis potestas in celo et in terra. Euntes autem docete omnes gentes baptizantes eos: in nomine patris. et filii. et spiritus sancti. Docentes eos seruare omnia quecumque mandaui uobis. Et ecce ego uobiscum sum: omnibus diebus: usque ad consummacionem seculi.

Offertorium.

ERit uobis hic dies memorialis alleluya et diem festum celebrabitis sollempnem domino in progeniis[1] uestris legitimum sempiternum diem alleluya. alleluya alleluya.

Secretum.

HOstias quesumus domine placatus assume quas et pro renatorum expiacione peccati deferimus. et pro acceleracione celestis auxilii.

Prefacio.

ET te quidem.

Communio.

DAta est michi omnis potestas in celo et in terra alleluya. euntes docete omnes gentes baptizantes eos. alleluya. in nomine patris et filii. et spiritus sancti. alleluya alleluya alleluya.

Postcommunio.

DEus qui adopcionis tue sobolem peccatorum remissione genuisti: da ut cuncti fideles tui ueraciter apprehendant. que presentibus susceperunt sacramentis. Per.

Sabbato officium.

EDuxit dominus populum suum in exultacione alleluya. et electos suos in leticia. alleluya alleluya. *Ps.* Confitemini domino et inuocate.

Oracio.

COncede quesumus omnipotens deus: ut qui paschalia festa uenerando egimus. per hec contingere ad gaudia eterna mereamur. Per.

[1] *Sic.*

Leccio epistole beati petri apostoli.

KArissimi : Deponentes omnem maliciam et omnem dolum. et simulaciones et inuidias et omnes detracciones sicut modo geniti infantes. racionabile sine dolo lac concupiscite. ut in eo crescatis in salutem. Si tamen gustastis : quoniam dulcis est dominus./ Ad quem [fo. 101. accedentes lapidem uiuum ab hominibus quidem reprobatum. a deo autem electum et honorificatum. et ipsi tanquam lapides uiui superedificamini domos spirituales. sacerdocium sanctum offerre spirituales hostias acceptabiles deo per ihesum christum. Propter quod continet scriptura. Ecce ponam in syon lapidem summum. angularem electum preciosum. et omnis qui crediderit in eum non confundetur. Uobis igitur honor credentibus non credentibus autem lapis quem reprobauerunt edificantes. Hic factus est in capud anguli. et lapis offensionis et petra scandali. hiis qui offendunt uerbo. nec credunt in quo et positi sunt. Uos autem genus electum. regale sacerdocium. gens sancta. populus adquisicionis. ut uirtutes eius annuncietis qui uos de tenebris uocauit in admirabile lumen suum. Qui aliquando non populus : nunc autem populus dei. Qui non consecuti misericordiam : nunc autem misericordiam consecuti.

ALleluya. ℣. Hec dies quam fecit dominus exultemus et letemur in ea. Alleluya. ℣. Laudate pueri dominum laudate nomen

domini. ℣. Sit nomen domini benedictum ex hoc nunc et usque in seculum.

[*Sequencia.*]

IUbilans concrepa nunc paraphon ista. Solito precelsas dic pallinodias. Quas semper exornet symphonia per plurima. Iungando cantica modulis ypofrigica. Nam resultet dies illa. Qua resurgens mundi uita. Nos sua clemencia. Ditauit spe ualida. Quo post resurgamus secula.

Secundum Iohannem.

IN illo tempore : Una sabbatorum maria magdalene uenit mane cum adhuc tenebre essent ad monumentum : et uidit lapidem sublatum a monumento. Cucurrit ergo ad symonem petrum et ad alium discipulum quem amauit ihesus et dicit eis. Tulerunt dominum de monumento : et nescio ubi posuerunt eum. Exiit ergo petrus et ille alius discipulus. et uenerunt ad monumentum. Currebant autem duo simul : et ille alius discipulus precucurrit cicius petro. et uenit prior ad monumentum. Et cum se inclinasset : uidit linthiamina posita. non tamen introiuit. Uenit ergo symon petrus sequens eum et introiuit in monumentum et uidit lynthyamina posita et sudarium quod fuerat super capud eius non cum lynthiaminibus positum. sed separatim inuolutum in unum locum. Tunc/ [fo. 101. b. ergo introiuit et ille discipulus qui uenit primus ad monumentum. et uidit et credidit. Nondum enim sciebant scripturas quia oportebat eum : a mortuis resurgere.

Offertorium.

BEnedictus qui uenit in nomine domini benediximus uobis de domo domini deus dominus et illuxit nobis alleluya.

Secretum.

COncede quesumus domine semper nos per hec misteria paschalia gratulari. ut continua nostre redempcionis operacio. perpetue nobis fiat. causa salutis. Per.

Prefacio.

ET te quidem.

Communio.

OMnes qui in christo baptizati estis christum induistis alleluya.

Postcommunio.

REdempcionis nostre munere uegetati quesumus domine ut hoc perpetue salutis auxilio fides semper uera proficiat. Per.

Dominica in octauis pasche officium.

QUasimodogeniti infantesalleluya racionabile sine dolo lac concupiscite alleluya alleluya alleluya. *Ps.* Exultate deo adiutori. Gloria.

Oracio.

PResta quesumus omnipotens deus: ut qui festa paschalia peregimus hec te largiente moribus. et uita teneamus. Per dominum.

Leccio epistole beati Iohannis apostoli.

KArissimi: Omne quod natum est ex deo uincit mundum. Et hec est uictoria

que uincit mundum fides nostra. Quis est autem qui uincit mundum: nisi qui credit quoniam ihesus est filius dei? Hic est qui uenit per aquam et sanguinem ihesus christus. Non in aqua solum: sed in aqua et sanguine. Et spiritus est qui testificatur: quoniam christus est ueritas. Quia tres sunt qui testimonium dant in celo. pater. uerbum. et spiritus sanctus. Et hii tres unum sunt. Et tres sunt qui testimonium dant in terra: spiritus aqua et sanguis. Et hii tres unum sunt. Si testimonium hominum accipimus: testimonium dei maius est. Quoniam hoc est testimonium dei quod maius est quia testificatus est de filio suo. Qui credit in filium dei: habet testimonium dei in se.

ALleluya. ℣. Post dies octo ianuis clausis stetit ihesus in medio discipulorum suorum et dixit eis pax uobis. Alleluya. ℣. Angelus domini descendit de celo et accedens reuoluit lapidem et sedebat super eum. ℣. Respondens autem angelus dixit mulieribus quem queritis ille autem dixerunt ihesum nazarenum.

Secundum Iohannem.

IN illo tempore: Cum autem esset sero die illo una sabbatorum. et fores essent clause. ubi erant discipuli congregati propter metum iudeorum: uenit ihesus et stetit in medio et dixit/ eis. Pax uobis. [fo. 102. Et cum hoc dixisset: ostendit eis manus et latus. Gauisi sunt ergo discipuli: uiso domino.

Dixit ergo eis iterum. Pax uobis. Sicut misit me pater: et ego mitto uos. Hec cum dixisset: insufflauit et dixit eis. Accipite spiritum sanctum. Quorum remiseritis peccata remittuntur eis. Et quorum retinueritis retenta sunt. Thomas unus ex duodecim qui dicitur didymus non erat cum eis quando uenit ihesus. Dixerunt ergo ei alii discipuli. Uidimus dominum. Ille autem dixit eis. Nisi uidero in manibus eius fixuram clauorum et mittam digitum meum in locum clauorum et mittam manum meam in latus eius. non credam. Et post dies octo iterum erant discipuli eius intus: et thomas cum eis. Uenit ihesus ianuis clausis et stetit in medio et dixit. Pax uobis. Deinde dicit thome. Infer digitum tuum huc. et uide manus meas. et affer manum tuam et mitte in latus meum et noli esse incredulus. sed fidelis. Respondit thomas et dixit ei. Dominus meus: et deus meus. Dicit ei ihesus. Quia uidisti me thoma credidisti. Beati qui non uiderunt et crediderunt. Multa quidem et alia signa fecit ihesus in conspectu discipulorum suorum que non sunt scripta in libro hoc. Hec autem scripta sunt ut credatis quia ihesus est filius dei. Et ut credentes uitam habeatis: in nomine ipsius.

Offertorium.

ANgelus domini descendit de celo et dixit mulieribus quem queritis surrexit sicut dixit alleluya.

Secretum.

SUscipe munera quesumus domine exultantis ecclesie. et cui causam tanti gaudii prestitisti: perpetue fructum concede leticie. Per.

Prefacio.

ET te quidem.

Communio.

MItte manum tuam et cognosce loca clauorum alleluya. et noli esse incredulus. sed fidelis alleluya alleluya.

Postcommunio.

COncede quesumus omnipotens deus ut paschalis percepcio sacramenti. continua in nostris mentibus perseueret. Per.

Dominica ii. Officium.

MIsericordia domini plena est terra alleluya. uerbo dei celi firmati sunt alleluya. alleluya. *Ps.* Exultate iusti in domino: rectos. Gloria.

Oracio.

DEus qui in filii tui humilitate iacentem mundum erexisti: fidelibus tuis perpetuam concede leticiam. ut quos perpetue mortis eripuisti casibus. gaudiis facias sempiternis perfrui. Per eundem./ [fo. 102. b.

Leccio epistole beati petri apostoli.

KArissimi: Christus passus est pro nobis uobis relinquens exemplum: ut sequamini uestigia eius. Qui peccatum non fecit: nec inuentus est dolus in ore eius. Qui cum malediceretur: non maledicebat. Cum pateretur: non comminabatur. Tradebat autem iudicanti se iniuste. quia peccata nostra ipse pertulit in corpore suo super lignum ut peccatis mortui. iusticie uiuamus cuius liuore sanati estis. Eratis enim aliquando sicut oues errantes: sed conuersi estis nunc ad pastorem et episcopum: animarum uestrarum.

ALleluya. ℣. Surrexit pastor bonus qui posuit animam suam pro grege suo. Alleluya. ℣. Dicite in gentibus quia dominus regnauit a ligno.

Secundum Iohannem.

IN illo tempore: Dixit ihesus discipulis suis. Ego sum pastor bonus. Bonus pastor: animam suam dat pro ouibus suis. Mercennarius et qui non est pastor cuius non sunt oues proprie. uidet lupum uenientem. et dimittit oues et fugit. Et lupus rapit: et dispergit oues. Mercennarius autem fugit quia mercennarius est: et non pertinet ad eum de ouibus. Ego sum pastor bonus. Et cognosco meas: et cognoscunt me mee. Sicut nouit me pater: et ego agnosco patrem: et animam meam pono pro ouibus meis. Et alias oues habeo que non sunt ex hoc ouili: et illas oportet me adducere. et uocem meam audient. Et fiet unum ouile: et unus pastor.

Offertorium.

DEus deus meus ad te de luce uigilo et in nomine tuo leuabo manus meas alleluya.

Secretum.

BEnediccionem domine nobis conferat salutarem sacra semper oblacio. ut quod agit misterio. uirtute perficiat. Per.

Prefacio.

ET te quidem omni tempore.

Communio.

EGo sum pastor bonus alleluya et cognosco oues meas et cognoscunt me mee alleluya alleluya.

Postcommunio.

PResta nobis omnipotens deus: ut uiuificacionis tue graciam consequentes in tuo semper munere gloriemur. Per dominum.

Dominica iii. Officium.

IUbilate deo omnis terra alleluya. psalmum dicite nomini eius alleluya date gloriam laudi eius alleluya alleluya alleluya. *Ps.* Dicite deo quam terribilia sunt. Gloria patri.

Oracio.

DEus qui errantibus ut in uiam possint redire iusticie ueritatis tue lumen ostendis: da cunctis qui christiana professione censentur. et illa respuere que huic inimica sunt nomini. et/ ea que sunt apta sectari. [fo. 103. Per dominum.

Leccio epistole beati petri apostoli.

KArissimi: Obsecro uos tanquam aduenas et peregrinos abstinere uos a carnalibus desideriis que militant aduersus animam. Conuersacionem uestram inter gentes habentes bonam: ut in eo quod detractant de uobis tanquam de malefactoribus: ex bonis operibus uos considerantes glorificent deum in die uisitacionis. Subiecti estote omni humane creature propter deum. Siue regi: quasi precellenti. Siue ducibus: tanquam ab eo missis: ad uindictam malefactorum. laudem uero bonorum: Quia sic est uoluntas dei ut benefacientes ommutescere faciatis imprudencium hominum ignoranciam. Quasi liberi: et non quasi uelamen habentes malicie libertatem sed sicut serui dei. Omnes honorate: fraternitatem diligite. Deum timete: regem honorificate. Serui subditi estote: in omni timore dominis. Non tantum bonis et modestis: sed eciam discolis. Hec est gracia. In christo ihesu: domino nostro.

ALleluya. ℣. In die resurreccionis mee dicit dominus precedam uos in galileam. Alleluya. ℣. Christus resurgens ex mortuis iam non moritur mors illi non dominabitur.

Secundum Iohannem.

IN illo tempore. Dixit ihesus discipulis suis. Modicum et iam non uidebitis me. et iterum modicum et uidebitis me: quia uado ad patrem. Dixerunt ergo ex discipulis eius adinuicem: Quid est hoc quod dicit nobis modicum et iam non uidebitis me. et iterum modicum et uidebitis me quia uado ad patrem. Dicebant ergo. Quid est hoc quod dicit modicum? Nescimus quid loquitur? Cognouit autem ihesus quia uolebant eum interrogare: et dixit eis. De hoc queritis inter uos quia dixi modicum et iam non uidebitis me. et iterum modicum et uidebitis me. Amen amen dico uobis quia plorabitis et flebitis uos:

mundus autem gaudebit. Uos autem contristabimini: sed tristicia uestra uertetur in gaudium. Mulier cum parit tristiciam habet: quia uenit hora eius. Cum autem pepererit puerum iam non meminit pressure propter gaudium: quia natus est homo in mundum. Et uos igitur: nunc quidem tristiciam habetis. Iterum autem uidebo uos: et gaudebit/ cor uestrum. Et [fo. 103. b. gaudium uestrum nemo tollet a uobis.

Offertorium.

LAuda anima mea dominum laudabo dominum in uita mea psallam deo meo quamdiu ero alleluya.

Secretum.

HIs nobis domine misteriis conferatur. quo terrena desideria mitigantes. discamus amare celestia. Per.

Prefacio.

ET te quidem.

Communio.

MOdicum et non uidebitis me alleluya. iterum modicum et uidebitis me quia uado ad patrem alleluya. alleluya.

Postcommunio.

SAcramenta que sumpsimus quesumus domine et spiritualibus nos instruent alimentis. et corporalibus tueantur auxiliis Per.

Dominica iv. Officium.

CAntate domino canticum nouum alleluya. quia mirabilia fecit dominus alleluya ante conspectum gencium reuelauit iusticiam suam.

alleluya. alleluya. *Ps.* Saluauit sibi dextera eius. et brachium sanctum eius.

Oracio.

DEus qui fidelium mentes unius efficis uoluntatis. da populis tuis id amare quod precipis. id desiderare quod promittis: ut inter mundanas uarietates ibi nostra fixa sint corda. ubi uera sunt gaudia. Per.

Leccio epistole beati Iacobi apostoli.

KArissimi: Omne datum optimum et omne donum perfectum desursum est: descendens a patre luminum. Apud quem non est transmutacio nec uicissitudinis obumbracio. Uoluntarie genuit nos uerbo ueritatis: ut simus inicium aliquod creature eius. Scitis fratres mei dilectissimi. Sit autem omnis homo uelox ad audiendum: tardus autem ad loquendum et tardus ad iram. Ira enim uiri: iusticiam dei non operatur. Propter quod abicientes omnem inmundiciam et omnem habundanciam malicie. in mansuetudine suscipite insitum uerbum. Quod potest saluare: animas uestras.

ALleluya. ℣. Ego ueritatem dico uobis expedit uobis ut ego uadam. Alleluya. ℣. Surrexit dominus et occurrens mulieribus ait. auete tunc accesserunt et tenuerunt pedes eius.

Secundum Iohannem.

IN illo tempore: Dixit ihesus discipulis suis. Uado ad eum qui misit me. et nemo ex

uobis interrogat me. Quo uadis? Sed quia hec locutus sum uobis: tristicia impleuit cor uestrum. Sed ego ueritatem dico uobis: expedit uobis ut ego uadam. Si enim non abiero: paraclitus/ non [fo. 104. ueniet ad uos. Si autem abiero mittam eum ad uos. Et cum uenerit: ille arguet mundum de peccato. et de iudicio. et de iusticia. De peccato quidem: quia non crediderunt in me. De iusticia uero: quia ad patrem uado et iam non uidebitis me. De iudicio autem: quia princeps mundi huius iudicatus est. Adhuc habeo multa uobis dicere: sed non potestis portare modo. Cum autem uenerit ille spiritus ueritatis: docebit uos omnem ueritatem. Non enim loquetur a semetipso: sed quecumque audiet loquetur. et que uentura sunt annunciabit uobis. Ille me clarificabit: quia de meo accipiet: et annunciabit uobis.

Offertorium.

IUbilate deo omnis terra. iubilate deo omnis terra psalmum dicite nomini eius. uenite et audite et narrabo uobis omnes qui timetis deum quanta fecit dominus anime mee alleluya.

Secretum.

DEus qui resurgens a mortuis passione cassata[1] potenciorem te tuis discipulis reddidisti: concede propicius: ut nos quoque magestati tue hoc paschale sacrificium conciliet. et ad graciam tuam promerendam in bonis operibus efficiat prompciores. Qui uiuis.

[1] *Sic.*

Prefacio.

ET te quidem.

Communio.

DUm uenerit paraclitus spiritus ueritatis ille arguet mundum de peccato et de iudicio et de iusticia alleluya alleluya.

Postcommunio.

ADesto nobis domine deus noster: ut per hec que fideliter sumpsimus: et purgemur a uiciis. et a periculis omnibus eruamur. Per.

Dominica v. Officium.

UOcem iocunditatis annunciate et audiatur alleluya nunciate usque ad extremum terre. liberauit dominus populum suum alleluya. alleluya. *Ps.* Iubilate deo omnis terra. Gloria patri.

Oracio.

DEus a quo bona cuncta procedunt. largire supplicibus tuis: ut cogitemus te inspirante que recta sunt. et te gubernante eadem faciamus. Per.

Leccio epistole beati iacobi apostoli.

KArissimi: Estote factores uerbi: et non auditores tantum: fallentes uosmetipsos. Quia siquis auditor est uerbi et non factor: hic comparabitur uiro consideranti uultum natiuitatis sue in speculo. Considerauit enim se et abiit: et statim oblitus est qualis fuerit. Qui autem perspexerit in lege perfecte libertatis et permanserit in ea non auditor/ [fo. 104. b.

obliuiosus factus. sed factor operis hic beatus in facto suo erit. Si quis autem putat se religiosum esse non refrenans linguam suam sed seducens cor suum. huius uana est religio. Religio munda et inmaculata apud deum. et patrem: hec est. Uisitare pupillos et uiduas: in tribulacione eorum. Et inmaculatum se custodire: ab hoc seculo.

ALleluya. ℣. Surrexit christus iam non moritur mors illi ultra non dominabitur. Alleluya. ℣. Christus mortuus est propter delicta nostra. et resurrexit propter iustificacionem nostram.

Secundum Iohannem.

IN illo tempore: Dixit ihesus discipulis suis. Amen amen dico uobis: siquid pecieritis patrem in nomine meo dabit uobis. Usque modo: non petistis quicquam in nomine meo. Petite et accipietis: ut gaudium uestrum sit plenum. Hec in prouerbiis locutus sum uobis. Uenit hora: cum iam non in prouerbiis loquar uobis. sed palam de patre meo annunciabo uobis. Illo die: in nomine meo petetis. Et non dico uobis quia ego rogabo patrem de uobis. Ipse enim pater amat uos: quia uos me amastis et credidistis quia a deo exiui. Exiui a patre: et ueni in mundum. Iterum relinquo mundum: et uado ad patrem. Dicunt ei discipuli eius. Ecce nunc palam loqueris: et prouerbium nullum dicis. Nunc scimus quia scis omnia: et non opus est tibi ut quis te interroget. In hoc scimus et credimus: quia a deo existi.

Offertorium.

BEnedicite gentes dominum deum nostrum et obaudite uocem laudis eius qui posuit animam meam ad uitam. et non dedit commoueri pedes meos. benedictus dominus qui non ammouit deprecacionem meam. et misericordiam suam a me alleluya.

Secretum.

SUscipe domine fidelium preces cum oblacionibus hostiarum ut per hec pie deuocionis officia. ad celestem gloriam transeamus. Per.

Prefacio.

ET te quidem.

Communio.

CAntate domino alleluya cantate domino et benedicite nomen eius benenunciate de die in diem salutare eius alleluya. alleluya.

Postcommunio.

TRibue nobis domine quesumus celestis mense uirtute saciati.[1] et desiderare que recta sunt. et desiderata percipere. Per.

Feria ii. et iii. rogacionibus.

Officium.

EXaudiuit de templo sancto suo uocem meam alleluya. et clamor meus in conspectu eius introiuit in aures eius alleluya alleluya. *Ps.* Diligam te domine fortitudo mea. Gloria.

Oracio.

PResta quesumus omnipotens deus: ut qui/ in [fo. 105. affliccione nostra de tua pietate confidimus. contra aduersa omnia tua semper proteccione muniamur. Per.

[1] *Sic.*

Leccio epistole beati Iacobi apostoli.

KArissimi: Confitemini alterutrum peccata uestra: et orate proinuicem ut saluemini. Multum enim ualet: deprecacio iusti assidua. Helyas homo erat similis nobis passibilis. et oracione orauit. ut non plueret super terram. et non pluit annos tres et menses sex. Et rursum orauit: et celum dedit pluuiam et terra dedit fructum suum. Siquis autem ex uobis errauerit a ueritate. et conuerterit. quis eum scire debet. quoniam qui conuerti fecerit peccatorem ab errore uie sue saluabit animam eius a morte. Et operit multitudinem peccatorum.

ALleluya. ℣. Confitemini domino quoniam bonus. quoniam in seculum misericordia eius.

Secundum Iohannem.[1]

IN illo tempore: Dixit ihesus discipulis suis. Quis uestrum habebit amicum. et ibit ad illum media nocte. et dicet illi. Amice: accomoda michi tres panes: quoniam amicus meus uenit de uia ad me. et non habeo quod ponam ante illum. Et ille deintus: respondens dicat. noli michi molestus esse iam ostium clausum est. et pueri mei mecum sunt in cubili non possum surgere et dare tibi. Et ille si perseuerauerit pulsans: dico uobis etsi non dabit illi surgens eo quod amicus eius sit. propter improbitatem tamen eius surget et dabit illi quotquot habet necessarios. Et ego uobis dico. Petite: et accipietis. Querite: et inueni-

[1] *Sic* for *Lucam.*

etis. Pulsate : et aperietur uobis. Omnis enim qui petit accipit : et qui querit inuenit. et pulsanti aperietur. Quis autem ex uobis patrem petit panem ? Numquid lapidem dabit illi : Aut piscem ? Numquid pro pisce serpentem dabit illi ? Aut si pecierit ouum : numquid porriget illi scorpionem ? Si ergo uos cum sitis mali : nostis bona data dare filiis uestris. quantomagis pater uester de celo dabit spiritum bonum : petentibus se ?

Offertorium.

COnfitebor domino nimis in ore meo. et in medio multorum laudabo eum qui astitit ad dexteram pauperis ut saluam faceret a persequentibus animam meam alleluya.

Secretum.

HEc munera domine quesumus et uincula nostre prauitatis absoluant. et tue nobis misericordie dona concilient. Per.

Communio.

PEtite et accipietis./ [fo. 105. b. querite et inuenietis. pulsate et aperietur uobis. omnis enim qui petit accipit. et qui querit inuenit. et pulsanti aperietur alleluya.

Oracio.[1]

UOta nostra quesumus domine pio fauore prosequere ut dum dona tua in tribulacione nostra percipimus. de consolacione nostra in tuo amore crescamus. Per.

[1] *Sic.*

In uigilia ascensionis domini ad missam officium.

OMnes gentes plaudite manibus iubilate deo in uoce exultacionis. alleluya. alleluya. alleluya. *Ps.* Subiecit populos nobis : et gentes sub pedibus nostris. Gloria.

Oracio.

PResta quesumus omnipotens pater : ut nostre mentis intencio. quo sollempnitatis hodierne gloriosus auctor ingressus est semper intendat : et quo fide pergit. conuersacione perueniat. Per eundem.

Leccio actuum apostolorum.

IN diebus illis : Multitudinis credencium : erat cor unum et anima una. nec quisquam eorum que possidebat aliquid suum esse dicebat. sed erant illis omnia communia. Et uirtute magna reddebant apostoli testimonium resurreccionis ihesu christi domini nostri. Et gracia magna erat in omnibus illis. Neque enim quisquam egens erat inter illos. Quotquot autem possessores agrorum aut domorum erant uendentes afferebant precia eorum que uendebant et ponebant ante pedes apostolorum. Diuidebatur autem singulis : prout cuique opus erat.

ALleluya. ℣. Omnes gentes plaudite manibus iubilate deo in uoce exultacionis.

Secundum Iohannem.

IN illo tempore : Subleuatis ihesus oculis in celum dixit. Pater : uenit hora clarifica filium tuum ut filius tuus clarificet te. Sicut dedisti ei potestatem omnis carnis. ut omne quod dedisti ei det eis uitam eternam. Hec est autem uita eterna : ut cognoscant te solum uerum deum et quem misisti ihesum christum. Ego te clarificaui super terram opus consummaui quod dedisti michi ut faciam. Et nunc clarifica me tu pater apud temetipsum claritate quam habui priusquam mundus esset apud te. Manifestaui nomen tuum hominibus : quos dedisti michi de mundo. Tui erant : et michi eos dedisti. et sermonem tuum seruauerunt. Nunc cognouerunt quia omnia que dedisti michi. abs te sunt : quia uerba que dedisti michi. dedi eis. Et ipsi acceperunt. et cognouerunt uere quia/ a te exiui : [fo. 106. et crediderunt quia tu me misisti. Ego pro eis rogo. Non pro mundo rogo : sed pro hiis quos dedisti michi quia tui sunt. Et mea omnia tua sunt : et tua mea sunt. et clarificatus sum in eis. Et iam non sum in mundo. et hii in mundo sunt : et ego ad te uenio.

Offertorium.

PОrtas celi aperuit dominus et pluit illis manna ut ederent. panem celi dedit eis panem angelorum manducauit homo alleluya.

Secretum.

SAcrificium domine pro filii tui supplices uenerabili quam preuenimus ascensione deferimus. presta quesumus ut et nos per ipsum hiis sacrosanctis commerciis ad celestia consurgamus. Per eundem.

Communio.

PAter cum essem cum eis ego seruabam eos quos dedisti michi alleluya. nunc autem ad te uenio non rogo ut tollas eos de mundo : sed ut serues eos a malo alleluya alleluya.

Postcommunio.

TRibue quesumus domine ut per hec sacramenta que sumpsimus illuc tendat nostre deuocionis affectus : quo tecum est nostra substancia ihesus christus dominus noster. Qui tecum.

In die ascensionis. officium.

UIri galilei quid admiramini aspicientes in celum alleluya. quemadmodum uidistis eum ascendentem in celum ita ueniet alleluya alleluya alleluya. *Ps.* Cumque intuerentur in celum euntem illum ecce duo uiri astiterunt iuxta illos in uestibus albis qui et dixerunt.

Oracio.

COncede quesumus omnipotens deus : ut qui hodierna die unigenitum tuum redemptorem nostrum ad celos ascendisse credimus : ipsi quoque mente in celestibus habitemus. Per eundem.

Leccio actuum apostolorum.

PRimum quidem sermonem feci de omnibus o theophile : que cepit ihesus facere et docere usque in diem qua precipiens apostolis per spiritum sanctum quos elegit assumptus est. Quibus et prebuit seipsum uiuum post passionem suam in multis argumentis per dies quadraginta apparens eis et loquens de regno dei. Et conuescens precepit eis ab iherosolimis ne discederent: sed expectarent promissionem patris quam audistis inquid per os meum. Quia iohannes quidem baptizauit aqua: uos autem baptizabimini spiritu sancto non post multos hos dies. Igitur qui conuenerant: interrogabant eum dicentes. Domine: si in tempore hoc restitues regnum israel? Dixit autem eis. Non est uestrum nosse tempora uel momenta que pater/ [fo. 106. b. posuit in sua potestate. Sed accipietis uirtutem superuenientis spiritus sancti in uos et eritis michi testes in iherusalem et in omni iudea et samaria et usque ad ultimum terre. Et cum hoc dixisset: uidentibus illis eleuatus est: et nubes suscepit eum ab oculis eorum. Cumque intuerentur in celum euntem illum. ecce duo uiri astiterunt iuxta illos in uestibus albis: qui et dixerunt. Uiri galilei: quid statis aspicientes in celum? Hic ihesus qui assumptus est a uobis in celum: sic ueniet quemadmodum uidistis eum: euntem in celum.

ALleluya. ℣. Ascendit deus in iubilacione et dominus in uoce tube. Alleluya. ℣. In assumpcione tua christe celum et terra letentur. Alleluya. ℣. Ascendens christus in altum captiuam duxit captiuitatem dedit hominibus. Alleluya. ℣. Dominus in sinai sancto ascendens in altum captiuam duxit captiuitatem.

Sequencia.

REx omnipotens die hodierna. Alleluya. Mundo triumphali redempto potencia. Uictor ascendit

celos unde descenderat. Nam quadraginta postquam surrexerat. Diebus sacris confirmans pectora. Apostolorum pacis cara relinquid oscula. Quibus et dedit potestatem laxandi crimina. Et misit eos in mundum baptizare cunctas animas. In patris et filii et sancti spiritus clemencia. Et conuescens precepit eis ab iherosolimis. Ne abirent sed expectarent promissa munera. Non post multos enim dies mittam uobis spiritum paraclitum in terra. Et eritis michi testes in iherusalem iudea siue samaria. Et cum hoc dixisset uidentibus illis eleuatus est. et nubes clara. Suscepit eum ab eorum oculis intuentibus illis ethera. Ecce stetere amicti duo uiri in ueste alba. Iuxta dicentes quid admiramini celorum alta. Ihesus enim hic qui assumptus est a uobis ad patris dexteram. Ut ascendit ita ueniet querens talenti commissi lucra. O deus mare polum arua hominem quem creasti quem fraude subdola. Hostis expulit paradiso et captiuatum secum traxit ad tartara. Sanguine proprio quem redemisti deus. Illuc et prouehis unde prius corruit paradisi gaudia. Iudex cum ueneris iudicare seculum. Da nobis petimus sempiterna gaudia in sanctorum patria. In qua tibi cantemus alleluya.

Secundum Marcum.

IN illo tempore: Recumbentibus undecim discipulis: apparuit illis ihesus et exprobrauit incredulitatem illorum et duriciam cordis. quia hiis qui uiderant eum resurrexisse a mortuis non crediderunt. Et dixit eis. Euntes in mundum uniuersum: predicate euangelium omni creature. Qui crediderit et baptizatus fuerit: saluus/ [fo. 107. erit. Qui uero non crediderit:

condempnabitur. Signa autem eos qui crediderint : hec sequentur. In nomine meo demonia eicient : linguis loquentur nouis. serpentes tollent. Et si mortiferum quid biberint : non eis nocebit. Super egros manus imponent : et bene habebunt. Et dominus quidem ihesus postquam locutus est eis assumptus est in celum. et sedet a dextris dei. Illi autem profecti predicauerunt ubique domino cooperante. et sermonem confirmante : sequentibus signis.

Offertorium.

UIri galilei quid admiramini aspicientes in celum hic ihesus qui assumptus est a uobis in celum. sic ueniet quemadmodum uidistis eum ascendentem in celum alleluya.

Secretum.

SUscipe domine munera. que pro filii tui gloriosa ascensione deferimus. et concede propicius ut a presentibus periculis liberemur et ad uitam perueniamus eternam. Per eundem.

Prefacio.

QUi post resurreccionem suam.

Infra canonem.

COmmunicantes et diem sacratissimum.

Communio.

PSallite domino qui ascendit super celos celorum ad orientem alleluya.

Postcommunio.

PResta nobis omnipotens et misericors deus : ut que uisibilibus misteriis sumenda percepimus inuisibili consequamur effectu. Per.

Dominica infra octauas ascensionis.

Officium.

EXaudi domine uocem meam qua clamaui ad te alleluya tibi dixit cor meum quesiui uultum tuum domine requiram ne auertas faciem tuam a me alleluya alleluya. *Ps.* Dominus illuminacio mea.

Oracio.

OMnipotens sempiterne deus : fac nos tibi semper et deuotam gerere uoluntatem. et magesta[1] tue sincero corde seruire. Per.

Leccio epistole beati petri apostoli.

KArissimi : Estote prudentes : et uigilate in oracionibus. Ante omnia autem mutuam in uobismetipsis caritatem continuam habentes : quia caritas operit multitudinem peccatorum. Hospitales inuicem : sine murmuracione. Unusquisque sicut accepit graciam in alterutrum illam administrantes sicut boni dispensatores multiformis gracie dei. Siquis loquitur : quasi sermones dei. Siquis ministrat : tanquam ex uirtute quam administrat deus. ut in omnibus honorificetur deus. Per ihesum christum : dominum nostrum.

ALleluya. ℣. Christus resurgens ex mortuis ascendens in celum sedet a dextris dei. Alleluya. ℣. Regnabit dominus super/ [fo. 107. b. omnes gentes deus sedet super sedem sanctam suam.

[1] *Sic.*

Secundum Iohannem.

IN illo tempore: Dixit ihesus discipulis suis. Cum uenerit paraclitus quem ego mittam uobis a patre spiritum ueritatis qui a patre procedit: ille testimonium perhibebit de me. Et uos testimonium perhibebitis: quia ab inicio mecum estis. Hec locutus sum uobis: ut non scandalizemini. Absque synagogis facient uos. Sed uenit hora: ut omnis qui interficit uos arbitretur obsequium se prestare deo. Et hec facient uobis: quia non nouerunt patrem neque me. Sed hec locutus sum uobis: ut cum uenerit hora eorum reminiscamini: quia ego dixi uobis.

Offertorium.

AScendit deus in iubilacione. et dominus in uoce tube alleluya.

Secretum.

PResta quesumus omnipotens deus ut hanc tibi hostiam in eius corpus et sanguinem consecrandam uenerabiliter offeramus. quem sedentem a dextris uirtutis tue. et pro nobis interpellare confidimus. Qui tecum.

Prefacio.

QUi post resurreccionem.

Communio.

PAter cum essem *ut supra in uigilia ascensionis.*

Postcommunio.

PResta quesumus omnipotens deus: ut per hec sacrosancta commercia in tocius ecclesie confidamus faciendum corpore

quod eius precessit in capite. Per eundem.

In octaua ascensionis ad missam officium.

UIri galilei. *Ps.* Omnes gentes.

Cetera fiant sicut in die preter epistolam et euuangelium.

Leccio epistole beati pauli apostoli ad ephesios.

FRatres: unicuique nostrum data est gracia: secundum mensuram donacionis christi. Propter quod dicit. Ascendens in altum captiuam duxit captiuitatem dedit dona hominibus. Quis autem ascendit quid est nisi quia et descendit primum ad inferiores partes terre. Qui descendit ipse est et qui ascendit super omnes celos ut adimpleret omnia. Et ipse dedit quosdam quidem apostolos: quosdam autem prophetas. Alios uero euuangelistas. alios autem pastores et doctores ad consummacionem sanctorum in opus ministerii in edificacionem corporis christi: donec occurramus omnes in unitatem fidei. et agnicionis filii dei in uirum perfectum. in mensuram etatis: plenitudinis christi.

Secundum Lucam.

IN illo tempore. Dixit ihesus discipulis suis. Ecce ego mitto promissum patris in uos. Uos autem sedete in ciuitate quoadusque induami/ni [fo. 108. uirtute ex alto. Eduxit autem eos foras in bethaniam: et eleuatis manibus suis benedixit eis. Et factum est dum benediceret illis recessit ab eis: et ferebatur in celum. Et ipsi adorantes: regressi sunt in iherusalem cum gaudio magno. Et erant semper in templo laudantes deum: et benedicentes dominum.

Feria vi. omnia fiant sicut in dominica infra octauas ascensionis.

Sabbato in uigilia pentecostes. Premissa coram altari a sacerdote oracione accedens ad librum seruicium huius diei incipiat in hunc modum.

ORemus.

Oracio.

DA nobis quesumus domine per graciam sancti spiritus nouam tui paracliti spiritualis obseruancie disciplinam: ut sacro nos purificante ieiunio. cunctis reddantur eius muneribus apciores. Per dominum. In unitate eiusdem.

Leccio libri genesis.

IN diebus illis: Temptauit deus abraham. et dixit ad eum. Abraham abraham. At ille respondit. Assum. Ait illi. Tolle filium tuum unigenitum quem diligis ysaac: et uade in terram uisionis. atque offer eum ibi in holocaustum super unum moncium quem monstrauero tibi. Igitur abraham de nocte consurgens strauit asinum suum ducens secum duos iuuenes et ysaac filium suum. Cumque conscidisset ligna in holocaustum: abiit ad locum quem preceperat ei deus. Die autem tercio eleuatis oculis uidit locum procul: dixitque ad pueros suos. Expectate hic cum asino. Ego et

puer illuc usque properantes. postquam adorauerimus reuertemur ad uos. Tulit quoque ligna holocausti: et imposuit super ysaac filium suum. Ipse uero portabat manibus ignem et gladium. Cumque duo pergerent simul: dixit ysaac patri suo. Pater mi? At ille respondit. Quid uis fili? Ecce inquid ignis et ligna. Ubi est uictima holocausti? Dixit abraham. Deus prouidebit sibi uictimam holocausti fili mi. Pergebant ergo pariter: ueneruntque ad locum quem ostenderat ei deus. In quo edificauit altare: et desuper ligna composuit. Cumque colligasset ysaac filium suum. posuit eum in altari super struem lignorum. Extenditque manum et arripuit gladium: ut immolaret filium suum. Et ecce an/gelus domini de celo cla- [fo. 108. b. mauit dicens. Abraham abraham. Qui respondit. Assum. Dixitque ei. Ne extendas manum tuam super puerum: neque facias illi quicquam. Nunc cognoui quod timeas deum: et non pepercisti filio tuo unigenito propter me. Leuauit abraham oculos uiditque post tergum arietem inter uepres herentem cornibus. Quem assumens: optulit holocaustum pro filio. Appellauitque nomen loci illius: dominus uidet. Unde usque hodie dicitur. In monte dominus uidebit. Uocauit autem angelus domini abraham secundo de celo dicens. Per memetipsum iuraui dicit dominus. quia fecisti rem hanc. et non pepercisti filio tuo unigenito propter me. benedicam tibi et multiplicabo semen tuum sicut stellas celi : et uelud arenam que est in litore maris. Possidebit semen tuum portas inimicorum. et benedicentur in semine tuo omnes gentes terre quia obedisti uoci mee. Reuersus est abraham ad pueros suos abieruntque bersabee simul : et habitauit ibi.

Oracio.

DEus fidelium pater summe qui in toto orbeterrarum promissionis tue filios diffusa adopcione multiplicas et per graciam sancti spiritus abraham puerum tuum uniuersarum sicut iurasti gencium efficis patrem da populis tuis digne ad graciam tue uocacionis intrare. Per dominum. In unitate eiusdem.

Leccio libri exodi.

MEnse tercio egressionis filiorum israel de terra egypti. in die hac uenerunt in solitudinem synai. Nam profecti de raphidim et peruenientes usque in desertum synai : castra metati sunt in eodem loco. Ibique israel fixit tentoria e regione montis. moyses autem ascendit ad deum. Uocauitque eum dominus de monte et ait. Hec dices domui iacob : et annunciabis filiis israel. Uos ipsi uidistis que fecerim egypciis. et quomodo portauerim uos super alas aquilarum assumpserimque michi. Si ergo audieritis uocem meam. et custodieritis pactum meum. eritis michi in peculium de cunctis populis. Mea est enim omnis terra. et uos eritis michi in regnum sacerdotale : et gens sancta. Hec sunt uerba que loqueris ad filios/ israel. [fo. 109. Uenit moyses et conuocatis maioribus natu populi exposuit omnes sermones quos mandauerat dominus. Responditque uniuersus populus simul. Cuncta que locutus est dominus faciemus. Cumque retulisset moyses uerba populi ad dominum : ait ei dominus. Iam nunc ueniam ad te in caligine nubis : ut audiat me populus loquentem.

Tractus.

ATtende celum. *Require in uigilia pasche.*

Oracio.

OMnipotens sempiterne deus qui paschale săcramentum quinquaginta dierum uoluisti misterio contineri : presta ut gencium facta dispersio diuisione linguarum. ad unam confessionem tui nominis celesti munere congregetur. Per dominum.

Leccio libri exodi.

NUnciauit moyses uerba populi ad dominum : qui dixit ei. Uade ad populum : et sanctifica eos hodie. et cras lauent uestimenta sua. et sint parati in diem tercium. Die enim tercio descendet dominus coram omni populo super montem synai. Constituesque terminos populo per circuitum. et dices. Cauete ne ascendatis in montem : nec tangatis fines illius. Omnis qui tetigerit montem : morte morietur. Manus non tangent eum. sed lapidibus opprimetur aut confodietur iaculis. Siue iumentum fuerit siue homo: non uiuet. Cum ceperit clangere buccina tunc ascendant in montem. Descenditque moyses de monte ad populum: et sanctificauit eum. Cumque lauissent uestimenta sua: ait ad eos. Estote parati in diem tercium: nec appropinquetis uxoribus uestris. Iam aduenerat dies tercius. et mane inclaruerat. et ecce ceperunt audiri tonitrua. ac micare fulgura. et nubes densissima operire montem. clangorque buccine uehemencius perstrepebat. Timuitque populus qui erat in castris. Cumque eduxisset eos moyses in occursum dei de loco castrorum. steterunt ad radices montis. Totus autem mons synai fumabat eo quod descendisset dominus super eum in igne. et ascenderet fumus ex eo quasi de fornace. Eratque mons omnis terribilis. et sonitus buccine paulatim crescebat in maius. et prolixius tendebatur. Moyses/ loquebatur: et [fo. 109. b. dominus respondebat ei. Descenditque dominus super montem synai in ipso montis uertice: et uocauit moysen in cacumen eius. Quo cum ascendisset: dixit ad eum. Descende. et contestare populum. neforte uelit transire terminos ad uidendum dominum et pereat ex eis plurima multitudo. Sacerdotes quoque qui accedunt ad dominum sanctificentur: ne percuciam. Cunctus autem populus audiebat uoces. et uidebat lampades: et sonitum buccine. montemque fumantem. et perterriti ac pauore concussi steterunt procul: dicentes moysi. Loquere tu nobis: et audiemus.

Non loquatur nobis dominus: neforte moriamur. Et ait moyses ad populum. Nolite timere. Ut enim probaret uos uenit deus. et ut terror illius esset in uobis. et non peccaretis.

Oracio.

DEus qui nos ad celebrandum presentem festiuitatem utriusque testamenti paginis instruis da nobis intelligere misericordiam tuam: ut ex percepcione presencium munerum firma sit expectacio futurorum.

Leccio.

APprehendent septem mulieres. ℟. Uinea facta est dilecto. *ut supra in uigilia pasche.*

Oracio.

DEus qui nobis per prophetarum ora precepisti temporalia relinquere. atque ad eterna festinare: da famulis tuis. ut que a te iussa cognouimus implere celesti inspiracione ualeamus. Per dominum.

Leccio ysaie prophete.

HEc est hereditas seruorum domini et iusticia eorum apud me dicit dominus. Omnes sicientes uenite ad aquas: et qui non habetis argentum properate emite et comedite. Uenite emite absque argento. et absque ulla commutacione uinum et lac. Quare appenditis argentum non in panibus et laborem uestrum non in saturitate? Audite audientes me et comedite bonum: et delectabitur in crassitudine anima uestra. Inclinate aurem uestram et uenite ad me: audite et uiuet anima uestra.

Et feriam uobiscum pactum sempiternum : misericordias dauid fidelis.[1] Ecce testem populis dedi eum. ducem et preceptorem gentibus. Ecce gentem quam nesciebas uocabis : et gentes que non cognouerunt te ad te current propter dominum deum tuum et sanctum/ israel quia glorificauit te. [fo. 110. Querite dominum dum inueniri potest : inuocate eum dum prope est. Derelinquat impius uiam suam et uir iniquus cogitaciones suas et reuertatur ad dominum et miserebitur eius et ad deum nostrum quoniam multus est ad ignoscendum. Non enim cogitaciones mee cogitaciones uestre neque uie uestre uie mee dicit dominus. Quia sicut exaltantur celi a terra. sic exaltate sunt uie mee a uiis uestris et cogitaciones mee a cogitacionibus uestris. Et quomodo descendit ymber et nix de celo. et illuc ultra non reuertitur : sed inebriat terram. et infundit eam. et germinare eam facit. et dat semen seminanti et panem comedenti. sic erit uerbum meum quod egredietur de ore meo. Dicit dominus : omnipotens.

Oracio.

DEus qui ecclesiam tuam semper gencium uocacione multiplicas : concede propicius. ut quos aqua baptismatis abluis. continua proteccione tuearis. Per.

Tractus.

SIcut ceruus. *Require in uigilia pasche.*

[1] *Sic.*

Oracio.

COncede quesumus omnipotens deus : ut qui sollempnitatem doni spiritus sancti colimus celestibus desideriis accensi : fontem uite siciamus dominum nostrum. In unitate eiusdem.

Finita oracione. incipiatur missa in hunc modum.

KYrieleyson iii. Christeleyson iii. Kyrieleyson iii. Gloria in excelsis. Dominus uobiscum. Et cum.

Oracio.

PResta quesumus omnipotens deus : ut claritatis tue super nos splendor effulgeat. et lux tue lucis corda eorum qui per graciam tuam renati sunt. sancti spiritus illustracione confirmet. Per dominum. In unitate eiusdem.

Leccio actuum apostolorum.

IN diebus illis : Factum est cum apollo esset corinthy : et paulus peragratis superioribus partibus ueniret ephesum : et inueniret quosdam discipulos. Dixitque ad eos : Si spiritum sanctum accepistis credentes ? At illi dixerunt ad eum. Sed neque si spiritus sanctus est audiuimus. Ille uero ait. In quo ergo baptizati estis ? Qui dixerunt. In Iohannis baptismate. Dixit autem paulus. Iohannes baptizauit baptismo penitencie populum : dicens in eum qui uenturus esset post ipsum ut crederent : hoc est in ihesum. Hiis auditis : baptizati sunt in nomine domini ihesu. Et cum imposuisset illis manus/ paulus: uenit [fo. 110. b. spiritus sanctus super eos et loquebantur linguis et prophetabant. Erant autem omnes uiri: fere duodecim. Introgressus autem paulus synagogam cum fiducia: loquebatur per tres menses disputans et suadens: de regno dei.

ALleluya. ℣. Confitemini.

Tractus.

LAudate dominum. *Require in uigilia pasche.*

Secundum Iohannem.

IN illo tempore: Dixit ihesus discipulis suis. Si diligitis me: mandata mea seruate. Et ego rogabo patrem et alium paraclitum dabit uobis ut maneat uobiscum ineternum spiritum ueritatis quem mundus non potest accipere: quia non uidet eum nec scit eum. Uos autem cognoscetis eum: quia apud uos manebit et in uobis erit. Non relinquam uos orphanos: ueniam ad uos. Adhuc modicum: et mundus me iam non uidet. Uos autem uidebitis me: quia ego uiuo et uos uiuetis. In illo die uos cognoscetis quia ego sum in patre meo: et uos in me. et ego in uobis. Qui habet mandata mea. et seruat ea: ille est qui diligit me: Qui autem diligit me: diligetur a patre meo. Et ego diligam eum: et manifestabo ei meipsum.

Offertorium.

EMitte spiritum tuum et creabuntur et renouabis faciem terre. sit gloria domini in secula alleluya.

Secretum.

HOstias populi tui quesumus domine miseratus intende. et ut tibi reddantur accepte. consciencias nostras sancti spiritus salutaris emundet aduentus. Per dominum. In unitate eiusdem.

Infra canonem.

COmmunicantes et diem sacratissimum pentecostes preuenientes quo spiritus apostolos plebemque credencium presencia sue magestatis impleuit. Sed et memoriam uenerantes.

HAnc igitur oblacionem seruitutis nostre. sed et cuncte familie tue quam tibi offerimus. pro hiis quoque quos regenerare dignatus es ex aqua et spiritu sancto tribuens eis remissionem omnium peccatorum. Quesumus domine.

Communio.

ULtimo festiuitatis die dicebat ihesus qui in me credit flumina de uentre eius fluent aque uiue hoc autem dixit de spiritu quem accepturi erant credentes in eum. alleluya alleluya.

Postcommunio.

PResta quesumus omnipotens deus. ut spiritus sanctus adueniens. magestatem nobis filii tui manifestando clarificet. Per eundem dominum nostrum. ihesum christum filium tuum. Qui tecum. In unitate eiusdem.

In die pentecostes.

Officium./ [fo. 111.

SPiritus domini repleuit orbem terrarum alleluya et hoc quod continet omnia scienciam habet uocis alleluya. alleluya alleluya. *Ps.* Omnium est enim artifex omnem habens uirtutem omnia prospiciens. *Ps.* Exurgat deus et dissipentur inimici eius. et fugiant.

Oracio.

DEus qui hodierna die corda fidelium sancti spiritus illustracione docuisti: da nobis in eodem spiritu recta sapere. et de eius semper consolacione gaudere. Per dominum. In unitate eiusdem.

Leccio actuum apostolorum.

IN diebus illis: Dum complerentur dies pentecostes: erant omnes discipuli pariter in eodem loco. Et factus est repente de celo sonus tanquam aduenientis spiritus uehementis: et repleuit totam domum ubi erant sedentes. Et apparuerunt illis dispartite lingue tanquam ignis: seditque supra singulos eorum. Et repleti sunt omnes spiritu sancto: et ceperunt loqui uariis linguis prout spiritus sanctus dabat eloqui illis. Erant autem in iherusalem habitantes iudei uiri religiosi ex omni nacione que sub celo est. Facta autem hac uoce: conuenit multitudo. et mente confusa est. quoniam audiebat unusquisque lingua sua illos loquentes. Stupebant autem omnes: et mirabantur dicentes. Nonne ecce omnes isti qui loquuntur galilei sunt? Et quomodo nos audiuimus unus-

quisque linguam nostram in qua nati sumus? Parthy. et medi. et elamite. et qui habitant mesopotamiam. iudeam. et capadociam. pontum. et asyam. frigiam. et pamphiliam. egyptum. et partes libie. que est circa cyrenen. et aduene romani. iudei quoque et proseliti. cretes et arabes. Audiuimus eos loquentes nostris linguis: magnalia dei.

ALleluya. ℣. Emitte spiritum tuum. et creabuntur et renouabis faciem terre. Alleluya. ℣. Ueni sancte spiritus reple tuorum corda fidelium et tui amoris in eis ignem accende. Alleluya. ℣. Paraclitus spiritus sanctus quem mittet pater in nomine meo ille nos docebit omnem ueritatem.

Sequencia.

SAncti spiritus assit nobis gracia. Que corda nostra sibi faciat habitacula. Expulsis inde cunctis uiciis spiritalibus. Spiritus alme illustrator hominum./ [fo. 111. b. Horridas nostre mentis purga tenebras. Amator sancte sensatorum semper cogitatuum. Infunde unccionem tuam clemens nostris sensibus. Tu purificator omnium flagiciorum spiritus. Purifica nostri oculum interioris hominis. Ut uideri supremus genitor possit a nobis. Mundi corde quem soli cernere possunt oculi. Prophetas tu inspirasti. ut preconia christi precinuissent inclita. Apostolos confortasti uti tropheum christi per totum mundum ueherent. Quando machinam per uerbum suum fecit deus celi terre marium. Tu super aquas foturus eas numen tuum expandisti spiritus. Tu animabus uiuificandis aquas fecundas. Tu aspirando das spiritales esse homines. Tu diuisum per linguas mundum et ritus adunasti domine.

Ydolatras ad cultum dei reuocas magistrorum optime. Ergo nos supplicantes tibi exaudi propicius sancte spiritus. Sine quo preces omnes casse creduntur et indigne dei auribus. Tu qui omnium seculorum sanctos. Tui numinis docuisti instinctu amplectendo spiritus. Ipse hodie apostolos christi. Donans munere insolito. et cunctis inaudito seculis. Hunc diem gloriosum fecisti.

Secundum Iohannem.

IN illo tempore: Dixit ihesus discipulis suis. Siquis diligit me: [1]sermonem meum seruabit. Et pater meus diliget eum. et ad eum ueniemus et mansionem apud[1] eum faciemus. Qui non diligit me: sermones meos non seruat. Et sermonem quem audistis non est meus: sed eius qui misit me patris. Hec locutus sum uobis: apud uos manens. Paraclitus autem spiritus sanctus quem mittet pater in nomine meo: ille uos docebit omnia et suggeret uobis omnia quecumque dixero uobis. Pacem relinquo uobis: pacem meam do uobis. Non quomodo mundus dat: ego do uobis. Non turbetur cor uestrum: neque formidet. Audistis quia ego dixi uobis: Uado et uenio ad uos. Si diligeretis me gauderetis utique quia uado ad patrem: quia pater maior me est. Et nunc dixi uobis priusquam fiat: ut cum factum fuerit credatis. Iam non multa loquar uobiscum. Uenit enim princeps mundi huius: et in me non habet quicquam. Sed ut cognoscat mundus quia diligo

[1]—[1] These two lines written in a different hand over erasure.

patrem: et sicut mandatum dedit michi pater: sic facio.

Offertorium.

COnfirma hoc deus quod operatus es in nobis a templo tuo quod est in iherusalem tibi offerent reges munera alleluya.

Secretum.

MUnera quesumus domine oblata sanctifica: et corda nostra sancti spiritus/ [fo. 112. illustracione emunda. Per dominum. In unitate eiusdem.

Prefacio.

QUi ascendens super omnes celos.

Infra canonem.

COmmunicantes et diem sacratissimum pentecostes celebrantes. quo spiritus sanctus apostolis in innumeris linguis apparuit. sed et memoriam. Hanc igitur *sicut in uigilia.*

Communio.

FActus est repente de celo sonus aduenientis spiritus uehementis ubi erant sedentes alleluya. et repleti sunt omnes spiritu sancto loquentes magnalia dei alleluya alleluya.

Postcommunio.

SAncti spiritus domine corda nostra mundet infusio. et sui roris intima aspersione fecundet. Per dominum. In unitate eiusdem.

Feria ii. officium.

CIbauit eos ex adipe frumenti alleluya. et de petra melle saturauit eos alleluya. alleluya. alleluya. *Ps.* Exultate deo adiutori. Gloria.

Oracio.

DEus qui apostolis tuis sanctum dedisti spiritum: concede plebi tue pie peticionis effectum. ut quibus dedisti fidem. largiaris et pacem. Qui uiuis et regnas cum deo patre. In unitate eiusdem.

Leccio actuum apostolorum.

IN diebus illis: Aperiens petrus os suum: dixit. Uiri fratres: nobis precepit dominus predicare populo et testificari. quia ipse est qui constitutus est a deo iudex uiuorum et mortuorum. Huic omnes prophete testimonium perhibent remissionem peccatorum accipere per nomen eius omnes qui credunt in eum. Adhuc loquente petro uerba hec: cecidit spiritus sanctus super omnes qui audiebant uerbum. Et obstupuerunt omnes ex circumcisione fideles qui uenerant cum petro: quia et in naciones gracia spiritus sancti effusa est. Audiebant enim illos loquentes linguis: et magnificantes deum. Tunc respondit petrus. Numquid aquam quis prohibere potest ut non baptizarentur hii qui spiritum sanctum acceperunt sicut et nos? Et iussit eos baptizari: in nomine domini nostri ihesu christi.

ALleluya. ℣. Spiritus sanctus docebit uos quecumque dixero uobis. Alleluya. ℣. Non uos relinquam orphanos uado et uenio ad uos. et gaudebit cor uestrum.

Sequencia.

EYa musa. Alleluya. Dic queso preclara chorea. Blandificaque libens perstrepe organa. Et

modulans tibia resultat plectro laudum leta carmina. Nostraque caterua huius diei euprepia. Parocliti carisma hac die alumpnos christi ditat. Facto repente sono. linguis dei fantur magnalia. Uesano plena ructu perfidia. Musto alumpnos madere putat. Spiritus gracia ardentes/ quos reddit [fo. 112. b. feruida. Anastasi peracta quinquagena. Misticus penetrauit spiritus. Pectorum intima oppido reddens flammancia. Mox egressi omnes una. Tetra peragrant arua. Diffundentes uerbi semina. Mistica patrant essigna. Superno rore noua. Bibula madidant intima. Ecce christe nunc caterua tua. In hac aula decantat carmina. Ut celesti permixta agmini. Indiscrete dicat noua tibi promens cantica. Sit perhennis domino gloria. Decus honor potestas per secula. Qui tribuit spiritus graciam. Omnibus per arua qui sequuntur eius monita. Poscimus omnes tua supplices magnalia. Ut sanctus nostra spiritus emundans intima. Illustret dare[1] sophia alleluya.

Secundum Iohannem.

IN illo tempore: Dixit ihesus discipulis suis. Sic deus dilexit mundum: ut filium suum unigenitum daret. Ut omnis qui credit in ipsum non pereat: sed habeat uitam eternam. Non enim misit deus filium suum in mundum ut iudicet mundum: sed ut saluetur mundus per ipsum. Qui credit in eum: non iudicatur. Qui autem non credit iam iudicatus est: quia non credit in nomine unigeniti filii dei. Hoc est autem iudicium quia lux uenit in mun-

[1] *Sic* for *clare.*

dum : et dilexerunt homines magis tenebras quam lucem. Erant enim illorum mala opera. Omnis enim qui male agit : odit lucem. Et non uenit ad lucem : ut non arguantur opera eius. Qui autem facit ueritatem uenit ad lucem : ut manifestentur opera eius : quia in deo facta sunt.

Offertorium.

INtonuit de celo dominus et altissimus dedit uocem suam. et apparuerunt fontes aquarum alleluya.

Secretum.

PResta domine quesumus ut secundum promissionem filii tui domini nostri ihesu christi sanctus[1] sanctus et huius nobis sacrificii copiosius reuelet archanum. et omnem reseret propicius ueritatem. Per. In unitate eiusdem.

Prefacio.

QUi ascendens.

Infra canonem.

COmmunicantes et diem.

Communio.

SPiritus sanctus docebit uos alleluya quecumque dixero uobis alleluya alleluya.

Postcommunio.

PLenum in nobis domine quesumus remedium nostre redempcionis operare. ut habitacione spiritus sancti digni effici ualeamus. Per dominum. In unitate eiusdem.

[1] *Sic* for *spiritus*.

Feria iii. officium.

ACcipite iocunditatem glorie uestre gracias agentes deo alleluya/ qui uos ad celestia [fo. 113. regna uocauit alleluya. alleluya alleluya. *Ps.* Attendite popule. Gloria.

Oracio.

ASsit nobis quesumus domine uirtus spiritus sancti : que et corda nostra clementer expurget. et ab omnibus tueatur aduersis. Per dominum. In unitate eiusdem.

Leccio actuum apostolorum.

IN diebus illis : Cum audissent apostoli qui erant iherosolimis quia recepit samaria uerbum dei : miserunt ad eos petrum et iohannem. Qui cum uenissent : orauerunt pro ipsis ut acciperent. spiritum sanctum. Nondum enim in quemquam illorum uenerat : sed baptizati tantum erant in nomine domini nostri ihesu christi. Tunc imponebant manus super illos : et accipiebant spiritum sanctum.

ALleluya. ℣. Spiritus qui a patre procedit ille me clarificabit. Alleluya. ℣. Factus est repente de celo sonus aduenientis spiritus uehementis.

Sequencia.

ALma chorus domini nunc pangat nomina summi. Alleluya. Messyas sother emmanuel. sabaoth adonai. Est unigenitus uia uita manus homousyon. Principium primogenitus sapiencia uirtus. Alpha capud finisque simul uocitatur et est oo. Fons et origo boni paraclitus ac mediator. Agnus ouis uitulus serpens aries leo uermis. Os uerbum splendor. sol gloria. lux et ymago. Panis flos uitis mons ianua petra lapisque. Angelus et sponsus pastorque propheta sacerdos. Athanathos. kyros. theos. panton craton et ysus. Saluificet nos sit cui secla per omnia doxa.

Secundum Iohannem.

IN illo tempore: Dixit ihesus discipulis suis. Amen amen dico uobis. qui non intrat per ostium in ouile ouium sed ascendit aliunde: ille fur est et latro. Qui autem intrat per ostium: pastor est ouium. Huic ostiarius aperit: et oues uocem eius audiunt. Et proprias oues uocat nominatim: et educit eas. Et cum proprias oues emiserit: ante eas uadit. Et oues illum secuntur: quia sciunt uocem eius. Alienum autem non sequuntur sed fugiunt ab eo: quia non nouerunt uocem alienorum. Hoc prouerbium: dixit eis ihesus. Illi autem non cognouerunt: quid loqueretur eis. Dixit ergo eis ihesus. Amen amen dico uobis: quia ego sum ostium ouium. Omnes quotquot uenerunt fures sunt et latrones: sed non audierunt eos oues. Ego sum ostium ouium. Per me siquis introierit/ [fo. 113. b. saluabitur: et ingredietur. et egredietur: et pascua inueniet. Fur non uenit nisi ut furetur: et mactet et perdat. Ego ueni ut uitam habeant: et habundancius habeant.

Offertorium.

POrtas celi aperuit dominus et pluit illis manna ut ederent panem celi dedit eis panem angelorum manducauit homo alleluya.

Secretum.

DEscendat domine super hoc spiritus sanctus altare. qui et dona populi tui sanctificet: et sumencium corda placatus emundet. Per dominum. In unitate eiusdem.

Prefacio.

QUi ascendens.

Infra canonem.

COmmunicantes. Hanc igitur.

Communio.

SPiritus qui a patre procedit alleluya. ille me clarificabit alleluya alleluya.

Postcommunio.

MEntes nostras quesumus domine spiritus sanctus diuinis reparet sacramentis. quia ipse est remissio omnium peccatorum. Per dominum. In unitate eiusdem.

Feria iv. de sollempnitate officium.

SPiritus domini.

Oracio.

MEntes nostras quesumus domine paraclitus qui a te procedit illuminet: et inducat in omnem sicut tuus promisit filius ueritatem. Qui tecum.

Leccio actuum apostolorum.

IN diebus illis: Stans petrus cum undecim: eleuauit uocem suam et locutus est eis. Uiri iudei et qui habitatis iherusalem uniuersi: hoc uobis notum sit et auribus percipite uerba mea. Non enim sicut uos estimatis hii ebrii sunt cum sit hora diei tercia. Sed hoc est quod dictum est per prophetam iohel. Et erit. In nouissimis diebus dicit dominus effundam de spiritu meo super omnem carnem: et prophetabunt filii uestri. et filie uestre. et iuuenes uestri uisiones uidebunt: et seniores uestri sompnia sompniabunt. Et quidem super seruos meos et ancillas meas in diebus illis effundam de spiritu meo et prophetabunt. Et dabo prodigia in celo sursum: et signa in terra deorsum. sanguinem et ignem. et uaporem fumi. Sol conuertetur in tenebras et luna in sanguinem: antequam ueniat dies domini magnus et manifestus. Et erit. Omnis quicumque inuocauerit nomen domini: saluus erit.

ALleluya. ℣. Spiritus paraclitus docebit uos omnia. Alleluya. ℣. Loquebantur uariis linguis apostoli magnalia dei.

Sequencia.

ALmiphona iam gaudia. Alleluya. Celi rutilant per climata. Elo/giantur cuncti bona. [fo. 114. Pneumatis afflata sacri flamma. Replentur hodie quispiorum a fabre corda pura. Renouantur namque festa illa. Typicalia dudum in syna moysi consignata. O beata et uera gaudia. Homo cum celsa petit deus et yma. In ignis forma. Pacem namque hodie in ueram. Sunt copulata duo animalia. Superna. yma. Theologareumata concrepet utriusque dyapason uera. Cherubyn etherea seraphyn atque cuncta ignea caterua. Tuba iubilea tympanizent rupta uincula. Prius terrigenam detinebant que nexam dragmam. Nunc uos michael satrapa gabriel uera polixe dans nuncia. Hos terrigenas uernulas ferte in uestras pollicas officinas. Nunc ergo cuncta superna iuncta phalanga benedicat sanctum pneuma. Uoce sonora. Eius et munere compta testula rubra redimpendat uera symbola. En armonica. Esse ultima uel particula ut mereamur eius in aula. Amen omnia subiungant pium mente pura iam nunc redempta. Rite canendo alleluya.

Secundum Iohannem.

IN illo tempore: Dixit ihesus turbis iudeorum. Nemo potest uenire ad me: nisi pater meus qui misit me traxerit eum. Et ego resuscitabo eum: in nouissimo die. Est scriptum in prophetis. Et erunt omnes docibiles dei. Omnis enim qui audiuit a patre et didicit: uenit ad me. Non quia uidit patrem quisquam: nisi is qui est a deo. hic uidit patrem. Amen amen dico uobis: qui credit in me habet uitam eternam. Ego sum panis uite. Patres uestri manducauerunt manna in deserto: et mortui sunt. Hic est panis de celo descendens: ut siquis ex ipso manducauerit non moriatur. Ego sum panis uiuus qui de celo descendi. Siquis manducauerit ex hoc pane: uiuet ineternum. Et panis quem ego dabo caro mea est: pro mundi uita.

Offertorium.

COnfirma hoc.

Secretum.

OBlata tibi domine deus munera spiritus sanctus sanctificet: et eorum nos participacio ab omnium peccatorum contagione custodiat. Per dominum. In unitate eiusdem.

Prefacio.

QUi ascendens.

Communio.

FActus est.

Postcommunio.

PEr huius domine uirtutem misterii tue nos claritatis perpetuus splendor illustret. et cum consubstanciali tibi filio spiritus sanctus illuminet. Per dominum. In unitate eiusdem.

Eodem die de| ieiunio [fo. 114. b. *officium.*

DEus dum egredereris coram populo tuo alleluya iter faciens eis alleluya. habitans in illis alleluya alleluya. *Ps.* Exurgat deus. Gloria patri.

Oracio.

OMnipotens et misericors apta nos tue propicius uoluntati : quo sicut eius pretereuntes tramitem deuiamus. sic integro tenore dirigamur ad illius semper ordinem recurrentes. Per.

Leccio libri sapiencie.

IN diebus illis. Dixit salamon filiis israel. Diligite iusticiam : qui iudicatis terram. Sentite de domino in bonitate : et in simplicitate cordis querite illum. Quoniam inuenitur ab hiis qui non temptant illum : apparet autem eis qui fidem habent in illum. Peruerse enim cogitaciones seperant a deo :

probata autem uirtus corripit insipientes. Quoniam in maliuolam animam non introibit sapiencia : nec habitabit in corpore subdito peccatis. Sanctus enim spiritus discipline effugiet fictum : et auferet se a cogitacionibus que sunt sine intellectu. et corripietur a superueniente iniquitate. Benignus est enim spiritus sapiencie : et non liberabit maledictum a labiis suis. Quoniam renum illius testis est deus : et cordis eius scrutator est uerus. et lingue eius auditor. Quoniam spiritus domini repleuit orbemterrarum : et hoc quod continet omnia scienciam habet uocis.

ALleluya. ℣. Emitte spiritum.

Oracio.

DA nobis mentem domine que tibi sit placita : quia talibus iugiter quicquid est prosperum iugiter ministrabis. Per dominum.

Leccio ysaie prophete.

HEc dicit dominus deus. Audi iacob serue meus : et israel quem elegi. Faciens et formans te ab utero : auxiliator tuus. Quia ego sum qui deleo iniquitates tuas propter me. et peccatorum tuorum non recordabor. Reduc me in memoriam ut iudicemur simul. Narra siquid habes : ut iustificeris. Noli timere serue meus iacob. et rectissime quem elegi. Effundam enim aquas super sicientem. et fluenta super arridam. Effundam de spiritu meo super semen tuum : et benediccionem meam

371

super generacionem tuam. Dicit dominus : omnipotens.

ALleluya. ℣. Spiritus domini repleuit orbem terrarum et hoc quod continet omnia scienciam habet uocis.

Secundum matheum.[1]

IN illo tempore : Accesserunt discipuli/ ad ihesum [fo. 115. dicentes. Dimitte turbas : ut euntes in castella. uillasque que circa sunt diuertant. et inueniant escas qui[2] hic in loco deserto sumus. Ait autem ad illos. Uos date illis manducare. At illi dixerunt. Non sunt nobis nisi quinque panes et duos pisces nisi forte nos eamus et emamus in omnem hanc turbam escas. Erant autem uiri : fere quinque milia. Ait autem : ad discipulos suos. Facite homines discumbere per conuiuia : quinquagenos. Et ita fecerunt. Et discubuerunt omnes. Acceptis autem ihesus quinque panibus et duobus piscibus : respexit in celum. et benedixit eos. et fregit et distribuit discipulis suis : ut ponerent ante turbas. Et manducauerunt omnes : et saturati sunt.

Offertorium.

LAuda anima mea dominum. laudabo dominum in uita mea psallam deo meo quoniam diu ero alleluya.

Secretum.

SOllempnibus ieiuniis expiatos tuo nos quesumus domine misterio congruentes. hoc sacro munere effice. quia tanto nobis

[1] *Sic* for *Lucam.*
[2] *Sic.*

372

salubrius aderit : quanto id deuocius sumpsimus. Per dominum.

Communio.

PAcem meam do uobis alleluya. pacem relinquo uobis alleluya alleluya.

Postcommunio.

PUrifica domine diuinis sacramentis tuorum corda fidelium : ut a terrena cupiditate mundati. et presentis uite periculis exuantur. et perpetuis donis firmentur. Per.

Feria v. officium.

SPiritus domini. *Ps.* Omnium est enim.

Oracio.

PResta quesumus omnipotens et misericors deus : ut spiritus sanctus adueniens. templum nos glorie sue dignanter inhabitando perficiat. Per dominum. In unitate eiusdem.

Leccio actuum apostolorum.

IN diebus illis. Philippus descendens in ciuitatem samariam : predicauit illis ihesum. Intendebant autem turbe hiis que a philippo dicebantur : unanimiter audientes et uidentes signa que faciebat. Multi enim eorum qui habebant spiritus inmundos : clamantes uoce magna exibant. Multi autem paralitici et claudi : curati sunt. Factum est ergo gaudium magnum : in illa ciuitate.

ALleluya. ℣. Emitte spiritum. Alleluya. ℣. Ueni sancte spiritus.

373

Sequencia.

CHriste saluator ihesu hel alpha et oo eya. Alleluya. Eloym eloe adonay sabaothia. Saday robustus kyros. elon fortis uita. Tetragramaton. iot. he. uau. het. deus dominus uia. Sol. eye. heser. messyas qui es sother ueritas. Unctus homo usyon excelsus ymago ma/gister figura. [fo. 115. b. Mediator brachium os uerbum sacerdos manus flos propheta. Primogenitus inuisibilis principium mons lapis aries aquila. Ommanuel.[1] agnus. ouis. hedus. uitulus leo serpens fundamentum petra. Panis. caro. uitis. ostium sapiencia. Lux. splendor. finis. oriens. fons. ianua. uermis. Incorruptibilis eternus inmortalis incommutabilis gloria. Inpassibilis summus bonus. unigenitus uirtus oriens trinitas. Imploramus supplices humiles ab uniuersis magestatem tuam maximam. Insidiis defende zabuli nos que custodi ut semper tua preconia. Deferentes digne que exultantes laudibus poli excelsa. Conscendere gaudere gaudere[1] inter sanctorum ciuium ibi agmina. Claritate iocunda perfrui mereamurque in gloria. Gratulantur te deum cernentes adoramusque in gloria. Laus tibi honor atque uirtus sit per infinita amen secla.

Secundum lucam.

IN illo tempore: Conuocatis ihesus duodecim apostolis dedit illis uirtutem et potestatem super omnia demonia: et ut languores curarent. Et misit illos predicare regnum dei: et sanare infirmos. Et ait ad illos. Nichil tuleritis in uia: neque uirgam. neque peram. neque panem. neque pecuniam. neque duas tunicas habeatis. Et in quam-

[1] *Sic.*

374

cumque domum intraueritis: ibi manete. et inde ne exeatis. Et quicumque non receperint uos: exeuntes de ciuitate illa. eciam puluerem pedum uestrorum excutite in testimonium supra illos. Egressi autem circuibant per castella: euuangelizantes. et curantes ubique.

Offertorium.

EMitte spiritum.

Secretum.

UIrtute spiritus sancti domine munera nostra continge. et quod sollempnitate presenti tuo nomini dedicauit. et intelligibile nobis faciat et eternum. Per dominum. In unitate eiusdem.

Communio.

FActus est.

Postcommunio.

SAcris celestibus domine operante spiritu sancto uicia nostra purgentur: ut muneribus tuis semper possimus aptari. Per dominum. In unitate eiusdem.

Feria vi. de sollempnitate. officium.

SPiritus domini.

Oracio.

DA quesumus ecclesie tue misericors deus: ut spiritu sancto congregata hostili nullatenus incursione turbetur. Per dominum. In unitate eiusdem.

Leccio actuum apostolorum.

IN diebus illis: Aperiens petrus os suum: dixit. Uiri israelite: audite uerba hec. Ihesum nazarenum uirum probatum a deo in uobis uirtutibus et prodigiis et signis. que fecit per illum / deus in medio [fo. 116. uestri sicut uos scitis. Hunc definito consilio et presciencia dei. traditum per manus iniquorum. affligentes interemistis. Quem deus suscitauit solutis doloribus inferni iuxta quod impossibile erat teneri illum ab eo. Dauid enim dicit in eum. Prouidebam dominum coram me semper: quoniam a dextris est michi ne commouear. Propter hoc letatum est cor meum. et exultauit lingua mea et caro mea requiescet in spe. Quoniam non derelinques animam meam in inferno: nec dabis sanctum tuum uidere corrupcionem. Notas michi fecisti uias uite replebis me iocunditate cum facie tua.

ALleluya. ℣ Repleti sunt omnes spiritu sancto. et ceperunt loqui ma nalia dei. Alleluya. ℣. Paraclitus. *Require in die pentecostes.*

Sequencia.

LAudes deo deuota.[1] Alleluya. Dulci uoce ac sonora. Plebs decantet catholica. Spiritus sancti gracia. Apostolis die hodierna In igneis linguis est infusa. Paracliti presencia. Emundet nos[2] peccati macula. Pura sibi aptans habitacula. Karismatum et munera. Pectoribus nostris pius infundat. Uita nostra sibi ut complaceat. Per seculorum secula. Conclamemus alleluya. Sit deo laus potestas honor uirtus et gloria.

Lucam.

IN illo tempore: Factum est in una dierum: et ihesus sedebat docens. Et erant pharisei sedentes. et legis doctores qui uenerant ex omni castello galilee et iudee et iherusalem: et uirtus erat domini ad sanandum eos. Et ecce uiri portantes in lecto hominem qui erat paraliticus. et querebant eum inferre. et ponere ante eum. Et non inuenientes qua parte illum inferrent pre turba: ascenderunt super tectum. et per tegulas submiserunt illum cum lecto in medium ante ihesum. Quorum fidem ut uidit: dixit. Homo remittuntur tibi peccata. Et ceperunt cogitare scribe et pharisei dicentes. Quis est hic qui loquitur blasphemias. Quis potest dimittere peccata nisi solus deus? Ut cognouit autem ihesus cogitaciones eorum: respondens dixit ad illos. Quid cogitatis mala in cordibus uestris: Quid est facilius dicere dimittuntur tibi peccata an dicere surge et ambula? Ut sciatis autem quia filius hominis habet potestatem in terra dimittendi peccata: ait paralitico. Tibi dico surge: tolle lectum tuum et uade in domum tuam. Et confestim surgens coram illis: / tulit lectum in quo [fo. 116. b. iacebat et abiit in domum suam magnificans deum. Et stupor apprehendit omnes: et magnificabant deum. Et repleti sunt timore. dicentes: quia uidimus mirabilia hodie.

[1] *Sic.*
[2] *a* added in margin.

377

Offertorium.

COnfirma hoc deus.

Secretum.

SAcrificia domine tuis oblata conspectibus ille ignis diuinus absumat. qui discipulorum christi tui per spiritum sanctum corda succendit. Per dominum. In unitate eiusdem.

Communio.

FActus est repente.

Postcommunio.

COncede quesumus omnipotens deus ut huius percepcione sacramenti ita uicia fragilitatis nostre purgentur. quatinus per spiritum sanctum repromissum in nobis donum tue gracie senciamus. Per dominum. In unitate eiusdem.

Eodem die de ieiunio officium.

REpleatur os meum laude alleluya. ut possim cantare alleluya. gaudebunt labia mea dum cantauero tibi alleluya. alleluya. *Ps.* In te domine speraui non confundar ineternum. in iusticia tua libera et eripe me.

Oracio.

TU nobis domine terrenarum frugum tribuas ubertatem fac mentes nostras celesti fertilitate fecundas. Per.

Leccio Iohelis prophete.

HEc dicit dominus deus. Exultate filie syon et letamini in domino deo uestro: quia dedit uobis doctorem iusticie. Et descendere faciet ad uos ymbrem matutinum et

378

serotinum in principio. et implebuntur horrea uestra frumento. et redundabunt torcularia uino et oleo. Et comedetis uescentes et saturabimini. et laudabitis nomen dei uestri qui fecit uobiscum mirabilia. Et non confundetur populus meus in sempiternum: et scietis quia in medio israel ego sum. Ego dominus deus uester. et non est amplius. et non confundetur populus meus in sempiternum. Ait dominus: omnipotens.

ALleluya. ℣. Spiritus qui a patre procedit ille me clarificabit.

Secundum lucam.

IN illo tempore. Uenit ad ihesum uir cui nomen iayrus. et ipse princeps synagoge erat. Et cecidit ante pedes eius rogans eum ut intraret domum eius: quia filia unica erat illi fere annorum duodecim. et hec moriebatur. Et contigit dum iret: a turbis comprimebatur. Et mulier quedam erat in fluxu sanguinis ab annis duodecim que in medicos erogauerat omnem substanciam suam. nec ab ullo potuit curari. Accessit retro: et tetigit fimbriam uestimenti eius: et con/festim stetit fluxus [fo. 117. sanguinis eius. Et ait ihesus. Quis est qui me tetigit. Negantibus autem omnibus: dixit petrus et qui cum illo erant. Preceptor: turbe te comprimunt et affligunt: et tu dicis quis me tetigit? Et dixit ihesus. Tetigit me aliquis. Nam et ego noui uirtutem de me exisse. Uidens autem mulier quia non latuit: uenit tremens et procidit ante pedes eius et ob quam causam tetigerit eum indicauit coram omni populo et quemadmodum confestim sanata sit. At ipse dixit illi. Filia: fides tua te saluam fecit: uade in pace. Adhuc illo loquente: uenit quidam ad principem synagoge dicens illi quia mortua est filia tua noli uexare illum. Ihesus autem audito hoc uerbo: ait patri puelle. Noli timere: crede tantum et salua erit. Et cum uenisset ad domum: non permisit intrare secum quemquam nisi Petrum et iacobum et iohannem. et patrem et matrem puelle. Flebant autem omnes. et plangebant eum. At ipse dixit. Nolite flere. Non est enim mortua: sed dormit. Et deridebant eum scientes quia mortua esset. Ipse autem tenens manum eius: clamauit dicens. Puella: tibi dico surge. Et reuersus est spiritus eius: et surrexit continuo. Et iussit illi dari manducare. Et stupuerunt parentes eius. Quibus precepit ne alicui dicerent: quod factum fuerat.

Offertorium.

BEnedicite gentes dominum deum uestrum. et obaudite uocem laudis eius qui posuit animam meam ad uitam et non dedit commoueri pedes meos benedictus dominus qui non amouit deprecacionem meam. et misericordiam suam a me alleluya.

Secretum.

UT accepta tibi sint domine nostra ieiunia: presta nobis quesumus huius munere sacramenti: purificatum tibi pectus offerre. Per.

Communio.

SPiritus ubi uult spirat et uocem eius audis alleluya. et nescis unde ueniat aut quo uadat alleluya. alleluya alleluya.

Postcommunio.

ANnue quesumus omnipotens deus: ut sacramentorum tuorum gesta recolentes. et temporali securitate releuemur. et erudiamur legalibus institutis. Per.

Sabbato de sollempnitate officium.

SPiritus domini.

Oracio.

MEntibus nostris quesumus domine spiritum sanctum benignus infunde: cuius et sapiencia conditi sumus. et prouidencia gubernamus. Per. In unitate eiusdem.

Leccio actuum apostolorum.

IN diebus illis: Conuenit/ uniuersa ciuitas audire [fo. 117. b. uerbum dei. Uidentes autem turbas iudei repleti sunt zelo. et contradicebant hiis que a paulo dicebantur blasphemantes. Tunc constanter paulus et barnabas dixerunt. Uobis oportebat primum loqui uerbum dei. Sed quoniam repulistis illud. et indignos uos iudicastis eterne uite: ecce conuertimur ad gentes. Sic enim precepit nobis dominus. Posui te in lucem gencium: ut sis in salutem usque ad extremum terre. Audientes autem gentes gauise sunt et glorificabant uerbum domini. Et crediderunt quotquot erant preordinati ad uitam eternam. Disseminabatur autem uerbum domini: in uniuersam regionem. Iudei autem concitauerunt religiosas mulieres et honestas et primos ciuitatis: et excitauerunt persecucionem in paulum et barnaban. et eiecerunt eos de finibus suis. At illi excusso puluere pedum in eos uenerunt yconium. Disciplui autem replebantur gaudio: et spiritu sancto.

ALleluya. ℣. Caritas dei diffusa est in cordibus nostris per spiritum sanctum qui datus est nobis. Alleluya. ℣. Ueni sancte spiritus.

Secundum Lucam.

IN illo tempore: Surgens ihesus de synagoga: introiuit in domum symonis. Socrus autem symonis tenebatur magnis febribus. Et rogauerunt illum pro ea. Et stans super illam imperauit febri: et dimisit illam. Et continuo surgens ministrabat illis. Cum sol autem occidisset: omnes qui habebant infirmos uariis languoribus: ducebant illos ad eum. At ille singulis manus imponens: curabat eos. Exibant autem demonia a multis clamancia et dicencia quia tu es filius dei. Et increpans non sinebat ea loqui: quia sciebant ipsum esse christum. Facta autem die: egressus ibat in desertum locum et turbe requirebant eum. Et uenerunt usque ad ipsum: et detinebant eum ne discederet ab eis. Quibus ille ait. Quia et aliis ciuitatibus oportet me euuangelizare: regnum dei.

Offertorium.

EMitte spiritum.

Secretum.

EMitte domine quesumus spiritum sanctum qui et hec munera presencia tuum nobis efficiat sacramentum: et ad hoc percipiendum corda nostra purificet. Per dominum. In unitate eiusdem.

Communio.

FActus est repente.

Postcommunio.

ILlo nos igne quesumus domine spiritus inflammet. quem dominus noster ihesus christus misit in/ terram. et uoluit [fo. 118. uehementer accendi. Qui uiuit. In unitate eiusdem.

Sabbato de ieiunio officium.

CAritas dei diffusa est in cordibus uestris alleluya. per inhabitantem spiritum eius in uobis alleluya. alleluya. *Ps.* Domine deus salutis mee in die clamaui. et nocte coram te.

Oracio.

PResta quesumus domine famulis tuis. tales que nos concede fieri gracie tue largitate et fiducialiter imploramus et sine difficultate sumamus. Per.

Leccio Iohelis prophete.

HEc dicit dominus deus. Effundam de spiritu meo super omnem carnem: et prophetabunt filii uestri et filie uestre. Senes uestri sompnia sompniabunt: et iuuenes uestri uisiones uidebunt. Sed et super seruos meos. et ancillas meas in diebus illis effundam de spiritu meo et prophetabunt. Et dabo prodigia in celo sursum: et signa in terra deorsum. sanguinem. et ignem. et uaporem fumi. Sol conuertetur in tenebras et luna in sanguinem: antequam ueniat dies domini magnus et manifestus. Et erit. Omnis quicunque inuocauerit nomen domini: saluus erit.

ALleluya. ℣. Emitte spiritum tuum et creabuntur et renouabis faciem terre.

Oracio.

DA nobis domine quesumus regnum tuum iusticiamque semper querere: ut quibus indigere nos prospicis. clementer facias abundare. Per.

Leccio libri leuitici.

IN diebus illis: Locutus est dominus ad moysen dicens. Loquere filiis israel: et dices ad eos. Cum ingressi fueritis terram quam ego dabo uobis. et messueritis segetem. feretis manipulos spicarum primicias messis uestre ad sacerdotem. Qui eleuabit fasciculum coram domino ut acceptabilis sit pro uobis altero die sabbati. et sanctificabit illum. Numerabitis ergo ab ipso die in quo optulistis manipulos primiciarum septem ebdomodas plenas usque ad alteram diem explecionis ebdomode septime. et sic offeretis sacrificium nouum domino ex omnibus habitaculis uestris panes primiciarum duos de duabus decimis simile. quos eleuabit sacerdos coram domino. et uocabitis hunc diem celeberrimum atque sanctissimum. Omne opus seruile: non facietis in eo. Legitimum sem-

piternum erit in cunctis habitaculis et generacionibus uestris. Dicit dominus: omnipotens.

ALleluya./ ℣. Spiritus [fo. 118. b. sanctus docebit uos quecumque dixero uobis.

Oracio.

DEus qui misericordia tua preuenis eciam non petentes da nobis affectum magestatem tuam iugiter deprecandi ut pietate tua perpetua supplicibus pociora diffundas. Per.

Leccio libri deutronomii.

IN diebus illis: Dixit moyses filiis israel. Audi israel que ego precipio tibi hodie. Cum intraueris terram quam dominus deus tuus tibi daturus est possidendam. et optinueris eam atque habitaueris in illa. tolles de cunctis frugibus tuis primicias et pones in cartallo pergesque ad locum quem dominus deus tuus elegerit. ut ibi inuocetur nomen eius. Accedensque ad sacerdotem qui fuerit in diebus illis: dices ad eum. Profiteor hodie coram domino deo tuo: quia exaudiuit nos et respexit humilitatem nostram. et laborem atque angustiam. et eduxit nos de egypto in manu forti et brachio extento. in ingenti pauore in signis atque portentis. et introduxit nos ad locum istum et tradidit nobis terram lacte et melle manantem. Et iccirco nunc offero primicias frugum terre quam dominus deus dedit michi. Et dimittes eas in conspectu domini dei tui. et adorato domino deo tuo epulaberis in omnibus bonis que dominus deus dederit tibi.

[A]Lleluya. ℣. Spiritus qui a patre procedit ille me clarificabit.

Oracio.

DEus qui nos de presentibus adiumentis esse uetuisti sollicitos : tribue quesumus : ut pie sectando que tua sunt uniuersa nobis salutaria condonentur. Per.

Leccio libri leuitici.

IN diebus illis : Dixit dominus ad moysen. Si in preceptis meis ambulaueritis et mandata mea custodieritis. et feceritis ea. dabo uobis pluuiam temporibus suis. et terra gignet germen suum. et pomis arbores replebuntur. Apprehendet messium tritura uindemiam. et uindemia occupabit sementem. Et comedetis panem uestrum in saturitate : et absque pauore habitabitis in terra uestra. Dabo pacem in finibus uestris. Dormietis: et non erit qui exterreat. Auferam malas bestias a uobis. et gladius non transibit terminos uestros. Persequemini inimicos uestros. et corruent coram uobis. Persequen/tur quinque [fo. 119. de uobis centum alienos : et centum ex uobis decem millia. Cadent inimici uestri in conspectu uestro gladio. Respiciam uos : et crescere faciam. Multiplicabimini : et firmabo pactum meum uobiscum. Et comedetis uetustissima ueterum. et uetera nouis superuenientibus proicietis. Ponam tabernaculum meum in medio uestri. et non abiciet uos ultra anima mea. Ambulabo inter uos et ero uester deus : uosque eritis populus meus Dicit dominus : omnipotens.

ALleluya. ℣. Spiritus paraclitus docebit uos omnia.

Oracio.

DEus qui non despicis corde contritos et afflictis misereris. populum tuum ieiunii ad te deuocione clamantem propiciatus exaudi. ut quos humiliauit aduersitas. attollat reparacionis tue prosperitas. Per.

Leccio danielis prophete.

IN diebus illis. Angelus domini descendit. *Queratur sabbato iiii^or temporum mensis septembris.*

ALleluya. ℣. Benedictus es domine deus patrum nostrorum et laudabilis in secula.

Oracio.

DEus qui tribus pueris mitigasti flammas ignium : concede propicius : ut nos famulos tuos non exurat flamma uicorum[1]. Per.

Ad romanos.

FRatres : Iustificati ex fide : pacem habeamus. ad deum per dominum nostrum ihesum christum. Per quem et accessum habemus per fidem in gloria ista in qua stamus. et gloriamur in spe glorie filiorum dei. Non solum autem sed et gloriamur in tribulacionibus : scientes quod tribulacio pacienciam operatur.

[1] *Sic.*

387

paciencia autem probacionem. probacio uero spem. Spes autem non confundit: quia caritas dei diffusa est in cordibus uestris: per spiritum sanctum qui datus est nobis.

ALleluya. ℣. Laudate dominum omnes gentes et collaudate eum omnes populi.

Secundum matheum.

IN illo tempore: Egrediente ihesu ab iherico: secuta est eum turba multa. Et ecce duo ceci sedentes secus uiam: audierunt quia ihesus transiret: et clamauerunt dicentes. Domine miserere nostri: fili dauid. Turba autem increpabat eos: ut tacerent. At illi magis clamabant dicentes. Domine miserere nostri: fili dauid. Et stetit ihesus: et uocauit eos et ait. Quid uultis ut faciam uo/bis? Dicunt illi. Domine: ut ape- [fo. 119. b. riantur oculi nostri. Misertus autem eorum ihesus: tetigit oculos eorum. Et confestim uiderunt. et secuti sunt eum.

Offertorium.

DOmine deus salutis mee in die clamaui. et nocte coram te intret oracio mea in conspectu tuo domine alleluya.

Secretum.

OMnipotens sempiterne deus: qui non sacrificium ambicione placaris: sed studium pie deuocionis intendis. da familie tue spiritum rectum. et habere cor mundum. ut fides eorum hec dona tibi conciliet. et humilitatis oblata commendet. Per eundem. In unitate eiusdem.

388

Communio.

NOn uos relinquam orphanos ueniam ad uos iterum. alleluya. et gaudebit cor uestrum. alleluya alleluya.

Postcommunio.

SUmptum quesumus domine uenerabile sacramentum. et presentis uite subsidiis foueat et eterne. Per.

In die sancte trinitatis officium.

BEnedicta sit sancta trinitas atque indiuisa unitas confitebimur ei. quia fecit nobiscum misericordiam suam. *Ps.* Benedicamus patrem et filium cum sancto spiritu. Gloria patri.

Oracio.

OMnipotens sempiterne deus qui dedisti famulis tuis in confessione uere fidei eterne trinitatis gloriam agnoscere. et in potencia magestatis adorare unitatem: quesumus ut eiusdem fidei firmitate ab omnibus semper muniamur aduersis. Qui uiuis.

Leccio libri apocalipsis Iohannis apostoli.

IN diebus illis: Uidi ostium apertum in celo: et uox prima quam audiui tanquam tube loquentis mecum dicens. Ascende huc: et ostendam tibi que oportet fieri cito post hec. Statim fui in spiritu. Et ecce sedes posita erat in celo: et supra sedem sedens. Et qui sedebat: similis erat aspectui lapidis. iaspidis et sardini. Et iris erat in circuitu sedis: similis uisioni smaragdine. Et in circuitu sedis: sedilia uiginti quatuor.

Et super thronos uiginti quatuor seniores circumamicti uestimentis albis et in capitibus eorum corone auree. Et de throno procedunt fulgura: et uoces. et tonitrua. Et septem lampades ardentes ante thronum: que sunt sep/tem spiritus dei. [fo. 120. Et in conspectu sedis tanquam mare uitreum simile cristallo. Et in medio sedis et in circuitu sedis: quatuor animalia plena oculis ante et retro. Et animal primum: simile leoni. Et secundum animal: simile uitulo. Et tercium animal. habens faciem quasi hominis. Et quartum animal: simile aquile uolanti. Et quatuor animalia: singula eorum habebant alas senas. Et in circuitu et intus: plena sunt oculis. Et requiem non habebant: die ac nocte dicencia. Sanctus: Sanctus. Sanctus. dominus deus omnipotens qui est. et qui erat. et qui uenturus est. Et cum darent illa animalia gloriam et honorem. et benediccionem sedenti super thronum uiuenti in secula seculorum procidebant uiginti quatuor seniores ante sedentem in throno. Et adorabant uiuentem: in secula seculorum.

Gradale.

BEnedictus es domine qui intueris abyssos et sedes super cherubyn. ℣. Benedictus es in firmamento celi. et laudabilis et gloriosus in secula. Alleluya. ℣. Benedictus es domine deus patrum nostrorum. et laudabilis in secula.

Sequencia.

BEnedicta sit beata trinitas deitas eterna pariter. coequalis gloria. Alleluya. Deus genitor natus genitus. cum sacro neupmate permanens super omne quod extat. Quibus est una semper uoluntas et a se discrepans haut unquam triplicata persona. Nam constat deitas una non in tres deos diuisa quod fides fatetur a christo orthodoxe dedita. Hec namque pellit delicta. patriam cedit serenam qua dulcem iubilant agmina symphoniam celica. Altithroni uestigia imitantur stolis candidata. Operiunturque binas quas captent post secli discrimina. Et nos quos illustrat gracia dei superna demus nostra debita. Quatinus caterua celica nobis maneat post funera socia. Ultimoque peracto discrimine possimus alto perfrui mox palacio. Quo perspicua lux flagrat accensa constanti flamma que deus est uisio nostra et salus eterna. Angelorum que illustrat fortiter pectora. Ut in christum solum sua defigant lumina. Hec namque est illa sitis flagrans qua tunc sicient anime sanctorum uel corpora. Cum fuerint data perpetua eis pro bonis a iudice premia.

Secundum Iohannem.

IN illo tempore: Erat homo ex phariseis. nichodemus nomine: princeps iudeorum. Hic uenit ad ihesum nocte: et dixit ei. Rabi: scimus quia a deo uenisti/ magister. [fo. 120. b. Nemo enim potest hec signa facere que tu facis: nisi fuerit deus cum eo. Respondit ihesus: et dixit ei. Amen amen dico tibi: nisi quis natus fuerit denuo non potest uidere regnum dei. Dixit ad eum nichodemus. Quomodo potest homo nasci cum sit senex? Nūmquid potest in uterum matris sue iterato introire et renasci? Respondit ihesus. Amen amen dico tibi: nisi quis

391

renatus fuerit ex aqua et spiritu non potest introire in regnum dei. Quod natum est ex carne: caro est. Et quod natum est ex spiritu: spiritus est. Non mireris quia dixi tibi oportet uos nasci denuo. Spiritus ubi uult spirat: et uocem eius audis. sed nescis unde ueniat aut quo uadat. Sic est omnis: qui natus est ex spiritu. Respondit nichodemus: et dixit ei. Quomodo possunt hec fieri? Respondit ihesus: et dixit ei. Tu es magister in israel. et hec ignoras? Amen amen dico tibi: quia quod scimus loquimur. et quod uidimus testamur. et testimonium nostrum non accipitis. Si terrena dixi uobis. et non creditis: quomodo si dixero uobis celestia credetis? Et nemo ascendit in celum nisi qui descendit de celo. filius hominis qui est in celo. Et sicut moyses exaltauit serpentem in deserto: ita exaltari oportet filium hominis. Ut omnis qui credit in ipsum non pereat: sed habeat uitam eternam.

Offertorium.

BEnedictus sit deus pater. unigenitusque dei filius. sanctus quoque spiritus quia fecit nobiscum misericordiam suam.

Secretum.

SAnctifica quesumus. domine deus per tui sancti nominis inuocacionem huius oblacionis hostiam. et per eam nosmetipsos tibi perfice munus eternum. Per.

Prefacio.

QUi cum unigenito.

392

Communio.

BEnedicite deum celi et coram omnibus uiuentibus confitemini ei: quia fecit nobiscum misericordiam suam.

Postcommunio.

PRoficiat nobis ad salutem corporis et anime domine deus huius sacramenti suscepcio. et sempiterne sancte trinitatis eiusdemque indiuidue unitatis confessio. In qua uiuis.

In festiuitate corporis christi officium.

CIbauit eos ex adipe frumenti alleluya. et de petra/ [fo. 121. melle saturauit eos alleluya alleluya alleluya. *Ps.* Exultate deo adiutori nostro. iubilate deo iacob.

Kyrie fons bonitatis.

Oracio.

DEus qui nobis sub sacramento mirabili passionis tue memoriam reliquisti: tribue quesumus: ita nos corporis et sanguinis tui sacra misteria uenerari. ut redempcionis tue fructum in nobis iugiter senciamus. Qui uiuis.

Ad corinthios.

FRatres: Ego enim accepi a domino quod et tradidi uobis: quoniam dominus ihesus in qua nocte tradebatur accepit panem et gracias agens fregit et dixit. Accipite: et manducate. Hoc est corpus meum: quod pro uobis tradetur. Hoc facite: in meam commemoracionem. Similiter et calicem: postquam cenauit dicens: Hic calix nouum testamentum est in meo sanguine. Hoc facite: quociescumque sumitis in meam commemoracionem. Quociescumque manducaueritis panem hunc et calicem bibetis: mortem domini annunciabitis donec ueniat. Itaque quicumque manducauerit hunc panem uel biberit calicem domini indigne: reus erit corporis et sanguinis domini. Probet autem seipsum homo: et sic de pane illo edat et de calice bibat. Qui enim manducat et bibit indigne: iudicium sibi manducat et bibit: non diiudicans: corpus domini.

Gradale.

OCuli omnium in te sperant domine. et tu das illis escam in tempore oportuno. ℣. Aperis tu manum tuam. et imples omne animal benediccione. Alleluya. ℣. Caro mea uere est cibus et sanguis meus uere est potus. qui manducat meam carnem. et bibit meum sanguinem in me manet et ego in eo.

Sequencia.

LAuda syon saluatorem lauda ducem et pastorem in ympnis et canticis. Quantum potes tantum gaude quia maior omni laude nec laudare sufficis. Laudis thema specialis panis uiuus et uitalis hodie proponitur. Quem in sacre mensa cene turbe fratrum duodenę datum non ambigitur. Sit laus plena. sit sonora. sit iocunda sit decora mentis iubilacio. Dies enim sollempnis agitur in qua mense prima recolitur huius institucio. In hac mensa noui regis nouum pascha noue legis pascha uetus terminat. Uetustatem nouitas umbram fugat ueritas noctem lux illuminat. Quod in cena christus gessit faciendum/ [fo. 121. b. hoc expressit in sui memoriam. Docti sacris institutis panem uinum in salutis consecramus hostiam. Dogma datur christianis quod in carnem transit panis et uinum in sanguinem. Tu qui capis quod non uides animosa firmat fides preter rerum ordinem. Sub diuersis speciebus signis tantum et non rebus latent res eximie. Caro cibus sanguis potus manet tamen christus totus sub utraque specie. A sumente non conscisus non confractus non diuisus integer accipitur. Sumit unus sumunt mille tantum iste[1] quantum ille nec sumptus consumitur. Sumunt boni sumunt mali sorte tamen inequali uite uel interitus. Mors est malis. uita bonis. uide paris sumpcionis quam sit dispar exitus. Fracto demum sacramento ne uacilles sed memento tantum esse sub fragmento quantum toto tegitur. Nulla rei fit scissura signi tamen fit fractura qua nec status nec statura signati minuitur. Ecce panis angelorum factus cibus uiatorum. uere panis filiorum non mittendus canibus. In figuris presignatur cum ysaac immolatur agnus pasche deputatur datur manna patribus. Bone pastor panis uere ihesu nostri miserere tu nos pasce nos tuere. tu nos bona fac uidere in terra uiuencium. Tu qui cuncta scis et uales qui nos pascis hic mortales nos ibidem commensales coheredes et sodales fac sanctorum ciuium. Amen.

Iohannem.

IN illo tempore: Dixit ihesus discipulis suis et turbis iudeorum. Caro mea uere est cibus: et sanguis meus uere est potus. Qui manducat meam carnem et bibit meum sanguinem: in me manet et ego in illo. Sicut misit me uiuens pater: et ego uiuo propter patrem. Et qui manducat me: et ipse uiuet propter me. Hic est panis: qui

[1] *Sic.*

de celo descendit. Non sicut manducauerunt patres uestri manna in deserto et mortui sunt. Qui manducat hunc panem: uiuet in eternum.

Offertorium.

SAcerdotes domini incensum et panes offerunt deo et ideo sancti erunt domino suo. et non polluent nomen eius alleluya.

Secretum.

ECclesie tue quesumus domine. unitatis et pacis propicius dona concede: que sub oblatis muneribus mistice designantur. Per.

Prefacio.

QUia per incarnati.

Communio.

QUocienscumque manducabitis panem hunc et calicem bibetis mortem domini annunciabitis donec ueniat itaque quicumque manducauerit panem uel biberit calicem domini indigne. reus erit corporis et sanguinis domini alleluya./ [fo. 122.

Postcommunio.

FAc nos quesumus domine diuinitatis tue sempiterna fruicione repleri: quam preciosi corporis et sanguinis tui temporalis percepcio prefigurat. Qui uiuis et regnas cum deo patre.

Dominica i. post octauas pentecostes. Officium.

DOmine in tua misericordia speraui exultauit cor meum in salutari tuo cantabo domino qui bona tribuit michi. *Ps.* Usquequo domine. Gloria.

Oracio.

DEus in te sperancium fortitudo: adesto propicius inuocacionibus nostris: et quia sine te nichil potest mortalis infirmitas. presta auxilium gracie tue. ut in exequendis mandatis tuis. et uoluntate tibi. et accione placeamus. Per.

Leccio epistole beati iohannis apostoli.

KArissimi: Deus caritas est. In hoc apparuit caritas dei in nobis: quoniam filium suum unigenitum misit in mundum ut uiuamus per eum. In hoc est caritas: non quasi nos dilexerimus deum. sed quoniam prior ipse dilexit nos. et misit filium suum propiciacionem pro peccatis nostris. Karissimi: sicut deus dilexit nos: et nos debemus inuicem diligere. Deum nemo uidit unquam. Si diligamus inuicem: deus in nobis manet et caritas eius in nobis perfecta est. In hoc intelligimus quoniam in eo manemus et ipse in nobis: quoniam de spiritu suo dedit nobis. Et nos uidimus et testificamur: quoniam pater misit filium suum saluatorem mundi. Quisquis confessus fuerit quoniam ihesus est filius dei: deus in eo manet. et ipse in deo. Et nos cognouimus et credimus caritati quam habet deus in nobis. Deus caritas est: et qui manet in caritate: in deo manet. et deus in eo. In hoc perfecta est caritas nobiscum: ut fiduciam habeamus in die iudicii quia sicut ille est. et nos sumus in hoc mundo. Timor non est in caritate: set perfecta caritas foras mittit timorem. quoniam timor penam habet. Qui autem timet : non est perfectus in caritate. Nos ergo diligamus deum: quoniam ipse prior dilexit nos. Siquis dixerit quoniam diligo deum et fratrem suum oderit : mendax est. Qui enim non diligit fratrem suum quem uidet : deum quem non uidet quomodo potest diligere ? Et hoc mandatum habemus ab eo : ut qui/ diligit deum : diligat et [fo.122. b. fratrem suum.

Gradale.

EGo dixi domine miserere mei sana animam meam quia peccaui tibi. ℣. Beatus qui intelligit super egenum et pauperem in die mala liberabit eum dominus. Alleluya. ℣. Uerba mea auribus percipe domine intellige clamorem meum.

Secundum lucam.

IN illo tempore : Dixit ihesus discipulis suis parabolam hanc. Homo quidam erat diues. et induebatur purpura et bysso : et epulabatur cotidie splendide. Et erat quidam mendicus nomine lazarus : qui iacebat ad ianuam eius ulceribus plenus cupiens saturari de micis que cadebant de mensa diuitis : et nemo illi dabat. Set et canes ueniebant : et lingebant ulcera eius. Factum est autem cum moreretur mendicus : et portaretur ab angelis in sinum abrahe. Mortuus est autem et diues et sepultus est in inferno. Eleuans autem oculos suos cum esset in tormentis : uidit abraham alonge. et lazarum in sinu eius. Et ipse clamans dixit. Pater abraham miserere mei : et mitte lazarum ut intinguat extremum digiti sui in aqua ut refrigeret linguam meam quia crucior in hac flamma. Et dixit illi abraham. Fili : recordare quia recepisti bona in uita tua : et lazarus similiter mala. Nunc autem hic consolatur. tu uero cruciaris. Et in hiis omnibus inter nos et uos chaos magnum firmatum est : ut hii qui uolunt hinc transire ad uos non possunt neque inde huc transmeare. Et ait. Rogo ergo te pater: ut mittas eum in domum patris mei. Habeo enim quinque fratres ut testetur illis : ne et ipsi ueniant in locum hunc tormentorum. Et ait illi abraham. Habent moysen et prophetas: audiant illos. At ille dixit. Non pater abraham : sed siquis ex mortuis ierit ad eos penitenciam agent. Ait autem illi. Si moysen et prophetas non audiunt : neque siquis ex mortuis resurrexerit credent.

Credo in unum.

Offertorium.

INtende uoci oracionis mee rex meus et deus meus quoniam ad te orabo domine.

Secretum.

DEus qui nos ad ymaginem tuam et sacramentis renouas et preceptis : supplicum preces et munera benignus accepta : ut quod fiducia non/ habet meritorum. [fo. 123. placaciones optineant hostiarum. Per.

Communio.

NArrabo omnia mirabilia tua letabor et exultabo in te psallam nomini tuo altissime.

Postcommunio.

TAntis domine repleti muneribus presta quesumus : ut et salutaria dona capiamus. et a tua numquam laude cessemus. Per.

Dominica secunda. officium.

FActus est dominus protector meus et eduxit me in latitudine saluum me fecit quoniam uoluit me. *Ps.* Diligam te domine uirtus.

Oracio.

SAncti nominis tui domine timorem pariter et amorem fac nos habere perpetuum : quia numquam tua gubernacione destituis. quos in soliditate tue dileccionis instituis. Per.

Leccio epistole beati Iohannis apostoli.

KArissimi: Nolite mirari : si odit uos mundus. Nos scimus quoniam translati sumus de morte ad uitam : quoniam diligimus fratres. Qui non diligit : manet in morte. Omnis qui odit fratrem suum : homicida est. Et scitis : quoniam omnis homicida non habet uitam eternam in se manentem. In hoc cognouimus caritatem dei : quoniam ille pro nobis animam suam posuit et nos debemus pro fratribus animas ponere. Qui habuerit substanciam huius mundi et uiderit fratrem suum necessitatem habere et clauserit uiscera sua ab eo. quomodo caritas dei manet in eo? Filioli mei : non diligamus uerbo neque lingua : set opere et ueritate.

Gradale.

AD dominum cum tribularer clamaui et exaudiuit me. ℣. Domine libera animam meam a labiis iniquis et a lingua dolosa. Alleluya. ℣. Laudate dominum omnes gentes et collaudate eum omnes populi.

Secundum lucam.

IN illo tempore : Dixit ihesus discipulis suis parabolam hanc. Homo quidam fecit cenam magnam : et uocauit multos. Et misit seruum suum hora cene dicere inuitatis ut uenirent : quia iam parata sunt omnia. Et ceperunt simul omnes excusare. Primus dixit. Uillam emi : et necesse habeo exire et uidere illam. Rogo te habe me excusatum. Et alter dixit. Iuga boum emi quinque : et eo probare illa. rogo te habe me excusatum. Et alius dixit. Uxorem duxi : et ideo non possum uenire. Et reuersus seruus : nunciauit hec domino suo. Tunc iratus paterfamilias :/ dixit seruo suo. Exi [fo. 123. b. cito in plateas et uicos ciuitatis : et pauperes ac debiles cecos et claudos introduc huc. Et ait seruus. Domine : factum est ut imperasti : et adhuc locus est. Et ait dominus seruo. Exi in uias et sepes et compelle intrare ut impleatur domus mea. Dico autem uobis quod nemo uirorum illorum qui uocati sunt : gustabit cenam meam.

Offertorium.

DOmine conuertere et eripe animam meam saluum me fac propter misericordiam tuam.

Secretum.

OBlacio nos domine quesumus tuo nomini dicanda purificet. et de die in diem ad celestis uite transferat accionem. Per.

Communio.

CAntabo domino qui bona tribuit michi et psallam nomini domini altissimi.

Postcommunio.

SUmptis muneribus domine quesumus ut cum freqentacione misterii crescat nostre salutis effectus. Per.

Dominica iii. Officium.

REspice in me et miserere mei domine quoniam unicus et pauper sum ego. uide humilitatem meam et laborem meum. et dimitte omnia peccata mea domine deus meus. *Ps.* Ad te domine leuaui animam.

Oracio.

DEprecacionem nostram quesumus domine benignus exaudi. et quibus supplicandi prestas affectum: tribue defensionis auxilium. Per.

Leccio epistole beati petri apostoli.

KArissimi: Humiliamini sub potenti manu dei. ut uos exaltet in tempore uisitacionis. Omnem sollicitudinem uestram proicientes in eum: quoniam ipsi cura est de uobis. Sobrii estote et uigilate: quia aduersarius uester dyabo[1] tanquam leo rugiens circuit querens quem deuoret. Cui resistite fortes in fide scientes eandem passionem ei que in mundo est uestre fraternitati fieri. Deus autem om-

[1] *Sic.*

nis gracie qui uocauit uos in eternam suam gloriam in christo ihesu modicum passos. ipse perficiet. confirmabit. solidabitque. Ipsi gloria et imperium: in secula seculorum amen.

Gradale.

IActa cogitatum tuum in domino et ipse te enutriet. ℣. Dum clamarem ad dominum exaudiuit uocem meam ab hiis qui appropinquant michi. Alleluya. ℣. Dextera domini fecit uirtutem dextera domini exaltauit me.

Secundum Lucam.

IN illo tempore: Erant appropinquantes ad ihesum publicani et peccatores: ut audirent illum. Et murmurabant pharisei et scribe dicentes quia hic peccatores recipit et manducat cum illis. Et ait/ ad il- [fo. 124. los parabolam istam dicens: Quis ex uobis homo qui habet centum oues. et si perdiderit unam ex illis nonne dimittit nonaginta nouem in deserto et uadit ad illam que perierat donec inueniat illam? Et cum inuenerit eam: imponit in humeros suos gaudens. et ueniens domum: conuocat amicos et uicinos dicens illis. Congratulamini michi: quia inueni ouem meam que perierat. Dico autem uobis quod ita erit gaudium in celo super uno peccatore penitenciam agente quam supra nonaginta nouem iustis qui non indigent penitencia. Aut que mulier habens dragmas decem. si perdiderit dragmam unam nonne accendit lucernam. et euertit domum. et querit diligenter donec inueniat. Et cum inuenerit. conuocat amicas et uicinas. dicens. Congratulamini michi: quia inueni dragmam meam quam perdideram. Ita dico uobis gaudium erit coram angelis dei super uno peccatore: penitenciam agente.

Offertorium.

SPerent in te omnes qui nouerunt nomen tuum domine quoniam non derelinquis querentes te psallite domino qui habitat in syon quoniam non est oblitus oracionem pauperum.

Secretum.

MUnera tibi domine quesumus oblata sanctifica. ut tui nobis unigeniti corpus et sanguis fiant. Qui tecum.

Communio.

EGo clamaui quoniam exaudisti me deus inclina aurem tuam et exaudi uerba mea.

Postcommunio.

SAcris domine muneribus perceptis quesumus: ut nos eorum uirtute. et a uiciis omnibus expies. et donis gracie tue iugiter repleas. Per.

Dominica iiii. officium.

DOminus illuminacio mea et salus mea quem timebo ·dominus defensor uite mee a quo trepidabo qui tribulant me inimici mei ipsi infirmati sunt et ceciderunt. *Ps.* Si consistant.

Oracio.

PRotector in te sperancium deus: sine quo nichil est ualidum nihil sanctum: multiplica super nos misericordiam tuam: ut te rectore te duce sic transeamus per bona temporalia: ut non amittamus eterna. Per.

Ad Romanos.

FRatres: Existimo quod non sunt condigne passiones huius temporis: ad futuram gloriam que reuelabitur in nobis. Nam expectacio creature: reuelacionem filiorum dei/ [fo. 124. b. expectat. Uanitati enim subiecta est creatura non uolens. set propter eum qui subiecit in spe. quia et ipsa creatura liberabitur a seruitute corrupcionis: in libertatem glorie filiorum dei. Scimus enim quod omnis creatura ingemiscit. et parturit usque adhuc. Non solum autem illa: sed et nos ipsi primicias spiritus habentes et ipsi intra nos ingemiscimus adopcionem filiorum dei expectantes redempcionem corporis nostri. In christo ihesu: domino nostro.

Gradale.

PRopicius esto domine peccatis nostris nequando dicant gentes ubi est deus eorum. ℣. Adiuua nos deus salutaris noster et propter honorem nominis tui domine libera nos. Alleluya. ℣. Lauda anima mea dominum laudabo dominum in uita mea psallam deo meo quamdiu ero.

Secundum Lucam.

IN illo tempore: Dixit ihesus discipulis suis. Estote misericordes: sicut et pater uester misericors est. Nolite iudicare: et non iudicabimini. Nolite condempnare. et non condempnabimini. Dimittite: et dimittemini. Date: et dabitur uobis. Mensuram bonam et confertam.

et coagitatam. et supereffluentem dabunt in sinum uestrum. Eadem quippe mensura qua mensi fueritis remecietur uobis. Dicebat autem illis et similitudinem. Numquid potest cecus cecum ducere? nonne ambo in foueam cadunt? Non est discipulus super magistrum. Perfectus autem omnis erit: si sit sicut magister eius. Quid autem uides festucam in oculo fratris tui. trabem autem que in oculo tuo est non consideras? Aut quomodo potes dicere fratri tuo. frater sine eiciam festucam de oculo tuo ipse in oculo tuo trabem non uides. Ypocrita: eice primum trabem de oculo tuo: et tunc perspicies ut educas festucam: de oculo fratris tui.

Offertorium.

ILlumina oculos meos neumquam obdormiam in morte nequando dicat dicat[1] inimicus meus preualui aduersus eum.

Secretum.

REspice domine munera supplicantis ecclesie. et salutis[1] credencium perpetua sanctificacione sumenda concede. Per.

Communio.

DOminus firmamentum meum et refugium meum. et liberator meus deus meus adiutor meus.

Postcommunio.

SAncta tua nos domine sumpta uiuificent et misericordie sempiterne preparent expiatos. Per.

[1] *Sic.*

Dominica v. officium.

EXaudi domine uocem meam qua clamaui ad te adiutor meus/ meus[1] esto ne derelinquas [fo. 125. me neque despicias me deus salutaris meus. *Ps.* Dominus illuminacio mea et salus mea.

Oracio.

DA quesumus domine ut et mundi cursus pacifice nobis tuo ordine dirigatur. et ecclesia tua tranquilla deuocione letetur. Per.

Leccio epistole beati petri apostoli.

KArissimi: Omnes unanimes in oracione estote. Compacientes: fraternitatis amatores. misericordes. modesti. humiles. Non reddentes malum pro malo uel maledictum pro maledicto: sed econtrario benedicentes. quia in hoc uocati estis: ut benediccionem hereditate possideatis. Qui enim uult uitam diligere et uidere dies bonos: coerceat linguam suam a malo et labia eius ne loquantur dolum. Declinet autem a malo et faciat bonum: inquirat pacem et sequatur eam. Quia oculi domini super iustos: et aures eius in preces eorum. Uultus autem domini super facientes mala. Et quis est qui uobis noceat si boni emulatores fueritis? Sed et siquid patimini propter iusticiam: beati. Timorem autem eorum ne timueritis: ut non conturbemini. Dominum autem christum sanctificate: in cordibus uestris.

[1] *Sic.*

Gradale.

PRotector noster aspice deus et respice super seruos tuos. ℣. Domine deus uirtutum: exaudi preces seruorum tuorum. Alleluya. ℣. In te domine speraui non confundar ineternum in tua iusticia libera me et eripe me. inclina ad me aurem tuam accelera ut eripias me.

Secundum lucam.

IN illo tempore: Cum turbe irruerent ad ihesum: ut audirent uerbum dei: et ipse stabat secus stagnum genesareth. Et uidit duas naues stantes secus stagnum. Piscatores autem descenderant: et lauabant retia. Ascendens autem in unam nauem que erat symonis: rogauit eum ut a terra reduceret pusillum. Et sedens docebat: de nauicula turbas. Ut cessauit autem loqui: dixit ad symonem. Duc in altum: et laxate retia uestra in capturam. Et respondens symon dixit illi. Preceptor: per totam noctem laborantes nichil cepimus. In uerbo autem tuo: laxabo rete. Et cum hoc fecissent: concluserunt multitudinem piscium copiosam. Rumpebatur autem rethe eorum. Et annuerunt sociis qui erant in alia naui: ut uenirent et adiuuarent eos./ Et [fo. 125. b. uenerunt et impleuerunt ambas nauiculas ita ut pene mergerentur. Quod cum uideret symon petrus: procidit ad genua ihesu dicens. Exi a me: quia homo peccator sum domine. Stupor enim circumdederat eum et omnes qui cum illo erant in captura piscium quam ceperant. Similiter autem iacobum et io-

hannem. filios zebedei: qui erant socii symonis. Et ait ad symonem ihesus. Noli timere: ex hoc iam homines eris capiens. Et subductis ad terram nauibus: relictis omnibus: secuti sunt eum.

Offertorium.

BEnedicam dominum qui michi tribuit intellectum prouidebam deum in conspectu meo semper quoniam a dextris est michi ne commouear.

Secretum.

AScendant quesumus domine preces humilitatis nostre in conspectu clemencie tue. et descendat super hec oblata uirtus tue diuinitatis. quam nostris quoque purificandis tibi mentibus largiaris. Per.

Communio.

UNam pecii a domino hanc requiram ut inhabitem in domo domini omnibus diebus uite mee.

Postcommunio.

MIsteria nos domine sancta purificent: et suo munere tueantur. Per.

Dominica vi. officium.

DOminus fortitudo plebis sue et protector salutarium christi sui est. saluum fac populum tuum domine et benedic hereditati tue et rege eos usque in seculum. *Ps.* Ad te domine clamabo deus meus ne sileas.

Oracio.

DEus qui diligentibus te bona inuisibilia preparasti: infunde cordibus nostris tui amoris affectum: ut te in omnibus et super omnia diligentes promissiones tuas que omne desiderium superant consequamur. Per.

Ad romanos.

FRatres: Quicumque enim baptizati sumus in christo ihesu: in morte ipsius baptizati sumus. Consepulti enim sumus cum illo per baptismum in mortem: ut quomodo surrexit christus a mortuis per gloriam patris: ita et nos in nouitate uite ambulemus. Si enim complantati facti sumus similitudini mortis eius: simul et resurreccionis eius erimus. Hoc scientes: quia uetus homo noster simul crucifixus est. ut destruatur corpus peccati. ut ultra non seruiamus peccato. Qui enim mortuus est: iustificatus est a peccato. Si enim mortui sumus cum christo: credimus quia simul eciam/ [fo. 126. uiuemus cum christo. scientes quod christus resurgens ex mortuis iam non moritur. mors illi ultra non dominabitur. Quod enim mortuus peccato: mortuus est semel. quod autem uiuit: uiuit deo. Ita et uos existimate uos mortuos quidem esse peccato: uiuentes autem deo. In christo ihesu: domino nostro.

Gradale.

COnuertere domine aliquantulum et deprecare super seruos tuos. ℣. Domine refugium factus es nobis a generacione et progenie. Alleluya. ℣. Confitemini domino et inuocate nomen eius annunciate inter gentes opera eius.

Secundum matheum.

IN illo tempore: Dixit ihesus discipulis suis. Amen dico uobis nisi habundauerit iusticia uestra plusquam scribarum et phariseorum. non intrabitis in regnum celorum. Audistis quia dictum est antiquis. non occides. qui autem occiderit: reus erit iudicio. Ego autem dico uobis: quia omnis qui irascitur fratri suo. reus erit iudicio. Qui autem dixerit fratri suo racha: reus erit consilio. Qui autem dixerit fatue: reus erit gehenne ignis. Si ergo offers munus tuum ad altare. et ibi recordatus fueris quia frater tuus habet aliquid aduersum te; relinque ibi munus tuum ante altare. et uade prius reconsiliari fratri tuo: Et tunc ueniens: offeres munus tuum.

Offertorium.

PErfice gressus meos in semitis tuis ut non moueantur uestigia mea inclina aurem tuam et exaudi uerba mea mirifica misericordias tuas qui saluos facis sperantes in te domine.

Secretum.

PRopiciare quesumus domine supplicacionibus nostris et has oblaciones famulorum famularumque tuarum benignus assume ut quod singuli optulerunt ad honorem nominis tui cunctis proficiat ad salutem. Per.

Communio.

CIrcuibo et immolabo in tabernaculo eius hostiam iubilacionis cantabo et psalmum dicam domino.

Postcommunio.

QUos celesti domine dono saciasti: presta quesumus. ut et a nostris mundemur occultis. et ab hostium liberemur insidiis. Per.

Dominica vii. officium.

OMnes gentes plaudite manibus iubilate deo in uoce exultacionis. *Ps.* Subiecit populos nobis. et gentes.

Oracio.

DEus uirtutum cuius est totum quod est optimum insere pectoribus/ nostris [fo. 126. b. amorem tui nominis: et presta in nobis religionis augmentum: ut que sunt bona nutrias ac pietatis studio que sunt nutrita custodias.

Ad romanos.

FRatres: Humanum dico: propter infirmitatem carnis uestre. Sicut enim exhibuistis membra uestra seruire inmundicie et iniquitati ad iniquitatem ita nunc exhibete membra uestra seruire iusticie in sanctificacionem. Cum enim serui essetis peccati: liberi fuistis iusticie. Quem ergo fructum habuistis. tunc in illis in quibus nunc erubescitis? Nam finis illorum mors est. Nunc uero liberati a peccato. serui autem facti deo: habetis fructum uestrum in sanctificacionem: finem uero uitam eternam. Stipendia enim peccati mors. Gracia autem dei: uita eterna. In christo ihesu: domino nostro.

Gradale.

UEnite filii audite me timorem domini docebo uos. ℣. Accedite ad eum et illuminamini

et facies uestre non confundentur. Alleluya. ℣. Te decet ympnus deus in syon et tibi reddetur uotum in iherusalem. ℣. Replebimur in bonis domus tue sanctum est templum tuum mirabile in equitate.

Marcum.

IN illo tempore. Cum multa turba esset cum ihesu nec haberent quod manducarent: conuocatis discipulis ait illis. Misereor super turbam: quia ecce iam triduo sustinent me nec habent quod manducent. Et si dimisero eos ieiunos in domum suam: deficient in uia. Quidam autem ex eis delonge uenerunt. Et responderunt ei discipuli sui. Unde istos poterit quis hic saturare panibus in solitudine? Et interrogauit eos. Quot panes habetis? Qui dixerunt. Septem. Et precepit turbe discumbere super terram. Et accipiens septem panes: gracias agens fregit et dabat discipulis suis ut apponerent. Et apposuerunt turbe. Et habebant pisciculos paucos et ipsos benedixit et iussit apponi. Et manducauerunt omnes: et saturati sunt. Et sustulerunt quod superauerat de fragmentis septem sportas. Erant autem qui manducauerant quasi quatuor milia: et dimisit eos.

Offertorium.

SIcut in holocaustum arietum et taurorum et sicut in milibus agnorum pinguium sic fiat sacrificium nostrum in/ conspectu tuo [fo. 127. hodie ut placeat tibi quia non est confusio confidentibus in te domine.

413

Secretum.

PRopiciare domine supplicacionibus nostris. et has populi tui oblaciones benignus assume. et ut nullius sit irritum uotum. nullius uacua postulacio. presta quesumus: ut quod fideliter pecimus. efficaciter consequamur. Per.

Communio.

INclina aurem tuam accelera ut eruas nos.

Postcommunio.

REpleti domine muneribus tuis tribue quesumus: ut eorum et mundemur effectu. et muniamur auxilio. Per.

Dominica viii. officium.

SUscepimus deus misericordiam tuam in medio templi tui secundum nomen tuum deus ita et laus tua in fines terre iusticia plena est dextera tua. *Ps.* Magnus dominus et laudabilis nimis. Gloria.

Oracio.

DEus cuius prouidencia in sui disposicione non fallitur: te supplices exoramus. ut noxia cuncta submoueas et omnia nobis profutura concedas. Per.

Ad romanos.

FRatres: Debitores sumus non carni: ut secundum carnem uiuamus. Si enim secundum carnem uixeritis: moriemini. Si autem spiritu facta carnis mortificaueritis: uiuetis. Quicumque enim spiritu dei aguntur: hii filii sunt dei. Non enim accepistis spiritum seruitutis iterum in timore: sed accepistis spiritum adopcionis filiorum in

414

quo clamamus abba pater. Ipse enim spiritus testimonium reddit spiritui nostro: quod sumus filii dei. Si autem filii: et heredes. Heredes quidem dei: coheredes autem christi.

Gradale.

ESto michi in deum protectorem et in locum refugii ut saluum me facias. ℣. Deus in te speraui domine non confundar ineternum. Alleluya. ℣. Uenite exultemus domino iubilemus deo salutari nostro preocupemus faciem eius in confessione et in psalmis iubilemus ei.

Secundum matheum.

IN illo tempore: Dixit ihesus discipulis suis. Attendete a falsis prophetis qui ueniunt ad uos in uestimentis ouium: intrinsecus autem sunt lupi rapaces. A fructibus eorum cognoscetis eos. Numquid colligunt de spinis uuas aut de tribulis ficus? Sic omnis arbor bona: fructus bonos facit. Mala autem arbor: fructus malos facit. Non potest arbor bona fructus malos facere: neque arbor mala fructus bonos/ facere. Omnis arbor [fo. 127. b. que non facit fructum bonum: excidetur et in ignem mittetur. Igitur: ex fructibus eorum cognoscetis eos. Non omnis qui dicit michi domine domine: intrabit in regnum celorum. Sed qui facit uoluntatem patris mei qui in celis est: ipse intrabit in regnum celorum.

Offertorium.

POpulum humilem saluum facies domine et oculos superborum humiliabis. quoniam quis deus preter te domine?

Secretum.

DEus qui legalium differencias hostiarum unius sacrificii perfeccione sanxisti: accipe sacrificium a deuotis tibi famulis. et pari benediccione sicut munera abel sanctifica. ut quod singuli optulerunt ad maiestatis tue honorem cunctis proficiat ad salutem. Per.

Communio.

GUstate et uidete quoniam suauis est dominus beatus uir qui sperat in eo.

Postcommunio.

TUa nos domine medicinalis operacio. et a nostris peruersitatibus clementer expediat. et ad ea que sunt recta perducat. Per.

Dominica ix. officium.

ECce deus adiuuat me et dominus susceptor est anime mee auerte mala inimicis meis in ueritate tua disperge illos protector meus domine. *Ps.* Deus in nomine tuo.

Oracio.

LArgire nobis domine quesumus spiritum semper cogitandi que recta sunt propicius et agendi: ut qui sine te esse non possumus. secundum te uiuere ualeamus. Per.

Ad corinthios.

FRatres. Non simus concupiscentes malorum: sicut et illi concupierunt. Neque ydolatre efficiamini: sicut quidam ex ipsis: quemadmodum scriptum est. Sedit populus manducare et bibere: et surrexerunt ludere. Neque fornicemur sicut quidam ex ipsis fornicati

sunt. et ceciderunt una die uiginti tria milia. Neque temptemus christum sicut quidam eorum temptauerunt: et a serpentibus perierunt. Neque murmuraueritis sicut quidam eorum murmurauerunt: et perierunt ab exterminatore. Hec autem omnia: in figuram contingebant illis. Scripta sunt autem ad correccionem nostram: in quos fines seculorum deuenerunt. Itaque qui se existimat stare: uideat ne cadat. Temptacio uos non apprehendat: nisi humana. Fidelis autem deus qui non pacietur uos temptari supra id quod potestis. sed faciet cum/ [fo. 128. temptacione eciam prouentum: ut possitis sustinere.

Gradale.

DOmine dominus noster quam admirabile est nomen tuum in uniuersa terra. ℣. Quoniam eleuata est magnificencia tua super celos. Alleluya. ℣. Diligam te domine uirtus mea dominus firmamentum meum et refugium meum.

Secundum Lucam.

IN illo tempore: dixit ihesus discipulis suis parabolam hanc. Homo quidam erat diues: qui habebat uillicum. Et hic diffamatus est apud illum quasi dissipasset bona ipsius. et uocauit eum. et ait illi. Quid hoc audio de te? Redde racionem uillicacionis tue. Iam enim non poteris uillicare. Ait autem uillicus intra se. Quid faciam quia dominus meus aufert a meuillicacionem? Fodere non ualeo: mendicare ere[1] erubesco. Scio quid faciam: ut cum amotus fuero a

[1] *Sic.*

uillicacione recipiant me in domos suas. Conuocatis itaque singulis debitoribus domini sui: dicebat primo. Quantum debes domino meo? At ille dixit. Centum cados olei. Dixitque illi. Accipe caucionem tuam et sede cito scribe quinquaginta. Deinde alio dixit. Tu uero quantum debes? Qui ait. Centum choros tritici. Ait illi. Accipe literas et scribe octoginta. Et laudauit dominus uillicum iniquitatis quia prudenter fecisset quia filii huius seculi prudenciores filiis lucis in generacione sua sunt. Et ego uobis dico. Facite uobis amicos de mammona iniquitatis: ut cum defeceritis recipiant uos: in eterna tabernacula.

Offertorium.

IUsticie domini recte letificantes corda et dulciora super mel et fauum nam et seruus tuus custodit ea.

Secretum.

SUscipe munera domine quesumus que tibi de tua largitate deferimus. ut hec sacrosancta misteria gracie tue operante uirtute. et presentis uite conuersacione nos sanctificent et ad gaudia sempiterna perducant. Per.

Communio.

PRimum querite regnum dei et omnia adicientur uobis dicit dominus.

Postcommunio.

SIt nobis domine reparacio mentis et corporis celeste misterium: ut cuius exequimur

accionem: senciamus effectum. Per.

Dominica x. officium.

DUm clamarem ad dominum exaudiuit uocem meam ab hiis qui/ appropinquant mi- [fo. 128. b. chi et humiliauit eos qui est ante secula et manet ineternum. iacta cogitatum tuum in domino et ipse te enutriet. *Ps.* Exaudi deus oracionem meam cum.

Oracio.

PAteant aures misericordie tue domine precibus supplicancium: et ut petencibus desiderata concedas: fac eos que tibi sunt placita postulare. Per.

Ad corinthios.

FRatres: Scitis quoniam cum gentes essetis: ad simulachra muta prout ducebamini euntes. Ideo notum uobis facio: quod nemo in spiritu dei loquens dicit anathema ihesu. Et nemo potest dicere dominus ihesus: nisi in spiritu sancto. Diuisiones uero graciarum sunt: idem autem spiritus. Et diuisiones ministracionum sunt: idem autem dominus. Et diuisiones operacionum sunt: idem uero deus qui operatur omnia in omnibus. Unicuique autem datur manifestacio spiritus ad utilitatem. Alii quidem per spiritum datur sermo sapiencie. alii autem sermo sciencie secundum eundem spiritum. Alteri fides: in eodem spiritu. Alii gracia sanitatum: in uno spiritu. Alii operacio uirtutum: alii prophecia. alii discrecio spirituum. alii genera linguarum: alii interpretacio sermonum. Hec autem omnia: operatur unus atque idem spiritus. Diuidens singulis: prout uult.

Gradale.

CUstodi me domine ut pupillam oculi sub umbra alarum tuarum protege me. ℣. De uultu tuo iudicium meum prodeat oculi tui uideant equitates. Alleluya. ℣. Domine in uirtute tua letabitur rex et super salutare tuum exultabit uehementer.

Secundum Lucam.

IN illo tempore: Cum appropinquaret ihesus iherosolimam: uidens deus ciuitatem fleuit super illam dicens. quia si cognouisses et tu. Et quidem in hac die tua que ad pacem tibi nunc autem abscondita sunt ab oculis tuis. Quia uenient dies in te et circumdabunt te inimici tui uallo: et circumdabunt te et coangustabunt te undique. et ad terram prosternent te. et filios tuos qui in te sunt. Et non relinquent in te lapidem super lapidem: eo quod non cognoueris tempus uisitacionis tue. Et ingressus in templum: cepit eicere uendentes in illo et ementes dicens illis. Scriptum est. Domus mea: domus oracionis uocabitur. Uos autem fecistis illam speluncam latronum. Et erat/ docens: cotidie in [fo. 129. templo.

Offertorium.

AD te domine leuaui animam meam deus meus in te confido non erubescam neque irrideant me inimici mei etenim uniuersi qui te expectant non confundentur.

Secretum.

COncede nobis hec quesumus domine digne frequentare misteria quia quociens huius hostie commemoracio celebratur: opus nostre redempcionis exercetur. Per.

Communio.

ACceptabis sacrificium iusticie oblaciones et holocausta tunc imponent super altare tuum domine.

Postcommunio.

TUi nobis domine communio sacramenti: et purificacionem conferat. et tribuat unitatem. Per.

Dominica xi. officium.

DEus in loco sancto suo deus qui inhabitare facit unanimes in domo ipse dabit uirtutem et fortitudinem plebis[1] sue. *Ps.* Exurgat deus et dissipentur.

Oracio.

DEus. qui omnipotenciam tuam parcendo maxime et miserando manifestas: multiplica super nos graciam tuam: ut ad tua promissa currentes: celestium bonorum facias esse consortes. Per.

Ad corinthios.

FRatres: Notum uobis facio euuangelium quod predicaui uobis: quod et accepistis in quo et statis. per quod et saluamini. qua racione predicauerim uobis si retinetis nisi frustra credidistis. Tradidi enim uobis in primis quod et accepi: quoniam christus mortuus est pro peccatis nostris

[1] *Sic.*

secundum scripturas: et quia sepultus est et quia resurrexit tercia die secundum scripturas. Et quia uisus est cephe: et post hec undecim. Deinde uisus est plusquam quingentis fratribus simul: ex quibus multi manent usque adhuc. quidam autem dormierunt. Deinde uisus est iacobo: deinde apostolis omnibus. Nouissime autem omnium tanquam abortiuo: uisus est et michi. Ego enim sum minimus apostolorum qui non sum dignus uocari apostolus quoniam persecutus sum ecclesiam dei. Gracia autem dei sum id quod sum. Et gracia eius: in me uacua non fuit.

Gradale.

IN deo sperauit cor meum et adiutus sum et refloruit caro mea et ex uoluntate mea confitebor illi. ℣. Ad te domine clamaui deus meus ne sileas ne discedas a me. Alleluya. ℣. Qui sanat contritos corde et alligat contriciones eorum.

Secundum Lucam./ [fo. 129. b.

IN illo tempore: Dixit ihesus ad quosdam qui in se confidebant tanquam iusti. et aspernabantur ceteros parabolam istam dicens. Duo homines ascenderunt in templum: ut orarent. Unus phariseus: et alter publicanus. Phariseus stans. hec apud se orabat. Deus gracias ago tibi: quia non sum sicut ceteri hominum. Raptores. iniusti. adulteri. uelud eciam hic publicanus. Ieiuno bis in sabbato: decimas do omnium que possideo. Et publicanus alonge stans uolebat nec oculos ad celum leuare: sed percuciebat pectus suum dicens. Deus propitius esto michi peccatori. Amen dico uobis: descendit hic iustificatus in domum suam ab illo. Quia omnis qui se exaltat humiliabitur: et qui se humiliat: exaltabitur.

Offertorium.

EXaltabo te domine quoniam suscepisti me nec delectasti inimicos meos super me. domine deus meus clamaui ad te et sanasti me.

Secretum.

TIbi domine sacrificia dicata reddantur que sic ad honorem nominis tui deferenda tribuisti. ut eadem remedia nostra fieri prestares. Per.

Communio.

HOnora dominum de tua substancia. et de primiciis frugum tuorum[1] ut impleantur horrea tua saturitate et uino torcularia redundabunt.

Postcommunio.

QUesumus domine deus noster: ut quos diuinis reparare non desinis sacramentis tuis. non destituas benignus auxiliis. Per.

Dominica xii. officium.

DEus in adiutorium meum intende domine ad adiuuandum me festina confundantur et reuereantur inimici mei qui querunt animam meam. ℣. Auertantur retrorsum et confundantur: qui cogitant.

Oracio.

OMnipotens sempiterne deus: qui habundancia ꝑietatis tue et merita supplicum excedis

[1] *Sic.*

et uota: effunde super nos misericordiam tuam. ut dimittas que conscientia metuit et adicias quod oracio non presumit. Per.

Ad corinthios.

FRatres: Fiduciam talem habemus per christum ad deum: non quod sufficientes simus cogitare aliquid a nobis quasi ex nobis. sed sufficiencia nostra ex deo est. Qui et ydoneos nos fecit ministros noui testamenti non littera sed spiritu. Littera enim occidit: spiritus autem uiuificat. Quod si ministracio mortis litteris deformata /in lapidibus fuit in gloriam. [fo. 130. ita ut non possent intendere filii israel in faciem moysi propter gloriam uultus eius que euacuatur. quomodo non magis ministracio spiritus erit in gloriam? Nam si ministracio dampnacionis gloria est: multo magis habundat: ministerium iusticie in gloria.

Gradale.

BEnedicam dominum in omni tempore semper laus eius in ore meo. ℣. In domino laudabitur anima mea audiant mansueti et letentur. Alleluya. ℣. Qui timent dominum sperent in eum adiutor et protector eorum est.

Secundum marcum.

IN illo tempore: Exiens ihesus de finibus tyri: uenit per sydonem ad mare galilee inter medios fines decapoleos. Et adducunt ei surdum et mutum: et deprecabantur eum ut imponat illi manum. Et apprehendens eum de turba seorsum misit digitos suos in auriculas eius: et expuens tetigit linguam eius.

Et suspiciens in celum: ingemuit et ait illi. Effeta: quod est adaperire. Et statim aperte sunt aures eius. et solutum est uinculum lingue eius et loquebatur recte. Et precepit illis: ne cui dicerent. Quanto autem eis precipiebat: tantomagis plus predicabant. et eo amplius admirabantur dicentes. Bene omnia fecit: et surdos fecit audire: et mutos loqui.

Offertorium.

PRecatus est moyses in conspectu domini dei sui et dixit. precatus est moyses in conspectu domini dei sui et dixit quare domine irasceris in populo tuo parce ire animi tui. memento abraham ysaac. et iacob quibus iurasti dare terram fluentem lac et mel. et placatus factus est dominus de malignitate quam dixit facere populo suo.

Secretum.

REspice quesumus domine nostram propicius seruitutem. ut quod offerimus sit tibi munus gratum. sit nostre fragilitati presidium. Per.

Communio.

DE fructu operum tuorum domine saciabitur terra ut educas panem de terra et uinum letificet cor hominis ut exhilaret faciem in oleo et panis cor hominis confirmet.

Postcommunio.

SEnciamus domine quesumus tui percepcione sacramenti subsidium mentis et corporis: ut in utroque saluati. celestis remedii plenitudine gloriemur. Per.

425

Dominica xiii. officium.

RESpice domine in testamentum tuum et animas pauperum tuorum ne derelinquas in finem exurge domine et iudica/ [fo. 130. b. causam tuam. et ne obliuiscaris uoces querencium te. *Ps.* Ut quid deus repulisti.

Oracio.

OMnipotens et misericors deus: de cuius munere uenit ut tibi a fidelibus tuis digne et laudabiliter seruiatur: tribue quesumus nobis. ut ad promissiones tuas sine offensione curramus. Per.

Ad galathas.

FRatres: Abrahe dicte sunt promissiones: et semini eius. Non dicit in seminibus quasi in multis: set quasi in uno et semini tuo qui est christus. Hoc autem dico testamentum confirmatum a deo: que post quadringentos et triginta annos facta est lex non irritum facit ad euacuandam promissionem. Nam si ex lege hereditas: iam non ex promissione. Abrahe autem: per repromissionem donauit deus. Quid igitur lex? Propter transgressores posita est donec ueniret semen cui repromiserat ordinata per angelos in manu mediatoris. Mediator autem unius non est: deus autem unus est. Lex ergo aduersus promissa dei? Absit. Si enim data esset lex que posset uiuificare: uere ex lege esset iusticia. Sed conclusit omnia scriptura sub peccato: ut promissio ex fide ihesu christi: daretur credentibus.

426

Gradale.

RESpice domine in testamentum tuum et animas pauperum tuorum ne obliuiscaris in finem. ℣. Exurge domine et iudica causam tuam memor esto obprobrii seruorum tuorum. Alleluya. ℣. Timebunt gentes nomen tuum domine et omnes reges terre gloriam tuam.

Secundum Lucam.

IN illo tempore: Dixit ihesus discipulis suis. Beati oculi: qui uident que uos uidetis. Dico enim uobis: quod multi reges et prophete uoluerunt uidere que uos uidetis: et non uiderunt. Et audire que auditis: et non audierunt. Et ecce quidam legis peritus surrexit: temptans eum et dicens. Magister: quid faciendo uitam eternam possidebo? At ille dixit ad eum. In lege quid scriptum est. Quomodo legis? Ille respondens dixit. Diliges dominum deum tuum ex toto corde tuo. et ex tota anima tua. et ex omnibus uiribus tuis. et ex omni mente tua. et proximum tuum sicut teipsum. Dixitque illi. Recte respondisti. Hoc fac: et uiues. Ille autem uolens iustificare seipsum: dixit ad ihesum. Et quis est meus proximus? Suspiciens/ [fo. 131. autem ihesus: dixit. Homo quidam descendebat ab iherusalem in iherico: et incidit in latrones. Qui eciam despoliauerunt eum: et plagis impositis abierunt semiuiuo relicto. Accidit autem ut sacerdos quidam descenderet eadem uia: et uiso illo preteriit. Similiter et leuita cum esset secus locum et uideret eum: pertransiit. Samaritanus autem quidam iter faciens uenit secus eum : et uidens eum misericordia motus est. Et appropinquans alligauit uulnera eius infundens oleum et uinum. et imponens illum in iumentum suum : duxit in stabulum. et curam eius egit. Et altera die protulit duos denarios. et dedit stabulario et ait. Curam illius habe : et quodcumque supererogaueris ego cum rediero reddam tibi. Quis horum trium tibi uidetur proximus fuisse illi qui incidit in latrones? At ille ait. Qui fecit misericordiam in illum. Et ait illi ihesus. Uade : et tu fac similiter.

Offertorium.

IN te speraui domine dixi tu es deus meus in manibus tuis tempora mea.

Secretum.

HOstias quesumus domine propicius intende. quas sacris altaribus exhibemus : ut nobis indulgenciam largiendo. tuo nomini dent honorem. Per.

Communio.

PAnem de celo dedisti nobis domine habentem omne delectamentum et omnem saporem suauitatis.

Postcommunio.

UIuificet nos quesumus domine huius participacio sancta misterii. et pariter nobis expiacionem tribuat et munimen. Per.

Dominica xiiii. officium.

PRotector noster aspice deus et respice in faciem christi tui quia melior est dies una in atriis tuis super milia. *Ps.* Quam dilecta tabernacula tua. Gloria.

Oracio.

OMnipotens sempiterne deus da nobis fidei. spei. et caritatis augmentum : et ut mereamur assequi quod promittis : fac nos amare quod precipis. Per.

Ad galathas.

FRatres : Spiritu ambulate : et desideria carnis non perficietis. Caro enim concupiscit aduersus spiritum : spiritus autem aduersus carnem. Hec enim sibi inuicem aduersantur : ut non quecumque uultis illa faciatis. Quo si spiritu ducimini : non estis sub lege. Manifesta autem sunt opera carnis : que sunt fornicacio. inmundicia. auaricia. impudicicia. luxuria. ydolorum seruitus. uene/ficia. inimicicie. [fo. 131. b. contenciones. emulaciones. ire. rixe. dissensiones. hereses secte. inuidie. homicidia. ebrietates commessaciones. et hiis similia. Que predico uobis sicut predixi : quoniam qui talia agunt regnum dei non consequentur. Fructus autem spiritus est. caritas. gaudium. pax. paciencia. longanimitas. bonitas. benignitas mansuetudo. fides. modestia. continencia. castitas. Aduersus huiuscemodi : non est lex. Qui autem sunt christi : carnem suam crucifixerunt : cum uiciis et concupiscenciis.

Gradale.

BOnum est confidere in domino. quam confidere in homine. ℣. Bonum est sperare in domino quam sperare in principibus. Alleluya. ℣. Exultate deo adiutori nostro iubilate deo iacob. sumite psalterium iocundum cum cythara.

429

Secundum lucam.

IN illo tempore: Cum iret ihesus in iherusalem transibat per mediam samariam et galileam. Et cum ingrederetur quoddam castellum: occurrerunt ei decem uiri leprosi. Qui steterunt alonge: et leuauerunt uocem dicem[1] dicentes. Ihesu preceptor: miserere nostri. Quos ut uidit: dixit. Ite ostendite uos sacerdotibus. Et factum est. Dum irent: mundati sunt. Unus autem ex illis ut uidit quia mundatus est: regressus est cum magna uoce magnificans deum. Et cecidit in faciem ante pedes eius gracias agens: et hic erat samaritanus. Respondens autem ihesus dixit. Nonne decem mundati sunt. et nouem ubi sunt? Non est inuentus qui rediret et daret gloriam deo: nisi hic alienigena. Et ait illi. Surge uade: quia fides tua: te saluum fecit.

Offertorium.

IMmittit angelus domini in circuitu timencium eum et eripiet eos. gustate et uidete quoniam suauis est dominus.

Secretum.

PRopiciare domine populo tuo propiciare muneribus. ut hac oblacione placatus. et indulgenciam nobis tribuas. et postulata concedas. Per.

Communio.

PAnis quem ego dabo caro mea est pro seculi uita.

Postcommunio.

SUmptis domine celestibus sacramentis: ad redempcionis eterne quesumus proficiamus augmentum. Per.

[1] *Sic.*

430

Dominica xv. officium.

INclina domine aurem tuam ad me et exaudi me saluum fac seruum tuum deus meus sperantem in te miserere michi domine quoniam ad te clamaui tota die. *Ps.* Letifica animam serui tui: quoniam ad.

Oracio.

CUstodi domine quesumus ecclesiam/ tuam [fo. 132. propiciacione perpetua: et quia sine te labitur humana mortalitas: tuis semper auxiliis. et abstrahatur a noxiis. et ad salutaria dirigatur. Per.

Ad galathas.

FRatres: Si spiritu uiuimus: spiritu et ambulemus. Non efficiamur inanis glorie cupidi: inuicem prouocantes inuicem inuidentes. Fratres: et si preocupatus fuerit homo in aliquo delicto: uos qui spirituales estis huiusmodi instruite in spiritu lenitatis. considerans teipsum ne et tu tempteris. Alter alterius onera portate: et sic adimplebitis legem christi. Nam qui se existimat aliquid esse cum nichil sit: ipse se seducit. Opus autem suum probet unusquisque: et sic in semetipso tantum gloriam habebit et non in altero. Unusquisque enim: onus suum portabit. Communicet autem hiis qui cathezizatur[1] uerbo: ei qui se catezizat[1] in omnibus bonis. Nolite errare: Deus non irridetur. Que enim seminauerit homo: hec et metet. Quoniam qui seminat in carne sua: de carne et metet corrupcionem.

[1] *Sic.*

Qui autem seminat in spiritu : de spiritu metet uitam eternam. Bonum autem facientes : non deficiamus. Tempore enim suo metemus : non deficientes. Ergo dum tempus habemus. operemur bonum ad omnes. Maxime autem : ad domesticos fidei.

Gradale.

BOnum est confiteri domino. et psallere nomini tuo altissime. ℣. Ad annunciandum mane misericordiam tuam et ueritatem tuam per noctem. Alleluya. ℣. Quoniam deus magnus dominus et rex magnus super omnem terram.

Secundum matheum.

IN illo tempore : Dixit ihesus discipulis suis. Nemo potest duobus dominis seruire : Aut enim unum odio habebit et alterum diliget : aut unum sustinebit et alterum contempnet. Non potestis deo seruire et mammone. Ideo dico uobis ne solliciti sitis anime uestre quid manducetis neque corpori uestro quid induamini. Nonne anima plus est quam esca. et corpus plus quam uestimentum ? Respicite uolatilia celi : quoniam non serunt neque metunt neque congregant in horrea. et pater uester celestis pascit illa. Nonne uos magis pluris estis illis ? Quis autem uestrum cogitans potest adicere ad staturam suam cubitum unum ? Et de uestimento quid solliciti estis./ Con- [fo. 132. b. siderate lilia agri : quomodo crescunt. Non laborant neque nent. Dico autem uobis : quod nec salamon in omni gloria sua co-

opertus est sicut unum ex istis. Si autem fenum agri quod hodie est et cras in clibanum mittitur deus sic uestit quantomagis uos minime fidei ? Nolite ergo solliciti esse dicentes. Quid manducabimus. aut quid bibemus. aut quo operiemur ? Hec enim omnia gentes inquirunt. Scit enim pater uester : quia his omnibus indigetis. Querite ergo primum regnum dei et iusticiam eius : et hec omnia : adicientur uobis.

Offertorium.

EXpectans expectaui dominum et respexit me et exaudiuit deprecacionem meam. et immisit in os meum canticum nouum ympnum deo nostro.

Secretum.

COncede nobis quesumus domine. ut hec hostia salutaris. et nostrorum fiat purgacio peccatorum. et tue propitiacio pietatis. Per.

Communio.

QUi manducat carnem meam et bibit sanguinem meum. in me manet et ego in eo dicit dominus.

Postcommunio.

PUrificent semper et muniant tua sacramenta nos deus. et ad perpetue ducant saluacionis effectum. Per.

Dominica xvi. officium.

MIserere michi domine quoniam ad te clamaui totadie quia tu domine suauis ac mitis es et copiosus in misericordia omnibus inuocantibus te. *Ps.* Inclina domine aurem tuam et exaudi.

Oracio.

ECclesiam tuam domine miseracio continuata mundet et muniat: et quia sine te non potest salua consistere. tuo semper munere gubernetur. Per.

Ad ephesios.

FRatres: Obsecro uos. ne deficiatis in tribulacionibus meis pro uobis: que est gloria uestra. Huius rei gracia flecto genua mea ad patrem domini nostri ihesu christi: ex quo omnis paternitas in celis et in terra nominatur. ut det uobis secundum diuicias glorie sue uirtutem corroborari per spiritum eius in interiore homine habitare christum per fidem in cordibus uestris. In caritate radicati et fundati: ut possitis comprehendere cum omnibus sanctis que sit latitudo. longitudo. sublimitas. et profundum. Scire eciam supereminentem sciencie caritatem christi: ut impleamini in omnem plentitudinem dei. Ei autem qui potens est omnia facere superhabundanter quam pecimus aut intel/ligimus secun- [fo. 133. dum uirtutem que operatur in nobis. Ipsi gloria in ecclesia. et in christo ihesu. in omnes generaciones seculi seculorum. Amen.

Gradale.

TImebunt gentes nomen tuum domine. et omnes reges terre gloriam tuam. ℣. Quoniam edificauit dominus syon et uidebitur in magestate sua. Alleluya. ℣. Qui posuit fines tuos pacem et adipe frumenti saciat te.

Secundum lucam.

IN illo tempore: Ibat ihesus in ciuitatem que uocatur naym: et ibant cum illo discipuli eius et turba copiosa. Cum autem appropinquaret porte ciuitatis: ecce defunctus efferebatur filius unicus matris sue. Et hec uidua erat: et turba multa ciuitatis cum illa. Quam cum uidisset dominus misericordia motus super eam dixit illi. Noli flere. Et accessit: et tetigit loculum. Hii autem qui portabant: steterunt. Et ait. Adoloscens[1] tibi dico surge. Et resedit qui erat mortuus: et cepit loqui. Et dedit illum matri sue. Accepit autem omnes timor: et magnificabant deum dicentes. Quia magnus propheta surrexit in nobis: et quia deus uisitauit plebem suam.

Offertorium.

DOmine in auxilium meum respice confundantur et reuereantur qui querunt animam meam ut auferant eam.

Secretum.

TUa nos domine sacramenta custodiant. et contra dyabolicos tueantur semper incursus. Per.

Communio.

DOmine memorabor iusticie tue solius deus docuisti me a iuuentute mea. et usque in senectam et senium deus ne derelinquas me.

Postcommunio.

MEntes nostras et corpora possideat quesumus. domine doni celestis operacio: ut non noster sensus in nobis. sed eius preueniat effectus. Per.

[1] *Sic.*

435

Dominica xvii. officium.

IUstus es domine et rectum iudicium tuum fac cum seruo tuo secundum misericordiam tuam. *Ps.* Beati inmaculati in uia. Gloria.

Oracio.

TUa nos domine quesumus gracia semper et preueniat et sequatur: ac bonis operibus iugiter prestet esse intentos. Per.

Ad ephesios.

FRatres: Obsecro uos ego uinctus in domino: ut digne ambuletis uocacione qua uocati estis. Cum omni humilitate et mansuetudine: cum paciencia supportantes inuicem in caritate. Solliciti seruare unitatem spiritus in uinculo pacis. Unum corpus et unus spiritus: sicut uocati estis in una/ spe uocacionis ues- [fo. 133. b. tre. Unus dominus: una fides. unum baptisma. Unus et pater omnium: qui super omnes et per omnia et in omnibus nobis. Qui est benedictus in secula: seculorum amen.

Gradale.

BEata gens cuius est dominus deus eorum populus quem elegit dominus in hereditatem sibi. Uerbo domini celi firmati sunt et spiritu oris eius omnis uirtus eorum. Alleluya. ℣. Paratum cor meum deus paratum cor meum cantabo et psallam tibi in gloria mea.

Lucam.

IN illo tempore: Cum intraret ihesus in domum cuiusdam principis phariseorum sabbato manducare panem: et ipsi ob-

436

seruabant eum. Et ecce quidam homo ydropicus: erat ante illum. Et respondens ihesus: dixit ad legis peritos. et phariseos. Si licet sabbato curare? At illi tacuerunt. Ipse uero apprehensum sanauit eum: ac dimisit. Et respondens ad illos dixit. Cuius uestrum asinus aut bos in puteum cadet et non continuo extrahet illum die sabbati? Et non poterant ad hec respondere illi. Dicebat autem et ad inuitatos parabolam: intendens quomodo primo saccubitus elegerunt dicens illis. Cum inuitatus eris ad nupcias: non discumbas in primo loco: neforte honoracior te sit inuitatus ab illo. Et ueniens is qui te et illum uocauit dicat tibi. Da huic locum. Et tunc incipias cum rubore: nouissimum locum tenere. Sed cum uocatus fueris uade: et recumbe in nouissimo loco. Et cum uenerit qui te inuitauit dicat tibi. Amice: ascende superius. Tunc erit tibi gloria: coram simul discumbentibus. Quia omnis qui se exaltat humiliabitur: et qui se humiliat: exaltabitur.

Offertorium.

ORaui deum meum ego daniel dicens exaudi domine preces serui tui illumina faciem tuam super sanctuarium tuum et propicius intende populum istum super quem inuocatum est nomen tuum deus.

Secretum.

MUnda nos domine sacrificii presentis effectu: et perfice miseratus in nobis. ut eius mereamur esse participes. Per.

437

Communio.

UOuete et reddite domino deo uestro omnes qui in circuitu eius affertis munera terribili et ei qui aufert spiritum principum terribili apud omnes reges terre.

Postcommunio.

PUrifica domine quesumus mentes nostras benignus. et renoua celestibus sacramentis: ut consequenter et corporum presens pariter et futurum capiamus auxilium. Per./ [fo. 134.

Feria iiii. in legitimo ieiunio. officium.

EXultate deo adiutori nostro iubilate deo iacob sumite psalmum iocundum cum cythara. canite inicium mensis tuba quia preceptum in israel est et iudicium deo iacob. *Ps.* Audi populus meus contestabor te israel si audieris me non erit in te deus recens neque adorabis deum alienum.

Oracio.

MIsericordie tue remediis quesumus domine fragilitas nostra subsistat. ut que sua condicione atteritur. tua clemencia reparetur. Per.

Leccio amos prophete.

HEc dicit dominus deus. Ecce dies ueniunt et comprehendet arator messorem: et calcator uue mittentem semen. Et stillabunt montes dulcedinem: et omnes colles culti erunt. Et conuertam captiuitatem populi mei israel: et edificabunt ciuitates desertas et habitabunt in eis. Et plantabunt uineas: et bibent uinum earum: Et facient ortos: et

438

comedent fructus eorum. Et plantabo eos super humum suam: et non euellam eos ultra de terra sua quam dedi eis. Dicit dominus: omnipotens.

Gradale.

PRopicius esto domine peccatis nostris propter nomen tuum nequando dicant gentes ubi est deus eorum. ℣. Adiuua nos deus salutaris noster et propter honorem nominis tui domine libera nos.

Oracio.

PResta quesumus domine familie supplicanti ut dum a cibis corporalibus abstinet a uiciis quoque mente ieiunet. Per.

Leccio libri esdre.

IN diebus illis: Congregatus est omnis populus quasi uir unus ad plateam que est ante portam aquarum. et dixerunt esdre scribe ut afferret librum legis moysi quam precepit dominus israeli. Attulit ergo esdras sacerdos librum coram multitudine uirorum ac mulierum cunctisque qui poterant intelligere in die prima mensis septimi. Et legit in eo in platea que erat ante portam aquarum a mane usque ad mediam diem in conspectu uirorum ac mulierum et sapiencium. Et aures omnis populi erant recte ad librum. Stetit autem esdras scriba super gradum ligneum quem fecerat ad loquendum et steterunt iuxta eum. Et aperuit esdras librum coram omni populo et benedixit domino deo magno. Et respondit omnis populus amen amen. Eleuans autem/ [fo. 134. b.

omnis populus manus suas incuruati sunt: et adorauerunt deum proni in terram. Porro leuite silencium faciebant in populo: ad audiendam legem. Populus autem stabat in gradu suo. Et legerunt in libro legis dei distincte et aperte ad intelligendum. Et intellexerunt cum legeretur. Dixit autem neemeas sacerdos et esdras scriba. et leuite interpretantes uniuersa populo. Dies sanctificatus est domino deo uestro: nolite lugere et nolite flere. Et dixit eis. Ite et comedite pinguia et bibite mulsum: et mittite partes eis qui non preparauerunt sibi quia sanctus est dies domini et nolite contristari. Gaudium etenim domini est: fortitudo uestra.

Gradale.

QUis sicut dominus deus noster qui in altis habitat humilia respicit in celo et in terra. ℣. Suscitans a terrai[1] inopem et de stercore erigens pauperem.

Marcum.

IN illo tempore: Respondens unus de turba: dixit ad ihesum. Magister: attuli filium meum ad te habentem spiritum mutum. Qui ubicumque eum apprehenderit: allidit eum et spumat. et stridet dentibus et arescit. Et dixi discipulis tuis ut eicerent eum: et non potuerunt. Qui respondens dixit. O generacio incredula: quamdiu apud uos ero quamdiu uos paciar? Afferte illum ad me. Et attulerunt eum. Et cum uidisset illum statim spiritus conturbauit eum. Et elisus in

[1] *Sic.*

terra: uolutabatur spumans. Et interrogauit patrem eius. Quantum temporis est: ex quo hoc ei accidit? At ille ait. Ab infancia. Et frequenter eum in ignem et in aquas misit: ut eum perderet. Sed si quid potes adiuua nos: misertus nostri. Ihesus autem ait illi. Si potes credere: omnia possibilia sunt credenti. Et continuo exclamans pater pueri: cum lacrimis aiebat. Credo domine: adiuua incredulitatem meam. Et cum uideret ihesus concurrentem turbam: comminatus est spiritui inmundo dicens illi. Surde et mute spiritus ego tibi precipio. exi ab eo: et amplius ne introeas in eum. Et clamans et multum discerpens eum: exiit ab eo. Et factus est sicut mortuus ita ut multi dicerent quia mortuus est. Ihesus autem tenens manum eius eleuauit illum/ et surrexit. Et cum [fo. 135. introisset domum: discipuli eius secreto interrogabant eum. Quare nos non potuimus eum eicere? Et dixit illis. Hoc genus a nullo potest exire: nisi in oracione et ieiunio.

Offertorium.

MEditabar in mandatis tuis que dilexi ualde et leuabo manus manus[1] meas ad mandata tua que dilexi.

Secretum.

DEus qui de hiis terre fructibus tua sacramenta constare uoluisti: presta. quesumus ut per hec opem nobis presentis uite conferas et eterne. Per.

[1] *Sic.*

Communio.

COmedite pinguia et bibite mulsum et mittite partes eis qui non preparauerunt sibi. sanctus enim dies domini est nolite contristari gaudium etenim domini est: fortitudo uestra.

Postcommunio.

SUmentes domine dona celestia suppliciter deprecamur: ut que sedula seruitute donante te gerimus. dignis sensibus tuo munere capiamus. Per.

Feria vi. Officium.

LEtetur cor querencium dominum querete[1] dominum et confirmamini querite faciem eius semper. *Ps.* Confitemini domino.

Oracio.

PResta quesumus omnipotens deus ut obseruaciones sacras annua deuocione recolentes et corpore tibi placeamus et mente. Per.

Leccio osee prophete.

HEc dicit dominus deus. Conuertere israel. ad dominum deum tuum quia corruisti in iniquitate tua. Tollite uobiscum uerba et conuertimini ad dominum: et dicite ei. Omnem aufer iniquitatem et accipe bonum: et reddemus uitulos labiorum nostrorum. Assur non saluabit nos. super equos non ascendemus nec dicemus ultra dii nostri opera manuum nostrarum. quia eius qui in te est misereberis populi. Sanabo contriciones eorum: diligam eos spontanee quia auersus est furor' meus ab eis. Ero quasi ros: israel germinabit quasi

[1] *Sic.*

lilium. Erumpet radix eius. ut libani ibunt rami eius. Et erit quasi oliua gloria eius: et odor eius ut libani. Conuertentur sedentes in umbra eius: uiuent tritico. et germinabunt quasi uinea. Memoriale eius: sicut uinum libani. Ego exaudiam et diligam eum: ego ut abietem uirentem. Ex me fructus tuus inuentus est. Quis sapiens et intelliget ista. intelligens et sciet hec? Quia recte uie domini: et/ iusti ambulabunt [fo. 135. b. in eis.

Gradale.

COnuertere domine aliquantulum et deprecare super seruos tuos. ℣. Domine refugium factus es nobis a generacione et progenie.

Secundum Lucam.

IN illo tempore: Rogabat ihesum quidam phariseus: ut manducaret cum illo. Et ingressus domum pharisei: discubuit. Et ecce mulier que erat in ciuitate peccatrix ut cognouit quod accubuisset in domo symonis: attulit alabaustrum unguenti. Et stans retro secus pedes eius: lacrimis cepit rigare pedes eius et capillis capitis sui tergebat. et osculabatur pedes eius. et unguento unguebat. Uidens autem phariseus qui uocauerat eum: ait intra se dicens. Hic si esset propheta: sciret utique que et qualis est mulier que tangit eum quia peccatrix est. Et respondens ihesus: dixit ad illum. Symon habeo tibi aliquid dicere. At ille ait. Magister dic. Duo debitores erant: cuidam feneratori

443

Unus debebat denarios quingentos: et alius quinquaginta. Non habentibus illis unde redderent: donauit utrisque. Quis ergo eum plus diligit? Et respondens symon dixit. Estimo: quia is cui plus donauit. At ille dixit. Recte iudicasti. Et conuersus ad mulierem: dixit symoni. Uides hanc mulierem? Intraui in domum tuam: aquam pedibus meis non dedisti. Hec autem lacrimis rigauit pedes meos. et capillis suis tersit. Osculum michi non dedisti: hec autem exquo intrauit non cessauit osculari pedes meos. Oleo capud meum non unxisti: hec autem unguento unxit pedes. Propter quod dico tibi remittuntur ei peccata multa quoniam dilexit multum. Cui autem minus dimittitur. minus diligit. Dixit autem ad illam ihesus. Remittuntur tibi peccata multa. Et ceperunt quidam qui simul discumbebant: dicere intra se. Quis est hic qui eciam peccata dimittit? Dixit autem ad mulierem. Fides tua te saluam fecit: uade in pace.

Offertorium.

BEnedic anima mea domino et noli obliuisci omnes retribuciones eius et renouabitur ut aquile iuuentus tua.

Secretum.

ACcepta tibi sint domine quesumus nostri dona ieiunii. que et expiando nos gracia tua dignos efficiant. et ad sempiterna/ promissa perducant. [fo. 136.

444

Communio.

AUfer a me obprobrium et contemptum quia mandata tua exquisiui domine nam et testimonia tua meditacio mea est.

Postcommunio.

QUesumus omnipotens deus ut de perceptis muneribus gracias exhibentes: beneficia pociora sumamus. Per.

Sabbato. Officium.

UEnite adoremus deum et procidamus ante dominum ploremus ante eum qui fecit nos quia ipse est dominus deus noster. *Ps.* Uenite exultemus.

Oracio.

OMnipotens sempiterne deus. qui per continenciam salutarem et corporibus nostris mederis et mentibus. maiestatem tuam supplicis[1] exoramus. ut pia ieiunancium deprecacione placatus et presencia nobis subsidia prebeas et futura. Per.

Leccio libri leuitici.

IN diebus illis: Locutus est dominus ad moysen dicens. Decimo die mensis huius septimi. dies expiacionum erit celeberrimus et uocabitur sanctus. Affligetisque animas uestras in eo: et offeretis holocaustum domino. Omne opus seruile non facietis in tempore diei huius: quia dies propiciacionis est. ut propicietur uobis dominus deus uester. Omnis anima que non afflicta fuerit die hac: peribit de populo suo. Et que operis quispiam[1] fecerit delebo eam de populo suo. Nichil ergo

[1] *Sic.*

operis facietis in eo. Legitimum sempiternum erit uobis in cunctis generacionibus et habitacionibus uestris. Sabbatum requiescionis est affligetis animas uestras die nono mensis a uespere usque ad uesperum: celebrabitis sabbata uestra. Dicit dominus: omnipotens.

Gradale.

PRotector noster aspice deus et respice super seruos tuos. *Ps.*[1] Domine deus uirtutum exaudi preces seruorum tuorum.

Oracio.

DA nobis quesumus omnipotens deus ut ieiunando tua gracia saciemur. et abstinendo cunctis efficiamur hostibus forciores. Per.

Leccio libri leuitici.

IN diebus illis: Locutus est dominus ad moysen dicens. Quintodecimo die mensis septimi quando congregaueritis omnes fructus terre uestre celebrabitis ferias domini septem diebus. Die primo et die octauo erit sabbatum id est requies. Sumetisque uobis die primo fructus arboris pulcherrime spatulasque palmarum. et ramos ligni densarum frondium. et salices de torrente. et letabimini coram domino deo uestro. Celebrabitis sollemp/ni- [fo. 136. b. tatem eius septem diebus per annum. Legitimum sempiternum erit in cunctis generacionibus uestris. Mense septimo festa celebrabitis et habitabitis in umbraculis septem

[1] *Sic.*

diebus. Omnis qui de genere est israel manebit in tabernaculis ut discant posteri uestri quod in tabernaculis habitare fecerim filios israel cum educerem eos de terra egypti. ego dominus deus uester.

Gradale.

DOmine refugium factus es nobis a generacione et progenie. ℣. Priusquam montes fierent aut formaretur terra et orbis a seculo et in seculum tu es deus.

Oracio.

DA quesumus domine fidelibus tuis beneficiis gratulari suppliciter imploratis. et qui ieiuniis te uenerantur exhibitis. bonorum tuorum copiis impleantur. Per.

Leccio michee prophete.

DOmine deus noster pasce populum tuum uirga tua. gregem hereditatis tue. habitantes terram in salutem iuxta dies antiquos. Uidebunt gentes et confundentur super omni fortitudine sua. Quoniam quis deus similis tui qui aufers iniquitatem et transfers peccatum reliquiarum hereditatis tue? Non immittet ultra furorem suum: quoniam uolens misericordiam est. Reuertetur et miserebitur nostri. Deponet omnes iniquitates nostras: et proiciet in profundum maris omnia peccata nostra. Dabis ueritatem iacob. misericordiam abraham. que iurasti patribus nostris a diebus antiquis: domine deus noster.

447

Gradale.

AB occultis meis munda me domine et ab alienis parce seruo tuo. ℣. Si mei non fuerint dominati tunc inmaculatus ero et emundabor a delicto maximo.

Oracio.

PResta quesumus domine sic nos ab epulis abstinere carnalibus: ut a uiciis irruentibus pariter ieiunemus. Per.

Leccio zacharie prophete.

IN diebus illis: Factum est uerbum domini ad me dicens. Hec dicit dominus deus exercituum. Sicut cogitaui ut affligerem uos cum ad iracundiam me prouocassent patres uestri et non sum misertus. sic conuersus cogitaui in diebus istis ut benefaciam israel et domui iuda. Nolite timere. Hec sunt ergo uerba que facietis. Loquimini ueritatem unusquisque cum proximo suo. ueritatem et iudicium pacis iudicate in portis uestris. Et unusquisque malum contra amicum suum ne cogitetis in cordibus uestris. et iuramentum mendax ne dili/ga- [fo. 137. tis. Omnia enim hec sunt que odi dicit dominus. Et factum est uerbum domini exercituum ad me dicens. Hec dicit dominus exercituum. Ieiunium primi. et ieiunium quarti. et ieiunium quinti. et ieiunium septimi. et ieiunium decimi. erit domui iuda in gaudium et in leticiam et in sollempnitates preclaras. Ueritatem tantum et pacem diligite: dicit dominus exercituum.

448

Gradale.

COnuerte domine aliquantulum et deprecare super seruos tuos. ℣. Domine refugium factus es nobis a generacione et progenie.

Oracio.

UT nos domine tribuis sollempne tibi deferre ieiunium. sic nobis indulgencie presta quesumus subsidium. Per.

Leccio danielis prophete.

IN diebus illis: Angelus domini descendit cum azaria et sociis eius in fornacem. et excussit flammam ignis de fornace et fecit medium fornacis quasi uentum roris flantem. Flamma autem diffusa est super fornacem cubitis quadraginta nouem. et incendit quos reperit iuxta fornacem de chaldeis ministros regis qui eam incendebant. Illos autem omnino non tetigit ignis neque contristauit. nec quicquam molestie intulit. Tunc hii tres quasi ex uno ore ympnum dicebant et magnificabant deum in fornace dicentes. Benedictus es domine deus patrum nostrorum: et laudabilis et superexaltatus in secula. Et benedictum nomen glorie tue sanctum et laudabile et superexaltatum in omnibus seculis. Benedictus es in templo sancto glorie tue. et superlaudabilis et supergloriosus in secula. Benedictus es in throno regni tui: et superlaudabilis et superexaltatus in secula. Benedictus es qui intueris abyssos et sedes super cherubyn. et laudabilis et superexaltatus in secula. Benedictus es in firmamento celi: et laudabilis et gloriosus in secula. Benedicite omnia opera domini domino. benedicite celi domino. benedicite angeli domini domino. ympnum dicite et superexaltate eum in secula. Benedicite aque que super celos sunt domino. benedicite omnes uirtutes domini domino. benedicite sol et luna domino. ympnum dicite et superexaltate eum in secula. Benedicite stelle celi domino benedicite ymber et ros domino. benedi/cite omnis [fo. 137. b. spiritus domino. ympnum dicite. Benedicite ignis et estus domino. benedicite noctes et dies domino. benedicite tenebre et lumen domino. ympnum dicite. Benedicite frigus et cauma domino. benedicite pruina et niues domino. benedicite fulgura et nubes domino. ympnum dicite. Benedicat terra dominum: benedicite montes et colles domino. benedicite omnia nascencia terre domino. ympnum. Benedicite maria et flumina domino: benedicite fontes domino benedicite cete et omnia que mouentur in aquis domino. ympnum. Benedicite uolucres celi domino benedicite bestie et uniuersa pecora domino benedicite filii hominum domino. ympnum dicite. Benedicat israel domino benedicite sacerdotes domini domino. benedicite serui domini domino. ympnum dicite. Benedicite spiritus et anime iustorum domino. benedicite sancti et humiles corde domino. ympnum dicite. Benedicite ananias azarias misael domino. ympnum dicite et superexaltate eum in secula.

Tractus.

OMnipotentem semper adorant et benedicunt omne per euum. ℣. Astra polorum cuncta chorique solque sororque lumina celi. Et benedicunt. ℣. Sic quoque lymphe queque superne ros pluuieque spiritus omnis. Et benedicunt. ℣. Ignis et estus cauma geluque frigus et ardor atque pruina. Et benedicunt. ℣. Nix glaciesque noxque diesque lux tenebreque fulgura nubis. Et benedicunt. ℣. Arida. montes. germina colles flumina fontes pontus et unde. Et benedicunt. ℣. Omnia uiua que uehit equor que uehit aer terraque nutrit. Et benedicunt. ℣. Cuncta hominum gens israel ipse christicoleque ser uuli quique. Et benedicunt. ℣ Sancti humilesque corde benigno tresque pusilli exsuperantes. Et benedicunt. ℣. Rite camini ignei flammas iussa tyranni tempnere prompti. Et benedicunt. ℣. Sit genitori laus genitoque lausque beato flamini sancto. Et benedicunt.

Tractus.

OMnipotentem.

Dominus uobiscum.

Oracio.

DEus qui tribus pueris mitigasti flammas ignium: concede propicius: ut nos famulos tuos non exurat flamma uiciorum. Per.

Ad hebreos.

FRatres: Tabernaculum factum est primum in quo

erant candelabra et mensa. et proposicio panum que dicitur sancta. Post uelamentum autem secundum tabernaculum quod dicitur sancta sanctorum aureum habens thuribulum. et archam testamenti circumtectam ex omni parte auro. in qua urna aurea habens/ manna et uirga [fo. 138. aaron que fronduerat et tabule testamenti superque eam cherubyn glorie obumbrancia propiciatorium. De quibus non est modo dicendum per singula. Hiis uero ita compositis: in priori quidem tabernaculo semper introibant sacerdotes sacrificiorum officia consumantes. In secundo autem semel in anno solus pontifex. non sine sanguine quem offert pro sua et populi ignorancia. Hoc significante spiritu sancto nondum propalatam esse sanctorum uiam adhuc priore tabernaculo habente statum. Que parabola est temporis instantis. Iuxta quem[1] munera et hostie offeruntur que non possunt iuxta conscienciam perfectum facere seruientem solummodo in cibis et in potibus et uariis baptismatibus et iusticiis carnis usque ad tempus correccionis impositis. christus autem assistens pontifex futurorum bonorum peramplius et perfeccius tabernaculum non manufactum id est non huius creacionis neque per sanguinem hyrcorum aut uitulorum. sed per proprium sanguinem introiuit semel in sancta: eterna redempcione inuenta.

[1] *Sic.*

Tractus.

LAudate dominum omnes gentes et collaudate eum omnes populi. ℣. Quoniam confirmata est super nos misericordia eius et ueritas domini manet in eternum.

Lucam.

IN illo tempore: Dixit ihesus turbis similitudinem hanc. Arborem fici habebat quidam plantatam in uinea sua: et uenit querens fructum in illa et non inuenit. Dixit autem ad cultorem uinee. Eccece[1] anni tres sunt exquo uenio querens fructum in ficulnea hac: et non inuenio. Succide ergo illam. Utquid eciam terram occupat? At ille respondens: dixit illi. Domine: dimitte illam et hoc anno. usque dum fodiam circa illam et mittam stercora siquidem fecerit fructum. Sin autem: in futuro succides illam. Erat autem docens in synagogam[1] eorum sabbatis. Et ecce mulier que habebat spiritum infirmitatis annis decem et octo. et erat inclinata nec poterat omnino rursum[1] respicere. Quam cum uidisset ihesus: uocauit eam ad se et ait illi. Mulier: dimissa es ab infirmitate tua. Et imposuit illi manus: et confestim erecta est et glorificabat deum. Respondens autem archisinagogus indignans quia/ sabbato curasset [fo. 138. b. ihesus dicebat turbe. Sex dies sunt: in quibus licet operari. In hiis ergo uenite et curamini: et non in die sabbati. Respondens

[1] *Sic.*

autem ad illum ihesus dixit. Ypocrita: unusquisque uestrum sabbato non soluit bouem suum aut asinum a presepio et ducit adaquare? Hanc autem filiam abrahe quam alligauit sathanas ecce decem et octo annis: non oportuit solui a uinculo isto die sabbati? Et cum hec diceret: erubescebant omnes aduersarii eius. Et omnis populus gaudebat in uniuersis: que gloriose fiebant ab eo.

Offertorium.

DOmine deus salutis mee in die clamaui et nocte coram te intret oracio mea in conspectu tuo domine.

Secretum.

QUesumus domine nostris placare muneribus. et ieiuniis. quia tu eadem tribuis ut placeris. Per.

Communio.

MEnse septimo festa celebrabitis cum in tabernaculis habitare fecerim filios israel cum educerem eos de terra egypti ego dominus. deus uester.

Postcommunio.

PErficiant in nobis quesumus domine tua sacramenta quod continent: ut que nunc specie gerimus. rerum ueritate capiamus. Per.

Dominica xviii. Officium.

DA pacem domine sustinentibus te ut prophete tui fideles inueniantur. exaudi preces serui tui et

plebis tue israel. ℣. Ut sciant omnes qui habitant terram: quia tu es deus conspector seculorum. Gloria.

Oracio.

DA quesumus domine populo tuo dyabolica uitare contagia: et te solum deum pura mente sectari. Per.

Ad corinthios.

FRatres: Gracias ago deo meo semper pro uobis: in gracia dei que data est nobis in christo ihesu: quia in omnibus diuites facti estis in illo in omni uerbo et in omni sciencia sicut testimonium christi confirmatum est in uobis ita ut nichil uobis desit in ulla gracia expectantibus reuelacionem domini nostri ihesu christi. Qui et confirmabit uos usque in finem sine crimine: in die aduentus domini nostri ihesu christi.

Gradale.

LEtatus sum in his que dicta sunt michi in domum dominum[1] ibimus. ℣. Fiat pax in uirtute tua et habundancia in turribus tuis. Alleluya. ℣. Omnes gentes plaudite manibus iubilate deo in uoce exultacionis.

Secundum matheum.

IN illo tempore: Pharisei audientes quod silencium imposuisset ihesus saduceis: conuenerunt in unum. et interrogauit eum unus ex eis legis doctor temptans eum. Magister: quod est mandatum magnum in

[1] *Sic.*

lege./ Ait illi ihesus. [fo. 139. Diliges dominum deum tuum ex toto corde tuo et ex tota anima tua. et in tota mente tua. Hoc est maximum. et primum mandatum. Secundum autem: simile est huic. Diliges proximum tuum sicut teipsum. In hiis duobus mandatis: uniuersa lex pendet et prophete. Congregatis autem phariseis: interrogauit eos ihesus dicens. Quid uobis uidetur de christo cuius filius est? Dicunt ei. Dauid. Ait illis. Quomodo ergo dauid in spiritu uocat eum dominum dicens. Dixit dominus domino meo sede a dextris meis Donec ponam inimicos tuos. scabellum pedum tuorum. Si ergo dauid uocat eum dominum: quomodo filius eius est? Et nemo poterat respondere ei uerbum: neque ausus fuit quisquam ex illa die: eum amplius interrogare.

Offertorium.

SAnctificauit moyses altare domino offerens super illud holocaustum. et immolans uictimas fecit sacrificium uespertinum in odorem suauitatis domino deo in conspectu filiorum israel.

Secretum.

MAiestatem tuam domine suppliciter deprecamur: ut hec sancta que gerimus. et a preteritis delictis nos exuant et futuris. Per.

Communio.

TOllite hostias et introite in atria eius adorate dominum in aula sancta eius.

Postcommunio.

SAnctificacionibus tuis omnipotens deus et uicia nostra curentur: et remedia nobis eterna proueniant.

Dominica nonadecima. Officium.

SAlus populi ego sum dicit dominus de quacumque tribulacione clamauerint ad me exaudiam eos et ero illorum dominus imperpetuum. *Ps.* Attendite popule meus.

Oracio.

DIrigat corda nostra domine quesumus tue miseracionis operacio: quia tibi sine te placere non possumus. Per.

Ad ephesios.

FRatres: Renouamini spiritu mentis uestre: et induite nouum hominem qui secundum deum creatus est: in iusticia et sanctitate ueritatis. Propter quod deponentes mendacium: loquimini ueritatem unusquisque cum proximo suo quoniam sumus inuicem membra. Irascimini: et nolite peccare. Sol non occidat super iracundiam uestram. Nolite locum dare dyabolo. Qui furabatur: iam non furetur. Magis autem laboret operando manibus suis quod bonum est ut habeat unde tribuat: necessitatem pacienti.

Gradale.

DIrigatur oracio mea sicut in/censum in conspectu [fo. 139. b. tuo domine. ℣. Eleuacio manuum mearum sacrificium uespertinum. Alleluya. ℣. Attendite populi meus legem meam.

Secundum matheum.

IN illo tempore: Ascendens ihesus in nauiculam: transfretauit et uenit in ciuitatem suam. Et ecce offerebant ei paraliticum iacentem in lecto. Et uidens ihesus fidem illorum dixit paralitico. Confidę fili: remittuntur tibi peccata tua. Et ecce quidam de scribis dixerunt intra se. Hic blasphemat. Et cum uidisset ihesus cogitaciones eorum dixit. Utquid cogitatis mala in cordibus uestris. Quid est facilius dicere dimittuntur tibi peccata tua an dicere surge et ambula? Ut autem sciatis quia filius hominis habet potestatem in terra dimittendi peccata: ait paralitico. Surge tolle lectum tuum et uade in domum tuam. Et surrexit: et abiit in domum suam. Uidentes autem turbe: timuerunt. Et glorificauerunt deum: qui dedit protestatem talem hominibus.

Offertorium.

SI ambulauero in medio tribulacionis uiuificabis me domine. et super iram inimicorum meorum extendes manum tuam et saluum me fecit dextera tua.

Secretum.

DEus qui nos per huius sacrificii ueneranda commercia

unius summeque diuinitatis participes efficis: presta quesumus. ut sicut tuam cognoscimus ueritatem. sic eam dignis mentibus et moribus assequamur. Per.

Communio.

TU mandasti mandata tua custodiri nimis utinam dirigantur uie mee ad custodiendas iustificaciones tuas.

Postcommunio.

GRacias tibi referimus domine sacro munere uegetati tuam misericordiam deprecantes: ut dignos nos eius participacione perficias. Per.

Dominica xx. Officium.

OMnia que fecisti nobis domine in uero iudicio fecisti quia peccauimus tibi et mandatis tuis non obediuimus sed da gloriam nomini tuo et fac nobiscum secundum multitudinem misericordie tue. *Ps.* Peccauimus inique egimus recedentes a te et precepto tuo non obediuimus. Gloria.

Oracio.

OMnipotens et misericors deus uniuersa nobis aduersancia propiciatus exclude: ut mente et corpore pariter expediti que tua sunt liberis mentibus exequamur. Per.

Ad ephesios.

FRatres. Uidete quomodo caute ambuletis. Non

quasi insipientes: sed ut sa/-pientes. Redimentes [fo. 140. tempus: quoniam dies mali sunt. Propterea nolite fieri imprudentes. sed intelligentes que sit uoluntas dei. Et nolite inebriari uino: in quo est luxuria: sed implemini spiritu sancto loquentes uobismetipis in psalmis. et ympnis et canticis spiritualibus. cantantes et psallentes in cordibus uestris domino. Gracias agentes semper pro omnibus in nomine domini nostri ihesu christi deo et patri. Subiecti inuicem: in timore christi.

Gradale.

OCuli omnium in te sperant domine et tu das illis escam in tempore oportuno. ℣. Aperis tu manum tuam et imples omne animal benediccione. Alleluya. ℣. Domine deus salutis mee in die clamaui et nocte coram te.

Matheum.

IN illo tempore: Loquebatur ihesus cum discipulis suis in parabolis dicens. Simile factum est regnum celorum homini regi qui fecit nupcias filio suo. Et misit seruos suos uocare inuitatos ad nupcias et nolebant uenire. Iterum misit alios seruos dicens. Dicite inuitatis. Ecce prandium meum paraui: tauri mei et altilia occisa. et omnia parata. uenite ad nupcias. Illi autem neglexerunt. Et abierunt alius in uillam suam: alius uero ad negociacionem suam. Reliqui uero tenuerunt seruos eius et

contumeliis affectos occiderunt. Rex autem cum audisset iratus est: et missis exercitibus suis perdidit homicidas illos et ciuitatem illorum succendit. Tunc ait seruis suis. Nupcie quidem parate sunt: sed qui inuitati erant non fuerunt digni. Ite ergo ad exitus uiarum. et quoscumque inueneritis uocate ad nupcias. Et egressi serui eius in uias: congregauerunt omnes quos inuenerunt malos et bonos. et implete sunt nupcie discumbencium. Intrauit autem rex ut uideret discumbentes: et uidit ibi hominem non uestitum ueste nupciali. et ait illi. Amice quomodo huc intrasti non habens uestem nupcialem? At ille ommutuit. Tunc dixit rex ministris. Ligatis manibus eius et pedibus mittite eum in tenebras exteriores. Ibi erit fletus et stridor dencium. Multi enim sunt uocati: pauci uero electi.

Offertorium.

SUper flumina babilonis illic sedimus et fleuimus dum/ recordaremur tui syon. [fo. 140. b.

Secretum.

HEc munera quesumus domine que oculis tue maiestatis offerimus. salutaria nobis esse concede. Per.

Prefacio.

QUia[1] cum unigenito.

[1] *Sic.*

Communio.

MEmento uerbi tui seruo tuo domine in quo michi spem dedisti. hec me consolata est in humilitate mea.

Postcommunio.

TUa nos domine medicinalis operacio et a nostris peruersitatibus clementer expediat. et tuis semper faciat inherere mandatis. Per.

Dominica xxi.

Officium.

IN uoluntate tua domine uniuersa sunt posita. et non est qui possit resistere uoluntati tue. tu enim fecisti celum et terram et uniuersa que celi ambitu continentur dominus uniuersorum tu es. ℣. Et nunc domine rex regum deus abraham miserere populo tuo quia uolunt nos inimici nostri perdere et hereditatem tuam delere. Gloria.

Oracio.

LArgire quesumus domine fidelibus tuis indulgenciam placatus et pacem. ut pariter ab omnibus mundentur offensis. et secura tibi mente deseruiant. Per.

Ad ephesios.

FRatres. Confortamini in domino: et in potencia uirtutis eius. Induite uos armatura dei: ut possitis stare aduersus insidias dyaboli. Quoniam non est nobis colluctacio aduersus carnem et sanguinem. sed ad-

uersus principes et potestates aduersus mundi rectores tenebrarum harum contra spiritualia nequicie in celestibus. Propterea accipite armaturam dei. ut possitis resistere in die malo. et in omnibus perfecte stare. State ergo succincti lumbos uestros in ueritate: et induti loricam iusticie et calciati pedes in preparacionem euuangelii pacis. In omnibus sumentes scutum fidei in quo possitis omnia tela nequissimi ignea extinguere. Et galeam salutis assumere et gladium spiritus: quod est uerbum christi.

Gradale.

DOmine refugium factus es nobis a generacione et progenie. ℣. Priusquam montes fierent aut formaretur terra et orbis a seculo et in seculum tu es deus. Alleluya. ℣. Deus iudex iustus fortis et paciens numquid irascetur per singulos dies.

Secundum Iohannem.

IN illo tempore: Erat quidam regulus: cuius filius infirmabatur capharnaum. Hic cum audisset quia ihesus adueniret a iudea in galileam abiit ad eum et rogabat eum. ut descenderet et sanaret filium eius. Incipiebat enim mori. Dixit ergo ihesus ad/eum. Nisi signa et pro- [fo. 141. digia uideritis: non creditis. Dixit ad eum regulus. Domine descende: priusquam moriatur filius meus. Dixit ei ihesus: Uade filius tuus uiuit. Credidit homo sermoni quem dixerat ei ihesus: et ibat. Iam autem eo descendente: serui occurrerunt ei et nunciauerunt dicentes quia filius eius uiueret. Interrogabat ergo horam ab eis: in qua melius habuerat. Et dixerunt ei. Quia heri hora septima: reliquid eum febris. Cognouit ergo pater quia illa hora erat in qua dixit ei ihesus. filius tuus uiuit. Et credidit ipse: et domus eius tota.

Offertorium.

UIr erat in terra nomine iob simplex et rectus ac timens deum quem sathan peciit ut temptaret. et data est ei potestas a domino in facultate et in carne eius perditque omnem substanciam illius et filios carnem quoque eius graui ulcere uulnerauit.

Secretum.

CElestem nobis prebeant hec misteria quesumus domine medicinam: et uicia nostri cordis expurgent. Per.

Communio.

IN salutari tuo anima mea et in uerbum tuum speraui quando facies de persequentibus me iudicium iniqui persecuti sunt me adiuua me domine deus meus.

Postcommunio.

UT sacris domine reddamur digni muneribus: fac nos quesumus tuis obedire mandatis. Per.

Dominica xxii. Officium.

SI iniquitates obseruaueris domine domine quis sustinebit

quia apud te propitiacio est deus israel. *Ps.* De profundis.

Oracio.

FAmiliam tuam quesumus domine continua pietate custodi: ut a cunctis aduersitatibus te protegente sit libera. et in bonis ac tuo nomini sit deuota. Per.

Ad philippenses.

FRatres: Confidimus in domino ihesu: quia qui cepit in uobis opus bonum: perficiat usque in diem christi ihesu. Sicut est michi iustum hoc sentire pro omnibus uobis eo quod habeam uos in corde. et in uinculis meis. et in defensione et confirmacione euuangelii: socios gaudii mei omnes uos esse. Testis enim michi est deus quomodo cupiam omnes uos in uisceribus ihesu christi. Et hoc oro: ut caritas uestra magis ac magis abundet in sciencia et in omni sensu. ut probetis pociora ut sitis sinceres et sine offensa in diem christi. Repleti fructu/ iusticie: per ihesum [fo. 141. b. christum: in gloriam et laudem dei.

Gradale.

ECce quam bonum et quam iocundum habitare fratres in unum. ℣. Sicut unguentum in capite quod descendit in barbam barbam aaron. ℣. Mandauit dominus benediccionem et uitam usque in seculum. Alleluya. ℣. De profundis clamaui ad te domine domine exaudi uocem meam.

Secundum matheum.

IN illo tempore: Dixit discipulis suis parabolam hanc. Simile est regnum celorum homini regi: qui uoluit racionem ponere cum seruis suis. Et cum cepisset racionem ponere: oblatus est ei unus qui debebat decem milia talenta. Cum autem non haberet unde redderet: iussit eum dominus eius uenundari. et uxorem eius et filios. et omnia que habebat et reddi. Procidens autem seruus ille rogabat eum dicens. Paciencias habe in me: et omnia reddam tibi. Misertus autem dominus serui illius. dimisit eum et debitum dimisit ei. Egressus autem seruus ille inuenit unum de conseruis suis qui debebat ei centum denarios. Et tenens: suffocabat eum dicens. Redde quod debes. Et procidens conseruus eius: rogabat eum dicens. Pacienciam habe in me: et omnia reddam tibi. Ille autem noluit: sed abiit et misit eum in carcerem donec redderet debitum. Uidentes autem conserui eius que fiebant: contristati sunt ualde. Et uenerunt: et narrauerunt domino suo omnia que facta fuerant. Tunc uocauit illum dominus suus: et dixit illi. Serue nequam omne debitum dimisi tibi: quoniam rogasti me. Nonne ergo oportuit et te misereri conserui tui sicut et ego tui misertus sum? Et iratus dominus eius: tradidit eum tortoribus quoadusque redderet uniuersum debitum. Sic et pater meus celestis faciet

uobis: si non remiseritis unusquisque fratri suo: de cordibus uestris.

Offertorium.

REcordare mei domine omnipotentatui da sermonem rectum et benesonantem in os meum ut placeant uerba mea in conspectu principis. euerte cor eius in odium repugnancium nobis et in eos qui consenciunt eis nos autem libera in manu tua deus noster ineternum.

Secretum.

SUscipe domine propicius hostias quibus et te placari uoluisti: et nobis salutem./ potenti pietati restitui. [fo. 142. Per.

Communio.

DIco uobis gaudium est angelis dei super uno peccatore penitenciam agente.

Postcommunio.

INmortalitatis alimoniam consecuti quesumus domine. ut quod ore percepimus mente sectemur. Per.

Dominica xxiii. Officium.

DIcit dominus ego cogito cogitaciones pacis et non affliccionis inuocabitis me et ego exaudiam uos et reducam captiuitatem uestram de cunctis locis. *Ps.* Benedixisti domine.

Oracio.

DEus nostrum refugium et uirtus adesto piis ecclesie

tue precibus auctor ipse pietatis : et presta ut quod fideliter pecimus efficaciter consequamur. Per.

Ad philippenses.

FRatres : Imitatores mei estote : et obseruate eos qui ita ambulant sicut habetis formam nostram. Multi enim ambulant quos sepe dicebam uobis. nunc autem et flens dico inimicos crucis christi. Quorum finis interitus : quorum deus uenter est et gloria in confusionem ipsorum qui terrena sapiunt. Nostra autem conuersacio in celis est : Unde eciam saluatorem expectamus dominum nostrum ihesum christum : qui reformabit corpus humilitatis nostre configuratum corpori claritatis sue. secundum operacionem qua possit eciam subicere sibi omnia. Itaque fratres mei karissimi et desideratissimi : gaudium meum. et corona mea sic state in domino karissimi. Euchodiam rogo et sinticen deprecor : idipsum sapere in domino. Eciam rogo et te germane compar adiuua illas que mecum laborauerunt in euuangelio cum clemente et ceteris adiutoribus meis. Quorum nomina sunt : in libro uite.

Gradale.

LIberasti nos domine ex affligentibus nos et eos qui nos oderunt confudisti. ℣. In deo laudabimur totadie et in nomini tuo confitebimur in secula. Alleluya. ℣. Domine refugium factus es nobis a generacione et progenie.

Matheum.

IN illo tempore : Abeuntes pharisei consilium inierunt : ut caperent ihesum in sermone. Et mittunt ei discipulos suos cum herodianis dicentes. Magister : scimus quia uerax es. et uiam dei in ueritate doces. et non est tibi cura de aliquo. Non enim respicis personam hominum. Dic ergo nobis : quid tibi uidetur. Licet censum dari cesari annon? Cognita autem ihesus nequicia eorum ait. Quid me temptatis, ypocrite? Ostendite michi nummisma./ census. At illi [fo. 142. b. optulerunt ei denarium. Et ait illis ihesus. Cuius est ymago hec et superscripcio? Dicunt ei. Cesaris. Tunc ait illis. Reddite ergo que sunt cesaris cesari : et que sunt dei. deo.

Offertorium.

DE profundis clamaui ad te domine domine domine[1] exaudi oracionem meam.

Secretum.

DA misericors deus : ut hec salutaris oblacio. et a propriis nos reatibus indesinenter expediat. et ab omnibus tueatur aduersis. Per.

Communio.

AMen dico uobis quicquid orantes petitis credite quia accipietis et fiet uobis.

[1] *Sic.*

469

Postcommunio.

SUmpsimus domine sacri dona misterii humiliter deprecantes ut que in tui commemoracione nos facere precepisti: in nostre proficiant infirmitatis auxilium. Per.

Dominica xxiiii. Officium.

SPerent in te domine qui nouerunt nomen tuum quoniam non derelinquis querentes te psallite domino qui habitat in syon. *Ps.* Confitebor tibi narrabo omnia mirabilia.

Oracio.

EXcita domine quesumus tuorum fidelium uoluntates: ut diuini operis fructum propensius exequentes pietatis tue remedia maiora percipiant. Per.

Ad collocenses.

FRatres: Non cessamus pro uobis orantes et postulantes: ut impleamini agnicione uoluntatis eius in omni sapiencia et intellectu spirituali. ut ambuletis digne deo per omnia placentes. In omni opere bono fructificantes: et crescentes in sciencia dei. In omni uirtute confortati: secundum potenciam claritatis eius. In omni paciencia: et longanimitate cum gaudio. In christo ihesu: domino nostro.

Gradale.

IUstus es domine et rectum iudicium tuum. fac cum seruo tuo secundum magnam misericor-

470

diam tuam. ℣. Gressus meos dirige domine secundum eloquium tuum ut non dominetur michi omnis iniusticia. Alleluya. ℣. Domine deus meus in te speraui saluum me fac ex omnibus persequentibus me et eripe me.

Secundum matheum.

IN illo tempore: Loquente ihesu ad turbas: ecce princeps unus accessit et adorauit eum dicens. Domine: filia mea modo defuncta est: sed ueni impone manum tuam super eam et uiuet. Et surgens ihesus sequebatur eum: et discipuli eius. Et ecce mulier que sanguinis fluxum paciebatur duodecim annis accessit retro: et tetigit fimbriam uestimenti eius. Dicebat enim intra se. Si tetigero fimbriam uesti-/ [fo. 143. menti eius tantum: salua ero. At ihesus conuersus et uidens eam dixit. Confide filia: fides tua te saluam fecit. Et salua facta est mulier: ex illa hora.

Offertorium.

DOmine deus meus in te speraui saluum me fac ex omnibus persequentibus me et eripe me.

Secretum.

MUnda nos domine sacrificii presentis effectu. et perfice misereatus in nobis. ut eius mereamur esse participes. Per.

Communio.

CUstodi me domine ut pupillam oculi sub umbra alarum tuarum protege me.

Postcommunio.

COncede quesumus misericors deus : per sacramenta que sumpsimus : ut quicquid in nostra mente uiciosum est ipsius meditacionis dono curetur. Per.

Dominica xxv. Officium.

BEnedicta sit sancta trinitas.

Gradale.

BEnedictus es. Alleluya. ℣. Benedictus es.

Offertorium.

BEnedictus sit deus.

Communio.

BEnedicimus dominum. *Require in die sancte trinitatis.*

Oracio.

EXcita domine quesumus potenciam tuam et ueni : et quod ecclesie tue promisisti : usque in finem seculi clementer operare. Qui uiuis et regnas cum deo patre.

Leccio ieremie prophete.

ECce dies ueniunt dicit dominus : et suscitabo dauid germen iustum et regnabit rex et sapiens erit. et faciet iudicium et iusticiam in terra. In diebus illis saluabitur iuda : et israel habitabit confidenter. Et hoc est nomen quod uocabunt eum : dominus iustus noster. Propter hoc ecce dies ueniunt dicit dominus : et non dicent ultra uiuit

dominus qui eduxit filios israel de terra egypti : sed uiuit dominus qui eduxit et adduxit semen domus israel de terra aquilonis et de cunctis terris ad quas eieceram eos illuc. et habitabunt in terra sua. Dicit dominus : omnipotens.

Secundum Iohannem.

IN illo tempore : Cum subleuasset oculos ihesus et uidisset quia multitudo maxima uenit ad eum :[1] Unde ememus panes ut manducent hii ? Hoc autem dicebat : temptans eum. Ipse enim sciebat : quid esset facturus. Respondit ei philippus. Ducentorum denariorum panes non sufficiunt eis : ut unusquisque modicum quid accipiat. Dicit ei unus ex discipulis eius : andreas frater symonis petri. Est puer unus hic qui habet quinque panes ordeiceos[2] : et duos pisces. Sed hec quid sunt inter tantos ?/ Dixit ergo ihesus. Facite [fo. 143. b. homines discumbere. Erat autem fenum multum in loco. Discubuerunt ergo uiri : numero quasi quinque milia. Accepit ergo panes ihesus : et cum gracias egisset : distribuit discumbentibus. Similiter et ex piscibus quantum uolebant. Ut autem impleti sunt dixit discipulis suis. Colligite que superauerunt fragmenta ne pereant. Collegerunt ergo : et impleuerunt duodecim cophinos fragmentorum ex quinque panibus ordeiceis[2]

1 *dicit ad philippum* omitted.
2 *Sic.*

que superfuerunt hiis qui manducauerant. Illi ergo homines cum uidissent quod fecerat signum dicebant quia hic est uere propheta: qui uenturus est in mundum.

Secretum.

SAcrificium tibi domine celebrandum placatus intende. quod nos et a uiciis nostre condicionis emundet et tuo nomini reddat acceptos. Per.

Postcommunio.

ANime nostre diuino munere saciate quesumus omnipotens deus hoc pociantur desiderio. ut a tuo spiritu inflammentur. ut ante conspectum uenientis christi filii tui uelud clara luminaria fulgeamus. Per eundem. In unitate eiusdem.

In anniuersario dedicacionis ecclesie.

Officium.

TErribilis est locus iste hic domus dei est et porta celi et uocabitur aula dei. *Ps.*[1] Surgens autem mane iacob tulit lapidem quem supposuerat capiti suo et erexit in titulum fundens que oleum desuper ait. *Officium.* Terribilis. *Ps.* Quam dilecta.

Oracio.

DEus qui nobis per singulos annos huius sancti templi tui consecracionis reparas diem. et sacris semper misteriis repre-

[1] *Sic.*

sentas incolumes: exaudi preces populi tui et presta: ut quisquis hoc templum beneficia petiturus ingreditur. cuncta se impetrasse letetur. Per.

Leccio libri apocalypseos Iohannis apostoli.

IN diebus illis: Ego Iohannes uidi ciuitatem sanctam iherusalem descendentem de celo a deo paratam sicut sponsam ornatam uiro suo. Et audiui uocem magnam de throno dicentem. Ecce tabernaculum dei cum hominibus: et habitabit cum eis. Et ipsi populus eius erunt: et ipse dominus cum eis erit eorum deus: Et absterget deus omnem lacrimam ab/ oculis [fo. 144. eorum: et mors ultra non erit neque luctus neque clamor neque dolor erit ultra que prima abierunt. Et dixit qui sedebat in throno: Ecce noua: facio omnia.

Gradale.

LOcus iste a deo factus est inestimabile sacramentum irreprehensibilis est. ℣. Deus cui astat angelorum chorus exaudi preces seruorum tuorum. Alleluya. ℣. Adorabo ad templum sanctum tuum et confitebor nomini tuo.

Tractus.

QUam dilecta tabernacula tua domine uirtutum. concupiscit et defecit anima mea in atria domini. ℣. Cor meum et caro mea exultauerunt deum uiuum. ℣. Etenim passer inuenit sibi domum et turtur nidum sibi ubi reponat pullos suos.

℣. Altaria tua domine uirtutum rex meus et deus meus. ℣. Beati qui habitant in domo tua in seculum seculi laudabunt te domine.

Sequencia.

IErusalem et syon filia. cetus omnis fidei curie melos pangat iugis leticie alleluya. Christus enim desponsit[1] hodie matrem nostram norma iusticie quam de lacu traxit miserie ecclesiam. In spiritus sancti clemencia sponsa sponsi letantur[1] gracia a regina laudis cum gloria felix dicta. Dos ut datur crescit leticia. quos dos quanta triplex potencia. tangens celum terras et stigia iusticia. Mira loquor sed sana credere federatam tam largo munere de proprio produxit latere deus homo. Formaretur ut si ecclesia figurauit in patris gloria ade costis formata femina hostis eua. Eua fuit nouerca posteris hec est mater electi generis uite portus asilum miseris et tutela. Pulcra potens partu mirabilis ut luna sol fulget spectabilis plus acie multo terribilis ordinata. Multiplex est singularis una generabilis et indiuidua omnis eui sexus similis una parit turmas. Hec signata iordanis fluctibus hec quia uenit e terre finibus scienciam audire communis salamonis. Sic typicis descripta sensicus nupciarum induta uestibus celi prestet hodie ciuibus christo iuncta. O sollempnis festum leticie quo unitur christus ecclesie in qua nostre salutis nupcie celebrantur. Cetus felix dulce conuiuium. lapsis ibi datur solacium desperatis offertur spacium respirandi. Iustis inde soluuntur premia angelorum nouantur gaudia lata nimis quod facit gracia caritatis. Ab eterno sapiencie in tui solius gracie sic preuidit in rerum serie hec futura. Christus ergo nos

[1] *Sic*

suis nupciis recreatos ueris diuiciis interesse faciat sociis electorum.

Secundum Lucam.

IN illo tempore: Egressus dominus ihesus: perambulabat iherico. Et ecce/ [fo. 144. b. uir nomine zacheus: et hic erat princeps publicanorum. et ipse diues. Et querebat uidere ihesum quis esset: et non poterat pre turba. quia statura pusillus erat. Et precurrens ascendit in arborem sicomorum ut uideret illum quia inde erat transiturus. Et cum uenisset ad locum: suspiciens ihesus uidit illum. et dixit ad eum. Zachee festinans descende: quia hodie in domo tua oportet me manere. Et festinans descendit: et excepit illum gaudens. Et cum uiderent omnes murmurabant dicentes quod ad hominem peccatorem diuertisset. Stans autem zacheus: dixit ad ihesum. Ecce dimidium bonorum meorum domine do pauperibus: et siquid aliquem defraudaui reddo quadruplum. Ait autem dominus ad eum. Quia hodie salus domui huic facta est: eo quod ipse filius sit abrahe. Uenit enim filius hominis querere et saluum facere: quod perierat.

Offertorium.

DOmine deus in simplicitate cordis mei letus optuli uniuersa et populum tuum qui repertus est uidi cum ingenti gaudio deus israel custodi hanc uoluntatem.

Secretum.

ANnue quesumus domine precibus nostris ut quicumque intra templi huius cuius anniuersarium dedicacionis diem celebramus ambitum continemur. plena tibi atque perfecta corporis et anime deuocione placeamus ut dum hec presencia uota reddimus ad eterna premia te adiuuante peruenire mereamur. Per.

Communio.

DOmus mea domus oracionis uocabitur dicit dominus in ea omnis qui petit accipit et qui querit inuenit et pulsanti aperietur.

Postcommunio.

DEus qui ecclesiam tuam sponsam uocare dignatus es. ut que haberet graciam per fidei deuocionem haberet eciam ex nomine pietatem: da ut omnis hec plebs nomini tuo seruiens huius uocabuli consorcio digna esse mereatur. et ecclesia tua in templo cuius anniuersarius dedicacionis dies celebratur tibi collecta. te timeat. te diligat. te sequatur. ut dum iugiter per uestigia tua graditur. ad celestia promissa te ducente peruenire mereatur. Qui uiuis.

MISSALE

AD USUM

ECCLESIE WESTMONASTERIENSIS

NUNC PRIMUM TYPIS MANDATUM

CURANTE IOHANNE WICKHAM LEGG.

FASCICULUS II.

THE HENRY BRADSHAW SOCIETY

THE BOYDELL PRESS

First published 1893

Reprinted 1999
for The Henry Bradshaw Society
by The Boydell Press
an imprint of Boydell & Brewer Ltd
PO Box 9, Woodbridge, Suffolk IP12 3DF, UK
and of Boydell & Brewer Inc.
PO Box 41026, Rochester, NY 14604–4126, USA
website: http://www.boydell.co.uk

ISBN 1 870252 12 8

ISSN 0144–0241

A catalogue record for this book is available
from the British Library

This publication is printed on acid-free paper

Printed in Great Britain by
St Edmundsbury Press Ltd, Bury St Edmunds, Suffolk

ILLUSTRATIONS.

The two collotype plates have been presented by the Chairman of Council and the Treasurer of the Society, and have been executed with the other collotypes in fasc. I. by Messrs. W. Griggs and Co.

The twelve leaves of the music of the Coronation Service have been prepared by Messrs. W. Griggs and Co., under the direction of Mr. W. J. Birkbeck.

In fasc. III. there will appear an account of the music written by Mr. Birkbeck.

PLATE 8.

PLATE 9.

rme
tur ma nus tua et exalte
tur dextera tu a. iusticia
et iudicium preparacio
sedis tu e misericordia et
ue ri tas prece dent facie

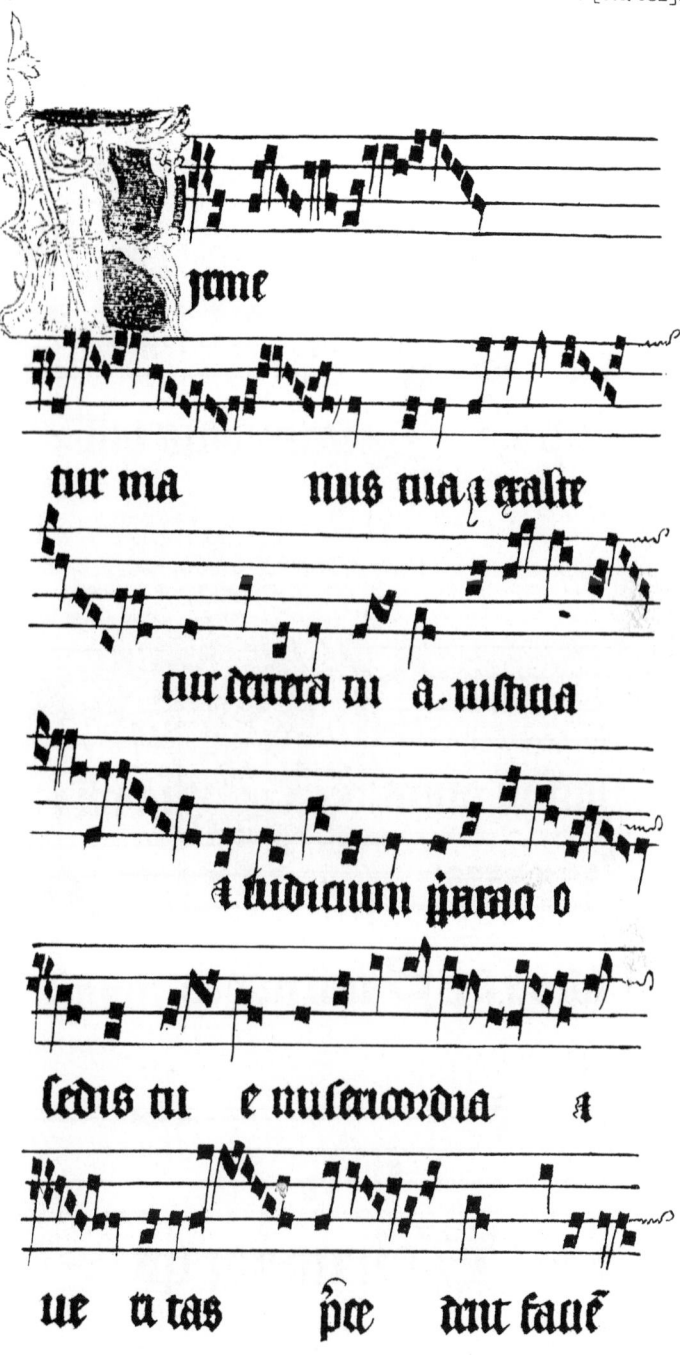

II. f. 209 [col. 686].

III. f. 212 [col. 693].

IV. f. 214 [col. 702].

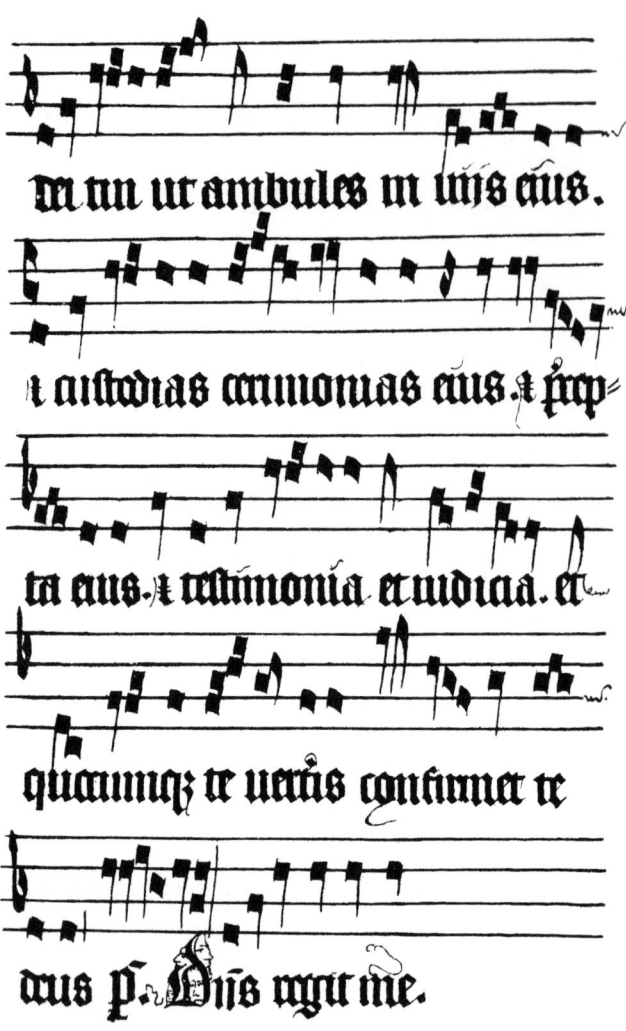

ea tua ut ambules in viis eius.
custodias cerimonias eius. et precep
ta eius. et testimonia et iudicia. Et
quocumque te verteris confirmet te
deus. Ps. Dominus regit me.

Protector noster aspice deus

a respice in faciem christi tui i quia

melior est dies u—na in atriis

tu is sup pr mu—li a. P

Omnis dilecta tabernacla Gloria.

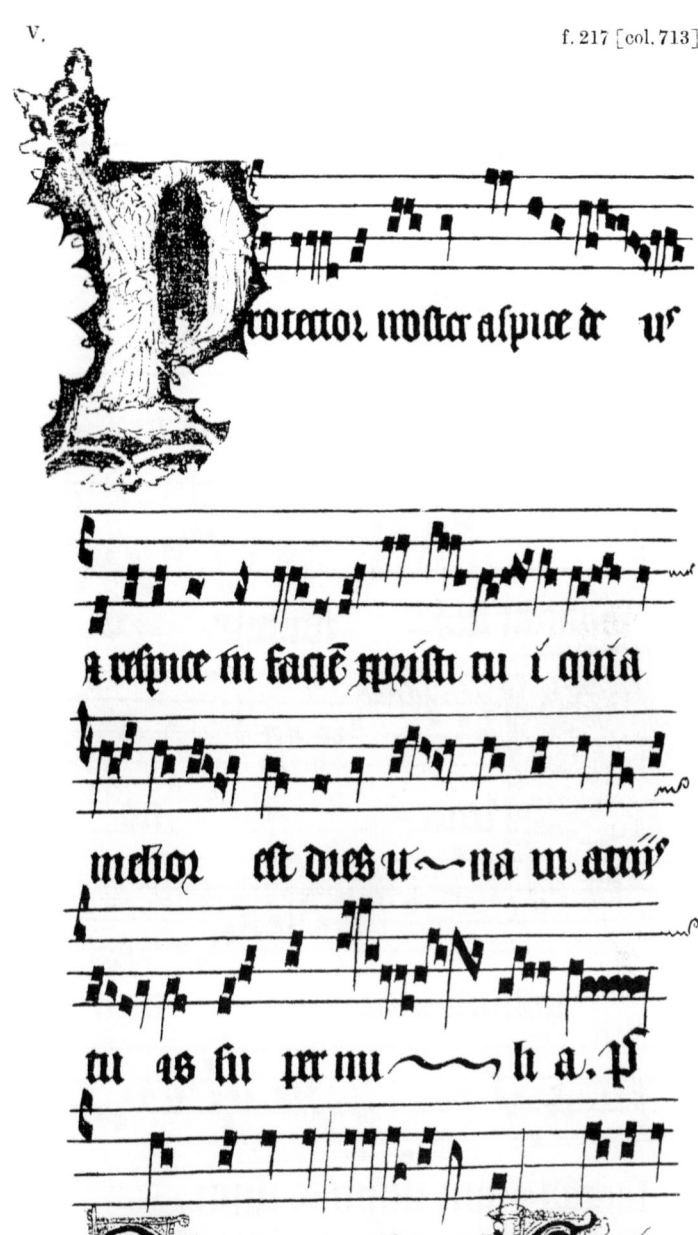

℟ Domi ne
in uirtu te tu a leta
bitur rex. et
super salutare tu ii exulta
bit ue he men ter.

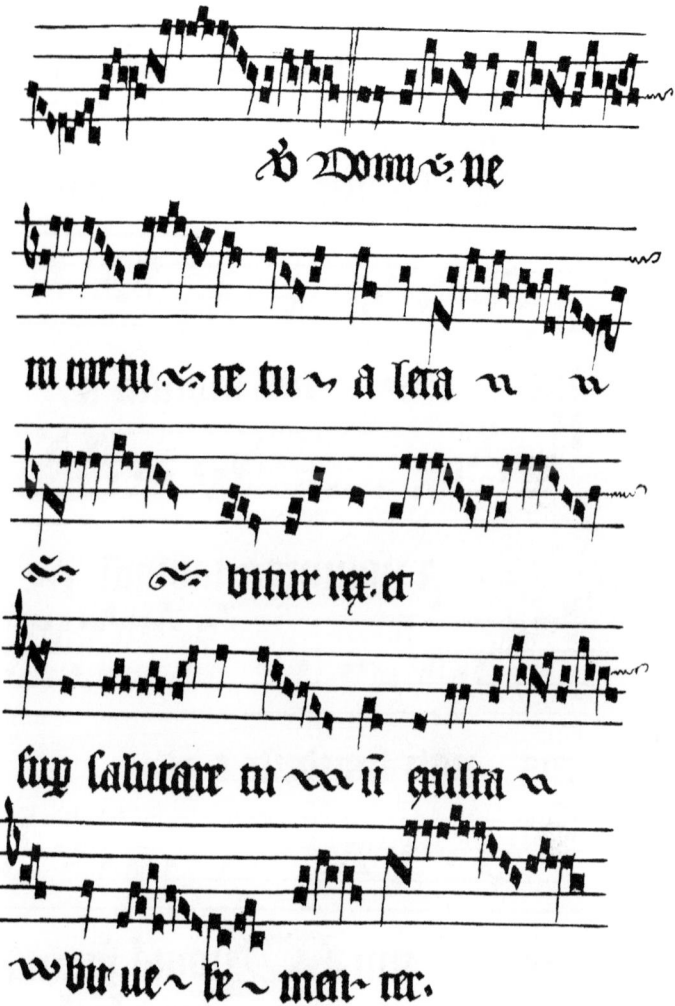

Esiderium anim
ine e ius tribuisti ei
Et uoluntate labiorum e
ius non fraudasti e
um. V. Quoniam preuenisti
e um in benedictione

dulce dens. V
Posuisti sup capud eius
co-ro-nam de lapide precio
so.

ntende
uo a orati o nis mee rex me
us i de us me
us quo m am ad te
ora bo do mine.

IX. f. 219*b* [col. 719].

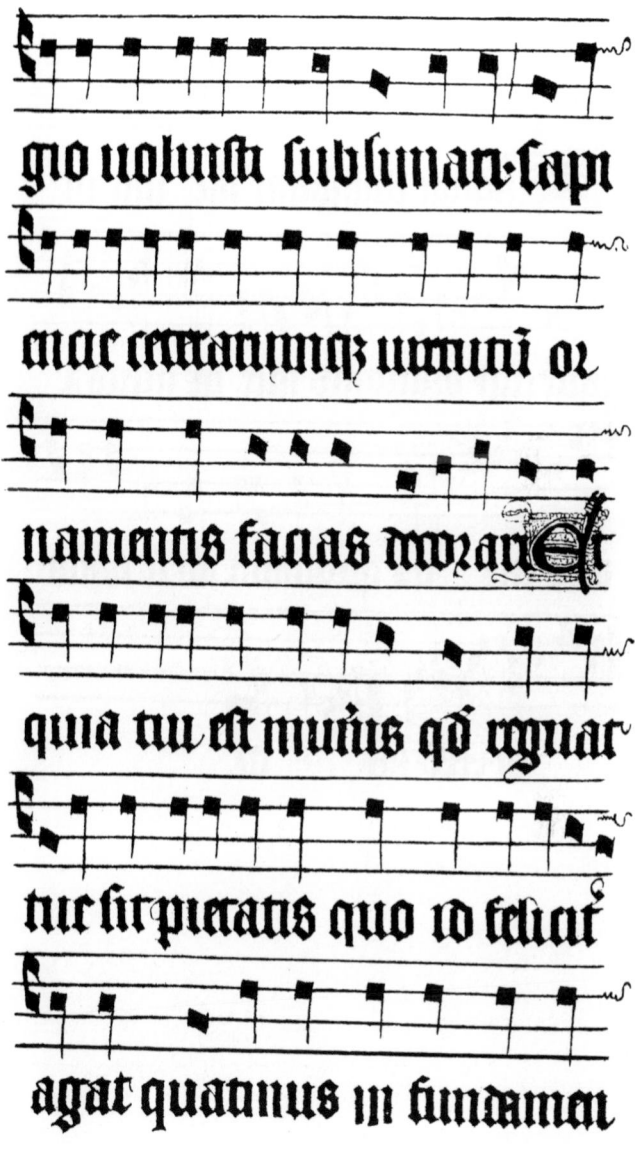

MISSALE

AD USUM ECCLESIE

WESTMONASTERIENSIS.

Oracio.

SUmme sacerdos et uere pontifex. qui te optulisti deo patri hostiam puram et inmaculatam in ara crucis pro nobis miseris peccatoribus quique dedisti nobis carnem tuam ad manducandum. et sanguinem tuum ad bibendum. et posuisti istud misterium in uirtute spiritus tui dicens. Hec quocienscumque feceritis. in mei memoriam facietis: rogo per sanguinem tuum preciosum magnum salutis nostre precium. rogo per hanc miram. et ineffabilem caritatem qua nos miseros et indignos sic amare dignatus es. ut lauares nos a peccatis nostris in sanguine tuo. doce me seruum tuum indignum quem eciam intra cetera dona tua ad officium sacerdotale uocare dignatus es. nullis meis meritis. sed sola miseracione misericordie tue doce me queso per spiritum sanctum tantum tractare misterium ea reuerencia. et timore. ea deuocione et honore. quibus oportet et decet. Fac me per graciam tuam semper illud de tanto misterio credere. et intelligere. sentire firmiter tenere dicere et cogitare quid tibi placet et expedit anime mee. Intret spiritus tuus bonus in cor meum qui sonet ibi sine sono et sine strepitu uerborum loquatur omnem ueritatem tantorum misteriorum. Profunda sunt quippe nimis et sacro tecta uelamine. Propter magnam clemenciam tuam concede michi missarum sollempnia puro corde et munda mente celebrare. Libera cor meum ab inmundis. et nephandis uariis et noxiis cogitacionibus. Muni me beatorum angelorum pia et fida custodia atque fortissima tutela. ut hostes omnium bonorum confusi discedant. Per uirtutem tanti misterii. et per manum sancti angeli tui repelle a me et a cunctis seruis tuis durissimum spiritum superbie et cenodoxie inuidie et blasphemie. fornicacionis. et inmundicie. dubietatis et diffidencie. Confundantur qui nos persecuntur pereant illi qui perdere cuncta festinant. Rex uirginum amator castitatis. et integritatis deus celesti rore benediccionis tue extingue in corde meo totum fontem ardentis libidinis. ut maneat in me tenor tocius castitatis corporis et anime. Mortifica in/ membris meis [fo. 145. b. carnis stimulos omnes que libidinosas comociones et da michi ueram et perpetuam castitatem cum ceteris donis tuis que tibi placent in ueritate ut sacrificium laudis casto corpore et mundo corde cotidie ualeam tibi offerre. Quanta enim contricione cordis et lacrimarum ubertate. quanta reuerencia et ueneracione. quanta corporis castitate et anime puritate istud diuinum et celeste sacrificium est celebrandum domine ubi caro tua in ueritate sumitur. ubi sanguis tuus in ueritate bibitur. ubi yma summis iunguntur. ubi adest sanctorum presencia angelorum. ubi tu es sacrificium et sacerdos mirabiliter et ineffabiliter. Quis digne hoc celebrare potest nisi tu deus omnipotens offerentem feceris dignum. Scio et uere scio. et idipsum bonitati tue confiteor quod non sum dignus ad tantum accedere misterium propter nimia peccata mea. et negligencias meas infinitas. Sed scio et ueraciter ex toto corde meo credo. ore meo confiteor quia tu potes me facere dignum qui solus potes facere mundum de inmundo conceptum semine. et de peccatoribus iustos facis et sanctos. Per hanc omnipotenciam tuam te rogo concede michi peccatori hoc celeste sacrificium cum timore et tremore. cum cordis puritate et lacrimarum fonte. cum leticia spirituali. et celesti gaudio celebrare. Senciat mens mea dulcedinem beatissime presencie tue. et excubias sanctorum tuorum in circuitu meo. Ego enim memor uenerande passionis tue accedo ad altare tuum licet peccator ut offeram tibi sacrificium quod tu instituisti. et offerri precepisti in commemoracionem tui pro salute nostra. Suscipe ergo illud queso summe pastor pro ecclesia tua sancta et pro populo tuo quem adquisisti sanguine tuo. et quoniam me peccatorem inter te et eundem populum medium esse uoluisti licet in me boni operis testimonium non agnoscas. officium saltem dispensacionis credite non recuses. nec per me indignum eorum salutis pereat precium pro quibus uictima factus salutaris dignatus es esse redempcio. Obsecro ergo domine ut digneris miserando propicius intueri tribulaciones plebium. pericula populorum. captiuorum gemitus. miserias orphanorum necessitates/ pere- [fo. 146. grinorum. inopiam debilium. desperaciones languencium defectus senum. suspiria iuuenum. uota uirginum. lamenta uiduarum. Tu enim misereris omnium domine. et nichil odisti eorum que fecisti. Memorare que sit nostra substancia. Tu creator et recreator noster es ne irascaris satis neque multitudinem uiscerum tuorum super nos contineas. Non enim in iustificacionibus nostris prosternimus preces ante faciem tuam. set in miseracionibus tuis multis. Aufer a nobis domine iniquitates nostras et ignem sancti spiritus in nobis clementer accende. Aufer cor lapideum de carne nostra. et da nobis cor carneum quod te timeat. te amet. te diligat. in te delectetur. te sequatur. te perfruatur. Oramus domine clemenciam tuam ut sereno familiam tuam sacri nominis tui officia prestolantem aspicere digneris uultu. et ut nullius sit irritum uotum nullius uacua supplicacio tu nobis preces suggere quas ipse propicius audire et exaudire delecteris. Rogamus te eciam saluator sancte et pro spiritibus fidelium defunctorum. ut sit illis salus. sanitas. gaudium et refrigerium hoc magnum magne pietatis sacramentum. Deus meus sit illis hodie magnum et plenum conuiuium de te pane uiuo qui de celo descendisti et das uitam mundo de tua carne sancta et benedicta agni uidelicet inmaculati qui tollis peccata mundi que de sancto gloriose uirginis marie utero est assumpta. et de spiritu sancto concepta de illo inquam pietatis fonte qui per lanceam militis ex tuo sacratissimo latere feliciter emanauit ut exinde refecti et saciati. refrigerati et consolati exultent in laude et gloria tua. Peto clemenciam tuam deus ut descendat super illud plenitudo tue benediccionis. et sanctificacio tue diuinitatis. Descendat eciam domine illa sancti spiritus tui incomprehensibilis inuisibilis que maiestas sicut quondam in patrum hostias descendebat qui et oblaciones nostras corpus et sanguinem tuum efficiat. et me indignum sacerdotem doceat tantum tractare misterium. cum cordis puritate et lacrimarum deuocione. cum reuerencia et tremore. ita ut placide et benigne suscipias sacrificium laudis de manibus meis ad salutem omnium tam/ uiuorum [fo. 146. b. quam defunctorum. Rogo te domine per ipsum sacrosanctum misterium corporis et sanguinis tui quo cotidie in ecclesia tua pascimur et potamur abluimur et sanctificamur. atque unius summe que diuinitatis participes efficimur da michi uirtutes tuas sanctas quibus repletus bona consciencia ad altare tuum accedam. ita ut hec celestia sacramenta efficiantur michi salus et uita. Tu enim dixisti ore tuo sancto et benedicto. Panis quem ego dabo caro mea est pro mundi uita. Siquis manducauerit ex hoc pane. uiuet ineternum. panis dulcissime. sana palatum cordis mei. ut senciam suauitatem amoris tui. Sana animam meam ab omni languore. ut nullam preter te senciat dulcedinem. Panis candidissime habens omne delectamentum. et omnem saporem suauitatis. qui nos reficis semper et in te numquam deficis. comedat te cor meum. et dulcedine saporis tui repleantur uiscera anime mee. Manducat te angelus pleno ore. manducet te peregrinus homo pro modulo ne deficere possit in uia tali recreatus uiatico. Panis sancte. panis uiue panis pulcher. panis munde qui descendisti de celo. et das uitam mundo. ueni in cor meum. et munda me ab omni inquinamento carnis et spiritus. Intra in animam meam et sanctifica me interius et exterius. Esto tutamen et continua salus corporis et anime mee. Repelle a me insidiantes michi hostes. recedant procul a presencia potencie tue ut foris et intus munitus. per te recto tramite ad regnum tuum perueniam. ubi non in misteriis sicut in hoc tempore agitur. set facie ad faciem te uidebimus cum tradideris regnum deo et patri. et deus erit omnia in omnibus. Tunc enim me de te saciabis sacietate mirifica. ita ut non esuriam neque siciam ineternum. AmeN.

SAcerdos ad missam celebrandam ut expedit preparatus si tempus permiserit et sue feruor exigerit deuocionis ueniens coram altari hanc uel aliam utiliorem domino secrecius fundat oracionem.

SUscipe confessionem et deprecacionem meam unica

spes salutis mee domine deus meus. qui uisu. auditu. gustu. adoratu. et tactu gula. ebrietate fornicacione/ libidine [fo. 147. pollucione et delectacione parua. tristicia. negligencia. omissione. ira. cupiditate. malicia. odio. inuidia. detraccione. periurio. falsitate. mendacio. uana gloria. leuitate ac superbia. perditus sum. ex omni cogitacione ac locucione. atque operacione. omnibus que sensibus meis extinctus. Deprecor ergo te qui iustificas impios et uiuificas mortuos. uiuifica me et resuscita me. quod odis in me procul fac a me. in tua misericordia intende in me. uicium omne mortificans in me. et animam meam uiuifica in te. ita ut digne tibi famulari et clementer a te merear exaudiri domine ihesu christe qui cum coeterno patre et spiritu sancto uiuis et regnas deus per omnia secula seculorum amen.

Progrediens autem ad manus abluendas dicat si uoluerit.

LArgire sensibus nostris omnipotens pater: ut sicut hic abluuntur inquinamenta manuum ita a te interius mundentur polluciones mencium. et crescat in nobis augmentum sanctarum uirtutum. Per dominum.

Quando amictum induit cum genuflexione dicat.

INdue me domine uestimento salutis. et indumento leticie circumda me deus salutaris meus.

Quando albam induit dicat.

FAc me queso omnipotens deus ita iusticiam indui ut in sanctorum tuorum merear exultacione letari quatinus emundatur ab omnibus sordibus peccatorum. consorcium adipiscar tibi placencium sacerdotum. meque tua misericordia a uiciis omnibus exuat. quem reatus proprie consciencie grauat. Per dominum.

Quando se zonam precingit dicat.

PRecinge me domine zonam iusticie. et constringe in me dileccionem dei et proximi. ameN.

Suscipiendo manipulum dicat.

UEccione huius manipuli subnixus deprecor domine ut sic in sancta conuersacione perseuerem quatinus exemplo priorum patrum indutus in futuro merear eorum consorcio adunari.

Stolam induens dicat.

DIrumpe domine uincula peccatorum meorum. ut iugo tue seruitutis innixus. tibi cum timore et tremore ac reuerencia ualeam famulari ameN.

Quando miscendo uino aquam fundit in calicem hostia prius super patenam decenter prelocata.

DEus qui humane substancie dignitatem mirabiliter condidisti. et mirabilius refor/masti. da nobis per [fo. 147. b. huius aque et uini misterium eius diuinitatis esse consortes qui nostre humanitatis dignatus est fieri particeps ihesus christus filius tuus. Qui tecum.

Casulam induens dicat.

INdue me domine sacerdotali iusticia. ut induci merear in tabernacula sempiterna amen.

Indutus igitur sacerdotalibus missam celebraturus ueniens coram altari humiliter dicat inclinando.

ANte conspectum diuine maiestatis tue clementissime pater deus licet peccator accedo. tuamque ineffabilem pietatem supplex adoro. ut qui me sacerdotalis officii concessisti fieri ministrum. facias me tibi semper esse placitum. et ad celebrandum tantum misterium dignum. Per.

Osculatoque altari stans iuxta sinistrum cornu altaris ministro suo circumstantique populo istam generalem faciat confessionem.

COnfiteor deo et beate marie et omnibus sanctis et uobis fratres quia peccaui nimis in cogitacione locucione et opere. mea culpa propterea precor uos orare pro me. *Minister.* Misereatur uestri omnipotens deus et dimittat uobis omnia peccata uestra. liberet uos ab omni malo confirmet et conseruet in omni opere bono. et perducat ad uitam eternam. *Sacerdos.* Amen. *Minister.* Confiteor deo. *ut supra. Sacerdos.* Precibus et meritis beatissime dei genitricis marie omniumque sanctorum suorum. Misereatur uestri. *ut supra.* Indulgenciam et remissionem et absolucionem pecca-

torum nostrorum graciam et consolacionem sancti spiritus. et uitam eternam tribuat nobis omnipotens et misericors dominus amen.

Tunc se erigens uersus librum progrediatur dicens. ℣.

ADiutorium nostrum in nomine domini. *Minister.* Qui fecit celum et terram. *Sacerdos.* Sit nomen domini benedictum. *Minister.* Ex hoc nunc et usque. *Sacerdos. Oremus.*

AUfer a nobis domine omnes iniquitates nostras et ignem sancti spiritus in nobis clementer accende ut mereamur puris mentibus introire ad sancta sanctorum. Per christum dominum nostrum AmeN.

Introitus misse quod officium dicitur extunc inchoetur. Et sciendum quod licet ad missam beate marie uirginis soleat tantum iterari. et omnibus tamen festis diebus que in capis celebrantur sacerdos qui eandem missam uel aliam de sollempnitate cantabit. illud secundo post psalmum. et| tercio post Gloria. *repetere* [fo. 148. *tenetur. Nec pretereundum quod nullus in monasterio sacerdos extra chorum in principalibus uel duplicibus festis. nec eciam usque feriam v.am in ebdomada pasche uel pentecostes. aliam quam de festiuitate nisi pro mortuo presente missam celebrare tenetur.*

Gloria in excelsis. *dicetur semper ad missam sollempnem in capella beate marie et ad missas fratrum priuatas undecunque celebrauerint preterquam in missa de defunctis:*

quocienscunque dicitur ad missam matutinalem in choro. Et dicitur ad missam matutinalem omni die dominico et in omnibus festis xii leccionum extra aduentum domini et septuagesimam. Consueuit preterea dici priuatis diebus ad missas fratrum priuatas. quando scilicet de trinitate uel de sancto spiritu aut de beata maria uel de angelis aut de apostolis siue de reliquiis specialiter cantant. Et similiter quocienscunque ante missas suas uel post missas suas celebratas ut moris est officium commemoracionis de eisdem dicunt nisi fuerit officium de aliqua uigilia in qua ieiunatur. ut assumpcionis beate marie. et apostolorum petri et pauli Gloria in excelsis *sunt dicturi. Sed quando priuatis diebus cantant missam de dominica uel de festo alicuius sancti iii. leccionum. aut pro ecclesia uel pro pace aut pro congregacione seu aliam consimilem ympnum prelibatum nullatenus dicent. Ad missam uero de cruce numquam priuatis diebus diebus*[1] *dicetur idem ympnus nisi in pasche tempore tantum. Tunc enim ob triumphalem crucis gloriam et dominice resurreccionis sacrosanctam celebritatem in omni missa ae cruce dici consueuit. Ceteris uero anni temporibus iuxta rectam et antiquam istius ecclesie consuetudinem quocienscumque et quacumque die dicitur.* Gloria in excelsis *ad missam capitalem in conuentu. dicetur similiter ad missas fratrum priuatas siue de cruce siue aliunde celebrent preterquam in missa defunctorum prout supra in*

[1] *Sic*, repeated.

capite huius specificatur. Sunt preterea festiuitates quedam in quibus iuxta morem istius ecclesie dicitur in conuentu Gloria in excelsis. *ad magnam missam et non ad missam matutinalem. neque ad missas fratrum priuatas. In festo uidelicet concepcionis beate marie in aduentu. et in die purificacionis eiusdem cum infra septuagesimam euenerit. atque in annunciacione dominica quando in quadragesima colitur. necnon et in cathedra sancti petri que nunquam ante septuagesimam celebratur atque in iam dictis tribus festiuitatibus beate silicet*[1] *dei genitricis dicetur simi-*[fo. 148. b. *liter ad missam sollempnem in capella eiusdem set non alibi in monasterio. Hec sequens nota sr*[2] Gloria in *cantabitur in uigilia pasche et pentecostes.*

GLoria in excelsis deo.

Hec sequens nota canetur in festis principalibus et in capis.

GLoria in excelsis deo.

Hec sequens nota canetur in capis quando due festiuitates simul ueniunt atque in albis.

GLoria in excelsis deo.

Hec sequens nota canetur dominicis diebus ad magnam missam si fuerit de dominica atque in albis cum due festiuitates simul ueniunt.

GLoria in excelsis deo.

[1] *Sic.*

[2] *super* or *similiter.*

– Musical notation above these words.

Hec sequens nota canetur in festiuitate beate marie. et ad magnam missam in commemoracionibus eiusdem atque ad primam missam in nocte natalis domini.

GLoria in excelsis deo.

Hec sequens nota canetur in festis simplicibus xii leccionum ad magnum missam uel eciam ad missam matutinalem cum capa in choro fuerit ad eandem ut in festo beati marci euuangeliste cum extra dominicam euenerit et ad secundam missam in nocte natalis domini atque ad magnam missam in duabus uigiliis beati regis edwardi quacumque die euenerit et ad commemoracionem de apostolis et de reliquiis necnon et dominicis diebus si missa non fuerit de dominica. neque conuentus ad eandem in capis aut in albis. ut in uigilia apostolorum petri et pauli atque in uigilia assumpcionis beate marie et in uigilia omnium sanctorum cum in dominica euenerit necnon et in festis simplicibus xii leccionum dominico die celebratis.

GLoria in excelsis deo.

Hec sequens nota canetur ad missam matutinalem nisi capa fuerit in choro ad eandem.

GLoria in excelsis deo.

Et in terra pax hominibus bone uoluntatis. Laudamus te. benedicimus te. adoramus te. glorificamus/ te. Gracias [fo. 149.

_ Musical notation above these words.

agimus tibi propter magnam gloriam tuam. Domine deus rex celestis deus pater omnipotens. Domine fili unigenite ihesu christe. Domine deus agnus dei filius patris. Qui tollis peccata mundi miserere nobis. Qui tollis peccata mundi suscipe deprecacionem nostram. Qui sedes ad dexteram patris miserere nobis. Quoniam tu solus sanctus. tu solus dominus. Tu solus altissimus ihesu christe cum sancto spiritu in gloria dei. AmeN.

Et sciendum est quod predictus ympnus scilicet Gloria in excelsis. *cantabitur tam ad missam capitalem quam ad magnam missam omni die dominico et in omnibus festis xii leccionum. extra aduentum domini et septuagesimam. et sexto die ad natalem domini. Et cotidie per ebdomadam pasche et pentecostes. Priuatis diebus cantabitur ad magnam missam quocienscunque capa in choro fuerit ad eandem. exceptis sabbatis quatuor temporum et uigiliis precipuis in quibus ieiunatur. Sed ad missam matutinalem siue ad altare chori. numquam canetur priuatis diebus. Intermittetur autem* Gloria in excelsis *a dominica prima aduentus usque ad primam missam in nocte natalis domini. et a dominica lxx. usque ad missam in in*[1] *uigilia pasche nisi quod ad missam in die cene canetur quando ad eandem crisma consecratur et similiter ad magnam missam et quibusdam festiuitatibus infra predictum tempus dici consueuit. Interim dum*

[1] *Sic*, repeated.

Gloria in *canitur. dicenda est hec oracio.*

COnfiteor tibi peccata mea eterne pontifex. et sanctorum minister. et ueri tabernaculi sacerdos qui semel in anno huius seculi in mistica sancta intrasti. et sanctum atque inmaculatum agnum proprii corporis tui ad hostiam dedisti pro peccatis meis. Et nunc sedes in dextera dei patris semper uiuens et interpellans pro delictis meis. Tibi ego confiteor quia debitor sum tibi nontantum decem milium talentorum criminum meorum sed tocius uite mee racionem tibi debeo. quia in omni uita mea nullum mandatum tuum perfecte a me custoditum scio. in quo ego uel sermone uel uisu uel auditu. uel gustu. uel gressu. uel opere. uel cogitacione uel delectacione. uel eciam consensu non deliquissem. Set nunc domine preuenio faciem tuam in confessione. et in conspectu angelorum et omnium sanctorum tuorum confiteor/ tibi [fo. 149. b. peccata mea. et ueniam rogo pro delictis meis. teque obsecro ut in hoc tempore accepto exaudias me. et ut in hiis diebus salutis adiuues me. ut modo possim perfecte intelligere peccata mea et tibi eterno iudici confiteri. et per id ueniam mereri omnium delictorum meorum quatinus ad tremendum iudicium tuum liber et securus ab omnibus accusacionibus inimici peruenire merear per te deum. et dominum nostrum ihesum christum. Qui cum patre et spiritu sancto uiuis et regnas omnipotens in secula seculorum. Amen.

Item alia oracio.

DOmine ihesu christe redemptor mundi propicius esto michi peccatori omnibus modis in peccatis iacenti. quia tu solus domine inmortalis es et sine peccato indulge michi misero presumenti accedere ad sanctum altare tuum et inuocare te quia peccaui ab infancia mea usque nunc coram te et coram omnibus sanctis tuis. sed per illorum intercessionem tribue michi diuinam clemenciam. ueniamque peccatorum meorum et doce me facere uoluntatem tuam omnibus diebus uite mee.

Item alia oracio.

IGnosce domine dum rogare compellor. et dum per inmunda labia mea nomen sanctum tuum assumo. et inmundorum actuum meorum secreta confiteor non habeo apud te uerba sine crimine. Tu enim consciencie mee uulnera tu cogitacionum mearum occulta nosti et inmundicias meas tu solus agnoscis. miserere mei domine. miserere. ignosce misterii tui secreta tractanti. nec indignum misericordie tue iudices quem pro aliis rogare permittis. et in quo testimonium boni operis non agnoscis. officium saltim dispensacionis credite non recuses. saluator mundi. Qui.

Oracio.

DEus qui non mortem sed penitenciam desideras peccatorum. me miserum fragilemque peccatorem a tua non repellas pietate. neque aspicias ad scelera mea. et inmundicias.

497

turpesque cogitaciones quibus flebiliter a tua disiungor uoluntate. sed ad misericordias tuas. et fidem. deuocionemque eorum qui per me peccatorem tuam expetunt misericordiam. et qui me medium inter te et populum fieri uoluisti. fac me talem ut digne possim misericordiam tuam impetrare/ pro me [fo. 150. et pro eodem populo tuo. Adiunge domine uoces nostras uocibus sanctorum angelorum tuorum ut sicut te laudant incessabiliter in eterna beatititudine[1] ita nos quoque eorum interuentu te mereamur laudare inculpabiliter in hac peregrinacione ihesu christe. Qui cum deo patre.

Item alia oracio.

DEus qui te precipis a peccatoribus exorari tibique contriti cordis sacrificium offerri. hoc sacrificium quod ego indignus famulus tuus confisus de tua misericordia tue inmense maiestati offerre presumo acceptare dignare ut et ipse tibi sacerdos. et ara. et templum et sacrificium esse merear propiciciatus[1] concede. quod per ministerii exhibicionem peccatorum meorum adipisci merear remissionem. michique. et hiis omnibus pro quibus offertur tuam misericordissimam propiciacionem concede.

Item alia oracio.

DOmine deus omnipotens propicius esto michi peccatori quia tu es inmortalis et

[1] *Sic.*

498

sine peccato solus domine deus noster. tu es benedictus qui benedicis omnia. tu es sanctus qui sanctificas omnia. indulge michi queso indigno famulo tuo. N. quia peccator sum peccaui nimis coram te et coram angelis tuis. tribue michi indulgenciam peccatorum et confirma sanctam ecclesiam in fide orthodoxa et doce me facere uoluntatem tuam quia tu es domine deus noster. Qui uiuis.

Deinde inclinante se dyacono et dicente. Iube domine benedicere. *sacerdos assistens dicat.* Dominus sit in corde tuo et in labiis tuis ad pronunciandum sanctum euuangelium pacis et ueritatis. *subiungendo.* In nomine patris ✠ et filii et spiritus sancti. AmeN.

In subscriptis festiuitatibus ad missam beate marie. et ad omnes missas fratrum priuatas que non sunt pro defunctis dicetur Credo in unum. *In omnibus uidelicet dominicis diebus per annum. In die natalis domini cum iiii.*[or] *diebus sequentibus. In diebus Circumcisionis. Epiphanie. In die pasche et iii diebus sequentibus. In die ascensionis. In die pentecostes et iii diebus sequentibus. In omnibus festis principalibus quando scilicet octo fratres ponuntur ad inuitatorium. In singulis festiuitatibus beate marie. In conuersione et in commemoracione sancti pauli. In festo sancti Iohannis ante portam latinam atque in omnibus festis apostolorum. In natiuitate et decollacione sancti Iohannis baptiste. In in/* [fo. 150. b. *uencione et exaltacione sancte crucis. In sollempnitate beate Marie magdalene. In utroque festo sancti Edmundi Regis et martiris. Et in omnibus festis in quibus quinque fratres ad inuitatorium ponuntur. In sollempnitate Corporis christi et quociens due cruces ad processionem deferuntur. Ad missam uero matutinalem in die natiuitatis domini.* Credo *non dicitur. Sed in nataliciis quorumlibet sanctorum semper canetur ad altaria que in eorum nominibus consecrantur.*

CRedo in unum deum.

Patrem omnipotentem. factorem celi et terre uisibilium omnium et inuisibilium. Et in unum dominum ihesum christum filium dei unigenitum. Et ex patre natum ante omnia secula. deum de deo lumen de lumine. deum uerum de deo.[1] Genitum non factum consubstancialem patri per quem omnia facta sunt. Qui propter nos homines et propter nostram salutem descendit de celis. Et incarnatus est de spiritu sancto ex maria uirgine et homo factus est. Crucifixus eciam pro nobis sub poncio pilato passus et sepultus est. Et resurrexit tercia die secundum scripturas. Et ascendit in celum sedet ad dexteram patris. Et iterum uenturus est cum gloria iudicare uiuos et mortuos. Cuius regni non erit finis. Et in spiritum sanctum dominum et uiuificantem. Qui ex patre filio que procedit. Qui cum patre et filio simul adoratur et conglorificatur. Qui locutus est per prophetas. Et unam sanctam catholicam et apostolicam ecclesiam. Confiteor unum baptisma in remissionem peccatorum. Et expecto resurreccionem mortuorum. et uitam futuri seculi. Amen.

_ Musical notation above these words.

[1] *Sic.* No *vero* in MS.

Post offertorium quando sacerdos collocat super corporalia calicem cum hostia preparata nisi sit missa pro defunctis dicat si uoluerit.

OFferimus tibi domine calicem et hostiam salutaris tuam clemenciam deprecantes. ut in conspectu diuine maiestatis tue cum odore suauitatis ascendant. *subiungendo.* In nomine patris ✠ et filii. et spiritus sancti ameN.

Coopertoque calice dicat.

UEni sanctificator omnipotens eterne deus et benedic hoc sacrificium tuo sancto nomini preparatum. In nomine patris. ✠ et filii. et spiritus sancti. Amen.

Dum| progreditur ad [fo. 151. *manus suas lauandas dicat ympnum.* Ueni creator.

Antiphona. Ueni sancte spiritus. ℣. Emitte spiritum.

Oracio.

DEus cui omne cor patet et omnis uoluntas loquitur. et quem nullum latet secretum purifica per infusionem sancti spiritus cogitaciones cordis nostri. ut perfecte te diligere. et digne laudare mereamur. Per dominum. In unitate eiusdem.

Postea inclinans se ante altare dicat.

IN spiritu humilitatis et in animo contrito suscipiamur domine a te et sic fiat sacrificium nostrum ut a te suscipiatur hodie et placeat tibi. Domine deus pater omnipotens. bene✠dic et sanctifica hoc sacrificium laudis quod tibi oblatum est ad honorem et gloriam nominis tui. et parce peccatis populi tui. et aufer a me iniquitates meas. et exaudi oracionem meam et clamor meus ad te perueniat. Per.

Deinde uersa facie plebi dicat.

ORate pro me fratres ut digne ualeam offerre sacrificium deo.

Respondeat minister.

DOminus suscipiat sacrificium tuum de ore tuo et de manibus tuis pro nostra omnium que salute. Amen.

HEc sequens prefacio dicitur ad tres missas in die natalis domini et ad utramque missam per quatuor dies proximos sequentes. et ceteris diebus infra octauam ad magnam missam atque ad utramque missam in die circumcisionis necnon et diebus subscriptis. ad magnam missam tantum. uidelicet in dominica siqua inter circumcisionem et epiphaniam euenerit. In die sancti Edwardi. sed non in uigilia ipsius nisi in dominica acciderit. In commemoracione beate marie usque ad purificacionem eiusdem. et eciam omnibus diebus dominicis ab octaua epiphanie usque ad purificacionem si missa fuerit de dominica nisi septuagesima interuenerit atque in die purificacionis si eandem post septuagesimam contigerit euenire.

COmmunicantes *dicetur ad tres missas in die natalis domini. et ad utramque missam per octauam. sed post octauam numquam dicetur.*| [fo. 151. b.

ETerne deus. Quia per incarnati uerbi misterium noua mentis nostre oculis lux tue claritatis infulsit Ut dum uisibiliter deum cognoscimus. per hunc in inuisibilium amorem rapiamur. Et ideo cum angelis et archangelis : cum thronis et dominacionibus. Cumque omni milicia celestis exercitus. ympnum glorie tue canimus sine fine dicentes.

Infra canonem.

COmmunicantes et diem sacratissimum celebrantes quo beate marie intemerata uirginitas huic mundo edidit saluatorem. Sed et memoriam uenerantes eiusdem gloriose semper uirginis marie genitricis ipsius dei et domini nostri ihesu christi. Sed et beatorum apostolorum.

HEc sequens prefacio dicetur ad magnam missam in die epiphanie et in dominica infra octauam eiusdem. atque in octaua sancti edwardi regis. et octaua die

– Musical notation above these words.

ephiphanie[1] *tantum. Ceteris uero diebus infra octauam ideo in choro non dicitur quia nulla*/ [fo. 152. *prefacio nisi cotidiana ad magnam missam preterquam in xl*[a] *dici consueuit nisi capa fuerit ad eandem.* Communicantes. *dicetur ad utramque missam in die festi et dominica infra octauam. octauo die atque in octaua sancti edwardi. Ceteris uero diebus ad magnam missam tantum.*

ETerne deus Quia cum unigenitus tuus in substancia nostre carnis apparuit in nouam nos inmortalitatis sue lucem reparauit. Et ideo cum.

COmmunicantes et diem sacratissimum celebrantes quo unigenitus tuus in tua tecum gloria coeternus in ueritate carnis nostre uisibiliter corporalis apparuit. Sed et memoriam.

HEc sequens prefacio dicetur ad magnam missam dominicis diebus in quadragesima ceteris que diebus ad missam de ieiunio a die cinerum usque ad dominicam in passione domini.

ETerne deus. Qui corporali ieiunio uicia comprimis mentem eleuas uirtutem largiris et premia per christum dominum nostrum. Per quem maiestatem.

HEc sequens prefacio dicetur ad missam in sabbato sancto. et ad utramque missam/ *in die pasche et tribus* [fo. 152. b. *diebus sequentibus atque octauo die ceteris uero diebus infra octa-*

[1] *Sic.*
– Musical notation above these words.

uam. et eciam in dominicis diebus a pasche usque ad ascensionem domini dicetur ad magnam missam si de resurreccione furit[1] *et non aliter.* Communicantes *et* Hanc igitur. *dicentur ad missam in sabbato sancto. et ad utramque missam per ebdomodam*[1] *pasche cotidie.*

ETerne deus. Et te quidem omni tempore. sed in hac potissimum die[2] gloriosius predicare cum pascha nostrum immolatus est christus. Ipse enim uerus est agnus. qui abstulit peccata mundi. Qui mortem nostram moriendo destruxit. et uitam resurgendo reparauit. Et ideo.

Infra canonem.

COmmunicantes et diem[3] sacratissimum celebrantes resurreccionis domini nostri ihesu christi secundum carnem. Sed et memoriam uenerantes. in primis gloriose semper uirginis marie genitricis eiusdem dei et domini nostri ihesu christi. Sed et beatorum apostolorum.

HAnc igitur oblacionem seruitutis nostre. sed et cuncte familie tue. quam tibi offerimus pro hiis quoque quos regenerare dignatus es ex aqua et spiritu sancto tribuens eis remissionem omnium peccatorum. Quesumus domine./ [fo. 153.

HEc sequens prefacio dicetur ad magnam missam in die ascensionis domini et dominica infra octauam et octauo die sed non aliis diebus infra octauam

– Musical notation above these words.
[1] *Sic.*
[2] *nocte* written above *die.*
[3] *noctem* written above *diem.*

nisi magna missa fuerit de aliquo sancto prefacionem propriam non habente. Communicantes. *dicetur ad utramque missam in die ascensionis. et dominica infra octauam et octaua die atque in omni missa de ascensione per octauam. et cotidie ad magnam missam undecunque fuerit.*

ETerne deus. Qui post resurreccionem suam omnibus discipulis suis manifestus apparuit. et ipsis cernentibus est eleuatus in celum ut nos diuinitatis sue tribueret esse participes. Et ideo.

Infra canonem.

COmmunicantes et diem sacratissimum celebrantes qua dominus noster ihesus christus unigenitus filius tuus unitam sibi fragilitatis nostre substanciam in glorie tue dextera collocauit. Sed et memoriam uenerantes. In primis gloriose semper uirginis marie genitricis eiusdem dei et domini nostri ihesu christi. Set et beatorum apostolorum.

HEc sequens prefacio dicetur ad utramque missam in die pentecostes. et per duos dies proximo subsequentes atque ad magnam missam in quinta feria. ceteris uero diebus dicetur ad missam de sollempnitate et non ad missam de ieiunio. Communicantes. *et* Hanc igitur. *ad utramque missam dicentur cotidie per ebdomadam preterquam ad missam de ieiunio celebrandam.*|

[fo. 153. b.

– Musical notation above these words.

ETerne deus per christum dominum nostrum. Qui ascendens super omnes celos sedens que ad dexteram tuam promissum spiritum sanctum hodierna die in filios adopcionis effudit. Qua propter profusis gaudiis totus in orbeterrarum mundus exultat sed et superne uirtutes atque angelice potestates. ympnum glorie tue concinunt sine fine dicentes.

Infra canonem.

COmmunicantes. et diem sacratissimum pentecostes celebrantes quo spiritus sanctus apostolis innumeris linguis apparuit. Sed et.

HAnc igitur oblacionem seruitutis nostre sed et cuncte familie tue quam tibi offerimus pro hiis quoque quos regenerare dignatus es ex aqua et spiritu sancto tribuens eis remissionem omnium peccatorum. Quesumus domine.

HEc sequens prefacio dicetur ad magnam missam in festo sancte trinitatis et omnibus dominicis diebus extunc usque ad natale domini. Et a purificacione beate marie uel a dominica lxx[a] si ante purificacionem euenerit usque ad capud ieiunii si magna missa fuerit de dominica et non aliter. ac eciam in omni missa que de trinitate celebratur extra chorum per annum| [fo. 154.

*ETerne deus. Qui cum unigenito filio tuo et spiritu sancto unus es deus. unus es dominus. Non in unius singularitate persone

– Musical notation above these words.

sed in unius trinitate substancie. Quod enim de tua gloria reuelante te credimus hoc de filio tuo hoc de spiritu sancto sine differencia discrecionis sentimus. Ut in confessione uere sempiterne que deitatis et in personis proprietas. et in essencia unitas et in maiestate adoretur equalitas. Quam laudant angeli atque archangeli cherubyn quoque ac seraphyn qui non cessant clamare iugiter una uoce dicentes.*

HEc sequens prefacio dicetur ad magnam missam in utroque festo sancte crucis atque ad/ magnam missam [fo. 154. b. *dominica in passione domini et dominica palmarum et in omni missa de ieiunio celebrata. a predicta dominica in passione usque ad cenam domini ac eciam in omni missa que de cruce celebratur per annum extra chorum.*

ETerne deus. Qui salutem humani generis in ligno crucis constituisti. ut unde mors oriebatur inde uita resurgeret. Et qui in ligno uincebat in ligno quoque uinceretur per christum dominum nostrum.

HEc sequens prefacio dicetur ad magnam missam in omni festo beate marie excepta purificacione. atque per octauas assumpcionis et natiuitatis beate marie et quocienscumque de eadem fit obsequium cum magna missa nisi in uigilia assumpcionis tantum. in qua non dicetur licet dominica fuerit. et nisi inter

- Musical notation above these words.

natale domini et purificacionem quando dicitur prefacio de natali. dicetur eciam ad missas extra chorum de eadem celebratas preterquam inter natiuitatem et purificacionem et preter uigiliam assumpcionis.

*ETerne deus.

Et te in annunciacione.
Et te in assumpcione.
Et te in natiuitate.
Et te in concepcione.
Et te in ueneracione beate et gloriose semper uirginis marie exultantibus animis/ [fo. 155. laudare. benedicere et predicare. Que et unigenitum tuum sancti spiritus obumbracione concepit et uirginitatis gloria permanente huic mundo lumen eternum effudit ihesum christum dominum nostrum. Per.*

HEc sequens prefacio dicetur ad missam in omnibus festis apostolorum preterquam in festo sancti iohannis ad natale domini. Dicetur eciam ad missam matutinalem in die apostolorum petri et pauli. et in festo beati petri aduincula. et cotidie per octauas ad magnam missam. et in commemoracione eorundem quocienscunque magna missa de eisdem celebratur preterquam in uigilia natalis eorundem in qua non dicitur licet dominica fuerit.

*ETerne deus. Et te suppliciter exorare ut gregem tuum pastor eterne non deseras: sed per beatos apostolos tuos continua proteccione custodias. Ut isdem rectoribus gubernetur.

- Musical notation above these words.

quos operis tui uicarios eidem contulisti preesse pastores. [E]t[1] ideo cum/.* [fo. 155. b.

Et sciendum est quod fratres ad missas suas priuatas infra quaslibet octauas si de festiuitate celebrent prefacionem. Communicantes. *et* Hanc igitur. *cum de proprietate fuerint dicere debent. Si uero infra o. auam aliunde celebrent et ad missas suas ut moris est collectam de festiuitate dicant nisi cum pro defunctis specialiter cantent.* Communicantes *et* Hanc igitur *si fuerint de proprietate. ex consuetudine dicere debent una cum prefacione de ipsa festiuitate nisi de trinitate aut de sancto spiritu uel aliunde celebrent unde propria fuerit prefacio quia tunc ipsam prefacionem dicent. sed* Communicantes. *et* Hanc igitur. *de festiuitate dicentur ut predictum est. In festo tamen sancti Iohannis ad natale domini non est dicenda prefacio de apostolis sed de natiuitate domini. Item prefacio cotidiana.*

*PEr omnia secula seculorum. Amen. Dominus uobiscum.

– Musical notation above these words.
[1] E not filled in.

Et cum spiritu tuo. Sursum corda. Habemus ad dominum. Gracias agamus domino deo nostro. Dignum et iustum est. Uere dignum et iustum est equum et salutare. nos tibi semper et ubique gracias agere. domine sancte pater/ [fo. 156. omnipotens eterne deus. Per christum dominum nostrum. Per quem maiestatem tuam laudant angeli. adorant dominaciones. tremunt potestates. Celi celorum que uirtutes ac beata seraphyn socia exultacione concelebrant. Cum quibus et nostras uoces ut admitti iubeas deprecamur supplici confessione dicentes.* Sanctus. Sanctus.

ET ideo cum angelis et archangelis cum thronis et dominacionibus. Cumque omni milicia celestis exercitus. ympnum glorie tue canimus sine fine dicentes.

Sanctus. Sanctus. Sanctus. Dominus deus sabaoth. Pleni sunt celi et terra gloria tua osanna in excelsis. Benedictus qui uenit in nomine domini osanna in excelsis./ [fo. 156. b.

– Musical notation above these words.

[The manuscript is here divided into two: and a leaf of modern vellum is inserted at the end of the first volume; it is numbered 156*. At the beginning of the second volume there is also a leaf of modern vellum which is numbered 156**. Then follows folio 157*, the recto of which is blank, the verso being filled with a picture of the crucifixion. See p. x. of the preface to Fasciculus I.]

TE igitur clementissime pater [1]per ihesum[1] christum filium tuum dominum nostrum. Supplices rogamus et petimus uti accepta habeas. et benedicas. Hec do✠na. Hec mu✠nera. Hec sancta ✠ sacrificia illibata. In primis que tibi offerimus pro ecclesia tua sancta catholica quam pacificare. custodire. adunare. et regere digneris toto orbeterrarum. una cum famulo tuo [2]Rege nostro H. Regina. N. antistite nostro N.[2] et omnibus orthodoxis atque catholice et apostolice fidei cultoribus.

MEmento domine famulorum famularum que tuarum. N. et omnium circumastancium quorum tibi fides cognita est et nota deuocio. pro quibus tibi offerimus uel qui tibi offerunt hoc sacrificium laudis pro se suis que omnibus pro redempcione animarum suarum. pro spe salutis et incolumitatis sue tibi reddunt uota sua eterno deo uiuo et uero.

COmmunicantes et memoriam uenerantes in primis gloriose semper uirginis marie genitricis dei et domini nostri ihesu christi. Sed et beatorum apostolorum. ac martirum tuorum. Petri. Pauli. Andree. Iacobi. Iohannis. Thome. Iacobi. Philippi. Bartholomei. Mathei. Symonis et Thadei. Lini. Cleti. Clementis. Sixti. Cornelii. Cypriani. Laurencii. Crisogoni. Io/hannis [fo. 157. et pauli. Cosme et Damiani et omnium sanctorum tuorum quorum meritis precibus que concedas. ut in omnibus proteccionis tue muniamur auxilio. Per eundem christum dominum nostrum. Amen.

HAnc igitur oblacionem seruitutis nostre sed et cuncte familie tue. Quesumus domine ut placatus accipias. dies que nostros in tua pace disponas. atque ab eterna dampnacione nos eripi. et in electorum tuorum iubeas grege numerari. Per christum dominum nostrum amen.

QUam oblacionem tu deus in omnibus quesumus bene✠dictam. ascrip✠tam. ra✠tam. racionabilem. acceptabilem que facere digneris. ut nobis cor✠pus et san✠guis fiat dilectissimi filii tui domini nostri ihesu christi.

[1]—[1] Written in particoloured blue and red letters.
[2]—[2] Written in late hand over erasure.

QUi pridie quam pateretur accepit panem in sanctas ac uenerabiles manus suas et eleuatis oculis in celum ad te deum patrem suum omnipotentem tibi gracias agens. bene✠dixit. fregit dedit discipulis suis dicens. Accipite et manducate ex hoc omnes. [1]Hoc est enim corpus meum.[1]

SImili modo posteaquam cenatum est accipiens et hunc preclarum calicem in sanctas ac uenerabiles manus suas. Item tibi gracias agens bene✠dixit dedit discipulis suis dicens. Accipite et bibite ex eo omnes. [2]Hic est enim calix sanguinis mei noui et eterni testamenti. misterium fidei. qui pro uobis et pro multis effundetur in remissionem peccatorum. Hec quocienscumque/ feceritis : in mei memo- [fo. 157. b. riam facietis.

UNde et memores domine nos serui tui sed et plebs tua sancta christi filii tui domini dei[3] nostri tam beate passionis. necnon et ab inferis resurreccionis sed et in celos gloriose ascensionis offerimus preclare magestati

[1]—[1] These words written in particoloured red and blue letters.
[2] No change in writing begins here.
[3] This word is written in blue ornamented letters.

tue de tuis donis ac datis hosti✠am puram. hosti✠am sanctam. hosti✠am inmaculatam. panem ✠ sanctum uite eterne. et cali✠cem salutis perpetue.

SUpra que propicio ac sereno uultu respicere digneris. et accepta habere sicuti accepta habere dignatus es munera pueri tui iusti abel. et sacrificium patriarche nostri abrahe. et quod tibi optulit summus sacerdos tuus melchisedech sanctum sacrificium. inmaculatam hostiam.

SUpplices te rogamus omnipotens deus[1] iube hec perferri per manus sancti angeli tui in sublime altare tuum in conspectu diuine maiestatis tue. ut quotquot ex hac altaris participacione sacrosanctum filii tui cor✠pus et san✠guinem sumpserimus omni bene✠diccione celesti et gracia repleamur. Per eundem christum dominum nostrum.

MEmento eciam domine famulorum famularumque tuarum. N. qui nos precesserunt cum signo fidei et dormiunt in sompno pacis. Ipsis et omnibus in christo quiescentibus locum refri-

[1] This word is written in particoloured blue and red letters.

515

gerii. lucis et pacis ut indulgeas deprecamur. Per eundem christum dominum nostrum amen.

NObis quoque peccatoribus famulis tuis de multitudine miseracio/num tuarum sperantibus [fo. 158. partem aliquam et societatem donare digneris cum tuis sanctis apostolis et martiribus. cum Iohanne. Stephano. Mathia. Barnaba. Ignacio. Alexandro. Marcellino. Petro. Felicitate. Perpetua. Agatha. Lucia. Agnete. Cecilia. Anastasia. Et cum omnibus sanctis tuis intra quorum nos consorcium non estimator meriti. sed uenie quesumus largitor admitte. Per christum dominum nostrum. Per quem hec omnia domine semper bona creas. sancti✠ficas. uiui✠ficas. bene✠dicis. et prestas nobis. per ✠ ipsum et cum ✠ ipso. et in ✠ ipso est tibi deo patri omnipotenti in unitate spiritus sancti omnis honor et gloria.

*PEr omnia secula seculorum. Amen. Oremus. Preceptis salutaribus moniti et diuina institucione formati audemus dicere.

PAter noster qui es in celis sanctificetur nomen tuum. Adueniat regnum tuum. Fiat

516

uo/luntas tua sicut [fo 158 b. in celo et in terra. Panem nostrum cotidianum da nobis hodie. Et dimitte nobis debita nostra sicut et nos dimittimus debitoribus nostris. Et ne nos inducas in temptacionem. Sed libera nos a malo.* Amen.

LIbera nos quesumus domine ab omnibus malis preteritis presentibus et futuris et intercedente beata et gloriosa semper uirgine dei genitrice maria. et beatis apostolis tuis Petro et Paulo. atque Andrea cum omnibus sanctis.

DA propicius pacem in diebus nostris. ut ope misericordie tue adiuti. et a peccato simus semper liberi. et ab omni perturbacione securi. Per eundem dominum[1] nostrum ihesum[1] christum[1] filium tuum. qui tecum uiuit et regnat in unitate spiritus sancti deus.

PEr omnia secula seculorum. Amen. Pax domini sit semper uobiscum./ Et cum spiritu tuo. [fo. 159.

Agnus dei qui tollis peccata mundi miserere nobis. Agnus dei qui tollis peccata mundi miserere nobis. Agnus dei

[1] In particoloured blue and red letters.

_ Musical notation above these words.

qui tollis peccata mundi dona nobis pacem.

Oracio a sacerdote dicenda quando miscetur corpus sanguini dic'.[1]

HEc ✠ sacrosancta commixcio corporis et sanguinis domini nostri ihesu[2] christi fiat michi et omnibus sumentibus salus mentis et corporis et ad uitam capescendam eternam preparacio salutaris amen.

Oracio a singulis dicenda.

ADoramus sanctum corpus tuum atque sanctum sanguinem tuum domine ihesu christe cuius effusione omnes redempti sumus tibi gloria cum patre et spiritu sancto in secula seculorum amen.

Oracio sacerdotis consequenter dicenda.

DOmine sancte pater omnipotens eterne deus da michi hoc corpus et sanguinem filii tui domini nostri ihesu christi tam digne sumere. ut merear per hec remissionem omnium peccatorum meorum accipere. et tuo sancto spiritu repleri. atque ab eterna dampnacione liberari. et in die iudicii cum

[1] *Sic.* for *domini.*
[2] These words in parti-coloured blue and red letters.

sanctis et electis tuis in perpetua requie collocari quia tu es deus solus. et preter te non est alius cuius regnum et imperium sine fine permanet in secula seculorum amen.

Dando pacis osculum ministranti dicat. Pax [1]tibi et ecclesie christi.[1]

Ante percepcionem oracio.

DEus pater fons et origo tocius bonitatis qui ductus misericordia unigenitum tuum pro nobis ad infima mundi descendere et carnem sumere uoluisti. quem ego indig/nus hic [fo. 159. b. in manibus teneo. te adoro. te glorifico. te tota cordis intencione laudo. et precor ut nos famulos tuos non deseras. sed ut peccata nostra deleas quatinus tibi soli uiuo et uero deo puro corde et casto corpore seruire ualeamus. Per eundem.

Item alia oracio.

DOmine ihesu[1] christe fili dei uiui ne indignum me iudices quia indignus sum ego peccator tuum sanctum corpus et sanguinem sumere non ad iudicium domine sed ad remissionem omnium peccatorum meorum

[1]—[1] Written in blue ornamented letters.

hec merear accipere. Qui cum patre et spiritu sancto uiuis et regnas deus.

Item si uoluerit.

AGimus tibi pater[1] gracias. pro iam beatificatis postulantes eorum interuentu nos apud te adiuuari. pro hiis autem qui in locis purgatoriis sunt immolamus tibi patri filium supplicantes. ut per hanc sacrosanctam hostiam eorum pena breuior sit et leuior. pro nobis autem quos adhuc grauant peccata carnis et sanguinis offerimus tibi patri filium obsecrantes ut peccata que ex carne et sanguine contraximus. caro mundet. sanguis lauet domini nostri ihesu christi. Qui tecum uiuit et regnat.

Sumendo corpus christi dicat.

COrpus domini nostri ihesu christi sit anime mee remedium in uitam eternam amen.

Ad sanguinem domini sumendum. Oracio.

SAnguis domini nostri ihesu christi conseruet animam meam in uitam eternam amen.

[1] This word is written in blue ornamented letters.

Oracio sacerdotis ad accipientem ante percepcionem.

COrpus et sanguis domini nostri/ ihesu[1] [fo. 160. christi prosit tibi ad remissionem omnium peccatorum tuorum et ad uitam eternam amen.

Quando minister secundo percepcionem fundit uinum in calicem dicat sacerdos.

DOmine ihesu christe fili dei[1] uiui qui ex uoluntate patris cooperante spiritu sancto per mortem tuam mundum uiuificasti. libera me queso per hoc sacrum corpus et sanguinem tuum a cunctis iniquitatibus meis. et ab uniuersis malis. et fac me tuis semper obedire mandatis et a te numquam imperpetuum separari. Qui cum deo patre et eodem spiritu sancto uiuis et regnas deus. per.

Ad ablucionem manuum.

COrpus domini nostri ihesu christi quod accepi et sanguis eius quo potatus sum in hac hora obsecro domine ut inhereat in uisceribus meis. et non ueniat michi ad iudicium. neque ad condempnacionem. sed proficiat ad salu-

[1] This word is written in particoloured blue and red letters.

tem. et ad remedium anime mee in uitam eternam ameN.

Alia oracio post ablucionem.

QUod ore sumpsimus domine pura mente capiamus. et de munere temporali fiat nobis remedium sempiternum in uitam eternam. Amen.

In principalibus festis et in capis canentur sequentes note post missam.

ITe missa est. Ite missa est.

Item aliud in capis.

ITe missa est.

In festiuitatibus que in albis celebrantur et in duabus ui/giliis beati regis edwardi [fo. 160. b. *quacumque die euenerit*[1] *atque in ceteris uigiliis festorum principalium cum in dominica contingunt.*

ITe missa est.

Item in albis quando due festiuitates simul ueniunt.

ITe missa est.

Item in dominicis diebus et in simplicibus festis xii leccionum.

ITe missa est.

Item in simplicibus festis xii leccionum atque priuatis diebus cum capa fuerit ad magnam missam.

ITe missa est.

– Musical notation above these words.

[1] *Sic.*

Item priuatis diebus cum capa fuerit ad magnam missam atque ad missam matutinalem in xii leccionibus.

ITe missa est.

Item ad missam matutinalem in duodecim leccionibus.

ITe missa est.

In uigilia pasche et pentecostes dicetur hec nota.

ITe missa est.

In dominica prima aduentus domini et in dominica lxx^e^ et dominica prima xl^e^ et dominica in medio xl^e^ et in dominica palmarum atque in festiuitatibus que in aduentu et infra lxx^e^ in albis fiunt. et in quibusdam uigiliis festorum principalium in quibus abbas uel prior celebrat. istud Benedicamus. *dicetur ad finem misse.*

BEnedicamus domino.

Ceteris uero dominicis in aduentu et a lxx^a^ usque ad pascha hoc sequens benedicamus dicetur ad finem misse.

BEnedicamus domino.

In festis simplicibus xii leccionum in aduentu et a lxx^a^ usque ad dominicam in passione domini dicetur ad finem misse./ [fo. 161.

BEnedicamus domino.

– Musical notation above these words.

523

Ad missam matutinalem in dominicis et festis xii[a] leccionum in aduentu et lxx.

* BEnedicamus domino.*

Ad missam matutinalem si pro defunctis non dicatur priuatis[1] *in aduentu et a lxx[a] usque ad pascha. atque ad magnam missam diebus per idem tempus. Necnon et ceteris anni temporibus atque ad missam capitalem priuatis diebus atque ad magnam missam cum* gloria in excelsis *ad eandem non dicitur. exceptis tantummodo uigiliis quorundam festorum principalium in quibus abbas uel prior missam celebrare tenetur dicetur sequens nota ad finem misse.*

* BEnedicamus domino.*

In festo sancti uincencii cum infra septuagesimam euenerit dicetur ad finem misse.

* BEnedicamus domino.*

Item in festo sancti Nicholai ad finem misse.

* BEnedicamus domino.*

Ad finem misse in die animarum atque in anniuersariis principalibus quando silicet[2] *in choro quinque sunt cantores in capis dicetur a leuita.*

– Musical notation above these words.
[1] *diebus* omitted.
[2] *Sic.*

524

* REquiescant in pace.*

Post missam. Oracio.

PLaceat tibi sancta [1]trinitas deus[1] obsequium seruitutis mee et presta ut hoc sacrificium quod oculis tue[2] indignus optuli. tibi sit acceptabile michique in omnibus pro quibus illud optuli. sit te miseran/te pro- [fo. 161. b. piciabile. Qui uiuis.

Benediccio post missam dominicis diebus ad magnum altare super mense lectorem.

℣. Saluum fac seruum tuum. Deus meus sperantem in te. ℣. Dominus custodit te ab omni malo. Custodiat animam tuam dominus. ℣. Dominus uobiscum. Et cum spiritu.

Oracio.

AUerte quesumus domine[1] ab hoc famulo tuo. spiritum elacionis. ut humiliter legens. sensum et intellectum sacre accipiat leccionis. Per dominum.

Ad faciendum dominicis diebus panem benedictum.

℣. Adiutorium nostrum in nomine domini. Sit nomen domini. Dominus uobiscum.

Bene✠dic domine creaturam istam panis sicut benedixisti quinque panes in deserto ut omnes gustantes ex eo accipiant tam corporis quam anime sanitatem. In nomine pa✠tris. et cetera.

Postea aspergatur aqua benedicta.

– Musical notation above these words.
[1]–[1] These words in ornamental letters.
[2] maiestatis: *omitted in MS.*

525

In recessu sacerdotis ab altari dicatur canticum.

Trium puerorum. *Psalmus.* Benedicite sacerdotes. *Psalmus.* Laudate dominum in sanctis. *Psalmus.* Nunc dimittis. *Antiphona.* Trium puerorum cantemus ympnum quem cantabant in camino ignis benedicentes dominum. Kyrieleison. Christeleison. Kyrieleison. Pater noster. Et ne nos. Confiteantur tibi domine omnia opera tua. Exultabunt sancti in gloria. Non nobis domine non nobis. Sacerdotes tui induantur iusticiam. Domine exaudi. Dominus uobiscum.

Oracio.

DEus qui tribus pueris mitigasti flammas ignium concede propicius per interuentum omnium sanctorum et merita eorum. ut nos famulos tuos non exurat flamma uiciorum. Per.

Alia oracio.

ASsit nobis quesumus domine uirtus spiritus sancti que et corda nostra clementer expurget. et ab omnibus semper tueatur aduersis. Per.

526

Alia oracio.

DEus uirtutum cuius est totum quod est optimum insere pectoribus nostris amorem tui nominis et presta in nobis religionis augmentum. ut que sunt bona nutrias : ac pietatis studio que sunt nutrita custodias. Per dominum.

Alia oracio./ [fo. 162.

ACciones nostras quesumus domine aspirando preueni. et adiuuando prosequere : ut omnis oracio uel cuncta nostra operacio et a te semper incipiat et per te cepta finiatur et pacem tuam nostris concede temporibus et cetera.

Benediccio pomorum in festo sancti Iacobi apostoli post finem magne misse secreto dicendo. Oracio.

TE deprecamur omnipotens deus ut benedicas hunc fructum nouum pomorum quem tua nobis larga pietas ad perfruendum dare dignata est presta clementissime pater : ut dum hiis in nomine sancte trinitatis uescimur. fructibus sempiterna benediccione tua pietate participemus Per dominum.

Benediccio ad clericum faciendum.

Adiutorium nostrum in nomine domini. Sit nomen domini benedictum. Dominus uobiscum.

Oracio.

ORemus dilectissimi fratres dominum nostrum ihesum christum pro hoc famulo suo N. qui ad deponendam coronam capitis sui pro eius amore exemplo beati petri apostoli festinat ut donet ei spiritum sanctum. qui habitum religionis in eo perpetuum conseruet et a mundi impedimento uel seculari desiderio cor eius defendat. ut sicut immutatur uultu ita dextera manus eius uirtutis ei tribuat incrementa. et abiecta omni cecitate spirituali uel humana. oculos eius aperiat et eterne gracie lumen ei concedat. Qui uiuit.

Deinde super tonsorandos ponatur superpellicium et pontifex dicat oracionem.

ADesto domine supplicacionibus nostris et hunc famulum tuum .N. bene✠dicere digneris cui in tuo nomine habitum religionis imponimus. ut te auxiliante deuotus in ecclesia tua persistere. et uitam percipere mereatur eternam. Per dominum.

Deinde omnes tonsurandi simul dicant hunc uersiculum. Dominus pars hereditatis mee : et calicis mei : tu es qui restitues hereditatem meam michi.

Tunc incipiat psalmum. Con-

serua me domine. *Et repetatur psalmus usque ad illum uersum.* Dominus pars. *Tunc quilibet tonsorandorum per se dicat eundem.* ℣. Dominus pars. *Interim pontifex ter incidat aliquam partem de capillis primo dicens.* In nomine patris./ *secundo.* et filii [fo. 162. b. *tercio.* et spiritus sancti. *Omnibus uero sic tonsis dicitur residua pars psalmi cum.* Gloria. patri *Quo finito omnes tonsorati simul dicant hunc* ℣. Dominus pars. *postea incipiatur antiphona.*

Hic accipiet benediccionem a domino et misericordiam a deo salutari suo quia hec est generacio querencium dominum. *Ps.* Domini est terra. *et dicatur psalmus. Sequitur oracio.*

OMnipotens sempiterne deus propiciare peccatis nostris. et ab omni seruitute secularis habitus hunc famulum tuum N. emunda. utdum ignominiam secularis habitus deponit tua semper in euum gracia perfruatur. et sicut similitudinem corone tue eum gestare fecimus in capite. sic tua uirtute hereditatem subsequi mereatur eternam in corde. Per dominum.

Oracio.

PResta quesumus omnipotens deus. ut hic famulus tuus N. cuius hodie comam capitis pro amore diuino deposuimus. in tua dileccione perpetuo maneat et eum sine macula in sempiternum custodias. Per dominum.

Deinde pontifex aspergat tonsoratos aqua benedicta et roget eos ut orent pro eo. et precipue si superstites fuerint die obitus sui.

529

Benediccio ad uestimenta sacerdotalia seu leuitica. Dominus uobiscum.

Oracio.

OMnipotens sempiterne deus qui per moysen famulum tuum pontificalia seu sacerdotalia atque leuitica uestimenta ad explendum in conspectu tuo ministerium diuinum. et ad decorem seu laudem nominis tui fieri decreuisti: adesto propicius inuocacionibus nostris et [1]hoc indumentum sacerdotale[1] desuper gracia tua irrigante. tua ingenti benediccione per humilitatis seruicium puri✠ficare. bene✠dicere consecra✠re. que digneris. ut diuinis cultibus. et sacris misteriis aptum et benedictum existat. Hac[2] quoque [3]sacra ueste[3] sacerdotes siue leuite induti muniti et defensi. ab omnibus impulsionibus seu temptacionibus malignorum spirituum tuti esse mereantur tuis que misteriis apte et condigne seruire et inherere. atque in hiis placide et deuote perseuerare eos tribue. Saluator mundi qui cum patre et spiritu sancto uiuis et regnas.

Item oracio./ [fo. 163.

DEus omnipotens bonarum uirtutem dator. et omnium benediccionum largus infusor. supplices te rogamus: ut manibus nostris opem tue benedic-

[1]—[1] hec indumenta sacerdotalia: *written over line.*
[2] Hiis: *written over line.*
[3]—[3] sacris vestibus: *written over line.*

530

cionis infundas. et [1]hoc uestimentum sacerdotale[1] seu leuiticale[2] diuinis cultibus atque misteriis tuis preparatum[3] uirtute sancti spiritus benedi✠cere. et sanctifi✠care digneris et omnibus eis utentibus graciam sanctificacionis sacri misterii tui benignus concede. ut in conspectu sancti et inmaculati atque irreprehensibiles appareant et tue auxilium misericordie adquirant. sed et aliis bene ministrandi et uiuendi exemplum prebeant. atque eterne beatitudinis premia consequi mereantur. Per.

Oracio.

DOmine deus pater omnipotens rex et magnificus triumphator. qui per sanctos patres nostros qui in sacerdotali ordine placuerunt diuersi generis ornamenta et uestimenta sacerdotalia fieri et ornari hiis sacerdotibus sibi seruientes iussisti: exaudi propicius oracionem nostram. et hanc planetam seu poderem albam stolam [4]manipulum cingulum orariumque[4] dextera tua sancta bene✠dicere. consecra✠re. sancti✠ficare. et purificare digneris. quatinus [5]hoc uestimentum[5] ministris tuis leuitis ac sacerdotibus ad diuinum cultum ornandum explendumque proficiat.[6] Sanctis que altaribus tuis mundi

[1]—[1] hec uestimenta sacerdotalia: *written over line.*
[2]—[2] leuiticalia: *written over line.*
[3]—[3] preparata: *written over line.*
[4]—[4] manipulos cingulos oraria: *written over line.*
[5]—[5] hec uestimenta: *written over line.*
[6] proficiant: *written over line.*

531

et ornati in [3]hac sacra ueste[3] ministraturi. irreprehensibiles in actu. in uictu interius exterius que appareant tibi que soli deo puro corde et mundo corpore omnibus diebus uite sue irreprehensibiliter sanctorum patrum exempla sequentes seruire ualeant hiis que sacris ministeriis secundum tuam uoluntatem quando tibi placuerit expletis. celestis regni gloriam cum omnibus nobis sibique commissis percipere mereantur. Per.

Oracio.

UIsibilium et inuisibilium creator deus. adesto propicius inuocacionibus nostris ut ornamenta sanctitatis effigiem pretendencia desuper gracia tua irrigante tua ingenti benediccione. per nostre humilitatis seruitutem purifi✠care bene✠dicere. conse✠crare digneris ad laudem nominis tui/ [fo. 163. b. Per dominum.

Item alia benediccio.

EXaudi domine preces nostras et hec linthyamina aliaque

[3]–[3] hiis sacris uestibus: *written over line.*

532

indumenta necnon et uasa sancti altaris et ecclesie tue atque sacri ministerii usui preparata bene✠dicere et sanctifi✠care digneris. Per dominum. In nomine patris et filii et spiritus sancti. amen.
Postea aspergantur aqua benedicta.

Alia benediccio super uestimenta.

CLementissime domine cuius inenarrabilis uirtus. cuius misteria archanis mirabilibus celebrantur. tribue quesumus ut hoc lynthyamen tue propiciacionis benediccione sanctificetur ad consecrandum super illud corpus dei et domini nostri ihesu christi Qui tecum.

Item alia benediccione.

OMnipotens sempiterne deus bene✠dic lynthiamen istud ad tegendum inuoluendumque corpus et sanguinem domini nostri ihesu christi. Qui tecum.
Postea aspergatur aqua benedicta.

⁂ The following episcopal benedictions have been collated with a Westminster book in the Bodleian Library at Oxford (Rawl. c. 425), and the symbol used for the variants is O. See p. xii of the Preface to Fasc. I.

Benediccio in dominica prima aduentus domini.

OMnipotens deus cuius unigeniti aduentum et preteritum creditis et futurum expectatis. eiusdem aduentus uos illustracione sanctificet et sua benediccione locupletet. Amen.

Et[1] in presentis uite stadio uos ab omni aduersitate defendat. ac[2] se uobis in iudicio placabilem ostendat. Amen.[3]

Quo a cunctis peccatorum contagiis liberari.[4] in presentis uite curriculo cum sanctis animabus[5] tanto sessore inueniamini digni. et illius tremendi examinis diem expectetis interriti. Amen.

Quod ipse prestare dignetur cuius regnum et imperium sine fine permanet in secula seculorum. Amen.

Benediccio dei pa✠[6]tris omnipotentis et fi✠[6]lii et spiritus ✠[6] sancti super uos descendat et maneat semper. Amen.

Benediccio in [7]dominica secunda.[7]

DEus cuius aduentus incarnacionis preteritus creditur. et iudicii uenturus expectatur uos antequam ueniat ab omni contagi/one delicti purgatos [fo. 164. efficiat. Amen.

Prius in uobis misericorditer relaxet[8] omne quod in illa futura examinacione terribiliter puniet. ut cum iustus aduenerit iudex

[1] *omit.* O.
[2] et : O.
[3] Aamen : O.
[4] liberati : O.
[5] animalibus : O
[6] *crosses omitted :* O.
[7]—[7] *secunda dominica* : O.
[8] relaxaret : O.

non in uobis inueniat quod condempnet. Amen.

Quo ueniente non incurratis supplicium eternum. sed pocius eo donante suscipiatis premium sempiternum. Amen.

Quod ipse prestare.

Benediccio in iii. dominica.

OMnipotens deus uos placido uultu respiciat et in uos sue benediccionis donum infundat. Amen.

Et qui hos dies incarnacionis unigeniti sui fecit sollempnes a cunctis presentis et future uite aduersitatibus uos reddat indempnes. Amen.

Ut qui de aduentu redemptoris nostri secundum carnem deuota mente letamini in secundo cum in maiestate sua uenerit premiis eterne uite ditemini. Amen.[1]

Benediccio in tercia[2] feria.

DEus qui per suum angelum nunciauit christum uenturum in seculo concedat uobis ut uenienti occurrere mereamini cum gaudio. Amen.

Idem uos benedicat ante natiuitatem qui suos benedixit apostolos post passionem. Amen.

Tribuatque ipse uobis ueniam peccatorum: qui pro salute humana fudit in cruce sanguinem proprium. Amen.

Quod ipse.[3]

[1] Quod ipse prestare : *add.* O.
[2] *Sic et* O.
[3] prestare : *add* O.

535

Benediccio in vi. feria.

DEus qui custos animarum et corporum dignaris existere hanc familiam tuam dignare brachii tui defensione protegere. Amen.

Ut nullis antiqui hostis insidiis corpora nostra fraude sua paciaris illudi. sed semper cum domino nostro ihesu christo filio tuo maneamus illesi. Amen.

Da huic familie tue fidei calorem. continencie rigorem. fraternitatis amorem. abstinencie uirtutem. Amen.

Quod ipse prestare.

Benediccio in sabbato.

OMnipotens deus uos benedicat. et ad omnem recte obseruancie plenitudinem auctor tocius honestatis instituat. Amen.

Sit in uobis castitatis studium. modestia morum. innocentis uite ingenium concordie fundamentum/ fidei augmentum. [fo. 164. b. continencia uirtutum. proborum benignitas affectuum. Amen.

Ut consequamini cum sanctis premia. et ante deum appareatis cum iusticie palma. et cum illo permaneatis in gloria sempiterna. Amen.

Quod ipse.[1]

Benediccio in dominica iiii.

DEus qui uos et prioris aduentus gracia reparauit. et in secundo daturum se uobis regnum cum sanctis angelis repromisis[2] aduentus sui uos illustra-

[1] prestare : *add.* O.
[2] repromisit : O.

536

cione sanctificet. quatinus post huius uite cursum promissi regni uos diuiciis locupletet. Amen.

Uincula uestra dissoluat antequam ueniat ut liberati a uinculis peccatorum. interriti tremendum eius expectetis aduentum. Amen.

Ut quem uenisse in terris pro uestra salute creditis uenturumque in iudicium sustinetis. eius aduentus gloriam inpauidi cernere ualeatis. Amen.

Quod ipse.

Benediccio in uigilia natalis domini.

OMnipotens deus qui incarnacione unigeniti sui mundi tenebras effugauit et eius gloriosa natiuitate uenturam sacratissimam noctem irradiauit. effuget a uobis tenebras uiciorum. et irradiet corda uestra luce uirtutum. Amen.

Quique eius sacratissime natiuitatis gaudium magnum pastoribus ab angelo pastoribus uoluit nunciari. ipse super uos benediccionis sue gratissimum ymbrem infundat. atque ipso pastore uos ad eternorum gaudiorum pascua eterna perducat. Amen.

Et qui per eius incarnacionem[1] terrena celestibus sociauit. interne pacis et bone uoluntatis uos nectare repleat. et celestis milicie consortes efficiat. Amen.

Quod.[2]

Benediccio in gallicantu.

POpulum tuum quesumus domine pio fauore prosequere. pro quo dignatus es in hac sacra-

[1] This word written in paler colour.
[2] ipse : *add.* O.

tissima nocte tuam mundo presenciam exhibere. Amen.

A cunctis eum aduersitatibus paterna pietate custodi pro quo mundo hoc in tempore dignatus es ex uirgine nasci. Amen.

Et te redemptorem suum semper intelligat. et tuam ueraciter graciam comprehendat. Amen.

Quod ipse.

Benediccio[1] *in mane.*/ [fo. 165.

DEus qui non solum genus humanum condere sed eciam te nascente uoluisti hominem de terris ad astra transire preces supplicum respice. ut qui te post longas tenebras hodie natum lumen agnoscunt eterna uisione perfrui mereantur. Amen.

Sit hec plebs singulariter obediens tuis preceptis. sicut est partus sacratissime uirginis a mundi origine singularis. Amen.

Ut cum dies tui fulgoris effulserit. inuenias in illis quod recondas in horreo. pro quibus dignatus es in carnem uenire de celo. Amen.

Quod ipse.

Benediccio ad maiorem.

BEnedicat uos omnipotens deus uestram que ad supernam[2] excitet intencionem qui hunc sacratissimum diem natiuitate filii sui fecit esse sollempnem. Amen.

Et qui eum qui panis est angelorum in presepi ecclesie cibum fecit esse fidelium anima-

[1] *om.* O.
[1] superna : O.

lium ipse uos in presenti seculo degustare faciat eternorum dulcedinem gaudiorum. et in futuro perducat ad sacietatem[1] celestium premiorum. Amen.

Quique eius infanciam uilibus uoluit indui pannis. ipse uos preciosis perhennium uestimentorum induat ornamentis. Amen.

Quod ipse.

Benediccio de sancto stephano.

DEus qui beatum stephanum prothomartirem. et confessione fidei et agone coronauit martirii. mentes uestras circumdet in presenti seculo corona iusticie. et in futuro uos perducat ad coronam glorie sempiterne. Amen.

Illius optentu tribuat uobis dei et proximi caritate semper feruere qui hanc studuit eciam inter lapidancium impetus feliciter optinere. Amen.

Quo eius et exemplo roborati et intercessione muniti. ab eo quem ille a dextris dei uidit stantem mereamini benedici. Amen.

Quod ipse.

Benediccio in natali sancti Iohannis euuangeliste.

OMnipotens deus dignetur uobis per intercessionem beati Iohannis apostoli et euuangeliste benedicere qui per eum archana uerbi sui uoluit ecclesie reuelare. AmeN./

[fo. 165. b.

Concedat uobis ut quod ille spiritus sancti munere afflatus uestris auribus excellenter in-

[2] *Sic et* O.

fudit. eiusdem spiritus dono sincera mente capere ualeatis. Amen.

Quod eius documento de diuinitate uestri redemptoris edocti et amando quod credidit. et predicando quod docuit et exequendo quod iussit. ad dona peruenire mereamini que idem ihesus christus deus et dominus repromisit. Amen.

Quod ipse.

Benediccio in natali innocencium.

OMnipotens deus pro cuius unigeniti ueneranda infancia infancium innocencium cateruas herodis funesta peremit seuicia. sue uobis benediccionis tribuat dona gratissima. Amen.

Et qui eis concessit ut unicum filium suum[1] dominum nostrum non loquendo sed moriendo confiterentur concedat uobis ut fidem ueram quam lingua uestra fatetur. eciam mores probi et uita inculpabilis fateatur. Amen.

Quique eos primitiuum fructum sancte sue suscepit ecclesie. cum fructu bonorum operum uos faciat peruenire ad gaudia patrie sempiterne. Amen.

Quod ipse.[2]

Benediccio in dominica in natali domini.

DEus qui unigenitum suum misit in mundum ut eum saluaret. eiusdem salutis uos participes efficiat. et in ea perseuerabiles reddat. Amen.

Iram que super infideles manet a uobis amoueat. et ab ea

[1] eius: O.
[2] prestare: *add.* O.

uos imperpetuum liberos clementer efficiat. Amen.

Spiritum sanctum uobis attribuat. eius que donis uos affatim exuberare concedat. Amen.

Quod ipse.

Benediccio in circumcisione domini.

OMnipotens deus cuius unigenitus hodierna die ne legem solueret quam adimplere uenerat corporalem suscepit circumcisionem. mentes uestras contra omnia uiciorum uincencia[1] sua gracia muniat. et suam in uos benediccionem clementer infundat. Amen.

Et qui legem per moysen dedit ut per mediatorem nostrum benediccionem daret. exuat uos mortificacione uiciorum et faciat perseuerare in nouitate uirtutum. Amen.

Quo sic/ in senarii [fo. 166. numeri perfeccione in hoc seculo uiuatis. et in septenario inter beatorum spirituum agmina requiescatis. quatinus in octauo resurreccione renouati. iubilei remissione ditati ad gaudia sine fine mansura perueniatis sinceri. Amen.

Quod ipse.

Benediccio in uigilia epiphanie.

COrda nostra[2] dominice apparicionis splendor illustret. et stella iusticie uos sempiterna illuminacione letificet. Amen.

Radius superne gracie uos semper in luce deducat. et ad patriam eterne claritatis inoffenso calle perducat. Amen.

[1] incentiua: O.
[2] uestra: O.

Quatinus magorum exemplo deuia queque uitantes. et ea que recta sunt christo ducen[1] sectantes. in illa celesti regione sine fine maneatis ouantes. Amen.

Quod ipse.

Benediccio in die epiphanie.[2]

DEus lumen uerum qui unigenitum suum hodierna die stella duce gentibus uoluit reuelare. sua uos benediccione dignetur ditare.[3] Amen.

Quo exemplo magorum mistica domino ihesu christo munera offerentes. spreto antiquo hoste spretis que contagiis uiciorum. ad eternam patriam redire ualeatis per uiam uirtutum. Amen.

Detque uobis ueram mencium innocenciam qui sui[4] super unigenitum suum spiritum sanctum demonstrari uoluit per columbam. eaque uirtute mentes uestre exerceantur. ad intelligenda diuine legis archana qua in chana galilee lympha est in uinum conuersa. Amen.

Quod ipse prestare.[5]

Benediccio in prima dominica post epiphaniam.

DEus cuius ineffabili disposicione actum est ut temporalem filii sui puericiam christiana plebs ubique miretur. spiritu prudencie corda uestra illustrare ac docere dignetur. Amen.

Quique illum parentibus uoluit subdi. ipse uos uelit

[1] *Sic* for *ducente* : duce : O.
[2] *omit* O.
[3] *added in margin* : O.
[4] *om.* O.
[5] *om.* O.

humilitatis et pietatis muneribus misericorditer informari. Amen.

Et qui eum sapiencia etate et gracia tribuit proficere. spiritualium uobis profectuum incrementa dignetur propicius impertire. Amen.

Quod ipse.

Benediccio in ii dominica.

DEus qui sua mirabili potestate/ in uinum [fo. 166. b. conuertit aquam ipse uos a uetustate subtractos in uitam transferat nouam atque beatam. Amen.

Et qui nupciis interesse uoluit. ut earum sua presencia comprobaret bonum. ipse uobis castitatis et sobrietatis perpetue confederat[1] donum. Amen.

Ipse eciam uobis sanctarum scripturarum spiritualem intelligenciam tribuat qui aquas in uina uertendo hoc ipsum mistice designabat. Amen.

Quod ipse.[2]

Benediccio in dominica iii.

OMnipotens deus uos ab omnium peccatorum maculis mundando dignetur absoluere. qui leprosum supplicem tactu proprio dignatus est emundare. Amen.

Quique centurionis seruum non aspernatus est uisitare. ipse cordium uestrorum hospicium dignetur misericorditer introire. Amen.

Sicque uos fidei sue plenitudine repleat ut cum sanctis suis in

[1] conferat : O.
[2] prestare : *add.* O.

celorum regno accubare concedat. Amen.

Quod ipse.

Benediccio in iiii[a]. dominica.

TEmptacionum omnium a uobis dominus pericula remoueat. et perturbacionum procellas miseratus excludat. Amen.

Temptatoris. fraudes. atque molimina dissoluat. et aduersus eum cautos atque inuincibiles faciat. Amen.

Continua uobis pacis munera tribuat. et uos in portum tranquillitatis ac securitatis propiciatus constituat. Amen.

Quod ipse.

Benediccio in v.[a] dominica.

DEus qui bonum semen in sua ecclesia serere numquam cessat. in uobis illud conseruare numquam desistat. Amen.

Zizaniorum superseminatorem a uobis procul repellat. et sui uerbi pabulo uos indesinenter reficiat. Amen.

Et cum dies dies[1] iudicii aduenerit a reprobis separari.[2] ad dexteram iudicis sisti. et in beatorum mereamini regno collocari. Amen.

Quod ipse.[3]

Benediccio in dominica septuagesime.

OMnipotens deus ita studium uestri cursus [4]dignetur dirigere.[4] ut brauium uos eterne uite faciat comprehendere. Amen.

[1] *om.* O.
[2] separati : O.
[3] prestare : *add* O.
[4]—[4] dirigere dignetur : O.

Et ita uos abstinencie armis circumdet. ut nullis huius uite oneribus a peruencione tardemini.[1]/ Amen. [fo. 167.

Quique uos uineam suam uocare. uobisque sanctos operarios dignatus est mittere ipse uos sua gracia semper excolat ut denario uite perhennis uos remunerari non abnuat. Amen.

Quod ipse.[2]

Benediccio in dominica[3] sexagesime.

DEt uobis dominus nosse misteria regni sui qui iam dare dignatus est auditum uerbi sui. Amen.

Sic que mentes uestras seminis sui copia repleat ut in uobis illud sibi placitum fructificare concedat. Amen.

Et ita uos ab omni temptacione muniat quatinus triceni sexageni atque centeni fructus pro sue gracie distribucione munificenciam tribuat. Amen.

Quod ipse.

Benediccio in dominica[4] quinquagesime.[5]

OMnipotens deus sua uos benediccione confirmare. et imminenti quagragesimali[6] abstinencie aptos dignetur efficere. Amen.

Quique ceco supplicanti diuinitatis potencia lumen restituit. cecitatem cordis uestri clementissimus illuminator abstergat. et

[1] retardemini : O.
[2] prestare : *add* O.
[3] *om.* O.
[4] *om.* O.
[5] *quadragesime* : O.
[6] quadragesimali : O.

lucis sue radiis mentes uestras benignus illustrari concedat. Amen.

Quatinus uiciorum sordibus emundati. et caritatis ardore solidati. celestem hereditatem percipere ualeatis illesi. Amen.

Quod.[1]

F*Eria iiii. in capite ieiunii*[2] *post sextam decantatam abbas sollempniter indutus alba et stola cum manipulo atque capa ingrediatur chorum et ad magnum altare procedens septem psalmos penitenciales incipiat. et cum.* Gloria patri. *finiantur ac omnes fratres in choro se prosternant dicendo predictos psalmos. Quibus finitis subiungant omnes antiphonam* Ne reminiscaris. *et statim subiungat cantor.*[2] Kyrieleyson. Christeleyson. Kyrieleyson. Pater noster.

Hic erigat se abbas astans[1] *prostratis ceteris omnibus excepto capellano*[2] *sibi ministrante. et*[3] *dicat.*

Et ne nos. Domine ne memineris iniquitatum nostrarum antiquarum. Cito anticipent.[4] Adiuua nos deus.[5] Et propter.[6] Sacerdotes tui induantur iusticiam. Et sancti tui.[7] Saluos fac seruos tuos et ancillas tuas. Deus meus [8]sperantes in.[8] Esto eis domine turris fortitudinis. A facie inimici. Nichil proficiat inimicus in eis. Et filius iniquitatis.[9]/ Mitte [fo. 167. b. eis domine auxilium de sancto. Et de syon [10]tuere eos.[10] Exurge domine adiuua nos. Et libera nos. Domine exaudi.[11] Et clamor meus.

Et non solempniter. sed plane legendo dicat.

Dominus uobiscum.

Oracio.

EXaudi domine preces nostras et confitencium tibi parce

[1] ipse prestare : *add.* O.

[2]—[2] *cum post sextam pulsatum fuerit paruulum signum ut moris est ad preparationem misse. pulsentur duo signa. ter. primo minora et postea aliquantulum maiora gradatim ad populum congregandum ad absolutionem. Postea cum tempus fuerit pulsetur maius signum singulatim per se. cuius audito sonitu: cessent loqui in claustro et omnes confestim ecclesiam intrent fiatque oracio ut alias consueuit. Atque interim abbas in uestibulo alba cum stola manipulo. et capa: induatur. et archidiaconus alba tantum. nec aliquis tunc preter illos reuestiatur. set terminata oracione: sedeant in choro qui uoluerint et donec abbas indutus fuerit: omnes pariter ibidem expectent. quia usque in dormitorium ut se discalcient processionaliter non sunt ituri sicut mos antiquitus erat quando scilicet nudis pedibus: ad processionem incedebant. Prior uero quando in abbatis absencia officium istud celebrat alba reuestitus accepta stola cum manipulo : capa minime induetur. Abbas autem chorum ingrediens et ad magnum altare procedens .vii. psalmos penitenciales incipiat. ac prosternant se omnes fratres in choro. et ipse abbas una cum archidiacono. et sacrista. ac uestibulario et altero suo capellano : ante altare super tapetum a secretario ibidem prelocatum humiliter procumbat. Sequetur enim eum suus capellanus minime* [these three last words struck through and *sui capellani* written over in a sixteenth century hand] *indutus* [altered into *induti*, probably by same hand] *qui de libro eidem ministrabit* [altered into *ministrabunt*] *quemadmodum ad dirige de anniuersario principali siue ad placebo quando per se canitur solet ministrare. psalmi cum gloria patri finiantur. Quibus finitis subiungant omnes pariter Antiphonam.* Ne reminiscaris domine. *Que uidelicet antiphona causa penitencium hac die et in die cene tantum modo : dici solet. cantorque subiungat altiori uoce :* O. (f. 107.)

[1] *in eminentiori loco : add.* O.

[2] *de libro : add.* O.

[3] *om.* O.

[4] *om.* O.

[5] salutaris noster : *add.* O.

[6] gloriam : *add.* O.

[7] *om.* O.

[8]—[8] *om.* O.

[9] *om.* O.

[10]—[10] *om.* O.

[11] orationem meam : *add.* O.

peccatis. ut quos consciencie reatus accusat indulgencia tue miseracionis absoluat. Per dominum.

Alia oracio.

PReueniat hos famulos tuos et has famulas tuas quesumus domine misericordia tua. ut omnes iniquitates eorum celeri indulgencia deleantur. Per christum dominum nostrum.

Oracio.[1]

ADesto domine supplicacionibus nostris nec sit ab hiis famulis et famulabus tuis clemencie tue longinqua miseracio. sana uulnera. eorumque [2]peccata remitte.[2] ut nullis a te iniquitatibus separati. tibi domino semper ualeant adherere. Per christum.

Oracio.[3]

DOmine deus noster qui offensione nostra non uinceris sed satisfaccione placaris respice quesumus ad hos famulos tuos et famulas tuas qui se tibi peccasse grauiter confitentur. Tuum est ablucionem[4] criminum dare. et ueniam prestare peccantibus. qui dixisti penitenciam te malle peccatorum quam mortem. Concede ergo domine hiis ut tibi penitencie excubias celebrent. et correctis actibus suis conferri sibi a te sempiterna gaudia gratulentur. Per christum.

[1] *Alia oracio :* O.
[2]—[2] remitte peccata : O.
[3] *Oremus :* O.
[4] *sic et* O.

Alia oracio.[1]

ADesto domine supplicacionibus nostris. et sicut publicani precibus et confessione placatus es. ita et hiis famulis et famulabus tuis placare. uotis quoque eorum benignus aspira. ut in confessione flebili permanentes. et peticione perpetua clemenciam tuam celeriter promereantur. [2]sacris que[2] altaribus et sacramentis restituti. rursus celesti gloria[3] mancipentur. Per christum.[4]

Oracio.[5]

DEus qui mundum in peccati fouea iacentem misericorditer erexisti. deus qui per manus imposicionem animarum et corporum ualitudines effugasti. idemque opus discipulos tuos eorum et[6] successores agere iussisti: exaudi preces nostras pro/ hiis[7] famulis et [fo. 168. famulabus tuis morbo criminum actenus tabescentibus. et manum pietatis tue manui nostre superpone. ut per manus nostre imposicionem te operante infundatur in eis spiritus sancti gracia. descendat super eos celestis benediccio. tribuatur eis peccatorum remissio. cunctorum que scelerum piacula relaxentur. et tuorum carismatum munera affluencius conferantur. Per[8] dominum.

[1] *oremus :* O.
[2]—[2] sanctisque : O.
[3] glorie : O.
[4] dominum : *add.* O.
[5] *alia oracio* : O.
[6] que : O.
[7] *om.* O.
[8] christum : *add.* O.

Absolucio [1]*postea sequatur. et*[1] *dicatur absque* Dominus uobiscum. *sic.*

DOminus ihesus christus qui dixit discipulis suis quodcumque ligaueritis super terram erit ligatum et in celis. et quodcumque solueritis super terram erit solutum et in celis. de quorum numero quamuis indignos[2] esse uoluit ipse uos absoluat per ministerium nostrum uice beati petri apostolorum principis. quecumque cogitacione. locucione atque operacione negligenter uos egistis atque a peccatorum nexibus absolutos perducere dignetur ad regna celorum. Qui cum deo patre in unitate spiritus sancti uiuit et regnat per omnia secula secula[3] seculorum. Amen.

Hiis expletis surgant omnes a terra. [4]*deinde sequatur benediccio cinerum*[4] *cantore incipiente antiphonam.*

Exurge domine [5]adiuua nos et libera nos propter nomen tuum. *Ps.* Deus auribus.[5] *Antiphona.* Exurge[6] *sine.* Gloria patri.

Postea dicat abbas ℣.

Ne reminiscaris domine delicta

[1]—[1] *om.* O.
[2] nos : *add.* O.
[3] *om.* O.
[4]—[4] *et reuertantur singuli ad sedilia sua exceptis conuersis minime indutis qui cum aqua benedicta cruce. et thurribulo igne prius inposito. una cum secretario. uas cum cineribus in manu gerente : usque ante gradus magni altaris directe procedant et pulsentur duo signa :* O.
[5]—[5] *in margin :* O.
[6] *hac die tantum dicatur precedens Antiphona : add.* O.

nostra uel parentum nostrorum. Neque uindictam sumas.[1]

Et singuli fratres in choro formis incumbant subiungentes.

Kyrieleison. Christeleyson. Kyrieleyson. Pater noster.[2]

Dictoque ab abbate. Et ne nos *subiungatur psalmus.*

Deus misereatur.[3] *Qui cum.* Gloria patri *a choro prosequatur.*[4] *Subiungat abbas* ℣.

Domine non secundum peccata nostra facias nobis. Neque secundum. Dominus uobiscum.

Oracio.

EXaudi quesumus domine gemitum populi supplicantis: ut qui de meritorum qualitate diffidimus. non iudicium. sed misericordiam consequamur.[5] Per dominum.

Post hanc oracionem surgentibus cunctis inchoetur antiphona.

Exaudi me[6] domine [7]quoniam benigna est misericordia tua secundum multitudinem miseracionum tuarum respice nos domine.[7]

[8]*Fratres uero*| *in choro* [fo. 168. b. *atque conuersi cum aqua benedicta. cruce. thuribulo. et cineribus. ut*

[1] *om.* O.
[2] *Atque fratres interim qui aquam benedictam crucem et cineres tenent. super gradus ante altare suppliciter genuflectant : add.* O.
[3] nostri : *add.* O.
[4] *et ex ea parte inchoetur qua fuerit ordo sacerdotis qui magnam missam est celebraturus : add.* O.
[5] consequi mereamur : O.
[6] nos : O.
[7]—[7] *om.* O. *in text but added in margin.*
[8]—[8] *Et tunc procedant conuersi usque ad abbatem cum aqua benedicta cruce et turribulo atque ad finem antiphone fratres in*

prius ad finem antiphone se incuruent abbate dicente. ℣.

Domine ne memineris iniquitatum nostrarum antiquarum. cito anticipent nos.[8] Kyrieleyson. Christeleyson. Kyrieleyson. Pater noster. Et ne nos. Deus in adiutorium. Ostende nobis domine [1]misericordiam tuam.[1] Dominus uobiscum.

DEus qui iuste irasceris. et clementer ignoscis afflicti populi lacrimas respice. et iram tue indignacionis quam iuste meremur propiciatus auerte. Per dominum.

[2]*Finita hac oracione tam fratres in choro. quam eciam conuersi ante gradus altaris statim se erigant. Abbasque subiungat benediccionem super cineres non sollempniter sed plane dicendo.*[2]

Dominus uobiscum.

Oracio.

OMnipotens sempiterne deus qui misereris omnium et nichil odisti eorum que fecisti dissimulans peccata hominum propter penitenciam qui eciam subuenis in necessitate laborantibus bene✠dicere et sancti✠ficare hos cineres dignare. quos causa humilitatis et sancte religionis ad emundanda nostra delicta super capita nostra ferre

choro ut prius supra formas se incuruent abbate dicente ℣. Domine [ne *added in margin and over line*] memineris iniquitatum nostrarum antiquarum. cito anticipent : O.

[1]—[1] *om.* O.

[2]—[2] *At ubi dicitur qui tecum uiuit : erigant se fratres in choro et ad orientem se uertant. atque astantibus ministris qui crucem thuribulum aquam benedictam. cineresque teneant : subiungat abbas benediccionem super cineres non sollenniter sed plane dicendo ·*

constituisti more niniuitarum et da per inuocacionem tui nominis ut omnes qui eos ad deprecandam misericordiam tuam super capita sua tulerint. a te mereantur omnium delictorum suorum. ueniam accipere. et hodie sic eorum ieiunia inchoare sancta. ut in die resurreccionis purificatis mentibus ad sanctum mereantur accedere pascha. et in futuro perpetuam percipere[1] gloriam Per christum. dominum.[2]

Alia oracio.

OMnipotens sempiterne deus parce metuentibus. propiciare supplicantibus. et mittere digneris sanctum angelum tuum de celis qui bene✠dicat et sancti✠ficet cineres istos. ut sint remedium salubre omnibus nomen tuum humiliter implorantibus. ac semetipsos per conscienciam delictorum suorum accusantibus. atque conspectui diuine clemencie tue facinora sua deplorantibus. uel serenissimam pietatem tuam suppliciter obnixeque flagitantibus : presta quesumus per inuocacionem sanctissimi nominis tui. ut quicumque eos super se asperserunt[3] pro redempcione peccatorum. corporis sanitatem et anime tutelam percipiant./ [fo. 169. Per christum dominum nostrum.[4]

Alia oracio.

DEus qui humiliacione flecteris. et satisfaccione placaris:

[1] accipere : O.
[2] nostrum : *add.* O.
[3] aspeiserint : O.
[4] *om.* O.

aurem tue pietatis inclina precibus nostris. et capitibus seruorum tuorum per horum cinerum infusionem graciam infunde tue benedic✠cionis. et eos spiritu compunccionis repleas. et que iuste postulauerint efficaciter tribuas. et concessa perpetua stabilitate concedas. Per christum dominum nostrum.[1]

[2]*Alia oracio.*[2]

DEus qui non uis mortem. sed penitenciam desideras peccatorum. fragilitatem condicionis humane benignissime respice. et hos cineres quos causa proferende humilitatis atque promerende uenie capitibus nostris imponi decernimus bene✠dicere pro tua pietate digneris. ut qui nos in cinerem et ob prauitatis nostre meritum in puluerem reuersuros cognoscimus. peccatorum omnium ueniam. et premia penitentibus repromissa misericorditer consequi mereamur. Per dominum.

At ubi dixerint Amen. *aspergantur aqua benedicta cineres et incensentur atque confestim imponat cantor antiphonam.*

Immutemur habitu [3]in cinere et cilicio ieiunemus et ploremus ante dominum. quia multum misericors est dimittere peccata nostra deus noster.

Cantorque subiungat psalmum.

Uenite adoremus et procidamus ante deum ploremus coram domino qui fecit nos quia ipse est dominus deus noster.[3]

[1] *om.* O.

[2]—[2] *Item oremus:* O.

[3]—[3] ℣. Uenite adoremus. *An.* Immutemur: O.

Et post unumquemque uersum eiusdem psalmi repetatur antiphona. Immutemur. *Interim postquam precedens inchoatur antiphona.* [1]*Abbas accipiat primum capiti suo cineres a priore.*[1] *ac deinde abbas imponat cineres capitibus singulorum genua*[2] *flectencium coram eo et dicat.*

Memento quia puluis es et in puluerem reuerteris.

[3]*Distributis sic cineribus. et eiectis penitentibus. abbas disuestiat se. et facta processione incipiatur magna missa.*[3]

[1]—[1] *Ueniat abbas ad gradum chori. et accipiat ipse primum capiti suo cineres a priore qui indutus non erit: set stolam circa collum interim habebit:* O.

[2] *om.* O.

[3]—[3] *Fratres uero de utroque choro prout ordo est: ad cineres sumendos coniunctim procedent. ita quod archidiaconus statim post priorem cineres admittat. uel etiam ante priorem ut quidam uolunt: eo quod indutus est. Et sacrista uel alius sacerdos uice sua non reuestitus set stola indutus circa collum: tam abbati quam ceteris fratribus singillatim postquam cineres admiserint: aquam benedictam subministret et post conuentum: cineres accipiat. Fratres siquidem in suo reditu acceptis cineribus stabunt uersos uultus habentes: chorus ad chorum. Si uero abbas presens non fuerit. tunc statim ut inchoatur. Antiphona.* Immutemur habitu. *Prior ab archidiacono stola collo ipsius archidiaconi prius imposita: cineres accipiet. Ac consequenter eidem archidiacono ceterisque fratribus ordine quo predictum est: ipse prior cineres distribuet. Distributisque cineribus conuentui: procedat abbas confestim ad ianuas ecclesie ut penitentes eiciat. ipso incipiente psalmum* Miserere mei deus. *Archidiaconus qui proculdubio hac die capam non habebit indutam. uel etiam capellanus abbatis minime indutus. librum deferat atque duo iuuenes non reuestiti cum aqua benedicta et cruce procedant quos antecedat sacerdos parochialis in superpellicio una cum clerico uexillum preferente qui uidelicet processionaliter a presbiterio ex parte aquilonari egredientur et non per*

Benediccio in capite ieiunii.

RESpice pastor bone super hunc gregem et tribue ut qui terrenis abstinent cibis. spiritualibus pascantur alimoniis. et quos diuinis refici tribuis sacramentis ab omnibus propicius absolue peccatis. Amen.

Da eis sic/ in diebus [fo. 169. b. ieiuniorum suam componere uitam. ut non inueniantur uoluntates eorum a tua uoluntate dissimiles. sed sint semper in omnibus tuis preceptis obtemperantes. Amen.

Et ita omnem hanc familiam

tua benediccione sanctifica. ut eorum ieiunia oculis tue pietatis sint semper accepta. Amen.

Quod.[1]

Benediccio in dominica i. quadragesime.

BEnedicat uos omnipotens deus qui quadragenarum numerum in moysi et helye. necnon et mediatoris nostri ieiunio consecrauit. et nobis ieiunandi doctrinam tanto exemplo monstrauit. Amen.

Concedatque uobis ita transigere presentis uite dispensacionem. ut accepto a patrefamilias remuneracionis denario. perueniatis ad peccatorum omnium remissionem. et ad gloriosam cum omnibus sanctis resurreccionem. Amen.

Detque uobis spiritualium uirtutum uictricia arma quibus exemplo[2] domini deuincere ualeatis antiqui hostis sagacissima temptamenta. Amen.

Quod ipse.[3]

Benediccio [4] ferie iiii. quatuor temporum.[4]

PRecum uestrarum uota deus benigna miseracione acceptare ac uos dignetur benedicere. et qui generacioni praue signa querenti signum ione prophete dixit sufficere. uobis diuina gracia fauente in ipso cum uenia peccatorum faciat signo fidei proficere. Amen.

Et sicut illum in uentre ceti tribus diebus. et tribus noctibus

chori medium. Cantor atque capellani abbatis. et alii qui uoluerint processionem imitentur ceteris interim in choro residentibus finitoque psalmo cum Gloria patri. *dicatur si opus fuerit. Psalmus* Deus misereatur. *cum* Gloria patri *et subiungatur* Kyrieleison. Christeleison. Kyrieleison. Pater noster. Et ne nos. ℣. Saluos fac seruos tuos et ancillas tuas. ℣. Esto eis domine turris fortitudinis. ℣. Mitte eis domine auxilium de sancto. ℣. Domine exaudi oracionem meam. Dominus uobiscum. *Oracio.* Exaudi quesumus domine supplicum preces. et confitencium tibi parce peccatis: ut pariter nobis indulgentiam tribuas benignus et pacem. Per dominum. *Finita oratione. penitentes a presbitero archidiano* (sic) *manuatim. et ab archidiacono reddantur abbati. quos abbas aqua benedicta primum aspergens: mansuete cum baculo pastorali singillatim educat. archidiacono eos diligenter exhortante ut iniunctam sibi penitentiam ple* [struck through] *plenius compleant. et deuote. Eiectis* [the three first letters have been altered.] *penitentibus claudatur ianua et processio sub silentio reuertatur. atque conuersi cum aqua benedicta et cruce usque ad gradum ante paruum altare directe procedant. et abbas cum archidiacono confestim se disuestiat. Uerumtamen decentius esset ut ad eductionem penitentium sicut mos est in basilicis cathedralibus: sequens caneretur responsorium.* Ecce adam factus est. *Et in redeundo:* ℟ Emendemus in melius. *In abbatis quidem absencia archidiaconus alba indutus accepta prius stola cum manipulo penitentes semper educet ordine prelibato:* O.

[1] ipse prestare: *add.* O.

[2] *added in margin:* O.

[3] prestare: *add.* O.

[4]—[4] *in capite ieiunii:* O. A black *a* inserted between *Benediccio* and *ferie.*

seruauit illesum ita uos inter amaros inundantis seculi fluctus deuotum sibi conseruet populum. et in utero sancte ecclesie constitutis. trinam summe deitatis unitatem agnoscendi prebeat intellectum. Amen.

Sicque oraciones uestre ieiunii et elemosine geminis alis subuecte perueniant ad aures domini ut facientes uoluntatem patris qui in celis est altissimi secundum uerbum ipsius fratres et sorores ihesu christi effici mereamini. Amen.

Quod ipse.

[1]*Feria vi. benediccio.*[1]

DEus largiflue miseracionis largitor. uos propicia dignacione benedicere dignetur et secundum magnitudinem suarum miseracionum uobis omnium concedat/ ueniam delic- [fo. 170. torum. Amen.

Et qui languido triginta et octo annis infirmitate preuento subuenit. ipsumque uectorem suum portare precepit. uos animarum et corporum faciat infirmitatibus carere. et perpetue saluacionis incolumitate gaudere. Amen.

Quatinus presenti mundo morientes. ita per ieiunium deo uiuatis. ut in futuro iure hereditario celica regna possideatis. ubi cum sanctorum exultacione possitis maiestati domini astare ac consona confessione sancte trinitati gloriam personare. Amen.

Quod ipse.[2]

[1]—[1] *Benedictio in vi. feria :* O.
[2] prestare : *add.* O.

Benediccio in sabbato.

BEnedicat uos omnipotens deus sua misericordia mentes que uestras ad superna propicius excitet desideria sicut assumptis discipulis montem cum eis dignatus est petere. seque illis in solis claritate. et niuis candore uoluit demonstrare. Amen.

Uota ieiuniorum nostrorum[1] dignanter accipiat[2] qui hoc in moysi et helye immo et in suo ieiunio sanctificauerat atque ornamentis sanctorum meritorum corda uestra exuberare concedat. ut dilecti eius fiatis filii in quibus deo patri bene complaceatis. Amen.

Quique paterna uoce de nube est uocatus. uos a peccatorum nexibus absoluat miseratus. et cum electis dei habitatores efficiat paradisi. ubi transfiguracionis domini eternam uisionem contemplari mereamini. Amen.

Quod ipse.

Benediccio in [3]*dominica ii. xl.me*[3]

OMnipotens deus ieiunii ceterarumque uirtutum dicator atque amator. animarum uestrarum ac corporum semper sit custos atque sanctificator. Amen.

Accendat in uobis pie deuocionis affectum. et prebeat supplicantibus suum benignus auditum. Amen.

Quatinus mentes uestre sinceris purgate ieiuniis bonorum

[1] uestrorum : O.
[2] suscipiat : O.
[3]—[3] *ii. dominica :* O.

omnium exuberent incrementis. Amen.

Quod ipse.[1]

Benediccio in iii. dominica.

OMnipotens deus ieiuniorum uestrorum uictimas clementer accipiat. et sua uos benediccione dignos efficiat. Amen.

Mentes uestras ita parcimonie bono contra uicia muniat preceptorum suorum doctrinis erudiat. caritatis dono repleat. et/ uos in omnibus sibi [fo. 170. b. placere concedat. Amen.

Quatinus presentes quadragesime dies deuotissime celebretis. ut ad paschalia festa purificatis cordibus accedere ualeatis. Amen.

Quod ipse.[1]

Benediccio in [2]dominica iiii.[2]

DEus qui uos ad presencium quadragesimalium dierum[3] medietatem dignatus est perducere. ipse uos[4] sua miseracione dignetur benedicere. Amen.

Abstinenciam uestram preteritam acceptet futuram ita sibi placitam reddat. ut sicut abstinetis ab illicitis cibis. ita uos eciam a uiciis omnibus abstinere concedat. Amen.

Quo de preteritis et de futuris spiritualium carismatum frugibus ei grates persoluentes ad sanctum pascha peruenire possitis indempnes. Amen.

Quod ipse.[5]

[1] prestare : *add.* O.
[2]—[2] *iiii dominica :* O.
[3] obseruat : *add.* O.
[4] *written over line :* O.
[5] prestare : *add.* O.

Benediccio in passione domini.

ACcendat in nobis[1] dominus uim sui amoris. et per ieiuniorum obseruanciam infundat in uos donum sue benediccionis. Amen.

Sic ei parcimonie uictimas offeratis. ut contriti ei cordis et humiliati pectoris sacrificio placeatis. Amen.

Quatinus oracio uestra ieiunii et elemosine alis subuecta ita ad aures uestri conditoris ascendat. ut uos beatitudinis heredes et supernorum ciuium consortes efficiat. Amen.

Quod ipse.

IN dominica palmarum †post terciam decantatam. Abbas capa rubea cum stola et manipulo sollempniter indutus precedentibus eum ministris per modum processionis procedat ad magnum altare et cum ibidem peruenerit incipiat cantor antiphonas sequentes.

Fratres hoc enim sentite in uobis quod et in christo ihesu.

Antiphona.

In nomine enim ihesu omne genu flectatur. celestium terrestrium. et infernorum. et omnis lingua confiteatur quia dominus ihesus christus in gloria est dei patris.

[1] uobis : O.
†—† *tercia a domino abbate uel priore decantata : procedat abbas ad altare ut* (sic) *erit capa rubea indutus stola. et manipulo uel etiam prior in eius absencia cum stola et manipulo absque capa. quoniam proculdubio in abbatis absentia nisi aliquis episcopus affuerit : nullus ad processionem capa induetur nisi tantummodo sacerdotes feretra portantes. sed neque qui lectionem aut euangelium super palmas. siue euangelium ad stacionem est lecturus : ipso absente dalmatica induetur. Cum uero abbas siue*

Quibus finitis subdyaconus accepto phanone cum dalmatica sequentem ad gradum legat leccionem.

Leccio libri exodi.

IN diebus illis: Uenerunt filii israel in helym: ubi erant duodecim fontes aquarum et septuaginta palme. et castra metati sunt iuxta aquas. Profectique sunt de helym: et uenit omnis multitudo filiorum israel in desertum syn: quod est inter helym et synai: quintodecimo die mensis secundi postquam egressi sunt/ de terra [fo. 171. egypti. Et murmurauit omnis congregacio filiorum israel contra moysen et contra aaron in solitudine. Dixeruntque ad eos filii israel. Utinam mortui essemus per manum domini in terra egypti: quando sedebamus super ollas carnium et comedebamus panes in saturitate. Cur eduxistis nos in desertum. ut occideretis omnem multitudinem fame? Dixit autem dominus ad moysen. Ecce ego pluam uobis panes de celo. egrediatur populus et colligat que sufficiunt per singulos dies ut temptem eum utrum ambulet in lege mea an non. Die autem sexto parent quod inferant. et sit duplum quam colligere solebant per

prior una cum ministris cum aqua benedicta et duabus crucibus atque duobus candelabris cereis desuper accensis duobusque thurribilis ignitis et cum acerra thure referta quasi tunc sollennem inchoando processionem cum precedentibus. ad altare peruenerit: cantor in statione sua incipiet Antiphonam. Fratres hoc enim sentite. *Postea subiungat Antiphonam* In nomine enim ihesu. *Et dum dicitur* omne genu flectatur: *omnes pariter genuflectant. et surgentes antiphonam prosequantur. Hoc cantu finito: unus subdiaconorum*

singulos dies. Dixeruntque moyses et aaron ad omnes filios israel. Uespere scietis quod dominus eduxerit uos de terra egypti: et mane uidebitis gloriam domini. Audiuit enim murmur uestrum contra dominum. Nos uero quid sumus quia musitatis contra nos? Et ait moyses. Dabit dominus uobis uespere carnes edere. et mane panes in saturitate: eo quod audierit murmuraciones uestras quibus murmurastis contra eum. Nos enim quid sumus? Nec contra nos est murmur uestrum. sed contra dominum. Dixitque moyses ad aaron. Dic uniuerse congregacioni filiorum israel. Accedite coram domino: audiuit enim murmur uestrum. Cumque loqueretur aaron ad omnem cetum filiorum israel: respexerunt ad solitudinem. et ecce gloria domini apparuit in nube.†

§*Perlecta autem hac leccione. dyaconus dalmatica indutus. benediccionem ab abbate humiliter petens et incensato libro legat nota cotidiana super palmas sequens euuangelium. Secundum Iohannem.*

IN illo tempore: Turba multa que uenerat ad diem festum cum audissent. quia uenit

a cantore rogatus accepto phanone cum dalmatica si abbas affuerit uel aliquis episcopus. uel si non. absque dalmatica hanc solenniter ad gradum legat lectionem. Uenerunt filii israel. *que quidem lectio uetus significat testamentum. et tamen aliquociens moderno tempore legi non consueuit. licet in quampluribus huius ecclesie missalibus scribatur atque in basilicis cathedralibus nec non et in ecclesiis que magne sunt auctoritatis uniuersaliter legatur.* O. (f. 115.)

§—§ *Perlecta autem lectione uel finito cantu prenotato si lectio quod absit legi non debeat: diaconus dalmatica indutus accepta* ihesus iherosolimam: acceperunt ramos palmarum. et processerunt ei obuiam et clamabant. Osanna. benedictus qui uenit in nomine domini: rex israel. Et inuenit ihesus asellum et sedit super eum sicut scriptum est Noli timere filia syon: ecce rex tuus uenit: sedens super pullum asine. Hec non cog-/ [fo. 171. b. nouerunt discipuli eius primum: sed quando clarificatus est ihesus. Tunc recordati sunt quia hec erant scripta erant[2] de eo: et hec fecerunt ei. Testimonium ergo perhibebat turba que erat cum eo: quando et lazarum uocauit de monumento. et suscitauit eum a mortuis. Propterea et obuiam uenit ei turba: quia audierunt eum: fecisse hoc signum.

Quo perlecto. exuat se dyaconus dalmatica et stola. Postea abbas palmas ceterarumque frondium ramos dicens plane legendo.§

Dominus uobiscum.

Oracio.

DEus cuius filius pro salute generis humani de celo descendit ad terras et appropinquante hora passionis sue iherosolimam in asino uenire. et a turbis rex appellari ac laudari uoluit. benedi✠cere dignare

thuris accerra eam deferat ad abbatem. et imposito thure ab abbate acceptoque thuribulo a conuerso: benedictionem suppliciter petat. et librum continuo incenset. legatque nota cotidiana super palmas euangelium. Turba multa que conuenerat. *Quo perlecto statim exuat se diaconus dalmatica et stola. postea accedens abbas uel prior ipso absente: benedicat palmas ceterarumque frondium ramos quos ad dexteram sui habeat. Super tapetum ante magnum altare decenter positos. plane legendo dicens:* O.

[2] *sic.*

hos palmarumque[1] frondium ramos: ut omnes qui eos laturi sunt ita benediccionis tue dono repleantur ut[2] in hoc seculo hostis antiqui temptamenta superare. et in futuro cum palma uictorie et fructu bonorum operum tibi ualeant apparere. Per eundum.

Oracio.

DEus humane fragilitatis presidium qui unigenito filio tuo domino nostro iherusalem pergenti hebreorum pueros cum ramis palmarum occurrere uoluisti. et ex eorum uocibus osanna clamancium in excelsis prophete uaticinium ueritatis attestacione docuisti esse completum: humilitatis nostre uota propicius respice. et hos ramos oliue ac palmarum quos tui famuli deuota mente suscipiunt celesti bene✠diccione sanctifica: e corda fidelium gracie tue rore perfusa ad dominice resurreccionis diem sinceris mentibus peruenire concede. Per eundem.[3]

Oracio.

OMnipotens sempiterne deus supplices te deprecamur. ut sicut olim hebreorum pueri. ita et nos unigenito filio tuo domino nostro ihesu christo appropinquante passionis sue[4] tempore exultantes concedas occurrere. ut quod tunc per infanciam portantem palmarum ramos figuratum est. hoc nos per innocenciam leta ueritate fidei

[1] palmarum ceterarumque: O.

[2] *om.* O.: but written over line after *seculo.*

[3] *Fratres uero in choro dum dicuntur orationes stabunt ad orientem intenti: add.* O.

[4] eius: O.

offeramus. Per eundem [1]dominum nostrum.[1]

[2]*Postea aspergantur palme et/ et*[3] *frondes atque incensentur* [fo. 172. *et singulis postmodum distribuantur cantore incipiente*[2] *antiphonam.*

Pueri hebreorum tollentes [4]oliuarum obuiauerunt domino clamantes et dicentes osanna in excelsis.[4]

[5]*Antiphona.*

Cum angelis et pueris [6]fideles inueniantur triumphatori mortis clamantes osanna in excelsis.[6]

Benediccio [7]*ad missam*[7] *in dominica palmarum.*

BEnedicat uos omnipotens deus cui ieiuniorum maceracione et presencium dierum obseruacione placere studetis quatinus ad eterne suauitatis refeccionem ipso donante peruenire possitis. Amen.

1—1 *om.* O.
2—2 *Dictis hiis tribus collectis singulis cum integro per eundem. aqua benedicta aspergantur palme et frondes. atque incensentur. Postea accipiat secretarius palmam unam et commendet abbati manum eius supliciter osculando. Deinde priori. et cantori ceterisque per ordinem distribuantur. cantore imponente :* O.
3 *et* repeated.
4—4 ramos : O.
5 *Item : pref.* O.
6—6 *Interim dum palme distribuuntur : a succentore et secretariis. ordinetur sagaciter utraque processio ad quas in abbatis absencia nisi aliquis forte episcopus affuerit. nullus capa induetur preter sacerdotes seculares aut clericos feretrum portantes set neque ut prefertur qui lectionem aut euangelium ante benedictionem palmarum siue euangelium ad secundam stacionem est lecturus. dalmatica induetur : nisi abbas affuerit uel aliquis episcopus. Ad missam tamen altaris ministri non tunicam et dalmaticam set casulas induent : a quacumque persona missa celebretur : add.* O.
7—7 *om.* O.

Concedat que uobis ut sicut ei cum ramis palmarum ceterarum ue frondium presentari studuistis. ita cum palma uictorie et fructu bonorum operum ei post obitum apparere ualeatis Amen.

Quique unigeniti filii eius passionem puro corde creditis mente deuota uenerari studetis. ad resurreccionis eius festa. et uestre remuneracionis premia illius fulti munimine ueniatis. Amen.

Quod ipse.

Benediccio per ebdomodam.[1]

OMnipotens deus qui unigeniti sui passione tribuit uobis humilitatis exemplum. concedat uobis per eandem humilitatem percipere sue benediccionis ineffabile donum. Amen.

Ipsius resurreccionis percipiatis consorcia cuius paciencie ueneramini documenta. Amen.

Quo ab eo sempiterne uite munus percipiatis. per cuius temporalem mortem eternam uos euadere creditis. Amen.

Quod ipse.[2]

F*Eria quinta in cena domini*† *post reconciliacionem peniten-*

1 *ebdomadam :* O.
2 prestare : *add.* O.
†—† *facta processione usque in dormitorium post nonam et pulsatis interim duobus signis ter gradatim de signis minoribus et postea mediocribus ad significandam horam absolucionis faciende fiat reconciliacio penitencium. hoc modo.*
Abbas in capa rubea et pontificalibus sollenniter indutus cum archidiacono absque stola et manipulo capa similiter rubea festiue induto. et cum duobus diaconibus alba et stola manipuloque reuestitis. atque aliis ministris aquam benedictam crucem et cereos deferentibus qui omnes albis sint induti

cium abbas in capa rubea et pontificalibus sollempniter indutus cum suis ministris reuestitis super gradus coram magno altari procumbat et prosternentibus se omnibus in choro dicent septem psalmos penitenciales cum Gloria patri. *et cum antiphonis* Ne reminiscaris. *subiungentes.* Kyrieleyson. Christeleyson. Kyrieleyson. *postea erigat se abbas et stans ante altare dicat.*†

Et ne nos. Sacerdotes tui induantur iusticiam. Nichil proficiat inimicus in eis. Saluos fac seruos tuos et ancillas tuas. Esto

clerico in superpellicio uexillum preferente a parte aquilonari et non per chori medium egrediendo ad reconciliandum penitentes : ad ianuas ecclesie cum processione pergat. Ps. Miserere mei deus *submissa uoce psallendo sint que presentes in atrio : qui reconciliandi sunt.*

[*De officio archidiaconi presente abbate.* in blue letters in margin.]

Si abbas affuerit uel aliquis episcopus : tunc archidiaconus capa indutus una cum sacerdote uel sacerdotibus parochialibus et clerico uexillum ferente. post ps. expletum cum Gloria patri. *legat hanc lectionem extra ecclesie ianuas.*

Adest o uenerabilis pontifex [*uel* abbas : written over line] tempus acceptum. dies propiciationis diuine et salutis humane : qua mors interitum. et uita accepit eterna principium : quando in uinea domini sabaoth. sic nouorum palmitum plantatio facienda est ut purgetur execratio (*sic*) uetustatis. Quamuis enim a diuiciis bonitatis dei. nichil temporis uacet. nunc tamen et largior est per indulgenciam. remissio peccatorum : et copiosior per graciam assumptio renascentium. Augemur regenerandis. crescimur reuersis : lauant aque. lauant lacrime. Inde est gaudium de assumptione uocatorum : hinc leticia de absolucione penitencium. Inde est quod supplices tui postea quam in uarias formas criminum. neglectu mandatorum celestium et morum probabilium transgressione ceciderunt humiliati atque prostrati prophetica ad deum uoce clamant dicentes. Peccauimus cum patribus nostris. iniuste egimus iniquitatem fecimus : miserere nostri domine euangelicam uocem non frustratoria aure capientes. beati qui lugent : quoniam ipsi consolabuntur. Manducauerunt sicut scriptum est. panem doloris. lacrimis stratum rigauerunt : cor suum luctu. corpus ieiuniis afflixerunt ut animarum reciperent quam perdiderant sanitatem. Unicum est itaque penitentis suffragium. quod et singulis prodest : et omnibus in commune : succurrit. *Hic exaltet uocem aliquantulum.* Redintegra ergo in eis apostolice pontifex uel pater reuerende quicquid diabolo suadente. seuiente. scindente. corruptum est : et orationum tuarum patrocinantibus meritis. per diuine reconciliationis graciam fac homines proximos deo. ut qui antea in suis peruersitatibus displicebant : nunc iam placere se domino in regione uiuorum deuicto mortis sue auctore : gratulentur.

Que lectio non legetur abbate absente nisi aliquis forte episcopus affuerit. nec habebit archidiaconus capam chori indutam neque induentur leuite nisi abbas sit presens. uel aliquis episcopus.

[Hic specificatur qualiter in abbatis absencia ab archidiacono introducentur penitentes : written in blue letters in margin.]

[B] *In abbatis quidem absentia archidiaconus. stola prius assumpta cum manipulo penitentes introducet. quem antecedet sacerdos parochialis in superpellicio cum duobus conuersis in froccis aquam benedictam et crucem portantibus et cum clerico uexillum preferente.* [*Hic est ordo preposterus per negligentiam scriptoris :* written in margin in black letters of same date and apparently same hand.] *finitoque psalmo predicto cum* Gloria patri *sacerdos cum clerico extra ianuas ecclesie et cum penitentibus existens eos archidiacono intra ianuas ecclesie cum conuersis existenti manuatim commendet. et ipse eos aqua benedicta aspergens : ecclesie gremio restituat. et dicatur interim. ps.* Deus misereatur nostri *cum* Gloria patri *cui adiciatur ps.* Iubilate deo omnis terra seruite. *et si opus fuerit : ps.* Laudate domine in sanctis eius. *Qui quidem ps. abbate presente : nullatenus dicentur. Sed penitentibus introductis siue abbas affuerit siue non. processio confestim sub silentio reuertatur.* [*Hoc loco inseritur quid fiet ab abbate perlecta lectione prescripta :* written in blue letters in margin.]

[A] *Set cum abbas affuerit uel aliquis episcopus finita lectione prescripta : continuo incipiet antiphonam.*

Uenite uenite. [*—* Musical notation above these words.]

Diaconus stola redimitus ex parte peni-

eis domine turris fortitudinis. Mitte eis domine auxilium de sancto./ Domine exaudi oracio- [fo. 172. b. nem meam.[1] Dominus uobiscum.

tencium: continuo subiungat. *Flectamus genua* *alius diaconus stola similiter indutus. stans cum abbate infra ianuas ecclesie subiungat.* *Leuate.* *Et ab abbate si uoluerit moneantur penitentes ut quod penitendo diluerunt: iterando non reuocent. Item domnus abbas eodem modo repetat.* *Uenite uenite.* *Diaconus* *Flectamus genua* *Alius* *Leuate.* *De hinc abbate tercio repetente.* *Uenite uenite.* [*—* Musical notation above these words.]

Prosequatur diaconus. *Flectamus genua.* *Atque confestim cum diacono penitentes corruant ad pedes abbatis. sicque prostrati iaceant quousque domnus abbas alteri diacono annuntiet ut subiungat.* Leuate. *et tunc a ministris tota prosequatur an.* *Uenite uenite uenite filii audite me timorem domini docebo uos euouae.* [*—* Musical notation above these words.]

Ps. Benedicam dominum. i. *Post unumquemque uersum dum psalmus cantatur: repetatur Antiphona et semper manuatim penitentes a presbiteris: archidiacono. et ab archidiacono: reddantur abbati: et abbate: restituantur ecclesie gremio atque singillatim a nouicio aquebaiulo aqua benedicta aspergantur. Quibus ita expletis: processio sub silencio protinus reuertatur.* [These last twenty-four words from et ab archidiacono written over erasure.]

[c] *Post reconciliacionem penitencium abbate si affuerit cum reuestitis super gradus coram magno altari procumbente. uel etiam priore in abbatis absencia alba atque manipulo reuestito eodem modo ante altare se incuruante cum suo secum capellano. et cum sacrista uel eius socio qui froccis induentur et cum archidiacono qui solus cum priore alba reuestietur stola cum manipulo prius deposita: prosternent se omnes in choro. quibus interesse debent illi duo fratres qui aquam benedictam. et crucem ad processionem detulerunt. et dicent .vii. psalmos penitenciales: cum* Gloria patri. *licet aliquis episcopus seu abbas non affuerit. et cum hac antiphona.* Ne reminiscaris domine. *qua finita ab omnibus incipiatur a cantore mediocri uoce.* Kyrieleison. Christeleison. Kyrieleison. *Et completa dominica oratione: protinus erigat se et stans in eminentiori loco ante altare: dicat abbas uel prior ipso absente:* O. (ff. 117. b.—120. b.)

[1] *om.* O. which also inserts ℣ before each versicle and response.

Oracio.

ADesto domine supplicacionibus nostris. et me qui eciam misericordia tua primus indigeo clementer exaudi. ut quem non eleccione meriti. sed dono gracie tue constituisti operis huius ministrum. da fiduciam tui muneris exequendi et ipse in nostro ministerio quod tue pietatis est operare. Per.

Oracio.[1]

PResta quesumus domine hiis famulis tuis dignum penitencie fructum. ut ecclesie tue sancte reconciliati a cuius integritate deuiarant peccando. admisscorum reddantur innoxii ueniam consequendo. Per dominum.

Oracio.[1]

DEus humani generis benignissime conditor. et misericordissime reformator qui hominem inuidia dyaboli ab eternitate deiectum unici filii tui sanguine redemisti: uiuifica hos famulos tuos quos tibi nullatenus mori desideras. et qui non derelinquis deuios assume correctos. Moueant pietatem tuam quesumus domine horum famulorum. lacrimosa suspiria. tu eorum medere uulneribus. tu iacentibus manum porrige salutarem. ne ecclesia tua aliqua sui corporis porcione uastetur ne grex tuus detrimentum sustineat. ne de familie tue dampno inimicus exultet. ne renatos lauacro mors secunda possideat. Tibi ergo domine supplices preces. tibi fletum cordis effundimus. tu parce confi-

[1] *Alia: pref.* O.

tentibus. ut sic in hac mortalitate peccata sua te adiuuante defleant. qualiter in tremendi iudicii die sentenciam dampnacionis eterne euadant. et nesciant quod terret in tenebris. quod stridet in flammis. atque ab erroris uia ad iter reuersi iusticie. nequaquam ultra uulneribus saucientur. Sed integrum sit eis atque perpetuum. et quod gracia tua contulit. et quod misericordia reformauit. Per eundum.

Sequitur absolucio absque. Dominus uobiscum *et absque.* Oremus.[1]

DOminus ihesus christus qui beato petro apostolo ceterisque discipulis suis licenciam dedit ligandi atque soluendi. ipse uos absoluat ab omni uinculo delictorum. et quantum nostre fragilitati permittitur sitis absoluti ante tribunal domini/ nostri ihesu christi habe- [fo. 173. atis que uitam eternam et uiuatis in secula seculorum. amen.

Item alia absolucio absque. Dominus uobiscum. *et absque.* Oremus.

ABsoluimus[2] uice sancti petri apostolorum principis cuius eciam uice collata est nobis potestas ligandi atque soluendi. et quantum uestra expetit accusacio. et ad nos pertinet remissio sit uobis dominus redemptor uester uita ac salus. et omnium peccatorum uestrorum indultor. Qui cum deo patre et spiritu sancto uiuit et regnat.

[1] *sic : add.* O.
[2] uos : *add.* O.

Postea si [1]*officium ab abbate celebretur. hec sequens benediccio super populum detur.*[1]

BEnediccio dei omnipotentis patris et filii et spiritus sancti. [2]super uos descendat et maneat semper.[2]

Deinde [3]*incipiatur officium misse.*[3]

[1]—[1] *a domno abbate seu ab aliquo episcopo officium celebretur. hec pontificalis benedictio detur super populum :* O.
[2]—[2] *om.* O.
[3]—[3] *confestim inchoetur officium misse.*
Qua expleta : precedentibus conuersis cum candelabris et thuribulo. atque subdiacono cum calice : sequatur diaconus deferens residuum hostiarum cum summa reuerentia inter duas patenas : corporalibus honorifice inuolutas quos reuerenter imitetur abbas usque ad locum constitutum decentissime preparatum. incipiendo psalmum. Miserere mei deus. *mediocri uoce. subiungat que chorus flexis genibus.* secundum magnam *a parte uidelicet qua fuerit cantoria. Quo dum peruenerint : abbas corpus domini sumens a diacono caute et honorifice ibidem reponat. et incensabitur locus ille ante reposicionem : et post. Collocato autem sic corpore dominico : deponet abbas casulam et manipulum. Diaconus uero dalmaticam : et stolam tantum. Et precinctus abbas manutergio siue lintheo : incipiat abluere magnum altare per sacristam prius denudatum. et postea altare in choro ministrante ei diacono : aquam et uinum. stante ibidem cantore. et ut omnia honeste fiant sagaciter prouidente. Abbas autem postquam altare aqua primum sufficienter abluerit : cuilibet cruci altaris uinum infundat. atque in prima ablucione notificante ei cantore : inchoet. Responsorium.*
Circumdederunt me uiri mendaces. [*–* Musical notation above these words.]
Quod cum uersu et regressu : a choro prosequatur. et eo finito : incipiat abbas Antiphonam maiorem.
Solue iubente deo. [*–* Musical notation above these words.]
Subiungatque ℣. Tu es petrus. *Oratio* Deus qui beato petro. *que sollenniter dicatur et absque* Dominus uobiscum *incipiatur. Eodem modo agatur dum cetera abluuntur altaria. ita quod dicatur antiphona. uersus et propria oratio de sancto in cuius nomine*

573

Benediccio [1]*ad magnam missam*[1] *in cena domini.*

BEnedicat uos deus qui per unigeniti sui passionem uetus pascha in nouum uoluit conuerti. concedatque uobis ut expurgato ueteris fermenti contagio. noua in uobis perseueret conspersio. [A][2]men.

Ut qui ad celebrandam redemptoris uestri cenam mente deuota conuenistis. eternarum dapium uobiscum epulas reportetis. Amen.

Ipsius quoque opitulante clemencia mundemini a sordibus peccatorum qui ad insinuandum

et honore altare consecratur: modo prelibato. Quibus rite peractis: remaneant nuda altaria usque in sabbatum. [*Que hoc loco desunt: in alio benedictionario plenius continentur:* written in blue letters in margin.]

Ad mandatum pauperum in die cene. Antiphona. Dominus ihesus. *cum sequentibus antiphonis et subiungat abbas in fine antiphonam.*

Congregauit nos. [*–* Musical notation above these words.]

Qua post uersum repetita: genuflectant omnes ante suos pauperes. abbate dicente. ℣. Ostende nobis domine misericordiam. *atque super genua sua inclinati subiungant.* Kyrieleison Christeleison Kyrieleison. *Abbas mederata* (sic) *uoce subinferat.* Et ne nos. Suscepimus deus misericordiam. Tu mandasti mandata tua. Dominus uobiscum. *Oratio.*

Adesto domine officio nostre seruitutis. et quia tu pedes lauare dignatus es tuis discipulis. opera manuum tuarum ne despicias que nobis retinenda mandasti: set sicut hiis exteriora abluuntur inquinamenta corporum. ita per te omnium nostrum interiora lauentur peccata. qui cum patre et spiritu sancto uiuis et regnas deus per omnia secula seculorum.

Responso a conuentu. amen. *inclinantes se ante et retro: ecclesiam processionaliter ingrediantur ad ostium quo exierunt a iunioribus incipientes. et psalmum.* Miserere mei deus. *submissa uoce canentes ut prius.* O. (ff. 122 b.–124).

[1]—[1] *om.* O.

[2] A not filled in.

574

humilitatis exemplum pedes uoluit lauare discipulorum. Amen.

Quod ipse.[1]

S*Abbato sancto in uigilia pasche* [2]*toto conuentu post nonam in albis reuestito. Abbas sollempniter indutus capa rubea stola et manipulo. per chori medium procedat usque ad locum in quo nouus ignis benedicendus est per modum processionis dicendo psalmum* Dominus illuminacio *uel psalmum* Miserere mei deus. *et cum* Gloria patri. *finiatur. Cumque peruenerint ad ignem.*[2] *subiungant ad finem psalmi.*

Kyrieleyson. Christeleyson. Kyrieleyson. Pater noster.

Abbas stans iuxta[3] *ignem dicat.*

Et ne nos.[4] Et ueniat super nos misericordia tua domini. Dominus uobiscum.

[1] prestare: *add.* O.

[2]—[2] *facta processione in dormitorium post nonam. et toto conuentu post manuum ablucionem reuestito. In primis eat processio per chori medium usque ad locum ubi nouus ignis est benedicendus. Atque in exordio processionis deferantur a conuersis aqua benedicta. una crux absque candelabris. et thuribilum sine igne. deinde portetur ab uno ex secretariis laterna cum candela intus extincta. postea ueniat unus leuitarum a cantore prerogatus in dalmatica hastam cum serpentis effigie cereo superposito in manibus gerens. in quo uidelicet cereo aa huc extincto: sacratum ignem sollenniter reportabit. hos sequatur abbas in capa rubea accepta prius stola et manipulo. capellano secum librum deferente. uel etiam prior in abbatis absencia cum stola et manipulo precedat absque capa. Post abbatem aut priorem exeant ceteri fratres ut sunt in ordine a senioribus incipientes. atque ineundo dicatur submissa uoce ps.* Dominus illuminatio. *uel ps.* Miserere mei deus. *qui ab abbate inchoetur et cum* Gloria patri *finiatur. Cumque peruenerit ad ignem omnibus ordinate sicut in choro stantibus.* O. (ff. 124–125.)

[3] *prope:* O.

[4] inducas: *add.* O.

[1]*Finito ympno*[1] *imponat cantor antiphonam.*

SIcut exaltatus est. [2]serpens in heremo ita exaltari oportet in cruce filium hominis.

Expleta antiphona incipiat hanc prefacionem ad cereum benedicendum.[2]

*EXultet iam angelica turba celorum. exultent diuina misteria et pro tanti regis uictoria tuba intonet salutaris. Gaudeat se tellus illius irradiatam fulgoribus et eterni regis splendore illustratam tocius orbis se senciat amisisse caliginem. Letetur et mater ecclesia tanti luminis adornata fulgoribus et magnis populorum uocibus hec aula resultet. Qua propter astantibus uobis fratres carissimi ad tam miram sancti/ huius [fo. 175. luminis claritatem una mecum queso dei omnipotentis misericordiam inuocate. Et qui me non meis meritis intra leuitarum numerum dignatus est aggregare. luminis sui gracia infundente cerei huius laudem implere perficiat. Per dominum nostrum ihesum christum filium suum qui cum eo uiuit et regnat in unitate spiritus sancti.

reuersa: ingrediatur abbas uestibulum. Et cum indutus fuerit casula officio: specialiter deputata absque candelabris et thuribulo cum suo tantum capellano: ad altare confestim procedat. ubi nulla oratione premissa. sed osculato tantum altari. ad dextrum cornu assistat: dum a diacono cereus consecratur: O.

- Musical notation above these words.

1—1 *Finitoque ymno prenotato:* O.

2—2 *atque leuita quem cantor prerogauit. stola et dalmatica indutus cum sollenni apparatu nulla benedictione a sacerdote petita: eat protinus ad cereum benedicendum cum uno tantum conuerso preferente thuribulum cum acerra: thure referta necnon et leuita qui hastam cum igne sanctificato tulit deposita prius dalmatica. seu etiam alius leuitarum cui fecerit cantor signum alba tantum indutus. hastam assumens: iuxta diaconum ex parte sinistra teneat: dum cereum benedicet. conuerso cum thuribulo: in anteriore dextra parte interim assistente expleta autem antiphona prelibata non thurificato* (sic) *libro neque ante benedictionem neque post ante et retro faciens: incipiet diaconus prefacionem.* Exultet iam angelica: O. The text of *Exultet* in O is not given. [Hoc in alio benedictionario plenius ac melius continetur: *written in margin in blue letters.*]

Sequitur benedictio siue consecratio thuris priuatim a sacrista uel alio sacerdote ad peticionem illius facienda: quociens opus fuerit per anni circulum. Sicut enim de limpha nunquam fit aspersio nisi prius santificetur: sic nec de thure fiet unquam administratio ad altare siue in conuentu quod absit: nisi prius consecretur. hoc modo uel etiam modo prescripto in uigilia pasche.

Dominus uobiscum. *Oratio.*

Domine deus omnipotens qui facis angelos tuos spiritus et ministros tuos flammam ignis. ante cuius conspectum ascendit fumus aromatum de orationibus sanctorum dignare respicere et ben✠edicere hanc creaturam incensi. ut omnes languores fugiant et separentur a plasmate tuo. et quos precioso sanguine filii tui redemisti: nunquam ledantur ab incursu antiqui serpentis. per eundem dominum.

Alia oratio.

Domine deus omnipotens. deus abraham. deus ysaac. et deus iacob. inmitte in hanc creaturam incensi odoris tui uirtutem. ut sit seruis et ancillis tuis munimentum et tutela tue defensionis. ne intret hostis in uiscera eorum aditumque et sedem habere non possit. set inhabitet in eis gratia spiritus sancti. per uirtutem domini nostri ihesu christi. qui tecum uiuit et regnat in unitate eiusdem spiritus sancti.

Alia oratio.

Domine deus noster. qui sanctis orationibus placaris placitum fiat hoc misticum incensum ante gloriam tue maiestatis. amorque sancti tui feruoris nostri incendat aram cordis. mens quoque flagrans desiderio boni operis sursum petat uelud uirgula aromatis et dirigatur oratio nostra uelud incensum in conspectu tuo. quodque agimus in ministerio. efficiamur idipsum deuotissime subsequendo. per dominum. *add.* O. ff. 128–129.

PEr omnia secula seculorum. Amen. Dominus uobiscum. Et cum spiritu tuo. Sursum corda. Habemus ad dominum. Gracias agamus domino deo nostro. Dignum et iustum est.

UEre quia dignum et iustum est inuisibilem deum omnipotentem patrem filiumque eius unigenitum dominum nostrum ihesum/ christum cum [fo. 175. b. sancto spiritu toto cordis ac mentis affectu et uocis ministerio personare. Qui pro nobis eterno patri ade debitum soluit et ueteris piaculi caucionem pio cruore detersit. Hec sunt enim festa paschalia in quibus uerus ille agnus occiditur eiusque sanguine postes consecrantur. Hec nox est in qua primum patres nostros. filios israel eductos de egypto rubrum mare sicco uestigio transire fecit. Hec igitur nox est que peccatorum tenebras columpne illuminacione purgauit. Hec nox est que hodie per uniuersum mundum in christum credentes a uiciis seculi segregatos et caligine peccatorum reddit gracie sociat sanctitati. Hec/ nox [fo. 176. est in qua destructis uinculis mortis christus ab inferis uictor ascendit. Nichil enim nobis nasci profuit nisi redimi profuisset. O mira circa nos tue pietatis dignacio. O inestimabilis dileccio caritatis ut seruum redimeres filium tradidisti. O certe necessarium ade peccatum et nostrum quod christi morte deletum est. O felix culpa que talem ac tantum meruit habere redemptorem. O

uere beata nox que sola meruit scire tempus et horam in qua christus ab inferis resurrexit. Hec nox est de qua scriptum est et nox ut dies illuminabitur et nox illuminacio mea in deliciis meis. Huius igitur sanctificacio noctis fugat scelera culpas/ lauat. et reddit inno- [fo. 176. b. cenciam lapsis et mestis leticiam. fugat odia. concordiam parat. et curuat imperia. *Hic mittet incensum leuita thuribulo.* In huius igitur noctis gracia. *Hic incenset.* Suscipe sancte pater incensi huius sacrificium uespertinum. Quod tibi in hac cerei oblacione sollempni per ministrorum manus de operibus apum sacrosancta reddat ecclesia. Sed iam columpne huius preconia nouimus quam in honorem dei rutilans ignis accendit. *Interim cereus accendatur.* Qui licet sit diuisus in partes mutuati luminis detrimenta non nouit. Alitur liquantibus ceris quas in substanciam preciose huius lampadis apes mater eduxit. O beata nox que expoliauit egypcios/ ditauit hebreos nox [fo. 177. in qua terrenis celestia iunguntur. Oramus te domine ut cereus iste in honorem nominis tui consecratus. ad noctis huius caliginem destruendam indeficiens perseueret. In odorem suauitatis acceptus supernis luminaribus misceatur. Flammas eius lucifer matutinus inueniat. Ille inquam lucifer qui nescit occasum. Ille qui regressus ab inferis humano generi serenus illuxit. Precamur ergo te domine ut nos famulos tuos omnem clerum et deuotissimum populum una cum [patre nostro papa[1]][2] Rege nostro [2] et regina nostra [2] liberis eorum. et primogenito regis nostri necnon et abbate nostro [2] quiete temporum concessa in/ hiis paschali- [fo. 177. b. bus gaudiis conseruare digneris. Qui semper uiuis regnas imperas necnon et gloriaris solus deus solus altissimus ihesu christe cum sancto spiritu in gloria dei patris. Amen.*

Finita cerei benediccione sacerdos assistens altari continuo pronunciet sollempniter Oremus. *absque* Flectamus genua. *subiungens collectam* Omnipotens sempiterne deus qui ad nostrarum. *cum leccionibus tractibus et aliis collectis superius in uigilia pasche pretitulis ita quod post ultimam oracionem fiat processio ad fontem benedicendum si fieri debeat in hunc modum. In primis ueniant duo cantores capis rubeis induti atque ad gradum hanc incipiant letaniam.*

Kyrieleison. Christeleyson. Christe audi nos. Sancta maria ora pro nobis.

Hic mouebitur processio procedant conuersi cum aqua benedicta cruce cereis et thuribulo. hos sequuntur ipsi duo fratres letaniam cantantes.

Sancta dei genitrix ora
Sancta Uirgo uirginum ora
Sancte Michael ora
Sancte Gabriel ora
Sancte Raphael ora
Sancte Iohannes ora
Sancte Petre ora

[1] These three words erased.
[2] Spaces left, and notes above written in gold.
- Musical notation above these words.

Sancte Paule ora
Sancte Andrea ora
Sancte Iohannes ora
Sancte stephane ora
Sancte Laurenti ora
Sancte Uincenti ora
Sancte Thoma ora
Sancte Cyriace ora
Sancte Edwarde ora
Sancte Martine ora
Sancte Gregori ora
Sancte benedicte ora
Sancta Felicitas ora/ [fo. 178.
Sancta Agatha ora
Sancta Margareta ora
Sancta Katerina ora
Omnes sancti. ii. orate.

Decantata letania usque Omnes sancti orate pro nobis. *exuant capis cantores et eas commendent sacriste. Abbas que ante fontem a dextris assistens legendo incipiat.* Dominus uobiscum.

Oracio.

OMnipotens sempiterne deus adesto magne pietatis tue misteriis adesto sacramentis. et ad recreandos nouos populos quos tibi fons baptismatis parturit spiritum adopcionis emitte : ut quod nostre humilitatis gerendum est ministerio tue uirtutis impleatur effectu. Per dominum nostrum ihesum christum filium tuum. qui tecum uiuit et regnat in unitate eiusdem spiritus sancti deus.

*PEr omnia secula seculorum. Amen. Dominus uobiscum. Et cum spiritu tuo. Sursum corda. Habemus ad dominum.

- Musical notation above these words.

Gracias agamus domino deo nostro. Dignum et iustum est.* *Uere dignum et iustum est equum et salutare. Nos tibi semper et ubique gracias agere domine sancte pater omnipotens eterne deus. Qui inuisibili potencia sacramentorum tuorum mirabiliter operaris effectum et licet/ nos tantis miste- [fo. 178. b. riis exequendis simus indigni tu tamen gracie tue dona non deserens eciam ad nostras preces aures tue pietatis inclines. Deus cuius spiritus super aquas inter ipsa mundi primordia ferebatur ut iam tunc uirtutem sanctificacionis aquarum natura conciperet. Deus qui nocentis mundi crimina per aquas abluens regeneracionis speciem in ipsa diluuii effusione signasti. ut unius eiusdem que elementi misterio et finis esset uiciis et origo uirtutibus. Respice domine in faciem ecclesie tue et multiplica in ea regeneraciones tuas qui gracie tue affluentis impetu letificas ciuitatem tuam fontemque baptismatis aperis toto/ or- [fo. 179. beterrarum gentibus innouandis ut tue maiestatis imperio sumat unigeniti tui graciam de spiritu sancto. *Hic cum manu diuidat aquam in modum crucis.* Qui hanc aquam regenerandis hominibus preparatam archana sui luminis admixcione fecundet. ut sanctificacione concepta ab inmaculato diuini fontis utero in nouam renata creaturam progenie celestis emergat. Et quos aut sexus in corpore aut etas discernit in tempore omnes in unam pariat gracia mater infanciam. Procul ergo hinc iubente

te domine omnis spiritus inmundus abscedat procul tota nequicia dyabolice fraudis absistat. Nichil hic loci habeat contrarie uirtutis admixcio non insi/diando circumuolet non laten- [fo. 179. b. do surripiat non inficiendo corrumpat. Sit hec sancta et innocens creatura libera ab omni inpugnatoris incursu. et tocius nequicie purgata discessu. Sit fons uiuus ✠ aqua regenerans. ✠ unda purificans. ✠ Ut omnes hoc lauachro salutifero diluendi operante in eis spiritu sancto perfecte purgacionis indulgenciam consequantur. Unde benedico te creatura aque per deum ✠ uiuum per deum ✠ uerum. per deum ✠ sanctum per deum qui te in principio uerbo separauit ab arida. cuius spiritus super te ferebatur. qui te de paradiso manare fecit. *Hic eiciatur aqua a fonte per iiii^or^ partes.* Et in quatuor fluminibus totam terram rigare precepit. Qui te in deserto ama/ram [fo. 180. suauitate indita fecit esse potabilem et sicienti populo de petra produxit Bene✠dico te et per ihesum christum filium eius unicum dominum nostrum qui te in chana galilee signo admirabili sua potencia conuertit in uinum. Qui pedibus super te ambulauit. et a iohanne in iordane in te baptizatus est. Qui te una cum sanguine de latere suo produxit et discipulis suis iussit ut credentes baptizarentur in te dicens Ite docete omnes gentes baptizantes eos. In nomine patris et filii. et spiritus sancti.*

_ Musical notation above these words.

Hic mutat uocem quasi ad legendum. Hec nobis precepta seruantibus tu deus omnipotens clemens adesto tu benignus aspira. *Hic spirat tribus uicibus in fontem.* Tu has simplices aquas tuo ore bene✠dicito ut preter naturalem emundacionem quam lauandis possint adhibere corporibus. sint eciam purificandis mentibus efficaces. Per dominum nostrum ihesum christum.

Hic ponat cereum in fontem in modum crucis dicens.

DEscendat in hanc ple/nitudinem fontis uirtus[fo. 180.b. spiritus tui totamque huius aque substanciam regenerandi fecundet effectu. Hic omnium peccatorum macule deleantur hic natura ad ymaginem tuam condita et ad honorem sui reformata principii cunctis uetustatis squaloribus emundetur. Ut omnis homo homo[1] hoc sacramentum regeneracionis ingressus in uere innocencie nouam infanciam renascatur.

Hic deprimendo uocem quasi ad legendum subinferat. Per dominum nostrum. *Finita hac oracione aspergat sacerdos omnes circumstantes de aqua sanctificata. Postea uero duo cantores sequentem incipiant letaniam hoc modo.*

KYrieleyson. Christeleyson. Christe audi nos. Sancta maria ora pro nobis.

_ Musical notation above these words.
[1] *Sic.*

Hic mouebitur processio eundem ordinem seruando in redeundo quem habuerunt in eundo cantantes letaniam.

ora
Sancta dei genitrix ora
Sancta uirgo uirginum ora
Sancte Michael ora
Sancte Gabriel ora
Sancte Raphael ora
ora/ [fo. 181.

Chorus angelorum oret pro nobis.

Sancte Iohannes Baptista ora.
Chorus prophetarum oret pro nobis.
Sancte Petre ii. ora
Sancte Paule ora
Sancte Andrea ora
Sancte Iohannes. Euuangelista ora
Chorus apostolorum oret pro nobis.
Sancte Stephane ora
Sancte Laurenti ora
Sancte Uincenti ora
Sancte Cyriace ora
Chorus martyrum oret pro nobis.
Sancte Edwarde ii. ora
Sancte Martine ora
Sancte Benedicte ii. ora
Sancte Gregori ora
Chorus confessorum oret pro nobis.
Sancta Maria magdalena ora
Sancta Felicitas ora
Sancta Agatha ora
Sancta Margareta ora
Sancta Katerina ora
Chorus uirginum oret pro nobis.

Omnes sancti orent pro nobis. Propicius esto parce nobis domine.

_ Musical notation above these words.

589

Ab omni malo. libera nos domine.

Per crucem tuam libera.

Per sanctam resurreccionem tuam. Libera.

In die iudicii. libera nos domine.

Peccatores te rogamus audi nos.

Ut pacem nobis dones Te

Ut ecclesiam tuam regere et defensare digneris Te

Ut fructus terre dare et conseruare digneris Te

Ut locum istum et omnes habitantes in eo uisitare et consolari digneris Te

Ut nos exaudire digneris Te

Fili dei .ii. te rogamus audi nos. Agnus dei qui tollis peccata mundi parce nobis domine.

Agnus dei qui tollis peccata mundi miserere nobis.

*Christe audi nos *.ii.* Accendite. *ii.**

Et cetera que sequuntur compleat| Abbas sollem- [fo. 181. b. *pniter pontificalibus indutus missam inchoando prout superius in missali sabbato sancto pasche continetur. Si uero baptisterium benedici non debeat tunc finita oracione post Tractum* Sicut ceruus. *percantetur seriatim hec ultima letania in chori medio a duobus ebdomodariis*[1] *qui chorum ad missam regere debent. Que cum inchoatur exuat se abbas et iu uestiario moram faciat quousque letania finiatur. Qua finita: iidem cantores alta uoce subiungant.* Accendite. *ut supradictum est. et missa protinus inchoetur.*

- Musical notation above these words.

[1] *Sic.*

590

Kyrieleison *.iii.* Christeleison *.iii.* Kyrieleison *.iii.*

[1]*Sabbato sancto in uigilia pasche. Benediccio ad missam.*[1]

DEus qui[2] ecclesie sue intemerato utero nouos populos producens eam uirginitate manente noua semper prole fecundat. fidei. spei. et caritatis uos munere repleat. et sue uobis benediccionis dona infundat. Amen.

Et qui hanc sacratissimam noctem redemptoris nostri resurreccione uoluit illustrare: mentes uestras a peccatorum tenebris mundatas uirtutum copiis faciat illustrare. Amen.

Quo eorum qui modo renati sunt innocenciam imitari certetis. et uascula mencium uestrarum exemplo presencium luminum illustretis. ut cum bonorum operum lampadibus ad huius sponsi thalamum cuius resurreccionem celebrabitis cum prudentibus uirginibus intrare possitis. Amen.

Quod ipse.

Benediccio in sancto pascha.[3]

BEnedicat uos omnipotens deus hodierna interueniente paschali sollempnitate. et ab omni miseratus dignetur defendere prauitate. Amen.

Et qui ad eternam[4] in unigeniti sui resurreccione uos reparat. in ipsius aduentu inmortalitatis gaudiis uestiat. Amen.

[1]—[1] *Benedictio in Sabbato* : O.

[2] de : *add.* O.

[3] pasche : O.

[4] uitam : *add.* O. *over line.*

591

Et qui expletis ieiuniorum sue[1] passionis dominice diebus. paschalis festi gaudia celebratis. ad ea festa que non sunt annua sed continua ipso opitulante exultantibus animis ueniatis. Amen.

Quod ipse.

Benediccio in secunda feria.

DEus qui pro uobis suscepit iniuriam crucis. leticia uos innouet sue re/reccionis.[2] [fo. 182. Amen.

Et qui pendenti secum in cruce latroni remisit delictum. uos soluat a cunctis nexibus peccatorum. Amen.

Quo redempcionis uestre misterium. et digna conuertatis in opera. et locuplecius perfruamini remuneracione perpetua. Amen.

Quod ipse prestare.[3]

Benediccio in iii. feria.

DEus qui uos lauit aquis sui lateris et redemit proprii fusione cruoris. ipse in uobis confirmet graciam adepte redempcionis. Amen.

Per quem renati estis ex aqua et spiritu sancto ipse celesti uos consociet regno. Amen.

Quique dedit uobis inicia sancte fidei.[4] ipse conferat et perfeccionem operis et plenitudinem caritatis. Amen.

Quod ipse.

[1] siue : O.
[2] resurrectionis : O.
[3] *om.* O.
[4] [Per] sacramentum [s]ui corporis [et] sanguinis : *add.* O. *in margin. The letters between brackets are conjectural.*

592

Benediccio in iiii. feria.

DOminus deus noster uos perducat ad arborem uite. qui eruit uos de lacu miserie. Amen.

Ipse uobis aperiat ianuam paradisi. qui confregit portas inferni. Amen.

Ipse uos eruat a flagello. et in regnum suum perducat confidentes. qui pati dignatus est[1] pro impiis innocens. Amen.

Quod ipse.

Benediccio in quinta feria.

OMnipotentis dei et domini nostri benediccionibus replemini cuius estis sanguine precioso redempti. Amen.

Ipse uos indeficiente repleat gracia cuius ineffabilis plasmauit potencia. Amen.

Et qui uobis in hoc mundo prestitit condicionem nascendi. ipse in regno eterno tribuat mansionem sine fine uiuendi. Amen.

Quod ipse.

Benediccio in vi. feria.

BEnedicat uos omnipotens deus[2] de celis. qui per crucem et sanguinem passionis sue uos dignatus est redimere in terris. Amen.

Ipse uos renouet a uetustate peccati. qui pro uobis dignatus est crucifigi. Amen.

Uitam suam misericorditer uobis tribuere uelit qui mortem uestram suscepit et perdidit. Amen.

Quod ipse.

[1] *add.* O. *in margin.*
[2] *add.* O. *in m.*

Benediccio in sabbato.

DEus qui calcatis inferni legibus captiuitatem uestram[1] resoluta cathenarum compage dignatus est ad libertatis premia uocare. ipse uobis prestet ita hanc uitam transigere. ut in illam/ perpetuam ipso [fo. 182. b. duce possitis intrare. Amen.

Et ita uobis prebeat feruorem catholice fidei. ut sancti aduentus illius sitis expectacione securi. Amen.

Et quicunque hic meruerunt[2] purgari per undam baptismi. ibi presentari ualeant pio iudici candidati. Amen.

Quod ipse.

Benediccio in [3]dominica .i.ª[3] post pasca.

DEus cuius unigenitus hodierna die discipulis suis ianuis clausis dignatus est apparere sue benediccionis dono uos[4] locupletare et celestis uobis regni ianuas dignetur aperire. Amen.

Et qui ab eorum pectoribus ad sui tactum corporis uulnus amputauit dubietatis. concedat ut per fidem qua eum resurrexisse creditis. omnium delictorum maculis careatis. Amen.

Et qui eum cum thoma deum et dominum creditis et cernuis uocibus inuocatis. ab eo et in hoc seculo a malis omnibus tueri. et in futuro sanctorum[5] cetibus annumerari. Amen.

Quod ipse.

[1] nostram : O.
[2] mererunt : O.
[3]—[3] *i. dominica :* O.
[4] *add.* O. *in m.*
[5] ualeatis : *add.* O.

Benediccio in dominica secunda.

BEnedicat uos omnipotens deus qui uos gratuita miseracione creauit et in resurreccione unigeniti sui spem uobis resurgendi concessit. Amen.

Resuscitet uos per graciam suam de uiciorum sepulchris qui diuina potencia eum resuscitauit a mortuis. Amen.

Et cum eo sine fine feliciter uiuatis quem resurrexisse a mortuis ueraciter creditis. Amen.

Quod ipse.

[1]*Benediccio in*[1] *dominica iii.*

DEus qui per resurreccionem unigeniti sui uobis contulit et bonum redempcionis. et decus adopcionis. sue uobis conferat premia benediccionis. Amen.

Et quo redimente percepistis donum perpetue libertatis. eo largiente consortes efficiamini eterne hereditatis. Amen.

Et qui consurrexistis in baptismate credendo. adiungi mereamini in celesti regione bene uiuendo. Amen.

Quod ipse.

Benediccio in dominica iiii.

DEus qui dignacione misericordie tue mundum redemisti : nosque in eterna uita tecum resurgendo uiuificasti. benediccionum celestium huic populo tuo concede graciam. ac pacis et ge/mine dileccionis ha- [fo. 183. bundanciam. Amen.

Mitte ei quem discipulis tuis promisisti paraclitum. qui mansuetudine misericordie hunc

[1]—[1] *om.* O.

tuum arguat populum. ut de peccato mortalitatis mereatur liberari de iusticia clemencie tue consolari. atque in aduentus tui iudicio te saluante saluari. Amen.

Sic que spiritus ueritatis illustracione clarificetur. ut dignus tibi in sanctorum eleccione representetur. ubi per tuam uiuat et gaudeat redempcionem. ac tecum glorietur in beate immortalitatis resurreccione.[1] Amen.

Quod ipse.

Benediccio in dominica .v.

DEus qui [2]humilium est[2] salus et consolacio qui in ultimo sue prodicionis articulo discipulis opcionem petendi concessit qui uoluissent a patre ipse uos sanctificando sua beatificet benediccione. Amen.

Quique fauos eloquencie distillabat in prouerbiis. et discipulis suis dixit in nomine meo petite et accipietis ipse in omni opcione iusta peticiones uestras accipiat. et gaudium uestrum plenum in ipso perficiat. Amen.

Sicque a patre spiritualiter amari promereamini. et dileccionis ihesu christi graciam adipiscamini. ut eum uestre redempcionis causa a deo exire credatis. et credendo eiusdem in celis efficiamini consortes inmortalitatis. Amen.

Quod ipse.

Benediccio in rogacionibus.

OMnipotens deus deuocionem uestram dignanter intendat.

[1] resurretione: O.

[2]—[2] est humilium: O.

et sue uobis benediccionis dona concedat. Amen.

Indulgeat uobis mala omnia que gessistis. et tribuat ueniam quam ab eo deposcitis. Amen.

Sicque ieiunii uestri et precum uota suscipiat. ut a uobis aduersa omnia que pro peccatorum retribucione meremini auertat. et donum in uos spiritus paracliti clementer infundat. Amen.

Quod ipse.

Benediccio in uigilia ascensionis.

BEnediccionum suarum super uos dominus graciam infundat ac celestes sempiterne diuinitatis thesauros uobis aperiat. semperque uobiscum et in uobis manens nunquam uos orphanos relinquat. Amen.

Subleuatis que cordis in celum oculis/ dei dona ca- [fo. 183. b. pescite mentis que intencione carnis uestre gloriam intendite. et post christum ad alta celorum mentibus anhelate. Amen.

Ubi clarificati claritate splendoris iusticie. patrem solum uerum deum et quem misit ihesum christum mereamini cognoscere. et cognoscendo uitam eternam cum amborum misericordia possidere. Amen.

Quod ipse.

Benediccio in die ascensionis.[1]

BEnedicat uos omnipotens deus cuius hodierna die unigenitus celorum alta penetrauit. et uobis ubi ille est ascendendi aditum patefecit. Amen.

Concedat propicius ut sicut post resurreccionem suam discipulis uisus est manifestus. ita

[1] *om.* O.

uobis in iudicium ueniens uideatur placatus. Amen.

Et qui eum considere[1] patri in sua maiestate creditis. uobiscum manere usque in finem seculi secundum suam promissionem senciatis. Amen.

Quod ipse.

Benediccio in dominica post ascensionem.

BEnediccionum suarum super uos dominus imbrem infundat et claritatis sue thesauros celestes uobis aperiat. Amen.

Faciatque uos dominus uite eterne participes. et regni celestis[2] coheredes. Amen.

Dignam in uobis habitacionem spiritus sanctus inueniat. et eius gloriosa maiestas placide in uestris cordibus requiescat. Amen.

Quod ipse.

[3]*Sabbato in uigilia pentecostes facta processione in dormitorium post vi^am totoque conuentu post manuum ablucionem reuestito abbas infulatus ad altare procedat. Quem dyaconus in dalmatica et duo conuersi cum cereis accensis tantummodo antecedent. Quo cum peruenerit, nulla oracione premissa incipiat mox.* Oremus. *et sollempniter subiungat.* Da nobis quesumus domine per graciam. *Quam subsequatur leccio.* Temptauit deus abraham. *Deinde alie dicantur collecte. et legantur lecciones atque tractus suo ordine canantur.*

Quibus expletis sequantur letanie et benediccio fontis sicut in uigilia pasce. Et cum in chorum redierint finita secunda letania cantores alta uoce cum nota subiungant. Accendite. *et postea subinferant.* Kyrieleison. *ut supra in uigilia pasce et sic missa incipiat.*[3]

Benediccio [1]*ad magnam*/ [fo. 184. *missam*[1] *in uigilia pentecostes.*

BEnedicat uos omnipotens deus ob cuius paracliti spiritus aduentum mentes uestras ieiunii obseruancia preparatis et presentem diem congruis laudibus honoratis. Amen.

Instar modo renatorum infancium talem innocenciam habeatis ut templum sancti spiritus ipso[2] tribuente esse possitis. Amen.

Atque idem spiritus sanctus ita uos[3] sua habitacione dignos efficiat. ut cras se uestris mentibus uobiscum perpetim habitaturus infundat. et paracto[4] presentis uite curriculo. uos ad celestia regna perducat. Amen.

Quod ipse.

Benediccio in die.

DEus qui hodierna die discipulorum mentes spiritus paracliti infusione dignatus est illustrare. uos quoque dignetur sua benediccione replere et donorum eiusdem spiritus uobis copiam ministrare. Amen.

Ille ignis qui super discipulos apparuit peccatorum uestrorum sordes expurget. et sui luminis

[1] consedere : O. the first *e* over erasure.
[2] cum sanctis omnibus : *add.* O.
[3]—[3] *om.* O.

[1]—[1] *om.* O.
[2] *add. in m.* O.
[3] hodie : *add.* O.
[4] peracto : O.

infusione corda uestra perlustret. Amen.

Quique dignatus est diuersitatem linguarum in unius fidei confessione adunare. in eadem uos faciat fide perseuerare. et per hanc a spe ad speciem peruenire. Amen.

Quod ipse.

Benediccio per ebdomodam.[1]

BEnedicat uos omnipotens dominus[2] qui cuncta creauit ex nichilo. et uobis in baptismate per spiritum sanctum remissionem omnium peccatorum donauit. Amen.

Quique eundem spiritum sanctum in igneis linguis discipulis suis dedit ipsius illustracione corda uestra ambiat atque in suum amorem incessanter accendat. Amen.

Quatinus eius dono a cunctis uiciis emundati ipsius opitulacione ab omnibus aduersitatibus defensi templum ipsius semper[3] effici mereamini. Amen.

Quod ipse.

Benediccio in [4]iiii feria[4] pentecostes.

BEnedicat uos omnipotens dominus ad cuius nemo uenire potest unigenitum. nisi pater idem unigenitus[5] sua miseracione traxerit illum. felici resurreccione in nouissimo die resuscitandum. Amen.

Quique peracto pasche tempore hanc quinquagesime ebdomodam[1] sancti spiritus aduentu ieiuniorum que repeticione/ fecit esse sollempnem. uos [fo. 184. b. sua inspiracione ita ad se ab huius mundi illecebris attrahat. ut unusquisque uestrum se peccasse compuncto corde peniteat. eiusdem—que spiritus sancti donum purificata mente percipiat. Amen.

Quo per ipsius amorem spiritus a morte anime resuscitati. et panis uiui qui descendit de celo uitali participacione uegetati numquam ineternum moriamini. sed ciuium supernorum legionibus congregati beata inmortalitate eternaliter perfrui mereamini. Amen.

Quod ipse.

Benediccio in vi.ª feria.

BEnedicat uos spiritus sanctus paraclitus sua uirtute et gracia cui deo patre et filio una est eademque diuinitatis essencia. coequalis in maiestate prouidencia. par et consubstancialis omnipotencia. Amen.

Uota ieiuniorum uestrorum benignus suscipiat. corda uestra uisitando receptacula munda sue habitacionis efficiat. ignem sui amoris in uobis uehementer accendat. et accensum indesinenter enutriat. Amen.

Quatinus omni uiciorum rubigine excocti et salutaribus gemine dileccionis institutis edocti. hunc cum genitore et genito. unum et uerum in sancta trinitate deum fideliter adoretis et conglorificetis. eumque in illa eterna beatitudine facie ad faciem uidentes. una cum sanctis omnibus sine fine laudetis. Amen.

Quod ipse.

1 *ebdomadam:* O.
2 do' *in* W. dn̄s. O.
3 *add.* O. *in m.*
4—4 *feria iiii.* O.
5 ingenitus: O.

Benediccio in sabbato.

CElestis ymbrem benediccionis super uos dominus habundanter effundat. et de suo spiritu cordibus uestris largiter donum sue caritatis infundat. Amen.

Et qui ueteres quondam cerimonias sub legali institucione precepit obseruari. uos in nouitate euuangelii legem minime soluentes[1] sed pocius adimplentes[2] ambulare faciat. et in ea sinceriter usque in finem perseuerare concedat. Amen.

Quatinus sole iusticie christo mediante ab oculis mencium uestrarum omnis errorum cecitas abscedat. uosque septiformis spiritus sancti gracia in splendore uirtutum gradientes ubique precedat. donec ad eterne lucis gaudia uos inoffenso calle perducat. Amen.

Quod.[3]

Benediccio de sancta trinitate./ [fo. 185.

OMnipotens trinitas unus et uerus deus pater et filius et spiritus sanctus. det uobis eum desiderare feliciter. agnoscere ueraciter. diligere sinceriter. Amen.

Equalitatem atque incommutabilitatem sue essencie ita uestris mentibus infigat. ut ab eo numquam uos quibuscumque fantasiis aberrare permittat. Amen.

Sicque uos in sua fide et caritate perseuerare concedat. ut postmodum per ea ad sui manifestacionem. uisionemque

[1] soluentis; O.
[2] adimplentis: O.
[3] ipse prestare; *add.* O.

interminabilem introducat. Amen.

Quod ipse.

Benediccio [1]feria v.ª in sollempnitate corporis christi.[1]

DEus qui corporis sui et sanguinis instituit sacramentum. uos in seipso per spiritum sanctum mistice efficiat corpus unum.[2] Amen.

Et sicut sub sacramenti uelamine uere et essencialiter uobis [3]sue carnis[3] indiuisam tribuit communionem sic diuinitatis sue mentibus uestris ueram tribuat refeccionem. Amen.

Quo per ipsum[4] uiaticum in peregrinacione fidei recreati eundem uobiscum manentem ualeatis iuxta ipsius promissum usque ad consummacionem seculi experiri. Amen.

[5]Quod ipse.[5]

Benediccio in [6]dominica. i.ª[6] post pentecosten.

PLasmator atque conseruator humani generis deus qui nos[7] ab eternitate deiectos proprii sanguinis effusione redemit. a cunctis uos laqueis eruat inimici. ac mansionibus inserat paradisi Amen.

Et qui lazaro quondam pauperi[8] celicas contulit delicias a uobis diabolicas auferat insidias. Amen.

Ut post presentis eui lapsum. dyabolicum non timeatis acces-

[1]—[1] *de corpore cristi:* O. and adds this benediction on fo. 129.b. in fifteenth century hand.
[2] suum: O.
[3]—[3] carnis sue; O.
[4] ut: *add.* O.
[5]—[5] *om.* O.
[6]—[6] *prima dominica:* O.
[7] uos: O.
[8] in sinu abrahe: *add.* O.

sum. sed cum lazaro olim mendico. eterne requiei fruamini consorcio. Amen.[1]

Benediccio in dominica ii.

BEnedicat uobis dominus nostri oris alloquio. et cor uestrum sinceri amoris compulet[2] nexu perpetuo. Amen.

Floreatis rerum presencium copiis iusticia adquisitis. gaudeatis perhenniter fructibus sincerissime caritatis. Amen.

Tribuat dominus uobis dona perhennia. ut post tempora feliciter dilatata. percipiatis gaudia sempiterna. Amen.

Quod ipse./ [fo. 185. b.

Benediccio in dominica tercia.

OMnipotens deus uos sue miseracionis dono locupletet ac eterne benediccionis clementer ubertate fecundet. Amen:

Brachio quoque diuine fortitudinis uos ubique defendat qui in se sperantes sempiterne felicitatis iocunditate letificat. Amen.

Prospera pacis et salutis in hoc seculo uobis tribuat et coronam uite cum sanctis omnibus in futuro concedat. Amen.

Quod ipse.

Benediccio in quarta feria quarti mensis.

DEus qui esurientes turbas de quinque panibus et duobus piscibus dignatus est saturare. celesti uos pane et spirituali doctrina faciat habundare. Amen.

Mentes uestras dileccione dei et proximi repleat. et in deserto

[1] Quod ipse : *add.* O.
[2] *Sic et* O.

huius uite ab omni noxia ariditate defendat. Amen.

Sanctificet corpora uestra et animas uestras cuius pietas sanctificare dignata est corporales turbis esurientibus escas. Amen.

Quod ipse.[1]

Benediccio in vi[a] feria.

DOminus ihesus[2] qui mulierem fluxu sanguinis laborantem tactu uestimenti sui dignatus est curare. uos quoque dignetur ab omni peccatorum sorde propicius emundare. Amen.

Et qui domum iairi precibus eius motus corporaliter intrauit. filiamque eius potencia diuinitatis sue a morte corporis suscitauit. penetralia cordis uestri spiritualiter intret. et uos a morte anime ad amorem suum miseratus exuscitet. Amen.

Quatinus ieiuniis congruentibus expiati. sic in eius conspectu placeatis. ut contra corporales ac spirituales hostes semper fortes existere ualeatis. Amen.

Quod ipse.

Benediccio in sabbato.

DEus qui cecos iuxta uiam sedentes et lumen corporale petentes misertus audiuit. lumen restituit orantes uos misericorditer audiat mentibus uestris lucem spiritualem infundat. Amen.

Oculos cordis uestri sic illuminatos per eius graciam habeatis. ut spretis terrenis omnibus semper animum ad celestia intendatis. Amen.

[1] prestare : *add.* O.
[2] christus : *add.* O.

605

Sic uos ieiunare et ieiunando carnem affligere concedat. ut roborando spiritum uicia omnia/ a uobis procul repellat. [fo. 186. Amen.

Quod ipse.

Benediccio [1]*in dominica iiii.*[1]

EMundet dominus consciencias uestras ab omni malicia. et repleat sanctificacione perpetua. Amen.

Uota uestra clementer intendat. et peccata omnia propiciatus indulgeat. Amen.

Que pie optatis miseratus attribuat. et que pauescitis pius propugnator procul repellat. Amen.

Quod ipse.

Benediccio in [2]*dominica .v.*[2]

PRopicietur dominus cunctis iniquitatibus uestris. et sanet omnes languores uestros mentis et corporis. Amen.

Redimat de interitu uitam uestram et saciet in bonis desiderium uestrum. Quem.[3]

Auferat a uobis cor lapideum et det uobis cor carneum. ut ei efficiamini[4] [5]populus peculiaris.[5] et ille uobis deus propicius. Amen.

Quod ipse.

Benediccio in [6]*dominica .vi.ᵃ* [6]

AMoueat a uobis deus tocius maculas simultatis. et imbuat

[1]—[1] *iiii.ᵃ dominica* : O.
[2]—[2] *v.ᵃ dominica* : O.
[3] Amen : O.
[4] effiamini : O.
[5]—[5] pecculiaris (*sic*) populus : O.
[6]—[6] *vi.ᵃ Dominica* : O. and so on through the rest of these Sundays.

606

uos muneribus pure dileccionis. Amen.

Subiuget in uobis reluctacionem carnis et sanguinis. et opem conferat perpetue castitatis. Amen.

Id que uos in presenti seculo diligere faciat. quod a celestis paradisi hereditate non diuidat. Amen.

Quod ipse.

Benediccio in dominica vii.

BEnediccionum suarum dominus super uos imbrem infundat. et oraciones uestras exaudiat. Amen.

Thesauros misericordie sue uobis aperiat. quod malum est arceat. et uobis quod bonum est tribuat. Amen.

Dignos que uos faciat quibus uirtutum suarum secreta committat. a malo uos eruat. induci in temptacionem numquam permittat. Amen.

Quod.[1]

Benediccio in dominica viii.

SAnctificet uos domini gracia et ab omni malo uos custodiat. Amen.

Arceat a uobis omne quod sibi displicet. et spiritus uestros corpora que sanctificet. Amen.

Alliget uos sibi uinculo caritatis. et pax eius habundet in cordibus uestris. Amen.

Quod ipse.

Benediccio in dominica ixᵃ.

MUltiplicet in uobis dominus copiam sue benediccionis. et confirmet uos in spe regni celestis. Amen.

[1] ipse : *add.* O

607

Actus uestros corrigat. uitam emendet. mores componat. et uos ad celestis paradisi here-/ditatem perducat. [fo. 186. b. Amen.

Talique intencione repleri ualeatis. quod ei imperpetuum placeatis. Amen.

Quod ipse.

Benediccio in dominica x^a^.

DEus qui est uita mortalium. salusque peccatorum. auferat a uobis omnes maculas delictorum. Amen.

Induat uos decore uirtutum. [1]mentes sanctificet.[1] purificet uoluntates. et det uobis sanctorum consorcium angelorum. Amen.

Et probabiles fide. et opere inmaculati. ad eternam gaudiorum celestium hereditatem peruenire mereamini. Amen.

Quod ipse.

Benediccio in dominica xi^a^.

BEnedicat et custodiat uos omnipotens dominus. et sensus uestros sui luminis splendore perfundat.[2]

Illa uos tueatur potencia. qua condidit. et illa uos pietate sanctificet qua redemit. Amen.

Ut ita uos custodiat de uariis impedimentis huius seculi. ut in celestibus coheredes glorificatos deo offerat genitori. Amen.

Quod ipse.

Benediccio in[3] dominica xii^a^.

GRacia domini uos locupletet. et celesti benediccione multiplicet. Amen.

[1]—[1] sanctificet mentes : O.
[2] Amen : *add.* O.
[3] *om.* O.

608

Ab omni aduersitate uos defendat et pia semper miseracione custodiat. Amen.

Peticiones uestras placatus intendat. et culparum omnium uobis ueniam clementer attribuat. Amen.

Quod.[1]

*Benediccio in dominica xiii.^a^*

AGnoscat dominus in uobis properium[2] fidei signum. et uobis sue misericordie conferat donum. Amen.

Bella comprimat. famem auferat. pacem tribuat. inimici insidias a uobis longe repellat. merencium gemitus uideat. uocem uestri doloris exaudiat. et omnia a uobis aduersancia pius amoueat. Amen.

Alternam uobis dileccionem indulgeat et perfectam dei et proximi caritatem concedat. Amen.

Quod ipse.

Benediccio in dominica xiiii^a^.

BEnediccio uos domini comitetur ubique sibique uos semper faciat adherere. Amen.

Ipse uos sua benediccione saluificet. qui dignatus est plasmare potenter. Amen.

Atque ita uos feliciter uiuere prestet. ut celestis beatitudinis efficiat coheredes. Amen.

Quod ipse.[3]

Benediccio in[4] dominica xv^a^.

COncedat uobis omnipotens deus munus sue benedic-

[1] ipse : *add.* O.
[2] proprium : O.
[3] prestare : *add.* O.
[4] *om.* O.

cionis. qui/ uestre est [fo. 187. conscius infirmitatis. Amen.

Et qui uobis tribuit supplicandi affectum. tribuat consolacionis auxilium. Amen.

Ut ab eo et presentis et future subsidium uite capiatis. cuius uos bonitate creatos esse ueraciter creditis. Amen.

Quod ipse.

Benediccio in dominica xvi.[a]

OMnipotens deus peccatorum uestrorum maculas purget et sua uos benediccione illustret. Amen.

Repleat uos spiritualium donis uirtutum. et perseuerare faciat in bonis propositum uestrum. Amen.

Sicque humilitatem uestram benignus acceptet ut sue uos pietatis remuneracione locupletet. Amen.

Quod.[1]

Benediccio in[2] dominica xvii.

OMnipotens deus celesti uos proteccione circumdet et sue uos dono benediccionis locupletet. Amen.

Concedat que uobis ut qui in sola spe gracie celestis innitimini. celesti eciam proteccione muniamini. Amen.

Quatinus et in presenti seculo mortalis uita[3] solacia capiatis. et in futuro sempiterna gaudia comprehendere ualeatis. Amen.

Quod.[4]

Benediccio in iiii.[a] *feria quatuor temporum.*

DEus qui sub antique legis cerimoniis hoc ieiunium ad remedium sanxerat animarum exaudiat uota oracionum uestrarum. et propter multitudinem miseracionum suarum indulgenciam uobis cunctarum concedat culparum. Amen.

Et qui sub euuangelii gracia puerum spiritum mutum ab infancia habentem dignatus est curare. uos ab omni inualitudine spiritualium morborum dignetur sanare. Amen.

Et qui hoc genus infirmitatis a nullo dixit posse exire nisi in oracione et ieiunio. ipse reficiat uos sui amoris desiderio. letificetque premiorum eternorum gaudio. Amen.

Quod ipse.

Benediccio in vi feria.

DEus qui domum pharisei ingressus mulierem pedes suos lacrimis rigantem. et crine capitis tergentem multiplici demone uoluit mundare. corpus et animam uestram atque omnes sensus ab omni impetu dyaboli dignetur liberare. Amen.

Faciat uos cotidie agere/ spiritualiter quod [fo. 187. b. mulier illa tunc semel egit corporaliter et clemenciam quam eius prestitit desiderio. uestro prestare dignetur obsequio. Amen.

Annuat que uos se multum diligere. ut uelit uobis multum dimittere qui marie multum dimisit. quia multum illum dilexit. Amen.

Quod ipse.

Benediccio in sabbato.

DEus qui parabolice loquens arborem fici in uinea retulit

[1] ipse prestare : *add.* O. [2] *om.* O.
[3] uite : O. [4] ipse : *add.* O.

plantatam. eique fossuram et stercora utilia a cultore exhibita. sterilitati uestre penitencie medicamenta et uirtutum dignetur exhibere nutrimenta. Amen.

Concedatque ut in domo sua floreatis sicut arbor fructifera. sanetque omnia que in corde sustinetis uulnera. uobisque tempora non deneget prospera. Amen.

Et qui curare dignatus est mulierem quam diuturni temporis spacio inclinata omnino non poterat sursum respicere. que sursum sunt uos faciat aspicere. et que deorsum despicere. illucque uos adiuuet cotidie tendere. unde ipse pro uobis dignatus fuit descendere. Amen.

Quod ipse.

Benediccio in dominica xviii.

OMnipotens deus dextere sue perpetue uos circumdet auxilio. et benediccionum suarum repleat dono. Amen.

Ab omni uos prauitate defendat. et donis celestibus exuberare concedat.[1]

Quo corpore mundati ac mente talem ei exhibeatis seruitutem per quam suam consequi ualeatis propiciacionem. Amen.

Quod ipse.

Benediccio in dominica xix.

PUrificet omnipotens deus uestrorum cordium archana. et benediccionis sue uobis tribuat incrementa. Amen.

Ab omnibus uite presentis periculis exuamini. et uirtutum spiritualium ornamentis induamini. Amen.

[1] Amen : *add.* O.

Quo illius adiutorio fulti sic ei seruiatis in terris. ut ei coniungi ualeatis in celis. Amen.

Quod ipse.

Benediccio in dominica xx.[a]

OMnipotens deus uniuersa a uobis aduersa excludat et sue super uos benediccionis dona propiciatus infundat. Amen.

Corda uestra efficiat sacris intenta doctrinis quo possint repleri beneficiis sempiternis./ Amen. [fo. 188.

Quatinus et exequenda intelligentes et intellecta exequentes. et inter aduersa mundi inueniamini indempnes. et beatorum spirituum efficiamini coheredes. Amen.

Quod ipse.

Benediccio in dominica xxi.[a]

OMnipotens deus dies uestros in sua pace disponat et sue uobis benediccionis dona concedat. Amen.

Ab omnibus uos perturbacionibus liberet. et mentes uestras in sue pacis tranquillitate consolidet. Amen.

Quatinus. spei fidei. et caritatis geminis[2] ornati. et presentem uitam transigatis illesi. et ad eternam perueniatis securi. Amen.

Quod ipse.[3]

Benediccio in dominica xxii.

BEnediccionis domini gracia uos semper protegat. et ab omni malo defendat. Amen.

[1] *add.* O.
[2] gemmis : O.
[3] prestare : *add.* O.

Mundet uos ab omni crimine peccatorum. et sibimet placere faciat ineternum. Amen.

Ubique uobis dominus placatus occurrat. et sue benediccionis opem dignanter attribuat. Amen.

Quod.[1]

Benediccio in dominica xxiii.

OMnipotens dominus adaperiat cor uestrum in lege sua et humiliet animas uestras ad capienda mandata celestia. Amen.

Quicquid pro salute animarum uestrarum os mortalitatis uestre enarrat. acceptum uobis pietas[2] diuina efficiat. Amen.

Et diuinis sermonibus animati cum eis qui pro uobis inuigilant ad eternam beatitudinem mereamini peruenire illesi. Amen.

Quod ipse.

Benediccio in dominica xxiiii.

COncedat uobis dominus premium sincerissime ueritatis. ut cum omnibus sanctis semper in pace uiuatis. Amen.

Inimicorum omnium insidias superetis. et presentem uitam sincerissime peragatis. Amen.

Sitis eciam a reatu consciencie liberati. ut nichil metuatis in die iudicii futuri. Amen.[3]

Quod.[1]

Benediccio[4] in celebracione nupciarum.

SUmme prouidencie dominus qui post lapsum prothoplaustorum. per bona matrimonii usum carnalis desiderii excusabilem existere decreuisti. sanctificare digneris coniugalem[1] propositum in quo presentes coniuges abdicati[1] thori illiciti maculis nectere uoluisti. Amen./ [fo. 188. b.

Da eis sub presentis commercii indulgencia inquinamenta cetera deuitare. ut fructum tricenum ex uerbi tui semine ualeant optinere. Amen.

Quo sicut coniugium magnum existit sibi et ecclesie sacramentum. sic unitati corporum preponderet caritas animorum. et magis tollerantes quam amantes carnale commercium. ad illud mentaliter suspendantur gaudium ubi similitudo felicitatis angelice excludit omne contagium mortalium nupciarum. Amen.

Quod ipse.

Benediccio super lynthiamina.

SOlus et ineffabilis et incomprehensibilis rex omnipotens deus qui per moysen famulum tuum legis que latorem misticas tibi munerum species et ad demonstrandum boni operis finem candam[1] in sacrificio offerri precepisti ostendens quia ille bene immolat qui bonum opus usque ad finem debite accionis producit. Te ergo domine humili prece supplicique famulatu deposcimus ut hoc lynthiamen ad sacrosancta corporis et sanguinis libamenta offerenda preparatum tua bene✠diccione dotari et celesti sanctificacione perfundere

[1] ipse : *add.* O.

[2] pietas : O : s *being written over erasure in space for three letters.*

[3] *om.* O.

[4] This benediction and the four which follow are not contained in O. which begins again with that *in Natali SS. Fabiani et Sebastiani* below on col. 617.

[1] *sic.*

digneris. quatinus offerencium beneplacitum munus suscipias. et sumendo et sumentibus uitam propicius concedas eternam. Saluator mundi qui unus in trinitate perfecta uiuis et regnas deus. Per omnia secula seculorum. Amen.

Benediccio corporalium.

DEus qui pro generis humani saluacione uerbum caro factus est. et habitare totus in nobis non dedignatus es. quique traditori tuo perfido osculum pium dedisti. dum pro omnium uita pius uoluisti agnus mactari. atque in syndone lino texta totum te inuolui permisisti. respice propicius ad uota nostra qui tua fideliter carismata amplecti cupimus. Quesumus domine sancti ✠ficare. bene✠dicere conse✠crareque digneris hoc corporale in usum altaris tui ad consecrandum super illud. siue ad tegendum inuoluendum sacrosanctum corpus et sanguinem tuum domine ihesu christe dignis que pareat famulantibus. ut quicquid sacro ritu super hoc immolabitur. sicut mel-/ [fo. 189. chisedech oblatum placeat tibi holocaustum et optineat per hoc primum quicumque optulerit uotum. Te quoque humiliter rogamus ac petimus ut hoc corporale tue sanctificacionis ubertate per spiritus sancti graciam puri✠fices et sancti✠fices qui pro nobis omnibus te sacrificium offerre uoluisti et presta ut super hoc sint tibi libamina accepta. sint grata. sint pinguia. et spiritus sancti tui semper rore perfusa. Saluator mundi. Qui uiuis et regnas cum deo patre. In unitate eiusdem.

Benediccio in uigilia utriusque festiuitatis gloriosi Regis Edwardi et confessoris.

OMnipotens deus uos dignetur benedicere. qui beatissimo regi edwardo donauit prospera mundi despicere. et nulla eius aduersa formidare. Amen.

Ut cuius gloriosam commemoracionem deuotis sollempniis preuenitis ipsius meritis preces uestras apud dominum exaudiri senciatis. Amen.

Et post cursum uite presentis uos transferri faciat ad celestia regna cum beatis. Amen.

Quod ipse.

Benediccio in die utriusque festiuitatis predicti sancti Regis.

BEnedicat uos superbenedictus rex regum et dominus dominancium qui beatissimo Regi Edwardo et confessori tribuit in terris regale dominium. uos quoque regat et protegat per huius mundi deuium. qui eundem regem transtulit ad regni celestis fastigium. Amen.

Et qui eum in carne positum mirabiliter insigniuit nonsolum regali dignitate. sed eciam in coniugio uirginali castitate. ac morum insuper et miraculorum speciali sanctitate. uos regendo roboret. et adornet uera fide. certa spe. perpetua caritate. Amen.

Ut qui sacram corporis eius deposicionem annua deuocione celebratis. suis meritis et precibus a penis uos transferat et peccatis. et cum hoc rege sanctissimo regem glorie in decore suo cernatis eiusque ineffabili splendore eterno letantes iubilo perfrui ualeatis. Amen.

Quod ipse.

Benediccio in natali sanctorum fabiani et sebastiani.

DEus qui triumphantibus pro te martiribus regiam celestis aule potencie tue dextera pandis. quique/ pro te [fo. 189. b. dimicantes sic decoquis in corporeis erumpnis. ut uelud aurum rutilans excipias in supernis. benediccione uos beatifica celesti. qui sanctis martiribus tuis fabiano et sebastiano in certamine uictoriam prestitisti. Amen.

Sit plena ecclesie huic leticia pro eorum triumpho. optineat ipsorum passio. nobis ueniam pro delicto. et effunde super nos dona spiritualium uirtutum. ut nichil in uobis inimicus aut uiolenter surripiat aut fraude decipiat. Amen.

Ut optinentibus apud te beatis martiribus tuis fabiano et sebastiano quorum hodie festa celebramus. per bone conuersacionis perseueranciam ad tuam mereamur pertingere graciam. Amen.

Quod ipse.

Benediccio de sancta Agnete uirgine.

DEus qui beatam agnetem simul et uirginitatis et martirii decore concessit florere decenter. uos faciat lumine tocius religionis fulgere. et de utriusque uite prosperitate gaudere. Amen.

Et qui ei inter tormenta inconcussam dederat constanciam. uobis in omni temptacione suam largiatur graciam. uirtutumque uestiat nitore qui eam per angelum suum celesti decorauit habitu in carceris squalore. Amen.

Et que in medio flammarum ad astra meruit migrare pro uobis intercedat quatinus spiritus sancti igne ualeatis flagrare. et post hanc uitam thalamum celestem intrare. Amen.

Quod ipse.

Benediccio de sancto Uincencio.[1]

BEnedicat uobis dominus celorum rector et conditor pro cuius nomine leuita et martir uincencius insaniem[2] rabidi hostis interritus adiit. modestus sustinuit. et palmam uincendo adquisiuit. Amen.

Et qui immania pro christi confessione pertulit pertormenta. uos suis meritis ne supplicium eternum incurratis adiuuet. et pius interuentor ut uobis celestia regna aperiantur exoret. Amen.

Quatinus eo suffragante et in hoc seculo tranquillitatem temporum. salubritatem corporum. salutem animarum. et in futuro possideatis eternitatis premium lumen clarissimum et sempiternum. Amen.

Quod ipse./ [fo. 190.

Benediccio in conuersione sancti pauli.

DEus qui gracia sua. beatum paulum ex persecutore fecit

[1] *Martyre : add.* O.
[2] insaniam : O.

apostolum. ipse uobis compunccionis pieque conuersionis dignetur impertiri spiritum. Amen.

Quique ei secretorum celestium misteria dignatus est reuelare. ipse uobis celestium uirtutum abdita dignetur aperire. Amen.

Et qui ei perseueranciam fidei constanciamque in persecucionibus inflexibiliter[1] dare dignatus est eiusdem interuencionibus uestram infirmitatem donis spiritualibus roborare atque munire dignetur. Amen.

Quod ipse.

Benediccio de sancta Agnete.[2]

DEus qui beate Agnetis triumphum uos fecit secundo iterare munera misericordie sue uobis[3] dignetur prestare. Amen.

Eius deprecacio a uobis omnia arceat contraria. et queque adhibeat[4] salubria. que uirgo et martir inter astra rutilat celestia. Amen.

Pectora uestra grata sint sancto spiritui hospicia. uestraque deo accepta fiant desideria eoque uos dirigat sancta trinitas post obitum. ubi beata Agnes glorianter nouum concinit canticum. Amen.

Quod ipse.

IN die purificacionis beate Marie[5] *post terciam decantatam preparatis cereis benedicendis cum candela rotunda ante altare. Ueniat abbas cum capa stola et manipulo sollempniter indutus. et tunc cantores sequens Responsorium cum uersiculis et sine* Gloria *ante altare cantent.*

℟. Gaude maria uirgo cunctas hereses sola interemisti que gabrielis archangeli dictis credidisti. Dum uirgo deum et hominem genuisti et post partum uirgo inuiolata permansisti. ℣. Gabrielem archangelum scimus diuinitus te esse affatum uterum tuum de spiritu sancto credimus impregnatum erubescat iudeus infelix qui dicit christum ex ioseph semine esse natum. Dum uirgo.

Quo dicto pronunciet abbas ℣. Post partum *et dicat* Dominus uobiscum.[5]

Oracio.

DEus qui salutis eterne beate marie uirginitate fecunda humano generi premia prestitisti. tribue quesumus. ut ipsam pro nobis intercedere senciamus per

[1] inflexibilem : O.

[2] *secundo : add.* O.

[3] nobis : O.

[4] adhibebat : O.

[5]—[5] *ante tertiam preparentur cerei benedicendi cum candela rotunda substratis tapetis ponantur ante magnum altare. Atque post tertiam decantatam abbas cum capa. stola et manipulo tantum sollenniter indutus uel prior ipso absente absque capa: ad magnum altare continuo procedat. precedentibus ministris cum aqua crucibus et candelabris cereis superpositis nondum accensis atque thurribilis cum carbonibus ignitis quasi tunc magnam inchoando processionem. et teneatur ibidem magnus cereus qui dicitur mariale minime accensus. atque post abbatem ueniant quatuor fratres quos cantor prerogauerit albis tantummodo induti et ante gradus magni altaris sequens Responsorium incipiant quod a precentore reinchoetur. et usque ad uersum a conuentu prosequatur uersas facies habentes chorus ad chorum.* ℟. *Gaude maria uirgo. [*–* Musical notation above these words.]

Cantores subiungant hunc uersiculum Gabrielem archangelum. *Chorus regressum.* Dum uirgo. *Quo dicto absque* Gloria patri : *pronunciet abbas* ℣ Post partum uirgo. *Et dicat.* Dominus uobiscum. *Et hanc orationem solleniter cantando.* O. (ff. 103.b.–104.)

quam meruimus auctorem uite[1] suscipere dominum nostrum ihesum christum filium tuum. Qui tecum.[2]

[4]*Postea accendatur candela rotunda que specialiter consecranda*| *est cantore incipiente* [fo. 190. b. *sequentem antiphonam.*

Uenit lumen tuum ierusalem et gloria domini super te orta est et ambulabunt gentes in lumine tuo alleluya. *uel* ineternum. *si infra lx*[a3] *euenerit.*

Deinde sequatur benediccio luminis plane legendo dicente abbate hunc uersiculum.[4]

Benedictus qui uenit. Dominus uobiscum.

Oracio.

DOmine sancte pater omnipotens eterne. deus bene✠dicere. et sancti✠ficare. digneris ignem istum quem nos indigni suscipimus per inuocacionem unigeniti filii tui domini nostri ihesu christi quem hodie in templo presentatum iustum symeonem diu expectantem in ulnis suis suscepisse nouimus. et salutare tuum ante faciem omnium populorum esse. lumen scilicet gentibus et gloriam plebis tue israel prophetico spiritu docuit. te quesumus domine ut. bene✠dicere. digneris lumen istud. et omnibus illud manibus gestantibus uerum lumen tue maiestatis concede. ut te cognoscentes. te diligentes. te querentes. per uiam uirtutum ad te ualeant peruenire. Amen. Per eundem dominum.

Alia oracio.

OMnipotens clementissime pater lumen indeficiens exaudi nos et tue. bene✠diccionis largitate hoc lumen. sancti✠fica. ut in filii tui amore illud gestancium expulsis peccatorum tenebris sancti spiritus igne corda illustrentur. et in tuo amore[1] amore[2] accendantur. Per eundem. In unitate eiusdem.

Alia[3] *oracio.*

CElesti lumine quesumus domine semper et ubique nos preueni. ut misterium cuius nos participes esse uoluisti : et puro cernanus intuitu. et digno[1] percipiamus effectu.[4] Per dominum nostrum.

†*Postea aspergantur cerei aqua benedicta et incensentur cantore incipiente hanc antiphonam.*

Hodie beata uirgo maria puerum ihesum presentauit in templo et

[1] *om.* O.
[2] uiuit : *add.* O.
[3] *sic.*
[4]—[4] *Dum dicitur precedens oratio : stabit uterque chorus extransuerso suppliciter inclinantes. Ad cuius finem cum responsum fuerit a conuentu amen : accendatur unus ex cereis. atque candela rotunda que specialiter consecranda est : similiter accendatur cantore incipiente Antiphonam.*
*Uenit lumen tuum ierusalem et gloria domini super te orta est et ambulabunt gentes in lumine tuo alleluia *uel* in eternum.* [*–* Musical notation above these words.]
Ad cuius finem cum infra septuagesimam euenerit loca (sic) *alleluia subiungetur ineternum. Deinde sequatur benedictio luminis sic. Abbas non sollenniter sed plane legendo dicat hunc.* ℣ : O.

[1] A cross in margin of W.[1] opposite these lines.
[2] *sic in* W.[1] *om.* O.
[3] *Item :* O.
[4] affectu : O.
†—† *Dum dicuntur orationes stabunt fratres in choro ad orientem uersas habentes facies et illis finitis singulis cum integra*

symeon repletus spiritu sancto accepit eum in ulnas suas et benedixit deum israel.†

Qua finita dicat sacerdos hunc uersiculum et oraciones que sequuntur plane legendo ut prius.

℣. Uiderunt oculi mei. ℟. Salutare tuum domine. Dominus uobiscum.

Oracio.

INmense maiestatis tue misericordiam obsecramus omnipotens deus. ut qui uerum lumen dominum nostrum ihesum christum hodierna die cum nostre [1]carnis substancia[1] in templo representari atque diu desideratum beati symeonis brachiis amplecti/ uoluisti mentis [fo. 191. nostre sensus dono tue gracie illuminare digneris quatinus hos cereos tua bene✠diccione. sanctifica✠tos. ferentes. castitatis securitate. tuique amoris caritate exubera. nosmetipsos hostiam uiuentem. sanctam. tibique exhibere ualeamus placentem. Per eundem.[2]

Alia oracio.

OMnipotens sempiterne deus qui hodierna die unigenitum tuum ulnis sancti symeonis in templo sancto tuo suscipiendum presentari uoluisti: tuam supplices deprecamur clemenciam. ut hos cereos quos nos tui famuli

conclusione: aspergantur aqua benedicta cerei ab abbate: et incensentur cantore imponente. Antiphonam.

Hodie beata uirgo maria puerum ihesum presentauit in templo et symeon repletus spiritu sancto accepit eum in ulnas suas et benedixit deum israel. O. [*–* Musical notation above these words.]

[1]—[1] substancia carnis: O.

[2] dominum nostrum: *add.* O.

in tui nominis magnificenciam suscipientes gestare cupimus luce accensos bene✠dicere.[1] et sanctifi✠care. atque lumine superne benediccionis accendere digneris. quatinus nos tibi domino deo nostro offerendo digni et sancto igni dulcissime ueritatis succensi. in templo sancto glorie tue representari mereamur. Per eundem.[2]

[3]*Postea distribuantur cerei atque de lumine benedicto tam ipsi cerei quam cetera luminaria per totam ecclesiam prius extincta protinus accendantur. Cantore incipiente antiphonam.*[3]

Suscipiens ihesum in ulnas suas symeon exclamauit et dixit tu es uere lumen ad illuminacionem gencium. et gloriam plebis tue israel.

Alia antiphona.

Senex puerum portabat. puer autem senem regebat. quem uirgo peperit et post partum uirgo permansit ipsum quem genuit adorauit.

Benediccio in purificacione beate [4]uirginis marie.[4]

OMnipotens deus qui unigenitum suum hodierna die in assumpta carne in templo uoluit presentari. benediccionis sue uos

[1] *omit* ✠ O.

[2] dominum nostrum: *add.* O.

[3]—[3] *Finita hac oratione et responsorio a conuentu amen: distribuantur cerei per secretarium primum: domno abbati eius dexteram osculando. postea priori. cantori. ac ceteris per ordinem singuli singulis tribuantur. atque de lumine benedicto tantum ipsi cerei quoniam cetera luminaria per totam ecclesiam protinus accendantur. Cantore incipiente. Antiphonam*: O. f. 32. [O. gives musical notes above these two anthems.]

[4]—[4] *marie uirginis*: O.

625

munere fultos bonis operibus faciat exornari. Amen.

Et qui eum ut legem adimpleret ministrum uoluit effici legis. mentes uestras instruat legis sue spiritualibus documentis. Amen.

Quo ei pro turturibus castitatis [1]seu caritatis[1] munera offerre ualeatis. et pro pullis columbarum spiritualibus donis exuberetis. Amen.

Quod ipse.

Benediccio de sancto blasio..

BEnediccionum eternarum copiam. et culparum ueniam dei uobis conferat misericordia. uos que post hanc uitam suo sancto intercedente presule Blasio ad celestia perducat gaudia/ Amen. [fo. 191. b.

Et qui ei talem prestitit graciam ut immanium pateretur tormentorum martirium. aduersum omnem uos confortet aduersarium. et ad omne sanctum corda uestra accendat desiderium. Amen.

Eius uos intercessio commendet domino. qui hodie choro iunctus est angelico. et illius merita uos ad supernam subleuent[2] felicitatem. cuius passionis sanctam celebratis sollempnitatem. Amen.

Quod ipse.

Benediccio de sancta agatha.

BEnedic domine et sanctifica ecclesiam tuam qui beatam agathen uirginem et martirem adquisisti fide. honorasti pudore glorificasti certamine. Amen.

1—1 *erased*: O.
2 sulleuent: O.

626

Repleatur hic populus illo spiritu qui martiri tue affuit agathe. cum eam ignis torreret. cum ungula raderet. cum eculeus infrigeret.[1] et tyrannus mamillam torqueret. Amen.

Ut dum se sibi pro tuo amore abnegat. tua collocetur in dextera. cuius est eleccione uocata in gloria. Amen.

Quod ipse.

Benediccio in cathedra sancti Petri.

DEus qui beatum petrum apostolum tuum ita reddisti[2] precipium ut sortiretur inter ipsos fidei proceres principatum. quo per apostolatus fastigium a te sibi traditum ecclesie tue celestis regni aperiret ianuam. respice plebem tuam pietate solita et eam tibi sanctificatam tua exhibe gracia. ut cum celorum clauigero. celum hereditet perpetuo. Amen.

Optineat apud te ueniam pro corrigendis nostris delictis qui claudo fuit medela pro restituendis uestigiis. fiat que nobis benediccio salutaris. Amen.

Ut ipso intercedente et te largiente illuc sibi greges commissos introducat ad gaudia. quo pastor idemque ianitor tecum remuneratus exultat in gloria. Amen.

Quod ipse.

Benediccio de sancto mathia.

OMnipotens dominus sue uos[3] benediccionis defendat pre-

1 infigeret: O.
2 reddidisti: O.
3 nos: O.

sidio. qui beatum mathiam apostolorum duodeno sociauit collegio. Amen.

Tribuat uobis scandere gaudia superne felicitatis qui illum inter ipsos ecclesiarum principes uirtute prouexit humilitatis. Amen.

Sicque in hoc seculo uosmetipsos humiliando mutueque dileccionis honorem inuicem preuenientes[1]/ conuersemini. ut [fo. 192. in futuro cum omnibus apostolice fidei cultoribus sine fine letemini. Amen.

Quod.[2]

Benediccio de sancto Gregorio.

DEus omnipotens uos[3] benedicat. qui beatum[4] et summum pontificem[4] gregorium sanctissimum nobis contulit doctorem. et preclarum uirtutibus confessorem. interuentu illius conferat uobis uirtutum suffragia. per que[5] tanti patris subsequi ualeatis pia uestigia. Amen.

Assistat hic patronus angelicus ante thronum dei pro uobis intercessor piisimus. efficiatque uos suo optentu solidos in fide. firmos in caritate. indefessos in spe. ardentes in omni sanctitate. Amen.

Adiuuet uos semper de sinistra transire ad dexteram. de mortalitate ad inmortalitatem. quatinus sicut sancti gradientes de uirtute in uirtutem. reuelata facie deum deorum uideatis in gloria sua. et sanctorum omnium in celesti regno desiderabilem habeatis societatem. Amen.

Quod ipse.

[1] preueniendo : O.
[2] ipse : *add.* O.
[3] uos : *add.* O. *dupliciter.*
[4]—[4] *erased* O.
[5] pro que : O.

Benediccio de sancto Cuthberto.

DEus qui omne tempus uite beati Cuthberti miraculis apostolicis fecit esse plenissimam uobis sue benediccionis donet exuberanciam. atque concedat misericordiam indulgentissimam. uirtutumque copiam felicissimam. Amen.

Ut qui triennem per infantulum pontifex futurus meruit prenunciari. et ab angelo curari. sua uos intercessione faciat muniri. et utriusque uite prosperitate beari. Amen.

Quique in celo iocundissimam habet mansionem. uobis peccatorum impetret remissionem. et perhennem felicitatem. per hanc temporalem sollempnitatem. Amen.

Quod ipse.

Benediccio de sancto Benedicto.

OMnipotens dominus uos sue benediccionis dono sanctificet. qui beatum benedictum abbatem primeue etati[1] decore sibi asciuit. atque spiritus sancti ardore succensum ad regendam monachorum preelegit cateruam. Amen.

Sicque cor uestrum irradiet. ut eaque in domo dei ex huius uita patroni recitantur uiscerabiliter intelligatis. et intelligendo quamtocius imitari possitis. Amen.

Quatinus eius exemplis eruditi necnon et/ [fo. 192. b.

[1] *sic.*

suffragiis muniti monumentum labentis eui transeatis illesi atque in eterna requie illi cum palma glorie ualeatis adiungi. Amen.

Quod ipse.[1]

Benediccio in annunciacione dominica.

DEus qui cum te non capiunt celi dignatus es in templo uteri uirginalis includi. ut mater integra haberet et fructum de spiritu. et in corrupcionem de partu. da ecclesie tue custodem angelum. qui te filium beate marie predixit esse futurum. Amen.

Sanctificetque gregem tuum illa benediccio que te sine semine humano. redemptorem formauit in uirginis utero superueniente spiritu sancto. Amen.

Ut[2] te protegente exultet ecclesia de congregato populo. sicut beata uirgo meruit gloriari de filio dei a se incarnato. Amen.

Quod ipse.

Benediccio de sancto marco.

DEus qui presentem diem beati marci euuangeliste consecrauit martirio. tribuat uos eius adiuuari et benedici. suffragio. Amen.

Quique eum uisitare[3] dignatus est in carcere uos ipsius euuangelica dignetur reficere et saciare dulcedine. Amen.

Quatinus cum eo gaudeatis imperpetuum. per cuius euuangelium tenetis christi incarnacionis sacramentum. Amen.

[1] prestare : *add.* O.
[2] Et : O.
[3] uisitari : O.

Quod ipse.

Benediccio de apostolis philippo et iacobo.

DEus qui presentis diei sollempnitatem beatorum apostolorum philippi et iacobi glorificacione sanxit honorabilem. mentes uestras ardore gemine dileccionis inflammet. sempiterne lucis splendore perlustret. sueque benediccionis ubertate fecundet. Amen.

Quique per hos lampadis[1] sanctum philippum gentibus sue fidei lumen aperuit. per que iacobum fratrem domini incredulitatis iudaice seuiciam perfidiamque redarguit. uos amborum meritis omni errorum caligine miseratus euacuet. agnicionis sue facula serenus irradiet. catholice fidei integritate consolidet. omniumque spiritualium carismatum incrementis accumulet.[2] Amen.

Quatinus eorum interuentu superne hereditatis/ [fo. 193. adipisci mereamini porcionem. quorum hodierna die sub una ueneracione festiuitatem celebratis sollempnem. Amen.

Quod ipse.

Benediccio in[3] inuencione sancte crucis.

BEnedicat uos omnipotens deus qui per unigeniti sui ihesu christi domini nostri passionem et crucis patibulum. a captiuitate demonica genus redemit humanum. Amen.

[1] *sic.*
[2] accumlet : O.
[3] *om.* O.

Concedatque uobis ut cum omnibus sanctis que sit eiusdem crucis longitudo. sublimitas. et profundum. mente deuota comprehendere ualeatis. Amen.

Quatinus uosmetipsos abnegando crucemque gestando ita in presentis uite stadio redemptorem uestrum possitis sequi. ut ei inter choros angelorum post obitum mereamini semper assisci. Amen.

Quod ipse.

[1]*Benediccio de sancto iohanne ante portam latinam.*

DEus qui beatum iohannem olei examinatum ardoribus martirii decorauit honore. ipsius meritis uos unctos oleo leticie inflammet sancta deuocione. Amen.

Et sicut ardoris uiolencia non sauciauit sed sanctificauit hunc strenuissimum athletam. sic eiusdem gracia omnia uobis aduersancia conuertat in interioris hominis medicinam. Amen.

Ut unccione inuisibili interius delibuti. possitis in omnibus salubriter per spiritum erudiri. Amen.

Quod.

Benediccio de sancto dunstano.

DEus qui beatum Dunstanum sublimi uocacione preuentum pontificali magnificauit honore et miraculorum potestate. uos indeficienti magnificet bonitate. Amen.

Et qui ipsum pro sinceritatis priuilegio consolatus est singulariter familiaritate angelica. uos ei assimulet cordis et corporis inmundicia illibata. Amen.

Ut uos eius imitantes merita gloriosa adornet inmarcessibili corona. Amen.

Quod ipse.

[1] *This and two following benedictions omitted by* O.

Benediccio de sancto Augustino anglorum apostolo.

DEus qui cardines maris sue gracie tentorio operuit beati augustini laboribus anxiis. eius nos precibus liberet ab angustiis sempiternis. Amen.

Et qui sue predicacionis instancia insulam britannicam subdidit euuange/ licis [fo. 193. b. disciplinis. uos uere fidei obedire faciat institutis. Amen.

Quo tanti patris muniti patrociniis. ipsius coheredes esse possitis in gaudiis sempiternis. Amen.

Quod ipse.

Benediccio de sancto Barnaba apostolo.

DEus qui mundum uniuersum per apostolos suos uoluit illuminare. omnes tenebras de cordibus uestris dignetur amputare. prestetque ut sanctus barnabas apostolus uobis lucem uite et quietis sua intercessione studeat impetrare. Amen.

Uobis[1] opem prebeat in terris. qui inter ipsos incomparabiles ecclesie proceres splendidus atque perlucidus emicat in celis. Amen.

Semper hoc apostolicum sidus ad impetranda uobis rutilet suffragia. et uos in illa consociet

[1] Nobis: O.

633

gloria. ubi[1] ineffabilis numquam deficiet leticia. Amen.

Quod ipse.

Benediccio in uigilia sancti Iohannis baptiste.

DEus qui beatum iohannem baptistam magnum nunciasti per angelum. maximum per uerbum qui clausus in utero reddidit obsequium domino. matrem repleuit gaudio. patris linguam soluit a uinculo. cerne placato uultu confrequentantem hodie populum ad tanti preconis occursum. Amen.

Ascendat[2] uox illius ad aures pietatis tue qui maternis uisceribus ante mundi dominum nouit confiteri quam nasci. Amen.

Et eo intercedente purgetur hec plebs a crimine. cuius auctorem lauachri dextera tinxit in fonte. Amen.

Quod.[3]

Benediccio in die.

BEnedicat uos omnipotens deus beati Iohannis baptiste intercessione. cuius hodie natalicia celebratis. concedatque ut cuius sollempnia colitis. patrocinia senciatis. Amen.

Illius optentu ab omnibus aduersis tueamini. et bonis omnibus perfruamini. qui aduentum redemptoris mundi necdum natus cognouit. matris sterilitatem nascendo abstulit. patris linguam natus absoluit. Amen.

Quatinus ipsius agni quem ille digito ostendit. cuiusque immolacione estis redempti. ita

1 uir: O.
2 det: O. *in m.*
3 ipse: *ada.* O

634

uirtutum lanis uestiri. et innocenciam ualeatis imi/ [fo. 194. tari. ut ei in eterne patrie felicitate possitis adiungi. Amen.

Quod ipse.

Benediccio in uigilia apostolorum Petri et pauli.

DEus qui in tenebris ecclesie uelud geminatum lumen quo caueantur tenebre fecisti petri lacrimas. pauli litteras choruscare. concede huic familie tue felicia dona suis indefessis peticionibus optinere. Amen.

Atque eam de supernis sedibus placatus inspice qui celos fecisti aperire petrum in claue. paulum[1] in dogmate. Amen.

Ut preuiantibus ducibus illuc grex possit accedere. quo peruenerunt ipsi pariter. tam ille pastor per suspendium. quam ille doctor per gladium. Amen.

Quod ipse.

Benediccio in die.

BEnedicat uos deus qui uos beati petri saluberrima confessione in ecclesiastice fidei. fidei[2] fundauit soliditate. Amen.

Et quos beati pauli sanctissima instruxit predicacione. sua tueatur gratissima defensione. Amen.

Quatinus petrus claue. paulus sermone. utrique intercessione ad illam uos certent patriam introducere. ad quam illi alter cruce. alter gladio hodierna die peruenere. Amen.

Quod ipse.

1 paule: O.
2 *Struck out by black lines in* W.[1] *om.*O.

Benediccio in commemoracione sancti [1]*Pauli apostoli.*[1]

GLoriosa sancti pauli apostoli merita diuina nobis conferant carismata. et a uobis oblectamenta expellant illicita. Amen.

Quique magister gencium sacra uobis excellenter intonat eloquia uos sua muniat per suffragia. quatinus doctrinis eius instituti salutaribus. christo placeatis attencius. Amen.

Et qui petro claues regni celorum contulit. et paulo legem tradidit. uos faciat tenere que iste docuit. et illuc peruenire[2] ille solet celos aperire. Amen.

Quod ipse.

Benediccio[3] *in natali sancti Thome archiepiscopi et martiris cantuariensis.*

DEus qui gloriosi antistitis thome natalicia non ociose natiuitatis sue gaudiis miscuisti. ipsius interuenientibus meritis. hos famulos tuos maiestatem tuam facias debiti honoris reuerencia uenerari. Amen.

Et sicut ipse iuxta boni pastoris regulam animam dedit pro ouibus suis. sic da fidelibus tuis nullam for/midare [fo. 194. b. tyrannicam rabiem in preiudicium catholice ueritatis. Amen.

Quatinus eius exemplo per sanctarum legum obseruanciam discant prospera despicere et de tyrannica rabie paciendo uiriliter triumphare. Amen. Amen.

Quod ipse.

1—1 *beati pauli*: O.

2 u bi : *add.* O.

3 *This and the following four benedictions omitted by* O.

Benediccio in translacione eiusdem sancti.

DEus cuius miseracione sanctorum corpora requiescunt in sabbato pacis. uestra transferat precordia in desiderium future requiescionis. Amen.

Et qui sanctorum membra quorum mors preciosa iubet honore debito recondere ipse meritis gloriosi martiris Thome uos dignetur de uanitatis puluere suscitare. Amen.

Quo tandem per sue potestatem benediccionis corporis et anime stolis festiualibus induamini duplicatis. Amen.

Quod.

Benediccio in festiuitate reliquiarum.

DEus cuius prouidencia preciosa mors sanctorum facta est inmortalitatis inicium. tribuat uobis illius uite desiderio cunctas despicere illecebras fallacium gaudiorum. Amen.

Quique sanctorum suorum reliquiis uos in hodiernis sollempniis consolatur. ipsorum suffragantibus meritis. uobis gracie sue affluenciam largiatur. Amen.

Quo ipsorum uitam pro uiribus imitantes. et suffragiis adiuti. eorundem indeficientibus gaudiis mereamini perhenniter sociari. Amen.

Quod ipse.

Benediccio in festiuitate sancte Margarete uirginis.

DEus corona uirginum et omnium remuneracio meritorum. uos pietate sua benemeritos traducat in consorcium sanctorum suorum. Amen.

Quique beatam Margaretam de tyrannica ac beluina rabie fecit mirabiliter triumphare. uos leonis inuisibilis feritatem cum draconis insidiis faciat fortiter et prudenter superare. Amen.

Quo sicut ipsa nec blandimentis illici. nec tormentis potuit a tramite rectitudinis obliquari. sic uobis tribuat inter omnia discrimina inflexibiliter in fundamento fidei stabiliri. Amen.

Quod.

Benediccio de sancta maria magdalena.

DEus qui peccantes sua gracia preueniens nulli claudit gremium penitenti uobis cordis contriti et hu/miliati spiritus dignetur graciam impertiri. [fo. 195. Amen.

Quique magdalenam preuenit tantis priuilegiis gracie. ut ei primo resurgens elegit apparere uobis eius meritis det bona perdita rigore penitencie compensare. Amen.

Quo sicut illi pro multis dimissis reatibus multum sui contulit amorem. sic uobis eiusdem clemencie dulcedinem perfectam tribuat reconciliacionem. Amen.

Quod.

Benediccio de sancto Iacobo apostolo.[1]

OMnipotens dominus qui hunc diem beati apostoli sui iacobi consecrauit martirio. uos eterna benediccione sanctificet illius intercessionis auxilio.[2] Amen.

[1] *om.* O.
[2] suffragio : O.

Et qui moriendo calicem domini bibere non est cunctatus in terris. ipse uos apostolica defensione munitos. a cunctis peccatorum uestrorum nexibus soluat in celis. Amen.

Quo sicut illum passio reddit gloriosum. ita et uos integre fidei quam predicauit confessio. supernum faciat conscendere regnum. Amen.

Quod ipse.

Benediccio in aduincula sancti petri.

DEus qui beatum petrum apostolum a uinculis absolutum de carcere exire concessit illesum. et porte ferree transire ultro apertum obstaculum. illius etherei ianitoris apostolica auctoritate uos a peccatorum uestrorum nexibus soluat ac paterna proteccione ab omni malo defendat. Amen.

Cumnni[1] principis apostolorum beati petri uos ubique muniat inmensa bonitas peruigil et indefessa pii suffragatoris uobis succurrat benignitas. et eternaliter uos ipsius letificet hodierna sollempnitas. Amen.

Quatinus eius glorie sempiterne mereamini habere participacionem qui post angelicam de carceris squalore liberacionem feliciter subiit regna celorum. Amen.

Quod ipse.

Benediccio in inuencione sancti stephani prothomartiris.[2]

BEnediccionum omnium copiam larga uobis dei conferat

[1] *sic* : Summi : O. *and two following words are written over erasure in O.*
[2] *om.* O.

miseracio. et intercessio beati prothomartiris stephani uobis peccatorum omnium fiat remissio. Amen.

Optineat uobis ab eo quem ad patris dexteram stantem meruit uidere peccaminum ueniam. qui inter lapidancium ictus inuiolabilem tenuit constanciam./ Amen. [fo. 195. b.

Eius ergo quam celebratis ueneranda inuencio uobis contra omnes emulos sit inuicta tuicio. ut in presenti seculo deo placeatis attencius. et post celica regna subire ualeatis felicius. Amen.

Quod ipse.

Benediccio in uigilia sancti laurencii.

COrrobora christe gregem tuum turris fortitudinis qui beatum prius armasti pectore. post sermone. ante decorasti professione quam funere. Amen.

Infunde circumstantibus credulitatis spiritum. qui confitenti aderas ne facerent plage trepidum. pena fessum. flamma deuictum. Amen.

Ut ipso interueniente ac te remunerante illa luce plebs radiet qua leuita fulsit in carcere. illa fide micet qua celos uictor meruit introire. Amen.

Quod.[1]

Benediccio in die.

SAncte Trinitatis super uos benediccio descendat gratissima. qui beati leuite laurencii martiris que gloriosi festum ce-

[1] ipse: *add.* O.

lebratis mente deuotissima. Amen.

Illius mereamini suffragiis fulciri. exemploque roborari. qui nec seuicia torquencium frangi nec inmanissima tormentorum crudelitate. a gloriosissima christi confessione potuit labi. Amen.

Et qui eum superato diuerso tormentorum genere. celestem gloriam feliciter cum triumpho dedit scandere. ipse uobis concedat uigore fidei uiciorum pellere contagia. et cum electis omnibus superindui inmarcessibilis glorie corona. Amen.

Quod ipse.

Benediccio in uigilia assumpcionis beate[1] marie.

DEus omnipotens uos benedicere dignetur. qui uirginalem pudici pectoris aulam beate marie ex qua nasceretur. et per quam periclitanti mundo subueniret dignatus est eligere. concedatque uobis superuenturam eius sollempnitatem congruo preuenire honore. atque ipsam uenientem digna celebrare deuocione. Amen.

Et que uirgo ante partum. uirgo in partu. et uirgo permansit inuiolata post partum. sua uos intercessione munitos. faciat sue gloriose interesse festiuitati benignos atque iocundos. Amen.

Ipsa uobis suis precibus et meritis aperiat ianuam paradisi. ipsa uos faciat in regno super-/no beate inmortalitatis [fo. 196. stola indui. que sola sine exemplo mater existens et uirgo

[1] *sancte*: O.

gignere meruit deum et hominem saluatorem mundi. Amen.

Quod.[1]

Benediccio in die assumpcionis.[2]

DEus qui per beate marie uirginis partum genus humanum dignatus est redimere celesti uos dignetur benediccione locupletare. et sancte uirginitatis gloria in excelsis magnifice beatificare. Amen.

Quique digna beate dei genitricis marie celos[3] letificauit assumpcione. uos celitus angelice exultacionis participet communione. et regine celorum gloriosa muniat proteccione. Amen.

Ut qui ad eiusdem perpetue uirginis celebrandam assumpcionem hodierna die deuotis mentibus conuenistis spiritualium gaudiorum. et eternorum premiorum uobiscum munera reportetis. et ipsa beata maria intercedente a domino inter choros angelorum admisceri ualeatis. Amen.

Quod.[1]

Benediccio de sancto Bartholomeo.

DEus qui apostolos non seruos sed amicos suos uoluit uocare. precioso apostolo suo Bartholomeo exorante a seruitute peccati uos dignetur liberare. et uirtutum libertate ditare. Amen.

Omne malum a uobis arceat benignissime. qui indos indos[4] indomitos deo subdidit uictoriosissime. Amen.

[1] ipse: *add.* O.
[2] *om.* O.
[3] celo: O.
[4] *sic in* W[1]. *but struck out*: *om.* O.

Placeat sibi pro uobis interuenire. qui roseo cruore perfusus uictor meruit celos subire. Amen.

Quod ipse.

Benediccio de sancto Augustino [1]episcopo et[1] doctore.

BEnedicat uos omnipotens deus qui beatum Augustinum pontificem insigniter uirtutum restituit[2] splendore peccatorum uobis indulgenciam annuat ipso intercessore. uos que fidei. spei. et caritatis circumdet uigore. Amen.

Et qui merita illius miraculis concessit rutilare. in bono proposito uos faciat perseuerare. quique contra hereticos ualidissimus extitit preliator. indeficiens uester extet suffragator. Amen.

Quatinus uita uestra moribus religionis locupletata et consciencia rore celesti fecundata eo dirigamini post obitum. quo preclarus confessor iste gloriosum[3] adeptus est habitaculum. Amen.

Quod ipse prestare.[4]/ [fo. 196. b.

Benediccio in decollacione sancti iohannis baptiste.[4]

DEus qui uos sancti Iohannis Baptiste concedit sollempnia frequentare. tribuat uobis et eadem deuotis mentibus celebrare. et sue benediccionis dona percipere. Amen.

Et qui pro legis preconio carceralibus est retrorsus in tenebris. intercessione sua a tenebrosorum operum uos liberet incentiuis. Amen.

[1]–[1] *om.* O.
[2] uestiuit: O.
[3] hodie: *add.* O.
[4] *om.* O.

643

Et que[1] pro ueritate que deus est capud non est cunctatus amittere. suo interuentu ad capud omnium quod est christus. faciat uos peruenire. Amen.

Quod ipse.

Benediccio in natiuitate sancte marie.

OMnipotens deus sua uos dignetur proteccione benedicere. qui hunc diem per natiuitatem[2] beate marie fecit clarescere. Amen.

Et qui per eam filium suum uoluit nasci. eius intercessione ab omni uos faciat aduersitate defendi. Amen.

Quo in presenti euo eius meritis et precibus adiuti. sempiterna ualeatis gratanter felicitate perfrui. Amen.

Quod ipse.[3]

Benediccio in exaltacione sancte Crucis.

DEus qui redemisti genus humanum per beate crucis patibulum ut quod prius erat celestis ad penam. sit conuersus[4] redempcio ad uitam. concede plebi tue eius saluari presidio. cuius est armata uexillo. Amen.

Sit ei crux fidei fundamentum. spei suffragium. in aduersis defensio. in prosperis adiumentum. Amen.

Perseueret que in hoste uictoria. in ciuitate concordia. in campo custodia in domo fultura. ut gregem in futuro conseruet incolumem que uobis agno uincente uersa est in salutem. Amen.

Quod ipse.

[1] qui: O.
[2] conce[p]cionem: *add.* O. over line.
[3] prestare: *add.* O.
[4] conuersis: O.

644

Benediccio de sancto matheo apostolo.[1]

DEus apostolorum sapiencia. et euuangelista[2] prudencia. meritis beati mathei uos omni celesti repleat sciencia. Amen.

Promptus ad imploranda sit uobis suffragia. qui plenus spiritus sancti gracia. primus oracula descripsit euuangelica. Amen.

Semperque illuc tendant uestra precordia. quo huius euuangeliste festinauerunt studia. dum diuina christi humanitatis condidit eloquia. Amen.

Quod.[3]

Benediccio de sancto michaele archangelo./ [fo. 197.

MUltiplici uos dominus benediccione locupletet. qui sollempnitate principis archangelorum mundo gaudia infert. Amen.

Et qui deuicto hodierna die hoste antiquo triumphat. suo interuentu molimina eiusdem draconis superare uos faciat. Amen.

Quatinus de animabus[4] uestris celestia lucra reportet. et ympnidicis angelorum choris perpetua uos exultacione consociet. Amen.

Quod ipse.

Benediccio de sancto ieronimo.

BEnedicat uos omnipotens deus ut sicut in sancto abbate atque sacerdote ieronimo eximia fulsit sapiencie claritas. sic in uobis fidei redundet integritas. pia humilitas pura caritas casta sobrietas. Amen.

[1] *om.* O.
[2] euangelistarum: O.
[3] ipse: *add.* O.
[4] animalibus: O.

645

Luceat uita uestra gemmis uerborum dei ornata spiritualibus. et sacratissimus hic interpres toto mundo perspicuus. pro uobis intercedat propicius. Amen.

Quicquid hic magister magnificus studuit docere. [1]spiritus sanctus[1] uos adiuuet complere. et qui signis ac miraculis resplenduit insignissimus sua intercessione uos quandoque paradisi societ gaudiis cum angelorum cetibus. Amen.

Quod ipse.

Benediccio de sancto Dyonisio Rustico. et eleutherio.

BEnedicat et custodiat uos sancta trinitas unus omnipotens deus. qui hodierna die beatos martires suos. Dyonisium. Rusticum. et eleutherium. eandem trinitatem confitentes. trino decorauit martirio. Amen.

Quique eos in sua fidei constancia permanentes coronauit in celis. uos in eadem fide stabiles cum bonorum operum cultu usque in finem perseuerare concedat in terris. Amen.

Etquorum martirii sollempnitatem pia deuocione ueneramini. illorum interuentu coronam uictorie de manu domini in celis accipere mereamini. Amen.

Quod ipse.

Benediccio[2] in translacione sancti Edwardi regis [3]et confessoris.[3]

OMnipotens deus uos dignetur benedicere. qui beatissimum regem edwardum sanctorum suorum collegio dignatus est sociare. Amen.

[1]—[1] Sanctus spiritus: O.
[2] f. 52.b. O. [3]—[3] *om.* O.

646

Et cuius gloriosam translacionem[1] [2]deuotis sollempniis preuenitis[2] ipsius meritis preces uestras apud dominum/ exaudiri senciatis. Amen. [fo. 197. b.

Et post cursum uite presentis uos tranferri[3] faciat ad celestia regna cum beatis. Amen.

Quod ipse.[4]

[5]Benediccio in die.

DEus qui gloriosum regem Edwardum in regni fastigio humilem. in deliciis affluentem. ac in diuiciis custodiuit spiritum pauperem. concedat uobis omnem repellere secularis incendii lesionem. Amen.

Quique ipsum eciam in carne uiuentem prodigialibus clarificauit miraculis. ipsius precibus uos sue respectu uisitet miseracionis. Amen.

Quo uosipsos bene regentes secundum dictamina legis eterne possitis indeficientis regni sceptrum et scemata[6] possidere. Amen.

Quod.[5]

Benediccio de sancto luca euuangelista.

SAncti Luce euuangeliste interuentu uobis dominus [7]sue benediccionis[7] conferat ubertatem. ipseque uos unanimiter domini adiuuet perficere uoluntatem. cuius hodierna ueneracione celebratis sollempnitatem. Amen.

[1] solennitatem: *add.* O. over line.
[2]—[2] deuote celebratis: O.
[3] transferri: O.
[4] *The last word of each blessing has neumes over it in* O.
[5]—[5] *om.* O.
[6] *sic in* W[1].
[7]—[7] benedictionis sue: O.

Illa doctrina quam hic docuit euuangelista semper in uobis floreat. et sanctitas ipsa quam edocuit euuangelico sermone corda uestra iugiter repleat. Amen.

Huius euuangeliste ueniam uobis impetret interuencio. et uirtutibus uos floridos reddat ipsius supplicacio. ut illius interuenientibus meritis ad celestia regna uos perducat dei miseracio. Amen.

Quod ipse.

Benediccio in uigilia apostolorum symonis et iude.

BEnedicat uos omnipotens deus qui[1] beatorum apostolorum suorum symonis et iude intercessionem. et nostrorum[2] uota ieiuniorum sibi acceptabilia reddat. Amen.

Precibus uestris effectum bonum[3] accomodet. cunctorum remissionem peccatorum attribuat. et uos feliciter ad sempiterna gaudia peruenire concedat. Amen.

Et[4] quos hodie ieiuniis et elemosinis precibusque intercessores conuenientes aduocatis hos pios auxiliatores cum omni apostolico agmine impertuum[5] habeatis. Amen.

Quod ipse.

Benediccio in die.

OMnipotens dominus sua uos faciat confessione benedici. et apostolica symonis et iude/ proteccione ab omni [fo. 198. aduersitate muniri. Amen.

[1] per: O.
[2] uestrorum: O.
[3] boni: O.
[4] Ut: O.
[5] imperpetuum: O.

Et qui illos ante mundi constitucionem principes sue predestinauit ecclesie. uos in libro beate predestinacionis ascriptos sempiterne consortes efficiat glorie. Amen.

Et quorum hortatu catholice fidei integritatem deuota mente sectamini eorum ducatu gaudia regni celestis introire. et cum sanctis omnibus eternaliter regnare mereamini. Amen.

Quod ipse.

Benediccio in uigilia omnium sanctorum.

BEnedicat uobis deus per gloriosam omnium sanctorum intercessionem. dignoque uos ieiunio reuerencie eorum sacram annuat preuenire celebracionem. Amen.

Et quorum sub una deuocione festiuam recolitis sollempnitatem. eorum pia consideracione uos deus promereri faciat sue gracie largitatem. Amen.

Sic et continua ipsorum uos in hac uita a peccatis et periculis redimant suffragia. ut eciam in futuro celestium uirtutum optineant a deo uos perfrui contuberniis. Amen.

Quod ipse.

Benediccio in die.

BEnedicat uos omnipotens deus per omnium sanctorum gloriosissimam intercessionem. et uestram placidissime dignetur suscipere humilimam deuocionem. Amen.

Et quorum in terris corde sincero felicissimum celebratis triumphum. ipsis opitulantibus ad eorum in celis perduci mereamini desiderabile consorcium. Amen.

Quatinus terreni contagii maculis emundati. ac uirtutum omnium radiantibus lampadibus exornati. et celestibus coniungi decenter agminibus et uenienti sponso ualeatis occurrere cum bonorum operum fulgentibus luminibus. Amen.

Quod ipse.

[1]*Benediccio in commemoracione animarum.*

DEus quo auctore cognoscitis sanctum ac salubre existere pro defunctis exorare. dignetur preces uestras quarum est inspirator misericorditer exaudire. Amen.

Ipse uobis imprimat ac carnes uestras configat memoria incessabili mortis. totum in sacre mortis studio dirigatis. Amen.

Quo et presentem miseriam pacienter ferentes. cum desiderio uocante domino/ sa- [fo. 198. b. lubriter moriendi. tandem cum hiis quorum memoriam agitis transire possitis in nubibus gaudenter obuiam saluatori. Amen.

Quod ipse.[1]

Benediccio de sancto martino [2]*episcopo et confessore.*[2]

DEus qui beatum martinum presulem tuum ita predestinasti. ut eum tue gracie perhenniter iuberes astringi: erige uota populi. qui protulisti gloriosa merita confessori. Amen.

[1]—[1] *om.* O.
[2]—[2] *om.* O.

Proficiat hiis ad fructum boni operis: quicquid in sacerdote amplectitur in[1] laude tui nominis. Amen.

Et eius intercessione hic populus consequatur ueniam. qui te remunerante felici seruicio peruenit ad palmam. Amen.

Quod.[2]

Benediccio[3] *de sancto Edmundo episcopo et confessore.*

DEus qui gloriosum anstistitem Edmundum ab adoloscencie[4] annis iugo direxit euuangelice sanctitatis. uos ipsius exemplo semper celestibus subiciat disciplinis. Amen.

Et sicut ipse in ecclesiasticis laboribus assiduus austeritatem non deseruit penitencie. sic det uobis labore et dolore uestrorum scelerum contagia uiriliter expiare. Amen.

Quo tam sancti patris meritis adiuti in illo ineffabili gaudio quo ascendit ualeatis perpetuo gratulari. Amen.

Quod ipse.

Benediccio de sancto Edmundo Rege et martire.

REx regum dominus cuius obsequium precelsius est omni transitorio honore. in sancti edmundi regis et martiris sollempniis sua uos sibi regnum faciat benediccione. Amen.

Quique pro eterni augmento imperii dedit illi per mortem zelo

[1] pro: O.
[2] ipse: *add.* O.
[3] *This and the following benedictio om.* O.
[4] *sic.*

fidei de gentili tyrannide triumphare. corda uestra dignetur extinctis uiciis fide uiuida uegetare. Amen.

Quo calcatis spiritualibus nequiciis per fidei constanciam. sancti Edmundi meritis et precibus consequi ualeatis promissam triumphantibus inmarcessibilem coronam. Amen.

Quod ipse.

Benediccio de sancta cecilia uirgine [1]*et martire.*[1]

DEus cui beata uirgo cecilia ita castitatis deuocione complacuit ut per eam duos fratres Tyburcium et Ualerianum sibi consecrari faceret. uos igni[2] superni amoris/ inflam- [fo. 199. met et sua benediccione confirmet. Amen.

Et que angelo deferente micancium [3]odori foras[3] liliorum atque rosarum coronas cum palma martirii precepit. eius meritis uos dominus omnium uirtutum floribus adornet et in paradisi regione eterne felicitatis dyademate coronet. Amen.

Quatinus a uobis opera tenebrarum procul abicientes. ac uosmetipsos uiriliter armis lucis induentes. ueri solis illustracione perfusi imperpetuum fulgeatis. et numero iustorum computati sicut sol in regno patris eorum fulgentes sine fine gaudeatis. Amen.

Quod.[4]

[1]—[1] *om.* O.
[2] igne : O.
[3]—[3] odoriferas : O.
[4] ipse : *add.* O.

Benediccio de sancto clemente.

OMnipotens deus uestrorum cordium archana purificet. et benediccionis sue uobis tribuat incrementa. qui hodierna die sancti clementis festiuitatem deuote uobis concedat[1] celebrare. Amen.

Ab omnibus eius intercessionibus uite presentis periculis exuamini. et uirtutum spiritualium ornamentis induamini. Amen.

Quo illius adiutorio fulti. sic domino seruiatis in terris. ut ei coniungi ualeatis in celis. Amen.

Quod ipse.

Benediccio[2] *in festo sancte Katerine uirginis et martiris.*

DEus qui palatinam uirginem katerinam innumeris ornauit priuilegiis graciarum. det uobis eius interuenientibus precibus eminencia meritorum. Amen.

Et sicut ipsi uestem contulit mundicia sapiencia. et martirio uariatam. sic det uobis puritatem cordium. illustracionem mencium. et uigencium uirium probitatem. Amen.

Quo in montem qui christus est meritorum saltibus deportati. possitis cum ea in celestis deserti montibus perhenniter consolari. Amen.

Quod ipse.

Benediccio in uigilia sancti Andree apostoli.

DEus omnipotens sua uos benediccione locupletet. qui beatum andream apostolice

[1] concedit : O.
[2] *This benediction om.* O.

dignitatis preconio sublimauit.[1] Amen.

Concedatque uobis ipsum habere intercessorem in celis. cuius deuote preuenitis diem sollempnitatis in terris. Amen.

Ipsius quoque interuentu queatis scandere alta celorum. quo processit idem per crucis passionem sequendo dominum et magistrum./ Amen. [fo. 199. b.

Quod.[2]

Benediccio in die.

DEus qui beatum andream apostolum per passionem crucis ad sedes euexit ethereas. ipse uobis tribuat bonorum[3] eundem sequi uestigiis. Amen.

Et quem peculiarem optinere meruistis patronum ad celeste ipso intercedente ualeatis feliciter pertingere regnum. Amen.

Eundemque mereamini uidere in celis regnantem. cuius gratulanter celebratis sollempnissimum diem. Amen.

Quod.[4]

Benediccio[5] de sancto Nicholao episcopo.

DEus qui gloriosum antistitem Nicholaum eciam in cunabulis preuenit mirabili sanctitate. uos sanctificet sue indeficientis gracie pietate. Amen.

Et sicut ipse post aurum non abiit. sed proiecit zelo saluandi uirginei pudoris. sic uos efficiat transeuntis affluencie contemptores. et amatores sincerissime castitatis. Amen.

Quatinus sicut ipsum innumerabilium miraculorum decor-

[1] sullimauit: O. [2] ipse: *add.* O.
[3] operum: *add.* O. [4] ipse: *add.* O.
[5] *This and the following benediction om.* O.

auit honore. sic uos eius exemplo in sancta conuersacione stabiliat cunctis miraculis pociore. Amen.

Benediccio in concepcione sancte marie.

DEus qui concepcionem. gloriose uirginis ad unigeniti sui preordinauit temporalem originem. cordibus uestris sue radicem inserat puritatis immobilem. Amen.

Et sicut ipsa concepta secundum predestinacionem erat ad salutem omnium ueraciter ordinata: ita uos letificet per hec quamuis remota salutis uestre primordia. Amen.

Quo sicut insuper in matris utero per sanctificacionis graciam concepta triumphanti ecclesie cui et nata est in assumpcione. sic uos assumi suis precibus optineat in gloriam. pertransita huius miserie peregrinacione. Amen.

Quod ipse.[1]

Benediccio de sancta Lucia uirgine [2]et martire.[2]

OMnipotens dominator seculorum uobis indulgenciam

[1] Deus qui ex intemerate uirginis aluo pro salute generis humani carnem dignatus est suscipere: ipse per eiusdem sue genitricis merita superne benedictionis ymbrem. super uos dignetur benignus distillare. Amen.

Et intercedente eadem uirgine gloriosa. cuius hodierna die sacre concepcionis solempnia celebretis: per incrementa uirtutum ad celestia pertingatis. Amen.

Quo post huius terrene peregrinacionis decursum cum filio atque matre in gloria felicitatis eterne possitis perhenniter conregnare. Amen.

Quod ipse.

add. O. fo. 59: in later hand at end of benedictionary. [2]—[2] *om.* O.

tribuat delictorum. propicius que uobis aperiat regna celorum. qui propter uos uisitauit claustra inferorum. Amen.

Nunquam uos permittat flammis gehennalibus cruciari. aut a regno suo separari. sed beata lucia uirgine suffragante. beatorum spiritibus annuat consociari. Amen.

Que columpna/ im- [fo. 200. mobilis in passione meruit existere. et post deuicta supplicia gladio percussa celestia scandere. adiuuet uos ad eadem gaudia posse pertingere. Amen.

Quod.[1]

Benediccio de sancto Thoma apostolo.

HUmilitatem uestram dominus dignetur benedicere. et a uia ueritatis eterne numquam uos permittat declinare. qui dilectum apostolum suum Thomam de se diu non permisit dubitare. Amen.

Et qui uulnus dubietatis eius per sua sanauit uulnera. uestre infirmitati sua prestet munera. Amen.

Quique ex fixuram[2] clauorum passionis se uoluit monstrare. uobis faciem misericordie sue dignetur manifestare. cum uenerit seculum iudicare. Amen.

Quod ipse.[3]

[1] *om.* O. [2] *sic in* W[2].

[3] *Benedictio de sancta maria magdalena.* Deus qui beate marie magdalene tantam dignationis tue gratiam concessisti ut ei primo demonstrares gloriam resurrectionis: da propicius. ut eius meritis ac precibus eiusdem amoris tui gratiam consequi mereamur. Amen.

Ut sicut illa pedes domini unxit unguento. et domus impleta est ex odore unguenti. ita nos per eius exempla gr diendo aliis ad bene uiuendum bonus odor efficiamur in domino. Amen.

Et sicut optimam partem elegit que non auferetur ab ea. ita nos eius intercessionibus eterne beatitudinis gaudia optineamus sine fine mansura. Amen.

Quod ipse. *add.* O.

Benediccio de sancta Trinitate per totum annum.

OMnipotens deus pater et filius et spiritus sanctus quem in substancie unitate trinum. et in personarum trinitate unum ueneramini. uos ab omni aduersitate protegat. et sua benediccione perfundat. Amen.

Ita uos in presentis uite curriculo in sua fide catholica perseuerare concedat. ut celestis regni heredes sibi acceptabiles efficiat. Amen.

Et qui coram omnibus uiuentibus fideliter confitemini cum eo in illa eterna patria sine fine letemini. Amen.

Quod ipse.

Benediccio in ii[a] feria per totum annum.

OMnipotens deus sua clemencia uos[1] benedicat et sensum uobis sapiencie salutaris infundat. Amen.

Catholice uos fidei documentis enutriat. et in sanctis operibus perseuerabiles reddat. Amen.

Gressus uestros ab errore conuertat. et uiam uobis pacis et caritatis ostendat. Amen.

Quod ipse.

Benediccio in iii feria.

INclinet dominus aurem suam ad preces uestre humilitatis. et det uobis graciam sue benediccionis. et premium sempiterne salutis. Amen.

Uestrorum que peccatorum

[1] *om.* O.

uincula soluat. et ad gloriam sempiternam peruenire uos faciat. Amen.

Multiplicet in uobis dominus copiam sue benediccionis. et confirmet uos in spe regni celestis. Amen.

Quod ipse.

Benediccio in iiii[a] feria.

DEuocionem uestram dominus dignanter intendat: et sue uobis benediccionis dona concedat. Amen.

Talique in/ presenti [fo. 200. b. seculo subsidio muniat ut paradisi uos in futuro habitatores efficiat. Amen.

Sicque corda uestra sanctificando benediccat.[1] et benedicendo sanctificet. uobiscum immo in uobis eum iugiter habitare delectet. Amen.

Quod ipse.

Benediccio in quinta feria.

DEt uobis dominus munus sue benediccionis. et repleat uos spiritu ueritatis et pacis. Amen.

Quatinus sic per uiam salutis deuota mente curratis. ut surrepencium delictorum. laqueos salubriter euadatis. Amen.

Sicque efficiamini in eius supplicacione deuoti. et in mutua dileccione sinceri. ut ad celeste regnum peruenire possitis securi. Amen.

Quod ipse.

Benediccio in vi[a] feria.

DA quesumus omnipotens deus benediccionum tuarum populo tuo ubertatem. et qui unigeniti filii tui sanguine sunt

[1] benedicat: O.

redempti. eiusdem defensione ab emulorum insidiis sint defensi. Amen.

Quatinus ab antiqui hostis laqueis erepti. superni sanguine moderatoris emundati sic uiuant in terris. ut gaudia percipere mereantur in celis. Amen.

Castetis[1] tibi christe moribus castum cordis exornent habitaculum. ut per hoc in celesti contubernio contineri mereantur in euum. Amen.

Quod ipse.

Benediccio in sabbato.

DEus qui sex diebus opera. et in septimo requiem insinuas. huic familie tue benedicere digneris. et post cursum huius uite eternam requiem tua miseracione largiaris. Amen.

Quique post tua ualde bona opera sabbatum fieri uoluisti. hanc familiam tuam bene operari. et ad requiem peruenire facias labores seculi. Amen.

Nec quos bene operari precipis. hic a bonis operibus sabbatizare uel hyemare sustineas. sed tales hinc exire iubeas quales ineternum benedicas. Amen.

Quod ipse.

Benediccio de sancta cruce.

DEus qui per crucem passionis sue mundum uoluit redimere. eiusdem sancte crucis munimine mala omnia a uobis dignetur expellere. Amen.

Sit uobis sancte crucis gloria contra omnes emulos uictoria. et per eius sacram ueneracionem

[1] Castis: O. *Between* t *and* e *a line has been drawn with a cross at the top in* W[1].

uobis dominus mentis et corporis conferat saluacionem.[1]

Mentes uestras ad celestia dignetur subleuare[2] qui per crucem/ suam uos uoluit [fo. 201. liberare. et ibi faciat post mortem regnare. ubi omnes sancti sine fine solent gaudere. Amen.

Quod ipse.[3]

Benediccio sabbatis de sancta maria.

MEritis et intercessionibus beate marie uos dominus dignetur benedicere et ab omni malo defendere. taliterque iuuet uiuere. ut mortem eternam prestet euadere. Amen.

Faciat uos que bona sunt toto corde diligere et que mala sunt despicere. et intercedente sancta maria numquam diabolum permittat uos uincere. Amen.

Sit uobis gloriose uirginis marie sepius celebrata ueneracio assidua proteccio. et culparum remissio. et ipsa pro uobis dignetur exorare. que sempiternum regem dominum nostrum meruit generare. Amen.

Quod.[4]

Benediccio in uigilia i^us^ apostoli.[5]

OMnipotens deus per beati apostoli sui .N. intercessionem uos benedicat. et uestrorum uota ieiuniorum sibi acceptabilia reddat. Amen.

Precibus uestris effectum boni operis adiungat. cunctorum remissionem peccatorum attribuat. et uos fideliter ad sempiterna

[1] Amen : *add.* O.
[2] sulleuare : O.
[3] prestare : *add.* O.
[4] ipse presta e : *add.* O.
[5] *uel plurimorum* : *add.* O.

gaudia peruenire concedat. Amen.

Ut quem hodie ieiuniis et elemosinis precibus que intercessorem conuenientes aduocatis. hunc pium auxiliatorem cum omni apostolico agmine imperpetuum habeatis. Amen.

Quod ipse.

Benediccio in die.

DEus qui uos in apostolicis tribuit consistere fundamentis. benedicere uos dignetur. beati apostoli sui N intercedentibus meritis. Amen.

Defendatque uos a cunctis aduersis apostolicis presidiis. qui uos [1]illiu luit[1] ornari et muniri exemplis et documentis. Amen.

Quo per eius intercessionem perueniatis ad eterne patrie hereditatem. per cuius doctrinam tenetis fidei integritatem. Amen.

Quod ipse.[2]

Benediccio unius martiris.

BEati martiris sui N. intercessione uos dominus benedicat. et ab omni malo semper defendat. Amen.

Extendat in uos dexteram sue propiciacionis: qui eum suscepit per supplicia passionis. Amen.

Quo eius in celo mereamini habere consorcium. cuius deuotis mentibus in terra celebratis triumphum. Amen.

Quod ipse prestare.[3]/ [fo. 201. b.

[1—1] illius uoluit : O.
[2] prestare : *add.* O.
[3] *om.* O.

Benediccio plurimorum martirum.

BEnedicat uos dominus beatorum martirum suorum .N. [1]et N.[1] suffragiis. et liberet ab aduersitatibus cunctis. Amen.

Commendet uos eorum intercessio gloriosa. quorum in conspectu eius mors est preciosa. Amen.

Ut sicut illi per diuersa tormentorum genera celestis regni sunt sortiti hereditatem. ita uos eorum mereamimi consorcium[2] per bonorum operum exhibicionem. Amen.

Quod ipse.[3]

Benediccio[4] unius confessoris et episcopi.

OMnipotens deus det uobis copiam sue benediccionis. qui beatum .N. confessorem asciuit sibi uirtute confessionis. Amen.

Et qui illum fecit choruscare miraculis. uos exornet bonorum operum incrementis. Amen.

Quo eius et exemplis eruditi. et intercessione muniti. cuius deposicionis diem celebratis. illi possitis in celesti regione adiungi. Amen.

Quod ipse.[5]

Benediccio plurimorum confessorum.

SAnctorum confessorum suo[6]rum N.[6] et N. meritis uos dominus annuat benedici. et contra aduersa omnia eorum intercessione muniri. Amen.

[1]—[1] *om.* O.
[2] *add.* O. *in m.*
[3] *In* O. *here follows benediction of St. Edward confessor.* *See above* col. 646.
[4] *in natali*: *add.* O.
[5] prestare: *add.* O. [6]—[6] *om.* O.

Eorum uos faciat suffragio felices. quorum festiuitatis diem celebratis ouantes. Amen.

Et qui eorum imitamini exempla. horum interuentu ad celestia peruenire[1] promissa Amen. Amen.[2]

Quod ipse.

Benediccio i^us^ [3]uirginis et martiris.[3]

BEnedicat uos dominus qui beate uirgini .N. concessit et decorem uirginitatis. et gloriam passionis. Amen.[4]

Ut cuius opitulacione illa meruit et sexus fragilitatem. et persequencium rabiem deuincere. uos possitis et uestrorum corporum illecebras. et antiqui hostis machinamenta superare. Amen.

Quo sicut illa sexu fragili uirile uisa est certamen adire.[5] et post certamen de hostis[6] triumphare. ita uos in hac mortalitate uiuentes ualeatis et antiqum[7] hostem deuincere et ad regna celestia peruenire. Amen.

Quod ipse prestare.[8]

Benediccio unius uirginis non martiris.

DEus qui sacris uirginibus centesimi fructus celestia confert premia. uobis meritis sancte uirginis .N. cum superna benediccione diuina conferat gaudia. Amen.

Et sicut hec/ uirgo [fo. 202. domini in pace ecclesie uirginitatis decore meruit pollere. sic

[1] ualeatis: *written above line.* O.
[2] *om.* O.
[3]—[3] *martyris uirginis*: O.
[4] *om.* O.
[5] inire: *written over erasure.* O.
[6] hostibus: *written over erasure.* O.
[7] *sic.* antiquum: O. [8] *om.* O.

uos in odorem suauitatis deo iugiter castitatis uigore mereamini redolere. Amen.

Quatinus et uos salutis ac leticie uestimento dominus induat simulque cum hac beata uirgine ad celestis conuiuii nupcias introducat. Amen.

Quod ipse.

Benediccio plurimarum uirginum martirum.

OMnipotens dominus intercedentibus sanctis uirginibus suis uos dignetur benedicere. qui de antiquo hoste nonsolum per uiros. uerum eciam per feminas. uoluit triumphare. Amen.

Et qui illis uoluit centesimi fructus donum decoremque uirginitatis et agonem martirii conferre. uos dignetur et uiciorum squaloribus expurgare. et uirtutum lampadibus exornare. Amen.

Quatinus uirtutum oleo ita pectorum uestrorum lampades possint repleri. ut cum eis celestis sponsi thalamum possitis[1] ingredi. Amen.

Quod ipse.

Benediccio plurimarum uirginum non martirum.

OMnipotens deus perpetuus amator et custos uirginum sanctis uirginibus suffragantibus quarum celebratis triumphum. omnium uobis tribuat ueniam criminum. Amen.

Scalam caritatis et pacis ipse uos cotidie faciat scandere qui beatas uirgines de quarum preciosa congratulamini festiuitate. sine cruoris effusione letabunda celestium consorcia prestitit capere. Amen.

[1] ualeatis: O.

Illarum meritis optinentibus sic uos in hac uita angelorum dei gubernet custodia. ut quandoque perduci mereamini ad gaudia celestia. Amen.

Quod ipse.

Benediccio pro rege.

OMnipotens sempiterne deus qui omnium iura regum immobiliter gubernas. benedic et protege regem nostrum.[1] et custodi eum ab omni impedimento emulorum. Amen.

Ab omni eum perturbacione libera. et in uere pacis fundamento consolida. Amen.

Talique eum benediccione sanctifica ut sublimitatis sceptrum munitus atque illesus possideat per plurima seculorum spacia. Amen.

Quod ipse.

Benediccio in ordinacione episcopi.

DEus benediccionum omnium largus infusor conuentui famulorum tuorum benignus adesto. et hunc famulum/ tuum N. cui sacramenta [fo. 202. b. pontificatus indidimus benignus respice. et respiciendo eum quod nominatur meritis perfice esse. Amen.

Et quem per manus nostre imposicionem in episcopalis dignitatem [2]ordinis consecramus[2] et ordinamus hunc fluenta diuini fontis fideliter haurire. et aliis eum multiplici fenore facias ministrare. Amen.

Sic ei regendi curam gregis te preueniente et subsequente

[1] Henricum septimum regem et fundatorem nostrum: *add.* O. *in lower margin.*
[2]—[2] *add. in m.* O.

ministrare et dispensare concedas. quatinus gregem diuini uerbi tutamine et ab antiqui hostis defendat formidine. et lupi rabiem diuino deterreat predicamine. Amen.

Quod ipse.

Benediccio cum episcopus natale suum fecerit.

DEus qui populis tuis indulgendo consulis. et amare dominaris. da spiritum sapiencie quibus tradidisti regimen discipline. ut de profectu sanctarum ouium. fiant gaudia eterna pastorum. Amen.

Et qui dierum nostrorum numerum temporumque mensuras maiestatis tue potestate dispensas. propicius ad humilitatis nostre respice seruitutem. et pacis tue habundanciam temporibus nostris pretende et conserua. Amen.

Collatis quorum in me graciam tuam propiciare muneribus. et quem fecisti gradu episcopali sublimem. fac operum perfeccione tibi placabilem. atque in eum affectum dirige cor plebis et presulis. ut nec pastori obediencia gregis. nec gregi desit unquam cura pastoris. Amen.

Quod ipse.

Benediccio [1]in professione monachorum.[1]

OMnipotens deus sanctarum mencium inhabitator uos benedicat. et in cordibus uestris perpetuam sibi mansionem constituat. Amen.

Ab omnibus uos perturbacionibus interius exterius que munitos efficiat. consolatoremque spiritum sanctum uobis attribuat. et in proposito sancte religionis in quo uos deo uouistis perseuerabiles reddat. Amen.

Quatinus in hac peregrinacione sub eius piissima proteccione inculpabilem uitam ducentes. ad eorum consorcium quorum exempla imitamini intercedente beato benedicto peruenire feliciter ualeatis. Amen.

Quod ipse.

Benediccio super ancillas dei.| [fo. 203.

DOmine deus eterne qui utrumque sexum de interitu perpetue mortis per ihesum christum filium tuum de maria uirgine natum misericorditer redemisti. has famulas tuas deuotis mentibus tuis tibi seruientes omni benediccione spirituali benedicere dignare. Amen.

Ut integram fidem habeant. et in preceptis legis tue semper perseuerent. terrena et transitoria despiciant. et inuisibilia intenta meditacione diligant. Amen.

Ut in numero sanctarum uirginum permanentes celesti sponso cum lampadibus bonorum operum fiducialiter occurrere ipso prestante mereantur Amen.

Quod ipse.

Benediccio pro quolibet defuncto.

BEnediccionis sue dominus super uos gratissimum infundat ymbrem. uestrarumque precum deuocionem. et peccatorum clementer suscipiat confessionem. Amen.

[1]—[1] *pro congregatione* : O. *et professione: add. in m.* O.

667

Quatinus miseracionis ipsius promerentes absolucionem anime famuli sui pro cuius excessibus oracionum et hostiarum impedimentis iuuamen eterne felicitatis impetretis porcionem. Amen.

Ut cum dies extremi examinis terribili turbine uniuersum con cusserit orbem. ipsum pro quo nunc deuote interuenitis. celestis cernatis caterue participem. et cum sanctis omnibus deum uidentes facie ad faciem promissam inmarcessibilis glorie feliciter percipiatis hereditatem. Amen.

Quod.[1]

Benediccio pro qualibet defuncta.

AUrem suam precibus nostris uiuorum simul et mortuorum dominator deus propiciatus accomodet. et quas deuote illi pro defuncta famula sua preces effunditis. sibi acceptabiles placatus efficiat. Amen.

Uobis uniuersa antequam de seculo migretis debita miseratus indulgeat. animamque famule sue iam rebus humanis exemptam de infernalibus tartari cruciatibus clementer eripiat et suorum consorcio sanctorum in celis coronandam adiungi precipiat. Amen.

Indignacionem suam a uobis procul remoueat. clemenciam suam uobis ineffabilem exhibeat ut et digni apud eum intercessores inueniamini. et in omni peticione uestra ab eo libenter exaudiri mereamini. Amen.

Quod ipse.[2]/ [fo. 203. b.

[1] ipse : *add.* O.
[2] prestare : *add.* O.

668

Benediccio plurimorum defunctorum.

DEus apud quem electorum anime absoluto corporis honore. summa felicitate letantur. ipse gratuitam uobis graciam suam dignanter infundat. ut pro defunctis quorum deuote memoriam agitis. fideles apud[1] eum interuentores esse ualeatis. Amen.

Dona clemencie sue uobis augmentando multiplicet. ut et pro uestris fiducialiter illi supplicare delictis. et pro fidelibus in illa eterna uita iam constitutis efficaciter interuenire possitis. Amen.

Quo ipso opitulante. et fidelium omnium atque uestrorum pariter indulgenciam peccatorum ab eo feliciter impetretis. et in tremendo illo futuri examinis iudicio cum electis porcionem in celo sine fine possideatis. Amen.

Quod.[2]

Benediccio pro omnibus fidelibus defunctis.

DEus uita uiuencium. spes moriencium. impleat in bonis desiderium uestrum. Amen.

Humilitatis uestre preces exaudiat. et quod pie agitis benigne suscipiat. Amen.

Ut qui hodie fidelium defunctorum memoriam misericorditer frequentatis. cum ipsis ad eternam misericordiam securi peruenire possitis. Amen.

Quod ipse.

Benediccio in dedicacione ecclesie.

BEnedicat et custodiat uos omnipotens deus domumque

[1] ante : O.
[2] ipse : *add.* O.

hanc sui muneris presencia illustrare. atque sue pietatis oculos super eam die ac nocte dignetur aperire. Amen.

Concedatque propicius ut omnes qui ad dedicacionem huius basilice deuota mente conuenistis intercedente beato petro apostolorum principe[1] et ceteris sanctis suis quorum reliquie hic pio uenerantur amore. uobiscum hinc ueniam peccatorum uestrorum reportare ualeatis. Amen.

Quatinus eorum interuentu ipsi templum sancti spiritus in quo deus sancta trinitas iugiter habitare dignetur efficiamini. et post huius uite labentis excursum ad gaudia eterna feliciter peruenire mereamini. Amen.

Quod ipse.[2]

[3]Senediccio pro pace.

OMnipotens deus uos sue miseracionis dono locuplet. ac eterne benediccionis clementer ubertate fecundet. Amen.

Brachio quoque diuine fortitudinis uos ubique defendat. qui in se sperantes felicitatis sempiterne iocunditate letificat. Amen.

Prospera pacis et salutis in hoc seculo uobis tri/ buat. [fo. 204. coronam uite cum sanctis omnibus in futuro concedat. Amen.

Quod.

[1] ✠ Sanctoque Edwardo confessore suo : *add.* O. *in lower m.*

[2] prestare dignetur cuius regnum et imperium sine fine permanet in secula seculorum. Amen.
Benedictio dei ✠ omnipotentis patris et filii ✠ et spiritus sancti super uos descendat ✠ et maneat semper. Amen. *add.* O. [This ends the benedictional in O.]

[3] *sic.* b *written in margin.*

Benediccio in commemoracione angelorum et de sancto Gabriele.

BEnedicat uos omnipotens deus principium lucis angelorum quos sibi conciues et consortes fecit in sedibus supernorum. Amen.

Quorum administracione muniatur in terris uita uestra. et liberati ab hostibus uisibilibus. mereamini peruenire ad premia eterna. Amen.

Inter quorum ueneracionem archangeli .N. suffulti auxiliis: eius memoriam celebretis hodie deuotissime in aruis. ut illius societate fruamini in astris. Amen.

Benediccio in anniuersario dedicacionis ecclesie.

DEus fons et origo benediccionis. uos in hac domo congregatos pro anniuersario festo sue dedicacionis: omni repleat intellectu sacre erudicionis. Amen.

Custodiat in uobis. fidei integritatem : spei longanimitatem. perseuerantem caritatem. Amen.

Preces uestras hic et ubique exaudiat. delicta deleat hostes amoueat: et per hec festa anniuersaria. ad continua superne ecclesie perducat solempnia. Amen.

Quod ipse.

Benediccio pro iter agentibus.

OMnipotens dominus. angelum de celis dirigat: qui manu famulorum suorum in salutis sue prosperitate disponat. Amen.

Iter eorum precedat. et subsequatur: et ab omni eos hostili incursione. potencie sue dextera tueatur. Amen.

Iusta eorum desideria compleat: uotique compotes cum alacritate mentis ac corporis remeare concedat. Amen.

Quod ipse.

Pro bellantibus. Et contra panos[1] *benediccio.*

DEus triumphancium uictor. quem numerosa non uincunt uexilla. populo tuo largire triumphum. quibus sacrum dedisti lauachrum. et quem fide ditasti catholica. hunc non premat iniquitas aliena. Amen.

Et qui per angelorum presidia israel protexisti agmina. angelicam plebi tue opem tribuas. hostiumque illi terga prebeas: nec fidum tibi frangat exercitum. ferocitas impudica gentilium. Amen.

Et sicut dudum dauid in golia. persoluisti triumphanti spolia. et bellicosum mucrone proprio transfigi fecisti a tuo/ [fo. 204. b. famulo ita nunc ferocitas gentilium. per turbam conteratur humilium. Amen.

Quod ipse.

Benediccio pro nauigantibus.

OMnipotens dominus cui cuncta obediunt elementa. ipse uos in terra. et in mari. ab omni periculo sua benediccione defendat. Amen.

Ipse sic custodiat introitum. et exitum uestre nauigacionis: ut prosperum transitum. optineatis. portum exultacionis. Amen.

[1] *sic:* for *paganos*

Ut sic de temporalibus eius beneficiis. in graciarum accione maneatis: ut a mundani maris perturbacionibus exuti ad tranquillitatem eternam perueniatis. Amen.

Quod ipse.

Benediccio nouiter baptizati.

BEnedicat uobis omnipotens dominus qui cuncta ex nichilo creauit et uobis in baptismate remissionem peccatorum tribuit. Amen.

Quique eundem spiritum sanctum in igneis linguis discipulis suis dedit. ipsius illustracione corda uestra perlustret atque in suum amorem iugiter accendat. Amen.

Quatinus eius dono a cunctis uiciis emundati. ipsius que opitulacione ab omnibus aduersitatibus defensi. templum illius effici mereamini. Amen.

Quod ipse.

Benediccio pro quolibet infirmo.

OMnipotens misericordissime deus merencium consolator. et infirmancium solidator: benediccionis tue. infirmo nostro. supplices exoramus. infunde ubertate. Amen.

Et qui quondam ezechie regi ter quinos annos ad uitam auxisti: huic famulo tuo. celestem petimus infunde medelam. Amen.

Quatinus ab omni temporalium infirmitatum tribulacione liberatus. egrotacionibus preualidis decoctus. sanus atque incolumis. in ecclesia tua tibi gracias persoluat. Amen.

Quod ipse.

HIc[1] *est ordo secundum quem Rex debet coronari pariter et inungi. In primis preparetur pulpitum*[2] *aliquantulum eminens inter magnum altare et chorum ecclesie beati Petri westmonasterii uidelicet contiguum ex omni parte quatuor columpnis principalioribus infra crucem ecclesie prelibate. Ad cuius quidem pulpiti ascensum fiant gradus de medio chori a parte occidentali per quos princeps coronandus*[3] *in aduentu suo transiens per chori medium dictum pulpitum possit ascendere. ac eciam fiant alii gradus a parte orientali per quos princeps prefatus descendere possit uersus maius altare ibidem ante gradus dicti altaris sacrosancte*[4] *unccionis ac sue coronacionis sollempnia a metropolitano siue episcopo ipsum consecraturo debita cum deuocione accepturus.*

In medio uero dicti pulpiti erit preparatus[5] *thro-thronus*[6] *excelsus. ut in eo princeps*[7] *residens clare ab omnibus possit intueri.*

Ungere enim et coronare reges anglie atque reginas ex antiqua consuetudine et hactenus usitata

[1] The text of Abbot Lytlington's service book has been collated from this place to the beginning of Saints' days services with three other manuscripts which contain the coronation service and the directions for the burial of the Kings. (See preface, p. xii.) The symbols employed are as follows: W.[1] is Abbot Lytlington's book, now printed; W.[2] is the *Liber Regalis* in the custody of the Dean of Westminster; B. is Mr. Brooke's *Liber Regalis*; and O. is a Bodleian manuscript, Rawl. c. 425.

[2] *preparatio* pulpiti: W.[2] *in m.*

[3] *corononandus*: W.[2] B.

[4] *sacrosanctem:* B. sacrosancte *in m.*

[5] *ra* written over line: W.[1]

[6] *sic. thronus:* W.[2] B.

[7] thronus: W.[2] *in m.*

principaliter conpetit archiepiscopo cantuariensi si presens affuerit.[1] *et sui compos extiterit.*[2] *Et si contigerit quod propter corporis debilitatem aut infirmitatem illud officium non poterit in sua persona rite peragere aut forte aliqua tunc causa impeditus in huiusmodi coronacione non queat presencialiter interesse: huiusmodi unccionis ac coronacionis sollempnia supplebit alius qui inter episcopos tunc presentes dignior reperitur aut cui dictus metropolitanus dictum officium uelit committere.*[3]

Rex[4] *autem precedenti die coronacionis sue diem*[5] *de turri Londoniensi per mediam ciuitatem uersus palacium regium westmonasterii in cultu decentissimo equitabit plebi occurrenti se offerens intuendum capite denudato.*[6] *Et preuideatur semper quod coronacio tam regis*[7] *quam regine fiat in die dominico uel in festo aliquo sollempni.*

Memoratus[8] *uero princeps nocte precedente coronacionis*/ [fo. 206. *sue diem uacabit contemplacioni diuine et oracioni Intime considerans ad quem apicem sit uocatus. qualiter is per quem reges regnant ad populi sui ac plebis christiane gubernacionem ipsum specialius preelegit. Et cogitet illud sapientis.* Principem te constituerunt noli extolli. sed esto[9] in illis

[1] *fuerit:* W.[2] B. affuerit: W.[2] *in m.*

[2] Archiepiscopus *metropolitanus:* W.[2] *in m.*

[3] vicarius archiepiscopi: W.[2] *in m.* dignior episcopus: *added in later hand.*

[4] equitacio Regis: *in m.* W.[2]

[5] *om.* W.[2] B. *diem*: *add. in m.* W.[2]

[6] These two words underlined in W.[2]

[7] dies coronacionis: W.[2] *in m.*

[8] Contemplacio et oracio Regis: W.[2] *in m.*

[9] est: B.

quasi unus ex illis. *Et recogitet*[1] *dignitatem regalem sibi a deo prestitam tanquam homini mortali et ipsum iccirco ad tantam sublimitatem uocatum*[2] *a deo ut ecclesie catholice sit defensor. fidei christiane dilatator. ac regni sui et patrie sibi a deo commisse secundum uires protector. In oracione autem salamonis imitetur prudenciam.*[3] *cui in sui regni primordio pro cultu creatoris ab ipso creatore preceptum est ut ea peteret que sibi uellet conferri. Qui non aurum non argentum neque diuicias. nec de inimicis uictoriam ut homo iuuenis sibi dari deprecatus est. Sed magis ea postulauit que et deus gratis preberet. et utiliter homo perciperet.* Redde michi inquid domine mentem sanam. et prudenciam bonam. ut circa populum iustum possim. uerumque proferre iudicium. *Deprecetur*[4] *igitur princeps ut diuinitatis prouidencia que ipsum ad tanti regimen ordinauit imperii sibi largiri dignetur. iusticiam. pietatem. et prudenciam. Iusticiam circa subiectos. pietatem circa deum. et prudenciam circa regni gubernacionem. quatinus nullo fauore mollitus. nullis ininniciis*[5] *commotus. nulla concupiscencia illectus. nullaque alia passione constrictus in semitis harum uirtutum inoffenso pede ualeat pertransire.*

Et quia oportet principem antedictum de hiis et aliis obseruanciis que ad dictam spectant coronacionem plenius informari. Abbas westmonasterii[1] *qui pro tempore fuerit in hiis et consimilibus principis erit eruditor. Ad ipsum uero hoc officium solummodo spectat.*

Et si dictus abbas de medio fuerit sublatus. et alius in abbatem eiusdem loci nondum fuerit confirmatus qui dictum officium rite[2] *poterit adimplere. aut dictus abbas aliunde fuerit impeditus quominus illud officium ualeat exequi tunc eligatur unus ex assensu prioris et conuentus dicti monasterii qui per omnia sit ydoneus dictum principem in huiusmodi obseruanciis informare secundum modum et consuetudinem ab antiquissimis temporibus hactenus usitatum*|[3]

[fo. 206. b.

[1] *cogitet*: W.[2] B. recogitet : *in m.* W.[2]
[2] onus regis : W.[2] *in m.*
[3] prudencia : W.[2] B. : *but in* W.[2] *a black line drawn above* a : *and* prudenciam *written in m.* [17th century].
[4] Deprecacio Regis : W.[2] *in m.*
[5] *sic.* for *inimiciis*: iniuiciis : W.[2] B.

[1] Abbas eruditor *Regis* : W.[2] *in m.*
[2] *non : add.* W.[2] B. *but in* W.[2] *underlined with a black stroke, and* deest *written in m. in 17th century hand.*
[3] On the verso of the leaf before the coronation service O. has the following notes :

In magno Registro de anno quinto in Londoniis abbas Westmonasterii debet respondere de .iii. pannis adauratis de Nakta xij. pannis .j. quarterio dyaspyn .j. panno adaurato raffata (*sic*) .xiiij. pannis adauratis in Canabi .j. panno ueluett. continenti .vj. ulnas .j. panno Samitell paleato de Styue .ij. pannis .j. ulna dimidio de Tarso .vj. peciis Cyndonis afforciatis xliiii Tapetis .ij. Quissinis Samitell et .xij. Quissinis de Camaca quos retinuit penes se in Ecclesia Westmonasteriensi die coronationis Regis. sicut continetur in Computo Thome de Useflete clerici magne Garderobe Regis de receptis et expensis eiusdem Garderobe de anno primo Registro Computi Garderobe Sed non debet inde sumere per breve Regis de priuato sigillo irrotulatum in memorandis de anno sexto termino sancti Hillarii. In quo continetur quod Rex dedit prefato Abbati et conuentui loci predicti pannos Tapeta Cindones et Quissinos predictos. Et per quod breve Rex mandauit Baronibus quod ipsos Abbatem et conuentum inde exonerari et quietos esse facerent.

Et quietus est.

DIe[1] *uero prefinito quo nouus rex consecrandus est. summo mane conueniant Prelati et nobiles regni in palacio regio apud westmonasterium tractaturi de noui regis consecracione. et eleccione et de legibus et consuetudinibus regni confirmandis firmiter statuendis.*

Hiis sub uniuersorum concordia peractis.[2] *prouideatur quod in aula regia maiori sedes eminens sit pannis sericis et inauratis decenter ornata. super quam dictus Rex regnaturus cum omni mansuetudine*[3] *et reuerencia eleuetur. ipso tamen prius ut moris est balneato*[4] *et induto mundissimis uestibus et caligis tantummodo calciato. Hoc modis omnibus obseruato. quod sicut in principe per actualem locionem et uestimentorum decorem corpus nitescit. sic per ueram et preuiam confessionem ac compunccionis dolorem anima ipsa splendescat.*

Hiis debite peractis ordinetur in ecclesia per archiepiscopos. episcopos. abbatem et conuentum westmonasterii processio[5] *in capis sericis* [6]*cum capis sericis*[6] *cum textibus et thurribulis et aliis que processioni conueniunt. et sic induti processionaliter. occurrant in palacio antedicto. Etenim regni prelatis et conuentui westmonasterii solum pertinet Regi futuro cum processionis sollempnitate occurrerere.*[7] *et ipsum in ecclesiam predictam psallendo antecedere*[1] *ea decantantes que in recepcione regum debent decantari.*

Et[2] *faciet dominus N. de bello campo bedefordie qui ab antiquo elemosinarie*[3] *regie habet officium. pannum uirgulatum*[4] *siue burellum prosterni sub pedibus Regis incedentis a palacio usque pulpitum antedictum infra ecclesiam westmonasterii. ut pretactum est preparatum. Quod*[5] *quidem pulpitum una cum gradibus*[6] *ex utraque parte eiusdem existentibus tapetis per regios ministros ad hoc preparatis sterni debet per totum In circuitu uero summitatis pulpiti dependentur panni serici et inaurati.*

Thronus[7] *uero in quo rex ipse residere debet de quo pretactum est: palliis sericis ac preciosissimis per dicti*[8] *Regis camerarios per totum erit coopertus. quissinis eciam per nominatos camerarios in prefato throno repositis. Pars autem panni illius uirgulati siue burelli que per predictum*[9] *elemosinarium ut prefatum est sub pedibus regis incedentis extenditur infra ecclesiam cadet semper in usus sacriste loci. et reliqua pars tota que est extra eccle-* [fo. 207. *siam distribuetur pauperibus per manus elemosinarii supradicti.*

Regem igitur coronandum dictis prelatis ac monachis prece-

[1] In die *consecracionis :* W.[2] *in m.*
[2] Sedes in aula maiori : W.[2] *in m.*
[3] eleuetur [*in 17th century hand*] caret : W.[2] *in m.*
[4] balneum : W.[2] *in m.*
[5] processio : W.[2] *in m.*
[6]—[6] *om. :* W.[2] B.
[7] *occurrere :* W.[2] B.

[1] te : *of this word written over line.* W.[1]
[2] Elemosius dominus : W.[2] *in m.*
[3] *elemosinare :* B. elemosinarie : *in m.*
[4] pannus sub pedibus : W.[2] *in m.*
[5] Apparatus pulpiti : W.[2] *in m.*
[6] gratibus : B. gradibus *in m.*
[7] apparatus throni : W.[2] *in m.*
[8] predicti : W.[1] *in m.* *predicti :* W.[2] B. per *added in m.* W.[2]
[9] *dictum :* W.[2] B.

dentibus Episcopus[1] *Dunelinensis*[2] *uidelicet et Bathoniensis ex antiqua consuetudine si presentes affuerint dictum Regem hinc inde sustentabunt. Cancellarius uero*[3] *si fuerit episcopus cum calice lapideo sancti Edwardi qui est de regalibus*[4] *pontificalibus indutus regem inmediate est precessurus. Quem cum patena*[5] *thesaurarius si episcopus fuerit uel abbas modo consimili pro more antecedat pontificaliter indutus dictam que patenam honorifice eodem modo tenebit. qua*[6] *patena a subdiacono inter secreta misse ante altare in altum teneri*[7] *solet.*

Si[8] *uero contigerit dictos cancellarium et thesaurarium episcopos non esse. alii per regem assignentur episcopi qui modo predicto pontificaliter induti cum*[9] *dictis calice et patena Regem in dicta processione modo predicto antecedant. Et modo conformi assignentur duo alii episcopi qui regem sustentent. si dicti episcopi dunelinensis et Bathoniensis non fuerint tunc presentes.*

Post[10] *hos uero qui dictos calicem et patenam gerunt. duo duces siue comites regni*[11] *excellenciores. et maxime qui iure propinquitatis stirpi*[12] *regie proximius*[13] *uidentur*

[1] Sustentatores Regis : W.^{2} *in m.*
[2] *sic :* W.^{1} *Dunelium :* B.
[3] Cancellarius episcopus : W.^{2} *in m.*
[4] *bus* written over line in W.^{1} *regali :* W.^{2} B. bus : *added in m.* W.^{2} [17th century.]
[5] thesaurarius episcopus : W.^{1} *in m.*
[6] *et :* B.
[7] *tinere :* B. *altered in m. to* tenere.
[8] Si non episcopi etc. : W.^{2} *in m.*
[9] *tamen :* B.
[10] non concordat : W.^{2} *in m.* 17*th century hand.*
[11] Delacio septri cum cruce : W.^{2} *in m.*
[12] *stirpe :* W.^{2} B. *altered to* stirpi : W.^{2}
[13] *proximinus, sic :* B.

pertinere inmediate subsequentur quorum unus sceptrum regium in cuius summitate crux parua collocatur portabit.

Alter[1] *uero eorum gestabit uirgam auream habentem in summitate columbam. Que quidem calicem patenam sceptrum et uirgam tradet abbas westmonasterii uel prior si abbas non affuerit*[2] *dictis dominis infra palacium antedictum. Qui domini illa omnia in processione gestabunt modo quo preostensum est.*

Deinde[3] *sequentur tres comites gladios gestantes induti serico. Comes quidem cestrie qui primatum uendicat deferendi portabit gladium qui uocatur curtana. Et alium portabit comes Huntyndoñ.*[4] *Tercium uero portabit Comes de*[5] *warwyk.*

Hos[6] *precedet unus de magnatibus ad hoc per Regem assignatus portans calcaria*[7] *magna et deaurata. Pannum de serico quadratum purpureum quatuor hastis deargentatis sustentatum cum quatuor campanellis argenteis et deauratis ultra regem quocumque ierit gestabunt*[8] *barones*/ [fo. 207. b. *de quinque portibus ad quamlibet hastam iiii*^{or} *assignati pro diuersitate portuum ne uideatur portus portui preferri. Et similiter ab eisdem baronibus portabitur pannus de serico ultra reginam post regem incedentem si ipsa die*

[1] Delacio uirge cum columba : W.^{2} *in m.*
[2] *fuerit :* W.^{2} B.
[3] Tres comites ensiferi : W.^{2} *in m.*
[4] huntyngdoun : W.^{2} hyntyngdoun : B.
[5] *om.* W.^{2} B. *but in* W.^{2} *added in m.*
[6] Magnas delator calcarium : W.^{2} *in m.*
[7] ij. caret : W.^{2} *in m. in* 17*th century hand.*
[8] barones .5. portuum : W.^{2} *in m.*

debeat coronari. Quos pannos[1] *idem barones de iure consuetudinis optinebunt. sed haste cum campanellis debentur ecclesie westmonasterii ac pulpitum et omnia tapeta infra eundem una cum pannis sericis et quissinis ibi ut predictum est per ministros regis collocata. remanebunt penes ecclesiam in qua dictus rex coronatur ex iure antiquo et consuetudine.*

Hiis omnibus modo quo lacius pretactum est que processioni conueniunt rite ordinatis. Episcopi et alii prelati una cum regni proceribus et predicto conuentu westmonasterii[2] *prefatum regem coronandum a palacio suo westmonasterii in ecclesiam beati Petri westmonasterii ducant. Ipsoque introducto per medium chori atque in pulpito in sede sibi apta collocato. Metropolitanus*[3] *siue episcopus Regem coronaturus per quatuor partes dicti pulpiti plebem alloquatur ipsorum inquirens uoluntatem et consensum de dicti principis consecracione. Rege interim in sede sua stante. atque ad quatuor partes dicti pulpiti dum pontifex plebem alloquitur se uertente. quibus ut moris est consencientibus. atque uoce magna et unanimi proclamantibus.* [4]*fiat. fiat.*[4] *et* [4]*uiuat rex.*[4] *nomen dicti Regis gratissime nominantes. Tunc a choro decantetur hec antiphona.*[5]

[1] *In m.* W.[1] *a hand points to this line. panos:* W.[2] B. pannos: W.[2] *in m.*

[2] Introduccio Regis: W.[2] *in m.*

[3] Allocucio primatis ad plebem: W.[2] *in m.*

[4]—[4] underlined with black: W.[2]

[5] In place of preceding long rubric, O. has merely the following:

ORdo nouum regem in regno constituendi. Die quo consecrandus est nouus rex summo mane conueniant prelati et nobiles in palatio regali apud Westmonasterium tractaturi de noui consecratione principis et de legibus et consuetudinibus regni confirmandis et firmiter statuendis. ita quod prouideatur aliquis locus eminens in dicto palacio super quem heres regis regnaturus cum omni mansuetudine et reuerentia eleuetur. ipso tamen prius ut moris est balneato et induto mundissimis uestibus et caligis tantummodo calciato. Hiis peractis ordinetur in ecclesia per archiepiscopos episcopos Abbatem et conuentum Westmonasterii et alios processio in capis sericis cum textis et thuribulis et aliis que processioni conueniunt. Et sic induti processionaliter regi futuro occurrant in palatio antedicto et sic ipsum processiue in ecclesiam ducant ipsoque introducto atque in pulpito in sede sibi apta collocato hec antiphona ab omnibus decantetur.

*Firmetur manus tua et exaltetur dextera tua. iusticia et iudicium preparacio sedis tue misericordia et ueritas precedent faciem tuam alleluya. *Ps.*[1] Misericordias domini/ [2]in eternum cantabo.[2] [fo. 208. Gloria patri [3]et filio [2]et spiritui sancto.[2] Sicut erat in principio. Amen.*[3]

[5]*Repetatur antiphona.*[5] Firmetur. *Postea reuestiatur archiepiscopus uel episcopus qui missam celebraturus est*† *ante magnum altare propter turbam confluentem neforte per illam nimis impediatur.*

Archiepiscopo uel episcopo pontificalibus reuestito. predicti duo episcopi uidelicet dunelniensis et

_ Musical notation above these words. W.[1] O.

[1] *om.* O. B. [2]—[2] *om.* O.

[3]—[3] *om.* W.[2] B.

[4] et nunc euoua: *add.* O. [5]—[5] *om.* O.

†—† *et cum aliis prelatis principem consecrandum honorifice per chori medium ducat usque ad magnum altare super quod tenetur offerre pallium unum et unam libram auri eius complendo preceptum qui dixit. Non appareas uacuus coram oculis domini dei tui. Continuoque super pauimentum tapetis stratum coram altari se prosternat:* O.

Bathoniensis uel alii duo episcopi in eorum absencia ut predictum est Regem hinc inde sustentantes ac ceteri[1] *episcopi una cum abbate westmonasterii uel alio* [2]*eiusdem monasterii monacho*[2] *ut prescriptum est ad hoc electo. qui semper lateri regis adherendo presens debet esse pro*[3] *dicti Regis informacione in hiis que dicte coronacionis concernunt sollepnitatem.*[4] *ut omnia modo debito peragantur de dicto pulpito usque ad magnum altare honorifice deducent. Super*[5] *quod princeps prefatus tenetur tunc offerre pallium unum et unam libram auri eius complendo preceptum qui dixit.*[6] Non appareas uacuus in conspectu domini dei tui. *Continuo que super pauimentum prius tapetis et quissinis per regios ministros stratum coram altari*[7] *dictus rex se prosternat† dicatque super illum metropolitanus uel episcopus hanc oracionem.*

DEus humilium uisitator qui nos sancti spiritus illustracione consolaris: pretende super hunc famulum tuum .N. graciam tuam.[8] ut per eum tuum in nobis adesse senciamus aduentum. Per.[9]

Oracione completa iniungat§ metropolitanus[1] *siue episcopus regem consecraturus. uni pontificum plebi dicere de presenti negocio*[2] *in loco eminenti congruum*[2] *breuiter sermonem.*[3] *metropolitano*[4] *interim in*[5] *cathedra sua residente ante altare more episcopali. Coram*[6] *ipso uero*[7] *residebit princeps coronandus in cathedra decenti sibi*[8] *preparata exaduerso. Finito quidem sermone ad plebem. metropolitanus uel episcopus eundem mediocri distinctaque uoce*[9] *interroget.§*

Si[10] leges et consuetudines ab antiquis iustis et deo deuotis regibus plebi anglorum concessas cum sacramenti confirmacione eidem plebi concedere et seruare uoluerit et presertim leges consuetudines et libertates a glorioso Rege Ed/wardo clero [fo. 208. b. populoque concessas.

[11]*Dicto autem principe se promittente omnia premissa concessurum* [12]*et seruaturum.*[12] *Tunc exponat ei metropolitanus*[11] *de quibus iurabit ita dicendo.*[13]

Seruabis ecclesie dei cleroque

1 *cetere:* B. ceteri: *in m.* B.
2—2 *monacho eiusdem monasterii:* W.[2] B.
3 *om.* W.[2] B. *added in m.* W.[2] B.
4 *solempnitatem:* W.[2] B.
5 oblacio principis: W.[2] *in m.*
6 *dixi:* B. dixit *added in m.*
7 Prostracio Regis prima. W.[2] *in m.*
8 *om.* O.
9 dominum: *add.* W.[2] B.
§—§ *metropolitanus uel episcopus cui uoluerit pontificum plebi dicere presenti negocio congruum breuiter sermonem. Postea metropolitanus uel episcopus eundem mediocri distinctaque interroget uoce:* O. Sciscitarique ab eis ut palam dicant si hunc cuncti sibi in Regem eligunt et ut illis Rex consecretur ueraciter et unanimes poscunt. Quod postquam se uelle acclamauerint interrogati. *add.* O. *in m.*

1 *metropolitalus:* B. metropolitanus *in m.* B.
2—2 *om.* B.
3 breuis sermo: W.[2] *in m.*
4 *metropolitanus:* B.
5 *om.* B.
6 sessio regis ante altare: W.[2] *in m.*
7 *om.* W.[2] B.
8 *soli:* B. *in m.* sibi.
9 Interrogacio metropolitani: W.[2] *in m.*
10 *se:* B. si: *in m.* W.[2] B. and O. have this demand in red.
11—11 *Si autem omnibus hiis assentire se uelle promiserit exponat et metropolitanus:* O.
12—12 *om.* B.
13 *dicent:* B. dicendo: *in m.*

et populo pacem ex integro et concordiam in deo secundum uires tuas. *Respondebit.* Seruabo.[1] Facies fieri in omnibus iudiciis tuis equam et rectam iusticiam. et discrecionem in misericordia et ueritate secundum uires tuas. *Respondebit.*[2] Faciam.[1] Concedis iustas leges et consuetudines esse tenendas. et promittis[3] eas per te esse[3] protegendas. et ad honorem dei roborandas[4] quas uulgus elegerit secundum uires tuas. *Respondebit.* [5]Concedo et promitto.[5]

†*Sequitur admonicio episcoporum ad Regem et legatur ab uno episcopo coram omnibus clara uoce sic dicendo.*

Domine rex a uobis perdonari petimus ut unicuique de nobis et ecclesiis nobis commissis canonicum priuilegium ac debitam legem atque iusticiam conseruetis. et defensionem exhibeatis. sicut rex in suo regno debet unicuique[7] episcopo. abbatibus et ecclesiis sibi commissis.

Respondebit. Animo libenti et deuoto promitto uobis et perdono quia unicuique de uobis. et ecclesiis uobis commissis canonicum priuilegium et[8] debitam legem atque iusticiam seruabo. et defensionem quantum potuero adiuuante domino exhibebo sicut rex in suo regno unicuique episcopo. abbatibus. et ecclesiis sibi commissis per rectum exhibere debet.†

Adiciantur predictis interrogacionibus que iusta [1]*fuerint prenunciatis omnibus supradictis dictus princeps confirmet se omnia predicta esse seruaturum sacramento super altare coram cunctis protinus prestito.*[2]

Hiis ita[3] *peractis metropolitanus uel episcopus genuflectendo*[4] *cum deuocione incipiat excelsa uoce ympnum.* *Ueni creator[5] spiritus* *Dicto rege interim ante altare super tapetis et quissinis per regios ministros decenter ibidem locatis humiliter prostrato.*[6] *Finito uero ympno.*[7] *sequatur hec oracio.*[1]

TE inuocamus domine sancte pater omnipotens eterne deus ut hunc famulum tuum .N./ quem tue diuine dispen- [fo. 209. sacionis prouidencia in primordio plasmatum usque hunc presentem diem iuuenili flore letantem crescere concessisti : eum tue pietatis dono ditatum. plenum que [8]gracia et ueritate[8] de die in

[1] Blue and red letters in W.[1] Red in W.[2] B.

[2] *Rospondebit :* B. Respondebat. *in m.* B.

[3]—[3] per te eas esse : O.

[4] coroborandas : O.

[5] Written in blue letters : W.[1] Red in W.[2] and B.

†—† *omit.* O.

[7] uniquque : W.[2] *altered into* unicuique.

[8] et : *add.* W.[2] B.

[1]—[1] *fuerunt. Prenunciatis omnibus confirmet se omnia esse seruaturum sacramento super altare protinus coram cunctis.* [*prestito* in m.] *Hiisque peractis metropolitanus uel episcopus incipiat excelsa uoce.* Ueni creator. *Prostrato eo ante altare sequatur hec oratio tam a metropolitano uel episcopo quam ab omnibus prelatis dicenda.* O.

[2] Sacramentum super altare prestandum : W.[1] *in m.* Regis sacramentum prestitum : W.[2] *in m.*

[3] *itaque :* W.[2] B.

[4] Genua flectenda ab episcopo : W.[1] *in m.*

[5] *om.* B. *but added in m.*

[6] prostracio secunda : W.[2] *in m.*

[7] Cant. (*sic.*) W.[1] *in m.*

[8]—[8] gracia ueritatis : O.

— Musical notation above these words. W.[1]

diem coram deo et hominibus ad meliora semper proficere facias. ut summi regiminis[1] solium gracie superne largitate gaudens suscipiat. et[2] misericordie tue muro ab hostium aduersitate undique munitus plebem sibi commissam cum pace propiciacionis. et uirtute uictorie feliciter regere mereatur. Per.

Post oracionem incipiant[3] duo episcopi uel duo cantores letaniam. metropolitano uel episcopo et[4] ceteris episcopis[5] cum eo prostratis et septem psalmos[6] penitenciales ex corde cantantibus infra letaniam hec adiungant.[6]

Ut presentem famulum tuum in tua pietate. iusticia. et sanctitate confirmare. et conseruare digneris. Te rogamus audi nos.

Postea sequantur hee oraciones.

Dominus uobiscum. Oremus.

Oracio.[7]

OMnipotens sempiterne deus creator omnium. imperator angelorum. rex regnancium. dominusque dominancium. qui abraham fidelem famulum tuum de hostibus triumphare fecisti. moysi et iosue populo prelatis multiplicem uictoriam tribuisti. humilemque dauid puerum tuum regni fastigio sublimasti.[8] et salamonem sapiencie. pacisque inef-

[1] regimini : B. regiminis *added in m.*
[2] *om.* B. et *added in m.*
[3] letania et septem psalmi : W.[2] *in m.*
[4] cum : O.
[5] episcopi prostrati dicant septem psalmos interim : W.[1] *in m.*
[6]—[6] *ex corde cantantes. Infra letaniam hec adiungat :* O.
[7] *om.* W.[2] B. Cant. *in m.* W.[1]
[8] et sa lamast : *add.* W.[2] *struck out with red line.*

fabili munere ditasti. respice quesumus ad preces humilitatis nostre. et super hunc famulum tuum quem supplici deuocione in regem consecramus. benediccionum tuarum dona multiplica. eumque dextere tue potencia semper et ubique circumda : quatinus predicti abrahe fidelitate firmatus. moysi mansuetudine fretus. iosue fortitudine munitus. Dauid humilitate exaltatus. salamonis sapiencia decoratus. tibi in omnibus placeat. et per tramitem iusticie inoffenso gressu semper incedat. ecclesiamque tuam deinceps cum plebibus sibi annexis ita enutriat. ac doceat. muniat et instruat contraque omnes uisibiles et inuisibiles hostes eidem potenter regaliterque tue uirtutis regimen administret./ et ad uere fidei [fo. 209. b. pacis que concordiam eorum animos[1] te opitulante reformet. ut horum populorum debita subieccione fultus. cum[2] digno amore glorificatus. ad paternum decenter solium tua miseracione conscendere mereatur. tue quoque proteccionis galea munitus. et scuto insuperabili iugiter protectus. armis que celestibus circumdatus. optabilis uictorie triumphum feliciter capiat. terroremque sue potencie infidelibus inferat. et pacem tibi militantibus letanter reportet. Per dominum nostrum qui uirtute crucis tartara destruxit. regnoque dyaboli superato ad celos uictor ascendit. in quo potestas omnis. regnum consistit et uictoria. qui est gloria

[1] animo : W.[2] B. *with* s *added in m.*
[2] *om.* O.

humilium. et uita salusque populorum. Qui tecum. uiuit.[1] et.[2]

Alia oracio.[1]

BEnedic domine hunc regem nostrum. qui regna omnium moderaris a seculo. et tali eum benediccione glorifica. ut dauitice teneat sublimitatis sceptrum. et glorificatus in eius te propicio reperiatur merito. Da ei tuo inspiranine[3] cum mansuetudine ita regere populum. sicut salomonem fecisti regnum optinere pacificum. Tibi cum timore semper sit subditus. tibique militet cum quiete. sit tuo clipeo protectus : cum proceribus et ubique tua gracia uictor existat. Honorifica eum pre cunctis regibus gencium : felix populis dominetur. et feliciter eum naciones adorent. Uiuat inter gencium cateruas magnanimus. sit in iudiciis equitatis singularis. locupletet eum tua prediues dextera. frugiferam optineat patriam. et eius liberis tribuas[4] profutura. Presta ei prolixitatem uite per tempora. ut in diebus eius oriatur iusticia. A te robustum teneat regiminis solium et[5] cum iocunditate et iusticia. eterno glorietur in regno. Per.

Alia[1] *oracio.*

DEus ineffabilis auctor mundi. conditor generis humani gubernator imperii. confirmator

[1]—[1] *omit.* O.
[2] regnat : *add.* W.[2] *om.* B.
[3] inspiramine : W.[2] B. O.
[4] tribuis : O.
[5] *om.* W.[2] B. *but mark for omission, and* et *supplied in m. of* B.

regni. qui ex utero fidelis amici tui. patriarche nostri abrahe preelegisti regem seculis profuturum. tu presentem regem hunc cum/ exercitu [fo. 210. suo per intercessionem omnium sanctorum uberi benediccione locupleta. et in solium regni firma stabilitate connecte. Uisita eum sicut moysen in rubo[1] [2]ihesum naue[2] in prelio. Gedeon in agro. samuelem in templo. et illa eum benediccione syderea ac sapiencie tue rore perfunde quam beatus dauid[3] in psalterio. salamon filius eius te remunerante percepit e[4] celo. Sis ei contra acies inimicorum lorica. in aduersis galea. in prosperis paciencia. in proteccione clipeus sempiternus. et presta ut gentes illi teneant fidem. proceres sui habeant pacem. diligant caritatem. abstineant se a cupiditate. loquantur iusticiam. custodiant ueritatem. et ita populus iste pullulet[5] coalitus benediccione eternitatis. ut semper maneant tripudiantes in pace uictores. Per christum dominum nostrum.[6]

[7]Dominus uobiscum.[7]

Oracio.[8]

DEus qui populis tuis uirtute consulis. et amore dominaris. da huic famulo tuo N spiritum

[1] rubro : O.
[2]—[2] *om.* W.[2] B. *but added in marg.* W.[2] *in contemporary and 17th century hands.* Iosue : *add.* B. *in m.*
[3] Daniel : altered to Dauid : O.
[4] de : B.
[5] *om.* O.
[6] *om.* W.[2] Amen : *add.* B.
[7]—[7] *in m.* B. hic incipe : *in m.* O.
[8] *om.* W.[2] *but added in m.*

sapiencie cum regimine discipline. ut tibi toto corde deuotus in regni regimine maneat semper ydoneus. tuoque munere ipsius temporibus securitas ecclesie dirigatur. et in tranquillitate deuocio christiana permaneat. ut in bonis operibus perseuerans ad eternum regnum te duce ualeat peruenire. Per dominum nostrum [1]ihesum christum filium tuum qui tecum uiuit et regnat in unitate.[1]

Hic mutet domnus metropolitanus [2]uel episcopus[2] uocem suam.

* PEr omnia secula seculorum. Amen. Dominus uobiscum. Et cum spiritu tuo. Sursum corda. Habemus ad dominum. Gracias agamus domino/ deo nostro. Dignum et [fo. 210. b. iustum est.

UEre dignum et iustum est equum et salutare. Nos tibi semper et ubique gracias agere domine sancte pater omnipotens eterne deus. Electorum fortitudo et humilium celsitudo. Qui in primordio per effusionem diluuii crimina mundi castigare uoluisti. et per columbam ramum oliue portantem pacem terris redditam demonstrasti. Iterum que aaron famulum tuum per unccionem olei sacerdotem sanxisti. et postea per huius unguenti infusionem ad regendum populum israeliticum sacerdotes ac reges et prophetas perfecisti

[1]—[1] *om.* W.[2] B. spiritus sancti deus per : *add.* O.
[2]—[2] *om.* W.[2] B.

uultumque ecclesie in oleo exhilarandum per propheticam famuli tui uocem dauid esse predixisti.[1] ita quesumus omnipotens/ pater ut per [fo. 211. huius creature pinguedinem hunc seruum tuum N. sanctifi✠care[2] tua benediccione[3] digneris. eumque in similitudinem columbe pacem simplicitatis populo sibi subdito prestare et exempla aaron in dei seruicio diligenter imitari. regnique fastigia in consiliis sciencie. et equitate iudicii semper assequi uultumque hyllaritatis per hanc olei unccionem. tuamque benediccionem[4] te adiuuante toti plebi paratam[5] habere facias. Per christum dominum nostrum.[6]*

Finitis oracionibus istis †*surgat princeps*[7] *et resideat in predicta cathedra coram metropolitano uel episcopo modo quo prelibatum est. In qua cathedra princeps paulum*[8] *quiescens iterato resurgat et uadat ad altare deponatque ibi uestes suas preter*

— Musical notes above these words in W.[1] O.
[1] prodixisti : B.
[2] sanc✠tificare : W.[2] B. *cross over* n : O.
[3] *cross over* n *of* bene : O.
[4] ✠ *in m.* W.[1] bene✠diccionem : W.[2] B.
[5] paratum : O. [6] *om.* B.
†—† *assedeat* [*Ascendat :* in m.] *princeps in cathedra coram metropolitano uel episcopo apposita.* [*cuius :* in m.] *Qui uero cum accesserit metropolitanus uel episcopus uestem qua indutus fuerit princeps pallio super eum interim extenso scindat propriis usque ad cingulum manibus. Deinde manus principis sancto inunguantur oleo hec.* O.
[7] surreccio regis : W.[2] *in m.*
[8] paululum : W.[2] B.

693

tunicam sericam et camisiam[1] *apertas profundius usque subter pectus et inter scapulas. et in scapulis. et eciam apertas in compagibus brachiorum. aperturis tunice et camisie sibi inuicem connexis ansulis argenteis.*

Tunc uero a metropolitano uel episcopo dissutis[2] *ansulis in apertura tunice et camisie supradicte*/ *pallio supradictum prin-*[fo. 211. b. *cipem*[3] *extenso manus principis oleo inunganturt dicente metropolitano uel episcopo oracionem.*

UNgantur manus iste de oleo sanctificato unde uncti fuerunt reges et prophete. et sicut unxit[4] samuel dauid in regem ut sis benedic✠tus[5] et constitutus Rex in regno isto super populum istum quem dominus deus tuus dedit tibi ad[6] regendum ac gubernandum. Quod ipse prestare dignetur. qui cum patre et spiritu sancto.[7]

[8]*Choro interim concinnente antiphonam.*[8]

*UNxerunt salamonem sadoc sacerdos et nathan propheta regem. et accedentes leti dixerunt. uiuat rex. uiuat rex. uiuat rex in-

694

eternum. *Ps.* Domine in uirtute tua.[1]*

Oracio.

PRospice omnipotens deus serenis obtutibus hunc gloriosum regem .N. et sicut benedixisti abraham. ysaac. et Iacob. sic illum largis[2] bene✠[3]diccionibus spiritualis[4] gracie cum omni plenitudine tua potencia irrigare atque perfundere[5] dignare. Tribue ei de rore celi et de pinguedine terre habundanciam. frumenti uini. et olei et omnium frugum opulenciam ex largitate diuini muneris longa per tempora. ut illo regnante sit sanitas[6] in patria. et pax inuiolata sit in regno. et dignitas gloriosa regalis palacii maximo splendore regie potestatis oculis omnium fulgeat. luce clarissima choruscare atque splendescere. quasi splendidissima fulgura. maximo perfusa lumine uideatur. Tribue ei omnipotens deus. ut sit fortissimus protector patrie et consolator ecclesiarum ac cenobiorum sanctorum. maxima cum pietate regalis munificencie. atque ut sit fortissimus regum triumphator hostium ad opprimendas[7] rebelles et paganas naciones. Sitque suis inimicis satis terribilis premaxima fortitudine regalis potencie. Optimatibus quoque

1 deposicio uestium preter etc.: W.² *in m.*
2 *dissictis:* W.² B.
3 pallium. inunccio manuum cum olo (*sic*): W.² *in m.*
4 unxit: *added above line and in m.* W.¹ *om.* W.² B. O. *but added in m.* W.² *in 17th century hand.*
5 *cross above* n: O.
6 *om.* O.
7 uiuit et regnat deus per omnia secula seculorum. amen. *add.* W.² B.
8—8 *Antiphona:* O.

— Musical notes above these words W.¹ O.
1 letabitur rex: *add.* W.² B. tua: *om.* O.
2 largiris: W.² B. *but altered in* W.² *into* largis.
3 *om. cross.* O.
4 spiritualibus: O.
5 profundere: W.² perfundere: *written in red in m.* W.²
6 corporum: *add.* O.
7 opprimandus *altered into* opprimendas W.²

atque precelsis proceribus ac fidelibus sui[1] regni/ mu- [fo. 212. nificus[2] et amabilis. et pius ut ab omnibus timeatur atque diligatur. Reges quoque de lumbis eius per successiones temporum futurorum egrediantur. regnum hoc regere totum. et post gloriosa tempora atque felicia presentis uite gaudia sempiterna in perpetua beatitudine habere mereatur. Per.[3]

Postea[4] *uero pectus*[5] *et †inter scapulas et scapule ambeque compagines*[6] *brachiorum ipsius ungantur de oleo supradicto*[7] *et de eodem fiat crux super capud eius et postea de crismate.*[8] *Et*[9] *preuideatur a sacrista quod ampullue*[10] *tam de oleo quam de crismate. quarum una deaurata*[11] *est et in se continens sanctum crisma.*[12] *Altera uero solum argentea. et in se continens oleum sanctum sint ad altare preparate. Rege igitur*[13] *sic uncto. connectantur ansule*[14] *aperturarum propter*

1 cui : B. sui *in margin.*
2 munificiis *altered to* munificus : O.
3 christum : *add.* W.² B.
4 forma ac modus inquirendus ab alio episcopo experto. ne etc. W.¹ *in m.*
5 Inunccio pectoris regis : W.² *in m.*
†—† *scapule ambeque compages brachiorum ipsius unguantur de supradicto oleo et de eodem crux fiat super capud eius et postea de chrismate et dicantur sequentes :* O.
6 compages : W.² B. *altered into* compagines *in* W.² [17th century].
7 crux super caput principis : W.² *in m.*
8 Crux super caput gemina et cum oleo et cum crismate : W.¹ *in m.*
9 Nota sacrista Westmonasterii : W.² *in m.*
10 *ampulle :* W.² B.
11 *deaurate* altered to *deaurata :* B.
12 *crismate* altered to *crisma :* B.
13 Nota de cirotecis : *in m.* W.² *17th century hand.*
14 connexio ansularum per abbatem : W.² *in m.*

unccionem ab abbate westmonasterii uel uicem eius gerente. Et dicantur a metropolitano uel episcopo sequentes† oraciones.

DEus dei filius ihesus christus dominus noster qui a patre oleo exultacionis unctus est pre participibus suis[1] ipse per presentem sacri unguenti[2] infusionem. spiritus paracliti super capud tuum infundat bene✠diccionem eandemque usque ad interiora cordis tui penetrare faciat quatinus hoc uisibili et tractabili dono inuisibilia percipere. et temporali regno iustis moderaminibus executo. eternaliter cum eo regnare merearis. qui solus sine peccato rex regum uiuit. et gloriatur cum deo patre et spiritu sancto.[3]

[4]*Alia oracio.*[4]

DEus qui es iustorum gloria. et misericordia peccatorum. qui misisti filium[5] tuum precioso sanguine suo genus humanum redimere. qui conteris bella. et propugnator es in te sperancium. et sub cuius arbitrio omnium regnorum continetur potestas te humiliter deprecamur. ut presentem famulum tuum .N. in tua misericordia confidentem in presenti sede regali benedicas.[6] eique propicius adesse digneris.

1 eius : W.² B.
2 unguinis : O.
3 in secula seculorum. Amen : *add.* W.² B.
4—4 *om.* W.² B. *Alia :* O. Alia oratio. W.² *in m.* Hec Oratio non est in veteri libro pontificali : W.¹ W.² *in m. written in a 17th century hand in* W.²
5 *om.* B. *but added in margin.*
6 ✠ *add.* W.² B.

ut qui tua expetit proteccione defendi. omnibus sit hostibus forcior. Fac eum domine beatum esse et uictorem de inimicis suis. Corona eum corona iusticie et pietatis. ut ex toto corde. et/ tota mente in te credens [fo. 212. b. tibi deseruiat. sanctam tuam ecclesiam defendat et sublimet. populumque sibi commissum iuste regat. nullus[1] insidiantibus malis eum in iniusticiam conuertat. Accende domine cor eius ad amorem tue gracie per hoc unccionis oleum. unde unxisti sacerdotes reges et prophetas. quatinus diligens iusticiam per tramitem similiter iusticie populum ducens. post peracta a te disposita in regali excellencia annorum curricula peruenire ad eterna gaudia mereatur. Per.[2]

Post[3] hec †induatur sindonis colobio[4] ad modum dalmatice formato capite amictu[5] operto propter unccionem.[6]

Qui amictus per septem dies continuos circa regium capud indesinenter permanebit. Octaua uero die post dicti regis consecracionem unus episcoporum dicto rege[7] in ecclesia. siue in[8] capella sua presente missam de trinitate celebrabit. Missaque finita idem episcopus amictum prefatum auferet de capite regali. dictumque capud regium aqua calida cum omni diligencia[1] lauabit. quo loto et exsiccato. crines regios reuerenter componet. Deinde circulum aureum capiti dicti regis imponet honorifice. Quem quidem circulum memoratus princeps ob reuerenciam sue dealbacionis ipso die feret contimue[2] capite denudato. Hiis taliter peractis. a metropolitano uel episcopo benedicantur regalia ornamenta.†

Oracio.[3]

DEus rex regum et dominus dominancium. per quem reges regnant et legum conditores iura decernunt. dignare propicius bene✠dicere[4] hoc regale ornamentum. et presta ut famulus tuus rex noster qui illud portaturus est. ornamento bonorum morum et sanctarum accionum in conspectu tuo fulgeat. et post temporalem uitam. eternam gloriam que tempus non habet. sine fine possideat. Per.

§Dictis itaque ornamentis benedictis prefatus rex a Westmonasteriensi abbate uel alio loco ipsius ut prehabitum est induetur uestimentis.[5] Et prius induetur super predictum colobium tunica

[1] nullis : W.[2] B. *altered into* nullius *in* W.[2] nullis: O.
[2] dominum : *add.* W.[2] B.
[3] Surgant metropolitanus et rex : W.[2] *in lower m. in later hand.*
†—† *uero induatur sindonis colobio capite amictu propter unctionem operto. Eo quidem per septem dies in albis ita existente pedibus eius sandaria coaptentur et calcaria. Postea induatur regalibus. Benedictio cuiuscunque regalis ornamenti :* O.
[4] Colobium ad modum dalmatice : W.[2] *in m.*
[5] vitta linea : W.[1] *in m.*
[6] opercio capidis per 7 dies : W.[2] *in m.*
[7] *regi* : W.[2] .
[8] *om.* W.[2] B. *but added in m.* W.[2] B.

[1] Nota : W.[2] *in m.*
[2] continue : W.[2] B.
[3] *om.* W.[2] B. benediccio regalium ornamentorum : W.[2] *in. m.*
[4] *cross above* n : O.
§—§ *omit.* O.
[5] *tis :* B. Vestimentis : *in m.* B.

longa et talari[1] *intexta magnis ymaginibus aureis ante et retro. simul caligis sandariis et calcaribus tibiis eius et pedibus coaptatis.*

Tunc| sequetur§ benediccio ensis. [fo. 213.

Oracio.

EXaudi quesumus[2] domine preces nostras. et hunc ensem quo hic famulus tuus .N. se circumcingi desiderat. maiestatis tue dextera bene✠dicere.[3] et sancti✠ficare[3] dignare. quatinus defensio atque proteccio possit [4]esse ecclesiarum.[4] uiduarum. orphanorum. omniumque deo seruiencium. contra seuiciam paganorum aliis que insidiantibus. sit pauor. terror et formido. Per.

Postea ab episcopis[5] *ensem accipiat.*[6] *et cum ense totum regnum sibi fideliter ad regendum secundum* [7]*uerba subscripta*[7] *sciat esse comendatum. dicente metropolitano uel episcopo.*[8]

ACcipe gladium per manus episcoporum. licet indignas. uice tamen et auctoritate sanctorum apostolorum consecratas tibi regaliter impositum. nostreque bene✠diccionis[9] officio in defensionem sancte dei ecclesie diuinitus ordinatum et esto memor de quo psalmista prophetauit dicens. Accingere gladio tuo super femur tuum potentissime. ut per eundem uim equitatis exerceas. molem iniquitatis potenter destruas. et sanctam dei ecclesiam. eiusque fideles propugnando protegas. nec minus sub fide falsos quam christiani nominis hostes execreris ac destruas. uiduas et pupillos clementer adiuues ac defendas. desolata restaures restaurata conserues. ulciscaris iniusta. confirmes bene disposita. quatinus hec in agendo uirtutum triumpho gloriosus. [1]iusticieque cultor egregius.[1] cum mundi saluatore cuius typum geris in nomine. sine fine merearis regnare. Qui cum patre et spiritu sancto [2]uiuis et regnas deus. Per.[2]

Accinctus autem ense[3] *similiter armillas accipiat dicente metropolitano uel episcopo.*

ACcipe armillas sinceritatis et sapiencie. diuineque circumdacionis indicium. quibus intelligas omnes operaciones tuas contra hostes uisibiles et inuisibiles posse esse munitas. Per.

†*Iue*[4] *quidem armille in modum stole circa collum. et ab utraque scapula usque ad compages brachiorum erunt dependentes. in ipsis brachiorum compagibus laqueis sericis connexe prout|* [fo. 213. b.

[1] tunica talaris cum ymaginibus cum caligis sandariis et calcaribus : W.[2] *in m.*
[2] *om.* W.[2] B. quesumus : *in m.* W.[2]
[3] *cross above* n : O.
[4]—[4] ecclesiarum esse : O.
[5] caret ij : W.[2] *in m. in later hand.*
[6] Ensis deliberacio : W.[2] *in m.*
[7]—[7] supradicta uerba : O.
[8] *Oratio : add.* O.
[9] W.[2] B. *place the cross at end of* benediccionis : *no cross* O.

[1]—[1] *om.* W.[2] B. *but added in marg.* W.[2] *in 17th century hand.* egregius *in m.* B.
[2]—[2] *om.* O. omnia : *add.* W.[2] B.
[3] accepcio armillarum : W.[2] *in m.*
†—† *Cum datur pallium :* O.
[4] *Iste :* W[1] *in m.* W.[2] B.

plenius per ipsarum poterit discerni composicionem. Deinde pallio[1] *regali induetur. quod quidem pallium quadrum est et aquilis aureis per totum contextum. Et dicat metropolitanus siue*[2] *episcopus.*†

ACcipe pallium quatuor iniciis formatum. per quod intelligas quatuor mundi partes diuine potestati esse subiectas. nec quemquam posse feliciter regnare in terris. nisi cui potestas regnandi fuerit collata de celis.

§*Postea benenedicetur*[3] *corona a metropolitano uel episcopo* [4]*dicente oracionem.*[4]§

DEus tuorum corona fidelium. qui in capitibus eorum ponis coronam de lapide precioso. bene✠dic et sanctifi✠ca coronam istam. quatinus sicut ipsa diuersis preciosisque lapidibus adornatur. sic [6]famulus tuus gestator[6] ipsius multiplici preciosarum uirtutum munere tua largiente gracia repleatur. Per dominum nostrum ihesum christum filium tuum regem eternum. qui tecum.[7]

Tunc[8] *aspergatur aqua benedicta minutatim super coronam atque a metropolitano*[9] *uel episcopo incensetur.*[10] ||*deinde imponatur corona*[11]

[1] pallium Regale quadratum cum aquilis aureis: W.[2] *in m.* [2] *uel:* W.[2] B.

§—§ *Benedictio corone regis uel regine:* O.

[3] *corrected in* W.[1] benediccio corone: W.[2] *in m.*

[4]—[4] *Oracio:* W.[2] B. *altered in* W.[2] *to dicente oracionem, in 17th century hand.*

[6]—[6] famula tua gestatrix: *above line* O.

[7] uiuit: *add.* W.[2] B.

[8] *Hic:* O. [9] *metropolitato:* B.

[10] *insencetur:* W.[2] B. Corona aspergenda et thurificanda: W.[1] *in m.*

||—|| *Cum capiti corona imponitur:* O.

[11] Imposicio corone: W.[2] *in m.*

capiti dicti regis a metropolitano siue episcopo dicente.||

COronet te deus corona glorie atque iusticie. honore. et opere fortitudinis. ut per officium nostre benedic✠cionis[1] cum fide recta. et multiplici bonorum operum[2] fructu ad coronam peruenias regni perpetui ipso largiente cuius regnum permanet in secula seculorum.

Alia[3] *oracio.*

DEus perpetuitatis. dux uirtutum cunctorum hostium uictor bene✠dic.[4] hunc famulum tuum .N. tibi capud suum inclinantem. et prolixa sanitate. et prospera felicitate eum conserua. et ubicumque auxilium tuum inuocauerit cito assis. et protegas ac defendas. Tribue [5]ei quesumus[5] domine diuicias gracie tue. comple in bonis desiderium eius. corona eum in misericordia tua. tibique domino pia deuocione iugiter famuletur. Per dominum nostrum[6] ihesum christum filium tuum. Qui tecum.[6]

[5]*Postea cantetur hec*[5] *antiphona.*

*Confortare et esto[7] uir et obserua mandata domini/ dei [fo. 214. tui ut ambules in uiis eius. et custodias ceremonias eius. et precepta eius. et testimonia. et iudicia. et

[1] *omit* ✠: B. O. *added in* W.[2]

[2] *om.* O.

[3]—[3] *om.* W.[2] B. O. alia: *added in m.* W.[2] *in 17th century hand. Oratio post coronam:* O.

[4] *om.* ✠: O.

[5]—[5] *om.* O.

[6]—[6] *om.* W.[2] B.

[7] est: B. fortis: *added in m.* W.[1]

— Musical notes above these words in W.[1] and O.

quocumque te uerteris confirmet te deus.* *Ps.*[1] *Dominus regit me.*

Benediccio anuli.[3] *Oracio.*[4]

DEus celestium terrestriumque conditor creaturarum. atque humani generis benignissimus[5] reparator. dator spiritualis[6] gracie. omniumque benediccionum largitor qui iusticiam tue legis in cordibus credencium digito tuo id est unigenito tuo scribis cui magi in egypto[7] resistere non ualentes concinnabant dicentes digitus dei est hic. inmitte spiritum sanctum tuum paraclitum[8] de celis super hunc anulum arte fabrili decoratum. et sublimitatis tue potencia ita eum emundare digneris. ut omni nequicia liuidi uenenosi que serpentis procul expulsa. metallum a te bono conditore creatum. immune a cunctis sordibus inimici maneat.[9]

[10]*Alia oracio.*[10]

BEne✠dic domine et sancti✠fica anulum istum. et mitte super eum septiformem spiritum tuum. quo famulus tuus eo fruens. anulo fidei subarratus uirtute altissimi sine peccato

[1] *add.* W.[2] *in m.* *om.* B.

— Musical notes above in W.[1] lines prepared for notes in O. over *Dominus regit.* but *me* is omitted in O. et nichil michi deerit: *add.* W.[2] B.

[3] Benediccio anuli: W.[2] *in m.*

[4] *om.* B. *in m.* W.[2]

[5] benignissime: O.

[6] spirituales: B. *but* e *dotted.*

[7] *Two last letters added in m.* W.[2]

[8] paraclitus: B. *altered in margin to* paraclitum.

[9] manet: B. *altered in margin to* maneat.

[10]—[10] *om.* W.[2] B. *added in later hand* W.[2] *Alia Benedictio*: O.

custodiatur. et omnes benediciones que in scripturis diuinis reperiuntur super eum copiose descendant. ut quecumque sanctificauerit[1] sanctificata permaneant et quecumque benedixerit spirituali benediccione benedicantur.

[2]*Deinde detur ei anulus a metropolitano uel episcopo dicente.*[2]

ACcipe[3] regie dignitatis anulum. et per hunc in te catholice fidei signaculum. quatinus ut hodie ornaris capud et princeps regni ac populi. ita perseueres auctor ac stabilitor christianitatis. et christiane fidei. ut felix in opere. locuples in fide. cum rege regum glorieris cui est honor et gloria per eterna secula seculorum amen.

Oracio.[4]

DEus cuius est omnis/[fo. 214.b. potestas et dignitas da famulo tuo [5]sue proprie[5] dignitatis effectum. in qua te remunerante permaneat. semperque te timeat. tibique iugiter placere[6] contendat. Per dominum.

Deinde accipiat[7] *ensem unde accinctus fuerat. et eum super altare deo offerat. Quem comes aliis superior*[8] *redimet. et redemptum ante*[6] [9]*dictum regem*[9] *deferet*

[1] *om.* B.

[2]—[2] *Cum datur anulus*: O.

[3] Anuli dacio: W.[2] *in m.*

[4] *om.* B. *added in later hand in m.* W.[2]

[5]—[5] proprie sue: O.

[6] *om.* B. *but added in m.*

[7] oblacio ensis: W.[2] *in m.*

[8] *superius*: W.[2] B. *altered in* W.[2] B. *to* superior.

[9]—[9] *eum*: O.

†*nudum. Cuius*[1] *ensis precium dicto altari pertinet. Deinde*[2] *dabitur ei sceptrum in manu dextra. quod quidem sceptrum aureum est in cuius summitate crux parua collocatur prius cirothecis de regalibus manibus*[3] *eius applicatis a metropolitano uel episcopo dicente.*[4]†

ACcipe sceptrum regie potestatis insigne. uirgam scilicet regni rectam. uirgam uirtutis. qua teipsum bene regas. sanctam ecclesiam populumque uidelicet christianum tibi a deo commissum regia uirtute ab improbis defendas. prauos corrigas. rectos pacifices. et ut uiam rectam tenere possint tuo iuuamine dirigas. quatinus de temporali regno. ad eternum regnum peruenias. ipso adiuuante cuius regnum permanet in secula seculorum ameN.

[5]*Oracio post sceptrum.*[5]

OMnium domine fons bonorum. cunctorumque deus. institutor profectuum. tribue quesumus famulo tuo N. adeptam bene regere dignitatem. et a te sibi prestitum honorem dignare coroborare.[6] Honorifica eum pre cunctis regibus. uberi eum bene ✠[7]diccione locupleta. et in solio regni firma stabilitate consolida.

†—† *Cum datur ei sceptrum:* O.
[1] oblato prius ense. mox sceptrum accipiat: W.[1] *in m.*
[2] sceptrum dacio: W.[2] *in m.*
[3] cirothece: W.[2] *in m.*
[4] *om.* B. *but added in m.*
[5]—[5] *added in m.* W.[2] *17th century hand. oracio: in m.* B.
[6] roborare: W.[2] B. *altered to* corroborare *in* W.[2]
[7] no cross O.

Uisita eum in sobole presta ei prolixitatem uite. In diebus eius semper oriatur iusticia ut cum iocunditate et leticia eterno glorietur in regno.

[1]*Postmodum*[2] *tradatur ei uirga in manu sinistra. Que quidem uirga aurea est habens in summitate columbam auream a metropolitano uel episcopo dicente.*[1]

ACcipe uirgam uirtutis atque equitatis qua intelligas te mulcere pios et terrere reprobos. Errantes uiam doce. lapsis que manum porrige. disperdasque superbos. et releues[3] humiles. ut aperiat tibi ostium ihesus christus dominus noster qui de seipso ait. Ego sum ostium per me siquis introierit salua/-bitur. Et ipse qui est [fo. 215. claus dauid et sceptrum domus israel. qui aperit et nemo claudit. claudit et nemo aperit. sit tibi adiutor. qui educit uinctum de domo carceris. sedentem in tenebris et umbra mortis. ut in omnibus sequi merearis eum de quo propheta dauid cecinit. sedes tua deus in seculum seculi. uirga recta est uirga regni tui. Et imitare ipsum qui dicit. Diligas iusticiam. et odio[4] habeas iniquitatem propterea unxit te deus deus tuus oleo leticie. ad exemplum illius quem ante secula unxerat pre participibus suis ihesum christum dominum nostrum.

[1]—[1] *Tunc detur ei uirga:* O.
[2] tradicio virge auree cum columba aurea: W.[2] *in m.*
[3] reueles: B. releues: *in m.* B.
[4] odeo: O.

Tunc dicatur super eum benediccio.

BEne✠dicat[1] tibi dominus. custodiatque te et sicut te uoluit super populum suum esse regem. ita in presenti seculo felicem. et eterne felicitatis tribuat esse consortem. Amen. Clerum ac populum quem sua uoluit opitulacione tua sanccione congregari. sua dispensacione. et tua administracione per diuturna tempora faciat feliciter gubernari. Amen. Quatinus diuinis monitis parentes. aduersantibus omnibus carentes. bonis omnibus exuberantes. tuo imperio fideli amore obsequentes. et in presenti seculo pacis tranquillitate fruantur. et tecum eternorum ciuium consorcio potiri mereantur. Amen. Quod ipse prestare dignetur. [2]cuius regnum et imperium.[2]

†*Et preuideatur*[3] *a sacrista westmonasterii quod ornamenta regalia cum magna corona prius sint super magnum altare honorifice collocata. ut omnia fiant sine impedimento propter maximam plebis confluenciam que in huiusmodi coronacionibus indubitanter solet euenire.*

Coronatus autem rex. et regalibus prius indutus per abbatem westmonasterii[6] *caligis sandariis. et calcaribus coaptatis osculabitur*[6] *episcopos. a quibus uero et eciam aliis regni proceribus ducetur honorifice ad regale solium. choro cantante.* Te deum laudamus. *Quo ympno ad finem perducto*[1] *dicat consecrans regem.*†

STa et retine amodo locum quem hucusque paterna/ successione tenuisti heredi-[fo. 215. b. tario iudicio tibi delegatun per auctoritatem dei[2] omnipotentis et presentem tradicionem nostram. et omnium episcoporum ceterorumque dei seruorum. et quanto clerum sacris altaribus propinquiorem perspicis. tanto ei pociorem in locis congruis honorem impendere memineris. quatinus mediator dei et hominum te mediatorem cleri et plebis in hoc regni solio confirmet. et in regnum eternum regnare faciat ihesus christus dominus noster rex regum et dominus dominancium. qui cum patre et spiritu sancto uiuit et regnat in secula seculorum. amen.[3]

Rege itaque in solio suo taliter collocato pares regni dictum regem undique circumstantes manibus palam extensis in signum fidelitatis offerent se ad dicti regis et dicte corone sustentacionem. Et illi precipue qui stirpe regali sunt propinquiores in sustentacione[4] *corone sceptri*[5] *et uirge regios labores alleuiabunt. facto prius dicto regi ab omnibus proceribus regni tunc presentibus publice super dictum pulpitum*[6] *homagio.*

[1] *omit* ✠: O.
[2]—[2] *om.* O. *et cetera* : W.[2] B.
[3] nota sacrista : W.[2] *in m.*
†—† *Coronatus autem osculetur episcopos a quibus post ducatur honorifice ad regale solium choro cantante.* Te deum laudamus. *Quo ad finem perducto dicat metropolitanus uel episcopus.*
[5] *In m.* W.[1] *a hand points to this line*
[6] osculacio episcoporum : W.[2] *in m.*

[1] *preducto* : B. [2] patris : *add.* O. *in m.*
[3] *Missa pro Rege officium.* O. Here follows immediately in O. the mass for the King without the office for the Coronation of the Queen as in the other MSS.
[4] sustentacionem : W.[2] B.
[5] *corrected from* sceptre. *septre:* W.[2] B.
[6] homagium : W.[2] *in m.*

UErum si regina eodem die inungenda fuerit et coronanda cum rege. preparetur ei similiter solium a sinistra parte solii regii solio regis aliquantulum eminenciore existente.

Dicta uero regina induta erit tunica et ciclade cum fymbria longa et defluenti. Que quidem tunica et ciclas unius erunt coloris uidelicet purpurei. et unius texture sine aliquo alio opere artificiali desuper intexto. capite nudato. laxatos circa humeros decenter habens crines. Gestabitque circulum aureum gemmis ornatum ut honestius crines capiti eius constringantur. processione itaque modo prelibato infra palacium ordinata.[1]

Dicta regina[2] *sic adornata*[3] *regem subsequetur. quam precedent tres magnates.*[4] *quorum primus precedens portabit uirgam eburneam in cuius summitate est aurea columba. Secundus*[5] *iuxta eum incedet ferens paruum sceptrum*[6] *deauratum in cuius summitate est columba deaurata.*

Tercius uero subsequens coronam[7] *gestabit. quem subsequetur regina quam reuerenter sustentabunt hinc inde duo episcopi ad hoc per regem assignati.*| [fo. 216.

Et erunt ibi barones quinque portuum[8] *sicut predictum est ultra reginam pannum sericum por-*

[1] *regem: add.* B.
[2] *underlined with black:* W.[2]
[3] *ordinata:* W.[2] B. adornata: W.[2] *in m.*
[4] *Magnetes:* W.[2] B. *altered into* magnates *in* W.[2] *In m. of* W.[2]: 3[es] magnates virga avrea: *in 17th century hand.*
[5] *underlined in* W.[2]
[6] Sceptrum: W.[2] *in m. 17th century hand.*
[7] Corona: W.[2] *in m. 17th century hand.*
[8] v. bar. port. W.[2] *in m. 17th century hand.*

tantes cum totidem hastis et campanellis aliis consimilibus. Et in introitu ecclesie super reginam coronandam dicetur a metropolitano uel episcopo hec oracio Omnipotens sempiterne deus fons. *Require hanc oracionem cum aliis sequentibus post missam coronacionis regis. Oracione ista completa procedant rex et regina per ecclesiam modo quo supradictum est usque ad pulpitum et ad solia eis preparata. ac rege pro sua sacrosancta*[1] *unccione et coronacione usque ad altare descendente prefata regina dictis proceribus cum sceptro uirga. et corona ipsam precedentibus. prefatis episcopis illam ut predictum est hincinde sustentantibus usque ad dictum altare regem subsequetur. Cui fandestolium*[2] *a parte sinistra dicti altaris erit preparata*[2] *in quo ipsa residebit. dum de legibus et* [3]*regni consuetudinibus*[3] *conseruandis et aliis ut supradictum est.*[4] *per metropolitanum siue episcopum dictos regem et reginam consecraturum fuerit requisitum. Dictis requisicionibus peractis. sacramentoque ut supradictum est super altare prestito. et rege coram altari*[5] *prostrato regina genuflectet pro rege domino suo et pro seipsa humiles deo effundens preces. Incipiente metropolitano uel episcopo ympnum.*

Ueni creator spiritus.

Rege itaque inuncto et coronato atque coronacionis sue sollempniis

[1] *sacrosanctam:* B. altered in margin to *sacrosancta.*
[2] *sic et* W.[2] B.
[3]—[3] *consuetudinibus regni:* W.[2] B.
[4] *om.* W.[2] B. [5] *altare:* W.[2] B.
— Musical notes above these words in W.[1]

celebratis modo et forma quibus predictum est atque regalibus indumentis redimito in solio suo residente. Regina procedet[1] *ad gradus magni altaris predictis duobus episcopis ipsam interim sustentantibus. Que cum ante gradus dicti altaris peruenerit prosternet se super tapetam et quissinos prius per regios ministros modo quo predictum est honeste preparatos. Super quam ita solo prostratam dicetur ab archiepiscopo siue episcopo ipsam consecraturo.*

Oracio.

Deus qui solus habes inmortatem.[2]

Terminata autem hac oracione eriget se regina et genuflectet super cuius uerticem effundetur[3] *oleum sanctum in modum crucis. Postea de eodem oleo ungetur in pectore modo consimili in modum crucis. Ad utramque unccionem tam capitis quam/ pec-* [fo. 216. b. *toris*[4] *dicetur a pontifice consecrante.* In nomine patris. etc.[5] Prosit tibi hec unccio. *Circulo quem in capite gestauerat prius deposito. Tunc subiungetur oracio.* Omnipotens sempiterne deus.[6] *Hoc prouiso*[7] *quod tunica regine sic fiat quod per consecrantem ante sanctam pectoris unccionem facile possit aperiri. et a nobiliori domina que dicte regine semper adherebit post dictam*

[1] *precedet:* W.[2] *altered into* procedet.
[2] immortalitatem: W.[2] B.
[3] Regina ungitur: W.[2] *in m. in 17th century hand.*
[4] *peccatores:* B.
[5] et filii et spiritus sancti. Amen: W.[2] B.
[6] affluentem: *add.* W.[2] B.
[7] *prouisia:* B. altered to *prouiso* in m.

unccionem recludi. Deinde detur ei anulus a consecrante dicente. Accipe anulum. *subinferetur*[1] *ista oracio.* Deus cuius est omnis[2] potestas. *Postea benedicetur corona ab eodem presule dicente.* Deus tuorum. corona. etc.[3] *Quam postea debet archiepiscopus uel episcopus capiti regine apponere dicens.* Accipe coronam. *Primitus pileo lineo capiti regine ob sacre unccionis conseruacionem apposito. quod postea comburetur. Tunc subinferet pontifex hanc oracionem.* Officio nostre indignitatis. *Et tradendo ei sceptrum in dextera. et uirgam in sinistra dicat*[4] *hanc oracionem.* Omnium domine fons bonorum.

Coronata autem regina. a predictis duobus episcopis honorifice ducetur ad solium suum sibi ex parte regis sinistra preparatum. quo solio ut predictum est regia sedes paululum erit superior. Regina uero ad predictum solium ueniens ante eius ascensum modicum regi inclinabit eius magestatem ut decet adorando. Et matronis regni nobilioribus ipsam in dictum pulpitum subsequentibus. quarum una erit que inter ceteras uidetur esse nobilior dicte regine semper adherens ut antedictum est. ad regine consolacionem et leuamen. ympnus uero silicet.[5] Te deum laudamus *tunc non debet a choro cantari. quia prius in eleuacione regis in solium suum a dicto choro sollempniter decantabitur.*

[1] *Subinferatur:* W.[2] B.
[2] omnibus: B.
[3] *om.* W.[2] B.
[4] *dat:* B. dicat *in m.*
[5] *scilicet:* W.[2] B.

Tunc omnibus hiis ita peractis inchoetur officium misse a cantatoribus[1] *de sollempnitate diei. si contigerit dictam fieri coronacionem in festo solempni.*

Si[2] *uero euenerit quod dicta coronacio fiat in simplici die dominico. missa de dominica prius a conuentu debito more celebrata. Incipiatur missa specialis*[3] *pro rege. uidelicet*[4] *officium.*[5]

* PRotector noster aspice deus/ et respice in faciem [fo. 217. christi tui quia melior est dies una in atriis tuis super milia. *Ps.* Quam dilecta tabernacula.[7] Gloria.[6]*

[7]*Et quocumque tempore anni dicta coronacio fuerit facta. dicetur ad missam.* Gloria in excelsis.[7]

Oracio.

QUesumus omnipotens deus ut famulus tuus[8] rex noster qui tua miseracione suscepit regni gubernacula. uirtutum eciam omnium percipiat incrementa: quibus decenter ornatus. et uiciorum uoraginem deuitare. et hostes superare. et ad te qui uia. ueritas. et uita es graciosus ualeat peruenire. Per dominum.

†*Et si regina eodem die fuerit coronata dicetur ad missam tam pro rege quam pro regina ista oracio.*

DEus in cuius manu corda sunt regum qui es humilium consolator. et fidelium fortitudo. et protector omnium in te sperancium: da regi nostro.[1] et regine nostre.[1] populoque christiano triumphum uirtutis tue scienter excolere. ut per te semper reparentur ad ueniam. Per dominum.† [2]

Leccio epistole beati petri apostoli.[3]

KArissimi: Subiecti estote omni humani[4] creature: propter deum. Siue regi: quasi precellenti. Siue ducibus tanquam ab eo missis:[5] ad uindictam malefactorum: laudem uero bonorum. Quia sic est uoluntas dei: ut benefacientes ommutescere faciatis inprudencium hominum ignoranciam. Quasi liberi. et non quasi uelamen habentes malicie libertatem: sed sicut serui dei. Omnes honorate: fraternitatem diligite. Deum timete: regem honorificate. Serui: subditi estote in omni timore dominis. Non tantum bonis et modestis: sed eciam discolis. Hec est enim gracia. In christo ihesu: domino nostro.

[6] * DIrigatur oracio mea sicut incensum in/ con- [fo. 217. b. spectu tuo[7] domine ℣. Eleuacio

— Musical notation above these words in W.[1] O. Officium *in m.* W.[2]

[1] *cantoribus:* W.[2] B.

[2] *In m.* W.[2] a hand pointing to this line.

[3] *om.* W.[2] B. specialis *in m.* W.[2] 17*th century hand. Collation of* O. *begins again here.*

[4] *om.* W.[2] B. Videlicet *in* W.[2] *written over line in* 17*th century hand.*

[5] missa: W.[2] *in m.*

[6] patri: *add.* W.[2] B. Seculorum amen: *add.* O.

[7]—[7] *omit.* O. Gloria in excelsis: *in m.* W.[2]

[8] A space left here in W.[1] N. *add.* W.[2] B. O.

†—† *omit.* O.

[1] Space in W.[1] N. *add.* W.[2] B.

[2] nostrum ihesum christum filium tuum qui: *add.* W.[2] B.

[3] ante epistolam cantetur solempniter christus uincit: W.[1] *in m.*

[4] *sic et* W.[2] B. humane: O.

[5] missi: B.

[6] *Gradale*: *pref.* W.[2] B. O.

[7] *om.* B.

— Musical notation above these words in W.[1] O.

manuum mearum sacrificium uespertinum.[1] Alleluya. ℣. Domine in uirtute tua letabitur rex. et super salutare tuum exultabit uehementer.*

[3]*Si dicta coronacio fiat inter septuagesimam et pascha dicetur*[2] *tractus.*

*DEsiderium anime eius tribuisti ei et uoluntate labiorum eius non fraudasti eum. ℣. Quoniam preuenisti eum in benediccione[4] dulcedinis. ℣. Posuisti super caput eius coronam de lapide precioso.[3] *

Secundum matheum.

IN illo tempore: Abeuntes pharisei consilium/ [fo. 218. inierunt: ut caperent ihesum in sermone. Et mittunt ei discipulos suos cum herodianis dicentes. Magister: scimus quia[5] uerax es. et uiam dei in ueritate doces. et non est tibi[6] cura de aliquo. Non enim respicis personam hominum. Dic ergo nobis: quid tibi uidetur. Licet censum dari cesari annon? Cognita autem ihesus nequicia eorum ait. Quid me temptatis ypocrite? Ostendite michi nummisma census. At illi optulerunt ei denarium. Et ait illis ihesus. Cuius est ymago hec et superscripcio? Dicunt ei. Cesaris. Tunc ait illis. Reddite ergo que sunt cesaris cesari: et que sunt dei deo.

— Musical notation above these words in W.[1]

[1] uespertini: B.

[2] *om.* W.[2] B. *add. in m.* W.[2] *in later hand.*

[3]—[3] *omit.* O.

[4] benediccionibus: W.[2] B.

[5] quod: O. [6] *written above line:* O.]

[1]*Lecto euuangelio dum cymbolum a choro decantatur. maior inter archiepiscopos siue episcopos tunc assistentes librum euuangelii accipiet et tam ad regem quam ad reginam deportabit ad osculandum. Deinde referet ad archiepiscopum siue episcopum qui missam celebrat. Quo uero euuangelistario a dicto pontifice deosculato. cymbalo que a choro decantato incipiatur*[2] [1]*offertorium.*[3]

INtende uoci oracionis mee rex meus et deus meus quoniam ad te orabo domine.

†*Dum canitur offertorium procedent rex et regina de soliis suis coronati ad altare. dictusque rex manibus metropolitani uel episcopi missam celebrantis oblacionem*[5] *panis et uini imitando melchisedech imponet. Deinde offeret*[6] *marcam auri. et postea regina offeret oblacionem suam. et capite regis ante altare paululum in-*

— Musical notation above these words in W.[1] O.

[1]—[1] *omit.* O.

[2] *incipatur:* W[2]. B. altered to *incipiatur:* W.[2]

[3] offertorium: *in m.* W.[2]

†—† *Euangelio rite perlecto accedat rex ad altare manibusque metropolitani uel episcopi oblationem panis et uini imitando melchisedech imponat* [added above line: *in calice lapideo et eius patena.* in lower margin. *Et nota quod archiepiscopus qui missam celebrat non cum predicto calice et eius patena celebrat sed cum alio de auro.*] *postque offerat marcam auri et capite ante altare inclinato dicat archiepiscopus super eum has orationes.* Dominus uobiscum. Et cum spiritu tuo. *Oremus.* O.

[5] oblacio panis et uini Et marce unius: W.[2] *in m.*

[6] *uidelicet x. li. xiij. s. iiij. d. monete auri. in lower margin of* W.[1] *and in m. of* W.[2] *in 17th century hand.*

clinato dicat pontifex qui celebrat missam oraciones subsequentes.[1]

[2]Dominus uobiscum. Et cum spiritu.[2]†

OMnipotens[3] deus det tibi de rore celi et de pinguedine terre habundanciam. frumenti et uini. et seruiant tibi populi et et[4] adorent te tribus. et qui benedixerit tibi benediccionibus repleatur. et deus erit adiutor/ tuus. Omnipotens dominus[5] [fo. 218. b. bene✠[6]dicat tibi benediccionibus celi desuper in montibus et in colliibus. benediccionibus abyssi iacentis deorsum. benediccionibus uberum frumentorum et uuarum. pomorumque. benedicciones patrum antiquorum. Abraham. et[7] ysaac et iacob. confortate sint super te. Per dominum.[8]

Alia oracio.[9]

BEne✠dic[6] domine fortitudinem istius principis. et opera manuum illius suscipe et de bene✠diccione[10] tua terra eius de pomis repleatur de fructu celi et[11] rore atque abyssi subiacentis. de fructu solis et lune. de uertice antiquorum moncium de pomis eternorum collium et de frugibus terre et de pinguedine eius.

[1] *sequentes :* W.[2] B. *In* W.[2] *altered in 17th century hand into :* subsequentes.
[2]—[2] *om.* W.[2] B. *added in margin* W.[2] *in 17th century hand.* Dominus vobiscum : *in margin.* B.
[3] sempiterne : *add.* O. *written over line.*
[4] *om.* W.[2] B. O.
[5] deus : B.
[7] *om.* W.[2] B.
[6] cross above *n* : O.
[8] nostrum ihesum christum : *add.* W.[2] B. *om.* O.
[9] *om.* B. O.
[10] *omit* ✠ : O.
[11] de : *add.* W.[2] B.

Bene✠diccio illius qui apparuit in rubo[1] ueniat super capud istius : et plena sit benediccio domini in filiis eius. et tingat in oleo pedem suum. Cornua rinocerontis[2] cornua illius in ipsis uentilabit gentes usque ad terminos terre. quia ascensor celi auxiliator suus in sempiternum fiat. Per dominum.[3]

[4]*Hiis oracionibus finitis*[5] *reducantur ad sedes suas.*[4]

Secretum.

MUnera domine quesumus oblata sanctifica. ut et nobis unigeniti tui corpus et sanguis fiant. et famulo tuo regi nostro N. ad optinendam anime corporisque salutem. et ad peragendum iniunctum officium te largiente usquequaque proficiant. Per eundem.[6]

†*Aliud secretum pro rege et regina.*

Suscipe domine preces et hostias ecclesie tue pro salute famuli tui regis nostri .N. et regine nostre .N. et proteccione fidelium populorum supplicantis. ut antiqua brachii tui te operante miracula superatis inimicis : secura tibi seruiat christianorum libertas. Per dominum.

Prefacio.†

*Eterne deus. Qui es fons

[1] rubro : O.
[2] rinocerotis : O.
[3] nostrum ihesum christum filium : *add.* O.
[4]—[4] *omit.* O.
[5] *om.* : B. *added in m.* regressus regis etc. ad sedem : W.[2] *in m.*
[6] dominum : *add.* W.[2] B. dominum nostrum iesum christum filium tuum : *add.* O.
†—† *omit.* O.
— Musical notation above these words in W.[1] O.

inmarcessibilis lucis. et origo perpetue bonitatis. regum consecrator. bonorum omnium/ attributor. dignitatum- [fo. 219. que[1] largitor. Cuius ineffabilem clemenciam uotis omnibus exoramus ut famulum[2] tuum[3] .N.[4] quem[5] regalis dignitatis[6] fastigio uoluisti sublimari. sapiencie ceterarumque uirtutum ornamentis facias decorari. Et quia tui est muneris quod regnat tue sit pietatis quo id feliciter[7] agat quatinus in fundamento spei. fidei. caritatisque fundatus[8] peccatorum labe abstersus[9] de uisibilibus et inuisibilibus hostibus triumphator[10] effectus[11] subiecti populi augmento prosperitate et securitate exhilaratus.[12] Cum eis mutua dileccione connexus[13] et transitorii regni gubernacula inculpabiliter teneat. et ad eterni[14] infinita gaudia te miserante perueniat.[15] Per christum dominum nostrum.*/ [fo. 219. b.

[1] dignitatemque : B.
[2] famulam : *written above line in* W.[1]
[3] tuam : *written above line in* W.[1]
[4] The musical notes here are in red. O. has them in black. The letters indicating the feminine gender in W.[1] are in handwriting of the time of Henry VIII. W.[2] and B. and O. have them not.
[5] quam : *written above line in* W.[1]
[6] dignitas : W.[2] B. *altered into* dignitatis : *in* W.[2] *in 17th century hand.*
[7] fideliter : W.[2] B. *altered in margin to* feliciter *in* B. : *underlined with black and altered in* W.[2] *in 17th century hand.*
[8] fundata : *written above line in* W.[1]
[9] abstersa : *written above line in* W.[1]
[10] triumphatrix : *written above line in* W.[1]
[11] effecta : *written above line in* W.[1]
[12] exhilarata : *written above line in* W.[1]
[13] connexa : *written above line in* W.[1]
[14] et : *inserted above line* : O.
[15] peruenita : B. *Altered to* perueniat *in margin.*

[1]*Sequetur ante* Agnus dei[2] *benediccio super regem et populum.*[1]

OMnipotens deus karismatum suorum uos locupletet iocunditate. et regem nostrum ecclesiastice pacis perfrui faciat tranquillitate. Amen.

Angelum sanctum suum ubique ei custodem tribuat et defensorem. tamque uobis quam et sibi uirtutum sanctarum conferat uigorem. Amen.

Ambitum regni sui in diebus eius[3] pax circumdet honesta. et quocunque se uertetur aduersariorum uis eneruetur infesta. omnisque in uobis religio habundet modesta. Amen.

Quod ipse prestare. †*Dum*[4] *canitur* Agnus dei *accepto osculo pacis a pontifice missam celebrante is qui librum euuangelii ante detulerat deferet pacem regi et regine in soliis*[5] *suis residentibus. Osculo autem pacis a rege et regina accepto. decendentes rex et regina de soliis suis. et accedentes humiliter ad altare percipient*[6] *corpus et sanguinem domini de manu archiepiscopi uel episcopi missam celebrantis. Corpore uero domini a rege recepto. ministrabit ei uinum ad utendum post percepcionem sacramenti abbas westmonasterii. uel is qui uicem eius pro tempore gerit prout dictum*

[1]—[1] *Sequitur benedictio sollennis super regem et populum ante* Agnus dei. O.
[2] benediccio super Regem et populum : W.[2] *in m.*
[3] suis : W.[2] B. *underlined and altered in margin* W.[2] *to* eius. *in 17th century hand.*
†—† *omit.* O.
[4] Agnus dei : W.[2] *in m.*
[5] Delacio pacis Regi et regine : W.[2] *in m.*
[6] communicacio regis ante altare : W.[2] *in m.*

est de calice lapideo de regalibus[1] *ac eciam regine post regem de eodem calice predictus abbas ministrabit in signum uidelicet unitatis. Quia sicut in christo sunt una caro federe coniugali. sic eciam de uno calice participare debent. Perceptis tam a rege quam a regina corpore et sanguine christi ad dicta solia redibunt inmediate. Quibus in sedibus suis residentibus incipiatur a cantoribus.*†

Communio.

INtellige clamorem meum intende uoci oracionis mee rex meus et deus meus quoniam ad te orabo domine.

Postcommunio.[2]

HEc nos domine communio purget a crimine. et famulum tuum .N. regem nostrum ab omnibus tueatur aduersis. quatinus. et ecclesiastice pacis optineat tranquillitatem./ [fo. 220. et post istius temporis decursum ad eternam perueniat hereditatem. Per.[3]

[4]*Alia postcommunio* [5]*pro rege et regina.*[5]

PResta quesumus omnipotens deus. ut per hec misteria que sumpsimus rex noster .N. et regina nostra .N. et populus christianus semper racionabilia meditantes. que tibi sunt placita et dictis exequantur et factis. Per dominum.

Expleta[1] *missa descendet rex et regina de soliis suis et procedent ad magnum altare. pontificibus. et magnatibus ipsos concomitantibus. Qui mox ad altare cum peruenerint. dictus pontifex qui missam celebrauit in eisdem uestimentis quibus fuerat pontificaliter prius indutus. altaris ministris ut prius indutis cum ceroferariis et thuriferariis reuerenter ipsum precedentibus usque ad feretrum sancti edwardi*[2] *est deuote incessurus. rege et regina suis indutis regalibus cum dictis pontificibus et proceribus dictum episcopum subsequentibus. Quo cum peruenerint ante altare dicti feretri*[3] *dictus episcopus deponet coronas de capitibus eorum. ponetque eas super altare prefatum.*

Deinde magnus camerarius[4] *anglie exuet regem regalibus antedictis que per dictum camerarium singillatim sicut a rege auferuntur tradentur abbati westmonasterii uel*[5] *uicem eius agenti ut sepius prescriptum est super dictum altare reponenda. Eritque ibi locus clausus*[6] *iuxta altare cum curtinis per regios ministros preparatis*[7] *in quo rex de suis ut predictum est exutus regalibus usque ad tunicam sericam et camisiam. ac caligas re-*

[1] de calice lapideo : W.[2] *in m.*

— Musical notes above these words in W.[1] O. *Communio : add.* W.[2] *in m.*

[2] postcommunio : W.[2] *in m.*

[3] dominum : *add.* W.[2]

[4] *Finit consecratio regis.* O. This is the end of the Coronation of the King in O. The Coronation of the Queen : *Die quo regina*, etc., on fo. 1 of O. is added in another hand. *Ad benedictionem regine* begins on fo. 80. b. of O.

[5]—[5] *om.* W.[2] B.

[1] Descensus Regis etc. usque magnum altare : W.[2] *in m.*

[2] Incessus Regis ad feretrum sancti Eadwardi : W.[2] *in m.*

[3] deposicio coronarum : W.[2] *in m.*

[4] Camerarius magnus Anglie exuit Regem etc. : W.[2] *in m.*

[5] *om.* B.

[6] locus clausus iuxta altare : W.[2] *in m.*

[7] *preparat.s.* sic W.[2] B. *altered in* B. *to* preparatus.

gales et sandaria a dicto magno camerario aliis uestibus[1] *de nouo erit reindutus. Regina interim coram dicto altari*[2] *regem expectante. deponet eciam rex dictas caligas et sandaria que a dicto camerario predicto abbati westmonasterii uel locum eius tenenti integre restituantur. et aliis caligis et sandariis induetur a camerario prefato.*

Rex igitur ut predictum est aliis uestibus honorifice reindutus procedet humiliter[3] *ad altare feretri antedicti. Quo cum aduenerit dictus archiepiscopus siue episcopus reuestitus eodem modo quo fuerat quando missam celebrauit alias coronas capitibus regis et regine*[4] *reuerenter imponet. Qui sic a dicto pontifice coronati. et sceptra*[5] *tantum de regalibus in manibus portantes a dicto feretro|* [fo. 220. b. *per magnum altare et dictum pulpitum ascendentes per medium chori eadem uia qua uenerant in ecclesiam prenominatis comitibus predictos*[6] *gladios coram rege deferentibus cum magna gloria sunt reuersuri. Et sciendum quod exterius indumentum quo dictus rex illo die ante coronacionem fuerat indutus. pertinet ad monachum qui habet protunc custodiam uestibuli dicti monasterii. Et prouidebitur illo die conuentui westmonasterii per regios ministros quod dictus conuentus*[1] *percipiet die eodem de rege centum similas et*[2] *modium uini aceciam de piscibus quantum conuenit dignacioni regali. Quid uero sit modius uini et que mensura ex uerbis papie in suo elementario in M. littera hac diccione. modius et in s. littera hac diccione. sextarium. manifeste declaratur. Dicta uero sceptra*[3] *liberabuntur statim finito prandio. et rege thalamum ingresso abbati westmonasterii siue alio monacho ad hoc assignato per manus dictorum regis et regine ut una cum aliis regalibus in dicto monasterio prout per* [*bullas papales*[4]] *et regum cartas ac antiqua et semper obseruata consuetudine plenius habetur quod sit locus regie institucionis et coronacionis. aceciam repositorium regalium insignium inperpetuum. Sub hac enim racione in rescriptis* [*papalium*][5] *priuilegiorum*[6] [*et*][7] *regalium cartarum ecclesia prefata*[8] *silicet ecclesia beati petri westmonasterii dyadema regni nominatur. capud pariter et corona tanquam ea que sola inter ceteras anglie ecclesias speciali prerogatiua prefulget.*[8]

Seruit[9] *ea die de senescallia*

[1] Camerarius reinduit Regem : W.[2] *in m.*

[2] altare : W.[2] B.

[3] processus Regis ad altare feretri etc. : W.[2] *in m.*

[4] Imposicio alterius corone capiti Regis : W.[2] *in m.*

[5] Sceptrum : W.[2] *in m.*

[6] comites ut prius : W.[2] *in m.*

[1] Conuentus habet illo die de Rege : W.[2] *in m.*

[2] *uidelicet iiij. viii. lagenas uini. added in lower margin of* W.[1] *added in m. of* W.[2] *in 17th century hand.*

[3] deliberacio sceptrorum : W.[2] *in m.*

[4] *erased in* W.[1] W.[2] *but rewritten in* W.[2] *untouched in* B.

[5] *erased in* W.[1] W.[2] *rewritten in* W.[2] *untouched in* B.

[6] *erased in* W.[2] and *rewritten.*

[7] erased in W.[1] untouched in W.[2] B.

[8]—[8] *uncia auri est xl. s. In lower margin of* W.[1] *Follows in smaller hand: quam habebit precentor quocies rex in ecclesia coronam extiterit.*

[9] domini seruientes in die etc. W.[2] *in m.*

comes leycestrie licet comes Norfolchie illud sibi uendicauerit obsequium.

De mappario seruiet N. de hastyng qui extractas post prandium mappas tanquam suas recipiet.

Salarium et cultellos apponet N. de bello campo de dumelye cuius est officium panetrie. De officio pincernarie seruiet comes de Arundel./ [fo. 221.

[The following form for crowning the queen is given twice in O. On fo. 1. are the rubrics in full, but only the first few words of the prayers. On fo. 80 b. *et seqq.* the prayers are given in full with a shortened form of the rubrics.]

[1] *DIe quo regina sola coronanda est conueniant in palacio regali apud westmonasterium prelati et nobiles regni. et ordinetur processio per archiepiscopos*[2] *episcopos. prelatos abbatem*[3] *et conuentum westmonasterii in capis sericis et aliis que processionis requirunt honorificenciam. et sic induti processionaliter regine coronande occurrant in palacio antedicto.*

Que quidem regina induta erit tunica et ciclade cum fimbria longa et defluenti. que quidem tunica et ciclas unius erunt coloris uidelicet purpurei et unius texture sine aliquo opere alio artefíciali desuper intexto. capite nudato. laxatos circa humeros decenter habens crines. gestabitque circulum[4] *aureum gemmis ornatum. ut honestius crines capiti eius constringantur.*

Hanc sic ornatam precedet rex regalibus suis indutus[5] *si presens esse placuerit.*[5] *Tunc subsequentur duo magnates. quorum primus precedens portabit sceptrum regine. alius uero regine gestabit coronam quos subsequetur*[6] *regina. quam reuerenter hinc inde sustentabunt duo episcopi ad hoc per regem assignati. Et erunt ibi barones quinque portuum qui pannum sericum quadratum ac purpureum qui alias umbraculum nominatur quatuor hastis deargentatis sus-*

[1] *Modus et forma coronacionis Regine.* O.
[2] *archiepiscopus:* B. *altered in m. to: archiepiscopos.*
[3] *abbate:* W.[2] B. *in* B. *altered in m. to: abbates.*
[4] *circu:* B. *altered in margin to: circuium.*
[5]—[5] *omit.* O.
[6] *subsequitur:* B.

tentatum cum quatuor campanellis[1] *argenteis et deauratis ultra regem incedentem quocumque ierit gestabunt ad quamlibet hastam quatuor assignati pro diuersitate portuum ne uideatur portus portui preferri. Eodem modo ultra reginam coronandam a totidem baronibus portabitur pannus consimilis cum totidem hastis et campanellis aliis consimilibus.*

Pannum uero stragulatum prosternendum sub uestiis[2] *regis et regine incedencium ab aula uel camera sua usque in pulpitum infra ecclesiam westmonasterii sterni faciet qui habet officium elemosinarie regie in regum et reginarum coronacionibus ab antiquo. Pars/ autem* [fo. 221. b. *panni illius que est in ecclesia semper cedet in usus sacriste loci et reliqua pars tota extra ecclesiam distribuetur pauperibus per manus dicti elemosinarii.*

Hiis sic ordinatis et dispositis regem et reginam processionaliter ad ecclesiam ducant. Ad cuius ecclesie introitum ab archiepiscopo siue episcopo reginam coronaturo dicetur[3] *super eandem reginam coronandam hec oracio.*[4]

OMnipotens sempiterne deus fons et origo tocius bonitatis qui feminei sexus fragilitatem nequaquam reprobando auertis. sed dignanter comprobando pocius eligis. et qui infirma mundi eligendo forcia queque confundere decreuisti. quique eciam glorie uirtutisque tue triumphum in manu iudith femine olim iudaice plebi de hoste seuissimo designare uoluisti: respice quesumus ad preces humilitatis nostre. et super hanc famulam tuam .N. quam supplici deuocione in reginam eligimus benedic✠[1] cionum tuarum dona multiplica. eamque dextera tue potencie semper et ubique circumda. sitque umbone[2] tui numinis undique firmiter protecta. quatinus uisibilis seu inuisibilis hostis nequicias triumphaliter expugnare ualeat. et una cum sara atque rebecca. lya.[3] rachel. beatisque reuerendis feminabus fructu uteri sui fecundari. seu gratulari mereatur ad decorem tocius regni. statumque sancte dei[4] dei ecclesie regendum per christum dominum nostrum. qui ex intemerate marie beate uirginis aluo nasci. uisitare ac renouare hunc dignatus est mundum. Qui tecum uiuit et gloriatur deus in unitate spiritus sancti per inmortalia secula seculorum amen.

Oracione hac finita procedent rex et[5] *regina ut primitus incedebant processionaliter per medium chori usque in pulpitum. quo cum ascenderint residebit rex regalibus amictus in sede regali sibi preparata.*

Regina uero procedet ad gradus magni altaris predictis duobus

[1] campanulis: O.

[2] *sic* W.[1] *altered above line to: vestigiis. uestigiis:* W.[2] B. O.

[3] *dicitur:* W.[2] B. *altered in* W.[2] *in 17th century hand to:* dicetur.

[4] *Ad benedictionem siue consecrationem regine dicetur ab episcopo ad ingressum ecclesie. Oratio.* O. fo. 80.b.

[1] ✠ *om.* O.

[2] vmbo.nis. est medium scuti sicut vmbilicus est corporis et ponitur hic pro scuto: *added in lower margin* O.

[3] lira: W.[2] B. *underlined in* W.[2] and *altered in m. in 17th century hand to:* Lya.

[4] *dotted underneath. om.* W.[2] B. O.

[5] *om.* B.

episcopis ipsam interim sustentantibus. que cum ante gradus magni[1] *altaris peruenerit. prosternet se super tapeta et quissinos prius ibidem per regios ministros honeste preparatos. super quam ita/ solo prostratam dice-* [fo. 222. *tur ab archiepiscopo siue episcopo* [2]*reginam coronaturo*[2] *hec oracio.*

[3] DEus qui[4] solus habes inmortalitatem. lucemque inhabitas inaccessibilem. cuius prouidencia in sua disposicione non fallitur. qui fecesti[5] que futura sunt. et uocas ea que non sunt.[6] qui superbos equo moderamine de principatu deicis. atque humiles dignanter in sublime prouehis ineffabilem misericordiam tuam supplices exoramus. ut sicut[7] reginam hester causa iudaice salutis de captiuitatis sue compede solutam. ad regis assueri thalamum. regnique sui consorcium transire fecisti. ita hanc famulam tuam .N. humilitatis nostre benedic✠[8]cione christiane plebis gracia salutis ad dignam. sublimemque regis nostri copulam misericorditer transi[9] concedas. ut in regalis federe coniugii semper manens pudica. proximam uirginitati palmam continere queat. tibique deo uiuo et uero in omnibus et

[1] *magnus:* B.
[2]—[2] ipsam consecraturo: O.
[3] *Item alia benedictio eiusdem coram optimatibus ante altare dicenda.* Dominus uobiscum. *Oratio: add.* O. (at fo. 81. b.).
[4] qui: *inserted above* O.
[5] fecisti: W.[2] B. O.
[6] tanquam ea que sunt: *add.* O.
[7] sicut: *inserted above:* O.
[8] *cross above n:* O.
[9] *sic*: in W.[1] *originally* transre, *the* e *has been erased and the* r *changed to* i. transire: W.[2] B. O.

super omnia iugiter placere desideret. et te inspirante que tibi placita sunt. toto corde perficiat. Per dominum.[1]

[2]*Terminata autem hac oracione eriget se regina et genuflectet. super cuius uerticem effundetur sanctum crisma in modum crucis* [3]*dicente episcopo.*[3]

In nomine patris.[4] ✠ et filii ✠ et spiritus sanc✠ti.[4] Prosit tibi hec unccio olei in honorem et confirmacionem eternam in secula seculorum. amen.

Tunc subsequetur[5] *oracio.*

OMnipotens sempiterne deus affluentem spiritum tue bene✠[6]diccionis super famulam tuam nobis orantibus propiciatus infunde: ut que per manus nostre imposicionem hodie regina instituitur sanctificacione tua digna et electa permaneat ut numquam postmodum de tua gracia separetur indigna. Per dominum.[7]

[8]*Tunc detur ei anulus* [9]*ab eodem episcopo*[9] *dicente.*

ACcipe anulum fidei. signaculum sinceritatis. quo possis omnes hereticas[10] prauitates de-

[1] nostrum: *add.* W.[2] B.
[2] *Hic effundatur oleum sanctum super uerticem eius in modum crucis dicente episcopo.* O. (at fo. 82).
[3]—[3] *episcopo dicente:* O. (at fo. 1.)
[4]—[4] et cetera: W.[2] B. Three crosses added above line in 17th century hand. W.[2] *om. crosses:* O.
[5] *subiungetur:* O.
[6] *omit cross:* O.
[7] nostrum: *add.* B.
[8]—[8] *Hic detur anulus dicente episcopo.* O. (at fo. 82.)
[9]—[9] *eodem ab episcopo:* O. (at fo. 1.)
[10] hereditas: B. *altered in margin to* hereticas.

uitare. et barbaras gentes uirtute dei premere. et ad agnicionem ueritatis aduocare.[1]

Sequatur oracio.

Dominus uobiscum.[2]

[3] DEus cuius est omnis potestas. et dignitas da famule tue .N. signo/ tue[4] [fo. 222. b. fidei prosperum sue dignitatis effectum. in qua tibi semper firma maneat[5] tibique iugiter placere contendat. Per dominum.[6]

[7] *Sequetur*[7] *benediccio corone* [7] *ab eodem presule.*[7]

Oracio.

DEus tuorum corona fidelium. qui in capitibus eorum ponis coronam de lapide precioso. bene✠dic et sancti✠fica coronam istam. quatinus sicut ipsa diuersis preciosisque lapidibus adornatur. sic famula tua gestatrix ipsius multiplici preciosarum uirtutum munere [8]tua largiente[8] gracia repleatur. Per.[9]

†*Deinde imponatur*[11] *corona capiti regine*[12] *ab eodem episcopo dicente.*[12] †

[1] *hic est:* W.[2] *in m.* peruenire: O. *in m.*
[2] *Deinde subsequetur ista oratio:* add. O. at fo. 1.
[3] *Oratio: add.* O. at fo. 82. b. [4] tuo: O.
[5] manet: W.[2] B. *altered in margin to* maneat. W.[2] B.
[6] *om.* O. nostrum: *add.* B.
[7]—[7] *om.* O. at fo. 82. b.
[8]—[8] largitate: W.[2] B. *altered in 17th century hand in* W.[2] *to* largiente: *altered in margin* of B. to: tua largiente.
[9] *om.* B. dominum: *add.* O.
†—† *Cum corona capiti eius imponitur: dicatur.* O. at fo. 83. *Postmodum benedicetur corona ab eodem presule dicente.* O. at fo. 1.
[11] *ponatur:* W.[2] B.
[12]—[12] *dicente episcopo:* W.[2] B. *In margin of* W.[2] *is* ab eodem episcopo dicente *in 17th century hand.*

ACcipe coronam glorie. honorem iocunditatis ut splendida fulgeas. et eterna exultacione coroneris.

[1] *Tunc subinferet*[2] *pontifex hanc oracionem.*[1]

OFficio nostre indignitatis in reginam sollempniter benedicta accipe coronam regalis excellencie. que licet ab indignis. episcopalibus tamen manibus capiti tuo imponitur unde sicut exterius auro et gemmis [3]redimita enites. ita et interius auro sapiencie. uirtutumque gemmis[3] decorari contendas. quatinus post occasum huius seculi cum prudentibus uirginibus sponso perhenni domino nostro ihesu christo digne et laudabiliter occurrens regiam celestis aule merearis ingredi ianuam. Auxiliante domino nostro ihesu christo qui cum deo patre et spiritu sancto uiuit et regnat per infinita [4]secula seculorum.[4] Amen.

[5] *Et tradendo ei sceptrum dicat hanc oracionem.*[5]

OMnium domine. fons bonorum et cuntorum[6] dator profectuum[7] tribue famule tue. N. adeptam bene regere dignitatem. et a te sibi prestitam bonis operibus coroborare gloriam. Per dominum.[8]

[1]—[1] *Item alia oratio.* O. at fo. 83.
[2] *subinferat:* W.[2] B.
[3]—[3] *om.* O.
[4]—[4] seculorum secula: W.[2] B.
[5]—[5] *Sequatur oratio.* O. at fo. 83.
[6] cunctorum: W.[2] B. O.
[7] perfectuum: W.[2] B. *altered in 17th century hand in* W.[2] *to* profectuum.
[8] nostrum: *add.* B. *Finit consecratio regine. add.* O. at fo 83. b.

Coronata autem regina sceptrumque in dextra ferens a predictis duobus episcopis honorifice ducetur ad solium sibi ex parte regis sinistra preparatum choro interim hunc ympnum Te deum.[1] *sollempniter concinnente.*

Statim ympno finito incipiatur officium misse. et post offertorium eiusdem misse procedent rex et regina coronati ad offerendum deinde ad sedes suas reuertentur. ibique continue usque ad[2] *finem misse residebunt.*

Completa tandem missa. et omnibus rite peractis/ [fo. 223. *prefati duo episcopi unus a dextris et alius a sinistris reducent reginam coronatam. et sceptrum in manu dextra ferentem ab ecclesia usque in thalamum siue aulam*[3] *precedente regem et reginam ordinata processione si comode fieri poterit.* [fo. 223. b.

[1] laudamus : *add.* W.[2] B. O.
[2] in : O.
[3] *aula :* W.[2] *altered in* 17*th century hand to : aulam. aule :* B. *altered in margin to : aulam.*

De exequiis regalibus cum ipsos ex hoc seculo migrare contigerit.

CUm rex inunctus migrauerit ex hoc seculo. Primo a suis cubiculariis corpus eiusdem aqua calida siue tepida lauari debet. Deinde balsamo. et aromatibus unguetur per totum. Et postea in panno lineo cerato inuoluetur. Ita tamen quod facies et barba illius tantum pateant. Et circa manus et digitos ipsius dictus pannus ceratus ita erit dispositus ut quilibet digitus cum pollice utriusque manus singillatim insuatur per se acsi manus eius cirotecis[1] *lineis essent operte.* [2]*De cerebro tamen et uisceribus caueant cubicularii predicti.*[2] *Deinde corpus induetur tunica usque ad talos longa et desuper pallio regali adornabitur. Barba uero ipsius decenter componetur super pectus illius. Et postmodum capud cum facie ipsius sudario serico cooperietur ac deinde corona regia aut dyadema capiti eiusdem apponetur. Postea induentur manus eius cirotecis*[3] *cum aurofragiis ornatis. et in medio digito dextre manus imponetur anulus aureus aut deauratus. Et in dextra manu*[4] *sua ponetur pila rotunda deaurata in qua uirga deaurata erit fixa a manu ipsius usque ad pectus protensa in cuius uirge summitate erit signum dominice crucis quod super pectus eiusdem principis honeste debet collocari. In sinistra uero manu sceptrum deauratum habebit usque ad*

[1] ceroticis : O. (at fo. 194 b.).
[2]—[2] *added in margin* O.
[3] ceroticis : O.
[4] *manus :* B.

aurem sinistram decenter protensum. ac postremo tibie et pedes ipsius caligis sericis et sandaliis induentur.

Tali uero modo[1] *dictus princeps adornatus cum regni sui pontificibus et magnatibus ad locum quem pro sua sepultura*[2] *eligerit cum omni reuerencia deferetur. et cum exequiis regalibus honestissime tradetur sepulture.*/ [fo. 224.

[1] *modi:* B.
[2] prius: *add.* O.

In natali sancti siluestri [*pape*][1] *officium.*

SAcerdotes tui.

Oracio.

DA quesumus omnipotens deus ut beati siluestri confessoris tui atque pontificis uenerandа sollempnitas et deuocionem nobis augeat et salutem. Per.

Epistola.

PLures facti sunt.

Gradale.

ECce sacerdos. Alleluya. ℣. Iurauit dominus.

Euuangelium.

UIgilate quia nescitis.

Offertorium.

INueni dauid seruum.

Secretum.

SAncti siluestri confessoris tui atque pontificis quesumus domine pia supplicacione munus oblatum fiat nobis salutare. Per.

Communio.

BEatus seruus.

Postcommunio.

SUmptum domine celestis remedii sacramentum. ad perpetuam nobis prouenire graciam intercessio beati siluestri confessoris tui atque pontificis optineat. Per.

In octauis sancti stephani officium.

ETenim sederunt.

[1] erased.

Cetera omnia fiant sicut in die preter euuangelium quod erit.

DIcebat ihesus. *Require in communi plurimorum martirum.*

In commemoracione eiusdem. oracio.

OMnipotens sempiterne deus qui primicias martirum in beati leuite stephani sanguine dedicasti : tribue quesumus ut pro nobis intercessor existat qui pro suis eciam persecutoribus exorauit. dominum nostrum ihesum christum.

In octauis sancti Iohannis et sanctorum innocencium. omnia fiant sicut in die.

In uigilia sancti Regis Eduuardi et confessoris officium.

OS iusti.

Oracio.

OMnipotens sempiterne deus qui donasti beatissimo regi eduuardo gloriam terrene potestatis in diuinum conuertere amorem : tribue nobis quesumus ex eius inuitacione pro amore tuo prospera mundi despicere. et nulla eius aduersa formidare. Per dominum.

Epistola.

DIlectus deo.

Gradale.

IUstus ut palma. Alleluya. ℣. Posuisti domine.

Euuangelium.

NEmo lucernam.

Offertorium.

UEritas mea.

Secretum.

SAcrificii presentis oblacionem quesumus domine beati regis Eduuardi pia commendet intercessio. ut in cuius ueneracione suscipitur ipso interueniente ad gaudia eterna suscipi mereamur. Per.

Communio.

POsuisti.

Postcommunio.

PIgnus perpetue salutis sumentes. clemenciam tuam omnipotens deus humiliter/ imploramus ut beato [fo. 225. rege edwardo confessore tuo interueniente celestis uite premia consequi mereamur. Per dominum.

In natali sancti Eduuardi Regis et confessoris officium.

GAudeamus omnes in domino diem festum celebrantes sub honore eduuardi regis de cuius sollempnitate gaudent angeli. et collaudant filium dei. *Ps.* Domine in uirtute.

Oracio.

DEus qui hodierna die beatissimum regem eduuardum eternitatis gloria et honore coronasti : fac nos quesumus ita eum uenerari in terris. ut cum eo semper regnare possimus in celis. Per.

Epistola.

BEnediccio domini. *Require in communi unius confessoris*

Gradale.

DOmine preuenisti. Alleluya. ℣. Iustus germinabit.

Sequencia.

LEtetur ecclesia recolens magnalia sancti regis eduuardi. Precinctis[1] hec curia eius in memoria psallat melo concordi. Ecce presens nos inuitat qui nos regit qui nos ditat tot bonorum copia. Cuius uita nobis formam et uiuendi monstrat normam uirtutum per opera. De regali stirpe satus deo gratus ei datus est ab annis teneris. Regno pollens regum heres ad hoc uiuit ut coheres christi sit in superis. Sponsam ducit nec deflorat christum uidet et adorat in figura hominis. Dormientes septem uiri latus mutant signum diri rex prophetat ominis. Hic dacorum regem mersum. et ad sua mox reuersum prospicit excercitum. Excusare dum se querit comes offe gustu perit sceleris ob meritum. Nullum uides nullum legis qui sit in persona regis ut edwardus humilis. Qui contractum non abiecit sed portando sanum fecit pauperem rex nobilis. Mirum est de baculo mirum et de anulo regi reportato. Mira sunt et alia que narrat hystoria de rege beato. Lege lata pace data uergens rex in senium. Uirgo mansit sicque transit ad celi palacium. Ergo noster aduocate rex in astris coronate audi preces supplicum. Ad te clamat hec caterua tu nos rege tu hoc serua tuum habitaculum. AmeN.

Euuangelium.

FActa est contencio. *Require in serie unius apostoli.*

CRedo in unum.

[1] *sic. for* precunctis.

Offertorium.

POsuisti domine.

Secretum.

SAcris altaribus assistentes nos domine quesumus spiritus sancti luce perfunde. ut quod tibi in honore beati regis edwardi deuote offerimus nobis/ ipso interueniente fiat reme- [fo. 225. b. dium salutare. Per.

Communio.

MAgna est. *Require in uigilia unius apostoli.*

Postcommunio.

UItalis alimonie conuiuio saginati quesumus domine deus noster : ut beati regis eduuardi confessoris tui suffragantibus meritis celestis conuiuii mereamur esse participes. Per.

Sancti wlsini episcopi et confessoris oracio.

OMmnipotens[1] sempiterne deus. qui nos hodierna sollempnitate sancti pontificis tui wlsini festiue exhillaras : da quesumus ut tanti patroni presidiis foueamur in terris. de cuius societate celestes ciues exultant in celis. Per dominum. *Require secretum et postcommunionem in serie unius pontificis.*

Sancti hillarii episcopi et confessoris officium.

STatuit.

Oracio.

DEus qui uenerabilem beati hillarii confessoris tui atque

[1] *sic.*

pontificis festiuitatem sollempniter recurrentem populo tuo dedicasti: concede nobis ut quod in eius honore deposcimus. eo suffragante consequi mereamur. Per.

Epistola.

ECce sacerdos.

Gradale.

ECce sacerdos. Alleluya. ℣. Inueni dauid.

Euuangelium.

UOs estis sal.

Offertorium.

INueni dauid.

Secretum.

HOstias tibi domine pro festiuitate sancti hillarii confessoris tui atque pontificis offerimus suppliciter deprecantes ut sicut illi prebuisti sacre fidei claritatem. sic nobis indulgenciam largiaris et pacem. Per.

Communio.

FIdelis seruus.

Postcommunio.

SUmptum domine pignus redempcionis eterne. sit nobis quesumus interueniente beato confessore tuo hillario atque pontifice. uite presentis auxilium pariter et future.

Sancti felicis in pincis. officium.

OS iusti meditabitur.

Oracio.

COncede quesumus omnipotens deus: ut ad meliorem

uitam sancti felicis confessoris tui exempla nos prouocent. quatinus cuius sollempnia celebramus eciam actus imitemur et intercessione adiuuemur. Per.

Epistola.

IUstus cor suum.

Gradale.

IUrauit dominus. Alleluya. ℣. Disposui testamentum.

Euuangelium.

QUi nos audit.

Offertorium.

GLoria et honore.

Secretum.

HOstias tibi domine beati felicis dicatas meritis benignus assume. et ad perpetuum nobis tribue prouenire subsidium. Per.

Communio.

POsuisti domine.

Postcommunio.

TUa sancta sumentes domine suppliciter deprecamur ut cuius celebramus sollempnitatem/ senciamus protec- [fo. 226. cionem. Per.

Sancti Mauri abbatis officium.

OS iusti.

Oracio.

DEus qui hodiernam diem beati mauri confessoris tui atque abbatis sacro transitu consecrasti: concede nobis propicius: in offensis per eius instituta gressibus pergere. ut eiusdem in regione uiuencium mereamur gaudiis admisceri. Per.

Epistola.

IUstus cor.

Gradale.

DOmine preuenisti. Alleluya. ℣. Iustus germinabit.

Euuangelium.

NEmo lucernam.

Offertorium.

UEritas mea.

Secretum.

SUper hec sacrosancta libamina assit quesumus omnipotens pater tue benediccionis copia. et beati mauri interuenientibus meritis sint ad remedium fidelibus cunctis.

Communio.

BEatus seruus.

Postcommunio.

ASsit clementissime deus tue familie tue miseracionis propiciacio. et beati mauri confessoris tui atque abbatis intercessione hec sancta que indigni sumpsimus ad salutem esse concede. Per.

Sancti Marcelli Martiris. Officium.

STatuit.

Oracio.

PReces populi tui quesumus domine clementer exaudi et beati marcelli martiris tui atque pontificis meritis adiuuemur. cuius passione letamur. Per.

Epistola.

BEnedicentes dominum.

Gradale.

INueni dauid. Alleluya. ℣. Elegit te dominus.

Euuangelium.

CIrcuibat ihesus.

Offertorium.

UEritas mea.

Secretum.

UT nostre saluti munera oblata proficiant sancti marcelli martiris tui atque pontificis quesumus domine intercessio salutaris optineat. Per.

Communio.

DOmine quinque.

Postcommunio.

PResta quesumus domine ut sacramenti tui participacione uegetati sancti quoque marcelli martiris tui atque pontificis precibus adiuuemur. Per.

De sancto Furseo confessore.
Oracio.

DEus qui beatum confessorem tuum furseum tui nominis sanctissimi predicatorem effecisti deuotum : concede propicius. ut eius interuencione preclara. in celestibus mereamur ascribi cum sanctis. Per.

Secretum.

MUnera tibi quesumus domine oblata sanctifica. et intercedente pro nobis beato furseo confessore tuo per hec omnes scelerum nostrorum placatus maculas absterge. Per.

Postcommunio.

SUmpsimus domine doni celestis sacramenta uotiua. presta patroni nostri interuentu fursei ut nobis prosint et contra inimicorum iacula et ad uitam capescendam eternam. Per./[fo. 226. b.

Sancte Prisce uirginis et martiris. Officium.

LOquebar de testimoniis.

Oracio.

DA quesumus omnipotens deus ut qui beate prisce martiris tue natalicia colimus. et annua sollempnitate letemur. et tante fidei proficiamus exemplo. Per.

Epistola.

DOmine deus.

Gradale.

SPecie tua. Alleluya. ℣. Adducentur.

Euuangelium.

SImile est regnum celorum. decem.

Offertorium.

FIlie regum.

Secretum.

MUnera nostra quesumus domine gratanter assume et per interuencionem beatissime prisce martiris tue. omnium corda ad cultum uere religionis conuerte. Per.

Communio.

FEci iudicium.

Postcommunio.

ADiuuent nos quesumus domine et hec misteria sancta que sumpsimus et beate prisce martiris tue intercessio ueneranda. Per.

Sancti wlstani episcopi et confessoris officium.

STatuit ei.

Oracio.

SPiritum in nobis domine tue caritatis infunde. ut intercedente beato wlstano confessore tuo atque pontifice. tuam mereamur dulcedinem in eterna felicitate gustare. Per.

Epistola.

ECce sacerdos.

Gradale.

ECce sacerdo.[1] Alleluya. ℣. Inueni dauid.

Euuangelium.

SInt lumbi.

Offertorium.

UEritas.

Secretum.

SUscipe quesumus domine simplicis familie tue munus oblatum et quod rea sperare non audet consciencia intercedente beato wlstano tua nobis largiatur indulgencia. Per.

Communio.

BEatus seruus.

[1] *Sic.*

Postcommunio.

SAlutaris tui domine misterio saciati. supplices exoramus clemenciam tuam : ut pro nobis eius non desit oracio. cuius nos donasti gubernari patrocinio. Per.

Sanctorum martirum fabiani et sebastiani officium.

INtret in conspectu.

Oracio.

DEus qui beatos martires tuos fabianum et sebastianum uirtute constancie in passione roborasti : ex eorum nobis imitacione tribue. pro amore tuo prospera mundi despicere. et nulla eius aduersa formidare. Per.

Epistola.

SAncti per fidem.

Gradale.

GLoriosus deus. Alleluya. ℣. Uox exultacionis.

uel Tractus.

QUi seminant.

Euuangelium.

DEscendens ihesus.

Offertorium.

LEtamini in domino.

Secretum.

ACcepta sit in conspectu tuo domine nostre deuocionis oblacio. et eorum nobis fiat supplicacio salutaris pro quorum passione defertur. Per.

Communio.

MUltitudo languencium.

Postcommunio.

SAcramentorum tuorum domine benediccione saciati et beatorum martirum tuorum fabia/ni et sebastiani gloriosa [fo. 227. confessione muniti: te suppliciter exposcimus ut per hec a cunctis uiciis emundemur. Per.

Sancte Agnetis uirginis et martiris officium.

ME expectauerunt.

Oracio.

OMnipotens sempiterne deus qui infirma mundi eligis ut forcia queque confundas: concede propicius: ut qui beate agnetis martiris tue sollempnia colimus. eius apud te patrocinia senciamus. Per.

Epistola.

COnfitebor.

Gradale.

DIffusa est. Alleluya. ℣. Emulor.

Tractus.

QUi seminant.

Euuangelium.

SImile est regnum celorum decem.

Offertorium.

OFferentur.

749

Secretum.

INteruueniente quesumus domine beata agnete uirgine tua et martire hostiam quam tibi offerimus placatus suscipe et ipsius precibus celesti conuiuio nos dignos potenter effice. Per.

Communio.

QUinque prudentes.

Postcommunio.

REfecti cibo potuque celesti deus noster te supplices exoramus ut in cuius hec ueneracione percepimus eius muniamur et precibus. Per.

Sancti Uincencii martiris officium.

LEtabitur iustus.

Oracio.

ADesto domine supplicacionibus nostris: ut qui ex iniquitate nostra reos nos esse cognoscimus beati uincencii martiris tui intercessione liberemur. Per.

Epistola.

BEatus uir qui in sapiencia.

Gradale.

POsuisti domine. Alleluya. ℣. Letabitur iustus.

Tractus.

BEatus uir.

Sequencia.

CHristo canamus diei huius pangendo gaudia. Martiris almi colendo uincencii preconia. Ortus ab yspania nobilitatis conspicue linea. Claruit sciencia claruit et facundioris gracia.

750

Sacre fidei edocendo misteria. Quam inmania tulit uite dispendia. Rimantur ungule costarum eius intima. Discerpunt uiscera membrorum soluunt uincula. Scissa cutis fusus sanguis os elisum. caro omnis lacera. Stat fidei perorator conualescit forcior ad singula. Confundatur daciani iudicis perfidia. Debachatur efferatus inmani seuicia. Captum iubet martirem mox applicari ad incendia. Crepitanti sale consperguntur prunis usta uiscera. Ille pia leuans ad deum lumina. Prestat in tormentis firma constancia. Deportatur denuo martir ad lectorum mollia. Set mox resoluta celos illius petit anima. Laus sit tibi deus martirum tuorum uictoria. Cuius ope tanta euicerunt et tot luctamina./ Aue martir predicande [fo. 227. b. nobis celi gaudia. supplicando impetra.

Euuangelium.

AMen amen dico uobis nisi granum.

Offertorium.

POsuisti domine.

Secretum.

HOdiernum domine sacrificium letantes offerimus quo beati uincencii celestem uictoriam recensentes et tua magnalia predicamus. et nos adquisisse gaudemus suffragia gloriosa. Per.

Communio.

QUi michi ministrat.

Postcommunio.

QUesumus omnipotens deus. ut qui celestia alimenta percepimus. intercedente beato uincencio martire tuo per hec contra omnia aduersa muniamur. Per.

Sancte Emerenciane uirginis officium.

LOquebar de testimoniis.

Oracio.

DEus qui sancte Emerenciane uirginis tue animam in celestibus collocasti: fac nos eius interuentu a peccatorum nostrorum nexibus solui. et ab omni semper aduersitate defendi. Per.

Epistola.

DOmine deus meus.

Gradale.

SPecie tua. Alleluya. ℣. Diffusa est.

Euuangelium.

SImile est regnum celorum. thesauro.

Offertorium.

OFferentur.

Secretum.

SAcrificium quod tue offerimus magestati clementissime deus placatus suscipe et per merita beate emerenciane gloriose uirginis tue presentis et future uite felicitatem nobis concede. Per.

Communio.

SImile est regnum.

Postcommunio.

QUos celesti cibo domine saciasti dyabolicis non sinas insidiis lacerari. set intercedente beata emerenciana uirgine tua in regione uiuencium semper tribuas gratulari. Per.

In conuersione sancti Pauli apostoli. Officium.

LEtemur omnes in domino hodiernum diem sollempniter celebrantes qua beatus paulus conuersione sua presentem mundum decorauit. ℣. De illustracione sancte predicacionis et de conuersione beati pauli. ℣. Gloria patri.

Oracio.

DEus qui uniuersum mundum beati pauli apostoli tui predicacione docuisti: da nobis quesumus ut cuius hodie conuersionem colimus per eius ad te exempla gradiamur. Per.

Leccio actuum apostolorum.

IN diebus illis. Saulus adhuc spirans minarum et cedis in discipulos domini accessit ad principem sacerdotum. et peciit ab eo epistolas in damascum ad synagogas ut siquos inuenisset huius uie uiros ac mulieres uinctos perduceret iherusalem. Et cum iter faceret :/ [fo. 228. contigit ut appropinquaret damasco. Et subito circumfulsit eum lux de celo: et cadens in terram audiuit uocem dicentem sibi. Saule saule: quid me persequeris? Qui dixit. Quis es domine? Et ille. Ego sum ihesus quem tu persequeris. Durum est tibi contra stimulum calcitrare. Et tremens ac stupens dixit. Domine: quid me uis facere. Et dominus ad eum. Surge et ingredere ciuitatem: et dicetur tibi quid te oporteat facere. Uiri autem illi qui comitabantur cum eo stabant stupefacti audientes quidem uocem: neminem autem uidentes. Surrexit autem saulus de terra: apertisque oculis nichil uidebat. Ad manus autem illum trahentes: introduxerunt damascum: et erat ibi tribus diebus non uidens: et non manducauit neque bibit. Erat autem quidam discipulus damasci: nomine ananias. Et dixit ad illum in uisu dominus. Anania. At ille respondit. Ecce ego domine. Et dominus ad illum. Surgens uade in uicum qui uocatur rectus et quere in domum inde saulum nomine tharsensem. Ecce enim orat. Et uidit uirum ananiam nomine introeuntem et imponentem sibi manus ut uisum recipiat. Respondit autem ananias. Domine: audiui a multis de uiro hoc quanta mala sanctis tuis fecerit in iherusalem et hic habet potestatem a principibus sacerdotum alligandi omnes qui inuocant nomen tuum. Dixit autem dominus ad eum. Uade quoniam uas eleccionis est michi ut portet nomen meum coram gentibus et regibus et filiis israel. Ego enim ostendam illi: quanta oporteat eum pro nomine meo pati: Abiit ananias et introiuit in domum: et imponens ei manus dixit. Saule frater: dominus misit me ihesus qui apparuit tibi in uia: qua ueniebas: ut uideas et implearis spiritu sancto. Et confestim ceciderunt ab oculis eius tanquam squame: et uisum recepit. Et surgens. baptizatus est. Et cum accepisset cibum: confortatus est. Fuit autem cum discipulis qui erant damasci: per dies aliquot. Et continuo ingressus in synagogas: predicabat ihesum iudeis. quoniam hic est filius dei. Stupebant autem omnes qui eum audiebant et dicebant. Nonne hic est/ qui [fo. 228. b. expugnabat in iherusalem omnes qui inuocant nomen istud. et huc ad hoc uenit ut uinctos illos duceret ad principes sacerdotum? Saulus autem multo magis conualescebat et confundebat iudeos qui habitabant damasci: affirmans: quia hic est christus.

Gradale.

DOmine preuenisti. Alleluya. ℣. Magnus sanctus paulus uas eleccionis uere digne est glorificandus.

Tractus.

DEsiderium anime. *Require in communi i.ius martiris.*

Sequencia.

DIxit dominus ex basan conuertam conuertam in profundum maris. Quod dixit et fecit saulum ut[1] strauit. paulum et statuit. Per uerbum suum incarnatum per quod fecit et seculum. Quod dum impugnat audiuit saule saule quid me persequeris. Ego sum ihesus durum est tibi ut recalcitres stimulo. A facie domini mota est terra contremuit que mox et quieuit. Dum cognito credidit domino paulus persequi cessat moxque[1] christianos. Hic lingua tuorum est canum ex inimicis rediens ad te deus. Dum paulus in ore omnium secretorum iura dat preceptorum. Docens crucifixum nec esse alium preter christum deum. Cum patre qui

[1] *Sic.*

regnat et sancto spiritu cuius testis paulus. Sic lingua sacerdotum more canis dum perlinxit legis et euuangelii duos molares in hiis contriuit. Corrosit uniuersas species medicinarum quibus curentur saucii reficiantur enutriendi. Quo docente deum. mare uidit et fugit iordanis conuersus est retrorsum. Quia turba gencium uiciorum rediens de profundo og rege basan confuso. Te solum adorat christe creatorem quem et cognoscit in terra uenisse redemptorem.

Euuangelium.

HOmo quidam erat diues qui habebat uillicum. *Require in dominica ix[a] post octauas pentecostes.*

Offertorium.

MIchi autem.

Secretum.

APostoli tui pauli precibus quesumus domine plebis tue dona sanctifica. ut que tibi grata sunt tuo instituto. graciora fiant supplicantis patrocinio. Per.

Communio.

AMen dico uobis.

Postcommunio.

SAlutari refecti misterio quesumus omnipotens deus: ut qui hunc diem in beati pauli apostoli tui conuersione honorabilem haberi uoluisti nos quoque conuersos a uiciis in tua facias semper seruitute famulari. Per.

Eodem die sancti proiecti martiris. Officium.

STatuit ei.

Oracio.

BEati martiris tui proiecti nos domine quesumus interuencio gloriosa commendet: ut quod nostris actibus non meremur. eius precibus assequamur. Per.

Epistola.

BEnedicentes dominum.

Gradale.

ECce sacerdos./ Alle- [fo. 229. b. luya. ℣. Disposui testamentum.

Euuangelium.

CIrcuibat ihesus.

Offertorium.

UEritas mea.

Secretum.

SUuscipe[1] domine propicius oracionem nostram cum oblacionibus hostiarum superimpositis et beati proiecti martiris tui et episcopi deprecacione pietati tue perfice benignus acceptas. Per.

Communio.

BEatus seruus.

Postcommunio.

DA quesumus domine deus noster ut sicut beati proiecti martiris tui et episcopi sollempnitate presenti gratulamur misterio. ita perpetuo letemur aspectu. Per.

In natali sancti Iuliani episcopi et confessoris. Officium.

STatuit ei.

[1] *sic.*

Oracio.

DEus qui per ineffabile celestis misterii sacramentum sanctum iulianum confessorem tuum ad superna surrogasti presta fidelibus tuis ut qui eius laudamus meritum. senciamus supplementum. Per.

Epistola.

HAbemus pontificem.

Gradale.

ECce sacerdos. Alleluya. ℣. Elegit te dominus.

Euuangelium.

UIgilate quia nescitis.

Offertorium.

UEritas mea.

Secretum.

ALtaria tua domine quesumus donis celestibus firmentur sanctique iuliani pontificis meritis. suffragantibus hec sancta commercia sanctificentur et diuina inspiracione ditentur ac sancti spiritus innouacione ad nostram salutem animarum uegetentur. Per dominum. In unitate.

Communio.

DOmine quinque.

Postcommunio.

SAncte inmortalitatis alimonia recreati quesumus domine deus noster: ut sancti iuliani confessoris tui atque pontificis interuenientibus meritis transferamur ad uitam sine fine mansuram patrie celestis. Per.

In octauis sancte Agnetis officium.

UUltum tuum.

Oracio.

DEus. qui nos annua beate agnetis martiris tue sollempnitate letificas: da. propicius:[1] ut quam ueneramur officio eciam pie conuersacionis sequamur exemplo. Per.

Epistola.

DOmine deus meus.

Gradale.

DIffusa est. Alleluya. ℣. Specie tua.

Euuangelium.

SImile est regnum celorum thesauro.

Offertorium.

OFferentur.

Secretum.

GRata tibi sint quesumus domine munera nostra quibus sancte agnetis martiris tue magnifica sollempnitas recensetur. Per.

Communio.

SImile est.

Postcommunio.

SUmpta domine sancta misteria nos interius exteriusque conseruent et intercedente beata agnete martire tua. presentem nobis comferant clemenciam et eternam. Per dominum.

[1] struck through with red line.

In natali sancte brigide uirginis officium.

DIlexisti.

Oracio./ [fo. 229. b.

CElorum atque terrarum conditor et gubernator opem[1] deus precanti populo tua succurre pietate et presta ut qui in honorem sancte brigide presentem diei huius gerimus sollempnitatem per ipsius suffragia perhenni misericordia tua pociamur. Per.

Epistola.

QUi gloriatur.

Gradale.

DIlexisti iusticiam. Alleluya. ℣. Specie tua.

Euuangelium.

SImile est regnum celorum. decem.

Offertorium.

OFferentur.

Secretum.

ECclesie tue quesumus domine preces et hostias beate brigide commendet oracio ut qui pro illius meritis magestatem tuam indefessam atque exorabilem humiliter imploramus eius precibus adiuti misericordiam tuam senciamus. Per.

Communio.

DIffusa.

Postcommunio.

SAlutis nostre leti libantes misteria concede nobis quesumus omnipotens deus ut per hec sancta merita beate brigide uirginis tue. mereamur habere subsidium uite presentis. et gaudia celestis paradisi possidere. Per dominum.

[1] *sic*, *for* omnipotens.

In purificacione beate marie. Officium.

SUscepimus deus misericordiam tuam in medio templi tui. secundum nomen tuum deus ita et laus tua in fines terre iusticia plena est dextera tua. *Ps.* Magnus dominus.

Oracio.

OMnipotens sempiterne deus maiestatem tuam supplices exoramus: ut sicut unigenitus tuus hodierna die cum nostre carnis substancia in templo est presentatus: ita nos facias purificatis tibi mentibus presentari. Per eundem.

Leccio malachie prophete.

HEc dicit dominus deus. Ecce ego mitto angelum meum et preparabit uiam ante faciam tuam. Et statim ueniet ad templum sanctum[1] suum dominator quem uos queritis: et angelus testamenti quem uos uultis. Ecce uenit dicit dominus excercituum. Et quis poterit cogitare diem aduentus eius? Et quis stabit ad uidendum eum? Ipse enim quasi ignis conflans: et quasi herba fullonum. Et sedebit conflans et emundans argentum: et purgabit filios leui. Et conflabit eos quasi aurum et quasi argentum: et erunt domino offerentes sacrificia in iusticia. Et placebit domino sacrificium iuda et ieru-

[1] struck out with red line.

761

salem : sicut dies seculi et sicut anni antiqui./ Dicit do- [fo. 230. minus : omnipotens.

Gradale.

SUscepimus deus misericordiam tuam in medio templi tui secundum nomen tuum domine ita et laus tua in fines terre. ℣. Sicut audiuimus ita et uidimus in ciuitate dei nostri. Alleluya. ℣. Adorabo ad templum sanctum tuum et confitebor nomini tuo.

Tractus.

NUnc dimittis seruum tuum domine. secundum uerbum tuum in pace. Quia uiderunt oculi mei. salutare tuum. ℣. Quod parasti. ante faciem omnium populorum. ℣. Lumen ad reuelacionem gencium et gloriam plebis tue israel.

Sequencia.

CLaris uocibus inclita cane turma sacra melodimata. Uox et mens bene conscia sonent nobis neupmata concordia. Diuina robusto tetracorda plectro manus perite feriat. Resultet uirtutum lira deo nunc dragmate dulcissona. Est armonia hec diuina sonore uirtutum liquidissimum. Mixta castitas est quas[1] intra hominum coniugans[2] deo federa. Cuius uite consistoria sunt inmutabilia. Que mater es inuiolata uirgo que puerpera. Iccirco tua deum fuere digna ferre uiscera. Quem non celica neque terrea cuncta claudunt spacia. Uirginum o regina te canimus maria per quam fulsere clara mundi lumina. Tu salus orbis alma. tu celi porta facta per te seculo uita omni dedita. Celicis terrea tu iungis diuinis humana. Paradisiaca per te nobis patet ianua. Adesto famu-

[1] *sic :* quasi *added in m.*
[2] *sic :* coniungens *added in m.*

762

lis piissima influa[1] iam suspende prece pericula. Audi fidelia precamina impetratam deferens celitus ueniam. Et quiete nobis temporum inclita. Hac in uita nostra dirige opera. Post. funera uranica nos duc ad habitacula. Quo letemur omnes una tecum per cuncta secula. Exclament nunc omnigena amen redempta.

Sanctum Lucam.

IN illo tempore. Postquam impleti sunt dies purgacionis marie secundum legem moysi tulerunt ihesum in iherusalem ut sisterent eum domino. sicut scriptum est in lege domini. quia omnem masculinum adaperiens uuluam sanctum domino uocabitur. Et ut darent hostiam secundum quod dictum est in lege domini par turturum aut duos pullos columbarum. Et ecce homo erat in iherusalem cui nomen symeon. Et homo iste iustus et timoratus : expectans consolacionem israel. Et spiritus sanctus erat in eo. Et responsum acceperat a spiritu sancto. non uisurum se mortem nisi prius uideret christum domini. Et uenit in spiritu in templum./ Et cum inducerent [fo. 230. b. puerum ihesum parentes eius ut facerent secundum consuetudinem legis pro eo : et ipse accepit eum in ulnas suas et benedixit deum et dixit. Nunc dimittis seruum tuum domine: secundum uerbum tuum in pace. Quia uiderunt oculi mei : salutare tuum. quod parasti ante faciem omnium populorum. Lumen ad reuelacionem gencium : et gloriam plebis tue israel.

[1] *sic :* in tua *added in m.*

763

Offertorium.

DIffusa est gracia in labiis tuis propterea benedixit te deus ineternum et in seculum seculi.

Secretum.

PResta quesumus domine ut sicut hodierna munera uenerand a filii tui oblacione consecrantur. sic ipsius gloriose genetricis precibus sempiterni luminis nobis claritas conferatur. Per eundem.

Prefacio.

QUia per incarnati.

Communio.

REsponsum accepit symeon a spiritu sancto non uisurum se mortem nisi uideret christum domini.

Postcommunio.

PErfice in nobis quesumus domine graciam tuam qui iusti symeonis expectacionem implesti: ut sicut ille mortem non uidit priusquam christum dominum uidere mereretur: ita et nos uitam optineamus eternam. Per eundem.

In natali sancti Blasii episcopi et martiris.

Officium.

STatuit ei.

Oracio.

OMnipotens sempiterne deus qui sanctum blasium martirem tuum atque pontificem in agone certaminis tuo amore roborasti: assis ecclesie tue precibus et da ut cuius triumphum recolimus in terris. eius precibus adiuuemur in celis. Per.

764

Epistola.

BEnedicentes dominum.

Gradale.

ECce sacerdos. Alleluya. ℣. Elegit te dominus.

Euuangelium.

CIrcuibat ihesus.

Offertorium.

UEritas mea.

Secretum.

SAcrificiis quesumus domine placare oblatis: et supplicante pro nobis beato blasio martire tuo atque pontifice per hec ab omnium inimicorum nostrorum liberemur insidiis. Per.

Communio.

DOmine quinque.

Postcommunio.

SUmpta quesumus domine sacramenta ab omni nos nequiciarum labe purificent et intercedente beato blasio martire tuo atque pontifice. sua uirtute contra omnes semper dyabolicos tueantur[1] incursus. Per.

Sancte Agathe uirginis et martiris. Officium.

GAudeamus omnes in domino diem festum celebrantes sub honore agathe martiris. de cuius passione gaudent angeli et collaudant filium dei/ *Ps.* [1]Inmacu- [fo. 231. latus dominus inmaculatam sibi famulam in hoc fragili corpore positam misericorditer consecrauit.

[1] *sic.*

Oracio.

DEus qui inter cetera potencie tue miracula eciam in sexu fragili uictoriam martirii contulisti : concede propicius : ut qui beate agathe uirginis et martiris tue natalicia colimus. per eius ad te exempla gradiamur. Per.

Epistola.

COnfitebor.

Gradale.

ADiuuabit eam. Alleluya. ℣. Emulor enim.

Tractus.

QUi seminant.

Euuangelium.

SImile est regnum celorum decem.

Offertorium.

OFferentur.

Secretum.

SUscipe domine munera que in beate agathe uirginis tue et martiris tibi sollempnitate deferimus. cuius nos confidimus patrocinio liberari. Per.

Communio.

QUi me dignatus est ab omni plaga curare et mamillam meam meo pectori restituere ipsum inuoco deum uiuum.

Postcommunio.

AUxilientur nobis domine sumpta misteria et intercedente beata agatha uirgine et martire tua sempiterna nos proteccione confirment. Per.

Sanctorum episcoporum Uedasti et amandi. Officium.

SAcerdotes eius.

Oracio.

DEus qui nos deuota beatorum confessorum tuorum atque pontificum uedasti et amandi instancia ad agnicionem tui nominis uocare dignatus es : concede propicius. ut quorum sollempnia colimus. eorum patrocinia senciamus. Per.

Epistola.

PLures facti sunt.

Gradale.

SAcerdotes eius. Alleluya. ℣. Fulgebunt iusti.

Euangelium.

SInt lumbi.

Offertorium.

EXultabunt sancti.

Secretum.

HOstias domine laudis tuis altaribus adhibemus. quas eorum tibi patrociniis commendandas suppliciter exoramus in quorum ueneracione pietati tue hec sacrificia offerimus. Per.

Communio.

EGo uos.

Postcommunio.

SUmpta munera domine quesumus ut sanctorum confessorum tuorum Uedasti et amandi precibus sanctificacionem nobis semper operentur. Per.

767

Sancte Scolastice uirginis. Officium.

DIlexisti iusticiam.

Oracio.

DEus qui beate uirginis tue scolastice animam ad ostendendam innocencie uiam in columbe specie celum penetrare fecisti: da nobis quesumus eius meritis ita innocenter uiuere. ut ad eadem mereamur/ [fo. 231. b. gaudia peruenire. Per.

Epistola.

QUi gloriatur.

Gradale.

DIlexisti. Alleluya. ℣. Adducentur.

Tractus.

IN columbe specie uidit beatus benedictus. ℣. Celsa omnipotentis ethera ire animam sancte ℣. scolastice mox nuncians illud fratribus deo gracias egit.

Euangelium.

LOquente ihesu.

Offertorium.

OFferentur.

Secretum.

SUscipe domine quesumus supplicancia desideria fidelium cum oblacionibus hostiarum: ut intercedente beata scolastica uirgineque te sincero dilexit amore. nec fides in nobis torpeat nec caritas tepescat. Per.

Communio.

QUicumque fecerit.

768

Postcommunio.

FAmiliam tuam quesumus domine spirituali cibo saciatam beate scolastice uirginis tue meritis propicius respice: ut ipsius precibus ariditatem cordis nostri superne gracie digneris rore perfundere. Per.

Eodem die sancte Austreberte uirginis. Officium.

UUltum tuum.

Oracio.

DEus qui inuisibili rore celesti ad beate austreberte uirginis obedienciam ardentem clibanum extinxisti: presta quesumus ut eius meritis gloriosis. uiciorum incendia non dominentur in nobis. Per.

Epistola.

SApiencia uincit.

Gradale.

SPecie tua. Alleluya. ℣. Diffusa.

Euangelium.

SImile est regnum celorum decem.

Offertorium.

OFferentur.

Secretum.

SAnctifica quesumus domine per beate uirginis austreberte intercessionem hanc quam tibi supplices offerimus oblacionem et ut nobis christi filii corpus et sanguis fiant. tuam desuper infunde benediccionem. Per.

Communio.

DIffusa.

Postcommunio.

DEus cuius sponsa sanctimonialis austreberta de orto paradysi malum punicum misit infirme sorori: da ut hec eucharistia dulcis super omnia pomorum genera pro tante uirginis honore sanet omnes nostros languores. Per.

Sancti Ualentini martiris. Officium.

IN uirtute.

Oracio.

PResta quesumus omnipotens deus ut qui beati ualentini martiris tui natalicia colimus. a cunctis malis iminentibus eius intercessionibus liberemur. Per.

Epistola.

IUstus si morte.

Gradale.

BEatus uir qui timet. Alleluya. ℣. Gloria et honore.

Euangelium.

NIchil opertum.

Offertorium.

IN uirtute tua.

Secretum.

SAcrificium domine quod offerimus gratum tibi beatus martir ualentinus./ suffragator efficiat. Per. [fo. 232.

Communio.

MAgna est.

Postcommunio.

QUos celesti domine substancia recreasti. beati quesumus ualentini martiris tui meritis a cunctis exime propiciatus aduersis. Per.

In cathedra sancti petri. Officium.

STatuit.

Oracio.

DEus qui beato petro apostolo tuo collatis clauibus regni celestis animas ligandi atque soluendi pontificium tradidisti: concede propicius ut intercessionis eius auxilio a peccatorum nostrorum nexibus liberemur. Qui uiuis.

Leccio epistole beati petri apostoli.

PEtrus apostolus ihesu christi electis aduenis dispersionis ponti galacie capadocie asye et bytinie secundum prescienciam dei patris in sanctificacionem spiritus in obedienciam et aspersionem sanguinis ihesu christi. Gracia uobis et pax multiplicetur. Benedictus deus et pater domini nostri ihesu christi. qui secundum magnam misericordiam suam regenerauit nos in spem uite per resurreccionem ihesu christi ex mortuis in hereditatem incorruptibilem. et incontaminatam et inmarcessibilem conseruatam in uobis in celis qui in uirtute dei custodimini per fidem in salutem paratam reuelari in tempore nouissimo. In quo exultabitis modicum nunc si oportet contristari in uariis tribulacionibus. ut probaciofidei uestre multopreciosior auro quod per ignem probatur. inueniatur in laudem et gloriam et honorem in reuelacionem domini nostri ihesu christi.

Gradale.

EXaltent eum in ecclesia populi et in cathedra seniorum laudent eum. ℣. Confiteantur domino misericordie eius et mirabilia eius filiis hominum.

Tractus.

TU es petrus et super hanc petram edificabo ecclesiam meam. ℣. Et porte inferi non preualebunt aduersus eam. et tibi dabo claues regni celorum. ℣. Quodcumque ligaueris super terram erit ligatum et in celis. ℣. Et quodcumque solueris super terram erit solutum et in celis.

Sequencia.

SEnatores celestis curie congaudete pastoris glorie die ista. Qui ut esset piscator hominum nauem liquid secutus dominum et recia. Confessio petri promeruit quod fidei petram optinuit ecclesia. Princeps gregis hic apostolici. ouilis que custos dominici celum donat. Quos uult soluit. et quos uult alligat. laurea quos uult./ glorificat et [fo. 232. b. coronat. Quo christiani nominis gloria. Ad dignitatis tendit exordia. Antiochenam fundat ecclesiam. Et quam federat fraterno sanguine. Romulus urbi collato nomine. Intulit rome crucis uictoriam. Et

quo erroris capud excreuerat. Sic ueritatis lumine liberat. Et senatum et capitolia. Uictricis urbis uictrices aquilas. Cum sceptris regum uires cesareas. Ad factoris curuat imperia. Et que mundum ferro totum domuerat. Inferos pulsat et celos reserat. O roma insignis potestate tanta. Quam tibi ingessit lingua petri sancta. Licet regnorum habeas imperia. Et capud orbis et urbium domina. Minus tamen subdidit uis cesariana. Quam uirtus restituit et pax christiana. Regna petro cedunt lauinia. Templa christo patent saturnia. Sancte crucis regnat potencia. Que celi aperit fastigia. Et quem ancilla una exterruit uulgo nota. Hunc exterrere nero non potuit nec urbs tota. In hac petrus deum clarificat. Sicut christus petro significat. Qui nos inducat aperta ianua. Semper uirentis ad uite pascua. Archisenator et ierarcha.

Mattheum.

IN illo tempore: Uenit ihesus in partes cesaree philippi: et interrogabat discipulos suos dicens. Quam dicunt homines esse filium hominis? At illi dixerunt. Alii Iohannem baptistam alii autem helyam. alii uero ieremiam aut unum ex prophetis. Dicit illis ihesus. Uos autem: quem me esse dicitis? Respondens symon petrus dixit. Tu es christus filius dei uiui. Respondens autem ihesus: dixit ei. Beatus es symon bariona quia caro et sanguis non reuelauit tibi: set pater meus qui in celis est. Et ego dico tibi quia tu es petrus: et super hanc petram edificabo ecclesiam meam. Et porte inferi non preualebunt aduersus eam. Et tibi dabo claues regni celorum. Et quodcumque ligaueris super terram: erit ligatum et in celis. Et quodcumque solueris super terram: erit solutum et in celis.

Offertorium.

COnstitues eos.

Secretum.

ECclesie tue domine quesumus preces et munera. beati apostoli tui petri commendet oracio. ut quod pro illius gloria celebramus: nobis prosit ad ueniam. Per.

Communio.

TU es petrus et super hanc petram edificabo ecclesiam meam.

Postcommunio.

LEtificet nos quesumus domine munus oblatum ut sicut in apostolo tuo petro te mirabilem predicamus: sic per illum tue su-/senciamus[1] in- [fo. 233. dulgencie largitatem. Per.

In natali sancte Milburge uirginis. Officium.

DIlexisti.

Oracio.

DEus qui fideles tuos gloriosa beate uirginis tue milburge festiuitate letificas: fac nos per

[1] *Sic.*

ipsius merita uite utriusque gaudia promereri. Per.

Epistola.

QUi gloriatur.

Gradale.

DIlexisti.

Tractus.

QUi seminant.

Euuangelium.

SImile est regnum celorum thesauro.

Offertorium.

OFferentur.

Secretum.

UT nos et hec munera domine tua suscipiat magestas adoranda. sancte milburge intercessio exoret gloriosa. Per.

Communio.

QUinque prudentes.

Postcommunio.

PErcepta domine mense tue munera. ut sancte milburge suffragia. et eterna nobis pariant remedia. Per.

In natali sancti Mathie apostoli. Officium.

MIchi autem.

Oracio.

DEus qui beatum mathiam apostolorum tuorum collegio sociasti: tribue quesumus. ut eius interuencione tue circa nos pietatis semper uiscera senciamus. Per.

Leccio actuum apostolorum.

IN diebus illis: Exurgens petrus in medio fratrum dixit. Uiri fratres: oportet impleri scripturam quam predixit sanctus per os dauid de iuda: qui fuit dux eorum qui comprehenderunt. ihesum qui connumeratus erat in nobis. et sortitus est sortem ministerii huius. Et hic quidem possedit agrum de mercede iniquitatis. et suspensus crepuit medius et diffusa sunt omnia uiscera eius. Et notum factum est omnibus habitantibus iherusalem. ita ut appellaretur ager ille lingua eorum acheldemach. hoc est ager sanguinis. Scriptum est enim: in libro psalmorum. Fiat habitacio eius deserta: et non sit qui inhabitet in ea. et episcopatum eius accipiat alter. Oportet ergo ex hiis uiris qui nobiscum congregati sunt in omni tempore quo intrauit et exiuit inter nos dominus ihesus incipiens a baptismate iohannis usque in diem qua assumptus est a nobis testem resurreccionis eius nobiscum fieri unum ex istis. Et statuerunt duos Iosep qui cognominabatur barsabas. qui cognominatus est iustus. et mathiam. Et orantes dixerunt. Tu domine qui corda nosti omnium: ostende quem elegeris ex hiis duobus unum accipere locum ministerii huius et apostolatus de quo preuaricatus est iudas: ut abiret in locum suum. Et dederunt./ sortes. Et sors cecidit [fo. 233. b. super mathiam. Et annunciatus est: cum undecim apostolis.

Gradale.

NImis honorati.

Tractus.

DEsiderium anime eius.

Euangelium.

MIsit ihesus duodecim.

Offertorium.

IN omnem terram.

Secretum.

DEus qui proditoris apostate ruinam ne apostolorum tuorum numerus sacratus perfeccione careret beati mathie eleccione supplesti: presencia munera sanctifica: et per ea nos gracie tue uirtute confirma. Per.

Prefacio.

ET te suppliciter.

Communio.

EGo uos elegi.

Postcommunio.

PResta quesumus omnipotens et misericors deus ut per hec sancta que sumpsimus interueniente beato mahia[1] apostolo tuo ueniam consequamur et pacem. Per.

In natali sanctarum perpetue et felicitatis officium.

UUltum tuum.

[1] *Sic.*

Oracio.

DA nobis quesumus domine deus noster sanctarum martirum perpetue et felicitatis palmas incessabili deuocione uenerari : ut quas digne non possumus imitari. humilibus saltem frequentemus obsequiis. Per.

Epistola.

AUdite me diuini.

Gradale.

ANima nostra.

Euangelium.

SImile est regnum celorum decem.

Offertorium.

OFferentur.

Secretum.

INtende quesumus domine munera altaribus tuis per sanctarum uirginum perpetue et felicitatis sollempnitate proposita : ut sicut per hec beata misteria illis gloriam contulisti. ita nobis indulgenciam largiaris. Per.

Communio.

QUinque prudentes.

Postcommunio.

SAnctarum uirginum tuarum perpetue et felicitatis festiuitate. et sacramenti diuini munere uegetati quesumus domine ut sicut bonis tuis per graciam tuam temporaliter fouemur. ita perfruamur eternis. Per.

In natali sancti Gregorii [pape[1]] officium.

SAcerdos dei.

Oracio.

DEus qui anime famuli tui gregorii eterne beatitudinis premia contulisti. concede propicius ut qui peccatorum pondere premimur : eius apud te precibus subleuemur. Per.

Epistola.

ECce sacerdos.

Gradale.

IUrauit dominus.

Tractus.

BEatus uir.

Euangelium.

UOs estis sal.

Offertorium.

UEritas mea.

Secretum.

INtercessio quesumus domine beatissimi gregorii misericordie tue munera nostra conciliet ut. quod merita non ualent nostra. eius deprecacio nobis optineat. Per.

Communio.

FIdelis seruus.

Postcommunio.

PIetatem tuam domine subnixis precibus imploramus ut per beati gregorii merita. et per

[1] Erased.

huius misterii sacramenta nos protegas scuto potencie tue. temptacionum/ spicula [fo. 234. retundas et ab omni prauitate correctos: uiam iusticie tenere nos doceas. Per dominum.

In natali sancti Cyriaci martiris sociorumque eius officium.

TImete dominum.

Oracio.

DEus qui nos annua beati Cyriaci martiris tui sociorumque eius sollempnitate letificas: concede propicius. ut quorum natalicia colimus. uirtutem quoque passionis imitemur. Per dominum.

Epistola.

METuentes dominum.

Gradale.

TImete dominum.

Tractus.

QUi seminant.

Euuangelium.

UIdens turbas ihesus.

Offertorium.

LEtamini in domino.

Secretum.

PRo sanctorum tuorum Cyriaci sociorumque eius martirio uenerando hostias tibi domine immolamus tua mirabilia pertractantes. per que talis est perfecta uictoria. Per.

Communio.

SIgna eos.

Postcommunio.

SAnctorum martirum tuorum precibus confidentes quesumus domine. ut per ea que sumpsimus. eterna remedia capiamus. Per.

In natali sancti Edwardi regis et martiris. Officium.

LEtabitur iustus.

Oracio.

DEus cuius misericordia anima regis et martiris Edwardi ad requiem peruenit sempiternam: presta quesumus ut cuius festa recolimus eius in tuo conspectu meritis adiuuemur et precibus. Per.

Epistola.

IUstus si morte.

Gradale.

POsuisti domine.

Tractus.

DEsiderium.

Euuangelium.

SIquis uenit ad me.

Offertorium.

GLoria et honore.

Secretum.

HOstias quas tibi domine offerimus propicius respice. et interueniente beato martire tuo eduuardo. a cunctis peccaminum nos nexibus clementer absolue. Per.

Communio.

MAgna est.

Postcommunio.

PErceptis quesumus domine corporis et sanguinis tui sacramentis intercedente beato martire tuo eduuardo ab omni purgemur macula delictorum. Per dominum.

In natali sancti Cuthberti episcopi et confessoris. officium.

STatuit ei.

Oracio.

OMnipotens sempiterne deus qui in meritis sancti Cuthberti pontificis tui semper es et ubique mirabilis. quesumus clemenciam tuam ut sicut ei eminentem gloriam contulisti. sic ad consequendam misericordiam tuam eius nos facias precibus adiuuari. Per.

Leccio malachie prophete.

HEc dicit dominus. Scitis quia misi ad uos mandatum istud: ut esset pactum meum cum leui dicit dominus excercituum. Pactum meum/ [fo. 234. b. fuit eum eo: uite et pacis. Et dedi ei timorem et timuit me: et a facie nominis mei pauebat. Lex ueritatis fuit in ore eius. et iniquitas non est inuenta in labiis eius. In pace et in equitate ambulauit mecum: et multos auertit ab iniquitate. Labia enim sacerdotis custodiunt scienciam et legem requirunt ex ore eius: quia angelus domini excercituum est.

Gradale.

ECce sacerdos.

Tractus.

BEatus uir.

Euuangelium.

UIdete uigilate.

Offertorium.

INueni dauid.

Secretum.

HEc tibi quesumus domine beati Cuthberti pontificis tui intercessione nunc grata reddatur oblacio. et per eam magestati tue nostrum famulatum perfice mundum. Per.

Communio.

FIdelis seruus.

Postcommunio.

PRotege quesumus domine familiam tuam munera sacra libantem ut beati cuthberti confessoris tui atque pontificis gaudenter sollempnia recensentes. quod nostris impedimur meritis eius apud te iustum iudicem suffragemur patrociniis. Per.

In natali sancti benedicti abbatis officium.

OS iusti meditabitur.

Oracio.

OMnipotens sempiterne deus qui hodierna die carnis eductum ergastulo beatissimum benedictum confessorem tuum subleuasti ad celum. concede quesumus hec festa tuis famulis celebrantibus cunctorum ueniam delictorum : ut qui exultantibus animis eius claritati congaudent. ipso apud te interueniente consocientur et meritis. Per dominum.

Leccio libri sapiencie.[1]

IN diebus illis : Dixi. Rigabo ortum meum plantacionum : et inebriabo partus[2] mei fructum. Et ecce factus est michi trames abundans et fluuius meus propinquauit ad mare. Quoniam doctrinam quasi lucanum illumino ab omnibus : et enarrabo illam usque in longinquo. Penetrabo inferiores partes terre : et inspiciam omnes dormientes. et illuminabo sperantes in domino. Adhuc doctrinam quasi propheciam effundam. et relinquam illam querentibus sapienciam : et non desinet progenies illorum usque in euum sanctum. Uidete quoniam nonsolum michi laboraui : set et omnibus exquirentibus ueritatem. In hiis[2] placitum est spiritui meo. que sunt probata coram deo et hominibus. Concordia fratrum : et amor proximorum.

Gradale.

DOmine preuenisti.

Tractus./ [fo. 235.

DOmine non aspicias peccata mea set fidem huius hominis qui rogat resuscitari filium suum. Et redde in hoc corpusculo animam

[1] *sic.* [Ecclesiastic. xxiv. 42—xxv. 2.]
[2] *sic.*

pueri quam tulisti. *Ps.*[1] Et completa oracione reuixit et sanum reddidit patri suo.

Euuangelium.

DIxit symon petrus.

Offertorium.

UEritas mea.

Secretum.

OBlatis domine ad honorem beati benedicti confessoris tui placare muneribus : et ipsius interuentu cunctorum nobis indulgenciam tribue peccatorum. Per.

Communio.

BEatus seruus.

Postcommunio.

PRestet nobis domine tui percepcio sacramenti intercedente beato benedicto confessore tuo. ut et conuersacionis eius imitemur exempla. et pertingamus ad premia. Per.

In annunciacione sancte marie uirginis. Officium.

ROrate celi desuper. et nubes pluant iustum aperiatur terra et germinet saluatorem. Et iusticia oriatur simul ego dominus creaui eum.

Quando hoc festum in xl. euenerit ad magnam missam in conuentu. et ad missam sancte marie tantum dicetur. Gloria in excelsis deo.

Oracio.

DEus qui de beate marie uirginis utero uerbum tuum ange-

[1] *sic.*

lo nunciante carnem suscipere uoluisti presta supplicibus tuis ut qui uere eam dei genitricem credimus eius apud te intercessionibus adiuuemur. Per.

Epistola.

LOcutus est dominus. *Require iiii[a] feria in aduentu domini.*

Gradale.

TOllite portas principes uestras et eleuamini porte eternales et introibit rex glorie. ℣. Quis ascendet in montem domini aut quis stabit in loco sancto eius innocens manibus et mundo corde. Alleluya. ℣. Aue maria gracia plena dominus tecum benedicta tu in mulieribus.

Tractus.

AUe maria gracia plena dominus tecum. ℣. Benedicta tu in mulieribus et benedictus fructus uentris tui. ℣. Spiritus sanctus superueniet in te et uirtus altissimi obumbrabit tibi. ℣. Ideo que et quod nascetur ex te sanctum. uocabitur filius dei.

Sequencia.

MIssus gabriel de celis uerbi baiulus fidelis sacris disserit loquelis cum beata uirgine. Uerbum bonum et suaue pandit intus in conclaue et ex eua format aue eue uerso nomine. Consequenter iuxta pactum adest uerbum caro factum semper tamen est intactum puellare gremium. Parem pariens ignorat et quam homo non deflorat non torquetur nec laborat quando parit filium. Signum audis noui-/tatis. crede solum et est [fo. 235. b. satis non est tue facultatis soluere corrigiam. Grande signum et insigne est in rubo et in igne ne appropiet indigne calciatus quispiam. Uirga sicca sine rore nouo ritu nouo more fructum protulit cum flore. sic et uirgo peperit. Benedictus talis fructus fructus gaudii non luctus non erit adam seductus si de hoc gustauerit. Ihesus noster ihesus bonus pie matris pium onus cuius est in celo thronus nascitur in stabulo. Qui sic est pro nobis natus nostros deleat reatus quia noster incolatus hic est in periculo.

Euuangelium.

MIssus est gabriel. *Require ut supra.*

Offertorium.

AUe maria gracia plena dominus tecum benedicta tu in mulieribus et benedictus fructus uentris tui.

Secretum.

IN mentibus nostris quesumus domine uere fidei sacramenta confirma. ut qui conceptum de uirgine deum uerum et hominem confitemur. per eius salutifere resurreccionis potenciam ad eternam mereamur peruenire leticiam. Per eundem.

Prefacio.

ET te in annunciacione.

Communio.

ECce uirgo concipiet et pariet filium et uocabitur nomen eius emanuel.

Postcommunio.

GRaciam tuam quesumus domine mentibus nostris infunde: ut qui angelo nunciante christi filii incarnacionem cognouimus per passionem eius et crucem ad resurreccionis gloriam perducamur. Per eundem.

In natali sancte marie egypciace. Oracio.

PResta quesumus omnipotens deus ut qui beate marie egypciace quam a peccatorum uoragine reuocasti sollempnitatem agimus: eius interuenientibus meritis ab omnibus liberemur aduersis. Per.

Secretum.

SUper hanc hostiam nostram quesumus domine benediccio tua descendat. et ut ipsi tibi hostia placabilis efficiamur. meritis sancte marie egypciace apud te efficiat. Per.

Postcommunio.

AUxilientur nobis domine sacrosancta misteria beate marie egipciace ueneracione celebrata. que spretis mundane uanitatis illecebris. te solum diligere tibique deo et sacro elegit iugiter adherere. Per.

In natali sancti Ricardi episcopi et confessoris. Oracio.

DEus qui ecclesiam tuam meritis beati ricardi confessoris tui atque pontificis fecisti miraculis choruscare gloriosis: concede nos famulos tuos ipsius intercessione ad eterne beatitudinis gloriam peruenire. Per./ [fo. 236.

Secretum.

COncede quesumus misericors deus ut intercedente beato Ricardo confessore tuo atque

pontifice oculis tue magestatis munus oblatum et graciam nobis bene uiuendi optineat et gloriam sempiternam post hanc uitam adquirat. Per.

Postcommunio.

HEc sacrosancta sumpta misteria nobis effectum domine conferant salutarem: quorum beatus ricardus confessor tuus atque pontifex deuotus existit dispensator. Per.

In natali sancti Ambrosii episcopi et confessoris. Officium.

STatuit ei.

Oracio.

DEus qui per beati ambrosii confessoris tui atque antistitis documenta agnicionem nobis ueritatis reserasti: fac nos quesumus huius intercessione doctoris et a peccatis omnibus exui. et eterne uite gaudiis admisceri. Per.

Epistola.

ECce sacerdos.

Gradale.

ECce sacerdos. Alleluya. ℣. Inueni dauid.

Tractus.

DEsiderium. Alleluya. ℣. Hic in oracione.

Euangelium.

UOs estis sal.

Offertorium.

INueni dauid.

789

Secretum.

PResentis oblacionis nostre munera quesumus omnipotens deus serena sancti spiritus benediccione perfunde: et beato ambrosio pontifice interueniente ad perhennem tribue nobis prouenire sanctificacionis effectum. Per. In unitate. eiusdem.

Communio.

FIdelis seruus.

Postcommunio.

HUius domine percepcione sacramenti ab omni uiciorum contagione purifica. et beati ambrosii confessoris tui atque pontificis. tribue consociari meritis. cuius nos doctrinis erudis et exemplis. Per.

In natali sancti cuthlaci confessoris officium.

OS iusti.

Oracio.

DEus qui nos beati cuthlaci confessoris tui annua sollempnitate letificas: concede propicius: ut sicut ille per ardua solitarie uite instituta ad tue uisionis gaudia peruenit. ita ipsius intercessione ad eadem peruenire mereamur. Per.

Epistola.

IUstus cor suum.

Gradale.

DOmine preuenisti. Alleluya. ℣. Disposui.

790

Euuangelium.

NEmo lucernam.

Offertorium.

UEritas mea.

Secretum.

BEati confessoris tui cutlaci quesumus domine interuencio gloriosa commendet hanc oblacionem nostram tue clemencie ut quod nostris actibus non meremur. eius precibus consequamur. Per.

Communio.

BEatus seruus.

Postcommunio.

PArticipacionem sancti corporis tui domine sumen-/tes tuam suppliciter [fo. 236. b. deprecamur clemenciam ut pro sancti Cuthlaci meritis cuius hodie uenerabilem commemoracionem celebramus ueram indulgenciam a te semper assequamur. Per.

In natali sanctorum martirum tyburcii. Ualeriani et maximi officium.

SAncti tui domine.

Oracio.

PResta quesumus omnipotens deus. ut qui sanctorum martirum tuorum Tyburcii et ualeriani sollempnia colimus. eorum eciam uirtutes imitemur. Per.

Epistola.

LIngua sapiencium.

Gradale.

IUstorum anime. Alleluya. ℣. Sancti tui.

Euangelium.

CUm audieritis.

In tempore pascali euuangelium.

EGo sum uitis uera.

Offertorium.

LEtamini.

Secretum.

HOstia hec quesumus domine quam sanctorum tuorum[1] tuorum tyburcii ualeriani et maximi natalicia recensentes offerimus. et uincula nostre prauitatis absoluat. et tue nobis misericordie dona conciliet. Per.

Communio.

GAudete.

Postcommunio.

SAcramenti tui domine quesumus sumpta benediccio corpora nostra mentes que sanctificet: et sanctorum martirum tuorum Tyburcii ualeriani et maximi sempiterne glorie ascribendos nos preparet. Per.

In natali sancti elphegi martiris officium.

PRotexisti.

Oracio.

DEus qui elphegum summum presulem populo prefecisti anglorum. ut celestis sanctuarii minister fieret et

[1] *Sic*, but struck through with red line.

martir: presta quesumus ut illius auxilio. et a peccatis liberi et ab hoste securi. tua pace perfruamur eterna. Per.

Epistola.

BEnedicentes dominum.

ALleluya. ℣. Beatus uir qui suffert. Alleluya. ℣. Letabitur iustus.

Euuangelium.

EGo sum uitis.

Offertorium.

REpleti sumus.

Secretum.

EFfunde quesumus domine super hunc singularem nostre salutis medicinam tue benediccionis habundanciam. que illius participes ab omnibus peccatis absoluat et in ea que tibi uenerandus martir elphegus placuit caritate custodiat. Per.

Communio.

EGo sum uitis.

Postcommunio.

GRata sint tibi omnipotens deus nostre seruitutis obsequia. ut illius interuentu nobis salutaria reddantur pro cuius inmarcessibili gloria exhibemur. Per.

In natali sancti etheluuoldi episcopi et confessoris. Officium.

STatuit ei.

Oracio.

DEus tuorum gloria sacerdotum qui beatum presulem

ethelwoldum pontificali/ [fo. 237. decorasti merito et honore tribue ex tua gracia eius supplicibus. et tuam promereri clemenciam. et eius intercessionem assiduam. Per.

Epistola.

ECce sacerdos.

ALeluya. ℣. Inueni dauid. Alleluya. ℣. Iurauit dominus.

Euuangelium.

UIgilate quia nescitis.

Offertorium.

INueni dauid.

Secretum.

HOstias tibi domine quesumus offerimus propicius suscipe. et intercedente beato ethelwoldo confessore tuo atque pontifice per hec pie placacionis officia uincula peccatorum nostrorum absolue. Per.

Communio.

FIdelis seruus.

Postcommunio.

SAncti ethelwoldi confessoris tui atque pontificis tribue nos quesumus precibus subleuari: ut cuius sacram deposicionis diem annua sollempnitate colimus. eius apud te intercessionibus et meritis adiuuemur. Per.

Sancti Georgii martiris officium.

PRotexisti.

Oracio.

DEus qui nos beati Georgii martiris tui meritis et inter-

cessione letificas: concede propicius: ut qui eius beneficia poscimus dono tue gracie consequamur. Per.

Epistola.

OMne gaudium.

ALleluya. ℣. Beatus uir qui suffert.

Euuangelium.

EGo sum uitis.

Offertorium.

COnfitebuntur.

Secretum.

MUnera domine oblata sanctifica. et intercedente beato georgio martire tuo. nos per hec a peccatorum nostrorum maculis emunda. Per.

Communio.

LEtabitur iustus.

Postcommunio.

MEnse celestis dulcedine saciati humiliter te rogamus omnipotens pater. ut sancto Georgio martire intercedente. resurreccionis eius simus participes cuius sumus morte redempti. Qui tecum.

Sancti melliti episcopi et confessoris. Officium.

STatuit.

Oracio.

LEtificet nos quesumus domine mellita beati melliti pontificis oracio cuius festa celebrantes melliflua tue gracie repleat dulcedo. Per.

795

Epistola.

OMnis pontifex.

ALleluya. ℣. Inueni dauid.

Euuangelium.

UIdete uigilate.

Offertorium.

UEritas mea.

Secretum.

SUscipe quesumus domine hec salutaria libamina que tibi sancti confessoris tui melliti intercessio efficiat placabilia. Per.

Communio.

BEatus seruus.

Postcommunio.

SUmpta quesumus omnipotens deus uitalis mense sacramenta sint nobis per al-/ [fo. 237. b. miflui confessoris tui melliti suffragia super mel et fauum in sempiternum dulcia. Per.

In natali sancti marci euangeliste officium.

PRotexisti me.

Oracio.

DEus qui beatum marcum euuangelistam tuum euuangelice predicacionis gloria sublimasti: tribue quesumus eius nos semper et erudicione proficere. et oracione defendi. Per.

Leccio libri sapiencie.[1]

SApienciam omnium antiquorum exquiret sapiens: et in prophetis uacabit. Narracionem uirorum nominatorum conseruabit et in uersucias parabolorum simul introibit. Occulta prouerbiorum exquiret et conseruabit: in medio magnatorum ministrabit. Et in conspectu presidis apparebit alienarum gencium minas transibit. Bona enim et mala: in omnibus temptabit.

[1] *sic.* [Ecclesiastic. xxxix. 1.]

796

ALleluya. ℣. Beatus uir qui suffert. Alleluya. ℣. Primus ad syon dicet ecce assum. et iherusalem euuangelistam dabo.

Euangelium.

EGo sum uitis uera.

Offertorium.

REpleti sumus.

Secretum.

BEati marci euuangeliste tui sollempnitate tibi munera deferentes quesumus domine ut sicut illum predicacio euuangelica fecit gloriosum: ita nos eius intercessio. et uerbo et opere tibi reddat acceptos. Per.

Communio.

EGo sum uitis uitis[1] uera.

Postcommunio.

REfecti cibo spiritualis alimonie quesumus domine deus noster: ut quod misterio frequentamus. intercedente beato marco euuangelista plena uirtute consequamur. Per.

In natali sancti uitalis martiris officium.

PRotexisti me.

[1] *sic.*

Oracio.

PResta quesumus omnipotens deus. ut intercedente beato uitale martire tuo et a cunctis aduersitatibus muniamur in corpore : et a prauis cogitacionibus mundemur in mente. Per.

Ad philippenses.

FRatres : Uobis datum est pro christo non solum ut in eum credatis : set ut eciam pro illo paciamini. idem certamen habentes quale et uidistis in me. et nunc audistis de me. Si qua ergo consolacio in christo si quod solacium caritatis siqua societas spiritus. siqua uiscera miseracionis implete gaudium meum ut idipsum sapiatis. Eandem caritatem habentes unanimes/ idipsum sencientes. Ni- [fo. 238. chil per contencionem neque per inanem gloriam. set in humilitate mentis superiorem sibi inuicem arbitrantes. Non que sua sunt singuli considerantes : set ea que aliorum.

ALleluya. ℣. Beatus uir qui timet.

Euuangelium.

EGo sum uitis.

Offertorium.

REpleti sumus.

Secretum.

SIt tibi domine nostre deuocionis oblacio acceptabilis ut beato uitale martire tuo intercedente. et tue placeat magestati. et nostre proficiat saluti. Per.

Communio.

EGo sum uitis.

Postcommunio.

QUesumus omnipotens deus ut munus diuinum quod sumpsimus intercedente beato uitale martire tuo. salutari nobis prosit effectu. Per.

In translacione sancti edmundi Regis et martiris. Officium.

GAudeamus. *Ps.* Domine in uirtute.

Oracio.

OMnipotens sempiterne deus qui beatum regem edmundum sanctorum tuorum collegio sociasti : concede propicius ut qui gloriose translacionis eius recolimus insignia. ipsius apud te senciamus patrocinia. Per.

Epistola.

BEatus uir qui inuentus.

ALleluya. ℣. Beatus uir qui suffert. Alleluya. ℣. Letabitur.

Euangelium.

EGo sum uitis uera.

Offertorium.

POsuisti domine.

Secretum.

QUos beati regis edmundi translacio sancta letificet tua nos domine gracia reddat leciores et tribuat in hoc sacrificio presencie tue dulcedinem toto corde sentire. Qui uiuis.

Communio.

LEtabitur iustus.

Postcommunio.

UT nobis salutem conferant sacramenta que sumpsimus beatissimus rex edmundus martir tuus domine pro nobis intercessor existat. de cuius ueneranda translacione tribuis nos annua deuocione letari. Per.

In natali sancti erkenwaldi episcopi et confessoris officium.

STatuit.

Oracio.

OMnipotens sempiterne deus apud quem est continua sanctorum festiuitas tuorum: presta quesumus: ut qui sollempnitatem beati erkenwaldi pontificis agimus. ab hostium nostrorum eruamur nequicia. et ad eternorum prouehi concedas beneficia premiorum. Per.

Epistola.

HAbemus pontificem.

ALleluya. ℣. Inueni dauid.

Euuangelium.

UIgilate quia nescitis.

Offertorium.

UEritas mea.

Secretum.

HEc sancta domine que indignis manibus tractamus/ intercessione beati er- [fo. 238. b. kenwaldi presulis tue sint magestati accepta. ut ab omni nos muniant inimicorum molestia. et ad dona perducant celestia. Per.

Communio.

FIdelis seruus.

Postcommunio.

SAcri corporis domini nostri repleti libamine. et precioso debriati[1] sanguine quesumus domine deus noster: ut per intercessionem sancti presulis erkenwaldi. tribuas nobis nostrorum absolucionem peccaminum et eterne beatitudinis premium sempiternum. Per.

In natali apostolorum philippi et iacobi. Officium.

EXclamauerunt ad te domine in tempore affliccionis sue et tu de celo exaudisti eos alleluya. alleluya. *Ps.* Benedicam dominum.

Oracio.

DEus qui nos annua apostolorum tuorum philippi et iacobi sollempnitate letificas: presta quesumus. ut quorum gaudemus meritis. instruamur exemplis. Per.

Leccio libri sapiencie.

STabunt iusti in magna constancia: aduersus eos qui se angustiauerunt. et qui abstulerunt labores eorum. Uidentes turbabuntur timore horribili: et mirabuntur in subitacione insperate salutis. dicentes intra se penitenciam agentes. et pre angustia spiritus gementes. Hii sunt quos aliquando habuimus in derisum: et in similitudinem improperii. Nos insensati uitam illorum estimabamus insaniam: et finem illorum sine honore. Ecce quomodo computati sunt inter filios dei: et inter sanctos: sors illorum est.

ALleluya. ℣. Stabunt iusti in magna constancia aduersus eos

[1] *Sic. for* inebriati.

qui se angustiauerunt. Alleluya. ℣. Isti sunt due oliue candelebra lucencia ante dominum. habent potestatem claudere celum nubibus et aperire portas eius quia lingue eorum claues celi facte sunt.

Iohannem.

IN illo tempore: Dixit ihesus discipulis suis. Non turbetur cor uestrum: Creditis in deum: et in me credite. In domo patris mei: mansiones multe sunt. Si quominus dixissem uobis: quia uado parare uobis locum. Et si abiero et preperauero uobis locum: iterum ueniam et accipiam uos ad meipsum: ut ubi ego sum et uos sitis. Et quo ego uado scitis: et uiam scitis. Dicit ei thomas. Domine: nescimus quo uadis. Et quomodo possumus/ uiam [fo. 239. scire? Dicit ei ihesus: Ego sum uia: et ueritas et uita. Nemo uenit ad patrem: nisi per me. Si cognouissetis me. et patrem meum utique cognouissetis. Et amodo cognoscetis eum: et uidistis eum. Dicit ei philippus. Domine: ostende nobis patrem: et sufficit nobis. Dicit ei ihesus. Tanto tempore uobiscum sum. et non cognouistis me? Philippe. qui uidet me: uidet et patrem. Quomodo tu dicis ostende nobis patrem? Non credis quia ego in patre: et pater in me est? Uerba que ego loquor uobis: a meipso non loquor. Pater autem in me manens: ipse facit opera. Non creditis quia ego in patre: et pater in me est. Alioquin: propter opera ipsa credite. Amen amen dico uobis:[1] quia

[1] A space: some letters erased.

qui credit in me opera que ego facio. et ipse faciet. Et maiora horum faciet: quia ego ad patrem uado. Et quodcumque pecieritis patrem in nomine meo hoc faciam.

Offertorium.

COnfitebuntur celi mirabilia tua domine. etenim ueritatem tuam in ecclesia sanctorum alleluya alleluya.

Secretum.

DEus ecclesie tue redemptor atque perfector: da ut apostolorum tuorum philippi et iacobi precibus paschalis sacramenti dona capiamus quorum nobis magisterio ea uoluisti predicari. Qui uiuis.

Communio.

TAnto tempore uobiscum sum et non cognouistis me philippe qui uidet me uidet et patrem alleluya. non credis quia ego in patre et pater in me est alleluya alleluya.

Postcommunio.

PAschale misterium recensentes beatorum apostolorum tuorum philippi et iacobi domine quesumus precibus foueamur. quorum magisterio cognouimus exequendum. Per dominum.

In natali sancti Athanasii episcopi et confessoris. Officium.

SAcerdotes dei.

Oracio.

DEus qui beatum athanasium confessorem tuum atque pontificem ecclesie tue tribuisti doctorem. presta quesumus: ut quod ille diuino afflatu inspiratus docuit. et sinceriter intelligere.

et efficaciter[1] excercere ualeamus. Per.

Epistola.

SCitis quia miserim.[2] *Require in festo sancti Cuthberti.*

ALleluya. ℣. Hic in oracione.

Euangelium.

UOs estis sal terre.

Offertorium.

UEritas mea.

Secretum.

MUnera populi tui quesumus domine placatus assume. ut beati athanasii confesso/ris tui atque pontificis in- [fo. 239. b. tercessione. a cunctis eum peccatis propiciatus absolue. Per.

Communio.

FIdelis seruus.

Postcommunio.

REpleti muneribus sacris quesumus omnipotens deus ut beati athanasii confessoris tui atque pontificis semper adiuuemur meritis. in cuius hec ueneracione peregimus.

In inuencione sancte crucis. Officium.

ECce lignum crucis in quo salus mundi pependit. uenite adoremus alleluya alleluya. *Ps.* Deus misereatur. ℣. Gloria patri.

Oracio.

DEus qui in preclara salutifere crucis inuencione passionis tue miracula suscitasti: concede

[1] Space in MS.; some letters erased.
[2] *Sic.*

ut uitalis ligni precio. eterne uite suffragia consequamur. Qui uiuis.

Leccio epistole beati pauli apostoli ad galathas.

FRatres: Confido de uobis in domino: quod nichil aliud sapietis. Qui autem conturbat uos: portabit iudicium quicumque est ille. Ego autem fratres si circumsisionem[1] predico: quod adhuc persecucionem pacior: Ergo euacuatum est scandalum crucis. Utinam et abscidantur: qui uos conturbant. Uos enim in libertatem uocati estis fratres. tantum ne libertatem in occasionem detis carnis. set per caritatem spiritus seruite inuicem. Omnis enim lex in uno sermone impletur. Diliges proximum tuum sicut teipsum. Quod si inuicem mordetis et comeditis: uidete ne abinuicem consummamini. Michi autem absit gloriari: nisi in cruce domini nostri ihesu christi. Per quem michi mundus crucifixus est: et ergo mundo.

ALleluya. ℣. Dulce lignum dulces clauos dulcia ferens pondera que sola fuisti digna sustinere regem celorum et dominum. Alleluya. ℣. Christus resurgens.

Euangelium.

ERat homo ex phariseis. *Require in festo sancte trinitatis.*

Offertorium.

PRotege domine plebem tuam per signum sancte crucis ab omnibus insidiis inimicorum omnium ut tibi gratam exhibeamus seruitutem et

[1] *Sic.*

acceptabile tibi fiat sacrificium nostrum alleluya alleluya.

Secretum.

SAcrificium domine quod immolamus placatus intende: ut ab omni nos exuat bellorum nequicia. et per uexillum sancte crucis filii tui ad conterendas potestatis aduerse insidias nos in tue proteccionis securitate constituas. Per eundem.

Prefacio.

QUi salutem.

Communio.

REdemptor mundi signo crucis ab omni nos aduersitate/ [fo. 240. custodi. qui saluasti petrum in mari miserere nobis alleluya.

Postcommunio.

REpleti alimonia celesti et spirituali poculo recreati quesumus omnipotens deus. ut ab hoste maligno defendas quos per lignum sancte crucis mundum triumphare iussisti. Per.

In natali sanctorum martirum. Alexandri euencii et theodoli.

Officium.

CLamauerunt.

Oracio.

PResta quesumus omnipotens deus: ut qui sanctorum martirum tuorum alexandri euencii. et theodoli natalicia colimus a cunctis malis iminentibus eorum intercessionibus liberemur. Per.

Epistola.

SPectaculum.

ALleluya. ℣. Exultabunt

Euangelium.

EGo sum uitis.

Offertorium.

REpleti sumus.

Secretum.

SUper has quesumus domine hostias benediccio copiosa descendat. que et sanctificacionem nobis clementer operetur et de martirum tuorum nos festiuitate letificet. Per.

Communio.

IUstorum anime.

Postcommunio.

SUmptis domine muneribus sacris. tribue quesumus. ut ad eadem appetenda sanctorum tuorum precibus et exemplis prompcius incitemur. Per.

In translacione sancti aldelmi episcopi et confessoris.

Officium.

STatuit ei dominus.

Oracio.

DEus qui nos fecisti gloriosi confessoris tui aldelmi translacionem spirituali gaudio celebrare: ipsius meritis fac nos cum sanctis angelis perpetue festiuitatis iocunditate remunerari. Per.

Epistola.

ECce sacerdos magnus qui in diebus.

Gradale.

ALleluya. Inueni dauid. Alleluya. ℣. Iurauit.

Euangelium.

UIgilate quia nescitis.

Offertorium.

INueni dauid.

Secretum.

SUscipiat pietas tua domine quesumus de manibus nostris hanc oblacionem. et per sancti aldelmi confessoris tui atque pontificis oraciones. ab omnibus nos emundet peccatis. Per.

Communio.

FIdelis seruus.

Postcommunio.

REpleti alimonia celesti quesumus domine ut beati aldelmi confessoris tui atque pontificis in cuius translacione hec sollempnia sacro exhibuimus officio. muniamur meritis et oracionibus adiuuemur. Per.

In natali sancti Iohannis ante portam latinam. Officium.

IN medio ecclesie.

Oracio.

DEus qui conspicis quia nos undique mala nostra perturbant. presta quesumus ut beati iohannis apostoli tui intercessio gloriosa nos protegat. Per./ [fo. 240. b.

Epistola.

QUi timet deum. *Require in alia festiuitate eiusdem.*

ALleluya. ℣. Primus ad syon dicet ecce assum et iherusalem euuangelistam dabo. Alleluya. ℣. Hic est.

Secundum Iohannem.

IN illo tempore: Dixit ihesus discipulis suis. Ego sum uitis uera et pater meus agricola est. Omnem palmitem in me non ferentem fructum: tollet eum. Et omnem qui fert fructum purgabit eum: ut fructum plus afferat. Iam uos mundi estis: propter sermonem quem locutus sum uobis. Manete in me: et ego in uobis. Sicut palmes non potest ferre fructum a semetipso nisi manserit in uite: sic nec uos nisi in me manseritis. Ego sum uitis: uos palmites. Qui manet in me et ego in eo. hic fert fructum multum: quia sine me nichil potestis facere. Siquis in me non manserit: mittetur foras sicut palmes et arescet. et colligent eum et in ignem mittent et ardet. Si manseritistis[1] in me et uerba mea in uobis manserint: quodcumque uolueritis petetis: et fiet uobis.

Offertorium.

IUstus ut palma florebit sicut cedrus que in libano est multiplicabitur alleluya.

Secretum.

SIc nos domine quesumus beati Iohannis euuangeliste sollempnia tuis fac celebrare misteriis ut que predicauit et credamus pariter et sequamur. Per.

Prefacio.

ET te suppliciter.

Communio.

EGo sum uitis uera et uos palmites qui manet in me et ego in eo

[1] *Sic.*

hic fert fructum multum alleluya alleluya.

Postcommunio.

REfecti domine pane celesti beato iohanne apostolo et euuangelista intercedente ad uitam quesumus nutriamur eternam. Per.

Sanctorum martirum Gordiani et epimachi officium.

SAncti tui domine.

Oracio.

DA quesumus omnipotens deus. ut qui beatorum martirum tuorum. Gordiani et Epimachi sollempnia colimus: eorum apud te intercessionibus adiuuemur. Per.

Epistola.

REspondens unus.

ALleluya. ℣. Sancti tui domine florebunt.

Euuangelium.

EGo sum uitis.

Offertorium.

MIrabilis deus.

Secretum.

PResta quesumus domine deus noster. ut sicut in conspectu tuo mors est preciosa sanctorum. ita eorum merita uenerancium accepta tibi reddatur oblacio. Per.

Communio.

IUstorum anime.

Postcommunio.

REfice quesumus domine populum tuum spiritualibus/ sacramentis. ut quorum [fo. 241. tribuis sollempnia celebrare. fac eorum gaudiis interesse. Per.

Sanctorum martirum. Nerei et achillei atque pancracii.

Officium.

ECce oculi domini.

Oracio.

SEmper nos domine martirum tuorum. Nerei et achillei atque pancracii foueat quesumus beata sollempnitas. et tuo dignos reddat obsequio. Per.

Epistola.

LIngua sapiencium.

ALleluya. ℣. Sancti tui domine. Alleluya. ℣. Confitebuntur.

Euuangelium.

EGo sum uitis.

Offertorium.

COnfitebuntur.

Secretum.

SAnctorum tuorum tibi domine grata confessio. et munera nostra commendet. et tuam nobis indulgenciam semper imploret. Per.

Communio.

GAudete iusti.

Postcommunio.

QUesumus domine ut beatorum martirum tuorum Nerei et achillei atque pancracii deprecacionibus sacramenta que supsimus.[1] ad tue nobis proficiant placacionis augmentum. Per.

In natali sancti Dunstani archiepiscopi. officium.

STatuit ei dominus.

Oracio.

DEus qui hodierna die sanctum dunstanum archipresulem ac confessorem tuum ad eterna subleuasti gaudia: eius quesumus meritis illuc tua nos perducat misericordia.

Epistola.

ECce sacerdos magnus.

ALleluya. ℣. Iurauit dominus. Alleluya. ℣. Iustus germinabit.

Sequencia.

HOdierna. Alleluya. Resonent gaudia. uirtutum preclara. Opera beato dunstano collata. A matris utero deitatis preuentus gracia. Extra mundum extra mundi mente transiuit omnia. Saluatoris monita audiens salubria eius ad uestigia cum beata sedebat maria. Inde ardentissimo flagrans desiderio patriam continua suspirabat amoris lacrima. Sacerdotis honore preditus angelicam. Egit uitam signis a puero consecratam. Lumen extinctum non natus reparat. Uirga. demonum effugat cateruas. Hic templi supprema.[1] Transcendit operta. Et angelico ducatu clausam intrat ecclesiam. Apostolica fultus presencia. Suscepit arma futuri presaga. Uergentem machinam. Prece leuat sola. Hostis et inuidos conatus uerbere dato uacuat. Cythara non arte percussa consonam. Reddit symphoniam in uiri gloriam.

[1] *Sic.*

Noui legis[1] prima. Alius[1] extrema. Uoce diua agnouit tempora. Supernos psallentes spiritus et uota. Factori soluentes audiuit talia Kyrieleyson Christeleyson. Cum quis iam sua/ miscet cantica. [fo. 241. b. Dunstane uiuens in secula pro seruis exora. Qui te collaudantes deuota persoluunt iubila. Ac pro uniuersa per orbem diffusa christi ecclesia.

Euangelium.

UIdete uigilate.

Offertorium.

INueni dauid.

Secretum.

INtercessio quesumus domine beati dunstani pontificis hec tibi commendet munera. pro cuius tibi sunt commemoracione oblata. Per.

Communio.

FIdelis seruus.

Postcommunio.

SUmpta sacramenta domine quesumus nos a peccatis absoluant. et per beati dunstani pontificis suffragia ad celos perducant. Per.

Eodem die sancte potenciane uirginis officium.

DIlexisti.

Oracio.

DEus qui hodierna die beatam sancte potenciane uirginis tue animam celorum regna penetrare fecisti concede propicius: eius interuentu nos a peccatorum nostrorum nexibus solui. et ab

[1] *Sic.*

omni semper aduersitate defendi. Per.

Epistola.

QUi gloriatur.

ALleluya. ℣. Diffusa est.

Euangelium.

SImile est regnum celorum decem.

Offertorium.

OFferentur.

Secretum.

HOlocausta hec domine benediccione tua sanctifica. ut sancte potenciane tibi sint meritis accepta. in cuius ueneracione sunt oblata. Per.

Communio.

DIffusa est.

Postcommunio.

SUmptis domine salutis eterne alimoniis. beata potenciana intercedente. ita nos tuis fac uti sacramentis: ut eternis mereamur interesse conuiuiis. Per.

In natali sancti ethelberti regis et martiris in tempore pascali officium.

PRotexisti me deus. *Aliud officium.* Letabitur iustus.

Oracio.

OMnipotens sempiterne deus qui omnia nutu creasti uisibilia et inuisibilia da nobis in hac festiuitate beati ethelberti regis et martiris tui ab omnibus periculis inimicorum defendi. Per.

Epistola.

UObis datum est. *Require ut supra in festo sancti uitalis.*

ALleluya. ℣. Posuisti domine. Alleluya. ℣. Iustus germinabit.

Euangelium.

EGo sum uitis.

Offertorium.

COnfitebuntur.

Secretum.

EXorabilis domine intende oracionem nostram et suscipe hec munera que tibi offerimus in celebritate almi ethelberti regis et martiris tui. et presta ut eius auxilio adiuuemur. Per

Communio.

LEtabitur iustus.

Postcommunio.

PEctoribus insere nostris domine amorem tui nominis. benigneque suscipias sacramenta que sumpsimus intercedente beato ethelberto pro nobis ut a prauis mundemur in mente cogitacionibus. Per.

Item cum post| pentecosten acciderit officium. [fo. 242.

LEtabitur.

Oracio et epistola ut supra.

Gradale.

POsuisti. Alleluya. ℣ Letabitur iustus.

Euangelium.

SIquis uult post me uenire.

Offertorium.

GLoria et honore.

Communio.

MAgna est.

In natali sancti aldelmi episcopi et confessoris officium.

STatuit ei dominus.

Oracio.

DEus qui nos fecisti gloriosi confessoris tui aldelmi sollempnia spirituali gaudio celebrare: ipsius meritis fac nos cum sanctis angelis perpetue festiuitatis iocunditate remunerari. Per.

Epistola.

HAbemus pontificem.

Gradale.

ECce sacerdos. Alleluya. ℣. Elegit te.

Euangelium.

UIgilate quia nescitis.

Offertorium.

INueni dauid.

Secretum.

SUscipe domine sacrificia ad honorem tui nominis oblata. et per intercessionem sancti confessoris tui atque pontificis aldelmi nos a peccatis omnibus emunda. et perduc feliciter ad gaudia sempiterna. Per.

Communio.

BEatus seruus.

Postcommunio.

QUesumus omnipotens deus ut per sacrosancti filii tui corporis et sanguinis percepcionem et sancti aldelmi confessoris tui atque pontificis gloriosam depcecacionem presentis uite nobis tribuas prosperitatem. et future beatitudinis porcionem. Per eundum.

Eodem die sancti urbani episcopi et martiris. Officium.

SAcerdotes tui.

Oracio.

DA quesumus omnipotens deus ut qui beati urbani martiris tui atque pontificis sollempnia colimus: eius apud te intercessionibus adiuuemur. Per.

Epistola.

MEmor esto.

Gradale.

INueni dauid. Alleluya. ℣. Iurauit dominus.

Euangelium.

CIrcuibat ihesus.

Ante pentecosten euangelium.

EGo sum uitis.

Offertorium.

UEritas mea.

Secretum.

MUnera quesumus domine tibi dicata sanctifica. et intercedente beato urbano martire tuo. per hec eadem nos placatus intende. Per.

Communio.

DOmine quinque.

Postcommunio.

PEr hoc admirabile sacramentum tuam domine humiliter

inmensam exoramus pietatem. ut illam que in sancto urbano martire tuo flagrauit fortem dileccionem nobis benignus aspires. Per.

In natali sancti Augustini anglorum apostoli officium.

STatuit ei.

Oracio.

DEus qui beatum augustinum pontificem primum doctorem populo concessisti anglorum: ipsius interuentu nobis tribue ueniam peccatorum. et cum ipso celestium/ gaudia [fo. 242. b premiorum. Per.

Epistola.

IUstum deduxit.

ALleluya. ℣. Inueni dauid.

Post pentecosten. Gradale.

ECce sacerdos. Alleluya. ℣. Hic in oracione.

Euangelium.

QUi uos audit.

Offertorium.

INueni dauid.

Secretum.

OBlacio hec tibi domine quesumus placeat. et intercessione sancti augustini anglorum doctoris. nos tibi dignos exhibeat. Per.

Communio.

DOmine quinque.

Postcommunio.

SAcramenta sumpta quesumus domine nostra detergant pia-

cula. et per sancti augustini supplicacionem adiuuent nos recte incedere inter mundane conuersacionis pericula. Per.

Eodem die sancti Bede presbiteri et confessoris. Officium.

OS iusti meditabitur.

Oracio.

BEati confessoris tui bede nos domine deus intercessione letifica. cuius nos pia tribuisti et doctrina proficere. et iocunda sollempnitate gaudere. Per.

Epistola.

SCitis quia. *Require in festiuitate sancti cuthberti.*

Gradale.

OS iusti. Alleluya. ℣. Iustus germinabit.

Euangelium.

UOs estis sal.

Offertorium.

UEritas mea.

Secretum.

HIis quesumus domine oblacionibus beati bede confessoris tui atque presbiteri complacatus oracionibus a peccatis omnibus emundatos nosmetipsos tibi sacrificium perficias. Per.

Communio.

BEatus seruus.

Postcommunio.

SAcrificii tui nos domine ab omni malo defendat percepcio: ut beati bede confessoris tui atque presbiteri. nos tibi iugiter commendet oracio. Per.

In natali sancti Germani episcopi officium.

SAcerdotes tui.

Oracio.

DEus qui es sanctorum tuorum splendor mirabilis. quique hunc diem in beati germani confessoris tui atque pontificis deposicione consecrasti : da ecclesie tue de eius natalicio semper gaudere : ut apud misericordiam tuam exemplis eius protegamur et meritis. Per.

Epistola.

OMnis pontifex.

Gradale.

INueni dauid. Alleluya. ℣. Elegit te.

Euangelium.

UIdete uigilate.

Offertorium.

UEritas mea.

Secretum.

HOstia quesumus domine deus noster : quam tibi ob honorem sancti confessoris tui atque pontificis germani immolandam deferimus. tuorum nobis tribuat societate gaudere sanctorum. Per.

Communio.

FIdelis seruus.

Postcommunio.

PRopiciare precibus nostris omnipotens deus: et interueniente beato germano confessore tuo atque pontifice munus/ quod ore sumpsimus [fo. 243. nobis proficiat ad salutem. Per.

In natali sancte petronelle uirginis officium.

DIlexisti iusticiam.

Oracio.

ANnue plebi tue uirtutum largitor omnipotens eterne deus: ut qui annua beate uirginis tue petronille sollempnia celebramus : eius semper et fidei integritate roboremur. et piis apud te precibus adiuuemur. Per.

Epistola.

SApiencia uincit.

Post pentecosten Gradale.

DIlexisti. Alleluya. ℣. Specie tua.

Euangelium.

SImile est regnum celorum decem.

Offertorium.

OFferentur regi.

Secretum.

SUscipe domine munera tue pietati humiliter immolata. ut eius nobis intercessione fiant salutaria. cuius nataliciis ea tibi speramus accepta. Per.

Communio.

DIffusa est.

Postcommunio.

SAcri altaris participacione refecti tuam domine misericordiam suppliciter exoramus. ut qui hec in beate petronille uirginis tue ueneracione percepimus. eius nos confoueri suffragiis senciamus. Per.

Sanctorum martirum marcellini et petri officium.

CLamauerunt.

Oracio.

DEus qui nos annua beatorum martirum tuorum marcellini et petri sollepnitate[1] letificas: presta quesumus. ut quorum gaudemus meritis. prouocemur exemplis. Per.

Epistola.

REspondens unus.

Gradale.

CLamauerunt. Alleluya. ℣. Letamini.

Euangelium.

CUm audieritis.

Infra pentecosten euangelium.

EGo sum uitis.

Offertorium.

MIrabilis.

Secretum.

UOtiua domine dona deferentes in tuorum martirum marcellini et petri passione tuam magnificenciam ueneramur. et per eam imploramus tue pietatis auxilium. Per.

[1] *Sic.*

Communio.

IUstorum anime.

Postcommunio.

PRotegat domine quesumus populum tuum. et participacio celestis induta conuiuii. et deprecacio collata sanctorum. Per.

In natali sancti Herasmi martiris officium.

SAcerdotes dei.

Oracio.

BEatus martir tuus herasmus domine nobis misericordie tue imploret auxilium. ut cuius festa celebramus. eius apud te patrocinia senciamus. Per.

Epistola.

DOminus michi astitit.

Post pentecosten Gradale.

ECce sacerdos. Alleluya. ℣. Elegit te.

Post pentecosten Euangelium.

CIrcuibat ihesus.

Euangelium.

EGo sum uitis.

Offertorium.

UEritas mea.

Secretum.

PResens hostia quam domine immolamus tibi quesumus. fiat acceptabilis. et gloriosi heras/mi martiris ac [fo. 243. b. pontificis tui meritis. fiat corporibus animabus que fidelium salutaris. Per.

Communio.

BEatus seruus.

Postcommunio.

HEc sancta que sumpsimus sacramenta quesumus domine magestati tue efficiantur gratuita. et interueniente beato herasmo martire tuo atque pontifice. uite in nobis eterne nutriant alimenta. Per.

In natali sancti Bonefacii. sociorumque eius martirum. Officium.

SAlus autem.

Oracio.

BEatus martir tuus domine Bonefacius cum sociis suis qui te in sua glorificauit passione: nos sua tueatur intercessione. Per.

Epistola.

REmemoramini.

Post pentecosten Gradale.

CLamauerunt. Alleluya. ℣. Preciosa.

Post pentecosten Euangelium.

POnite in cordibus.

Euangelium.

EGo sum uitis.

Offertorium.

GLoriabuntur.

Secretum.

MUnera quesumus domine plebis tue sanctorum martirum tuorum. Bonefacii sociorumque eius fiant grata deprecacione: ut pro quorum triumphis

nomini tue offeruntur meritis digna efficiantur. Per.

Communio.

BEati mundo.

Postcommunio.

COnserua domine munus tuum in nobis ut quod te donante pro sollempnitate beatorum martirum tuorum Bonefacii sociorumque eius percepimus. et salutem nobis operetur et pacem. Per.

Sanctorum episcoporum medardi et gildardi. Officium.

SAcerdotes.

Oracio.

QUesumus omnipotens deus ut nos geminata leticia hodierne festiuitatis excipiat que de beatorum confessorum tuorum Medardi et gildardi glorificacione procedit. quos eadem fides et dignitas. pontificalis. ueros fecit esse germanos. Per.

Epistola.

PLures facti sunt.

Gradale.

SAcerdotes. Alleluya. ℣. Fulgebunt iusti.

Euangelium.

SInt lumbi.

Offertorium.

EXultabunt.

Secretum.

SInt tibi domine quesumus nostre munera grata deuocionis. que in sanctorum confessorum tuorum medardi et gildardi pontificum digna sollempnitate deferimus. quesumus ut precibus illorum ueniam delictorum consequamur. Per.

Communio.

IUstorum anime.

Postcommunio.

GRacias agimus tibi domine deus noster. qui nos celesti medela reparare dignatus es. da quesumus peccatis nostris ueniam. sicut beatis confessoribus tuis medardo atque gildardo dedisti sedem pontificatus. Per.

Sanctorum martirum Primi et feliciani officium.

SApienciam.

Oracio.| [fo. 244.

FAc nos domine quesumus sanctorum martirum tuorum primi et feliciani semper facta sectari. quorum suffragiis proteccionis tue dona senciamus. Per.

Epistola.

SPectaculum facti. *Require in communi unius martiris.*

Post pentecosten Gradale.

EXultabunt. Alleluya. ℣ Preciosa.

Post pentecosten Euangelium.

CUm audieritis.

Euangelium.

EGo sum uitis.

Offertorium.

MIrabilis.

Secretum.

FIat domine quesumus hostia sacranda placabilis preciosorum celebritate martirum tuorum que per eorum merita gloriosa et peccata nostra purificet. et tuorum tibi uota conciliet famulorum. Per.

Communio.

EGo uos.

Postcommunio.

QUesumus omnipotens deus. ut sanctorum martirum tuorum Primi et feliciani misteriis celestibus celebrata sollempnitas. indulgenciam nobis tue propiciacionis adquirat. Per dominum.

Translacio sancti yuonis episcopi officium.

STatuit.

Oracio.

DEus qui nos ueneranda festiuitatis hodierne sollempnia in beati confessoris tui atque pontificis yuonis translacione celebrare fecisti: concede propicius: eius nos apud te patrocinio semper adiuuari. Per.

Epistola.

ECce sacerdos.

Gradale.

ECce sacerdos. Alleluya. ℣ Inueni dauid.

Euangelium.

UIgilate quia.

Offertorium.

UEritas mea.

Secretum.

OMnipotens sempiterne deus qui piissimi confessoris tui yuonis membra beata demonstrasti populis anglorum: conconcede[1] familie tue ipso intercedente. ad gaudium pertingere angelorum. Per.

Communio.

FIdelis.

Postcommunio.

LEti percepimus omnipotens deus diuinum altaris tui misterium. quesumus eximium tue diuinitatis presidium. ut beato yuone pro nobis interueniente mereamur promissum gratulanter percipere gaudium. Per.

In natali sancte[1] Barnabe apostoli officium.

MIchi autem.

Oracio.

DEus qui uniuersum orbem apostolis imbuendum commendasti. fac nos beati barnabe apostoli tui commendari suffragiis. et premiis sociari perpetuis. Per.

Epistola.

COnsenserunt.

Gradale.

NImis honorati. Alleluya. ℣. Nimis honorati. Alleluya. ℣. Non uos.

[1] *sic.*

Euangelium.

FActa est contencio.

Euangelium.

EGo sum uitis.

Offertorium.

IN omnem terram.

Secretum.

OBlacionis nostre munus tua domine et benedicat et suscipiat dextera. et supplicante sancto barnaba apostolo acceptabile/ holocaustum [fo. 244. b. nos tibi preparet. Per.

Prefacio.

ET te domine.

Communio.

UOs qui secuti.

Postcommunio.

QUod de altari tuo sumpsimus domine semper nobis proficiat et supplicante sancto apostolo Barnaba ante thronum glorie tue gaudere faciat. Per.

Sanctorum martirum Cyrini Basilidis naboris et nazarii. Officium.

INtret oracio.

Oracio.

SAnctorum martirum tuorum basilidis. cyrini naboris et Nazarii quesumus domine natalicia nobis uotiua resplendeant et quod illis contulit excellencia sempiterna fructibus nostre deuocionis accrescat. Per.

Epistola.

EXpectacio iustorum.

Gradale.

UIndica. Alleluya. ℣. Te martirum.

Euangelium.

ATtendite a fermento.

Offertorium.

EXultabunt.

Secretum.

UT nobis domine hec dona salutaria semper existant. eorum merita quorum pro tuo nomine. sanguis effusus est optineant. Per.

Communio.

POsuerunt.

Postcommunio.

DIuinis refecti sacramentis quesumus domine ut sanctorum martirum tuorum intercessionibus. gaudiis mereamur interesse celestibus. Per.

In natali sancti Basilii episcopi et confessoris. Officium.

STatuit.

Oracio.

DEus qui beatum basilium confessorem tuum doctorem precipuum catholiceque fidei predicatorem eligere dignatus es. presta quesumus. ut ipso pro nobis intercedente peccatorum nostrorum mereamur exui malis. et tibi domino sinceris mentibus deseruire.

Epistola.

DEdit dominus.

Gradale.

ECce sacerdos. Alleluya. ℣. Hic in oracione.

Euangelium.

UOs estis sal.

Offertorium

UEritas mea.

Secretum.

SUscipe quesumus domine hostiam redempcionis humane. et intercedente beato basilio confessore tuo atque pontifice salutem nobis et mentis et corporis placatus operare. Per.

Communio.

FIdelis seruus.

Postcommunio.

PResta quesumus omnipotens deus: ut cuius festiuitate uotiua sunt sacramenta eius salutaria nobis intercessione reddantur. Per.

In natali sanctorum martirum, Uiti et modesti officium.

SAlus autem.

Oracio.

DA ecclesie tue domine quesumus intercedentibus sanctis martiribus tuis. Uito et modesto et crescencia. superba non sapere. set tibi placita humilitate proficere. ut proterua despiciens. quecumque matura sunt libera exerceat caritate. Per.

831

Epistola.

BEnedictus deus.

Gradale.

COnfitebuntur. Alleluya. ℣. Letamini in domino.

Euangelium.

CUm persequentur.

Offertorium.

ANima nostra.

Secretum./ [fo. 245.

SIcut gloriam diuine potencie munera pro sanctis oblata testantur. sic nobis effectum domine tue saluacionis impendant. Per dominum.

Communio.

AMen dico.

Postcommunio.

REfecti domine benediccione sollempni. quesumus ut intercessione sanctorum martirum tuorum medicina sacramenti. et corporibus nostris prosit et mentibus. Per.

Eodem die sancte edburge uirginis officium.

DIlexisti iusticiam.

Oracio.

DEus qui sanctis uirginibus palmam largiris in celestibus. presta quesumus ut precibus sancte edburge muniamur cuius merita sollempni recordacione ueneramur. Per.

Epistola.

QUi gloriatur.

832

Gradale.

DIlexisti. Alleluya. ℣. Diffusa est.

Euangelium.

SImile est regnum celorum decem.

Offertorium.

OFferentur.

Secretum.

MUnera tue pietati dicanda quesumus domine meritis beate edburge uirginis tue placatus intende. et eius salutaribus nos attolle suffragiis. et defende presidiis. Per.

Communio.

DIffusa est.

Postcommunio.

SAncta tua domine percipientes. tuam deuote misericordiam exoramus. ut sancte edburge uirginis tue intercessione muniti sempiterna mereamur felicitate epulari. Per.

Sanctorum martirum Cyrici et iulitte matris eius officium.

SApienciam sanctorum.

Oracio.

EXaudi nos domine deus noster cum sanctorum martirum tuorum cirici et Iulitte matris eius tibi patrocinio supplicantes. ut quorum celebramus triumphos possimus retinere constanciam. Per.

Epistola.

REddet deus.

833

Gradale.

UIndica domine. Alleluya. ℣ Preciosa.

Euangelium

POnite in cordibus.

Offertorium

EXultabunt.

Secretum.

OFferimus tibi domine fidelium tuorum sollempnia. sanctorum martirum tuorum cirici. et Iulitte matris eius intercessionibus confidentes. ut quod nos exequimur munus ydonea seruitute. illorum pocius meritis efficiatur acceptum. Per.

Communio.

BEati mundo corde.

Postcommunio.

QUesumus domine ut salutaribus repleti misteriis sanctorum martirum tuorum Cirici. et iulitte matris eius quorum sollempnia celebramus. oracionibus adiuuemur. Per.

In natali sancti Botulphi abbatis officium.

OS iusti.

Oracio.

DEus omnium regnorum gubernator et rector qui famulis tuis annua/ beati [fo. 245. b. botulphi abbatis largiris sollempniter celebrare festa: nostrorum quesumus dele clemencius peccaminum uulnera. ut a te mereamur percipere gaudia repromissa. Per.

834

Epistola.

IUstus cor suum.

Gradale.

DOmine preuenisti. Alleluya. ℣. Iustus germinabit.

Euangelium.

NEmo lucernam.

Offertorium.

UEritas mea et.

Secretum.

GRacia spiritus sancti quesumus domine hec assumat sacrificia. que per merita beati botulphi abbatis uitam nostram irreprehensibilem custodiat et nos ad regna celestia quandoque perducat. Per.

Communio.

BEatus seruus.

Postcommunio.

COnserua quesumus domine plebem tuam per merita beati botulphi confessoris tui atque abbatis. ut quam sacramentorum tuorum admirabili dulcedine reficis perpetuis tribue gaudere remediis. Per.

In natali sanctorum martirum marci et marcelliani officium.

SAlus autem.

Oracio.

PResta quesumus omnipotens deus ut qui beatorum martirum tuorum marci et marcelliani natalicia colimus. a cunctis malis iminentibus eorum intercessionibus liberemur. Per.

Epistola.

IUstorum anime.

Gradale.

COnfitebuntur. Alleluya. ℣. Letamini.

Euangelium.

SEdente ihesu.

Offertorium.

ANima nostra.

Secretum.

SUscipe domine munera pro tuorum ueneracione sanctorum ut sicut illos passio gloriosos. ita nos deuocio reddat acceptos. Per.

Communio.

AMen dico.

Postcommunio.

TU[1] percepta nos domine sancta uiuificent sanctorum martirum tuorum marci et marcelliani merita gloriosa nos adiuuent. Per.

Sanctorum martirum Geruasii et prothasii officium.

LOquetur.

Oracio.

DEus qui nos annua sanctorum martirum tuorum Geruasii et prothasii sollempnitate letificas. concede propicius: ut quorum gaudemus meritis accendamur exemplis. Per.

[1] *Sic. for* Ut.

Epistola.

REmemoramini.

Gradale.

IUstorum anime. Alleluya. ℣. Te martirum.

Euangelium.

EGrediente ihesu.

Offertorium.

LEtamini in domino.

Secretum.

HOstias tibi domine laudis offerimus quam beatis martiribus tuis contulisti ut et pro tuo nomine mori non pauerent. et sempiterna gloria fulgerent interempti. Per.

Communio.

BEati mundo.

Postcommunio.

DA quesumus omnipotens deus ut misteriorum tuorum uirtute saciati. sanctorum Geruasii et prothasii oracionibus inter huius/ uite pro- [fo. 246. spera et aduersa in te firmemur. Per dominum.

In natali sancti albani martiris officium.

LEtabitur.

Oracio.

DEus qui hodierna die beatum albanum martirem tuum eterne claritatis candore dealbasti. presta quesumus: ut uenerandam eiusdem uictoriam celebrando. digni efficiamur adopcionis tue consorcio.

837

Epistola.

IUstus si morte.

Gradale.

POsuisti. Alleluya. ℣. Letabitur.

Euangelium.

NOlite arbitrari.

Offertorium.

POsuisti domine.

Secretum.

HEc domine munera in ueneracione sancti albani martiris tui ad laudem tui nominis oblata pio respectu sanctifica. et eius meritis presta. ut per hec muniti. per huius uite momentanea mereamur transire ad gaudia sine fine mansura. Per.

Communio.

MAgna est.

Postcommunio.

UItali alimonia recreati quesumus omnipotens deus ut beati albani martiris tui precibus tuam nobis iusticiam placari senciamus cuius gloriosa certamina sollempni deuocione ueneramur. Per.

In natali sancte etheldrithe uirginis. officium.

DIlexisti iusticiam.

Oracio.

OMnipotens sempiterne deus auctor uirtutis et amator uirginitatis qui beatam etheldritham hodierna die dignatus es ad celi gaudia deducere: suppliciter

838

tuam imploramus clemenciam ut cuius sacram sollempnitatem celebramus in terris. de eiusdem patrociniis gaudeamus in celis Per.

Epistola.

QUi gloriatur.

Gradale.

DIlexisti. Alleluya. ℣. Specie tua.

Euangelium.

SImile est regnum celorum decem.

Offertorium.

OFferentur regi.

Secretum.

SAnctifica quesumus omnipotens deus per tui sanctissimi nominis inuocacionem huius muneris oblacionem. et sancte etheldrithe uirginis tue interuenientibus meritis. ad nostre prosperitatis adminiculum peruenire concede sempiternum. Per.

Communio.

DIffusa est.

Postcommunio.

GRegem tuum quesumus pastor eterne paterna benediccione sanctifica: et dilecte uirginis tue etheldrithe suffragantibus meritis per hec sancta que sumpsimus ab omni impugnatoris incursu defende. Per.

Eodem die uigilia sancti Iohannis baptiste. Officium.

NE timeas zacharia exaudita est oracio tua et elizabeth uxor tua pariet tibi filium et uocabis nomen eius iohannem et erit magnus coram domino et spiritu sancto re/ plebitur adhuc ex utero matris [fo. 246. b. sue et multi in natiuitate eius gaudebunt. ℣. Apparuit autem angelus zacharie stans a dextris altaris incensi et ait illi. Gloria patri.

Oracio.

PResta quesumus omnipotens deus ut familia tua per uiam salutis incedat et beati Iohannis precursoris hortamenta sectando ad eum quem predixit secura preueniat. dominum nostrum.

Leccio Ieremie prophete.

IN diebus illis. Factum est uerbum domini ad me dicens. Tu ergo fili hominis accinge lumbos tuos et surge : et loquere ad eos omnia que ego precipio tibi. Ne formides a facie eorum : nec enim timere te faciam uultum eorum. Ego quippe dedi te hodie in ciuitatem munitam et in columpnam ferream. et in murum̄ ereum super omnem terram regibus iuda. et principibus eius et sacerdotibus et populo terre. Et bellabunt aduersum te et non preualebunt : quia tecum ego sum dicit dominus : ut liberem te.

Gradale.

FUit homo missus a deo cui nomen erat iohannes hic uenit. ℣. Ut testimonium perhiberet de lumine et pararet domino plebem perfectam.

Si dominica fuerit.

ALleluya. ℣. Tu puer propheta altissimi uocaberis preibis ante dominum parare uias eius.

Inicium sancti euuangelii secundum Lucam.

FUit in diebus herodis regis iudee sacerdos quidam nomine zacharias de uice abya. et uxor illius de filiabus aaron. et nomen eius elizabeth. Erant autem iusti ambo ante deum incedentes in omnibus mandatis et iustificacionibus domini sine querela. Et non erat illis filius eo quod esset elizabeth sterilis et ambo processissent in diebus suis. Factum est autem cum sacerdocio fungeretur zacharias in ordine uicis sue ante deum secundum consuetudinem sacerdocii sorte exiit ut incensum poneret ingressus in templum domini. Et omnis multitudo populi erat orans foris : hora incensi. Apparuit autem illi angelus domini : stans a dextris altaris incensi. Et zacharias turbatus est uidens : et timor irruit super eum. Ait autem ad illum angelus. Ne timeas zacharia : quoniam exaudita est deprecacio tua. Et uxor tua elizabeth pariet tibi filium : et uocabis nomen eius iohannem. Et erit gaudium tibi et exultacio. et multi in natiuitate eius gaudebunt. Erit enim magnus coram domino :/ et uinum [fo. 247. et siceram non bibet. Et spiritu sancto replebitur: adhuc ex utero matris sue. Et multos filiorum israel conuertet ad dominum deum ipsorum. Et ipse precedet ante illum in spiritu et uirtute helye : ut conuertat corda patrum in filios. et incredulos ad prudenciam iustorum. Parare domino : plebem perfectam.

Offertorium.

GLoria et honore coronasti eum et constituisti eum super opera manuum tuarum domine.

Secretum.

MUnera domine oblata sanctifica et intercedente beato iohanne baptista. nos per hec a peccatorum nostrorum maculis emunda. Per.

Communio.

MAgna est gloria eius in salutari tuo gloriam et magnum decorem impones super eum domine.

Postcommunio.

BEati iohannis baptiste nos domine preclara comitetur oracio: et per sanctum corpus et sanguinem filii tui quem uenturum esse predixit. poscat nobis fore placatum. Ihesum christum.

In die sancti iohannis baptiste.
Officium.

DE uentre matris mee uocauit me dominus nomine meo., et posuit os meum ut gladium acutum sub tegumento manus sue protexit me posuit me quasi sagittam electam. *Ps.*[1] Audite insule et attendite populi de longe dominus ab utero uocauit me.

Oracio.

DEus qui presentem diem honorabilem nobis in beati iohannis natiuitate fecisti: da populis tuis spiritualium graciam gaudiorum. et omnium fidelium mentes dirige in uiam salutis eterne. Per.

[1] *Sic.*

Leccio ysaie prophete.

HEc dicit dominus deus. Audite insule: et attendite populi delonge. Dominus ab utero uocauit me: de uentre matris mee recordatus est nominis mei. Et posuit os meum gladium acutum. in umbra manus sue protexit me. et posuit sicut sagittam electam. In pharetra sua abscondit me: et dixit michi. Seruus meus es tu israel: quia in te gloriabor. Et nunc hec dicit dominus: formans me ex utero seruu[1] sibi. Dedi te in lucem gencium: ut sis salus mea usque ad extremum terre. Reges uidebunt et consurgent principes: et adorabunt dominum deum tuum: et sanctum israel: qui elegit te.

Gradale.

PRiusquam te formarem in utero noui te et antequam exires de uentre sanctificaui te. ℣. Misit dominus manum/ suam et [fo. 247. b. tetigit os meum et dixit michi. Alleluya. ℣. Inter natos mulierum non surrexit maior iohanne baptista.

Sequencia.

EXulta celum letare terra. christi que turma. Alleluya. Precursoris alma sollempnizans hec festa. Uoce christi sancta est qui mundi lucerna. Cuius natiuitas est orta perspicua die ista. Ampla mundi regna luce magna radians uniuersa. Armonica melodia concrepa pallinodiam canta uoce letabunda. Et iubila clarissona proclama qualiter hac in die sit natus baptista. Astans ab aula angelus alta ait ne pertimescas

[1] Between *seruu* and *sibi* one or two letters have been erased.

zacharia. Anima sacra placens in ethera est proles ob hoc data tibi grata. Per quem maxima tibi gaudia. Uenient summo cum tripudio. Atque multa gaudebit iocunda populi turma christiana. Hinc gratuita dei gracia. Iohannem plenum certa nomina. Suum quia auctorem materna senciet intra clausus antra. Zacharia ad hec nuncia gestante pectora incredula. Fiunt muta statim labia organa clauduntur loquacia. Sed hec sancta splendente ymera celo magna et dante lumina. Mater alma per angelica uerba adest leta fecunda florida. O mira magna graciosa dei munera. Que lingua tanta ualet explicare gaudia. Mater infecunda nunc fecunda gerit uiscera. Patris ante muta nunc aperta pandunt labia. Iohannis natalicia. Adest ergo magna illa mundi lampas splendida. Que est ante secla christo preperata consona. Dauitica melodia. Familia unde maxima sumit ac iungit gaudiis gaudia. Propterea o ecclesia toto orbe terrarum posita. Offer preconia christo et munera. Dicens o iohannes premissa lucerna. Intercessor pro nobis omnibus sis in secula.

Lucam.

IN illo tempore: Elizabeth impletum est tempus pariendi: et peperit filium. Et audierunt uicini et cognati eius quia magnificauit dominus misericordiam suam cum illa: et congratulabantur ei. Et factum est in die octauo uenerunt circumcidere puerum: et uocabant eum nomine patris sui zachariam. Et respondens mater eius dixit. Nequaquam: set uocabitur iohannes. Et dixerunt ad illam. Quia nemo est in cognacione tua qui uocetur hoc nomine. Innuebant autem patri eius quem uellet uocari eum. Et postulans pugillarem: scripsit dicens. Iohannes est nomen eius. Et mirati sunt uniuersi. Apertum est illico os eius/ et lingua [fo.248. eius: et loquebatur benedicens deum. Et factus est timor super omnes uicinos eorum et super omnia montana iudee diuulgabantur omnia uerba hec. Et posuerunt omnes qui audierant in corde suo dicentes. Quisputas puer iste erit? Etenim manus domini erat cum illo. Et zacharias pater eius impletus est spiritu sancto et prophetauit dicens. Benedictus dominus deus israel: quia uisitauit et fecit: redempcionem plebis sue.

Offertorium.

IUstus ut palma florebit sicut cedrus que in libano est multiplicabitur.

Secretum.

TUa domine muneribus altaria cumulamus illius natiuitatem honore debito uenerantes. et opem nobis affore deprecantes: qui saluatorem mundi. et cecinit affuturum. et adesse monstrauit ihesum christum.

Communio.

TU puer propheta altissimi uocaberis preibis enim ante faciem domini parare uias eius.

Postcommunio.

SUmat ecclesia tua deus beati Iohannis baptiste generacione leticiam. per quem sue regeneracionis cognouit auctorem ihesum christum.

In natali sanctorum martirum Iohannis et pauli officium.

MUlte tribulaciones.

Oracio.

QUesumus omnipotens deus ut nos geminata leticia hodierne festiuitatis excipiat. que de beatorum iohannis et pauli glorificacione[1] procedit quos eadem fides et passio ueros fecit esse germanos. Per.

Ad romanos.

FRatres: Quis nos seperabit a caritate christi? Tribulacio. an angustia. an persecucio. an fames. an nuditas. an periculum. an gladius? Sicut scriptum est. Quia propter te morte afficimur tota die. estimati sumus ut[2] oues occisionis. Set in hiis omnibus superamus: propter eum qui dilexit nos. Certus sum enim quia neque mors neque uita neque angeli neque principatus. neque potestates. neque uirtutes. neque instancia. neque futura. neque fortitudo. neque altitudo. neque profundum. neque creatura alia poterit nos separare a caritate dei. que est in christo ihesu: domino nostro.

Gradale.

ECce quam bonum. Alleluya. ℣. Iusti epulentur.

Euangelium.

SEdente ihesu.

Offertorium.

GLoriabuntur.

[1] *Sic.*
[2] Before this word a letter or two erased.

Secretum.

HOstias altaribus tuis domine placacionis imponimus potenciam tuam in sanctorum tuorum passionibus honorando et per eos nobis implorando et per eos ueniam peccatorum. Per.

Communio./ [fo. 248. b.

ET si coram.

Postcommunio.

SUmptis sacramentis plebs tua domine quesumus repleta proficiat: et eorum fulta presidiis quorum natalicia celebrat: quod temporaliter deuota sectatur: eternum consequi mereatur. Per.

Infra octauas sancti Iohannis baptiste. Officium et cetera fiant sicut in die.

In natali sancti Leonis officium.

STatuit ei dominus.

Oracio.

DEus qui beatum leonem pontificem sanctorum tuorum meritis coequasti: concede propicius. ut qui commemoracionis eius festa recolimus: uite quoque imitemur exempla. Per.

Epistola.

HAbemus pontificem.

Gradale.

ECce sacerdos. Alleluya. ℣ Hic in oracione.

Euangelium.

UOs estis sal.

Offertorium.

INueni dauid.

Secretum.

ANnue nobis domine ut intercessione beati leonis pontificis tui hec prosit oblacio quam immolando tocius mundi tribuisti relaxare delicta. Per.

Communio.

FIdelis seruus.

Postcommunio.

SUmentes domine diuina misteria sancti leonis confessoris atque pontificis pia nos quesumus intercessio prosequatur. ut cuius sollempnia recensemus senciamus optata presidia. Per.

Eodem die uigilia apostolorum petri et pauli. ad magnam missam officium.

DIcit dominus petro cum esses iunior cingebas te et ambulabas ubi uolebas. cum autem senueris extendes manus tuas et alius te cinget et ducet quo tu non uis. hoc autem dixit significans qua morte clarificaturus esset deum. *Ps.* Celi enarrant. Gloria patri.

Oracio.

DEus qui nos beatorum apostolorum tuorum Petri et pauli natalicia gloriosa preire concedis: tribue quesumus eorum nos semper et beneficiis preueniri: et oracionibus adiuuari. Per.

Leccio actuum apostolorum.

IN diebus illis: Petrus et Iohannes ascendebant in templum: ad horam oracionis nonam. Et quidam uir qui erat claudus ex utero matris sue baiulabatur: quem ponebant cotidie ad portam templi que dicitur speciosa. ut peteret elemosinam ab introeuntibus in templum. Is cum uidisset petrum et Iohannem incipientes introire in templum: rogabat eos ut elemosinam acciperet. Intuens autem in eum petrus cum iohanne: dixit. Respice in nos. At ille intendebat in eos: sperans se aliquid accepturum ab eis. Petrus autem dixit. Argentum et aurum/ non est michi: quod autem [fo. 249. habeo hoc tibi do. In nomine ihesu christi nazareni: surge et ambula. Et apprehensa manu eius dextera: alleuauit eum et protinus consolidate sunt bases eius et plante: et exiliens stetit et ambulabat. Et intrauit cum illis in templum ambulans et exiliens et laudans deum. Et uidit eum omnis populus ambulantem et laudantem deum. Cognoscebant autem illum quoniam ipse erat qui ad elemosinam sedebat ad speciosam portam templi. Et repleti sunt omnes stupore et exstasi: in eo quod contigerat illi.

Gradale.

IN omnem terram. *Require in communi apostolorum.* Alleluya. ℣. Tu es symon bariona cui caro et sanguis non reuelauit uerbum patris set ipse pater qui est in celis.

Secundum Iohannem.

IN illo tempore: Dixit ihesus petro. Symon iohannis diligis me plus hiis? Dicit ei. Eciam domine: tu scis quia amo te. Dicit ei. Pasce agnos meos. Dicit ei iterum. Symon iohannis amas me? Ait illi. Eciam domine : tu scis quia amo te. Dicit ei. Pasce agnos meos. Dicit ei tercio. Symon iohannis amas me? Contristatus est petrus quia dixit ei tercio amas me : et dicit ei. Domine tu omnia scis : tu scis quia amo te. Dicit ei. Pasce oues meas. Amen amen dico tibi cum esses iunior cingebas te et ambulabas ubi uolebas. Cum autem senueris extendes manus tuas. et alius te cinget et ducet quo tu non uis. Hoc autem dixit : significans qua morte : clarificaturus esset deum.

Offertorium.

MIchi autem.

Secretum.

MUnera domine tue propiciacioni deferimus que pro nostris grata ieiuniis eorum quesumus deprecacio. quorum sollempnia preuenimus efficiat. Per.

Communio.

SYmon iohannis diligis me plus hiis domine tu omnia nosti tu scis domine quia amo te.

Postcommunio.

SUmpsimus domine diuina misteria beatorum apostolorum tuorum petri et pauli desiderata sollempnia recolentes : presta quesumus ut eorum supplicacionibus muniamur : quorum regimur principatu. Per.

In die officium.

NUnc scio uere. quia misit dominus angelum suum et eripuit me de ma/nu herodis. et de [fo. 249. b. omni expectacione plebis iudeorum. *Ps.*[1] Et exeuntes processerunt ui-

[1] *Sic.*

cum unum : et continuo discessit angelus ab eo et petrus ad se reuersus dixit. Gloria patri.

Oracio.

DEus qui hodiernam diem apostolorum tuorum Petri et pauli martirio consecrasti : da ecclesie tue eorum in omnibus sequi preceptum : per quos religionis sumpsit exordium. Per.

Leccio actuum apostolorum.

IN diebus illis. Misit herodes rex manus: ut affligeret quosdam de ecclesia. Occidit autem iacobum : fratrem iohannis gladio. Uidens autem quia placeret iudeis : apposuit ut apprehenderet et petrum. Erant autem dies azimorum. Quem cum apprehendisset misit in carcerem : tradiditque quatuor quaternionibus militum custodiendum. uolens post pascha producere eum populo. Et petrus quidem seruabatur in carcere. Oracio autem fiebat : sine intermissione ab ecclesia ad deum pro eo. Cum autem producturus eum esset herodes : in ipsa nocte erat petrus dormiens inter duos milites uinctus cathenis duabus. et custodes ante ostium custodiebant carcerem. Et ecce angelus domini astitit : et lumen refulsit in habitaculo carceris. Percussoque latere petri : excitauit eum. dicens. Surge uelociter. Et ceciderunt cathene de manibus eius. Dixit autem angelus ad eum. Precingere et calcia te caligas tuas. Et fecit sic. Et dixit illi. Circumda tibi uestimentum tuum : et sequere me. Et exiens sequebatur eum : et nesciebat quia uerum est quod fiebat per angelum. Estimabat enim : se uisum uidere. Transeuntes autem primam et secundam custodiam : uenerunt ad portam ferream que ducit ad ciuitatem. que ultro aperta est eis. Et exeuntes processerunt uicum unum : et continuo discessit angelus ab eo. Et petrus ad se reuersus dixit. Nunc scio uere quia misit dominus angelum suum et eripuit me de manu herodis : et de omni expectacione plebis iudeorum.

Gradale.

COnstitues eos principes super omnem terram memores erunt nominis tui domine. ℣. Pro patribus tuis nati sunt tibi filii. propterea populi confitebuntur tibi. Alleluya. ℣. Tu es pastor ouium princeps apostolorum tibi tradite sunt claues regni celorum.

Sequencia.

LAude iocunda melos turma/ persona. Iungando[1] uerba [fo. 250. symphonie rithmica. Concrepans inclita armonia uera secli lumina. Luce qui aurea illustrauit regna mundi omnia. Uernant forcia iam quorum trophea in celi regia. Quorum merita dissoluunt crimina hac die fulgida. Nam alter crucis supplicio triumphans alter ensis iugulo uterque nitet. laurea. Et super sublmes[1] sydera insignes uictoria celica prelati sunt in curia. Hinc beate petre qui maxima reseras claudis uerbo celi limina. Sume pius uota fidelia peccati cuncta resoluendi uincula. Sacra paule ingere dogmata illustrans plebis pectora. Et quousque det deus perfecta ultra fer mentes sydera. Dulcis qua resultat musica

[1] *Sic.*

uirtutum fidibus atque melis concinna. In qua symphonia miscetur et illa que uere dyatesseron prima. Constans uirtute et iusticia. Temperancia et prudencia. Quibus supera agmina rite decusata christo cantica psallunt enormanica.[1] Nostra sint quorum socia illa dent lumina quis preconia damus yperlirica. Sublime dicant nunc omnia. amen redempta.

Euangelium.

UEnit ihesus in partes. *Require in cathedra eiusdem.*

Offertorium.

COnstitues.

Secretum.

HOstias domine quas nomini tuo sacrandas offerimus apostolica prosequatur oracio. per quam nos expiari tribuas et defendi. Per.

Communio.

TU es petrus et super hanc petram edificabo ecclesiam meam.

Postcommunio.

QUos celesti domine alimento saciasti. apostolicis intercessionibus ab omni aduersitate custodi. Per.

In commemoracione sancti pauli officium.

SCio cui credidi et certus sum quia potens est depositum meum seruare in illum diem. *Ps.*[2] Nonsolum autem michi. set et omnibus qui diligunt aduentum eius.

[*Oracio.*]

DEus qui multitudinem gencium beati pauli apostoli tui predicacione docuisti : da nobis

[1] *Sic for* enharmonica. [2] *Sic.*

quesumus. ut cuius natalicia colimus. eius apud te patrocinia senciamus. Per.

Ad galathas.

FRatres: Notum uobis facio euuangelium quod euuangelizatum est a me: quia non est secundum hominem. Neque enim ego ab homine accepi illud neque didici: set per reuelacionem ihesu christi. Audistis enim conuersacionem meam aliquando in iudaismo. quoniam supramodum persequebar ecclesiam dei et expugnabam illam. et proficiebam in iudaismo/ supra multos coetaneos [fo. 250. b. meos in genere meo habundancius emulator existens paternarum mearum tradicionum. Cum autem placuit ei qui me segregauit ex utero matris mee et uocauit per graciam suam ut reuelaret filium suum in me ut euuangelizarem illum in gentibus continuo non adquieui carni et sanguini neque ueni iherosolimam ad antecessores meos apostolos: set abii in arabiam et iterum reuersus sum damascum. Deinde post annos tres ueni iherosolimam uidere petrum: et mansi apud eum diebus quindecim. Alium autem apostolorum uidi neminem: nisi iacobum fratrem domini. Que autem scribo uobis ecce coram deo quia non mencior. Deinde ueni in partes syrie et cilicie. Eram autem ignotus facie ecclesiis iudee que erant in christo: tantummodo auditum habebant quoniam qui persequebatur nos aliquando. nunc euuangelizat fidem quam

aliquando expugnabat. Et in me clarificabant deum.

Gradale.

QUi operatus est petro in apostolatum. operatus est et michi inter gentes et cognouerunt graciam dei que data est michi. ℣. Gracia dei in me uacua non fuit. set gracia eius semper in me manet. Alleluya. ℣. Magnus sanctus paulus uas eleccionis uere digne est glorificandus.

Sequencia.

PEtre summe christi pastor et paule gencium doctor. Alleluya. Ecclesiam uestris doctrinis illuminatam. Per circulum terre precatus adiuuetur. Nam dominus petre celorum tibi claues dono dedit. Armigerum beniamin christus te fecit suum uas electum. Mare planta te petre christus conculcare tue dedit caritati. Umbra tui corporis infirmis debilibus que fecit remedium. Doctilogos philosophos te paule christus dat uincere sua uoce. Multiplices uictorias tu paule christo[1] per populos adquisisti. Postremo uictis omnibus barbaris. Ad arcem summi pergitis culminis. Romanos discordes. sub iugo christi pacatos iam coartare.[2] Ubi neronis feritas principis. Apostolorum preliis plurimis. Uictores diuerse te petre et paule addixerat pene mortis. Te crux associat. te uero gladius cruentus mittit christo.

Euangelium.

DIxit symon petrus.

Offertorium.

MIchi autem nimis.

[1] written over erasure.
[2] *Sic.*

Secretum.

OBlacionem tibi domine uotiuam deferentes deprecamur. ut ad laudem tui nominis et apostolice reuerenciam dignitatis et ad nostrum proueniat sanctificata presi/dium. Per. [fo. 251.

Prefacio.

ET te suppliciter.

Communio.

AMen dico uobis.

Postcommunio.

DA quesumus omnipotens deus ut ecclesia tua sacramentis refecta salutaribus. et beati pauli apostoli fulta supplicacionibus. sic presencia dona percipiat. ut capere mereatur eterna. Per.

Eodem die ad missam matutinalem que erit de sancto petro officium.

NUnc scio.

Oracio.

DEus qui beato petro apostolo tuo callatis[1] clauibus regni celestis animas ligandi atque soluendi pontificium tradidisti: concede propicius: ut intercessionis eius auxilio. a peccatorum nostrorum nexnexibus[1] liberemur. Qui uiuis et regnas.

Epistola.

MIsit herodes.

Gradale.

NImis honorati. Alleluya. ℣. Tu es petrus.

[1] *Sic.*

Euangelium.

UEnit ihesus in.

Offertorium.

IN omnem.

Secretum.

ECclesie tue domine quesumus preces et munera beati apostoli tui petri commendet oracio. ut quod pro illius gloria celebramus: nobis prosit ad ueniam.

Communio.

TU es petrus.

Postcommunio.

LEtificet nos quesumus domine munus oblatum ut sicut in apostolo tuo petro mirabilem te predicamus. sic per illum tue sumamus indulgencie largitatem. Per dominum.

Eodem die sancti marcialis episcopi.

Oracio.

OMnipotens sempiterne deus cui cuncta famulantur elementa intercedente pro nobis beato marciale confessore tuo atque pontifice exaudi quesumus oracionem nostram. et tribue nobis misericordiam tuam: ut quecumque precipis. ipso adiuuante implere ualeamus. Per.

Secretum.

PResta quesumus domine ut beati marcialis confessoris tui atque pontificis suffragiis tua in nobis munera tuearis pro cuius honoranda confessione hostias tibi laudis offerimus. Per.

Postcommunio.

SAncti nos domine confessoris tui atque pontificis marcialis precacio sancta per hec sacramenta que sumpsimus tueatur. et quod nostra consciencia non presumit. eius nobis qui tibi placuit oracione donetur. Per.

Infra octauas apostolorum per totam ebdomadam officium.

MIchi autem.

Oracio.

DEus qui hodie.

Epistola.

IAm non estis. *Alia.* Consenserunt. *Alia.* Exurgens princeps. *Dominica infra octauas epistola.* Scimus quoniam diligentibus. *Alia.* Per manus.

Gradale.

NImis honorati. *Gradale.* In omnem terram. Alleluya. ℣. Per manus. Alleluya. ℣. Non uos. Alleluya. ℣. In omnem terram. Alleluya. ℣. Nimis honorati.

Euangelium.

HOc est preceptum. *Aliud.* Hec man/do. *Eu-* [fo. 251. b. *angelium.* Facta est contencio. *Euangelium.* Ecce ego. *Euangelium.* Misit.

Offertorium.

IN omnem terram. *Offertorium.* Michi autem.

Communio.

EGo uos. *Communio.* Uos qui secuti.

In octaua sancti Iohannis officium.

DE uentre.

Oracio.

DEus qui presentem.

Epistola.

AUdite insule.

Gradale.

PRiusquam. Alleluya. ℣. Inter natos.

Euangelium.

ELizabeth.

Offertorium.

IUstus ut palma.

Communio.

TU puer.

De sancto swythuno episcopo.

Officium.

STatuit ei.

Oracio.

DEus qui hodiernam diem sacratissimam nobis in beati swythuni confessoris tui atque pontificis deposicione celebrare concedis : adesto propicius ecclesie tue precibus : ut cuius gloriatur meritis. muniatur suffragiis. Per.

Epistola.

HAbemus pontificem.

Gradale.

ECce sacerdos. Alleluya. ℣. Inueni dauid.

Euangelium.

UIgilate quia.

Offertorium.

INueni dauid.

[*Secretum.*[1]]

SUscipe clementissime deus munus quod magestati tue offerimus. et interueniente beato swythuno confessore tuo atque pontifice. ad utriusque uite prosperitatem illud nobis prouenire concede. Per.

Communio.

FIdelis.

Postcommunio.

DEus qui nos a delictorum contagiis tuorum expias percepcione sacramentorum : presta ut beati swythuni confessoris tui et episcopi meritis a cunctis eruamur aduersis. et celestis uite perfrui mereamur deliciis. Per.

Commemoracio de martiribus processo et martiniano.

Oracio.

DEus qui nos beatorum martirum tuorum processi et martiniani confessionibus gloriosis circumdas et protegis : da nobis et eorum imitacione profiscere[2] et intercessione gaudere. Per.

Secretum.

SUscipe domine preces et munera oblata. que ut tuo sint digna conspectui. sanctorum processi et martiniani precibus adiuuemur. Per.

Postcommunio.

EXultamus in te domine. et de percepcio[2] pane iusticie. et de tuorum festiuitate martirum. quia interuencionibus eorum confidimus nobis ad perpetuam uitam profutura que sumpsimus. Per.

In translacione sancti martini episcopi et confessoris officium.

STatuit.

[1] Omitted in MS. [2] *Sic.*

Oracio.

DEus qui populo tuo eterne salutis beatum martinum ministrum tribuisti presta quesumus : ut quem doctorem uite habuimus in terris. intercessorem semper habere mereamur in celis. Per.

Epistola.

ECce sacerdos.

Gradale.

ECce sacerdos. Alleluya. ℣. O martine presul contexisti ueste dominum christum iccirco poscimus nostri memor assis.

Euangelium.

NOlite timere.

Offertorium.

INueni dauid.

Secretum./ [fo. 252.

INtercessio domine sancti martini confessoris tui atque pontificis munera nostra tibi commendet. nosque magestati tue semper reddat acceptos. Per.

Communio.

FIdelis.

Postcommunio.

PRestent nobis domine quesumus sumpta sacramenta presidium salutare. et interuenientibus beati martini confessoris tui atque pontificis meritis. ab omnibus nos absoluant peccatis. Per.

In octaua apostolorum petri et pauli officium.

SApienciam.

Oracio.

DEus cuius dextera beatum petrum ambulantem in

fluctibus ne mergeretur erexit. et coapostolum eius paulum tercio naufragantem de profundo pelagi liberauit. exaudi nos propicius et concede. ut amborum meritis eternitatis gloriam consequamur. Per.

Ad galathas.

FRatres: Deus personam hominis non accipit. Michi autem qui uidebantur esse aliquid: nichil contulerunt. Set econtra cum uidissent quod creditum est michi euuangelium prepucii: sicut petro circumcisionis. qui enim operatus est petro in apostolatu circumsicionis.[1] operatus est et michi inter gentes. et cum cognouissent graciam que data est michi. iacobus et cephas et iohannes qui uidebantur columpne esse: dextras dederunt michi et barnabe societatis. ut nos in gentes. ipsi autem in circumcisionem. tantum ut pauperum memores essemus. Quod autem sollicitus fui: idipsum facere. In christo ihesu: domino nostro.

Gradale.

IUstorum anime. Alleluya. ℣. Isti sunt due oliue candelebra lucencia ante dominum. habent potestatem claudere celum nubibus et aperire portas eius quia lingue eorum claues celi facte sunt.

Secundum matheum.

IN illo tempore: Iussit ihesus discipulos suos ascendere in nauiculam: et precedere eum transfretum. donec dimitteret turbas. Et dimissa turba: ascendit in montem solus orare. Uespere autem facto: erat

[1] *Sic.*

solus ibi. Nauicula autem in medio mari: iactabatur fluctibus. Erat enim uentus contrarius. Quarta autem uigilia noctis uenit ad eos: ambulans supra mare. Et uidentes eum supra mare ambulantem turbati sunt dicentes quia fantasma est. Et pre timore clamauerunt. Statimque ihesus: locutus est eis dicens. Habete fiduciam. Ego sum: nolite timere. Respondens autem petrus dixit. Domine :/ si tu es. iube [fo. 252. b. me uenire ad te super aquas. At ipse ait. Ueni. Et descendens petrus de nauicula: ambulabat super aquam. ut ueniret ad ihesum. Uidens uero uentum ualidum: timuit. Et cum cepisset mergi: clamauit dicens. Domine: saluum me fac. Et continuo ihesus extendens manum apprehendit eum: et ait illi. Modice fidei quare dubitasti? Et cum ascendisset in nauiculam: cessauit uentus. Qui autem in nauicula erant: uenerunt et adorauerunt eum dicentes. Uere: filius dei es.

Offertorium.

EXultabunt.

Secretum.

INtende precamur altissime uota que reddimus tibique placita eorum fieri precibus concede. pro quorum deferuntur honore. Per.

Communio.

IUstorum anime.

Postcommunio.

SUmpta domine sacramenta beatis apostolis tuis petro et

paulo deprecantibus. remedium nobis celeste concilient. Per.

In [translacione sancti Thome. archiepiscopi et martiris.

GAudeamus][1] *ps.* Exultate iusti.

[*Oracio.*[1]]

DE[2] * * * Per.

Epistola.

DIlectus deo.

Gradale.

POsuisti domine. Alleluya. ℣. Letabitur iustus.

Euangelium.

EGo sum pastor. *Require in dominica prima post octauas pasche.*

Offertorium.

POsuisti.

Secretum.

DE[2] * * * Per.

Communio.

MAgna est.

Postcommunio.

DE[2] * * * Per.

[1] Erased.

[2] The collects have been completely erased. In the Sarum missal they are as follows:

Oratio.

Deus qui nos beati Thome martyris tui atque pontificis translationem celebrare concedis te suppliciter exoramus ut eius meritis et precibus a viciis ad virtutes et a carcere transferamur ad regnum. Per.

Secreta.

Deus qui panem et vinum in corpus tuum et sanguinem celesti benedictione conuertis concede nobis per merita beati Thome martyris tui atque pontificis ut ad tuam misericordiam reuertentes tuo beneplacito conformemur. Qui viuis.

Postcommunio.

Deus qui beatum Thomam martyrem tuum atque pontificem a suppliciis ad gaudia transtulisti tribue quesumus ut qui translationem eius veneramur in terris per eius patrocinium ad celestia transferamur. Per dominum.

In natali sanctorum septem fratrum officium.

LAudate pueri.

Oracio.

PResta quesumus omnipotens deus ut qui gloriosos martires tuos ianuarium. felicem. philippum. siluanum. alexandrum. uitalem et marcialem fortes in sua confessione cognouimus. pios apud te in nostra intercessione senciamus. Per.

Epistola.

REmemoramini.

Gradale.

UIndica domine. Alleluya. ℣. Fulgebunt iusti.

Euangelium./ [fo. 253.

LOquente ihesu.

Offertorium.

ANima nostra.

Secretum.

REspice domine oblaciones fidelium. ut tibi grate sint in tuorum passione sanctorum. qui germano amore te diligentes. sua corpora martirio tradiderunt. Per.

Communio.

QUicumque.

Postcommunio.

REfecti domine gracie tue uitalibus alimentis supplices exoramus ut quorum celebramus uictorias: participemur et premiis. Per.

In translacione sancti benedicti abbatis officium.

OS iusti meditabitur.

Oracio.

INtercessio nos quesumus domine beati benedicti abbatis commendet: ut quod nostris meritis non ualemus eius patrocinio assequamur. Per.

Leccio libri sapiencie.

QUi custodierint iusticiam domini: iuste iustificabuntur: et qui didicerint iusta inuenient quid respondeant. Concupiscite ergo sermones meos et diligite illos: et habebitis disciplinam. Clara est et que numquam marcesset sapiencia: et facile uidebitur ab hiis qui diligunt eam. et inuenietur ab hiis qui querunt eam. Preocupat qui se concupiscunt: ut illis se prior ostendat. Qui de luce uigilauerit ad illam non laborabit: assidentem enim illam foribus suis inueniet. Cogitare[1] ergo de illa sensus est consummatus: et qui uigilauerit propter illam cito erit securus. Quoniam dignos se ipsa circuit querens: et in uiis suis ostendens se illis hillariter. et in omni prouidencia occurret illis. Inicium enim illius uerissima est discipline concupiscencia. Cura ergo discipline dileccio est: et dileccio custodia legum illius est. Custodia autem legum: consummacio incorrupcionis est. Incorrupcio autem: facit esse proximum deo. Concupiscencia itaque sapiencie: deducet ad regnum perpetuum.

Gradale.

DOmine preuenisti. Alleluya. ℣. Uir domini benedictus spiritu omnium iustorum plenus fuit.

[1] Between the first and second syllables there is a small hole in the vellum.

Euangelium.

NEmo lucernam.

Offertorium.

UEritas mea.

Secretum.

SAcris altaribus hostias domine superpositas sanctus benedictus abbas quesumus in salutem nobis prouenire deposcat. Per.

Communio.

AMen dico.

Postcommunio.

PRotegat nos domine cum tui percepcione sacramenti beatus benedictus abbas pro nobis intercedendo: ut et conuersacionis eius experiamur insignia/ et intercessionis ipsius [fo. 253. b. senciamus suffragia. Per.

Infra octauas sancti benedicti officium. et cetera omnia dicantur sicut in die preter epistolam que erit. Iustus cor.

In natali sancte mildrithe uirginis officium.

DIlexisti iusticiam et odisti.

Oracio.

DEus qui populo tuo sancte mildrithe festiuitatem celebrare tribuisti concede propicius eius nos interuentu a peccatorum nostrorum nexibus solui. et ab omni iugiter aduersitate defendi. Per.

Epistola.

O Quam pulcra.

Gradale.

DIlexisti. Alleluya. ℣. Specie tua.

Euangelium.

SImile est regnum celorum decem.

Offertorium.

OFferentur regi.

Secretum.

MUnera tue pietati dicanda quesumus domine meritis beate uirginis tue mildrithe placatus intende. et eius salutaribus nos attolle suffragiis et defende intercessionibus. Per.

Communio.

DIffusa.

Postcommunio.

SAncta tua domine percipientes tuam deuote misericordiam exoramus: ut beate mildrithe uirginis intercessione muniti sempiterna mereamur felicitate epulari. Per.

In translacione sancti swythuni episcopi. Officium.

STatuit.

Oracio.

OMnipotens sempiterne deus qui hodiernam diem honorabilem nobis in beati swythuni confessoris tui atque pontificis translacione fecisti: da ecclesie tue hac celebritate leticiam: ut cuius sollempnitatem ueneramur in terris. eius intercessione subleuemur in celis. Per.

Epistola.

ECce sacerdos.

Gradale.

INueni dauid. Alleluya. ℣. Iurauit.

Euangelium.

HOmo quidam peregre.

Offertorium.

INueni dauid.

Secretum.

SUscipe clementissime deus munus quod magestati tue offerimus. et interueniente beato swythuno confessore tuo atque pontifice ad utriusque uite prosperitatem illud nobis prouenire concede. Per.

Communio.

FIdelis seruus.

Postcommunio.

DEus qui nos a delictorum contagiis tuorum expias percepcione sacramentorum. presta ut beati swythuni confessoris tui et episcopi meritis. a cunctis eruamur aduersis. et celestis uite perfrui mereamur deliciis. Per.

In festiuitate sanctarum reliquiarum officium.

SApienciam sanctorum.

Oracio.

PResta quesumus omnipotens deus. ut sanctorum tuorum quorum reliquie in hac continentur ecclesia nos protegant merita quatinus eorum precibus/ tranquilla pace in tua iugi- [fo. 254. ter laude letemur. Per.

Epistola.

HIi sunt uiri.

Gradale.

EXultabunt. Alleluya. ℣. Iusti epulentur.

Euangelium.

UIdens turbas.

Offertorium.

MIrabilis.

Secretum.

MUnera tue misericors deus magestati oblata benigno quesumus intuitu aspice ut sanctorum tuorum nobis precibus fiant salutaria. quorum sacratissime in hac basilica reliquie sunt recondite. Per.

Communio.

GAudete.

Postcommunio.

DIuina libantes misteria quesumus domine ut sanctorum tuorum nos ubique protegat quorum hic sacra gaudemus habere patrocinia. Per.

In natali sancti kenelmi martiris.
Officium.

LEtabitur iustus in domino.

Oracio.

OMnipotens et misericors deus qui nobis preclaram huius diei leticiam pro beati kenelmi martiris tui sollempnitate tribuisti: intende serenus uota fidelis populi et concede ut cuius hodie

festa percolimus. eius semper meritis et precibus subleuemur. Per.

Epistola.

DOminus michi astitit.

Gradale.

POsuisti domine. Alleluya. ℣. Beatus uir.

Euangelium.

SIquis uult.

Offertorium.

GLoria et honore coronasti.

Secretum.

PResentibus domine quesumus. intende muneribus et patrocinante beato kenelmo martire tuo. cuius sollempnia uenerando recensemus fidelibus salutis indulgenciam conferant et eternitatis premia dignanter adquirant. Per.

Communio.

POsuisti domine.

Postcommunio.

PErcipiat quesumus domine plebs tua beati martiris tui kenelmi natalicia celebrando cum exultacione leticiam. et quam celestis mense refecisti edulio. eternitatis tue facias assisti consorcio. Per.

In octaua sancti benedicti.
Epistola.

IUstus cor.

Euangelium.

NEmo lucernam.

Gradale.

BEatus seruus. *Cetera sicut in die.*

In natali sancte margarete uirginis officium.

LOquebar.

Oracio.

DEus qui beate uirginis margarete animam hodierna die ad celos per martirii palmam uenire fecisti: concede nobis quesumus. ut eius exempla sequentes ad te peruenire mereamur. Per.

Epistola.

COnfitebor tibi domine.

Gradale.

SPecie tua. Alleluya. ℣. Adducentur.

Euangelium.

SImile est regnum celorum decem.

Offertorium.

OFferentur regi.

Secretum.

HEc uictima domine quesumus pro beate uirginis margarete martirio oblata. et mencium nobis sanctitatem et corporum opti/neat castitatem. [fo. 254. b. Per.

Communio.

SImile.

Postcommunio.

HUius domine sacramenti percepcione. et beate margarete uirginis intercessione. tu in nobis manere dignare et nos in te semper uiuere concede. Per.

Eodem die sancti wlmari abbatis.

Oracio.

INtercessio quesumus domine beati wlmari abbatis nos ubique letificet utdum eius sollempnitatem recolimus. eius precibus adiuuemur. Per.

Secretum.

HEc hostia quesumus domine tuis conspectibus oblata. beati wlmari abbatis meritis. tibi fiat accepta. Per.

Postcommunio.

PResta quesumus domine ut hec dona tua que sumpsimus. beati wlmari abbatis precibus in nobis pocius augeantur. Per.

In natali sancte Praxedis uirginis officium.

DIlexisti iusticiam.

Oracio.

ASsit plebi tue omnipotens deus beate praxedis uirginis tue supplicacio. ut quicumque eius gaudent honore. protegantur auxilio. Per.

Epistola.

SApiencia uincit.

Gradale.

DIlexisti iusticiam. Alleluya. ℣. Specie tua.

Euangelium.

SImile est regnum celorum decem.

Offertorium.

OFferentur.

Secretum.

SUscipe domine quesumus ob honorem sancte uirginis tue praxedis munus oblatum et quod nostris assequi meritis non ualemus. eiusdem suffragantibus meritis nobis largire propicius. Per.

Communio.

DIffusa.

Postcommunio.

SAncta tua nos domine quesumus sancte praxedis uirginis tue meritis suffragantibus et a peccatis omnibus exuant. et ad celestia regna perducant. Per.

In festiuitate sancte marie marie[1] *magdalene officium.*

GAudeamus. *Ps.* Eructauit.

Oracio.

SAcratissimam domine beate marie magdalene qua celos subiit celebritatem recensentes: supplices imploramus clemenciam tuam. ut qui eius deuocionis recolimus insignia. ipsius mereamur compotes effici glorie. Per.

Leccio libri sapiencie.[2]

IN lectulo meo per noctem quesiui quem diligit anima mea: quesiui illum et non inueni. Surgam et circuibo ciuitatem: per uicos et plateas queram quem diligit anima mea. Quesiui illum: et non inueni. Inuenerunt me uigiles: qui custodiunt ciuitatem. Num quem diligit anima mea uidistis? Paululum cum pertransissem

[1] *Sic dupliciter.*
[2] [Cantic. Cantic. iii. 1 6.]

eos: inueni quem dilexit anima mea. Tenui eum nec[1]/ [fo. 255. nec dimittam: donec introducam illum in domum matris mee et in cubiculum genitricis mee. Adiuro uos filie ierusalem per capreas ceruosque camporum ne suscitetis neque euigilare faciatis dilectam: donec ipsa uelit.

Gradale.

AUdi filia. Alleluya. ℣. Optimam partem elegit sibi maria que non auferetur ab ea ineternum.

Sequencia.

MAne prima sabbati surgens dei filius nostra spes et gloria. Uicto rege sceleris rediit ab inferis cum summa uictoria. Cuius resurreccio omni plena gaudio consolatur omnia. Resurgentis itaque maria magdalene facta est prenuncia. Ferens christi fratribus eius morte tristibus expectata gaudia. O beati oculi quibus regem seculi morte iam deposita prima est intuita. Hec est illa femina cuius cuncta crimina ad christi uestigia eius lauit gracia. Quedum plorat et mens orat facto clamat quod cor amat ihesum super omnia. Non ignorat quem adorat quid precetur set deletur quod mens timet conscia. O maria mater pia. stella maris appellaris operum per merita. Matri christi coequata dum fuisti sic uocata set honore subdita. Illa mundi imperatrix ista beata peccatrix leticie primordia fuderunt in ecclesia. Illa enim fuit porta per quam fuit lux exorta hec resurgentis prenuncia mundum replet leticia. O maria magdalena audi uota laude plena. apud christum chorum istum clementer concilia. Ut fons summe pietatis qui te lauit a peccatis seruos

[1] struck through with a red line.

suos atque tuos mundet data uenia. Amen dicant omnia.

Secundum Lucam.

IN illo tempore: Rogabat ihesum quidam phariseus: ut manducaret cum illo. Et ingressus domum pharisei: discubuit. Et ecce mulier que erat in ciuitate peccatrix. ut cognouit quod ihesus accubuisset in domo pharisei attulit alabastrum unguenti. Et stans retro secus pedes eius lacrimis cepit rigare pedes eius et capillis capitis sui tergebat. et osculabatur pedes eius et unguento ungebat. Uidens autem phariseus qui uocauerat eum: ait intra se. Hic si esset propheta: sciret utique que et qualis est mulier que tangit eum: quia peccatrix est. Et respondens ihesus: dixit ad illum. Symon. habeo tibi aliquid dicere. At ille ait. Magister dic. Duo debitores erant: cuidam feneratori. Unus debebat denarios quingentos: et alius quinquaginta. Non habentibus illis unde redderent:/ [fo. 255. b. donauit utrisque. Quis ergo eum plus diligit? Et respondens symon: dixit. Estimo. quia is cui plus donauit. At ille dixit. Recte iudicasti. Et conuersus ad mulierem dixit symoni. Uides hanc mulierem? Intraui in domum tuam: aquam pedibus meis non dedisti. Hec autem lacrimis rigauit pedes meos: et capillis suis tersit. Osculum michi non dedisti: hec autem exquo intrauit non cessauit osculari pedes meos. Oleo capud meum non unxisti: hec autem unguento unxit pedes meos. Propter quod dico tibi remittuntur ei peccata multa quoniam dilexit multum. Cui autem minus dimittitur: minus diligit. Dixit autem ad illam ihesus. Remittuntur tibi peccata multa. Et [1]ceperunt quidam qui simul discumbebant:[1] dicere intra se. Quis est hic qui eciam peccata dimittit? Dixit autem ad mulierem. Fides tua te saluam fecit: uade in pace.

Offertorium.

FIlie regum.

Secretum.

SAlutaris hostie munus diuinis sacrandum misteriis beata maria magdalene patrocinante. nostrorum quesumus domine exurat rubiginem peccatorum ut illius compunccionis graciam et pietatis opera consequi mereamur. Per.

Communio.

DIffusa est.

Postcommunio.

PRebeat nobis domine salutarem beate marie magdalene imitacio sancta doctrinam. quatinus per huius gloriosissimi corporis et sanguinis tui uirtutem illius optime partis mereamur esse consortes que non auferetur ab ea. Qui uiuis.

Eodem die sancti wandragesili confessoris officium.

OS iusti.

Oracio.

DEus qui hodiernam diem sacratissimam nobis in beati

[1]—[1] written over erasure.

wandregesili confessoris tui atque abbatis sollempnitatem tribuisti: adesto ecclesie tue precibus ut cuius gloriatur meritis muniatur suffragiis. Per.

Epistola.

IUstus cor.

Gradale.

DOmine preuenisti. Alleluya. ℣. Iustus germinabit.

Euangelium.

NEmo lucernam.

Offertorium.

UEritas mea.

Secretum.

IN sancti wandragesili confessoris tui domine sollempnitate nos hec oblacio pietati tue reddat acceptos. ut sicut illum beata retribucio ita nos gracie tue comitetur commiseracio.

Communio.

FIdelis.

Postcommunio.

BEati wandregesili confessoris tui domine quesumus deprecacione nos adiuua in cuius ueneracione tua con-/ [fo. 256. tingimus sacramenta. Per.

In natali sancti appollinaris martiris officium.

SAcerdotes dei.

Oracio.

CLemenciam tuam quesumus omnipotens deus ut intercedente pro nobis beato appollinare martire tuo atque pontifice. ueniam omnium consequi mereamur peccaminum. et uitam capere ualeamus eternam. Per.

Epistola.

DOctrinis uariis. *Require in communi unius martiris.*

Gradale.

ECce sacerdos. Alleluya. ℣. Inueni dauid.

Euangelium.

CIrcuibat ihesus.

Offertorium.

UEritas.

Secretum.

HOstiam nostram quesumus domine sancti appollinaris martiris tui et ueneranda [1]confessio et exaudibilis[1] commendet oracio. Per.

Communio.

SEmel iuraui.

Postcommunio.

SUmentes domine pignus redempcionis eterne. quesumus: ut intercedente beato appollinare martire tuo. uite presentis auxilio nos foueat et eterne. Per.

In natali sancte cristine uirginis et martiris officium.

LOquebar de.

Oracio.

SAncte Cristine uirginis et martiris tue domine suffragia. ad eterne sollempnitatis nos perducant gaudia. Per.

[1]—[1] written over erasure.

Epistola.

DOmine deus.

Gradale.

SPecie tua. Alleluya. ℣. Diffusa est.

Euangelium.

SImile est regnum celorum decem.

Offertorium.

OFferentur.

Secretum.

BEate Cristine uirginis. et martiris tue meritis que tibi facta est dilecta. hec tuis sint oculis munera accepta. Per.

Communio.

QUinque prudentes.

Postcommunio.

UEnerande cene sacramentorum domine participes effecti te imploramus. ut sancte cristine uirginis et martiris tue interuentu reatus noster multiplex consequatur ueniam. et fides coronam.

Eodem die uigilia sancti Iacobi officium.

EGo autem.

Oracio.

QUesumus omnipotens.

Epistola.

BEatus homo qui inuenit.

Gradale.

IUstus ut palma. *Si dominica fuerit.* Alleluya. ℣. Gloria et honore.

Ewangelium.

SI manseritis.

Offertorium.

GLoria et honore.

Communio.

POsuisti.

Quere omnia in communi in uigilia unius apostoli.

In die sancti Iacobi apostoli. Officium.

MIchi autem.

Oracio.

ESto domine plebi tue sanctificator et custos: et beati apostoli tui iacobi munita presidiis et conuersacione tibi placeat et secura deseruiat. Per.

Epistola.

IAm non estis.

Gradale.

IN omnem terram. Alleluya. ℣. Non uos.

Secundum matheum.

IN illo tempore: Accessit ad ihesum mater filiorum zebedei cum filiis suis: adorans et petens aliquid ab eo. Qui dixit ei. Quid uis? Ait illi. Dic ut sedeant hii duo/ filii mei: unus ad dex- [fo. 256. b. teram tuam et alius ad sinistram in regno tuo. Respondens autem ihesus dixit. Nescitis quid petatis. Potestis bibere calicem quem ego bibiturus sum? Dicunt ei. Possumus. Ait illis. Calicem quidem meum bibetis: sedere autem ad dexteram meam uel ad sinistram non est meum dare uobis. set quibus paratum est a patre meo.

Offertorium.

MIchi autem.

Secretum.

OBlaciones populi tui quesumus domine beati iacobi apostoli tui passio beata conciliet: ut que nostris non accepta sunt meritis. fiant tibi placita eius deprecacione. Per.

Communio.

UOs qui secuti.

Postcommunio.

BEati iacobi apostoli tui cuius hodie festiuitate corpore et sanguine tuo nos refecisti quesumus domine intercessione nos adiuua. pro cuius sollempnitate percepimus tua sancta letantes. saluator mundi. Qui uiuis et regnas cum deo patre. In.

Eodem die sancti christofori et cucufatis officium.

SAlus autem.

Oracio.

DEus per quem fides ignem non sentit. et infidelitas sine igne exuritur. qui beatis martiribus tuis christoforo et cucufati sancti spiritus flamma succensis. superare tribuisti suorum incendia tormentorum: concede propicicius[1] per eorum intercessionem. ut nos famulos tuos non exurat flamma uiciorum. set

[1] *Sic.*

dileccionis tue amor nostrorum excoquat rubiginem peccatorum. Per.

Epistola.

REspondens unus.

Gradale.

IUstorum anime. Alleluya. ℣. Exultent iusti.

Euangelium.

POnite in cordibus.

Offertorium.

EXultabunt.

Secretum.

ACcepta sit in conspectu tuo domine nostra deuocio. et eorum nobis fiat supplicacione salutaris pro quorum sollempnitate defertur. Per.

Communio.

IUstorum anime.

Postcommunio.

PErceptis domine muneribus gracias exhibentes quesumus: ut beati martires tui christoforus et cucufas sint pro nobis intercessores perpetui. Per.

In natali sanctorum septem dormiencium. Officium.

MUlte tribulaciones.

Oracio.

DEus qui ecclesiam tuam annua sanctorum tuorum maximiani malchi et marciani sociorumque eorum festiuitate letificas: concede propicius: ut sicut in illorum dormicione. te mirabilem te[1] predicantes tua magnalia temporali celebramus

[1] Struck through with black line.

officio. sic in celesti regione eorum perpetuo mereamur adunari/consorcio. Per. [fo. 257.

Epistola.

REmemoramini.

Gradale.

ECce quam bonum. Alleluya. ℣. Uox exultacionis.

Euangelium.

CUm persequentur.

Offertorium.

GLoriabuntur.

Secretum.

DEus in quo est omnium iustorum requies et pax certa sanctorum: tribuas nobis pacificas hostias tibi digne offerre ut perfeccionem pacis qua tui sancti iam fruuntur in celis. nos iugiter meditemur in terris. Per.

Communio.

DIco autem.

Postcommunio.

SAnctorum tuorum uictorias domine recolentes sacramenta ueneranda percepimus prestent nobis quesumus eorum meritis indulgenciam. in quorum dormicione tuam admiramur magnificenciam. Per.

In natali sancti Pantaleonis officium.

LEtabitur iustus.

Oracio.

ECclesia tua quesumus domine que pia celebritate ad beati pantaleonis martiris tui

concurrit sollempnia: a cunctis liberari aduersis mereatur. et ad eiusdem perueniat martiris societatem quam precatur. Per.

Epistola.

IUstus si morte.

Gradale.

IUstus ut. palma. Alleluya. ℣. Beatus uir qui timet.

Euangelium.

NIchil opertum.

Offertorium.

IN uirtute tua.

Secretum.

HEc domine altari tuo munera imposita ipse benedic et suscipe. ut intercessione beati pantaleonis martiris tui. nobis ad fructum proficiant salutis. Per.

Communio.

MAgna est.

Postcommunio.

QUos supernis domine refecisti alimentis. hos sempiternis quesumus reple incrementis: et interuentu sancti pantaleonis sydereis adiunge collegiis. Per.

Eodem die sancti sampsonis episcopi et confessoris oracio.

DEus qui nos hanc diem in honore sancti sampsonis confessoris tui atque pontificis uenerabilem excolere fecisti. presta quesumus: ut quem letis ueneramur obsequiis eius oracionibus muniamur et precibus. Per.

Secretum.

HOstias nostras quesumus domine sanctus sampson pontifex nomini tuo reddat acceptas qui ad eas tibi digne complacuit offerendas. Per.

Postcommunio.

LEti domine sumpsimus sacramenta celestia que nobis intercedente beato sampsone confessore tuo atque pontifice uberius confidimus profutura. Per.

Sanctorum martirum felicis simplicii faustini et beatricis. Officium.

SAlus autem.

Oracio./ [fo. 257. b.

PResta quesumus domine ut sicut populus christianus martirum tuorum felicis simplicii faustini et beatricis temporali sollempnitate congaudet: ita perfruatur eterna. et quod uotis celebrat. comprehendat effectu. Per.

Epistola.

REddet deus.

Gradale.

IUstorum anime. Alleluya. ℣. Exultent iusti.

Euangelium.

CUm audieritis.

Offertorium.

EXultabunt.

Secretum.

HOstias tibi domine pro sanctorum martirum tuorum

felicis. simplicii. faustini. et beatricis honore deferimus. suppliciter obsecrantes. ut et indulgenciam nobis comferant et salutem. Per.

Communio.

IUstorum anime.

Postcommunio.

PResta quesumus omnipotens deus ut sanctorum tuorum felicis. simplicii. faustini. et beatricis. celestibus misteriis celebrata sollempnitas. indulgenciam nobis tue propiciacionis adquirat. Per.

In natali sanctorum martirum abdon et sennen. Officium.

INtret in conspectu tuo.

Oracio.

DEus qui sanctis martiribus tuis abdon et sennen ad hanc gloriam ueniendi copiosum munus gracie contulisti: da famulis tuis suorum ueniam peccatorum ut sanctorum tuorum intercedentibus meritis ab omnibus mereantur aduersitatibus liberari. Per.

Epistola.

BEnedictus deus.

Gradale.

GLoriosus deus. Alleluya. ℣. Gaudete.

Euangelium.

ATtendite a fermento.

Offertorium.

MIrabilis.

Secretum.

FRequentata misteria domine pro sanctorum martirum tuorum abdon et sennen ueneracione deuota mente tractamus. quibus et presidium nobis crescat et gaudium. Per.

Communio.

POsuerunt.

Postcommunio.

SUmat domine plebs fidelis celestis dona remedii. per que intercedentibus sanctis martiribus tuis. a suis emundetur delictis. Per.

In natali sancti germani episcopi et confessoris. Officium.

STatuit ei.

Oracio.

EXaudi nos deus salutaris noster. et quia nostre uoces non merentur audiri. sancti germani confessoris tui atque pontificis interuencio quesumus sit accepta pro nobis. Per.

Epistola.

OMnis pontifex.

Gradale.

IUrauit. Alleluya. ℣. Inueni dauid.

Euangelium.

UIgilate quia.

Offertorium.

UEritas mea et.

Secretum.

SAcrificium tibi domine pro sancti Germani confessoris tui atque pontificis celebritate offerentes quesumus. ut propiciacionem quam nostris operibus non meremur/ pii suffragator- [fo. 258. is intercessionibus assequamur. Per.

Communio.

BEatus seruus.

Postcommunio.

REpleti quesumus domine substancia celesti sancti Germani confessoris tui et episcopi nos intercessio tueatur ut cuius sollempnia celebramus. senciamus optata presidia. Per.

Eodem die sancti neoti confessoris. Oracio.

OMnipotens sempiterne deus tuorum lumen sanctorum adesto piis ecclesie tue precibus. et beati confessoris tui neoti ubique proteccione conserua: ut cuius merita recolimus. intercessione suffulti. ad superna gaudia te adiuuante peruenire ualeamus. Per.

Secretum.

SErena pietate intende oblata quesumus omnipotens deus libamina. et optentu beatissimi Neoti confessoris tui atque abbatis presenti familie tue ad prosperitatem uite future affore concede. Per.

Postcommunio.

SUbiecte familie quesumus[1] omnipotens deus proficiat hostia iubilacionis et laudis: et

[1] written over erasure.

interuentu sancti Neoti confessoris tui atque abbatis. perpetue fiat causa nostre salutis. Per.

In aduincula sancti Petri officium.

NUnc scio uere quia.

Oracio.

DEus qui beatum petrum apostolum a uinculis absolutum illesum abire fecisti: nostrorum quesumus absolue uincula peccatorum. et omnia mala a nobis propiciatus exclude. Per.

Leccio actuum apostolorum.

IN diebus illis: Egressus petrus de carcere. uenit ad domum marie matris iohannis qui cognominatus est marcus: ubi erant multi congregati et orantes. Pulsante autem eo ostium ianue: processit puella ad uidendum nomine rode. Et ut cognouit uocem petri. pre gaudio non aperuit ianuam: set introcurrens nunciauit petrum stare ante ianuam. At illi dixerunt ad eam. Insanis? Illa autem affirmabat. sic se habere. Illi autem dicebant. Angelus eius est. Petrus autem perseuerabat pulsans. Cum autem aperuissent hostium: uiderunt eum et obstupuerunt. Annuens autem eis manu ut tacerent: enarrauit quomodo dominus eduxisset eum de carcere. Dixitque. Nunciate iacobo: et fratribus hec. Et egressus: abiit in alium locum./ [fo. 258. b.

Gradale.

COnstitues eos. Alleluya. ℣. Tu es pastor ouium princeps apostolorum tibi tradite sunt claues regni celorum.

Sequencia.

NUnc luce alma splendescit per orbem hec dies ecce gloriosa. Alleluya. Almi recolamus petri uoce celsa. Gratanter modulos accomodet in qua. Uincentis amorem ob supernum crucis sacre tropheo. Meritum gloriamque perlatam in celesti gloria. Pio corde fraterna iubiletque tuba. Qui a christo ligandi soluendique dona. Accipiens clauiger effectus nostra resoluens uincula. Subleuando etheris sedibus potestate nos tradita. Iungat cetui sancto culmine in poli paradisique amenia. Ubi adorat ordo te christe psallendo armonica uoce cantica. Noua sanctorum resonancium laude angelicus melica. Consupernam magestatem tuam poscentes humiliter almam. Cui dignos[1] cum illis resonemus una rithmica in excelsis carmina. Celestique in gloria trinum atque unum iugiter ueneremur in arua. Celsa potestas angelica. Ouans te laudat in gloria. Uirtutes celi te glorificent per astra. Qui patris sedes ad dexteram. Nostra exaudi angelorum. Et famulorum iungens uoces precamina. Tuorum uocibus ut caterua. Glorificet semper te et nostra. Regnantem iure cum sanctis ineternum.

Euangelium.

UEnit ihesus in partes.

Offertorium.

COnstitues.

Secretum.

OFferimus tibi domine munus placabile precantes ut sicut beato petro apostolo in uinculis constanciam. ita nobis gracia tua operetur indulgenciam. Per.

[1] *Sic.*

Communio.

TU es petrus.

Postcommunio.

DIuini muneris percepcio quesumus domine beato petro apostolo tuo intercedente: semper a nobis peccatorum nostrorum uincula summoueat. et pericula cuncta depellat. Per.

Eodem die sanctorum machabeorum. Oracio.

FRaterna nos domine martirum tuorum corona letificet: que et fidei nostre prebeat incrementa uirtutum. et multiplici nos suffragio consoletur. Per.

Secretum.

REspice domine oblaciones fidelium. ut tibi grate sint in tuorum passione sanctorum. qui germano amore te diligentes sua corpora martirio tradiderunt. Per.

Postcommunio.

REfecti domine gracie tue uitalibus alimentis supplices exoramus. ut quorum celebramus uictorias. participemur et premiis. Per.

Sancti Ethelwoldi episcopi oracio.

DEus qui beatum ethelwoldum pontificem sanctorum tuorum meritis equalem gloriosis/ ostendis miraculis: presta [fo. 259. quesumus: ut quem nobis in terra donasti doctorem in celo facias habere intercessorem. Per.

Secretum.

OBlata seruitutis nostre munera tibi domine quesumus beati ethelwoldi episcopi oracio reddat accepta. ut eius pia supplicacione et cunctorum remissionem peccaminum et beatitudinis sempiterne mereamur optinere gaudium. Per.

Postcommunio.

GRegem tuum quesumus domine sancti ethelwoldi pia intercessione guberna: ut in cuius ueneracione spiritualis cibi dulcedine pascimur eius interuencione. et ab omni perturbacione eruamur et eternis gaudiis inseramur. Per.

In natali sancti stephani[1] *martiris. Officium.*

SAcerdotes dei.

Oracio.

DEus qui nos beati stephani martiris tui atque pontificis annua sollempnitate letificas: concede propicius: ut cuius natalicia colimus de eiusdem eciam proteccione gaudeamus. Per.

Epistola.

BEnedicentes dominum.

Gradale.

ECce sacerdos. Alleluya. ℣. Inueni dauid.

Euangelium.

HOmo quidam nobilis.

Offertorium.

UEritas mea.

Secretum.

HOstias nostras quesumus domine tibi reddat acceptas intercessio[2] sancti stephani martiris tui atque pontificis. qui eas tibi digne offerendo complacuit. Per.

1 Rest of line erased. Possibly *pape et.*
2 e *added with mark of deletion.*

Communio.

DOmine quinque.

Postcommunio.

SUmentes domine diuina misteria quesumus: ut beati stephani martiris tui et episcopi intercessione eterne nobis prebeant incrementa leticie. Per.

Infra octauas sancti Petri per totam ebdomadam officium.

NUnc scio uere.

Oracio.

DEus qui beatum.

Epistola.

EGressus petrus.

Gradale.

NImis honorati. Alleluya. ℣. Tu es symon bariona quia caro et sanguis non reuelauit uerbum patris set ipse pater qui est in celis. Alleluya. ℣. Beatus es symon bariona quia caro et sanguis non reuelauit tibi set pater meus qui est in celis. Alleluya. ℣. Tu es petrus et super hanc petram edificabo ecclesiam meam. Alleluya. ℣. Tu es pastor.

Euangelium.

UEnit ihesus.

Offertorium.

MIchi autem.

Offertorium.

IN omnem terram.

Communio.

TU es petrus.

In inuencione sancti stephani sociorumque eius officium.

INtret in conspectu.

Oracio.

DEus qui es sanctorum tuorum splendor mirabilis qui hodierna die beati stephani prothomartiris ut[1] sanctorum. Nichodemi gamalielis atque abibon gloriosam inuencionem reuelasti: da nobis quesumus. in eterna leticia. et de eorum societate gaudere. Per.

Epistola.

EXpectacio iustorum./ [fo. 259. b.

Gradale.

GLoriosus deus. Alleluya. ℣. Uox exultacionis.

Euangelium.

DIxit ihesus turbis.

Offertorium.

EXultabunt sancti.

Secretum.

SAcrificium tibi domine fidelium tuorum uotis oblatum serenus intende. ut quod dilecto martiri tuo stephano sociisque suis hodiernam inuencionis sue contulit gloriam. nobis ad redempcionem prosit et graciam. Per.

Communio.

IUstorum anime.

Postcommunio.

EPularum tuarum alimento saginati te humiliter rogamus domine deus noster: ut beati martiris tui stephani nichodemi gamalielis atque abibon meritis ubique nos adiuues. quorum hodie reuelacionis sollempnia celebramus. Per.

[1] *Sic. for* tui.

In natali sancti Oswaldi regis et martiris officium.

LEtabitur.

Oracio.

OMnipotens sempiterne deus qui huius diei iocundam sanctamque leticiam in sancti martiris tui oswaldi passione consecrasti. da cordibus nostris tui timoris caritatisque augmentum. ut cuius in terris sancti sanguinis effusionem celebramus. illius in celo patrocinia senciamus. Per.

Epistola.

IUstus si morte.

Gradale.

BEatus uir. Alleluya. ℣. Posuisti.

Euangelium.

SIquis uenit.

Offertorium.

GLoria et honore coronasti.

Secretum.

MUnera domine que in sancti oswaldi commemoracione tue magestati offerimus. benigne assume. Per.

Communio.

POsuisti.

Postcommunio.

PResta quesumus omnipotens deus. ut quod nostra consciencia non presumit: eius qui tibi feliciter seruiuit interueniente auxilio consequi mereamur. Per.

In natali sanctorum martirum sixti felicissimi et Agapiti officium.

SAlus autem.

Oracio.

DEus qui nos concedis sanctorum martirum tuorum Sixti felicissimi et agapiti natalicia colere. da nobis in eterna beatitudine de eorum societate gaudere. Per.

Epistola.

IUsti imperpetuum.

Gradale.

UIndica domine. Alleluya. ℣. Sancti tui.

Euuangelium.

CUm audieritis.

Offertorium.

GLoriabuntur.

Secretum.

MUnera tue domine magestati oblata sanctorum martirum tuorum sixti felicissimi et agapiti quesumus interuentu nobis ad salutem proficere senciamus eternam. Per.

Communio.

ANima nostra.

Postcommunio.

BEatorum martirum tuorum domine intercessione placatus presta quesumus : ut misteria sancta que temporali celebramus accione. perpetua saluacione capiamus. Per.

Sancti Donati episcopi et| martiris officium. [fo. 260.

SAcerdotes dei.

Oracio.

DEus qui es tuorum gloria sacerdotum presta quesumus: ut sancti martiris atque pontificis donati. cuius festa celebramus. senciamus auxilium. Per.

Epistola.

OMne gaudium.

Gradale.

ECce sacerdos. Alleluya. ℣. Inueni dauid.

Euuangelium.

CIrcuibat.

Offertorium.

UEritas mea.

Secretum.

PResta quesumus domine ut precibus sancti martiris tui et episcopi donati quem ad laudem nominis tui dicatis muneribus honoramus. pie nobis deuocionis fructus accrescat. Per.

Communio.

BEatus seruus.

Postcommunio.

OMnipotens et misericors deus qui nos sacramentorum tuorum et participes efficis et ministros: presta quesumus ut intercedente sancto tuo donato. eisdem proficiamus et fidei consorcio. et digno seruicio. Per.

In octaua sancti petri officium et cetera preter Gradale et offertorium sicut in die.

Gradale.

IN omnem terram.

Offertorium.

MIchi autem.

Eodem die sancti Cyriaci martiris sociorumque eius.

Officium.

TImete dominum.

Oracio.

DEus qui nos annua beati Cyriaci martiris tui sociorumque eius sollempnitate letificas. concede propicius. ut quorum natalicia colimus. uirtutem quoque passionis imitemur.

Epistola.

MEtuentes dominum.

Gradale.

TImete dominum. Alleluya. ℣. Iusti epulentur.

Euuangelium.

UIdens turbas.

Offertorium.

LEtamini in domino.

Secretum.

PRo sanctorum tuorum Cyriaci sociorumque eius martirio uenerando hostias tibi domine immolamus tua mirabilia protractantes. per que talis est perfecta uictoria. Per.

Communio.

SIgna eos.

Postcommunio.

SAnctorum martirum tuorum precibus confidentes quesumus domine: ut per ea que sumpsimus. eterna remedia capiamus. Per.

In natali sancti Romani martiris. Officium.

IN uirtute tua domine.

Oracio.

OMnipotens sempiterne deus tua nobis quesumus indulgencie dona largire ut quos gloriosissimi martiris tui romani festiuitate iocundos efficis: continua ueneracione ipsius ad te semper subleuemur patrocinio suffragante. Per.

Epistola.

DOminus michi astitit.

Gradale.

GLoria et honore. Alleluya. ℣. Iustus ut palma.

Euuangelium.

QUi amat.

Offertorium.

IN uirtute.

Secretum.

OBlata nostra domine semper oculis tue magestatis intende: et intercessio beati romani martiris tui opem tuam nobis/ semper adquirat. Per. [fo. 260. b.

Communio.

MAgna est.

Postcommunio.

BEati romani martiris tui quesumus domine intercessione hec communio nos expurget a crimine: et tuo auxilio defendat. Per.

Eodem die uigilia sancti laurencii ad magnam missam.

Officium.

DIspersit dedit pauperibus iusticia eius manet in seculum seculi cornu eius exaltabitur in gloria. *Ps.* Beatus uir qui timet.

Oracio.

ADesto domine supplicacionibus nostris. et intercessione beati laurencii martiris tui perpetuam nobis misericordiam benignus impende. Per.

Leccio libri sapiencie.[1]

COnfitebor tibi domine rex. et collaudabo te deum. *loco quo dicitur.* Estuata. *dicatur.* Estuatus. *queratur in communi unius uirginis.*

Gradale.

DIspersit dedit pauperibus iusticia eius manet in seculum seculi. ℣. Potens in terra erit semen eius generacio rectorum benedicetur. *Si dominica fuerit.* Alleluya. ℣. Letabitur iustus.

Euuangelium.

SIquis uult.

Offertorium.

ORacio mea munda est et ideo peto ut detur locus uoci mee in

[1] [Ecclesiastic. li. 1–13.

celo. quia ibi est iudex meus et conscius meus in excelsis ascendat ad dominum deprecacio mea.

Secretum.

TAnto placabiles tibi quesumus domine nostre sint hostie. quanto sancti martiris tui laurencii pro cuius sollempnitate exhibentur tibi grata sunt merita. Per.

Communio.

QUi uult uenire.

Postcommunio.

SUmptis domine salutis nostre sacramentis quesumus: ut per intercessionem beati laurencii martiris tui. et ueniam nobis operentur et pacem. Per.

In die. Officium.

COnfessio et pulcritudo in conspectu eius sanctitas et magnificencia in sanctificacione eius. *Ps.* Cantate. I.

Oracio.

DA nobis quesumus omnipotens deus uiciorum nostrorum flammas extinguere: qui beato laurencio tribuisti tormentorum suorum incendia superare. Per.

Ad corintheos.

FRatres: Qui parce seminat: parce et metet. Et qui seminat in benediccionibus: de benediccionibus et metet. Unusquisque prout destinauit in corde suo: non ex tristicia aut necessitate. Hyllarem enim datorem: diligit deus. Potens est autem deus omnem graciam habundare facere in nobis: ut in omnibus

semper omnem sufficienciam habentes habundetis in omne opus bonum sicut scriptum est. Dispersit dedit pauperibus: iusticia eius manet in seculum seculi./ Qui autem administrat [fo. 261. semen seminanti: et panem ad manducandum prestabit. Et multiplicabit semen uestrum: et augebit incrementa frugum iusticie uestre.

Gradale.

PRobasti domine cor meum et uisitasti nocte. ℣. Igne examinasti et non est inuenta in me iniquitas. Alleluya. ℣. Leuita laurencius bonum opus operatus est. qui per signum crucis cecos illuminauit et thesauros ecclesie dedit pauperibus.

Sequencia.

STola iocunditatis alleluya. Induit hodie dominus militem suum laurencium. Solito plaudat alacrius concio leta fidelium. Hodie martir insignis hostiam deo placentem optulit. Hodie tormentum ignis grauiter examinatus pertulit. Animatus ad certamen monitu beati senis. Grauissimis non refugit exhibere membra penis. Ante regem accersitur et de rebus conuenitur occultis ecclesie. Sed non cedit blandimentis emollitus aut tormentis eius auaricie. Luditur ualerianus et leuite larga manus dum petit inducias. Dat ministra caritatis pauperibus congregatis facultatum copias. Furit igitur prefectus et paratur ardens lectus insultantis uiscera crates urit aspera. Sudat martir in agone spe mercedis et corone que datur fidelibus pro christo certantibus. De cuius milicia celi gaudet curia. Quia uicit hodie ministros nequicie. Ut hunc ergo per patronum consequamur uite donum. In illius die festo chorus noster letus esto. Iocundum in ecclesia decantans alleluya.

Euuangelium.

AMen amen dico uobis nisi granum.

Offertorium.

COnfessio et pulcritudo in conspectu eius sanctitas et magnificencia in sanctificacione eius.

Secretum.

UT tuis domine misteriis digni reddamur illa quesumus ueritas nos illuminet semper et foueat. que in beati laurencii martiris tui corde flammam sue confessionis accendit ihesus christus dominus noster.

Communio.

QUi michi ministrat.

Postcommunio.

SAcro munere saciati supplices te domine deprecamur. ut quod debite seruitutis celebramus officio. intercedente beato laurencio martire tuo. saluacionis tue senciamus augmentum. Per.

In natali sancti Taurini episcopi et confessoris. Officium.

STatuit ei dominus.

Oracio.

OMnipotens sempiterne deus magestatem tuam suppliciter exoramus: ut intercessione beati taurini confessoris tui atque pontificis cuius hodie annuam festiuitatem recolimus cum temporalibus/ incrementis [fo. 261. b. eterne prosperitatis capiamus augmentum. Per.

Epistola.

ECce sacerdos.

Gradale.

INueni dauid. Alleluya. ℣. Iurauit.

Euuangelium.

UIgilate quia.

Offertorium.

INueni dauid.

Secretum.

HOstias domine plebis tue intende propicius. in honore sancti Taurini confessoris tui atque pontificis tibi offerimus. tu eas quesumus illo intercedente benediccione spirituali sanctifica. Per.

Communio.

FIdelis seruus.

Postcommunio.

DIuina libantes misteria que in honore sancti confessoris tui taurini atque pontificis tue optulimus magestati. presta quesumus domine. ut per ea ueniam mereamur delictorum : et celestis gracie donis reficiamur. Per.

Eodem die sancti Tyburcii martiris officium.

IUstus ut palma.

Oracio.

BEti[1] Tyburcii martiris tui nos domine foueant continuata presidia quia non desinis propi-

[1] *sic : for* Beati.

cius intueri quos talibus auxiliis concesseris adiuuari. Per.

Epistola.

NEmo militans.

Gradale.

DOmine preuenisti. Alleluya. ℣. Iustus ut palma florebit. sicut cedrus libani multiplicabitur.

Euuangelium.

NIchil opertum.

Offertorium.

IN uirtute.

Secretum.

GRata tibi sint domine hec sacrificia que in sancti Tyburcii martiris tui passione deferuntur cuius intercessione quesumus salutaria nobis efficiantur. Per.

Communio.

AMen dico.

Postcommunio.

SUmpsimus domine pignus redempcionis eterne. sit nobis quesumus interueniente beato tyburcio martire tuo uite presentis auxilium pariter et future. Per.

In natali sancti ypoliti martiris sociorumque eius officium.

IUsti epulentur.

Oracio.

DA nobis quesumus omnipotens deus: ut beati ypoliti martiris tui sociorumque eius ueneranda sollempnitas et deuocionem nobis augeat et salutem. Per.

Epistola.

IUstorum anime.

Gradale.

CLamauerunt. Alleluya. ℣. Confitebuntur.

Euuangelium.

ATtendite a fermento.

Offertorium.

ANima nostra.

Secretum.

REspice quesumus domine munera populi tui sanctorum martirum tuorum honore oblata: et tu[1] testificacio ueritatis nobis proficiat ad salutem. Per.

Communio.

DIco autem.

Postcommunio.

QUesumus omnipotens deus ut interuenientibus sanctis martiribus tuis. et tua in nobis dona multiplices et misericorditer largita conserues. Per.

Infra octauas sancti laurencii. Officium.

COnfessio.

Oracio.

DA nobis.

Epistola.

QUi parce.

Gradale.

BEatus uir. Alleluya. ℣. Leuita Laurencius./ [fo. 262.

[1] *sic: for* tue.

Euuangelium.

NIsi granum.

Offertorium.

GLoria et honore.

Communio.

POsuisti.

In natali sancti eusebii confessoris. Officium.

OS iusti.

Oracio.

DEus qui nos beati eusebii confessoris tui annua sollempnitate letificas: concede propicius: ut cuius natalicia colimus: per eius ad te exempla gradiamur.

Epistola.

IUstus cor suum.

Gradale.

OS iusti. Alleluya. ℣. Disposui.

Ewangelium.

NEmo lucernam.

Offertorium.

DEsiderium.

Secretum.

SAncti eusebii confessoris tui interuentu domine tibi seruitus nostra complaceat. et oblacio presencium munerum. fiat presidium omnium nostrorum. Per.

Communio.

BEatus seruus.

Postcommunio.

LEti domine sumpsimus sacramenta celestia que nobis intercedente beato eusebio confessore tuo. uberius senciamus profutura. Per.

In uigilia assumpcionis beate marie. Officium.

SAlue sancta parens enixa puerpera regem qui celum terramque regit in secula seculorum. *Ps.*[1] Que gaudium matris habens. *Ps.* Quia concipiuit rex speciem tuam.

In ista uigilia non dicetur. Gloria in excelsis. *nisi in dominica contigerit celebrari.*

Oracio.

DEus qui uirginalem aulam beate marie in qua habitares eligere dignatus es. da quesumus: ut sua nos defensione munitos iocundos faciat sue interesse festiuitati. Qui uiuis.

Leccio libri sapiencie.[2]

AB inicio et ante secula creata sum. et usque ad futurum seculum non desinam et in habitacione sancta coram ipso ministraui. Et sic in syon firmata sum: et in ciuitate sanctificata similiter requieui. et in iherusalem potestas mea. Et radicaui in populo honorificato et in partes dei mei hereditas illius. Et in plenitudine sanctorum detencio mea.

Gradale.

BEnedicta et uenerabilis es uirgo maria que sine tactu pudoris inuenta es mater saluatoris. ℣. Uirgo dei genitrix quem totus non

[1] *sic.*

[2] [Ecclesiastici xxiv. 14–17.]

capit orbis in tua se clausit uiscera factus homo.

Si in dominica euenerit. Alleluya. ℣. Per te dei genitrix nobis est uita perdita data. que de celo suscepisti prolem et mundo genuisti saluatorem.

Secundum lucam.

IN illo tempore: Factum est cum loqueretur ihesus ad turbas: extollens uocem quedam mulier de turba dixit illi. Beatus uenter qui te portauit: et ubera que suxisti. At ipse dixit. Quinnimo: beati qui audiunt uerbum dei: et custodiunt illud.

Offertorium.

FElix namque es sacra uirgo maria et omni laude dignissima quia ex te/ ortus est sol [fo. 262. b. iusticie christus deus noster.

Secretum.

MUnera nostra domine apud clemenciam tuam dei genitricis commendet oracio. quam iccirco de presenti seculo transtulisti. ut pro peccatis nostris apud te fiducialiter intercedat. Per.

Communio.

BEata uiscera marie uirginis que portauerunt eterni patris filium.

Postcommunio.

COncede misericors deus per tanti misterii dulcedinem fragilitati nostre presidium: ut qui sancte dei genitricis et uirginis requiem celebramus. intercessionis eius auxilio a nostris iniquitatibus resurgamus. Per eundem.

In die. Officium.

GAudeamus omnes in domino diem festum celebrantes sub honore marie uirginis. de cuius assumpcione gaudent angeli. et collaudant filium dei. *Ps.*[1] Hodie maria uirgo celos ascendit. gaudete quia cum ipso regnat. ℣. Gloria patri.

Oracio.

UEneranda nobis domine huius diei festiuitas opem conferat sempiternam: in qua sancta dei genitrix mortem subiit temporalem: nec tamen mortis nexibus deprimi potuit: que filium tuum dominum nostrum de se genuit incarnatum. Qui tecum.

Leccio libri sapiencie.[2]

EGredimini et uidete filie syon regem salamonen in dyademate: quo coronauit eum mater sua in die desponsionis[1] et in die leticie cordis eius. Quam pulcra es amica mea quam pulchra es et decora. oculi tui columbarum absque eo quod intrinsecus latet. Tota pulcra es amica mea. et macula non est in te. Ueni de libano sponsa mea: ueni de libano ueni. Quam pulchre sunt mamme tue: soror mea sponsa. Pulcriora sunt ubera tua uino: et odor unguentorum tuorum super omnia aromata. Fauus distillans labia tua sponsa: mel et lac sub lingua tua. et odor uestimentorum tuorum sicit odor thuris. Ortus conclusus soror mea sponsa: ortus conclusus fons signatus. Emissiones tue paradisus malorum punicorum cum pomorum fructibus. Cypri cum nardo. nardus et crocus.

[1] *sic.] [2] [Cant. Cant. iii. &c.]

phistula et cynamomum cum uniuersis lignis libani myrra et aloe cum omnibus primis unguentis. Fons ortorum : puteus aquarum uiuencium que fluunt impetu de libano. Una est columba mea : perfecta mea./ [fo. 263. Una est matris sue : electa genitricis sue. Uiderunt illam filie syon : et beatissimam predicauerunt regine et concubine laudauerunt eam. Que est ista que progreditur quasi aurora consurgens. Pulcra ut luna electa ut sol : terribilis. ut castrorum acies ordinata.

Gradale.

PRopter ueritatem et mansuetudinem et iusticiam. et deducet te mirabiliter dextera tua. ℣. Audi filia et inclina aurem tuam. quia concupiuit rex speciem tuam. Alleluya. ℣. Hodie maria uirgo celos ascendit. gaudete quia cum christo regnat ineternum. Alleluya. ℣. Assumpta est maria in celum gaudent angeli et collaudantes benedicunt dominum.

Sequencia.

ARea uirga prime matris eue florens rosa processit maria. Oritur ut lucifer inter astra etherea perpulcra ut luna. Fragrascit ultra omnia balsama pigmenta et thymiamata. Purpurea ut uiola rosida. ut rosa candens ut lilia. Patris summi quam elegit proles deica ut assumeret carnem sacrosanctam ex uirginis carne incorrupta. Celsus nunciat gabriel noua gaudia eterni regis exortum in terra matremque eius ita salutat. Aue maria domini mei mater alma celica plena gracia. Tu benedicta regem in secula paries effecta orbis regna.[1] Fecunda ergo inquid quomodo esse queam cum uirum non cognoscam exquo sum nata et semper permansi uirgo pudica. Ne timeas respondit angelus sanctum neupma descendet in te castam quo fecundata paries deum et hominem una. O uere sancta atque amanda ex qua est orta redempcio nostra salus quoque mundi uera que uita. O dei nostri genitrix pia suscipe nostra hac die precata in qua es assumpta ad celi claustra. Tu es enim patri cara tu es ihesu mater bona tu sancti spiritus es templum facta. Tu es pulchra dei sponsa tu regem christum enixa. domina es in celo et in terra. Hodie namque curie celestis tibi obuiam agmina te assumpserunt ad palacia stellata. Ihesus et ipse festiuus tibi matri cum angelis occurrens sede paterna secum locauit in secla. Iam cum deo regnas. nostra excusa clemens mala poscens cuncta bona o benigna. Mediatrix nostra que es post deum spes sola tuo filio nos representa. Ut in poli aula leti iubilemus alleluya.

[1] *sic. for* regina.

Secundum Lucam.

IN illo tempore : Intrauit ihesus in quoddam castellum : et mulier quedam martha nomine excepit illum in domum suam. Et huic erat soror : nomine maria. Que eciam sedens secus pedes domini : audiebat uerbum illius. Martha autem satagebat circa frequens ministerium./ Que stetit et ait. [fo. 263. b. Domine : non est tibi cure quod soror mea reliquid me solam ministrare. Dic ergo illi : ut me adiuuet. Et respondens dixit illi dominus. Martha martha sollicita es : et turbaris erga plurima. Porro : unum est necessarium. Maria optimam partem elegit : que non auferetur ab ea.

913

Offertorium.

DIffusa est gracia in labiis tuis propterea benedixit te deus ineternum et in seculum seculi.

Secretum.

GRata tibi domine munera nostra efficiat dei genitricis oracio. quam et si pro condicione carnis migrasse cognoscimus. in celesti gloria pro nobis apud te orare senciamus. Per.

Prefacio.

ET te in assumpcione.

Communio.

DIffusa est gracia in labiis tuis propterea benedixit te deus ineternum.

Postcommunio.

MEnse celestis participes effecti imploramus clemenciam tuam domine deus noster: ut qui festa dei genitricis colimus: a cunctis malis iminentibus eius intercessionibus liberemur. Per eundem.

In octaua sancti laurencii ad missam officium.

PRobasti domine.

Oracio.

BEati laurencii nos faciat domine passio ueneranda letantes. et ut eam sufficienter recolamus. efficiat prompciores. Per.

Epistola.

BEatus uir qui inuentus.

Gradale.

IUstus ut palma. Alleluya. ℣. Leuita uincencius.[1]

[1] *sic.*

914

Euuangelium.

NIsi granum.

Offertorium.

IN uirtute tua.

Secretum.

BEati laurencii martiris honorabilem passionem muneribus domine geminatis exequimur: que licet propriis sit memoranda principiis. indesinentur tamen permanet gloriosa. Per.

Communio.

QUi uult.

Postcommunio.

SAlutare nobis domine quesumus intercessio beati laurencii martiris tui prestet auxilium. ut celestis mense participacio quam sumpsimus. tribuat ecclesie tue recensita leticiam. Per.

Infra octauas sancte marie officium per totam septimanam.

GAudeamus.

Oracio.

UEneranda nobis.

Leccio libri sapiencie.[1]

IN omnibus requiem quesiui: et in hereditate domini morabor. Tunc precepit et dixit michi creator omnium: et qui creauit me requieuit in tabernaculo meo et dixit michi. In iacob inhabita: et in israel hereditare et in electis meis mitte radices. Et sic in syon firmata sum: et in ciuitate sanctificata

[1] [Ecclesiast. xxiv. 11–14; 15–21.]

similiter requieui. et in ierusalem potestas mea. Et radicaui in populo honorificato : et in partes dei mei hereditas illius. et in ple/nitudine sanctorum [fo. 264. detencio mea. Quasi cedrus exaltata sum in libano : et quasi cypressus in monte syon. Quasi palma exaltata sum in cades. et quasi plantacio rose in iherico. Quasi oliua speciosa in campis : et quasi platanus exaltata sum iuxta aquam in plateis. Sicut cynamomum et balsamum aromatizans : odorem dedi. Quasi mirra electa : dedi suauitatem odoris.

Gradale.

PRopter. Alleluya. ℣. Hodie. Alleluya. ℣. Assumpta.

Secundum Lucam.

IN illo tempore : Repleta est spiritu sancto elizabeth et exclamauit uoce magna. et dixit ad mariam. Benedicta tu inter mulieres : et benedictus fructus uentris tui. Et unde hoc michi ut ueniat mater domini mei ad me. Ecce enim ut facta est uox salutacionis tue in auribus meis exultauit in gaudio infans in utero meo. Et beata que credidisti : quoniam perficientur ea que dicta sunt tibi a domino. Et ait maria. Magnificat anima mea dominum. Et exultauit spiritus meus : in deo salutari meo.

Aliud Euuangelium.

FActum est cum loqueretur.

Offertorium.

FElix namque.

Offertorium

DIffusa est.

Communio.

BEata uiscera.

Communio.

DIffusa est.

In natali sancti agapiti martiris officium.

LEtabitur.

Oracio.

LEtetur ecclesia tua deus beati agapiti martiris tui confisa suffragiis. atque eius precibus gloriosis et deuota permaneat et secura consistat.

Epistola.

BEatus uir qui in sapiencia.

Gradale.

BEatus uir qui timet. Alleluya. ℣. Posuisti.

Euuangelium.

SIquis uult.

Offertorium.

IN uirtute tua.

Secretum.

PRo beati agapiti martiris tui passione ueneranda hostias laudis tibi domine immolantes. quesumus. ut eius oracionibus tibi placeant pro cuius meritis offeruntur. Per.

Communio.

POsuisti domine.

Postcommunio.

PResta quesumus domine ut sacramenti tui uirtute percepta. digni tanto munere reddamur intercessione beati Agapiti martiris tui. Per.

In natali sancti magni martiris. Officium.

IUstus ut palma.

Oracio.

ADesto domine supplicacionibus nostris. et intercedente beato magno martire tuo: ab hostium nos defendas propiciatus incursu. Per.

Epistola.

MEmor esto.

Gradale.

POsuisti domine. Alleluya. ℣. Beatus uir qui suffert.

Euuangelium.

QUi amat.

Offertorium.

GLoria et honore.

Secretum.

OBlatis tibi domine fidelium tuorum muneribus intende propicius. ut et nullius irrita postu/lacio. nullius [fo. 264. b. inane sit uotum gloriosi martiris tui magni desideratum nobis prebe subsidium. Per.

Communio.

MAgna est.

Postcommunio.

TUa sancta sumentes quesumus domine. ut beati magni martiris tui nos foueant continuata presidia. Per.

Dominica infra octauas assumpcionis beate marie omnia fiant sicut in die preter euuangelium quod erit Repleta est spiritu sancto.

In natali sancti philiberti abbatis. Oracio.

OMnipotens sempiterne deus qui anime famuli tui philiberti abbatis atque sacerdotis eterne beatitudinis premia contulisti: da quesumus. ut qui eius sollempnia celebramus in terris. eius meritis adiuuemur in celis. Per.

Secretum.

MUnera nostra quesumus domine propiciatus assume. et ut digne tuis famulemur altaribus. sancti tui nos philiberti abbatis atque sacerdotis intercessione custodi. Per.

Postcommunio.

EXultet quesumus domine populus tuus in sancti tui commemoracione philiberti abbatis atque sacerdotis ut cuius uotiuo letatur officio. releuetur auxilio. Per.

In octaua sancte marie uirginis officium.

GAudeamus omnes in.

Oracio.

COncede quesumus omnipotens deus nos ad beate marie semper uirginis gaudia eterna pertingere. de cuius ueneranda assumpcione tribuis annua sollempnitate gaudere. Per.

Epistola.

IN omnibus requiem.

Gradale.

PRopter ueritatem. Alleluya. ℣. Hodie maria.

Euuangelium.

INtrauit ihesus.

Offertorium.

REcordare uirgo mater in conspectu dei ut loquaris pro nobis bonum. et ut auertat indignacionem suam a nobis.

Secretum.

ACcipe quesumus domine munera que in beate marie semper uirginis desiderabili celebritate deferimus: quia ad tua preconia recurrit et laudem: quod talis exorta est et talis assumpta. Per.

Communio.

DIffusa est.

Postcommunio.

LIbera nos ab omni malo quesumus domine ihesu christe et per intercessionem et merita genitricis tue gloriosissime uirginis marie fiat nobis sumptum corporis et sanguinis tui sacramentum ad salutem et remissionem omnium peccatorum. Qui uiuis.

Eodem die sanctorum martirum tymothei et simphoriani. Officium.

SApienciam.

Oracio.

AUxilium tuum nobis domine quesumus placatus impende. et intercedentibus beatis martiribus tuis Thymotheo/ [fo. 265. et symphoriano dexteram super nos tue propiciacionis extende. Per.

Epistola.

BEnedictus deus.

Gradale.

IUstorum anime. Alleluya. ℣. Confitebuntur.

Euuangelium.

ELeuatis ihesus.

Offertorium.

EXultabunt.

Secretum.

ACcepta tibi sit domine sacrate plebis oblacio. pro tuorum honore sanctorum quorum se meritis percepisse. de tribulacione cognoscat auxilium. Per.

Communio.

IUstorum anime.

Postcommunio.

SAcro munere saciati quesumus omnipotens deus: ut intercedentibus beatis martiribus tuis tymotheo et simphoriano. nos omnes sanctorum tuorum iubeas assisti collegio. Per.

In natali sanctorum martirum Tymothei et appollinaris. Officium.

SAlus autem.

Oracio.

DEus qui nos concedis sanctorum martirum tuorum tymothei et appollinaris natalicia colere. da nobis in eterna beatitudine de eorum societate gaudere. Per.

Epistola.

SPectaculum facti.

Gradale.

EXultabunt. Alleluya. ℣. Sancti tui.

Euuangelium.

SEdente ihesu.

Offertorium.

MIrabilis deus.

Secretum.

MUnera nostra quesumus domine pro tuorum commemoracione sanctorum thymothei et appollinaris sollempniter oblata propicius suscipe. et pia eorum intercessione salutem nobis perpetuam prouenire concede. Per.

Communio.

EGo uos.

Postcommunio.

BEatorum martirum tuorum tymothei et appollinaris domine intercessione placatus. concede quesumus: ut sacramenti tui ueneranda percepcio.

fiat omnium peccatorum nostrorum remissio. Per.

Eodem die uigilia sancti bartholomei. Officium.

EGo autem.

Epistola.

BEatus uir qui inuentus.

Gradale.

IUstus ut palma. *Si in dominica euenerit.* Alleluya. ℣. Gloria et honore.

Euuangelium.

SI manseritis.

Offertorium.

GLoria et honore.

Communio.

POsuisti.

In die officium.

MIchi autem.

Oracio.

OMnipotens sempiterne deus qui huius diei uenerandam sanctam que leticiam beati Bartholomei apostoli tui festiuitate tribuisti. da ecclesie tue quesumus. et amare quod credidit. et predicare quod docuit.

Epistola.

IAm non estis.

Gradale.

IN omnem terram. Alleluya. ℣. Non uos.

Euuangelium.

HOc est preceptum.

Offertorium.

MIchi autem.

Secretum.

BEati apostoli tui Bartholomei domine sollempnia celebrantes. tuam clemenciam deprecamur: ut eius auxilio tua/ beneficia capiamus. in [fo. 265. b. cuius ueneracione tibi laudis hostiam immolamus. Per.

Prefacio.

ET te suppliciter.

Communio.

UOs qui secuti.

Postcommunio.

SUmptis domine salutaribus sacramentis pro sollempnitate beati apostoli tui bartholomei supplices deprecamur. ut que predicauit et credamus pariter et sequamur. Per.

In natali sancti audoeni episcopi et confessoris. Officium.

STatuit.

Oracio.

DEus qui perhennem gloriam sanctissimi audoeni confessoris tui atque pontificis anime contulisti. tribue quesumus. eius nos apud te ita patrociniis sublimari. ut cum eo uitam possideamus eternam. Per.

Epistola.

ECce sacerdos.

Gradale.

ECce sacerdos. Alleluya. ℣. Inueni dauid.

Euuangelium.

UIgilate.

Offertorium.

UEritas mea.

Secretum.

OBlata quesumus domine munera fidelis populi meritis beatissimi audoeni confessoris tui tibi reddantur accepta. ut ab omni contagione peccati isdem quibus famulamur misteriis. clementer mundari mereamur. Per.

Communio.

BEatus seruus.

Postcommunio.

MEnse celestis participacione uegetati supplices te rogamus omnipotens deus ut sicut de beati audoeni perpetua glorificacione annua celebritate gaudemus. ita ipsius apud te intercessione ab omni mereamur aduersitate defendi. Per.

In natali sancti Genesii martiris officium.

IUstus non conturbabitur.

Oracio.

BEati martiris tui Genesii domine nos tuere presidiis. ut cuius sollempnitatem annua deuocione recolimus eius intercessione ab omni aduersitate eruamur. Per.

Epistola.

BEatus uir qui inuentus.

Gradale.

IUstus non conturbabitur. Alleluya. ℣. Iustus germinabit.

Euuangelium.

SIquis uult.

Offertorium.

GLoria et honore.

Secretum.

SUscipe domine propicius oracionem nostram cum oblacionibus hostiarum superimpositis. et martiris tui genesii deprecacione accepta. et illam que in eo fragrauit fortis dileccio aspira benignus. ut in tua dileccione permanentes. in fide inueniamur stabiles. in moribus concordes. et in opere efficaces. Per.

Communio.

MAgna est.

Postcommunio.

SAcro munere saciati quesumus omnipotens deus. ut interueniente pro nobis beato genesio martire tuo. iubeas nos pariter sanctorum tuorum sociari collegio.

In natali sancti Ruphi martiris officium.

LEtabitur./ [fo. 266.

Oracio.

ADesto domine supplicacionibus nostris ut beati rufi martiris tui intercessionibus confidentes. nec minis aduersancium nec ullo conturbemur incursu. Per.

Epistola.

DOminus michi astitit.

Gradale.

POsuisti domine. Alleluya. ℣. Beatus uir.

Euuangelium.

NIchil opertum.

Offertorium.

DEsiderium anime eius.

Secretum.

HOstias quas tibi offerimus domine pro commemoracione beati Rufi martiris tui quesumus placidus ac benignus suscipe. et per eius intercessionem ab omnibus malis nos eripe. et in eterna fac tecum felicitate gaudere. Per.

Communio.

QUi uult.

Postcommunio.

GRacias tibi agimus omnipotens deus tua sacramenta sumentes et intercessione beati Rufi martiris tui. ab omnibus liberemur periculis. Per.

In natali sancti Augustini episcopi et doctoris officium.

STatuit ei dominus.

Oracio.

DEus qui beatum Augustinum in exponendis scripture sancte misteriis doctorem optimum et electum antistitem ecclesie tue prouidisti : da nobis eius semper et doctrinis instrui. et oracione fulciri. Per.

Epistola.

ECce sacerdos.

Gradale.

ECce sacerdos. Alleluya. ℣. Hic in oracione.

Euuangelium.

UOs estis sal.

Offertorium.

INueni dauid.

Secretum.

SAncti confessoris tui atque pontificis augustini nobis quesumus domine pia non desit oracio. que et munera nostra tibi conciliet et tuam nobis indulgenciam semper optineat. Per.

Communio.

FIdelis seruus.

Postcommunio.

UT nobis domine tua sacrificia dent salutem. beatus augustinus confessor tuus atque pontifex quesumus precator accedat. Per.

Eodem die sancti hermetis martiris. Officium.

IN uirtute.

Oracio.

DEus qui beatum hermetem martirem tuum uirtute constancie in passione roborasti. ex eius nobis imitacione tribue pro amore tuo prospera mundi despicere et nulla eius aduersa formidare. Per.

Epistola.

NEmo militans.

Gradale.

BEatus uir. Alleluya. ℣. Gloria et honore.

Euuangelium.

NOlite arbitrari.

Offertorium.

IN uirtute tua.

Secretum.

MUnera nostra domine propiciatus assume. et ut digne tuis famulemur altaribus sancti hermetis martiris tui nos intercessione custodi. Per.

Communio.

MAgna est.

Postcommunio.

REpleti domine benediccione celesti quesumus clemenciam tuam : ut intercedente beato hermete martire tuo que humiliter/ sumimus. [fo. 266. b. salubriter senciamus. Per.

In decollacione sancti Iohannis baptiste. Officium.

IOhannes autem cum audisset in uinculis opera christi mittens duos de discipulis suis ait illi. tu es qui uenturus es an alium expectamus. ℣. Respondens autem ihesus ait illis. euntes renunciate iohanni que audistis et uidistis. Gloria patri.

Oracio.

SAncti Iohannis baptiste et martiris tui domine quesumus ueneranda festiuitas : salutaris auxilii nobis prestet augmentum. Per.

929

Epistola.

EXpectacio iustorum.

Gradale.

HErodes enim tenuit et ligauit iohannem et posuit in carcerem. ℣. Propter herodiadem quam tulerat fratri suo uiuenti uxorem. Alleluya. ℣. Inter natos.

Sequencia.

SAncti baptiste christi preconiis. Sollempnia celebrantes moribus ipsum sequamur. Ut ad uitam quam predixit asseclas suos perducat. Deuotis te sanctissime mentibus amice ihesu christi flagitamus ut gaudia percipiamus. Maxima que dantur sanctis in celo qui martirii tui congaudemus uictoriis in die ista. Ut per hec festa eterna gaudia adipiscamur. Qua sancti dei sacris deliciis leti congaudent. Tu qui preperas fidelium corda. Ne quid deuium uel lubricum deus in eis inueniat. Te deposcimus ut crimina nostra. Et facinora continua prece studeas absoluere. Placatus ut ipse suos semper inuisere fideles. Et mansionem in eis facere dignetur. Ut agni uellere quem tuo digito. Mundi monstraueras tollere crimina. Nos uelit induere. Ut ipsum mereamur angelis associi. In alba ueste sequi per portam clarissimam. Amice christi iohannes.

Secundum Marcum.

IN illo tempore: Misit herodes ac tenuit iohannem: et uinxit eum in carcerem propter herodiadem uxorem philippi fratris sui quia duxerat eam. Dicebat enim iohannes herodi. Non licet tibi habere uxorem fratris tui. Herodias autem insidiabatur illi: et uolebat occi-

930

dere eum nec poterat. Herodes enim metuebat iohannem: sciens eum uirum iustum et sanctum et custodiebat eum. Et audito eo multa faciebat: et libenter eum audiebat. Et cum dies oportunus accidisset: herodes natalis sui cenam fecit principibus et tribunis et primis galilee. Cumque introisset filia ipsius herodiadis et saltasset et placuisset herodi simulque recumbentibus: rex ait puelle. Pete a me quod uis: et dabo tibi. Et iurauit illi quia quicquid pecieris dabo tibi licet dimidium regni mei. Que cum exisset: dixit matri sue. Quid petam? At illa dixit. Capud/ Iohan- [fo. 267. nis baptiste. Cumque introisset statim cum festinacione ad regem: petiuit dicens. Uolo ut protinus des michi in disco capud iohannis baptiste. Et contristatus est rex propter iusiurandum et propter simul recumbentes: noluit eam contristare set misso spiculatore precepit afferri capud eius in disco. Et decollauit eum in carcere: et attulit capud eius in disco et dedit puelle. Et puella dedit matri sue. Quo audito discipuli eius uenerunt et tulerunt corpus eius: et posuerunt illud in monumento.

Offertorium.

MIsit rex spiculatorem precepit amputare capud iohannis in carcerem. quo audito. discipuli eius uenerunt et sepellierunt eum alleluya.

Secretum.

MUnera tibi domine pro sancti Iohannis baptiste

martiris tui passione deferimus. qui dum finitur in terris. factus est in celesti sede perpetuus. quesumus ut eius optentu nobis proficiant ad salutem. Per.

Communio.

ITe dicite iohanni ceci uident surdi audiunt mortui resurgunt et beatus est qui non fuerit scandalizatus in me.

Postcommunio.

COnferat nobis domine sancti Iohannis baptiste utraque sollempnitas. ut et magnifica sacramenta que sumpsimus significata ueneremur et in nobis pocius edita gaudeamus. Per.

Eodem die sancte sabine uirginis et martiris officium.

COgnoui.

Oracio.

SAncte sabine uirginis et martiris tue nos quesumus domine deus noster. meritis precibus que tuere: que tibi gloriosa confessionis tue complacuit passione. Per.

Epistola.

DOmine deus meus.

Gradale.

PRopter ueritatem. Alleluya. ℣. Specie tua.

Euuangelium.

SImile est regnum celorum decem.

Offertorium.

FIlie regum.

Secretum.

MUneribus nostris domine te magnificamus oblatis. que nobis et beate sabine martiris tue patrocinia et sempiterna concilient gaudia. Per.

Communio.

PRincipes.

Postcommunio.

REdempcionis nostre misteria sumentes quesumus domine deus noster: ut beate sabine martiris tue meritis muniamur. et uisionis tue gloria perfruamur. Per.

In natali sanctorum martirum felicis et audacti. Officium.

SApienciam.

Oracio.

MAgestatem tuam domine supplices deprecamur ut sicut nos iugiter sanctorum tuorum felicis et audacti commemoracione letificas: ita semper supplicacione defendas. Per.

Epistola.

IUstorum anime./ [fo. 267. b.

Gradale.

EXultabunt. Alleluya. ℣. Preciosa.

Euuangelium.

CUm persequentur.

Offertorium.

LEtamini.

933

Secretum.

HOstias domine tue plebis intende et quas in honore sanctorum tuorum deuota mente celebrat proficere sibi senciat ad salutem. Per.

Communio.

QUod dico uobis.

Postcommunio.

REpleti domine muneribus sacris quesumus ut intercedentibus sanctis tuis felice et audacto. in graciarum tuarum semper accione maneamus. Per.

In natali sancti Egidii abbatis officium.

OS iusti meditabitur.

Oracio.

PRetende nobis domine misericordiam tuam et beati egidii abbatis intercessio. cuius nos dedisti patrociniis adiuuari: tribue ut magestatem tuam iugiter exoret pro nobis. Per.

Epistola.

IUstus cor.

Gradale.

DOmine preuenisti. Alleluya. ℣. Iustus germinabit.

Euuangelium.

NEmo lucernam.

Offertorium.

UEritas.

Secretum.

MUneribus nostris quesumus domine sancti egidii abbatis

934

intercessione graciam tue placacionis intersere. ut et collata nobis remedia tuearis. et conferenda propicius largiaris. Per.

Communio.

BEatus seruus.

Postcommunio.

REfecti domine sacre participacionis dapibus supplices deposcimus. ut sancti Egidii confessoris tui precibus. semper saciemur diuine consolacionis muneribus. Per.

Eodem die sancti Prisci martiris officium.

LEtabitur iustus.

Oracio.

OMnipotens sempiterne deus fortitudo certancium et martirum palma sollempnitatem hodierne diei propicius intuere. et ecclesiam tuam continua fac celebritate letari. ut intercessione beati martiris tui Prisci. omnium in te credencium uota perficias. Per.

Epistola.

DOminus michi.

Gradale.

POsuisti. Alleluya. ℣. Beatus uir.

Euuangelium.

NIchil opertum.

Offertorium

DEsiderium.

Secretum.

EIus tibi precibus domine quesumus grata reddatur oblacio. pro cuius festiuitate immolatur. Per.

Communio.

QUi uult.

Postcommunio.

PResta quesumus domine ut sacramenti tui participacione uegetati. sancti quoque martiris tui prisci precibus adiuuemur. Per.

In natali sancti antonini martiris officium.

IUstus non conturbabitur.

Oracio.

OMnipotens deus fidelium tuorum indeficiens conseruator qui hunc diem in gloriosi martiris tui antonini clarificare dignatus es sollempnitate. exaudi preces supplicantis ecclesie et presta: ut quod deuote expetit./eo suffragante con- [fo. 268. sequi mereatur. Per.

Epistola.

IUstus si morte.

Gradale.

GLoria et honore. Alleluya. ℣. Beatus uir.

Euuangelium.

SIquis uult.

Offertorium.

GLoria et honore.

Secretum.

OBlatis muneribus magestati tue domine deuote supplicamus. ut beatus martir antoninus gratanter exoptet hoc misterium nobis digne fuere.[1] Per.

Communio.

QUi uult.

Postcommunio.

MUneris sacri refeccione uegetati clemenciam tuam suppliciter exposcimus omnipotens deus ut beatus martir antoninus pro nobis imploret auxilium. et gaudium sempiternum. Per.

In ordinacione sancti gregorii [pape][2] officium.

STatuit ei.

Oracio.

OMnipotens sempiterne deus qui beatum gregorium innumeris uirtutibus declaratum summum pontificem populo tuo ordinare uoluisti. concede propicius: ut apud misericordiam tuam meritis eius et intercessionibus adiuuemur. Per.

Epistola.

DEdit dominus.

Gradale.

INueni dauid. Alleluya. ℣. Hic in oracione.

Euuangelium.

UOs estis sal.

Offertorium.

INueni dauid.

[1] *sic.* [2] Erased.

Secretum.

HOstias domine quas nomini tuo sacrandas offerimus beati gregorii prosequatur oracio. per quam nos expiari facias et defendi. Per.

Communio.

FIdeiis seruus.

Postcommunio.

PRosint nobis domine quesumus tua sancta presidia que interuenientibus beati gregorii meritis. ab omnibus nos absoluant peccatis. Per.

In natali sancti bertini abbatis. Officium.

OS iusti meditabitur.

Oracio.

COrdibus nostris quesumus domine celestis glorie inspira desiderium et presta ut in dextris illuc feramus manipulos iusticie ubi tecum sydus aureum sanctus choruscat abbas bertinus. Per.

Epistola.

IUstus cor.

Gradale.

DOmine preuenisti. Alleluya. ℣. Disposui.

Euangelium.

NEmo lucernam.

Offertorium.

UEritas mea.

Secretum.

GRacia tua domine que beatum bertinum hostiam sanctam uiuam tibique fecit esse placabilem. eius meritis hec sanctificet libamina. et uite nostre consummacionem peragat irreprehensibilem. Per.

Communio.

BEatus seruus.

Postcommunio.

QUod de mensa tua domine sumpsimus beato exorante bertino ad eternam nos enutriat leticiam: et tuam ubique inuenire faciat graciam. Per.

In natiuitate beatissime uirginis marie. Officium./ [fo. 268. b.

GAudeamus omnes in domino diem festum celebrantes sub honore marie uirginis de cuius natiuitate gaudent angeli et collaudant filium dei. *Ps.*[1] Hodie nata est beata uirgo maria ex progenie dauid. Gloria patri.

Oracio.

SUpplicacionem seruorum tuorum deus miserator exaudi. ut qui in natiuitate dei genitricis et uirginis congregamur: eius intercessionibus a te de instantibus periculis eruamur Per.

Leccio libri sapiencie.[2]

EGo quasi uitis fructificaui suauitatem odoris: et flores mei fructum honoris et honestatis. Ego mater pulcre dileccionis et timoris: et magnitudinis et sancte spei. In me omnis gracia uite[1] et ueritatis: in me

[1] *sic.* [2] [Ecclesiastic. xxiv. 23–31.]

omnis spes uie et uirtutis. Transite ad me omnis qui concupiscitis me: et a generacionibus meis implemini. Spiritus enim meus super mel dulcis: et hereditas mea super mel et fauum. Memoria mea: in generacione seculorum. Qui edunt me adhuc esurient: et qui bibunt me adhuc sicient. Qui audit me non confundetur: et qui operantur in me non peccabunt. Et qui elucidant me: uitam eternam habebunt.

Gradale.

SPecie tua et pulcritudine tua intende prospere procede et regna. ℣. Propter ueritatem et mansuetudinem et iusticiam et deducet te mirabiliter dextera tua. Alleluya. ℣. Natiuitas gloriose uirginis marie ex semine abrahe orta de tribu iuda clara ex stirpe dauidis.

Sequencia.

ALle celeste nec non et perhenne luya. Dic paraphonista cum mera symphonia. Tuba et canora pallinodias canta. Nam omnis usya hanc christi genitricem die ista. Congaudet exortam per quam sibi sublatam capit uitam. Dauitica stirpe sata dauidis ad sceptra es regenda prole fecundata. Nec grauidata uiscera sunt tamen per ulla patris membra set ex fide sola. Ab arce summa angelus astat maria inquid alma aue plena. Gracia summa et benedicta feminas inter omnes paritura. Regem qui dira mortis uincula. Dampnauit mira cum potencia. Suum plasma soluens sponte sua atque beatam donans uitam. Fit mox puella uerbis credula. Et puerpera stupet et casta. Natum gestans speciosum forma regentem cuncta orbis regna. Hec est uirga non irrigata set dei gracia florigera. Hec est sola cunctorum era materna obscurans piacula. Uelud/ rosa deco- [fo. 269. rans spineta sic quod ledat nil habet maria. Uirgo eua quod attulit prima christi sponsa effugat maria. O uirgo sola mater casta nostra crimina. Soluens da regna quis beata regnant agmina. Potens enim cuncta ut mundi regina et iura. Cum nato omnia decernens in secla et ultra subnixa es in gloria. Cherubyn electa seraphinque clara agmina. Nam iuxta filium posita sedes in dextera uirtus lampas et sophia. Natiuitas unde nobis gaudia hodie affert omnia. Et resonat camenis aula in laude tua uirgo maria. Gaudet per climata orbis ecclesia dicens alleluya. Quod et palacia celi clamant dindima usque dancia preconia.

Genealogia domini nostri ihesu christi secundum matheum.

LIber generacionis ihesu christi: filii dauid filii abraham. Abraham autem genuit ysaac. Ysaac autem genuit iacob. Iacob autem genuit iudam et fratres eius. Iudas autem genuit phares et zaram de thamar. Phares autem genuit esrom. Esrom autem genuit aram. Aram autem genuit aminadab. Aminadab autem genuit naason. Naason autem genuit salmon. Salmon autem genuit booz de raab. Booz autem genuit obeth ex ruth. Obeth autem genuit iesse. Iesse autem genuit dauid regem. Dauid autem rex genuit salamonem ex ea que fuit urie. Salamon autem genuit roboam. Roboas autem genuit abyam. Abyas autem genuit asam. Asa autem genuit iosaphat. Iosaphat autem genuit ioram. Ioram autem genuit oziam. Ozias autem genuit ioathan. Ioathas autem: genuit achaz. Achaz autem: genuit ezechiam. Ezechias autem: genuit manassen. Manasses autem: genuit amon. Amon autem: genuit iosiam. Iosias autem. genuit ieconiam et fratres eius in transmigracionem babilonis. Et post transmigracionem babilonis ieconias genuit salathiel. [Salathiel[1]] autem: genuit zorobabel. zorobabel autem: genuit abiud. Abiud autem: genuit eliachim. Eliachim autem. genuit azor. Azor autem genuit sadoch. Sadoch autem genuit achim. Achim autem: genuit eliud. Eliud autem: genuit eliazar. Eleazar autem genuit mathan. Mathan autem genuit iacob. Iacob autem genuit ioseph uirum marie. De qua natus/ est ihesus: qui uocatur [fo. 269. b. christus.

Offertorium.

DIffusa est gracia in labiis tuis propterea benedixit te deus ineternum et in seculum seculi.

Secretum.

UNigeniti tui domine nobis succurrat humanitas. ut qui natus de uirgine integritatem matris non minuit set sacrauit in natiuitatis eius uotiuis sollempniis a nostris nos piaculis exuens oblacionem nostram sibi faciat acceptam ihesus christus dominus noster. qui tecum.

[1] Omitted in MS.

Prefacio.

ET te in natiuitate.

Communio.

DIffusa est gracia in labiis tuis propterea benedixit te deus ineternum.

Postcommunio.

SUmpsimus domine celebritatis annue uotiua sacramenta presta quesumus: ut intercedente beata maria semper uirgine. et temporalis uite nobis remedia prebeant et eterne. Per.

Eodem die sancti adriani martiris. Oracio.

PResta quesumus omnipotens deus. ut qui beati adriani martiris tui natalicia colimus: a cunctis malis iminentibus eius intercessionibus liberemur. Per.

Secretum.

MUnera hec domine altari tuo superposita beatus adrianus tibi gratificet qui pro te moriendo uiua et sancta factus est hostia. Per dominum.

Postcommunio.

PResta quesumus domine ut quod pro beati adriani martiris tui festiuitate percepimus: delictorum nostrorum nobis sit expiacio. et salutaris inter queque discrimina uegetacio. Per.

In natali sancti Gorgonii martiris. Oracio.

SAnctus martir tuus gorgonius quesumus domine sua nos

intercessione letificet. et pia faciat sollempnitate gaudere. Per.

Secretum.

GRata tibi sit domine nostre seruitutis oblacio quam familie tue pia defert deuocio. pro quo[1] sanctus martir gorgonius interueniat. Per.

Postcommunio.

FAmiliam tuam deus suauitas illa contingat et uegetet. qua in martire tuo gorgonio christi tui bono iugiter odore pascatur. Per.

In natali sanctorum martirum prothi et Iacincti. Officium.

IUdicant.

Oracio.

BEati prothi et iacinti nos domine foueat preciosa confessio. et pia iugiter intercessio tueatur. Per.

Leccio libri apocalipsis beati Iohannis apostoli.

IN diebus illis: Audiui uocem ihesu de celo dicentem michi. Nunc facta est salus et uirtus deo nostro et potestas christi eius quia proiectus est accusator fratrum nostrorum qui accusabat/ illos ante conspectum [fo. 270. domini dei nostri die ac nocte. Et ipsi uicerunt illum propter uerbum testimonii sui et non dilexerunt animas suas usque ad mortem. Propterea letamini celi: et qui habitatis in eis.

Gradale.

IUstorum anime. Alleluya. ℣. Mirabilis.

[1] *sic.*

Euuangelium.

ATtendite a falsis. *Require in dominica viii post pentecosten.*

Offertorium.

GLoriabuntur.

Secretum.

PRo sanctorum tuorum prothi et iacincti ueneracione tibi munera domine que debemus exsoluimus. presta. quesumus: ut remedium nobis perpetue salutis operentur. Per.

Communio.

POsuerunt.

Postcommunio.

UT percepta nos domine tua sancta purificent. beati prothi et iacincti quesumus imploret oracio. Per.

Infra octauas sancte marie officium.

GAudeamus.

Oracio.

SUpplicacionem.

Epistola.

EGo quasi.

Gradale.

SPecie tua. Alleluya. ℣. Natiuitas.

Hec duo euuangelia permutatim dicentur. Stabant iuxta. *Euuangelium* Cum loqueretur. *Ita tamen quod dominica infra octauas et in octaua dicatur primum.*

Offertorium.

FElix namque.

Offertorium.

DIffusa est.

Communio.

BEata uiscera.

Communio.

DIffusa est.

Sanctorum martirum Cornelii. et cypriani pontificum. Officium.

SAcerdotes.

Oracio.

BEatorum martirum tuorum pariterque pontificum Cornelii et Cypriani nos domine quesumus festa tueantur et eorum commendet intercessio ueneranda. Per.

Epistola.

REspondens unus.

Gradale.

TImete dominum. Alleluya. ℣. Sancti tui.

Euuangelium.

POnite.

Offertorium.

LEtamini.

Secretum.

PResta nobis omnipotens deus ut nostre humilitatis oblacio. et pro tuorum tibi pla-

ceat honore sanctorum. et nos corpore pariter et mente purificet. Per.

Communio.

IUstorum anime.

Postcommunio.

PAsce nos quesumus domine tuorum gaudiis sacramentorum in tuorum ueneracione sanctorum. ut nostre salutis sit augmentum quociens illis honor impenditur: in quibus tu mirabiliter predicaris. Per.

Ipso die exaltacio sancte Crucis officium.

NOs autem gloriari oportet in cruce domini nostri ihesu christi in quo est salus uita et resurreccio nostra. per quem saluati et liberati sumus. *Ps.* Deus misereatur.

Oracio.

DEus qui nos hodierna die exaltacionis sancte crucis annua sollempnitate letificas: presta quesumus: ut cuius misterium in terra cognouimus. eius quoque/ redempcionis [fo. 270. b. premia in celo consequamur. Per.

Ad galathas.

FRatres. Uidete qualibet literis scripsi uobis. mea manu. Quicumque uolunt placere in carne hii cogunt uos circumcidi: tantum ut crucis christi persecucionem non paciantur. Neque enim qui circumciduntur legem custodiunt: set uolunt uos circumcidi: ut in carne uestra glorientur. Michi autem absit gloriari nisi in cruce domini nostri ihesu christi : per quem michi mundus crucifixus est et ego mundo.

Gradale.

CHristus factus est pro nobis obediens usque ad mortem mortem autem crucis. ℣. Propter quod et deus exaltauit illum et dedit illi nomen quod est super omne nomen. Alleluya. ℣. Dulce lignum dulces clauos dulcia ferens pondera que sola fuisti digna sustinere regem celorum et dominum.

Sequencia.

LAudes crucis attollamus nos qui crucis exultamus speciali gloria. Dulce melos pulset celos dulce lignum dulci dignum credimus melodia. Uoci uita non discordet cum uox uitam non remordet dulcis est symphonia. Serui crucis crucem laudent qui per crucem sibi gaudent uite dari munera. Dicant omnes et dicant singuli aue salus tocius populi arbor salutifera. O quam felix quam preclara fuit hec salutis ara rubens agni sanguine. Agni sine macula qui mundauit secula ab antiquo crimine. Hec est scala peccatorum per quam christus rex celorum ad se traxit omnia. Forma cuius hec ostendit que terrarum comprehendit quatuor confinia. Non sunt noua sacramenta nec recenter est inuenta crucis hec religio. Ista dulces aquas fecit per hanc silex aquas iecit moysi officio. Nulla salus est in domo nisi cruce munit homo super luminaria.[1] Neque sensit gladium nec amisit filium quisquis egit talia. Ligna legens in sarepta spem salutis est adepta pauper muliercula. Sine lignis fidei nec lechitus olei ualet nec farinula. In scripturis sub figuris ista latent set iam patent crucis beneficia.

[1] *sic. for* liminaria.

Reges credunt hostes cedunt sola cruce christo duce hostis fugat milia. Ista suos forciores semper facit et uictores morbos sanat et languores reprimit demonia. Dat captiuis libertatem uite confert nouitatem ad antiquam dignitatem crux reduxit omnia. O crux signum triumphale mundi uera salus uale inter ligna nullum tale fronde flore germine. Medicina christiana salua sanos egros sana quod non ualet uis humana sit[1] in tuo nomine. Insistentes crucis laudi/ con- [fo. 271. secrator crucis audi atque seruos tue crucis post hanc uitam uere lucis transfer ad palacia. Quos tormento ius[2] seuire[3] fac tormenta non sentire set cum dies erit ire nobis comfer et largire sempiterna gaudia.

Secundum Iohannem.

IN illo tempore: Dicebat ihesus turbis. Nunc iudicium est mundi. Nunc princeps mundi eicietur foras. Et ego si exaltatus fuero a terra : omnia traham ad meipsum. Hoc autem dicebat : significans qua morte esset moriturus. Respondit ei turba. Nos audiuimus ex lege : quia christus manet ineternum. Et quomodo tu dicis oportet exaltari filium hominis. Quis est iste filius hominis ? Dixit ergo eis ihesus. Adhuc modicum lumen in uobis est. Ambulate dum lucem habetis : ut non tenebre uos comprehendant. Et qui ambulat in tenebris : nescit quo uadat. Dum lucem habetis credite in lucem : ut filii lucis sitis.

Offertorium.

PRotege domine plebem tuam per signum sancte crucis ab omni-

[1] *sic. for* fit. [2] *sic. for* uis.
[3] *sic* : r *seems erased between* e *&* u.

bus insidiis inimicorum omnium ut tibi gratam exhibeamus seruitutem. et acceptabile tibi fiat sacrificium nostrum alleluya.

Secretum.

DEuotas domine humilitatis nostre preces et hostias misericordie tue precedat auxilium. et salutem quam per adam in paradiso ligni clauserat temerata presumpcio. ligni rursum fides aperiat. Per.

Prefacio.

QUi salutem.

Communio.

REdemptor mundi signo crucis nos ab omni aduersitate custodi qui saluasti petrum in mari miserere nobis.

Postcommunio.

IHesu christi domini nostri corpore saginati per quem crucis est sanctificatum uexillum. quesumus domine deus noster. ut sicut eius misterium adorare meruimus. ita perhenni eius beneficio perfruamur. Per.

In octaua sancte marie officium et cetera fiant sicut in die preter euuangelium quod erit Stabant iuxta. *et offertorium quod erit* Recordare *uel offertorium.* Felix namque.

Eodem die sancti nichomedis martiris officium.

LEtabitur.

Oracio.

ADesto domine populo tuo. ut beati nichomedis martiris tui merita preclara suscipiens ad impetrandam misericordiam tuam semper eius patrociniis adiuuemur. Per.

Epistola.

NEmo militans.

Gradale.

POsuisti. Alleluya. ℣. Iustus ut palma.

Euuangelium.

QUi amat.

Offertorium.

GLoria et honore.

Secretum.

SUscipe domine propicius munera oblata que magestati tue beati nichomedis martiris tui commendet oracio. Per.

Communio./ [fo. 271. b.

QUi uult uenire.

Postcommunio.

PUrificent nos quesumus domine sacramenta que sumpsimus. et intercedente beato nichomede martire tuo. a cunctis efficiant uiciis absolutos. Per.

In natali sancte eufemie martiris. Officium.

UUltum tuum.

Oracio.

OMnipotens sempiterne deus qui infirma mundi eligis ut forcia queque confundas: concede propicius: ut qui beate eufemie martiris tue sollempnia colimus eius apud te patrocinia senciamus. Per.

Epistola.

DOmine deus meus.

Gradale.

SPecie tua. Alleluya. ℣. Adducentur.

Euuangelium.

SImile est regnum celorum decem.

Offertorium.

OFferentur.

Secretum.

MUneribus domine te magnificamus oblatis. ut in sancte Eufemie martiris tue sollempnitate et gaudia nobis sempiterna concilies et patrocinia benediccionis tue largiaris. Per.

Communio.

SImile est regnum.

Postcommunio.

SAnctificet nos domine quesumus tui percepcio sacramenti: et intercessio beate eufemie martiris tue tibi reddat acceptos. Per.

In natali sancti lamberti episcopi et martiris. Officium.

SAcerdotes dei.

Oracio.

PResta quesumus omnipotens deus ut beatum lambertum quem ecclesie tue pontificem concessisti esse et martirem suffragatorem nos facias perhennem. et ad beatitudinis sue consorcia pium introductorem. Per.

Epistola.

BEnedicentes dominum.

Gradale.

ECce sacerdos. Alleluya. ℣. Inueni dauid.

Euuangelium.

CIrcuibat ihesus.

Offertorium.

UEritas.

Secretum.

INtercessio quesumus domine beati lamberti martiris tui hec tibi commendet sacrificia. et tua nobis multiplicet beneficia. Per.

Communio.

BEatus seruus.

Postcommunio.

SUmpta domine sacramenta sempiterna dulcedine nos reficiant et beati lamberti martiris tui atque pontificis interuentu dignos nos magestati tue perficiant. Per.

In uigilia sancti mathei apostoli et euangeliste officium.

EGo autem.

Oracio.

DA nobis omnipotens deus ut beati mathei apostoli tui et euangeliste quam preuenimus ueneranda sollempnitas. et deuocionem nobis augeat et salutem. Per.

Epistola.

BEatus uir qui inuenit.

Gradale.

IUstus ut palma. *Si in dominica euenerit.* Alleluya. ℣. Gloria et honore.

Secundum Lucam.

IN illo tempore: Uidit ihesus publicanum nomine leui sedentem ad theloneum: et ait illi. Sequere me. Et relictis omnibus: surgens secutus est eum. Et fe/cit ei con- [fo. 272. uiuium magnum leui in domo sua: et erat turba multa publicanorum et aliorum qui cum illis erant discumbentes. Et murmurabant pharisei et scribe eorum: dicentes ad discipulos eius. Quare cum publicanis et peccatoribus manducatis et bibitis? Et respondens ihesus: dixit ad illos. Non egent qui sani sunt medico: set qui male habent. Non enim ueni uocare iustos: set peccatores ad penitenciam.

Offertorium.

GLoria et honore.

Secretum.

APostolice reuerencie culmine offerentes tibi sacra misteria. presta domine quesumus. ut beati mathei apostoli tui et euuangeliste suffragiis cuius natalicia preuenimus hec plebs tua semper et sua uota depromat et desideria percipiat. Per.

Communio.

POsuisti.

Postcommunio.

BEati mathei apostoli et euangeliste tui quesumus domine supplicacione placatus. et ueniam nobis tribue. et remedia sempiterna concede. Per.

In die sancti Mathei apostoli et euuangeliste officium.

MIchi autem.

Oracio.

BEati mathei apostoli et euuangeliste domine precibus adiuuemur: ut quod possibilitas nostra non optinet eius nobis intercessione donetur. Per.

Leccio ezechielis prophete.

SImilitudo uultus quatuor animalium. Facies hominis et facies leonis. a dextris ipsorum quatuor. Facies autem bouis: a sinistris ipsorum quatuor. Et facies aquile: desuper ipsorum quatuor. Et facies eorum et penne eorum: extente desuper. Due penne singulorum iungebantur: et due tegebant corpora eorum. Et unumquodque eorum: coram facie sua ambulabat. Ubi erat impetus spiritus: illuc gradiebantur. nec reuertebantur cum ambularent. Et similitudo animalium et aspectus eorum: quasi carbonum ignis ardencium. et quasi aspectus lampadarum. Hec erat uisio: discurrens in medio animalium. Splendor ignis: et de igne fulgur egrediens. Et animalia ibant et reuertebantur: in similitudinem fulguris choruscantis.

Gradale.

NImis honorati. Alleluya. ℣. Non uos.

Secundum Matheum.

IN illo tempore: Cum transiret inde ihesus: uidit hominem sedentem in theloneo matheum nomine. Et ait illi. Sequere me. Et surgens/ se- [fo. 272. b. cutus est eum. Et factum est discumbente eo in domo: ecce multi publicani et peccatores uenientes discumbebant cum ihesu et discipulis eius. Et uidentes pharisei: dicebant discipulis eius. Quare cum publicanis et peccatoribus manducat magister uester? At ihesus audiens ait. Non est opus ualentibus medicus: set male habentibus. Euntes autem discite. quid est misericordiam uolo et non sacrificium. Non enim ueni uocare iustos: set peccatores.

Offertorium.

MIchi autem.

Secretum.

SUpplicacionibus apostolicis beati mathei apostoli et euuangeliste quesumus domine ecclesie tue commendetur oblacio. cuius magnificis predicacionibus eruditur. Per.

Prefacio.

ET te suppliciter.

Communio.

AMen dico uobis.

Postcommunio.

SUmpsimus domine uenerabile sacramentum beati mathei apostoli tui et euuangeliste festiuitate letantes: quesumus ut suis precibus gloriosis. et credendum nobis iugiter postulet. et sequendum beatus euangelista quod docuit. Per.

In natali sanctorum martirum. Mauricii sociorumque eius officium.

INtret in conspectu.

Oracio.

ANnue quesumus omnipotens deus: ut nos sanctorum martirum tuorum Mauricii. exuperii. candidi. uictoris. innocencii. et uitalis sociorumque eorum letificet uotiua sollempnitas: ut quorum suffragiis. nitimur: natalicíis gloriemur. Per.

Epistola.

SAncti per fidem.

Gradale.

GLoriosus deus. Alleluya. ℣. Te martirum.

Sequencia.

ALludat letus ordo psallens pie dulcifluum nunc alleluya. Carmina concrepans tinnula mellea iugans organa. Laudum christo thymiamata uox canat mens que placida. O quam ueneranda tremenda amanda trinitas adoranda et deitas una. Quam poli agmina niuea iubilant tymphanizantes lirica modulamina. Angelica et archangelica turma canit cui uoce iocunda. Sanctus sanctus sanctus et dominus deus omnipotens regnans in secla. Apostolica laudat hunc armonia martirum quoque cythara confessorum et uirginum lira. Quibus sociata legio thebea hodie pro christo cesa nunc laureata odas ymnizat. Q[1] quam dulcissima o quam largiflua domini clemencia tanta milia. Qui

[1] *sic: for* O.

tam lucida saluans die una de ore leuiathan leuat ad astra. Gaudet phalanx celica lucra suscipiens tam beata exultans tellus efflagitat ipsorum patrocinia. Plangit/ [fo. 273. turba picea ereptam predam a sua pena quid doles omnes non perire o infelix inuidia. O maurici dux in curia te poscentum errata pie excusa uirtutumque demonilia.[1] O exsuperi et candide innocens atque uictor cunctaque turma laudantum audite precata. Qui iam stelligerata meruistis palacia nobis liliosa flagitate campestria. Christo quo annuente iubila symphoniaca pangamus aurosa in poli dindima amen. Aue nunc iam legio alma ouatizans secula per cuncta alleluya.

Euuangelium.

DEscendit ihesus de monte.

Offertorium.

EXultabunt.

Secretum.

PResentes hostias domine merita gloriosa martirum thebeorum tibi reddant acceptas pro quorum tibi precioso sanguine sunt dicate. Per.

Communio.

MUltitudo.

Postcommunio.

SUmptis domine celestibus sacramentis quesumus: ut intercessione sanctorum martirum thebeorum. consequi mereamur ueniam delictorum. Per.

In natali sancte tecle uirginis et martiris officium.

LOquebar.

[1] *sic. for* da monilia

Oracio.

PResta quesumus omnipotens deus ut sancte uirginis tue tecle cuius uictoriosissima tibi complacuit passio clemencie tue nos commendet intercessio. Per.

Epistola.

DOmine deus meus.

Gradale.

SPecie tua. Alleluya. ℣. Diffusa est.

Euuangelium.

SImile est regnum celorum thesauro.

Offertorium.

OFferentur.

Secretum.

SAncte Tecle uirginis et martiris tue domine quesumus deprecacione munera nostra sanctifica. et ab omnibus contagiis humane prauitatis per ea nos clementer emunda. Per.

Communio.

QUinque prudentes.

Postcommunio.

MEnse celestis participacio quesumus domine corpora nostra mentes que sanctificet et sancte uirginis et martiris tue tecle gloriosa deprecacio: ad uitam nos perducat eternam. Per.

In natali sanctorum martirum. Cosme et damiani. Officium.

SApienciam.

Oracio.

MAgnificet te domine sanctorum martirum tuorum. Cosme et damiani beata sollempnitas. qua et illis gloriam sempiternam et opem nobis ineffabili prouidencia contulisti. Per.

Epistola.

QUi timet deum. *Require in festo sancti Iohannis euuangeliste.*

Gradale.

CLamauerunt. Alleluya. ℣. Te martirum.

Euuangelium.

ATtendite a fermento.

Offertorium.

GLoriabuntur.

Secretum.

IN tuorum domine preciosa morte iustorum sacrificum[1] istud offerimus de quo martirium sumpsit omne principium. quod quesumus propiciaciacionis[1] tue nobis munus optineat. Per.

Communio.

IUstorum anime./ [fo. 273. b.

Postcommunio.

SIt nobis domine sacramenti tui certa saluacio. que cum beatorum martirum tuorum Cosme et damiani meritis imploratur. Per.

In uigilia sancti michaelis officium.

ADorate deum. *Cetera omnia sicut in commemoracione de angelis.*

[1] *sic.*

In die sancti michaelis archangeli.

Ad missam officium.

BEnedicite dominum omnes angeli eius potentes uirtute qui facitis uerbum eius ad audiendam uocem sermonum eius. *Ps.* Benedic anima.

Oracio.

DEus qui miro ordine angelorum ministeria hominum que dispensas: concede propicius: ut quibus tibi ministrantibus in celo semper assistitur. ab hiis in terra uita nostra muniatur. Per.

Leccio libri apocalipsis. Iohannis apostoli.

FActum est prelium in celo michael et angeli eius preliabantur cum dracone. et draco pugnabat et angeli eius et non ualuerunt. neque locus inuentus est eorum amplius in celo. Et[1] Et proiectus est draco ille magnus serpens antiqus[2] qui dicitur diabolus et sathanas qui seducit uniuersum orbem.[3] Et proiectus est draco ille magnus serpens antiqus[2] qui dicitur dyabolus et sathanas: qui seducit uniuersum orbem.[3] Et proiectus est in terram et angeli eius cum illo missi sunt. Et audiui uocem magnam: de celo dicentem. Nunc facta est salus et uirtus et regnum deo nostro. et potestas christi eius quia proiectus est accusator fratrum nostrorum qui accusabat illos ante conspectum dei nostri die ac nocte. Uicerunt illum propter uerbum testimonii

[1] Struck through with black line.
[2] *sic.*
[3]—[3] *sic.* repeated.

sui. et non dilexerunt animas suas usque ad mortem. Propterea letamini celi: et qui habitatis in eis.

Leccio libri apocalipsis. Iohannis apostoli.

IN diebus illis: Significauit deus que oportet fieri cito: loquens per angelum suum seruo suo iohanni. qui testimonium perhibuit uerbo dei. et testimonium ihesu in hiis quecumque uidit. Beatus qui legit et qui audit uerba prophecie huius et seruat ea que in ea scripta sunt. Tempus enim prope est. Iohannes septem ecclesiis que sunt in asya. Gracia uobis et pax ab eo qui est. et qui erat et qui uenturus est: et a septem spiritibus qui in conspectu/ throni [fo. 274. eius sunt et ab ihesu christo qui est testis fidelis primogenitus mortuorum. et princeps regum terre. Qui dilexit nos et lauit nos a peccatis nostris. in sanguine suo.

Gradale.

BEnedicite domino omnes angeli eius potentes uirtute qui facitis uerbum eius. ℣. Benedic anima mea domino et omnia interiora mea nomen sanctum eius. Alleluya. ℣. In conspectu angelorum psallam tibi domine deus meus.

Sequencia.

AD celebres rex celice laudes cuncta. Alleluya. Clangat nunc canora caterua symphonia. Odas atque soluat concio tibi nostra. Cum iam renouantur michaelis inclita ualde festa. Per que letabunda perornatur mundi machina tota. Nouies distincta neupmatum sunt

agmina per te facta. Set cum uis facis hec flammea per angelicas officinas. Inter primeua sunt hec nam creata tua cum simus nos ultima factura sed ymago tua. Theologa cathegorizant symbola nobis hec tripertita per priuata officia. Plebs angelica phalax et archangelica principans turma uirtus uranica ac potestas almiphona. Dominancia numina diuina que subsellia cherubyn etherea ac seraphyn ignicoma. Uos o michael celi satrapa gabriel que uera dans uerbi nuncia. Atque raphael uite uernula transferte nos intra paradisicolas. Per uos patris cuncta complentur mandata que dat. Eiusdem sophia compar quoque neupma una. Permanens in usya. Cui estis administrancia deo milia milium sacra. Uices per bis quinas. bis atque quingentas uestra. Centena millena assistunt in aula ad quam rex ouem centesimam. Terrigenam dragmamque decimam uestra duxit super agalmata. Uos per ethra nos per rura dena. Pars electa armonie uota. Demus yperlirica cythara. Et post bella michaelis inclita. Nostra sint deo accepta auream. Circa aram thymiamata. Quo in coeua iam gloria. Condecantemus alleluya.

Secundum matheum.

IN illo tempore: Accesserunt discipuli ad ihesum dicentes. Quis putas maior est in regno celorum? Et aduocans ihesus paruulum: statuit eum in medio eorum et dixit. Amen dico uobis: nisi conuersi fueritis et efficiamini sicut paruuli non intrabitis in regnum celorum. Quicumque ergo humiliauerit se sicut paruulus iste: hic maior est in regno celorum. Et quicumque susceperit unum paruulum talem in nomine meo : me suscipit. Qui autem scandalizauerit unum de pusillis/ [fo. 274. b. istis qui in me credunt expedit ei ut suspendatur mola asinaria in collo eius. et demergatur in profundum maris. Ue mundo ab scandalis. Necesse est enim : ut ueniant scandala. Uerumptamen ue homini illi : per quem scandalum uenit. Si autem manus tua uel pes tuus scandalizat te : abscide eum et proice abs te. Bonum est tibi ad uitam ingredi debilem uel claudum quam duas manus uel duos pedes habentem mitti in ignem eternum. Et si oculus tuus scandalizat te : erue eum. et proice abs te. Bonum est tibi cum uno oculo in uitam intrare. quam duos oculos habentem mitti in iehennam ignis. Uidete ne contempnatis unum ex hiis pusillis. Dico enim uobis : quia angeli eorum in celis semper uident faciem patris mei : qui in celis est.

Non dicitur Credo. *nisi dominica fuerit.*

Offertorium.

STetit angelus iuxta aram templi habens thuribulum aureum in manu sua. et data sunt ei incensa multa. et ascendit fumus aromatum in conspectu dei alleluya. ℣. In conspectu angelorum psallam tibi domine. et adorabo ad templum sanctum tuum et confitebor tibi domine.

Secretum.

MUnus populi tui quesumus domine dignanter assume quod non nostris meritis. set sancti archangeli tui michaelis deprecacione tibi sit gratum. Per.

Communio.

BEnedicite omnes angeli domini domino ympnum dicite et superexaltate eum in secula.

Postcommunio.

BEati archangeli tui michaelis intercessione suffulti supplices te domine deprecamur. ut quos honore prosequimur. contingamus et mente. Per.

In natali sancti Ieronimi episcopi.
Officium.

OS iusti.

Oracio.

DEus qui nobis per beatum Ieronimum confessorem sacerdotem que tuum scripture sancte ueritatem et mistica sacramenta reuelare dignatus es : concede quesumus : ut cuius natalicia colimus : eius semper et erudiamur doctrinis. et meritis adiuuemur. Per.

Epistola.

OPtaui et datus.

Gradale.

OS iusti. Alleluya. ℣. Hic in oracione.

Euuangelium.

UOs estis sal terre.

Offertorium.

UEritas mea.

Secretum.

CLemencia tua domine munera nostra dignanter respiciat. et beati Ieronimi confessoris tui et sacerdotis deprecacione per eadem nos purifica. Per.

Communio.

DOmine quinque.

Postcommunio.

PResta domine quesumus ut ecclesiam tuam./ [fo. 275. beatus sacerdos ieronimus et fidei doctrinis erudiat. et eruditam diuinis misteriis dignam pia intercessione efficiat. Per.

Sanctorum episcoporum. Germani Remigii et uedasti. Officium.

SAcerdotes eius.

Oracio.

SAnctorum confessorum tuorum domine. Germani. Remigii et uedasti episcoporum. nos beata merita prosequantur: et tuo semper faciant amore feruentes. Per.

Epistola.

HIi sunt uiri. *Require in communi plurimorum martirum.*

Gradale.

SAcerdotes eius. Alleluya. ℣. Fulgebunt.

Euuangelium.

SInt lumbi.

Offertorium.

EXultabunt.

Secretum.

PReces nostras quesumus domine et tuorum respice oblaciones fidelium. ut tibi grate sint in tuorum festiuitate sanctorum. et nobis conferant tue propiciacionis auxilium. Per.

Communio.

EGo uos.

Postcommunio.

REpleti sacramento reperacionis humane in festiuitate sanctorum confessorum tuorum. atque pontificum quesumus domine deus noster: ut sicut nobis munera dignaris prebere celestia. sic per eadem tribuas nobis donis inherere celestibus. Per.

In natali sancti Leodegarii episcopi et martiris officium.

SAcerdotes tui.

Oracio.

OMnipotens sempiterne deus sancto leodegario pontifice et martire tuo intercedente. nostre fragilitati diuinum pretende subsidium. ut misericordiam sempiternam per quam illa felix anima exultauit. nos saltem sincera professione mereamur. Per.

Epistola.

BEnedicentes dominum.

Gradale.

ECce sacerdos. Alleluya. ℣. Elegit te.

Euuangelium.

HOmo quidam nobilis.

Offertorium.

UEritas.

Secretum.

TAlis sit in conspectu tuo omnipotens deus hec oblacio: ut sancto martire tuo leodegario intercedente. eterna pro peccatis nostris fiat populi tui propiciacio. Per.

Communio.

BEatus seruus.

Postcommunio.

DEliciis salutaribus quos refecisti domine beato leodegario intercedente. eterne famis et sitis numquam permittas iniuriam sustinere. Per.

Sancte fidis uirginis et martiris officium.

LOquebar.

Oracio.

DEus qui presentem diem beate fidis uirginis martirio facis esse sollempnem: presta ecclesie tue ut cuius gloriatur meritis. eius precibus adiuuetur. Per.

Epistola.

DOmine deus meus.

Gradale.

SPecie tua. Alleluya. ℣. Quinque prudentes.

Euuangelium.

UEnerunt ad ihesum.

Offertorium.

OFferentur.

Secretum.

SUscipe domine preces et hostias meritis beate fidis

uirginis et martiris tibi dicatas/ et concede ut eius [fo. 275. b. nobis sint supplicacione salutares cuius sunt ueneracione sollempnes. Per.

Communio.

QUicumque fecerit.

Postcommunio.

QUos refecisti domine celesti conuiuio beate fidis uirginis et martiris iuuante patrocinio: supernorum ciuium fac dignos collegio. Per.

In natali sancti marci [pape[1]] confessoris officium.

SAcerdotes dei.

Oracio.

EXaudi domine preces nostras et intercedente beato marco confessore tuo atque pontifice: supplicaciones nostras placatus intende. Per.

Epistola.

DEdit dominus.

Gradale.

INueni dauid. Alleluya. ℣. Iurauit dominus.

Euuangelium.

UIgilate quia.

Offertorium.

INueni dauid.

Secretum.

PResta quesumus domine ut sancti marci confessoris tui precibus quem ad laudem no-

[1] Erased.

minis tui dicatis muneribus honoramus. pie nobis deuocionis fructus accrescat. Per.

Communio.

FIdelis seruus.

Postcommunio.

COnseruent nos domine quesumus munera tua : et intercedente beato marco confessore tuo atque pontifice. uitam nobis eternam conferant supplicantibus. Per.

Sancti dyonisii martiris sociorumque eius officium.

INtret in conspectu.

[*Oracio.*]

DEus qui hodierna die beatum dyonisium uirtute constancie in passione roborasti. quique illi ad predicandum gentibus gloriam tuam Rusticum et eleutherium sociare dignatus es. tribue nobis quesumus : et eorum imitacione pro amore tuo prospera mundi despicere. et nulla eius aduersa formidare. Per.

Epistola.

SAncti per fidem.

Gradale.

GLoriosus deus. Alleluya. ℣. Uox exultacionis.

Sequencia.

SUpere armonie uastam gubernanti musicam. Alleluya. Tonanti creatura laudes depromat inclitas. Largita cui digna sunt racionis munera. Hunc ergo psallamus dulcia modificantes neupmata. Atque uox canora componat rithmica tandem famina. Et quoniam organa resonant symphonia tinnula. Christus ab arce clara capiat uota cordis intima. Eya intona nunc galliarum plebs candida. Celeberrima dyonisii macharii digne recolendo trophea. Commissa cui es in sorte apostolica. Qui pia ferat iugiter tibi suffragia missus huc de gente pelasga. O quanta tormentorum passus genera pro christi extitit gloria. Nam flammas et flagella seuas que feras carceris simul tulit antra. Set sacra illic infula dum celebrat misteria presul alma ihesus astat/ [fo. 276. caterua septus angelica. Et sancta manu placida ferens liba firmat eius agoniam expectatam promittens celorum gloriam. Hac percepta uoce diuina sacer athleta. Infert celo ceruice cesa gaudens animam. Eternam christus ibi dans illi gloriam. Remittat seruorum errata eius prece benigna cuncta per secula.

Euuangelium.

DEscendens ihesus.

Offertorium.

LEtamini.

Secretum.

OFferendorum tibi munerum deus auctor et dator presta. ut hoc sacrificium singulare quod sanctis tuis in passione contulit caritatem nobis tribuat in deuocione presidium. Per.

Communio.

MUltitudo languencium.

Postcommunio.

SUmpsimus domine uotiua misteria deprecantes clemenciam tuam : ut eorum nobis fiant deprecacione salutaria. quorum passionis celebramus gloriosa sollempnia. Per.

In natali sancti paulini episcopi et confessoris. Officium.

STatuit.

Oracio.

DEus qui nos hodie beati paulini confessoris tui atque pontificis ueneranda facis celebritate gaudere: tribue quesumus eius nos semper et piis defensionibus muniri et oracionibus adiuuari. Per.

Epistola.

SCitis quia misi ad uos.

Gradale.

IUrauit dominus. Alleluya. ℣. Inueni dauid.

Euuangelium.

UIdete uigilate.

Offertorium.

UEritas mea.

Secretum.

HEc sacra quesumus domine que pro uenerandis beati paulini confessoris tui atque pontificis deferimus meritis peccatorum nostrorum uincula soluant et eius optentu ab omnibus tueantur aduersis. Per.

Communio.

FIdelis.

Postcommunio.

PIgnus perpetue salutis sumentes clemenciam tuam omnipotens deus imploramus

ut beato paulino confessore tuo interueniente celestis uite premia consequi mereamur. Per.

In natali sancte Ethelburge uirginis. Officium.

DIlexisti iusticiam.

Oracio.

DEus uniuerse bonitatis auctor et egregie uirginitatis conseruator. adesto nobis quesumus sancte uirginis ethelburge sollempnitatem celebrantibus et presta. ut per eius intercessionem mereamur accipere presentis uite iocunditatem et sempiterne lucis claritatem. Per.

Epistola.

O Quam pulchra.

Gradale.

DIlexisti. Alleluya. ℣. Adducentur.

Euuangelium.

SImile est regnum celorum decem.

Offertorium.

OFferentur.

Secretum.

MUnera presentis hostie que offerimus magestati tue gratanter suscipe deus clementissime. et suffragante sacra/ uirgine ethelburga. [fo. 276. b. cuius annua recolimus natalicia. per ea nos perducere digneris ad sempiterna gaudia.

Communio.

SImile est regnum celorum.

Postcommunio.

REpleti libamine spiritualis mense tuam imploramus omnipotenciam misericors domine. quatinus per gloriosa caste uirginis ethelburge merita. cuius celestem celebramus natiuitatem tribuas nobis indeficientem celestis remuneracionis sempiternitatem. Per.

In natali sancti Nigasii martiris sociorumque eius officium.

SApienciam.

Oracio.

DEus qui nos hanc diem uenerabilem in honorem sancti Nigasii martiris tui atque pontificis ac sociorum eius excolere fecisti. presta quesumus. ut quos letis ueneramur obsequiis. eorum oracionibus muniamur et precibus. Per.

Epistola.

IUsti imperpetuum.

Gradale.

EXultabunt. Alleluya. ℣. Preciosa.

Euuangelium.

ELeuatis ihesus.

Offertorium.

LEtamini.

Secretum.

PReces domine tuorum respice oblaciones que fidelium ut et tibi grate sint pro tuorum festiuitate sanctorum. nigasii. quirini. et scuniculi.[1] et nobis

[1] *sic: for* scuuiculi.

conferant tue propiciacionis auxilium. Per.

Communio.

IUstorum anime.

Postcommunio.

SAnctorum martirum tuorum domine Nigasii quirini et scubiculi intercessione placatus presta quesumus: ut que temporali celebramus accione. perpetua capiamus saluacione. Per.

In natali sancti wilfridi episcopi et confessoris. Officium.

[S]Tatuit.

Oracio.

FAc nos quesumus domine beati wilfridi confessoris tui atque pontificis intercessionibus a cunctis mundi perturbacionibus respirare: eius que optentu tam presentis uite subsidia. quam eterne eciam beatitudinis premia reperire. Per.

Epistola.

ECce sacerdos.

Gradale.

ECce sacerdos. Alleluya. ℣. Inueni dauid.

Euuangelium.

SInt lumbi.

Offertorum.

UEritas mea.

Secretum.

BEnediccio tua quesumus domine beati wilfridi confessoris tui atque pontificis intercessione super has hostias descendat. que et salutem nobis clementer operetur. et beate inmortalitatis dona conciliet. Per.

Communio.

BEatus seruus.

Postcommunio.

BEati wilfridi confessoris tui atque pontificis domine precibus confidentes quesumus clemenciam tuam ut per ea que sumpsimus eterna remedia capiamus. Per.

Eodem die ad magnam missam de uigilia beati/ [fo. 277. *Regis. Edwardi officium et cetera omnia preter euuangelium et epistolam ut supra in uigilia deposicionis eiusdem.*

Epistola.

BEnediccio domini.

Euuangelium.

FActa est contencio. *Require in comuni apostolorum.*

In die sancti eduuardi officium.

GAudeamus omnes in domino diem festum celebrantes sub honore eduuardi regis de cuius translacione gaudent angeli et collaudant filium dei. *Ps.* Domine in uirtute.

Oracio.

OMnipotens sempiterne deus qui beatum regem Edwardum sanctorum tuorum collegio sociasti: concede propicius ut qui gloriose translacionis eius recolimus insignia. ipsius apud te senciamus patrocinia. Per.

Epistola.

DIlectus deo.

Gradale.

DOmine preuenisti. Alleluya. ℣. Iustus germinabit.

Sequencia.

LEtetur ecclesia. *Require in alio festo.*

Euuangelium.

NEmo lucernam.

Offertorium.

POsuisti domine.

Secretum.

QUos beati Regis edwardi translacio sancta letificat tua nos domine gracia reddat leciores. et tribuat in hoc sacrificio presencie tue dulcedinem toto corde sentire. Qui uiuis et regnas.

Communio.

MAgna est.

Postcommunio.

UT nobis salutem conferant sacramenta que sumpsimus beatissimus rex eduuardus confessor tuus domine pro nobis intercessor existat. de cuius ueneranda translacione tribuis nos annua deuocione letari. Per.

In natali sancti kalixti [*pape*][1] *et martiris.*

Oracio.

DEus qui nos conspicis ex nostra infirmitate deficere

[1] Erased.

ad amorem tuum nos misericorditer per sancti kalixti pape et martiris tui exempla restaura. Per.

Secretum.

MIstica nobis domine prosit oblacio. que per sancti kalixti meritum nos et a reatibus nostris expediat. et perpetua saluacione confirmet. Per.

Postcommunio.

PResta quesumus domine ut cuius passionis memoriam sacramenti participacione recolimus. fidem proficiendo sectemur. Per.

Infra octauas sancti edwardi ad missam officium.

GAudeamus.

Oracio.

OMnipotens sempiterne.

Epistola.

BEnediccio domini.

Epistola.

DIlectus deo.

Gradale.

IUstus ut palma.

Gradale.

DOmine preuenisti. Alleluya. ℣. Posuisti. Alleluya. ℣. Iustus germinabit.

Euuangelium.

FActa est contencio.

Euuangelium.

NEmo lucernam.

Offertorium.

UEritas mea.

Offertorium]

POsuisti.

Communio.| [fo. 277. b.

POsuisti.

Communio.

MAgna est.

In natali sancti luce Euuangeliste. Officium.

IN medio ecclesie.

Oracio.

INteruenia t pro nobis domine quesumus sanctus tuus lucas euuangelista qui crucis mortificacionem iugiter in suo corpore pro tui nominis honore portauit. Per.

Epistola.

SImilitudo.

Gradale.

BEatus uir. Alleluya. ℣. Primus ad syon.

Euuangelium.

DEsignauit dominus.

Offertorium.

IUstus ut palma.

Secretum.

DOnis celestibus da nobis quesumus domine libera mente seruire. ut munera que deferimus interueniente beato euuangelista luca. et medicinam nobis operetur et gloriam. Per.

Communio.

MAgna est.

Postcommunio.

PResta quesumus omnipotens eterne deus: ut id quod de sancto altari tuo percepimus. precibus beate euangeliste tui luce saluiuificet animas nostras. per quod tuti esse possimus. Per.

In natali sancte fredeswythe uirginis officium.

[D[2]]Ilexisti.

Oracio.

OMnipotens sempiterne deus. da nobis in festiuitate beate fredeswythe uirginis tue congrua deuocione gaudere. ut et potenciam tuam in eius transitu laudemus et prouisum nobis percipiamus auxilium. Per.

Epistola.

QUi gloriatur.

Gradale.

DIlexisti. Alleluya. ℣. Specie tua.

Euuangelium.

SImile est regnum celorum.

Offertorium.

OFferentur.

Secretum.

OFferimus tibi domine preces. *Respice in comuni.*

[1] *Sic.*

[2] A small *d* written by scribe but not filled in by illuminator.

Communio.

DIffusa est.

In octaua sancti eduuardi. omnia fiant sicut in die.

In natali sanctarum undecim milia uirginum officium.

UUltum tuum.

Oracio.

DEus qui digne tibi sacratis uirginibus mirandi agonis robur indidisti quo per martirii palmam ad superne contemplacionis pertingerent gloriam da quesumus earum nos intercessionibus adiuuari. quas hodierna die transcenso mortis stadio. in celestibus fecisti triumphare. Per.

Epistola.

DE uirginibus.

Graaale.

ANima nostra. Alleluya. ℣. Adducentur.

Euuangelium.

SImile est regnum celorum decem.

Offertorium.

OFferentur.

Secretum.

FAc nos quesumus domine beatarum uirginum tuarum et martirum. continuis presidiis adiuuari. pro quarum ueneranda recordacione hec dona magestati tue dicanda offerimus. Per.

Communio.

QUinque prudentes.

Postcommunio.

CElestis domine alimonie refecti sacramento quesumus ut intercedentibus sanctis uirginibus ac martiribus tuis que pro/ illarum celebra- [fo. 278. mus gloria. ad nostre salutis proficiant incrementa. Per.

In natali sancti Romani archiepiscopi. Officium.

STatuit ei.

Oracio.

DEus cui beatus romanus pontifex ita sanctitatis gracia decoratus complacuit ut tuorum consorcium in celis promereretur sanctorum da quesumus ecclesie tue eius interuentu perpetuam consequi leticiam. cuius deposicionis diem gratulando celebrat solempnem. Per.

Epistola.

ECce sacerdos.

Gradale.

ECce sacerdos. Alleluya. ℣. Inueni dauid.

Euuangelium.

UIgilate quia.

Offertorium.

UEritas.

Secretum.

SUscipe quesumus omnipotens deus misticam humilitatis nostre oblacionem. quam pro ueneracione almiflui confessoris tui atque presulis romani tue offerimus magestati. quatinus

eius patrocinantibus meritis per hec ipsa sacrificia plebs tua a cunctis exuatur peccatis. Per.

Communio.

BEatus seruus.

Postcommunio.

FAmiliam tuam quesumus domine quam sacrosancti corporis et sanguinis tui participacione recreasti solita respice pietate : quatinus sancti presulis romani precibus fulta continuis. et eternis seculi huius liberetur incomodis. et ethereis redimatur incrementis. Qui uiuis et regnas cum deo.

In natali sanctorum martirum crispini et crispiniani officium.

SApienciam.

Oracio.

DEus qui sanctis martiribus tuis Crispino et crispiniano ad hanc gloriam ueniendi copiosum munus gracie contulisti da nobis famulis tuis nostrorum ueniam peccatorum ut sanctorum tuorum meritis intercedentibus ab omnibus mereamur aduersitatibus liberari. Per.

Epistola.

SAncti ludibria.

Gradale.

UIndica domine. Alleluya. ℣. Letamini.

Euuangelium.

CUm audieritis.

Offertorium.

EXultabunt.

Secretum.

SAcrificiis presentibus domine que tibi in tuorum commemoracione sanctorum deferimus intende placatus. ut et deuocioni nostre proficiant et saluti. Per.

Communio.

BEati mundo.

Postcommunio.

CElestis doni benediccione percepta supplices te domine deus omnipotens deprecamur ut idem nobis intercedentibus sanctis tuis crispino et crispiniano quorum festa agimus. et sacramenti causa sit et salutis. Per.

In uigilia apostolorum symonis et iude officium.

INtret oracio.

Oracio.

COncede quesumus omnipotens deus. ut sicut apostolorum./ tuorum sy- [fo. 278. b. monis et iude gloriosa natalicia preuenimus. sic ad tua beneficia promerenda magestatem tuam pro nobis ipsi preueniant. Per.

Epistola.

IUstorum anime.

Gradale.

UIndica domine. *Si in dominica euenerit.* Alleluya. ℣. Nimis honorati.

Euuangelium.

SI manseritis.

Offertorium.

EXultabunt.

Secretum.

ACcepta tibi sit domine nostre deuocionis oblacio. et ad apostolicam puriores nos faciat uenire festiuitatem. Per.

Communio.

IUstorum anime.

Postcommunio.

QUesumus domine salutaribus repleti misteriis. ut quorum ieiunando sollempnia preuenimus eorum oracionibus adiuuemur. Per.

In die ad missam officium.

MIchi autem.

Oracio.

DEus qui nos per beatos apostolos tuos Symonem et iudam ad agnicionem nominis tui uenire tribuisti da nobis eorum gloriam sempiternam. et proficiendo celebrare. et celebrando proficere. Per.

Epistola.

SCimus quoniam.

Gradale.

NImis honorati. Alleluya. ℣. Isti sunt.

Euuangelium.

HEc mando.

Offertorium.

IN omnem terram.

Secretum.

GLoriam domine sanctorum apostolorum tuorum Symonis. et Iude perpetuam uenerantes quesumus ut eandem sacris misteriis expiati dignius celebremus. Per.

Prefacio.

ET te suppliciter.

Communio.

UOs qui secuti.

Postcommunio.

SAnctificati diuino misterio quesumus omnipotens deus : ut pro nobis eorum non desit oracio. quorum nos donasti patrocinio gubernari. Per.

In natali sancti quintini martiris. Officium.

IN uirtute.

Oracio

OMnipotens sempiterne deus qui beatum quintinum martirem tuum tua uirtute fecisti uictorem. da nobis tue propiciacionis effectum. ut sicut illi palmam celestis contulisti triumphi. ita nobis eius intercessionibus ueniam largiaris peccati. Per.

Epistola.

BEatus uir qui inuenit sapienciam.

Gradale.

BEatus uir qui timet. Glleluya.[1] ℣. Gloria et honore.

[1] *Sic. for* Alleluya.

Euuangelium.

NOlite arbitrari.

Offertorium.

IN uirtute.

Secretum.

IN ueneracione beati quintini martiris tui omnipotens deus tibi laudis hostiam immolamus. orantes. ut ipse pro nobis intercessor existat qui pro tuo nomine gloriosa morte occubuit. Per.

Communio.

POsuisti.

Postcommunio.

PErcipiat domine quesumus plebs tua intercedente beato quintino martire tuo misericordiam quam deposcit ut tuis semper digna inueniatur/[fo. 279. sacramentis. Per.

Eodem die uigilia omnium sanctorum. Officium.

TImete.

Oracio.

DOmine deus noster multiplica super nos graciam tuam : ut quorum preuenimus gloriosa sollempnia : tribue subsequi in sancta professione leticiam. Per.

Leccio libri apocalipsis Iohannis apostoli.

IN diebus illis : Ego iohannes uidi in medio throni et quatuor animalium. et in medio seniorum agnum stantem tanquam occisum habentem cornua septem et oculos septem qui sunt septem spiritus dei missi in omnem terram. Et uenit: et accepit de dextera sedentis in throno librum. Et cum aperuisset librum quatuor animalia et uiginti quatuor seniores ceciderunt coram agno habentes singuli cytharas et phialas aureas plenas odoramentorum que sunt oraciones sanctorum. Et cantabant canticum nouum dicentes. Dignus es domine accipere librum et aperire signacula eius. quoniam occisus es. et redemisti nos deo in sanguine tuo ex omni tribu et lingua et populo et nacione et fecisti nos deo nostro regnum et sacerdotes et regnabunt super terram. Et uidi et audiui uocem angelorum multorum in circuitu throni et animalium et seniorum: et erat numerus eorum milia milium uoce magna dicencium. Dignus est agnus qui occisus est accipere uirtutem et diuinitatem. et sapienciam. et fortitudinem. et honorem. et gloriam. et benediccionem. in secula seculorum.

Gradale.

EXultabunt. *Si dominica fuerit.* Alleluya. ℣. Uox exultacionis.

Euuangelium.

ELeuatis ihesus.

Offertorium.

LEtamini in domino.

Secretum.

ALtare tuum domine muneribus cumulamus oblatis. da quesumus ut ad salutem nostram omnium sanctorum tuorum precacione proficiant. quorum sollempnia uentura precurrimus. Per.

Communio.

BEati mundo.

Postcommunio.

SAcramentis domine et gaudiis optate celebritatis expletis quesumus. ut eorum precibus adiuuemur. quorum recordacionibus exhibentur. Per.

In die officium.

GAudeamus omnes in domino diem festum celebrantes sub honore omnium sanctorum de/ quorum sollempnitate [fo. 279. b. gaudent angeli et collaudant filium dei. *Ps.* Exultate iusti.

Oracio.

OMnipotens sempiterne deus qui nos omnium sanctorum tuorum merita sub una tribuisti celebritate uenerari: quesumus ut desideratam nobis tue propiciacionis habundanciam multiplicatis intercessoribus largiaris. Per.

Leccio libri apocalipsis iohannis apostoli.

IN diebus illis: Ego iohannes uidi alterum angelum ascendentem ab ortu solis habentem signum dei uiui. Et clamauit uoce magna quatuor angelis quibus datum est nocere terre et mari dicens. Nolite nocere terre et mari neque arboribus: quoadusque signemus seruos dei nostri in frontibus eorum. Et audiui numerum signatorum centum quadraginta quatuor milia signati ex omni tribu filiorum israel. Ex tribu iuda. duodecim milia signati. Ex tribu ruben. duodecim milia signati. Ex tribu gad duodecim milia.[1] Ex tribu asser: duodecim milia signati. Ex tribu neptalim: duodecim milia signati. Ex tribu manasse: duodecim milia signati. Ex tribu symeon: duodecim milia signati. Ex tribu leui: duodecim milia signati. Ex tribu ysachar: duodecim milia signati. Ex tribu zabulon. duodecim milia signati. Ex tribu ioseph. duodecim milia signati. Ex tribu beniamyn: duodecim milia signati. Post hec uidi turbam magnam quam dinumerare nemo poterat ex omnibus gentibus et tribubus et populis et linguis stantes ante thronum et in conspectu agni amicti stolis albis et palme in manibus eorum. Et clamabant uoce magna dicentes. Salus deo nostro qui sedet super thronum et agno. Et omnes angeli stabant in circuitu throni et seniorum: et quatuor animalium. Et ceciderunt in conspectu throni in facies suas et adorauerunt deum dicentes. Benediccio et claritas et sapiencia et graciarum accio et honor et uirtus et fortitudo deo nostro: in secula seculorum amen.

Gradale.

TImete dominum. Alleluya. ℣. Iudicabunt sancti naciones et dominabuntur populis et regnabit illorum rex ineternum.

Sequencia.

CHristo inclito candida nostra canunt melodiam agmina. Laudes omnibus dancia sanctis per hec sacrata festalia. Mariam primum uox sonet nostra per quam./ nobis uite sunt data premia. [fo. 280. Regina que es mater et casta solue nostra per filium peccamina. Angelorum concio sacra et archangelorum turma inclita. Nostra diluant iam peccata. poscendo celi supera gaudia. Tu propheta preco lucerna atque plusquam propheta. In lucida nos pone uia mundans nostra corpora. Apostolorum princeps atque cuncta iuncta caterua. Iam corrobora uera in doctrina plebis pectora. Stephane gloriose rutilans in corona sanctorum que martirum turma ualida. Forcia date corda corpora atque firma sacra ut hostem uincant rite spicula. Martine inclite et presulum omnis caterua. Suscipe nunc pia modo nostra clemens precata. Regina uirginum premaxima tu mater incorrupta uirgo et grauida. Sacrata domino castissimas[1] nostras serua animas munda que corpora. Monachorum ueneranda suffragia. Omniumque sanctorum contubernia. Per precata assidua nostra gubernent tempora. Nos que ducant ad supera polorum uera gaudia. Subiungant pium omnia amen redempta.

Euuangelium.

UIdens turbas.

Offertorium.

MIrabilis.

Secretum.

MUnera tibi domine nostre deuocionis offerimus que et pro cunctorum tibi grata sint honore sanctorum. et nobis salutaria te miserante reddantur. Per.

[1] signati *omitted in MS.*

[1] *Sic: for* est castitas.

Communio.

GAudete.

Postcommunio..

DA quesumus domine fidelibus populis per huius sacramenti participacionem omnium sanctorum tuorum semper ueneracione letari. et eorum perpetua supplicacione muniri. Per.

In natali sancti Eustachii sociorum que eius. Officium.

INtret in conspectu.

Oracio.

DEus qui beatum eustachium in temptacionibus probasti. et probatum coronasti. ipsius sociorumque eius meritis in omnibus temptacionibus tuum nobis presta auxilium et sempiternum gaudium. Per.

Epistola.

BEnedictus deus.

Gradale.

CLamauerunt. Alleluya. ℣. Confitebuntur.

Euuangelium.

SEdente ihesu.

Offertorium.

LEtamini in domino.

Secretum.

SIt tibi omnipotens pater hoc holocaustum sicut quod tibi optulit qui peccata nostra in cruce pertulit. et sanctis intercedentibus ad illud sumendum nos dignos prepara. Per.

Communio.

POsuerunt.

Postcommunio.

SIcut beatus eustachius domine cum sociis suis in celesti gloria semper gaudet. sic sancta que sumpsimus illis intercedentibus tecum gaudere nos efficiant. Per.

Eodem die commemoracio omnium fidelium defunctorum. Officium.

REquiem eternam.

Oracio.

FIdelium deus./ [fo. 280. b.

Epistola.

UIr fortissimus.

Gradale.

SI ambulem.

Tractus.

DE profundis.

Euuangelium

OMne quod michi.

Offertorium.

DOmine ihesu christe.

Communio.

LUx eterna.

In natali sancti Leonardi abbatis officium.

OS iusti.

993

Oracio.

MAgestati tue quesumus domine sanctissimi confessoris tui leonardi nos pia iugiter commendet oracio: ut quem deuoto ueneramur officio. ipsius suffragio subleuemur optato. Per.

Epistola.

IUstus cor suum.

Gradale.

DOmine preuenisti. Glleluya.[1] ℣. Iustus germinabit.

Euuangelium.

NEmo lucernam.

Offertorium.

UEritas mea.

Secretum.

MUneribus sacris et precibus beati leonardi confessoris tui nobis domine succurre placatus. et presta ut quod fideliter petimus. efficaciter impetremus. Per.

Communio.

BEatus seruus.

Postcommunio.

PUrificet semper et muniat tui nos domine suscepcio sacramenti. et intercessione sanctissimi confessoris tui leonardi. perpetuis per eam gaudiis mereamur admisceri. Per.

In natali sanctorum martirum quatuor coronatorum officium.

INtret.

[1] *Sic: for* Alleluya.

994

Oracio.

PResta quesumus omnipotens deus ut qui gloriosos martires claudium nichostratum simphorianum castorium atque simplicium fortes in sua confessione cognouimus. pios apud te in nostra intercessione senciamus. Per.

Epistola.

REmemoramini.

Gradale.

UIndica. Alleluya. ℣. Exultent.

Euuangelium.

CUm persequentur.

Offertorium.

ANima nostra.

Secretum.

BEnediccio tua quesumus domine larga descendat. que et munera nostra deprecantibus sanctis tuis tibi reddat accepta. et nobis sacramentum redempcionis efficiat. Per.

Communio.

POsuerunt.

Postcommunio.

CElestibus refecti sacramentis et gaudiis. supplices te domine deprecamur. ut quorum gaudemus triumphis protegamur auxiliis. Per.

In natali sancti theodori martiris officium.

IN uirtute tua.

Oracio.

DEus qui nos beati theodori martiris tui confessione gloriosa circumdas et protegis. presta nobis eius imitacione proficere. et oracione fulciri. Per.

Epistola.

NEmo militans.

Gradale.

BEatus uir. Alleluya. V. Iustus ut palma.

Euuangelium.

NIchil opertum.

Offertorium.

GLoria et honore.

Secretum.

MUneribus domine oblatis beati theodori martiris tui festa uenerantes quesumus : ut qui consciencie nostre prepedimur obstaculis. illius meritis reddamur accepti. Per.

Communio.

POsuisti.

Postcommunio./ [fo. 281.

DIuini muneris largitate saciati. quesumus domine deus noster. ut intercedente beato theodoro martire tuo. eius semper participacione uiuamus. Per.

In natali sancti menne martiris officium.

OS iusti.

Oracio.

PResta quesumus omnipotens deus. ut qui beate[1] menne martiris tui natalicia colimus. intercessione eius : in tui nominis amore roboremur. Per.

Epistola.

IUstus si morte.

Gradale

GLoria et honore. Alleluya. ℣. Os iusti.

Euuangelium.

SI quis uult.

Offertorium.

DEsiderium.

Secretum.

SAncto menna martire tuo interueniente ita dignos fac nos quesumus domine hec misteria tractare. ut tibi uero eternoque pontifici. templum et hostia placabilis esse[2] mereamur esse. Qui uiuis.

Communio.

MAgna est.

Postcommunio.

HOc in nobis quesumus domine gracia tua semper excerceat : ut diuinis instauret corda nostra misteriis et beati menne martiris tui festiuitate letificet. Per.

In natali sancti martini episcopi et confessoris officium.

STatuit ei dominus.

[1] *Sic.*
[2] Struck through with black line.

Oracio.

DEus qui conspicis quia ex nulla nostra uirtute subsistimus concede propicius: ut intercessione beati martini confessoris tui atque pontificis. contra omnia aduersa muniamur. Per.

Epistola.

ECce sacerdos magnus qui in uita.

Gradale.

INueni dauid. Alleluya. ℣. Hic martinus pauper et modicus celum diues ingreditur. ympnis celestibus honoratur. Alleluya. ℣. O martine presul contexisti ueste dominum christum. iccirco poscimus nostri memor assis.

Sequencia.

SAcerdotem christi martinum. Alleluya. Cuncta per orbem canat ecclesia. pacis catholice. Atque illius nomen omnis hereticus fugiat pallidus. Pannonia letetur genitrix talis filii. Ytalia exultet alitrix tanti iuuenis. Et gallie trina diuisio sacro certet litigio cuius esse debeat presul. Set pariter habere se patrem omnes gaudeant turoni soli eius corpus foueant. Huic francorum atque germanie plebs omnis plaudat. Quibus uidendum inspexit dominum in sua ueste. Hic celebris est egypti partibus grecie quoque cunctis sapientibus. Qui impares se martini meritis senciunt atque eius medicamini. Nam febres sedat demones que fugat paralitica membra glutinat. Et mortuorum sua prece trium reddit corpora uite pristine. Hic ritus sacrilegos destruit et ad christi gloriam dat ignibus ydola. Hic nudis misteria brachiis con-/ficiens preditus est celesti [fo. 281. b. lumine. Hic oculis ac manibus in celum et totis uiribus suspensus terrena cuncta respuit. Eius ori numquam christus abfuit siue iusticia uel quicquid ad ueram uitam pertinet. Igitur te cuncti poscimus o martine ut qui multa mira hic ostendisti. Eciam de celo graciam christi nobis supplicatu tuo semper infundas.

Euuangelium.

NOlite timere.

Offertorium.

INueni dauid.

Secretum.

DEus cui[1] omne bonum in tu sacri corporis misterio continere uoluisti: concede propicius: ut hoc munus quod in beati martini confessoris tui atque pontificis ueneracione tibi offerimus. ipso intercedente nobis proficere senciamus. Per.

Communio.

FIdelis seruus.

Postcommunio.

DUlcedinem tui amoris inmitte quesumus domine mentibus nostris. ut percepcione corporis et sanguinis tui letificati beati martini confessoris tui et episcopi meritis mereamur semper ab omnibus periculis defendi. Qui uiuis.

Infra octauas sancti martini episcopi et confessoris. Officium.

STatuit ei.

[1] *sic*

Oracio.

DEus qui conspicis.

Epistola.

ECce sacerdos.

Gradale.

ECce sacerdos. Alleluya. ℣. O martine.

Euuangelium.

NOlite timere.

Offertorium.

UEritas mea.

Communio.

FIdelis seruus.

In natali sancti Bricii episcopi et confessoris. Officium.

STatuit ei dominus.

Oracio.

COnserua domine quesumus populum tuum intercessione beati bricii confessoris tui atque pontificis in tuo amore confisum. ut mereamur ipso intercedente consortes fieri celestium gaudiorum. Per.

Epistola.

OMnis pontifex.

Gradale.

ECce sacerdos. Alleluya. ℣. Iurauit.

Euuangelium.

SInt lumbi.

Offertorium.

UEritas.

Secretum.

HEc hostia domine sic tibi sit acceptabilis sicut beatus bricius ecclesie tue factus est confessor uenerabilis. Per.

Communio.

BEatus seruus.

Postcommunio.

REfecti mense celestis collacione quesumus domine. ut beato bricio pontifice intercedente ab omni nos aduersitate defendas. Per.

In natali sancti machuti episcopi et confessoris. Officium.

SAcerdotes dei.

Oracio.

DEus lumen indeficiens sanctorum tuorum nosquesumus attolle beneficiis donorum atque consecuta abolicione peccatorum. sancti interuentu machuti celestium infulis ascribe gaudiorum. Per.

Epistola.

HAbemus pontificem.

Gradale.

IUrauit. Alleluya. ℣. Inueni dauid. *Require post festum sancti dyonisii.*

Euuangelium.

UIdete uigilate.

Offertorium.

UEritas mea.

Secretum.

ANte conspectum magestatis/ tue quesumus omni- [fo. 282. potens deus munera nostra grata perueniant et sancto machuto intercedente peccatorum nostrorum remissio fiant. Per.

Communio.[1]

FIdelis seruus.

Postcommunio.

DIuini percepcio sacramenti famem domine quesumus a nobis repellat animarum. et sancti machuti intercessio ad celestium perducat dulcedinem epularum. Per.

In natali sancti edmundi archiepiscopi. Officium.

STatuit ei dominus.

Oracio.

DEus qui largiflue bonitatis consilio ecclesiam tuam beati edmundi confessoris tui atque pontificis preclare uite meritis decorasti: et gloriosis letificasti miraculis. concede nobis famulis tuis ut et ipsius in melius reformemur exemplis et ab omnibus eius patrocinio protegamur aduersis. Per.

Epistola.

ECce sacerdos.

Gradale.

INueni dauid. Alleluya. ℣. Iurauit dominus.

[1] Written in particoloured blue and red letters.

Euuangelium.

HOmo quidam peregre.

Offertorium.

INueni dauid.

Secretum.

BEati edmundi confessoris tui atque pontificis quesumus domine precibus tibi munera offerenda complaceant. et oblata nobis proficiant ad salutem. Per.

Communio.

FIdelis seruus.

Postcommunio.

MEntes nostras quesumus domine susceptis robora sacramentis ut sicut eas beati edmundi confessoris tui atque pontificis dignatus es confortare miraculis sic eciam iuuare et illustrare digneris exemplis. Per.

In natali sancte Hilde uirginis. Officium.

DIlexisti iusticiam.

Oracio.

EXaudi nos deus salutaris noster: ut sicut de beate hilde uirginis tue festiuitate gaudemus: ita pie deuocionis erudiamur affectu. Per.

Epistola.

QUi gloriatur.

Gradale.

DIlexisti. Alleluya. ℣. Diffusa.

Euuangelium.

SImile est regnum celorum thesauro.

Offertorium.

OFferentur.

Secretum et postcommunio. in seruicio unius uirginis.

Communio.

DIffusa est.

In octaua sancti martini officium.

STatuit.

Cetera sicut in die. preter sequentem oracionem.

COncede quesumus omnipotens et misericors deus ut beati martini confessoris tui atque pontificis frequentata sollempnitas ad perpetuam populo tuo transeat salutem. et quem sepius ueneramur in terris. semper habeamus patronum in celis. Per.

Secretum.

HEc oblacio domine quesumus quam iterata sancti martini confessoris tui atque pontificis festiuitate offerimus tue magestati. prosit nobis ad/indulgenciam. ut per [fo. 282. b. eam a nostris liberemur peccatis et sacris altaribus astare digni efficiamur. Per.

Communio

FIdelis

Postcommunio.

SAcramenta domine deus que sumpsimus beato martino confessore tuo atque pontifice intercedente ab omni nos aduersitate defendant et perpetua prosperitate tibi soli seruire concedant. Per.

In natali sancti edmundi regis et martiris officium.

LEtabitur iustus.

Oracio.

DEus ineffabilis misericordie qui beatissimum regem edmundum tribuisti pro tuo nomine inimicum moriendo uincere: concede propicius huic familie tue. ut eo interueniente. mereatur in se antiqui hostis incitamenta superando extinguere. Per.

Epistola.

BEatus uir qui in sapiencia.

Gradale.

BEatus uir. Alleluya. ℣. Letabitur.

Euuangelium.

SI quis uult.

Offertorium.

POsuisti.

Secretum.

HOc sacrificium redempcionis nostre quesumus omnipotens deus clementer respice et intercedente beato edmundo martire tuo pro hac familia tua placatus assume. Per.

Communio.

MAgna.

Postcommunio.

SInt tibi omnipotens deus grata nostre seruitutis obsequia. et hec sancta que sumpsimus beato edmundo martire tuo intercedente prosint nobis ad capescenda uite eterne premia. Per.

In natali sancte cecilie uirginis et martiris. Officium.

LOquebar.

Oracio.

SAncte martiris tue cecillie domine supplicacionibus tribue nos foueri. ut cuius uenerabilem sollempnitatem digno preuenimus officio. eius intercessionibus commendemur et meritis. Per.

Epistola.

COnfitebor.

Gradale.

AUdi filia. Alleluya. ℣. Quinque prudentes.

Euuangelium.

SImile est regnum celorum decem.

Offertorium.

OFferentur.

Secretum.

PResta quesumus misericors deus ut sicut diuina offerimus in sancte cecilie uirginis

tue sollempnitate sacramenta. sic indulgencie tue largitatem piis eius precibus assequamur. Per.

Communio.

COnfundantur.

Postcommunio.

UEnerande cene sacramentorum domine participes effecti. imploramus clemenciam tuam. ut beate cecilie uirginis tue et meritis interuentu peccatorum nostrorum consequamur ueniam. Per.

In natali sancte felicitatis martiris officium.

LOquebar.

Oracio.

PResta quesumus omnipotens deus ut beate felicitatis martiris./ tue sollempnia [fo. 283. recensentes. meritis ipsius protegantur et precibus. Per.

Leccio libri sapiencie.[1]

MUlier sapiens os suum aperuit sapiencie. et lex clemencie in lingua eius. Considerauit semitas domus sue: et panem ociosa non comedit. Surrexerunt filii eius et beatissimam predicauerunt et uir eius laudauit eam. Multe filie congregauerunt diuicias tu supergressa es uniuersas. Fallax gracia et uana est pulcritudo: mulier timens dominum ipsa laudabitur. Date ei de fructu manuum suarum: et laudent eam in portis: opera eius.

[1] [Proverb. xxxi. 26–31.]

Gradale.

DIlexisti. Alleluya. ℣. Diffusa.

Euuangelium.

LOquente ihesu.

Offertorium.

FIlie regum.

Secretum.

MUnera tibi domine pro sancte felicitatis gloriosa sollempnitate deferentes obsecramus ut que nobis huius celebritatis effectum confessione dedicauit et sanguine. miseracionis tue continuum imploret auxilium. Per.

Communio.

QUicumque.

Postcommunio.

HEc domine sacramenta sumentes quesumus: ut intercedente beata felicitate martire tua uite eterne in nobis nutriant alimenta. Per.

Eodem die sancti clementis [pape et[1]] martiris officium.

DIcit dominus sermones mei quos dedi in os tuum non deficient de ore tuo adest enim nomen tuum. et munera tua accepta erunt super altare meum. *Ps.* Misericordias domini.

Oracio.

OMnipotens sempiterne deus qui in omnium sanctorum es uirtute mirabilis: da nobis in beati Clementis annua sollempnitate letari. qui filii tui martir et pontifex quod ministerio gessit testimonio comprobauit et quod predicauit ore confirmauit exemplo. Per.

Ad philippenses.

FRatres: Rogo uos karissimi et desideratissimi gaudium meum et corona mea sic state in domino karissimi. Euchodiam rogo et sinticem deprecor: idipsum sapere in domino. Eciam rogo et te germane compar adiuua illas que mecum laborauerunt in euuangelio cum clemente et ceteris adiutoribus meis. Quorum nomina sunt: in libro uite.

Gradale.

IUrauit. Alleluya. ℣. Hic in oracione.

Euuangelium.

CIrcuibat.

Offertorium.

INueni dauid.

Secretum.

PRo passione beati Clementis gratanter tibi domine munus offerimus quia/ sicut [fo. 283. b. eum sentimus in te uiuere gloriosum sic pro nobis interuenire confidimus. Per dominum.

Communio.

FIdelis seruus.

Postcommunio.

PUrificet nos domine quesumus et diuini percepcio sacramenti. et gloriosa deprecacio beati clementis pontificis. Per.

[1] Erased.

In natali sancti Grisogoni martiris officium.

LEtabitur.

Oracio.

ADesto domine supplicacionibus nostris ut qui ex iniquitate nostra reos nos cognoscimus. beati grisogoni martiris tui intercessione liberemur. Per.

Epistola.

BEatus uir qui inuentus.

Gradale.

IUstus ut palma. Alleluya. ℣. Letabitur.

Euuangelium.

QUi amat.

Offertorium.

GLoria et honore.

Secretum.

MUnera nostra quesumus domine sereno intuitu suscipe. et[1] sancto grisogono intercedente. criminum nostrorum contagia expurgent. Per.

Communio.

POsuisti.

Postcommunio.

ANnue quesumus domine ut misteriis tuis recreati sancti quoque grisogoni martiris tui semper muniamur auxiliis. Per.

In natali sancte katerine uirginis et martiris officium.

GAudeamus.

[1] *Sic.*

Oracio.

DEus qui es corona uirginum et tuorum gloria sanctorum ecclesie tue supplicanti presta benignus auditum: et beate katerine interuenientibus meritis uite presentis et eterne largire subsidium. Per.

Epistola.

COnfitebor.

Gradale.

PRopter ueritatem. Alleluya. ℣. Ueni electa.

Sequencia.

DIlecto regi uirtutum omnes pari concordia. Laudes demus uenerantes huius diei gaudia. In qua contempta maxencii cesaris crudelitate et malicia. Uirgo gloriosa et martir insignis ad celi peruenit fastigia. Urbe alexandria. Exorta katerina. Clara ex prosapia. Costis regis filia. Uirtutum prefulgens gracia literarumque sciencia. Spiritus sancti potencia sua lustrante precordia. Philosophorum. uacua honore gignasia. Argumentis approbauit et uerbi constancia. Hinc tenetur hinc arcetur carcerali custodia. Genera quidem penarum perferens inmania. Ad quam regina uisitandam processit prima noctis uigilia. Cum porphirio credidit uidens ibi angelorum obsequia. Claritate fulgencia. Ueritate potencia. Quorum suffragiis rotas uincens ereas. Serras et tharincas exuperans ferreas. Christo katerinam uocante ad regna sempiterna. Sanguine laureata celos ascendit die hodierna. Cuius corpus sepelliuit manus angelica in monte syna. Liquor olei illius efficax fit infirmis/ medicina. Omnes [fo. 284. ergo celebrantes huius natalicia. Per secula sint possidentes amen superna premia.

Euuangelium.

SImile est regnum celorum decem.

[*Offertorium.*[1]]

DIffusa est.

Secretum.

MUnera domine presentis sacrificii que tibi offerimus in honore sancte uirginis katerine fiant nobis eius precibus uita perpetua. et te donante salus infinita. Per.

Communio.

DIffusa est.

Postcommunio.

SUmptis domine salutis eterne misteriis suppliciter deprecamur. ut beate katerine uirginis tue et martiris intercessione animas et corpora nostra custodias et cuncta[2] a nobis iniquitates expellas. Per.

In natali sancti Saturnini martiris officium.

STatuit.

Oracio.

DEus qui nos beati saturnini martiris tui concedis natalicio perfrui. eius nos tribue meritis adiuuari. Per.

Epistola.

BEnedicentes.

[1] Omitted in MS. [2] *sic.*

Gradale.

ECce sacerdos. Alleluya. ℣. Disposui.

Euuangelium.

CIrcuibat ihesus.

Offertorium

UEritas mea.

Secretum.

OBlatum tibi domine munus pro beati saturnini martiris tui passione propicius assume. quod eius intercessione magestati tue fiat acceptabile. Per.

Communio.

BEatus seruus.

Postcommunio.

UT hec communio nos domine tua uisitacione dignos efficiat. beati saturnini martiris tui pia intercessio quesumus optineat. Per.

Eodem die uigilia sancti andree apostoli. Officium.

DOminus secus mare galilee uidit duos fratres petrum et andream et uocauit eos. uenite post me faciam uos fieri piscatores hominum. *Ps.*[1] At illi continuo relictis rethibus secuti sunt eum.

Oracio.

QUesumus omnipotens deus : ut beatus andreas apostolus tuum pro nobis imploret auxilium. ut a nostris reatibus absoluti a cunctis eciam periculis eruamur. Per.

[1] *Sic.*

Epistola.

BEnediccio domini.

Gradale.

NImis honorati. *Si indominica euenerit.* Alleluya. ℣. Per manus.

Secundum Iohannem.

IN illo tempore : Stabat iohannes : et discipuli eius duo. Et respiciens ihesum ambulantem : dicit. Ecce agnus dei. Et audierunt eum duo disciputi loquentem : et secuti sunt ihesum. Conuersus autem ihesus et uidens eos sequentes se. dicit eis. Quem queritis ? Qui dixerunt ei. Rabbi quod dicitur interpretatum magister. Ubi habitas ? Qui dicit eis. Uenite et uidete. Uenerunt et uiderunt ubi/ maneret : et apud illum [fo. 284. b. manserunt illo die. Hora autem erat : quasi decima. Erat autem andreas frater symonis petri : unus ex duobus qui audierant ab iohanne. et secuti fuerunt eum. Inuenit hic primum fratrem suum symonem : et dixit ei. Inuenimus messyam : quod est interpretatum christus. Et adduxit eum ad ihesum. Iutuitus autem eum ihesus : dixit. Tu es symon filius iohanna : tu uocaberis cephas : quod interpretatur petrus. In crastinum autem uoluit exire in galileam. et inuenit phillippum et dicit ei. [1]Sequere me.[1] Sequere me. Erat autem philippus a bethsaida ciuitate andree et petri. Inuenit philippus nathanaelem : et dicit ei.

[1]—[1] These words struck through by black line.

Quem scripsit moyses in lege et prophete : inuenimus ihesum filium ioseph a nazareth. Et dicit ei nathanael. A nazareth potest aliquid boni esse. [1]Dicit ei philippus.[1] Ueni et uide. Uidit ihesus nathanaelem uenientem ad se : et dicit de eo. Ecce uere israelita : in quo dolus non est. Dicit ei nathanael. Unde me nosti ? Respondit ihesus : et dixit ei. Priusquam te philippus uocaret cum esses sub ficu : uidi te. Respondit ei nathanael : et dixit. Rabi : tu es filius dei : tu es rex israel. Respondit ihesus et dixit ei. Quia dixi tibi uidi te sub ficu credis : magis hiis uidebis. Et dixit eis. Amen amen amen dico uobis : uidebitis celum apertum et angelos dei ascendentes et descendentes : super filium hominis.

Offertorium.

GLoria et honore.

Secretum.

SAcrandum tibi domine munus offerimus quo beati andree sollempnitatem ieiuniis et deuotis officiis preuenientes. purificacionem quoque mentibus nostris imploramus. Per.

Communio.

DIcit andreas symoni fratri suo. inuenimus messyam qui dicitur christus. et adduxit eum ad ihesum.

Postcommunio.

PErceptis salutaribus sacramentis humiliter te domine deprecamur. ut intercedente beato andrea apostolo tuo que

[1]—[1] Repeated, but struck through by black line.

pro illius ueneranda egimus sollempnitate nobis proficiant ad salutem. Per.

In die sancti Andree apostoli officium.

MIchi autem.

Oracio.

MAgestatem tuam domine suppliciter exoramus: ut sicut ecclesie tue beatus/ [fo. 285. Andreas apostolus extitit predicator et rector. ita apud te sit pro nobis perpetuus intercessor. Per.

Ad romanos.

FRatres: Corde creditur nos ad iusticiam: ore autem confessio fit ad salutem. Dicit enim scriptura. Omnis qui credit in illum: non confundetur. Non enim est distinccio iudei et greci. Nam idem dominus omnium diues in omnes qui inuocant illum. Omnis enim quicumque inuocauerit nomen domini saluus erit. Quomodo ergo inuocabunt in quem non crediderunt. Aut quomodo credent ei quem non audierunt. Quomodo autem audient: sine predicante? Quomodo ergo predicabunt: nisi mittantur. Sicut scriptum est. Quam speciosi pedes euuangelizancium pacem: euuangelizancium bona. Set non omnes obediunt euuangelio. ysayas autem dicit. Domine. quis credit auditui nostro? Ergo fides ex auditu: auditus autem per uerbum christi. Set dico. Numquid non audierunt. Et quidem in omnem terram exiuit sonus eorum et in fines orbis terre uerba eorum.

Gradale.

COnstitues. Alleluya. ℣. Dilexit andream dominus in odorem suauitatis.

Sequencia.

SAcrosancta hodierne festiuitatis preconia. Digna laude uniuersa categorizet ecclesia. Mitissimi sanctorum sanctissima extollendo merita. Apostoli andree admiranda prepollens gracia. Hic accepto ab iohanne baptista. Quod uenisset qui tolleret peccata. Mox eius intrans habitacula audiebat eloquia. Inuentoque fratre suo bariona. Inuenimus ouans ait messyam. Et duxit eum ad dulcifluam saluatoris presenciam. Hunc perscrutantem maria. christi uocauit clemencia. Artem piscandi commutans dignitate apostolica. Huius animam post clara festi pascalis tempora. Sancti spiritus preclara perlustrauit potencia. Ad predicandum populis penitenciam. Et dei patris per filium clemenciam. Gratulare ergo tanto patre achaya. Illustrata eius salutari doctrina. Honorata multimoda signorum frequencia. Et tu gemens plora trux carnifex egea. Te lues inferna et mors tenet eterna. Et andream felicia per crucem manent gaudia. Iam regem tuum spectas iam adoras iam in eius conspectu andrea stas. Odorem suauitatis iam aspiras quem diuini amoris aroma dat. Sis ergo nobis inclita. Dulcedo spirans intima. Celestis uite balsama./ [fo. 285. b.

Matheum.

IN illo tempore: Ambulans ihesus iuxta mare galilee uidit duos fratres symonem qui uocatur petrus et andream fratrem eius mittentes rethe in mare. Erant enim piscatores. Et ait illis. Uenite post me: faciam uos fieri piscatores hominum. At illi continuo relictis rethibus: secuti sunt eum. Et procedens inde: uidit alios duos fratres iacobum zebedei. et iohannem fratrem eius in naui cum zebedeo patre eorum reficientes retia sua. Et uocauit eos. Illi autem statim relictis rethibus et patre: secuti sunt eum.

Offertorium.

MIchi autem.

Secretum.

SAcrificium nostrum tibi domine quesumus beati andree precacio sancta conciliet ut cuius honore sollemniter exhibetur. meritis efficiatur acceptum. Per.

Communio.

UEnite post me faciam uos piscatores hominum. at illi relictis rethibus et naui secuti sunt dominum.

Postcommunio.

SUmpsimus domine diuina misteria beati andree festiuitate letantes que sicut sanctis tuis ad gloriam. ita nobis quesumus ad ueniam prodesse perficias. Per.

In natali sancti Nicholai episcopi et confessoris officium.

STatuit ei dominus.

Oracio.

DEus qui beatum nicholaum pontificem tuum innumeris decorasti miraculis: tribue nobis quesumus: ut eius meritis et precibus a gehenne incendiis liberemur. Per.

Epistola.

ECce sacerdos magnus qui in uita.

Gradale.

INueni dauid. Alleluya. ℣. Iurauit dominus.

Sequencia.

CHristo regi cantica uocum per discrimina eya pangat musica. Cuius ex potencia prodeunt miracula sibi non insolita. Qui repleuit maxima nicholaum gracia strictum adhuc fascia. Nam inter crepundia quarta et sexta feria semel suxit ubera. Felix puericia senectutis opera gessit facti nescia. O beata parcitas que mira primordia nicholai nuncia. Patris fugat crimina dantis per inopiam scortum fore filias. Quas uir dei miserans auri dando pondera traxit ab infamia. Hec inter insignia sumpsit uoce celica presulatus culmina. O mirrea ciuitas felix es per secula tanto patre predita. Cuius per miracula bis bina per climata pollens satis rutilans. Nautas namque liberat quos tempestas ualida quassans pene merserat. Plebem fame tabidam. uerbo cibo subleuat per frumenta prestita. Que mensura propria./ dantibus in patria [fo. 286. sunt reperta integra. Soluit maleficia inter undas diana que deceptrix finxerat. Iuuenum innocua militumque capita a iugulo liberat. Puerum cum situla uoto facta aurea mersum seruat ab unda. Latrones exterritat ut sublata referant sue ymagini tradita. Plura sunt magnalia fide gesta uiuida quam referri ualeant. Que per eum gracia adimpleuit diuina nunc quoque accumulat. Eius de

[1]tumba sudat oleum quo morbida membra[1] reddit ualida. Sacro cuius transitu dies hec est inclita anni per curricula. Ipse nobis conferat per sua suffragia sempiterna gaudia.

Euuangelium.

UIdete uigilate.

Offertorium.

INueni dauid.

Secretum.

SAnctifica quesumus domine munera oblata que in ueneracione sancti antistitis tui nicholai offeruntur. ut per ea uita nostra inter aduersa et prospera ubique dirigatur. Per.

Communio.

FIdelis seruus.

Postcommunio.

SAcrificia que sumpsimus domine pro sollempnitate sancti Nicholai pontificis tui. sempiterna nos proteccione confirment. Per.

Infra et in octaua sancti andree. Officium.

MIchi autem.

Infra octauas. Oracio.

MAgestatem.

In die. Oracio.

PRotegat nos domine sepius beati andree apostoli tui sepius repetita sollempnitas: ut cuius patrocinia pia deuocione recolimus. perpetuam defensionem senciamus. Per.

Epistola.

COrde creditur.

[1]—[1] Written over erasure.

Gradale.

NImis honorati. Alleluya. ℣. Salue crux que in corpore christi dedicata es et ex membris eius ornata.

Euangelium.

AMbulans ihesus.

Offertorium.

IN omnem terram.

Secretum.

INdulgenciam nobis domine quesumus prebeant hec munera largiorem que beati andree apostoli tui suffragiis offeruntur. Per.

Communio.

UEnite.

Postcommunio.

PRebeat nobis domine quesumus beatus andreas apostolus optatum presidium. quo salutare nobis sumptum proficiat sacramentum. Per.

In concepcione sancte marie uirginis. Officium.

GAudeamus.

Oracio.

OMnipotens sempiterne deus qui per beate marie uirginis fecundidatem et partum salutem generis humani fieri uoluisti: da nobis ita concepcionis eius hodierna die digne celebrare misterium. ut ad incarnati filii quem ipsa concepit et peperit mereamur pertinere consorcium. Per.

Leccio libri numeri.

IN diebus illis: Cum uidisset balaam quod pla-/ [fo. 286. b. ceret domino ut benediceret israeli: direxit contra desertum uultum suum. Et eleuans oculos uidit populum in tentoriis commorantem per tribus suas. et irruente in se spiritu dei assumpta parabola ait. Quam pulcra tabernacula tua iacob et tentoria tua israel ut ualles nemerose. Pulcre sunt et ut orti iuxta fluuios irrigui ut tabernacula que fixit dominus quasi cedri propter aquas. Fluet aqua de situla eius. et in aquas multas erit semen illius. Tolletur propter agag rex eius: et regnum illius auferetur. Deus eduxit eum de egypto: cuius fortitudo similis est rinocerotis. Deuorabunt gentes hostes illius. ossa que eorum confringent et perforabunt sagittis. Accubans dormiuit ut leo: et quasi leena quam suscitare nullus audebit. Qui benedixerit tibi. erit et ipse benedictus et qui maledixerit tibi. in malediccionem reputabitur. Uidebo eum set non modo: intuebor illum set non prope. Orietur stella ex iacob. et consurget uirga de israel. Et percuciet duces moab. uastabitque filios seth et erit ydumea possessio eius. Hereditas seyr cedet inimicis suis israel uero fortiter aget. De iacob erit qui dominetur: et perdet reliquias ciuitatum.

Gradale.

SPecie tua. Alleluya. ℣. Concepcio gloriose uirginis marie ex semine abrahe orta de tribu iuda clara ex stirpe dauid.

Euuangelium.

LIber generacionis.

Offertorium.

DIffusa est.

Secretum.

SAnctifica domine muneris oblati libamina. et beate dei genitricis intercessione nobis salutaria fore concede. Per.

Prefacio.

ET te in concepcione.

Communio.

DIffusa est.

Postcommunio.

PEr hec redempcionis humane sacrosancta misteria nobis quesumus domine celestis gracie benediccionem infunde: ut concepcionis eius gloriosa sollempnitas famulis tuis ad salutem prosit eternam que sine uiro uirgo concepit. et mundo peperit lucem et uitam. dominum nostrum.

In natali sancti damasi [pape][1] confessoris officium.

SAcerdotes dei.

Oracio.

OMnipotens sempiterne deus da quesumus nobis sancti pontificis tui damasi precibus adiuuari. ut cuius festa recolimus. auxilium capiamus. Per.

[1] Erased.

Epistola.

DIlectus deo.

Gradale.

IUrauit dominus. Alleluya. ℣. Inueni dauid.

Euangelium.

UIgilate quia.

Offertorium.

UEritas.

Secretum.

DA nobis quesumus domine./ semper hec uota [fo. 287. tibi gratanter persoluere quibus sancti damasi confessoris tui sollempnitatem recolimus. et presta: ut in eius ueneracione tuam semper gloriam predicemus. Per.

Communio.

FIdelis seruus.

Postcommunio.

SAcris muneribus sumptis tuam domine misericordiam humiliter exoramus. ut beati damasi confessoris tui intercessione muniti. sempiterna mereamur felicitate gratulari. Per.

In natali sancte Lucie uirginis et martiris. Officium.

DIlexisti.

Oracio.

EXaudi nos deus salutaris noster. ut sicut de beate lucie uirginis tue festiuitate gaudemus. ita pie deuocionis erudiamur affectu. Per.

Epistola.

COnfitebor.

Gradale.

DIlexisti. Alleluya. ℣. Diffusa.

Euuangelium.

SImile est regnum celorum decem.

Offertorium.

OFferentur.

Secretum.

GRatanter domine munera dicanda intuere que nomini tuo pro sollempnitate sancte lucie martiris tue suppliciter immolamus. Per.

Communio.

DIffusa.

Postcommunio.

SAncte Lucie martiris tue nos domine precacio tibi grata conciliet: ut hec sancta que sumpsimus. salutaria senciamus. Per.

Eodem die sancti Iudoci episcopi et confessoris.

Oracio.

DEus qui beatissimum iudocum confessorem tuum eternitatis gloria sublimasti: concede nobis famulis tuis eius festa celebrantibus cunctorum ueniam delictorum: et eterne beatitudinis premium sempiternum. Per.

Secretum.

SAcrificia hec quesumus domine magestati tue reddantur grata.

et sancto iudoco interueniente corda nostra holocausta ydonea tibi efficiant. Per.

Postcommunio.

SUmpta refeccio domine quesumus nos ad celestia introducant[1] conuiuia. et sancti Iudoci intercessio. tanto conuiuio nos. dignos efficiat. Per.

In natali sancte barbare uirginis. Officium.

LOquebar.

Oracio.

DEus qui beatissimam uirginem barbaram roseo martirii cruore perfusam hodie in thalamo regni tui collocasti concede propicius. ut per eam suorum apud te delictorum ueniam optineant. qui eius sempiterne claritati humilima deuocione congaudent. Per.

Epistola.

DOmine deus.

Gradale.

SPecie tua. Alleluya. ℣. Diffusa est.

Euuangelium.

SImile est regnum celorum thesauro.

Offertorium.

OFferentur.

Secretum.

IN sancte martiris tue barbare pas/sione preciosa. [fo. 287. b. te domine mirabilem predicantes

[1] *Sic.*

presta quesumus ut sicut eius tibi grata sunt merita. sic nostre seruitutis accepta reddantur. Per.

Communio.

QUinque prudentes.

Postcommunio.

LIbantes domine mense munera beata. quesumus ut sancte barbare martiris tue interuencionibus. et presentem nobis misericordiam conferat et et[1] eternam. Per.

In uigilia sancti thome apostoli officium.

EGo autem. *Et cetera sicut in uigilia unius apostoli.*

In die ad missam officium

MIchi autem.

Oracio.

DA nobis domine quesumus beati thome apostoli tui ita sollempnitatibus gloriari: ut eius semper et patrociniis subleuemur. et fidem congrua deuocione sectemur. Per.

Epistola.

IAm non estis.

Gradale.

NImis honorati. Alleluya. ℣. Non uos.

Iohannem.

IN illo tempore: Thomas unus ex duodecim qui dicitur didimus: non erat cum discipulis quando uenit ihesus. Dixerunt ergo et alii discipuli. Uidimus

[1] *Sic* twice.

dominum. Ille autem dixit eis. Nisi uidero in manibus eius fixuram clauorum. et mittam digitum meum in locum clauorum. et mittam manum meum[1] in latus eius: non credam. Et post dies octo iterum erant discipuli eius intus: et thomas cum eis. Uenit ihesus ianuis clausis. et stetit in medio et dixit. Pax uobis. Deinde dicit thome. Infer digitum tuum huc et uide manus meas. et affer manum tuam. et mitte in latus meum. et noli esse incredulus set fidelis. Respondit thomas et dixit ei. Dominus meus. et deus meus. Dicit ei ihesus. Quia uidisti me credidisti. Beati qui non uiderunt: et crediderunt.

Offertorium.

IN omnem.

[1] *Sic.*

Secretum.

DEbitum domine nostre reddimus seruitutis suppliciter exorantes. ut suffragiis beati thome apostoli tui. in nobis tua munera tuearis. cuius honorando confessionem. laudis tibi hostias immolamus. Per.

Prefacio.

ET te domine suppliciter.

Communio.

MItte manum tuam et cognosce loca clauorum alleluya et noli esse incredulus set fidelis alleluya. alleluya.

Postcommunio.

PRosit plebi tue misericors deus diuini percepcio sacramenti. et intercessio beati thome apostoli tui. ut saluacionem mentis et corporis. et incessabiliter expetat et affluenter accipiat. Per./ [fo. 288.

[Fo. 288. b. is blank.]

In uigilia unius apostoli. Officium.

EGo autem sicut oliua fructificaui in domo domini. speraui in misericordia dei mei et expectabo nomen tuum quoniam bonum est ante conspectum sanctorum tuorum. *Ps.* Quid gloriaris in malicia: qui.

Oracio.

QUesumus omnipotens deus: ut nostra deuocio que natalicia beati apostoli tui .N. antecedit. patrocinia nobis intercessionis eius accumulet. Per.

Leccio libri sapiencie.[1]

BEatus uir qui inuenit sapienciam: et qui affluit prudencia. Melior est adquisicio eius negociacione argenti et auri: primi et purissimi fructus eius. Preciosior est cunctis opibus: et omnia que desiderantur non ualent huic comparari. Longitudo dierum in dextera eius. in sinistra illius diuicie et gloria. Uie eius uie pulchre: et omnes semite illius pacifice. Lignum uite est hiis qui apprehenderint eam. et qui tenuerint eam beati. Dominus sapiencia fundauit terram. stabiliuit celos prudencia. Sapiencia illius eruperunt abyssi. et nubes rore concrescunt.

Gradale.

IUstus ut palma florebit. sicut cedrus libani multiplicabitur. ℣. Ad annunciandum mane misericordiam tuam et ueritatem tuam per noctem. *Si dominica fuerit.* Alleluya. ℣. Gloria et honore coronasti eum domine. et constituisti eum super opera manuum tuarum.

[1] [Proverb. iii. 13–21.]

Secundum Iohannem

IN illo tempore: Dixit ihesus discipulis suis. Si manseritis in me et uerba mea in uobis manserint: quodcumque uolueritis petetis et fiet uobis. In hoc clarificatus est pater meus: ut fructum plurimum afferatis. et efficiamini mei discipuli. Sicut dilexit me pater: et ego dilexi uos. Manete in dileccione mea. Si precepta mea seruaueritis: manebitis in dileccione mea. Sicut et ego patris mei precepta seruaui et maneo in eius dileccione. Hec locutus sum uobis ut gaudium meum in uobis sit: et gaudium uestrum impleatur.

Offertorium.

GLoria et honore coronasti eum et constituisti eum super opera manuum tuarum domine.

Secretum.

INtercessio quesumus domine beati. N apostoli tui munera nostra tibi commendet. ut eius sacrata natalicia frequentemus. et conspiciamus eterna. Per.

Communio.

MAgna est gloria eius in salutari tuo gloriam et magnum decorem impones super eum domine.

Postcommunio.

PResta nobis eterne largi-/tor eius ubique pia [fo. 289. protegi oracione cuius natalicia per hec sancta que sumpsimus uotiuo preuenimus obsequio. Per.

In die officium.

MIchi autem nimis honorati sunt amici tui deus minis[1] conforta-

[1] *Sic: for* nimis.

tus est principatus eorum. *Ps.* Domine probasti me.

Oracio.

DEus qui ecclesiam tuam beati .N. apostoli tui predicacione instruxisti. et martirio decorasti : concede tuis fidelibus eius semper meritis adiuuari. et beneficiis gratulari. Per.

Leccio epistole beati pauli ad ephesios.

FRatres. Iam non estis hospites et aduene : set estis ciues sanctorum et domestici dei superedificati super fundamentum apostolorum et prophetarum. ipso summo angulari lapide christo ihesu. In quo omnis edificacio constructa: crescit in templum sanctum in domino. In quo et uos coedificamini in habitaculum dei : in spiritu sancto.

Gradale.

NImis honorati sunt amici tui deus nimis confortatus est principatus eorum. ℣. Dinumerabo eos et super arenam multiplicabuntur. Alleluya. ℣. Per manus apostolorum fiebant signa et prodigia multa in plebe. Alleluya. ℣. In omnem terram exiuit sonus eorum et in fines orbis terre uerba eorum.

Sequencia.

CLare sanctorum senatus apostolorum. Alleluya. Princeps orbis terrarum rectorque regnorum. Ecclesiarum mores et uitam moderare. Que per doctrinam tuam fideles sunt ubique. Antiochus et remus concedunt tibi petre regni solium. Tyrannidem tu paule alexandrinam inuasisti greciam. Ethiopes horridos mathee agnelli uellere. Qui maculas nesciat aliquas uestisti candido. Thoma bartholomee iohannes philippe symon Iacobique pariles. Andrea thadee dei bellatores incliti. En uos occidens et oriens. Immo teres mundi circulus se patres habere gaudet et expectat iudices. Et iccirco mundus omnis laudes uobis et honorem sanctis debitum supplex impendit.

Iohannem.

IN illo tempore : Dixit ihesus discipulis suis. Hoc est preceptum meum ut diligatis inuicem : sicut dilexi uos. Maiorem hac dileccionem nemo habet : ut animam suam ponat quis pro amicis suis. Uos amici mei estis : si feceritis que ego precipio uobis. Iam non dicam uos seruos : quia seruus nescit quid faciat dominus eius. Uos autem dixi amicos : quia omnia quecumque audiui a patre meo nota feci uobis. Non uos me [1]elegistis set ego[1] elegi uos. et posui uos. ut eatis et fructum/ afferatis [fo. 289. b. et fructus uester maneat. Et quodcumque pecieritis patrem in nomine meo: det nobis.

Offertorium.

IN omnem terram exiuit sonus eorum et in fines orbis terre uerba eorum.

Secretum.

MUnus oblatum quesumus domine propiciatus intende et ut digne tuis famulemur altaribus sancti apostoli tui .N intercessione que deliquimus indulge. Per.

[1]—[1] Repeated, but struck through with black line.

Communio.

EGo uos elegi de mundo ut eatis et fructum afferatis et fructus uester maneat.

Postcommunio.

CElebrantes que apostoli tui .N. beata passione domine peregimus. ipsius nobis quesumus fiant intercessione salutaria in cuius natalicio sunt percepta. Per.

In natali plurimorum apostolorum officium.

MIchi autem.

Oracio.

DEus mundi creator et rector qui beatos apostolos tuos .N. et N ineffabili gloria decorasti: exaudi populum tuum eorum doctrinis imbutum: ut per eos proficiat ad fidei et caritatis augmentum. Per.

Ad Romanos.

FRatres: Scimus quoniam diligentibus deum omnia cooperantur in bonum: hiis qui secundum propositum [1]uocati sunt sancti.[1] Nam quos presciuit et predestinauit conformes fieri ymaginis filii sui ut sit ipse primogenitus in multis fratribus. Quos autem predestinauit: hos et uocauit. Et quos uocauit: hos et iustificauit. Quos autem iustificauit: illos et magnificauit. Quid ergo dicemus ad hec? Si deus pro nobis: quis contra nos? Qui eciam proprio filio suo non pepercit: set pro nobis omnibus tradidit illum.

[1]—[1] Repeated, but struck through with black line.

Leccio actuum apostolorum.

IN diebus illis: Per manus apostolorum fiebant signa et prodigia multa in plebe: et erant unanimiter omnes in porticu salamonis. Ceterorum autem nemo audebat se coniungere illis. set magnificabat eos populus. Magis autem augebatur credencium in domino multitudo uirorum ac mulierum ita ut in plateis eicerent infirmos et ponerent in lectulis et grabatis. ut ueniente petro saltem umbra illius obumbraret quemquam illorum. et liberarentur ab infirmitatibus suis. Currebat autem et multitudo uicinarum iherusalem afferentes egros et uexatos a spiritibus inmundis qui omnes curabantur.

Leccio actuum apostolorum.

IN diebus illis: Exurgens princeps sacerdotum et omnes qui cum illo erant que est heresis sa/duceorum repleti sunt [fo. 290. zelo. et iniecerunt manus in apostolos et posuerunt illos in custodia publica. Angelus autem domini per noctem aperiens ianuas carceris: et educens eos dixit. Ite stantes in templo loquimini plebi omnia uerba uite huius. Que cum audissent intrauerunt diluculo in templum: et docebant.

Leccio actuum apostolorum.

IN diebus illis: Consenserunt scribe et pharisei uniuerse turbe: et conuocantes apostolos cecis[1] denunciauerunt ne omnino loquerentur in nomine ihesu et dimiserunt eos. Et illi quidem

[1] *Sic. for* cesis.

ibant gaudentes a conspectu consilii. quoniam digni habiti sunt pro nomine ihesu contumeliam pati. Omni autem die in templo et circa domos non cessabant docentes et euuangelizantes : ihesum christum.

Gradale.

IN omnem terram exiuit sonus eorum et in fines orbis terre uerba eorum. ℣. Celi enarrant gloriam dei et opera manuum eius annunciat firmamentum.

Gradale.

COnstitues eos principes super omnem terram memores erunt nominis tui domine. ℣. Pro patribus tuis nati sunt tibi filii propterea populi confitebuntur tibi. Alleluya. ℣. Nimis honorati sunt amici tui deus nimis confortatus est principatus eorum. Alleluya. ℣. Non uo[1] me elegistis set ego elegi uos et posui uos ut eatis et fructum afferatis et fructus uester maneat. Alleluya. ℣. Isti sunt due oliue candelabra lucencia ante dominum habent potestatem claudere celum nubibus et aperire portas eius quia lingue eorum claues celi facte sunt.

Sequencia.

HOdierne lux diei recolit athletas dei petrum paulum pariter. Qui de fide questione posita coram nerone uicerunt uiriliter. Petrus docet frendet nero nec petrus ob hoc a uero declinat iudicio. Set allegat ex prophetis argumentis et decretis et ex euuangelio. Paulus uas eleccionis pari forma racionis natum de uirguncula. Christum pandit et confundit oblatrantes et contundit synagoge iacula. Isti sunt oliue bine legis apices diuine candelabra gemina. Per quos mundo lux est data per quos mira declarata mundi micat machina. Migrauerunt ex hac luce paulus ense petrus cruce nunc regnant in gloria. Quo nos sua per precata ducant omnes impetrata delictorum uenia.

[1] *Sic.*

Secundum Iohannem.

IN illo tempore : Dixit ihesus discipulis suis. Hec mando uobis : ut diligatis inuicem. Si mundus uos odit scitote quia me priorem uobis odio habuit. Si de mundo fuissetis : mundus quod suum erat/ dili- [fo. 290. b. geret. Quia uero de mundo non estis : set ego elegi uos de mundo : propterea odit uos mundus. Mementote sermonis mei : quem ego dixi uobis. Non est seruus maior domino suo. Si me persecuti sunt et uos persequentur. Si sermonem meum seruauerunt : et uestrum seruabunt. Set hec omnia facient uobis propter nomen meum quia nesciunt eum qui misit me. Si non uenissem et locutus eis fuissem : peccatum non haberent. Nunc autem excusacionem non habent de peccato suo. Qui me odit et patrem meum odit. Si opera non fecissem in eis que nemo alius fecit : peccatum non haberent. Nunc uiderunt : et oderunt et me et patrem meum. Set ut impleatur sermo qui in lege eorum scriptus est : quia odio habuerunt me gratis.

Secundum Matheum.

IN illo tempore : Dixit ihesus discipulis suis. Ecce ego mitto uos : sicut oues in medio luporum. Estote ergo prudentes sicut serpentes : et simplices sicut columbe. Cauete. autem ab hominibus. Tradent enim uos in consiliis suis.[1] et in synagogis suis flagellabunt uos. Et ante reges et presides ducemini propter me: in testimonium illis et gentibus. Cum autem tradent uos nolite cogitare quomodo aut quid loquamini. Dabitur enim uobis: in illa hora quid loquamini. Non enim uos estis qui loquimini: set spiritus patris uestri qui loquitur in uobis. Tradet autem frater fratrem in mortem: et pater filium. Et insurgent filii in parentes et morte eos afficient. Et eritis odio omnibus hominibus: propter nomen meum. Qui autem perseuerauerit usque in finem: hic saluus erit.

Secundum lucam.

IN illo tempore: Facta est contencio inter discipulos ihesu: quis eorum uideretur esse maior. Dixit autem eis. Reges gencium dominantur eorum: et qui potestatem habent super eos benefici uocantur. Uos autem non sic. Set qui maior est in uobis: fiat sicut iunior. Et qui precessor est sicut ministrator. Nam quis maior est qui recumbit an qui ministrat? Nonne qui recumbit? Ego autem in medio uestrum sum sicut qui ministrat. Uos autem estis qui permansistis mecum in temptacionibus meis. Et ego dispono uobis sicut disposuit michi/ pater meus regnum. ut edatis [fo. 291. et bibatis super mensam meam in regno meo. Et sedeatis super thronos: iudicantes duodecim tribus israel.

Secundum. Matheum.

IN illo tempore: Misit ihesus duodecim discipulos suos precipiens eis et dicens. In uiam gencium ne abieritis: et in ciuitates samaritanorum ne intraueritis: set pocius ite ad oues que perierunt domus israel. Euntes autem predicate dicentes quia appropinquabit regnum celorum. Infirmos curate. mortuos suscitate. leprosos mundate. demones eicite. Gratis accepistis: et gratis date.

[1] Struck out with red line.

Offertorium.

COnstitues eos principes super omnem terram memores erunt nominis tui in omni progenie et generacione.

Offertorium.

MIchi autem nimis honorificati sunt amici tui deus nimis confortatus est principatus eorum.

Secretum.

OFferimus domine munera tuorum tibi grata sollempnitatibus apostolorum suppliciter exorantes: ut quod ad illorum pertinet gloriam. nobis prosit ad ueniam. Per.

Communio.

AMen dico uobis quod uos qui reliquistis omnia et secuti estis me centuplum accipietis et uitam eternam possidebitis.

Communio.

UOs qui secuti estis me sedebitis super sedes iudicantes duodecim tribus israel dicit dominus

Postcommunio.

SUmentes domine diuina misteria imploramus clemenciam tuam ut tribuas nobis pia deuocione eorum conse qui doctrinam quorum in uere fidei confessione uniuersam solidasti ecclesiam. Per.

In natali unius Euuangeliste. Officium.

IN medio ecclesie aperuit os eius et impleuit eum dominus spiritu sapiencie et intellectus stola glorie induit eum. ℣. Iocundidatem et exultacionem thesaurizauit super eum.

Oracio.

MAgnificet te domine sancti tui .N. euuangeliste beata sollempnitas: per quam illi gloriam sempiternam. et opem nobis ineffabili prouidencia contulisti. Per.

Leccio ezechielis prophete.

SImilitudo uultus quatuor animalium: facies hominis et facies leonis: desuper ipsorum quatuor. Facies autem bouis a sinistris ipsorum quatuor. Et facies eorum et penne eorum extente desuper. Due penne singulorum iungebantur: et due tegebant corpora eorum. Et unumquodque eorum: coram facie sua ambulabat. Ubi erat spiritus impetus illuc gradiebantur:/ nec reuertebantur cum [fo. 291. b. ambularent. Et similitudo animalium et aspectus eorum: quasi carbonum ignis ardencium. et quasi aspectus lampadarum. Hec erat uisio discurrens in medio animalium. Splendor ignis: et de igne fulgur egrediens. Et animalia ibant et reuertebantur: in similitudinem fulguris choruscantis.

Gradale.

BEatus uir qui metuit dominum in mandatis eius cupit nimis. ℣. Potens in terra erit semen eius generacio rectorum benedicetur. Alleluya. ℣. Beatus uir qui timet dominum in mandatis eius cupit nimis. Alleluya. ℣. Primus ad syon dicet assum. et iherusalem euuangelistam dabo.

Secundum Lucam.

IN illo tempore: Designauit dominus et alios septuaginta duos discipulos et misit illos binos ante faciem suam in omnem ciuitatem et locum quo erat ipse uenturus. Et dicebat illis. Messis quidem multa: operarii autem pauci. Rogate ergo dominum messis: ut mittat operarios in messem suam. Ite. Ecce ego mitto uos sicut agnos inter lupos. Nolite portare sacculum neque peram. neque calciamenta et neminem per uiam salutaueritis. In quamcumque domum intraueritis: primum dicite. Pax huic domui. Et si ibi fuerit filius pacis: requiescet super illam pax uestra. Sin autem ad uos reuertetur. In eadem autem domo manete: edentes et bibentes que apud illos sunt. Dignus est enim operarius: mercede sua.

Offertorium.

IUstus ut palma florebit sicut cedrus que in libano est multiplicabitur.

Secretum.

DOnis celestibus da nobis domine tibi libera mente seruire. ut munera que deferimus interueniente euuangelista tuo .N. et medelam nobis operentur et gloriam.

Communio.

MAgna est gloria eius in salutari tuo. gloriam et magnum decorem impones super eum domine.

Postcommunio.

PResta quesumus omnipotens deus ut id quod de sancto altari tuo accepimus precibus beati euuangeliste tui .N. sanctificet animas nostras per quod tuti esse possimus. Per.

In natali unius martiris.
Officium.

LEtabitur iustus in domino et sperabit in eo et laudabuntur omnes recti corde. *Ps.* Exaudi deus oracionem meam cum deprecor.

Officium.

IN uirtute tua domine letabitur iustus super salutare tuum exultabit uehementer desiderium anime eius tribuisti ei./ *Ps.* [fo. 292. Quoniam preuenisti eum in benediccionibus dulcedinis.

Aliud officium.

IUstus ut palma florebit sicut cedrus libani multiplicabitur. plantatus in domo domini in atriis domus dei nostri. *Ps.* Bonum est confiteri domino: et psallere.

Officium.

IUstus non conturbabitur quia dominus firmat manum eius tota die miseretur et comodat et semen eius in benediccione erit ineternum conseruabitur. *Ps.* Noli emulari in malignantibus.

Officium.

GLoria et honore coronasti eum et constituisti eum super opera manuum tuarum. *Ps.* Domine dominus noster.

Officium.

PRobasti domine cor meum et uisitasti nocte. igne me examinasti et non est inuenta in me iniquitas. *Ps.* Exaudi domine iusticiam meam.

Officium.

PRotexisti me deus a conuentu malignancium. alleluya. a multitudine operancium iniquitatem alleluya alleluya. *Ps.* Exaudi deus oracionem meum cum deprecor.

Oracio.

DEus qui hodierna die beatum .N. martirem tuum. gloria et honore coronasti: tribue nobis propicius. ut qui gloriam non meremur. indulgenciam ipso interueniente consequamur. Per.

Leccio libri sapiencie.[1]

BEatus uir qui in sapiencia morabitur. et qui in iusticia meditabitur et in sensu cogitabit circumspeccionem. dei. Cibabit illum pane uite et intellectus: et aqua sapiencie salutaris potabit illum. Et firmabitur in illo. et non flectetur. et continebit illum. et non confundetur: et exaltabit illum apud proximos suos. Et nomine eterno hereditabit illum: dominus deus noster.

Leccio libri sapiencie.[2]

IUstus si morte preocupatus fuerit in refrigerio erit. Senectus enim uenerabilis est non diuturna: neque annorum numero computata. Cani enim sunt sensus hominis et etas senectutis uita inmaculata. Placens deo

[1] [Ecclesiasticus xiv. 22; xv. 3, 4, 6.]
[2] [iv. 7–12; 13–15.]

factus dilectus: et uiuens inter peccatores translatus est. Raptus est ne malicia mutaret intellectum eius: aut ne ficcio deciperet animam illius. Consummatus in breui expleuit tempora multa placita enim erat deo anima illius. Propter hoc properauit educere illum de medio iniquitatum: quoniam gracia dei et misericordia est in sanctos eius. et respectus eius in electos illius.

Leccio libri sapiencie.[1]

BEatus uir qui inuentus est sine macula. qui post aurum non abiit nec sperauit in pecunie thesauris. Quis est hic et laudabimus eum? Fecit enim/ mirabilia in uita sua. [fo. 292. b. Quis probatus est in illo: et perfectus inuentus est. et erit illi gloria eterna? Qui potuit transgredi et non est transgressus: et facere mala et non fecit. Ideo stabilita sunt bona illius in domino. et elemosinas illius enarrabit omnis ecclesia sanctorum.

Ad thimotheum.

KArissime: Nemo militans deo implicat se negociis secularibus ut ei placeat cui se probauit. Nam qui certat in agone non coronatur: nisi legitime certauerit. laborantem agricolam: oportet premium de fructibus percipere. Intellige que dico. Dabit enim tibi dominus: in omnibus intellectum. Memor esto ihesum resurrexisse a mortuis ex semine dauid secundum euuangelium meum in quo laboro usque ad

[1] [Ecclesiastic. xxxi. 8–11.]

uincula quasi male operans. set uerbum dei non est alligatum. Ideo omnia sustineo propter electos ut et ipsi salutem consequantur. Que est in christo ihesu: cum gloria celesti.

Ad thymotheum.

KArissime: Dominus michi astitit et confortauit me: ut per me predicacio eius impleatur. Et audiant omnes gentes: quia liberatus sum de ore leonis. Liberauit me dominus ab omni opere malo. et saluum faciet in regno suo celesti. Cui gloria: in secula seculorum amen.

Ad thimotheum.

MEmor esto dominum ihesum christum resurrexisse a mortuis ex semine dauid secundum euuangelium meum in quo laboro usque ad uincula: quasi male operans. set uerbum dei non est alligatum. Ideo omnia sustineo propter electos: ut et ipsi salutem consequantur que est in christo ihesu. cum gloria celesti. Tu autem assecutus es meam doctrinam. institucionem. propositum. fidem longaminitatem dileccionem. pacienciam. persecuciones. passiones qualia michi facta sunt antiochie. yconie listris quales persecuciones sustinui: et ex omnibus eripuit me dominus. Et omnes qui uolunt pie uiuere in christo ihesu persecucionem paciuntur.

Leccio libri sapiencie.[4]

BEnedicentes dominum exaltate illum: quantum potestis. Maior est enim omni

[1] [Ecclesiastic. xliii. 33. 25. 26; xlv. 29. 30.]

gloria. Ipse deduxit iustum per uias rectas. cuius memoria in benediccione est. In sermone eius siluit uentus: cogitacione sua pla/cauit abyssum [fo. 293. et plantauit illum dominus. Qui nauigat mare enarrat pericula eius. et audientes auribus non admirabuntur. In bonitate benignitatis et alacritate anime sue: placuit deo israel. Ideo statuit ad illum testamentum pacis ut sit illi sacerdocii dignitas ineternum.

Ad Corinthios.

FRatres: Spectaculum facti sumus huic mundo et angelis et hominibus. Nos stulti propter christum: uos autem prudentes in christo. Nos infirmi: uos autem fortes. Uos nobiles: nos ignobiles. Usque in hanc horam et esurimus et sitimus et nudi sumus: laboramus operantes manibus nostris. Maledicimur: et benedicimus. Persecucionem patimur: et sustinemus. Blasphemamur et obsecramus. Tanquam purgamenta huius mundi facti sumus omnium peripsima: usque adhuc. Non ut confundam uos hec scribo: set ut filios meos karissimos moneo.

Leccio epistole beati Iacobi apostoli.

KArissimi: Omne gaudium existimate cum in temptaciones uarias incideritis: scientes quod probacio fidei uestre pacienciam operatur. Paciencia autem: opus perfectum habeat. ut sitis perfecti et integri in nullo deficientes. Siquis autem uestrum indiget sapiencia postulet a deo qui dat omnibus affluenter et non improperat et dabitur ei. Postulet autem in fide: nichil hesitans. Qui autem hesitat: similis est fluctui maris qui a uento mouetur et circumfertur. Non ergo estimet homo ille quod aliquid accipiat a domino. Uir duplex animo: inconstans est in omnibus uiis suis. Glorietur autem frater humilis in exaltacione sua: diues autem in humilitate. sua. quoniam sicut flos feni transibit. Exortus est enim sol cum ardore et arefecit fenum: et flos eius decidit et decor uultus eius deperiit. Ita et diues in itineribus suis marcesset. Beatus uir qui suffert temptacionem: quoniam cum probatus fuerit accipiet coronam uite: quam repromisit. deus diligentibus se.

Ad philippenses.

FRatres. Uobis datum est pro christo non solum ut in eo credatis set ut eciam pro illo paciamini idem certamen habentes./ quale et uid- [fo. 293. b. istis in me. et nunc audistis de me. Siqua ergo consolacio in christo si quod solacium caritatis si qua societas spiritus si qua uiscera miseracionis: implete gaudium meum ut idipsum sapiatis. Eandem caritatem habentes: unanimes idipsum sencientes. Nichil per contencionem neque per inanem gloriam. set in humilitate superiorem sibi inuicem arbitrantes. Non que sua sunt singuli considerantes set ea que aliorum.

Ad hebreos.

FRatres: Doctrinis uariis et peregrinis: nolite abduci. Optimum est enim gracia stabilire cor non escis que non profuerunt ambulantibus in eis. Habemus altare de quo edere non habent potestatem. qui tabernaculo deseruiunt. Quorum enim animalium infertur sanguis pro peccato in sancta per pontificem: horum corpora cremantur extra castra. Propter quod et ihesus ut sanctificaret per suum sanguinem populum: extra portam passus est. Exeamus igitur ad eum extra castra improperium eius portantes. Non enim habemus hic manentem ciuitatem: set futuram inquirimus. Per ipsum ergo offeramus hostiam laudis semper deo id est fructum labiorum confitencium nomini eius. Beneficiencie autem et comunionis nolite obliuisci. Talibus enim hostiis: promeretur deus.

Gradale.

POsuisti domine super capud eius coronam de lapide precioso. ℣. Desiderium anime eius tribuisti ei. et uoluntate labiorum eius non fraudasti eum.

Gradale.

BEatus uir qui timet dominum. in mandatis eius cupit nimis. ℣. Potens in terra erit semen eius generacio rectorum benedicetur.

Gradale.

IUstus non conturbabitur quia dominus firmat manum eius. ℣. Tota die miseretur et comodat et semen eius in benediccione erit.

Gradale.

GLoria et honore coronasti eum. ℣. Et constituisti eum super opera manuum tuarum. Alleluya. ℣. Beatus uir qui timet dominum in mandatis eius cupit nimis. Alleluya. ℣. Beatus uir qui suffert temptacionem quoniam cum probatus fuerit accipiet coronam uite. Alleluya. ℣. Gloria et honore coronasti eum domine. Alleluya. ℣. Letabitur iustus in domino et sperabit in eo et laudabuntur omnes recti corde. Alleluya. ℣. Posuisti domine super capud eius coronam de lapide precioso.

Tractus.

DEsiderium anime eius tribuisti ei. et uoluntate labiorum/[fo. 294. eius non fraudasti eum. ℣. Quoniam preuenisti eum in benediccionibus dulcedinis. ℣. Posuisti super capud eius coronam de lapide precioso.

Tractus.

BEatus uir qui timet dominum in mandatis eius cupit nimis. ℣. Potens in terra erit semen eius generacio rectorum benedicetur. ℣. Gloria et diuicie in domo eius et iusticia eius manet in seculum seculi.

Sequencia.

ADest nobis dies alma et magno gaudio plena. In qua sancta deo grata congaudet ecclesia. Hodie celestis letatur turma que gloriam cantat in excelsis uoce dulcissona cum symphonia. Hodie polorum sancta agmina collaudant regem deum nostrum natum ex uirgine sancta maria. Aue inclite martir christi .N. flos pulcherime. Tu uestigia christi secutus es fide deuota. Eterni regis adeptus es regna. Nam gratularis in domo superna.

possidens sedes almas. Quem postulamus et poscimus una. Adiuua tuo sancto suffragio fragilem uitam nostram. O beate. O sancte. N. Iuua cateruam hanc. O beate. O sancte .N. Pro nobis supplica. Ut una mereamur sancta celorum templa. Possidere leti cernentes alma gaudia que sunt plena. Sit deo laus honor et iubilacio casta. Qui regnat per omnia seculorum secula. Amen dicant omnia.

Secundum Lucam.

IN illo tempore: Dixit ihesus discipulis suis. Siquis uenit ad me et non odit patrem suum et matrem et uxorem. et filios. et fratres et sorores adhuc et animam suam: non potest meus esse discipulus. Et qui non baiulat crucem suam et uenit post me non potest meus esse discipulus. Quis enim ex uobis uolens turrim edificare. non prius sedens computat sumptus qui necessarii sunt si habeat ad perficiendum. ne postea quam posuerit fundamentum. et non potuerit perficere. omnes qui uiderint incipiant illudere ei dicentes quia hic homo cepit edificare et non potuit consummare. Aut quis rex iturus committere bellum aduersus alium regem non sedens prius cogitat si possit cum decem milibus occurrere ei qui cum uiginti milibus uenit ad se? Alioquin adhuc illo longe agente: legacionem mittens. rogat ea que pacis sunt. Sic ergo omnis ex uobis qui non renunciat omnibus que possidet: non potest meus esse discipulus.

Matheum.

IN illo tempore: Dixit ihesus discipulis suis. Nolite arbitrari: quia uenerim pacem mittere in terram. Non ueni pacem mittere: set/ gladium. [fo. 294. b. Ueni enim separare hominem aduersus patrem suum et filiam aduersus matrem suam et nurum aduersus socrum suam et inimici hominis domestici eius. Qui amat patrem aut matrem plusquam me: non est me dignus. Et qui amat filium aut filiam super me: non est me dignus. Et qui non baiulat crucem suam. et sequitur me: non est me dignus. Qui inuenit animam suam: perdet eam. Et qui perdiderit animam suam propter me: inueniet eam. Qui recipit uos: me recipit. Et qui me recipit: recipit eum qui me misit. Qui recipit prophetam in nomine prophete: mercedem prophete accipiet. Et qui recipit iustum in nomine iusti: mercedem iusti accipiet. Et quicumque potum dederit uni ex minimis istis calicem aque frigide tantum in nomine discipuli: amen dico uobis: non perdet mercedem suam.

Matheum.

IN illo tempore: Dixit ihesus discipulis suis. Nichil opertum quod non reueletur: et occultum quod non sciatur. Quod dico uobis in tenebris: dicite in lumine. Et quod in aure auditis: predicate super tecta. Et nolite timere eos qui occidunt corpus: animam autem non possunt occidere. Set pocius eum timete qui postquam occiderit habet potestatem et corpus et animam perdere in gehennam. Nonne duo passeres asse ueneunt et unus ex illis non cadet super terram sine patre uestro. Uestri autem et capilli capitis: omnes numerati sunt. Nolite ergo timere: multis passeribus meliores estis uos. Omnis ergo qui confitebitur me coram hominibus: confitebor et ego eum coram patre meo: qui est in celis.

Secundum matheum.

IN illo tempore: Circuibat ihesus ciuitates omnes et castella: docens in synagogis eorum. et predicans euuangelium regni et curans omnem languorem et omnem infirmitatem. Uidens autem turbas misertus est eis: quia erant uexati et iacentes sicut oues non habentes pastorem. Tunc dixit discipulis suis. Messis quidem multa. operarii autem pauci. Rogate ergo dominum messis: ut adiciat operarios in messem suam. Euntes autem predicate dicentes: quia appropinquabit regnum celorum. Infirmos curate/mortuos [fo. 295. suscitate leprosos mundate. demones eicite. Gratis accepistis: gratis date. Ecce ego mitto uos: sicut oues in medio luporum. Estote ergo prudentes sicut serpentes: et simplices sicut columbe.

Secundum Lucam.

IN illo tempore: Dixit ihesus discipulis suis parabolam hanc. Homo quidam nobilis abiit in regionem longinquam: accipere sibi regnum et reuerti. Uocatis autem decem seruis suis: dedit illis decem mnas. Et ait ad illos. Negociamini dum uenio. Ciues autem eius oderant illum: et miserunt legacionem post illum dicentes. Nolumus hunc regnare super nos. Et factum est ut rediret accepto regno. Et iussit uocari seruos suos quibus dederat pecuniam: ut sciret quantum quisque negociatus esset. Uenit autem primus dicens. Domine: mna tua decem mnas adquisiuit. Et ait illi. Euge serue bone: quia in modico fuisti fidelis: eris potestatem habens supra decem ciuitates. Et alter uenit dicens. Domine: mna tua fecit quinque mnas. Et huic ait. Et tu esto supra quinque ciuitates. Et alter uenit dicens. Domine: ecce mna tua quam habui repositam in sudario. Timui enim te: quia homo austerus. es. Tollis quod non posuisti et metis quod non seminasti. Et dicit ei. De ore tuo te iudico: serue nequam. Sciebas quod ego hausterus homo sum: tollens quod non posui et metens quod non seminaui. Et quare non dedisti pecuniam meam ad usuram et ego ueniens cum usuris utique exigissem[1] illam? Et astantibus dixit. Auferte ab illo mnam: et date illi qui decem mnas habet. Et dixerunt illi. Domine: habet decem mnas. Dico autem uobis: quia omni habenti dabitur et habundabit. Ab eo autem qui non habet: et quod uidetur habere auferetur ab eo. Uerumptamen inimicos meos illos qui noluerunt me regnare super se: adducite huc et interficite ante me. Et hiis dictis: precedebat iherosolimam.

[1] *sic.*

Secundum Matheum.

IN illo tempore: Dixit ihesus discipulis suis. Siquis uult uenire post me: abneget semetipsum et tollat crucem suam et sequatur me. Qui enim uoluerit animam suam saluam facere:/ perdet eam: Qui au- [fo. 295. b. tem perdiderit animam suam propter me: inueniet eam. Quid enim prodest homini si mundum uniuersum lucretur. anime uero sue detrimentum paciatur? Aut quam dabit homo commutacionem pro anima sua. Filius enim hominis uenturus est in gloria patris sui cum angelis suis: et tunc reddet unicuique secundum opus suum. Amen dico uobis sunt quidam de hic stantibus qui non gustabunt mortem: donec uideant filium hominis uenientem in regno suo.

Secundum Iohannem.

IN illo tempore: Dixit ihesus discipulis suis. Amen amen dico uobis: nisi granum frumenti cadens in terram mortuum fuerit: ipsum solum manet. Si autem mortuum fuerit: multum fructum affert. Qui amat animam suam: perdet eam. Et qui odit animam suam in hoc mundo: in uitam eternam custodit eam. Siquis michi ministrat: me sequatur. Et ubi ego sum: illic et minister meus erit. Siquis michi ministrauerit: honorificabit eum pater meus: qui est in celis.

Secundum Iohannem.

IN illo tempore: Dixit ihesus discipulis suis. Qui amat.

Secundum Iohannem.

IN illo tempore: Dixit ihesus discipulis suis. Ego sum uitis uera: et pater meus agricola est. Omnem palmitem in me non ferentem fructum: tollet eum. Et omnem qui fert fructum purgabit eum ut fructum plus afferat. Iam uos mundi estis: propter sermonem quem locutus sum uobis: Manete in me: et ego in uobis. Sicut palmes non potest ferre fructum a semetipso nisi manserit in uite: sic nec uos nisi in me manseritis. Ego sum uitis: uos palmites. Qui manet in me: et ego in eo. Hic fert fructum multum: quia sine me nichil potestis facere. Siquis in me non manserit: mittetur foras sicut palmes et arescet. et colligent eum et in ignem mittent et ardet. Si manseritis in me et uerba mea in uobis manserint: quodcumque uolueritis. petetis: et fiet uobis.

Offertorium.

POsuisti domine in capite eius coronam de lapide precioso uitam peciit a te tribuisti ei. alleluya.

Offertorium.

GLoria et honore coronasti eum et constituisti eum super opera manuum tuarum domine.

Offertorium.

IN uirtute tua domine letabitur iustus et super salutare tuum exultabit uehementer/ de- [fo. 296. siderium anime eius tribuisti ei.

Offertorium.

IUstus ut palma florebit sicut cedrus que in libano est multiplicabitur.

Offertorium.

COnfessio et pulcritudo in conspectu eius. sanctitas et magnificencia in sanctificacione eius.

In tempore paschali. Offertorium.

REpleti sumus mane misericordia tua et exultauimus et delectati sumus. alleluya.

Secretum.

PResencia munera domine serena pietate intuere: ut sancti spiritus perfundantur benediccione. ut in nostris cordibus eam ualidius dileccionem infundant. per quam sanctus martir .N. omnia tormenta deuicit. Per. In unitate eiusdem.

Communio.

MAgna est gloria eius in salutari tuo gloriam et magnum decorem impones super eum domine.

Communio.

POsuisti domine in capite eius coronam de lapide precioso.

Communio.

QUi uult uenire post me abneget semetipsum et tollat crucem suam et sequatur me.

Communio.

QUi michi ministrat me sequatur et ubi ego sum illic et minister meus erit.

In tempore paschali. Communio.

LEtabitur iustus in domino et sperabit in eo et laudabuntur omnes recti corde alleluya alleluya.

Communio.

EGo sum uitis uera et uos palmites. qui manet in me et ego in eum hic fert fructum multum alleluya alleluya.

Postcommunio.

QUesumus domine deus noster: ut interueniente beato .N. martire tuo sacrosancta misteria que frequentamus actu subsequamur et sensu. Per.

In natali plurimorum martirum.
Officium.

INtret in conspectu tuo domine gemitus compeditorum. redde uicinis nostris septuplum in sinu eorum uindica sanguinem sanctorum tuorum qui effusus est. *Ps.* Deus uenerunt gentes.

Officium.

SApienciam sanctorum narrant populi et laudem eorum nunciat ecclesia nomina autem uiuent in seculum seculi. *Ps.* Exultate iusti in domino.

Officium.

SAlus autem iustorum a domino et protector eorum est in tempore tribulacionis. *Ps.* Noli emulari in malignantibus.

Officium.

LOquetur dominus pacem in plebem suam et super sanctos suos. et in eos qui conuertuntur ad ipsum. *Ps.* Benedixisti domine terram tuam.

Officium.

MUlte tribulaciones iustorum. et de omnibus hiis liberauit eos dominus dominus custodit omnia ossa eorum unum ex hiis non conteretur. *Ps.* Benedicam.

Officium.

LAudate pueri dominum laudate nomen domini qui habitare facit sterilem in domo matrem filiorum letantem. *Ps.* Sit nomen.

Officium.

IUsti epulentur et exultent in conspectu dei et delectentur in leticia. *Ps.* Exurgat deus et dissipentur. ℣. Gloria patri.

Officium.

TImete dominum omnes sancti eius/ eius[1] quoniam [fo. 296. b. nichil deest timentibus eum diuites eguerunt et esurierunt inquirentes autem dominum non deficient omni bono. *Ps.* Benedicam dominum. Gloria.

Officium.

SAncti tui domine benedicent te. gloriam regni tui dicent alleluya. *Ps.* Exaltabo te domine. Gloria patri.

Officium.

CLamauerunt iusti et dominus exaudiuit eos et ex omnibus tribulacionibus eorum liberauit eos. alleluya. *Ps.* Benedicam dominum. Gloria.

Officium.

ECce oculi domini super metuentes eum sperantes in misericordia eius alleluya. ut eripiat a morte animas eorum quoniam adiutor et protector noster est alleluya alleluya. *Ps.* Exultate iusti. ℣. Gloria.

Officium.

IUsti epulentur et exultent in conspectu dei. et delectentur in leticia. *Ps.* Exurgat.

[1] *Sic.* repeated.

Oracio.

DEus qui hodiernam diem beatorum .N. et .N. martirum tuorum martirio consecrasti : da nobis salutem mentis et corporis. ut et illorum passioni sit ueneracio. ex nostra deuocione. et nobis auxilium proueniat de eorum sanctissima intercessione. Per.

Ad hebreos.

FRatres : Sancti per fidem uicerunt regna : operati sunt iusticiam adepti sunt repromissiones. Opturauerunt ora leonum : extinxerunt impetum ignis effugarunt aciem gladii conualuerunt de infirmitate. et fortes facti sunt in bello. Castra uerterunt exterorum acceperunt mulieres. de resurreccione mortuos suos. Alii autem distenti sunt non suscipientes redempcionem : ut meliorem inuenirent resurreccionem.

Ad hebreos.

SAncti ludibria et uerbera experti insuper et uincula et carceres. Lapidati sunt : secti sunt temptati sunt in occisione gladii mortui sunt. Circuierunt in melotis in pellibus caprinis. egentes. angustiati afflicti quibus dignus non erat mundus. In solitudinibus errantes : et in montibus. et in speluncis et in cauernis terre. Et hii omnes testimonio fidei probati inuenti sunt. In christo ihesu : domino nostro.

Leccio libri sapiencie.

IUstorum anime in manu dei sunt : et non tanget illos tormentum malicie. Uisi sunt oculis insipiencium mori et estimata est affliccio exitus illorum et quod a nobis est iter extermini[1] illi autem sunt in pace. Et si coram hominibus tormenta passi sunt. spes illorum inmortalitate plena est. In/ paucis [fo. 297. uexati : in multis bene disponentur : quoniam deus temptauit eos et inuenit illos dignos se. Tanquam aurum in fornace probauit illos et quasi holocausta hostie accepit illos : et in tempore erit respectus illorum. Fulgebunt iusti : et tanquam scintille in arundineto discurrent. Iudicabunt naciones et dominabuntur populis : et regnabit dominus illorum imperpetuum.

Leccio libri sapiencie.

REddet deus mercedem laborum sanctorum suorum : et deducet illos in uia mirabili. Et fuit illis in uelamento diei : et in luce stellarum in nocte. Transtulit illos per mare rubrum : et transuexit illos per aquam nimiam. Inimicos autem illorum demersit in mare. et ab altitudine inferorum eduxit eos. Ideo iusti tulerunt spolia impiorum : et decantauerunt domine nomen sanctum tuum. Et uictricem manum tuam laudauerunt pariter : domine deus noster.

Ad hebreos.

FRatres : Rememoramini pristinos dies in quibus illuminati magnum certamen sustinuistis passionum. Et in altero quidem obprobriis et tribulacionibus spectaculum facti : in altero autem socii taliter conuersancium

[1] *Sic.*

effecti. Nam et uinctis compassi estis et rapinam bonorum uestrorum cum gaudio suscepistis. cognoscentes uos habere meliorem et manentem substanciam. Nolite itaque amittere confidenciam uestram. que magnam habet remuneracionem. Paciencia enim uobis necessaria est. ut uoluntatem dei facientes. reportetis promissionem. Adhuc enim modicum aliquantulum : qui uenturus est ueniet et non tardabit. Iustus autem meus : ex fide uiuit.

Leccio libri apocalipsis : beati Iohannis apostoli.

IN diebus illis : Respondens unus de senioribus dixit michi. Hii qui amicti sunt stolis albis qui sunt et unde uenerunt. Et dixi illi. Domine mi tu scis. Et dixit michi. Hii sunt qui uenerunt de tribulacione. et lauerunt stolas suas. et dealbauerunt eas in sanguine agni. Ideo sunt ante thronum dei et seruiunt ei die ac nocte in templo eius. Et qui sedet in throno : habitat super illos. Non/ esu- [fo. 297. b. rient neque sicient amplius : et non cadet super illos sol neque ullus estus. quoniam agnus qui in medio throni est reget illos et deducet illos ad uite fontes aquarum. Et absterget deus omnem lacrimam : ab oculis eorum.

Ad Corintheos.

FRatres : Benedictus deus et pater domini nostri ihesu christi. Pater misericordiarum et deus tocius [1]consolacionis qui[1] consolatur nos in omni tribulacione nostra ut possimus et ipsi

[1]—[1] Repeated, but struck through with red line.

consolari eos qui in omni pressura sunt per exhortacionem qua exhortamur et ipsi a deo. Quoniam sicut habundant passiones christi in nobis. ita et per christum habundat consolacio nostra. Siue tribulamur pro uestra exhortacione et salute. siue consolamur pro uestra consolacione que est intolleranciam[1] earumdem passionum quas et nos patimur et[1] spes nostra firma pro uobis. Scientes quoniam sicut socii passionum estis. sic eritis et consolacionis. In christo ihesu domino nostro.

Leccio libri sapiencie.[2]

LIngua sapiencium ornat scienciam et os fatuorum ebullit stulticiam. In omni loco: oculi domini speculantur bonos et malos. Lingua placabilis lignum uite: que autem inmoderata est conteret spiritum. Domus iusti plurima fortitudo. et in fructibus impii conturbacio. Labia sapiencium disseminabunt scienciam: cor stultorum dissimile erit. Uictime ime[3] impiorum abhominabiles domino: uota iustorum placabilia. Qui diligit iusticiam dirigetur a domino.

Leccio libri sapiencie.[4]

HIi sunt uiri misericordie: quorum iusticie obliuionem non acceperunt. Cum semine eorum permanent bona: hereditas sancta nepotes eorum. Et in testamentis stetit semen eorum: et filii eorum propter eos usque ineternum manent. Generacio eorum et gloria eorum:

[1] *Sic.*
[2] [Proverb. xv. 2–4, 6–8.]
[3] Struck through with black line.
[4] [Ecclesiastic. xliv. 10–15.]

non derelinquetur. Corpora eorum in pace sepulta sunt: et nomina eorum uiuent in secula. Sapienciam sanctorum narrabunt omnes populi: et laudem eorum pronunciat: omnis ecclesia sanctorum.

Leccio libri sapiencie.

IUsti imperpetuum uiuent et apud dominum est merces eorum et cogitacio illorum apud altissimum./ Ideo acci- [fo. 298. pient regnum decoris: et dyadema speciei de manu domini. Quoniam dextera sua teget eos et brachio sancto suo defendet illos. Accipient armaturam zeli illius et armabit creaturam ad ulcionem inimicorum. Induent pro thorace iusticiam: et accipient pro galea iudicium certum. Sument scutum inexpugnabile: equitatem ibunt directe promissiones. Sed ad certum locum deducet illos: dominus deus noster.

Leccio libri sapiencie.[1]

EXpectacio iustorum leticia: spes autem impiorum peribit. Fortitudo simplicis uia domini: et pauor hiis qui operantur malum. Iustus ineternum non commouebitur: impii autem non habitabunt in terra. Os iusti parturit sapienciam: lingua prauorum peribit. Labia iusti considerant placita: et os impiorum peruersa. Simplicitas iustorum diriget eos: et supplantacio peruersorum uastabit illos. Iusticia rectorum liberabit eos: et in insidiis suis capientur iniqui. Iustus de angus-

[1] [Proverb. x. 28–32; xi. 3, 6, 8–11.]

tia liberatus est: et tradetur impius pro eo. Simulator ore decipit amicum suum: iusti autem liberabuntur sciencia. In bonis iustorum exaltabitur ciuitas: et in perdicione impiorum erit. laudacio. In benediccione iustorum : exaltabitur ciuitas.

Leccio libri sapiencie.[1]

MEtuentes dominum sustinete misericordias eius: et non deflectatis ab illo ne cadatis. Qui timetis dominum credite illi: et non euacuabitur merces uestra. Qui timetis dominum sperate in illum: et in oblectacione ueniet uobis misericordia. Qui timetis dominum diligite illum: et illuminabuntur corda uestra. Respicite filii naciones hominum: et scitote quia nullus sperauit in domino et confusus est. permansit in mandatis eius et derelictus est. Aut quis inuocauit illum et despexit eum. Quoniam pius et misericors est: dominus deus noster.

Gradale.

GLoriosus deus in sanctis mirabilis in magestate faciens prodigia. ℣. Dextera tua domine glorificata est in uirtute dextera manus tua confregit inimicos.

Gradale.

EXultabunt sancti in gloria letabuntur in cubilibus suis. ℣. Cantate domino canticum nouum: laus eius in ecclesia sanctorum.

Gradale.

UIndica domine sanguinem sanctorum tuorum qui/ [fo. 298. b.

[1] [Ecclesiastic. ii. 7-13.]

effusus est. ℣. Posuerunt mortalia seruorum tuorum escas uolatilibus celi carnes sanctorum tuorum bestiis terre.

Gradale.

IUstorum anime in manu dei sunt et non tanget illos tormentum malicie. ℣. Uisi sunt oculis insipiencium mori illi autem sunt in pace.

Gradale.

COnfitebuntur celi mirabilia tua domine. etenim ueritatem tuam in ecclesia sanctorum. ℣. Misericordias tuas domine ineternum cantabo in generacione et progenie.

Gradale.

CLamauerunt iusti et dominus exaudiuit eos. et ex omnibus tribulacionibus eorum liberauit eos. ℣. Iuxta est dominus hiis qui tribulato sunt corde. et humiles spiritu saluabit.

Gradale.

ANima nostra sicut passer erepta est de laqueo uenancium. ℣. Laqueus contritus et nos liberati sumus adiutorium nostrum in nomine domini qui fecit celum et terram.

Gradale.

TImete dominum omnes sancti eius quoniam nichil deest timentibus eum. ℣. Inquirentes autem dominum non deficient omni bono.

Gradale.

ECce quam bonum et quam iocundum habitare fratres in unum. ℣. Sicut unguentum in capite quod descendit in barbam barbam aaron. ℣. Mandauit dominus benediccionem et uitam usque in seculum. Alleluya. ℣. Sancti tui domine benedicent te gloriam regni tui dicent. Alleluya. ℣. Sancti tui domine florebunt sicut lilium. et sicut odor balsami erunt ante te. Alleluya. ℣. Gaudete iusti in domino. rectos decet collaudacio. Alleluya. ℣. Mirabilis dominus noster in sanctis tuis. Alleluya. ℣. Exultabunt sancti in gloria letabuntur in cubilibus suis. Alleluya. ℣. Confitebuntur celi mirabilia tua domine et ueritatem tuam in ecclesia sanctorum. Alleluya. ℣. Te martirum candidatus laudat excercitus domine. Alleluya. ℣. Letamini in domino et exultate iusti. et gloriamini omnes recti corde. Alleluya. ℣. Preciosa in conspectu domini mors sanctorum eius. Alleluya. ℣. Uox exultacionis et salutis in tabernaculis iustorum. Alleluya. ℣. Iusti epulentur et exultent in conspectu dei delectentur in leticia. Alleluya. ℣. Fulgebunt iusti et tanquam scintille in arundineto discurrent ineternum. Alleluya. ℣. Exultent iusti in conspectu dei et delectentur in leticia.

Tractus.

QUi seminant in lacrimis in gaudio metent. ℣. Euntes ibant et flebant mittentes semina sua. ℣. Uenientes autem uenient cum exultacione. portantes manipulos suos.

Sequencia.

ECce pulcra canorum resonat uoce alleluya. Intimans requiem ciuium inclitam. Celi qua nimium angelorum rutilant agmina. Sancte. Sancte Sancte christo ouanter proclamancia. Domini/ [fo. 299. uestigia qui secuti sunt ista degentes in terra et post hanc inarcessibilem uitam. Sublimati cathedra apostolorum sancta fulgent collegia tribus et linguas iudicancia. Hii sunt milites qui mundi preliarunt bella. Stolis candidis martirum adornantur colla. Coronis albis coronantur sancti. Qui confitentes crediderunt iusta. Uel fide certantes. Respuerunt uana. Modo habent celestia regna. Ubi triumphant dicentes optima. Siue cantant psallentes carmina. Arte laudiflua. Uoce dulcissona. Regi christo submittentes colla. Multum recitaris laude spirituum. Atque iubilaris in choro uirginum. Alleluya. Dulcimode. Te decantant pudicum agmina. Laus tibi sit semper christe per omnia. Qui opitularis cantantes talia. Uoce pulcra. Alleluya. Et nos ipsi proclamantes una. Da nobis eterna regna florida. Ubi cantemus omnes alleluya.

Secundum Lucam.

IN illo tempore: Descendens ihesus de monte: stetit in loco campestri et turba discipulorum eius et multitudo copiosa plebis ab omni iudea et iherusalem. et maritima. et tyri. et sydonis qui uenerant ut audirent eum et sanarentur a languoribus suis. Et qui uexabantur a spiritibus inmundis: curabantur. Et omnis turba querebat eum tangere: quia uirtus de illo exibat et sanabat omnes. Et ipse eleuatis oculis in discipulos suos: dicebat. Beati pauperes: quia uestrum est regnum dei. Beati qui nunc esuritis: quia saturabimini. Beati qui nunc fletis: quia ridebitis. Beati eritis cum uos oderint homines et cum seperauerint uos et exprobrauerint et eiecerint nomen uestrum tanquam malum propter filium hominis. Gaudete in illa die: et exultate. Ecce enim merces uestra: multa est in celo.

Secundum Lucam.

IN illo tempore: Dixit ihesus discipulis suis. Cum audieritis prelia et sediciones: nolite terreri. Oportet primum hec fieri: set nondum statim finis. Tunc dicebat illis. Surget gens contra gentem et regnum aduersus regnum. et terremotus magni erunt per loca. et pestilencie et fames. terrores que de celo et signa magna erunt. Set ante hec omnia inicient uobis manus suas et persequentur: tradentes in syna/go- [fo. 299. b. gas et custodias. trahentes ad reges et presides: propter nomen meum. Continget autem uobis: in testimonium. Ponite ergo in cordibus uestris non premeditari: quemadmodum respondeatis. Ego enim dabo uobis os et sapienciam cui non poterunt resistere et contradicere omnes aduersarii uestri. Trademini autem a parentibus et fratribus et cognatis et amicis: et morte afficient ex uobis. Et eritis odio omnibus: propter nomen meum: et capillus de capite uestro non peribit. In paciencia uestra: possidebitis animas uestras.

Secundum Iohannem.

IN illo tempore: Dixit ihesus discipulis suis. Ego sum uitis uera: et pater meus agricola est. Omnem palmitem in me non ferentem fructum: tollet eum. Et omnem qui fert fructum purgabit eum: ut fructum plus afferat. Iam uos mundi estis propter sermonem quem locutus sum uobis. Manete in me: et ego in uobis. Sicut palmes non potest ferre fructum a semetipso nisi manserit in uite: sic nec uos nisi in me manseritis. Ego sum uitis: uos palmites. Qui manet in me: et ego ineeo.[1] Hic fert fructum multum quia sine me nichil potestsi facere. Siquis in me non manserit mittetur foras sicut palmes et arescet et colligent eum et in[2] mittent et ardet. Si manseritis[3] me et uerba mea in uobis manserint: quodcumque uolueritis petetis et fiet uobis.

Secundum Lucam.

IN illo tempore: Dixit ihesus discipulis suis. Attendite a fermento phariseorum: quod est ypocrisis. Nichil enim opertum quod non reueletur neque absconditum quod non sciatur. Quoniam que in tenebris dixistis: in lumine dicentur. Et que in aure locuti estis in cubilibus: predicabitur in terris. Dico autem uobis amicis meis: ne terreamini ab hiis qui occidunt corpus et post hec non habent amplius quid faciant. Ostendam autem uobis: quem timeatis. Timete eum qui postquam occiderit habet potestatem mittere in gehennam. Ita dico uobis: hunc timete. Nonne quinque passeres ueneunt dipondio: et unus ex illis non est

[1] *Sic.*
[2] ignem: *omitted in MS.*
[3] in: *omitted in MS.*

in obliuione coram deo./ [fo. 300. Set et capilli capitis uestri : omnes numerati sunt. Nolite ergo timere : multis passeribus pluris estis. Dico autem uobis : omnis quicumque confessus fuerit me coram hominibus : et filius hominis confitebitur illum : coram angelis dei.

Secundum Marcum.

IN illo tempore : Egrediente ihesu de templo : ait illi unus ex discipulis suis. Magister aspice quales lapides et quales structure? Et respondens ihesus : ait illis. Uides has omnes magnas edificaciones ? Non relinquetur lapis super lapidem qui non destruatur. Et cum sederet in monte oliuarum contra templum: interogabant eum seperatim petrus et iacobus. et iohannes et andreas. Dic nobis quando ista fient et quod signum erit aduentus tui. et quando hec omnia incipient consummari. Et respondens ihesus cepit dicere illis. Uidete : nequis uos seducat. Multi enim uenient in nomine meo dicentes quia ego sum : et seducent multos. Cum autem audieritis bella. et oppiniones bellorum : ne timueritis. Oportet enim fieri : set nondum finis. Exurget autem gens super gentem et regnum [1]super regnum[1] et erunt terremotus per loca et fames. Inicium dolorum hec. Uidete autem : uosmetipsos. Tradent uos in consiliis : et in synagogis uapulabitis. Et ante reges et presides stabitis propter me : in testimonium illis. Et in omnes gentes : primum oportet predicari euuangelium. Et cum duxerint uos tradentes : nolite precogitare quid loquamini : set quod datum fuerit uobis in illa hora id loquimini. Non enim estis uos loquentes : set spiritus sanctus. Tradet autem frater fratrem in mortem : et pater filium. Et consurgent filii in parentes et morte afficient eos. Et eritis odio omnibus : propter nomen meum. Qui autem sustinuerit in finem : hic saluus erit.

[1]—[1] Repeated, but struck out with red line.

Secundum matheum.

IN illo tempore : Uidens turbas ihesus : ascendit in montem. Et cum sedisset : accesserunt ad eum discipuli eius. Et aperiens os suum : docebat eos dicens. Beati pauperes spiritu : quoniam ipsorum est regnum celorum. Beati mites : quoniam ipsi possidebunt terram. Beati qui lugent : quoniam ipsi conso-/ [fo. 300. b. labuntur. Beati qui esuriunt et siciunt iusticiam : quoniam ipsi saturabuntur. Beati misericordes: quoniam ipsi misericordiam consequentur. Beati mundo corde : quoniam ipsi deum uidebunt. Beati pacifici : quoniam filii dei uocabuntur. Beati qui persecucionem paciuntur propter iusticiam : quoniam ipsorum est regnum celorum. Beati estis cum maledixerint uobis homines et persecuti uos fuerint et dixerint omne malum aduersum uos : mencientes propter filium hominis. Gaudete in illa die. et exultate : quoniam merces uestra : multa est in celis.

Secundum matheum.

IN illo tempore Sedente ihesu super montem olilueti : accesserunt ad eum discipuli eius secreto dicentes: Dic nobis quando hec erunt et quod signum aduentus tui et consummacionis seculi: Et respondens ihesus: dixit eis. Uidete nequis uos seducat. Multi enim uenient in nomine meo dicentes ego sum christus: et multos seducent. Audituri enim estis prelia: et opiniones preliorum. Uidete ne turbemini. Oportet enim hec fieri: set nondum est finis. Consurget autem gens in gentem et regnum in regnum: et erunt pestilencie et fames et terremotus per loca. Hec autem omnia: inicia sunt dolorum. Tunc tradent uos in tribulacionem et occident uos: et eritis odio omnibus gentibus propter nomen meum. Et tunc scandalizabuntur multi et inuicem tradent. et odio habebunt inuicem. Et multi pseudo prophete surgent: et seducent multos. Et quoniam habundauit iniquitas: refrigescet caritas multorum. Qui autem perseuerauerit usque in finem: hic saluus erit.

Secundum Lucam.

IN illo tempore: Eleuatis ihesus oculis: in discipulos suos: dicebat. Beati pauperes: quia uestrum est regnum dei. Beati qui nunc esuritis: quia saturabimini. Beati qui nunc fletis: quia ridebitis. Beati eritis cum uos oderint homines et cum seperauerint et exprobrauerint et eiecerint nomen uestrum tanquam malum: propter filium hominis. Gaudete in illa die: et exultate. Ecce enim merces uestra: multa est in celo.

Secundum matheum.

IN illo tempore: Dixit ihesus discipulis suis. Cum persequentur uos in ciuitate ista: fugite in aliam./ Amen [fo. 301. dico uobis: non consummabitis ciuitates israel donec ueniat filius hominis. Non est discipulus super magistrum: nec seruus super dominum suum. Sufficit discipulo ut sit sicut magister eius: et seruo sicut dominus eius. Si patremfamilias beelzebub uocauerunt: quantomagis domesticos eius? Ne ergo timueritis eos.

Secundum Lucam.

IN illo tempore: Dixit ihesus discipulis suis. Ponite in cordibus uestris non premeditari: quemadmodum respondeatis. Ego enim dabo uobis os et sapienciam: cui non poterunt resistere et contradicere omnes aduersarii uestri. Trademini autem a parentibus et fratribus et cognatis et amicis: et morte afficient ex uobis. Eritis odio omnibus: propter nomen meum. Et capillus de capite uestro: non peribit. In paciencia uestra: possidebitis animas uestras.

[*Secundum Lucam*[1]]

IN illo tempore: Dicebat ihesus turbis phariseorum et principibus iudeorum. Ue uobis qui edificatis monumenta prophetarum: patres autem uestri occiderunt illos. Profecto testificamini: quod consentitis operibus patrum uestrorum. Quoniam quidem ipsi eos occiderunt: uos

[1] Omitted in MS.

autem edificatis eorum sepulchra. Propterea et sapiencia dei dixit. Mittam ad illos prophetas et apostolos: et ex illis occident et persequentur ut inquiratur sanguis omnium prophetarum qui effusus est a constitucione mundi. a generacione ista. A sanguine abel iusti: usque ad sanguinem zacharie qui periit inter altare et edem. Ita dico uobis: requiretur ab hac generacione. Ue uobis legis peritis: quia tulistis clauem sciencie. Ipsi non introistis: et eos qui introibant prohibuistis. Cum hec ad illos diceret: ceperunt pharisei et legis periti grauiter insistere et os eius opprimere de multis insidiantes ei. Et querentes capere aliquid ex ore eius: ut accusarent illum.

Offertorium.

LEtamini in domino et exultate iusti et gloriamini omnes recti corde.

Offertorium.

EXultabunt sancti in gloria letabuntur in cubilibus suis exultaciones dei in faucibus eorum.

Offertorium.

ANima nostra sicut passer erepta est de laqueo uenancium laqueus contritus est et nos liberati sumus.

Offertorium.

GLoriabuntur in te omnes qui/ diligunt nomen tuum. [fo. 301. b. quoniam tu domine benedices iusto. domine ut scuto bone uoluntatis tue coronasti eos.

Offertorium.

MIrabilis deus in sanctis suis deus israel ipse dabit uirtutem

et fortitudinem plebi sue benedictus deus alleluya alleluya.

Offertorium.

COnfitebuntur celi mirabilia tua domine et ueritatem tuam in ecclesia sanctorum alleluya alleluya.

Secretum.

SUscipe quesumus domine munera populi tui pro martirum festiuitate sanctorum: et sincero nos corde fac eorum nataliciis interesse. Per.

Communio.

IUstorum anime in manu dei sunt et non tanget illos tormentum malicie. uisi sunt oculis insipiencium mori illi autem sunt in pace.

Communio.

MUltitudo languencium. et qui uexabantur a spiritibus inmundis ueniebant ad eum quia uirtus de illo exibat et sanabat omnes.

Communio.

ANima nostra sicut passer erepta est de laqueo uenancium.

Communio.

AMen dico uobis quod uni ex minimis meis fecistis michi fecistis uenite benedicti patris mei possidere preperatum uobis regnum ab inicio seculi.

Communio.

POsuerunt mortalia seruorum tuorum domine escas uolatilibus celi carnes sanctorum tuorum bestiis terre. secundum magnitudinem brachii tui posside filios morte punitorum.

Communio.

BEati mundo corde. quoniam ipsi deum deum[1] uidebunt. beati

[1] *Sic* twice.

pacifici. quoniam filii dei uocabuntur. beati qui persecucionem paciuntur propter iusticiam : quoniam ipsorum est regnum celorum.

Communio.

ET si coram hominibus tormenta passi sunt deus temptauit eos tanquam aurum in fornace probauit eos et quasi holocausta accepit eos.

Communio.

DIco autem uobis amicis meis ne terreamini ab hiis qui uos persequntur.[1]

Communio.

QUod dico uobis in tenebris dicite in lumine dicit dominus et quod in aure auditis : predicate super tecta.

Communio.

QUicumque fecerit uoluntatem patris mei qui in celis est ipse meus frater soror et mater est dicit dominus.

Communio.

SIgna eos qui in me credent hec sequentur demonia eicient super egros manus imponent et bene habebunt.

In tempore paschali. Communio.

GAudete iusti in domino alleluya rectos decet collaudacio alleluya.

Communio.

EGo sum uitis uera. *ut supra unius martiris.*

Postcommunio.

SAcramentorum tuorum domine participacione letantes. suppliciter exoramus : ut quorum

[1] *Sic.*

merita celebrare condonas. eorum nos facias unitari constanciam. Per.

In natali unius confessoris.
Officium.

STatuit ei dominus testamentum pacis et principem fecit eum/ ut sit illi sacerdocii dignitas [fo. 302. ineternum. *Ps.* Misericordias domini. Gloria.

Officium.

SAcerdotes tui domine induant iusticiam. et sancti tui exultent propter dauid seruum tuum non auertas faciem christi tui. *Ps.* Memento domine dauid. Gloria.

Aliud officium.

SAcerdotes dei benedicite dominum. sancti et humiles corde laudate deum. *Ps.* Benedicite omnia. Gloria.

Officium.

SAcerdotes eius induant[1] salutari. et sancti eius exultacione exultabunt. *Ps.* Memento domine. Gloria.

Oracio.

DEus qui hodiernam diem sanctissimam nobis in beati .N confessoris tui celebrare concedis : adesto propicius ecclesie tue precibus ut cuius gloriatur meritis muniatur suffragiis. Per.

Leccio libri sapiencie.[2]

ECce sacerdos magnus qui in diebus suis placuit deo : et inuentus est iustus. Et in tempore iracundie. factus est reconsiliacio. Non est inuentus similis illi : qui conseruaret legem

[1] *Sic.*
[2] [a cento from Ecclesiasticus.]

excelsi. Ideo iureiurando: fecit illum dominus crescere in plebem suam. Benediccionem omnium gencium dedit illi: et testamentum suum confirmauit super capud eius. Cognouit eum in benediccionibus suis: conseruauit illi misericordiam suam et inuenit graciam coram oculis domini. Magnificauit eum in conspectu regum: et dedit illi coronam glorie. Statuit illi testamentum sempiternum: et dedit illi sacerdocium magnum et beatificauit illum in gloria. Fungi sacerdocio: et habere laudem in nomine ipsius. Et offerre illi incensum dignum: in odorem suauitatis.

Leccio libri sapiencie.[1]

DEdit dominus confessionem sancto suo: et excelso uerbo glorie. De omni corde suo laudauit dominum: et dilexit deum qui fecit illum. Et dedit illi contra inimicos potenciam: et stare fecit cantatores ante altare: et in sonos eorum dulces fecit modulos. Et dedit in celebracionibus decus: et ornauit tempora usque ad consummacionem uite. christus purgauit peccata ipsius: et exaltauit ineternum cornu ipsius. Sapiencia laudabit animam suam: et in domino honorabitur. et in medio populi sui gloriabitur. Et in ecclesiis altissimi aperiet os suum: et in conspectu uirtutis illius gloriabitur. Et in medio populi sui laudabitur: et in/ plenitudine sancta [fo. 302. b. admirabitur. Et in multitudine electorum habebit laudem dei: et inter benedictos: benedicetur.

[1] [Ecclesiastic. xlvii. 7–13; xxiv. 1–4.]

Leccio libri sapiencie.[1]

ECce sacerdos magnus qui in uita sua curauit gentem suam: et liberauit illam a perdicione. Qui suffulsit domum: et in diebus suis coroborauit templum. Qui preualuit amplificare ciuitatem: et adeptus est gloriam in conuersacionem gentis. Quasi stella matutina in medio nebule: et quasi luna plena in diebus suis lucet et quasi sol refulgens sic ille effulsit in templo dei. Quasi arcus refulgens inter nebulas glorie: et quasi flos rosarum in diebus uerni.[2] Quasi lilia que sunt in transitu aque: et quasi thus redolens in diebus estatis. Quasi ignis effulgens et thus ardens in igne: et quasi uas auri solidum ornatum omni lapide precioso. Quasi oliua pululans et cypressus in altitudinem se tollens in accipiendo illum stolam glorie. Et uestiri eum consummacionem uirtutis: in ascensu altaris sancti gloriam dedit sanctitatis amictum. In accipiendo autem partes de manu sacerdotum et ipse stans iuxta aram porrexit manum suam. in libacionem: et libauit odorem diuinum excelso principi. Et iterauit oracionem suam uolens ostendere uirtutem dei: qui fecit nobiscum secundum suam misericordiam. Ut det nobis iocunditatem cordis et fieri pacem in diebus nostris in israel: per dies sempiternos.

[1] [a cento from Ecclesiastic. l.]
[2] *Sic.*

Leccio epistole beati pauli apostoli. Ad hebreos.

FRatres: Habemus pontificem: qui consedet in dextera sedis magnitudinis in celis. sanctorum minister. et tabernaculum ueri quod fixit deus et non homo. Omnis enim pontifex ad offerenda munera et hostias constituitur. Unde necesse est et hunc habere aliquid quod offerat. Si ergo esset super terram: nec esset sacerdos cum essent qui offerent secundum legem munera qui exemplari et umbre deseruiunt celestium. Sicut responsum est moysi. cum consummaret tabernaculum. Uide inquid omnia facito secundum exemplar: quod tibi ostensum est in monte.

Ad hebreos.

FRatres: Omnis pontifex ex hominibus assumptus pro hominibus constitu/itur [fo. 303. in hiis que sunt ad deum: ut offerat dona et sacrificia pro peccatis. Qui condolere possit hiis qui ignorant et errant: quoniam et ipse circumdatus est infirmitate. Et propterea debet quemadmodum et pro populo. ita eciam et pro semetipso offerre pro peccatis. Nec quisquam sumat sibi sibi[1] honorem set qui uocatur a deo tanquam aaron quemadmodum scriptum est. Tu es sacerdos ineternum: secundum ordinem melchisedech.

Leccio malachie prophete.

HEc dicit dominus. Scitis quia misi ad uos mandatum istud: ut esset pactum meum cum leui: dicit dominus excercituum. Pactum meum fuit cum eo: uite et pacis. Et dedi ei timorem et timuit me. et a facie nominis mei pauebat. Lex ueritatis fuit in ore eius: et iniquitas non est inuenta in labiis eius. In pace et in equitate ambulauit mecum: et multos auertit ab iniquitate. Labia enim sacerdotis custodiunt scienciam. et legem requirunt ex ore eius: quia angelus domini excercituum est.

Leccio libri sapiencie.

IUstum deduxit dominus per uias rectas: et ostendit illi regnum dei. et dedit illi scienciam sanctorum. Honestauit illum in laboribus et compleuit labores illius. In fraude circumueniencium illum affuit: et honestum fecit illum. Custodiuit eum ab inimicis: et a seductoribus tutauit illum. Et certamen forte dedit illi ut uinceret: et sciret quoniam omnium potencior est sapiencia. Hec uenditum iustum non dereliquid: set a peccatoribus liberauit eum. Descendit que cum illo in foueam: et in uinculis non dereliquid eum. donec afferret illi sceptrum regni et potenciam aduersus eos qui eum deprimebant. Et mendaces ostendit: qui maculauerunt eum. Et dedit illi claritatem eternam: dominus deus noster.

Leccio libri sapiencie.

OPtaui et datus est michi sensus. Et inuocaui: et uenit in me spiritus sapiencie. Et proposui illam regnis et sedibus et diuicias nichil esse dixi in

[1] *Sic*, repeated.

comparacione illius. Nec comparaui illi lapidem preciosum : quoniam omne aurum in comperacione illius arena est exigua et tanquam lutum estimabitur argentum/ in conspectu [fo. 303. b. illius. Super salutem et speciem dilexi illam. et proposui pro luce habere illam : quoniam inextinguibile est lumen eius. Uenerunt michi omnia bona pariter cum illa : et innumerabilis honestas per manus illius. Et letatus sum in omnibus quoniam antecedebat me ista sapiencia : et ignorabam quoniam omnium mater est. Quam sine ficcione didici et sine inuidia communicaui : et honestatem illius non abscondo. Infinitus est enim thesaurus hominibus quo qui usi sunt : principes facti sunt amicicie dei.

Gradale.

ECce sacerdos magnus qui in diebus suis placuit deo. ℣. Non est inuentus similis illi qui conseruaret legem excelsi.

Gradale.

INueni dauid seruum meum oleo sancto meo unxi eum manus enim mea auxiliabitur ei. et brachium meum confortabit eum. ℣. Nichil proficiet inimicis in eo. et filius iniquitatis non nocebit eum.

Gradale.

IUrauit dominus et non penitebit eum tu es sacerdos ineternum secundum ordinem melchisedech. ℣. Dixit dominus domino meo. sede a dextris meis.

Gradale.

SAcerdotes eius induant[1] salutari. et sancti eius exultacione exultabunt. ℣. Illuc producam cornu dauid : paraui lucernam christo meo. Alleluya. ℣. Inueni dauid seruum meum oleo sancto meo unxi eum. Alleluya. ℣. Disposui testamentum electis meis iuraui dauid seruo meo. Alleluya. ℣. Elegit te dominus sibi in sacerdotem magnum in populo suo. Alleluya. ℣. Iurauit dominus et non penitebit eum tu es sacerdos ineternum secundum ordinem melchisedech. Alleluya. ℣. Amauit eum dominus et ornauit eum stola glorie induit eum.

[1] *Sic.*

Tractus.

BEatus uir qui timet.

Sequencia.

ALma cohors una laudum sonora nunc prome preconia. Alleluya. Quibus en insignis rutilat augustinus ut luna sol que sydera. Meritorum et mirifica radians idem sacra prerogatiua. Hunc nam sophie mistica ornarunt mire dogmata qua fulsit nitida luculenter perampla orbis climata. Uerbi necnon fructifera seuit diuini semina mencium per arua. pellendo quoque cuncta noctis nubila. Hic famina fundens diua utpote celestia ferens in se numina. Sublimauit catholica uehementer culmina. sancta per eloquia. Hiis nempe celsa compos gloria nunc exultat inter letabunda celicolarum ouans contubernia. Sublimis extat sede supera fruens uita semper inexhausta sat per saluberrima christi pascua./ O dignum cuncta [fo. 304. laude precelsa. Presulem tanta nactum gaudia. Uirtutum propter merita quibus uiguit ardens uelud lampada. Nos uoce clara hunc et iocunda. Dantes oremus preces et uota. Qui nobis ferat commoda impetret et eterna poscens premia. Quod petit presens caterua presulum gemma. Deuota rependens munia mentis sincera. Fauendo sibi precum instancia silicet ut polorum intret limina. Quo nam intra palacia stantes supprema. Leti gratulentur adepti polorum regna. Qui tua presul sistentes hac aula iubilemus ingenti cum leticia. Recinentes dulcia nunc celsa que alleluya.

Secundum Matheum.

IN illo tempore: Dixit ihesus discipulis suis. Uigilate quia nescitis qua hora dominus uester uenturus sit. Illud autem scitote: quoniam si sciret paterfamilias qua hora fur ueniret uigilaret utique et non sineret perfodi domum suam. Ideoque et uos estote parati: quia [1]qua ho[1] qua hora nescitis filius hominis uenturus est. Quis putas est fidelis seruus et prudens quem constituet dominus suus super familiam suam ut det illis cibum in tempore? Beatus. ille seruus: quem cum uenerit dominus eius inuenerit sic facientem. Amen dico uobis: quoniam super omnia bona sua: constituet eum.

Secundum marcum.

IN illo tempore: Dixit ihesus discipulis suis. Uidete uigilate: et orate. Nescitis enim: quando tempus sit. Sicut homo qui peregre proficiscens reliquid domum suam et dedit seruis suis potestatem cuiusque operis: et ianitori precepit ut uigilet. Uigilate ergo. Nescitis enim: quando dominus domus ueniat. Sero an media nocte. an gallicantu an mane. Ne cum uenerit repente: inueniat uos dormientes. Quod autem dico: omnibus dico uigilate.

[1]—[1] Struck through with red line.

Secundum Lucam.

IN illo tempore: Dixit ihesus discipulis suis. Nolite timere pusillus grex: quoniam complacuit patri uestro dare uobis regnum. Uendite que possidetis et date elemosinam. Facite uobis sacculos qui non ueterascunt: thesaurum non deficientem in celis quo fur non appropiat neque tinea corrumpit. Ubi enim thesaurus uester est: ibi et cor uestrum erit.

Secundum Lucam.

IN illo. tempore: Dixit ihesus discipulis./ suis. [fo. 304. b. Sint lumbi uestri precincti: et lucerne ardentes in manibus uestris. Et uos similes hominibus expectantibus dominum suum: quando reuertatur a nupciis. Ut cum uenerit et pulsauerit: confestim aperiant ei. Beati serui illi: quos cum uenerit dominus inuenerit uigilantes. Amen dico uobis quod precinget se et faciet illos discumbere et transiens ministrabit illis. Et si uenerit in secunda uigilia et si in tercia uigilia uenerit et ita inuenerit: beati sunt serui illi. Hoc autem scitote: quoniam si sciret paterfamilias qua hora fur ueniret: uigilaret utique et non sineret perfodi domum suam. Et uos estote parati: quia qua hora non putatis: filius hominis ueniet. Ait autem ei petrus. Domine ad nos dicis hanc parabolam an ad omnes? Dixit autem dominus. Quisputas est fidelis dispensator et prudens quem constituet dominus suus super familiam suam ut det illi in tempore tritici mensuram. Beatus illi seruus: quem cum uenerit dominus inuenierit ita ita[1] facientem. Amen dico uobis: quia supra omnia que possidet: constituet eum.

Matheum.

IN illo tempore: Dixit ihesus discipulis suis. Uos estis sal terre. Quod si sal euanuerit: in quo salietur? Ad nichilum ualet ultra: nisi ut foras mittatur et conculcetur ab hominibus. Uos estis lux mundi. Non potest ciuitas abscondi supra montem posita: neque accendunt lucernam. et ponunt eam sub modio set super candelabrum ut luceat omnibus qui in domo sunt. Sic luceat lux uestra coram hominibus: ut uideant opera uestra bona. et glorificent patrem uestrum qui in celis est. Nolite putare: quia ueni soluere legem aut prophetas. Non ueni soluere: set adimplere. Amen quippe dico uobis: donec transeat celum et terra iota unum aut unus apex non preteribit a lege donec omnia fiant. Qui ergo soluerit unum de mandatis istis minimis: et docuerit sic homines. minimus uocabitur in regno celorum. Qui autem fecerit et docuerit: hic magnus uocabitur in regno celorum.

Secundum Lucam./ [fo. 305.

IN illo tempore: Dixit ihesus discipulis suis. Qui uos audit: me audit. Et qui uos spernit: me spernit. Qui autem me spernit: spernit eum qui me misit. Reuersi sunt autem septuaginta duo: cum gaudio dicentes.

[1] *Sic.*

Domine: eciam demonia subiciuntur nobis in nomine tuo. Et ait illis. Uidebam sathanan: sicut fulgur de celo cadentem. Ecce dedi uobis potestatem calcandi super serpentes et scorpiones: et supra omnem potestatem inimici: et nichil uobis nocebit. Uerumptamen in hoc nolite gaudere: quia spiritus uobis subiciuntur. Gaudete autem quod nomina uestra: scripta sunt in celis.

Secundum Matheum.

IN illo tempore: Dixit ihesus discipulis suis parabolam hanc. Homo quidam peregre proficiscens: uocauit seruos suos et tradidit illis bona sua. Et uni dedit quinque talenta: alii autem duo. alii uero unum. Unicuique secundum propriam uirtutem: et profectus est statim. Abiit autem qui quinque talenta acceperat: et operatus est in eis et lucratus alia quinque. Similiter qui duo acceperat. lucratus est alia duo. Qui autem unum acceperat: abiens fodit in terram et abscondit pecuniam domini sui. Post multum uero temporis uenit dominus seruorum illorum et posuit racionem cum eis. Et accedens qui qui[1] quinque talenta acceperat: optulit alia quinque talenta dicens. Domine: quinque talenta tradidisti michi: ecce alia quinque superlucratus sum. Ait illi dominus eius. Euge serue bone et fidelis quia super pauca fuisti fidelis supra multa te constituam. Intra in gaudium domini tui. Accessit autem et qui duo talenta acceperat: et

[1] *Sic.*

ait. Domine: duo talenta tradidisti michi: ecce alia duo lucratus sum. Ait illi dominus eius. Euge serue bone et fidelis: quia super pauca fuisti fidelis. supra multa te constituam. Intra in gaudium: domini tui.

Secundum matheum.

IN illo tempore: Dixit ihesus discipulis suis. Uos estis lux mundi. Non potest ciuitas abscondi supra montem posita: neque accendunt lucernam et ponunt eam sub modio. set super cande/labrum. ut lu- [fo. 305. b. ceat omnibus qui in domo sunt. Sic luceat lux uestra coram hominibus ut uideant opera uestra bona. et glorificent patrem uestrum: qui in celis est.

Secundum Lucam.

IN illo tempore: Eleuatis ihesus oculis: in discipulos suos dicebat. Beati pauperes spiritu: quia uestrum est regnum dei. Beati qui nunc esuritis: quia saturabimini. Beati qui nunc fletis: quia ridebitis. Beati eritis cum uos oderint homines. et cum seperauerint uos et exprobrauerint et eiecerint nomen uestrum tanquam malum propter filium hominis. Gaudete in illa die: et exultate. Ecce enim merces uestra: multa est in celo.

Offertorium.

INueni dauid seruum meum et in oleo sancto meo unxi eum manus enim mea auxiliabitur ei. et brachium meum confortabit eum.

Offertorium.

UEritas mea et misericordia mea cum ipso. et in nomine meo exaltabitur cornu eius.

Offertorium.

DEsiderium anime eius tribuisti ei domine et uoluntate labiorum eius non fraudasti eum. posuisti in capite eius coronam de lapide precioso.

Secretum.

OBlacio quam tibi offerimus domine nos purget ab omni crimine. quo per eius intercessionem sacram recolimus festiuitatem eternam mereamur consequi felicitatem. Per.

Communio.

BEatus seruus quem cum uenerit dominus inuenerit uigilantem. amen dico uobis super omnia bona sua constituet eum.

Communio.

FIdelis seruus et prudens quem constituet dominus super familiam suam ut det illis in tempore tritici mensuram.

Communio.

DOmine quinque talenta tradidisti michi ecce alia quinque superlucratus sum. euge serue fidelis: quia in pauca fuisti fidelis supra multa te constituam. intra in gaudium domini tui.

Communio.

SEmel iuraui in sancto meo si dauid menciar semen eius ineternum manebit et sedes eius sicut sol in conspectu meo et sicut luna perfecta ineternum et testis in celo fidelis.

Postcommunio.

PIgnus eterne deus uite eterne capientes domine humiliter imploramus. ut intercedente beato .N confessore tuo quod in ymagine contingine[1] contingimus sacramenti manifesta participacione sumamus. Per.

Unius confessoris non pontificis oracio.

ADesto domine precibus nostris quas in sancti .N confessoris tui sollempnitate deferimus :/ ut qui nostre [fo. 306. iusticie fiduciam non habemus. eius qui tibi placuit precibus et meritis adiuuemur. Per.

Secretum.

SUscipe quesumus domine hostiam redempcionis humane et intercedente beato .N. confessore tuo salutem nobis et mentis et corporis placatus operare. Per.

Postcommunio.

PResta quesumus omnipotens deus ut cuius festiuitate uotiua sunt sacramenta eius salutaria nobis intercessione reddantur. Per.

In natali unius confessoris et doctoris. Oracio.

DEus qui beatum .N. confessorem tuum doctorem precipuum catholice fidei predicatorem eligere dignatus es presta quesumus : ut ipso pro nobis intercedente : peccatorum nostrorum mereamur exui malis. et tibi domino sinceris mentibus famulari. Per.

Secretum.

SUscipedominesacrificium placacionis et laudis quod nos interueniente sancto .N confessore tuo. et perducat ad ueniam et in perpetuam graciarum constituat accionem. Per.

Postcommunio.

SUmentes domine salutaria sacramenta. quesumus ut eius nos tribuas subsequi documenta cuius celebramus gloriosa sollempnia. Per.

In translacione oracio.

DEus qui hunc diem sanctissimum .N. confessoris tui translacione decorasti : fac nos eius meritis in sanctorum tuorum societatem transferri. Per.

Secretum.

IN sancti .N. confessoris tui domine sollempnitate nos hec oblacio pietati tue reddat acceptos ut sicut illum beata retribucio ita nos gracie tue comitetur miseracio. Per.

Postcommunio.

IMpetret quesumus domine fidelibus tuis auxilium tuum oracio sancti N. confessoris tui et celestis percepcio sacramenti ut in cuius sunt celebritate deuoti. fiant eius perpetua societate participes. Per.

In natali unius abbatis officium.

OS iusti meditabitur sapienciam et lingua eius loquetur iudicium lex dei eius in corde ipsius. *Ps.* Noli emulari.

Aliud.

IUstus ut palma florebit sicut cedrus libani multiplicabitur plan-

[1] Struck out by black line.

tatus in domo domini in atriis domus dei nostri. *Ps.* Bonum est confiteri domino : et psallere. nomen tuum altissime.

Oracio.

DEus qui in sanctorum tuorum meritis semper es mirabilis quesumus clemenciam tuam :/ ut sicut beato .N. con- [fo. 306. b. fessori tuo atque abbati. eminentem gloriam contulisti. sic ad consequendam misericordiam tuam eius nos facias precibus adiuuari. Per.

Leccio libri sapiencie.[1]

IUstus cor suum tradet ad uigilandum diluculo. ad dominum qui fecit illum : et in conspectu altissimi deprecabitur. Aperiet os suum in oracione : et pro delictis suis deprecabitur. Si enim dominus magnus uoluerit : spiritu intelligencie replebit illum. Et ipse tanquam ymbres mittet eloquia sapiencie sue : et in oracione confitebitur domino. Et ipse diriget consilium eius et disciplinam et in absconditis suis consiliabitur. Et ipse palam faciet disciplinam doctrine sue : et in lege testamenti domini gloriabitur. Collaudabunt multi sapienciam eius : et usque in seculum non delebitur. Non recedet memoria eius : et nomen eius requiretur : a generacione in generacionem.

Leccio libri sapiencie.[2]

BEnediccio domini super capud iusti ideo dedit illi hereditatem et diuisit ei partem in tribubus

[1] [Ecclesiastic. xxxix. 6–14.]
[2] [Ecclesiastic. xliv. 26, 27 ; xlv. 2–6, 8–9.]

duodecim et inuenit graciam in conspectu omnis carnis. Et magnificauit eum in conspectu inimicorum et in uerbis suis monstra placauit. Glorificauit illum in conspectu regum : et ostendit illi gloriam suam. In fide et lenitate ipsius sanctum fecit illum et elegit eum ex omni carne. Dedit illi precepta et legem uite et discipline : et excelsum fecit illum. Statuit ei testamentum sempiternum : et circumcinxit eum zona iusticie. Et induit eum dominus : corona glorie.

Leccio libre sapiencie.[1]

DIlectus deo et hominibus : cuius memoria in benediccione est. Similem fecit illum in gloria sanctorum : et magnificauit eum in timore inimicorum : et in uerbis suis monstra placauit. Glorificauit eum in conspectu regum : et unxit illum coram populo suo et ostendit illi gloriam suam. In fide et lenitate ipsius sanctum fecit illum : et elegit eum ex omni carne. Audiuit enim uocem ipsius et induxit illum in nube. Et dedit illi cor ad precepta : et legem uite : et discipline.

Gradale.

DOmine preuenisti eum in benediccionibus dulcedinis posuisti in capite eius coronam de lapide precioso. ℣. Uitam peciit et tribuisti ei longitudinem dierum in seculum seculi./ [fo. 307.

Gradale.

IUstus ut palma florebit sicut cedrus libani multiplicabitur. ℣. Ad

[1] [Ecclesiastic. xlv. 1–6.]

annunciandum mane misericordiam tuam et ueritatem tuam per noctem.

Gradale.

OS iusti meditabitur sapienciam et lingua eius loquetur iudicium. ℣. Lex dei eius in corde ipsius. et non supplantabuntur gressus eius. Alleluya. ℣. Iustus germinabit sicut lilium et florebit ineternum ante dominum. Alleluya. ℣. Iustus ut palma florebit sicut cedrus libani multiplicabitur. Alleluya. ℣. Disposui testamentum electis meis : iuraui dauid seruo meo.

In tempore paschali.

ALleluya. ℣. Hic in oracione confitebitur domino et ipse palam faciet disciplinam doctrine sue. Alleluya. ℣. Os iusti meditabitur sapienciam et lingua eius loquetur iudicium.

Sequencia.

ORganicis canamus modulis nunc benedicti sollempnia. Omnigenis domino uocibus reddentes odas debitas. Qui in suis sanctis mirabilis nimis multiplici uirtutum flore eosdem decorat ac mirifice adornat. Nam et in ipsis quasi quibusdam musicis instrumentis digitos proprios fides agitat fides uirtutum sonora. Has numerose percurrens singulas. Permiscet singulis dyatesseron mellifluam melodiam. Quam generat mater uirtutum illa. Que aliis decenter composita reddit suauem symphoniam. Qua sine cuncta. Fiunt dissona. Necnon et friuola. Qua cum omnia. Fiunt consona. Necnon utilia. Qua iusti bene. Morati rite. Petentes excelsa poli sydera. Alacres decantant noua cantica in cythara treicia. Quorum agentes festa consorcium mereamur in celesti patria.

Secundum Lucam.

IN illo tempore : Dixit ihesus discipulis suis. Nemo lucernam accendit et in abscondito ponit neque sub modio set super candelabrum : ut qui ingrediuntur lumen uideant. Lucerna corporis tui : est oculus tuus. Si oculus tuus fuerit simplex : totum corpus tuum lucidum erit. Si autem nequam fuerit : eciam corpus tuum tenebrosum erit. Uide ergo ne lumen quod in te est : tenebre sint. Si ergo corpus tuum totum lucidum fuerit non habens aliquam partem tenebrarum erit lucidum totum. Et sicut lucerna fulgoris : illuminabit te.

Secundum matheum.

IN illo tempore : Dixit simon petrus ad ihesum. Ecce nos reliquimus omnia : et secuti sumus te. Quid ergo erit nobis. Ihesus autem dixit eis. Amen dico uobis quod uos qui secuti estis me. in regeneracione cum sederit filius/ hominis [fo. 307. b. in sede magestatis sue sedebitis et uos super sedes duodecim iudicantes duodecim tribus israel. Et omnis qui reliquerit domum uel fratres aut sorores. aut patrem aut matrem aut filios aut agros propter nomen meum. centuplum accipiet et uitam eternam possidebit.

Euuangelium.

UOs estis lux mundi.

Secretum.

BEati .N confessoris tui atque abbatis precibus hec tibi domine grata reddatur oblacio. et per eam nostrum purifica famulatum. Per.

Postcommunio.

QUos donis celestibus domine saciasti sancti confessoris tui atque abbatis attolle presidiis: ut a noxiis omnibus expediti. post salutaria tua toto corde curramus. Per.

In natali plurimorum confessorum officium.

SAcerdotes eius.

Oracio.

MAgnificantes domine clemenciam tuam suppliciter exoramus: ut qui nos sanctorum confessorum tuorum N. et .N. facis nataliciis interesse: perpetuis tribuas gaudere suffragiis. Per.

Ad hebreos.

FRatres: Plures facti sunt sacerdotes secundum legem: iccirco quod morte prohiberentur permanere. Ihesus autem eo quod maneat ineternum: sempiternum habet sacerdocium. Unde et saluare imperpetuum potest accedens per semetipsum ad deum: semper uiuens ad interpellandum pro nobis. Talis enim decebat ut nobis esset pontifex sanctus innocens impollutus segregatus a peccatoribus et excelsior celis factus. Qui non habet quotidie necessitatem quemadmodum sacerdotes prius pro suis dilectis[1] hostias offerre. deinde pro populo. Hoc enim fecit semel seipsum offerendo: dominus noster ihesus christus.

[1] *Sic.*

Gradale.

SAcerdotes eius. ℣. Illuc producam. Alleluya. ℣. Fulgebunt iusti. Alleluya. ℣. Exultent iusti. Alleluya. ℣. Iusti epulentur. *Require in serie unius apostoli.*

Euuangelium.

MIsit ihesus duodecim discipulos suos.

Offertorium.

EXultabunt sancti.

Secretum.

DA nobis domine quesumus pure deuocionis affectum. et intercedentibus sanctis tuis. eciam nostra munera propicius intuere. Per.

Communio.

EGo uos elegi.

Postcommunio.

ADesto domine populo tuo: ut que sumpsit fideliter intercessione beatorum confessorum tuorum .N. et .N mente et corpore sibi profutura conseruet. Per.

In natali unius uirginis. Officium./ [fo. 308.

GAudeamus omnes in domino diem festum celebrantes sub honore .N. uirginis de cuius sollempnitate gaudent angeli et collaudant filium dei. *Ps.* Eructauit. *Ps.*[1] Inmaculatus dominus inmaculatam sibi famulam in hoc fragili corpore positam misericorditer consecrauit. Gloria.

[1] *Sic.*

Officium.

LOquebar de testimoniis tuis in conspectu regum et non confundebar et meditabar in mandatis tuis que dilexi nimis. *Ps.* Beati inmaculati.

Aliud.

ME expectauerunt peccatores ut perderent me testimonia tua domine intellexi omnis consummacionis uidi finem latum mandatum tuum nimis. *Ps.* Beati inmaculati. Gloria.

Aliud.

UUltum tuum deprecabuntur omnes diuites plebis adducentur regi uirgines post eam proxime eius adducentur tibi in leticia et exultacione. *Ps.* Eructauit cor meum. Gloria.

Aliud.

COgnoui domine quia equitas iudicia tua et in ueritate tua humiliasti me confige timore tuo carnes meas a mandatis tuis non me repellas. *Ps.* Beati inmaculati. Gloria.

Aliud.

DIlexisti iusticiam et odisti iniquitatem propterea unxit te deus tuus oleo leticie pre consortibus tuis. *Ps.* Eructauit cor meum. Gloria.

Oracio.

OMnipotens sempiterne deus auctor uirtutis et amator uirginitatis. da nobis quesumus sancte N. uirginis tue et martiris placitis tibi meritis commendari: cuius uita merito castitatis tibi complacuit. Per.

Leccio libri sapiencie.[1]

COnfitebor tibi domine rex: et collaudabo te deum saluatorem meum. Confitebor nomini tuo quoniam adiutor et protector factus es michi et liberasti corpus meum a perdicione. A laqueo lingue inique: et a labiis operancium mendacium. Et in conspectu persequencium factus es michi adiutor: et liberasti me secundum multitudinem misericordie nominis tui. de manibus querencium animam meam et de multis tribulacionibus et a pressura flamme que circumdedit me et in medio ignis non sum estuata. De altitudine uentris inferi et a lingua coinquinata et a uerbo mendacii. A rege iniquo: et lingua iniusta liberasti me. Laudabit usque ad mortem anima mea dominum: quoniam eruis sustinentes te. Et liberas eos de manibus angustie: domine deus meus.

Leccio libri sapiencie.[2]

DOmine deus meus exal/tasti superterram habi-[fo. 308. b. tacionem meam: et pro morte defluenti deprecata sum. Inuocaui dominum patrem domini mei ut non derelinquat me in die tribulacionis mee et in tempore superborum sine adiutorio. Laudabo nomen tuum assidue et collaudabo illud in confessione et exaudita est oracio mea. Liberasti me de perdicione: et eripuisti me de tempore iniquo. Propterea confitebor tibi[3] et laudem dicam nomini tuo: domine deus meus.

[1] [Ecclesiastic. li. 1–9, 12.]
[2] [Ecclesiastic. li. 13–17.]
[3] Struck out with black line.

Leccio libri sapiencie.

SApiencia uincit maliciam attingit ergo a fine usque ad finem fortiter: et disponit omnia suauiter. Hanc amaui et exquisiui a iuuentute mea. et quesiui sponsam michi eam[1] assumere: et amator factus sum forme illius. Generositatem glorificat contubernium habens dei set et omnium dominus dilexit illam. Doctrix est enim discipline dei: et electrix operum illius.

Ad corinthios.

FRatres: Qui gloriatur: in domino: glorietur. Non enim qui seipsum commendat ille probatus est; set quem deus commendat. Utinam sustineretis modicum quid insipiencie mee set et supportate me. Emulor enim uos: dei emulacione. Despondi enim uos uni uiro uirginem castam: exhibere christo.

Leccio libri sapiencie.

O Quam pulcra est casta generacio cum claritate. Inmortalis est enim memoria illius: quoniam et apud deum nota est et apud homines. Cum presens est imitantur illam: et desiderant eam cum seduxerit et imperpetuum coronata triumphat incoinquinatorum certaminum premium uincens.

Unius uirginis non martiris.
Ad Corinthios.

FRatres: De uirginibus preceptum domini non habeo: consilium autem do tanquam misericordiam consecutus a domino. ut sim fidelis. Existimo ergo hoc bonum esse propter presentem necessitatem quoniam bonum est homini sic esse. Hoc itaque dico fratres: tempus breue est. Reliquum est ut et qui habent uxores tanquam non habentes sint. et qui flent tanquam non flentes. et qui gaudent tanquam non gaudentes et qui emunt tanquam non possidentes. et qui utuntur hoc mundo: tanquam non utantur. Preterit enim figura/ huius [fo. 309. mundi. Uolo autem uos sine sollicitudine esse. Qui sine uxore est. sollicitus est que domini sunt. quomodo placeat deo. Qui autem cum uxore est sollicitus est que sunt mundi quomodo placeat uxori et diuisus est. Et mulier innupta et uirgo: cogitat que domini sunt. ut sit sancta: et corpore et spiritu.

[1] am *repeated and struck out.*

Leccio libri sapiencie.[1]

AUdite me diuini fructus et quasi rosa plantata super riuos aquarum fructificate. Quasi libanus odorem suauitatis habete. florete flores quasi lilium date odorem. Et frondete in graciam et collaudate canticum. et benedicite dominum in operibus suis. Date magnificenciam nomini eius et confitemini illi in uoce labiorum uestrorum. in canticis labiorum et cytharis et sic dicetis in confessione opera domini uniuersa bona ualde. Benediccio illius quasi fluuius inundabit et nunc in omni corde et ore collaudate et benedicite nomini eius. Ipse enim omni-

[1] [Ecclesiastic. xxxix. 17–22, 27, 41; xliii. 30, 31, 33.]

potens super omnia opera sua terribilis dominus et magnus uehementer et mirabilis potencia ipsius. Benedicentes dominum exaltate illum quantum potestis: maior est enim omni laude.

Leccio libri sapiencie.[1]

GAudens gaudebo in domino: et exultabit anima mea in deo meo. Quia induit me uestimento salutis et indumento leticie circumdedit me. Quasi sponsum decoratum corona: et quasi sponsam ornatam monilibus suis. Sicut enim terra profert germen suum: et sicut ortus semen suum. germinat: sic dominus deus germinabit iusticiam et laudem coram uniuersis gentibus. Habitabit enim iuuenis cum uirgine: et habitabunt in te filii tui. Et gaudebit sponsus super sponsam: et gaudebit super te deus tuus. Dicit dominus omnipotens.

Gradale.

SPecie tua et pulcritudine tua intende prospere procede et regna. ℣. Propter ueritatem et mansuetudinem. et iusticiam et deducet te mirabiliter dextera tua.

Gradale.

PRopter ueritatem et mansuetudinem et iusticiam et deducet te mirabiliter dextera tua. ℣. Audi filia et uide et inclina aurem tuam quia concupiuit rex speciem tuam.

Gradale.

DIffusa est gracia in labiis tuis propterea benedixit te deus ineternum. ℣. Propter ueritatem et mansuetudinem.

[1] [Isaiae lxi. 10, 11; lxii. 5.]

Gradale.

ADiuuabit eam deus uultu suo deus in medio eius non commouebitur. ℣. Fluminis impetus letificat/ ciuitatem dei [fo. 309. b. sanctificauit tabernaculum suum altissimus. ℣. Audi filia et uide et inclina aurem tuam quia concupiuit rex speciem tuam.

Gradale.

SPecie tua et pulcritudine tua intende prospere procede et regna. ℣. Dilexisti iusticiam et odisti iniquitatem propterea unxit te deus tuus oleo leticie. Alleluya. ℣. Diffusa est gracia in labiis tuis propterea benedixit te deus ineternum. Alleluya. ℣. Specie tua et pulcritudine tua intende prospere procede et regna. Alleluya. ℣. Adducentur regi uirgines post eam proxime eius adducentur tibi in leticia. Alleluya. ℣. Quinque prudentes uirgines acceperunt oleum in uasis suis cum lampadibus media autem nocte clamor factus est ecce sponsus uenit exite obuiam christo domino. Alleluya. ℣. Ueni electa mea et ponam in te thronum meum quia concupiuit rex speciem tuam. Alleluya. ℣. Emulor enim uos dei emulacione despondi enim uos uni uiro uirginem castam exhibere christo.

Tractus.

QUi seminant.

Sequencia.

UIrginis uenerande de numero sapientum festa celebremus socii. Filie matris summi regis sacrosancte marie. Quam sibi in sororem dei adoptauit filius. Hec corpus suum domuit freno ieiunii. Hec luxuriam secuit ense asmonie. Hec contra cunctos mortis dimicauit impetus. Et hostem cruentum freta christi dextra strauerat. Hec sponsum ab aula celi sese inuisentem alacris. Corde iocundo secuta eius est ingressa thalamum. Tute iam dulcibus plena deliciis. Christo miserias nostras suggerito. Nobis consolacionem precando.

Matheum.

IN illo tempore. Dixit ihesus discipulis suis parabolam hanc. Simile est regnorum celorum decem uirginibus: que accipientes lampades suas exierunt obuiam sponso et sponse. Quinque autem ex eis erant fatue: et quinque prudentes. Set quinque fatue: acceptis lampadibus non sumpserunt oleum secum. Prudentes uero acceperunt oleum in uasis suis cum lampadibus. Moram autem faciente sponso: dormitauerunt omnes et dormierunt. Media autem nocte clamor factus est ecce sponsus uenit exite obuiam ei. Tunc surrexerunt omnes uirgines ille: et ornauerunt lampades suas. Fatue autem sapientibus dixerunt. Date nobis de oleo uestro: quia lampades nostre extinguntur. Responderunt prudentes dicentes. Neforte non sufficiat nobis et uobis: ite pocius ad uendentes et emite uobis. Dum/ autem irent emere: [fo. 310. uenit sponsus. Et que parate erant: intrauerunt cum eo ad nupcias. et clausa est ianua. Nouissime uero: ueniunt et relique uirgines dicentes. Domine domine: aperi nobis. Et ille respondens ait. Amen dico uobis: nescio uos. Uigilate itaque quia nescitis diem: neque horam.

Secundum matheum.

IN illo tempore: Loquente ihesu ad turbas: ecce mater eius et fratres stabant foris querentes loqui ei. Dicit autem ei quidam. Ecce mater tua et fratres tui foris stant: querentes te. At ille respondens. dicenti sibi ait. Que est mater mea. et qui sunt fratres mei? Et extendens manum: in discipulos suos dixit. Ecce mater mea: et fratres mei. Quicumque enim fecerit uoluntatem patris mei qui in celis est: ipse meus frater: et soror et mater est.

Secundum matheum.

IN illo tempore: Dixit ihesus ihesus[1] discipulis suis parabolam hanc. Simile est regnum celorum thesauro abscondito in agro. quem qui inuenit homo abscondit et pre gaudio illius uadit et uendit uniuersa que habet et emit agrum illum. Iterum simile est regnum celorum homini negociatori: querenti bonas margaritas. Inuenta autem una preciosa margarita: abiit et uendidit omnia que habuit: et emit eam. Iterum simile est regnum celorum sagene misse in mare: et ex omni genere piscium congreganti. Quam cum impleta esset educentes et secus litus sedentes elegerunt bonos in uasa sua malos autem foras miserunt. Sic erit in consummacione seculi. Exibunt angeli: et separabunt malos de medio iustorum. et mittent eos in caminum ignis. Ibi erit fletus et stridor gencium.[2] Intellexistis hec omnia. Dicunt ei. Eciam. Ait illis. Ideo omnis scriba doctus in regno

[1] *Sic* twice. [2] *Sic.*

celorum similis est homini patrifamilias qui profert de thesauro suo: noua et uetera.

Secundum marcum.[1]

IN illo tempore: Uenerunt ad ihesum mater et fratres eius: et non poterant adire eum pre turba. Et nunciatum est illi. Mater tua et fratres tui stant foris: uolentes te uidere. Qui respondens: dixit ad eos. Mater mea et fratres mei hii sunt. qui uerbum dei audiunt et/ [fo. 310. b. faciunt.

Offertorium.

OFferentur regi uirgines post eam proxime eius offerentur tibi.

Offertorium.

OFferentur regi uirgines proxime eius offerentur tibi in leticia et exultacione adducentur in templum regi domino.

Offertorium.

FIlie regum in honore tuo astitit regina a dextris tuis in uestitu deaurato circumdata uarietate.

Offertorium.

DIffusa est gracia in labiis tuis propterea benedixit te deus ineternum et in seculum seculi.

Secretum.

OFferimus domine preces et munera in honore sancte .N uirginis tue et martiris gaudentes presta quesumus: ut et conuenienter hec agere. et remedium sempiternum ualeamus. adquirere. Per.

Communio.

DIffusa est gracia in labiis tuis propterea benedixit te deus ineternum.

[Luc. viii. 19 21.]

Communio.

QUinque prudentes uirgines acceperunt oleum in uasis suis cum lampadibus media autem nocte clamor factus est ecce sponsus uenit exite obuiam christo domino.

Communio.

SImile est regnum celorum homini negociatori querenti bonas margaritas inuenta una preciosa margarita dedit omnia sua et comperauit eam.

Communio.

FEci iudicium et iusticiam domine non calumpniantur michi superbi. ad omnia mandata tua dirigebar omnem uiam iniquitatis odio habui.

Communio.

PRincipes persecuti sunt me gratis et a uerbis tuis formidauit cor meum letabor ego super eloquia tua sicut qui inuenit spolia multa concupiuit anima mea testimonia tua domine et dilexit ea uehementer.

Communio.

COnfundantur superbi quia iniuste iniquitatem fecerunt in me ego autem in mandatis tuis excercebor in tuis iustificacionibus ut non confundar.

Communio.

QUi me dignatus est ab omni plaga curare et mamillam meam meo pectori restituere ipsum inuoco deum uiuum.

Communio.

QUicumque fecerit uoluntatem patris mei qui in celis est ipse meus frater soror et mater est dicit dominus.

Postcommunio.

SAcri altaris participacione refecti tuam domine misericordiam suppliciter exoramus ut qui hec in beate .N uirginis et martiris tue ueneracione percepimus eius nos confoueri suffragiis senciamus. Per.

Unius uirginis non martiris. Officium.

DIlexisti.

Oracio.

DEus qui nos hodie beate .N. uirginis tue annua sollempnitate letificas: concede propicius. ut eius adiuuemur meritis. cuius castitatis irradiamur exemplis. Per.

Epistola.

QUi gloriatur.

Gradale.

DIffusa est. ℣. Propter ueritatem. Alleluya. ℣./ [fo. 311. Quinque prudentes.

Tractus.

QUi seminant.

Euuangelium

SImile est regnum celorum thesauro.

Offertorium.

FIlie regum.

Secretum.

MUnera tibi domine dicanda meritis beate .N. uirginis tue placatus intende et eius salutari deprecacione nosmetip sos sanctificare dignare. Per.

Communio.

QUinque prudentes.

Postcommunio.

SUpplices te rogamus omnipotens deus ut qui percepimus celestis mense substanciam. intercedente beata .N. uirgine tua ad uitam perueniamus eternam. Per.

In natali plurimarum uirginum officium.

UUltum tuum.

Oracio.

OMnipotens sempiterne deus qui ydoneos nos esse non perpendis ad magestatem tuam sicut dignum est exorandam fac sanctas uirgines tuas pro nostris interuenire peccatis: quarum meritis indulgenciam largiaris. Per.

Epistola.

DE uirginibus.

Gradale.

ANima nostra. ℣. Laqueus. Alleluya. ℣. Adducentur.

Euuangelium

SImile est regnum celorum decem.

Offertorium.

OFferentur.

Secretum.

INtercedentibus sanctis uirginibus tuis domine plebis tue munus sanctifica ut ab omnibus noxiis expedita et hic et ineternum cuncta sibi profutura percipiant. Per.

Communio.

QUinque prudentes.

Postcommunio.

REspice domine propicius plebem tuam et quam diuinis tribuis participare sacramentis sanctarum uirginum tuarum meritis ab omnibus absolue peccatis. Per.

Unius Matrone officium.

DIlexisti.

Oracio.

QUesumus omnipotens deus ut nobis beate .N ueneranda festiuitas salutis prestet incrementum: cuius admiranda uita salutis prebet exemplum. Per.

Epistola.

GAudens gaudebo.

Gradale.

PRopter ueritatem. Alleluya. ℣. Diffusa est.

Euuangelium.

UEnerunt ad ihesum mater.

Offertorium.

DIffusa est.

Secretum.

ANnue quesumus omnipotens deus ut sacrificia pro sancte .N. festiuitate oblata desiderium nos temporale doceant habere contemptum. et ambire dona faciant celestium gaudiorum. Per.

Communio.

SImile est regnum celorum.

Postcommunio.

SUmptis sacramentis domine quesumus nutriatur in nobis sancte deuocionis affectus. et beate .N. meritis et exemplis augeatur. Per./ [fo. 311. b.

In commemoracione sancte Trinitatis officium.

BEnedicta sit sancta trinitas atque indiuisa unitas confitebimur ei. quia fecit nobiscum misericordiam suam. *Ps.*[1] Benedicamus patrem et filium cum sancto spiritu.

Oracio.

OMnipotens sempiterne deus qui dedisti famulis tuis in confessione uere fidei eterne trinitatis gloriam agnoscere. et in potencia magestatis adorare unitatem: quesumus ut eiusdem fidei firmitate. ab omnibus semper muniamur aduersis. Per.

Ad corinthios.

FRatres: Gaudete: perfecti estote. Exhortamini: idem sapite. Pacem habete: et deus dileccionis et pacis erit uobiscum. Et gracia domini nostri ihesu christi et caritas dei et communicacio sancti spiritus sit semper cum omnibus uobis.

Gradale.

BEnedictus es domine qui intueris abyssos et sedes super

[1] *Sic.*

cherubyn. ℣. Benedictus es in firmamento celi et laudabilis et gloriosus in secula. Alleluya. ℣. Benedictus es domine deus patrum nostrorum et laudabilis in secula.

Secundum Iohannem.

IN illo tempore: Dixit ihesus discipulis suis. Cum uenerit paraclitus quem ego mittam uobis a patre spiritus ueritatis qui a patre procedit: ille testimonium perhibebit de me. Et uos testimonium perhibebitis: quia ab inicio mecum estis. Hec locutus sum uobis: ut non scandalizemini. Absque synagogis facient uos. Set uenit hora: ut omnis qui interficit uos arbitretur obsequium se prestare deo. Et hec facient uobis: quia non nouerunt patrem neque me. Set hec locutus sum uobis: ut cum uenerit hora eorum reminiscamini: quia ego dixi uobis.

Offertorium.

BEnedictus sit deus pater unigenitus que dei filius sanctus quoque spiritus quia fecit nobiscum misericordiam suam.

Secretum.

SAnctifica quesumus domine deus per tui sancti nominis inuocacionem huius oblacionis hostiam. et per eam nosmetipsos tibi perfice munus eternum. Qui uiuis.

Prefacio.

QUi cum unigenito.

Communio.

BEnedicite deum celi et coram omnibus uiuentibus confitemini

ei quia fecit uobiscum misericordiam suam.

Postcommunio.

PRoficiat nobis ad salutem corporis et anime domine deus huius sacramenti./ [fo. 312. suscepcio. et sempiterne sancte trinitatis eiusdem que indiuidue unitatis confessio. In qua uiuis.

Commemoracio de sancto spiritu. Officium.

SPiritus domini repleuit orbem terrarum alleluya. et hoc quod continet omnia scienciam habet uocis alleluya. alleluya alleluya. *Ps.* Exurgat deus et dissipentur.

Oracio.

DEus qui corda fidelium sancti spiritus illustracione docuisti: da nobis in eodem spiritu recta sapere. et de eius semper consolacione gaudere. Per. In unitate eiusdem.

Alia oracio.

DEus cui omne cor patet et omnis uoluntas loquitur et quem nullum latet secretum. purifica per infusionem sancti spiritus cogitaciones cordis nostri. ut perfecte te diligere et digne laudare mereamur. Per dominum. In unitate eiusdem.

Ad corintheos.

FRatres: Unicuique datur manifestacio spiritus ad utilitatem. Alii quidem per spiritum datur sermo sapiencie: alii autem sermo sciencie secundum eundem spiritum. Alteri fides: in eodem spiritu. Alii gracia sanitatum: in uno spiritu. Alii operacio uirtutum. alii prophecia. alii discrecio spirituum. Alii genera linguarum: alii interpretacio sermonum. Hec autem omnia operatur unus atque idem spiritus: diuidens singulis prout uult.

Gradale.

BEata gens cuius est dominus deus eorum populus quem elegit dominus in hereditatem sibi. ℣. Uerbo domini celi firmati sunt et spiritu oris eius omnis uirtus eorum. Alleluya. ℣. Ueni sancte spiritus reple tuorum corda fidelium. et tui amoris in eis ignem accende. Alleluya. ℣. Emitte spiritum tuum et creabuntur et renouabis faciem terre.

Secundum iohannem.

IN illo tempore: Dixit ihesus discipulis suis. Si diligitis me: mandata mea seruate. Et ego rogabo patrem: et alium paraclitum dabit uobis ut maneat uobiscum ineternum. Spiritum ueritatis quem mundus non potest accipere: quia non non[1] uidit eum nec scit eum. Uos autem cognoscetis eum quia apud uos manebit: et in uobis erit.

Offertorium.

EMitte spiritum tuum et creabuntur. et renouabis faciem terre sit gloria domini in secula alleluya.

Secretum.

MUnera domine quesumus oblata sanctifica. et corda nostra sancti spiritus illustracione emunda. Per dominum. In unitate eiusdem./ [fo. 312. b.

[1] *Sic.*

Aliud secretum.

HEc oblacio domine deus cordis nostri maculas emundet. et sancti spiritus digna efficiatur habitacio. Per dominum. In unitate eiusdem.

Communio.

SPiritus sanctus docebit uos alleluya quecumque dixero uobis alleluya alleluya.

Postcommunio.

SAncti spiritus domine corda nostra mundet infusio et. sui roris intima aspersione fecundet. Per dominum. In unitate eiusdem.

Alia postcommunio.

SAcrificium salutis nostre sumentes concede quesumus domine deus purificatis mentibus sepius tue pietatis frequentate misterium. Per.

Feria sexta. de sancta cruce officium.

NOs autem gloriari oportet in cruce domini nostri ihesu christi. in quo est salus uita et resurreccio nostra per quam saluati et liberati sumus. Per. *Ps.* Deus misereatur nostri. ℣. Gloria patri

Oracio.

DEus qui unigeniti filii tui domini nostri ihesu christi precioso sanguine uiuifice crucis uexillum sanctificari uoluisti: concede quesumus. eos qui eiusdem sancte crucis gaudent honore. tua quoque ubique proteccione gaudere. Per eundem.

1115

Alia oracio in resurreccione domini.

DEus qui pro nobis filium tuum crucis patibulum subire uoluisti. ut inimici a nobis expelleres potestatem: concede nobis famulis tuis. ut resurreccionis graciam consequamur. Per eundem.

Ad philippenses.

FRatres: Christus factus est pro nobis obediens usque ad mortem: mortem autem crucis. Propter quod et deus illum exaltauit et donauit illi nomen quod est super omne nomen ut in nomine ihesu omne genu flectatur celestium. terrestrium et infernorum. Et omnis lingua confiteatur quia dominus ihesus christus: in gloria est dei patris.

Gradale.

CHristus factus est pro nobis obediens usque ad mortem mortem autem crucis. ℣. Propter quod et deus exaltauit illum et donauit illi nomen quod est super omne nomen. Alleluya. ℣. Dulce lignum dulces clauos dulcia ferens pondera. que sola fuisti digna sustinere regem celorum et dominum.

In tempore paschali.

ALleluya. ℣. Surrexit christus iam non moritur mors illi ultra non dominabitur.

Matheum.

IN illo tempore: Ascendens ihesus iherosolimam assumpsit duodecim discipulos suos secreto et ait illis. Ecce as-

1116

cendimus iherosolimam: et filius hominis tradetur principibus sacerdotum/ et [fo. 313. scribis: et condempnabunt eum. morte. Et tradent eum gentibus ad illudendum. et flagellandum. et crucifigendum. Et tercia die resurget.

Offertorium.

PRotege domine plebem tuam per signum sancte crucis ab omnibus insidiis inimicorum omnium ut tibi gratam exhibeamus seruitutem et acceptabile tibi fiat sacrificium nostrum alleluya.

Secretum.

HEc oblacio domine quesumus ab omnibus nos purget offensis. que in ara crucis immolata eciam tocius mundi tulit offensam. Per.

Aliud secretum.

DEus qui per crucem et sanguinem domini nostri ihesu christi filii tui dedisti pacem hominibus. et celestium collegium angelorum da nobis tue pacis uberitate repleri. et angelice societatis unitate letari. Per. eundem.

Prefacio.

QUi salutem humani.

Communio.

PEr lignum serui facti sumus. et per sanctam crucem liberati sumus fructus arboris seduxit nos filius dei redemit nos alleluya.

Postcommunio.

REfecti cibo potuque celesti quesumus omnipotens deus.

ut ab hostium defendas formidine: quos redemisti precioso sanguine filii tui domini nostri ihesu christi. Per eundem.

Alia postcommunio.

DEus cuius filius per tropheum crucis mundum redimere dignatus es. concede propicius: ut qui redempcione nostra letamur: eternis gaudiis te donante perfrui mereamur. Per eundem.

Feria secunda. De angelis officium.

ADorate deum omnes angeli eius audiuit et letata est syon. et exultauerunt filie iude. *Ps.* Dominus regnauit exultet terra. Gloria patri.

Oracio.

PErpetuum nobis domine tue miseracionis presta subsidium: quibus et angelica prestitisti suffragia non deesse. Per.

Leccio libri apocalipsis beati Iohannis apostoli.

IN diebus illis: Dixit michi angelus. Scribe: Beati qui ad cenam nupciarum agni uocati sunt. Et dixit michi. Hec uerba: uerba dei sunt. Et cecidi ante pedes eius ut adorarem eum. Et dixit michi. Uide ne feceris. Conseruus tuus ego sum et fratrum tuorum habencium testimonium ihesu. Deum: adora.

Gradale.

ANgelis suis mandauit de te ut custodiant te in omnibus uiis tuis. ℣. In manibus portabunt te neumquam offendas ad lapidem pedem tuum. Alleluya. ℣. Laudate deum omnes angeli eius. laudate eum omnes uirtutes eius.

Secundum Iohannem.

IN illo tempore: Erat dies festus/ iudeorum: et [fo. 313. b ascendit ihesus iherosolimam. Est autem iherosolimis probatica piscina: que cognominatur hebraice bethsaida: quinque porticus habens. In hiis iacebat multitudo magna languencium. cecorum. claudorum. arridorum. expectancium aque motum. Angelus autem domini secundum tempus descendebat in piscinam: et mouebatur aqua. Et qui prior descendisset in piscinam post mocionem aque: sanus fiebat: a quacumque detinebatur infirmitate.

Offertorium.

IMmittit angelus domini in circuitu timencium eum et eripiet eos gustate et uidete quam suauis est dominus.

Secretum.

HOst*i*as tibi domine laudis offerimus suppliciter deprecantes. ut easdem angelico pro nobis interueniente suffragio. et placatus accipias. et ad salutem nostram prouenire concedas. Per.

Communio.

DIco uobis gaudium est angelis dei super uno peccatore penitenciam agente.

Postcommunio.

REpleti domine benediccione celesti suppliciter imploramus ut quod fragili celebramus officio. sanctorum angelorum atque archangelorum nobis prodesse senciamus auxilio. Per.

Per totum aduentum usque ad festum natalis domini.

De sancta maria. Officium.

ROrate celi desuper et nubes pluant iustum aperiatur terra et germinet saluatorem. *Ps.*[1] Et iusticia oriatur simul : ego dominus creaui eum. Gloria patri.

Oracio.

DEus qui de beate marie uirginis utero uerbum tuum angelo nunciante carnem suscipere uoluisti : presta supplicibus tuis : ut qui uere eam dei genitricem credimus. eius apud te intercessionibus adiuuemur. Per.

Leccio ysaye prophete.

HEc dicit dominus deus. Egredietur uirga de radice iesse : et flos de radice eius ascendet. Et requiescet super eum spiritus domini. spiritus sapiencie et intellectus. spiritus consilii et fortitudinis. spiritus sciencie et pietatis. et replebit eum spiritus domoris[1] domini. Non secundum uisionem oculorum iudicabit : neque secundum aurium arguet. set iudicabit in iusticia pauperes : et arguet in equitate pro mansuetis terre. Et percuciet terram uirga oris sui : et spiritu labiorum suorum interficiet impium. Et erit iusticia cingulum lumborum eius : et fides cinctorium rènum eius.

[1] *Sic.*

Gradale./ [fo. 314.

IN sole posuit tabernaculum suum et ipse tanquam sponsus procedens de thalamo suo. ℣. A summo celo egressio eius et occursus eius usque ad summum eius. Alleluya. ℣.Aue maria gracia plena domin us tecum. benedicta tu in mulieribus.

Secundum Lucam.

IN illo tempore : Missus est angelus gabriel a deo in ciuitatem galilee cui nomen nazareth ad uirginem desponsatam uiro cui nomen erat ioseph de domo dauid : et nomen uirginis maria. Et ingressus angelus ad eam dixit. Aue gracia plena : dominus tecum. Benedicta tu in mulieribus. Que cum audisset : turbata est in sermone eius : et cogitabat qualis esset ista salutacio. Et ait angelus ei. Ne timeas maria : inuenisti enim graciam apud deum. Ecce concipies in utero et paries filium : et uocabis nomen eius ihesum. Hic erit magnus : et filius altissimi uocabitur. Et dabit illi dominus deus sedem dauid patris eius. et regnabit in domo iacob ineternum. et regni eius non erit finis. Dixit autem maria ad angelum. Quomodo fiet istud quia uirum non cognosco : Et respondens angelus : dixit ei. Spiritus sanctus superueniet in te : et uirtus altissimi obumbrabit tibi. Ideoque et quod nascetur ex te sanctum : uocabitur filius dei. Et ecce elizabet cognata tua : et ipsa concepit filium in senectute sua. Et hic mensis est sextus illi que uocatur sterilis : quia non erit impossibile apud deum omne uerbum. Dixit autem maria. Ecce ancilla domini. Fiat michi: secundum uerbum tuum.

Offertorium.

AUe maria gracia plena dominus tecum benedicta tu in mulieribus et benedictus fructus uentris tui.

Secretum.

DEus qui filium tuum pro nostra salute de sancta maria uirgine incarnatum in hunc mundum misisti: quesumus ut huius oblacionis misterium quod pro ipsius incarnacionis sacramento tue magestati est oblatum. perpetue salutis nobis tribuat gaudium. Per. eundem.

Prefacio.

ET te in ueneracione.

Communio.

ECce uirgo concipiet et pariet filium et uocabitur nomen eius emanuel.

Postcommunio.

SUmptum quesumus domine tue gracie sacramentum sanctissima unigeniti tui genitrix uirgo maria nobis ad eterne redempcionis prouenire optineat remedium. Per eundem./

[fo. 314. b.

Commemoracio de sancta maria a festo natalis domini usque ad purificacionem. Officium.

SAlue sancta parens enixa puerpera regem qui celum terramque regit in secula seculorum. ℣. Quia concupiuit rex speciem tuam. quoniam in se est dominus deus tuus.

Oracio.

DEus qui salutis eterne beate marie uirginitate fecunda humano generi premia prestitisti: tribue quesumus ut ipsam pro nobis intercedere senciamus: per quam meruimus auctorem uite suscipere. dominum nostrum ihesum christum filium tuum.

Ad galathas.

FRatres: Cum essemus paruuli: sub elementis huius mundi eramus seruientes. At ubi uenit plenitudo temporis misit deus filium suum factum ex muliere factum sub lege. ut eos qui sub lege erant redimeret ut adopcionem filiorum reciperemus. Quoniam autem estis filii dei misit deus spiritum filii sui in corda nostra clamantem abba pater. Itaque: iam non es seruus set filius. Quod si filius: et heres per deum.

Gradale.

BEnedicta et uenerabilis es uirgo maria que sine tactu pudoris inuenta est mater saluatoris. ℣. Uirgo dei genitrix quem totus non capit orbis in tua se clausit uiscera factus homo. Alleluya. ℣. Per te dei genitrix nobis est uita perdita data que de celo suscepisti prolem et mundo genuisti saluatorem.

Secundum lucam.

IN illo tempore: Erant ioseph et maria mater ihesu mirantes super hiis que dicebantur de illo. Et benedixit illis symeon: et dixit ad mariam matrem eius. Ecce positus est hic in ruinam et in resurreccionem multorum in israel : et in signum cui contra dicetur. Et tuam ipsius animam pertransibit gladius : ut reuelentur ex multis cordibus cogitaciones.

Secundum lucam.

IN illo tempore : Pastores loquebantur adinuicem. Transeamus usque bethleem : et uideamus hoc uerbum quod factum est quod fecit dominus et ostendit nobis. Et uenerunt festinantes : et inuenerunt mariam et iosep et infantem positum in presepio. Uidentes autem cognouerunt de uerbo quod dictum erat illis de puero hoc. Et omnes qui audierunt mirati sunt et de hiis que dicta erant a pastoribus ad ipsos. Maria autem consueruabat omnia uerba hec : comferens in corde suo. Et reuersi sunt pastores glorificantes et laudantes deum in omnibus que audierant/ et uide- [fo. 315. rant : sicut dictum est ad illos.

Secundum matheum.

IN illo tempore : Factum est ut adimpleretur quod dictum est per prophetam dicentem. Ecce uirgo in utero habebit et pariet filium : et uocabunt nomen eius emanuel. Quod est interpretatum nobiscum deus. Exurgens autem ioseph a sompno : fecit sicut precepit ei angelus domini. Et accepit coniugem suam et non cognoscebat eam. donec peperit filium suum. Et uocauit nomen eius ihesum.

Offertorium.

FElix namque es sacra uirgo maria et omni laude dignissima quia ex te ortus est sol iusticie christus deus noster.

Secretum.

OBlatis domine muneribus suppliciter deprecamur. ut qui ueram uerbi tui incarnacionem fideliter ueneramur ueram eiusdem carnis ac sanguinis quam per spiritum sanctum uirgo mater edidit substanciam in hoc presenti misterio salubriter percipiamus. Per. In unitate eiusdem.

Prefacio.

QUia per incarnati.

Communio.

BEata uiscera marie uirginis que portauerunt eterni patris filium.

Postcommunio.

UEram uerbi tui omnipotens pater suscipientes ex integra uirgine incarnacionem. presta quesumus : ut pro nostra interuentrix existat fragilitate que nobis eundem peperit deum et hominem ihesum christum filium tuum. Qui tecum.

De sancta maria in paschali tempore officium. Salue sancta *et termnetur*[1] *usque ad festum sancte Trinitatis cum.* Alleluya.

Oracio.

GRaciam tuam quesumus domine mentibus nostris infunde. ut qui angelo nunciante christi filii tui incarnacionem cognouimus per passionem eius et crucem ad resurreccionis

[1] *Sic.*

gloriam perducamur. Per eundem.

Leccio libri sapiencie.[1]

EGo quasi uitis fructificaui suauitatem odoris: et flores mei fructum honoris et honestatis. Ego mater pulchre dileccionis et timoris: et magnitudinis et sancte spei. In me omnis gracia uite et ueritatis: in me omnis spes uite et uirtutis. Transite ad me omnes qui concupiscitis me: et a generacionibus meis implemini. Spiritus enim meus super mel dulcis: et hereditas mea super mel et fauum. Memoria mea: in generacione seculorum. Qui edunt me adhuc esurient: et qui bibunt me adhuc sicient. Qui audit me non confundetur: et qui operantur in me non peccabunt./ Et [fo. 315. b. qui elucidant me: uitam eternam habebunt.

Per totam resurreccionem erit primum.

ALleluya. ℣. Post partum uirgo inuiolata permansisti dei genitrix intercede pro nobis. Alleluya. ℣. Per te dei genitrix.

Secundum Iohannem.

IN illo tempore: Stabant iuxta crucem ihesu mater eius. et soror matris eius maria cleophe: et maria magdalene. Cum uidisset ergo ihesus matrem et discipulum quem diligebat: dicit matri sue. Mulier: ecce filius tuus. Deinde dicit discipulo. Ecce mater tua. Et ex illa hora: accepit eum[2] discipulus in sua.

[1] [Ecclesiastici xxiv. 23-32.]
[2] *Sic: for* eam.

Offertorium.

FElix namque.

Secretum.

ACcepta tibi sit quesumus domine hec oblacio plebis tue quam offerimus ob incarnacionem passionem simul et resurreccionem redemptoris nostri ihesu christi te supplices deprecantes ut beate uirginis marie genitricis sue intercessione placatus eam digneris accipere. Per eundem.

Communio.

BEata uiscera. *et finiatur cum.* alleluya.

Postcommunio.

BEate et gloriose dei genitricis semperque uirginis marie intercessionibus quesumus omnipotens deus: ut per huius uirtutem sacramenti quod sumpsimus in resurreccionis gloria mereamur stola beate inmortalitatis uestiri. Per. eundem.

De sancta maria a festo purificacionis usque ad pascha. et a festo sancte Trinitatis usque ad aduentum domini. Officium.

SAlue sancta parens enixa puerpera regem qui celum terramque regit in secula seculorum. *Ps.* Quia concupiuit rex speciem tuam: quoniam in se est dominus deus tuus.

In commemoracionibus sine nota.

Ps.[1] Benedicta tu in mulieribus et benedictus fructus uentris tui.

[1] *Sic.*

Oracio.

COncede nos famulos tuos quesumus domine deus perpetua mentis et corporis salute gaudere : et gloriosa beate marie semper uirginis intercessione a presenti liberari tristicia. et eterna perfrui leticia. Per.

Leccio libri sapiencie.[1]

AB inicio et ante secula creata sum : et usque ad futurum seculum non desinam et in habitacione sancta coram ipso ministraui. Et sic in syon firmata sum : et in ciuitate sanctificata similiter requieui. et in iherusalem potestas mea. Et radicaui in populo honorificato : et in partes dei mei hereditas illius. Et in plentitudine sanctorum detencio mea.

Leccio ezechielis prophete.

IN diebus illis. Conuerti me ad uiam porte/ sanctuarii [fo. 316. exterioris que respiciebat ad orientem : et erat clausa. Et dixit dominus ad me. Porta hec clausa erit et non aperietur et uir non transibit per eam : quoniam dominus deus israel ingressus est per eam eritque clausa. Princeps ipse sedebit in ea : ut comedat panem coram domino. Per uiam uestibuli porte ingredietur : et per uiam eius : egredietur.

Gradale.

BEnedicta et uenerabilis es uirgo maria que sine tactu pudoris inuenta es mater saluatoris. ℣. Uirgo dei genitrix quem totus non capit orbis in tua se clausit uiscera factus homo. Alleluya. ℣. Post partum uirgo inuiolata permansisti dei genitrix intercede pro nobis. Alleluya. ℣. Per te dei genitrix nobis est uita perdita data que de celo suscepisti prolem et mundo genuisti saluatorem.

Tractus.

GAude maria uirgo cunctas hereses sola interemisti. ℣. Que gabrielis archangeli dictis credidisti. ℣. Dum uirgo deum et hominem genuisti et post partum uirgo inuiolata permansisti. ℣. Dei genitrix intercede pro nobis.

Secundum Lucam.

IN illo tempore : Factum est cum loqueretur ihesus ad turbas : extollens uocem quedam mulier de turba dixit illi. Beatus uenter qui te portauit et ubera que suxisti. At ille dixit. Quinnimo. Beati qui audiunt uerbum dei : et custodiunt illud.

Euangelium.

STabant iuxta crucem ihesu. *Require ut supra.*

Offertorium.

FElix namque es sacra uirgo maria et omni laude dignissima quia ex te ortus est sol iusticie christus deus.

Offertorium.

DIffusa est gracia in labiis tuis propterea benedixit te deus ineternum et in seculum seculi.

Secretum.

TUa domine propiciacione et beate dei genitricis semper que uirginis marie intercessione

[1] [Ecclesiastic. xxiv. 14–17.]

ad perpetuam atque presentem hec oblacio nobis proficiat prosperitatem et pacem. et iram tue indignacionis quam iuste meremur propiciatus auerte. Per.

Prefacio.

ET te in ueneracione.

Communio.

BEata uiscera marie uirginis que portauerunt eterni patris filium.

Postcommunio.

SUmptis domine salutis nostre subsidiis da quesumus beate dei genitricis semper que uirginis marie patrociniis nos ubique protegi in cuius ueneracione hec tue optulimus magestati. Per eundem.

De apostolis petro et paulo officium.

MIchi autem nimis honorati sunt amici tui deus nimis confortatus est principatus eorum. *Ps.* Domine probasti.

Oracio.

DEus cuius dextera beatum petrum ambulantem in/ fluctibus ne mergere- [fo. 316. b. tur erexit. et coapostolum eius paulum tercio naufragantem de profundo pelagi liberauit exaudi nos propicius et concede. ut amborum meritis eternitatis gloriam consequamur. Qui uiuis.

Ad ephesios.

FRatres: Iam non estis hospites et aduene; set estis ciues sanctorum et domestici dei super edificati super fundamentum apostolorum et prophetarum ipso summo. angulari lapide christo ihesu. In quo omnis edificacio constructa: crescit in templum sanctum in domino. In quo et uos coedificamini in habitaculum dei: in spiritu sancto.

Gradale.

NImis honorati sunt amici tui deus nimis confortatus est principatus eorum. ℣. Dinumerabo eos et super arenam multiplicabuntur. Alleluya. ℣. Non uos me elegistis set ego elegi uos et posui uos ut eatis et fructum afferatis et fructus uester maneat. Alleluya. ℣. Per manus apostolorum fiebant signa et prodigia multa in plebe.

Secundum iohannem.

IN illo tempore: Dixit ihesus discipulis suis. Hoc est preceptum meum: ut diligatis inuicem sicut dilexi uos. Maiorem hac dileccionem nemo habet: ut animam suam ponat quis pro amicis suis. Uos amici mei estis: si feceritis que ego precipio uobis. Iam non dicam uos seruos quia seruus nescit quid faciat dominus eius. Uos autem dixi amicos: quia omnia quecumque audiui a patre meo nota feci uobis. Non uos me elegistis set ego elegi uos et posui uos ut eatis et fructum afferatis et fructus uester maneat. Et quodcumque pecieritis patrem in nomine meo: det uobis.

Secundum Iohannem.

IN illo tempore: Dixit ihesus discipulis suis. Ego sum uitis uera: et pater meus agricola est. Omnem palmitem in me non ferentem fructum: tollet eum. Et omnem qui fert fructum purgabit eum: ut fructum plus afferat. Iam uos mundi estis: propter sermonem quem ego[1] locutus sum uobis. Manete in me: et ego in uobis. Sicut palmes non potest ferre fructum a semetipso nisi manserit in uite: sic nec uos nisi in me manseritis. Ego sum uitis: uos palmites. Qui manet in me et ego in eo hic fert fructum multum: quia sine me nichil potestis facere. Siquis in me non manserit: mittetur foras sicut/ palmes |fo. 317. et arescet: et colligent eum et in ignem mittent et ardet. Si manseritis in me et uerba mea in uobis manserint: quodcumque uolueritis petetis: et fiet uobis.

Offertorium.

IN omnem terram exiuit sonus eorum et in fines orbis terre uerba eorum.

Secretum.

OFferimus tibi domine preces et munera. que ut tuo sint digna conspectu apostolorum tuorum petri et pauli quesumus precibus adiuuemur. Per.

Prefacio.

ET te domine suppliciter.

Communio.

EGo uos elegi de mundo ut eatis et fructum afferatis et fructus uester maneat.

Postcommunio.

DIuini quesumus domine percepcio sacramenti. beatorum

[1] Struck out with red line.

apostolorum tuorum petri et pauli supplicacionibus nos ab uniuersis tueatur aduersitatibus ut quos habuimus in fide doctores: in omni senciamus necessitate pios adiutores. Per.

Commemoracio de sancto Petro.
Oracio.

FAmiliam tuam domine propicius respice. et intercedente beato petro apostolo tuo a cunctis eam aduersitatibus defende. Per.

Secretum.

MUnera familie tue domine propicius respice. et intercedente beato petro a cunctis eam. aduersitatibus defende. Per.

Postcommunio.

QUesumus domine ut per hec sacrosancta misteria et intercedente beato petro apostolo tuo. familiam tuam ab omni aduersitate protegas. Per.

In commemoracione sancti thome.
Officium.

LEtabitur iustus in domino et sperabit in eo. et laudabuntur omnes recti corde. *Ps.* Exaudi deus oracionem meam cum deprecor.

Oracio.

DEus pro cuius ecclesia gloriosus pontifex thomas gladiis impiorum occubuit presta quesumus: ut omnes qui eius implorant auxilium peticionis sue salutarem consequantur effectum. Per.

Leccio libri sapiencie.[1]

DIlectus deo et hominibus: cuius memoria in benediccione est. Similem fecit illum in gloria sanctorum. et magnificauit eum in timore inimicorum: et in uerbis suis monstra placauit. Glorificauit illum in conspectu regum: et unxit illum coram populo suo. et ostendit illi gloriam suam. In fide et lenitate ipsius sanctum fecit illum: et elegit eum ex omni carne. Audiuit enim uocem ipsius: et induxit illum in nube. Et dedit illi cor ad precepta: et legem uite: et discipline.

Gradale.

POsuisti domine super capud/ eius coronam de [fo. 317. b. lapide precioso. ℣. Desiderium anime eius tribuisti ei. et uoluntate labiorum eius non fraudasti eum. Alleluya. ℣. Letabitur iustus in domino et sperabit in eo et laudabuntur omnes recti corde.

Secundum Iohannem.

IN illo tempore: Dixit ihesus discipulis suis. Ego sum pastor bonus. Bonus pastor. animam suam dat pro ouibus suis. Mercennarius autem et qui non est pastor cuius non sunt oues proprie. uidit lupum uenientem et dimittit oues et fugit. Et lupus rapit: et dispergit oues. Mercennarius autem fugit quia mercennarius est. et non pertinet ad eum de ouibus. Ego sum pastor bonus. Et cognosco meas: et cognoscunt me mee. Sicut nouit me pater et ego agnosco patrem et animam

[1] [Ecclesiastic. xlv. 1–6.]

meam pono pro ouibus meis. Et alias oues habeo que non sunt ex hoc ouili. et illas oportet me adducere: et uocem meam audient. Et fiet unum ouile: et unus pastor.

Offertorium.

POsuisti domine super capud eius coronam de lapide precioso.

Secretum.

SAlutaris hostie munus sacrandum quesumus domine beatus thomas pontifex et martir nobis ad salutem fore deposcat ut et conuersacionis eius experiamur insignia. et intercessionis eius percipiamus suffragia. Per.

Communio.

MAgna est gloria eius in salutari tuo gloriam et magnum decorem impones super eum domine.

Postcommunio.

ADiuuet nos quesumus omnipotens et misericors deus per hec sancta que sumpsimus beati thome martiris tui atque pontificis intercessio ueneranda. qui pro tui nominis honore glorioso meruit coronari martirio. Per.

Commemoracio de sancto eduuardo officium.

OS iusti meditabitur sapienciam et lingua eius loquetur iudicium lex dei eius in corde ipsius. *Ps.* Noli emulari.

Oracio.

OMnipotens sempiterne deus qui donasti beatissimo regi eduuardo gloriam terrene potestatis in diuinum conuertere amorem. tribue nobis quesumus. ex eius imitacione pro amore tuo prospera mundi despicere et nulla eius aduersa formidare. Per dominum.

Leccio libri sapiencie.[1]

BEnediccio domini super capud iusti ideo dedit illi hereditatem et diuisit ei partem in tribubus duodecim et inuenit graciam in conspectu omnis carnis. Et magnificauit./ eum in conspectu inimic- [fo. 318. orum et in uerbis suis monstra placauit. Glorificauit eum in conspectu regum: et ostendit illi gloriam suam. In fide et lenitate ipsius sanctum fecit illum: et elegit eum ex omni carne. Dedit illi precepta et legem uite et discipline: et excelsum fecit illum. Statuit ei testamentum sempiternum: et circumcinxit eum zona iusticie. Et induit eum dominus: corona glorie.

Gradale.

DOmine preuenisti eum in benediccionibus dulcedinis. posuisti in capite eius coronam de lapide precioso. ℣. Uitam peciit a te tribuisti ei longitudinem dierum in seculum seculi. Alleluya. ℣. Iustus germinabit sicut lilium et florebit ineternum ante dominum.

In tempore paschali. ℣. Posuisti.

Lucam.

IN illo tempore: Facta est contencio inter discipulos ihesu: quis eorum uideretur esse maior. Dixit autem eis. Reges gencium dominantur eorum: et qui potestatem habent super eos benefici uocantur. Uos autem non sic. Set qui maior est in uobis fiat sicut iunior: et qui precessor est sicut ministrator. Nam quis maior est qui recumbit an qui ministrat? Nonne qui recumbit? Ego autem in medio uestrum sum: sicut qui ministrat. Uos autem estis qui permansistis mecum in temptacionibus meis. Et ego dispono uobis sicut disposuit michi pater meus regnum: ut edatis et bibatis super mensam meam in regno meo. et sedeatis super thronos: iudicantes duodecim tribus israel.

Offertorium.

POsuisti. *ut supra in commemoracione precedente.*

Secretum.

SAcrificii presentis oblacionem quesumus domine beati regis eduuardi nos pia commendet intercessio. ut in cuius ueneracione suscipitur. ipso interueniente ad gaudia eterna suscipi mereamur. Per.

Communio.

MAgna est.

Postcommunio.

PIgnus perpetue salutis sumentes. clemenciam tuam omnipotens deus imploramus. ut beato rege eduuardo confessore tuo interueniente celestis uite premia consequi mereamur. Per

[1] [Proverb. x. 6. Ecclesiastic. xliv. 25, 26; xlv. 2–9.]

In commemoracione reliquiarum. Officium.

SApienciam sanctorum narrant populi et laudem eorum annunciet ecclesia. nomina autem eorum uiuent in seculum. *Ps.* Exultate iusti. Gloria.

Oracio.

PResta quesumus omnipotens deus. ut beati regis eduuar/di patroni nostri et alio- [fo. 318. b. rum sanctorum quorum reliquie in hac continentur ecclesia nos protegant merita: quatinus eorum precibus tranquilla pace in tua iugiter laude letemur. Per.

Leccio libri sapiencie.[1]

HIi sunt uiri misericordie: quorum iusticie obliuionem non acceperunt. Cum semine eorum permanent bona: hereditas sancta nepotes eorum. Et in testamentis sicut semen eorum: et filii eorum propter eos usque ineternum manent. Generacio eorum et gloria eorum non derelinquetur. Corpora eorum in pace sepulta sunt: et nomina eorum uiuent in secula. Sapienciam sanctorum narrant omnes populi: et laudem eorum pronunciat: omnis ecclesia sanctorum.

Gradale.

EXultabunt sancti in gloria letabuntur in cubilibus suis. ℣. Cantate domino canticum nouum laus eius in ecclesia sanctorum. Alleluya. ℣. Sancti tui domine benedicent te gloriam regni tui dicent.

[1] [Eccl siastic. xliv. 10–16.]

Secundum matheum.

IN illo tempore: Dixit ihesus discipulis suis. Uos estis lux mundi. Non potest ciuitas abscondi supra montem posita: neque accendunt lucernam et ponunt eam sub modio. set super candelabrum ut luceat omnibus qui in domo sunt. Sic luceat lux uestra coram hominibus ut uideant opera uestra bona et glorificent patrem uestrum: qui in celis est.

In tempore paschali euuangelium.

EGo sum uitis.

Offertorium.

LEtamini in domino et exultate iusti et gloriamini omnes recti corde.

Secretum.

MUnera tue misericors deus magestati oblata benigno quesumus intuitu aspice: ut eorum nobis precibus fiant salutaria: quorum sacratissime in hac basilica reliquie sunt recondite.

Communio.

EGo uos elegi de mundo ut eatis et fructum afferatis et fructus uester maneat.

Postcommunio.

DIuina libantes misteria quesumus domine ut beati regis eduuardi patroni nostri et aliorum sanctorum nos ubique intercessio protegat quorum hic sacra gaudemus habere patrocinia. Per.

In commemoracione sancti benedicti officium.

OS iusti meditabitur.

Oracio.

INtercessio nos quesumus domine beati benedicti abbatis commendet: ut quod nostris meritis non ualemus eius patrocinio assequamur. Per.

Leccio libri sapiencie.[1]

IUstus cor suum tradet ad uigilandum diluculo ad dominum qui fecit illum: et in conspectu altissimi deprecabitur. Aperiet os suum in oracione: et pro/ delictis suis deprecabi- [fo. 319. tur. Si enim dominus magnus uoluerit: spiritu intelligencie replebit illum. Et ipse tanquam ymbres mittet eloquia sapiencie sue: et in oracione confitebitur domino. Et ipse diriget consilium eius et disciplinam. et in absconditis suis consiliabitur. Et ipse palam faciet disciplinam doctrine sue: et in lege testamenti domini gloriabitur. Collaudabunt multi sapienciam eius: et usque in seculum non delebitur. Non recedet memoria eius: et nomen eius requiretur: a generacione in generacionem.

Gradale.

DOmine preuenisti eum in benediccionibus dulcedinis posuisti in capite eius coronam de lapide precioso. ℣. Uitam peciit et tribuisti ei longitudinem dierum in seculum seculi. Alleluya. ℣. Uir domini benedictus spiritu omnium iustorum plenus. fuit.

Secundum Lucam.

IN illo tempore: Dixit ihesus discipulis suis. Nemo lucernam accendit et in abscondito ponit neque sub modio. set super candelabrum: ut qui ingrediuntur lumen uideant. Lucerna corporis tui: est oculus tuus. Si oculus tuus fuerit simplex: totum corpus tuum lucidum erit. Si autem nequam fuerit eciam corpus tuum tenebrosum erit. Uide ergo ne lumen quod in te est tenebre sint. Si ergo corpus tuum totum lucidum fuerit non habens aliquam partem tenebrarum erit lucidum totum. Et sicut lucerna fulgoris: illuminabit te.

Offertorium.

UEritas mea et misericordia mea cum ipso et in nomine meo exaltabitur cornu eius.

Secretum.

SAcris altaribus hostias domine superpositas beatus benedictus abbas quesumus in salutem nobis prouenire deposcat. Per.

Communio.

AMen dico uobis quod uos qui reliquistis omnia et secuti estis me centuplum accipietis et uitam eternam possidebitis.

Postcommunio.

PRotegat nos domine cum tui percepcione sacramenti beatus benedictus abbas pro nobis intercedendo. ut et conuersacionis eius experiamur insignia. et intercessionis ipsius senciamus patrocinia. Per.

De incarnacione domini.

Oracio.

COrda nostra quesumus domine sanctus splendor domi-

[1] [Ecclesiastic. xxxix. 6–14.]

nice incarnacionis. natiuitatis circumcisionis passionis resurreccionis ascensionis et aduentus spiritus sancti clementi respectu illustret : quo mundi huius tenebris carere ualeamus. et ipso ducente preuenia/mus [fo. 319. b. ad patriam claritatis eterne. Per eundem.

Secretum.

IN mentibus nostris quesumus domine uere fidei sacramenta confirma. ut qui conceptum de uirgine deum uerum et hominem confitemur per eiusdem salutifere incarnacionis. natiuitatis. circumcisionis. passionis. resurreccionis. ascensionis et aduentus spiritus sancti potenciam ad eternam mereamur peruenire leticiam. Per eundem.

Postcommunio.

PResta quesumus omnipotens pater. ut qui filii tui domini nostri ihesu christi. incarnacionis. natiuitatis. circumcisionis. passionis. resurreccionis. ascensionis et aduentus spiritus sancti memoriam debita ueneracionis laude colimus. ipsi per eiusdem spiritus sancti graciam a morte anime resurgamus et in tua semper sanctificacione uiuamus. Per.

De omnibus sanctis.
Oracio.

COncede quesumus omnipotens deus ut intercessio nos sancte dei genitricis marie. sanctarum que omnium celestium uirtutum. et beatorum patriarcharum prophetarum apostolorum martirum confessorum atque uirginum. et omnium electorum tuorum ubique letificet : ut dum eorum merita recolimus. patrocinia senciamus. Per.

Secretum.

OBlatis domine quesumus placare muneribus. et intercedente beata dei genitrice maria cum omnibus sanctis tuis. a cunctis nos defende periculis. Per eundem.

Postcommunio.

SUmpsimus domine beate marie semper uirginis et omnium sanctorum tuorum commemoracionem facientes sacramenta celestia. presta quesumus : ut quod temporaliter gerimus. eorum precibus adiuti eternis gaudiis consequamur. Per.

Item de omnibus sanctis oracio.

A Cunctis nos quesumus domine mentis et corporis defende periculis. et intercedente beata et gloriosa uirgine dei genitrice maria. cum beatis apostolis tuis petro et paulo atque andrea. et beato rege eduuardo patrono nostro cum omnibus sanctis tuis. salutem nobis tribuas benignus et pacem. ut destructis aduersitatibus et erroribus uniuersis ecclesia tua tibi seruiat secura libertate. Per dominum.

Secretum.

EXaudi nos domine deus noster : ut per uirtutem huius sacramenti intercedente beata et gloriosa uirgine dei geni-/[fo. 320. trice maria cum beatis apostolis tuis petro et paulo atque andrea et beato rege eduuardo patrono nostro cum omnibus sanctis tuis. a cunctis nos mentis et corporis hostibus tuearis. graciam tribuens in presenti. et gloriam in futuro. Per dominum.

Postcommunio.

MUndet et muniat quesumus domine diuini sacramenti nos munus oblatum: ut intercedente beata et gloriosa uirgine dei genitrice maria cum beatis apostolis tuis petro et paulo. atque andrea et beato rege eduuardo patrono nostro cum omnibus sanctis tuis. a cunctis nos reddas et peruersitatibus expiatos et aduersitatibus expeditos. Per dominum.

Pro ecclesia catholica. Oracio.

ECclesie tue domine preces placatus admitte. ut destructis aduersitatibus et erroribus uniuersis. secura tibi seruiat libertate. Per.

Secretum.

PRotege nos domine quesumus tuis misteriis seruientes: ut diuinis rebus et corpore famulemur et mente. Per.

Postcommunio.

QUesumus domine deus noster ut quos diuina tribuis participacione gaudere humanis non sinas subiacere periculis. Per.

Pro prelatis et subditis. Oracio.

OMnipotens sempiterne deus qui facis mirabilia magna solus. pretende super famulos

tuos et super cunctas congregaciones illis commissas spiritum gracie salutaris. ut et in ueritate tibi complaceant perpetuum eis rorem tue benediccionis infunde. Per.

Secretum.

HOstias domine famulorum tuorum placatus intende. et quas in honorem nominis tui deuota mente pro eis celebramus. proficere sibi senciant ad medelam. Per.

Postcommunio.

QUos celesti recreas munere perpetuo domine comitare presidio: et quos fouere non desinis. dignos fieri sempiterna redempcione concede. Per.

Pro rege et regina liberis que eorum. Oracio.

DEus in cuius manu corda sunt regum qui es humilium consolator et fidelium fortitudo et protector omnium in te sperancium da regi nostro et regine liberis que eorum populoque christiano. triumphum uirtutis tue scienter excolere. ut per te semper reparentur ad ueniam. Per.

Secretum.

SUscipe domine preces et hostias ecclesie tue pro salute/ famuli tui regis nostri [fo. 320. b. et regine. liberorum que eorum. et proteccione fidelium populorum supplicantis. ut antiqua brachii tui te operante miracula. superatis inimicis. secura tibi seruiat christianorum libertas. Per.

Postcommunio.

PResta quesumus omnipotens deus. ut per hec misteria que sumpsimus rex noster et regina. liberi que eorum. et populus christianus semper racionabilia meditantes. que tibi sunt placita. et dictis exequantur et factis. Per.[1]

Pro congregacione officium.

MEmento nostri domine in beneplacito populi tui uisita nos in salutari tuo ad uidendum in bonitate electorum tuorum in leticia gentis tue ut lauderis cum hereditate tua. *Ps.* Confitemini domino quoniam.

Oracio.

FAmiliam huius sacri cenobii quesumus domine intercedente sancta maria. et beato petro apostolo tuo. et beato rege edwardo patrono nostro cum omnibus sanctis: perpetuo guberna moderamine: ut assit nobis et in securitate cautela et inter aspera fortitudo. et iram tue indignacionis quam iuste meremur propiciatus auerte. Per.

Leccio Ieremie prophete.

SI iniquitates nostre contenderint contra nos: domine libera nos. Fac quesumus propter nomen tuum. quoniam multe sunt aduersiones nostre. Tibi peccauimus expectacio israel: saluator noster in tempore tribulacionis. Tu autem in nobis es domine: et nomen tuum inuocatum est super nos. Ne derelinquas nos: domine deus noster.

Gradale.

PRopicius esto domine peccatis nostris nequando dicant gentes ubi est deus eorum. ℣. Adiuua nos deus salutaris noster et propter gloriam nominis tui domine libera nos. Alleluya. ℣. Ostende nobis domine misericordiam tuam et salutare tuum da nobis.

Secundum Lucam.

IN illo tempore: Dixit ihesus discipulis suis. Petite. et accipietis. querite et inuenietis. Pulsate: et aperietur uobis. Omnis enim qui petit accipit. et querit inuenit. et pulsanti aperietur. Aut quis ex uobis homo quem si pecierit filius eius panem numquid lapidem dabit illi? Aut piscem: numquid serpentem porriget ei? Si ergo uos cum sitis mali nostis bona dare filiis uestris: quanto magis pater uester qui in celis est dabit bona petentibus se.

Offertorium.

SIcut in holocaustum arietum et taurorum et/ sicut [fo. 321.

[1] In lower margin are written the following:

[Q]Uesumus omnipotens deus ut famulus tuus rex noster .N. qui tua miseracione suscepit regni gubernacula. uirtutum eciam omnium accipiat incrementa. quibus decentur (*sic*) ornatus et uiciorum uoraginem deuitare et hostes superare: et ad te qui uia ueritas et uita es. graciosus ualeat peruenire. Per dominum.

[M]Unera quesumus domine oblata sanctifica. ut nobis unigeniti tui corporis et sanguinis fiant et famulo tuo regi nostro .N. ad optinendam anime corporis que salutem ad peragendum iniunctum sibi officium te largiente usquequaque proficiant. Per dominum.

[H]Ec domine salutaris sacramenti [percepcio *omitted in MS.*] famulum tuum regem nostrum .N. ab omnibus tueatur aduersis. quatinus et ecclesiastice pacis optineat tranquilitatem: et post istius temporis decursum ad eternam perueniat hereditatem. Per dominum.

in milibus agnorum pinguium sic fiat sacrificium nostrum in conspectu tuo hodie ut placeat tibi quia non est confusio confidentibus in te domine.

Secretum.

RESPICE quesumus domine propicius ad hostiam nostre seruitutis tuo conspectui immolandam. ut professionis sancte propositum quod te inspirante suscepimus. te gubernante custodiamus. Per.

Communio.

AMEN dico uobis quicquid orantes petitis credite quia accipietis et fiet uobis.

Postcommunio.

SUMPTA domine nos muniant sacramenta. et muro custodie tue hoc sanctum ouile circumda: ut omni aduersitate depulsa. sit hoc semper domicilium incolumitatis et pacis. Per.

Pro pace officium.

DA pacem domine sustinentibus te ut prophete tui fideles inueniantur exaudi preces serui tui. et plebis tue israel. *Ps.*[1] Ut sciant omnes. Gloria patri.

Oracio.

DEUS a quo sancta desideria recta consilia et iusta sunt opera da seruis tuis illam quam mundus dare non potest pacem. ut et corda nostra mandatis tuis dedita et hostium sublata formidine tempora sint tua proteccione tranquilla. Per.

[1] *Sic.*

Leccio libri machabeorum.

IN diebus illis. Oracionem faciebant sacerdotes dum offerrent sacrificium pro populo israel. ionatha inchoante. ceteris autem respondentibus et dicentibus. Beneficiat uobis deus et meminerit testamenti sui quod ab abraham et ysaac et iacob locutus est seruorum suorum fidelium. Et det uobis cor omnibus ut colatis eum et faciatis eius uoluntatem. Adaperiat dominus cor uestrum in lege sua. et in preceptis suis et faciat pacem. Exaudiat oraciones uestras: et reconsilietur uobis. Nec uos deserat in tempore malo: dominus deus noster.

Gradale.

LETATUS sum in hiis que dicta sunt michi in domum domini ibimus. ℣. Fiat pax in uirtute tua et habundancia in turribus tuis. Alleluya. ℣. Qui posuit fines tuos pacem et adipe frumenti saciat te.

Secundum Iohannem.

IN illo tempore: Dixit ihesus discipulis suis. Ecce uenit hora et iam uenit: ut dispergamini unusquisque in propria. et me solum relinquatis. Et non sum solus: quia pater mecum est. Hec locutus sum uobis: ut in me pacem habeatis. In mundo pressuram habebitis: set confidite ego uici mundum.

Offertorium.

DEUS tu conuertens uiuificabis/ nos et plebs tua [fo. 321. b. letabitur in te. ostende nobis domine misericordiam tuam et salutare tuum da nobis.

Secretum.

DEus qui credentes in te populos nullis sinis concuti terroribus. dignare preces et hostias dicate tibi plebis suscipere : ut pax tua pietate concessa. christianorum fines ab omni hoste faciat esse securos. Per.

Communio.

AMen dico.

Postcommunio.

DEus auctor pacis et amator. quem nosse uiuere cui seruire regnare est. protege ab omnibus impugnacionibus supplices tuos. ut qui in defensione tua confidimus nullius hostilitatis arma timeamus. Per.

Missa pro quacumque tribulacione.
Officium.

SAlus populi ego sum dicit dominus de quacumque tribulacione clamauerint ad me exaudiam eos. et ero illorum dominus imperpetuum. *Ps.* Attendite popule meus.

Oracio.

INeffabilem misericordiam tuam nobis domine clementer ostende ut simul nos et a peccatis exuas : et a penis quas pro hiis meremur clementer eripias. Per.

Leccio libri esdre.

IN diebus illis : Orauit esdras dicens. Queso domine fortis magne atque terribilis qui custodis pactum atque misericordiam hiis qui te diligunt et custodiunt mandata tua. ut fiat auris tua ascultans. et oculi tui aperti ad oracionem serui tui quam ego oro coram te nocte ac die pro seruis tuis. et confiteor pro peccatis eorum qui peccauerunt tibi. Memento uerbi tui quod mandasti moysi famulo tuo dicens. Si reuersi fueritis ad me ut custodiatis mandata mea. et faciatis ea eciam si adducti ad extrema celi fueritis. inde congregabo uos et inducam uos in locum quem elegi ut habitaret nomen meum ibi in sempiternum. Et ipsi serui tui et populus tuus quos redemisti in fortitudine tua magna et in manu ualida. Et nunc domine sit auris tua intendens ad oracionem famuli tui. et seruorum tuorum qui uolunt timere nomen tuum. et dirige eos hodie. Et da misericordiam populo tuo : domine deus noster.

Gradale.

AD dominum cum tribularer clamaui et exaudiuit me. ℣. Domine libera animam meam a labiis iniquis et a lingua dolosa. Alleluya. ℣. Domine refugium factus es nobis a generacione et progenie.

Secundum Lucam.

IN illo tempore : Dixit ihesus discipulis suis. Petite et dabitur uobis. Querite. et inuenietis./ Pulsate : et aperietur [fo. 322. uobis. Omnis enim qui petit accipit. et qui querit inuenit. et pulsanti aperietur. Quis autem ex uobis patrem petit panem : Numquid lapidem dabit illi ? Aut piscem : numquid pro pisce serpentem dabit illi. Aut si pecierit ouum : numquid porriget illi scorpionem ? Si ergo uos cum sitis mali nostis bona data dare filiis uestris: quantomagis pater uester de celo dabit spiritum bonum: petentibus se.

Offertorium.

SPerent in te omnes qui nouerunt nomen tuum domine quoniam non derelinquis querentes te psallite domino qui habitat in syon. quoniam non est oblitus oracionem pauperis.

Secretum.

SAcrificia tibi domine immolanda quesumus corda nostra purificent. et indulgencie tue nobis dona concilient. et de aduersis prospera sentire perficiant. Per.

Communio.

AMen dico uobis quicquid orantes petitis credite quia accipietis et fiet uobis.

Postcommunio.

QUos celesti munere reficis domine diuina tuere uirtute. ut tuis misteriis perfruentes nullis subdantur aduersis. Per.

Pro pastore. Oracio.

DEus omnium fidelium pastor et rector famulum tuum .N. quem ecclesie tue preesse uoluisti propicius respice: da ei quesumus uerbo et exemplo quibus preest proficere. ut ad uitam una cum grege sibi credito perueniat sempiternam. Per.

Secretum.

OBlatis quesumus domine placare muneribus et famulum tuum .N. quem pastorem populo tuo preesse uoluisti: assidua proteccione guberna. Per.

Postcommunio.

HEc nos domine diuini sacramenti percepcio protegat et famulum tuum .N. quem pastorem ecclesie tue preesse uoluisti una cum grege commisso saluet semper et muniat. Per.

Pro abbate. Oracio.

COncede quesumus domine famulo tuo abbati nostro .N. ut predicando et excercendo que recta sunt exemplo bonorum operum animas suorum instruat subditorum. et eterne remuneracionis mercedem a te piissimo pastore percipiat. Per.

Secretum.

MUnera nostra quesumus domine suscipe placatus. et famulum tuum .N. abbatem nostrum gregemque sibi commissum benignus semper et ubique misericorditer protege. Per.

Postcommunio.

HEc nos domine communio purget a crimine et fa/mulum tuum abbatem [fo. 322. b. nostrum .N. commissumque sibi gregem benigna pietate conserua. Per.

Missa pro seipso. Officium.

DEus in nomine tuo saluum me fac et in uirtute tua iudica me. deus exaudi oracionem meam. *Ps.* Quoniam alieni insurrexerunt.

Oracio.

SUppliciter te deus pater omnipotens qui es creator omnium rerum deprecor. ut dum me famulum tuum coram omnipotencia magestatis tue grauiter deliquisse confiteor. manum michi misericordie tue porrigas. quatinus dum ego hanc oblacionem tue pietati pro peccatis meis offero: quod nequiter admisi clementissime digneris absoluere. Per.

Ad Romanos.

FRatres: Condelector legi dei. secundum interiorem hominem. Uideo autem aliam legem in membris meis. repugnantem legi mentis mee. et captiuum me tenentem in lege peccati.[1] membris meis. Infelix ego homo. Quis me liberabit de corpore mortis huius? Gracia dei: per ihesum christum dominum nostrum.

Gradale.

ESto michi in deum protectorem et in domum refugii ut saluum me facias. ℣. Deus in te speraui domine non confundar ineternum. Alleluya. ℣. Eripe me de inimicis meis deus meus et ab insurgentibus in me libera me.

Matheum.

IN illo tempore: Cum descendisset ihesus de monte: secute sunt eum turbe multe. Et ecce leprosus ueniens: adorabat eum dicens. Domine si uis potes me mundare. Et extendens manum: tetigit eum dicens. Uolo. mundare. Et confestim mundata est lepra eius. Et ait illi ihesus. Uide nemini dixeris: set ostende te sacerdoti et offer munus quod precepit moyses: in testimonium illis.

Offertorium.

INtende uoci oracionis mee rex meus et deus meus quoniam ad te orabo domine.

[1] *A space left here: probably for* que est in.

Secretum.

DEus misericordie deus pietatis. deus indulgencie. indulge queso et miserere mei famuli tui. ut sacrificium quod pietati tue pro peccatis meis offero benigne digneris suscipere. et peccata que labentibus uiciis per ignoranciam contraxi. tu pius et propicius ac miseratus indulgeas. et locum penitencie ac flumina lacrimarum michi concedas. ut ueniam a te merear accipere delictorum. Per.

Communio.

AB occultis meis munda me domine. et ab alienis parce seruo tuo.

Postcommunio./ [fo. 323.

DEus qui uiuorum es saluator omnium in te sperancium. qui non uis mortem peccatorum nec letaris in perdicione moriencium. te suppliciter deprecor. ut concedas michi ueniam delictorum meorum. ut et admissa defleam. et postmodum non admittam. ut cum michi extrema dies. finis que uite mee aduenerit. emundatum delictis omnibus me angelus sanctitatis suscipiat. et ad uitam eternam perducat. Per.

Contra teptacionem[1] carnis.

URe igne sancti spiritus renes nostros et cor nostrum domine. ut tibi casto corpore seruiamus et mundo corde placeamus. Per dominum. In unitate eiusdem.

Secretum.

DIrumpe domine uincula peccatorum nostrorum ut

[1] *sic.*

sacrificare tibi hostiam laudis absoluta libertate possimus. retribue que ante tribuisti et salua nos per indulgenciam. quos saluare dignatus es per graciam. Per.

Postcommunio.

DOmine adiutor et protector noster adiuua nos. et refloreat caro nostra uigore pudicicie et sanctimonie nouitatis. ereptamque de manu tartari. in resurreccionis gaudium iubeas presentari. Per.

Contra paganos oracio.

OMnipotens sempiterne deus in cuius manu sunt omnium potestates. et omnia iura regnorum. respice in auxilium christianorum : et gentes paganorum qui in sua feritate confidunt dextere tue potencia conterantur.

Secretum.

SAcrificium domine quod immolamus intende. et propugnatores tuos ab omni eruas paganorum nequicia. et in tue proteccionis securitate constituas. Per.

Postcommunio.

PRotector noster aspice deus et propugnatores tuos a paganorum defende periculis ut ab omnibus perturbacionibus summoti. liberis tibi mentibus seruiant. Per.

Pro iter agentibus. Oracio.

ADesto domine supplicacionibus nostris et uiam famulorum tuorum in salutis tue prosperitate dispone. ut inter omnes

uie et uite huius uarietates tuo semper protegamur auxilio. Per.

Secretum.

PRopiciare domine supplicacionibus nostris et has oblaciones quas tibi offerimus pro famulis tuis .N. benignus. assume. ut uiam illorum et precedente gracia tua dirigas. et sub/sequente comitari digneris. ut [fo. 323. b. de actu atque incolumitate eorum secundum misericordie tue presidia gaudeamus. Per.

Postcommunio.

SUmpta quesumus domine celestis misterii sacramenta ad prosperitatem itineris famulorum tuorum proficiant. et eos ad salutaria cuncta perducant. Per.

Pro familiaribus. Oracio.

DEus qui caritatis dona per graciam sancti spiritus tuorum cordibus fidelium infundis da famulis et famulabus tuis pro quibus tuam deprecamur clemenciam salutem mentis et corporis ut te tota uirtute diligant. et que tibi placita sunt tota dileccione perficiant. Per. In unitate.

Secretum.

MIserere quesumus domine famulis et famulabus tuis pro quibus hoc sacrificium laudis tue offerimus magestati. ut per hec sancta superne benediccionis graciam optineant. et gloriam eterne felicitatis adquirant. Per.

Postcommunio.

DIuina libantes misteria quesumus domine ut hec salutaria sacramenta illis proficiant ad prosperitatem et pacem: pro quorum quarumque dileccione hec tue optulimus magestati. Per.

Pro quolibet. Oracio.

OMnipotens sempiterne deus miserere famulo[1] tuo[2] et dirige eum[3] secundum tuam clemenciam in uiam salutis eterne ut te donante tibi placita cupiat[4] et tota uirtute perficiat.[5] Per.

Secretum.

PRoficiat quesumus domine hec oblacio quam tue suppliciter offerimus magestati. ad salutem famuli[6] tui[7] .N. ut tua prouidencia eius[8] uita inter aduersa et prospera ubique dirigatur. Per.

Postcommunio.

SUmentes domine perpetue sacramenta salutis tuam deprecamur clemenciam ut per ea famulum[9] tuum[10] ab omni aduersitate protegas. Per.

Pro tribulacione amicorum. Oracio.

DEus qui contritorum non despicis gemitum et merencium non spernis affectum intercedentibus omnibus sanctis tuis adesto precibus nostris quas pietati tue pro tribulacione famuli[1] tui[2] .N. offerimus implorantes. ut eum clementer respicias. et solito bonitatis tue intuitu tribuas ut quicquid contra eum[3] dyabolice atque humane molliuntur aduersitates ad nichilum redigas. et consilio misericordie tue allidas. Per.

1 famulis: *written above line.*
2 tuis: *written above line.*
3 eos: *written above line.*
4 cupiant: *written above line.*
5 perficiant: *written above line.*
6 famulorum: *written above line.*
7 tuorum: *written above line.*
8 eorum: *written above line.*
9 famulos: *written above line.*
10 tuos: *written above line.*

Secretum./ [fo. 324.

DEus qui tribulatos corde sanas. et mestificatos actu letificas. ad hanc propicius hostiam. dignanter attende. qua tocius mundi uoluisti relaxare delicta. et pro tribulacione famuli[4] tui[5] .N. illam clemenciam assume eius[6] que cuncta crimina solue. tribulacionem adime. miserias pelle. angustias et pressuras ammoue. ut exuti omnibus que patimur malis. in tuis semper delectemur exultare iudiciis. Per.

Postcommunio.

DImitte quesumus domine peccata nostra. et tribue nobis misericordiam tuam oris que nostri alloquio deprecatus famuli[7] tui[8] .N. humilitatem attende. uincula solue. delicta dele. tribulacionem inspice. aduersitatem repelle. effectumque peticioni nostre largiens iugiter et clementer exaudi. Per.

1 famulorum: *written above line.*
2 tuorum: *written above line.*
3 eos: *written above line.*
4 famulorum: *written above line.*
5 tuorum: *written above line.*
6 eorum: *written above line.*
7 famulorum: *written above line.*
8 tuorum: *written above line.*

Pro serenitate aeris postulanda. Oracio.

AD te nos domine clamantes exaudi. et aeris serenitatem nobis tribue supplicantibus ut qui pro peccatis nostris iuste affligimur misericordia tua preueniente clemenciam senciamus. Per.

Secretum.

EXaudi domine preces et suscipe uota populi tui. et iube ymbres inundancium cessare pluuiarum. flagellumque huius elementi. ad effectum tui conuerte misterii. ut qui se regenerantibus aquis gaudent renatos gaudeant hiis castigantibus esse correctos. Per.

Postcommunio.

PReces populi tui quesumus domine benignus exaudi. et per huius uirtutem sacramenti pacem tuam nunciet nobis purgati aeris serena tranquillitas. ut qui delinquentes uerberas. peccata confitentibus parcas. Per.

Ad pluuiam postulandam. Oracio.

DEus in quo uiuimus mouemur et sumus. pluuiam nobis tribue congruentem. ut presentibus subsidiis sufficienter adiuti. sempiterna fiducialius appetamus. Per.

Secretum.

OBlatis quesumus domine placare muneribus. et oportunum nobis tribue pluuie sufficientis auxilium. Per.

Postcommunio.

TUere nos quesumus domine tua sancta sumentes. et ab

omnibus propiciatus absolue peccatis. terram que arridam aquis fluenti celestis dignanter infunde. Per.

Pro mortalitate hominum. Oracio.

DEus qui non mortem set penitenciam desideras peccatorum. populum quesumus ad te conuerte/ pro- [fo. 324. b picius: ut dum tibi deuotus extiterit iracundie tue ab eo flagella amoueas. Per.

Secretum.

PRotege nos quesumus domine gracia tua tibi sancta sacrificia immolantes. et plagam quam super nos iminere pauemus. per auxilium gracie tue senciamus cessare. Per.

Postcommunio.

SUmptis domine salutis nostre subsidiis tuam misericordiam suppliciter deprecamur ut et ab iminenti nos plaga defendas et ab eterna dampnacione eripias.

Pro infirmis[1] officium.

IUstus es domine et rectum iudicium tuum fac cum seruo tuo secundum misericordiam tuam. *Ps.* Beati inmaculati in uia:

Oracio.

OMnipotens sempiterne deus confitenti[2] tibi[3] famulo tuo[3] .N. pro tua pietate peccata relaxa. ut nonplus ei ualeat consciencie reatus ad penam. quam indulgencia tue pietatis ad ueniam. Per.

[1] *sic:* for *penitentibus.*
[2] confitentibus: *written above line.*
[3–3] famulis tuis: *written above line.*

Leccio ezechielis prophete.

HEc dicit dominus. Conuertimini et agite penitenciam ab omnibus peccatis uestris. Et quare moriemini domus israel? Tu itaque fili hominis dic ad filios populi tui. Iusticia iusti non liberabit eum in quacumque die peccauerit. et impietas impii non nocebit ei in quacumque die conuersus fuerit ab impietate sua. Numquid uoluntas mea est mors[1] impii dicit dominus. et nonmagis ut reuertatur a uia sua et uiuat? Quia nolo mortem peccatoris. set ut conuertatur et uiuat. Dicit dominus: omnipotens.

Gradale.

AB occultis meis munda me domine. et ab alienis parce seruo tuo. ℣. Si mei non fuerint dominati tunc inmaculatus ero. et emundabor a delicto maximo. Alleluya. ℣. Qui sanat contritos corde et alligat contriciones eorum.

Secundum Lucam.

IN illo tempore: Discumbente ihesu in domo pharisei: et ecce mulier peccatrix et publicani et peccatores uenientes discumbebant cum ihesu. et discipulis eius. Et murmurabant pharisei et scribe: dicentes ad discipulos suos. Quare cum publicanis et peccatoribus manducat magister uester? At ihesus dicens ait. Non est opus ualentibus medicus: set male habentibus. Euntes autem dicite quid est misericordiam uolo. et non sacrificium. Non enim ueni uocare iustos: set peccatores ad penitenciam.

[1] Repeated and struck out with red line.

Offertorium.

MIserere michi domine secundum magnam misericordiam tuam dele domine iniquitatem meam.

Secretum./ [fo. 325.

REspice quesumus domine ad preces famuli[1] tui[2] .N. qui tibi corde et mente peccasse grauiter confitetur. presta ut per oblacionem tui corporis et sanguinis quam tibi pro ipso offerimus. ei ueniam impetrare ualeamus. Per.

Communio.

DIco uobis gaudium est angelis dei super uno peccatore penitenciam agente.

Postcommunio.

OMnipotens et misericors deus qui omnem animam penitentem et confitentem magis uis emendare quam perdere respice propicius super famulum[3] tuum[4] .N. et per hec sancta que sumpsimus auerte ab eo iram indignacionis tue. et omnia peccata sua ei dimitte. Per.

Pro infirmis officium.

IUstus es domine. *Ps.* Beati inmaculati.

Oracio.

OMnipotens sempiterne deus salus eterna credencium exaudi nos pro famulo[5] tuo[6] .N.

[1] famulorum: *written above line.*
[2] tuorum: *written above line.*
[3] famulos: *written above line.*
[4] tuos: *written above line.*
[5] famulis: *written above line.*
[6] tuis: *written above line.*

pro quo[1] misericordie tue imploramus auxilium. ut reddita sibi sanitate. graciarum tibi in ecclesia tua referat[2] accionem. Per.

Epistola.

COnuertimini et agite penitenciam.

Gradale.

AB occultis meis. ℣. Si mei non. Alleluya. ℣. Qui sanat.

Secundum Lucam.

IN illo tempore: Uidit ihesus publicanum nomine leui sedentem ad theloneum: et ait illi. Sequere me. Et relictis omnibus: surgens secutus est eum. Et fecit ei conuiuium magnum leui domo sua: et erat turba multa publicanorum et aliorum qui cum ipsis erant discumbentes. Et murmurabant pharisei et scribe eorum: dicentes ad discipulos suos. Quare cum publicanis et peccatoribus manducatis et bibitis? Et respondens ihesus: dixit ad illos. Non egent qui sani sunt medico: set qui male habent. Non ueni uocare iustos: set peccatores ad penitenciam.

Offertorium.

MIserere michi.

Secretum.

DEus cuius uiribus uite nostre momenta decurrunt. suscipe preces et hostias famuli[3] tui[4] .N. pro quo[5] misericordiam tuam egrotante imploramus. ut de

[1] quibus: *written above line.*
[2] referant: *written above line.*
[3] famulorum: *written above line.*
[4] tuorum: *written above line.*
[5] quibus: *written above line.*

cuius[1] periculo metuimus. de eius[2] salute letemur. Per.

Communio.

DIco uobis.

Postcommunio.

DEus infirmitatis humane singulare presidium auxilii tui super infirmum[3] nostrum[4] ostende uirtutem. ut opere misericordie tue adiutus.[5] integre sanitati restitui mereatur.[6] Per.

Pro fidelibus defunctis. Officium./ [fo. 325. b.

REquiem eternam dona eis domine et lux perpetua luceat eis. *Ps.* Te decet ympnus.

Sequens collecta pro fratre defuncto presente in qualibet missa pro eodem celebranda dicetur antequam sepelliatur. Decurso tamen ab hora qua sepelliendus obierit die naturali uerba que cum rubrica ibidem et insecreta scribuntur. ex more sunt omittenda.

Oracio.

DEus cui proprium est misereri semper et parcere te supplices deprecamur pro anima famuli tui quam hodierna die de hoc seculo migrare iussisti. ut non tradas eam in manus inimici nec obliuiscaris in finem set iube eam a sanctis angelis susci[7] et ad patriam paradisi perduci. et quia in te sperauit et credidit non

[1] quorum: *written above line.*
[2] eorum: *written above line.*
[3] infirmos: *written above line.*
[4] nostros: *written above line.*
[5] adiuti: *written above line.*
[6] mereantur: *written above line.*
[7] *sic: for* suscipi.

penas eternas sustineat. set gaudia eterna possideat. Per.

Leccio libri machabeorum.

IN diebus illis. Uir fortissimus iudas collacione facta duodecim milia dragmas argenti misit iherosolimam offerre ea ibi pro peccatis mortuorum iuste et religiose de resurreccione cogitans. Nisi enim eos qui ceciderant resurrecturos speraret. superfluum uideretur et uanum orare pro mortuis. Set quia considerabat quod hii qui cum pietate dormicionem acceperant. optimam haberent repositam graciam. Sancta ergo et salubris est cogitatio pro defunctis exorare : ut a peccatis soluantur.

Leccio libri apocalipsis beati Iohannis apostoli.

IN diebus illis. Audiui uocem de celo : dicentem michi. Scribe. Beati mortui : qui in domino moriuntur. Amodo iam dicit spiritus ut requiescant a laboribus suis. Opera enim illorum: secuntur illos.

Ad tessalonicenses.

FRatres. Nolumus uos ignorare de dormientibus : ut non contristemini sicut et ceteri qui spem non habent. Si enim credimus quod ihesus mortuus est et resurrexit : ita et deus eos qui dormierunt per ihesum adducet cum eo. Hoc enim uobis dicimus in uerbo domini. quia nos qui uiuimus qui residui sumus in aduentu domini non preueniemus eos qui dormierunt. quoniam ipse dominus in iussu

et in uoce archangeli et in tuba dei descendet de celo : et mortui qui in christo sunt resurgent primi./ Deinde nos qui uiui- [fo.326. mus qui relinquimur simul rapiemur cum illis in nubibus obuiam christo in aera. et sic semper cum domino erimus. Itaque consolamini inuicem : in uerbis istis.

In tempore paschali. pro defunctis. Ad corinthios.

FRatres : Christus resurgens ex mortuis : primicie dormiencium. Quoniam quidem per hominem mors et per hominem resurreccio mortuorum. Et sicut in adam omnes moriunti[1] ita et in christo omnes uiuificabuntur. Unusquisque autem : in suo ordine. Per ihesum christum : dominum nostrum.

Gradale.

REquiem eternam dona eis domine. et lux perpetua luceat eas.[1] ℣. Absolue domine animas eorum ab omni uinculo delictorum.

Tractus.

DE profundis clamaui ad te domine domine exaudi uocem meam. ℣. Fiant aures tue intendentes in oracionem serui tui. ℣. Si iniquitates obseruaueris domine domine quis sustinebit. ℣. Quia apud te propiciacio est. et propter legem tuam sustinui te domine.

In deposicione alicuius regis. Tractus. Commouisti. *Require in dominica quinquagesime.*[1]

Sequencia.

DE profundis christe mens humana clamat ad alta. De tenebris splendida rogans. Exaudi iam preces et carmina. Que uox promit

[1] *sic.*

tristis et anxia. Heu michi quanta commisi scelera grauia. Tanta peregi misella nimis illicita. Eya nunc ad te clemens reuoca. Sic pie sit cunctis salus uita. Unde tibi gracias referat cuncta plebs per secula amen fiat fiat.

Pro defuncto presenti. Euuangelium. Secundum Iohannem.

IN illo tempore: Dixit martha ad ihesum. Domine si fuisses hic: frater meus non fuisset mortuus. Set et nunc scio: quia quecumque poposceris a deo dabit tibi deus. Dicit illi ihesus. Resurget frater tuus. Dicit ei martha. Scio quia resurget in resurreccione in nouissimo die. Dicit ei ihesus. Ego sum resurreccio et uita. Qui credit in me eciam si mortuus fuerit uiuet. Et omnis qui uiuit et credit in me: non morietur ineternum. Credis hoc? Ait illi. Utique domine. Ego credidi quia tu es christus filius dei: qui in hunc mundum uenisti.

Pro aliis defunctis sumatur euuangelium quodcumque missam celebraturus uoluerit de subscriptis.

Secundum Iohannem.

IN illo tempore: Dixit ihesus turbis iudeorum. Sicut pater suscitat mortuos et uiuificat: sic et filius quos uult uiuificat./ Neque enim pater [fo. 326. b. iudicat quemquam: set omne iudicium dedit filio. ut omnes honorificent filium. sicut honorificant patrem. Qui non honoricat[1] filium: non honorificat patrem qui misit illum. Amen amen dico uobis: quia qui uerbum meum audit et credit ei qui misit me: habet uitam eternam. Et in iudicium non uenit: set transiet a morte in uitam.

[1] *sic.*

Secundum Iohannem.

IN illo tempore: Dixit ihesus discipulis suis. Omne quod dat michi pater ad me ueniet: et eum qui uenit ad me non eiciam foras. Quia descendi de celo non ut faciam uoluntatem meam: set uoluntatem eius qui misit me. Hec est enim uoluntas patris meii[1] qui misit me. ut. omne quod dedit michi non perdam ex eo. set resuscitem illud in nouissimo die. Hec est enim uoluntas patris mei qui misit me: ut omnis qui uidet filium et credit in eum: habeat uitam eternam. Et ego resuscitabo eum: in nouissimo die.

Secundum Iohannem.

IN illo tempore: Dixit ihesus discipulis suis et turbis iudeorum. Ego sum panis uiuus: qui de celo descendi. Siquis manducauerit ex hoc pane: uiuet ineternum. Et panis quem ego dabo caro mea est. pro mundi uita. Litigabant ergo iudei: adinuicem dicentes. Quomodo potest hic nobis dare carnem suam ad manducandum? Dixit ergo eis ihesus. Amen amen dico uobis: nisi manducaueritis carnem filii hominis et biberitis eius sanguinem: non habebitis uitam in uobis. Qui manducat meam carnem et bibit meum sanguinem: habet uitam eternam. Et ego resuscitabo eum: in nouissimo die.

[1] *sic.*

Iohannem.

IN illo tempore: Dixit ihesus discipulis suis et turbis iudeorum. Amen amen dico uobis: quia qui uerbum meum audit et credit ei qui misit me: habet uitam eternam. Et in iudicium non uenit: set transeat a morte in uitam. Amen amen dico uobis: quia uenit hora et nunc est quando mortui audient uocem filii dei. et qui audierunt uiuent. Sicut enim pater habet uitam in semetipso: sic dedit et filio habere uitam in semetipso. Et potestatem dedit ei iudicium facere: quia filius hominis est. Nolite mirari hoc quia omnes qui in monumentis/ sunt au- [fo. 327. dient uocem filii dei. Et procedent qui bona fecerunt. in resurreccionem uite. Qui uero mala egerunt in resurreccionem iudicii.

Offertorium.

DOmine ihesu christe rex glorie libera animas omnium fidelium defunctorum de manu inferni et de profundo lacu libera eas de ore leonis ne absorbeat eas tartarus ne cadant in obscura tenebrarum loca. set signifer sanctus michael representet eas in lucem sanctam quam olim abrahe promisisti et semini eius.

Faciendo oblacionem sacerdos super corporalia cum calice et patena dicat.

HOstias et preces tibi domine offerimus.

Et genuflectendo osculetur altare ministro ipsius cum ipso prosequente. Tu suscipe pro animabus illis quarum hodie memoriam agimus fac eas domine de morte transire ad uitam. quam olim abrahe promisisti et semini eius. ℣. Requiem eternam dona eis domine et lux perpetua luceat eis. Quam olim.

— Musical notes above these words.

Secretum.

SUscipe quesumus misericors pater oblacionem quam tibi offerimus pro anima famuli tui quam hodie de carnali corrupcione liberasti. et concede ut ab omnibus condicionis humane excessibus hiis remediis expietur. et in requie sempiterna diem resurreccionis prestoletur. Per.

Communio.

LUx eterna luceat eis domine. Cum sanctis tuis ineternum quia pius es. ℣. Requiem eternam dona eis domine et lux perpetua luceat eis. Cum sanctis.

Postcommunio.

PResta quesumus domine ut anima famuli tui .N. quam de hoc seculo migrare iussisti. hiis sacrificiis expiata. indulgenciam pariter et requiem capiat sempiternam. Per.

Pro episcopo defuncto. Oracio.

DEus qui inter apostolicos sacerdotes famulum tuum .N. pontificali fecisti dignitate censeri: presta quesumus: ut quorum uicem gerebat ad horam in terris. eorum perpetuo consorcio letetur in celis. Per.

Secretum.

SUscipe domine pro anima famuli tui sacerdotis .N. quas offerimus hostias. ut cui pontificale donasti ministerium. dones et meritum. Per.

Postcommunio.

PRopiciare domine supplicacionibus nostris. et per hec sacrosancta misteria animam famuli tui .N. pontificis in regione uiuorum eternis gaudiis iubeas sociari. Per dominum.

Pro abbate oracio.

PResta quesumus domine/ ut anima famuli tui [fo. 327. b. .N. sacerdotis atque abbatis quem in hoc seculo commorantem sacris muneribus decorasti. in celesti sede gloriosa semper exultet. Per.

Secretum.

MUnera quesumus domine tibi dicanda sanctifica. et per ea animam famuli tui .N. sacerdotis atque abbatis ab omni labe humane condicionis humane[1] absolue quibus tocius mundi deluisti peccata. Per.

Postcommunio.

COncede quesumus omnipotens deus ut anima famuli tui .N. sacerdotis atque abbatis per hec sancta misteria in conspectu tuo semper clara consistat. Per.

Pro patre et matre. Oracio.

DEus qui nos patrem et matrem honorare precepisti miserere clementer animabus patris et matris mee. eorumque peccata dimitte meque eos in eterne claritatis gaudio fac uidere. Per.

Secretum.

SUscipe sacrificium domine quod tibi pro animabus patris

[1] *struck out by black line.*

et matris mee offertur. eisque gaudium sempiternum in regione uiuorum concede. meque cum eis felicitati sanctorum coniunge. Per.

Postcommunio.

CElestis participacio domine sacramenti animabus patris et matris mee requiem et lucem optineat perpetuam: meque cum illis gracia tua coronet eterna. Per.

Pro fratribus defunctis nostre congregacionis officium.

Oracio.

DEus uenie largitor et humane salutis auctor quesumus clemenciam tuam ut nostrarum congregacionum fratres et sorores qui ex hoc seculo transierunt beata maria semper uirgine intercedente cum omnibus sanctis tuis ad perpetue beatitudinis consorcium peruenire concedas. Per.

Secretum.

DEus cuius misericordie non est numerus suscipe propicius preces humilitatis nostre. et animabus fratrum et sororum nostrarum congregacionum quibus tui nominis dedisti confessionem. per hec sacramenta salutis nostre cunctorum remissionem tribue peccatorum. Per.

Postcommunio.

PResta quesumus omnipotens et misericors deus: ut anime fratrum et sororum nostrarum congregacionum pro quibus hoc sacrificium laudis tue optulimus magestati. per huius uirtutem sacramenti a peccatis omnibus expiate lucis perpetue te miserante recipiant beatitudinem. Per./ [fo. 328.

Pro fratribus defunctis. Oracio.

OMnipotens sempiterne deus cui numquam sine spe misericordie supplicatur. propiciare animabus famulorum tuorum .N. ut qui de hac uita in tui nominis confessione decesserunt. sanctorum tuorum numero facias aggregari. Per.

Secretum.

PRopiciare quesumus domine animabus famulorum tuorum pro quibus tibi hostias placacionis offerimus. et quia in hac luce in fide manserunt catholica. in futura uita eis retribucio condonetur. Per.

Postcommunio.

PResta quesumus omnipotens deus ut anime[1] famulorum tuorum ab angelis lucis susceptas. in preparata deduci facias beatorum. Per.

Pro benefactoribus defunctis. Oracio.

MIserere quesumus domine animabus omnium benefactorum nostrorum defunctorum : et de beneficiis que nobis largiti sunt in terris. premia eterna consequantur in celis. Per.

Secretum.

SUscipe domine hec munera pro animabus omnium nostrorum benefactorum requies-

[1] *sic.*

cencium. et pro beneficiis eorum. quibus sustentamur de eis retribucionem in regno celorum. Per.

Postcommunio.

SUmpta sacramenta domine nos absoluant uinculis peccatorum : et animabus nostrorum benefactorum defunctorum consorcia optineant spirituum beatorum. Per.

Pro amico defuncto. Oracio.

ADiuua nos domine deus noster et betissime[1] dei genitricis semperque uirginis marie precibus exoratus. Animam famuli tui .N. in beatitudine sempiterne lucis constitue. Per eundem.

Secretum.

SUscipe quesumus domine hostias placacionis et laudis quas in honore beate dei genitricis semperque uirginis marie nomini tuo consecrandas deferimus et pro requie famuli tui .N. tibi suppliciter immolamus. Per.

Postcommunio.

AScendant ad te domine preces nostre : et animam famuli tu[1] N. gaudia eterna suscipiant. et quem fecisti adopcionis tue participem intercedente beata dei genitrice maria iubeas hereditatis tue esse consortem. Per.

In anniuersariis defunctorum. Oracio.

DEus indulgenciarum domine da anime famuli/ [fo. 328. b. tui .N. cuius anniuersarium deposicionis diem commemoramus

[1] *sic.*

refrigerii sedem. quietis beatitudinem luminis claritatem. Per.

Secretum.

SUscipe domine clementissime pater pro commemoracione anime famuli tui cuius anniuersarium deposicionis diem celebramus hostiam placacionis et laudis. ut sacrificii presentis oblacio. ad refrigerium anime eius et gaudium te miserante perueniat. Per.

Postcommunio.

HIis sacrificiis quesumus omnipotens deus purgata anima famuli tui .N. cuius anniuersarium deposicionis diem celebramus ad indulgenciam et refrigerium sempiternum peruenire mereatur. Per.

Pro quolibet defuncto. Oracio.

INclina domine aurem tuam ad preces nostras: quibus misericordiam tuam supplices deprecamur. ut animam famuli tui .N. quam de hoc seculo migrare iussisti. in pacis ac lucis regione constituas. et sanctorum tuorum iubeas esse consortem. Per.

Secretum.

ANimam famuli tui .N. ab omnibus uiciis et peccatis humane condicionis quesumus domine hec absoluat oblacio: que tocius mundi tulit immolata peccatum. Per.

Postcommunio.

ANnue nobis domine ut anima famuli tui .N. remissionem quam optauit mereatur percipere peccatorum. Per.

Pro defunctis sororibus. Oracio.

QUesumus domine pro tua pietate miserere anime famule tue. et a contagiis mortalitatis exutam. in eterne saluacionis partem restitue. Per.

Secretum.

HIis sacrificiis quesumus domine anima famule tue a peccatis omnibus exuatur. sine quibus a culpa nemo liber existit. ut per hec pie placacionis officia perpetuam misericordiam consequatur. Per.

Postcommunio.

INueniat quesumus domine anima famule tue lucis eterne consorcium. cuius perpetue misericordie consecuta est sacramentum. Per.

Pro quiescentibus in cimiteriis. Oracio.

DEus cuius miseracione anime fidelium requiescunt famulis et famulis[1] et famulabus tuis .N. omnibus hic et ubique in christo quiescentibus. da propicius ueniam peccatorum. ut a cunctis reatibus absoluti. tecum sine fine letentur. Per.

Secretum.

PRo animabus famulorum famularumque tuarum .N. hic et ubique omnium catholicorum dormiencium hostiam domine/ suscipe benignus obla- [fo. 329. tam ut hoc singulari sacrificio uinculis horrende mortis exuti. uitam mereantur eternam. Per.

[1] *sic*, twice.

Postcommunio.

DEus fidelium lumen animarum adesto supplicacionibus nostris. et da famulis et famulabus tuis .N. quorum corpora hic et ubique in christo requiescunt refrigerii sedem. quietis beatitudinem. luminis claritatem. Per.

Pro omnibus fidelibus defunctis. Oracio.

FIdelium deus omnium conditor et redemptor animabus famulorum famularum que tuarum remissionem cunctorum tribue peccatorum: ut indulgenciam quam optauerunt piis supplicacionibus consequantur. Per.

Secretum.

HOstias quesumus domine quas tibi pro animabus famulorum famularum que tuarum offerimus propiciatus intende: ut quibus fidei christiane meritum contulisti dones et premium. Per.

Postcommunio.

ANnimabus[1] quesumus domine famulorum famularum que tuarum oracio proficiat supplicancium ut eas et a peccatis omnibus exuas. et tue redempcionis facias esse participes. Per.

Pro uiuis et defunctis. generalis oracio.

PIetate tua quesumus domine nostrorum solue uincula ominum delictorum. [2]et intercedente beata[2] et gloriosa semper que uirgine dei genitrice maria cum omnibus sanctis tuis [dompnum papam][3] reges et principes episcopos et abbates. et omnem plebem illis commissam nosque famulos tuos atque loca nostra in omni sanctitate custodi. omnes que consanguinitate ac familiaritate uel confessione et oracione nobis iunctos seu omnem populum catholicum a uiciis omnibus purga. uirtutibus illustra. pacem et salutem nobis tribue. hostes uisibiles et inuisibiles remoue. pestem repelle. inimicis nostris caritatem atque infirmis sanitatem largire. et iter famulorum tuorum in salutis tue prosperitate dispone et omnibus fidelibus uiuis ac defunctis in terra uiuencium uitam et requiem eternam concede. Per eundem.

Secretum.

DEus qui singulari corporis tui hostia tocius mundi soluisti delicta hac oblacione placatus maculas scelerum nostrorum absterge. et omnium christianorum fidelium uiuorum atque mortuorum peccata dimitte nobis que interce-/ [fo. 329. b. dente beata et gloriosa semper que uirgine maria cum omnibus sanctis tuis premia eterna largire. saluator mundi. qui uiuis.

Postcommunio.

SUmpta sacramenta quesumus domine omnia crimina nostra detergant. omnem que prauitatem et hostilem impugnacionem uisibilem et inuisibilem. seu infirmitatem atque subitam mortem meritis beate dei genitricis semperque uirginis marie. et omnium sanctorum tuorum intercessione a nobis procul repellant. et omnibus

1 *sic.*
2 repeated and struck through.
3 erased.

fidelibus uiuis ac defunctis prosint ad ueniam. pro quorum quarumque tibi sunt oblata salute. Per eundem.

Pro uiuis atque defunctis. Oracio.

OMnipotens sempiterne deus qui uiuorum dominaris simul et mortuorum. omniumque misereris quos tuos fide et opere futuros esse prenoscis: te supplices exoramus ut pro quibus effundere preces decreuimus quosque uel presens seculum adhuc in carne retinet uel futurum iam exutos corpore suscepit pietatis tue clemencia. omnium delictorum suorum ueniam et gaudia consequi mereatur eterna. Per.

Secretum.

DEus cui soli cognitus est numeruselectorum in eterna felicitate locandus tribue quesumus ut uniuersorum quos in oracione commendatos suscepimus et omnium fidelium uiuorum atque mortuorum nomina beate predestinacionis liber ascripta retineat. Per.

Postcommunio.

PUrificent nos quesumus omnipotens et misericors deus sacramenta que sumpsimus et presta: ut hoc corporis tui sacramentum non sit nobis reatus ad penam. set intercessio salutaris ad ueniam. sit ablucio scelerum. sit fortitudo fragilium. sit contra omnia mundi pericula firmamentum. sit uiuorum atque mortuorum fidelium remissio omnium delictorum. Qui uiuis.

Missa generalis oracio.

SAncte dei genitricis perpetue uirginis marie et beatorum omnium celestium uirtutum. sanctorum quoque patriarcharum. prophetarum. apostolorum. martirum. confessorum uirginum atque omnium simul sanctorum quesumus omnipotens deus meritis ac precibus placatus. tribue nobis misericordiam tuam et da populo tuo inuiolabilem fidei firmitatem et pacem. repelle a nobis hostem et famem et pestem et omnem inmundiciam. da nobis in tua/ uirtute [fo. 330. constanciam et fortitudinem. inmitte hostibus nostris formidinem et inualitudinem retribue omnibus nobis bona facientibus uite eterne beatitudinem. da inimicis nostris et persequentibus nos recognicionem et indulgenciam. concede infirmis nostris ueram corporis et anime sanitatem defunctis nostris et omnibus in christo quiescentibus remissionem omnium peccatorum et requiem sempiternam. Per.

Secretum.

IN conspectu magestatis tue quesumus omnipotens deus intercedente beata dei genitrice maria cum omnibus sanctis tuis oblaciones nostre et preces acceptabiles fiant. et tua propiciacione ueniam nobis et pacem tribue. hostem famem et pestem et omnem inmundiciam a nobis repelle. fidem spem et caritatem nobis largire. defensione tua nos semper circumtege. hostium nostrorum superbiam et uirtutem contere. omnibus nobis bona facientibus gracie tue habundanciam retribue. discordantes ad pacis bonum conuerte. infirmos nostros perfecte saluti restitue. defunctis nostris requiem concede. et omnibus fidelibus tuis uitam sempiternam largire. Per eundem.

Postcommunio.

PEr huius sacramenti misterium atque uirtutem quesumus domine deus noster omnipotens beata maria semper uirgine et omnibus sanctis tuis intercedentibus uiciorum nostrorum macule deleantur et preces nostre in conspectu magestatis tue acceptabiles inueniantur. populus tuus a peccatis et uiciis et hostibus liberetur et fidei rectitudine roboretur hostium nostrorum superbia et fortitudo proteratur. pestilencia et fames et omnis inmundicia procul pellantur bona nobis facientibus gracie tue habundancia repleantur. discordantes in fraternam pacem reuocentur. infirmi nostri integre sanitati restituantur. et omnes fideles tui uitam perpetuam adipisci mereantur. Per.

Pro uiuis atque defunctis oracio.

SAnctorum tuorum intercessionibus quesumus domine et nos protege et famulis et famulabus tuis quorum commemoracionem agimus. uel quorum elemosinas recepimus. seu eciam hiis qui nobis familiarite[1] iuncti sunt misericordiam tuam ubique pretende. ut ab omnibus inpugnacionibus defensi. tua opitulacione saluentur. et animas famulorum famularumque tuarum omnium/uidelicet [fo. 330. b. fidelium catholicorum ortodoxorum quorum commemoracionem agimus. et quorum corpora in hoc monasterio uel in cunctis cimiteriis fidelium requiescunt et quorum nomina super sanctum altare tuum ascripta esse uidentur. electorum tuorum iungere digneris consorcio. Per.

Secretum.

PRopiciare domine supplicacionibus nostris et has oblaciones quas pro incolumitate famulorum famularumque tuarum. et pro animabus omnium fidelium catholicorum orthodoxorum quorum nomina super sanctum altare tuum ascripta esse uidentur nomini tuo consecrandas deferimus benignus assume. ut sacrificii presentis oblacio. ad refugium animarum eorum. te miserante perueniant. Per.

Postcommunio.

PUrificent nos quesumus domine et diuini percepcio sacramenti et gloriosa sanctorum tuorum oracio et animabus famulorum famularumque tuarum quorum commemoracionem agimus remissionem cunctorum tribue peccatorum. Per.

Alia missa generalis. Oracio.

OMnium sanctorum intercessionibus quesumus domine gracia tua nos protegat et cunctis coniunctis nobis oracione uel confessione. consanguinitate aut familiaritate et pro quibus pro-

[1] *sic.*

misimus uel obnoxii sumus orare. et christianis omnibus uiuentibus atque defunctis misericordiam tuam ubique pretende ut uiuentes ab omnibus inpugnacionibus sint tua opitulacione defensi. et defuncti remissionem mereantur suorum accipere peccatorum. Per.

Secretum.

OBlacionibus nostris domine propicius intende. et ob tuorum omnium sanctorum honorem ueniam nobis tribue peccatorum et cunctis coniunctis nobis oracione uel confessione. consanguinitate. aut familiaritate. et pro quibus promisimus uel obnoxii sumus orare et christianis omnibus uiuentibus atque defunctis hec presens libacio et presentis uite subsidia. et future premia eterna adquirat. Per.

Postcommunio.

HEc sacrificia que sumpsimus domine meritis et intercessionibus omnium sanctorum nobis ad salutem proficiant et cunctis coniunctis nobis oracione uel confessione. consanguinitate aut familiaritate. et pro quibus promisimus uel obnoxii sumus orare et christianis omnibus uiuentibus atque defunctis te fauente eterna ac tempo/ralia premia [fo. 331 benigne adquirant.

Altera missa generalis. Oracio.

DEus qui es sanctorum tuorum splendor mirabilis atque lapsorum subleuator inenarrabilis. fac nos famulos tuos sancte dei genitricis semperque uirginis marie et omnium sanctorum tuorum ubique tuere presidiis necnon familiaritate atque consanguinitate nobis coniunctis. et omni populo christiano cunctis insidiis fallacis inimici depulsis concede ad celestem patriam redeundi aditum ac defunctorum omnium fidelium sacri baptismatis unda renatorum animabus quiete perfrui sempiterna. Per eundem.

Secretum.

HOstias domine quas tibi offerimus propicius suscipe et nos famulos tuos nec non familiaritate atque consanguinitate nobis coniunctos omnemque populum christianum ab omni prauitate defende cunctis que fidelibus defunctis eternam requiem propicius largire. Per.

Postcommunio.

MEnse celestis participacione refecti quesumus domine deuocionem nostram amore seruitutis tue corroborari cunctos que nobis carnali propinquante ac familiari dilectacione. ascitos atque uniuersum populum sacri baptismatis unda perfusum. tui fulciri munimine. omnibus que fidelibus uiuis ac defunctis eternam requiem et lucem concede propicius. Per.

Missa pro seipso. Oracio.

OMnipotens sempiterne deus qui me peccatorem sacris altaribus astare uoluisti. et sancti nominis tui laudare potenciam. concede queso per huius sacramenti misterium meorum michi ueniam peccatorum. ut tue magestati digne ministrare merear. Per.

1185

Secretum.

DEus qui te precipis a peccatoribus exorari. tibique sacrificium contriti cordis offerri. hoc sacrificium quod indignis manibus meis offero acceptare dignare ut et ipse tibi hostia et sacrificium esse merear miseratus concede: quo per ministerii huius exhibicionem peccatorum omnium percipiam remissionem. Per.

1186

Postcommunio.

AUres tue pietatis mitissime deus inclina precibus meis. et per huius diuini sacramenti. carnis et sanguinis domini nostri ihesu christi filii tui quod indignus sumpsi misterium. gracia sancti spiritus illumina cor meum. ut tuis misteriis digne ministrare. teque eterna caritate diligere. et sempiterna gaudia percipere merear. Per eundem./
[fo. 331. b.

[fo. 332 blank on both sides.]

INcipit [1]*ordo professionis faciende. Lecto euuangelio ad missam antequam pronuncietur.* Credo in unum. *uel* Dominus uobiscum. *si credo non dicatur. introducatur nouicius*[2] *conuersus ad magnum altare frocco indutus absque cuculla: sua*[3] *in manu deferens scriptam professionem. et prosternat se ante gradus altaris super tapetum quod ibidem preponi debet. abbate cum uenire cepit. ps.* Miserere mei deus. *submissa uoce inchoante. qui ab utroque choro prosequatur. quo finito cum* Gloria patri. *erigat se nouicius atque ad altare accedens. professionem suam legat in hunc modum.*

EGo frater N. sacerdos. uel dyaconus. uel conuersus. promitto stabilitatem meam et conuersionem morum meorum et obedienciam secundum regulam sancti benedicti. coram deo. et sanctis eius in hoc monasterio quod est constructum in honore beati petri apostolorum principis. in presencia domini .N. abbatis.

Hoc dicto cedulam professionis super altare offerat. atque super eam signum sancte crucis cum incausto faciat. eamque postea domino Abbati cum genufleccione commendet. dexteram eius manum interim osculando. Quo facto redeat ad locum ubi prius prosternebatur et flectens suppliciter genua uersus altare dicat deuotissime cum curta uenia medietatem huius ℣. Suscipe me domine secundum eloquium tuum et uiuam. *Atque insurgendo alteram dimidietatem.* Et non confundas me ab expectacione mea. *Quo dicto repetatur ab omnibus. et sic fiat usque tercio. et subiungatur.* Gloria patri. *Que dum dicitur faciat nouicius ante et retro circumductum. ita uidelicet ut ibi perficiatur ubi incipiebatur. Quo facto ad benediccionem suscipiendam confestim se prosternat choro post.* Gloria patri *protinus subiungente.* Kyrieleyson. Christeleyson. Kyrieleyson. Pater noster. *Et postquam pronunciauerit abbas.* Et ne nos. *continuo subinferat ps.* Domine quis habitabit. Dominus regit.[1] Domini est terra. *Qui a choro dicantur. et cum.* Gloria patri *terminentur. Deinde dicat| abbas* ℣. Saluum fac seruum[2] [fo. 333. tuum.[3] Mitte ei[4] domine auxilium de sancto. Nichil proficiet inimicus in eo.[4] Esto ei[4] domine [5]turris fortitudinis.[5] Domine exaudi oracionem. Dominus uobiscum.

Oraciones sequentes[6] *per modum leccionis plane dicantur. Que dum proferuntur nouicius debitis horis magistro suo hoc eidem suggerente nomen suum secrecius intra se pronunciando specificet.*

Oracio.

DEus indulgencie pater qui seueritatem tue districcionis

[1] The text from this point to col. 1212 is collated with Rawl. C. 425 in the Bodleian Library at Oxford, beginning on fo. 83. b. of the MS. The variations are noted under the symbol O.

[2] *om.* O.

[3] *suam:* O.

[1] me: *add.* O.

[2] seruos: *written above line.*

[3] tuos: *written above line.*

[4] eis: *written above line.*

[5]—[5] *om.* O.

[6] *subsequentes:* O.

temperans indulsisti. ne filius portet iniquitatem patris. et qui mira dispensacione eciam malis bene utens. tue dignationis graciam per eos frequenter operaris: quesumus inmensam clemenciam tuam. ut huic[1] famulo[2] tuo[3] .N. non obsistat quod habitum religionis per nos tanta ac tali re indignos accipit.[4] sed ministerium quod exterius per nos exhibetur. tu interius per donum sancti spiritus exequaris. Per dominum. In unitate eiusdem.

Oremus.

DEus qui per coeternum filium tuum cuncta creasti. quique mundum peccatis inueteratum. per misterium sancte incarnacionis eius renouare dignatus es: te suppliciter exoramus. ut eiusdem domini nostri gracia super hunc[5] famulum[6] tuum[7] abrenunciacionem seculi profitentem[8] clementer respicere dignetur. per quam in spiritu sue mentis renouatus.[9] ueterem hominem cum suis actibus exuat.[10] et nouum qui secundum deum creatus est induere mereatur.[11] Per eundem.

Oremus.

DOmine ihesu christe qui es uia sine qua nemo uenit ad patrem. quesumus benignissimam clemenciam tuam. ut hunc[1] famulum[2] tuum[3] a carnalibus desideriis obstractum.[4] per iter discipline regularis deducas. et qui uocare dignatus es dicens. uenite ad me omnes qui laboratis et onerati estis. et ego uos reficiam: presta ut hec uox inuitacionis tue ita in eo[5] conualescat. quatinus peccatorum onera deponens.[6] et quam dulcis es gustans.[7] tua refeccione sustentari mereatur.[8] et sicut attestari de tuis ouibus dignatus es: agnosce eum[9] inter oues tuas. et ipse[10] te agnoscat[11] ut alienum non sequatur[12] sed te./ neque [fo. 333. b. audiat[13] uocem alienorum sed tuam qua dicis qui michi ministrat. me sequatur. Qui cum deo patre et spiritu sancto uiuis et regnas. deus. Per omnia secula seculorum.[14]

Dictis hiis tribus collectis abbas conuersus ad altare hunc ympnum moderata uoce incipiat. *Ueni creator spiritus.* *quem cum inchoauerit tam ipse quam ceteri omnes* [15]*genuflectant continuo.*[15]

[1] hiis: *written above line.*
[2] famulis: *written above line.*
[3] tuis: *written above line.*
[4] accipiunt: *written above line.*
[5] hos: *written above line.*
[6] famulos: *written above line.*
[7] tuos: *written above line.*
[8] profitentes: *written above line.*
[9] renouati: *written above line.*
[10] exuant: *written above line.*
[11] mereantur: *written above line.*

[1] hos: *written above line.*
[2] famulos: *written above line.*
[3] tuos: *written above line.*
[4] obstractos: *written above line.* abstractum *and* abstractos: O
[5] eis: *written above line.*
[6] deponentes: *written above line.*
[7] gustantes: *written above line.*
[8] mereantur: *written above line.*
[9] eos: *written above line.*
[10] ipsi: *written above line.*
[11] agnoscant: *written above line.*
[12] sequantur: *written above line.*
[13] audiant: *written above line.*
[14] amen: *add.* O.
— Musical notes above these words in W.[1] and O. which words in O. are inserted immediately after *ympnum*.
[15]—[15] *continuo genuflectant:* O.

Et ympnus [1]*ab utroque choro usque ad finem*[1] *deuote ac sollempniter prosequatur. ad cuius finem subiungat abbas.* Oremus. *absque* Dominus uobiscum. *atque legendo ut prius dicat oracionem.*

SAncte spiritus qui te deum ac dominum reuelare dignatus es mortalibus. inmensam tue pietatis graciam postulamus. ut sicut ubi uis spiras. sic et huic[2] famulo[3] tuo[4] affectum deuocionis indulgeas. et quoniam tua sapiencia [5]conditus est.[5] tua quoque prouidencia gubernetur.[6] quem[7] iuxta tibi consuetam graciam unccio tua de omnibus doceat per intercessionem beati benedicti quem precipuum huius sancte institucionis legis latorem dedisti. nec non et aliorum sanctorum ad quorum nomina peticionem facit[8] eum[9] a uanitate seculi ueraciter conuerte. et sicut es omnium peccatorum remissio. deprimentes impietatis obligaciones in eo[10] dissolue. et ad seruandam sancti huius propositi normam fac eum[11] certatim feruere. in tribulacionibus. in angustiis. ut tua indeficienti consolacione ualeat[12] respirare. et iuste. et pie. per ueram humilitatem atque obedienciam in fraterna caritate fundatus.[1] quod te donante promittit.[2] felici perseuerancia compleat.[3] Quod ipse prestare digneris. qui cum deo patre. sanctoque unigenito filio[4] eius domino nostro ihesu christo uiuis et gloriaris deus per omnia secula seculorum.

Finita hac oracione erigat se primum nouicius. et stante illo detur benediccio super cucullam sic. Dominus uobiscum.

Oremus.[5]

DOmine ihesu christe qui tegimen nostre mortalitatis induere dignatus es. obsecramus inmensam tue largitatis habundanciam in[6] hoc genus uestimenti quod sancti patres nostri ad innocencie uel humilitatis indicium/ abrenunciantibus [fo. 334. seculo ferre sanxerunt. ut[7] ita bene✠dicere digneris. ut hic[8] famulus[9] tuus[10] qui hoc usus fuerit[11] te induere mereatur.[12] Qui cum deo patre et spiritu sancto uiuis et regnas deus per omnia secula seculorum.[13]

Post hanc benediccionem aspergatur aqua benedicta cuculla et incensetur. Quo facto : cedat[14] *nouicius ad abbatem ad exuendum habitum secularem genuflectens*

1—1 *usque ad finem ab utroque choro simul :* O.
2 hiis : *written above line.*
3 famulis : *written above line.*
4 tuis : *written above line.*
5—5 conditi sunt : *written above line.*
6 gubernentur : *written above line.*
7 quos : *written above line.*
8 faciunt : *written above line.*
9 eos : *written above line.*
10 eis : *written above line.*
11 eos : *written above line.*
12 ualeant : *written above line.*

1 fundati : *written above line.*
2 promittunt : *written above line.*
3 compleant : *written above line.*
4 filo : O.
5 *om.* O.
6 ut : *added in later hand* O.
7 erased in O.
8 hii : *written above line in* O.
9 famuli : *written above line.*
10 tui : *written above line.*
11 fuerint : *written above line.*
12 mereantur : *written above line.*
13 Amen : *add.* O.
14 *accedat :* O.

ante eum et dum deponitur froccus dicat abbas.

Exuat te dominus ueterem hominem cum actibus suis.

Atque dum induitur cuculla subiungat.

Induat te dominus nouum hominem qui secundum deum creatus est in iusticia et sanctitate ueritatis.

Ad utrumque respondeant audientes. Amen. *atque confestim abbas capud nouicii capicio*[1] *cooperiens. osculetur. et cum ad locum pristinum reuersus fuerit. prosternat se continuo tectum sic habendo capud. incipiatque abbas alciori uoce antiphonam.* *Beati eritis.* *que usque ad finem a choro prosequatur. atque expleta antiphona. subinferat abbas* Dominus uobiscum.

Oracio.[2]

DEus misericors. deus clemens. deus cui cuncta bona placent. sine quo nichil sanctum inchoatur. nichil que bonum perficitur. assint nostris humillimis precibus tue pietatis aures et hunc[3] famulum[4] tuum[5] cui[6] in tuo sancto nomine sacre religionis habitum imposuimus. a mundi impedimento uel seculari desiderio defende. et concede ei[7] ut in hoc sancto proposito deuotus[1] persistat.[2] et remissione peccatorum percepta. ad electorum tuorum peruenire ualeat[3] consorcium. Per dominum.

Finita hac oracione aspergatur aqua benedicta nouicius atque incensetur. Et postea surgens a singulis altaris ministris. et a capellano abbatis atque a suo deosculetur magistro.

Deinde per chorum ducatur ad osculandum omnes fratres per ordinem nisi forte aliqui manserint[4] *minime professi. quia hos proculdubio osculari non debet.*

Sed post abbatem ad altaris ministros et magistrum suum incipiatur. Abbas uero si diei conueniat. Credo in unum *protinus subiungat. et conuersus cum thuribulo in chorum atque subdyaconus cum texto nouicium antecedant. Et siue*/ [fo. 334. b. Credo *ad missam dicatur siue non. conuersus semper cum thuribulo. et dyaconus cum texto nouicium antecedent nisi fortasse in iii leccionibus hoc fieri contingat. et capa ad missam in choro non fuerit. Si autem dies talis est quod* Credo in[5] *dici non debeat. pronuncietur* Dominus uobiscum. *atque* Oremus. *et faciat tunc nouicius oblacionem. priusquam ducatur ad osculandum fratres in choro.*

Sicque suscepto pacis osculo prius ab abbate et altaris ministris deinde a ceteris fratribus exceptis minime professis si super-

[1] *caputio:* O.
– Musical notes above these words in W.[1] and O.
[2] *om.* O.
[3] hos: *written above line.*
[4] famulos: *written above line.*
[5] tuos: *written above line.*
[6] quibus: *written above line.*
[7] eis: *written above line.*

[1] deuoti: *written above line.*
[2] persistant: *written above line.*
[3] ualeant: *written above line.*
[4] *supermanserint:* O.
[5] unum: *add.* O.

fuerint ut premissum est. et facta oblacione[1] *quam*[2] *abbas expectare debet si* Credo *ad missam dicatur. donec conuentum osculatus fuerit. ultimus in choro collocetur. et usque ad iii diem cum summo silencio in albis permaneat.*

Uerumptamen. si aliqui superfuerint ad professionem regulariter agendam nondum experti tunc iste iam professus non in ultimo loco. sed in ordine sue conuersionis in choro existat atque in refectorio recumbat nisi cum conuentus ad missam in capis fuerit aut in albis. tunc eo quod non induitur. ultimus omnium in choro collocetur.

Per duos dies ad magnam missam. et iii die ad missam priuatam dum dicitur offertorium oblacionem in corpus et sanguinem domini cum consecrandam faciat. generali confessioni sacerdotis intersit. pacem recipiat. atque communionem corporis et sanguinis christi sincera deuocione sumat. Sed et ante communionem sanctam cotidie generalem [3]*agat magistro suo*[3] *confessionem. nec non et priuatam. si eum consciencia in aliquo deprehenderit. et postquam communicauerit ad pristinum locum reducatur.*

Tercio namque die ad pacem misse auferet ei prior cucullam a capite summo mane ubicumque missam celebrauerit nisi magnam missam ipsa die celebraturus sit uel cantare non possit aut noluerit. tunc a subpriore fiat. uel ab alio ordinis custode.

Uerumptamen si de cella fuerit nouicius et non de ecclesie gremio si forte in dormitorio ordinate ut moris est aliquo obsistente impedimento iacere non possit. consueuit eum abbas ante communionem prima die dato pacis osculo ad missam dealbare./ [fo. 335.

Explicit de professione monachorum.

[1] *ad : add.* O.
[2] *faciendam : add.* O.
[3]–[3] *magistro suo agat :* O.

INcipit professio siue consecracio monialium. que in diebus sollempnibus taliter est facienda. Moniales deo dicande priusquam legatur epistola ante altare ueniant indute uestibus albis cantantes ℟. *Audiui uocem de celo uenientem uenite omnes uirgines sapientissime. oleum recondite in uasis uestris dum sponsus aduenerit. ℣. Media nocte clamor factus est ecce sponsus uenit. Oleum.*

Hoc cantu finito habitum religionis cum uelis propriis manibus portabunt ad pedes abbatis ponent. que ipse absque Dominus uobiscum. *et* Oremus. *plane legendo sic benedicet.*

DEus eternorum bonorum fidelissime promissor. certissime persolutor qui uestimentum salutare et indumentum eterne iocunditatis tuis fidelibus promisisti. clemenciam tuam suppliciter exoramus: ut hec indumenta humilitatem cordis et contemptum mundi significancia. quibus famule tue sancto uisibiliter sunt informande proposito propicius benedicas. ut beate castitatis habitum quem te aspirante suscipiunt te protegente custodiunt. Per.

Oracio.

DOmine deus bonarum uirtutum dator. et omnium benediccionum largus infusor. te obnixis precibus deprecamur: ut has uestes bene✠dicere[1] et sancti✠care[1] digneris: quas famule tue pro indicio cognos-

_ Musical notes above these words in O.

[1] O. omits these crosses.

cende religionis uolunt induere. ut inter reliquas feminas tibi cognoscantur dicate. Per.

Tunc aqua benedicta desuper aspersa de eis abbas castitatis et uirginitatis uestimentum. et tantum uelamen apud se faciat retineri dicens.

ACcipe mulier uestimentum quod perferas sine macula ante tribunal domini nostri ihesu christi cui flectitur omne genu celestium terrestrium et infernorum. Qui cum patre et spiritu sancto uiuit et regnat deus. per omnia seculaseculorum. amen.

Tunc uadant in uestiarium ad sacrarium. et induant se uestimento benedicto atque post euuangelium et Credo. *ueniant| in chorum cum cereis arden-* [fo. 335. b. *tibus cantantes.*

℟. **AMo christum in cuius thalamum introiui cuius mater uirgo est cuius pater feminam nescit cuius michi organa modulatis uocibus cantant. Quem cum amauero casta sum. cum tetigero munda sum. cum accepero uirgo sum. ℣. Mel et lac ex eius ore suscepi. et sanguis eius ornauit genas meas. Quem.**[1]

Uidua uero non portet cereum accensum.

Tunc abbas manu eas aduocans tercio dicat antiphonam. *Uenite. uenite. uenite filie audite me timorem domini docebo

_ Musical notes above these words in O.

[1] cum: *add.* O.

_ Musical notes above these words.

uos.* *Et ipse tercio.* **Et nunc sequimur te in toto corde. et timemus te.**

Qualibet uice paululum progredientes usque ad gradus altaris. tunc prosternat se abbas cum ministris ante altare. et mulieres stent[1] *retro abbatem. et cantetur festiue hec letania a duobus monachis choro respondente. Abbas uero et ministri eius cantent interim septem*[2] *psalmos penitenciales.*

Kyrieleyson. Christeleyson Christe audi nos. Pater de celis deus: miserere nobis. Fili redemptor mundi deus miserere nobis. Spiritus sancte deus miserere. Sancta Trinitas unus deus. miserere nobis.

Sancta Maria. ora pro nobis.
Sancta Dei genitrix. ora[3]
Sancta Uirgo uirginum. ora[3]
Sancte Michael. ora[3]
Sancte Gabriel. ora[3]
Sancte Raphael. ora[3]
Omnes sancti Angeli et archangeli orate pro nobis.
Sancte Iohannes Baptista. ora[3]
Omnes sancti patriarche et prophete orate.[3]
Sancte Petre ii.[4] ora[3]
Sancte Paule. ora[3]/ [fo. 336.
Sancte Andrea. ora[3]

- Musical notes above these words in O.

[1] *genua flectant:* written between lines in O.

[2] *.vi.:* O.

- Musical notes above these words in W.[1] but in O. the notes continue through the whole of the litany to the end of the second *Kyrieleison.*

- Musical notes above these words in W.[1]

[3] pro nobis : *add.* O.

[4] *om.* O.

Sancte Iacobe. ora[1]
Sancte Iohannes euuangelista. ora[1]
Sancte Philippe. ora[1]
Sancte Bartholomee. ora[1]
Sancte Mathee. ora[1]
Sancte Thoma. ora[1]
Sancte Marce.[2] ora[1]
Sancte Luca. ora[1]
Omnes sancti apostoli et euuangeliste. orate[1]
Omnes sancti innocentes. orate[1]
Sancte Stephane. ora[1]
Sancte Edmunde. ora[1]
Sancte Laurenti. ora[1]
Sancte Uincenti. ora[1]
Sancte Thoma. ora[1]
Omnes sancti martires. orate[1]
Sancte Edwarde. ora[1]
Sancte Martine. ora[1]
Sancte Ambrosi. ora[1]
Sancte Nicholae. ora[1]
Sancte Augustine. ora[1]
Sancte Gregori. ora[1]
Sancte Benedicte. ora[1]
Omnes sancti confessores. orate[1]
Sancta Maria magdalena. ora[1]
Sancta Agatha. ora[1]
Sancta Agnes. ora[1]
Sancta Katerina. ora[1]
Sancta Cecilia. ora[1]
Sancta Margareta. ora[1]
Omnes sancte uirgines. orate[1]
Omnes sancti orate pro nobis.
*Propicius esto. parce nobis domine.
Ab omni malo. libera nos domine.*
Ab insidiis dyaboli. libera.[3]

Ut dompnum apostolicum et omnes [4]et omnes[4] gradus ecclesie

[1] pro nobis : *add.* O.

[2] marthe : O.

* Musical notes above these words in W.[1]

[3] nos domine : *add.* O.

[4]—[4] *om.* O.

custodire et conseruare digneris. Te rogamus. audi nos.

Et [1]inter cetera dicatur[1] ab abbate ter.

*Ut sorores nostras benedicere et in uera religione conseruare digneris. Te rogamus audi nos.

Ut sorores nostras benedicere et sanctificare et in uera religione conseruare digneris. Te* rogamus audi nos./ [fo. 336. b.

Ut sorores nostras benedicere et sanctificare et consecrare digneris. Te rogamus.[2]

Ut regi nostro et principibus nostris[3] pacem et uictoriam donare digneris. Te rogamus.[2]

Ut congregaciones omnium sanctorum in tuo sancto seruicio conseruare digneris. Te rogamus.[2]

Ut cunctum populum christianum precioso sanguine tuo redemptum conseruare digneris. Te rogamus.[2]

Ut mentes nostras ad celestia desideria erigas. Te rogamus.[2]

Ut cunctis fidelibus defunctis requiem eternam dones. Te rogamus.[2]

Ut nos exaudire digneris.[4] Te rogamus.

*Fili dei. Te rogamus audi nos.

Agnus dei qui tollis peccata mundi. parce nobis domine.*

Agnus dei qui tollis peccata mundi. exaudi nos domine.

[1]—[1] *dicatur inter cetera :* O.

— Musical notes above these words in W.[1]

[2] audi nos : *add.* O.

[3] et : *add.* O.

[4] *om.* O.

Agnus dei qui tollis peccata mundi dona nobis pacem.

Christe audi nos. Christe exaudi nos. Kyrieleison. Christeleyson. Kyrieleyson.

Post letaniam surgens abbas incipiat festiue ympnum.[1] *Ueni creator spiritus.* *Quo finito : surgentes mulieres ueniant ad abbatem cantantes antiphonam.* **Ancilla christi sum ideo me ostendo seruilem personam.**

Abbas dicat antiphonam istam.

Summa ingenuitas ista est in qua seruitus christi comprobatur.

Postea ponat abbas uelamina super capita mulierum. dicens.

ACcipe mulier christi uelamen castitatis. et continencie indicium. per quod spiritus sanctus superueniat in te. et uirtus altissimi sit tibi umbraculum contra estum/ malarum tempta-[fo. 337. cionum. Prestante eodem domino nostro ihesu christo. qui uiuit et regnat cum patre in unitate eiusdem spiritus sancti deus. Per [2]omnia secula seculorum.[2]

Uidua uero sumat uelamen suum de altari. et propriis manibus imponat capiti suo. Tunc omnes mulieres simul una uoce dicant hanc antiphonam.

Induit me dominus ciclade auro texta. et inmensis monilibus ornauit me.

- Musical notes above these words in W.[1] and O.

[1] *om.* O.

- Musical notes above these words in O.

[2]—[2] *omit.* O.

Postea faciant omnes mulieres professionem hanc in cedula scriptam.

EGo soror .N. promitto stabilitatem meam et conuersionem morum meorum et obedienciam coram deo et omnibus sanctis eius secundum regulam sancti Augustini in hoc loco qui est constructus in honorem sancti iohannis baptiste in presencia dompni .N. abbatis.

Quam cum perlegerint manu propria signum crucis apponant. et super altare offerant. Quam abbas recipiat. et seruandam tradat. Tunc professe stantes ante altare dicant tercio hunc ℣. Suscipe me[1] domine secundum eloquium tuum et uiuam et non confundas me ab expectacione mea.

Quod tercio repetatur ab omnibus et in fine dicatur. Gloria patri. *postea.* Kyrieleyson Christeleyson. Kyrieleyson. Pater noster.

Interim professe prosternant se coram altari abbas dicat. Et ne nos. *sequitur. ps.* Domine quis habitabit. *Abbas.* Saluas fac ancillas tuas. Mitte eis domine auxilium de sancto. Domine exaudi. Dominus uobiscum.

Oracio.

REspice domine propicius super has famulas tuas ut castitatis sancte propositum quod inspirante te susceperunt. te gubernante custodiant. Per dominum nostrum ihesum christum filium tuum qui tecum uiuit et regnat in unitate spiritus sancti deus.

[1] *om.* O.

*PEr omnia secula seculorum. Amen. Dominus uobiscum. Et cum spiritu tuo. Sursum corda. Habemus ad dominum. Gracias aga/mus do- [fo. 337. b. mino deo nostro. Dignum et iustum est.

UEre dignum et iustum est equum et salutare. Nos tibi semper et ubique gracias agere domine sancte pater omnipotens eterne deus. Castorum corporum benignus habitator. et incorruptarum amator animarum. Deus qui humanam substanciam in primis hominibus dyabolica fraude uiciatam ita in uerbo tuo per quod omnia facta sunt reparas. ut eam non solum ad prime originis innocenciam reuoces. sed eciam ad experienciam quorundam bonorum que in nouo seculo sunt habenda perducas. et obstrictos adhuc condicione mortalium. iam ad similitudinem prouehas angelorum. Respice/ propicius super has [fo. 338. famulas que in manu tua continencie sue propositum collocantes tibi deuocionem suam offerunt a quo et ipse uotum assumpserunt. Quando enim animus mortali carne circumdatus. legem nature. libertatem licencie. uim consuetudinis. et stimulos etatis euinceret. nisi tu per liberum arbitrium hunc amorem castitatis clementer accenderes : tu hanc cupiditatem in earum cordibus benignus aliceres.[1] tu fortitudinem ministrares. Effusa namque in omnes

— Musical notes above these words in W.[1] and O.

[1] alires : O. *altered to* aleres : du[bium] *added in margin.*

gentes gracia tua ex omni nacione que est sub celo in stellarum innumerabilem numerum noui testamenti heredibus adoptatis inter ceteras uirtutes quas filiis tuis non ex sanguinibus/ neque ex uoluntate [fo. 338. b. carnis sed de tuo spiritu genitis indidisti eciam hoc donum in quasdam mentes de largitatis tue fonte defluxit. Ut cum honorem nupciarum nulla interdicta iniuissent.[1] ac super sanctum coniugium tua benediccio permaneret : existerent tamen sublimiores anime que in uiri ac mulieris copula fastidirent connubium : concupiscerent sacramentum. Non hoc concupiscerent quod habet mortale connubium. si hoc eligerent quod promittit diuinum christi ecclesieque sacramentum. Nec imitarentur quod nupciis agitur : sed diligerent quod nupciis prenotatur. Agnouit auctorem suum beata uirginitas. et emula integritatis angelice illius/ thalamo. [fo. 339. illius cubiculo se deuouit qui sit[2] perpetue uirginitatis sponsus est. quemadmodum perpetue uirginitatis est filius. Implorantibus ergo auxilium tuum domine et confirmari se benediccionis tue consecracione capientibus[3] da proteccionis. tue munimen et regimen. ne hostis antiquus qui excellenciora studia subtilioribus infestat insidiis ad obscurandum perfecte continencie palmam per aliquam mentis serpat incuriam. et rapiat de proposito uirginum quod eciam moribus decet inesse

[1] *sic et* O.
[2] *sic* W.[1] *but in* O. sit *altered into* sic.
[3] cupientibus : O.

nuptarum. Sit in eis domine per donum spiritus sancti tui prudens modestia. sapiens benignitas. grauis lenitas. casta libertas. In caritate ferueant. et nichil extra/ te dili- [fo. 339. b. gant. laudabiliter uiuant. laudari que non appetant. Te in sanctitate corporis. te in anime sue puritate glorificent. amore te timeant. amore tibi seruiant. Tu eis honor sis. tu gaudium. tu uoluntas tu in merore solacium. tu in ambiguitate consilium. Tu iniuria defensio. in tribulacione paciencia. in paupertate habundancia in ieiunio cibus. in infirmitate medicina. In te habeant omnia quem diligere appetunt super omnia. et quod sunt professe custodiant scrutatori pectorum non corpore placiture sed mente. Transeant in numerum sapiencium puellarum. et celestem sponsum accensis lampadibus cum oleo preparacionis expectent. Nec turbate de inprouiso regis ad/uentu. [fo. 340. sed secure cum lumine et precedencium uirginum choro iocanter occurrant. Et ne excludantur cum stultis. regalem ianuam cum sapientibus uirginibus licenter introeant. et in agni tui perpetuo comitatu probabiles mansura castitate permaneant.* *Sine nota.* Per dominum nostrum ihesum christum filium tuum qui tecum uiuit et regnat in unitate eiusdem spiritus sancti. deus. Per.[1]

Benediccio anuli.

CReator et conseruator humani generis. dator gracie spiritualis. largitor eterne salutis.

[1] *om.* O.

tu domine mitte benediccionem tuam super hos anulos ut que illos gestauerint. sint armate uirtute celestis defensionis. et proficiant illis ad eternam salutem. Per christum dominum nostrum. amen.

Hic detur anulus.

ACcipe anulum istum in signum fidei ut deo sponso tuo fidem intemeratam in te custodias. In nomine patris. et filii. et spiritus sancti.

Tunc incipiant mulieres hanc antiphonam una uoce.

Anulo suo subarrauit me dominus meus ihesus christus et tanquam sponsam decorauit me corona.

Sequitur oracio.

FAmulas tuas quesumus domine gracia tua semper benedicat. et inculpabiles ad uitam [1]eternam perducat.[1] Per christum.

Tunc mulieres dicant antiphonam.

IPsi sum desponsata cui angeli seruiunt cuius pulcritudinem sol et luna mirantur.

Sequitur oracio.

TE inuocamus domine sancte pater omnipotens eterne deus super has famulas tuas que tibi uouerunt seruire pura mente. mundo que corde ut eas sociare digneris inter illa centum quadraginta quatuor milia/ qui uirgines permanserunt. [fo. 340. b. et se cum mulieribus non coinquinauerunt. in quorum ore dolus inuentus non est. ita et has famulas tuas facias permanere inmaculatas usque in finem per inmaculatum dominum nostrum ihesum christum. cum quo uiuis et regnas deus in unitate spiritus sancti. Per omnia secula seculorum amen.

Postea abbas missam peracturus conuertens se ad populum dicat Dominus uobiscum. *sequitur.* Oremus. *cantor incipiat* [1]*offertorium. Sed prius dicatur.* Credo. *si diei conueniat.*[1] *Tunc mulieres committentes alicui cereos offerant ad manus abbatis oblacionem panis et uini unde post missam communicentur. Et redientes accipiant cereos et stent*[2] *inclinate usque dum communicent et missa finiatur.*[3] *Post missam uero cereos ad altare offerant. accedant que ad abbatem*[4] *attrahat uelamina super oculos earum ipsas benedicens. Uidua uero attrahat suum uelamen propriis manibus et discedant cantando.* ℟.

REgnum mundi et omnem ornatum seculi contempsi. propter amorem domini mei ihesu christi. Quem uidi quem amaui quem credidi quem dilexi. ℣. Eructauit cor meum uerbum bonum dico ego opera mea regi. Quem.[5]

[6]*atque in choro ultime collocentur. et usque ad diem tercium cum*

– Musical notes above these words in O.

[1]—[1] perducat eternam : O.

[1]—[1] *officium :* O.

[2] [in] stacionibus suis in choro parumper: *added in margin* O. *immediately after the* in *of* inclinate *which is divided.*

[3] *ordine suo :* add. O.

[4] *Should* qui *be added?*

–* Musical notes above these words in O.

[5] uidi : *add.* O.

[6]—[6] *omit.* O.

summo silencio quasi seculo mortue in albis existant.

Die autem tercio sicut et in iª die oblacionem panis et uini ad missam faciant. atque prior. aut supprior. seu tercius prior si iusserit abbas missam eis celebret ipsa die. qui ad finem misse priusquam eas communicet tam uiduarum uelamina quam uirginum dextra manu eleuans earum facies discooperiat. nichil dicendo. sed signum crucis super eas faciat.

Ideo autem superius dicitur quod in albis existent. quia illa uelamina que eis inponuntur ultra suos oculos usque ad iii diem quasi seculo mortue humiliter ac deuote portabunt sicut quilibet catholice renatus uestem baptismatis que significat stolam primam per totam septimanam habet indutam. uel ideo dicitur in albis quia significat eternam uitam in qua/ utraque stola celitus [fo. 341. *uestientur. id est una cum anime siue mentis beatitudine. eciam carnis gloriam possidebunt.*

Explicit ordo professionis.[6]

Sequitur[1] *benediccio uestimentorum uidue que castitatem fuerit professa.*

Oremus.[1]

Oracio.

UIsibilium et inuisibilium creator deus adesto propicius. ut hec indumenta sanctitatis effigiem ostendencia desuper gracia tua irrigante bene✠dicere[2] et sanctifi✠care[2] digneris. Per.

Oracio.

APeri quesumus domine oculos tue maiestatis ad benedicendam hanc uiduitatis uestem. ut que inordinatis uestibus uiri sui usibus placuit. sacris induta. benediccionis tue graciam mereatur. Per.[1]

Tunc sumat ipsa uelamen et imponat capiti suo.

Benediccio post assumptum uelamen.

COnsolare domine hanc famulam tuam uiduitatis laboribus constrictam sicut consolari dignatus es sareptenam uiduam per helyam[3] prophetam. concede ei pudicicie fructum. ut antiquarum non meminerit uoluptatum. nesciat eciam incenteua uiciorum desideria. ut soli tibi subdat propria colla quo possit pro laboribus tantis sexagesimo gradu percipere munus delectabile sanctitatis. Per.

Oremus.

FAmulam tuam quesumus[1] domine tua custodia mu-

[1] *om.* O.
[2] *om. crosses* O.
[3] heliam: *added in m.* W.[1]

niat pietatis. ut uiduitatis sancte propositum quod te inspirante suscepit te protegente semper illesum custodiat. Per dominum nostrum./[1] [fo. 341. b.

[1] ihesum christum filium tuum qui tecum : *add.* O. Here the collation of O. ends.

Qualiter mulieres seculo renunciantes a sacerdote uelari solent.

UIrgines siue uidue que moniales fieri debent. et canonice post complecionem anni probacionis sue professionem facere sollempnem. Die quo in capitulo suam fecerint peticionem et a loci abbatissa siue priorissa pro more illius cenobii sunt recepte: usque in ecclesiam processionaliter et directe ante magnum ducentur altare. et coram illo super tapetum illius rei causa ibidem prelocatum humiliter se prosternent atque tunc continuo sacerdos qui uelamina imponet eisdem psalmos inchoabit penitenciales. quos cum suis ministris ante gradus altaris stando prosequetur. Finitoque primo psalmo eisdem intimabit ut erigant se. Et tunc accedens priorissa ac due secum uel tres moniales ducent eas in uestiarium. ut ibi illas tondeant prout moris est. et exuere faciant uestem secularem. atque nouam induere regularem earum tantummodo uelaminibus super altare interim dimissis. Ad finem uero psalmorum subiungetur ℣. Ne reminiscaris. Kyrieleyson. Christe eleyson. Kyrieleyson. Pater noster. *atque tunc reducantur neophite honeste indute et ante predictum altare suppliciter genuflectant. Sacerdos que prelibatus qui erit in suo habitu qualicumque et alba non indutus. sed stola tantum collo eius prius imposita subinferat.* Et ne nos. Saluam fac ancillam tuam. Deus meus sperantem. Mitte ei domine auxilium de sancto. Et de syon. Esto ei domine turris fortitudinis. A facie. Nichil proficiat inimicus in ea. Et filius. Domine exaudi. Dominus uobiscum.

Oracio.

SUscipe quesumus domine hanc ancillam tuam ad te de procella seculi huius. laqueisque dyaboli fugientem. ut a te suscepta. et instanti seculo saluatam. et in futuro secgaudeat[1] a te feliciter numeratam. Per dominum.

Alia oracio.

PResta quesumus domine huic ancille tue renuncianti secularibus pompis gracie tue ianuas aperiri. que despecto dyabolo confugit. sub tutela christi iube uenientem ad te sereno uultu suscipi. ut non de ea ualeat inimicus triumphare. Tribue ei quesumus/ [fo. 342. infatigabile brachium auxilii tui. mentem eius fidei lorica circumda ut felici muro uallata. mundi sese gaudeat euasisse naufragium. Per christum dominum nostrum.

Et quia mulieres habitum religionis admittentes benedici aut consecrari non debent. sed neque earum habitus. aut uelamina usque ad diem qua post annum probacionis sue completum sollempnem agant professionem. sicut nec uiri religionem intrantes consecrari aut eorum habitus benedici maxime ubi fuerit conuentus uel maior congregacio. sacerdos tunc diligenter inquirat utrum quoaduixerint in suo bono proposito abbatisse aut priorisse

[1] *sic.*

preostenso uelint perseuerare. que si responderint Ita domine cum auxilio diuino. *dicat eis ut super altare propriis manibus uelamina sumant. et continuo redeant atque genuflectant. Ipse uero singulis uelaminibus per ordinem manum apponens ea pariter cum eisdem earum imponat capitibus nichil dicendo nisi dicere uelit.* In nomine patris et filii et spiritus sancti. *Sed circumstantes moneat ut pro eis orent ut deus pro sua inmensa pietate bonam det eis perseueranciam atque extensa manu eas benedicens subinferat.*

DOminus ihesus christus sic perficiat in te quod pro eius amore tam deuote promittis. ut eius graciam et uitam eternam habere possis.

Et responso ab omnibus Amen. *subiungat.* Dominus uobiscum.

Oremus.

Oracio.

TU ancillam tuam quesumus domine bonis moribus placatus institue. tu in ea quod placitum est tibi dignanter infunde. et presta ei semper ad te toto corde concurrere. et tibi mente seruire. tuamque misericordiam suppliciter exorare ut digna sit. et tua ualeat beneficia promereri. Per dominum.

Hiis ita peractis non cantetur in earum recessu ab altari ℟. Regnum mundi *usque ad diem qua sollempnis earum fiet professio. sed sub silencio in chorum directe ducantur. et cuiuscumque fuerint etatis siue condicionis. ultime omnium in ordine collocentur. ac postea de regulari disciplina. et qualiter eas in collegio oporteat conuersari diligentissime informentur.*

[FINIS MISSALIS WESTMONASTERIENSIS.]

MISSALE

AD USUM

ECCLESIE WESTMONASTERIENSIS

NUNC PRIMUM TYPIS MANDATUM

CURANTE IOHANNE WICKHAM LEGG.

FASCICULUS III.

THE HENRY BRADSHAW SOCIETY

THE BOYDELL PRESS

First published 1896

Reprinted 1999
for The Henry Bradshaw Society
by The Boydell Press
an imprint of Boydell & Brewer Ltd
PO Box 9, Woodbridge, Suffolk IP12 3DF, UK
and of Boydell & Brewer Inc.
PO Box 41026, Rochester, NY 14604–4126, USA
website: http://www.boydell.co.uk

ISBN 1 870252 12 8

ISSN 0144–0241

A catalogue record for this book is available
from the British Library

This publication is printed on acid-free paper

Printed in Great Britain by
St Edmundsbury Press Ltd, Bury St Edmunds, Suffolk

OFFICIA VARIA

SECUNDUM USUM ECCLESIAE

WESTMONASTERIENSIS

CUM NOTIS ET INDICIBUS

GENERALIBUS.

INTRODUCTION TO BODLEIAN MS. RAWLINSON C. 425. (N.C. 12277.)

There would seem to be little doubt that this is a Westminster manuscript. The offices for Candlemas, Ash Wednesday, Palm Sunday, Maundy Thursday, and Easter Even, are so like those in the Missal of Nicholas Litlington that it is hard to avoid the opinion that they must have been written for the same church. The rubrics in the Bodleian manuscript are, it is true, much fuller than those in the book of Nicholas Litlington; but the parts to be sung or said are evidently the same text. The episcopal benedictions in the two manuscripts are also very nearly the same; the benedictions which seem peculiar to Nicholas Litlington's book being found again in the Bodleian manuscript.

It is likely that this manuscript was amongst the books at Westminster at the time of the suppression of the convent, about 1540. There is an inventory, now in the Land Revenue Record Office (6. Whitehall) which is lettered on the back, "Monastery of St. Peter's Westminster." At fo. 25 recto amongst "the Myssalles and other Bookes," there is a manuscript described as follows: "Item, A pontificale w^t [interlined] cou*er*yng of clothe of golde and a claspe of Sylu*er* ij° folio dm̄ carnem." In the margin opposite the entry, "dn̄s habet" has been written, and connected with the item by a line.[1] On the first line of the second folio of Rawl. C. 425, are these two words, "dum carnem"; the first written word is the last syllable of "secundum" in the episcopal benediction of the third Sunday in Advent. (See fasc. ii. col. 534.) This would afford a good reason for believing that Rawl. C. 425 is the book described in the inventory of the Land Revenue Record Office and there named a pontifical.

In the middle ages, this manuscript may have been called a pontifical; for it contains offices that would be used by a bishop, such as the ordination services, the consecration of the king, and the episcopal benedictions, which last, however, are common to a bishop and a mitred abbot. But it is not a pontifical in the modern and restricted sense of the word.

At the suppression of the convent by Henry VIII. it may be that this book passed into the possession of the king; if *dominus* opposite the entry in the inventory of 1540 be *dominus rex*. It may afterwards have been owned by one Thomas Brone (?); for on the recto of the first added leaf, there is written in a hand of the second half of the sixteenth century:

[1] This inventory has been printed by the late Mr. Mackenzie E. C. Walcott. (*Transactions of the London and Middlesex Archæological Society*, 1873, vol. iv. p. 313.)

"Thomas brone [*or* broue] dow ow this." On a level with this on the cover of the binding has been written, the left part having been torn away: "—— us esse placuerit."

In the eighteenth century the manuscript became the property of the famous herald and antiquary, John Anstis, Garter King of Arms, by whom a table of contents on the second added leaf was written at two different times, and signed "J. A. Gr." which can only be John Anstis senior, as is attested by Dr. Richard Rawlinson, who notes on the inside of the binding: "The account of this MS. wrote before it, is in the handwriting of John Anstis, Esqr. Garter King at Arms, 1743. R. R." The elder John Anstis died on Sunday, March 4th, 1744–45.[1]

From Dr. Rawlinson the manuscript passed into the Bodleian Library with the rest of his large collections in 1756.

A view of the contents of the manuscript may very well be given by the table prefixed to it by the elder Anstis; except that he puts off to the very end the *Modus et forma coronationis regine* on the last leaf of the first quire, which may have been added to the book after it left Westminster; it does not appear to form part of the original scheme of the quiring. Anstis' table is as follows:

Benedictionarium on all Sundays and Holy dayes. [ff. 2–59. fasc. ii. 533–672.]

Ordinale of some Abby, and as it may be conjectured from the Office of Coronation of *Westminster* (*in pencil is added*: see ff. 85, 58.b.). It contains

The ecclesiastical services at the Coronation. (*In later hand*: This is a very good Copy, and hath the Musical Notes to the Anthems, and Hymns.) [fo. 60–83.b. fasc. ii. 673–733.]

Before these Offices is a Memorandum enter'd of the Allowance's of the Cushions, &c., used therein to the Abbot of Westminster in the Accounts of the Clerk of the Great Wardrobe Thomas de Useflet in the first and fifth of the Reign of the King: that is of Edward the second. [fo. 59.b. fasc. ii. 676 note.]

Consecratio Reginæ. [fo. 80.b.–83.b. fasc. ii. 726–733.]

The Professing of a Monk. [fo. 83.b.–89.b. fasc. ii. 1187–1196.]

The Professing of a Nunn. [fo. 89.b.–103. fasc. ii. 1197–1212.]

Candlemass or blessing of Candles on the day of the Purification. [fo. 103.b. fasc. ii. 619.]

In capite Jejunij or Ash Wednesday the Blessings on the Ashes. [fo. 107. fasc. ii. 545.]

On Palm Sunday. [fo. 115. fasc. ii. 560.]

On Maundy Thursday or Coena Domini. [fo. 117.b. fasc ii. 566.]

On Saturday before Easter. [fo. 124–128. fasc. ii. 574–590.]

ad Catechuminum faciendum or Baptism. [fo. 130–143.b. fasc. iii. 1217.]

ad benedicendum sponsum et sponsam, that is Marriage. [fo. 143.b.–150.b. fasc. iii. 1233.]

ad Clerum faciendum. [fo. 150.b.–164.b. fasc. iii. 1243.]

Benedictio supra peram et baculum, that of Pilgrims. [fo. 164.b.–165.b. fasc. iii. 1262.]

[1] Mark Nobl[e], *History of the College of Arms*, Lond. 1804, p. 377.

Ordo visitandi infirmum. [fo. 166–178. fasc. iii. 1266.]
Burial service. [fo. 178–188. fasc. iii. 1285.]

(At the beginning of this book is wrote by another hand Modus et forma coronationis Reginae ; that is when a King after his own Coronation should marry, and is different from the consecratio Reginae aboue mentioned, which is when the King and Queen were crowned at the same time. This Modus et forma now entered, agrees with the form in the Liber Regalis, but in that book the prayers are at large, but here only the initial words of these prayers are inserted

J. A. Gr.)

[*in later hand as above.*]

Here Anstis' description ends ; but to his list may be added *Benedictio sive consecratio thuris privatim a sacrista* on fo. 128. (fasc. ii. 579.) On the verso of leaf 129. being blank, the episcopal benediction for Corpus Christi has been written. (See fasc. ii. 602.)

The last quire, ff. 190–195. has the *benedictio super fontem* (fasc. ii. 584) with "omnipotens sempiterne Deus"; and it finishes on the recto of fo. 194. with the words "infanciam renascatur" (column 587.) and they are immediately followed by a repetition of the collect "omnipotens sempiterne Deus" as above. The last words of this prayer are carried over to the recto of fo. 194. and take up the two first lines. On fo. 137. there is a marginal note to this benediction : it is noted as like the benediction on fo. 137.

In another hand has been added *De exequiis regalibus* (fasc. ii. 734) which extends to five lines on the recto of fo. 195 pasted down on to the cover of the binding.

This manuscript consists of 195 leaves measuring 12½ inches in height and 8⅜ to 8½ inches in breadth along the outer edges. The two inserted leaves at the beginning are smaller. Most of the pages are prepared for 20 lines, in double columns, though ffo. 1 and 190 to 195 are in single columns ; fo. 1 has 43 lines. The space between the bounding lines is 9½ inches in height, in breadth from 5⅞ to 6 inches. The writing is mainly in black ink, with red and blue initials, some of which are large and show elaborate decoration. The writing appears to be of the beginning of the fourteenth century.

The arrangement of the quires is as follows. First there is one quire of four leaves, of which the first leaf has been pasted down to form the cover of the binding on which Dr. Richard Rawlinson has written his note. Then there are two inserted leaves on the recto of the second of which Anstis has written his table of contents, the arrangements of the gatherings may be shown by the following scheme :—

$$a^4\ B - N^{10}\ O^8\ P - R^{10}\ S^8\ T^{10}\ U^{10}\ X^2\ y^6$$

The "covering of cloth of gold and a clasp of silver" have disappeared ; and the manuscript is now bound in modern calf, lettered on the back, "Pontificale Anglicanum secundum usum Westmonast. Rawl. MS. C. 425."

It has been possible to collate this manuscript up to fo. 130 with certain parts of fasciculus ii. and the variants have been noted under the symbol O. But from fo. 130 where the baptismal service begins, the manuscript has been now printed without intermission until fo. 190. where the *benedictio super fontem* appears again; with *De exequiis regalibus*, which has been collated in fasc. ii. The contents of these last five leaves therefore have not been reprinted; but all between fo. 130. and fo. 190. is now given in type, it is believed, for the first time.

The spelling and punctuation of the manuscript have been followed; where the text is corrupt or where it is thought advisable to call attention to the manner in which the word has been written in the manuscript an obelus has been set after the word.

The office for the dying which begins on col. 1272. has been collated with a similar office in a Westminster psalter in the British Museum, 2 A. xxii. and the variations noted in the lower margin. O. is the symbol of the present manuscript, Rawl. C. 425.

I am especially indebted to Mr. Falconer Madan for the valuable help which he has given me in the preparation of this edition and in describing the manuscript. All who present themselves as readers at the library of Sir Thomas Bodley know the uniform patience and readiness with which Mr. Madan receives the humblest inquirer, and rejoice in the stores of knowledge which he places at the disposal of one who wishes to understand the structure of manuscripts, and to learn how to read them.

Mr. Dewick has continued his kind help throughout this fasciculus; and the Society is much indebted to him for saving me from many blunders into which without him I should certainly have fallen.

TABLE OF OFFICES PRINTED FROM RAWL. C. 425.

INTRODUCTION TO BODLEIAN MS. RAWLINSON LITURG. g. 10 (formerly 9.) [N.C. 15832.]

This is a small manuscript in the Bodleian Library which has a Westminster calendar at the beginning. The litany which begins on fo. 7 invokes St. Peter, St. Edward and St. Benedict twice, St. Edward being at the head of the confessors. St. Catherine is also invoked twice. On fo. 36 there is a special office for St. Edward. The text of the Litany is the same as that given in a Westminster Psalter, 2 A. xxii. in the British Museum. The volume has already been assigned to Westminster by Mr. Macray in an inserted manuscript note. Since the appearance of the first fasciculus of the Westminster Missal, the number of this manuscript has been altered from Rawl. Liturg. g. 9 to Rawl. Liturg. g. 10.

The manuscript is made up of 76 leaves of vellum, the two first and the two last being blank, with the exception of a few hastily written prayers or notes on fo. 73. The two first are not counted in the numbering of the leaves, but the two last have been included. The size of the leaves varies from 3¾ to 3⅞ inches in height by 2⅝ inches in length. The writing is mainly in black and red, with blue initials; it is carried across the page, in one column throughout; but the area of the surface written upon, and the number of lines vary. Up to the verso of fo. 46, the number of lines is 20 on each leaf (excepting the calendar), and the area within the bounding lines varies from 3⅞ to 2 inches in height by 1⅞ to 1¾ inches in length. After this point the number of lines diminishes, being 17 on fo. 47 recto and 18 on fo. 47 verso, the area written on being 2⅝ by 1¾. On fo. 56 verso the number of lines is only 15. Fo. 69 is a substituted leaf, but of the same date as the rest of the book.

The following diagram may explain the arrangement of the quires:

$$a^{2}\ B^{6}\ C-G^{8}\ H^{10}\ I-K^{8}\ l^{2}$$

The handwriting appears to be of the end of the fourteenth or beginning of the fifteenth century.

With the exception of the calendar which takes up ff. 1–6, the whole of this little book has been printed. The litany and the office for the dead, which are found also in a Westminster manuscript in the British Museum, 2 A. xxii. have been collated with this text and the variations added in the lower margin. The more important variations of the calendar from that in Abbot Nicholas Litlington's Missal will be described in the notes to that calendar.

It is a pleasure to me to express once more my gratitude to Mr. Madan and to Mr. Dewick; and also to Mr. Macray, to whom I owe my knowledge of the existence of the book.

TABLE OF OFFICES PRINTED FROM RAWL. LITURG. g. 10. (formerly 9.)

INTRODUCTION TO THE CALENDAR OF MS. 2. A. xxii. IN THE BRITISH MUSEUM.

This manuscript is a Psalter, derived most likely from Westminster. For the inventory of 1388 speaks of a second psalter with divers images painted after the calendar[1]; and in the inventory of the suppression made about 1540 there is also "a nother Sauter with dyvers ymages affter the Calender ij° folio tunc loquetur."[2] Now 2. A. xxii. is a psalter; there are pictures on the leaves which follow the calendar, and at the top of the second folio of the psalter are the words "tunc loquetur" with which begins the fifth verse of the second psalm. The calendar is closely allied to the calendar of the Missal of Nicholas Litlington, (fasc. i. pp. v.–xvi.) St. Edward's day (January 5.) being written in gold letters and kept in copes, and the Octave noted on January 12th The litany and the office of the dead are also the same as in the Westminster books in the Bodleian Library.

Sir E. Maunde Thompson has published a facsimile of one of the miniatures[3] and he assigns the manuscript to the later years of the reign of Henry II. This King died in 1189.

The manuscript consists of 224 leaves. On the recto of the first leaf may be found *Laus sancti augustini super psalterium*, 'Canticum psalmorum animas decorat,' *Iterum eiusdem* 'Canticum psalmorum carmen electum est,' *Conclusio uerborum* 'In psalterio solo usque ad obitum,' followed by the paschal tables, which extend up to the recto of leaf 4. The calendar takes up the following six leaves (ff. 5 to 10). Immediately after the calendar on fo. 11 is *Oratio ante psalterium.*

About A.D. 1500 a litany beginning 'Ihesu christe fili dei viui miserere nobis' has been written on the recto of fo. 12. On the verso of this leaf begin the pictures, which are the salutation, the visitation, our lady with the divine child in her arms, our Lord in glory, ending with King David, each picture taking up one page. The psalter begins with a highly decorated initial on the recto of fo. 15. The next leaf begins with 'tunc loquetur,' and the psalter and canticles continue for 165 leaves, ending with 'Quicunque vult' on fo. 181. There are highly illuminated letters at the beginning of Pss. 26. 'Dominus illuminatio mea.' 38. 'Dixi custodiam.' 51. 'Quid gloriaris.' 52. 'Dixit insipiens.' 68. 'Salvum me fac. 80 'Exultate deo adiutori.' 95. 'Cantate domino canticum novum.' 101. 'Domine exaudi orationem meam.' 109. 'Dixit dominus.' The longer psalms such as 'Exurgat deus,' 'Salvum me fac,' 'Misericordias domini,' &c., have either *Divisio psalmi* or illuminated initials at the place of the Benedictine division.

[1] *Archæologia*, 1890, vol. lii. p. 234. "Alterum vero cum diversis ymaginibus depictis post Kalendare."

[2] *Transactions of the London and Middlesex Archæological Society*, 1875, vol. iv. p. 344.

[3] *Bibliographica*, 1895, part iv. p. 392.

On fo. 181 begins the litany, a collation of which is printed in this fasciculus beginning on col. 1303 and ending on col. 1311.

At fo. 206. b. begins the *commendatio anime exeuntis de corpore* the collation of which begins on col. 1272 and ends on col. 1285. On fo. 212.b. the prayer 'Suscipe domine' passes on directly to 'Placebo' the collation of which begins on col. 1311. The service for the dead is continued on fo. 217, beyond that given in Rawl. Liturg. g. 10, with collects which end on fo. 218. b. Then again come three leaves on which there are paintings: on fo. 222 is the prayer 'Summe sacerdos' printed in fasc. ii. col. 481, which ends the book. On the verso of the last folio 224 are written in an early sixteenth century hand anthems for the little hours of a Benedictine breviary. The calendar, which is followed immediately by some prayers to be said before reciting the psalter, is now printed, together with these anthems.

It may be noted that in the calendar on each page there is a roundel bearing a painting of the sign of the zodiac into which the sun enters that month; it is placed on a level with the note *sol in aquario* or *sol in leone* as the case may be.

The entry on December 29th, of St. Thomas of Canterbury, canonized in 1173, is in the same hand as the rest of the calendar as far as can be judged after the erasure that has been made most likely in the time of Henry VIII. But the translation on July 7th is in a later hand, not later, however, than the 15th century, and therefore not written over an erasure made by order of the King's visitors.

In printing the saints' days and other festivals, an attempt has been made to show by corresponding types the colours in which the names of the saints are written. For example, those written in gold are printed in large old English; those in blue in smaller old English; those in red in italics, while those in black are printed in ordinary Roman. Like the colours used in the Mass book of Nicholas Litlington they do not, however, always correspond with the indications *in cappis*, *in albis*, given opposite the day.

TABLE OF OFFICES PRINTED FROM MS. 2. A. xxii.

[*RAWL.* C. 425. (N. C. 12277.)]

/*Incipit*[1] *ordo ad* [fo. 130. *cathecuminum faciendum.*

In primis faciat sacerdos signum crucis in fronte cum pollice dicens.

Recede diabole ab hac ymagine dei increpatus ab eo et diabolum[2] spiritui sancto. Signum sancte crucis domini nostri ihesu christi in frontem tuam pono.

Et in pectore faciat crucem similiter dicendo. Signum saluatoris domini nostri ihesu christi in pectus tuum pono.

Deinde tenens manum super capud infantis dicat. Dominus uobiscum.

Oratio.

Omnipotens sempiterne deus pater domini nostri ihesu christi respicere dignare super hunc famulum tuum .N. quem ad rudimenta fidei uocare dignatus es omnemque cecitatem cordis ab eo expelle. dirumpe omnes laqueos sathane quibus fuerat colligatus. Aperi ei domine ianuam pietatis tue. ut sig/no sapientie tue [fo. 130. b. imbutus. omnium cupiditatum fetoribus careat et ad suauem odorem preceptorum tuorum letus tibi in ecclesia tua deseruiat. et proficiat de die in diem. ut ydoneus efficiatur accedere ad gratiam baptismi tui percepta medicina. Per eundem.

[1] Incipe hic: *written in upper margin above this word.*

[2] *Struck out and* da locum *written over.*

Oremus.

Preces nostras quesumus domine clementer exaudi. et hunc electum crucis dominice ✠ cuius inpressione eum signamus uirtute custodi: ut magnitudinis glorie rudimenta seruans. per custodiam mandatorum ad regenerationis gloriam peruenire mereatur. Per christum dominum.

Oratio.

Deus qui humani generis ita es conditor. ut sis etiam reformator: propiciare populis adoptiuis. et nouo testamento sobolem noue prolis ascribe. ut filii promissionis quod non potuerunt assequi per naturam: gaudeant se recepisse per gratiam. Per.

/*Hic dicat exorcismum* [fo. 131. *super sal infanti dandum sic.*

Exorcizo te creatura salis in nomine dei pa✠tris omnipotentis. et in caritate domini nostri ihesu ✠ christi. et in uirtute spiritus ✠ sancti. Exorcizo te per deum uiuum. et per deum uerum. et per deum sanctum. et per deum qui te ad tutelam humani generis procreauit: et populo uenienti ad credulitatem per seruos suos consecrari precepit. ut in nomine sancte trinitatis efficiaris salutare sacramentum ad effugandum inimicum. Proinde rogamus te domine deus noster ut hanc creaturam salis sanctificando sanctifices. benedicendo benedicas. ut fiat omnibus accipientibus perfecta medicina permanens in uisceribus eorum. in nomine domini nostri ihesu christi. qui uenturus est iudicare uiuos et mortuos: et seculum per ignem.

Postea interroget sacerdos nomen eius/ et ponat de [fo. 131. b. *ipso sale in ore eius us*[1]*ita dicens.*

Accipe sal sapientie. ut sit tibi deus propiciatus in uitam eternam. Amen.

Post datum sal dicat.

Dominus uobiscum.

Deus patrum nostrorum. deus uniuerse conditor ueritatis. te supplices exoramus: ut hunc famulum tuum .N. respicere digneris propicius. et hoc primum pabulum salis gustantem: non diucius esurire permittas. quo minus cybo expleatur celesti. quatinus sit spiritu feruens. spe gaudens tuo nomini seruiens. perduc eum ad noue regenerationis lauachrum: ut cum fidelibus tuis promissionum tuarum eterna premia consequi mereatur. Per.

Iterum faciat crucem in fronte eius. et dicat orationem hanc.

Deus abraham. deus ysaac. deus iacob. deus qui moysi famulo tuo /in monte [fo. 132. synai apparuisti. et filios israel de terra egypti eduxisti. deputans eis angelum pietatis tue qui custodiret eos die ac nocte: te quesumus domine ut mittere digneris sanctum angelum tuum. ut similiter custodiat et hunc famulum tuum .N. et perduc eum ad graciam baptismi tui.

[1] *us* : struck out.

Adiuratio super infantem.

Ergo maledicte diabole recognosce sentenciam tuam. et da honorem deo uiuo et ueuero.† Da honorem ihesu christo filio eius et spiritui sancto. et recede ab hoc famulo dei .N. quia istum sibi deus et dominus noster ihesus christus ad suam sanctam graciam et ✠ benedictionem fontemque baptismatis dono uocare dignatus est: et hoc signum sancte crucis quod nos fronti eius imponimus: tu maledicte diabole nunquam audeas uiolare: per eundem christum.

Hanc orationem cum adiuratione et exorcismo/ que in-[fo. 132. b. *mediate subsecuntur dicat tantum modo super masculum. Oratio.*

Deus immortale presidium omnium postulancium liberatio supplicum. pax rogancium. uita credencium. resurrectio mortuorum. te inuoco domine super hunc famulum tuum .N. qui baptismi tui donum petens eternam consequi graciam spirituali regeneratione desiderat. Accipe eum domine: et quia dignatus es dicere. petite et accipietis. querite et inuenietis. pulsate et aperietur uobis: petenti itaque premium porrige. et ianuam pande pulsanti. ut eternam celestis lauachri benedictionem consecutus promissa tui muneris regna percipiat. Per.

Adiuratio super masculum.

Audi maledicte sathana. adiuratus per nomen eterni dei saluatoris nostri filii eius cum tua uictus inuidia tremens gemensque discede. Nichil tibi/ commune sit cum [fo. 133. seruo dei iam celestia regna cogitanti. renunciaturo tibi ac seculo tuo. et beate immortalitati uicturo. Da igitur honorem aduenienti spiritui sancto. qui ex summa celi arce descendens. perturbatis fraudibus tuis diuino fonte purgatum pectus. id est sanctificatum deo templum: et habitaculum perficiat. ut ab omnibus penitus noxiis preteritorum criminum liberatus: hic seruus dei gratias perhenni deo referat semper. et benedicat nomen eius sanctum in secula seculorum. Amen.

Hic faciat crucem in fronte masculi hunc subinferens exorcismum.

Exorcizo te inmunde spiritus in nomine ✠ dei patris ✠ et filii et spiritus sancti. ut exeas et recedas. ab hoc famulo dei .N. Ipse enim tibi imperat maledicte. dampnate. qui pedibus super mare ambulauit. et petro mergenti: dexteram porrexit.

/*Postea fiat repeticio* [fo. 133. b. *huius adiuracionis.* Ergo maledicte. etc. *Require paulo superius. Iste due orationes que in sequenti scribuntur cum repeticione adiuracionis.* Ergo maledicte. *et cum exorcismo. qui inmediate subsequitur dicantur tantummodo super feminam.*

Oratio.

Deus celi. deus terre. deus angelorum deus archangelorum. deus prophetarum. deus apostolorum. deus martyrum deus confessorum. deus uirginum. deus omnium bene uiuencium. deus cui omnis lingua confitetur et omne genu flectitur celestium[1] et infernorum te inuoco domine super hanc famulam tuam .N. ut perducere eam digneris ad gratiam baptismi tui. Ergo maledicte.

Item super feminam.

Oratio.

Deus abraham. deus ysaac. deus iacob. deus qui tribus israel de egypcia /ser- [fo. 134. uitute liberatas per moysen famulum tuum de custodia mandatorum tuorum in deserto monuisti. et susannam de falso crimine liberasti: te supplex deprecor domine. ut liberes et hanc famulam tuam .N. et perducere eam digneris ad graciam baptismi tui. Ergo maledicte.

Item super feminam.

Exorcizo te immunde spiritus. per patrem. et filium. et spiritum sanctum. ut exeas et recedas ab hac famula dei .N. ipse enim tibi imperat maledicte dampnate. qui ceco nato oculos aperuit. et qui triduanum lazarum: de monumento suscitauit. Ergo maledicte.

Ab isto loco in antea tam super masculum quam feminam: omnia pro indifferenti compleantur. et faciat hic crucem in fronte infantis. tenensque manum super capud illius dicat.

Eternam ac iustissimam pietatem tuam. deprecor domine sancte: pater om/ni-

[1] terrestrium: *not in manuscript.*

potens. eterne deus [fo. 134. b. luminis auctor et ueritatis super hunc famulum tuum .N. ut digneris eum illuminare lumine intelligentie tue munda eum. et ✠ sanctifica. Da ei scienciam ueram. ut dignus efficiatur accedere ad graciam baptismi tui. teneatque firmam spem. consilium rectum. doctrinam sanctam. ut aptus sit ad percipiendam graciam baptismi tui.

Hic accipiens dexteram infantis signet eum. in faciem manu[1] *sua propria. dicens.*

Signo ✠ te signaculo ✠ domini nostri ihesu christi. de manu tua dextera. ut te conseruet contra aduersarios tuos. ut habeas uitam eternam. et uiuas in secula seculorum amen.

Vel eciam sic dicat.

Trado ✠ signaculum tibi in manu tua dextera. ut te signes. atque partem aduersam: a te repellas. ut habeas uitam eternam. Amen.

Postea in | *in*† *eadem* [fo. 135. *uoce plane legendo dicat euangelium. secundum matheum.*

In illo tempore: Respondens ihesus: dixit. Confitebor tibi domine. pater celi et terre: quia abscondisti hec: a sapientibus et prudentibus. et reuelasti ea paruulis. Ita pater: quem sic fuit placitum ante te.[2] Omnia mihi tradita sunt a patre meo. Et nemo nouit filium nisi pater: neque patrem quis nouit nisi

filius: et cui uoluerit filius reuelare. Uenite ad me omnes qui laboratis et honerati estis: et ego reficiam uos. Tollite iugum meum super uos: et discite a me quia mitis sum et humilis corde. et inuenietis requiem animabus uestris. Iugum enim meum suaue est: et onus meum leue.

Lecto euangelio sacerdos porrigat librum puero: ut ab eo osculetur euangelium.

Postea dicat sacerdos eadem uoce ita uidelicet ut a circumstantibus audiatur.

/Pater noster qui [fo. 135. b. es in celis. sanctificetur nomen tuum. Adueniat regnum tuum. fiat uoluntas tua. sicut in celo et in terra. Panem nostrum cotidianum da nobis hodie. Et dimitte nobis debita nostra. sicut et nos dimittimus debitoribus nostris. Et ne nos inducas in temptacionem. Set libera nos a malo. Amen. Credo in deum patrem omnipotentem. creatorem celi et terre. Et in ihesum christum filium eius unicum dominum nostrum. Qui conceptus est de spiritu sancto. natus ex maria uirgine. Passus sub poncio pilato. crucifixus. mortuus. et sepultus. Descscendit† ad inferna. tercia die resurrexit a mortuis. Ascendit ad celos. sedet ad dexteram dei patris omnipotentis. Inde uenturus est iudicare uiuos et mortuos. Credo in spiritum sanctum. sanctam ecclesiam catholicam. sanctorum commu/nionem. remissionem [fo. 136. peccatorum. Carnis resurrectionem. et uitam eternam. Amen.

[1] a letter erased here.
[2] written over line.

Dominus uobiscum.

Oratio.

Nec te lateat sathan imminere tibi penas. imminere tibi tormenta. imminere tibi diem iudicii: diem supplicii sempiterni. diem qui uenturus est uelud clibanus ardens. in quo tibi atque uniuersis angelis tuis. eternus ueniet interitus. Proinde dampnate atque dampnande. da honorem[1] ihesu christo: filio eius. et spiritu† sancto. in cuius nomine atque uirtute. precipio tibi quicunque es spiritus inmunde. ut exeas et recedas ab hoc famulo dei .N. quem hodie idem deus et dominus noster ihesus christus. ad suam sanctam graciam. et benedictionem fontemque baptismatis. dono uocare dignatus est: ut fiat eius templum. per aquam regenerationis in remissionem omnium peccatorum. in nomine domini /nostri ihesu christi. qui uen- [fo. 136. b. turus est iudicare uiuos et mortuos: et seculum per ignem.

Postea tangat nares eius et aures de sputo et dicat. ad aurem dextram.

Effeta quod est adaperire. in odorem suauitatis. *Ad aurem sinistram.* Tu autem effugare diabole appropinquabit enim iudicium dei.

Hic introducatur infans a sacerdote dicente.

Ingredere in templum dei ut habeas uitam eternam et uiuas in secula seculorum. Amen.

[1] deo uiuo et uero da honorem: *added in m.*

Postea dicat sacerdos super fontem hanc letaniam.

Kyrieleyson.
Christeleyson.
Christe audi nos.
Sancta maria ora pro nobis.
Sancta dei genitrix. ora.
Sancta uirgo uirginum ora.
Sancte michael. ora.
Sancte Gabriel ora
Sancte Raphael ora.
Sancte Johannes ora.
Sancte petre ora.
Sancte paule ora.
Sancte Andrea ora.
Sancte Johannes ora.
/Sancte Stephane ora.
[fo. 137.
Sancte Laurenti ora.
Sancte Vincenti ora.
Sancte Thoma ora.
Sancte Cyriace ora.
Sancte edwarde ora.
Sancte martine ora.
Sancte Gregori ora.
Sancte benedicte. ii. ora.
Sancte felicitas. ora.
Sancta Agatha. ora.
Sancta margareta. ora.
Sancta Katerina. ora.
Omnes sancti orate pro nobis. ii.

Dicta sic letania seriatim usque omnes sancti orate pro nobis ii. sacerdos ante fontem a dextris assistens habens ex una parte sui ceroferarium cum cereo accenso. et ex alia olei et crismatis portitorem moderata uoce legendo[1] dicat.

Dominus uobiscum.

Oratio.

Omnipotens sempiterne deus: adesto magne pietatis tue

[1] Require benediccionem super fontem ad finem huius libri: *add. in m.*

misteriis. adesto sacramentis. et ad recreandos nouos populos. quos tibi fons baptismatis parturit spiritum adoptionis emitte. ut quod nostre humilitatis gerendum est ministe/rio : tue uirtutis impleatur [fo. 137. b. effectu. per dominum.

Set paululum exaltando uocem suam sacerdos mutet eam in modum prefacionis cum dicit.

*Per omnia secula seculorum. Amen. Dominus uobiscum. Et cum spiritu tuo. Sursum corda. Habemus ad dominum. Gracias agamus domino deo nostro. Dignum et iustum est.

V[ere] d[ignum et iustum est equum et salutare nos tibi semper et ubique gratias agere domine sancte pater omnipotens[1]] eterne deus : Qui inuisibili potencia sacramentorum tuorum mirabiliter operaris effectum : et licet nos tantis misteriis exequendis /simus indigni : [fo. 138. tu tamen gracie tue dona non deserens. etiam ad nostras preces aures tue pietatis inclinas.[2] Deus cuius spiritus super aquas inter ipsa mundi primordia ferebatur ut iam tunc uirtutem sanctificationis aquarum natura conciperet. Deus qui nocentis[3] mundi crimina per aquas abluens regenerationis speciem in ipsa diluuii effusione signasti: ut unius eiusdemque /elementi [fo. 138. b.

— Musical notes above these words.
[1] words within these square brackets not in O. at this place but they are supplied from fo. 190.b. *Desit* is written *in m.* of fo. 137. b. at this place.
[2] inclines : fo. 190.
[3] innocentis *altered to* nocentis : fo. 191.

misterio et finis esset uiciis et origo uirtutibus. Respice domine in faciem ecclesie tue et multiplica in ea regenerationes tuas: qui gracie tue affluentis impetu letificas ciuitatem tuam : fontemque baptismatis aperis toto orbe terrarum gentibus innouandis: ut tue maiestatis imperio sumat unigeniti[1] graciam de spiritu sancto.*

[2] *Hic manu diuidatur aqua in modo crucis.*[2]

*Qui hanc aquam regenerandis hominibus /pre- [fo. 139. paratam : archana sui luminis admixtione fecundet : ut sanctificatione concepta : et[3] ab immaculato diuini fontis utero in nouam renata creaturam progenies celestis emergat. Et quos aut sexus in corpore. aut etas discernit in tempore : omnes in unam pariat gracia mater infanciam. Procul ergo hinc iubente te domine omnis spiritus inmundus abscedat : procul tota /nequicia diabo- [fo. 139. b. lice fraudis absistat. Nichil hic loci habeat contrarie uirtutis admixtio non insidiando circumuolet : non latendo surrepat.[4] non inficiendo corrumpat. Sit hec sancta et innocens creatura. libera ab omni impugnationis[5] incursu : et tocius nequicie purgata discessu. Sit fons ✠ uiuus : aqua regenerans ✠ unda purificans. Vt omnes hoc lauacro salutifero /dilu- [fo. 140.

— Musical notes above these words.
[1] tui : *add.* fo. 191.
[2]—[2] *Hic cum manu diuide aquam in modum sancte crucis :* fo. 191. b.
[3] *om. :* fo. 191. b.
[4] surrepiat *altered to* surrepat : fo. 192.
[5] impugnatoris : fo. 192.

endi operante in eis spiritu sancto perfecte purgationis indulgenciam consequantur.*

[1] *Hic signet.*[1]

* Unde benedico te creatura aque per deum ✠ uiuum: per deum ✠ sanctum: per deum qui te in principio uerbo separauit ab arida: cuius spiritus super te ferebatur: *

Hic eiciatur aqua a fonte per quatuor partes dum dicit. *qui te de paradyso manare iussit: et in quatuor fluminibus totam terram rigare precepit. Qui te in deserto amaram suaui/tate indita fecit esse pota- [fo. 140. b. bilem. et sicienti populo de petra produxit. Benedico te et per ihesum christum filium eius unicum dominum nostrum: qui te in chana galilee signo admirabili sua potencia conuertit in uinum. Qui pedibus super te ambulauit: et a iohanne in iordane in te baptizatus est. Qui te una cum sanguine de latere suo produxit: et discipulis suis iussit ut credentes /baptizarentur in te [fo. 141. dicens: ite docete omnes gentes baptizantes eos in no✠mine ✠ patris et filii et spiritus sancti.*

Hic deprimatur uox quasi ad legendum.

Hec nobis precepta seruantibus tu deus omnipotens clemens adesto tu benignus aspira.

Hic aspiret ter in crucis modum super aquam et fons ore benedicatur dum dicit.[2]

— Musical notes above these words.

[1]—[1] *om.* fo. 192. b. + *over* Vnde *on fo.* 192.b.

[2] legendo: *added in m.*

Tu has simplices aquas tuo ore benedicito. ut preter naturalem emundationem quam lauandis possunt adhibere corporibus: sint etiam purificandis mentibus efficaces. per dominum. *Hic sacerdos accepto cereo faciat inde quinque guttas per modum crucis in aquam distillare. Et postea cum cereo faciat crucis signum in aqua tenens illum in /ipsa per* [fo. 141. b. *moram aliquantulam cum dicit cantando.*

Descendat in hanc plenitudinem fontis uirtus spiritus tui: totamque huius aque substanciam regenerandi fecundet. Hic omnium peccatorum macule deleantur: hic natura ad ymaginem tuam condita ad honorem sui reformata principii. cunctis uetustatis squaloribus emundetur: ut omnis homo hoc sacramentum regenerationis ingressus. in uere innocencie nouam infanciam renascatur. per dominum.

Postea ponat oleum sanctum in fontem in modum crucis et commisceatur aque.† Coniunctio olei unctionis et aque baptismatis. In nomine patris et filii. et spiritus sancti. *Hic deprimendo uocem quasi ad legendum: subinferat.* Per dominum nostrum ihesum christum. *Deinde inmittat crisma eodem modo dicens.* Fecundetur et sanctificetur fons iste hoc salutifero /crismate. In [fo. 142. nomine patris et filii et spiritus sancti. *Deinde simul imponat oleum et crisma dicens.* Coniunctio crismatis sanctificationis.

— Neumes above these words.

1231

et olei unctionis: et aque baptismatis. In nomine patris. et filii. et spiritus sancti.

Tunc ponat saceraos manum super capud infantis. Vel etiam ut moris est. apud quosdam teneat manum eius dextram et uocato nomine dicat.

Abrenuntio† satane.

Respondeant patrini ter.

Abrenuncio.

Et omnibus operibus eius?

Abrenuntio.

Et omnibus pompis eius?

Abrenuntio.

Postea tangat eum in pectore et in scapulas† crucem faciens et dicat.

Et ego lineo te oleo salutis in christo ihesu domino nostro ut habeas uitam eternam et uiuas in secula seculorum. Amen.

Deinde interroget sacerdos nomen pueri. dicens. Quis uocaris? Respondeat ipse uel eius patrini.N.

Et sacerdos.

Credis in deum patrem omnipotentem creatorem celi et terre.

/*Respondeat.* [fo. 142. b.

Credo.

Item.

Credis et in ihesum christum filium eius unicum dominum nostrum natum et passum?

Respondeat.

Credo.

Interrogatio.

Credis in spiritum sanctum. sanctam ecclesiam catholicam. sanctorum communionem. remissionem peccatorum. carnis resurrectionem et uitam eternam post mortem?

1232

Respondeat.

Credo.

Interrogatio.

Quid petis?

Responsio.

Baptismum.

Interrogatio.

Uis baptizari?

Respondeat.

Volo.

Deinde accipiat sacerdos puerum in manibus suis et interrogato nomine eius: baptizet eum sub trina mersione tantum. sanctam trinitatem inuocando et ita dicendo. Et ego baptizo te. In nomine patris. *et mergat semel*[1] et filii. *et mergat iterum.* et spiritus sancti. *et mergat eum tercio.*

Tunc patrini accipientes puerum: leuent eum de fonte. Et postquam de fonte fuerit eleuatus: faciat presbiter signum crucis de crismate cum pollice in uertice eius dicens interim hanc orationem.

/Dominus uobiscum [fo. 143.

Deus omnipotens pater domini nostri ihesu christi qui te regenerauit ex aqua et spiritu sancto quique dedit tibi remissionem omnium peccatorum: ipse te linit† crismate salutis in eodem filio suo christo domino nostro in uitam eternam. Amen.

Postea induatur infans crismali sacerdote dicente. Accipe uestem candidam sanctam et inmaculatam quam perferas sine macula ante tribunal domini

[1] written over erasure.

nostri ihesu christi: ut habeas uitam eternam et uiuas in secula seculorum. Amen.

Et hoc dicto: tradat ei sacerdos candelam siue cereum in dextera manu accensum: ita dicendo.

Accipe lampadem[1] irreprehensibilem. custodi baptismum tuum serua mandata. ut cum uenerit dominus ad nuptias: possis ei occurrere una cum sanctis in aula celesti ut habeas uitam eternam. et uiuas in secula seculorum. Amen.

Hiis expletis: si episcopus /*affuerit: statim confir-* [fo. 143. b. *metur infans baptizatus. Et si legitime fuerit instructus et etas eius deposcerit: ipso instanti communicetur dicente episcopo.* Corpus domini nostri ihesu christi custodiat te in uitam eternam. Amen.

ORdo ad benedicendum sponsum et sponsam.

Primo dicatur dos eius. Deinde detur femina. Si puella est: aperta manu desponsetur. Si uidua: tecta manu. Et cum sacerdos incipiat dicere versus subsequentes super anulum. et anulus[1] *cum argento super scutum uel super librum ponatur. Vxorem quam uir recipiat in dei fidem seruandam sanam et infirmam. et teneat eam per dexteram manum in sua dextera. Et dicat sacerdos hos uersus.*

[1] ardentem: *not in MS.*

Manda deus uirtuti tue.

Confirma hoc deus quod operatus es in nobis.

A templo tuo in ierusalem: tibi offerent /reges munera. [fo. 144.

Increpa feras arundinis: congregatio taurorum in uaccis populorum ut excludant eos qui probati sunt argento. Gloria patri. Sicut erat.

Kyrieleison. Christeleison. Kyrieleison. Pater noster. Et ne nos.

Benedicamus patrem et filium cum sancto spiritu.

[2]Laudemus et superexaltemus.

[3]Laudemus dominum quem laudant angeli.

[4]Quem cherubin et seraphin sanctus sanctus sanctus proclamant.

[5]Domine exaudi oracionem meam. [2]Et clamor meus. Dominus uobiscum.

¶ *oracio.*

Creator et conseruator humani generis. dator gracie spiritualis largitor eterne salutis: tu domine mitte bene✠dictionem tuam super hunc anulum ut que illum gestauerit sit armata uirtute celestis defensionis et proficiat ad eternam salutem. Per dominum.

[1] *et anulus* has been repeated, and struck through with black line.

[2] *minister: in m.* [3] *sacerdos: in m.*

[4] *minister: in m.* [5] *sacerdos: in m*

Alia oracio.

Benedic domine hunc anulum quem nos in tuo sancto nomine benedicimus. /ut [fo. 144. b. quicunque† eum portauerit in tua pace consistat. et in tua uoluntate permaneat. et in amore tuo uiuat. et senescat. et multiplicetur in longitudinem dierum. per dominum.

Hoc finito accipiat sponsus anulum et incipiat a pollice sponse et dicat docente presbitero ad primum digitum. In nomine patris. *Responsio. Ad secundum:* et filii. *Responsio. ad tercium* et spiritus sancti amen. *De isto anulo te sponso. et de corpore meo te honoro.*[1]

Benedictio super illos.

Benedicti sitis a domino qui fecit mundum ex nichilo.

Oracio.

Deus abraham. deus ysaac. deus iacob: ipse coniungat ✠ uos. impleat benedictionem suam in uobis. per dominum nostrum.

Alia oracio.

Respice domine de celo super hanc conuentionem. et sicut misisti sanctum angelum tuum Raphaelem tobie et sare filie raguelis. /ita digneris [fo. 145. domine mittere ✠ benedictionem tuam super istos adolescentes: ut in tua uoluntate permaneant. et in tua securitate consistant: et in amore tuo uiuant et senescant. et multiplicentur in longitudinem dierum. per dominum.

Hic intrent in ecclesiam cantando hunc psalmum. Beati omnes qui timent dominum. *usque in finem.* Benedicat uos dominus ex syon: et uideatis que bona sunt in ierusalem omnibus diebus uite uestre. et uideatis filios filiorum: et pacem super israel.

Gloria patri. Sicut erat.

Kyrieleison. Christeleison. Kyrieleison. Pater noster. Et ne nos.

Saluum fac seruum: et ancillam tuam.

[1]Deus meus.

[2]Mitte eis domine auxilium de sancto.

[3]Et de syon.

[4]Esto eis domine turris fortitudinis.

[5]A facie inimici.

Domine exaudi oracionem meam.

Dominus uobiscum.

Si adolescentes fuerint.
Oracio.

Deus abraham. deus y/saac et deus iacob: [fo. 145. b. ✠ benedic adolescentes istos. et semina semen uite eterne in mentibus eorum. ut quicquid pro utilitate sua didicerint hoc facere cupiant: per ihesum christum recuperatorem hominum filium tuum unigenitum. Qui tecum et cum spiritu sancto uiuit et regnat deus. per omnia secula seculorum. Amen.

[1] These eleven words are written in red.

[1] *minister: in m.* [2] *sacerdos: in m.* [3] *minister: in m.* [4] *sacerdos: in m.* [5] *minister: in m.*

Oracio.

✠
Benedicat et custodiat uos deus pater ostendatque faciem suam in uobis : et misereatur uestri. Conuertat dominus uultum suum super uos. et det uobis pacem. impleatque uos christus omni benedictione spirituali in remissionem omnium peccatorum : ut habeatis uitam eternam et uiuatis in secula seculorum. Amen.

Oracio.

✠
Benedicere domine hunc famulum tuum et hanc famulam tuam. N. quesumus dignare. ut in tuo nomine concrescant. et pudiciciam conseruent tibique omnibus /uite sue diebus [fo. 146. deseruiant quatinus mundi peracto fine : tibi sine macula ualeant adherere. per dominum.

Super illos qui mature etatis sunt.
Oracio.

✠
DA domine quesumus benedictionem tuam super famulum tuum .N. famulamque tuam propicius. ut tibi subditi fiant atque iugiter deseruiant. per dominum.

Oracio.

✠
Benedic clementissime pater hanc famuli tui .N. famuleque tue conuentionem. et presta ut abstersis ab eis omnium peccatorum uinculis. amor in eorum cordibus diuine caritatis crescat qui tibi in tremendo iudicio placeat. Per christum.

Oracio.

Omnipotens sempiternus deus qui primos parentes nostros adam et euam sua uirtute creauit. eosque sua benedictione sanctificauit. et sancta societate copulauit : ipse corda et corpora
✠ ✠
uestra sanctificet et benedicat atque in societate sancta et amore uere dilecti/onis [fo. 146. b coniungat. per dominum.

Benedictio super illos.

✠
Benedicti sitis a domino qui creauit mundum ex nichilo qui in trinitate perfecta uiuit et regnat per omnia secula seculorum. Amen.

Ad missam officium.

* Benedicta sit sancta trinitas atque indiuisa unitas confitemini ei quia fecit nobiscum misericordiam suam. *Psalmus.* Benedicamus patrem. et filium cum. Gloria patri. et. Seculorum amen.*

Oracio.

Omnipotens sempiterne deus qui dedisti famulis tuis in confessione uere fidei eterne trinitatis gloriam agnoscere et in potentia maiestatis adorare unitatem : quesumus ut eiusdem fidei firmitate. ab omnibus semper mu/niamur aduersis: [fo. 147.

Alia Oracio.[1]

Exaudi nos omnipotens et misericors deus : ut quod nostro ministratur officio tua benedictione pocius impleatur : per dominum.

— Musical notes above these words.
[1] *immediate:* written in another hand above *oracio.*

1239

Lectio epistole beati pauli apostoli. Ad corinthios.

FRatres: Nescitis quoniam corpora uestra membra sunt christi? Tollens ergo membra christi faciens membra meretricis? Absit. An nescitis quoniam qui adheret meretrici unum corpus efficitur? Erunt enim inquid duo: in carne una. Qui autem adheret domino: unus spiritus est. Fugite fornicationem. Omne enim peccatum quodcunque fecerit homo: extra corpus est. Qui autem fornicatur: in corpus suum peccat. An nescitis quoniam membra uestra templum est† spiritus sancti qui in uobis est. quem habetis a deo et non estis uestri? Empti enim estis precio magno: glorificate et portate deum: in corpore uestro.

Gradale.

* Benedictus /es domine [fo. 147. b. qui intueris abyssos et sedes super cherubin. *Versus.* Benedictus es in firmamento celi et laudabilis et gloriosus in secula. [a[1]]lleluya.

Versus. Benedictus es domine deus patrum nostrorum et laudabilis in secula.*

Sequentia.

* Benedicta sit beata trinitas.*

Secundum Matheum.

IN illo tempore: Uenit ihesus in finibus iudee trans iordanem: et secute sunt eum turbe /multe. et curauit eos ubique. [fo. 148. Et accesserunt ad eum pharisei: temptantes eum et dicentes.

— Musical notes above these words.

[1] This *a* written small, left to be filled up afterwards with a large letter.

1240

Si licet homini dimittere uxorem suam quacunque ex causa? Qui respondens: ait eis. Non legistis quia qui fecit hominem ab inicio. masculum et feminam fecit eos: Et dixit. Propter hoc dimittet homo patrem et matrem et adherebit uxori sue: et erunt duo in carne una. Itaque iam non sunt duo: set una caro. Quos ergo deus coniunxit: homo non separet.

Offertorium.

* Benedictus sit deus pater unigenitusque dei filius sanctus quoque spiritus quia fecit nobiscum misericordiam su/am.* [fo. 148. b.

Secretum.

Sanctifica quesumus domine deus per tui sancti nominis inuocationem huius oblationis hostiam et per eam nosmetipsos tibi perfice munus eternum.

Aliud Secretum.

Suscipe quesumus domine domine[1] pro sacra coniugii lege munus oblatum et cuius largitor es operis: esto dispensator sanctitatis. per dominum.

Prefatio.

Qui cum unigenito.

Post sanctus prosternant se in oratione extenso pallio super eos. et antequam dicatur. Pax domini domini:[2] *faciat presbiter hanc orationem.*

Dominus uobiscum.

Oracio.

Propiciare domine supplicationibus nostris. et institutis tuis quibus propagationem hu-

— Musical notes above these words.

[1] struck through with two black lines.

[2] struck through with two lines in black.

1241

mani generis ordinasti, benignus assiste. ut quod te auctore coniungitur te auxiliante seruetur. per dominum.

Alia oracio.

Deus qui potestate uirtutis tue de nichilo cuncta creasti qui /dispositis uniuer- [fo. 149. sitatis exordii homini ad ymaginem dei facto. ideo inseparabile mulieris adiutorium condidisti. ut femineo corpori de uirili carne dares principium: docens quod ex uno placuisset institui: nunquam liceret disiungi. Deus qui tam excellenti misterio coniugalem copulam consecrasti. ut christi sacramentum et ecclesie presignaret in federe nuptiarum. Deus per quem mulier iungitur uiro. et societas principaliter ordinata ea benedictione donatur. que sola nec per originalis peccati penam nec per diluuium est ablata sentenciam. respice propicius super hanc famulam tuam que maritali iungenda est consortio. tuaque eam protectione conserua: sit in hac famula tua iugum dilectionis et pacis. fidelis et casta. nubat in christo: imitatrixque sanctarum permane/at [fo. 149. b. feminarum sit ut rachel amabilis uiro. sapiens ut rebecca. longeua et fidelis ut sara. nichil in ea ex actibus suis ille auctor preuaricationis usurpet. Nexa fidei mandatisque permaneat. uni thoro iuncta contractus illicitos fugiat. muniat infirmitatem suam robore discipline. Sit uerecundia grauis. pudore uenerabilis doctrinis celestibus erudita. Sit fecunda in sobole. sit probata et

1242

innocens. et ad beatorum requiem sanctorum et ad regna celestia perueniat. uideatque filios filiorum suorum usque in terciam et quartam progenie.† et ad optatam perueniat senectutem. per dominum.

Finita oratione amoto pallio statim surgent. Sequatur. Pax domini etc. *Ante clericum: sponsus osculetur sacerdotem et postea sponsam et nullum alium.*

Communio.

* Benedicimus deum celi et coram /omnibus uiuentibus [fo. 150. confitebimur ei quia fecit nobiscum misericordiam suam.*

Postcommunio.

Proficiat nobis ad salutem corporis et anime domine deus huius sacramenti susceptio. et sempiterne sancte trinitatis eiusdemque indiuidue unitatis confessio.

Alia sub eadem clausula.

Oracio.

Quesumus omnipotens deus instituta prouidentie tue pio† amore comitare: ut quos legittima societate connectis longeua pietate custodi: Per dominum.

Benedictio panis et uini unde sponsus et sponsa sument ibidem.

Bene✠dic domine hunc potum et hoc uasculum sicut benedixisti sex ydrias lapideas in chana galilee. sicut uinum de aqua fecisti: sic bene✠dicere et ✠sanctificare hunc potum et hoc uasculum perpetua benedictione.

— Musical notes above these words.

/digneris. ut quicunque [fo. 150. b. ex eo gustauerint : huius presentis prosperitatibus seculi uentureque uite gaudiis perfrui mereantur in celis : Per dominum.

Benedictio thalami.

Bene✠dic domine thalamum istum et omnes habitantes in eo ut in tua pace consistant : et in tua uoluntate permaneant. et in amore tuo uiuant et senescant et multiplicentur in longitudinem dierum. per dominum.[1]

Benedictio ad clericum faciendum.[2]

Adiutorium nostrum in nomine domini.

Sit nomen domini benedictum.

Dominus uobiscum.

Oremus dilectissimi fratres dominum nostrum ihesum christum pro [3]hoc famulo suo.[3] N. qui ad deponendam comam capitis sui pro eius amore exemplo beati petri apostoli festinat.[4]

[1] usque hic : *written in lower margin.*
[2] see fasc. ii. col. 527.
[3]—[3] his famulis suis : *written above line.*
[4] festinant : *written above line.*

ut donet ei[1] spiritum sanctum qui habitum religionis in eo[1] perpetuum conseruet. et a mundi impedi/mento uel secu- [fo. 151. lari desiderio [2]cor eius[2] defendat. ut sicut immutatur[3] uultu. ita dextera manus eius uirtutis ei[4] tribuat incrementa et abiecta omni cecitate spirituali uel humana : oculos eius[5] aperiat. et eterne gracie lumen ei[4] concedat. Qui uiuit.

Deinde super tonsorandos ponatur superpellicium. et pontifex hanc orationem.

Adesto domine supplicationibus nostris. et [6]hunc famulum tuum[6] .N. benedicere dignare cui[7] in tuo nomine habitum religionis imponimus. ut te auxiliante deuotus[8] in ecclesia tua persistere. et uitam percipere mereatur[9] eternam : per dominum.

Deinde omnes tonsurandi† *simul dicant hunc. ℣.*

Dominus pars hereditatis mee et calicis mei : tu es qui restitues hereditatem meam mihi.

Tunc incipiat psalmum. Conserua me domine. *Et repetatur psalmum. usque ad illum ℣.* Dominus pars.

/*Tunc quilibet tonsorandorum per se dicat eundem. ℣.* Dominus pars. *Interim pontifex ter incidat aliquam partem de capillis primo dicens.* In nomine patris.

[1] eis : *written above line.*
[2]—[2] corda eorum : *written above line.*
[3] immutantur : *written above line.*
[4] eis : *written above line.*
[5] eorum : *written above line.*
[6]—[6] hos famulos tuos : *written above line.*
[7] quibus : *written above line.*
[8] deuoti : *written above line.*
[9] mereantur : *written above line.*

secundo. et filii. *tercio.* et spiritus sancti. *Omnibus uero sic tonsis: dicatur residua pars psalmi cum.* Gloria patri. *Quo finito: omnes tonsorati simul dicant hunc V.* Dominus pars. *Postea incipiatur: Antiphona.* Hic accipiat benedictionem a domino. et misericordiam a deo salutari suo. quia hec est generatio querencium dominum. *psalmus.* Domini est terra. *et dicatur psalmus.*

Sequitur oracio.

Omnipotens sempiterne deus propiciare peccatis nostris et ab omni seruitute secularis habitus [1]hunc famulum tuum[1] .N. emunda. ut dum ignominiam secularis habitus deponit:[2] tua semper in euum gracia perfruatur.[3] et sicut similitudinem corone tue eum[4] gestare fecimus in capite: sic tua uirtute hereditatem subsequi /merea- [fo. 152. tur[5] eternam in corde: per dominum.

Item oratio.

Presta quesumus omnipotens deus: ut [6]hic famulus tuus[6] .N. cuius[7] hodie comam capitis pro amore diuino deposuimus in tua dilectione perpetuo maneat.[8] et eum[9] sine macula in sempiternum custodias: per dominum.

Deinde pontifex aspergat tonsoratos aqua benedicta et roget eos ut orent pro eo et precipue si superstites fuerint die obitus sui.

1—1 hos famulos tuos: *written above line.*
2 deponunt: *written above line.*
3 perfruantur: *written above line.*
4 eos: *written above line.*
5 mereantur: *written above line.*
6—6 hii famuli tui: *written above line.*
7 quorum: *written above line.*
8 maneant: *written above line.*
9 eos: *written above line.*

Qualiter ordines agantur.

Cantato misse introitu et dicta prima collecta dicat archidiaconus. Accedant qui ordinandi sunt hostiarii. *Tunc accedant hostiarii ad consecrandum. et cum ordinantur: tradat eis episcopus claues ecclesie dicens.* Sic agite quasi reddituri deo rationem. pro hiis rebus que istis clauibus recluduntur.

Tunc ducat eos archidiaconus ad hostium ecclesie. et tradat eis hostium.

Prefatio hostiariorum.

Deum patrem omnipotentem fratres /karissimi [fo. 152. b. suppliciter deprecemur. ut hos famulos suos bene✠dicere dignetur. quos in officium ostiariorum eligere dignatus est. ut sit eis fidelissima cura diebus ac noctibus ad distinctionem horarum ceterarum† ad inuocandum nomen domini nostri ihesu christi.

Oremus. Et diaconus.
Flectamus genua.
Leuate.

Domine sancte pater omnipotens eterne deus. bene✠dicere dignare hos famulos tuos in officio ostiariorum. ut inter ianitores ecclesie tuo pareant obsequio. et inter electos tuos partem tue mereantur habere mercedis. per dominum.

Tunc dicta prima lectione et dicto Gradali et oratione: dicat archidiaconus. Accedant qui ordinandi sunt lectores. *Tunc accedant et tradat eis episcopus codicem diuinarum lectionum dicens.*

Accipite et estote uerbi dei relatores. habituri si fideliter et deuote impleueritis officium /uestrum. partem cum [fo. 153. hiis qui uerbum dei ministrauerunt.

Sequitur prefacio lectorum.

Oremus dilectissimi deum patrem omnipotentem ut super hos famulos suos quos in ordinem lectorum dignatur assumere. ✠ benedictionem clementer infundat. quatinus distincte legant que in ecclesia dei legenda sunt : et eadem operibus impleant.

Oremus.

Flectamus genua. Leuate.

Oracio.

Domine sancte pater omnipotens eterne deus. benedicere dignare hos famulos tuos in officio lectorum. ut assiduitate lectionum distincti sint atque ordinati et agenda dicant. et dicta opere compleant. ut in utroque sancte ecclesie exemplo sanctitatis sue consulant : per.

Tunc lecta secunda lectione. et dicto responsorio et oratione dicat archidiaconus. Accedant qui ordinandi sunt exorciste. *Tunc accedant qui ordinandi sunt exorciste. et tradat episcopus librum in quo /scripti sunt exor-* [fo. 153. b. *cismi dicens.*

Accipite et commendate memorie et habetote potestatem imponendi manus super energuminos. siue baptizatos. siue cathecuminos.

Sequitur prefacio exorcistarum.

Deum patrem omnipotentem fratres karissimi supplices

deprecemur. ut hos famulos suos benedicere dignetur in officium exorcistarum. ut sint spirituales imperatores ad abiciendos demones de corporibus obssessis. cum omni nequicia eorum multiformi.

Oremus.

Flectamus genua. Leuate.

Benedictio exorcistarum.

Domine sancte pater omnipotens eterne deus. bene✠dicere dignare hos famulos tuos in officio exorcistarum. ut per imposicionem manuum et oris officium. potestatem et imperium habeant spiritus inmundos coercendi. ut probabiles sint medici ecclesie tue gracia cu-/ [fo. 154. rationum. uirtute celesti confirmati. Per.

Tunc finita tercia lectione et dicto gradali et oratione : dicat archidiaconus. Accedant qui ordinandi sunt acoliti. *Tunc ueniant qui ordinandi sun† acoliti et primum ab archidiacono accipiant ceroferarium cum cereo dicente sibi episcopo.*

Accipite ceroferarium cum cereo. ut sciatis uos ad accendenda ecclesie luminaria mancipari.

Accipiant et urceolum uacuum dicente sibi episcopo.

Accipite et urceolum. ad suggerendum uinum et aquam in eucharistiam sanguinis christi.

Sequitur prefacio acolitorum.

Deum patrem omnipotentem fratres karissimi suppliciter deprecemur. ut hos famulos suos benedicere dignetur. in ordine acolitorum. quatinus lumen uisibile manibus preferentes. lumen quoque spirituale moribus prebeant adiuuante domino nostro ihesu christo.

Oremus.

Flectamus ge/nua. [fo. 154. b. Leuate.

Benedictio acolitorum.

Domine sancte pater omnipotens eterne deus. qui per ihesum christum filium tuum et apostolos eius in hunc mundum lumen claritatis tue misisti. quique ut mortis nostre antiquum aboleres cyrographum gloriosissime illum crucis uexillo affigi ac sanguinem et aquam ex latere illius pro salute generis humani effluere uoluisti: bene✠dicere dignare hos famulos tuos in officio acolitorum. ut ad accendendum lumen ecclesie tue. et ad suggerendum uinum et aquam. ad conficiendum sanguinem christi filii tui in offerenda eucharistia. sanctis altaribus tuis fideliter subministrent. accende domine mentes eorum et corda ad amorem gracie tue. ut illuminati uultu splendoris tui. fideliter tibi in sancta ecclesia deseruiant. per eundem.

Item alia benedictio.

Domine sancte pater omnipotens eterne deus. qui ad moysen/et aaron locu- [fo. 155. tus es. ut accenderentur lucerne in tabernaculo testimonii bene✠dicere et sanc✠tificare dignare hos famulos tuos ut sint acoliti in ecclesia tua. Per dominum.

Item alia benedictio.

Omnipotens sempiterne deus. fons lucis et origo bonitatis.

qui per ihesum christum filium tuum lumen uerum. mundum illuminasti. eiusque passionis misterio redemisti: bene✠dicere dignare hos famulos tuos. quos in officio accolitorum consecramus: poscentes clementiam tuam. ut eorum mentes. et lumine scientie illustres et pietatis tue rore irriges ut ita perceptum ministerium te auxiliante peragant: quatinus ad eternam remunerationem peruenire mereantur: per eundem.

Tunc lecta quarta lectione et dicto Gradali et oratione: legatur quinta lectio. Angelus domini. *Deinde oratio misse et pro ordinatis. oratio.* Exaudi quesumus domine. *que pro ipsis. /ordinatis una cum* [fo. 155. b. *oratione de die ante epistolam sub una conclusione est dicenda: queratur in folio.*[1]

Qua expleta dicat archidiaconus. Accedant qui ordinandi sunt subdiaconi. *Accedentes igitur subdiaconi cum ordinantur quia manus imposicionem non accipiunt. patenam de manu episcopi accipiat† uacuam et calicem uacuum. De manu uero archidiaconi accipiant urceolum uacuum cum aquamanili ac manutergium dicente sibi episcopo.*

Uidete cuius ministerium uobis traditur. Ideo si usque nunc fuistis tardi ad ecclesiam: amodo debetis esse assidui. Si usque nunc sompnolenti: amodo uigiles. Si usque nunc ebriosi: amodo sobrii. Si usque nunc inhonesti: amodo casti. Ideo

[1] a space in MS. is here left. See below col. 1261.

1251

uos moneo. ut uos exhibeatis ita : ut deo placere possitis.

Prefacio subdiaconorum.

Oremus dominum ac deum nostrum fratres /karissimi ut super seruos [fo. 156. suos. quos ad subdiaconatus officium uocare dignatus est : effundat bene✠dictionem suam et graciam. ut in conspectu eius fideliter seruientes : predestinata sanctis premia consequantur. adiuuante domino ihesu christo.

Oremus. Flectamus genua. Leuate.

Domine sancte pater omnipotens eterne deus. bene✠dicere dignare hos famulos tuos quos ad subdiaconatus officium uocare dignatus es : ut eos in sacrario tuo sancto. strenuos solitosque celestis milicie instituas excubitores. sanctisque altaribus tuis fideliter subministrent. et requiescat super eos spiritus sapientie et intellectus spiritus consilii et fortitudinis. spiritus scientie et pietatis. et repleas eos spiritus timoris tui : et eos ministerio diuino conformes.† ut obedientes facto. atque dicto parentes. tuam graciam consequantur. per dominum nostrum. in unitate eiusdem.

Tunc tradat eis episcopus /manipulos : dicens. Accipe [fo. 156. b. manipulum imple ministerium tuum. potens est enim dominus ut augeat tibi graciam. Qui uiuit et regnat.

Pax tibi.

Ad induendam tunicam dicat episcopus.

1252

Induat te dominus uestimento salutis. et indumento iusticie circumdet te semper. *Qua indutus : statim legat epistolam. Sequatur Tractus.*

Deinde uocentur qui ordinandi sunt diaconi et sacerdotes archidiacono ita dicente. Recedant qui ordinati sunt subdiaconi. Accedant qui ordinandi sunt diaconi et sacerdotes. *Deinde accedentes qui ordinandi sunt diaconi et sacerdotes cum uestibus suis et titulis et stantibus cunctis prostrato episcopo ante altare cum sacerdotibus et leuitis ordinandis : incipiat canctor† letaniam. Cumque dictus fuerit uersus ille qui pro domno episcopo cantatur dicat ipse hos uersus.*

Ut electos istos benedicere digneris : te ro/gamus [fo. 157. audi nos.

Vt electos istos bene✠dicere et sancti✠ficare digneris. Te rogamus.

Vt electos istos bene✠dicere et sanctificare et consecrare digneris : Te rogamus.

Finita letania redeant sacerdotes electi ad loca sua remanentibus leuitis ad consecrandum. Quibus se inclinantibus solus episcopus qui eos benedicit manum super capita singulorum ponat dicens. secreto. Accipe spiritum sanctum. *Quia non ad sacerdocium set ad ministerium consecrantur.*

Sequitur prefacio consecracionis.

Oremus dilectissimi deum patrem omnipotentem. ut super hos famulos suos quos ad

1253

officium diaconatus assumere dignatus est: bene✠dictionis sue graciam clementer effundat. et consecrationis indulte propicius dona conseruet. et preces nostras clementer exaudiat. ut que nostro gerenda sunt ministerio: suo benignus prosequatur auxilio. et quos sa/cris misteriis [fo. 157. b. exequendis pro nostra intelligentia credimus offerendos: sua electione sanctificet.

Oremus. Flectamus genua. Leuate.

Exaudi domine preces nostras: et super hos famulos tuos spiritum tue benedictionis emitte. ut celesti munere ditati. et tue graciam possint maiestatis adquirere et bene uiuendi aliis exemplum prebere. per dominum. in unitate eiusdem.

*Per omnia secula seculorum. Amen.

Dominus uobiscum.

Sursum corda.

Gracias agamus domino deo nostro.

Uere dignum et iustum est equum et salutare: nos tibi semper et ubique gratias agere domine sancte /pater [fo. 158. omnipotens eterne deus. Honorum dator ordinumque* distributor. ac officiorum dispositor. qui in te manens innouas omnia. et cuncta disponis. per uerbum. uirtutem. sapientiamque tuam. ihesum christum filium tuum dominum nostrum. sempiterna prouidentia preparans: et singulis quibusque temporibus aptanda dispensas. Cuius corpus

— Musical notes over these words.

1254

ecclesiam uidelicet tuam celestium graciarum uarietate distinctam: suorumque connexam distinctione membrorum: per legem mirabilem compaginis tocius unitam. in augmentum templi tui crescere dilatarique largiris. sacri muneris seruitutem. in trinis gradibus ministrorum nomini tuo militare constituens: electis ab inicio leui filiis. qui in misticis operationibus domus tue fidelibus excubiis permanentes hereditatem bene/dic- [fo. 158. b. tionis eterne sorte perpetua possiderent. Super hos quoque famulos tuos quesumus domine placatus intende: quos tuis sacrariis seruituros in officium diaconi suppliciter dedicamus. Et nos quidem tanquam homines diuini sensus et summe rationis ignari: horum uitam quantum possumus estimamus. Te autem domine ea que nobis sunt ignota non transeunt: et occulta non fallunt. Tu cognitor es secretorum. tu scrutator es cordium: tu eorum uitam celesti poteris examinare iudicio: qui semper preuales et admissa purgare: et ea que sunt agenda concedere. Emite† in eos quesumus domine spiritum sanctum: quo in opus ministerii fideliter exequendi septiformis gracie tue munere roborentur. Habundet in eis tocius forma uirtutis: auctoritas modesta: pudor constans: innocentie puritas et spiritualis obseruantia disci/pline. [fo. 159. In moribus eorum precepta tua fulgeant: ut sue castitatis exemplo. imitatione† sancta plebs adquirat: et bonum conscientie testimonium preferentes. in christo firmi et stabiles perseuerent: dignisque successibus de inferiori gradu per graciam tuam capere pociora mereantur. Per eundem dominum nostrum ihesum christum filium tuum qui tecum uiuit et regnat in unitate eiusdem spiritus sancti deus per omnia secula seculorum. Amen.

Tunc ponat singulis super sinistrum humerum stolas dicens

In nomine sancte trinitatis accipe stolam immortalitatis. imple ministerium tuum. potens enim est deus ut augeat tibi graciam. qui uiuit et regnat per omnia secula seculorum.

Post hec tradat eis librum euangeliorum dicens.

In nomine sancte trinitatis accipe potestatem legendi euangelium in ecclesia dei. tam pro uiuis quam pro defunctis in nomine domini. Amen.

Sequitur communis benedicio. Dominus uobiscum.

Oracio.

/Domine sancte. fi-/ [fo. 159. b. dei spei. gracie. et profectuum munerator. qui in celestibus et terrenis angelorum ministeriis ubique dispositis. per omnia elementa uoluntatis tue diffundis effectum: hos quoque famulos tuos speciali dignare illustrare aspectu. ut tuis obsequiis expediti: sanctis tuis altaribus ministri puri accrescant. et indulgentia puriores. eorum gradu quos apostoli tui in septenario numero. beato stephano duce ac preuio. sancto spiritu auctore elegerunt: digni existant: et uirtutibus uniuersis quibus tibi seruiri oportet:

instructi polleant. per dominum nostrum. in unitate eiusdem.

Tunc ille qui lectuturus† est euangelium: benedictionem petat cui episcopus tradat dalmaticam dicens.

INduat te dominus uestimento salutis. et sit in corde et in ore tuo ad pronunciandum sanctum euangelium pacis.

Lecto euangelio antequam dica-/tur. Dominus uobis- [fo. 160. cum. *Electi sacerdotes accedant ad consecrandum et dicat archidiaconus eis.* Accedant qui ordinandi sunt sacerdotes. *Qui cum ordinantur benedicente eos episcopo et manum super capita eorum tenente etiam omnes presbiteri qui presentes sunt: manus suas super capita eorum leuatas teneant. et dicat episcopus super eos hanc prefacionem.*

Oremus dilectissimi deum omnipotentem. ut super hos famulos suos. quos ad presbiterii munus elegit. celestia dona multiplicet et quod eius dignatione suscipiunt. ipsius consequantur auxilio.

Oremus. Flectamus genua. Leuate.

Exaudi nos quesumus domine deus noster. et super hos famulos tuos bene✠dictionem sancti spiritus. et gracie spiritualis effunde uirtutem. ut quos tue pietatis aspectibus offerimus consecrandos: perpetua muneris /tui largitate prose- [fo. 160. b. quaris. per dominum. Per omnia secula seculorum.

Dominus uobiscum.

Sursum corda.

Gracias agamus domino deo nostro.

Uere dignum et iustum est equum et salutare : nos tibi semper et ubique gratias agere domine sancte pater omnipotens eterne deus :

Honorum dator et distributor omnium dignitatum. per quem cuncta firmantur : amplificatis semper in melius nature racionalis† incrementis : per ordinem[1] congrua ratione dispositum. Vnde et sacerdotales gradus atque officia leuitarum. sacramentis misticis instituta creuerunt : ut cum pontifices summos regendis populis prefecisses : ad eorum societatis et operis adiumentum : sequentis ordinis uiros et secunde dignitatis eligeres. Sic et in heremo per septuaginta uirorum prudencium mentes. moy/si [fo. 161. spiritum propagasti : quibus ille adiutoribus usus. in populo innumerabiles multitudines facile gubernauit. Sic et in eleazarum et ythamar filios aaron paterne plenitudinis habundantiam transfudisti : ut ad hostias salutares. et frequentioris officii sacramenta : ministerium sufficeret sacerdotum. Hac prouidentia domine apostolis filii tui. doctores fidei comites addidisti : quibus illi orbem totum secundis predicatoribus† impleuerunt. Quapropter infirmitati quoque nostre domine quesumus hec adiumenta largire : qui quanto fragiliores sumus : tanto hiis pluribus indigemus. Da

[1] nem : *written in m.*

quesumus omnipotens deus. in hos famulos tuos presbiterii dignitatem : innoua in uisceribus eorum spiritum sanctitatis : ut acceptum a te deus secundi meriti munus optineant : censuramque morum exemplo sue conuersationis insinuent. Sint /prouidi cooperatores [fo. 161. b. ordines nostri : eluceat in eis tocius forma iusticie : ut bonam rationem dispensationis sibi credite reddituri : eterne beatitudinis premia consequantur. *Hic mutet uocem quasi legendo.* Per eundem dominum nostrum filium tuum qui tecum uiuit et regnat in unitate eiusdem spiritus sancti deus per omnia secula seculorum. amen.

Hic reflectat episcopus stolam super humerum eorum dextrum dicens eis per singulos.

Accipe iugum domini. iugum enim eius suaue est. et onus eius leue.

Hic inuestiat eos casula dicens. ad unumquemque.

Stola innocentie induat te dominus. ℟. Deo gratias.

Vel. Accipe uestem sacerdotalem per quam caritas intelligitur. potens est enim deus ut augeat tibi caritatem et opus perfectum. Deo gratias.

Sequitur consecratio.

Dominus uobiscum.

Oremus.

Deus sanctificationum omnium auctor. cuius uera consecratio plenaque be/nedictio [fo. 162. est : tu domine super hos famulos tuos quos presbiterii honore dicamus†. munus tue benedictionis effunde. ut grauitate actuum. et censura uiuendi probent se esse seniores. Hiis instituti disciplinis. quas tyto et timotheo paulus exposuit. vt in lege tua die ac nocte meditantes : quod legerint credant. quod crediderint doceant quod docuerint imitentur. Iusticiam constanciam. misericordiam. fortitudinem ceterasque uirtutes in se ostendant. exemplo probent. admonitione confirment. ac purum et immaculatum ministerii sui donum custodiant. et per obsequium plebis tue panem et uinum in corpus et sanguinem filii tui immaculata benedictione transforment. et inuiolabili caritate in uirum perfectum in mensuram etatis plenitudinis christi. in die iusti /et eterni iudicii [fo. 162. b. conscientia pura. fidei plena. spiritu sancto pleni persoluant. per eundem. in unitate eiusdem.

Expleta autem hac oratione alta uoce incipiat episcopus.

Veni creator spiritus.

Postea accipiat oleum sanctum et faciens crucem super ambas manus dicat singulis.

Consecrare et sanctificare digneris domine manus istas. Per istam unctionem et nostram benedictionem. ut quecumque consecrauerint consecrentur et quecumque benedixerint benedicantur et sanctificentur in nomine domini ihesu christi.

Hoc facto accipiat patenam cum oblatis et calicem cum uino et det singulis ita dicens.

Accipe potestatem offerre sacrificium deo missamque cele-

— Musical notes above these words, and they are repeated in lower margin.

brare tam pro uiuis quam pro defunctis.[1] in nomine domini ihesu christi.

Tunc dicat pontifex.

Dominus uobiscum. *Oremus. Canteturque/ offertorium* [fo. 163. *totamque celebret missam usque post.* Libera nos quesumus domine.

Ad benedictionem dicat diaconus.

Humiliate uos ad benedictionem.

Benedictio.

Omnipotens deus sua uos clementia benedicat et sensum in uobis sapientie salutaris infundat. Amen.

Catholice fidei uos documentis enutriat. et in sanctis operibus perseuerabiles reddat. Amen.

Gressus uestros ab errore conuertat. et uiam uobis pacis et caritatis ostendat. Amen.

Quod ipse prestare dignetur. cuius regnum et imperium sine fine permanet in secula seculorum. Amen.

Benedictio dei omnipotentis. patris et filii et spiritus sancti. super uos descendat et maneat semper.

Data benedictione accedant ad pacem : et post communionem episcopi sacerdotes et leuite communicent si uoluerint. et antequam dicatur collecta ad seruicium conplendum. /ponat episco- [fo. 163. b. *pus manum super capita singulorum. dicens.*

Accipe spiritum sanctum quorum remiseris peccata remittentur eis. et quorum retinueris retenta erunt.

[1] *written over erasure ;* defunctis *has been written in m.*

Tunc trahat unicuique casulam deorsum per scapula† osculans eum et dicens.

Pax domini sit semper tecum.

Et unusquisque respondeat.

Et cum spiritu tuo.

Et per manus commendet se orationibus eorum. dicens.

Ora pro me frater.

Sequitur communis benedictio.

Benedictio ✠ dei ✠ patris omnipotentis et ✠ filii et spiritus sancti descendat super uos ut sitis benedicti in ordine sacerdotali. ut offeratis placabiles hostias pro peccatis atque offensionibus populi omnipotenti deo cui est honor et gloria per omnia secula seculorum. Amen.

Quibus expletis proponat eis episcopus.

Quia res quam tracturi estis satis periculosa est fratres karissimi moneo ut diligenter et honeste/ tocius misse [fo. 164. ordinem et consecrationem et fractionem atque communicationem ab aliis iam doctis sacerdotibus discatis priusquam missam cantare presumatis.

Hic iniungatur eis aliqua cotidiana penitencia. Ad te domine leuaui. *vel aliquis alius psalmus. Restat ut dicatur collecta misse ad complendum.*

Oracio que subsequitur pro ipsis ordinatis una cum oratione de die ante epistolam sub uno per dominum. est dicenda.

Exaudi quesumus domine supplicum preces et deuoto tibi pectore famulantes. perpetua

defensione custodi. ut nullis perturbationibus impediti. liberam seruitutem tuis semper exhibeamus officiis. Per.

Secretum.

Tuis quesumus. domine operare mysteriis: ut hec tibi munera dignis mentibus offeramus. per dominum.

Postcommunio.

Quos tuis domine reficis sacramentis. continuis attolle benignus auxiliis: ut tue/ redemptionis effectum. [fo. 164. b. et ministeriis capiamus et moribus: per.

Incipit benedictio super peram et baculum.

Deus omnipotens qui mundum ex informi materia fecisti. et unicum filium tuum tibi coeternum pro generis humani redemptione spiritu sancto cooperante incarnari iussisti. concede quesumus ut hanc peram et hunc baculum ✠ benedicere digneris. atque per uirtutem potencie tue ab hostibus contra nos dimicantibus iniuncta[1] permaneant. et quicun-

[1] *sic for* invicta: du *written in m. for* dubium.

1263

que ex eis pugnauerint incolumitatem tam corporis quam anime te adiuuante percipiant. per.

Hic aspergantur aqua benedicta et postea.

Kyrieleyson.
Christeleyson.
Kyrieleyson.
Pater noster. Et ne nos.
Ego dixi domine miserere mei.
Sana anima.†
Beati immaculati in uia.
Qui ambulant.
Vias suas dominus demonstret uobis.
Et semitas suas.
Utinam dirigantur uie uestre. ad custodas† iustifica/tiones [fo. 165. dei.
Exurge domine adiuua nos.
Et libera nos.
Domine exaudi.
Dominus uobiscum.

Oracio.

Deus infinite misericordie et maiestatis immense quem nec spacia locorum nec interualla temporum ab hiis quos tueris abiungunt. adesto famulo tuo in te ubique confidenti et per omnem quam iturus est uiam dux ei et comes esse dignare. nichil illi aduersitatis noceat. nichil difficultatis obsistat. cuncta eis† salubria. cuncta sint prospera. et sub ope dextere tue quicquid iuste expetierit desiderio. celeri consequatur effectu. per.

Ad dandam peram.

Accipe hanc peram signum peregrinationis. In nomine patris et filii et spiritus sancti. amen.

1264

Ad dandum baculum.

Per hunc baculum accipies benedictionem et misericordiam a deo salutari tuo. Qui uiuit et regnat cum deo patre.

Dominus /uobiscum[1] [fo. 165. b.

Oracio.

Omnipotens sempiterne deus qui es uia. ueritas. et uita. iter tuum in beneplacito suo disponat. angelum sanctum Raphaelem in hac peregrinatione tibi custodem adhibeat qui ad loca desiderata cum pace te eundo perducat. et cum salute iterum ad nos redeundo reducat. sit interuentrix tui beata dei genitrix maria cum uniuersis angelis et archangelis. patriarchis. quoque et prophetis. sint intercessores sancti apostoli Petrus et paulus cum ceteris apostolis et martyribus confessoribus et uirginibus. optineantque tibi sancti illi quorum queris suffragia cum omnibus sanctis. iusta desideria et prosperitatem remissionemque peccatorum. ac uitam eternam. Per dominum.

[1] usque hic: *written in m.*

Benedictio ad uestimenta sacerdotalia. siue leuitica. et ad lintheamina.

Dominus uobiscum.

Oracio.

/Uisibilium et in- [fo. 166. uisibilium creator deus. adesto propicius inuocationibus nostris: u[1] ornamenta sanctitatis effigiem pretendentia desuper gracia tua irrigante. tua ingenti benedictione per nostre humilitatis seruitutem. purificare ✠ benedicere. et consecrare digneris: ad laudem nominis tui: per christum dominum nostrum.

Item alia benedictio.

Dominus uobiscum.

Oracio.

Exaudi domine preces nostras et hec linthemina† aliaque indumenta. necnon et uasa sancti altaris et ecclesie tue atque sacri ministerii usui preparata. ✠ benedicere. et ✠ sanctificare digneris: per dominum. In nomine patris et filii. et spiritus sancti. amen.

Et aspergantur aqua benedicta.[2]

[1] Here two letters have been erased.

[2] Compare fasc. ii. col. 531.

INcipit[1] *ordo uisitandi infirmum.*

[2]*Ueniant fratres in chorum et induat sacerdos alba cum stola. sicque ordinata procesione† exeat cantore incipiente .vii.*[em] *psal/mos penitenciales.* [fo. 166. b. *At ubi peruenerint. aspergat eum sacerdos aqua benedicta. et incenset. Finitis .vii.*[tem] *psalmis subiungant.*

Kyrieleyson. Christeleyson. Kyrieleyson.

Pater noster. Et ne nos

Saluum fac seruum tuum

Deus meus sperantem.

Mitte ei[3] domine auxilium de sancto.

Et de syon.

Esto ei domine turris fortitudinis.

A facie inimici.

Domine exaudi orationem.

Et clamor.

Dominus uobiscum.

Oracio.

Deus qui famulo tuo ezechie ter quinos annos ad uitam donasti. ita famulum tuum a lecto egritudinis tua potentia erigat ad salutem. Per dominum.

Alia oracio.

Respice domine famulum tuum in infirmitate sui corporis laborantem. et animam refoue quam creasti: ut castigationibus emendatus continuo se sentiat tua medicina saluatum: per christum.

[1] Compare cap. xxxiii. of Abbot Ware's Consuetudinary. (British Museum, Otho, C. xi. fo. 140. b.)

[2] Before this word two or more letters have been erased.

[3] an 's' has apparently been erased after this word.

Alia oracio.

Deus qui facture tue pio semper dominaris affectu. inclina aurem tuam supplicationibus nostris. et famulum tuum ex aduersa ualitudine cor/poris laborantem pla- [fo. 167. catus respice. et uisita in salutari tuo. ac celestis gracie presta medicinam. Per christum.

Alia.

Deus qui humano generi et salutis remedium et uite eterne munera contulisti. conserua famulo tuo tuarum dona uirtutum: et concede ut medelam tuam non solum in corpore. set etiam in anima sentiat: Per christum.

Alia.

Uirtutum celestium deus. qui ab humanis corporibus omnem languorem et omnem infirmitatem precepti tui potestate depellis. adesto huic famulo tuo: ut fugatis infirmitatibus et uiribus receptis. nomen sanctum tuum instaurata protinus sanitate benedicat: Per christum.

Alia.

Domine sancte pater omnipotens eterne deus. qui fragilitatem condicionis nostre infusa uirtutis tue dignatione confirmas. ut salutaribus remediis pietatis tue corpora nostra et membra uegetentur: super /hunc famulum tuum propiciatus [fo. 167. b. intende. ut omni necessitate corporee infirmitatis exclusa. gracia in eo pristine sanitatis perfecte reparetur: per christum.

Alia.

Preueniat hunc famulum tuum quesumus domine misericordia tua. ut omnes iniquitates eius celeri indulgentia deleantur. Per christum.

Alia.

Adesto domine supplicationibus nostris. ne sit ab hoc famulo tuo clementie tue longinqua miseratio. sana uulnera. eiusque remitte peccata ut nullis a te iniquitatibus separatus. tibi domine semper ualeat adherere. Per dominum.

Hic confiteatur et ab omnibus absoluatur. Deinde cruce suppliciter deosculata: a cunctis fratribus osculetur et interim hec collecte dicantur.

Oracio.

Domine deus noster qui offensione nostra non uinceris set satisfactione placaris. respice quesumus ad hunc famulum tuum qui se tibi peccasse grauiter /confitetur. Tuum est abso- [fo. 168. lutionem criminum dare. et ueniam prestare peccantibus: qui dixisti penitentiam te malle peccatorum quam mortem. Concede ergo domine ut tibi penitentie excubias celebret: et correctis actibus suis conferri sibi a te sempiterna gaudia gratuletur. per dominum.

Alia Oracio.

Adesto domine supplicationibus nostris. et me qui etiam misericordia tua primus indigeo clementer exaudi: ut quem non electione meriti sed dono gracie tue constituisti huius operis ministrum. da fiduciam tui mu-

1269

neris exequendi. et ipse in nostro ministerio quod tue pietatis. est. operare. Per christum.

Alia.

Presta quesumus domine huic famulo tuo dignum penitentie fructum. ut ecclesie tue sancte. a cuius integritate diuiarat[1] peccando. admissorum reddatur innoxiis ueniam consequendo: per christum.

/*Alia.* [fo. 168.b.

Deus qui[2] humani generis benignissime conditor et misericordissime reformator. qui hominem inuidia diaboli ab eternitate deiectum unici filii tui sanguine redemisti: uiuifica hunc famulum tuum quem tibi nullatenus mori desideras. et qui non derelinquis deuium: assume correctum. Moueant pietatem tuam quesumus domine huius famuli tui lacrimosa suspiria. Tu eius medere uulneribus. tu iacenti manum porrige salutarem. ne ecclesia tua aliqua sui corporis porcione uastetur: ne grex tuus detrimentum sustineat. ne de familie tue dampno inimicus exultet: ne renatum lauacro salutari mors secunda possideat. Tibi ergo supplices preces. tibi fletum cordis effundimus. tu parce confitenti: ut sic in hac mortalitate /peccata sua [fo. 169. te adiuuante defleat. quatinus in tremendi iudicii die sentenciam dampnationis eterne euadat: et nesciat quod terret in tenebris. quod stridet in flammis. atque ab erroris uia ad iter reuersus

[1] *for* deuiarat: *the word has been altered.*
[2] qui: *apparently superfluous, but it is found in Abbot Ware's Consuetudinary.*

1270

iusticie nequaquam uulneribus saucietur: set integrum sit ei atque perpetuum. et quod gracia tua contulit: et quod misericordia reformauit. per eundem.

Dominus uobiscum. Oremus.

Omnipotens sempiterne deus qui[1] beatum apostolum tuum dixisti. infirmatur quis in uobis inducat presbiteros ecclesie et orent super eum unguentes eum oleo in nomine domini. et oracio fidei saluabit infirmum: et alleuabit eum dominus. et si in peccatis sit dimittentur ei: te suppliciter exoramus. ut hic famulus tuus per ministerium nostre unctionis et donum tue sancte pietatis. peccatorum suorum ueniam consequi: et ad uitam eternam /peruenire mereatur. [fo. 169. b. per dominum.

Post hec ungues eum ita dicendo.

Per istam unctionem et suam piissimam misericordiam. indulgeat tibi dominus quicquid peccasti per uisum. Per auditum. Per gustum. et per illicita uerba. Per odoratum. Per tactum. Per incessum. Per illicitas cogitationes. Per ardorem libidinis. ℟. Amen.

Postquam inunxeris eum ablues manus tuas et ipsam aquam ubi laueris facies uel in ignem proici. uel in sacrarium deferri.

Deinde dices. Dominus uobiscum. Oremus.

Deus misericors deus clemens. qui secundum multitudinem miserationum tuarum peccata

[1] per: *may be added:* du for *dubium* has been written in margin.

1271

penitentium deles et preteritorum criminum culpas uenia remissionis euacuas: respice super hunc famulum tuum. et remissionem sibi omnium peccatorum suorum tota cordis confessione poscentem. deprecatus exaudi. Renoua /in eo [fo. 170. piissime pater quicquid terrena fragilitate corruptum. uel quicquid diabolica frude† uiolatum est: et in unitate corporis ecclesie tue membrorum perfecta remissione restitue. Miserere domine gemituum eius. miserere lacrimarum. et non habentem fiduciam nisi in tua misericordia: ad sacramentum reconciliationis admitte. Per dominum.

Alia.

Maiestatem tuam domine supplices deprecamur. ut huic famulo tuo longo squalore penitencie macerato miserationis tue ueniam largiri digneris: ut nuptiali ueste recepta ad regalem mensam unde eiectus fuerat mereatur introire. per dominum.

Dominus uobiscum. Oremus.

Omnipotens sempiterne deus salus eterna credencium: exaudi nos pro famulo tuo pro quo misericordie tue imploramus auxilium. ut reddita sibi /sanitate: gratiarum tibi [fo. 170. b. in ecclesia tua referat actionem. Per dominum.

Alia.

Deus infirmitatis humane singulare presidium: auxilii tui super infirmum nostrum ostende uirtutem. ut ope mise-

1272

ricordie tue adiutus: ecclesie tue sancte incolumis representari mereatur. Per dominum.

Absolutio.

Dominus ihesus christus qui beato petro apostolo ceterisque discipulis suis licentiam dedit ligandi atque soluendi: ipse te[1] absoluat ab omni uinculo delictorum o .N. et quantum mee[2] fragilitati permittitur: [3]sis absolutus[3] ante tribunal domini nostri ihesu christi habeasque[4] uitam eternam: et uiuas[5] in secula seculorum. Amen.

Quibus subiungant capitulum hoc.

Parce domine parce famulo tuo quem redimere dignatus es precioso sanguine tuo: ne ineternum iras/caris ei. iii. [fo. 171.

Hoc dicatur tribus uicibus tam a presbitero quam a toto conuentu. ita ut presbiter prius dicat et conuentus repetat.

Deinde letania.

[6]Pater de celis deus: miserere anime famuli tui.

Fili redemptor mundi deus: miserere anime eius.

Spiritus sancte deus: miserere anime eius.

[1] uos: *written above line.*
[2] nostre: *written above line.*
[3]—[3] sitis absoluti: *written above line.*
[4] habeatisque: *written above line.*
[5] uiuatis: *written above line.*
[6] Here begins a collation of a manuscript in the British Museum, 2A xxii. fo. 206. b. Before Pater de celis 2A xxii. has: *Incipit commendatio anime exeuntis de corpore.* Parce domine parce famulo tuo quem redimere dignatus es precioso sanguine tuo. ne in eternum irascaris ei. *iij.* Compare also cap. xxxiiii. of Abbot Ware's Consuetudinary. (Otho C. xi. fo. 143. b.)

Sancta trinitas unus deus : miserere anime eius.

Qui es trinus et unus deus : miserere anime eius.

Sancte sanctorum deus : miserere anime eius.

Ipse idemque benignus deus : miserere anime eius.

Sancte saluator mundi deus : miserere anime eius.

Sancta maria intercede pro anima eius.

Sancta dei genitrix intercede pro anima eius.

Sancta uirgo uirginum intercede pro anima eius.

Sancte michael : intercede pro anima eius.

Sancte Gabriel : intercede pro anima eius.

Sancte Raphael : intercede pro anima eius.

Sancte Iohannes baptista : intercede pro anima eius.

Sancti Innocentes : /intercedite pro anima eius. [fo. 171. b.

Sancte petre : .ii.[1] intercede pro anima eius.

Sancte paule : intercede pro anima eius.

Sancte Andrea : intercede pro anima eius.

Sancte Iohannes : intercede pro anima eius.

Sancte Iacobe : intercede pro anima eius.

Sancte philippe : intercede pro anima eius.

Sancte bartholomee : intercede pro anima eius.

Omnes sancti apostoli : intercedite pro anima eius.

Sancte Stephane intercede pro anima eius.

[1] *written above* Petre *in* O. *om.* 2A xxii.

Sancte clemens : intercede pro anima eius.

[1]Sancte Alphege : intercede pro anima eius.[1]

Sancte laurenti : intercede pro anima eius.

Sancte Vincenti : intercede pro [2]anima eius.[2]

Omnes sancti martyres : intercedite pro [1]anima eius.[1]

Sancte edwarde : .ii.[3] intercede pro [1]anima eius.[1]

Sancte siluester : intercede pro [1]anima eius.[1]

Sancte martine : intercede pro [1]anima eius.[1]

Sancte Nicholae : intercede pro [1]anima eius.[1]

Sancte Dunstane : intercede pro [1]anima eius.[1]

Sancte Benedicte : .ii.[4] in/tercede pro [1]anima eius.[1] [fo. 172.

Sancte Maure : intercede pro [1]anima eius.[1]

Omnes sancti confessores : intercedite pro [1]anima eius.[1]

Sancta maria magdalene intercede pro anima eius.

Sancta felicitas : intercede pro [1]anima eius.[1]

Sancta perpetua : intercede pro [1]anima eius.[1]

[1]Sancta scolastica : intercede pro anima eius.[1]

Sancta katerina : intercede pro [5]anima eius.[5]

Omnes sancte uirgines intercedite pro anima eius.

[1]—[1] *om.* 2A xxii.

[2]—[2] Sancte Thoma intercede pro. Sancte Eadmunde intercede pro. Sancte Ælphege intercede pro : 2A xxii.

[3] *written above* Edwarde. *om.* 2A. xxii.

[4] *written above* Benedicte. *om.* 2A. xxii.

[5]—[5] Sancta scolastica intercede pro : 2A xxii.

Omnes sancti: intercedite pro anima eius.

Omnia sancta agmina sanctorum: intercedite pro anima eius.

Omnes sancti patriarche et prophete intercedite [1]pro anima eius.[1]

Omnes sancti monachi: intercedite pro [1]anima eius.[1]

Propicius esto: parce et dimitte ei peccata sua domine.

Propicius esto: dele omnes iniquitates eius domine.

Propicius esto: libera et defende animam eius domine.

Ab omni malo: libera animam eius domine.

Ab hoste malo: libera animam eius domine.

/A laqueis diaboli: [fo. 172. b. libera animam eius domine.

A peste demonum: libera animam eius domine.

At[2] timore inimicorum: libera animam eius domine.

Ab insidiis malignantium: libera animam eius domine.

Ab ira tua: libera animam [1]eius domine.[1]

Per sanctam annunciationem tuam: libera [1]animam eius domine.[1]

Per sanctam incarnationem tuam: libera [1]animam eius domine.[1]

Per sanctam circumcisionem tuam: libera [1]animam eius domine.[1]

Per sanctam apparicionem tuam: libera [1]animam eius domine.[1]

Per sanctum baptismum tuum: libera [1]animam eius domine.[1]

[1]—[1] *om.* 2A xxii. [2] A: 2A xxii.

Per sanctam passionem tuam: libera [1]animam eius domine.[1]

Per piissimam mortem tuam: libera [1]animam eius domine.[1]

Per sanctam descensionem tuam: ad inferos: libera [1]animam eius domine.[1]

Per gloriosam resurrectionem tuam: libera [1]animam eius domine.[1]

Per admirabilem ascensionem tuam: libera [1]animam eius domine.[1]

Per aduentum spiritus sancti paracliti: libera [1]animam eius domine.[1]

Per magnitudinem aduentus tui: libera [1]animam eius domine.[1]

Per ineffabilem po/tenciam tuam: libera [1]animam [fo. 173. eius domine.[1]

Per beatissimam genitricem tuam: libera [1]animam eius domine.[1]

Per suffragia angelica: libera [1]animam eius domine.[1]

Peccatores te rogamus audi nos.

Ut animam famuli tui de principibus tenebrarum et de locis penarum liberare digneris: te rogamus audi nos.

Ut cuncta eius peccata obliuioni perpetue tradere digneris: te rogamus [1]audi nos.[1]

Ut omnia uincula peccatorum eius absoluere digneris: Te rogamus.

Ut ei omnes lubrice temeritatis offensas dimittere digneris. Te rogamus.

Ut delicta iuuentutis eius et

[1]—[1] *om.* 2A xxii.

ignorantias ne reminiscaris: te rogamus [1]audi nos.[1]

Ut quicquid uiciorum fallente diabolo contraxit clementer indulgere digneris. Te rogamus.

Ut ab inferorum [2]cruciatibus eum[2] liberare digneris: Te rogamus.

Ut tua gracia succurrente mereatur /euadere [fo. 173. b. iudicium ultionis: te rogamus [1]audi nos.[1]

Ut eum in pacis ac lucis regione constituere digneris. Te rogamus.

Ut ei placidam et quietam mansionem tribuere digneris: te rogamus audi.[3]

Ut ei quietis beatitudinem et luminis claritatem largiri digneris: te rogamus.

Ut ei pacem et societatem in regno tuo cum sanctis et electis tuis donare digneris. Te rogamus.

Ut ei sanctum et gloriosum ac desiderabilem uultum tuum placabilem ostendere digneris: Te rogamus.

Ut nos exaudire digneris: Te rogamus.

Agnus dei qui tollis peccata mundi.[3] miserere anime eius.

Christe ihesu: miserere anime eius.

Agnus dei qui tollis peccata mundi: dona ei pacem eternamque felicitatem et gloriam sempiternam: Amen.

Post hec incipiat cantor. ℟. Subuenite sancti dei occurrite angeli domini suscipientes animam eius offe/rentes eam in conspec· [fo. 174.

[1]—[1] *om.* 2A xxii.
[2]—[2] eum cruciatibus: 2A xxii.
[3] *om.* 2A xxii.

tu altissimi .℣. Requiem eternam dona ei. domine et lux perpetua luceat ei. In conspectu.[1]

Subiungat sacerdos. Commendationem.[1]

Proficiscere anima christiana de hoc mundo in nomine dei patris omnipotentis qui te creauit. Amen.

In nomine ihesu christi filii eius qui pro te passus est. Amen.

In nomine spiritus sancti qui in te infusus est: Amen.

In nomine angelorum et archangelorum. Amen.

In nomine thronorum et dominationum. Amen.

In nomine principatuum et potestatum. et omnium celestium uirtutum. Amen.

In nomine cherubin et seraphin: Amen.

In nomine patriarcharum et prophetarum. Amen.

In nomine apostolorum et martyrum. Amen.

In nomine episcoporum et confessorum. Amen.

In nomine sacerdotum et leuitarum. et omnium ecclesie catholice graduum. Amen.

In nomine monachorum et anachoritarum. Amen.

In /nomine uirgi- [fo. 174. b. num et fidelium uiduarum hodie ut fiat in pace locus tuus. et habitatio tua in ierusalem celesti. Amen.

Suscipe itaque domine seruum tuum in bono. Amen.

Libera domine animam serui tui ex omnibus periculis infernorum et de locis penarum. et

[1] *om.* 2A xxii.

ex omnibus tribulationibus. Amen.

Libera domine animam serui tui sicut liberasti enoch et helyam de communi morte mundi. Amen.

Libera domine animam serui tui. sicut liberasti loth de sodomis et de flamma ignis. Amen.

Libera domine animam serui tui. sicut liberasti moysen de manu pharaonis regis egyptiorum. Amen.

Libera domine animam serui tui sicut liberasti ysaac de hostia et de manu patris sui abrahe. Amen.

Libera domine animam serui tui sicut liberasti iob de passionibus suis. Amen.

Libera domine animam serui tui sicut liberasti danielem de lacu leonum. Amen.

/Libera domine ani- [fo. 175. mam serui tui sicut liberasti tres pueros. de camino ignis ardentis et de manu regis iniqui. Amen.

Libera domine animam serui tui. sicut liberasti susannam de falso crimine. Amen.

Libera domine animam serui tui. sicut liberasti dauid de manu saul regis. et de manu golie. Amen.

Libera domine animam serui tui sicut liberasti petrum et paulum de carceribus. Amen.

Sic liberare digneris animam serui tui[1]: et tecum habitare in bonis celestibus concedas. Per dominum nostrum.[2]

℟. Subuenite sancti dei occurrite angeli domini suscipientes animam

[1] omnia: *written in m.* O. *not in* 2A xx.

[2] *Cum mortuus fuerit: incipiant commendationem hoc modo*: 2A xxii.

eius[1] offerentes eam[2] in conspectu altissimi. ℣. Suscipiat eam[2] christus qui uocauit et in sinu abrahe. angeli deducant. Offerentes.

Oremus.

Tibi domine commendamus animam [3]famuli tui[3] .N. ut defunctus[4] seculo tibi uiuat.[5] et que per fragilitatem mundane conuersationis peccata /admisit.[6] tu uenia misericordis- [fo. 175. b. sime pietatis absterge: Per Christum.[7]

Oremus.[8]

Misericordiam. tuam domine sancte pater omnipotens eterne deus pietatis affectu pro aliis rogare cogimur. qui pro nostris supplicare peccatis: nequaquam sufficimus. tamen de tua confessi[9] gratuita pietate et solita benignitate clementiam tuam deposcimus. ut animam [3]famuli tui.[3] N. ad te reuertentem[10]: cum pietate suscipias. Assit ei[11] angelus testamenti tui michael. et per manus sanctorum angelorum tuorum inter sanctos et electos tuos in sinibus abrahe. ysaac et iacob patriarcharum tuorum eam[12] collocare digneris. quatinus liberata[13] de principibus

[1] animas eorum: *written above line* 2A xxii.

[2] eas: *written above line* 2A xxii.

[3]—[3] *ancille tue*: *written over line in* O. animas famulorum tuorum: *written over line* 2A xxii.

[4] *defuncta*: *written over line in* O. Defuncti: *written over line in* 2A xxii.

[5] uiuant: *written over line* 2A xxii.

[6] admiserunt: *written over line* 2A xxii.

[7] *om.* 2A xxii.

[8] *Alia*: 2A xxii.

[9] confisi: 2A xxii.

[10] reuertentes: *written over line* 2A xxii.

[11] eis: *written over line* 2A xxii.

[12] eas: *written over line* 2A xxii.

[13] liberate: *written over line* 2A xxii.

tenebrarum et de locis penarum: nullis iam primeue natiuitatis uel ignorancie aut proprie iniquitatis. seu fragilitatis confundatur[1] erroribus. set pocius agnosca/tur[2] a tuis: et [fo. 176. sancte beatitudinis requie perfruatur.[3] atque cum magni iudicii dies aduenerit: inter sanctos et electos tuos resuscitatus[4] gloria manifeste contemplationis tue perpetuo sacietur.[5] per dominum.

[6]*Hiis finitis subiungat cantor.*[6] *Antiphonam.* Suscipiat te[7] christus qui uocauit te[7] et in sinum abrahe angeli deducant te.[7] *Psalmus.* In exitu israel.[8]

Oremus.

Omnipotens sempiterne deus qui [9]humano corpori animam[9] ad similitudinem tuam inspirare dignatus es. dum te iubente puluis in puluerem reuertitur. tu [10]ymaginem tuam[10] cum sanctis et electis tuis eternis sedibus precipias sociari. eamque[11] ad te reuertentem[12] de egypti partibus. blande leniterque suscipias. et

angelos tuos sanctos ei[1] obuiam mittas. uiamque illi[2] iusticie demonstra: et portas glorie tue aperi. Repelle quesumus domine ab ea[1] omnes /principes tenebrarum. et agnosce [fo. 176. b. depositum fidele quod tuum est. Suscipe domine [3]creaturam tuam[3] non ex diis alienis creatam.[4] set a te. solo deo uiuo et uero. quia non est alius deus preter te: et non est secundum opera.[5] Letifica clementissime deus animam [6]serui tui.[6] et clarifica eam[7] in multitudine misericordie tue. Ne memineris quesumus iniquitatum eius[8] antiquarum et ebrietatum quas suscitauit. furor[9] mali desiderii. Licet enim peccauerit[10]: tamen te non negauit.[11] set signo fidei insignitus[12] te qui omnia et eum[13] inter omnia fecisti: fideliter adorauit.[14] Qui uiuis [15]et regnas deus. per omnia.

Cantor.[15] *Antiphona.* Chorus angelorum te[16] suscipiat et in sinu abrahe ibi te[16] collocet ut cum lazaro quodam paupere eternam

[1] confundantur: *written above line* 2A xxii.
[2] agnoscantur: *written above line* 2A xxii.
[3] perfruantur: *written above line* 2A xxii.
[4] resuscitate: *written above line* 2A xxii.
[5] satientur: *written above line* 2A xxii.
[6]—[6] *om.* 2A xxii.
[7] uos: *written above line* 2A xxii.
[8] *om.* 2A xxii.
[9] humanis corporibus animas: *written above line* 2A xxii.
[10] ymagines tuas: *written above line* 2A xxii.
[11] easque: *written above line* 2A xxii.
[12] reuertentes: *written above line* 2A xxii.

[1] eis: *written above line* 2A xxii.
[2] illis: *written above line* 2A xxii.
[3] creata *altered into* creaturas tuas *written above line* 2A xxii.
[4] creatas: *written above line* 2A xxii.
[5] tua: *add.* 2A xxii.
[6]—[6] ancille tue: *written over line in* O. animas seruorum tuorum: *written above line* 2A xxii.
[7] eas: *written above line* 2A xxii.
[8] eorum: *written above line* 2A xxii.
[9] Repeated and struck out in O.
[10] peccauerint: *written above line* 2A xxii.
[11] negauerunt: *written above line* 2A xxii.
[12] *insignita: written above line in* O. insigniti: *written above line* 2A xxii.
[13] *eam: written above line in* O.
[14] adorauerant: *written above line* 2A xxii.
[15]—[15] *om.* 2A xxii.
[16] uos: *written above line* 2A xxii.

habeas[1] requiem. *Psalmus.* Dilexi quoniam [2]exaudiet dominus.[2] *usque* Ad dominum cum tribularer.

Oremus.

Diri uulneris nouita/te [fo. 177. perculsi. et quodammodo cordibus sauciati misericordiam tuam mundi redemptor flebilibus uocibus imploramus [3]ut [4]cari nostri[4] animam ad te qui fons pietatis es reuertentem.[5] blande leniterque suscipias. et quas illa[6] ex carnali commemoratione contraxit[7] maculas. tu deus solita bonitate clementer deleas. pie indulgeas. obliuioni perpetue tradas: atque [8]hanc laudem[8] tibi cum ceteris reddituram.[9] et ad [10]corpus proprium[10] quandoque reuersuram[11] : sanctorum tuorum cetibus aggregari precipias. qui cum deo [12]patre et spiritu sancto uiuis et regnas deus. Per.

Hic roget sacerdos pro eo orare ita dicendo.[12]

Pater noster. Et ne nos.

[1] habeatis : *written above line* 2A xxii.
[2]—[2] *om.* 2A xxii.
[3] *written above line in* O.
[4] *care nostre : written above line in* O. carorum nostrorum animas : *written above line* 2A xxii.
[5] reuertentes : *written above line* 2A xxii.
[6] ille : *written above line* 2A xxii.
[7] contraxerunt : *written above line* 2A xxii.
[8]—[8] has laudes : *written above line* 2A xxii.
[9] reddituras : *written above line* 2A xxii.
[10]—[10] corpora propria : *written above line* 2A xxii.
[11] reuersuras : *written above line* 2A xxii.
[12]—[12] *om.* 2A xxii.

Non intres in iudicium cum [1]seruo tuo[1] domine.

Requiem eternam [2]dona eis domine.[2]

A porta inferi.

Dominus uobiscum.

Oremus.

Partem beate resurrectionis obtineat.[3] uitamque eternam habere mereatur[4] in celis : per /te christe ihesu [fo. 177. b. saluator mundi. Qui cum deo patre.[9]

Oremus.[5]

Deus cui soli competit medicinam prestare post mortem tribue quesumus ut anima [6]famuli tui[6] terrenis exuta[7] contagiis : in tue redemptionis parte numeretur.[8] Per christum dominum.[9]

Oremus.[10]

Suscipe domine animam [6]famuli tui[6] reuertentem[11] ad te ueste celesti indue eam[12] et laua eam[12] sancto uite eterne fonte. ut inter gaudentes gaudeat.[13] et inter

[1]—[1] *ancilla tua ; written above line in* O. seruis tuis : *written above line* 2A xxii.
[2]—[2] *om.* 2A xxii.
[3] obtineant : *written above line* 2A xxii.
[4] mereantur : *written above line* 2A xx
[5] *Alia oratio :* 2A xxii.
[6]—[6] *ancille tue : written above line in* O. anime famulorum tuorum : *written above line* 2A xxii.
[7] exute : *written above line* 2A xxii.
[8] numerentur : *written above line* 2A xxii.
[9] *om.* 2A xxii.
[10] *Alia :* 2A xxii.
[11] reuertentes : *written above line* 2A xxii.
[12] eas : *written above line.*
[13] gaudeant : *written above line* 2A xxii.

sapientes sapiat.[1] et inter martyres [2]coronata consideat.[2] et inter patriarchas et prophetas proficiat.[3] et inter apostolos christum sequi studeat[4] et inter angelos et archangelos claritatem dei semper uideat :[5] et inter paradysi rutilos lapides. gaudium possideat.[6] et inter cherubin noticiam mysteriorum dei agnoscat :[7] et inter seraphin caritatem dei inueniat.[8] /et inter uiginti quatuor seniores [fo. 178. cantica canticorum audiat :[9] et inter lauantes stolas in fonte luminis uestem lauet.[10] et inter pulsantes depulsans portas apertas celestis ierusalem reperiat :[11] et inter uidentes deum facie ad faciem uideat[12] et inter cantantes canticum nouum cantet :[13] et inter audientes auditum celestis soni audiat.[14] Per eundem.[15]

Quando pergunt fratres obuia corpori dicant hos psalmos. Miserere mei deus. *Psalmus.* Deus

[1] sapiant : *written above line* 2A xxii.
[2—2] coronate consideant : *written above line* 2A xxii.
[3] proficiant : *written above line* 2A xxii.
[4] studeant : *written above line* 2A xxii
[5] uideant : *written above line* 2A xxii.
[6] possideant : *written above line* 2A xxii.
[7] agnoscant : *written above line* 2A xxii.
[8] inueniant : *written above line* 2A xxii.
[9] audiant : *written above line* 2A xxii.
[10] lauent : *written above line* 2A xxii.
[11] reperiant : *written above line* 2A xxii.
[12] uideant : *written above line* 2A xxii.
[13] cantent : *written above line* 2A xxii.
[14] audiant : *written above line* 2A xxii.
[15] Here collation of 2A xxii ends, as 2A xxii passes to *Placebo.* (see below col. 1311.)

in nomine tuo. *Psalmus.* Miserere mei deus mserere† mei. *Psalmus.* Ad dominum cum tribularer. et alios qui secuntur donec ad illud perueniat. *Deinde moneat ut orent pro eo. dicendo.* Pater noster. Et ne nos : Non intres in iudicium cum seruo tuo domine : Requiem eternam. A porta inferi. Dominus uobiscum.

Oremus.

Suscipe [1]animam serui tui.[1] N. quam[2] de ergastulo seculi huius uocare dignatus [fo. 178. b. /es : et libera eam[3] de principibus tenebrarum et de locis penarum. ut absoluta[4] omnium uinculis peccatorum. quietis ac lucis eterne beatitudine perfruatur :[5] et inter sanctos et electos tuos in resurrectionis gloria resuscitari mereatur.[6] Per dominum.

Oremus.

Suscipe domine [7]seruum tuum.[7] N. in habitaculum eternum. et da ei[8] requiem et regnum ierusalem celeste. et eum[9] in sinibus patriarcharum tuorum abrahe. ysaac et iacob collocare digneris : ut habeat partem in prima resurrectione et inter surgentes surgat.[10] et inter suscipientes corpora in die resurrectionis corpus suum suscipiat :[11] et

[1—1] animas ancille eorum tue eorum : *written above line.*
[2] quas : *written above line.*
[3] eas : *written above line.*
[4] absolute : *written above line.*
[5] perfruantur : *written above line.*
[6] mereantur : *written above line.*
[7—7] ancillam tuam seruos tuos : *written above line.*
[8] eis : *written above line.*
[9] eam eos : *written above line.*
[10] surgant : *written above line.*
[11] suscipiant : *written above line.*

1287

cum benedictis ad dexteram dei uenientibus ueniat.[1] et inter possidentes uitam eternam possideat.[2] Per eundem.

Post hec portetur in ecclesiam corpus ab eis qui lauerant. cantore in/cipiente. [fo. 179.

℟. Subuenite sancti dei occurrite angeli domini suscipientes animam eius offerentes eam in conspectu altissimi. ℣. Suscipiat eam christus qui uocauit et in sinum abrahe angeli deducant. offerentes ℟. Libera me domine de uiis inferni qui portas ereas confregisti et uisitasti infernum et dedisti eis lumen ut uiderent te qui erant in penis tenebrarum. ℣. Clamantes et dicentes aduenisti redemptor noster. Qui portas. Pater noster. ℣. Requiem eternam. dona ℣. A porta inferi.

Oracio.

Inclina domine. aurem.

Deinde dicat omnibus inclinatis.

Oremus.

Non intres in iudicium cum [3]seruo tuo[3] domine quoniam nullus apud te iustificabitur homo: nisi per te omnium peccatorum tribuatur remissio. Non ergo eum[4] quesumus iudicialis sentencia premat: quem[5] tibi supplicatio uera fidei christiane commendat. set gracia tua illi succurrente mereatur[6] euadere /iudicium ultionis: [fo. 179. b. qui dum [7]uiueret insignitus est[7] signaculo trinitatis. Qui uiuis

1288

et regnas cum deo patre in unitate spiritus sancti deus: per omnia secula seculorum. Amen.

Subiungant predicti† *duo fratres.* ℟. Qui lazarum resuscitasti a monumento fetidum tu ei[1] domine dona requiem et locum indulgentie. ℣. Requiem eternam dona ei[1] domine et lux perpetua luceat ei.[1] Et locum. Kyrieleyson. Christeleyson. Kyrieleyson. *Dum canitur. responsorium. sacerdos incenset altare quod ibi est et postea corpus deinde dicat. oracionem.*

Oremus.

Deus cui omnia uiuunt et cui non pereunt moriendo corpora nostra set mutantur in melius. te supplices deprecamur: ut quicquid uiciorum tueque uoluntati contrarium anima [2]famuli tui[2] fallente diabolo et propria iniquitate atque fragilitate contraxit[3] tu pius et misericors abluas indulgendo. eamque[4] suscipi iubeas per manus sanctorum/angelorum tuorum [fo. 180. deducendam[5] in sinum patriarcharum tuorum abraham scilicet amici tui et ysaac electi tui atque iacob dilecti tui. quo aufugit dolor et tristicia atque suspirium. fidelium quoque anime felici iocunditate letantur: et in nouissimo magni iudicii die inter sanctos et electos tuos eam facias perpetue glorie percipere portionem. quam oculus non uidit. et auris non audiuit: et in cor hominis non ascendit. que preparasti dili-

[1] ueniant : *written above line.*
[2] possideant : *written above line.*
[3]—[3] ancilla tua seruis tuis : *written over line.*
[4] eam eos : *written over line.*
[5] quam quos : *written over line.*
[6] mereantur : *written over line.*
[7] uiuerent insignita insigniti sunt : *written over line.*

[1] eis : *written over line.*
[2]—[2] famulorum tuorum, famule tue : *written over line.*
[3] contraxerunt : *written over line.*
[4] easque : *written over line.*
[5] deducendas : *written over line.*

gentibus te: per dominum nostrum ihesum christum filium tuum qui uenturus est iudicare uiuos et mortuos et seculum per ignem.

Iterum illi duo dicant. ℟. Heu michi domine quia peccaui nimis in uita mea quid faciam miser ubi fugiam nisi ad te deus meus miserere mei dum ueneris in nouissimo die. ℣. Anima mea turbata est ualde. set tu domine succurre e†. In nouissimo die. Kyrieleyson. Christeleyson. /Kyrieleyson. [fo. 180. b.

Sacerdos incenset altare et corpus. Deinde dicat oracionem. Oremus.

Fac nos domine hanc cum [1]seruo tuo[1] misericordiam. ut factorum suorum in penis non recipiat[2] uicem: qui[3] tuam in uotis tenuit[4] uoluntatem. et quia hic illum[5] uera fides iunxit fidelium turmis: illic eum[6] tua miseratio societ angelicis choris. Per dominum.

℟. Libera me domine de morte eterna in die illa tremenda quando celi mouendi sunt et terra. dum ueneris iudicare seculum per ignem. ℣. Timor magnus et tremor erit dum discusseris domine actus cuiusque nostrum. Quando. ℣. Dies illa dies ire calamitatis et miserie dies magna et amara ualde. Quando. ℣. Suscita nos clemens nunc domine a torpore mortis anime ne secunda mors reos absorbeat dum tua maiestas iudex uenerit. Iudicare. ℣. Tremens factus sum ego et timeo dum discussio uenerit atque

[1] seruis tuis ancilla tua: *written over line.*
[2] recipiant: *written over line.*
[3] que: *written over line.*
[4] tenuerunt: *written over line.*
[5] illam, illos: *written over line.*
[6] eam eos: *written over line.*

uentura ira. Dum ueneris. ℣. /Plangent se super se omnes [fo. 181. tribus terre uix iustus saluabitur et ego miser ubi parebo. Dum ueneris. ℣. Quid ergo miserimus quid dicam uel quid faciam dum nil boni perferam ante tantum iudicem. Quando. ℣. Nunc te christe deprecor miserere peto qui uenisti redimere perditum ueni saluare redemptum. Dum. ℣. Creator omnium rerum deus qui me de limo terre formasti et mirabiliter proprio sanguine redemisti corpusque meum licet modo putrescat de sepulchro facias in die iudicii resuscitari exaudi me ut animam meam in sinu abrahe patriarche tui iubeas collocari. Quando. ℟. Libera me domine.

Finitis uersibus dum iteratur Responsorium. sacerdos incenset magnum altare. ac deinde paruum. et postea corpus. Deinceps roget pro eo orari ita dicendo.

Pater noster. Et ne nos. ℣. Non intres in iudicium. ℣. A porta inferi. Dominus uobiscum.

Oremus.

Inclina domine aurem tuam ad preces /nostras qui- [fo. 181. b. bus misericordiam tuam supplices deprecamur ut [1]animam famuli tui.[1] N. quam[2] de hoc seculo migrare iussisti in pacis ac lucis regione constituas: et sanctorum tuorum iubeas esse consortem. Per dominum.

Post hec incipiat cantor.

Antiphona. In paradisum deducant te angeli in suo conuentu suscipiant te martyres et perducant te in ciuitatem sanctam ierusalem. *Ps.* In exitu israel. *Ps.* Ad te domine leuaui. Si opus fuerit.

[1—1] animas famulorum tuorum famule tue: *written above line.*
[2] quas: *written above line.*

Tunc exeat processio ante. deinde priores. et post omnes portetur. corpus defuncti. Et cum exierint pulsentur omnia signa. Expleta autem antiphona dicat sacerdos.

Oremus.

Rogamus te domine sancte pater omnipotens eterne deus. ut digneris bene✠dicere et ✠sanctificare hoc sepulchrum et[1] in eo collocandum : ut sit salubre remedium in eo quiescenti. et redemptio anime eius. atque tutela et munimen contra /iacula inimici. Per dominum. [fo. 182.

Oracio.

Pie recordationis affectu fratres karissimi commemorationem faciamus [2]cari nostri quem[2] dominus de temptationibus huius seculi assumpsit. obsecrantes misericordiam dei nostri ut ipse ei[3] tribuere dignetur placidam et quietam mansionem et remittat omnes lubrice temeritatis offensas. ut concessa uenia plene indulgentie quicquid in hoc seculo proprio uel alieno reatu deliquit[4] : totum ineffabili pietate sua deleat et abstergat. Per dominum nostrum ihesum christum filium suum. qui cum eo uiuit et regnat in unitate spiritus sancti deus per omnia secula seculorum. Amen.

Tunc aperiatur sepulchrum et aspergatur aqua benedicta atque incensetur cantore incipiente.

Antiphona. Aperite michi portas iusticie et ingressus in eas confitebor

[1] corpus : *not in manuscript.*
[2]—[2] carorum nostrorum quos care nostre quam : *written above line.*
[3] eis : *written above line.*
[4] deliquerunt : *written above line.*

domino hec porta domini iusti intrabunt in ea†. *Ps.* Confitemini domino quoniam.

Oracio.

/Obsecramus miseri- [fo. 182. b. cordiam tuam eterne deus. qui hominem ad ymaginem tuam creare dignatus es. ut [1]animam famuli tui.[1] N. quam[2] hodierna die rebus humanis eximi et ad te accersiri iussisti blande leniterque suscipias. Non ei[3] dominentur umbre mortis. nec tegat eam[4] chaos et caligo tenebrarum : set exuta[5] omnium criminum labe in sinu abrahe patriarche collocata[6] locum lucis et refrigerii se adeptam[7] esse gaudeat.[8] et cum dies iudicii aduenerit : cum sanctis et electis tuis eam[4] resuscitari iubeas. per dominum.

Tunc duo fratres albis induti operientes capita sua amictibus. accipiant corpus. et collocent in sepulchro dum cantor incipit.

Antiphona. Ingrediar in locum tabernaculi admirabilis usque ad domum dei. *Ps.* Quemadmodum.

Oracio.

Oremus fratres karissimi pro spiritu [9]cari nostri quem[9] dominus de /laqueo [fo. 183. huius seculi liberare dignatus est. cuius[10] corpusculum modo

[1]—[1] animas famulorum tuorum famule tue : *written over line.*
[2] quas : *written over line.*
[3] eis : *written over line.*
[4] eas : *written over line.*
[5] exute : *written over line.*
[6] collocate : *written over line.*
[7] adeptas : *written over line.*
[8] gaudeant : *written over line.*
[9]—[9] carorum nostrorum quos care nostre quam : *written over line.*
[10] quorum : *written over line.*

sepulture traditur.[1] ut eum[2] pietas domini in sinu abrahe ysaac et iacob collocare dignetur et cum dies iudicii aduenerit : inter sanctos et electos tuos eum in parte dextera collocandum[3] resuscitari faciat. Prestante domino nostro ihesu christo. qui cum eo uiuit et regnat deus in unitate spiritus sancti : per omnia secula seculorum.

Alia oracio.

Deus qui iustis supplicationibus semper presto es. qui pia uota dignaris intueri da [4]famulo tuo.[4] N. cuius[5] depositioni hodie officium humanitus† exhibemus : cum sanctis ac fidelibus tuis beati muneris portionem. Per.

Cantor. Antiphona.

Hec requies mea in seculum seculi hic habitabo quoniam elegi eam. *Ps.* Memento domine dauid.

Aspergatur aqua benedicta corpus et incensetur.

Oracio.

Deus uite dator et humanorum /corporum [fo. 183. b. reparator qui te a peccatoribus exorari uoluisti. exaudi preces quas speciali deuotione pro [6]anima famuli tui.[6] N. tibi humiliter fundimus : ut liberare eam[7] ab infernorum[8] cruciatibus et collocare inter agmina sanct-

[1] traduntur : *written over line.*

[2] eos eam : *written over line.*

[3] collocandam collocandos : *written over line.*

[4]—[4] famule tue famulis tuis : *written over line.*

[5] quorum : *witten over line.*

[6]—[6] animabus famule tue famulorum tuorum : *written over line.*

[7] eas : *written over line.*

[8] *written over erasure and* infernorum *has been written in margin and struck through.*

orum tuorum digneris. ueste quoque celesti et stola immortalitatis indui : et in paradysi amenitate confoueri iubeas. per dominum.

Alia.

Deus qui humanarum animarum eternus amator es. animam [1]famuli tui.[1] N. quam[2] uera dum in corpore maneret tenuit fides : ab omni cruciatu inferorum redde extorrem.[3] ut segregata[4] ab infernalibus claustris : sanctorum mereatur[5] adunari consortiis. per dominum.

Antiphona.

De terra plasmasti me et carnem induisti me redemptor meus domine resuscita me in nouissimo die. *Ps.* Domine probasti me.

Hic operiatur terra corpus sacerdote primum iacente.†

Oracio.

/Te domine sancte [fo. 184. pater omnipotens eterne deus supplices deprecamur pro [6]spiritu cari nostri quem[6] a uoraginibus huius seculi accersiri iussisti : ut digneris domine dare ei[7] locum lucidum. locum refrigerii et quietis. Liceat ei domine transire portas inferorum et poenas[8] tenebrarum. maneatque[9] in mansionibus sanctorum : et in luce sancta quam olim abrahe

[1]—[1] famule tue famulorum tuorum : *written over line.*

[2] quas : *written over line.*

[3] extorres : *written over line.*

[4] segregate : *written over line.*

[5] mereantur : *written over line.*

[6]—[6] spiritibus care nostre quam carorum nostrorum quos : *written over line.*

[7] eis : *written over line.*

[8] *The* o *is dotted underneath, a mark of deletion.*

[9] maneant : *written over line.*

promisisti et semini eius. Nullam senciat[1] lesionem spiritus eius.[2] set cum magnus dies ille resurrectionis ac remunerationis aduenerit: resuscitare eum[3] digneris una cum sanctis et electis tuis. Deleas eius[2] omnia peccata atque delicta usque in nouissimum quadrantem. tecumque immortatis† tue uitam et regnum consequatur eternum. per dominum.

Cantor. Antiphona. Non intres in iudicium cum seruo tuo domine quia non iustificabitur in conspectu tuo omnis uiuens. *Ps.* Domine exaudi. ii.

Oracio.

/Deus apud quem [fo. 184. b. mortuorum spiritus uiuunt. et in quo electorum anime deposito carnis onere plena felicitate letantur: presta supplicantibus nobis. ut [4]anima famuli tui.[4] N. que temporali per corpus uisionis huius caruit[5] uisu eterne illius lucis solatio potiatur.[6] Non eam tormentum mortis attingat. non dolor horrende uisionis afficiat. non poenalis timor excruciet: non reorum proxima† cathena constringat. set concessa sibi delictorum omnium uenia: optate quietis consequatur[7] gaudia repromissa. per dominum.

Cantor. Antiphona.

Omnis spiritus laudet dominum. *Ps.* Laudate dominum de celo.

[1] senciant: *written over line.*
[2] eorum: *written over line.*
[3] eam eos: *written over line.*
[4]—[4] anime famule tue famulorum tuum: *written over line.*
[5] caruerunt: *written over line,* luminis *is wanting in manuscript.*
[6] potiantur: *written over line.*
[7] consequantur: *written over line.*

Oracio.

Omnipotentis[1] dei misericordiam deprecemur fratres karissimi. cuius iudicio sicut nascimur. ita finimur: ut [2]spiritum cari nostri quem[2] domini pietas de incolatu huius mundi transire precepit. requies eterna susci/piat: et eum[3] resur- [fo. 185. rectionis gaudiis cum sanctis suis representet. et in sinibus abrahe ysaac et iacob eum[3] collocare dignetur: prestante domino nostro ihesu christo qui cum eo uiuit et regnat in unitate.

Alia.

Tu nobis auxilium prestare digneris. tu opem feras et misericordiam largiaris. spiritum[4] etiam [5]famuli tui[5] ac [6]cari nostri.[6] N. uinculis corporalibus liberatum[7] in pace sanctorum tuorum recipias: ut locum poenalem et gehenne ignem flammas tartari in regione uiuentium euadat. per dominum.

Cantor. V. Requiem eternam dona eis domine. *Conuentus.* Et lux perpetua luceat ei. *Cantor. Antiphona.* Omne quod dat michi pater ad me ueniet et eum qui uenit ad me non eiciam foras. *Ps.* Benedictus dominus deus israel.

Finita Antiphona: imperet sacerdos pro eo orare dicendo.

[1] The last two syllables of this word are written over the line.
[2]—[2] spiritus care nostre carorum nostrorum quos: *written over line.*
[3] eam eos: *written over line.*
[4] spiritus: *written over line.*
[5]—[5] famule tue famulorum tuorum: *written over line.*
[6]—[6] care nostre carorum nostrorum: *written over line.*
[7] liberatam liberatos: *written over line.*

1297

Pater noster. Et ne nos. *cum* Non intres in iudicium. *cum.* /A porta inferi. Dominus uobis- [fo. 185. b. cum.

Oracio.

Domine sancte pater omnipotens eterne deus qui unicum filium tuum dominum nostrum ihesum christum incarnari constituisti: quo uetustum solueret proprī† cruore peccatum. et uitam redderet mundo: ipso opitulante [1]animam fratris nostri[1] ab ergastulo cenulente materie exemptam[2] ab omnibus piaculis absolue. Amen.

Non paciatur[3] insidias occursantium demonum propter quam[4] ad terras misisti unicum filium tuum. amen. Libera et absolue eam[5] a tetra uoragine inferni. quam redemisti precio sanguinis unigeniti tui. amen.

Libera et absolue eam[5] ab estuantis incendio gehenne. collocans in paradysi amenitate. Amen. Non sentiat[6] piissime pater quod calet in flammis. quod stridet in penis. set magnificentie tue munere[7]pre-/ [fo. 186. uenta. mereatur[7] euadere iudicium ultionis et beate requiei ac lucis eterne felicitate perfrui: prestante eodem domino nostro ihesu christo filio tuo. qui tecum uiuit et regnat in unitate spiritus sancti deus: per omnia secula seculorum. Amen.

1—1 animas famule tue famulorum tuorum: *written over line.*
2 exemptas: *written over line.*
3 paciantur: *written over line.*
4 quas: *written over line.*
5 eas: *written over line.*
6 sentiant: *written over line.*
7—7 preuente mereantur: *written over line.*

1298

Alia.

Temeritatis quidem est domine. ut homo hominem mortalis mortuum. cinis cinerem tibi domino deo nostro audeat commendare. Set quia terra suscipit terram. et puluis conuertitur in puluerem. donec omnis caro in suam redigatur originem: inde tuam deus piissime lacrimabiliter quesumus pietatem ut [1]huius famuli tui animam quam[1] de huius mundi uoragine cenulenta ducis ad patriam. abrahe amici tui sinu recipias: et refrigerii rore perfundas. Sit[2] ab estuantis gehenne truci incendio segregatus.[3] et beate requiei te donante coniunctus.[4] /Et que [fo. 186. b. sunt illi domine digne cruciatibus culpe: tu eas gratia mitissime lenitatis indulge. Nec peccati recipiat[5] uicem. set indulgentie tue piam senciat[6] bonitatem. Cumque finito mundi termino supernum cunctis iiluxerit regnum: omnium sanctorum cetibus aggregatus.[7] cum electis resurgat[8] in parte dextera coronandus.[9] Per dominum.

Alia.

Debitum humani corporis sepeliendi officium fidelium

1—1 horum famulorum tuorum famule tue animas quas: *written above line.*
2 sint: *written above line.*
3 segregata segregati: *written over line.*
4 coniuncta coniuncti: *written over line.*
5 recipiant: *written over line.*
6 senciant: *written over line.*
7 aggregata aggregati: *written over line.*
8 resurgant: *written over line.*
9 coronanda: *written over line.*

1299

more complentes deum cui omnia uiuunt fideliter deprecemur. ut [1]hoc corpus cari nostri[1] in infirmitate a nobis sepultum[2] in ordine sanctorum suorum resuscitet. et [3]eius spiritum[3] sanctis ac fidelibus aggregari iubeat: cum quibus inenarrabili gloria et perhenni felicitate perfrui mereatur.[4] Prestante domino nostro ihesu christo. Qui cum eo uiuit et regnat in unitate.

Oracio.

Exequiis rite celebratis /membrisque feretro ex- [fo. 187 positis. tumulo ex more composito: post israel exitum de egypto deprecemur clementiam dei patris pro [5]spiritu cari nostri quem[5] dominus de laqueo huius mundi lugubri et letali. cui posse ubique est et potestas innumerabilis: habens diuicias spirituales. [6]Spiritui huic[6] subueniat dominus sullimis. ut ardore careat ignis eterni: adepturus[7] perpetui regni refrigerium. Coram rege suo gratificetur in gaudio genitali. in sullimi solio patrum preelectorum. in medio iustorum. in splendoribus sanctorum. in sede maiestatis magne: in lumine regionis uiuorum. per eum qui uenturus est iudicare uiuos et mortuos et seculum per ignem. Dominus uobiscum. Requiescant in pace.

[1]—[1] hec corpora care nostre carorum nostrorum: *written over line.*
[2] sepulta: *written over line.*
[3]—[3] eorum spiritus: *written over line.*
[4] mereantur: *written over line.*
[5]—[5] spiritibus care nostre quam carorum nostrorum quos: *written over line.*
[6]—[6] spiritibus his: *written over line.*
[7] adeptura, adepturi: *written over line.*

1300

Post hec incipiat cantor pro hiis qui in cimiterio requiescunt. Ps. Miserere mei deus. *Finito hoc psalmo: subiungant.* /Requiem eternam dona eis do- [fo. 187. b. mine et lux perpetua luceat eis.

Hic dicat sacerdos in auditu omnium. Pater noster.

Pro animabus fratrum nostrorum qui in hoc cymiterio requiescunt. et pro animabus omnium fidelium defunctorum.

Et ne nos. *cum* Non intres in iudicium cum seruis et ancillis tuis domine. *cum* A porta inferi. Dominus uobiscum.

Oracio.

Omnipotens sempiterne deus annue quesumus precibus nostris ea que poscimus et dona omnibus quorum corpora hic et in cunctis cimiteriis sanctorum requiescunt. refrigerii sedem quietis beatitudinem: luminis claritatem. et qui peccatorum suorum pondere pregrauantur: eos supplicatio commendet ecclesie. Per dominum.

Dominus uobiscum.

Requiescant in pace.

Inde reuertantur cantore incipiente .vii. psalmos penitenciales. Cumque peruenerint in chorum prosternant se in terram. Sacerdos accubet super formam. Finis .vii. psalmorum: sub/iungat. Requiem eternam dona. [fo. 188. Pater noster. Et ne nos. *cum.* Con[1] intres in iudicium cum seruo tuo domine. *cum* A porta inferi.

[1] *so for* Non.

Dominus uobiscum.

Oracio.

Satisfaciat tibi domine deus noster pro [1]anima fratris nostri[1] sancte dei genitricis ac perpetue uirginis marie. et beati apostoli tui petri. atque sanctissimi confessoris tui benedicti. omniumque sanctorum tuorum oracio et presentis familie tue deuota supplicatio: ut peccato-

rum omnium ueniam quam precamur obtineat.[2] nec eum[3] paciaris cruciari gehennalibus flammis: quem[4] filii tui domini nostri ihesu christi precioso sanguine redemisti. Qui tecum et cum spiritu sancto uiuit et regnat deus: per omnia secula seculorum. Amen.

Dominus uobiscum. Requiescant in pace. Amen.

[Verso of folio 188. blank: fo. 189. blank. ff. 190–94. contain *Benedictio super fontem* (see fasc. ii. col. 584.) and *de exequiis regalibus* (see fasc. ii. col. 734.) and with this the manuscript ends.]

1—1 animabus famulorum tuorum: *written over line.*
2 obtineant: *written over line.*
3 eos: *written over line.*
4 quos: *written over line.*

RAWL. LITURG. g. 10 [*formerly g.* 9.] (15832)

/*Antiphona.* Ne remini- [fo. 7. scaris domine delicta nostra vel parentum nostrorum neque vindictam sumas de peccatis nostris.[1]

[2]*Letania.*

KYrieleyson. Christeleyson. Christe audi nos. ij.
Pater de celis deus miserere nobis.
Fili redemptor mundi deus. miserere nobis.
Spiritus sancte deus miserere nobis.
Sancta trinitas vnus deus miserere nobis ora[3]
Sancta maria ora
Sancta dei genitrix ora
Sancta virgo virginum ora
Sancte michael ora
Sancte gabriel ora
Sancte raphael ora
Omnes sancti angeli et archangeli orate
Omnes sancti beatorum spirituum ordines orate
Sancte iohannes baptista ora
Omnes sancti patriarche et prophete orate
Sancte petre. ij ora
/Sancte paule ora [fo. 7.v.
Sancte andrea ora
Sancte iohannes euangelista ora
Sancte iacobe ora
Sancte philippe ora
Sancte bartholomee ora[3]
Sancte mathee ora

[1] written over erasure.
[2] Collation of British Museum MS. 2A xxii. fo. 181 begins.
[3] *om.* 2A xxii.

Sancte thoma ora
Sancte iacobe ora
Sancte symon ora
Sancte thadee ora
Sancte mathia ora
Sancte barnaba ora
Sancte luca ora
Sancte marce ora
Omnes sancti apostoli et euangeliste orate
Omnes sancti discipuli domini orate
Omnes sancti innocentes orate
Sancte stephane ora
Sancte clemens ora
/Sancte alexander ora [fo. 8.
Sancte sixte ora
Sancte laurenti ora
Sancte vincenti ora
Sancte thoma[1] ora
Sancte georgi ora
Sancte corneli ora
Sancte cipriane ora
Sancte dionisi cum socijs tuis ora
Sancte maurici cum socijs tuis ora
Sancte eustachi cum socijs tuis ora
Sancte ciriaci cum socijs tuis ora
Sancte sebastiane ora
Sancte cristofere ora
Sancte albane ora
Sancte edmunde ora
Sancte alphege ora
[2]Sancte blasi[2] ora

[1] partially erased in Rawl. but untouched in 2A xxii.
[2]—[2] added in later hand in margin of 2A xxii.

1305

Omnes sancti martires orate[4]
Sancte edwarde. ij.[3] ora
/Sancte siluester ora
[fo. 8. v.
Sancte marcialis ora
Sancte hillari ora
Sancte martine ora
Sancte ambrosi ora
Sancte augustine ora
Sancte ieronime ora
Sancte basili ora
Sancte gregori ora
Sancte augustine cum sociis tuis ora
Sancte nicholae ora
Sancte taurine ora
Sancte audoene ora
Sancte iuliane ora
Sancte dunstane ora
[1]Sancte wulstane ora
Sancte wlsine[1] ora
Sancte cuthberte ora
Sancte athelwolde ora
Sancte aldelme ora
/[2]Sancte dauid ora
[fo. 9.
Sancte cedda[2] ora
Sancte benedicte. ij.[3] ora
Sancte maure ora
Sancte paule ora
Sancte antoni ora
Sancte egidi ora
Sancte leonarde ora
Sancte botulphe ora
Omnes sancti confessores orate[4]
Omnes sancti monachi et heremite orate
[5]Sancta anna ora[5]
Sancta maria magdalene ora
Sancta petronilla[4] ora
Sancta felicitas ora

1—1 added in margin of 2A xxii.
2—2 *om.* 2A xxii.
3 ii. *in* 2A xxii *written above.*
4 *om.* 2A xxii.
5—5 *add.* 2A xxii *in lower margin.*

1306

Sancta perpetua ora
Sancta agatha ora
Sancta agnes ora
Sancta lucia ora
Sancta cecilia ora
/Sancta anastasia ora
[fo. 9. v.
Sancta scolastica ora
Sancta margareta ora[1]
Sancta cristina ora
Sancta katerina. ij.[1] ora
Sancta honorina ora
Sancta fides ora
Sancta maria egipciaca ora
Sancta eufemia ora
Sancta praxedis ora
Sancta etheldritha ora
Sancta mildritha ora
Sancta ethelburga ora
[2]Sancta milburga ora[2]
[3]Sancta brigitta ora
Sancta vrsula cum sociis tuis ora[3]
Omnes sancte virgines orate[4]
Omnes sancti. ij. orate
Propicius esto parce nobis domine.
Propicius esto libera nos domine
/Ab omni malo libera.[5] [fo. 10.
Ab insidiis diaboli libera.[1]
Ab[6] dampnacione perpetua libera.[1]
Ab imminentitibus[7] peccatorum nostrorum periculis libera.[1]
Ab infestacionibus demonum libera.
A spiritu fornicacionis libera.[1]
Ab appetitu inanis glorie libera.
Ab omni immundicia mentis et corporis libera.

1 *om.* 2A xxii.
2—2 interlined in 2A xxii.
3—3 *om.* 2A xxii.
4 pro nobis : *add.* 2A xxii.
5 nos domine : *add.* 2A xxii.
6 A : 2A xxii.
7 imminentibus : 2A xxii.

1307

Ab ira et odio et omni mala voluntate libera.
Ab immundis cogitacionibus libera.
A cecitate cordis libera.
A fulgure et tempestate libera.
A subitanea et eterna morte libera.
Per misterium sancte incarnacionis tue libera.
Per passionem et crucem tuam libera.
Per gloriosam resurreccionem tuam libera.[1]
Per admirabilem ascensionem tuam libera.[1]
Per graciam sancti spiritus paracliti libera.
In hora mortis succurre nobis domine.
In die iudicij libera nos[1] domine.[1]
Peccatores te roga/mus [fo. 10. v. audi nos.
Ut pacem tuam[1] nobis dones. Te rogamus.
Ut misericordia et pietas tua nos custodiat. Te[1] rogamus.[1]
Ut ecclesiam tuam regere et defensare digneris. Te[1] rogamus.[1]
Ut [2]dompnum apostolicum[2] et omnes gradus ecclesie in sancta religione conseruare digneris. Te[1] rogamus.[1]
Ut regibus et principibus nostris pacem et veram concordiam atque victoriam donare digneris. Te rogamus.
Ut episcopos et abbates nostros et omnes congregaciones illis commissas in sancta religione conseruare digneris. Te rogamus.

[1] *om.* 2A xxii.
[2]—[2] partially erased in Rawl. but untouched in 2A xxii.

1308

Ut congregaciones omnium sanctorum in tuo sancto seruicio conseruare digneris. Te rogamus.
Ut cunctum populum cristianum precioso sanguine tuo redemptum conseruare digneris. Te rogamus.
Ut omnibus benefactoribus nostris sempiterna bona retribuas. Te rogamus.
Ut animas nostras et parentum nostrorum ab eterna dampnacione eripias. Te rogamus.
Ut fruc/tus terre dare et [fo. 11. conseruare digneris. Te rogamus.
Ut locum istum et omnes habitantes in eo visitare et consolari digneris. Te rogamus.
Ut oculos misericordie tue super nos reducere digneris. Te rogamus.
Ut obsequium seruitutis nostre racionabile facias. Te rogamus.
Ut mentes nostras ad celestia desideria erigas. Te rogamus.
Ut miserias pauperum et captiuorum intueri et releuare digneris. Te rogamus.
Ut iter famulorum tuorum in salutis tue prosperitate disponas. Te rogamus.
Ut regularibus disciplinis nos instruere digneris. Te rogamus.
Ut omnibus fidelibus defunctis requiem eternam dones. Te rogamus.
Ut remissionem omnium peccatorum nostrorum nobis donare digneris. Te rogamus.
Ut nos exaudire digneris. Te rogamus.

Fili dei. Te rogamus.[1] ij.[2]

Agnus dei qui tollis peccata mundi parce nobis domine.

Agnus dei qui tollis peccata mundi exaudi nos domine.

Agnus /dei qui tollis [fo. 11. v. peccata mundi miserere nobis.

Christe audi nos. ij.

Kyrieleyson. Christeleyson. Kyrieleyson.

Pater noster. [3]Et ne nos. *Ps.*[3] Deus in adiutorium.

Ps.[4] Deus misereatur nostri.[4]

Et veniat super nos misericordia tua domine.[4]

Esto nobis domine turris fortitudinis. Memor esto congregacionis tue. Domine [5]saluum fac regem.[5] Et.[4] Saluos fac seruos et ancillas tuas. Fiat pax in virtute tua. [3]Et habundantia.[3] Oremus pro fidelibus defunctis. Requiem.[4] Domine exaudi oracionem meam. Dominus vobiscum.

Oracio.[4]

DEus cui proprium est misereri semper et parcere suscipe deprecacionem nostram et quos delictorum cathena constringit miseracio tue pietatis absoluat.

Omnipotens sempiterne deus qui facis mirabilia magna solus pretende super /famulos [fo. 12. tuos et super cunctas congregaciones illis commissas spiritum gracie salutaris et vt in veritate tibi complaceant perpetuum eis rorem tue benediccionis infunde.[6]

[1] audi nos : *add.* 2A xxii.
[2] in red in Rawl.
[3]—[3] *om.* 2A xxii.
[4] *om.* 2A xxii.
[5]—[5] saluos fac reges : 2A xxii.
[6] per : *add.* 2A xxii.

Pretende domine famulis et famulabus tuis dexteram celestis auxilii vt te toto corde perquirant et que digne postulant assequantur.

Ure igne sancti spiritus renes nostros et cor nostrum domine vt tibi casto corpore seruiamus et mundo corde placeamus.

Acciones nostras quesumus domine aspirando preueni et adiuuando prosequere vt cuncta nostra operacio et a te semper incipiat et per te cepta finiatur.

Adesto domine supplicacionibus nostris et viam famulorum tuorum in salutis tue prosperitate dispone vt inter omnes vie et vite huius varietates tuo semper proteg/amur[1] [fo. 12. v. auxilio.[2]

Deus a quo.[3]

A domo tua quesumus domine spirituales nequicie repellantur et aeriarum discedat malignitas tempestatum.[2]

[4]Ecclesie tue domine preces placatus admitte vt destructis aduersitatibus et erroribus vniuersis secura tibi seruiat libertate.

Deus in cuius manu corda sunt regum qui es humilium consolator et fidelium fortitudo et protector omnium in te sperancium da regi nostro et regine ac liberis eorum populoque cris-

[1] protegantur : 2A xxii.
[2] per : *add.* 2A xxii.
[3] sancta desideria recta consilia et iusta sunt opera da seruis tuis illam quam mundus dare non potest pacem : ut et corda nostra mandatis tuis dedita. et hostium sullata formidine. tempora sint tua protectione tranquilla : *add.* 2A xxii.
[4]—[4] *om.* 2A xxii. *but in margin is added in another hand* Ecclesie tue domine. Deus in cuius manu.

tiano triumphum virtutis tue scienter excolere vt per te semper reparentur ad veniam.[4]

Animabus quesumus domine famulorum famularumque tuarum oracio proficiat supplicancium vt eas et a peccatis omnibus exuas et tue redempcionis facias esse participes.[1]

/Deus qui es sanctorum [fo. 13. tuorum splendor mirabilis atque lapsorum sulleuator inenarrabilis fac nos famulos tuos sancte dei genitricis semperque virginis marie et omnium sanctorum tuorum vbique tueri presidijs necnon familiaritate atque consanguinitate nobis coniunctis et omni populo cristiano cunctis insidijs fallacis inimici depulsis concede ad celestem patriam redeundi aditum ac defunctorum omnium fidelium sacri baptismatis vnda renatorum animabus quiete perfrui sempiterna. Per eundem.[2]

Pro defunctis.

PLacebo[3] domino in regione viuorum. *Ps.* Dilexi.[4]

Antiphona. Heu me quia incolatus meus prolongatus est. *Ps.* Ad dominum.

Antiphona. Dominus custodit te ab omni malo custodiat a/nimam tuam dominus. *Ps.* Le- [fo. 13. v. uaui.

Antiphona. Si iniquitates obseruaueris domine domine quis sustinebit. *Ps.* De profundis.

[1] per : *add.* 2A xxii.
[2] collation of 2A xxii ends here on folio 185 b.
[3] collation of 2A xxii begins here on folio 212 b.
[4] quoniam : *add.* 2A xxii.

Antiphona. Opera manuum tuarum domine ne despicias. *Ps.* Confitebor. *Versus.* Requiem eternam.

[1]*Antiphona.* Audiui vocem de celo dicentem beati mortui qui in domino moriuntur. *Ps.* Magnificat. Pater noster.[2]

Oracio.

DEus cui proprium est misereri semper et parcere te supplices deprecamur pro anima famuli tui quam hodierna die de hoc seculo migrare iussisti vt non tradas eam in manus inimici nec obliuiscaris in finem sed iube eam a sanctis angelis suscipi et ad patriam paradisi perduci et quia in te sperauit et credidit non penas eternas sustineat sed gaudia eterna possideat.

In anniuersariis oracio.

/DEus indulgenciarum [fo. 14. domine da anime famuli tui cuius anniuersarium deposicionis diem commemoramus refrigerii sedem quietis beatitudinem luminis claritatem.

Oracio.

INclina domine aurem tuam ad preces nostras quibus misericordiam tuam supplices deprecamur vt animam famuli tui quam de hoc seculo migrare iussisti in pacis ac lucis regione constituas et sanctorum tuorum iubeas esse consortem.

[1] *In euangelium : add.* 2A xxii.
[2] 2A xxii. omits the six following collects here and in their place has only : *ps.* Lauda anima. *ps.* Voce mea. ℣. Requiem. ℣. A porta inferi. *Collecta responsoria post exultabunt.* (See col. 1320.)

Pro femina defuncta oracio.

QVesumus domine pro tua pietate miserere anime famule tue et a contagijs mortalitatis exutam in eterne saluat† saluacionis partem restitue.

Pro fratribus defunctis oracio.

DEus venie largitor et humane salutis auctor quesumus clemenciam tu/am vt [fo. 14. v. nostre congregacionis fratres et sorores qui ex hoc seculo transierunt beata maria semperque virgine intercedente cum omnibus sanctis tuis ad perpetue beatitudinis consorcium peruenire concedas.

Oracio generalis.

FIdelium deus omnium conditor et redemptor animabus famulorum famularumque tuarum et omnium fidelium remissionem cunctorum tribue peccatorum vt indulgenciam quam optauerunt pijs supplicacionibus consequantur. Qui viuis et cetera.

In primo Nocturno. *Antiphona.*

DIrige domine deus meus in conspectu tuo viam meam. *Ps.* Verba mea.

Antiphona. Conuertere domine et eripe animam meam quoniam non est in morte qui memor sit tui. *Ps.* Domine ne.[1]

Antiphona. Nequando rapiat vt leo animam meam dum non est qui redimat neque qui saluum faciat. *Ps.* Domine deus. ℣. /Re- [fo. 15. quiem eternam [2]dona eis.[2]

[1] in: *add.* 2A xxii.
[2]–[2] *om.* 2A xxii.

Lectio i.

PArce michi domine: nichil enim sunt dies mei. Quid est homo quia magnificas eum. aut quid apponis erga eum cor tuum: Visitas eum diluculo. et subito probas illum. Vsquequo non parcis michi. nec dimittas[1] me vt gluciam saliuam meam: Peccaui. Quid faciam tibi o custos hominum? Quare posuisti me contrarium tibi. et factus sum michimetipsi grauis? Cur non tollis peccatum meum. et quare non aufers iniquitatem meam? Ecce nunc in puluere dormiam: et si mane me quesieris non subsistam. ℟. Credo quod redemptor meus viuit et in nouissimo die de terra surrecturus sum et in carne mea videbo deum Saluatorem meum. ℣. *Quem visurus sum /ego [fo. 15. v. ipse et non alius et oculi mei conspecturi. Saluatorem.*

Lectio ij.

TEdet animam meam vite mee. Dimittam aduersum me eloquium meum. Loquar in amaritudine anime mee. Dicam deo. Noli me condempnare. Iudica michi: cur me ita iudices. Nunquid bonum tibi videtur si calumpnieris et opprimas me opus manuum tuarum. et consilium impiorum adiuues: Nunquid oculi carnei tibi sunt: aut sicut videt homo et tu videbis: Nunquid sicut dies hominis dies tui. et[2] anni tui sicut humana sunt tempora. vt queras iniquitatem meam et pec/catum [fo. 16.

— Musical notes above these words in Rawl.
[1] dimittis: 2A xxii.
[2] aut: 2A xxii.

meum scruteris. et scias quia nichil impium fecerim: cum sit nemo qui de manu tua possit eruere. ℟. Qui lazarum resuscitasti a monumento fetidum tu eis domine dona requiem Et locum indulgencie. ℣. *Requiem[1] dona eis domine.* Et.

Lectio iij.

MAnus tue fecerunt me et plasmauerunt me totum in circuitu et sic repente precipitas me? Memento queso quod sicut lutum feceris me: et in puluerem reduces me. Nonne sicut lac mulcisti me: et sicut caseum me coagulasti? Pelle et carnibus vestitisti[2] me. ossibus et neruis compegisti.[2] Vitam et misericordiam tribuisti michi. et visitatio tua custodiuit spiritum me/um. ℟. Domine [fo. 16. v. quando veneris iudicare terram vbi me abscondam a vultu ire tue. Quia peccaui nimis in vita mea. ℣. *Commissa mea pauesco et ante te erubesco dum veneris iudicare noli me condemnare. Quia.*

In ij° Nocturno.

Antiphona. In loco pascue ibi me collocauit. *Ps.* Dominus regit.[3]

Antiphona. Delicta iuuentutis mee et ignorancias meas ne me[4] memineris domine. *Ps.* Ad te domine.

Antiphona. Videam domine uoluntatem tuam et visitem templum sanctum tuum. *Ps.* Dominus illuminacio. ℣. Anima mea turbata.[5]

— Musical notes above these words in Rawl.

[1] eternam: *add.* 2A xxii.
[2] uestisti: 2A xxii.
[3] me: *add.* 2A xxii.
[4] *om.* 2A xxii.
[5] est: *add.* 2A xxii.

[1]*Leccio iiij.*[1]

REsponde michi. Quantas/ habeo iniquitates et [fo. 17. peccata. scelera mea atque[2] delicta ostende michi. Cur faciem tuam abscondis. et arbitraris me inimicum tuum? Contra folium quod vento rapitur ostendis potenciam tuam et stipulam siccam persequeris. Scribis enim contra me amaritudines. et consumere me vis peccatis adolescencie mee. Posuisti in neruo pedes meos. et obseruasti omnes semitas meas: et vestigia pedum meorum considerasti. Qui quasi putredo consumendus sum: et quasi vestimentum quod comeditur a tinea. ℟. Subuenite sancti dei occurrite angeli domini suscipientes animas eorum offerentes eas In conspectu altissimi. ℣. *Requiem[3] eternam dona e/is domine et lux perpetua luceat eis.* [fo. 17. v. In.[4]

Leccio iiij.[5]

HOmo natus de muliere breui viuens tempore: repletur multis miseriis. Qui quasi flos egreditur et conteritur. et fugit velut vmbra: et nunquam in eodem statu permanet. Et dignum ducis super huiuscemodi aperire oculos tuos. et adducere eum tecum in iudicium. Quis potest facere mundum de inmundo conceptum semine? Nonne tu qui solus es. Breues dies hominis sunt: numerus mensium eius apud te est. Con-

— Musical notes above these words in Rawl.

[1]—[1] *om.* 2A xxii.
[2] et: 2A xxii.
[3] a word erased in Rawl.
[4] conspectu: *add.* 2A xxii.
[5] V^a^. 2A xxii.

stituisti terminos eius: qui preteriri non poterunt. Recede ergo[1] paululum ab eo vt quiescat donec optata veniat:[2] sicut/ mercenarii dies eius. ℞. Heu [fo. 18. michi domine quia peccaui nimis in vita mea quid faciam miser vbi fugiam nisi ad te deus meus miserere mei dum veneris. In nouissimo die. *Versus.* *Anima mea turbata est valde sed tu domine succurre ei.* In.[1]

Leccio vj.

QUis michi tribuat vt in inferno protegas me: et abscondas me donec pertranseat furor tuus. et constituas michi tempus in quo recorderis mei? Putasne mortuus homo rursum viuet? Cunctis diebus quibus nunc milito. expecto donec veniat immutacio mea. Uocabis/ me: et ego respon- [fo. 18. v. debo tibi. Operi manuum tuarum: porriges dexteram. Tu quidem gressus meos dinumerasti: sed parce peccatis meis. ℞. [3]Libera me domine de viis inferni qui portas ereas confregisti et visitasti infernum et dedisti eis lumen vt viderent te qui erant in penis tenebrarum. ℣. *Clamantes et dicentes aduenisti redemptor noster. Qui portas.*[3]

In iij° Nocturno.

Antiphona. Complaceat tibi domine vt eripias me domine[1] ad adiuuandum me respice. *Ps.* Expectans.

Antiphona. Tu autem domine

— Musical notes above these words in Rawl.

[1] *om.* 2A xxii.

[2] et: *add.* 2A xxii.

[3]—[3] Ne recorderis peccata mea domine Dum veneris iudicare seculum per ignem. ℣. Non intres in iudicium cum seruis tuis domine. Dum: 2A xxii.

miserere mei et resuscita me. *Ps.* Beatus qui intelligit.

Antiphona. Sitiuit anima mea ad deum fontem[1] viuum quando veniam et appare/bo ante faciem [fo. 19. domini. *Ps.* Quemadmodum. ℣. Audiui vocem [2]de celo dicentem:[2]

Leccio vij.

SPiritus meus attenuabitur. dies mei breuiabuntur: et solum michi superest sepulchrum. Non peccaui. et in amaritudinibus moratur oculus meus. Libera me[3] et pone me iuxta te: et cuiusvis manus pugnet contra me. Dies mei transierunt. cogitationes mee dissipate sunt: torquentes cor meum. Noctem verterunt in diem. et rursum post tenebras spero lucem. Si sustinuero infernus domus mea est: [4] in tenebris straui lectulum meum. Putredini dixi Pater meus es: mater mea. et soror mea vermibus. Vbi est ergo nunc prestolacio mea et paciencia mea? tu es domine deus meus. ℞. Peccantem me cotidie/ et non penitentem[5] [fo. 19. v. timor mortis conturbat me quia in inferno nulla est redempcio Miserere mei deus et salua me. ℣. *Deus [6]in nomine tuo saluum[6] me fac[7] et in virtute tua iudica me.* [8]Miserere mei.[8]

— Musical notes above these words.

[1] *om.* 2A xxii.

[2]—[2] *om.* 2A xxii.

[3] domine: *add.* 2A xxii.

[4] A word of two letters erased here in Rawl.

[5] repententem: 2A xxii.

[6]—[6] Written over an erasure in Rawl. 'Veritate tua libera me' is the reading of the Sarum manual.

[7] domine: *add.* 2A xxii.

[8]—[8] Quia: 2A xxii.

Leccio viij.

PElli mee consumptis carnibus adhesit os meum. et derelicta sunt tantummodo labia mea circa dentes meos. Misereminі mei[1] misereminі mei. saltem vos amici mei: quia manus domini tetigit me. Quare persequimini me sicut deus. et carnibus meis saturamini? Quis michi tribuat vt scribantur sermones mei? Quis michi det vt exarentur/ in [fo. 20. libro stilo ferreo et plumbi lamina. vel celte[2] sculpantur in silice? Scio enim quod redemptor meus viuit. et in nouissimo die de terra surrecturus sum.[3] Et rursum circumdabor pelle mea. et in carne mea. videbo deum saluatorem meum. Quem visurus sum ego ipse et oculi mei conspecturi sunt: et non alius. Reposita est hec spes mea: in sinu meo. ℟. Domine secundum actum meum noli me iudicare nichil dignum in conspectu tuo egi ideo deprecor maiestatem tuam. Vt tu deus deleas iniquitates meas. ℣. *[4]Amplius laua me domine ab iniusticia mea[4] et a delicto meo[5]/ munda me. Ut.*[6] [fo. 20. v.

Leccio ix.

QUare de vulua eduxisti me: Qui vtinam consumptus essem. ne oculus me videret.

— Musical notes above these words in Rawl.

[1] *om.* 2A xxii.

[2] certe: 2A xxii.

[3] sim : 2A xxii.

[4]—[4] In a later and inferior hand. The word 'mea' and its music inserted in lower margin in Rawl.

[5] The word 'meo' and its music overrun the right margin in Rawl.

[6] *om.* 2A xxii.

Fuissem quasi qui non essem: de vtero translatus[1] translatus ad tumulum. Nunquid non paucitas dierum meorum finietur breui: Dimitte ergo me domine vt plangam paululum dolorem meum antequam vadam. et non reuertar ad terram tenebrosam: et opertam mortis caligine. Terram miserie et tenebrarum. vbi vmbra mortis et nullus ordo: sed sempiternus horror inhabitans.[2] ℟. Libera me domine de morte eterna in die illa tremenda quando celi mouendi sunt et terra. Dum veneris iudicare seculum/ per ignem. [3]℣. [fo. 21. Tu dixisti domine peccantem in te post mortem quoque viuere posse idcirco audi domine ne pereat clamans ad te. Dum.[3] ℣. Nunc Christe te petimus miserere quesumus qui venisti redimere perditos noli dampnare redemptos. Dum veneris. ℣. *Parce fili dei parce quia credo te venturum esse viuos ac[4] mortuos et seculum iudicare.* Per.[5]

Ad laudes. Antiphona.

EXultabunt domino ossa humiliata. *Ps.* Miserere.

Antiphona. Exaudi domine oracionem meam ad te omnis caro veniet. *Ps.* Te decet.

— Musical notes above these words in Rawl.

[1] This word partially erased in Rawl. It is not repeated in 2A xxii.

[2] ℟. Memento mei deus quia uentus est uita mea nunc aspiciet me uisus hominis ℣. Et non reuertetur oculus meus ut uideat bona. Nunc : *add.* 2A xxii.

[3]—[3] *om.* 2A xxii.

[4] et : 2A xxii.

[5] ignem. ℣. Audiui uocem. Pater noster. *Ps.* Ad dominum cum tribularer *Ps.* Voce mea. ℣. Requiem eternam. ℣. A porta inferi. *Collecta. Responsoria iam antea : add.* 2A xxii.

Antiphona. Me suscepit dextera tua domine. *Ps.* Deus deus meus.[1]

Antiphona. Eruisti domine animam meam vt non peri/ret. *Ps.* Ego dixi. [fo. 21. v.

Antiphona. Omnis spiritus laudet dominum. *Ps.* Laudate.[2] ℣. Requiem eternam.

[3]*Antiphona.* Omne quod dat michi pater ad me veniet et eum qui venit ad me non eiciam foras. *Ps.* Benedictus.[4]

In commemoracione beate marie virginis a festo sancte trinitatis vsque ad aduentum domini et a purificacione vsque ad septuagesimam. Capitulum.

BEata es maria que dominum portasti creatorem mundi. genuisti qui te fecit: et in eternum permanes virgo. ℟. Speciosa.

Ympnus. Aue maris. ℣. Elegit eam. *Ps.* Magnificat. *Oracio.* Concede nos.

[*Ad matutinas.*]

Inuitatorium. Aue maria. *Ympnus.* Quem terra.

In i° nocturno.

Antiphona. Fauus distillans labia tua dei genitrix mel et lac sub lingua tua et odor vestimentorum

[1] *om.* 2A xxii. *adding: Ps.* Deus misereatur.

[2] dominum: *add.* 2A xxii.

[3] *In euuangelium*: *pref.* 2A xxii.

[4] Pater noster. *Ps.* De profundis. *Ps.* Uoce mea. ℣. Requiem eternam. ℣. A porta inferi: *add.* 2A xxii. Collation of 2A xxii ends here on fo. 217.

tuorum sicut odor thuris. *Ps.* Domine dominus. *Ps.* Celi enarrant. *Ps.* Domini est terra. *Ps.* Eructauit. *Ps.* Deus noster. *Ps.* Magnus dominus. ℣. Benedicta tu in mulieribus. *Benedictio.* Nos cum prole pia benedicat virgo maria.

/*Leccio i.* [fo. 22.

O Beata maria quis tibi digne valeat iura graciarum et laudum preconia impendere que singulari tuo assensu mundo succurristi perdito. Quas tibi laudes fragilitas humani generis persoluet. que solo tuo commercio recuperandi[1] aditum inuenit? Accipe itaque quascumque exiles quascumque meritis tuis impares graciarum acciones et cum susceperis vota: culpas nostras orando excusa. ℟. Hec est regina virginum que genuit regem velud rosa decoris virgo dei genitrix per quam reperimus deum et hominem. ℣. Sub tuam proteccionem confugimus vbi infirmi acceperunt virtutem. Dei genitrix.

Leccio ij.

ADmitte sancta dei genitrix nostras preces intra sacrarium exaudicionis. et reporta nobis antidotum reconciliacionis. Sit per te excusabile quod per te ingerimus/ sit [fo. 22 v. impetrabile quod fida mente poscimus. Accipe quod offerimus redona quod rogamus excusa quod timemus. ℟. Beata es virgo maria que dominum portasti creatorem mundi Genuisti qui te fecit et ineternum permanes virgo. ℣. Aue maria gracia plena dominus tecum. Genuisti.

[1] vitam: *not in manuscript.*

Leccio iij.

SAncta maria succurre miseris iuua pusillanimes refoue flebiles ora pro populo interueni pro clero intercede pro deuoto femineo sexu senciant omnes tuum leuamen quicumque celebrant tuam commemoracionem. Assiste parata votis poscencium et repende omnibus optatum affectum. Sit tibi studium assidue exorare pro populo dei. que meruisti benedicta precium proferre mundi iesum christum dominum nostrum. Qui cum deo patre et spiritu sancto viuit et regnat deus : per omnia secula seculorum amen. /℟. Fe-[fo. 23. lix namque es sacra virgo maria et omni laude dignissima. Quia ex te ortus est sol iusticie christus deus noster. ℣. Ora pro populo interueni pro clero intercede pro deuoto femineo sexu senciant omnes tuum leuamen quicumque celebrant tuam commemoracionem. Quia. Gloria. Quia.

In ij° Nocturno.

Antiphona. Sicut letancium omnium nostrum habitacio est in te sancta dei genitrix. *Ps.* Benedixisti. *Ps.* Fundamenta. *Ps.* Cantate. *Ps.* Dominus regnauit. *Ps.* Cantate. *Ps.* Dominus regnauit.

[*Capitulum.*]

TE laudant angeli sancta dei genitrix que virum non cognouisti et in tuo vtero dominum baiulasti. ℣. Sicut mirra electa.

Oracio.

FAmulorum tuorum quesumus domine delictis ignosce vt

qui placere tibi de actibus nostris non valemus genitricis filii tui domini dei nostri intercessione saluemur. Per eundem.

Ad laudes.

/*Antiphona.* Hec est [fo. 23. v. regina virginum que genuit regem velut rosa decoris virgo dei genitrix per quam reperimus deum et hominem. *Ps.* Dominus regnauit.

Capitulum. Beata es maria. ℟. Aue maria.

Ympnus. O gloriosa. ℣. Elegit.

Antiphona. Virgo dei genitrix. *Ps.* Benedictus.

Oracio. Concede nos.

Ad primam antiphona. Sancta dei genitrix.

Ad terciam antiphona. Sancta maria succurre.

Capitulum. Beata es maria. ℣. Aue maria.

Oracio. Concede nos.

Ad sextam antiphona. Felix namque.

Capitulum. Maria virgo semper. ℣. Sicut mirra.

Oracio. Concede nos.

Ad nonam antiphona. Ortus conclusus.

Capitulum. Felix namque. ℣. Speciosa. *Oracio vt supra.*

Item alie lecciones que alternatim per idem tempus leguntur.

Leccio j.

SAcrosanctam venerabilis dei genitricis marie memoriam congrue diuinis laudibus catholica frequentat ecclesia quia eius sine intermissione salutari indiget auxilio. Nam reuerencia que matri defertur./ illi [fo. 24.

1325

eciam qui eam talem fecit vt virgo et mater esset exhibetur.

Leccio ij.

OPere precium quippe est vt[1] intentis celebretur laudibus in terris. cui officiocissime angeli famulantur in celis. Nam si eam ille precipuus gabriel humiliter salutauit in terris quanto magis super celos exaltatam et vt ita dicam in throno dei collocatam nunc cum sanctis omnibus honorat laudibus dignissimis. Hec est sola cui nulla virgo potest compari.† quia tanta est vt quanta sit non possit enarrari. Hanc sancti expectabant patriarche. hanc sancti precinebant prophete. omnesque quos sanctus spiritus attigerat optabant videre.

Leccio iij.

HEc tanta tamquam sancta regia virgo digno exigit ve/nerari preconio cuius [fo. 24. v. constat mundus saluatus suffragio. Hec inquam est fenestra celi aurora solis eterni et veri archa propiciatorii. Hec est ergo domina regum decus mulierum gemma virginum lux seculorum congratulacio angelorum consolacio miserorum refugium peccatorum omniumque reparacio credencium. Quicquid igitur boni mundus habet. ex illa habet ex qua salutis nostre inicium manat. Hec nobis suis semper subuenire dignetur veneratoribus atque pie sacris precibus a viciis purget omnibus seque considerare et collaudare donet in celestibus.

[1] ei: *not in manuscript.*

1326

Item lecciones a festo omnium sanctorum usque ad aduentum domini.

Leccio j.

LOquamur fratres aliquid in laudibus sacratissime virginis marie. Sed quid nos tantilli. quid/ accione pusilli. [fo. 25. quid in eius laudibus referemus? cum eciam si omnium nostrum membra verterentur in linguas. eam laudare sufficeret nullus. Alcior enim celo est de qua loqui nitimur. abysso profundior: cui laudes dicere conamur. Deum enim quem omnis creatura non capit. ipsa immaculato vtero clausum gestauit. Hec est enim que sola meruit mater et sponsa christi vocari. Hec prime matris dampna resoluit. hec homini perdito redempcionem adduxit.

Leccio ij.

MAter enim generis nostri penam intulit mundo. genitrix domini nostri salutem edidit mundo. Auctrix peccati eua. auctrix meriti maria. Eua occidendo offuit. maria viuicando profuit. Hec enim mirabili atque inestimabili modo omnium rerum et suum peperit/ [fo. 25. v. saluatorem. Que enim hec uirgo est tam sancta. ad quam venire dignaretur spiritus sanctus? Que tam speciosa vt eam sibi deus eligeret sponsam. Que tam casta vt esse posset virgo post partum.

Leccio iij.

HEc est enim dei templum fons ille signatus et porta in domo domini clausa. Ad hanc namque vt dixi spiritus sanctus descendit. huic virtus obumbrauit altissimi. Hec est immaculata a coitu fecunda partu virgo lactans angelorum et hominum cibum nutriens. Merito itaque beatissima maria singulari a nobis preconio extollitur. que singulare commercium mundo prebuit. Denique tantum se ad celi fastigia sullimauit vt verbum quod in principio erat apud deum de superna celi arce susciperet.

[*Ad vesperas.*]

/*In tempore Natalis* [fo. 26. *domini. Capitulum.*

CVm essemus paruuli sub elementis huius mundi eramus seruientes. at vbi venit plenitudo temporis misit deus filium suum factum ex muliere factum sub lege. vt qui sub lege erant redimeret. ℟. Post partum uirgo.

Ympnus. Aue maris. ℣. Elegit eam.

Antiphona. Quando natus es ineffabiliter ex virgine tunc implete sunt scripture sicut pluuia in vellus descendisti vt saluum faceres genus humanum te laudamus deus noster. *Ps.* Magnificat.

Oracio.

DEus qui salutis eterne beate marie virginitate fecunda humano generi premia prestitisti tribue quesumus vt ipsam pro nobis intercedere senciamus per quam meruimus auctorem vite suscipere dominum nostrum ihesum christum filium tuum. Qui.

[*Ad matutinas.*]

[*Invitatorium.*]

/Laudemus deum [fo. 26. v. virginis natum Quem decet laus. *Ps.* Uenite.

Ympnus. Quem terra.

In i° Nocturno.

Antiphona. Uirgo sacra et virilis ignara consorcii spiritu sancto fecundata ineffabiliter mundi parturiuit auctorem. *Psalmi et uersiculi ut supra.*

Leccio i.

BEata et venerabilis virgo maria mater est domini nostri iesu christi secundum carnem ex semine abrahe orta ex tribu iuda virga de radice iesse clara ex stirpe dauid filia iherusalem stella maris ancilla dei regina gencium domina regum sponsa domini mater christi conditoris templum spiritus sancti sacrarium velut columba speciosa pulcra ut luna electa ut sol seminis virilis ignara prole filii fecunda viro innupta ex filio leta fide concipiens gaudio pariens virgo ante partum virgo post partum. ℟. Sancta et immaculata virginitas quibus te laudibus efferam nescio. Quia quem celi capere non poterant tuo gremio contulisti. ℣. Benedicta tu in mulieribus et benedictus fructus uentris tui. Quia.

Leccio ij.

AVctor mortis diabolus per cuius inuidiam mors introiuit in orbem terrarum omne genus hominum in primo parente veneno nequicie sue potauit. et quasi arborem in radice antequam proles propaginis prodiret viciauit. Inde est ergo quod radix viciata quotidie indesinenter frondet. frondesque eius indesinenter per mortem marcescunt. Scriptum est enim. Inicium peccati a muliere ceptum est et nos per illam omnes morimur. Et iterum. Adam non est seductus: mulier autem seducta est. et econuerso a muliere cepit reparacio vite per cuius filium dominum/ nostrum [fo. 27. v. ihesum christum omnes resurgimus quia scriptum est. Sicut in adam omnes morimur. ita et in christo omnes viuificamur. ℟. Confirmatum est cor virginis in quo diuina misteria angelo narrante concepit speciosumque forma pro filiis hominum castis concepit visceribus. Et benedicta ineternum deum nobis protulit et hominem. ℣. Domus pudici pectoris templum repente fit dei intacta nesciens virum verbo concepit filium. Et.

Leccio iij.

EUa comedens prohibitum pomum et sibi nocuit et viro. Beata maria concipiens nobis datum filium sicut scriptum est. puer natus est nobis et filius datus est nobis. Hec et feminis profuit et viris. Sancta ergo maria per obedienciam humilitatis obumbratur. Eua per corrupcionem concipiens et in dolore pariens sub/ [fo. 28. viri potestate fuit. Maria per misterium spiritus sancti fide concipiens et in gaudio pariens unde reges et principes ouantes eius cupiunt subici potestati. Fusis igitur precibus cuncti communiter dominum deprecemur vt qui sancte marie virginis dignatus est propter redempcionem nostram habitare vterum et qui eam super astra celi ac super virginum choros regnare fecit in celestibus ipse nos meritis eius suffragantibus iubeat fieri in sanctorum congregacione perticipes† vt non inueniat nos eius indignacio sed eius immensa pietas nos misericorditer pertrahat ad coronam. qui viuit et regnat deus per omnia secula seculorum amen. ℟. Benedicta et venerabilis virgo maria que sine tactu pudo/ris [fo. 28. v. inuenta es mater saluatoris. Qui iacebat in presepe et fulgebat in celo. ℣. Domus pudici pectoris templum repente fit dei intacta nesciens virum verbo concepit filium. Qui.

In ij Nocturno.

Antiphona. Nesciens mater virgo virum peperit sine dolore saluatorem seculorum ipsum regem angelorum sola virgo lactabat ubera de celo plena.

Capitulum.

ECCe maria genuit nobis saluatorem quem iohannes videns exclamauit dicens ecce agnus dei ecce qui tollit peccata mundi. ℣. Sicut mirra.

Oracio.

DA quesumus misericors deus ipsius nos continua intercessione vegetari cuius integra virginitate salutis nostre suscepimus auctorem dominum nostrum ihesum christum filium tuum. Qui tecum viuit.

Ad laudes.

Antiphona. Uirgo dei genitrix quem totus non capit or/bis [fo. 29. in tua se clausit viscera factus homo vera fides geniti purgauit crimina mundi et tibi virginitas inuiolata manet. *Ps.* Dominus regnauit.

Capitulum. Cum essemus. ℟. Aue maria.

Ympnus. O gloriosa. ℣. Elegit eam.

Antiphona. Beata viscera que portauerunt eterni patris filium et beata vbera que lactauerunt christum dominum alleluya alleluya. *Ps.* Benedictus.

Oracio. Deus qui salutis.

Ad primam antiphona. Virgo verbo concepit virgo permansit virgo peperit regem dominum regum.

Ad terciam antiphona. Sancta et immaculata. *Capitulum.* Cum essemus. ℣. Aue maria. *Oracio.* Deus qui.

Ad sextam antiphona. Beatus venter qui te portauit christe et beata ubera que te lactauerunt dominum et saluatorem mundi alleluya. *Capitulum.* Ecce maria. ℣. Sicut mirra. *Oracio.* Deus qui salutis.

Ad nonam antiphona. Ecce maria genuit nobis saluatorem quem iohannes videns exclamauit dicens ecce agnus dei ecce qui tollit peccata mundi alleluya. *Capitulum.*| Maria virgo [fo. 29. v. semper. ℣. Speciosa. *Oracio.* Deus qui salutis.

In tempore paschali.

[*Ad vesperas.*] *Capitulum.*

EGo quasi vitis fructificaui suauitatem odoris et flores mei fructus honoris et honestatis. ℟. Aue maria *cum* alleluya.

Ympnus. Aue maris. ℣. Elegit. *Antiphona.* Paradisi porta per euam clausa est et per mariam virginem hodie patefacta est alleluya. *Ps.* Magnificat.

Oracio.

GRaciam tuam quesumus domine mentibus nostris infunde vt qui angelo nunciante christi filii tui incarnacionem cognouimus per passionem eius et crucem ad resurrectionis gloriam perducamur. per eundem.

Ad completorium et ad horas diurnas in fine ympnorum dicuntur uersus. Quesumus auctor *et* Gloria tibi domine qui surrexisti.

Inuitatorium. Alleluia alleluia alleluia. *Ps.* Venite.

Ympnus Psalmi et uersiculus sicut aliis temporibus loco antiphonarum| *dicuntur.* All- [fo. 30. eluia. *Preterquam super Psalmum.* Benedictus.

Leccio i.

ADiuua nos sancta dei genitrix virgo maria templum dei viui aula regis eterni sacrarium spiritus sancti. Tu virga de radice iesse tu cedrus in libano tu rosa purpurea in ierico. tu cypressus in monte syon que priuilegio singulari sicut nescis in hominibus comparem. ita nichilominus et angelicam superas dignitatem cui nouo et inaudito miraculo datum est vt verbum quod ante secula deus genuit fieret filius tuus et homo quem tu in fine seculi genuisti verus atque perfectus esset filius dei gemina quidem natura sed vna persona deus et homo vnus emanuel. ℟. Ego sicut uitis fructificaui suauitatem odoris alleluia. Transite ad me omnes qui concupiscitis me et a generacionibus meis implemini alleluia. ℣/. In me [fo. 30. v. omnis gracia vite et veritatis in me omnis spes vite et virtutis. Transite.

Leccio secunda.

EXaudi nos gloriosa puerpera in qua sola reperitur fecunda virginitas que sic ex intemeratis visceribus filium protulisti vt illibate pudicie integritas cresceret ut libido virginalis clausule signaculum non violaret. Tibi spiritus sanctus dum conciperes obumbrauit non ut ipse quod absit in sacratissimo vtero tuo fieret pro semine sobolis sed vsus est pocius virtute ac potencia creatoris. De te summus pontifex noster sui corporis hostiam sumpsit quod in ara crucis pro tocius mundi salute sacrificium optulit. Tu lux oriens nazareth tu gloria ierusalem tu leticia israel: tu decus mundi tu nobilitas populi christiani. ℟. Sicut cedrus exalta/ta sum [fo. 31. in libano et sicut cypressus in monte syon quasi mirra electa Dedi suauitatem odoris alleluia. *Versiculus.* Sicut cynamomum et balsamum aromatizans. Dedi.

Leccio iij

O Regina mundi scala celi thronus dei ianua paradisi audi preces pauperum ne despicias gemitus miserorum. Inferantur a te vota nostra atque suspiria conspectui redemptoris. vt que nostris excluduntur meritis per te locum apud aures obtineant diuine pietatis. Dele peccata relaxa facinora erige lapsos solue compeditos. Per te succidantur vepres et germina uiciorum. Prebeantur flores et ornamenta virtutum. Placa precibus iudicem quem singulari puerperio genuisti saluatorem/vt qui per [fo. 31. v. te factus est particeps humanitatis nostre per te quoque nos efficiat consortes fieri diuinitatis sue. ℟. Veniens a libano que pulcra facta es alleluia. Et odor vestimentorum tuorum super omnia aromata alleluia alleluia. ℣. Speciosa facta es et suauis in deliciis tuis sancta dei genitrix. Et odor vestimentorum.

Capitulum.

EGo mater pulcre dileccionis et timoris et agnicionis et sancte spei in me omnis gracia vite et veritatis in me omnis spes vite et virtutis. ℣. Sicut mirra electa.

Oracio.

COncede nobis misericors deus vt quod nostris meritis non valemus obtinere. sancte dei genitricis marie intercessionibus in resurreccione iustorum consequi mereamur. Per eundem.

Ad lau/des. [fo. 32.

Capitulum. Ego quasi. ℟. Aue maria *cum* alleluia.

Ympnus. O gloriosa. ℣. Elegit.

Antiphona. Virgo dei. *Ps.* Benedictus.

Oracio. Graciam tuam.

Ad terciam capitulum. Ego quasi.

Ad sextam capitulum. Ego mater pulcre dileccionis.

Ad nonam capitulum.

TRansite ad me omnes qui concupiscitis me et a generacionibus meis implemini spiritus enim meus super mel dulcis et hereditas mea super mel et fauum memoria mea in generacione seculorum.

In commemoracione apostolorum Petri et Pauli. Capitulum.

Hii sunt viri misericordie quorum iusticie obliuionem non acceperunt cum semine eorum permanent bona hereditas sancta nepotes eorum. ℟. In omnem terram exiuit sonus eorum. ℣. Et in fines orbis terre verba eorum.

Ympnus.

IAnitor celi doctor orbis pariter iudices secli vera mundi/lumina per crucem alter [fo. 32. v. alter ense triumphans vite senatum laureati possident.

Annue christe seculorum domine nobis per horum tibi cara merita vt que coram te grauiter deliquimus horum soluantur gloriosis precibus.

Salua redemptor plasma tuum nobile signatum sancto vultus tui lumine nec lacerari sinas fraude demonum propter quod mortis exsoluisti precium.

Dole captiuos esse tuos seruulos absolue reos compeditos erige et quos cruore redemisti proprio rex bone tecum fac gaudere perpetim.

Sit tibi ihesu benedicte domine gloria virtus honor et imperium vna cum patre sanctoque para-

clito cum quibus regnas deus ante secula. Amen. ℣. Annunciauerunt.

In euuangelio antiphona.

Gloriosi / principes terre [fo. 33. quomodo in vita sua dilexerunt se ita et in morte non sunt separati. *Ps.* Magnificat.

Oracio.

DEus cuius dextera beatum petrum ambulantem in fluctibus ne mergeretur erexit et coapostolum eius paulum tercio naufragantem de profundo pelagi liberauit exaudi nos propicius et concede vt amborum meritis eter[1] nitatis gloriam consequamur. Qui viuis.

[*Ad Matutinas.*]

Inuitatorium. Regem apostolorum dominum. venite adoremus. *Ps.* Venite.

Ympnus.

ETerna christi munera apostolorum gloria laudes canentes debitas letis canamus mentibus.

Ecclesiarum principes belli triumphales duces celestis aule milites et vera mundi lumina.

Devota sanctorum fides inuicta spes credencium per-/fecta charitas christi [fo. 33. v. mundi triumphat principem.

In hiis paterna gloria in hiis voluntas spiritus exultat in hiis filius celum repletur gaudio.

Te nunc redemptor quesumus ut ipsorum consorcio iungas precantes seruulos in sempiterna secula amen.

[1] an erasure between these syllables.

In i° Nocturno.

Antiphona. In omnem terram exiuit sonus eorum et in fines orbis terre verba eorum. *Ps.* Celi enarrant. *Ps.* Benedicam. *Ps.* Eructauit. *Ps.* Omnes gentes. *Ps.* Exaudi deus deprecacionem. *Ps.* Exaudi deus oracionem. ℣. Constitues eos. *Benedictio.* Petri paulique precibus muniamur vbique.

Leccio prima.

CVm omnes beati apostoli parem graciam apud dominum sanctitatis obtineant. tamen nescio quo pacto petrus et paulus videntur peculiari quadam in saluatore virtute precellere. quod quidem ex ipsius domini / iudicio possumus approbare. [fo. 34. Nam petro sicut bono dispensatori clauem regni celestis dedit. paulo tanquam ydoneo doctori magisterium ecclesiastice institucionis iniunxit. scilicet vt quos iste erudierit ad salutem ille suscipiat ad quietem. ℟. Ecce ego mitto vos sicut oues in medio luporum dicit dominus. Estote ergo prudentes sicut serpentes et simplices sicut columbe. ℣. Dum lucem habetis credite in lucem ut filii lucis sitis dicit dominus. Estote.

Leccio ij.

QUorum corda paulus patefacit doctrina verborum eorum animabus petrus aperit regna celorum. Clauem enim quodammodo a christo sciencie et paulus accepit. Clauis enim dicenda est qua ad fidem peccatorum dura corda referantur mencium secreta panduntur et quicquid / intrinsecus [fo. 34. v.

clausum tenetur in palam racionabili manifestacione producitur. Clauis inquam est que et conscienciam ad confessionem peccati aperit et graciam ad eternitatem misterii salutaris inducit. ℟. Tollite iugum meum super vos dicit dominus et discite quia mitis sum et humilis corde. Iugum enim meum suaue est et onus meum leue. ℣. Et inuenietis requiem animabus vestris. Iugum.

Leccio iij.

AMbo igitur claues a domino perceperunt. iste sciencie ille potencie. Diuicias immortalitatis ille dispensat sciencie thesauros iste largitur. Sunt enim sciencie thesauri sicut scriptum est. In quo sunt omnes thesauri sapiencie et sciencie absconditi. Ergo beati petrus et paulus eminent inter vniuersos apostolos peculiari quadam / prerogatiua precellunt. [fo. 35. Verum inter ipsos quis cui preponatur incertum est. ℟. Isti sunt due oliue et duo candelabra lucencia ante dominum. Habent potestatem claudere celum nubibus et aperire portas eius quia lingue eorum claues celi facte sunt. ℣. Isti sunt duo filii splendoris qui assistunt dominatori vniuerse terre. Habent.

In ij° Nocturno.

Antiphona. Exaltabuntur cornua iusti alleluia. *Ps.* Confitebimur. *Ps.* Cantate. *Ps.* Dominus regnauit. *Ps.* Cantate. *Ps.* Dominus regnauit ij. *Ps.* Misericordiam et iudicium.

Capitulum.

PEr manus apostolorum fiebant signa et prodigia multa in plebe et magnificabat eos populus. ℣. In omnem terram.

Oracio.

PRotege domine populum tuum et apostolorum tuorum petri et pauli patrocinio confidentem perpetua defensione conserua. /Per dominum [fo. 35. v.

In laudibus antiphona. Hoc est preceptum meum vt diligatis inuicem sicut dilexi vos dicit dominus. *Ps.* Dominus regnauit.

Capitulum. Hii sunt viri. ℟. Constitues eos principes.

Ympnus.

EXultet celum laudibus resultet terra gaudiis apostolorum gloria sacra canunt solempnia.

Vos secli iusti iudices et vera mundi lumina votis precamur cordium audite preces supplicum.

Qui celum verbo clauditis serasque eius soluitis nos a peccatis omnibus soluite iussu quesumus.

Quorum precepto subditur salus et languor omnium sanate egros moribus nos reddentes virtutibus.

Vt cum iudex aduenerit christus in fine seculi nos sempiterni gaudii faciat esse compotes.

Deo patri sit gloria. ℣. Annunciauerunt.

Antiphona. Petrus apostolus et paulus doctor gencium ipsi nos docuerunt legem tuam domine./ *Ps.* Benedictus. [fo. 36.

Oracio. Deus cuius dextera.

Ad primam antiphona.

Isti sunt due oliue principes ecclesie qui pro ea iugiter assistunt ante dominum.

Ad terciam antiphona.

Uos estis lux huius mundi qui in paciencia possidebitis animas vestras.

Capitulum. Hii sunt viri. ℣. In omnem terram.

Oracio. Deus cuius dextera.

Ad sextam antiphona.

Ego vos elegi de mundo ideo mundus odio vos habuit.

Capitulum. Per manus apostolorum. ℣. Constituisti eos.

Ad nonam antiphona.

Uos estis amici dei qui in charitate quam ipse precepit perseuerastis alleluia.

Capitulum.

IBant discipuli gaudentes a conspectu consilii quoniam digni habiti sunt pro nomine ihesu contumeliam pati. ℣. Nimis honorati.

Oracio. Deus cuius.

In paschali tempore ad vesperas laudes et ad horam terciam.

Capitulum.

UIrtute magna reddebant apostoli testimonium resurreccionis ihesu christi domini nostri et gracia magna erat in omnibus illis. ℣. In omnem terram *cum* alleluia /*ymnus* [fo. 36. v. *versiculus et antiphona in euangelio vt supra.*

[*Ad matutinas.*]

In paschali tempore.

Inuitatorium. Alleluia alleluia alleluia. *Ad nocturnas laudes et horas. Antiphona. Alleluya.*

1341

Responsorium.

Virtute magna reddebant apostoli Testimonium resurrectionis ihesu christi domini nostri alleluia alleluia. *Versiculus.* Repleti quidem spiritu sancto loquebantur cum fiducia. Testimonium. ℟. Ibant discipuli gaudentes a conspectu consilii quoniam digni habiti sunt pro nomine ihesu contumeliam pati. Alleluia alleluia alleluia. *Versiculus.* Non sunt loquele neque sermones quorum non audiantur voces eorum. Alleluia. ℟. Candidi facti sunt nazarei eius alleluia splendorem deo dederunt alleluia. Et sicut lac coagulati sunt alleluia alleluia. *Versiculus.* In omnem terram exiuit sonus eorum et in fines orbis terre uerba eorum. Et sunt.

Lecciones et cetera vt supra.

In commemoratione sancti Edwardi regis et confessoris.

Capitulum.

Benediccio domini super caput iusti ideo dedit illi hereditatem et diuisit/ ei [fo. 37. partem in tribubus duodecim : et inuenit graciam in conspectu omnis carnis. ℟. Rex edwarde tuam muni miserando cateruam. ℣. Vt quod voce canit mente manuque colat.

Ympnus.

Iste confessor domini sacratus sobrius castus fuit et quietus vita dum presens vegetauit eius corporis artus.

Ad sacrum cuius tumulum frequenter membra languentum modo sanitati quolibet morbo fuerint grauata restituuntur.

1342

Unde nunc noster chorus in honore ipsius ympnum canit hunc libenter vt piis eius meritis iuuemur omne per euum.

Sit salus illi decus atque virtus qui supra celi residens cacumen tocius mundi machinam gubernat trinus et vnus. Amen. ℣. Os iusti.

Antiphona. Aue sancte rex edwarde. *Ps.* Magnificat.

Oracio. Omnipotens sempiterne deus qui/ beatis- [fo. 37.v. simum.

[*Ad matutinas.*]

Inuitatorium. Regem confessorum dominum. Venite adoremus. *Ps.* Venite.

Ympnus.

Huius o christe meritis precamur arceas iram tribuas fauorem graciam prestes veniamque nobis mitis ad omnes.

[1]Prebe oramus deus alme rector vt fides nostra viciis resistat atque virtutum studiis ministret pectore puro.

Gloriam patri resonemus omnes et tibi christe genite superne cum quibus sanctus simul et creator spiritus regnat. Amen.

In primo nocturno antiphona.

Inclitus edwardus de regum germine clarus optinuit meritis clarior esse suis.

Alia antiphona.

Tempora post partus vnda baptismatis artus et mens mundantur que munda deo famulantur. *Ps.* Beatus vir. *Ps.* Quare fremuerunt. *Ps.* Cum inuocarem. *Ps.* Uerba

[1] Small guide letter.

mea. *Ps.* Domine dominus. *Ps.* In domino confido. ℣. Iustum deduxit.

Benediccio. Rex benedicte deo nos commendare /memento. [fo. 38.

Leccio prima.

EXultemus dilectissimi fratres in domino et ei tota animi alacritate gratias agamus qui nobis beatum regem edwardum largitus est patronum vite perdonauit doctorem fidei quoque et salutis ac omnis iusticie eruditorem. Gaudeat nobiscum vniuersa gens anglorum cui rex iste gloriosus prefuit non solum regia potestate sed quod pluris est exemplo sanctitatis et morum venustate. Collaudat eciam nobis cum omnis populus nostrum regem quem pro tocius populi salute non ambigimus assiduum esse intercessorem. ℟. Ingenius patribus edwardus splenduit ortus. Egit et in sceptris sedulitate patris. ℣. In diebus eius orta est iusticia et habundancia pacis. Egit.

Leccio ij.

NVllus obsecro dubitet/ in fide nullus de venie [fo. 38. v. largicione ac de pie peticionis effectu desperet. Quid non impetrare poterit beatus vir iste iam deo coniunctus qui dum in hac mortali carne viueret tociens est exauditus? Quid negabit pius et misericors dominus amico suo secum conregnanti in celis quem pro sua reuerencia a tam sepe exaudiuit adhuc laborantem in terris? Qui ergo talem nobis concessit patronum? meritis eius nobis donet fructum

optinere precum nostrarum. ℟. Edwardus domino se vidit esse ditatum. A primis annis studuit vitare reatum. ℣. Omnia contempnens que carni dant famulatum. A primis.

Leccio iij.

QVanto enim instancius et fiducialius deprecamur tanto cicius et efficacius exaudiemur. Fides omnia impetrat. Fides eciam ipsi celo [fo. 39. imperat. Fides nescit pati repulsam. Scriptura siquidem teste didicimus. quia nichil est impossibile credenti. Fides pie sociata deuocioni absque hesitacione aures pulsat diuinas et vsque ad cor penitrat† summi conditoris. Fides perficit quod natura non preualet. et credulitas sola perorat vbi virtus humana succumbit. Quanta denique sit fidei eminencia huius sanctissimi regis manifesta pre oculis habemus exempla. Qui quoniam ab infancia sua per fidem deo placere contendit multa fidei adiumento operatus est que virtus humana non potuit natura ipsa negauit. Nam quia terrena omnia tanquam caduca et transitoria pro amore dei paruipendit non ex terra erat sed celitus data/ mira virtus quam [fo. 39. v. habuit. Hoc nimirum testatur cecorum illuminacio claudorum ereccio. Hoc variarum docet in[1]firmitatum edwardo operante cur[1]acio. ℟. Felix puericia que fandi primordia verbo dei conformauit Quem quesiuit quem amauit. ℣. Horruit esse reus cuius in ore deus Quem.

—[1] Written over erasure.

1345

In secundo Nocturno antiphona.

Regibus ex attauis et stirpe ducum generosa ortus vtumque† suos nobilitauit auos.

Alia antiphona.

Exulat a patria quem seruat dya sophia nil facit inceste vite vir amator honeste. *Ps.* Domine quis. *Ps.* Domine in virtute. *Ps.* Domini est terra. *Ps.* Cantate. *Ps.* Dominus regnauit. *Ps.* Cantate. ii[us]

Capitulum.

ISte cognouit iusticiam et vidit mirabilia magna et exorauit altissimum et inuentus est in numero sanctorum. ℣. Amauit eum.

Oracio. Sit quesumus domine.

Ad laudes antiphona.

/Principis egregii laudes [fo. 40. cane turma piorum quem sibi rex regum sociauit in arce piorum. *Ps.* Dominus regnauit.

Capitulum. Benediccio domini. ℟. Amauit.

Ympnus. Iste confessor domini. ℣. Os iusti.

Antiphona. Rex benedicte. *Ps.* Benedictus.

Oracio. Omnipotens sempiterne.

Ad primam antiphona.

Hic nondum natus natis prefertur et aluo clausus adhuc meruit fratribus esse prior.

Alia antiphona.

Illicitos estus domuit sermone modestus ori more senum satagens imponere frenum.

1346

Ad terciam antiphona.

Eligitur clausus puer intra viscera matris sceptrum laturus et dyadema patris.

Alia antiphona.

In donando celer sed in accipiendo morosus vir pius et iustus fuit omnibus officiosus.

Capitulum. Benediccio domini. ℣. Iustum deduxit.

Ad sextam antiphona.

Laus tibi christe patris verbum sunt hec tua dona de cuius veniunt munere tanta bona.

Alia antiphona.

Inde coenorum sibi/ [fo. 40. v. consiliauit amorem hinc eciam meruit cleri populique fauorem.

Capitulum.

MAgnificauit eum dominus in timore inimicorum et in verbis suis monstra placauit et inuenit graciam in conspectu omnis carnis. ℣. Amauit.

Ad nonam antiphona.

Ista futura deus predixit plebe propheta que quamuis veri nescia vera canit.

Alia antiphona.

In dubiis positus votum vouit quod adiret limina sacra petri si sceptra paterna subiret.

Capitulum.

GLorificauit illum dominus in conspectu regum et ostendit illi gloriam suam in fide et lenitate ipsius sanctum fecit illum et elegit eum ex omni carne. ℣. Iustus vt palma.

Quando secunda fit tabula lecciones ad placitum.

Leccio prima.

QVisque pollet diuiciis et mundanis deliciis edwardi regis gloriam spectet miretur gra/ciam qui rex potens [fo. 41. et nobilis inuentus est tam humilis vt cuidam miserabili fedo contracto[1] se portando supponeret portatum sanum redderet. ℟. In patriam vir ab exilio reuocatur petri suffragia et tocius regni consilio. Sullimatur auito solio. ℣. Quamuis esset vxoratus vitam duxit celibatus Sullimatur auito.

Leccio secunda.

CAstitatis professores qui celestes carpunt flores casti regis castum thorum venerentur cui decorum munus christus hoc largitur quod in eo reperitur regnum sine viciis castitas in nupciis. ℟. Dum iaceret rex in cubiculo lixa puer ingressus clauculo† furtum fecit de gazeloculo qui ne mortis periret iaculo. ℣. Pietati sancti regis cessit rigor iuste legis. Ne mortis.

Leccio tercia.

SAncti regis merita quam sint/ deo placita quam [fo. 41.v. simplex intencio trina probat visio. prima dormiencium septem se vertencium. dani regis alia quem clauserunt maria. tercia mirabilis nam christus visibilis edwardo apparuit cum misse interfuit. cuius sanctis precibus saluemur in celestibus. ℟. O quam dulcis precum nardus quam fundebat rex edwardus

[1] flebil in a thin hand in right margin.

cum superbum. Videre meruit regem mersum qui danis prefuit. ℣. Inter misse sacra solempnia dum tractatur salutis hostia. Uidere.

Item lecciones et responsoria quando tercia fit tabula.

Leccio prima.

O Beate rex et confessor christi edwarde oculos pietatis tue ad nos humiles seruos tuos conuerte ne nos derelinquas laborantes in terris sed precibus tuis optine nobis presidium speratum in celis. Vita tua apud homines semper probata et pia fuit. o be/ate patrone sint [fo. 42. preces tue apud deum pro nobis semper intente. ℟. O res vere digna memoria o preclara edwardi gloria rex contractum abiectum nobilis sanctis gaudens portat in humeris nec abhorret fluentem saniem. Dum quem portat reddit incolumen. ℣. Rident factum quidam de populo plures laudant viso miraculo. Dum.

Leccio secunda.

TUa nos pater dulcissime gracia in hac domo tua congregauit in vnum tu nobis apud deum optineas vt tecum omnes pariter in celesti patria regnemus ineternum. Tuum nobis patrocinium semper senciamus adesse qui tuis instamus officiis sincera deuocione. ℟. Agnus in altari cum cepit sacrificari luce videt clara puerum rex sanctus in ara. A quo multiplici/ meruit signo benedici [fo. 42. v. ℣. Beati mundo corde quoniam ipsi deum videbunt. A.

Leccio tercia.

NOs tuis inuigilamus laudibus mente deuota succurrat nobis in necessitatibus pia oracio tua. Meditacio tua vir beatissime in lege domini fuit die ac nocte. ideo sicut palma florere et sicut cedrus libani multiplicari meruisti. Et quia per virginitatis candorem germinasti sicut lilium. cum virginibus virgo florebis in eternum ante dominum. ℟. Tribus cecis quartus monoculus antecedens preibat baculus sed Per aquam quam regis sanctitas fudit visum recipit cecitas. ℣. Septiformis spiritus gracia restaurat septem luminaria. Per.

In commemoratione sancti benedicti. Capitulum.

IUstus cor suum tradet ad vigilan/dum diluculo [fo. 43. ad dominum qui fecit illum. et in conspectu altissimi deprecabitur. ℟. Iustum deduxit dominus per vias rectas. ℣. Et ostendit illi regnum dei.

Ympnus. Iste confessor humilis. ℣. Os iusti.

Antiphona. Sanctissime confessor domini monachorum pater et dux benedicte intercede pro nostra omniumque salute. *Ps.* Magnificat.

Oracio.

INtercessio nos quesumus domine beati benedicti abbatis commendet. vt quod nostris meritis non valemus eius patrocinio assequamur. Per.

[*Ad matutinas.*]

Inuitatorium. Regem confessorum.

Ympnus. Huius o Christe.

In primo nocturno antiphona. Fuit vir vite venerabilis gracia benedictus et nomine.

Psalmi et uersiculi sicut de sancto edwardo.

Leccio i.

GAaudeamus† fratres et erga sanctum patrem nostrum benedictum quo valemus annisu dileccionis affectum exhibeamus. Sed/ nos affectum qui- [fo. 43. v. dem exhibere possumus effectum vero tante rei nequaquam explere sufficimus. Quapropter illius laudes non vna vox. non vna congregacio neque vna vrbs vel prouincia proclamet sed vbicumque sancta ecclesia diffunditur per tribus per naciones per linguas laus benedicti frequentetur. Si enim in multitudine populi dignitas regis est vt ait salamon quantam putamus esse dignitatem istius regis quem tam numerosus prosequitur exercitus monachorum. ℟. Fuit vir vite venerabilis gracia benedictus et nomine ab ipso puericie sue tempore cor gerens senile Etatem quippe moribus transiens nulli animum voluptati dedit. ℣. Recessit igitur scienter nescius et sapienter indoctus. Etatem.

Leccio ij.

QUis vnquam rex aut im/perator in tantis [fo. 44. mundi partibus imperauit aut ex tam diuersis nacionibus sibi tantas legiones conduxit. quantas videlicet iste cuiuslibet sexus et etatis in christi milicia voluntarie iuratas disponit? Qui quasi presentem intuentes et vexillum eius institucionis sequentes diabolicas acies viriliter infringunt. Quibus illud propheticum coaptatur. Erunt oculi tui videntes preceptorem tuum. Denique fidelis opinio est quod vnusquisque sanctorum cum illis surget in regeneracione quos domino adquisiuit. ℟. Sanctus benedictus plus appeciit mala mundi perpeti quam laudes Malens pro deo laboribus fatigari quam vite huius fauoribus extolli. ℣. Diuina namque preuentus gracia magis ac magis ad superna animo/ suspirabat. [fo. 44. v. Malens.

Leccio iij.

CUm igitur vniuerse huiuscemodi institucionis eius sequaces in vnum coacti fuerunt. quale signum apostolatus benedicti tunc ille copiosus exercitus seipsum exhibebit? O quali gaudio tunc ille tripudiabit. qui sese illis cohortibus immiscere potuerit. Nunc omnes vel loco vel affectu in eum cordis intuitum dirigant. Omnia enim omnibus factus est. Sed et nos quicumque deliquimus nullo modo a speranda clemencia deficiamus. quia viuens et post obitum mortuos suscitauit. confracta restaurauit desperata curauit. Et quamuis non fecerimus eius voluntatem dominum tamen inuocemus eum et sint oculi nostri in manus eius /intendentes donec ipse [fo. 45. suos attollat super nos et misereatur nostri. Sit nobis semper benedictus in corde benedictus in ore. benedictus in actu quatinus si qua virtus si qua laus discipline in nobis est que vidimus in illo sectemur vt nobiscum sit deus pacis per ipsum amen. ℟. Sanctissime confessor christi monachorum pater et dux benedicte I[1]ntercede pro nostra omniumque salute. ℣. Deuote plebi subueni sancta intercessione ut tuis adiuta precibus regna celestia consequatur. Intercede.

In secundo Nocturno antiphona.

Ab ipso puericie sue tempore cor gerens senile etatem quippe moribus transiens nulli animum dedit voluptati.

Capitulum. Iste cognouit. ℣. Amauit eum.

Oracio. Presta quesumus omnipotens deus vt de doctrina.

Ad laudes antiphona.

Beatus vir benedictus plus appeciit mala mundi perpeti quam laudes/ pro deo laboribus [fo. 45. v. fatigari quam vite huius fauoribus extolli. *Ps.* Dominus regnauit.

Capitulum. Iustus cor suum. ℟. Amauit eum.

Ympnus. Iste confessor humilis. ℣. Os iusti.

Antiphona. Vir domini benedictus omnium iustorum spiritu plenus fuit ipse intercedat pro cunctis monastice professionis. *Ps.* Benedictus.

Oracio. Intercessio.

Ad primam antiphona.

Dum in hac terra esset quo temporaliter libere vti potuisset iam quasi aridum mundum cum flore despexit.

Ad terciam antiphona.

Liberiori genere ex prouincia murcie† ortus rome liberalibus liter-

[1] Capital I written over a small e.

arum studiis traditus a parentibus fuerat.

Capitulum. Iustus cor. ℣. Iustum deduxit.

Oracio. Intercessio.

Ad sextam antiphona.

Relicta domo rebusque patris soli deo placere cupiens sancte conuersacionis habitum quesiuit.

Capitulum. Iste cognouit. ℣. Amauit.

Oracio. Intercessio.

Ad nonam antiphona.

Recessit igitur scienter nescius et sapienter indoctus.

Capitulum.

CUstodiuit eum dominus ab/ inimicis et seductor- [fo. 46. ibus tutauit illum. et certamen forte dedit illi vt vinceret. et sciret quam omnium potencior est sapiencia. ℣. Iustus vt palma.

Oracio.

Intercessio nos quesumus.

[*De sancta trinitate.*]

GLoria tibi trinitas equalis vna deitas et ante omnia secula et nunc et imperpetuum.

Gloria laudis resonet in ore omnium patri geniteque proli spiritus sancti pariter resultet laude perhenni.

Laus et perhennis gloria deo patri et filio sancto simul paraclito in secula seculorum.

Benedicamus patrem et filium cum sancto spiritu.

[*Oracio.*]

COncede quesumus omnipotens et misericors deus. vt sicut in nomine patris et filii diuini generis intelligimus veritatem. sic in spiritu sancto tocius cognoscamus/ substan- [fo. 46. v. ciam trinitatis. In qua viuis et regnas deus. per.

Dominicis diebus.

Spes nostra salus nostra honor noster o beata trinitas.

In c[appis.]

O beata et benedicta et gloriosa trinitas pater et filius et spiritus sanctus. [*In*] *xii.* [*leccionibus.*]

Te iure laudant te adorant te glorificant omnes creature tue o beata trinitas. ℣. Sit nomen domini benedictum.

Oracio.

FAmulos tuos quesumus domine non deserat pietas tua quia in confessione sancte trinitatis nos credimus esse saluandos. In qua viuis et regnas deus. Per.

DOmine deus pater omnipotens famulos tue maiestati subiectos per vnicum filium tuum in virtute sancti spiritus benedic et protege vt ab omni hoste defensi : in tua iugiter pace letentur. Per eundem.

De sancta cruce ad vesperas.

[1]Adoramus te christe et benedicimus[1]/ tibi quia per crucem [fo. 47. tuam redemisti mundum.

Alia antiphona ad vesperas per totum annum.

O crux benedicta que sola fuisti digna portare regem celorum et dominum. Salua nos christe saluator per virtutem sancte crucis qui saluasti petrum in mari miserere nobis.

[1]—[1] Written small, but after this point the writing becomes larger and the number of lines in a page smaller.

Versus ad.† Adoramus te christe.

Versus.†

PErpetua nos domine pace custodi quos per lignum sancte crucis redimere dignatus es. Qui viuis.

Ad matutinas.

Nos autem gloriari oportet in cruce domini nostri ihesu christi. Per signum crucis de inimicis nostris libera nos deus noster. ℣. Omnis terra adoret te deus et psallat.

ADesto nobis domine deus noster et quos sancte crucis letari facis ho/nore eius [fo. 47. v. quoque defende subsidiis. Per christum.

In tempore paschali.

Surrexit dominus de sepulchro qui pro nobis pependit in ligno alleluia alleluia. Crucifixus surrexit a mortuis redemit nos alleluia alleluia.

Antiphona. Christus mortuus est propter delicta nostra et ressurrexit propter iustificacionem nostram. ℣. Crucem sanctam subiit qui inferna de[1]struxit accinctus est potencia surrexit die tertia. ℣. Dicite in nacionibus. ℟. Quia dominus regnauit a ligno.

DEus qui pro nobis filium tuum crucis patibulum subire voluisti vt inimici a nobis expelleres potestatem concede nobis famulis tuis vt resurrexionis gloriam consequamur. Per eundem christum.

Ad matutinas.

Quesumus omnipotens deus vt in hiis Paschalibus solèmpniis sancte crucis virtute ab omni

[1] Partially erased.

malo nos tuearis et re/sur- [fo. 48. rexionis eterne gaudia largiaris. Per christum dominum nostrum.

Commemoraciones.

Aue maria gracia plena dominus tecum benedicta tu in mulieribus alleluia.

In aduentu.

Spiritus sanctus in te descendet maria ne timeas habebis in vtero filium dei alleluia.

Missus est gabriel angelus ad mariam virginem desponsatam ioseph. Angelus domini nunciauit marie et concepit de spiritu sancto alleluia.

De sancta [Maria].

Benedicta. Ecce virgo concipiet et pariet filium.

DEus qui de beate marie virginis vtero verbum tuum angelo nunciante [1]christi filii tui incarnacionem cognouimus per pascionem eius et crucem ad resurrectionis gloriam perducamur. Per eundem.[1]/ [fo. 48. v. ℣. Aue maria.

Ad matutinas in aduentu de sancta maria.

Oracio.

QUesumus omnipotens deus tua nos protectione custodi et castimonii pacem mentibus nostris atque corporibus intercedente sancta maria propiciatus indulge vt veniente sponso filio tuo vnigenito accensis lampadibus eius digni prestolem† occursum Qui tecum.

[1]—[1] Partially erased.

In natali domini ad vesperas antiphona de sancta maria.

Nesciens mater virgo virum peperit sine dolore saluatorem seculorum ipsum regem angelorum sola virgo lactabat vbera de celo plena. ℣. Post partum virgo.

In natali domini.

DEus qui salutis eterne beate marie virginitate fecunda humano generi premia prestitisti. tribue quesumus/ vt ipsam [fo. 49. pro nobis intercedere sentiamus : per quam meruimus auctorem vite suscipere dominum nostrum ihesum christum filium tuum.

Per annum.

In prole mater in partu virgo gaude et letare virgo mater domini.

Ad matutinas.

Uirgo verbo concepit virgo permansit virgo peperit regem omnium regum. ℣. Sancta dei genitrix.

DA quesumus misericors deus ipsius nos continua intercessione vegitari.† cuius integra virginitate salutis nostre suscepimus auctorem dominum nostrum ihesum christum filium tuum.

In paschali tempore In capis in albis et dominicis diebus ad vesperas et aliquando ad matutinas quando fit processio.

Paradisi porta per euam cunctis clau/sa est et per mariam [fo. 49. v. virginem hodie patefacta est Alleluya. ℣. Speciosa facta.

GRaciam tuam quesumus domine mentibus nostris infunde. vt qui angelo nunciante christi filii tui incarnacionem cognouimus per pascionem† eius

et crucem ad resurrectionis gloriam perducamur. Per eundem.

Ad matutinas oracio.

COncede quesumus[1] nobis misericors deus vt quod nostris meritis non valemus optinere : sancte dei genitricis marie intercessionibus in resurrectione iustorum consequi mereamur. Per eundem.

Alia oracio ad matutinas.

PRosit omnipotens pater nobis : semper et precipue inter hec paschalia filii tui solempnia continuata dei genitricis marie mem/oria : que et astitit [fo. 50. vulnerata caritate in cruce pendenti. astat adextris regina in celo regnanti. Per eundem.

Per totum de sancta maria antiphona.

Ecce tu pulchra es amica mea. ecce oculi tui columbarum. *Alia.* Sicut lilium inter spinas. sic amica mea inter filias. *Alia.* Fons ortorum puteus aquarum viuentium que fluunt impetu de libano. ℣. Dignare me.

COncede quesumus misericors deus fragilitati nostre presidium. vt qui sancte dei genitricis marie memoriam agimus intercessionis eius auxilio a nostris iniquitatibus resurgamus. Per eundem.

Ad matutinas antiphona.

Sancta dei genitrix virgo sem/per maria. intercede pro nobis [fo. 50. v. ad dominum deum nostrum *M*[*atutinas*].[2] In prole mater in

[1] Partially erased.

[2] The manuscript has only an '*m*' with mark of contraction over it.

partu virgo gaude et letare virgo mater domini. *Versiculus.* Benedicta tu in mulieribus.

FAmulorum tuorum quesumus domine delictis ignosce. ut qui placere tibi de actibus nostris non valemus genitricis filii domini dei nostri intercessione saluemur. Per eundem.

De sancto petro.

Dixit angelus ad petrum circumda tibi vestimentum tuum et sequere me. ℣. Solue iubente deo terrarum petre cathenas qui facis vt pateant celestia regna beatis. ℣. Tu es petrus. *Matutinas* Simon iohannis diligis me plus hiis tu sis† domine quia amo te. *Antiphona.* Si diligis me simon petre pasce oues me/as dicit dominus. *Alia.* Petre [fo. 51. amas me pasce oues meas tu scis domine quia amo te. ℣. Tu es petrus. ℣. *ad matutinas.* Exaltent eum in ecclesia.

BEati apostoli tui petri nos domine: quesumus continua oracione custodi vt eodem suffrator† dirigatur ecclesia quo principe gloriatur. Per christum dominum.

BEnedic quesumus domine plebem tuam et beati apostoli tui petri : deprecacionibus confidentem : tribue consequi tue defencionis auxilium. Per christum dominum nostrum.

Ad vesperas de sancto edwardo.

Nostri memor quesumus esto pater rex edwarde qui gaudes iam cum supernis ciuibus. Inclitus edwardus de regum germine clarus optinuit meritis clarior esse suis. *Antiphona.* Laus tibi patris verbum christe sunt hec tua dona de cuius veniunt munera tanta bona. *Ad matutinas.* Principis e/ [fo. 51. v. gregii laudes cane turma piorum quem sibi rex regum sociauit in arce polorum.

Rex pius a puero verus cultor deitatis perpetuus custos permansit virginitati.

Mundiciam cordis testatur visio clara qua puerum ihesum vidit rex purus in ara. ℣. O beate rex edwarde magna est merces tua. *memoria.* Ora pro nobis beate rex edwarde.

Oracio nostra.

BEatissimus rex edwardus quesumus domine tuum nobis semper imploret auxilium. et eterne consolaciones interminabile gaudium. Per christum.

SIt quesumus domine beatissimus rex edwardus nobis semper adiutor et vt regnum. mereamur celeste perpetuus intercessor. Per christum dominum.

De sancto dunstano.

Sancte dunstane intercede pro nobis vt consortes glorie tecum ef/ fici mereamur. Iustum de- [fo. 52. duxit dominus per vias rectas et ostendit illi regnum dei.

Ad matutinas.

Serue bone et fidelis intra in gaudium domini tui. Fidelis seruus et prudens quem constituet dominus super familiam suam. ℣. Amauit eum dominus et ornauit eum.

DEus qui sanctum dunstanum pontificem ac confessorem tuum ad eterna sulleuasti gaudia eius quesumus meritis illuc tua nos perducat misericordia. Per christum dominum.

ADesto supplicacionibus nostris omnipotens deus. et quibus fiduciam sperande pietatis indulges: intercedente beato dunstano confessore tuo atque pontifice consuete misericordie tribue benignus effectum. Per christum dominum nostrum.

/*De sancto Benedicto.* [fo. 52. v.

Dum hac terra esset quo temporaliter vti potuisset: iam quasi aridum mundum cum flore despexit.

Antiphona. Ab ipso puericie sue tempore cor gerens senile etatem quippe moribus transiens nulli animum voluptati dedit. Relicta domo rebusque patris soli deo placere cupiens sancte conuersacionis habitum quesiuit. Liberiori genere ex prouincia nursie ortus rome liberalibus litterarum studiis traditus a parentibus fuerat. Compassus nutrici sue orationem fudit benedictus puer cum lacrimis et capisterium reparauit.

Ad matutinas. Recessit igitur scienter nescius et sapienter indoctus. Fuit vir vite venerabilis gracia benedictus et nomine.

In xii. lectionibus. Beatus vir benedictus plus appetiit mala mundi perpeti quam laudes pro deo laboribus fatigari quam vite huius fauoribus extolli.

Ad vesperas oracio.

/PResta quesumus om- [fo. 53. nipotens deus vt de doctrina beati benedicti valeamus proficere et de eius semper consolacione gaudere. Per christum.

QVos pii confessoris tui benedicti voluisti domine magesteriis erudire. eius meritis dignare: ab omni insidiatoris[1] fraude protegere. Per christum.

De reliquiis commemoracio.

Corpora sanctorum in pace sepulta sunt et viuent nomina eorum in eternum. ℣. *ad matutinas.* Beati qui habitant in domo tua. *Ad vesperas.* Exultabunt sancti in gloria.

Oracio.

PResta quesumus omnipotens deus. vt sanctorum tuorum quorum reliquie in hac continentur ecclesia nos protegant merita: quatinus/eorum pre- [fo. 53. v. cibus tranquilla pace in tua iugiter laude letemur. Per.

SAncti tui domine quorum hic reliquias veneramur. tuam pro nobis exorent maiestatem: vt eorum te donante consequamur societatem. Per christum dominum.

In die omnium [*Sanctorum.*]

Sanctum et verum lumen et admirabile ministrans lucem hiis qui permanserunt in agone certaminis recipiunt ab ipso splendorem sempiternum in quo assidue felices letantur.

In c[*apis*].

Gaudent in celis anime sanctorum qui christi vestigia sunt secuti. et quia pro eius amore sanguinem suum fuderunt ideo cum christo exultent sine fine./ Scimus quoniam [fo. 54. diligentibus deum omnia cooperantia in bonum hiis qui secundum propositum vocati sunt sancti.

Ad vesperas antiphona.

Sancti per fidem vicerunt regna operati sunt iusticiam adepti sunt repromissiones.

[1] a *of* insidiatoris *interlined.*

In capis.

O quam gloriosum est regnum in quo cum christo regnant omnes sancti amicti stolis albis sequuntur agnum quocumque ierit.

Matutinas.

Reddet deus mercedem laborem sanctorum suorum et deducet illos in via mirabili.

Antiphona.

Iusti confitebuntur nomini tuo et habitabunt recti cum vultu tuo.

In tempore paschali ad vesperas.

Sancti tui domine florebunt sicut lilium alleluia[1] et sicut odor balsami erunt ante te alleluya. Lux perpetua lucebit sanctis tuis domine alleluia et eternitas temporum alleluya. Alleluia alleluia. Sancti et iusti in domino gaudete. Alleluia vos ele/git deus in [fo. 54. v. hereditatem sibi. Alleluya *alleluia.*

Ad matutinas.

Vox leticie et exultacionis alleluya: in tabernaculis iustorum. Alleluia.

Alia.

In celestibus regnis sanctorum habitacio est alleluia et in eternum requies eorum alleluia alleluia.

Versus. Letamini in domino et[2] exultate iusti.

Oracio.

OMnium sanctorum tuorum quesumus domine intercessione placatus. et veniam nobis tribue: et remedia sempiterna concede. Per dominum.

Ad matutinas.

AVxilium tuum nobis domine placatus impende. et intercedente beata dei genitrice maria

[1] *interlined.*

[2] et *written above the line.*

cum omnibus sanctis tuis fac nos ab omni aduersitate liberari. et in eterna leticia gaude/re [fo. 55. cum illis. Per eundem dominum nostrum.

Post completorium ad longam.

TE inuocamus te laudamus domine deus pater omnipotens ex quo omnis paternitas in celo et in terra nominatur. Adesto nobis miseris in te credentibus et sperantibus et nostram iniquitatem confitentibus et de tua misericordia presumentibus piissime pater misericordiarum et deus tocius consolacionis. Adoramus te vnigenite fili dei ante omnia secula de patre genitus et natus. et cum patre deus vnus per quem omnia creata sunt et subsistunt. dignare nos recreare et reuocare et similitudinem tuam in nobis reparare quia tibi dissimiles et iumentis facti sumus nimis. Adoramus/ te spiritussancte [fo. 55. v. paraclite qui es tercia persona in trinitate inspirator et sanctificator omnium spirituum largitor omnium graciarum et virtutum. dignare nos inspirare illuminare et iustificare quia sine te nichil possumus benefacere. O fons omnis gracie et uirtutis Adoramus te sanctam et indiuiduam[1] trinitatem patrem et filium et spiritum sanctum quem vnum in trinitate et trinitatem in vnitate credimus et confitemur: da nobis et omnibus misericordia indigentibus in lumine fidei huius ambulare et perseuerare ut mereamur ad cognicionem et visionem tuam

[1] idu *of* indiuiduam *interlined.*

peruenire qui es vita angelorum et omnium sanctorum. Amen.

Preces post missam.

/Benedicite sacerdotes. [fo. 56. Laudate dominum in sanctis.

Antiphona. Trium puerorum cantemus ympnum quem cantabant in camino ignis benedicentes dominum.

Kyrieleyson Christeleyson Kyryeleyson.

Pater noster. Et ne nos.

℣. Confiteantur tibi domine opera tua. ℣. Exultabunt sancti in gloria. Exultent iusti in conspectu dei. Non nobis domine. Sacerdotes tui induantur. Non intres in iudicium cum seruo tuo domine. Benedicat nos deus deus noster benedicat nos deus. Domine exaudi oracionem meam. Domine deus virtutum conuerte nos. Dominus vobiscum.

Oracio.

DEus qui tribus pueris mitigasti flammas ignium: concede propicius per interuentum omnium sanctorum et merita eorum: ut nos famulos/ [fo. 56. v. tuos non exurat flammas viciorum.

Acciones nostras quesumus domine aspirando preueni: et adiuuando prosequere ut cuncta nostra operacio et omnis oracio: et a te semper incipiat et per te cepta finiatur.

Deus virtutum cuius est totum quod est optimum: insere pectoribus nostris amorem tui nominis: et presta in nobis religionis augmentum vt que sunt bona nutrias ac pietatis studio que sunt nutrita custodias.

Protector in te sperancium deus sine quo nichil est ualidum

nichil sanctum/ multiplica [fo. 57. super nos misericordiam tuam. vt te rectore te duce sic transeamus per bona temporalia ut non amittamus eterna.

Assit nobis quesumus domine uirtus spiritussancti: que et corda nostra clementer expurget et ab omnibus semper tueatur aduersis.

Preces ad primam.[1]

REgi seculorum immortali inuisibili. soli deo honor et gloria in secula seculorum. Amen. Deo gracias.

In aduentu et in quadragesima.

DOmine miserere nostri te enim expectauimus. esto brachium nostrorum in mane: et salus nostra/ in tem- [fo. 57. v. pore tribulacionis. Deo gracias.

PAcem et veritatem diligite dicit dominus omnipotens: Exurge domine adiuua nos: et libera nos propter nomen tuum.

Kyryeleyson Christeeleyson Kyryeleyson.

Pater noster. Et ne nos.

Viuet anima mea et laudabit te: Et iudicia tua adiuuabunt me. Erraui sicut ouis que periit. Quere seruum tuum domine quia mandata tua non sunt oblitus.

Credo in deum patrem. Carnis resurrectionem.

Repleatur os meum laude: Vt cantem gloriam tuam tota die magnitudinem tuam.

[1] The writing here becomes irregular in the size of the letters, and the print has been given in the larger type for two or three columns.

1367

Domine auerte faciem tuam a peccatis/ meis: Et omnes [fo. 58. iniquitates meas dele.

Cor mundum crea in me deus: Et spiritum rectum innoua in visceribus meis.

Ne proicias me a facie tua: Et spiritum sanctum tuum ne auferas a me.

Redde michi leticiam salutaris tui: Et spiritu principali confirma me:

Eripe me domine ab homine malo: A uiro iniquo eripe me:

Eripe me de inimicis meis deus meus: et ab insurgentibus in me et libera me:†

Eripe me de operantibus iniquitatem: et de viris sanguinum salua me.

Sic psalmum dicam nomini tuo in seculum seculi: ut/ [fo. 58. v. reddam vota mea de die in diem.

Exaudi nos deus salutaris noster: Spes omnium finium terre et in mari longe.†

Deus in adiutorium meum intende: domine ad adiuuandum:

Sanctus deus sanctus fortis sanctus immortalis:

Agnus dei qui tollis peccata mundi miserere nobis.

Benedic anima mea domino: et omnia que intra me sunt nomini sancto eius.

Benedic anima mea domino: et noli obliuisci omnes retribuciones eius.

Qui propiciatur omnibus iniquitatibus tuis: qui sanat omnes infirmitates tuas.

Qui redimit de interitu vitam[1]

[1] t *of* vitam *interlined.*

1368

tuam: qui co/ronat te in [fo. 59. misericordia et miseracionibus.

Qui replet in bonis desiderium tuum. Renouabitur ut aquile iuuentus tua.

Confiteor deo beate marie sancto benedicto sancto edwardo omnibus sanctis et vobis fratres: quia peccaui nimis: in cogitacione locucione delectacione omissione et opere mea culpa: propteria† precor vos orare pro me.

Misereatur vestri omnipotens deus: et dimittat vobis omnia peccata vestra: liberet uos ab omni malo saluet et confirmet in omni opere bono et perducat uos ad vitam eternam. Amen.

Conuerte nos deus salutaris noster: et auerte iram tuam a nobis.

Dignare domine di/e [fo. 59. v. isto: sine peccato nos custodire.

Fiat misericordia tua domine super nos: quemadmodum sperauimus in te.

Sacerdotes tui induantur: iusticiam: et sancti tui exultent.

Domine saluum fac regem: et exaudi nos in die qua invocauerimus te.

Saluum fac populum tuum domine et benedic hereditati tue: et rege eos et extolle illos vsque ineternum.

Fiat pax in virtute tua: et abundantia in turribus tuis.

Oremus pro fidelibus defunctis: requiem eternam dona eis domine et lux perpetua luceat eis.

Oremus.[1]

Anime famulorum tuorum requiescant in pace. Amen.

Pro fratribus nostris absenti-

[1] In black, erased.

bus: saluos fac seruos et/ [fo. 60. ancillas tuas: deus meus sperantes in te.

Pro afflictis et captiuis : libera deus israel ex omnibus tribulacionibus suis.

Mitte eis domine auxilium de sancto : et de syon tuere eos.

Domine exaudi oracionem meam: et clamor meus ad te veniat.

Domine deus virtutum conuerte nos: et ostende faciem tuam et salui erimus.

Dominus vobiscum : et cum spiritu.

[1]IN hac hora huius diei tua nos quesumus domine reple misericordia[1] vt per totum diem exultantes in tuis laudibus delectemur. Per dominum nostrum.

[In] iij^bus^ lecionibus.

Domine deus pater omnipotens/ qui ad prin- [fo. 60. v. cipium huius diei nos peruenire fecisti: tua nos salua virtute: ut in hac die [2]vt in hac die[2] ad nullum declinemus peccatum: sed semper ad tuam iusticiam faciendam nostra procedant eloquia : dirigantur cogitaciones et opera : Per dominum nostrum ihesum christum filium.

Dominus vobiscum. Benedicamus.

Fidelium anime per misericordiam dei requiescant.

Iube domine benedicere. Diuinum auxilium maneat semper nobiscum. Amen.

Domine miserere nostri te enim expectauimus esto brachium nos-

[1]—[1] Written over an erasure.
[2]—[2] Repeated.

trum in mane et salus nostra in tempore tribulacionis/ Deo [fo. 61. gracias.

Preciosa in conspectu domini. Mors sanctorum eius.

Sancta maria et omnes sancti intercedant pro nobis ad dominum deum nostrum vt mereamur ab eo adiuuari : Qui viuit et regnat : Per omnia.

Deus in adiutorium meum intende. Domine ad adiuuandum me festina : iii.

Gloria patri. Sicut erat.

Kyrieleyson Christeeleyson Kyryeleyson.

Pater noster : Et ne nos.

Respice in seruos tuos et in opera tua : et dirige filios eorum.

Et sit splendor domini dei nostri super nos : et opera manuum nostrarum [1]super nos et opus manuum nostrarum[1] dirige.

Oracio.

Dirigere et sanctificare dignare domine sancte pater omnipo/tens eterne deus: [fo. 61. v. hodie corda et corpora nostra in lege tua et in operibus mandatorum tuorum vt hic et ineternum te auxiliante semper salui esse mereamur. Per dominum nostrum.

Adiutorium nostrum in nomine domini: qui fecit celum et terram.

Sit nomen domini benedictum. Ex hoc nunc et vsque in seculum.

Benedictio dei patris omnipotentis et filii et spiritussancti descendat et maneat super nos. Amen.

Per intercessionem sue pie matris: benedicat /nos [fo. 62. filius dei patris. Amen.

[1]—[1] Repeated.

In nomine patris et filii et spiritus sancti. Amen.

Ad completorium.

Iube domine benedicere. Noctem quietam et vitam eternam tribuat nobis omnipotens et misericors dominus. Amen.

Benedictus deus et pater domini nostri ihesu christi pater misericordiarum et deus tocius consolacionis qui consolatur nos in omni tribulacione nostra. Tu autem.

Benedictio† Adiutorium. Pater noster.

Confiteor deo. Misereatur vestri.

Conuerte nos deus salutaris noster : et auerte iram tuam a nobis.

Deus in adiutorium meum inten/de: Domine ad [fo. 62. v. adiuuandum :

Gloria patri. Sicut erat. Alleluia. Laus tibi.

Cum invocarem. Qui habitat. Ecce nunc.

Ympnus ad completorium.

TE lucis ante terminum rerum creator poscimus vt solita clementia sis presul ad custodiam.

Procul recedant sompnia: et noctium fantasmata hostemque nostrum comprime ne polluantur corpora.

Presta pater omnipotens per ihesum christum dominum qui tecum in perpetuum regnat cum spiritu sancto. Amen.

In aduentu et in quadragesima ympnus.

CRiste qui lux es et dies: noctis tenebras detegis

/lucisque lumen crederis: [fo. 63. lumen beatum predicans.

Precamur sancte domine defende nos in hac nocte: sit nobis in te requies quietam noctem tribue.

Ne grauis sompnus irruat: nec hostis nos surripiat. nec caro illi consentiens nos tibi reos statuat.

Oculi sompnum capiant cor ad te semper uigilet dextera tua protegat famulos qui te diligunt.

Defensor noster aspice: insidiantes reprime: guberna tuos famulos quos sanguine mercatus es.

Memento nostri domine in graui isto corpore qui es defensor anime; adesto nobis.[1]

/Presta pater piissime [fo. 63.v. patrique compar vnice cum spiritu paraclito regnans per omne seculum amen.

Capitulum.

TU in nobis es domine et nomen tuum sanctum inuocatum est super nos domine deus noster: Deo gratias.

℣. Custodi nos domine: ut pupillam oculi sub vmbra alarum tuarum protege nos.

Kyrieleyson. Christeeleyson. Kyryeleyson.

Pater noster qui es. Et ne nos.

In pace in idipsum : Dormiam et requiescam :

Credo in deum patrem. Carnis resurrectionem.

Benedictus es domine deus patrum nostrorum : et laudabilis et glori/osus in secula. [fo. 64.

[1] Domine : *not in manuscript.*

Benedicamus patrem et filium cum sancto spiritu: laudemus et superexaltemus eum in secula.

Benedictus es domine in firmamento celi: et laudabilis et gloriosus et superexaltatus in secula.

Benedicat nos omnipotens dominus. Amen.

Dignare domine nocte ista:

Fiat misericordia tua domine super nos:

Sacerdotes tui induantur iusticiam.

Domine saluum fac regem. Saluum fac populum tuum domine et benedic hereditati tue.

Fiat pax in virtute tua:

Oremus pro fidelibus defunctis. Anime famulorum tuorum requiescant in pace.

Pro fratribus nostris absentibus.

Pro afflictis /et cap- [fo. 64. v. tiuis. Mitte eis domine auxilium de sancto:

Domine exaudi. Domine deus uirtutum conuerte. Dominus vobiscum.

Ad completorium.

UIsita quesumus domine habitacionem istam. et omnes insidias inimici ab ea longe repelle: et angeli tui sancti habitantes in ea nos in pace custodiant. et benedictio tua sit super nos semper. Per dominum nostrum.

Dominus vobiscum. Benedicamus domino.

Benedictio dei patris omnipotentis. et filii et spiritussancti descendat et maneat super nos. Amen.

Fidelium anime per misericordiam dei re[quiescant in pace. Amen.]

/SAlue regina mater [fo. 65. misericordie.

Omnipotens sempiterne deus.

Nunc christe te petimus: miserere quesumus qui venisti redimere perditos noli dampnare redemptos.

Adoramus. Domine ihesu christe.

De profundis clamaui. Requiem eternam.

INclina domine aurem tuam ad preces nostras quibus misericordiam tuam supplices deprecamur. vt animas famulorum tuorum et omnium fidelium defunctorum quas de hoc seculo migrare iussisti in pacis ac lucis regione constituas: et sanctorum tuorum iubeas esse consortes. Per christum dominum nostrum. Amen.

Ad matutinas [*in m.*]

/Domine ne .i. Ad [fo. 65. v. dominum cum tribularer. Voce mea. Requiem eternam.

Kyryeleyson. Christeeleyson. Kyryeleyson.

Pater noster. Et ne nos.

Ostende nobis domine misericordiam tuam.

A porta inferi. Dominus vobiscum.

Oracio.

PResta quesumus omnipotens deus ut liberis tibi mentibus seruiamus et ad beneficia recolenda quibus nos instaurare dignatus es tribue uenire gaudentes: et anime famulorum tuorum requiescant in pace. Per dominum.

Ad terciam [*iñ m.*]

DEi fide qua viuimus spe perhenni qua credimus per caritatis graciam christo cana-/mus gloriam. [fo. 66.

Qui ductus hora tercia ad pascionis hostiam crucis ferens suspendia ouem reduxit perditam.

Precemur ergo subditi redemptione liberi vt eruat a seculo quos soluit a cyrographo.

Gloria tibi trinitas equalis vna deitas et ante omne seculum et nunc et inperpetuum. Amen.

Ad primam.

Beati quorum. Leuaui oculos. Voce mea.

Kyrieleyson. Christeleyson. Kyrieleyson.

Pater noster Et ne nos.

Et veniat super nos misericordia tua domine. A porta. Dominus vobiscum.

Oracio.

/UT tuam domine [fo. 66. v. misericordiam consequamur. fac nos tibi toto corde esse deuotos: et ad beneficia recolenda quibus etc.

Ad terciam Psalmi.

Domine ne .ii. Letatus sum. Voce mea.

Kyrieleyson. Christeleyson. Kyrieleyson.

Et[1] ne nos.

Esto nobis domine turris fortitudinis.

A porta inferi. Dominus.

SUscipe domine preces nostras et clamantium ad te pia corda propicius intuere: et ad beneficia recolenda etc.

[1] Pater noster *not in manuscript.*

Ympnus.

QVa christus hora siciit crucem vel in qua subiit: quos prestat in hac psallere ditet siti iusticie.

Qvibus sit et esuries quam ipse de se saciet: crimen sit ut fastidi/um virtusque [fo. 67. desiderium.

Carisma sancti spiritus sic influat psallentibus ut carnis estus frigegeat† et mentis algor ferueat.

Gloria tibi trinitas etc.

Ad terciam.[1]

Miserere mei deus. Ad te leuaui. Voce mea.

Kyrieleyson. Christeleyson. Kyrieleyson.

Pater noster. Et ne nos.

Memento nostri domine in beneplacito populi tui. A porta inferi. Dominus uobiscum.

Oracio.

REdemptor noster aspice deus et tibi nos iugiter seruire et ad beneficia recolenda qui.

TErnis ter horis numerus sacre fidei panditur: nunc trinitatis nomine munus[2] precemur venie.

Latronis en confescio Christi meretur graciam laus/ [fo. 67. v. nostra uel deuocio mereetur† indulgentiam.

Mors per crucem nunc interit: et post tenebras lux redit: horror dehiscat criminum splendor nitescat mentium.

Gloria tibi trinitas etc.

Domine exaudi. i. Nisi quia dominus. Voce mea.

[1] altered to *sextam.*
[2] n *of* munus *interlined.*

Kyrieleyson. Christeleyson. Kyrieleyson.

Pater noster. Et ne nos.

Adiuua nos deus salutaris noster. A porta inferi. Dominus vobiscum.

UIde domine infirmitates nostras et celeri nobis pietate succurre et ad beneficia recolenda quibus etc.

Ad nonam[1] *psalmi.*

[2]Nisi quia dominus.[2] Qui confidunt. In conuertendo. De profundis. Domine exaudi ij. Voce mea.

Kyrieleyson. Christeleyson. Kyrieleyson.

/Pater noster Et ne nos. [fo. 68.

Ne reminiscaris domine delicta nostra vel parentum nostrorum. A porta inferi. Dominus vobiscum.

INiquitatem nostram ne respicias omnipotens deus: sed sola nobis misericordia tua prosit indignis: et ad beneficia recolenda quibus nos instaura.

Ante prandium graciam.

Benedicite. Oculi omnium in te sperant domine et tu das escam illorum in tempore oportuno aperis tu manum tuam et imples omne animal benedictione. Gloria patri.

Kyrieleyson. Christeleyson. Kyrieleyson.

[3]Et ne nos.

Oremus.

Benedic domine dona tua que de tua largitate sumus sumpturi. Per dominum nostrum ihesum christum filium tuum.

[1] *altered into* vesperas *in black.*

[2]—[2] *struck out with a black line.*

[3] Pater noster *is not in the manuscript here.*

Iube domine benedicere.

Mense celestis participes faciat nos rex eterne /glorie. [fo. 68. v. Amen.

Ante cenam.

Gracia domini nostri ihesu christi et caritas dei et communicacio sancti spiritus sit semper cum omnibus nobis.

Ante prandium.

Deus caritas est et qui manet in caritate in deo manet et deus in eo sit deus in nobis et nos maneamus in ipso. Amen.

Post prandium.

Deus pacis et dilectionis maneat semper nobiscum. Tu autem domine.

Confiteantur tibi domine omnia opera tua: Et sancti tui benedicant tibi.

Gloria patri et filio.

Laudate dominum omnes gentes laudate eum omnes populi.

Quoniam confirmata est super nos misericordia eius et ueritas domini manet in eternum.

Gloria patri.

Agimus tibi gracias omnipotens deus/ pro vniuersis [fo. 69. beneficiis tuis qui viuis et regnas.[1] Per omnia secula seculorum Amen.

Laudate dominum omnes gentes laudate eum omnes populi.

Quoniam confirmata est super nos misericordia eius et veritas domini manet in eternum.

Gloria patri. Sicut erat.

Kyrieleyson. Christeleyson. Kyrieleyson.

[1] A word erased, apparently 'deus.'

Pater noster. Et ne nos.

Dispersit dedit pauperibus.

Benedicam dominum in omni tempore.

In domino laudabitur anima.

Magnificate dominum mecum.

Sit nomen domini benedictum.

Retribuere dignare domine deus omnibus nobis bona facientibus propter nomen tuum vitam eternam. Amen.

Benedicamus domino. Mater ora filium ut post ex/ilium nobis donet gaudium sine [fo. 69. v. fine. Post partum uirgo inuiolata permansisti.

Oremus.

Meritis et precibus sue pie matris benedicat nos filius dei patris.

Aue sancte rex edwarde inter celi lilia meritis tuis exornans[1] in gloria nos omnes te diligentes duc ad uera gaudia.

Ora pro nobis beate.

Pro defunctis.

De profundis clamaui ad te domine.

Requiem eternam dona eis domine.

Pater noster. Et ne nos.

A porta inferi. Dominus vobiscum. Oremus.

Oracio.

ABsolue quesumus domine animas famulorum famularumque tuarum et omnium fidelium defunctorum ab omni vinculo delictorum ut in resurrectionis /gloria inter sanctos [fo. 70. tuos resuscitati respirent. Per christum dominum nostrum. Amen.

[1] regnantes : *not in manuscript.*

Quando pisces† vescunt[1] ad cenam.

Benedicat dominus. Edent pauperes et saturabuntur et laudabunt dominum qui requirunt eum viuent corda eorum in seculum seculi. Gloria patri.

Kyrieleyson. Christeleyson. Kyrieleyson.

Pater noster. Et ne nos.

Oremus. Benedic domine dona tua que de tua largitate sumus sumpturi. Per dominum nostrum ihesum christum.

Iube domine benedicere. Mense celestis participes. Gracia domini ihesu christi.

Quando piscibus vescuntur.

Cibo spiritualis alimonie reficiat nos rex eterne glorie. Amen.

Gracia domini nostri ihesu christi et caritas.

Post /cenam gratias. [fo. 70. v.

Benedictus deus in donis suis : et sanctus in omnibus operibus suis.

Adiutorium nostrum in nomine domini : qui fecit celum et terram.

Sit nomen domini benedictum ex hoc nunc et vsque in seculum.

Retribuere dignare domine deus omnibus nobis bona facientibus : propter nomen tuum vitam eternam. Amen.

Benedicamus domino. Deo gratias.

Post prandium quando piscibus vescuntur.

Pro tali conuiuio benedicamus domino. Deo gratias.

[1] altered into this from *vescuntur.*

1381

Mater ora filium : ut post hoc exilium nobis donet gaudium sine fine. Post partum virgo inuiolata permansisti. Dei genetrix intercede pro nobis.

Oremus.

/Meritis et precibus sue [fo. 71. pie matris : benedicat nos filius dei patris. Amen.

Aue sancte rex edwarde inter celi lilia meritis tuis exornans regnantes in gloria nos omnes te diligentes duc ad uera gaudia.

℣. Ora pro nobis beate.

Sit quesumus domine beatissimus rex edwardus nobis semper adiutor: et ut regnum mereamur celeste perpetuus intercessor : Per christum dominum nostrum.

Ad cenam vite eterne benedicat nos glorie rex.

Benedictio.

Potum seruorum suorum filius dei benedicat.

Benedictio.

Largitor omnium bonorum benedicat potum seruorum.

/Exaudi[1] tuos hodie [fo. 71. v. rex et princeps egregie.

Qui per psalmam† victorie possides regnum glorie.

Cui flos carnis virginie das vestis togam niuee.

Quo coronatus iaspide es precioso lapide.

Inter regis celestis patrie.

Nos in vitam salutis dirige et in regno nos pacis colige.

Gaudentes eterna tecum rex inclite leticia. sceptro diues regales curie.

[1] u *of* exaudi *has been interlined.*

1382

[1]Aue sancte rex edwarde inter celi lilia meritis tuis exornans regnantis[2] in gloria nos omnes/ te diligentes duc ad vera [fo. 72. gaudia.

[S[3]]It quesumus domine beatissimus rex edwardus nobis semper adiutor et vt regnum mereamur celeste perpetuus interssor.† Per christum.

Aduenerunt nobis dies penitencie. ad redimenda peccata : et saluandas animas.

Viuo ego dicit dominus nolo mortem peccatoris. sed ut magis conuertatur et viuat.

Commendemus nosmetipsos in multa paciencia in ieiuniis multis per arma iusticie.

Tunc inuocabunt et dominus exaudiet. clamabunt et dicet ecce assum.

[fo. 72 v. blank.]

[1] The sections which follow are in different and later hands.

[2] e *of* regnantis *has been interlined.*

[3] This letter omitted in MS.

1383

[fo. 73.

Christina.

Sancte christine virginis et martiris [tue domine] suffragia ad eterne solempnitatis nos perducant [gaudia.][1]

Cordibus nostris quesumus d[omine] [c]elestis glorie inspira desiderium [et presta] vt in dextris illuc feramus manipulos iusticie vbi tecum sidus aureum sanctus choruscat abba beatissimus per dominum.[2]

1384

[fo. 73. v.

Omnipotens et misericors deus qui [hodie pā domine *struck out and over* hodie *is written* nobis] preclarē huius diei leticia[m] pro beati kenelmi martiris tui solemnita[te] trib[*here is a hole where may have been written* ui]sti: intende serenus vota fideli[s] populi et concede: vt cuius hodie festa per[co]limus eius semper meritis et precibus subleuem[ur]. Per.[3]

[On fo. 74 at right upper margin is written in Roman capitals: Deus: misereat . . .]

[1] see fasc. ii. col. 878.
[2] see fasc. ii. col. 937.
[3] see fasc. ii. col. 870.

BRITISH MUSEUM: ROYAL 2. A. xxii.

|*Prima dies nona nocet hora. septima quinta.* [fo. 5.

Prima dies mensis. et septima truncat ut ensis.

iii.	*A*	KL.	IANUARIUS. **Circumcisio domini.**	*In cappis* **D.M.**
	B	iiii. N'.	Octaua Sancti stephani prothomartiris.	*iii. l'c.*
xi.	C	iii. N'.	Octaua Sancti Iohannis apostoli et ewangeliste.	*iii. l'c.*
	D	ii. N'.	Octaua Sanctorum Innocentium.	*iii. l'c.*
xix.	E	NON.	**Sancti Eadwardi regis et confessoris.**	*in cappis.*
viii.	F	viii. Id'.	**Epiphania domini.**	*in cappis.*
	G	vii. Id'.	Terminus. l'xxe.	
xvi.	*A*	vi. Id'.	Prima incensio lune. l'xxe.	
v.	B	v. Id'.		
	C	iiii. Id'.		
xiii.	D	iii. Id'.		
ii.	E	ii. Id'.	Octaua sancti Ædwardi.	*in albis.*
	F	IDVS.	Octaua Epiphanie[1]. Sancti hylarii episcopi et confessoris.	*viii. l'c.*
x.	G	xix. Kal.	FEBRUARII. Felicis in pincis. confessoris.	*iii. l'c.*
	A	xviii. Kal.	**Sancti Mauri abbatis.**	*in albis.*
xviii.	B	xvii. Kal.	Sancti Marcelli pape. *iii. l'c.* et Fursei confessoris.	*comm'.*
vii.	C	xvi. Kal.	*Sol in aquario.*	
	D	xv. Kal.	Sancte Prisce uirginis et martiris.	*iii. l'c.*
xv.	E	xiiii. Kal.		
iiii.	F	xiii. Kal.	*Sanctorum Fabiani et Sebastiani.*	*in albis.*
	G	xii. Kal.	**Sancte Agnetis uirginis et martiris.**	*in albis.*
xii.	*A*	xi. Kal.	*Sancti Uincentii martiris.*	*in cappis.*
i.	B	x. Kal.	Sancte Emerentiane uirginis.	*iii. l'c.*
	C	ix. Kal.		
ix.	D	viii. Kal.	**Conuersio sancti pabli.** *in albis.* Preiecti martiris. **D.M.**	*comm'.*
	E	vii. Kal.		
xvii.	F	vi. Kal.	Sancti Iuliani episcopi et confessoris.	*iii. l'c.*
vi.	G	v. Kal.	Octaua Sancte Agnetis uirginis et martiris.	*iii. l'c.*
	A	iiii. Kal.		
xiiii.	B	iii. Kal.		
iii.	C	ii. Kal.		

Nox horarum : xvi. Dies : vij.

[1] *iiii. lectiones* : interlined.

/*Quarta dat octauam. lux tercia dat duodenam.* [fo. 5. b.

Quarta subit mortem. prosternit tercia fortem.

	D	KL.	FEBRUARIUS. Brigide uirginis.	*iii. l'c.*
xi.	E	iiii. N'.	**Purificatio Sancte Marie.**	[1]
	F	iii. N'.	Sancti Blasii episcopi et martiris.	*iii. l'c.*
xix.	G	ii. N'.		
viii.	*A*	NON.	Sancte Agathe uirginis et martiris.	*xii. l'c.*
xvi.	B	viii. Id'.	Sanctorum Uedasti et Amandi episcoporum.	*iii. l'c.*
v.	C	vii. Id'.	Vernit inicium habet dies .xci.	
	D	vi. Id'.		
xiii.	E	v. Id'.		
ii.	F	iiii. Id'.	Sancte scolastice uirginis. *xii. l'c.* Austroberte uirginis.	*comm .*
	G	iii. Id'.		
x.	*A*	ii. Id'.		
	B	IDVS.		
xviii.	C	xvi. Kal.	MARCII. Ualentini martiris.	*iii. l'.*
vii.	D	xv. Kal.	*Sol in pisce.*	
	E	xiiii. Kal.		
xv.	F	xiii. Kal.		
iiii.	G	xii. Kal.		
	A	xi. Kal.		
xii.	B	x. Kal.		
i.	C	ix. Kal.		
	D	viii. Kal.	*Cathedra sancti petri.* Ver oritur.	*In cappis.*[2]
ix.	E	vii. Kal.	Sancte Milburge uirginis.	*xii. l'c.*
	F	vi. Kal.	**Sancti Mathie apostoli.** *Locus bissexti*	*xii. l'c.*
xvii.	G	v. Kal.		
vi.	*A*	iiii. Kal.		
	B	iii. Kal.		
xiiii.	C	ii. Kal.		

Memento quod anno bissextili lune februarii mensis. xxx. dies computes et tamen luna marcii .xxx. dies habeat sicut semper habet ne paschalis lune ratio uacillet.

Nox horarum : xiiii. Dies : x.

[1] No ncte here in MS. of copes or the like.
[2] The colour of the writing of these notes changes here into a decided red.

|Prima dies primam sociat sibi quarta secundam [fo. 6.

Primus mandentem. dirumpit quarta bibentem.

iii.	D	KL.	MARCIUS.	**D.M.**
	E	vi. N'.		
xi.	F	v. N'.		
	G	iiii. N'.		
xix.	*A*	iii. N'.		
viii.	B	ii. N'.		
	C	NON.	Sanctarum Perpetue et Felicitatis martirum.	*comm'.*
xvi.	D	viii. Id'.	Prima incensio lune paschalis.	
vi.[1]	E	vii. Id'.		
	F	vi. Id'.		
xiii.	G	v. Id'.		
ii.	*A*	iiii. Id'.	*Sancti Gregorii pape.*	*xii. l'.*
	B	iii. Id'.		
x.	C	ii. Id'.		
	D	IDVS.		
xviii.	E	xvii. Kal.	APRILIS.	
vii.	F	xvi. Kal.	*Sol in ariete.*	
	G	xv. Kal.	**Sancti Eadwardi regis et martiris.**	*xii. l'.*
xv.	*A*	xiiii. Kal.		
iiii.	B	xiii. Kal.	Sancti Cuthberti episcopi et confessoris.	*xii. l'c.*
	C	xii. Kal.	Sancti Benedicti abbatis. *Equinoctium.*	*xii. l'c.*
xii.	D	xi. Kal.	Sedes epactarum.	
i.	E	x. Kal.	*Adam creatus est.*	
	F	ix. Kal.	Concurrentium locus.	
ix.	G	viii. Kal.	**Annuntiatio dominica.**	*in cappis.*
	A	vii. Kal.		
xvii.	B	vi. Kal.	**Resurrectio domini.**	
vi.	C	v. Kal.		**D.M.**
	D	iiii. Kal.		
xiiii.	E	iii. Kal.		
iii.	F	ii. Kal.		

Nox horarum : xii. Dies : xii.

[1] The *i* partly elided.

Dena locum prime. dat lux undena nouene. [fo. 6. b.
Denus et undenus. est mortis uulnere plenus.

	G	KL. APRILIS.		
xi.	*A*	iiii. N'.	Sancte Marie egyptiace.	*comm'.*
	B	iii. N'.		
xix.	C	ii. N'.	Sancti Ambrosii episcopi et confessoris.	*xii. l'c.*
viii.	D	NON.	*Vltima incensio lune paschalis.*	
xvi.	E	viii. Id'.		
v.	F	vii. Id'.		
	G	vi. Id'.		
xiii.	*A*	v. Id'.		
ii.	B	iiii. Id'.		**D.M.**
	C	iii. Id'.	Sancti Guthlaci confessoris.	*iii. l'c.*
x.	D	ii. Id .		
	E	IDVS.		
xviii.	F	xviii. Kal.	MAI. Tiburtii et Valeriani martirum.	*iii. l c.*
vii.	G	xvii. Kal'.		
	A	xvi. Kal'.	*Sol in taurum.*	
xv.	B	xv. Kal'.		
iiii.	C	xiiii. Kal'.		
	D	xiii. Kal'.	Sancti Ælfegi archiepiscopi.	*xii. l'c.*
xii.	E	xii. Kal'.		**D.M.**
i.	F	xi. Kal'.	Sancti Æthelwaldi episcopi et confessoris.	*xii. l'c.*
	G	x. Kal'.		
ix.	*A*	ix. Kal'.	Sancti Georgii martiris.	*iii. l'c.*
	B	viii. Kal'.	Sancti **Melliti episcopi.**[1]	*iii. l'c.*
xvii.	C	vii. Kal'.	Sancti Marci euuangeliste. **Letania maior.**	*xii. l'c.*
vi.	D	vi. Kal'.		
	E	v. Kal'.		
xiiii.	F	iiii. Kal'.	Sancti Uitalis martiris.	*iii. l'c.*
iii.	G	iii. Kal'.		
	A	ii. Kal'.	*Sancti Erkenwaldi episcopi et confessoris*	*iii. l'c.*

Nox horarum : x. Dies. xiiii.

[1] These two words written in blue over rasure.

|Terna dies sexte. fert crimina septima dene [fo. 7.

Tercius occidit. et septimus ora relidit.

xi.	B	KL. MAI.	**Apostolorum philippi et Iacobi.**	*in albis.*
	C	vi. N'.	Sancti Athanasii episcopi et confessoris.	*iii. l'c.*
xix.	D	v. N'.	*Inuentio Sancte Crucis. in albis.* Alexandri Euentii et Theodoli.[1]	
viii.	E	iiii. N'.		
	F	iii. N'.	Translatio Sancti Aldelmi episcopi et confessoris.	*iii. l'c.*
xvi.	G	ii. N'.	Sancti Iohannis apostoli ante portam latinam.	*In cappis.*
v.	A	NON.		
	B	viii. Id'.		
xiii.	C	vii. Id.	Estatis inicium habet dies. xci.	
ii.	D	vi. Id.	Sanctorum Gordiani et Epimachi martirum.	*iii. l'c.*
	E	v. Id.		
x.	F	iiii. Id.	Sanctorum Nerei. Achillei. atque Pancratii martirum.	*xii. l'c.*
	G	iii. Id.		
xviii.	*A*	ii. Id.		
vii.	B	IDVS.		
	C	xvii. Kal.	IVNII.	
xv.	D	xvi. Kal.		
iiii.	E	xv. Kal.	*Sol in geminos.*	
	F	xiiii. Kal.	*Sancti Dunstani archiepiscopi. In cappis* Potentiane virginis.	*comm'.*
xii.	G	xiii. Kal.		
i.	*A*	xii. Kal.		
	B	xi. Kal.		
ix.	C	x. Kal.		
	D	ix. Kal.		
xvii.	E	viii. Kal.	Sancti Aldelmi episcopi et confessoris. *In albis.* Urbani pape et martyris.	*comm'.*
vi.	F	vii. Kal.	Sancti Augustini anglorum apostoli. *In albis.* Bede presbyteri.	*comm'.*
	G	vi. Kal.		
xiiii.	*A*	v. Kal.	Sancti Germani parisiacensis episcopi.	*iii. l'c.*
iii.	B	iiii. Kal.		
	C	iii. Kal.		
xi.	D	ii. Kal.	Sancte Petronille uirginis.	*iii. l'c.*

Nox horarum : viii. Dies. xvi.

[1] *comm'.* interlined.

|Dena dies retinet quintam. quindenaque quartam. [fo. 7. b.

Denus pallescit. quindenus federa nescit.

	E	KL. IUNIUS.		
xix.	F	iiii. N'.	Sanctorum Marcellini et petri martirum.	*iii. l'c.*
viii.	G	iii. N'.	Sancti Erasmi episcopi et martiris.	*iii. l'c.*
xvi.	*A*	ii. N'.		
v.	B	NON.	Sancti Bonefacii sociorumque eius.	*iii. l'c.*
	C	viii. Id'.		
xiii.	D	vii. Id'.		
ii.	E	vi. Id'.	Sanctorum Medardi et Gildardi episcoporum.	*iii. l'c.*
	F	v. Id'.	Sanctorum Primi et Feliciani martirum.	*iii l'c.*
x.	G	iiii. Id'.	Translacio sancti yuonis episcopi et confessoris.	*xii. l'c.*
	A	iii. Id'.	*Sancti Barnabe apostoli.*	*xii. l'c.*
xviii.	B	ii. Id'.	Sanctorum Basilidis. Cirini. Naboris. et Nazarii. martirum.	*iii. l'c.*
vii.	C	IDVS.		
	D	xviii. Kal.	IVLII.	
xv.	E	xvii. Kal.	Sanctorum Uiti et Modesti martirum.	*iii. l'c.*
iiii.	F	xvi. Kal.	Sanctorum Cirici et Iulitte matris eius.[1]	
	G	xv. Kal.	**Sancti Botulfi abbatis.** *Sol in cancrum.*	
xii.	*A*	xiiii. Kal.	Sanctorum Marci et Marcelliani martirum.	*iii. l'c.*
i.	B	xiii. Kal.	Sanctorum Geruasii et prothasii martirum.	*iii. l'c.*
	C	xii. Kal.	*Solsticium.*	
ix.	D	xi. Kal.		
	E	x. Kal.	*Sancti Albani martiris.*	*xii. l'c.*
xvii.	F	ix. Kal.	Sancte Ætheldrithe uirginis.[2]	*De uigilia iii. l'c. et Maior Missa.*
vi.	G	viii. Kal.	**Natiuitas sancti Johannis baptiste.**	*In cappis.*
	A	vii. Kal.		
xiiii.	B	vi. Kal.	Sanctorum Iohannis et pauli.	*iii. l'c.*
iii.	C	v. Kal.		
	D	iiii. Kal.	Sancti Leonis pape. *commemoratio.*	*De uigilia. iii. l'c. et Maior Missa.*
xi.	E	iii. Kal.	**Apostolorum Petri. et pauli.**	*In cappis.*
	F	ii. Kal.	**Commemoratio sancti pauli.**	*in albis.*

Nox horarum : vi. Dies xviii.

[1] *.iii. leccionum* : interlined.
[2] *Commemoratio* : interlined

|*Dat tredena dies decimam. dat dena nouenam.* [fo. 8.

Terdecimus mactat iulii. decimus labefactat.

xix.	G	KL. IULIUS.	Octaua Sancti Iohannis[1] baptiste et de apostolis	*iiii. l'c.*
viii.	*A*	vi. N'.	Sanctorum Processi.[2] et martiniani martirum. Suuithuni.[2]	
	B	v. N'.		
xvi.	C	iiii. N'.	Translacio Sancti Martini episcopi.	*comm'.*
v.	D	iii. N'.		
	E	ii. N'.	Octaua Apostolorum.	*In cappis.*
xiii.	F	NON.	Translacio sancti Tohme† martiris.[3]	
ii.	G	viii. Id'.		
	A	vii. Id'.		
x.	B	vi. Id'.	Sanctorum Septem fratrum.	*iii. l'c.*
	C	v. Id'.	*Translacio Sancti Benedicti abbatis.*	*In cappis.*
xviii.	D	iiii. Id'.		
vii.	E	iii. Id'.	Sancte Mildrithe uirginis. **D.M.**	*iii. l'c.*
	F	ii. Id'.	*dies caniculares incipiunt.*	
xv.	G	IDVS.	Translacio sancti Swithuni episcopi et confessoris.	
iiii.	*A*	xvii. Kal.	AUGUSTI. **Memoria reliquiarum.**	*In cappis.*
	B	xvi. Kal.	Sancti Kenelmi martiris.	*iii. l'c.*
xii.	C	xv. Kal.	*Sol in leonem.*	
i.	D	xiiii. Kal.		
	E	xiii. Kal.	*Sancte Margarete uirginis et martiris.*[4] Wlmari abbatis.	*comm'.*
ix.	F	xii. Kal.	Sancte Praxedis uirginis.	
	G	xi. Kal.	**Sancte Marie magdalene.** *In cappis.* Wandregisili abbatis.	*comm'.*
xvii.	*A*	x. Kal.	Sancti Apollinaris episcopi et martiris.	*iii. l'c.*
vi.	B	ix. Kal.	Sancte Cristine uirginis et martiris. *Vigilia.*	*iii. l'c.*
	C	viii. Kal.	*Sancti Iacobi apostoli. in albis.* Christofori *comm'.* et Cucufatis	*comm'.*
xiiii.	D	vii. Kal.		
iii.	E	vi. Kal.	Sanctorum Septem Dormientium.	*iii. l'c.*
	F	v. Kal.	Sanctorum Pantaleonis[5] martiris. Samsonis episcopi et confessoris	*comm'.*
xi.	G	iiii. Kal.	Sanctorum Felicis. Simplicii. Faustini. et Beatricis.	*iii. l'c.*
xix.	*A*	iii. Kal.	Sanctorum Abdon. et Sennes martirum.	*iii. l'c.*
	B	ii. Kal.	Sancti Germani[5] autissiodorensis episcopi. Neoti abbatis.	*comm'.*

Nox horarum : viii. Dies xvi.

[1] *viii. l'c.*; interlined. [2] *commemoratio* : interlined.
[3] This entry in different hand, not later than the 15th century.
[4] *xii. leccionum* : interlined. [5] *iii. leccionum* : interlined.

Primam prima notat lux. septenamque secunda. [fo. 8. b.

Prima necat fortem. sternitque secunda cohortem.

viii.	C	KL.	AVGVSTVS. *Ad uincula sancti petri. in cappis.* Machabeorum.	*comm'.*
xvi.	D	iiii. N'.	Sancti Stephani pape et martiris.	*iii. l'c.*
v.	E	iii. N'.	Inuentio Sancti Stephani.	*in albis.*
	F	ii. N'.		
xiii.	G	NON.	Sancti Oswaldi regis et martiris.	*iii. l'c.*
ii.	*A*	viii. Id'.	Sanctorum Syxti. Felicissimi. et Agapiti martirum.	*iii. l'c.*
	B	vii. Id'.	Sancti Donati episcopi et martiris.	*iii. l'c.*
x.	C	vi. Id'.	Sancti Ciriaci sociorumque eius.	*in albis.*
	D	v. Id'.	Sancti Romani martiris. *De vigilia maior Missa.*	*iii. l'c.*
xviii.	E	iiii. Id'.	**Sancti Laurentii martiris.**	*in cappis.*
vii.	F	iii. Id'.	Sancti Taurini episcopi et confessoris *in albis* Tiburcii martiris.	*comm'.*
	G	ii. Id'.		
xv.	*A*	IDVS.	Sancti Ypoliti sociorumque eius.	*iii. l'c.*
iiii.	B	xix. Kal.	SEPTEMBRIS. Eusebii confessoris. *comm'. De uigilia iii. lecciones et Maior Missa.*	
	C	xviii. Kal.	**Assumptio sancte Marie.**	*in cappis.*
xii.	D	xvii. Kal.		
i.	E	xvi. Kal.	Octaua Sancti Laurentii martiris.	*viii. l'c.*
	F	xv. Kal.	Sancti Agapiti martiris. *Sol in uirgine.*	*comm'.*
ix.	G	xiiii. Kal.	Sancti Magni martiris.	*comm'.*
	A	xiii. Kal.	Sancti Philiberti abbatis.	*comm'.*
xvii.	B	xii. Kal.		
vi.	C	xi. Kal.	Octaua sancte Marie *in cappis.* Timothei. et Simphoriani.	*comm'.*
	D	x. Kal.	Sanctorum Timothei. et Apollinaris martirum.	*iii. l'c. vigilia.*
xiiii.	E	ix. Kal.	*Sancti Bartholomei apostoli. in albis.* Audoeni episcopi.	*comm'.*
iii.	F	viii. Kal.	Sancti Genesii martiris.	*iii. l'c.*
	G	vii. Kal.		
xi.	*A*	vi. Kal.	Sancti Rufi martiris.	*iii. l'c.*
xix.	B	v. Kal.	Sancti Augustini episcopi *xii l'c.* Hermetis martiris.	*comm'.*
	C	iiii. Kal.	**Decollatio Sancti Johannis** *in albis.* Sabine virginis.	*comm'.*
viii.	D	iii. Kal.	Sanctorum Felicis. et Adaucti martirum.	*iii. l'c.*
	E	ii. Kal.		

Nox horarum : x. Dies xiiii.

/*Terna dies ternam. demonstrat denaque quartam* [fo. 9.

Tercia septembris. et denus fert mala membris.

xvi.	F	KL.	SEPTEMBER. **Egidii abbatis.** *viii. l'c.* Prisci martiris.	*iiii. l'c.*
v.	G	iiii. N'.	Sancti Antonini martiris.	*iii. l'c.*
	A	iii. N'.	Ordinatio Sancti Gregorii pape. **D.M.**	*in albis.*
xiii.	B	ii. N'.		
ii.	C	NON.	Sancti Bertini abbatis. *Dies caniculares finiuntur.*	*iii. l'c.*
	D	viii. Id'.		
x.	E	vii. Id'.		
	F	vi. Id'.	**Natiuitas sancte Marie.** *in cappis.* Adriani martiris.	*comm'.*
xviii.	G	v. Id'.	Sancti Gorgonii martiris.	*comm'.*
vii.	*A*	iiii. Id'.		
	B	iii. Id'.	Sanctorum Proti. et Iacinthi martirum.	*comm'.*
xv.	C	ii. Id'.		
iiii.	D	IDVS.		
	E	xviii. Kal.	OCTOBRIS. *Exaltatio Sancte Crucis.*[1] Corneli. et Cipriani martirum.	*comm'.*
xii.	F	xvii. Kal.	Octaua Sancte Marie. *in albis.* Nichomedis martiris.	*comm'.*
i.	G	xvi. Kal.	Sancte Eufemie uirginis.	*iii. l'c.*
	A	xv. Kal.	Sancti Lamberti episcopi et martiris. *Sol in libram.*	*iii. l'c.*
ix.	B	xiiii. Kal.		
	C	xiii. Kal.		
xvii.	D	xii. Kal.	*uigilia.*	
vi.	E	xi. Kal.	**Sancti Mathei apostoli. et ewangeliste.** *Equinoctium.*	*in albis.*
	F	x. Kal.	Sancti Mauricii sociorumque eius.	*in albis.*
xiiii.	G	ix. Kal.	Sancte Tecle uirginis.	*iii. l'c.*
iii.	*A*	viii. Kal.		
	B	vii. Kal.		
xi.	C	vi. Kal.		
xix.	D	v. Kal.	Sanctorum Cosme. et Damiani martirum.	*iii. l'c.*
	E	iiii. Kal.		
viii.	F	iii. Kal.	*Sancti Michaelis archangeli.*	*in cappis.*
	G	ii. Kal.	Sancti Ieronimi presbiteri.	*xii. l'c.*

Nox horarum. xii. Dies xii.

[1] *in cappis*: interlined.

|Tercia lux quintam male uidit. denaque quartam. [fo. 9. b.
Tercia cum dena. clamat sis integra uena.

xvi.	*A*	KL.	OCTOBER. Remigii. Germani. Uedasti episcoporum.	*xii. l'c.*
v.	B	vi. N'.	Sancti Leodegarii episcopi et martiris.	*iii. l'c.*
xiii.	C	v. N'.		
ii.	D	iiii. N'.		
	E	iii. N'.		
x.	F	ii. N'.	Sancte Fidis uirginis.	*xii. l'c.*
	G	NON.	Sancti Marci pape.	*iii. l'c.*
xviii.	*A*	viii. Id'.		
vii.	B	vii. Id'.	Sancti Dionisii sociorumque eius.	*in albis.*
	C	vi. Id'.	Sancti Paulini episcopi et confessoris.	*iii. l'c.*
xv.	D	v. Id'.	Sancte Æthelburge[1] virginis. Nigasii sociorumque eius.	*comm'.*
iiii.	E	iiii. Id'.	Sancti Wilfridi episcopi et confessoris.	*iii. l'c.*
	F	iii. Id'.	**Translacio sancti Eadwardi regis et confessoris.**	*in cappis.*
xii.	G	ii. Id'.	Sancti Calixti pape et martiris. Bellum anglorum.	*comm'.*
i.	*A*	IDVS.		
	B	xvii. Kal.	NOVEMBRIS.	
ix.	C	xvi. Kal.	*Sol in scorpione.*	
	D	xv. Kal.	*Sancti Luce ewangeliste.*	*xii. l'c.*
xvii.	E	xiiii. Kal.		
vi.	F	xiii. Kal.	Octaua Sancti Eadwardi regis et confessoris.	*in cappis.*
	G	xii. Kal.		
xiiii.	*A*	xi. Kal.		
iii.	B	x. Kal.	Sancti Romani archiepiscopi et confessoris.	*iii. l'c.*
	C	ix. Kal.		
xi.	D	viii. Kal.	Sanctorum Crispini. et Crispiniani martirum.	*iii. l'c.*
xix.	E	vii. Kal.		
	F	vi. Kal.	*vigilia.*	
viii.	G	v. Kal.	Apostolorum Symonis et Iude.	*In albis.*
	A	iiii. Kal.		
xvi.	B	iii. Kal.		
v.	C	ii. Kal.	Sancti Quintini martiris. *vigilia.*	*iii. l'c.*

Nox horarum: xiiii. Dies. x.

[1] *iii. l'c.*: interlined.

|Octauam dat quinta dies. et tercia quintam. [fo. 10.

Scorpius est quintus et tercius est nece cinctus.

	D	KL. NOUEMBER.	**Festiuitas omnium Sanctorum.**	*in cappis.*
xiii.	E	iiii. N'.	Sancti Eustacii cum sociis suis.	*iii. l'c.*
ii.	F	iii. N'.		
	G	ii. N'.		
x.	*A*	NON.		**D.M.**
	B	viii. Id'.	**Sancti Leonardi confessoris.**	*xii. l'c.*
xviii.	C	vii. Id'.		
vii.	D	vi. Id'.	Sanctorum Quatuor Coronatorum.	*iii. l'c.*
	E	v. Id'.	Sancti Theodori martiris.	*iii. l'c.*
xv.	F	iiii. Id.		
iiii.	G	iii. Id.	*Sancti Martini episcopi et confessoris in cappis.* Menne martiris.	*comm'.*
	A	ii. Id.		
xii.	B	IDVS.	Sancti Bricii episcopi et confessoris.	*xii. l'c.*
i.	C	xviii. Kal.	DECEMBRIS.	
	D	xvii. Kal.	Sancti Machuti episcopi et confessoris.	*iii. l'c.*
ix.	E	xvi. Kal.		
	F	xv. Kal.	*Sol in sagittarium.*	
xvii.	G	xiiii. Kal.	Octaua Sancti Martini.	*xii. l'c.*
vi.	*A*	xiii. Kal.		
	B	xii. Kal.	*Sancti Eadmundi regis et martiris.*	*In cappis.*
xiiii.	C	xi. Kal.		
iii.	D	x. Kal.	Sancte Cecilie uirginis et martiris.	*xii. l'c.*
	E	ix. Kal.	Sancti Clementis pape et martiris *viii. l'c.* Felicitatis martiris.	*iiii. l'c.*
xi.	F	viii. Kal.	Sancti Grisogoni martiris.	*iii. l'c.*
xix.	G	vii. Kal.	**Sancte Katerine uirginis et martiris.**	xii. l'c. *in cappis.*
	A	vi. Kal.		
viii.	B	v. Kal.	*Primus dies aduentus domini.*	
	C	iiii. Kal.		**D.M.**
xvi.	D	iii. Kal.	Sancti Saturnini martiris.	*iii. l'c.*
v.	E	ii. Kal.	*Sancti Andree apostoli.*	*in cappis.*

Nox horarum: xvi. Dies. viii.

|*Septima lux primam condemnat. denaque sextam.* [fo. 10. b.
Septimus exanguis. uirosus denus ut anguis.

	F	KL. DECEMBER.		
xiii.	G	iiii. N'.		
ii.	*A*	iii. Non.	*Vltimus dies aduentus.*	
x.	B	ii. N'.		
	C	NON.		
xviii.	D	viii. Id'.	**Sancti Nicholay episcopi et confessoris.**	*In cappis.*
vii.	E	vii. Id'.	Octaua Sancti Andree apostoli.	**D.M.** *iii. l'c.*
	F	vi. Id'.	**Conceptio Sancte Marie.**	*in cappis.*
xv.	G	v. Id'.		
iiii.	*A*	iiii. Id'.		
	B	iii. Id'.	Sancti Damasi pape et confessoris.	*comm'.*
xii.	C	ii. Id'.		
i.	D	IDVS.	Sancte Lucie uirginis.[1] et martiris. Iudoci confessoris.	*comm'.*
	E	xix. Kal.	IANVARII.	
ix.	F	xviii. Kal.		
	G	xvii. Kal.	Sancte Barbare. *comm'. O sapientia.*	
xvii.	*A*	xvi. Kal.		
vi.	B	xv. Kal.	*Sol in capricornum.*	
	C	xiiii. Kal.		
xiiii.	D	xiii. Kal.		*vigilia.*
iii.	E	xii. Kal.	*Sancti Thome apostoli.* Solsticium.	*in albis.*
	F	xi. Kal.		**D.M.**
xi.	G	x. Kal.		
xix.	*A*	ix. Kal.	*Vigilia natiuitatis christi.*	
	B	viii. Kal.	**Natiuitas domini nostri ihesu christi.** *Anastasie virginis comm'.*	
viii.	C	vii. Kal.	**Sancti Stephani prothomartiris.**	*In cappis*
	D	vi. Kal.	*Sancti Iohannis apostoli et ewangeliste.*	*In cappis.*
xvi.	E	v. Kal.	**Sanctorum Innocentum.**	*In cappis.*
v.	F	iiii. Kal.	[Sancti Thome archiepiscopi et martiris.][2]	*In cappis.*
	G	iii. Kal.		
xiii.	*A*	ii. Kal.	Sancti Siluestri [pape][2] et confessoris.	*In albis.*

Nox horarum: xviii. Dies. vi.

[1] *xii. l'c.* interlined. [2] erased.

2.A.xxii.]
/*Oratio ante PSALTERIUM*
[fo. 11.

SVscipere dignare domine deus pater omnipotens hos psalmos consecratos quos ego indignus et peccator decantare cupio in honorem sanctissimi nominis tui. et beate Marie semper uirginis genitricis filii tui domini nostri ihesu christi. pro me misero peccatore. seu pro cunctis consanguineis familiaribus et amicis meis. atque benefactoribus et pro his qui in me habent fidutiam. et pro quibus obnoxius sum uel promisi me orare. nec non pro cunctis fidelibus uiuis atque defunctis. Concede domine ihesu christe ut isti psalmi omnibus illis proficiant ad salutem et ad remedium anime sue. atque ad ueram penitenciam faciendam. necnon ad uitam feliciter nos faciant peruenire perpetuam. per te saluator.

Alia ORATIO.

Aufer a me domine illusiones spirituum /malignorum [fo. 11. b. et cogitationes terrenorum. ut tibi grata fiat deuotio psalmorum. Qui.

Confiteor deo et beate marie et omnibus sanctis et uobis pater. quia peccaui nimis in cogitatione. locutione et opere mea culpa. propterea precor uos orate† pro me.

Misereatur uestri omnipotens deus et dimittat uobis omnia peccata uestra. liberet uos ab omni malo. conseruet et confirmet in omni opere bono : et perducat ad uitam eternam. Amen.

/*Feria ij^da ad horas antiphone*
[fo. 224b.

Adiuua me et saluus ero domine.
Aspice in me domine et miserere mei.
Fiat manus tua domine vt saluum me facias quia mandata tua concupiui.

Feria iij^a ad horas antiphone

Clamaui et exaudiuit me.
Qui habitas in celis miserere nobis.
Facti sumus sicut consolati.

Feria iiij^ta ad horas antiphone

Vnde veniat auxilium michi.
Miserere nobis domine miserere nobis.
Conuerte iam domine captiuitatem nostram sicut torrens in austro.

Feria v^ta ad horas antiphone

Auxilium meum a domino qui fecit celum et terram.
Laqueus contritus est et nos liberati sumus.
Nisi tu domine conserues nos in vanum vigilant oculi nostri.

Feria vj^ta ad horas antiphone

Letatus sum in hiis que dicta sunt mihi.
Adiutorium nostrum in nomine domini.
Beati omnes qui timent dominum.

Sabbato ad horas antiphone

In domo domini letantes ibimus.
Benefac domine bonis et rectis corde.
Ecce sic benedicetur homo qui timet dominum.

APPENDIX I.

SUPPOSED WESTMINSTER BOOKS AT VALENCIA IN SPAIN, AND ELSEWHERE.

It has long been said that English liturgical books existed in the chapter library at Valencia. Villanueva pointed out missals which he thought came from the Benedictine Abbey of Westminster[1]; and Mr. Street also says that they have preserved at Valencia a missal which once belonged to Westminster Abbey.[2]

But in March, 1892, through the exertions of the late Mr. Joseph H. Dart, of whose invariable kindness I cannot speak too highly, an opportunity was offered me of examining the books in the chapter library at Valencia, which are said to have been brought from England during the sixteenth century.

I was assisted in this examination by the Very Reverend Canonigo Chabas, who caused two books to be set before me, both labelled *Missale Valentinum*. The larger, a tall book, contained a calendar which was certainly not of Westminster, as St. Edward is commemorated only after the octave of St. Thomas; and in other places the calendar gave Sarum rather than Westminster entries. The *temporale* also agreed with the Sarum missal, not with the Westminster book of Nicholas Lytlington. There were the Sarum sequences for Advent already noticed by Villanueva, while in the Westminster book there are no sequences for this season.

The smaller book was written in a much larger hand, and, when seen by me, began with *Dominica ii. Adventus*: but there were the Advent sequences of Sarum. As far as I collated the two books, there were no characteristic features of Westminster; but what I saw, on the other hand, pointed to Sarum.

A very sharp attack of illness hindered my completing the examination in the way that I should have liked.

Even if these books were Sarum missals, it is not impossible that they may have come from Westminster. In the inventory of 1540 we find two mass books; one of them of Sarum use in the chapel of St. Edward, and a missal in the chapel of St. John Evangelist not of the place use, it is said, but of secular use, most likely, therefore, Sarum.[3]

The connexion with Westminster of the choir books formerly belonging to the Marquis Persano[4] seems hardly as yet sufficiently established.

[1] Jaime Villanueva, *Viage litterario a las iglesias de España*, Madrid, 1803. tomo I. p. 88. On p. 98 he notes with astonishment the Sarum sequences in Advent.

[2] G. E. Street, *Some account of Gothic architecture in Spain*, London, 1869. 2nd ed. Ch. xii. p. 268.

[3] *Transactions of the London and Middlesex Archæological Society*, 1875, vol. iv. p. 354.

[4] *The Antiquary*, 1882, vol. v. p. 257.

APPENDIX II.

ON THE MUSIC CONTAINED IN THE WESTMINSTER MISSAL.

BY W. J. BIRKBECK, M.A., F.S.A.

THE portions of the Westminster Missal which are set to music are such as one usually finds in the Missals of the period; and inasmuch as the music is throughout of the ordinary Roman type,[1] containing no variations of any importance, it was thought unnecessary to reproduce it in full throughout, more especially as at the time the two first volumes went to press no fount of type, reproducing the forms, used in the Pre-Tridentine choro-liturgical books, existed in this country. It was therefore decided to reproduce in facsimile the music of the Coronation Service (the Mass included) as giving a good specimen of the notation, and at the same time the most interesting and characteristic melodies which this Missal contains. (See collotypes in fasc. II.)

It will be seen from the passages given in facsimile, that the musical notation is of the usual English type of the late fourteenth century, such as is found not only in books which were used in the British Isles, but in many of those which have been preserved from the churches and monasteries of those parts of Scandinavia where English influence was strong during the Middle Ages.

The first four belong to the Order of Coronation, properly so called; while the remaining six form the *Propria* of the *Missa Regis*, as used on that occasion. We will take the latter portion first, inasmuch as it is the oldest; and contains, in fact, the only melodies which, in the strictest sense of the word, may be called Gregorian, as they are all borrowed from various portions of the Gregorian Antiphoner or (if we are to use the later term) Gradual. Indeed it will be seen that the text to which the melody is set, is in every case contained in some other portion of the Westminster Missal itself. The Office, or Introit, *Protector noster* (V.) is that of Dom. xiv. post oct. Pentecostes [col. 427]; the Gradual, *Dirigatur* (VI.) is taken from Dom. xix. post oct. Pent. [col. 457]; the Alleluya. ℣. *Domine in virtute tua* from Dom. x. post oct. Pent. [col. 457]; (it may be worth noticing that this Alleluya and verse in the Roman Missal is assigned to Dom. v. post Pent. and in the Sarum to Dom. iv. post Trin.); the Tract, *Desiderium*, from Com. unius Mart. [col. 1048]; the Offertory, *Intende* from

[1] Amongst English uses, the music of the Westminster Missal is much closer to the ordinary Roman setting than that of Sarum. The setting of *Exultet* closely corresponds to that of York and Hereford, and is distinct from, and decidedly inferior to, that of Sarum; it may be worth noticing that it contains the long bravura passage upon the word *accendit*, at the moment when the deacon lights the Paschal candle with the new fire, which Hereford also gives, but York omits.

Dom. i. post oct. Pent. [col. 398]; and the Communion, *Intellige*, from Dom. ii. Quadragesimae. [col. 133]. The music is in every case that of the ordinary Gregorian setting, and differs only in small and unimportant points from other contemporary uses. It may, however, be perhaps worth noticing, that the twenty notes upon the word *Desiderium*, which form the intonation to the Tract, are all placed one note higher than the usual intonation of this tract as given in the Graduals, of England, France, and elsewhere. Whether this was a blunder of the scribe, caused by the fact that the eighth mode Tracts usually begin upon *gesolreut*, as here, and not upon *effaut*, as in the ordinary versions of this particular Tract, or whether this was a peculiarity of the Westminster Gradual, it is impossible to say.

Of the Preface, only a fragment (IX.) is given, from which it will be seen that what is known as the simple or ferial melody was used on this solemn occasion. This is very remarkable, not only because it is less ornate than the Prefaces contained in the *Ordinarium Missae* of this Missal, which resemble the ordinary Roman *Praefationes solemnes*, (there being, as is usual in mediæval Missals, no separate festal and ferial forms) but also because it gives the melody in the form which was used, not in the Mass itself, but in other rites, such as the Benediction of the candles on Candlemas Day, of the fonts on Easter Eve etc. None of the other English Missals used it in the Mass itself.

It is possible that this particular Preface, which of course is not contained in the ordinary *Missa Regis*, originally formed part of the Order of Coronation itself,[1] and that when transferred to the Mass, the melody was not rewritten.

We now come to the four portions taken from the Order of the Coronation itself.

I. The Anthem, *Firmetur manus tua*, is not, as far as its melody is concerned, properly speaking an Anthem at all. Its intonation belongs to no recognised *Variatio* of the first[2] *Differentia*, or ending, of the first Tone, which is here given as the ending for its Psalm. Moreover the form and the harmonic structure of the melody is not that of an Anthem, but of a Respond: and there can be little doubt that it is in reality a Respond with its verse omitted and in its place the first verse of Ps. lxxxix. (lxxxviii.) inserted as a *Psalmus*, set to the ordinary Psalmtone of the first Mode. This use of the body of a Respond as an Anthem is by no means a solitary example. Even in the Roman Gradual itself examples are to be found, as for instance in the Communions *Tanto tempore* (SS. Phil. et Jac.) and *Gaudete justi.* (Com. Mart. temp. Pasch.)

Before leaving this Anthem, we must notice the "pointing" of the Mediation in the first half-verse of the Psalm *Misericordias Domini*, inasmuch as, contrary to the usual mediæval rule, the inflection although it descends, is thrown back, from the penultimate, on to the anti-penultimate syllable of the word *Domini*: thus curiously anticipating one of the worst faults of the Mechlin and some other modern uses.

II. *Veni creator spiritus.* The ordinary mediæval melody of this well known hymn is obviously intended here, but it will be observed that the

[1] The Preface which precedes the Anointing of the King is set to this melody.

[2] *i.e.* according to all the English *Tonalia* of the Middle Ages. In the modern books it is given as the 2nd ending.

first seven notes are placed one note too low. The question arises, whether this is the fault of the scribe or the musician? At first sight it might seem to be a mere piece of carelessness on the part of the scribe: but against this must be set the fact that when the hymn is sung the second time (whilst the Queen is courtesying to the newly crowned King) the same mistake in the music occurs. And not only this: it also occurs in the older MS. contained in the Bodleian (O). The melody is there only given once, and the clef mark is changed in the middle of the line: but, oddly enough, on the margin of the page, the melody has been traced again in a later hand with the notes so placed that the change of clef is not required. This proves that the variation cannot have been a mere accident, but that when it attracted somebody's attention, instead of being corrected, it was confirmed. The fact that in two other places in the Westminster Missal (*i.e.* in the *Ordo professionis monachorum*, and *monialium*) the melody is correctly given does not point to a contrary conclusion, but only shows that the two offices were drawn up at different times and set to music by different people. The simplest explanation of the mistake in the Coronation service seems to the writer to be that the custom of sharpening the *fa* in this and other melodies of the eighth modes (a corruption which arose from the exigencies of the rules of counter-point and its parent sciences in the Middle Ages, and which still holds its own in many parts of France) had already obtained a footing in Westminster Abbey in the fourteenth century, and that this is merely a clumsy device to represent the same in notation. To sharpen *fa* in *effaut* was contrary to rule; and the only *legitimate* way of obtaining an interval of a semitone at this place would be to transmute the melody *in acutas*, *causâ toni et semitoni*, so as to get the semitone between *bemi* and *cesolfaut*. This would answer the purpose, as far as this line and the two succeeding lines of the hymn melody were concerned, but then in the last line another difficulty would occur. Whatever may have been the case when the melody was first composed, the second *si* in the last line was at this time generally written, and probably always sung, in *befa* and not in *bemi*; that is to say, it was B flat (*rotundum*) and not B natural (*quadratum*). But to get a B flat with the melody transmuted *in acutas* was impossible, because it would fall in *elami*. Hence as the semitone in the first line could not be accurately represented by transmutation *in acutas*, the next best thing was to place the whole passage a note too low. This seems the probable explanation of this mistake, and shows that in Westminster Abbey in the fourteenth century, no less than elsewhere in the time of St. Oddo, there were plenty of good writers, but a lack of good musicians.[3]

III. The Anthem *Unxerunt Salamonem* is set to a genuine anthem melody, of a period subsequent to the original body of Gregorian melodies, but not later than the ninth or tenth century. The words are contained in Egbert's Pontifical, and were probably at that time set to the same melody. An anthem commencing with the same words, but not containing the same deviations from the text of Scripture, is to be found in the Roman Antiphoner at Vespers, on the 7th Saturday after Pentecost, but the melody is entirely different, and is of the eighth instead of, as in the present instance, the first mode.

[1] M. Gerbert, *Scrip. Mus.* vol. i. p. 26.

IV. The Anthem, *Confortare*, is probably of the same date; it is certainly not Gregorian, but cannot be later than the tenth century. It may be found in an *Ordo ad consecrandum et coronandum regem Franciae* from a MS. Sens Pontifical given by Martène[1]: but is there sung when the sword is delivered to the king, not as here at the actual crowning.

I must here take the opportunity of heartily thanking Dom. Joseph Pothier, O.S.B., of Solesmes, the well-known authority upon the ancient Plainsong of the Western Church, for several valuable suggestions which have been incorporated in these notes, more especially those upon the melody of the Anthem, *Firmetur manus tua*, which, until he pointed out its similarity in structure to the body of a Respond, was an insuperable puzzle to me, owing to the fact on the one hand that it appears in early Pontificals, and that it contains within itself unmistakable evidence of having been written at least as early as the eleventh century, and on the other, that it differs entirely in style and form from the anthems of that or any previous period.

[1] Edm. Martène, *De antiquis ecclesiae ritibus*, Lib. ii. Cap. x. Ordo viii. Bassani, 1788, vol. ii. p. 224.

LITURGICAL INTRODUCTION.

LITURGICAL INTRODUCTION.

Calendar.

The festivals in the calendar are written in five different colours, at first sight corresponding to the dignity of the festival. But there is another way of determining the importance of the festival besides the colour in which it is written: viz., the copes, albes, or lessons which are assigned to each feast in the right hand column of each month. There are feasts in copes (which latter vary in number, from two to eight[1]) feasts in albes, feasts of twelve lessons, feasts of three lessons, and commemorations, five divisions in all. Roughly speaking, these five divisions correspond to the five colours, but with many exceptions. Gold, parti-coloured with blue, has always copes assigned to it, but not always eight copes: while some written in blue only have copes assigned to them, as the Epiphany, St. Vincent, St. Gregory in March, the Octave of SS. Peter and Paul, the feast of relics, St. Laurence, the exaltation of the Holy Cross, St. Jerome, *bellum anglorum*, the Octave of St. Edward in October, St. Andrew, St. Nicholas, St. Stephen, and the Holy Innocents. In the same way, though to the colour blue, albes are usually assigned, yet xii. lessons only may be found here and there on the same line, as St. Agatha, St. Matthias, St. Mark, St. Margaret, St. Luke, St. Martin; while St. Adrian, a commemoration, is written in blue, perhaps because it falls on the same day as the nativity of our Lady. Further, feasts *in albis* are not always written in blue, as SS. Fabian and Sebastian, SS. Cyriacus and his companions, St. Cuthbert, Invention of St. Stephen, Ordination of St. Gregory, St. Denys and his companions, St. Sylvester, which are written in red. Of the use of red and black there seems to be really no determining practice, red being sometimes used for commemorations, for feasts of three lessons as well as for those of twelve. The conclusion to be drawn would seem to be this, that although the colour in which the feast day is written is some sort of guide to its rank, yet that the real factor in determining the dignity of a day is the number of copes, or the number of lessons, or the expression *in albis*, or a commemoration.

In the Custumary book ascribed to Abbot Ware which appears to be of the later half of the 13th century, about a hundred years

[1] These seem to be the number of the monks who sang the invitatory to *Venite* at mattins. See the custom book, British Museum, Otho, c. xi. fo. 18. b.

before Abbot Lytlington's time, it is said that there were ten principal feasts,[1] and in another place eight are enumerated : which are Christmas Day, St. Edward, Easter Day, Whitsunday, Trinity Sunday, the Assumption of our Lady, the Translation of St. Edward, and All Hallows.[2] The two remaining unmentioned may be SS. Peter and Paul, and Lammas ; but the dedication does not appear in the calendar of Abbot Lytlington's book, and the mass appears at the end of the *Temporale*, immediately before the Ordinary, no particular place being assigned to it.

Eight copes in Abbot Lytlington's calendar may be looked upon as a mark of a chief feast. Accordingly we find that the two feasts of St. Edward, the feasts of SS. Peter and Paul, the Assumption, All Hallows and Christmas were kept in eight copes. That is six feasts. In Rawl.[3] we find Lammas marked with eight copes, which are not expressed in Abbot Lytlington's calendar ; and if we add to these seven the three moveable feasts of Easter,[4] Whitsunday, and Trinity Sunday we have the ten principal feasts of the custom book complete.

Twelfth Day is kept only in five copes, so that Ascension Day may have been only in five copes. The Nativity of our Lady, though kept with an octave in the Custumary,[5] yet has only five copes in Abbot Lytlington. Both are in the second class of festivals in Lanfranc.[6]

The importance given to the feasts of St. Edward the king and martyr and of St. Edmund the king and martyr seems greater at Westminster than at St. Alban's or Abingdon. To these royal feasts we may add the two of St. Edward the Confessor as patron. Thus the "basileiolatry"[7] which we are told is now the prevailing worship at Westminster seems to have begun in the middle ages ; though on the other hand it may be noted that St. Oswald, and St. Kenelm, are of three lessons only.[8]

[1] British Museum, Otho, c. xi. fo. 52. "in vigiliis decem festorum principalium."
[2] *op. cit.* fo. 40. b.
[3] For the explanation of this and other symbols used in this work see p. 1442.
[4] Easter has eight copes assigned to it in Rawl.
[5] fo. 47.
[6] Lnfc. 228. Directions are given in the Custom book fo. 28. b. for the decking of the altars on festivals, principal feasts and those only *in capis*, or double feasts.
[7] "At Westminster the established religion is Basileiolatry, and everything connected with royalty is ostentatiously exposed to receive the veneration of the public." (*Sacristy*, 1872. John Hodges, vol. ii. p. 10 note.)
[8] Collation with other English mediæval calendars has not been attempted. The number of such is very great. Mr. Edmund Bishop has collected 108, the greater part of which are in the British Museum alone, and notes on these he has supplied as an Appendix to *a Menology of England and Wales*, by Richard Stanton, London, Burns and Oates, 1887, p. 675.

For an excellent account of the growth of the calendar see Mr. W. Howard Frere's *Graduale Sarisburiense*, Plainsong and Mediæval Music Society, 1894. Introduction, Part I.

TEMPORALE.

Sources of the notes.[1] Both Mr. Maskell and Mr. Procter, our venerable Vice-President, have attempted a comparison of some of the English Uses. The former, of the early part of the *Sanctorale* and *Commune* of Salisbury and York;[2] the latter, of the Fourth Sunday in Advent.[3] But I know of no further attempt to make even "a sketch of the innumerable variations which exist in other parts of the English Missals," if we may repeat Mr. Maskell's expression.

In the mass of the Fourth Sunday in Advent Mr. Procter, indeed, detected a difference in the postcommon of Sarum from that in Hereford and York; had he pursued this comparison through the English missals he would have anticipated the results which are now offered to the Society.

It seemed likely that if a comparison of the various accessible English uses were made, light might be thrown upon their parentage and affinity. About fourteen English Uses have been thus collated, not only those in print, but the manuscript mass-books that were accessible, whether written before or after the Conquest. These form the backbone of the collation. To them may be added the three Irish missals, the Drummond Castle Missal, the Corpus Christi College Oxford Missal (both of which are in print) and the Rosslyn Missal. Only occasional use has been made of the Arbuthnott Missal.

Of foreign Uses, mediæval Rouen, Bayeux, Coutances, and Paris have been collated, with occasional references to Evreux. An *incunabula* edition of the Roman missal has been collated, and found to be closely allied to a monastic missal printed in 1515. Pre-Tridentine editions of the Charterhouse and Dominican Uses have also been examined, and an early 17th century edition of the Cistercian missal. Here and there notes have been added from other sources.

To speak more at length of the books and manuscripts employed.

Add. MS. 11,414. has been collated with the printed Sarum mass-book, and it has been found so similar, even the graduals being the same, that it was decided to notice the manuscript only when it varied from the Sarum text. By some it has been ascribed to Lincoln, chiefly, it would seem, because there are two feasts of St. Hugh in the calendar. A correcting hand has passed over the rest of the book so that by additions in the margins or erasures, the

[1] For further details of the manuscripts and the editions used, and their symbols, see p. 1442.

[2] William Maskell, *Ancient Liturgy of the Church of England*, London, Pickering, 1846. p. xv.

[3] Francis Procter, *History of the Book of Common Prayer*, London, Macmillan, 1892. Chap. I. p. 5 note.

greater part of the missal has been brought into conformity with the Sarum, though here and there the Gregorian collects remain. The calendar is written in a late 14th century hand, and the rest of the book is made up of quires written at various times, the earliest hand[1] being of the middle of the 14th century, if not later, the others being of the 15th century.

As a rule the Arbuthnott missal has in like manner been only here and there spoken of in the places where it has been discovered to differ from the Sarum.

For the use of St. Alban's Abbey two manuscripts have been employed, both in the Bodleian Library at Oxford. The earlier manuscript (Rawl. Liturg. c. 1.) is unfortunately very imperfect, many quires being wanting, and further, as might be expected from the time at which it was written, it gives only the three mass collects, and here and there the office, and sometimes the office psalm. It would seem to have been written early in the 12th century, perhaps before 1115;[2] or, according to some judges, it may have been written earlier, even before the end of the 11th century.

Owing to the present imperfect state of this earlier mass-book, it was thought better to take the general collation of the St. Alban's use from a later manuscript (Laud Misc. 279.) probably written in the 14th century, which gave all the parts of a late mediæval mass-book like Westminster. The symbol used for this later manuscript has been Alb., while to the earlier manuscript the symbol Alb.* has been assigned. No notice has been taken of the earlier manuscript when its collects and office agree with the later; and it will be found that the earlier manuscript agrees with Sarum and Westminster even more often than the later does, so that a considerable reform of the mass-book at St. Alban's must have taken place between the writing of the two manuscripts.

The Tewkesbury missal known to us is a manuscript of the 13th century, and gives only the winter part of the Christian year: from Advent to the Eve of Palm Sunday in the *Temporale* and from St. Saturninus to Lady Day in the *Sanctorale*. It belongs to the Sarum group of mass-books. So also does the Abingdon mass-book which exists in two volumes, one in the Bodleian Library, and the other in that of Trinity College, Oxford, both manuscripts being written in the 15th century. The text of Abingdon is more akin to Westminster than to any other use.

These make up what may be called the Sarum group of English missals. To them may be added the Irish missals, the Drummond and Rosslyn missals, and the missal belonging to Corpus Christi College, Oxford; but these three books do not contain masses for

[1] See folio 128. Fo. 10 is late 14th century. I am indebted to Mr. Warner, of the British Museum, for much assistance in all palæographical matters.

[2] See Falconer Madan, *Summary Catalogue of Western manuscripts in the Bodleian Library at Oxford*, Oxford 1895, vol. iii. No. 15849.

every day in the Christian year, but only a selection of masses, so that their comparison with the English books is necessarily imperfect, and uncertain. The Rosslyn and Corpus missals may with some hesitation be assigned to the 14th century, and the Drummond perhaps to a century earlier.

To pass to another group of English missals.

The Durham use is known to us from a manuscript in the Harleian Collection (5289) of the British Museum, written early in the 14th century. Its collation has revealed a certain alliance with the missal in use at St. Augustine's Abbey, Canterbury, in the 12th century, lately printed by the Cambridge University Press, and edited by Mr. Martin Rule.

Connected also with Durham, but less closely than St. Augustine's, is the Whitby use, a manuscript of the 14th century, in the Bodleian Library (Rawl. Liturg. b. 1.) It seems to stand midway between York and Durham.

Another important use from a monastery which was once the episcopal church of the Wiltshire diocese is that of Sherborne, a most beautiful manuscript in the possession of the Duke of Northumberland.[1] It was written probably early in the 15th century, at all events between 1396 and 1407.

An English Cistercian mass-book in the British Museum (Harl. 1229.) has been collated up to Easter. It was written early in the 13th century, and contains no week-day services, not even in Lent. The masses given in this book were so very like those in the edition of 1617, which has been collated under the symbol of Cisterc. that after Low Sunday the manuscript was no further collated. The likeness, amounting almost to identity, between the manuscript of the 13th century and the printed edition of the 17th century, is noteworthy, being in decided contrast with the great variations in the uses of the earlier English Benedictine houses, such as Tewkesbury and Winchcombe, Sherborne and Abingdon, in the same diocese.

A monastic missal printed in 1515 according to the use of the *Congregatio Casinensis* showed no alliance with the Westminster or other English monastic books, but rather with the *incunabula* Roman. The symbol used for this book has been M. and the edition has as a rule only been noticed when it differed from the *incunabula* Roman edition.

For the Rouen use a manuscript and an edition have been collated. The manuscript is Add. MS. 10,048. of the British Museum, written in the 12th century,[2] and containing little more

[1] See the palæographical and artistic description of this manuscript by our Vice-President, Sir Edward Maunde Thompson, K.C.B. in *Proceedings of the Society of Antiquaries*, 1896. 2nd Series, vol. xvi. June 18. p. 226.

[2] "The Add. MS. 10,048 at the British Museum, a Rouen Missal of the twelfth century," says Mr. Edmund Bishop. ('Holy Week Rites' in *Transactions of the Society of St. Osmund*, Vol. I. Part iv. p. 83 note.)

than the three mass collects in each mass. For the other parts of the mass, recourse has been added to the printed edition of 1499.

Variations. In the notes on the *Temporale* generally it may be as well to say that when a collect or sequence is said to be found in certain uses it is not intended to state that there is complete verbal agreement, but only such resemblance that one is warranted in assuming that the collect or sequence or other liturgical formula given in the uses has a common ancestor.

Some of the masses in the *Temporale* are said in the notes to be 'common.' This means that no important difference has been discovered in any of the uses examined. Thus, when the part of a mass happens to be common to the uses, the notes are silent; so that when nothing is said as to the contents of a column or of parts of a column it may be assumed that no important differences have been found. Further, the notes, it must be remembered, are limited to comments on the Westminster book. When the other uses contain parts such as sequences, or prayers *super populum*, and the Westminster book has no sequence or *super populum*, the existence of these parts of the mass has been but seldom spoken of in the notes.

It may be well to say that by far the greater part of the *Temporale* is common to all the uses. For example, the mass for the first Sunday in Advent is common, with the exception of the gospel, and the sequence *Salus aeterna*, added in the English and some Norman uses. So on Twelfth Day, again, the mass is common, and even the sequence is common in those uses that have sequences.

But here and there the variations are considerable and they are most to be noted on the days which became liturgical rather late in the history of the church. Such are the Thursdays in Lent and the days marked *Vacat* in the older Sacramentaries, the Sundays after the ember days, or the Saturdays before the first Sunday in Lent, and Palm Sunday, which the Charterhouse mass-book wants to this day.

After the September ember days the variations in the *Temporale* are greater than at any other time in the year.

To illustrate these variations it may be well to divide the mass into three heads, as may very naturally be done; the anthems sung at the introit, or between the scripture lessons, or at the offertory, and at the communion, form one division; the scripture lessons form another division; and the three mass collects, the collect proper, the secret, and postcommon, form a third.

First may be compared the anthems sung at different actions of the mass, and thence called by their name, introit, offertory, communion; being originally *antiphona ad introitum*, or *ad offertorium* or *ad communionem*. Where these anthems vary, the whole set of variants may in some cases be found in the Antiphonary of Tommasi.

A good deal of variation may be found in Westminster in the

psalm of the introit, or office psalm, and the common source of Abingdon and Tewkesbury with Westminster is well shown by their office psalms. For example, the office psalm of the second Sunday in Advent in most of the uses examined is *Qui regis Israel*, while Westminster, Tewkesbury, and Abingdon have *Iubilate Deo omnis terra.* The Saturday after the third Sunday in Lent has in most uses, including Tewkesbury, *Rex meus et Deus meus*, the end of the second verse of the psalm *Verba mea*, while Abingdon and Westminster have the beginning of the third verse *Quoniam ad te orabo*, given in Tommasi as *alius psalmus.* A like instance may be found on the following Saturday: Westminster and Abingdon having for office psalm a continuation of the office anthem, while Tewkesbury has *Quemadmodum desiderat* as psalm, and the other uses *Attendite popule meus.* The latter Sundays after the octave of Pentecost have in most uses the beginning of a psalm as the office psalm, while Abingdon and Westminster have a continuation of the office anthem. The dedication office psalm shows many variations amongst the uses, but Westminster and Abingdon again agree together.

The anthem sung at the offertory does not show much variation in the uses. It is, as a rule, very nearly the same everywhere. Westminster during the last three weeks of Lent[1] shows an ancient feature which Sarum has retained more often: versicles are appended to the anthem to be sung, it would seem, as the time was prolonged during which the faithful made their offerings of bread and wine.[2]

One variant of the offertory may perhaps be noticed, for it is not often that Westminster and Abingdon show alliance with Rouen.

The eve of Ascension Day has *Portas caeli* for the offertory at Westminster, Abingdon, and Rouen only; Holy Thursday itself has *Viri Galilaei* in the same three uses, and in some few others.

The parts of the mass sung between the epistle and gospel show the very greatest amount of variation, whether we consider the grail or the sequence. The grail, especially its last versicles, shows nothing like the uniformity which may be found in the office or offertory. This variation should be particularly noticed; because of the anthems of the mass, the grail is most likely to be far older than the introit, the offertory, or the communion, and its great age might very well suggest that it would be more constant in uniformity than any other of the sung parts of the mass. The variation of the grail may be noticed in the Epiphany season, less in Advent and Lent, but in Eastertide it is at its highest. The notes for this season show this. Further, there seems no tendency

[1] These days are specially noticed in the Westminster Custom book. (British Museum, Otho, c. xi. fo. 127.)

[2] See Tms. p. xxx.

to run into groups, as later on it will be seen that the secrets and postcommons amongst the mass collects do; here and there Westminster and Abingdon have the same grail, but by no means always. So Durham, Whitby, St. Alban's, and Sherborne, while other uses are alone in their grails. It is hardly an exaggeration to say that on the Sundays after Easter each use has a grail to itself.

Like most of the mediæval uses, Westminster has sequences for the festivals of Christmas and Easter, but it has none for Advent, while Sarum and a number of English and Norman uses have sequences for this season, which are nearly the same in all. For Christmas and Epiphany the English uses also have, nearly all of them, the same sequences. But in the Easter week the variation in the sequences becomes very great, so that on some days, as on the Thursday, very nearly each use has a different sequence from its fellows.

It may be convenient to say here that there are but few sequences in St. Alban's, Abingdon, or Tewkesbury, the Corpus Missal or the Cistercian, the Charterhouse or Roman missals. In Whitby the sequences are by themselves, beginning on leaf 186.

The sequence for St. Thomas of Canterbury, *Per unius ortum floris*, can be found only in Westminster. It belongs properly to the *Sanctorale*, though it appears among the Christmas festivals. Of the difficulties in recovering the text of this sequence I have spoken in the preface to the first fasciculus. Another sequence, for St. Edward the Confessor, *Letetur ecclesia recolens magnalia*, I have also been unable to find elsewhere. So also the sequence for St. Peter's chair, *Senatores celestis curie;* and in the common of apostles, *Hodierne lux diei recolit athletas Dei.* Doubtless some Westminster monk with a knack for making Latin verses was allowed to exercise his talent for the more popular festivals. He has hardly, however, risen above the level of mediæval sequences in any case.

To take the scripture lessons second. Throughout the *Temporale* it may be said that these scripture lessons are almost the same in the English and Norman uses.

The Sunday lessons are the same almost everywhere in these uses: but the week-day lessons in Advent and after Trinity Sunday (where they exist) show a great deal of variety. The Advent week-day lessons in Westminster show no very clear affinity with other uses, and the Westminster book has no week-day lessons for the season after Trinity; neither have Durham, St. Alban's, Abingdon, and the Norman use of Evreux, while Sarum, Rouen and Coutances have no epistles and gospels for the Fridays if they have for the Wednesdays. Thus anything like a complete comparison of the week-day scripture lessons in all the uses is impossible.[1]

[1] I have not collated the fragment published by Dr. Henderson and ascribed by him to Lincoln. (York Missal, ii. 343. Appendix vii.) The Advent lessons do not correspond exactly with any English use that I have seen, and the fragment ends just where it is becoming interesting, in the mass of the Ember Wednesday.

A Table of the Lessons, Tracts, and Collects of Easter Even.

Gelasian (Gr. 147.) **Leo. Whc. Rom. Gerb. Tms.**	**Durh. Aug. Alb. Evreux.**	**Westminster.**	Gregorian (Gr. 62.) **Rob. Vit.** **H. Sherb. Abin. Whit. CCCO. Rosslyn. Paris. Cout. By.** **Chart. Cisterc. Dom.**
Oratio. Deus qui divitias.[1] i. In principio. Deus qui mirabiliter. ii. Noe vero. Deus incommutabilis. iii. Temptavit. Deus fidelium. iv. Factum. Cantemus. Deus cuius antiqua. v. Haec est hereditas. Omnipotens sempiterne Deus multiplica. vi. Audi Israel. Deus qui ecclesiam. vii. Facta est super. Deus qui nos ad celebrandum. viii. Apprehendent. Vinea. Deus qui in omnibus. ix. Dixit Dominus. Omnipotens sempiterne Deus qui in omnium. **x.** Factus est sermo. Deus qui diversitatem. xi. Scripsit Moyses. Attende. Deus celsitudo. xii. Nabuchodonosor. Omnipotens sempiterne Deus spes. [1] *om.* Rom. Collects in Tms. vary.	i. In principio. Deus qui mirabiliter. ii. Factum. Cantemus. Deus cuius antiqua. iii. Apprehendent. Vinea. Deus qui nos ad celebrandum. iv. Haec est hereditas. Attende. Deus qui ecclesiam. v. Audi Israel. *This would be the same as* **York** *if for* iv. *and* v. *were read:* iv. Scripsit Moyses. Attende. Deus qui ecclesiam. v. Haec est hereditas. *and early* **Rouen** (Add. MS. 10,048) *if were read* iv. Scripsit Moyses. Attende. Deus qui ecclesiam. **v.** Audi Israel.	*Oratio.* Omnipotens sempiterne Deus qui ad nostrarum. i. In principio. Deus qui mirabiliter. ii. Factum. Cantemus. Deus cuius antiqua. iii. Apprehendent. Vinea. Deus qui in omnibus. iv. Scripsit. Attende. Deus celsitudo. v. Audi Israel. Deus incommutabilis.	i. In principio. Deus qui mirabiliter. ii. Factum est. Cantemus. Deus cuius antiqua. iii. Apprehendent. Vinea. Deus qui nos ad celebrandum. iv. Haec est hereditas. Attende.[1] Deus qui ecclesiam. *This would be the same as* **S. 11414.** *and* **Arbuth.** *if* Scripsit Moyses *be substituted for* Haec est hereditas. For iii. and iv. **Rouen** (1499.) has: iii. Scripsit Moyses. Attende. Deus qui nos ad celebrandum. iv. Haec est hereditas. Vinea. Deus qui ecclesiam. [1] *om.* Rob. CCCO. Paris, Cout. Dom. Cisterc. Sicut cervus: Chart.

In Lent, excepting on Thursdays, the variations in the weekday lessons seem to be small. In the lessons on Easter Even, the greater number have four, following what is called the Gregorian order; some few, including Westminster, have five; while others, the earlier sacramentaries, follow what is called the Gelasian order of twelve lessons.[1] Westminster has a distribution of lessons not exactly the same as in any other use and is marked by the presence of a collect before the first lesson, the text of which I can find nowhere else. It is rare to have a collect at all in this place. The Leofric missal and the sacramentaries of Gellone, Winchcombe, and that of Schultingius have a collect here, *Deus qui divitias misericordiae* (G. 566. and Gr. 147.) and some other uses have a collect in this place.[2] Westminster has thus retained a very ancient and Gelasian feature, which was lost early elsewhere.

In these lessons there seems no characteristic sign by means of which the uses may be classified. The Gregorian distribution of the lessons absorbs the majority.[3] Westminster has a distribution of its own; St. Alban's, Durham, St. Augustine's, and Evreux form a small group by themselves, while Leofric and Winchcombe follow the Gelasian distribution.

On Whitsun Eve the distribution by no means follows the same grouping as on Easter Even. Leofric, for example, with six lessons, stands by itself, following a distribution of lessons to be found in the Gregorian Sacramentary.[4]

The *incunabula* Roman use is also by itself, and has six lessons; York and Westminster have five lessons, Rouen has four lessons, differing in distribution from the others, while the rest of the uses have four lessons with the same distribution.[5] The collects and tracts, however, vary so much that it has not been thought worth while to reproduce them, and no guiding lines could be detected in their distribution.

Thirdly may be considered the three mass collects of each mass, the collect proper, the secret, and postcommon, and it is here that the most interesting results of collation are shown. As may be expected the majority of the mass collects show no variation in the

[1] Martène, lib. iv. cap. xxiv. § xvii. Ioh. Beleth (cap. 106.) tells us that at Rome and some other churches 24 lessons were recited, 12 in Greek and 12 in Latin. Durandus (lib. vi. cap. 81.) says the same, but he has before said that in some churches the lessons are four, six, twelve, or even fourteen in number.

[2] See Martène, lib. iv. cap. xxiv. (t. iii. pp. 152. 156.)

[3] To these may be added the distribution in Pseudo-Alcuinus, Amalarius, Rupert of Deutz, *Gemma Animae* and the *Ordo Romanus*, all in the collection of Hittorp; and the distribution given in the Sacramentary edited by Pamelius. (ii. 265.) and in *Fragmenta quaedam Caroli magni Imperatoris*, Antv. 1560. p. 39.

[4] Col. 150.

[5] *Ordo Romanus*, Amalarius, Pseudo-Alcuin, *Gemma animae*, Hugo a S. Victore, all in the collection of Hittorp, and the Sacramentary of Pamelius (ii. 296.) give the same distribution of the lessons. So also in *Fragmenta quaedam Caroli*, quoted above, p. 53.

A Table of the Lessons, Tracts, and Collects on Whitsun Eve.

Leofric. Gerb. Tms. (B. Ang.) (Gr. 150.)	**Rom. Tms.** (Lateran.)	**York.**
Oratio. Da nobis quaesumus Domine.	i. Temptavit. Deus qui in Abrahe.	i. Temptavit. Deus qui in Abrahae.
i. In principio. Omnipotens sempiterne Deus indeficiens.	ii. Factum est. Cantemus. Deus qui primis temporibus.	ii. Factum est. Cantemus. Deus qui nobis per prophetarum.
ii. Temptavit. Deus qui in Abrahe.	iii. Scripsit Moyses. Attende. Deus glorificatio fidelium.	iii. Apprehendent. Vinea. Deus qui nos ad celebrandam.
iii. Factum est. Deus qui primis temporibus.	iv. Apprehenderunt. Vinea. Omnipotens sempiterne Deus qui per unicum.	iv. Scripsit Moyses. Attende. Deus incommutabilis.
iv. Scripsit Moyses. Deus gloriatio fidelium.	v. Audi Israel. Deus qui nobis per prophetarum.	v. Audi Israel.
v. Apprehendent. Omnipotens sempiterne Deus qui per.	vi. Facta est super. Domine Deus virtutum.	
vi. Audi Israel. Deus qui nobis per prophetarum.		

Westminster.	**Rouen** (edition and MS.)	**Sarum. 11414. Arbuth. Hereford. Sherb. Abin. Alb. Durh. Aug. Whit. Rob. Vit. CCCO. Paris, Cout. Cisterc. Chart. Dom. Tms.** (MS. palatin.)
Oratio. Da nobis quaesumus Domine.	i. Temptavit. Cantemus. Deus qui in Abrahe.	i. Temptavit.
i. Temptavit Deus. Deus fidelium.	ii. Audi Israel. Attende. Deus qui nobis per prophetarum.	ii. Scripsit Moyses.
ii. Mense tertio. Attende. Omnipotens sempiterne Deus qui paschale.	iii. Apprehendent. Vinea. Deus qui nos ad celebrandam.	iii. Apprehendent.
iii. Nuntiavit Moyses. Deus qui nos ad celebrandum.	iv. Nuntiavit Moyses.	iv. Audi Israel.
iv. Apprehendent. Vinea. Deus qui nobis per.		
v. Haec est hereditas. Deus qui ecclesiam.		

uses examined. This is very noticeable in the collect proper; but the secrets and postcommons in different parts of the *temporale* show a certain amount of variation in the Westminster book from those of the Roman missal or Gregorian Sacramentary. To reduce these to figures: from the first Sunday in Advent to Easter there are more than fifty of these varying secrets and postcommons; and from Easter to Advent more than twenty. They may be seen in the mass of the December Ember days, of the fourth Sunday in Advent, of St. Stephen, and St. John Evangelist, the mass *Dum medium*, the postcommon of the vigil of the Epiphany, and in the masses of the first, second, third, and fifth, Sundays after the Epiphany; also in the secret of Sexagesima, and the masses throughout Lent, including the collect *super populum*. Nor are they limited to the week days, but they may be seen in the mass of the third and fourth Sundays in Lent, Passion Sunday and Palm Sunday, and of days like the Monday, Tuesday and Wednesday in Holy Week.

After Easter these variants may be found in the mass of the Tuesday and Friday in Easter week, of Low Sunday, the fourth Sunday after Easter, the Sunday after Ascension day, Whitsun eve, Whitsun Monday and Tuesday, and the other masses of this week, the first, the third, and the fifth, Sundays after the octave of Pentecost, and the September Ember days.

This variation from the Gregorian collects showed itself in other uses besides Westminster. It was found to be shared in a considerable proportion of cases by a group of English uses, Sarum, St. Alban's, Abingdon, and Tewkesbury. It will be noticed that all are monastic with the exception of Sarum, which at the end of the middle ages was the use of so many dioceses in England. Where, too, the same masses are given in the Irish missals of Drummond, Rosslyn, and Corpus, the characteristic collects often appear. The Council of Cashel held in 1172 ordered that in all divine matters the use of the church of England should be followed throughout the church of Ireland,[1] and the resemblance to English uses in the Irish missals may be the result of this decree. Instances of this variation may be found in the notes on the secret of Passion Sunday for Rosslyn and of Palm Sunday for the Corpus missal. In the Drummond Missal the best instances occur in the *Commune Sanctorum*.

On the other hand, there was a group of English uses in which the secrets and postcommons, instead of following Westminster and Sarum, followed the Gregorian Sacramentary. Such among the later mediæval uses were York, Durham, St. Augustine's

[1] "Constitutiones Cassiliensis concilii anno . . . MCLXXII. VII . . . Item, quod omnia divina ad instar sacrosanctae ecclesiae, iuxta quod Anglicana observat ecclesia, in omnibus partibus ecclesiae amodo tractentur." (D. Wilkins, *Concilia*, Lond. 1737. t. i. p. 473.)

Canterbury, Whitby, and Sherborne, of which the last four were monastic; and of the earlier English books, either written or used in England before or shortly after the Norman Conquest, were the Leofric and Winchcombe missals, the missal of Robert of Jumièges, and a Cotton manuscript, Vitellius A. xviii. These early Anglo-Saxon mass books follow closely the Gregorian collects, and one is led to think that it may have been the Gregorian Sacramentary which the Council of Clovesho in 747 intended to be followed when it issued its thirteenth canon.[1]

By applying these tests of varying secrets and postcommons, the English uses resolve themselves into two groups. One may be called the Sarum group, from the name of its most important member; and the other the Gregorian group from its kinship with the Gregorian Sacramentary.

SARUM.	GREGORIAN.
Sarum.	York.
Westminster.	Durham.
St. Alban's.	Whitby.
Abingdon.	St. Augustine's, Canterbury.
Tewkesbury.	Sherborne.
	Leofric.
	Winchcombe.
Rosslyn.	Robert of Jumièges.
Drummond.	Vitellius.
Corpus.	Rouen.
	Bayeux.
	Coutances.
	Evreux.
	Paris.
	Dominican.
	Cistercian.
	Charterhouse.

The secular use of Hereford cannot well be definitely placed under either of these headings. Sometimes it inclines to one, sometimes to the other, though on the whole it may be considered rather Gregorian than Sarum. Its inclination to Sarum may be seen in the postcommon of the vigil of the Epiphany, the secret of the second Sunday in Lent, and the *super populum* of the Monday after Passion Sunday, though the manuscript of the missal in these instances has given the Gregorian collects. If the manuscript, assigned by Dr. Henderson to the 14th century, represent the earlier use of Hereford, the changes would point to an increase of Sarum influence there, just as the substitution of

[1] "Ut uno eodemque modo Dominicae dispensationis in carne sacrosanctae festivitates, in omnibus ad eas rite competentibus rebus, id est, in Baptismi officio, in Missarum celebratione, in cantilenae modo celebrantur, iuxta exemplar videlicet quod scriptum de Romana habemus ecclesia." (A. W. Haddan and W. Stubbs, *Councils and Ecclesiastical Documents*, Oxford, Clarendon Press, 1871. Vol. iii. p. 367.)

Gregorian collects for Sarum in the later manuscript of St. Alban's points to a diminution of Sarum influence at St. Alban's from what it was in the 12th century.

By the aid of Mr. Wilson's valuable *Index to Roman Sacramentaries*, without which it would have been hardly possible to attempt the collation given in this work, the history of these collects that are so noteworthy in Sarum and Westminster may be partly made out. Some of them are to be found in the Gregorian Sacramentary, but for a different day, as for example the secret for Whitsun Tuesday, *Descendat Domine super hoc*, which is to be found in the mass of the Gregorian Sacramentary for the dedication of a church. Others are found in the Gelasian Sacramentary and these, more especially in Lent, come from the same day in the Gelasian Sacramentary or near it, as in the secret for the second Sunday in Lent, *Ecclesiae tuae.* Others appear in the Leonine Sacramentary, as the secret for the Third Sunday in Lent, *Suscipe quaesumus*, which is the Leonine secret for Innocents' day.

But there is a residuum, somewhat large, almost a third, of these secrets and postcommons which cannot be found in the Roman Sacramentaries by the aid of Mr. Wilson's very trustworthy index; and the question naturally arises: Whence do these secrets and postcommons come?

It must be owned that first of all one is disposed to look to Normandy. The claim was made for Lincoln in 1440 that its divine service was after the rites of the church of Rouen, the metropolitical church of all Normandy,[1] though nothing is said about the mass. Dr. Rock seems to have upheld the hypothesis that St. Osmund, to whom he attributes the origin of the Sarum rite, chose out those practices which "he saw in use around him, among the Anglo-Saxons here, and more especially among his own countrymen in Normandy."[2] This idea that Sarum is derived from Rouen has been taken up in many quarters, and indeed treated as a fact too well known to be discussed; but, as Mr. Edmund Bishop remarks, "no detailed proof has been offered."[3]

There were two Rouen books to which I had access. One is a manuscript missal of the 12th century which gives the three collects of each mass, but nothing besides; the other is the edition of 1499, which gives all the parts of the mass. In the printed missal nothing akin to the characteristic collects of Westminster or Sarum

[1] See 'Novum Registrum Ecclesiae Lincolniensis' of Bishop Alnwick, in *Statuta Ecclesiae Cathedralis Lincolniensis*, edited by Christopher [Wordsworth] Bishop of Lincoln, Lond. 1873. p. 3. Speaking of the moving from Dorchester to Lincoln it is said: "Remigius . . . canonicos ibidem saeculares ordinavit et posuit ad deserviendum ibidem in officio divino iuxta ritum Ecclesiae Rothomagensis quae est totius Normandiae metropolis."

[2] Daniel Rock, *The church of our fathers*, London, 1853. Vol. iii. part ii. p. 121.

[3] Edmund Bishop, 'Holy Week Rites,' a paper in the *Transactions of the Society of St. Osmund*, Vol. I. Part iv. p. 78.

could be found; the collects followed the Gregorian collects just as the Gregorian group in England had done. It was very much the same with the early manuscript missal; but here and there one or two of the Sarum secrets and postcommons were found. For example, the secret for the Advent Ember Saturday, *Super has fidelium hostias*, of Sarum, Westminster, Abingdon, St. Alban's, and Tewkesbury, is to be found in the Rouen manuscript. The printed missal of 1499 has *Ecclesiae tuae Domine* in common with Hereford, Durham, St. Augustine's Canterbury, Whitby, and the suffragan sees of Bayeux and Coutances: while the Gregorian Sacramentary (and with it York, Vitellius, Winchcombe, Leofric, Robert of Jumièges, Sherborne, Evreux, Paris, the Dominican, Cistercian, and Charterhouse uses) has *Sacrificiis praesentibus*. To this perhaps may be added the secret for Innocents' day, *Adesto Domine muneribus*, but this is found in the Rouen edition as well as the manuscript, and it is also found in the Sacramentary of Winchcombe and Gellone, and other foreign uses.

With the sees suffragan to Rouen there was not even this modicum of success. The Coutances book has been carefully looked through, and no special resemblance found to Sarum in any matter. Special attention was felt to be necessary to the Bayeux rite on account of Mr. Henry Bradshaw's words, which refer, however, only to the constitution of the chapter.[1] And none of the characteristic Sarum collects has been found in the Evreux book. These three suffragan sees of Rouen have in the main the Gregorian distribution of collects in the *Temporale*, without any of the Sarum characteristic collects that I can detect.

It is the same with the Paris, Dominican, Charterhouse, and Cistercian rites. None of the special Sarum collects can be found in them.[2]

Thus outside the Sarum group of the English missals there seems to be no appearance of these collects in the uses that have been examined. It was suggested that in the earlier foreign sacramentaries some traces of them might be found. It was known that Schultingius, a writer of the 16th century, had transcribed a large part of an early missal which he believed to be English, because

[1] See a letter to Mr. Lawley, April, 1882. "The only one which is precisely Osmund's *institutio* at Salisbury is Bayeux." (G. W. Prothero, *Memoir of Henry Bradshaw*, Lond. 1888. p. 283.)

[2] I may say that the results of the examination of these three monastic missals rather tend to confirm the statements of the Dominicans themselves that their mass is akin to that of the Charterhouse and of the Cistercians. (Marcellus de Cavaleriis, *Statera Sacra*, Neap. 1686. Titulus praelimaris II. § 39.) The Dominican liturgy seems to have been determined in 1254. (§ 41.) The breviary is said by Grancolas to be Parisian (*Commentarius historicus in Romanum Breviarium*, lib. I. cap. xiii. Venetiis, 1734. p. 32.) and this statement is repeated by Guéranger. (*Institutions liturgiques*, Le Mans and Paris, 1840. t. i. p. 339.) I do not however find such close resemblance to Paris in the missal as to justify my saying that it is Parisian. It seems more akin to the Norman missals. I have had no opportunity of examining an early Toulouse missal.

St. Cuthbert and St. Willibald are commemorated in it.[1] This is hardly convincing; and without denying the possibility of the lost book being English, it may be noticed that the calendar has some resemblance to the later calendars of Utrecht.[2] It may have been written for some Benedictine house in the Low Countries. Like Sarum, the secrets and postcommons are not always the same as those of the Roman missal, but at the same time they are not always those of Sarum in the instances in which Schultingius has transcribed them. Variations at the same time and place as Sarum may be noticed in other early sacramentaries such as those of the Moissac and Gellone, manuscripts in the national library at Paris[3]; and in the sacramentary edited by Ménard, to which there is another mass book closely akin, in the same library (MS. Latin, 1238.)

The sacramentaries printed by Ménard and Gerbert are not provided with indices, after the fashion of their times; so that it is hard to deny that many of these secrets and postcommons may exist in these sacramentaries. Some few may be found in Ménard, as for example the postcommon *Sacris domine muneribus* of the third Sunday after the octave of Pentecost. But I have been unable to find any number of these collects in early sacramentaries. In the national library at Paris there is a large collection of sacramentaries from churches in Gaul, but no results on this head followed an examination of a good number of these manuscripts.[4]

The source of the Sarum group thus seems exceedingly obscure. It will have been noticed that out of the five members of the Sarum group, four were monastic; and it may hence be thought that the group was monastic. But as a matter of fact there was no common monastic missal in England in the middle ages, at all events for the older foundations, the black monks. For both in the South, as at the monasteries of St. Augustine's Canterbury, and Sherborne, and in the North, as at Durham and Whitby, there are no traces of the Sarum collects in the missals. So that the idea that the black monks had a common monastic missal because they had a psalter distributed according to the rule of St. Benedict must be abandoned.[5] It seems rather more likely

[1] Cornelius Schultingius, *Bibliothecae Ecclesiasticae*, t. iii. pars ii. Colon. Agripp. 1599. p. 145.

[2] H. Grotefend, *Zeitrechnung des deutschen Mittelalters*, Hannover, 1892. Bd. ii. p. 192.

[3] The Sacramentary of Gellone (*fonds latin* 12048.) differs as much from the ordinary sacramentaries as the Sarum does from the Gregorian. So also the sacramentary of Moissac. (*fonds latin* 2296.) Both deserve more attention from ritualists than they have yet received.

[4] An examination of the two Corbie sacramentaries in the national library at Paris (*fonds latin* 12050 and 12052.) revealed nothing noteworthy.

[5] The Cistercians, or white monks, seem to have had a common missal of their own; for if we compare an early 13th century Cistercian missal (British Museum, Harl. 1229.) with a printed missal of the same order of 1617 we shall find very few variations, not

that the black monks, while using the psalter of St. Benedict for divine service, used for mass the missal of the diocese in which their house was placed. We know that this was the case with the abbey of Barking in Essex, in the diocese of London. The hours were said according to the rule of St. Benedict, but mass according to the use of St. Paul's.[1] This agrees with a statement of Cardinal Bona that the religious orders took their rites from the ecclesiastical province in which they were first founded.[2] It is commonly said of the monks of the Charterhouse, that they took their missal from the diocese of Grenoble, in which they were planted by St. Hugh,[3] but by some the missal is said to be that of Lyons,[4] though the metropolitical church of Grenoble is Vienne. The Ambrosian rite had to be followed in the diocese of Milan by Dominicans and Franciscans at their first institution.[5]

But do these opinions hold good for all England? Let us compare the missals that we know must have come from the same dioceses.

Whitby must always have been in the diocese of York; and here we do perceive an agreement of the liturgy of the monastic house with the liturgy of the diocese. The secrets and postcommons are Gregorian, and are, as a rule, the same in York and Whitby: but in the less important parts of the service, Whitby seems more inclined to Durham than to York. So that the agreement is not complete.

To come much further south. There can be no doubt that Winchcombe and Tewkesbury were always in the diocese of Worcester. And when we find that Tewkesbury belongs to the Sarum group and Winchcombe to the Gregorian, this fact is opposed to the idea that, at the time of the foundation of the two monasteries, both in the same century, the two had copied the rite of the cathedral church of Worcester, always supposing that the rite has remained unaltered from the foundation of the monastery. The same difficulty arises with Abingdon, whether it were founded or refounded in the diocese of Winchester, or that which

more than we should find if we were to collate two manuscripts of the Sarum use together; it may be fewer.

[1] "Conventus predictus tres modos diversos habeat sui servicii dicendi: primo horas suas dicat secundum regulam Sancti Benedicti; Psalterium suum secundum cursum Curiae Romanae; Missam vero secundum usum ecclesiae Sancti Pauli Londoniarum." (W. Dugdale, *Monasticon Anglicanum*, London, 1817. Vol. i. p. 437 note. from MS. Wood, F. xxx. written perhaps about 1395.)

[2] "Ordines autem Religiosi illum Ritum ab initio susceperunt, qui vigebat in ea Provincia, in qua prima ordinis cuiusque fundamenta iacta sunt." (I. Bona, *Rerum Liturgicarum*, lib. i. cap. vii. § vi. ed. R. Sala, Aug. Taur. 1747. t. i. p. 118.)

[3] "Les Chartreux ne la disent pas encore: ce qui montre qu'au tems de leur institution en 1084 on ne la disoit point dans l'Eglise de Grenoble, dont ils prirent le Missel." (Pierre le Brun, *Explication . . . de la messe*, Paris, 1777. t. i. p. 355.)

[4] "C'est aussi l'usage de l'Eglise de Lyon (d'aprés laquelle, sans doute, les Chartreux ont copié leur Rubrique.)" See Claude de Vert, *Explication . . . des Cérémonies de l'Eglise*, Paris, 1713. t. iii. p. 84 note.

[5] Pietro Mazzucchelli, *Osservazioni . . . sopra il rito ambrosiano*, Milano, 1828 p. 139.

we now call Sarum. It belongs to the Sarum group, but Sherborne, the seat of the Wiltshire bishopric until moved to Salisbury under Herman, at the end of the 11th century, had a Gregorian liturgy, and so it would seem had Winchester, if we can take the Missal of Robert of Jumièges as a local use. It is said that St. Alban's was always in Dorchester or Lincoln ; otherwise the connexion between Westminster and St. Alban's might point to a common origin at St. Paul's.

If, then, we do not yet know the source of the Sarum group, can we say with any approach to certainty when it first appeared in England? No satisfactory answer can be given at the present moment: but the sacramentaries that have come down to us, written or used in England before the conquest, are, without exception, Gregorian. The first manuscript belonging to the Sarum group is that of St. Alban's (Bodleian, Rawl. liturg. c. 1.) The date of the writing is about 1100; by some judges it is placed a few years before the end of the century, and by others a few years after. If the Sarum rite, with its characteristic secrets and postcommons, were first introduced into England by St. Osmund who died in 1099 it seems strange that a great Benedictine house like St. Alban's, no doubt proud of its traditions and conservative of its practices, should so soon after have made such grave changes in its liturgy. And we find at Tewkesbury, in the 13th century, the Sarum peculiarities already adopted ; as the manuscript in the Cambridge University Library shows. (Gg. iii. 21.) The Irish manuscript missals should perhaps be excluded from consideration, akin as they are to Sarum, and though English rites were ordered at the Synod of Cashel in 1172; as it is not possible to be sure that no influence from England was brought to bear in the 13th or even 14th century.

On the other hand it may be that at the time of the refounding or reformation of some of these monasteries new mass books may have been introduced into them.[1] It hardly seems likely that a monastic house, once founded, would change its books when the mother church of the diocese changed its books; so that this suggestion may be set aside until further evidence in its support be offered.

ORDINARY AND CANON.

One of the most noteworthy features in the ordinary at Westminster is the presence of a number of prayers, intended for private recitation by the celebrant, which are identical with, or closely allied to, certain others contained in the mass book printed in the 16th century by Flaccus Illyricus. Though some of these prayers

[1] St. Albans is said to have been reformed in 1077, Tewkesbury in 1102. (Clement Reyner, *Apostolatus Benedictinorum in Anglia*, Duaci, 1626. pp. 47 and 44.)

may be found in other English books, especially in Vit. yet they are not there found in equal abundance. These prayers in Westminster are most noticeable at the vesting of the priest, and during the singing of *Gloria in excelsis.*

The canon shows the usual text of the 14th century, without rubrics.

Episcopal and other Benedictions.

This benedictional[1] is remarkably full, and contains over two hundred episcopal benedictions, together with the special services for Ash Wednesday, Holy Week, and Candlemas. With but few exceptions the benedictions can be found elsewhere; a large number are in Æthelwold's benedictional; and failing this, in benedictionals which may come from Christ Church, Canterbury, manuscripts now in the British Museum, Tiberius B. iii. and Harl. 2892, both assigned to the 12th century.

There are about 220 benedictions; of which about 96 can be found in Æthelwold; and about 74 in the two manuscripts just spoken of. All the benedictions for the *Temporale* can be traced to these, with the exception of that for Corpus Christi Day (col. 602.) In the *Sanctorale* those which cannot be found in the three books spoken of can usually be found in Archbishop Peckham's benedictions; all have been found in one work or another with the exception of three for St. Edward the Confessor (col. 616 and 645.) St. Gregory (col. 627.) Conception of our Lady (col. 654, note) St. Mary Magdalen (col. 655, note) and those *pro navigantibus* (col. 671.) and *pro infirmo* (col. 672.)

Ash Wednesday. The special service for Ash Wednesday may be divided into two heads: the absolution of the penitents, and the blessing of the ashes. At Westminster the former consists mainly in the recitation of the seven penitential psalms followed by *preces*, and a set of collects nearly equal in number to the psalms, with an absolution at the end. This is the structure of the service also at Sarum,[2] Evesham, Durham, York, Hereford, Rouen in 1499, Coutances, and Evreux. In the CCCO. and Dominican Missals there is only one collect after the psalms and *preces*. Hereford and Rouen of 1499 have only four collects, and they are the same.[3] The first four collects in Westminster are the same as those of the Gregorian Sacramentary, which has only four. It would seem that the collects might correspond in number with the psalms and that one collect ought to follow each psalm. This is as we find it

[1] As episcopal benedictions were given during the mass, just before communion, it is not surprising to find them in a mass book; indeed such may be found in a recent *Missale Romano-Lugdunense*, Paris and Lyons, 1866. p. 102*.

[2] The Sarum service reappears in Archbishop Chichele's pontifical (Trinity College, Cambridge, B. 11. 9.), for a copy of which I am indebted to Dr. Henderson.

[3] There are five in Vesp. D. xv. fo. 31. British Museum.

really in existence at Paris. After the first psalm, *preces* are said followed by a collect; then the second, followed by a pair of versicles, and another collect, and so on to the last psalm which has *preces* said after it, and a collect. Absolution is then given by the bishop.

A collect is recited after each psalm in some English manuscripts[1] though the psalms are only six in number and do not all belong to the set which we now call penitential. Only five psalms are recited in the Leofric Missal at the absolution of the penitent.

The whole of the penitential psalms may have been said at Rouen in the 12th century; in the older book[2] there are eight collects which may have followed the psalms; it should be noticed that at Rouen in 1499 the collects for blessing the ashes precede the absolution of the penitents. So also in the supposed Worcester Pontifical of Samson.[3] This is the case also at York, Bayeux, and Evreux, where the ashes are blessed before the penitents are absolved. At these churches, and probably in the 12th century at Rouen as well as in 1499. the absolution was thrust into the service between the blessing of the ashes and their distribution.

This leads to the second part of the Ash Wednesday service, the blessing of the ashes. As a rule the blessing follows the absolution of the penitents in those churches where an absolution takes place. In Lanfranc and the Cistercian Order we find two psalms, *Deus auribus* before, and *Deus misereatur* after, the *preces*; while in Ælfric only the latter psalm is said. At Westminster both these psalms are recited when the absolution of the penitents is finished and takes in this rite the form of an introduction to the blessing of the ashes. At Evesham the psalms have been moved to a place in the service during or after which the ashes are distributed.

There are many forms for the blessing of the ashes. Four are given in Westminster, of which *Omnipotens sempiterne Deus parce metuentibus* appears to be of some antiquity, as it is a form for blessing the ashes used in the dedication of a church that may be found in Muratori's edition of the Gregorian Sacramentary. It is the only one in Leofric. *Deus qui non mortem* seems the most frequent form; and when only one is used, this is often that which is employed; as in Hereford, CCCO. Rosslyn, Dominican, Cistercian, and Charterhouse Missals, and very probably that of Winchcombe. Besides the forms given in Westminster there are some others in use in England: *Omnipotens sempiterne Deus qui Ninivitis in cinere et cilicio* is said at Durham, and also at Rome, though the ashes to be blessed are not spoken of; *Deus aeternorum omnium conditor et rector* and *Precibus devotissimis omnipotens Deus* are in

[1] Harl. 2892. fo. 33. Add. MS. 28.188. fo. 79. b. Claudius A. iii. fo. 146. all in the British Museum.

[2] Add. MS. 10,048. leaf 19.

[3] CCCC. 146.

Harl. 2893. Another form, *Concede nobis Domine praesidia militiae Christianae*, is found in Vit. where a blessing of the ashes should be; and it is also found in Evesham and in Rouen of 1499 among the forms for the blessing of the ashes, though there is no mention of the ashes in the prayer; but it is, however, in many rites the collect in the mass for Ash Wednesday.

Palm Sunday. The simplest form of the blessing of the palms on Palm Sunday seems to be the recitation of one collect, such as *Deus cuius filius pro salute*, which we may see at Bayeux, or of a longer prayer, as in the Dominican, Cistercian, and Charterhouse Missals, *Omnipotens sempiterne redemptor*, which in other rites appears as a preface preceded by *Sursum corda*. Then the collects may become greater in number, and before them readings from Holy Scripture be put, a lesson from Exodus or Isaiah, and a gospel speaking of the events of the day, but in the Magdalen College Pontifical this gospel is put off until immediately before the distribution of the palms. In some rites as Sarum, Evesham, Durham, and the rites found in certain English manuscripts[1] an exorcism was pronounced before the benediction; in many rites anthems were sung before the liturgical lessons and during the distribution of the palms, and a collect added after the distribution. Thus if we think that the simple alway precedes the complex, from a simple recitation of one collect or prayer there would seem to have arisen the elaborate services which we find in the manuscripts just spoken of, or that in the Roman rite, which has every feature of a mass: anthem at the introit, collect, lesson, grail and gospel; secret, *sursum corda*, and preface, with six collects which take the place of the canon, an anthem like the communion sung during the distribution of the palms, and a collect for a postcommunion. The service in Westminster shows only a moderate degree of this development; there are anthems before the two liturgical lessons, three collects which are for the blessing of the palms, and two anthems to be sung during the distribution. It is in much the same stage at Sarum, Evesham, Hereford, York, and Durham. At Rouen in 1499 a collect has been placed before the liturgical lessons, which are divided by a grail, and a preface is inserted between two collects of benediction; and this arrangement would seem to have already existed in the 12th century.

Thursday before Easter. The reconciliation of the penitents on this day follows very much the same lines as the absolution on Ash Wednesday.

At Westminster the lesson *Adest o venerabilis pontifex* precedes the seven penitential psalms; and this is the rule in the uses: but at Rouen in the 12th century this lesson followed the absolution and was inserted in the midst of the collects.

[1] Harl. 2892. fo. 45. Tib. c. I. fo. 100. and Add. 28.188. fo. 89. b. all in the British Museum.

TABLE OF THE FORMS USED AT THE BLESSING OF THE PALMS.

Paris.	**Rouen** (1499.) **Winchester.**[1]	**Sarum.**	**Westminster.**
Deus cuius filius pro salute Deus qui dispersa congregas	*An.* Ante sex . . . paschae Ante sex . . . passionis *Or.* Actiones nostras.		*An.* Fratres In nomine
	Lesson. Dicite filiae syon ℟ Circundederunt. ℣. Quoniam	*Lesson.* Venerunt filii.	*Lesson.* Venerunt filii
Gospel. Cum appropinquasset *An.* Cum appropinquaret Circumdederunt Cum audisset Ave rex noster Gloria laus. Ingrediente Coeperunt omnes turbae Occurrunt omnes turbae Tota pulchra. *Or.* Famulorum. *Postea incipiatur tertia.*	*Gospel.* Cum appropinquasset. [2]*Or.* Deus qui dispersa congregas *Pref.* Cuius filius pro salute. *Or.* Deus qui per olivae ramum[2] [*Hic distribuuntur rami*] *An.* Pueri . . . tollentes [3]Pueri . . . vestimenta.[3]	*Gospel.* Turba multa. Exorcizo te creatura Ops. sempiterne Deus qui in diluvii Deus cuius filius pro salute. Deus qui dispersa congregas Domine Iesu Christe Fili Dei *An.* Pueri . . . tollentes Pueri . . . vestimenta.	*Gospel.* Turba multa Deus cuius filius pro salute. Deus humane fragilitatis Ops. sempiterne Deus supplices *An.* Pueri . . . tollentes Cum angelis et pueris.

[1] Winchester is Ee. 2. 3. in Cambridge Univ. Lib. fo. 55.

[2]—[2] Exorcizo te creatura.
Ops. sempiterne Deus qui in diluvii effusione
Deus cuius filius pro salute
Deus qui dispersa congregas
[Holy water and incense]
Domine I.C. mundi conditor. Winchester.

[3]—[3] *om.* Winchester.

TABLE OF THE FORMS USED AT THE BLESSING OF THE PALMS.

Durham.	**Pontifical,[1] (Magd. Coll. Oxford.)**	**Hereford.**	**York.**
Lesson. Venerunt filii.		*An.* Ante sex . . . paschae	
Gospel. Cum appropinquaret	*Exorcismus florum.*	Ante sex . . . passionis	
Exorcizo te creatura	Exorcizo te creatura florum	*Lesson.* Venerunt filii	*Lesson.* Venerunt filii
[*Benedictio palmarum.*]	*Benedictio florum.*	*An.* Fratres hoc enim	
Ops. sempiterne deus qui in diluvii	Ops. sempiterne Deus qui in diluvii	In nomine enim Iesu	
		Gospel. Cum appropinquasset	*Gospel.* Turba multa
Ops. sempiterne deus flos mundi	Ops. sempiterne Deus flos mundi odor	*Benedictio palmarum*	*Benedictio palmarum*
Deus cuius filius pro salute.	Deus cuius filius pro salute	Deus cuius filius pro salute	Deus cuius filius pro salute
	[Holy water and incense]	[Holy water and incense]	Ops. Deus mundi conditor
Deus qui dispersa congregas	Deus qui dispersa congregas		[Holy water and incense]
[Holy water and incense]	*Gospel.* Turba multa		
	[*Distribution*]		
	An. Pueri . . . tollentes	*An.* Pueri . . . vestimenta	*An.* Pueri . . . tollentes
	Pueri . . . vestimenta	Pueri . . . tollentes.	Pueri . . . vestimenta
			Hosanna Filio David
			[Distribution]
Ops. semp. Deus qui Dominum nostrum	*Or.* Ops sempiterne Deus qui Dominum nostrum I.C. die azymorum		Ops. sempiterne Deus qui Dominum nostrum
[*post hec dividantur flores.*]			
An. Pueri hebreorum.			
Gospel. Turba multa.			

[1] Compare the forms of the pontificals in Cambridge University Library, Ff. 6. 9. (?Coventry Pontifical) and Ll. 2. 10. an Ely pontifical according to Mr. Bradshaw.

Comparative Table of the Service of Easter Even.

Rome.	**Paris.**	**Rouen.** (1499.)	**Sarum.**
Deus qui per filium tuum angularem	Litany i.	Domine Deus pater ops. lux indeficiens	*Ps.* Dominus illuminatio
Domine Deus pater ops. lumen		Veniat ops. Deus super hoc	Domine Deus noster pater ops. lumen
Domine sancte pater ops. aeterne Deus		Cum rex gloriae Christus infernum	Domine sancte pater ops. aeterne Deus
Veniat quaesumus ops. Deus super			Caelesti lumine quaesumus
[Lumen Christi, three times]			Exorcizo te immundissime
			Aeternam ac iustissimam
			Descendat benedictio tua
			Inventor rutili
Exultet.	Exultet	Exultet	Exultet
Lessons	Lessons	Lessons	Lessons
	Litany ii.	Litany i.	Litany i.
		Litany ii.	Litany ii.
Ops. sempiterne Deus adesto	Ops. sempiterne Deus adesto	Ops. sempiterne Deus adesto	Ops. sempiterne Deus adesto
Blessing of font	Blessing of font	Blessing of font	Blessing of font.
Litany i.	Litany iii.	Litany iii.	Rex sanctorum angelorum
Mass of Easter Even.	Mass of Easter Even	Mass of Easter Even.	Mass of Easter Even.

COMPARATIVE TABLE OF THE SERVICE OF EASTER EVEN.

Westminster.	**Durham.**	**York.**	**Hereford.**
Ps. Dominus illuminatio *or* Miserere mei Deus.	*Ps.* Miserere mei Deus	Deus qui Filium tuum angularem	Domine Deus noster Pater ops. exaudi
Preces	Preces	Domine sancte Pater ops. aeterne Deus	Caelesti lumine quaesumus Domine
Domine Deus noster pater ops. lumen	Deus qui per Filium tuum angularem		
Domine sancte pater ops. aeterne Deus	Deus ops. Deus Abraham Deus Isaac		
Domine Deus pater ops. conditor	Domine Deus noster Pater ops. lumen		
Caelesti lumine quaesumus			
Exorcizo te omnis immundissime	Domine s. Pater ops. aeterne Deus		
Domine Deus ops. cui assistunt			
Veniat quaesumus ops. Deus super hoc incensum.		Veniat ops. Deus super hoc incensum	Veniat ops. Deus super hoc incensum
Inventor rutili	Inventor rutili	Inventor rutili	Inventor rutili
Sicut exaltatus est serpens			
Exultet	Exultet	Exultet	Exultet
Lessons	Lessons	Lessons	Lessons
Litany i.		Litany i	
		Litany ii	
Ops. sempiterne Deus adesto		Ops. sempiterne Deus adesto	
Blessing of font		Blessing of font	Blessing of font
Litany ii.	Litany	Litany iii	Litany
Mass of Easter Even.	Mass of Easter Even	Mass of Easter Even	Mass of Easter Even

COMPARATIVE TABLE OF THE BLESSING OF THE CANDLES ON THE FEAST OF THE PURIFICATION.

Ordo Romanus. (Hittorp.)	**Paris.**	**Rouen.**	**Tewkesbury.**
An. Exurge Domine	*Or.* Ops. sempiterne Deus qui hodierna	℟ Postquam impleti sunt	*Benedicto super ignem.*
Ps. Deus auribus nostris		*Or.* Exaudi quaesumus Domine	Caelesti lumine quaesumus.
Or. Exaudi quaesumus Domine	*Or.* Domine Deus creator caeli et terrae		Ops. clementissime pater.
℟. Preciosa		[Holy water]	Domine sancte Pater ops aeterne Deus benedicere
Sancta Maria mater Domini	*Or.* Domine I.C. qui illuminas	*Or.* Immensae maiestatis tuae	
Benedictio cerei		*Benedictio ignis*	*Benedictio super cereos.*
Benedic Domine I.C. hanc creaturam		*Or.* Ops. clementissime pater lumen	Immensae maiestatis tuae.
			Ops. sempiterne Deus qui hodierna.
Supplices te quaesumus Domine		*Or.* Domine sancte pater ops aeterne Deus benedicere	
Benedico te cera in nomine			
Domine . . . qui omnia ex nihilo creasti	*An.* Lumen ad.	*An.* Lumen ad.	
	Ps. Nunc dimittis	*Ps.* Nunc dimittis	
Ops. sempiterne Deus qui hodierna	*An.* Ave gratia plena	*Or.* Ops. sempiterne Deus qui hodierna	
	℣. Responsum. Non visurum		
Domine I.C. lux vera qui illuminas	*Or.* Quaesumus ops. Deus tua nos	*An.* Ave gratia	
		℟. Adorna thalamum.	
Pref. Nos tibi Deo omnipotenti rerumque	*An.* Adorna thalamum.	℟. Responsum accepit	
	℣. Accipiens. ℟ Gratias agens.	℣. Hodie	
Ops. sempiterne Deus qui per Moysen		*An.* Cum inducerent puerum	
	Or. Deus lumen verum aeternae lucis		
Ops. sempiterne Deus qui unigenitum			
	℟. Responsum accepit.		
An. Ave gratia plena	℣. Symeon in manibus. ℟ Sed maiestatem.		
Adorna thalamum			
Responsum accepit	*Or.* Intercessio quaesumus domine		
Cum inducerent			
Domine I.C. qui hodierna die			

Comparative Table of the Blessing of the Candles on the Feast of the Purification.

Durham.[1]	**Rosslyn, Magd.**	**York.**	**Hereford.**
Benedic domine I.C. hanc creaturam cerae.	*Or.* Benedic domine I.C. hanc creaturam	Pretiosa *Benedictio ignis* Domine sancte Pater ops. aeterne Deus	
Domine . . . qui omnia ex nihilo	*Or.* Domine . . . qui omnia ex nihilo	*Benedictio cereorum* Domine I.C. qui illuminas omnem	
Ops. sempiterne Deus qui hodierna	*Or.* Ops. sempiterne Deus qui hodierna		
Domine I.C. creator caeli et te rae Immensae maiestatis tuae	*Or.* Immensae maiestatis tuae. [*omit.* Magd.]	Deus invisibilis et inaestimabilis	Deus cuius unigenitus hodierna
[Holy water and incense]	[Holy water and incense]		
An. Lumen ad	*An.* Lumen ad.	*An.* Lumen ad	*An.* Lumen ad
Ps. Nunc dimittis.	*Ps.* Nunc dimittis	*Ps.* Nunc dimittis	*Ps.* Nunc dimittis
[Distribution]	*ante altare*	℣. Responsum. ℟. Non visurum	
	An. Ave gratia plena [Puer Iesus proficiebat : Magd.]		
Or. Ops. sempiterne Deus qui unigenitum	*Or.* Ops. semp. Deus qui unigenitum		
℣. Benedicta tu in mulieribus	*An.* Corona thalamum [*om.* Magd.] Responsum accepit [*om.* Magd.] Benedicta tu in mulieribus		
Preces	[Preces : *add.* Magd.]		
Or. Erudi quaesumus domine	*Or.* Erudi quaesumus domine	*Or.* Quaesumus ops. Deus tua nos protectione	*Or.* Deus lumen verum aeternae lucis propagator

[1] Compare the forms of the pontificals in Cambridge University Library, Ff. 6. 9. and Ll. 2. 10.

Easter Even. Westminster, like many other mediæval uses, has retained the blessing of the new fire on Easter Even only. The new fire was blessed on Shere Thursday and two following days, according to Ælfric, and at St. Augustine's, Canterbury, and Evesham. But in another English monastic rite[1] the fire blessed on this Shere Thursday was reserved till Easter Even in one lamp from which the paschal candle blessed on this latter day was lit.

The scheme in nearly all the uses seems to be: first, the blessing of the new fire followed in some by the blessing of the incense; then *Exultet*, followed by the Lessons, Collects, and Tracts. In most of the English and Norman uses, one or two litanies are here sung, and the blessing of the font follows. Then, in nearly all uses, a litany comes, which is the prelude to the mass of Easter Even. This is the scheme given in Ælfric. At Sarum in the place of the third litany they sang *Rex Sanctorum Angelorum*, which may be considered a metrical litany. Common as *Rex Sanctorum Angelorum* is in Germany, whether before or after the blessing of the fonts, and even known in Italy,[2] yet it does not appear in any of the uses examined except Sarum. In the English monastic rite of the middle of the 11th century just spoken of, it, or a *letania septena* is sung immediately after the lessons, before *litania quina*, and before the blessing of the fonts.[3]

At Paris there is no blessing of the new fire, but the service of Easter Even opens with a litany, followed by *Exultet*.

Candlemas. The blessing of the candles has several features which recall the blessing of the palms. Like the palms, the candles may be blessed with only one prayer, which would seem to have undergone developement into an elaborate service. One prayer only, *Domine Iesu Christe creator caeli et terrae*, is found in the benedictionals of Æthelwold, Robert of Jumièges, and Ramsey.

The Dominicans have only one prayer, *Omnipotens sempiterne Deus qui hodierna die*, and the Cistercians also only one, *Deus inaestimabilis potentiae*.

At Winchcombe another stage is reached. The prayer *Domine Iesu Christe* as in Æthelwold is said, followed apparently by the distribution of the candles, *preces* and the collect *Erudi quaesumus Domine*. At the Charterhouse they said first the same prayers as the Cistercians, *Deus ineffabilis*, and then *Nunc dimittis* was sung

[1] Tiberius c. I. in the British Museum, fo. 45. "de ipso igne continuo in eadem ecclesia uel loco ubi accenditur. lampas una seruetur usque in sabbatum sanctum. ad illuminandum cereum. qui eodem die benedicendus est." (fo. 46.) See also the service for Easter Even on fo. 63 verso: "et deportatur lumen quod v^{ta} feria fuerat excussum de silice uel crystallo."

[2] J. C. Trombelli, *Ordo Officiorum Ecclesiae Senensis*, Bononiae, 1766. p. 157.

[3] British Museum, Tib. c. I. fo. 69.

with the anthem *Lumen ad* between each verse.[1] The candles being distributed, *Erudi quaesumus Domine* was said.

Then as with the blessing of the palms, the collects for the blessing of the candles increase in number, new fire is blessed, anthems are added in abundance, and there is one feature common to many rites, the singing of *Nunc dimittis* with an anthem, usually *Lumen ad*.[2] It was so at Sarum, Durham, Evesham, Hereford, York, Whitby, and in the Irish Missals of Corpus and Rosslyn, at Rouen and Paris. It is preserved to this day at Rome. But it was not sung at Westminster, which had in its place an anthem *Hodie beata;* and a respond, versicle, and collect, before the service of the blessing of the candles began, as indeed they had according to Ælfric.

Consecration of the King and Queen.

There appear to have been in use in the middle ages for the sacring of the Kings of England no less than four distinct recensions of the office: two, written before the Norman conquest, and two, written after. The earliest service is that found in the pontifical of Egbert.[3] A service following the same lines is to be found in Leofric.[4] It is to be noted that the service in Egbert is interpolated into the Eucharistic service, between the gospel and the offertory. This particular feature of the interpolation into the mass of the crowning is not seen in many other coronation orders, but a celebration of the Eucharist seems to have been connected with the anointing and crowning of kings in the west from the earliest times. It was so, for example, at the anointing of Pippin in 754,[5] said to be the first instance of an anointing amongst the Franks. The interpolation into the Eucharistic service occurs in the coronation of the king of Germany at Aken;[6] and it appears between the grail and the gospel. Both the English and the German order plainly intend the coronation to be between the *missa catechumenorum* and the *missa fidelium.* There is evidence that it was formerly thought that the *missa fidelium* began with the

[1] This is called by the French *triompher;* it was done in several churches in France at *Magnificat* with the great Oes of Advent, and at other psalms. (See De Moleon [Le Brun Desmarettes] *Voyages liturgiques de France*, Paris, 1718. pp. 13. 65. 204 and especially p. 425.)

[2] This *Benedictio luminis* is the only one for Candlemas day in Eg. (132.) The same prayer is in York and CCCC. 44.

[3] Eg. pp. 100–104.

[4] Leo. pp. 230–232.

[5] *Annales Ecclesiastici* auctore Caesare Baronio, Lucae 1742. t. xii. p. 590. Anno 754. "Inter celebrationem consecrationis praefati altaris, et oblationem sacratissimi sacrificii unxit in Reges Francorum florentissimum Regem Pipinum, et duos filios eius &c."

[6] Martene, Lib. ii. cap. ix. ordo iv. t. ii. p. 207.

gospel. As early as the 6th century, a Council at Valentia ordered that the catechumens should not be expelled before the gospel.[1] Amalarius speaks of the expulsion of the catechumens before the gospel as a custom held fast in his time.[2] Abbé Duchesne speaks of this expulsion before the gospel as the established practice,[3] for so *Ordo Romanus VII.* tells us.[4] Even into the last century traces of this custom survived at Lyons in the ringing of the bells for the *missa fidelium*[5] during the prose.

Of the next recension of the coronation we have more copies. There is a pontifical, probably of the 11th century, at Corpus Christi College, Cambridge (No. 146.) which contains the same recension as that to be found in the Benedictional of Robert of Jumièges.[6] An imperfect copy is in the British Museum,[7] from which Selden[8] and Arthur Taylor have printed,[9] and to which is prefixed, *Coronatio Athelredi Regis Anglo-saxonum*, in a modern hand, probably that of Sir Robert Bruce Cotton himself, which appears to be the only evidence for the widespread opinion that this recension was in use at the coronation of King Ethelred. There is another copy of this recension in CCCC 44, a pre-Norman pontifical. To it, however, a considerable number of anthems have been added at the delivery of the ornaments. The royal pallium also is given after the rod and sceptre, which are delivered into the king's hands after he is crowned.

This second recension of the English service follows very closely the order in a manuscript belonging to Ratold, abbot of Corbie, for the blessing of the Kings of the Franks.[10] The anthems *Firmetur* and *Confortare* are not there; nor the two last prayers: but in other places the order of the service is almost the same.

[1] J. Saenz de Aguirre, *Collectio maxima conciliorum omnium Hispaniae*, Romae, 1753. Ed. Catalani, t. iii. p. 175.

[2] Amalarius, *de eccles. offic.* Lib. iii. cap. 36. in Hittorp, col. 436. "Consuetudo nostra tenet, ut catechumenos nostros repellamus ante Euangelium."

[3] L. Duchesne, *Origines du culte chrétien*, Paris, 1889. p. 289.

[4] I. Mabillon, *Museum Italicum*, Lut. Paris, 1724. t. ii. p. 79.

[5] De Moleon [Le Brun Desmarettes] *Voyages liturgiques de France*, Paris, 1718, p. 426. If we accept the interval between the epistle and gospel as the interval between the *missa catechumenorum* and the *missa fidelium*, several things are explained. For example, the long private prayers said by the celebrant in many orders at this place, the preparation of the host and chalice, as in the Sarum and many other mass books, the recitation of prayers enjoined by bequests, and the like.

[6] I follow a transcript belonging to the Society. The original is in the public library at Rouen, Y. 7. The coronation service is from fo. 162. to fo. 170. Dr. Henderson states (York Pont. p. 268.) that the same recension may be found in the pontificals of St. Dunstan (*Bib. nat.* fonds latin 973.) and St. Thomas of Canterbury (Public library, Donai, MS. 94.)

[7] Cotton MS. Claud. A. iii. fo. 9.

[8] John Selden, *Titles of Honor*, Part I. ch. viii. in the third Volume of *Works*, London, 1726.

[9] Arthur Taylor, *The Glory of Regality*, Lond. 1820. App. to Book iv. No. 2. p. 395.

[10] See Men. 278. Also Martene, Lib. ii. cap. x. Ordo v. t. ii. p. 217.

Of the third recension several copies are also extant.[1] It is said to have been used at the Coronation of Henry I. and is often called by his name. But as with the second recension the only authority for this belief is the writing: 'Coronatio Hen: primi Regis' prefixed to the service in the Cotton MS. Claud. A. III. fo. 19. in the same hand as that on fo. 9. of the same manuscript, ascribing the second recension to King Ethelred.

The fourth recension is but a developement of the third, and is that printed in this edition. This recension may be again divided in accordance with the texts of the rubrics, which differ considerably. The simplest rubrics are to be found in the manuscript which has been collated in this edition with the symbol O, and of which text a good many copies exist. It is often called the coronation service of Edward II. It has been printed by Rymer[2]; and also in the pontifical of Edmund Lacy, Bishop of Exeter: and in manuscript it may be found in the British Museum, Harl. 2901. Lansdowne 451. Royal 12. D. iii. fo. 161. Cleopatra D. vii. ff. 2–6, and 190. In the Bodleian Library at Oxford, Rawl. C. 425. the manuscript already quoted and collated as O, Ashmolean 842. fo. 64. and 863. p. 401 (both of these latter being 17th century transcripts from older manuscripts.)

Mr. Maskell has printed another form of the fourth recension from a Lincoln Pontifical.[3] I have not yet found another copy.

A third form of the fourth recension is that found in the *Liber regalis*, in which the rubrics are very fully developed, and the text of which is printed in this edition. Copies may be found in the British Museum, Harl. 561. and in the pontifical of Clifford, Bishop of London, preserved at Corpus Christi College Cambridge, No. 79. An imperfect copy is Add. MS. 6157 in the British Museum, beginning at the very end of the King's Coronation at *Benedic.*[4]

Apart from pontificals, separate copies of the *Liber regalis* exist. One is in the custody of the Dean of Westminster. Another is in the possession of one of our members, Mr. Thomas Brooke, F.S.A.[5]

[1] British Museum, Claud. A. iii. fo. 19. Tib. B. viii. fo. 81. Bodleian Library, Oxford, Rawl. c. 400. Magdalen College, Oxford, No. 226, Cambridge University Library Ee. ii. 3. Trinity College, Cambridge, No. 276. Dr. Henderson tells us that this text is also contained in Trinity College, Dublin, B. 3. 6. (imperfect.)

[2] See *Foedera* &c. London, 1818. Vol. II. pars i. p. 33. It appears here among other documents connected with the Coronation of Edward II.

[3] See Maskell, iii. pp. 1–81. and the preface i–lxv. It is evidently taken from a manuscript in the Cambridge University Library, Mm. 3. 21. fo. 196. On the cover of this Mr. Henry Bradshaw has written 'Lincoln Pontifical.'

[4] See col. 717 of this edition.

[5] *A Catalogue of the manuscripts and printed books collected by Thomas Brooke, F.S.A.*, London. 1891. Vol. i. p. 308. A facsimile accompanies the description. By the generosity of Mr. Brooke a collation of his manuscript accompanies the text of fasc. ii.

COMPARATIVE TABLE OF

Pontifical of *Egbert.* (Eighth Century.)	Benedictional of *Robert of Jumièges.* (Eleventh Century.)
Missa catechumenorum	*An.* Firmetur manus
	Te Deum laudamus
	Haec tria . . . promitto
Te invocamus	Te invocamus Domine
Deus qui populis tuis virtute	Deus qui populis tuis virtute
In diebus eius oriatur	In diebus eius oriatur
	Consecratio Regis
	Ops. sempiterne Deus creator
[*Inunctio regis*]	[*Inunctio regis*]
An. Unxerunt Salomonem	*An.* Unxerunt Salomonem
	Christe perunge hunc regem
Deus electorum fortitudo	Deus electorum fortitudo
	Deus Dei Filius
	Accipe anulum
	Deus cuius est omnis potestas
Pontifices cum principibus dant ei sceptrum in manu	*An.* Confortare et esto vir
Benedic Domine hunc praesulem principem.	Accipe hunc gladium
	Deus qui providentia tua
Datur ei baculus in manu	
Ops. det tibi Deus de rore	
Pontifices sumant galeum et ponant super caput	
Benedic Domine fortitudinem	
	Coronet te Deus corona
Vivat rex N. in sempiternum	
Deus perpetuitatis auctor dux	Deus perpetuitatis dux
	Accipe sceptrum
	Omnium Domine fons bonorum
	Accipe virgam
	Extendat ops. Dominus dexteram
	vel Benedic Domine hunc presulem principem
	An. Vivat rex.
	Sta et retine.
	Ops. Deus det tibi de rore
	Benedic Domine fortitudinem principis
Missa fidelium	

English Coronation Services.

British Museum, Tib. B. viii. (Twelfth Century.)	*Westminster.* (Fourteenth Century.)
An. Firmetur manus	*An.* Firmetur manus
	Ps. Misericordias.
Litania	*Or.* Deus humilium visitator
In Christi nomine promitto haec tria.	Si leges et consuetudines?
	Veni creator Spiritus et vii. psalmi poenitentiales
	Te invocamus Domine
	Litania.
Ops. aeterne Deus creator omnium	Ops. sempiterne Deus creator omnium
Benedic Domine hunc regem	Benedic domine hunc regem
Deus ineffabilis auctor mundi	Deus ineffabilis auctor mundi
	Deus qui populis tuis virtute
	Pref. Electorum fortitudo
Unguantur manus istae	Ungantur manus istae
	An. Unxerunt Salamonem.
Prospice omnipotens Deus	*Or.* Prospice omnipotens Deus.
Unguatur caput istud, pectus, scapulae et compages brachiorum	[*Inunctio pectoris, scapularum, compaginum brachiorum, et capitis.*]
℟ Deum time [et mandata]	
Deus Dei Filius	Deus Dei Filius
Deus qui es iustorum	Deus qui es iustorum
	Deus rex regum et dominus
	Exaudi quaesumus Domine
Accipe gladium per manus episcoporum	Accipe gladium per manus episcoporum
Accipe armillas	Accipe armillas
Accipe pallium	Accipe pallium
Deus tuorum corona	Deus tuorum corona
Coronet te Deus corona	Coronet te Deus corona
Deus perpetuitatis dux	Deus perpetuitatis dux
	An. Confortare et esto vir.
	Deus caelestium terrestriumque
	Benedic domine et sanctifica anulum
Accipe regiae dignitatis anulum	Accipe regiae dignitatis anulum
	Deus cuius est omnis potestas.
Accipe sceptrum	Accipe sceptrum
Omnium Domine fons bonorum	Omnium Domine fons bonorum
Accipe virgam	Accipe virgam
Benedicat tibi Deus	Benedicat tibi Dominus
Te Deum	Te Deum laudamus
Sta et retine.	Sta et retine
	Ops. Deus det tibi de rore
	Benedic domine fortitudinem
	Missa

A third is said to be in the Archives of Pamplona;[1] a fourth in the public library of Evora in Portugal.[2] These two last I have not seen.

The *Liber regalis* has been edited in a sumptuous manner for the Roxburghe Club by the late Earl Beauchamp, of whom this Society will ever retain a grateful memory, not only as the friend who directed Mr. Bradshaw's thoughts to liturgical studies, but as the chairman of its first meeting, under whose skilful guidance the Society was then established.

The last two recensions of the English coronation service bear a great affinity to that in the *Ordo Romanus* of Hittorp.

For the coronation of the queen alone the service has undergone far fewer changes. In fact, the service in the Benedictional of Robert of Jumièges and that in the *Liber regalis* are almost one. That of Jumièges leaves out the first two prayers, and proceeds at once to the anointing, but after this the two services are almost identical, *Officio nostrae indignitatis* being left out.

It is closely akin to that in the *Ordo Romanus* of Hittorp and to that already quoted in the manuscript of Ratold, Abbot of Corbie.[3]

SANCTORALE.

In the notes of the *Sanctorale* a different plan has been followed from that employed in the *Temporale.* As a general rule, the parts of the mass drawn from the *Commune* have not been collated, and the notes give little more than the variations of the three mass collects, where such exist. The same books have been collated in the *Sanctorale* as in the *Temporale.*

This *Sanctorale* shows an early feature in beginning with January instead of with St. Andrew's day, as later books do.

As in the *Temporale* so in the *Sanctorale* it will be noticed that with some of the old Gregorian festivals the Gregorian collect is preserved, but the secrets and postcommons are often different in the Sarum group. The secrets and postcommons are drawn from some other place in the Gregorian Sacramentary; or from the Gelasian or Leonine Sacramentaries; or, it may be, they are not in any of the Roman Sacramentaries at all. The mass of the vigil of St. Laurence is an example of this. The collect is common to all uses. The secret, *Tanto placabiles*, is in Sarum, West-

[1] F. Darwin Swift, *The life and times of James the First*, Oxford 1894. Preface, p. viii. note 1. "The treasure of these Archives is an illuminated English 'Ceremonial' of the 14th century, containing a minute account of the manner of crowning, anointing, and burying the kings of England." I owe this reference to Mr. Falconer Madan.

[2] The press mark is said to be: Codice $\frac{\text{C V}}{\text{1-36}}$ d. For this information I am indebted to Mr. Jenkinson, University Librarian, Cambridge.

[3] Men. 284. Martene, Lib. II. cap. x. ordo v. t. ii. p. 218.

minster, Abingdon, and Corpus Christi College, Oxford, and it may be found in the Leonine Sacramentary, while *Hostias Domine* is the Gregorian secret, and appears in all the other uses. At Candlemas, too, we find the collect and most of the other parts of the mass are the same in all the uses, the collect being the Gregorian *Omnipotens sempiterne Deus maiestatem tuam.* But the Sarum group shows variations in the secret and postcommon. The secret is *Exaudi Domine preces nostras* in the Gregorian Sacramentary and all the uses ; excepting Sarum, Westminster, Abingdon, St. Albans, Tewkesbury and the Irish books, the missal at Corpus Christi College, Oxford, and the Rosslyn Missal. These all have a secret, beginning: *Praesta quaesumus Domine ut sicut hodierna munera veneranda,* a collect which I have not yet been able to find in any early Sacramentary. The postcommon, on the other hand, shows variation within the Sarum group itself. It is *Quaesumus Domine Deus ut sacrosancta mysteria,* not only in the Gregorian Sacramentary and Sherborne, but in Sarum and St. Albans: while other members of the Sarum group have different postcommons. Westminster has *Perfice in nobis,* the Gregorian *super populum*: while Abingdon and Tewkesbury with the Irish Missals just named have: *Da nobis misericors Deus eius presenti festivitate vegetari. cuius integra virginitate,* &c., akin to the postcommon in the mass *Vultum tuum* of the Sarum Missal.[1]

With the non-Gregorian saints the collect, secret and postcommon differ from, and agree with, their fellows without any guiding line being noticeable which may decide when the agreement or difference shall take place. In some of the masses of the local saints, as St. Dunstan and St. Alphege, and even in the masses of doctors of the church like St. Ambrose and St. Jerome, each use would seem to have desired to have its own collect, secret, and postcommon. On the other hand, on the translation of St. Thomas on July 7 all the English uses have the same collect, secret, and postcommon, but differ, as might be expected, in the sequence, where there is one.

Common of Saints.

In the common of Saints the affinity of the Drummond Missal with the Sarum group is better marked than elsewhere. This missal has a tolerably complete common which can be thus readily compared with that of its fellows. Of masses from the *Temporale* and *Sanctorale* the Drummond Missal has but few.

[1] Col. 776.*

I wish to express a very great sense of gratitude to the owners of rare manuscripts, who have given me opportunities of collating their treasures for the purpose of this work. I am indebted for the notes on the Sherborne Massbook to the liberality of the Duke of Northumberland and the courtesy of the Earl Percy; for those on the Drummond Missal, to the Earl and Countess of Ancaster; and for those on the Rosslyn Massbook to the Curators of the Advocates' Library at Edinburgh, through the kindness of Mr. J. T. Clark.

The Very Rev. Dr. Henderson, Dean of Carlisle, has entrusted to the care of the Society his numerous transcripts of English Pontificals, and these have been very useful in the comparison of the special services of Ash Wednesday, Holy Week, and Candlemas. The Rev. W. Howard Frere, of the Community of the Resurrection, has given me many references to English missals, still in manuscript at Oxford and Cambridge, which have furnished a large portion of the notes following.

For daily help in the bringing out of this work I am under great obligations to Mr. Dewick and Mr. H. A. Wilson, the Treasurer and the Secretary of the Society, who have never shown that they were tired of the weary task of amending and correcting my work. At the British Museum, Mr. G. F. Warner and Mr. Francis B. Bickley have always been ready with advice, and it is hard to say how much I am indebted to them. Other kind friends have also given me help: the Rev. Achille Ratti, one of the Doctors of the Ambrosian Library at Milan: the Rev. Charles Plummer, Librarian of Corpus Christi College, Oxford: the Rev. H. E. D. Blakiston, Librarian and Fellow of Trinity College, Oxford: Mr. C. W. Moule, Librarian of Corpus Christi College, Cambridge: M. Henri Omont, the head of the manuscript department of the National Library at Paris: Mr. Alfred Rogers, of the Cambridge University Library. And I think that I ought really to acknowledge the very considerable help which has been given me by my son, now a commoner at New College, Oxford, in transcribing and arranging the notes and correcting the proofs, at a time when he might doubtless have found occupations far more agreeable as a recreation than this mechanical work.

I must beg the indulgence of the Society for the numberless faults and blunders which I feel sure will be found in the notes. I see now that too elaborate a system of comparison has been attempted; and that with uncertain health and failing eyesight so ambitious a scheme should not have been entered upon. But such as the work is, I offer it to the Society, and it may perhaps be useful in a small way to those who are trying to identify manuscript massbooks in libraries, and to assign them to their respective churches and orders.

Symbols used in the Notes.

The symbols used in the notes are as follows :—

Abin. = Abingdon Missal, Bodleian MS. Digby 227. (xvth cent.) summer part. Abingdon Missal, Trinity College, Oxford MS. 75. (xvth cent.) winter part. The leaf containing the initial letter of the great festivals has often disappeared.

Æ = *A dissertation on St. Æthelwold's Benedictional* . . . by John Gage, in *Archaeologia*, London, 1832, vol. xxiv.

Ælfric = MS. 265 Corpus Christi College, Cambridge, fo. 237, edited by Mary Bateson, in G. W. Kitchin, *Compotus Rolls of the Obedientiaries of St. Swithun's Priory, Winchester*, Hampshire Record Society, 1892. Appendix vii.

Alb. = St. Alban's Missal, Bodleian MS. Laud Misc. 279 (14th cent.)

Alb.* = Bodleian MS. Rawl. liturg. c. 1. A St. Alban's Massbook, written about 1100. Many quires have now been lost.

Analecta liturgica = E. Misset and W. H. J. Weale, *Analecta liturgica*. Pars II. Thesaurus Hymnologicus, i. Prosae, Insulis et Brugis, typis Soc. S. Augustini, 1888.

Arbuth. = *Liber Ecclesie beati Terrenani de Arbuthnott*, ed. A. P. Forbes, Bishop of Brechin, Burntisland, 1864.

Aug. = *The missal of St. Augustine's Abbey, Canterbury*, ed. Martin Rule, Cambridge University Press, 1896.

Bib. nat. = Bibliothèque nationale, Paris. The number following this symbol is the number of some manuscript in the *fonds latin* of this library.

Bobbio = Bobbio Missal, MS. Bibl. Ambrosiana, Milan, D. 84. p^{te} inf.

By. = *Missale ad usum insignis ecclesie Baiocensis*, . . . impressum Rothomagi per Iohannem mauditier et Petrum oliuier socios pro honesto viro Petro Regnault, 1501. Dec. 15. fo. (B. de l'Arsenal, Paris.)

Canterbury = Lambeth MS. 20. which has a few gospels to be read *in capitulo*. (The text of the supposed Canterbury Missal in the Arsenal (No. 135.) is Sarum. So also is Rawl. C. 168. in Bodl. Lib.)

CCCC = Corpus Christi College Cambridge. The number following this symbol is the number of some manuscript in the Library of this college.

CCCO = *The Manuscript Irish Missal belonging to the President and Fellows of Corpus Christi College, Oxford*, ed. F. E. Warren, London, 1879.

Chart. = *Missale Carthusiense*, Parisiis, vid. Thielman Keruer, 1541, 8°.

Cisterc. = *Missale ad usum sacri ordinis Cisterciensis*, Lut. Parisior. 1617, fo. (Cf. Harl. 1229.)

Cout. = *Missale cunctis sacerdotibus iuxta* Constancieñ. *dioceses institutum* &c. Rothomagi, Robert Valentin, 1557. fo.

Dom. = *Missale predicatorum*, Venetiis, L. A. de Giunta, 1504. xviii. Kal. Febr. 8°.

Drum. = *Missale Drummondiense*, the ancient Irish Missal in the possession of the Baroness Willoughby de Eresby at Drummond Castle, ed. G. H. Forbes, Burntisland, 1882.

Durh. = Durham Missal, British Museum, MS. Harl. 5289. 14th cent.

Eg. = *Pontifical of Egbert, Archbishop of York*, ed. W. Greenwell, Surtees Society, 1853.

Ev. = *Officium Ecclesiasticum Abbatum secundum usum Eveshamensis Monasterii*, ed. H. A. Wilson, Henry Bradshaw Society, 1893.

Evreux = Evreux Missal, British Museum, Add. MS. 26,655. early 14th century.

Exeter = Exeter Missal, Exeter Chapter Library MS. No. 3510.

Flaccus Illyricus = *Missa Latina*, Argent. Christianus Mylius, 1557. 16°.

G. = Gelasian Sacramentary in *Liturgia Romana Vetus*, ed. L. A. Muratori, Venetiis, 1748. t. i.

Gautier = L. Gautier, *Œuvres poétiques d'Adam de S.-Victor*, Paris, Julien, 1858, in two volumes.

Gell. = Codex Gellonensis MS. Latin 12048, Paris, Bibliothèque nationale.

Gerb. = M. Gerbert, *Monumenta Veteris Liturgiae Alemannicae*, typ. San-Blas. 1777. pars i.

Gr. = Gregorian Sacramentary, in Muratori, *Lit. Rom. Vet.* t. ii. above.

H. = *Missale ad usum percelebris Ecclesiae Herfordensis*, ed. W. G. Henderson, Leeds, 1874.

Harl. 1229 = Cistercian missal, British Museum MS. Harl. 1229, written in England early in 13th century.

Harl. 2892 = British Museum, MS. Harleian 2892. early 12th or perhaps 11th century: a benedictional which may be connected with Christchurch, Canterbury.

Hittorp = Melchior Hittorp, *de divinis Catholicae Ecclesiae Officiis*, Parisiis, 1610, fo.

Kehrein = Joseph Kehrein, *Lateinische Sequenzen des Mittelalters*, Mainz, Kupferberg, 1873.

L. = Leonine Sacramentary in *Liturgia Romana Vetus*, ed. L. A. Muratori, Venetiis, 1748. t. i.

Leo. = *The Leofric Missal*, ed. F. E. Warren, Oxford, Clarendon Press, 1883.

Lnfc. or Lanfranc. = Lanfranc's Constitutions, Clementis Reyneri *Apostolatus Benedictinorum in Anglia*, Duaci, Laur. Kellam. 1626. fo. Appendicis pars tertia, p. 211.

M. = *Missale monasticum secundum ritum et morem congregationis casinensis, alias sancte Iustine*, Venetiis, L. A. de Giuntis, 1515. 8°.

Magd. = MS. No. 226. Magdalen College, Oxford. Pontifical written before 1200.

Martene = Edm. Martène, *de antiquis ecclesiae ritibus*, Bassani, 1788. in four volumes.

Maskell = William Maskell, *Monumenta Ritualia Ecclesiae Anglicanae*, London, Pickering, 1846. in three volumes.

Men. = *Divi Gregorii Papae . . . Liber Sacramentorum . . . ex missali ms. Sancti Eligii*, ed. Hugo Menardus, Parisiis, sumptibus Cl. Sonnii et Dion. Brechet, 1642. 4°.

Morris = an early 14th century missal of Sarum use, formerly belonging to the late Mr. William Morris, F.S.A., the ordinary of which is about to be edited by the Society.

Pam. = *Missale SS. Patrum Latinorum*, ed. Iacob. Pamelius, Coloniae, apud A. Quentelium 1660. two volumes in 4°. The second volume is that as a rule quoted.

Paris = *Missale ad usum ecclesie Parisiensis*, Paris, Bernard de Leau 1543. fo. [colophon, 1542.]

Peckham = *Liber Pontificalis of Edmund Lacy, Bishop of Exeter*, ed. Ralph Barnes, Exeter, 1847. Peckham's benedictions are also in British Mus. Add. MSS. 21,974, Bishop John Langland's book.

Pian = *Missale Romanum ex decreto sacrosancti Concilij Tridentini restitutum Pii V. Pont. Max. iussu editum.* Antverpiae, Chr. Plantin, 1587. 8°. (The reformed Missal of Pius V.)

Pont. Rom. = *Pontificale secundum Ritum Sacrosancte Romane ecclesie*, Venetiis, L. A. de Giunta, fo. 1520. Sept. 15.

Ramsey = Benedictional of Ramsey Abbey, *Bibliothèque nationale*, Paris MS. Latin, 987. Written about the end of the tenth century.

Rawl. = Bodleian Library, Oxford (15832.) Rawl. Liturg. g. 10. [formerly g. 9.] Part of this MS. is printed in this fasciculus, beginning on col. 1303.

Rob. = *The Missal of Robert of Jumièges*, edited by H. A. Wilson, Henry Bradshaw Society, 1896.

Rob.[2] = transcript of benedictional of Robert of Jumièges belonging to the Society. (Y. 7. Bib. de la Ville, Rouen.)

Rom. = *Missale iuxta morem Romane ecclesie*, Venetiis, I. B. de Sessa, 1490. 8°. The collation of the Sanctorale from SS. Tiburtius and Valerianus in April to St. Apollinaris in July and of the masses for the dead has been made from an earlier edition (Venetiis, per magistrum andream quondam Iacob. de Chataro, 1485. iii. idus Febr. 8°.)

Rouen = *Missale secundum usum insignis ecclesie Rothomagensis*, Rothomagi, Ioh. Richard, and Martin Morin, 1499. March 26. fo. (Cf. British Mus. Add. MS. 10,048.)

S = *Missale ad usum insignis et praeclarae ecclesiae Sarum, labore et studio* F. H. Dickinson, Burntisland, 1861–83.

Sarum Manual = Appendix to *Manuale et processionale ad usum insignis Ecclesiae Eboracensis*, Surtees Society, ed. W. G. Henderson, 1875.

Schult. = Cornelii Schultingii Steinwichii, *Bibliothecae Ecclesiasticae . . tomi quatuor*, Coloniae Agripp. 1599. t. iii. pars ii. p. 145.

S.P.E S. = *Transactions of St. Paul's Ecclesiological Society*, London, 1881–1896.

Sherb. = Sherborne Missal, written between 1396 and 1407, in the possession of the Duke of Northumberland at Alnwick Castle. (See S.P.E.S. iv. 1896. pp. 1–31.)

Tanner = Bodleian MS. Tanner 5.

Tib. = British Museum MS. Tib. B. iii. Benedictional perhaps from Christchurch, Canterbury.

Tms. = I. M. Thomasii *Opera omnia*, Romae 1750. ed. Vezzosi. t. v.

Twk. = Tewkesbury Missal, Cambridge University Library, MS. Gg. iii. 21. 13th century.

Vit. = British Museum MS. Vitellius A. xviii. (11th cent.)

W = Westminster Missal of Nicholas Lytlington, now printed.

Whc. = Winchcombe Sacramentary, Public Library, Orleans, MS. 127. 10th cent.

Whit. = Whitby missal, Bodleian Library, Oxford, MS. Rawl. Liturg. b. i. 14th cent.

Wilson = H. A. Wilson, *A classified index to the Leonine, Gelasian, and Gregorian Sacramentaries*, Cambridge University Press, 1892.

Y. = *Missale ad usum insignis ecclesiae Eboracensis*, ed. W. G. Henderson, Surtees Society, 1874.

York Pont. = *Liber pontificalis Chr. Bainbridge*, ed. W. G. Henderson, Surtees Society, 1875.

11.414. = British Museum Add. MSS. 11.414. a missal made up of parts written at different times. The calendar is late 14th century and may be of Lincoln use; the earliest written part appears to be of the middle of the 14th, the rest of the 15th century. The *Temporale* is Sarum. The *Sanctorale* differs from the printed Sarum. In the notes, this MS. may be taken as agreeing with Sarum, unless stated otherwise.

10.048 = British Museum Add. MS. 10.048. supposed to be a Rouen missal of the 13th century.

NOTES.

P. iii.] For account of the election of John Islip, *per viam spiritus sancti*, see Richard Wedmore's *History of the Church of St. Peter, Westminster*, London, 1751. Appendix, No. iii. p. 234.

See also fragments dealing with election in Abbot Ware's Consuetudinary (British Museum, Otho C. xi. cap. 1. fo. 5.)

Line 29. "Monasterii ad Romanam Ecclesiam nullo medio pertinentis:" The church of Westminster was declared independent of the See of London in 1222. (*Flores Historiarum*, Ed. H. R. Luard, Rolls Series, 1890. Vol. ii. p. 174. and papal letters in Westminster Abbey Muniments, parcel 37.)

P. iv.] For an account of notarial marks, see a paper by Dr. Edwin Freshfield, *Archæologia*, 1895. Vol. liv. p. 239.

In Rawl. the verses at the head of the month, the indications of *dies mali*, of the sun entering the signs of the zodiac, and other notices of the year, Christian or civil, are omitted. *Sancti* or *Sanctorum* is also omitted before the names *In cappis*, *in albis*, and *xii l'c.*, the signs of a higher festival are often retained but *iii l'c.*, and *com'* which accompany a less important festival are in most instances left out.

The calendar in a Westminster psalter, Brit. Mus. 2 A xxii. is given at p. 1385. There are pairs of verses for each month in W. and 2 A xxii. The riming verses refer to the *dies egyptiaci*, and are not found, as the others are, in the *Ephemeris* which passes under the name of Bede. (See Bedae *Opera*, Coloniae Agrippinae, I. W. Friessem, 1688, t. i. p. 190.) A MS. copy of the *Ephemeris* (British Mus. Ar. 356) written early in the 11th century, has verses with the same meaning, but not the same form as the riming verses.

JANUARY.

P. v.] D' in this calendar is the symbol for *Dies Malus* (see p. 1385) or *dies aegyptiacus*.

Day 8 Wlsini: *om.* 2 A xxii.

19 Wlstan in Rawl. is *in albis*, but omitted altogether in 2 A xxii.

25 St. Preiectus is omitted in Rawl.

30 This line has been omitted by accident after the verse at the top of the page.

FEBRUARY.

P. vi.] Line 2. For *mime* read *nume* MS. Ar. 356. and Colon. Edition of Bede.

Day 10 St. Austreberta is omitted in Rawl.

12 *Fridesuide virginis* is added in Rawl.

22 Rawl. om. xii. lessons and has *v* (not *iiii*) *cape*.

MARCH.

P. vii.] Day 21 Rawl. has *v. capis* for *in albis*.

27 Opposite *Resurreccio domini* in Rawl. is *viii. cap.*

APRIL.

P. viii.] Day 3 St. Richard is not in 2 A xxii.

19 In Rawl. St. Alphege is raised to xii. lessons.

25 *Litania maior* on St. Mark's day is omitted by Rawl.

29 *Translacio S. Edmundi:* not in 2 A xxii.

30 St. Erkenwald raised to xii. lessons in Rawl.

MAY.

P. ix.] Day 2 St. Athanasius, not confessor but doctor in Rawl. and is only a *commemoracio*.

5 St. Aldelm, only a *commemoracio* in Rawl.

20 St. Ethelbert is not in 2 A xxii. and is only a *commemoracio* in Rawl.

28 and 31 SS. German and Petronilla are reduced to Commemorations in Rawl.

JUNE.

P. x.] Day 11 St. Barnabas with xii. lessons is restored in Rawl. to the calendar. He has an office in Sanctorale of W. and appears in 2 A xxii. so that his omission in calendar of W. is probably due to an accident.

12 Before *Cirini Naboris et Nazarii* Rawl. has *Basilidis*. So also 2 A xxii.

14 St. Basil is not confessor but doctor in Rawl.

22 St. Alban in Rawl. is *prothomartiris anglie in albis*.

30 Rawl. has *Commemoracio sancti pauli in albis*. So also 2 A xxii.

St. Martial has three collects in Sanctorale.

JULY.

P. xi.] Day 2 Rawl. has *Visitacio beate marie iii. c. process. Swit.*
4 Rawl. omits *Translacio et.*
16 In 1540 a relic Sunday had begun. (Mackenzie E. C. Walcott, *Transactions of the London and Middlesex Archæological Society*, 1875. Vol. iv. p. 326.)
19 Rawl. omits whole of entry as to *Commemoracio omnium fidelium.* So also 2 A xxii. The Black friars still retain a like anniversary on the 12th of this month.
22 Rawl. adds *Wandragesili* to St. Mary Magd. So does 2 A xxii.
25 Christopher and Cucufatus omitted in Rawl.
29 In place of *Simplicis* Rawl. has *Felicis.*
31 *Neotis* (not *Neoti* as in proprium) is reading of MS. Neoti is reading of Rawl. and 2 A xxii.

AUGUST.

P. xii.] Day 1 *Ad vincula petri* Rawl. adds *viii. cap.*
6 Before *Sixtus* Rawl. has *Transfiguracio domini. In albis.*
7 Before *Donati martyris* Rawl. has *De nomine Iesu. In iii. capis.*
14 For *September* read *Septembris*, as in Rawl. and 2 A xxii.
17 Rawl. has xii. lessons, leaving out note *de S. Maria.*
27 Rawl. has xii. lessons.
28 Rawl. has St. Augustine *in iii. cap.*

SEPTEMBER.

P. xiii.] Day 1 Rawl. has xii. lessons after St. Giles' name.
5 For *ii l'c* read *iii l'c.*
14 For *October* read *Octobris*, as in 2 A xxii.
26 Rawl. omits St. Justina altogether.
30 Rawl. omits *et doctoris*, and has *iii capis.*

OCTOBER.

P. xiv.] Day 14 *Bellum Anglorum:* om. Rawl. It is only a *commemoracio* in 2 A xxii. Durh. has also *bellum anglorum* written in red, but the words do not appear in Alb. Sherb. or Whit. It is the anniversary of the battle of Hastings.
16 For *November* read *Novembris:* it is, however, *November* in Rawl. without contraction.

NOVEMBER.

P. xv.] Day 2 All Souls is in the *Sanctorale* though not mentioned in this calendar, nor in that of 2 A xxii. Before *Eustachii* Rawl. has *Commemoracio omnium fidelium.*
11 *Martini Episcopi iii. Cap.* Rawl.
16 *Edmundi Episcopi* xii. l'c. Rawl.
20 *Oblacio S. Marie* was kept at Sherb. and Aug. (Faustina, c. xii. fo. 201.) Also at St. Mary Otterie. (See G. Oliver, *Monasticon Dioecesis Exoniensis*, Exeter and London, 1846. p. 269. § 17.) There is no mass in the *Sanctorale* for this day.
25 Rawl. om. *xii lecciones.*

DECEMBER.

P. xvi.] Day 8 *In v. cap.* Rawl.
21 Rawl. om. xii. lessons.
24 Rawl. adds *vigilia* and 2 A xxii. *vigilia nativitatis christi.*

Exorcismus Salis et Aquae

Col. 1.] Line 12. Drum. adds: qui per apostolum paulum dicere dignatus est sit cor uestrum sale conditum ideoque efficere sal, &c. (See G. 739.)

Immensam has different ending in many.

Per eum qui venturus: W. Leo. Rob. *Per dominum:* S. H. Cisterc. *Per Christum dominum:* Y. Cout. *Per virtutem domini:* Chart.

Col. 3.] After *pariter* in line 4 comes *fiat* in S. Y. H. Cout. Dom. Cisterc. Rom.

Benedictio salis et aque pariter: Chart.

Commixtio: not in Leo. or Rob.

Line 11 from bottom, *More:* W. Y. some edd. of S. Whit. Leo. Rob. Dom. Chart. Rom.

Amore: some edd. of S.

Rore: H. Cisterc. Pian.

Col. 4.] For *Exaudi:* H. has: *Ascendant ad te Domine.*

Whit. omits *Antiphona* and *In tempore paschali* down to its 8th line, but retains *Ostende nobis* and *Dominus vobiscum* and *Exaudi.*

Dnca. i. Advent.

Col. 5.] **Sequence.** *Salus aeterna:* S. H. Y. Whit. Sherb. Cout. By. Rouen, Paris.

Gospel. *Principium:* W. H. Sherb. Abin. CCCO. Harl. 1229. Cisterc. Rouen, Cout.

Cum appropinquasset: S. Y. Durh. Whit. Canterbury, Alb. Twk. By. Paris, Dom. Abin. (in week) M.

Erunt signa: Rom. Pian, Chart.

Evreux has *Cum approp.* with the note that *Principium* is Rouen use. At Limoges it was *Principium* (MS. Lambeth 8.) So also at Saintes (*Missale ad usum ecclesie Xanton.* 15th? century ed.) and at Cluny (*Missale ordinis Cluniacensis*, Paris, 1510.) Micrologus (cap. xxxi.) notes that a few read the beginning of St. Mark on this day, the ancient custom being *Cum appropinquaret*, though others have *Erunt signa.* See also Durandus, *Rationale*, vi. 3 (at end).

Col. 6.] **Offert.** S. has often additional ℣ ℣. not, however, collated in this work.

Feria iv. Hebd. i. Advent.

Col. 7.] Rouen, Cout. have masses for Wednesday, not for Friday. Rob Alb. Durh. Aug. Twk. Abin. Harl. 1229. Cisterc. Dom. Chart. have no week-day masses for Advent.

Epistle. *Patientes estote:* W. S. Y. Sherb. Rouen, Cout. By. Paris.

Gaude et letare filia Sion: Whit.

Consolamini: H. (Tms.)

Gospel. *Cum appropinquasset:* W.

Venit Iohannes: H. Y. Whit. Sherb. Rouen, Cout. By. Paris. (Tms.)

Principium: S.

Cout. has *Cum appropinquasset* for Monday or Tuesday.

Feria vi. Hebd. i. Advent.

Col. 8.] **Lesson.** *Ecce nomen:* W.

Audite me qui: S.

Ecce ego mittam: Y. By.

Ecce servus meus: H. (Tms.)

Lauda filia Sion: Sherb.

Gospel. *Venit Iohannes:* W. S.

Dicebat Iohannes ad turbas. H. Y. Whit. Sherb. By. Paris. (Tms.)

DNCA. II. ADVENT.

Col. 9.] **Office Ps.** *Iubilate deo:* W. Abin. Twk.
Benedixisti domine terram: Sherb. Aug.
Qui regis Israel: all the other uses.
Col. 10.] **Grail.** *Ex syon.* ℣. *Congregate:* all the uses.
Line 5. ℣. *Letatus. Stantes:* W. Y. Durh. Abin. Paris.
Letatus: Dom. Cisterc. Chart. Rom
Virtutes caeli: S. H. By.
Twk. Rouen and Cout. omit last two ℣.
Sequence. *Regnantem sempiterna:* S. Y. H. Whit. Sherb. Cout. By. Rouen, Paris.
Gospel. *Erunt signa:* all the uses; except Rom. and Chart. which have *Cum audisset Iohannes.*

FERIA IV. HEBD. II. ADVENT.

Col. 11.] **Lesson.** *In die illa:* W. (Mich. iv. 6–7, v. 2, 4, 5.)
Reversus sum ad Sion: S.
Audite me: Y.
Noli timere: H. (Tms.)
Redemptor noster sanctus: Whit. Sherb. By.
Ecce ego mittam in fundamentis: Rouen.
Ecce ego mitto angelum . . . ad patres eorum. (Mal. iii. 1–5. iv. 5. 6.) Cout. Paris.

FERIA VI. HEBD. II. ADVENT.

Col. 12.] **Lesson.** *Hec dicit dominus redemptor:* W. Y. Rouen.
Super muros Hierusalem: S.
Audite me: H. By. (Tms.)
In die illa congregabo claudicantem . . . . quando calcauerit in domibus nostris. (Mich. iv. 6–v. 6): Sherb.
Col. 13.] **Gospel.** *Quid ergo dicunt:* W.
Principium: H. Paris.
Hic est quem dixi: S.
Fuit Iohannes in deserto: Y.
Dicebat Iohannes ad turbas: Rouen.
Iohannes testimonium perhibebat: Whit. Sherb. (Tms.)

DNCA. III. ADVENT.

Col. 14.] **Office ps.** *Et pax Dei:* W. S. Y. H. Durh. Sherb. Abin. Twk. Cout. Dom. Cisterc. Paris and Rom. (Tms.)
Benedixisti domine terram: Rouen, By. Chart. Pian.
Collect. line 5. *Qui vivis:* W. S. H. Y. Aug. Dom. Cout. Rom.
Per dominum: Leo. Rob. Cisterc. Chart. Gr.
Epistle. *Sic nos existimet:* all the uses; except Rom. which has: *Gaudete in domino semper.*
Sequence. *Qui regis sceptra:* S. H. Y. Whit. Sherb. Cout. By. Rouen, Paris.
Col. 15.] **Gospel.** *Cum audisset Iohannes:* all the uses including M. except Rom. and Chart. which have: *Miserunt Iudaei.*
Offertory. line 1. *domine* MS.
Secret. Gr. and most of the uses add *iugiter* after *hostia* and have *sacri* instead of *sacra.* Sherb. reads: *sacris . . . mysteriis.*
Col. 16.] **Postc.** line 3, for *subsidia* H. reads *iudicia.*

FERIA IV. QUATUOR TEMPORUM.

Office ps. *Et iusticia:* W. S. H. Y. Durh. Sherb. Abin. Twk. Cout. By. Dom. Cisterc. Rom.
Caeli enarrant: Paris, Rouen, Chart. Pian.

Col. 18.] **Offertory.** *Ave Maria:* all the uses; except Rom. (Tms.)
℣ *Ideoque et quod:* add S. H. Y. Sherb. Cout.
Confortamini: Rom.

Col. 19.] **Secret.** *Salutari ieiunio:* W. S. Abin. Twk. (not in Wilson.)
Accepta tibi: the other uses. So has MS. 135 Arsenal, Paris, a Sarum missal, but none of the Sarum Edd. gives it.

Feria vi. Quatuor temporum.

Col. 20.] **Secret.** *Sacrificiis quaesumus:* W. S. Alb. Abin. Twk. (not in Wilson.)
Praesta domine quaesumus: Aug. (G. 685, Secret for this day.)
Muneribus nostris: the other uses, including MS. Ars. 135.

Col. 21.] **Postc.** *Perfice domine:* W. S. Alb. Abin. Twk. (L. 380, a July postc.)
Tui nos domine sacramenti: the other uses (Gr. 136.)

Sabbato in xii. lectionibus.

Col. 25.] *Deus qui tribus pueris* retains clause *adveniente filio tuo domino nostro* in W. Durh. Aug. Alb. Cout. Rouen. The rest omit.

Col. 27.] **Secret.** *Super has:* W. S. Alb. Abin. Twk. Rouen MS. 10,048 (not in Wilson.)
Ecclesiae tuae domine: H. Durh. Aug. Whit. Rouen (print) Cout. By. (G. 686, Secret of this day.)
Sacrificiis praesentibus: Y. Leo. Rob. Whc. Vit. Sherb. Paris, Evreux, Dom. Cisterc. Chart. Rom. (Gr. 137, Secret of this day.)

Dnca. iv. Advent.

Office. *Memento nostri:* all the uses including Cisterc. (Tms.) except Rom. Paris, Harl. 1229, Chart. which have *Rorate caeli.*

Col. 28.] **Office ps.** *Confitemini:* W. Y. Durh. Alb. Abin. Whit. Sherb. Aug. Dom. Cisterc. Rouen, By. Cout. M̊. (Tms.)
Peccavimus cum patribus: S. H. (Tms.)
Et iusticia: Rom.
Caeli enarrant: Pian, Chart.

Epistle. *Gaudete:* all the uses; except Rom. which has: *Sic nos existimet.*

Grail. line 3. After *All'a* Sherb. Twk. have ℣. *Rex noster aduenìet christus quem iohannes predicauit agnum esse uenturum.*

For Grail By. and Aug. have: *Tollite portas.* ℣. *Quis ascendet. All'a.* ℣. *Veni domine et noli.*

Sequence. *Iubilemus omnes:* S. H. Y. Whit. Cout. By. Rouen, Paris.
Gaudia mundo uentura: Sherb. (See *Analecta Liturg.* II. i. No. 249.)

Gospel. *Miserunt iudaei:* all the uses; except Rom. and Chart which have: *Anno quinto decimo.*

Col. 29.] **Offertory.** *Confortamini:* all the uses; except Y. Rom. M. which have: *Ave Maria.*
S. H. add: ℣. *Tunc aperientur.*

Secret. Lines 3 and 4. For clause *quibus . . . purificemur*, there is: *ut et devotioni nostrae proficiant et saluti* in Y. Durh. Aug. Whit. Sherb. Whc. Harl. 1229. Cisterc. Dom. Rouen, Cout. Paris, Chart. Rom. which is also the reading in Gr. (138.)
Ecclesiae tuae Domine munera sanctifica: Leo. (G. 686, secret for Ember Saturday in Advent.)

Postc. *Populum tuum:* W. S. Alb. Abin. Twk. (not in Wilson.)
Sumptis muneribus sacris: the rest of the uses (Gr. 138.)

FERIA IV. HEBD. IV. ADVENT.

Col. 30.] **Epistle.** *Unum hoc:* W. H. Sherb.
Exultate filiae Sion: S.
Emitte agnum: Y.
Radix iesse qui stat in signum . . . hostes iuda peribunt (Is. xi. 10–13): By.
Gospel. *Videns Iohannes multos:* W. H. Y. Sherb.
Exiit sermo: S.
Videte et cavete . . . habentes non auditis (Marc. viii. 15–18): By.

FERIA VI. HEBD. IV. ADVENT.

Col. 31.] **Lesson.** *Emitte agnum:* W. H. Sherb.
Lauda et laetare: S.
Vidit Iohannes caelum apertum . . . rex regum et dominus dominantium (Apoc. xix. 11–16): Rouen.
Ecce ego mittam: Y. By.
Gospel. *Iohannes testimonium:* W. Y. Rouen, By.
Videte et cavete: S.
Miserunt Iudaei: H.

IN VIG. NAT. DOM.

Col. 32.] **Office ps.** *Domini est terra:* all the uses except H. which has: *Qui regis Israel.*
Lesson. For *Propter syon* Abin. Twk. have *Spiritus domini* (col. 38.)
Rome and CCCO. have no prophetical lessons in the four masses of Christmas. All the uses that I have seen, diocesan and monastic, Tms. and Charterhouse up to the present day, have prophecies for each mass. In Lanfranc's Constitutions (p. 214.) there is: "Levita dalmatica duo subdiaconi tunicis, unus ad prophetiam et alter ad epistolam." At Liège the reader of the prophecy was called *propheta.* (*Rubricae generales . . . ecclesiae Leodiensis,* Leodii, 1769. p. 7.)
Col. 34.] **Offert.** Common, but S. H. add. ℣. *Domini est terra.*
Secret. *Da nobis Domine ut nativitatis:* Durh. Aug. Alb. Whit. Rouen. (G. 495. Secret for Christmas Day.)
Da nobis quaesumus omnipotens deus: W. and the other uses (Gr. 7.)

MISSA IN GALLICANTU NATIVITATIS.

Col. 34.] **Office ps.** *Postula:* W. Abin. Evreux.
Quare fremuerunt: the other uses.
Col. 35.] **Sequence.** *Nato canunt:* W. S. H. Y. Durh. Sherb. Rouen, By.
O mira domini pietas o humilitas Iesu christi omni laude digna Nato canunt &c. (as above): Whit.
Salus aeterna: Paris.
Lux est orta: Cout. (Kehrein, 18.)

MISSA IN PRIMO MANE NATIVITATIS.

Col. 38.] As second collect Whit. Sherb. have: *Deus qui salutis aeternae.*
Col. 39.] **Sequence.** *Laetabundus:* W. Y. Durh. Whit. By.
Sonent regi: S. Sherb. Rouen.
Caeleste organum: H.
In excelsis canitur: Cout. (Gautier, I. 18.)
Regnantem sempiterna per secla: Paris (Kehrein, 2.)
Line 3. For *chorus* MS. has *thorus: chorus* is, however, the reading of Whit. (See *Missale ad usum Sanctae Narbonensis ecclesiae,* Narbonae, 1572, fo. cclxx.)

Col. 40.] **Offert.** As first word the better reading is *Deus.*
Col. 41.] **Secret.** Sherb. has secret for St. Anastasia followed by *Ablatis*† *domine muneribus.* (Gr. 31, secret for feria iii. post *invocavit*, ad S. Anastasiam.)

Lanfranc (214) keeps a commemoration of St. Anastasia after lauds, apparently not in the mass.

Besides the usual Postc. for St. Anastasia, Sherb. has a third, *de S. Maria* thus : Veram uerbi tui omnipotens pater suscipientes. ex integra uirgine incarnacionem presta quesumus ut pro nostra interuentrix fragilitate que nobis eundem peperit deum et hominem ihesum christum filium tuum. Qui. (not in Wilson.)

MISSA IN DIE.

Office ps. *Multiplicabitur:* W. H. Durham, Sherb Abin. Twk CCCO. Cout. (Tms.)
Cantate domino canticum novum: the other uses.
Col. 43.] **Sequence.** *Caelica resonent:* W. Durh. Whit. But H. Y. Sherb. By. Rouen begin with : *Christi hodierna*, and pass on to *Caelica resonent.*
Caeleste organum: S.
In natali salvatoris: Cout. (Gautier, I. 24.)
Laetabundus: Paris.

S. STEPHANI PROTOM.

Col. 46.] Collect in most uses is that in W. But Rouen (print and MS 10048) Rosslyn and Rob. *ad vesperum* have *Omnipotens sempiterne deus qui primitias martirum.* (See W. col. 737.)
Col. 47.] **Sequence.** *Magnus deus:* in all the uses, except Paris and Cout. which have : *Heri mundus exultavit.*
Col. 48.] **Offert.** *Elegerunt:* W. S. H. Alb. Sherb. Durh. Aug. Twk. Abin. CCCO. Rouen, Cout. Rom.
In virtute tua domine laetabitur iustus: Y. Harl. 1129. Cisterc. By. Dom. Paris.
Posuisti domine in capite: Chart.
Secret. *Sacrificium tibi domine:* W. Alb. Abin. (not in Wilson.)
Suscipe domine munera: Gr. and all the uses, including Rouen 1499, which in 1759 has changed to *Grata tibi sint:* G. (498) Pam. (ii. 189) and Mentz Missal of 1507.
Col. 49.] **Postc.** *Beatus levita:* W. Alb. (not in Wilson.)
Auxilientur nobis Domine: Gr. and all the uses.

S. IOHANNIS EVANG.

Office ps. *Bonum est confiteri:* CCCO. Rouen, By. Chart. Rosslyn Rom. (Tms.)
Iocunditatem: all the other uses.
Col. 50.] **Sequence.** *Iohannes Iesu:* W. S. H. Y. Whit. Durham, Rouen.
Vox respiret laude plena, Concors menti cantilena, Grata fiat et serena, Iohannis preconio: Sherb. (S.P.E.S. 1896. iv. 23.)
Gratulemur ad festivum: Paris, Cout. (Kehrein, 404.)
Laus deo: By. (*in com. Apostolorum.*)
Col 51.] **Secret.** *Plebis tuae:* W. Alb. (not in Wilson.)
Suscipe munera quaesumus Domine: all the other uses.

The Rouen MS. 10048 has for secret : *Refecti cibo potuque* as postc. below.
Postc. *Beati evangelistae:* W. Alb.
Refecti cibo: Gr. (14) and all the other uses.

The Rouen MS. 10,048 has: Beati Iohannis apostoli et euangeliste quesumus domine supplicatione placatus. et ueniam nobis tribue. et remedia sempiterna concede. Per. In Rosslyn this is an *Alia* for postc. In Schult. a *super populum* (Cf. Men. 11.)

Line 7. *carnis* MS.

In natali SS. Innocent.

Col. 52.] **Grail.** *Anima nostra. Laqueus contritus:* all the uses.

Line 6. after *Alleluia* ℣.

Mirabilis: W.

Te martyrum candidatus: S. Y. Aug. Twk. CCCO. Cout.

Hi sunt qui cum mulieribus: H. Harl. 1229. Cisterc. Rouen.

Hodie sancti Innocentes: Durh. Whit. Sherb. Abin.

Iusti epulentur: Alb.

Fulgebunt: Rosslyn.

Herodes iratus: Paris. Dom.

Sancti tui domine benedicent te: By.

Laudate pueri: Rom. Chart.

Before *Te martyrum* Y. has ℣ *Laus tibi Christe.*

Col. 54.] **Secret.** *Adesto Domine:* W. S. Alb. Abin. Twk. Whc. (1st collect) Gell. Rouen. (L. 477, Secret for this day).

Sanctorum tuorum: rest of the uses, with Whc. (2nd collect.)

Col. 55.] **Postc.** for *dona* in first line Leo. has *vota. Innocentium* in second line omitted by Gr. Pam. Men. Y. Sherb. and others.

In natali S. Thomae.

Most of the manuscripts which were in England at the time of Henry VIII. show this mass more or less erased. Whit. does not keep St. Thomas in the Christmas week, but has St. Egwin on Dec. 30.

Office. *Gaudeamus:* W. S. H. Sherb. Abin. Twk. Rom.

Laetabitur: Y. Alb. Harl. 1229. Cisterc. Cout. Paris. Dom

Statuit ei: Whit.

Office ps. *Exultate:* W. Rom.

Exaudi Deus: S. Twk. Harl. 1229. Cisterc. Cout. Paris, Dom.

Deus venerunt gentes: H. Sherb. Alb.

Collect. For probable text of collect see col. 1132. in second fasciculus. Most of the uses have this ; but Harl. 1229. has: Adesto domine supplicationibus nostris: ut qui ex iniquitate nostra reos nos esse cognoscimus, &c. (as in Sarum 686, and Cisterc.) Cout. has: Deus qui temporalis mortis angustias eterne vite iucunditate compensas: tribue nobis quesumus: ut qui gloriosi thome martyris tui atque pontificis passionem veneramur: eius apud te meritis et precibus adiuuemur. p. d.

Epistle. *Omnis pontifex:* W. S. H. Whit. Twk. Sherb. Rom. (col. 1079 of W.)

Iustus si morte: Y. Harl. 1229. Cisterc.

Dilectus a deo: Alb.

Iustum deduxit: Abin.

Beatus vir qui suffert: Rouen, Paris. Dom.

Testificor: Cout.

Grail. *Sacerdotes eius. Inveni:* W.

Posuisti domine: S. H. Y. Harl. 1229. Cisterc. Rouen, Paris, Dom. Cout.

Gloria et honore. Posuisti: Alb.

Domine prevenisti. Iste sanctus: Whit.

Iurauit dominus. Iustus germinabit: Abin.

Domine preuenisti. Vitam peciit. O Thoma martir domini chori consors angelici non nos hic dampnari nec post mortem cruciari: Sherb.

Domine preuenisti. Iustus germinabit: Twk.
Ecce sacerdos: Rom.

Sequence. *Per unius ortum floris* can be found nowhere else. It has been reprinted by the editors of *Analecta Liturgica* (II. ii. No. 581.) who notice its resemblance to *Per unius casum grani.* (Kehrein 692). It has also been translated by Mr. H. W. Reynolds (*Guardian*, 1892. Feb. 3. p. 171.)

Col. 56.] Line 19. *Constantini glorie.* Is this York?

Line 26. Sir E. Maunde Thompson noted that a word is wanting after *flos;* Mr. H. A. Wilson would add *flori*, considering the cases and nouns of the line, *sic flos, flori, florem tradit* to correspond with those in the line below, *Thomas, Christo, spiritum.*

Solemne canticum: S.
Mundo Christus oritur: H. By.
Spe mercedis: Y. Whit.
Sol in stella triumphauit: Sherb. (S.P.E.S. 1896. iv. 23.)
Gaude Sion et laetare: Paris, Cout. (Gautier I. 256.)

Gospel. *Ego sum pastor bonus* (by some accident *bonus* appears printed in the offertory): W. H. Y. Whit. Sherb. Twk. Rouen, By. Rom. 11414. has this in text, but in margin the correcting hand has written *Homo quidam nobilis:* which is also S.

Nihil opertum: Alb.
Videte vigilate: Abin.
Nisi granum: Harl. 1229. Cisterc. Paris, Dom. Cout.

Offertory. *Posuisti domine:* W. S. H. Whit. Sherb. Twk. Cout. Rom.

Gloria et honore: Y. Harl. 1229. Cisterc. Rouen, By. Dom. Paris.
Veritas mea: Abin.

Secret. *Munera tibi domine:* W. H. Abin. Twk. Rom. Alb. (in lower margin.)

Salutaris hostiae: S. Y. (MS.) Sherb. Alb. (in text.)
Muneribus nostris: Y. (edd.) Harl. 1229. Cisterc.
Deus qui in S. martyris tui: Y. (MS. A.) Whit.
Quesumus omnipotens deus ut per hanc: Rouen.
Suscipe munera: Paris, Cout. By.
Hec hostia domine: Dom.

Col. 57.] **Com.** *Beatus servus:* W. Sherb. Abin.

Magna est: S. Y. Whit. By. Rouen.
Ego sum pastor: H. Rom.
Qui michi ministrat: Twk.
Qui vult venire: Harl. 1229. Cisterc. Cout. Paris, Dom.

Postc. *Adiuvet nos:* W. S. H. Y. (MS.) Sherb. Abin. Twk.

Da nobis quaesumus domine: Y. (edd.)
Quaesumus omnipotens deus ut qui: Harl. 1229. Cisterc. (See Sarum 124.)
Supplices te rogamus: Rouen.
Sumptis repleti muneribus: Paris, By.
Haec nos communio: Rom.
Refecti participacione muneris sacri: Dom.
Deus qui beatum Thomam archipresulem et anglie primatem in gremio sancte matris ecclesie martirii palma consecrasti tribue nobis quesumus: ut eius meritis et precibus adiuuemur in celis cuius veneranda passione gloriamur in terris. Per: Whit.
Repleti muneribus sacris quesumus domine deus noster: ut interueniente beato thoma martyre tuo atque pontifice mereamur mandatis tuis perseueranter intendere, et incursus persequentium constanter tolerare. Per dominum: Cout.

Dnca. prima post Oct. Natalis.

Gr. (158) Men. Leo. Rob. Whc. have this mass, as the title in the text indicates, for the Sunday after the octave; Rom. for the Sunday within the octave; and Micrologus (chap. 37.) notes that it should be said on Sunday, and week days up to the Epiphany, rejecting the opinion of those who deny that it should be said after the octave of Christmas. S. has this mass for the sixth day within the octave whether it fall on the Sunday or not. So apparently Y. Cout. In H. this mass is for the Sunday within the octave; and on the sixth day the mass *Lux fulgebit* is repeated with variations. So at Sherb. At Alb. and Abin. Dom. and Chart. it is marked *Dominica infra octavam.* In Aug. Cisterc. and Rouen 10,048 it is *Dominica i. post natale.*

Office ps. *Dominus regnavit:* in all the uses: so that *Qui regis* is peculiar to W.

Collect. *Deus qui salutis:* Y. Leo. (Gr. 15.)

Omnipotens sempiterne deus dirige: W. S. H. Alb. Rob. Aug. Cout. Rouen. (MS. 10048.) Twk. Rosslyn, Dom. Chart. Cisterc. (Gr. 16.)

Omnipotens sempiterne deus qui unigenito tuo: Paris. (G. 500.)

Col. 59.] **Secret.** *Accepta domine:* W. S. Alb. Abin. Twk. (not in Wilson.)

Concede quaesumus domine: H. Durh. Whit. Sherb. Aug. Leo. Rob. Whc. Harl. 1229. Cisterc. Chart. Evreux, Rouen, Cout. By. Dom. (Gr. 52, Secret for Palm Sunday.)

Muneribus nostris quaesumus domine: Y.

Hec munera quesumus domine et vincula nostre: Paris.

Line 5 of secret for *dignitatis* S. and Alb. read *dignatus.*

Postc. *Sumpto sacrificio:* W. S. Alb. Abin. Twk. Rosslyn (not in Wilson.)

Per huius domine: H. Durh. Aug. Whit. Sherb. Leo. Rob. Whc. Evreux, Harl. 1229. Cisterc. Chart. Rouen, Cout. By. Dom. (Gr. 52, Postc. for Palm Sunday.)

Haec nos communio: Y.

Presta quesumus domine ut per hec munera que: Paris.

The York collects of this mass are in Gr. 15 "in Octavas Domini" and also Leo. and Rob. (with a different postc.) for "Dnca. post natale." They are relics of the mass of our Lady anciently said on January 1, and still preserved on this day in Aug. as in the votive mass, *Vultum tuum*, of the modern missal.

In Circumcisione.

Office ps. *Multiplicabitur:* W. H. Abin.

Cantate domino: S. Y. Harl. 1229. Cisterc. Chart. Rosslyn, Dom. Rom.

Collect. *Deus qui nobis* in the uses, except Harl. 1229. Chart. Cisterc. and Rom. which have *Deus qui salutis aeternae.* The collect of the uses is Gelasian (500.)

Col. 60.] **Epistle** (Rom. iii. 28—iv. 1–12) seems particular to Westminster. I do not find it elsewhere. The Book of Common Prayer has part of it as epistle for this day (Rom. iv. 8–14.)

Apparuit gratia (col. 35) S. H. Y. and most of the uses, including Paris, Sens (early sixteenth century missal), and Rom.

Apparuit benignitas (col. 38) Harl. 1229. Cisterc. Chart. Dom.

Multipharie (col. 42) Rouen.

Audistis dispensationem . . . in christo iesu domino nostro. (Eph. iii. 2–11.) Tournay (1540.)

Priusquam venerit fides: (Gal. iii. 23—iv. 1–2.) in the missals of Mentz (1507) Colen (1525 and 1625) Freising (1579) Salzburg (1507) Passau (1522) Würzburg (1613) Münster (1835.)

Col. 61.] **Grail.** *Viderunt omnes.* ℣ *Notum:* common; but for ℟ *Multipharie* there is *Dies sanctificatus:* Y. Durham, Sherb. Twk. (*in m.*) Rosslyn, Chart. Cisterc. Harl. 1229. Cout. Paris.

Alb. inserts *Dies*, &c., before *Multipharie.*

In Twk. *Multipharie* is erased

Sequence. *Eia recolamus:* W. S. H. Durh. Whit. By.

Caste et incorrupte: Sherb. (*Analecta Liturg.* II. i. 188.)

Laetabundus: Y. Rouen, Paris.

Ante torum virginalem: Cout. (Gaultier, II. 335.)

Col. 62.] **Secret** and **Postc.** are common to all the uses except Rosslyn, Rom. Harl. 1229. Cisterc. Chart. which have *Muneribus nostris* and *Haec nos communio.* They are interleaved in Bib. nat. 1238.

The secret and postc. in the uses are Gelasian (500 and 501.)

At Aug. the mass *Vultum tuum* is added, a reminiscence of the time when the octave of Christmas was a festival of our Lady. Its collects are the same as those at Y. *Dnca. infra Oct. Nativitatis.*

IN VIGILIA EPIPHANIAE.

Col. 63.] **Epistle.** *Apparuit gracia:* W.

Apparuit benignitas (col. 38) in all the uses, except Sherb. which has a prophetical lesson, *Propter hoc sciet . . . fines terre salutare dei nostri.* (Isai. lii. 6–10) and Abin. *Propter syon* (W. col. 32.)

Grail. *Benedictus:* W. S. H. Y. Sherb. Aug. Cout. By. Dom.

Benedictus. A domino. Dies sanctificatus: Twk.

Tecum principium. Dixit dominus. Dominus regnavit: Durh. Alb. Whit.

Viderunt omnes. Notum fecit. Dies sanctificatus: Harl. 1229.

Sequence. *Laetabundus:* Y. Durham (if Sunday.)

Offert. *Deus enim:* all the uses: but *Laetatur caelum:* H. Abin. Twk. Aug. *Tui sunt:* Harl. 1229.

Col. 64.] **Com.** *Tolle:* W. S. H. Y. Sherb. Abin. Twk. Rouen, Cout. Paris.

In splendoribus sanctorum: Durh. Alb. Whit.

Viderunt omnes fines terre: Harl. 1229.

Postc. *Da nobis:* W. S. Abin. H. Twk. (Gr. 17.)

Illumina quaesumus domine populum tuum: G. (502) H. (MS.) and the other uses.

IN DIE EPIPHANIAE.

Common.

Col. 65.] **Sequence.** Line 4. *Perseque* would be in modern spelling *Persaeque*, 'and the Persians.'

Besides the usual collect Schult. has: Omnipotens sempiterne Deus qui verbi tui incarnationem. (G. 562 for this day.)

DNCA. INFRA OCT. EPIPHANIAE.

Col. 68.] **Gospel.** *Venit Iesus:* W. Y. Durham, Whit. (feria iv.) Rouen.

Vidit Iohannes: S. H. Paris, Cout.

Transposed with gospel for octave (W. col. 69.)

IN OCT. EPIPHANIAE.

Collect. *Deus cuius unigenitus:* all the uses.

Deus qui hodierna die: Harl. 1229. Chart. In Abin. and Twk. there is a collect: (not in Wilson.) Deus qui unigeniti filii tui baptismo omnium fluenta aquarum sanctificasti: da ut renati aqua et spiritu eius munera percipere mereamur. Qui tecum in unitate eiusdem. (Cf. Pam. ii. 197.)

Lesson. *Surge illuminare:* Harl. 1229.
Domine deus honorificabo: all the uses

Col. 69.] **Grail.** *Omnes de Saba:* all the uses.
Tecum principium. Dixit dominus. Dominus dixit: Twk.

Gospel. *Vidit Iohannes:* W. Y. Durh. Rouen, Harl. 1229. Cisterc. Chart. M. (Tms.)
Venit Iesus: S. H. Whit. Sherb. Abin. Twk. Rosslyn, Cout. Paris. Dom. (Tms.)

Col. 70.] **Offert.** *Reges tharsis:* all the uses.
Intonuit de celo dominus et altissimus dedit uocem suam et apparuerunt fontes aquarum. All'a: Twk.

Secret. *Hostias tibi domine:* all the uses (G. 502. Secret for Epiphany.)
Deus qui ob nostre regenerationis sacramentum te manibus hominis in iordane summisisti baptizandum: tribue quesumus ut tue humanitatis dispensatio quam presentium munerum designat oblatio. sit animarum nostrarum perennis sanctificatio. saluator mundi. Qui uiuis. Twk. (not in Wilson.)

At end of secret after *susceptor* is *Iesus Christus Dominus noster* in G. S. Y. H. and others.

Com. *Vidimus stellam:* the uses except Twk. which has: *In splendoribus.*

Postc. *Celesti lumine:* the uses. (G. 503. postc. for Epiphany.)
Deus in cuius baptismate paterna uox intonuit. et spiritus sanctus in specie columbe apparuit: da nobis tanti sacramenti misterium et dignis sensibus uenerari. et puris mentibus contemplari: Qui uiuis. In unitate eiusdem. Twk. (not in Wilson.)

DNCA. PRIMA POST OCT. EPIPHANIAE.

The mass, *In excelso*, is for this Sunday in S. Y. H. Sherb. Alb. while in Leo Rob. Whc. Abin. Whit. Rosslyn, Harl. 1229. Paris, Cout. Dom. Rom. it is for *Dnca. infra oct. Epiph.* or *prima post Epiphaniam.* In Twk. for *Dnca. ii. post natale domini.*

Office. *In excelso.* Ps. *Iubilate:* all the uses except Chart. which has *Venite adoremus.* Ps. *Preoccupemus.*

Col. 71.] **Grail.** Line 2. *Facis* is the usual reading.

Col. 73.] **Postc.** *Tua domine:* W. S. Alb. Abin. Twk. Rosslyn (not in Wilson.)
Supplices te rogamus: Gr. (159) and the other uses.

DNCA. II. POST OCT. EPIPH.

Col. 73.] **Office ps.** *Iubilate deo omnis terra* i. is Ps. lxv. and this is S. Y. H. Alb.* while Abin. has *Iubilate deo omnis terra servite domino in leticia*, which is Ps. xcix.

Col. 74.] **Grail.** *Misit dominus. Confiteantur:* all the uses.
Line 6. ℣ *Dominus regnavit:* not found elsewhere in this place.
Laudate deum: the other uses, except By. which has *Dextera domini fecit virtutem.*

This ℟ *Dominus regnavit* is only exchanged with that in the grail for next Sunday (col. 77) which is *Laudate deum.*

Col. 75.] **Secret.** *Placare domine:* W. Alb. S. (one ed.) Twk.
Ut tibi grata sint: S. (L. 364.)
Oblata domine munera: Gr. and other uses, including 11414.

Placare domini is also in a S. MS. (B. M. Egerton 2677.) I have found it besides only at Westminster, St. Albans and Tewkesbury. Apparently it has been erased in B. M. Arundel 109, for the initial P remains, while *Ut tibi grata* has been written over the erasure.

FERIA IV.

Col. 76.] Most of the uses have epistles and gospels for the Wednesdays and Fridays in the weeks after the Epiphany. It seems strange that there should be an epistle and gospel for this Wednesday only at Westminster; and it may be that *Feria vi.* and the epistle have dropped out before the gospel *secundum Lucam: Descendens Iesus.*

Epistle. *Audistis dispensationem:* W. Y. H. Whit. Sherb. Rouen, Cout. Paris.

Fidelis sermo: S.

Gospel. *Egressus Iesus abiit in patriam:* W. S.

Circuibat Iesus: Y.

Regressus est Iesus in virtute: H. Whit. Sherb. Rouen, Cout Paris.

Descendens Iesus in capharnaum is, no doubt, the gospel for *feria vi.* It is so in S. Y. Cout.

DNCA. III. POST OCT. EPIPHANIAE.

Col. 77.] **Grail.** *Timebunt gentes. Quoniam:* all the uses. Line 6. ℣. *Laudate deum* peculiar to W.: the other uses have ℣. *Dominus regnavit.* (See note on grail, col. 74.)

Col. 78.] **Secret.** *Vitae perpetuae:* W. S. Alb. Abin. Twk. (not in Wilson.)

Haec hostia domine quaesumus: Gr. (160) and the other uses.

DNCA. IIII. POST OCT. EPIPHANIAE.

Col. 79.] **Grail.** *Timebunt gentes. Quoniam:* all the uses.

Line 2. ℣. *Laudate:* W. ℣. *Dominus regnavit:* S. Y. H. Abin. Sherb. and the other uses.

DNCA. V. POST OCT. EPIPHANIAE.

In Dom. as on foregoing Sunday.

Col. 80.] **Collect.** *Familiam:* in all the uses.

Col. 81.] **Grail.** S. Y. Whit. Sherb. Rom. have ℣. *Dominus regnavit,* instead of *Laudate.*

Gospel. *Confiteor tibi:* W. Abin. Rouen. Chart.

Simile factum est: S. H. Durham, Alb. Sherb. Whit. Twk. Cout. By. Paris. Rom.

Regressus est Iesus: Y.

Col. 82.] **Secret.** *Suscipe quaesumus:* W. S. Alb. Abin. Twk. (cf. G. 579. secret for Low Sunday.)

Hostias tibi: the other uses (Gr. 161.)

Postc. *Quos munere celesti:* W. Alb. Twk. (G. 708.)

Deus qui nos sacramenti: S. (L. 471.)

Quaesumus omnipotens Deus: Y. H. Durh. Aug. Sherb. Abin. Whit. Leo. Rob. Whc. Rouen, Cout. By. Paris, Evreux, Chart. Rom. (Gr. 161.)

Whit. has a mass for *Dominica vi.*, and so also have Gr. Chart. Leo. Rob. and Whc.

The Whitby mass is as follows:

Officium. Adorate.
Or. Conserua populum.
Ep. Obsecro primum omnium.
Gr. Timebunt. Quoniam edificauit. Alleluia. Dominus regnauit.
Evang. Regressus est dominus Iesus.
Offert. Dextera domini.
Secretum. Hec nos oblacio.
Com. Mirabantur.
Postc. Celestibus domine pasti.

The collects in Gr. Chart. Leo. Rob. and Whc. are as in Whitby.

DNCA. IN LXX.

Col. 85.] **Secret.** *Muneribus nostris:* common, except to M. which has *Propitiare domine populo tuo propitiare muneribus ut hac oblatione, &c.* (G. 707 and Gr. 171.)

DNCA. IN LX.

Col. 86.] **Collect.** Line 4. Durh. and Whit. read *aduersa omnia tua semper protectione muniamur.*

Col. 87.] Line 6. *Divisio* would seem to indicate that at Westminster, as in other churches, the epistle was read as far as *divisio*, or beginning from *divisio* to the end, on the week days following the Sunday, perhaps alternately. The whole epistle would be read at high mass on the Sunday. The Abingdon missal has lost the leaf that contains the central part of this epistle.

Col. 88.] **Tract.** Line 5. *dilecti:* W. S. H. Sherb. Cout. *Electi:* Y. Durh. Alb. Aug. Rouen, Paris, Dom. Cisterc. Chart. Rom.

Col. 89.] **Secret.** *Intende quaesumus:* W. S. Alb. Twk. (G. 504, secret for lx.) *Oblatum tibi Domine:* Gr. and the other uses.

Intende quaesumus is Gelasian (504) Men. (33) Pam. (213) Corbie (Bib. nat. 12,051.) and other MSS. But Gell. has *Grata sit tibi* (L. 368.)

DNCA. IN L.

Col. 91.] **Grail.** Line 5. *Israel et Ioseph:* W. H. Y. 11414, Abin. Sherb. Aug. Twk. Dom. Chart. Cisterc. Harl. 1229, Rouen, Cout. Paris, Rom. (Tms.) *Israel Iacob et Ioseph:* S. *Iacob et Ioseph:* Durh. Rosslyn.

Tract. Line 4. *Quod* in MS. of W. so Abin. Sherb. Harl. 1229. *Quoniam* is the reading of most.

FERIA IV. CINERUM.

Col. 93.] **Collect.** *Concede nobis domine:* Y. Durh. Alb. Whit. (over erasure) Rosslyn.

Praesta quaesumus domine: W. S. H. Abin. Sherb. Twk. Aug. CCCO. Whc. Cout. Cisterc. Chart. Dom. Paris, Rom.

Leo. and Rob. have both *Praesta* and *Concede.* Rom. and CCCO. have *Concede*, and Rosslyn has *Praesta* at end of blessing ashes.

Col. 94.] **Tract.** Line 2. Y. CCCO. Rouen, have *facias nobis*, as in text; but S. H. Alb. Cout. and Rom. have *quae fecimus nos.*

Col. 95.] **Secret.** Line 4. *ieiunii* is the reading of S. Y. as in text, the others having *sacramenti.*

FERIA V.

Col. 96.] **Collect.** *Da quesumus:* W. Twk. (G. 507. for feria vi in this week. So also Gell. and Gerb. for this day.) All the other uses have *Deus qui culpa offenderis* (Gr. 28.)

Col. 97.] **Secret.** *Offerimus tibi domine:* W. S. Twk. not in 11414. (L. 370.) *Sacrificiis praesentibus:* Gr. (29) and all the uses, including Alb. Abin.

Gell. has *Haec quae nos reparent.* (G. 511.)

Col. 98.] **Postc.** *Concede fidelibus:* W. S. Alb.* Twk. (not in Wilson.) *Caelestis doni:* Gr. and the other uses.

Gell. has: *Inclinantes se domine* (L. 359.)

Super populum. *Parce:* all the uses; but not in Rob.

FERIA VI.

Col. 99.] **Grail.** *Domine refugium. Priusquam:* W. Y. Paris. By. *Unam petii:* S. H. Alb. Whit. Sherb. Abin. Durham, Rouen, Cout. Rom.

The grail is exchanged with that on col. 102.

Col. 101.] **Secret.** Line 2. W. Abin. Twk. Rob. Whc. Rouen (print) Rom. and Gr. read *paschalis*, while the uses, including Leo. Rouen (MS.) 10,048 and Pian, have *quadragesimalis*.

Postc. *Tribue nobis*: W. S. Alb. Whit. Sherb. Twk. Leo. (G. 506.) *Spiritum nobis*: H. Y. Abin. Rob. Whc. Aug. Chart. Cisterc. Dom. Cout. By. Paris, Rom. and Gr.

SABBATO.

This mass is wanting in Gr. and Chart. and it is often absent in the early sacramentaries.

Collect. *Adesto domine*: W. S. Alb. Durh. Aug. Whit. Sherb. Leo. Whc. (as secret) Vit. Rouen, By. Cout. Paris, Dom. Rom.
Observationes huius: H. Y. Abin. Rob. Whc. (as first collect.)

Both these collects are Gelasian (507) for this day. The Rouen MS. 10,048. has: *Da quesumus domine*, which is the Gelasian collect (507.) for the Friday before.

Collect. Line 2. *et presta* is not in G. or Whc. It is in Rouen (print) Durh. Alb. Aug. which is altered into *Concede* in S. Leo. Whit. Sherb. Cout. By. Dom. Rom.

Col. 102.] **Grail.** *Unam petii*: W. S. H. Y. Sherb. Abin. Cout.
Domine refugium: Durh. Alb.

Whit. has *Unam petii* erased and *Domine refugium* in margin.

Col. 103.] **Secret.** *Praepara nos*: W. S. Alb.* Twk. Dom. Paris (G. 507. secret for Friday before) Pam. (ii. 217.)
Suscipe domine sacrificium: H. Y. Alb. Durh. Whit. Sherb. Abin. Aug. Leo. Rob. Whc. (as second secret), Rouen, Cout. By. Rom.

Praepara nos is Gelasian (507) For *festivis* in second line S. has *votivis*, while G. reads *huius precipue festivitatis officiis*.

Rouen MS. 10,048 has: *Haec quae nos reparant* (G. 511.)

Postc. For *vitae* in first line Paris has *mensae*.

Rouen MS. 10,048 has this postc.: Tribue nobis omnipotens deus: ut dona celestia que debito frequentamus obsequio. sincera professionis sentiamus. Per. (G. 506.)

Col. 104.] **Super populum.** *Fac nos*: W. S. Abin. Twk. Dom. Evreux (G. 506. for Ash Wednesday. Pam. ii. 216.)
Conserva domine familiam tuam: Y. (G. 522. for Monday after third Sunday in Lent.)
Fideles tui deus per tua (see col. 85): H. Durh. Aug. Alb. Whit. Whc. Rouen, By. Rom. (Gr. 26, postc. for Septuagesima.)
Da populo tuo quaesumus omnipotens deus: Leo. Schult. Sherb. Cout. Paris (Gr. 30. for vespers of first Sunday in Lent.)
Parce domine (col. 98): Rob. (L. 363.)
Super populum tuum domine quesumus benedictio copiosa descendat; indulgentia ueniat: Vit. (G. 525. feria vi. hebd. iii.)

Da famulis tuis domine habundantiam protectionis et gratie tue: da salutem mentis et corporis. da continere prosperitatis augmenta et tibi semper fac esse deuotos. Per. Rouen MS. 10,048.

DNCA. PRIMA QUADRAGESIMAE.

Common.

FERIA II.

Col. 110.] **Secret.** *Accepta tibi*: W. S. Alb. Twk.
Munera domine oblata: Gr. and all the other uses.

Accepta tibi is Gelasian secret (509) for this day. It occurs also in *Missale Gothicum* (ed. Neale and Forbes, Burntisland, 1855, p. 77) Men. (38) Pam. (ii. 219) and Gell.

Com. *Voce mea:* all the uses. (Tms.)
Amen dico vobis: M. and Rom.
Postc. *Prosint nobis:* W. S. Alb.* Twk. (L. 439.)
Salutaris tui domine: Gr. and all the uses.

FERIA III.

Col. 112.] **Secret.** *Praesta domine quaesumus:* W. S. Alb. Abin. Twk. (G. 685.,
Oblatis quaesumus domine: Gr. and all the uses including 11414.
Postc. *Quaesumus omnipotens:* all the uses.
Men. and Bib. nat. 1238. have *Sumpsimus domine celebratisque* (L. 480.)

FERIA IV.

Col. 116.] **Secret.** *Intende quaesumus:* W. S. Twk. (L. 411.)
Hostias tibi domine: Gr. and the other uses.
Gell. and Men. have: *Suscipe creator omnipotens.* (G. 509.)
Postc. *Da quaesumus:* W. S. Twk. (not in Wilson.)
Tui nos domine: Gr. and other uses.
Gell. has: *Percipientes domine gloriosa.* (G. 524.)

FERIA V.

Col. 117.] **Collect.** *Omnipotens:* W. S. H. Y. Sherb. Durh. Whit. Alb. Abin Twk. Whc. Rouen, Cout. By. (G. 508. for first Sunday in Lent.)
Devotionem populi tui: Gr. Leo. Rob. Chart. Aug. Cisterc. Dom. Paris, Bobbio, Rom.
Lesson. *Factus est:* all the uses have this, except Paris, Chart. and Cisterc. which have: *Oravit esdras dicens Quaeso domine . . . et da misericordiam populo tuo domine deus noster* (ii. Esd. i. 5.)
Col. 118.] **Gosp.** *Si vos manseritis:* all the uses, except Paris, Chart. Rom which have: *Egressus Iesus secessit in partes Tyri.* and Cisterc. which has: *Non possum . . . verbis meis credetis.* (Ioh. v. 30–47.) Tms. has: *Si vos* and *Egressus.*
Col. 119.] **Secret.** *Sacrificia:* all the uses, except Y. and Rouen MS. 10,048, which have: *Concede quaesumus omnipotens Deus ut huius sacrificii.* (Gr. 42. secret for Saturday after third Sunday in Lent.)
Line 2 of secret has *propitius* in Gr. Leo. Rob. Sherb. Rom. *propensius* in S. H. Aug. Cout. *tua propitiatione nos* in By.
Col. 120.] **Postc.** Line 4. *sempiternis* is often read for *sacramentis.*
Super populum. *Da quaesumus:* in all the uses except Y. which has: *Averte quaesumus Domine iram tuam.* (Gr. 250.)

FERIA VI.

Common.

Col. 123.] **Secret.** Line 3. Most read *serviciis*, but Paris has *sacrificiis.*

SABBATO.

Col. 124.] **Grail.** *Propicius:* most uses, except Y. Durh. Alb. which have: *Protector noster. Domine deus virtutum.*
Collect. *Deus qui nos per temporalia:* W. S. Alb. Abin. Twk. By (not in Wilson.)
Deus qui nos in tantis: Gr. H. Y. Durh. Aug. Leo. Rob. Whc. Rouen (1499.) Paris, Cisterc. Dom. Chart. Bobbio.
Protector noster aspice Deus (col. 125): Whit. Rouen MS. 10,048. Rom. Pian, M. (Gr. 34.)
Deus qui delinquentes perire non pateris: Sherb. Vit. Cout. Evreux (L. 410. Men. 41.)

Col. 125.] **Grail.** *Protector:* in most uses, except Y. Durh. Alb. which have *Propitius esto. Adiuva nos.*
Collect. *Protector:* in most uses, except Whit. Rouen MS. 10,048 Rom. which have: *Adesto quaesumus* (col. 126.)
Grail. *Ab occultis:* W. Durh. Abin. Rouen, Cout. Chart.
Convertere: S. Sherb. Alb. Twk. Dom. Paris, Rom.
Dirigatur: H. Y. Cisterc.
Iacta cogitatum. Dum clamarem: By.
In Whit. grail is erased.

Col. 126.] **Collect.** *Adesto:* all the uses, except Whit. which has: *Quaesumus omnipotens deus ut plebs* (G. 710 and Gr. 177), and Rom. which has: *Preces populi tui.*
Grail. *Convertere:* W. H. Durh. Abin. Rouen, Cout. Cisterc. Chart.
Salvum fac: S. Y. Sherb. Twk. Paris.
Ab occultis. Si mei: Alb.
Dirigatur: Rom. Dom.
Domine refugium. Priusquam: By.
Grail in Whit. erased.
Collect. *Actiones nostras:* W. S. Alb. Whit. Sherb. Abin. Twk. Aug. Leo. Rouen MS. 10,048, Cout. By. Cisterc. Chart. Rom. (Gr. 34.)
Preces populi tui: H. Y. Rob. Whc. Vit. Rouen (1499.) Dom. Paris.
Both in Rob. and Whc. there may have been two more lessons, as two more collects, *Preces populi and Quaesumus omnipotens deus vota humilium*, are inserted before *Actiones nostras.* There are seven in Gr. and Pam.

Col. 128.] All the uses have *Deus qui tribus pueris;* but Schult. has *Deus quem omnia opera benedicunt.* (See Gerb. i. 42.)

Col. 130.] **Secret.** All the uses have a collect of a common origin, though differing verbally.
Postc. *Quos divino:* W. S. Twk. (not in Wilson.)
Sanctificationibus tuis: all the other uses.
Super populum. *Ab omnibus:* W. Leo. Paris, Evreux, Men. Bib. nat. 1238. (Gr. 247.)
Fideles tuos Domine benedictio: S. Whit. Whc. By. Rom. (G. 511.) This is added in margin of Vit.
Gr. with H. Y. Durh. Sherb. Alb. Abin. Aug. Twk. Rob. Rouen, Cout. Cisterc. Dom. Chart. has no prayer *super populum.* Cout. gives this reason: Non dicitur oratio super populum quia epistola est de nouo testamento.

DNCA. II. QUADRAGESIMAE.

Col. 131.] **Office.** *Reminiscere* in all the uses except Cout. which has: *Sperent in te domine.* Ps. *Confitebor tibi.*
Tract. *Confitemini domino:* W. Dom. (alter tractus), Paris. Rom. (as tract.)
Tribulationes cordis: S. Sherb. Rom. (as grail.)
De necessitatibus: H. Y. Alb. Abin. Whit. Durh. Aug. Twk. Rouen, By. Dom. Paris. (as grail.)
Iustus es domine. Gressus meos: Cout. (as grail.)

Col. 132.] **Tract.** *Dixit dominus:* W. S. H. Y. Durh. Whit. Alb. Abin. Twk. Sherb. Aug. Rosslyn, Cout.
Benedicam dominum in omni tempore: Rouen, By. (added by Alb. as tract with *Dixit dominus* as grail.)
Gospel. *Egressus:* (Tms.) all the uses except Paris and Rom. which have *Assumpsit.* (Tms.)

Col. 133.] **Offert.** *Meditabor:* all the uses, except Cout. which has *Domine deus meus in te speravi.*
Secret. *Ecclesiae tuae:* W. S. H. Alb. Twk. Rosslyn.
Sacrificiis praesentibus: Gr. H. (MS.) and all the other uses.

Ecclesiae tuae is Gelasian (518) for this day, and L. (478) for December ember days. It is in Gerb. Gell. and Men. (42) in this place.

Commun. *Intellige:* all the uses except Cout. which has *Custodi me domine ut pupillam oculi.*

Postc. *Corporis et sanguinis:* W. S. Alb. Twk. Rosslyn. (not in Wilson.)

Supplices te rogamus: Gr. and all the other uses.

Men. (42.) and Gell. have: *Refecti domine pane caelesti.* (G. 518.)

FERIA II.

Col. 136.] **Super populum.** *Adesto supplicationibus:* all the uses, but Sherb. has *Populum tuum quesumus domine ad te toto corde.* (G. 519. for same day.)

FERIA III.

Col. 138.] **Postcom.** *Sit nobis domine:* W. S. H. Alb. Twk.

Ut sacris domine reddamur: Gr. and all the uses.

See G. 709 and L. 108, for a like collect to that in text with some verbal variations, not for the better.

Gell. has: *Dilitias domine mirabilis mense celestis ambimus. quibus ieiunando copiosius saginamur. Per.*

Col. 139.] **Super populum.** *Propitiare:* all the uses, except Sherb. which has *Deus qui ob animarum medelam* (G. 519, collect for this day.)

FERIA IV.

Lesson. Line 1. *Hester:* W. S. H. Y. Sherb. Alb. Abin. Twk. Paris. By. Rom. *Mardocheus:* Durh. Whit. Cout. Rouen, Dom. Cisterc.

Col. 141.] **Postc.** *Vitia cordis:* W. H. Twk. (G. 707.)

Prosit nobis domine quaesumus: S. (not in Wilson.)

Sumptis domine sacramentis: Gr. and the other uses.

Super populum. *Deus innocentiae:* all the uses except Sherb. which has: *Deus qui per uerbum tuum* (G. 519, collect for this day.)

FERIA V.

Col. 142.] **Lesson.** *Maledictus homo:* all the uses, except Cisterc. which has: *Misericordiae Domini . . . . Ne timeas, quia ego sum Dominus Deus tuus.* (Thren. iii. 22–26. 31. 40. 41. 56. 57.)

Col. 143.] **Gospel.** *Non possum:* all the uses (Tms.) except Paris, Dom. and Rom. which have: *Homo quidam erat dives* (Tms.) Bobbio has: *Si vos manseritis . . . non creditis mihi.* (Ioh. viii. 31–43.) Cisterc. has: *Operamini . . . non sitiet unquam.* (Ioh. vi. 27–35, see col. 158 of W.)

Col. 144.] **Secret.** *Deus cui omnium:* W. S. Alb.* Twk. (not in Wilson.)

Praesenti sacrificio: Gr. and all the uses.

Men. (44.) has: *Accepta tibi sint domine* (L. 414)

Postc. *Gratia tua* varies greatly in its text in the uses, but all would seem to spring from a common source. Sherb. has: Gracia tua nos quesumus domine non derelinquat. que nobis opere semper adquirat. per. More expanded forms than this are given in the other uses, while S. and Whit. have still longer forms, much as in the text.

FERIA VI.

Col. 145.] Common.

SABBATO.

Col. 154.] **Super populum.** *Familiam:* all the uses, except Sherb. which has: *Implorantes domine* (G. 521, the *super populum* for this day.)

DNCA. III. QUADRAGESIMAE.

Col. 157.] **Secret.** *Suscipe quaesumus:* W. S. Alb. Abin. Twk. Rosslyn, Schult. (L. 476, Secret for Innocents' Day.)
Haec hostia quaesumus domine: Gr. and all the other uses.

Gerb. Men. and Bib. nat. MS. 1238. have: *Suscipe quaesumus* as secret for this day. In Gell. a large part of the secret has been cut out; but there can still be seen: Suscipe quesumus domine nostris oblata seruit . . . potius dona sanctifica. per dominum. (See Gr. 33.)

FERIA II.

Col. 160.] **Postc.** *Praesta quaesumus:* Gr. and all the uses except Sherb. which has: *Quos ieiunia uotiua*, the Schult. Gell. Gerb. and Gelasian postc. (523) for this day.
Super populum. *Subveniat:* Gr. and all the uses except Sherb. which has: *Gracias tibi referat domine*, the Gell. Gerb. and Gelasian 'super populum' (523.) for this day.

FERIA III.

Col. 163.] **Super populum.** *Tua nos domine:* Gr. and all the uses except Sherb. and Schult. which have: *Concede misericors Deus*, the Gelasian 'super populum' (523) for this day.

FERIA IV.

Col. 163.] Common.

FERIA V.

Col. 167.] **Collect.** *Concede quaesumus omnipotens deus ut ieiuniorum:* W. S. H. Y. Durham Whit. Alb. Aug. Twk. Evreux, Rouen, Dom. Cout. By. (not in Wilson.)
Magnificet te domine SS. Cosme et Damiani: Gr. Rom. M. Bobbio, Rob. Whc. Cisterc. Chart.
Da quesumus domine rex eterne: Vit. Paris, Gell. Pam. Gerb. (G. 523, Second collect for feria iii. of this week.)
Afflictionem familiae tuae: Leo. Sherb. (Gr. 247.)
Concede quaesumus omnipotens deus ut qui protectionis: Men. Bib. nat. 1238. (Pam. 'super populum' of day before.)

Col. 168.] **Gospel.** *Operamini:* (Ioh. vi. 27–35.) W. S. Y. Alb. Whit. Abin. Twk. (Tms.) Sherb. Cout.
Cum cognovisset Iesus: (Ioh. vi. 15–35.) H. Chart. (Tms.)
Pater meus usque modo operor (Ioh. v. 17–30.) Cisterc.
Surgens Iesus de synagoga: Paris, M. Rom. Dom. (Tms.)
Secret. *Fac nos:* W. S. Y. H. Alb. Abin. Aug. Twk. Durh. Whit. Rouen, Cout. By. (not in Wilson.)
In tuorum domine: Gr. Rob. Whc. Cisterc. Chart. Bobbio, M. Rom.
Efficiatur hec hostia quesumus domine: Paris, Dom. (G. 520.)
Concede quaesumus omnipotens deus ut oculis tuae: Leo. (Gr. 123.)
Deus cuius gracie tue rore: Sherb. Gell. Bib. nat. 1238. (G. 524 for feria iv. of this week Men. 48.)

Col. 169.] **Postc.** *Sacramenti tui:* W. S. H. Y. Durh. Whit. Sherb. Alb. Abin. Aug. Twk. Rouen, By. Cout. Dom. Paris (G. 523 for this day.)
Sumentes domine caelestia: Leo. Bobbio (Gr. 122.)
Sit nobis domine sacramenti: Gr. Rob. Whc. Cisterc. Chart. Rom.
Super populum. *Subiectum tibi:* Gr. and all the uses except Sherb. which has: *Tua nos domine protectione* (see col. 163 or Gr. 40), the 'super populum' for the preceding feria iii. in the rest of the uses.

After this mass Whc. has another, akin to that in text: *Concede*, *Fac nos*, *Sacramenti*, but the 'super populum' is *Purifica quaesumus domine tuorum corda* (Gr. 248.) and in Rouen MS. 10048: *Deus qui peccantium animas non uis perire* (Gr. 249.)

FERIA VI.

Common.

SABBATO.

Col. 174.] **Office ps.** *Quoniam ad te orabo:* W. Abin. Evreux, Cisterc. (Tms.)
Rex meus et deus meus: the other uses.

Col. 179.] **Secret.** *Efficiatur:* W. S. Alb. Abin. Twk.
Concede quaesumus omnipotens deus: Gr. and the other uses.

Efficiatur is Gelasian secret (520) for feria vi. after second Sunday in Lent.

Super populum. *Praetende:* Gr. and the other uses; except Sherb. which has: *Auge fidem*, the second Gelasian collect (525) for this day.

DNCA. IV. QUADRAGESIMAE.

Col. 182.] **Secret.** *Annue nobis:* W. S. Alb. Abin. Twk. Rosslyn (L. 411, postc.)
Sacrificiis praesentibus: Gr. and the other uses.

Suscipe domine sacrificium is the secret for this day in Men. and Bib. nat. 1238.

Col. 183.] Whc. has a *super populum* for this day: *Deus qui in deserti regione.* (Gr. 43.)

FERIA II.

Office Psalm. *Quoniam alieni:* W. S. Y. H. Whit. Sherb. Alb.* Twk. Cout. By. Cisterc. Dom. (Tms.)
Auribus percipe: Rom. Chart. (Tms.)

Col. 185.] **Offert.** *Iubilate deo omnis terra:* W. S. H. Alb. Durh. Abin. Twk. Dom. Chart. Cisterc. Cout. Rom.
Iubilate Deo uniuersa terra . . . quanta fecit dominus anime mee: Y. Whit. Rouen, By.

Secret. *Tuis domine:* W. S. Alb. Abin. Twk. (G. 517. secret at ordination.)
Oblatum tibi: Gr. and the other uses, except Sherb. which has: Presta quesumus omnipotens deus ut ieiuniorum placatus sacrificiis remissionis tue nos uenia prosequaris. Per dominum. (Not in Wilson) and Gell. has: Cunctis nos domine reatibus et periculis quesumus domine deus noster. (cf. Gr. 39.)

Col. 186.] **Postc.** *Quos diuinis:* W. S. Alb. Abin. Twk. (not in Wilson.)
Sumptis domine: Gr. and the other uses, except Sherb. which has: *Adesto domine fidelibus tuis et quos.* (G. 531, Postc. for Feria iv. after Passion Sunday: cf. Leonine, 412.)

Men. Gell. Bib. nat. 1238. have: *Diuini satiati muneris.* (Gr. 51. postc. for Saturday before Palm Sunday.)

Super populum. *Deprecationem:* Gr. and the uses except Sherb. which has: *Conserua domine populum tuum.* (Gr. 204, note.)

FERIA III.

Col. 189.] **Secret.** *Fidelium tuorum:* W. S. Alb. Abin. Twk. (not in Wilson.)
Haec hostia: Gr. and the other uses.

Men. Gell. and Bib. nat. 1238. have: *Purifica nos.* (L. 427.)

Postc. *Prosit nobis:* W. S. Alb. Abin. Twk. (not in Wilson.)
Huius nos domine perceptio: Gr. and the other uses.

Men. Gell. Bib. nat. 1238. Gerb. have: *Caelestia dona.* (cf. L. 370, and col. 198 of W.)

FERIA IV.

Office Ps. *Tollam:* W. Abin.
Benedicam in all the uses: *Et eritis michi in populum et ego ero uobis in deum:* Twk.

Col. 190.] S. H. Y. Durh. have *Oremus* before first collect without *Dominus vobiscum. Deus qui et iustis:* Gr. and all the uses.

This mass has two prophetical lessons, as the Ember Wednesday and the Wednesday in Holy Week have: these were followed by ordinations on the Sunday, of which a remembrance is maintained to this day at Rome by the ordinations held at St. John Lateran on the Saturday in this week and on Easter Even. (See L. Duchesne, *Origines du culte chrétien*, Paris, 1889, p. 233, note 1.)

Col. 194.] **Super populum.** *Pateant aures:* Gr. and all the uses except Sherb. which has: *Da plebi tue.* (G. 528, 'Super populum' for this day.)

FERIA V.

Col. 195.] **Collect**, line 3, Whc. has *ipsos* for *ipsa.*
Praesta quaesumus domine ut salutaribus ieiuniis: Y. Whit. Rob. By. Gr. (40.)
Da nobis domine: Sherb. (G. 524.)
Praesta quaesumus omnipotens deus: W. Gr. and the other uses.

Col. 196.] **Gospel.** *Pater meus:* W. S. H. Y. Durh. Whit. Sherb. Alb. Abin. Chart. Rouen, Cout. By. (Tms.)
Ibat Iesus in civitatem quae vocatur Nain: Paris, Dom. M. Rom. (Tms.)
Cum audissent . . . in domum suam (Ioh. vii. 40–53.) Cisterc.

Col. 197.] **Offert.** *Domine in auxilium . . . auferant eam:* Y. Durh. Whit. Sherb. Alb. Abin. Twk. Chart. Rouen.
Domine ad adiuvandum: S. H. By. Cout. Paris, Dom. Rom.

W. combines both. And both are in Tms.

Secret. *Purifica:* W. Gr. and all the uses, except Whit. which has. *Efficiatur hec hostia.* (G. 520. see also col. 179.)

Col. 198.] **Postc.** *Caelestia dona:* W. Gr. and all the other uses, except Whit. which has *Sancta tua nos domine* (G. 547.)

FERIA VI.

Common.

SABBATO.

Col. 203.] **Office ps.** *Audite audientes:* W. Abin.
Quemadmodum desiderat: Twk.
Attendite popule meus: all the uses.

Col. 205.] **Postc.** The text seems to vary in almost every use; but notwithstanding great variations, all the texts seem to have a common ancestor.

Col. 206.] Line 3. *Valeamus* is also the reading of Gr. Men. Pam. Leo. S. Y. H. Aug. Cout. Chart. Cisterc. Dom. Rom.
Mereamur: Rob. Pian.

It would thus seem that the correctors of Pius V. looked upon *valeo* as equivalent to *mereor*, and the view is not unusual. (See William Bright, *Ancient Collects*, Oxford and London, 1875, fifth ed. Pref. p. vii. note.) The same exchange may be noticed in the manuscript called Bangor by Mr. W. Maskell. (*Ancient Liturgy of the Church of England*, London, 1846, 2nd ed. p. 118, line 15.) Cranmer, it is noticed by Mr. Edm. Bishop, has made the like variation in the collect for the 2nd Sunday in Advent. (Gasquet and Bishop, *Edward VI. and the Book of Common Prayer*, London, 1890, first edition, p. 326, note 35.)

DNCA. IN PASSIONE.

Col. 208.] Most of the uses have no respond to the offertory.
Secret. *Hostias fidelium:* W. S. H. Abin. Alb.* Twk. Rosslyn (not in Wilson.)
Concede nobis domine: Sherb. (G. 530.)
Haec munera: Gr. Alb. and the other uses.

Col. 209.] The rubric in the communion (line 3) should be printed *minister* not *ministri*. The manuscript has *minist'*. Most of the uses stop also at *Accepit* in line 7.

FERIA II.

Col. 211.] **Secret.** *Sacrificium laudis de percepcione:* W. S. Abin. Alb.* Twk. (not in Wilson.)
Concede nobis domine deus: Gr. Alb. and the other uses.

Col. 212.] **Super populum.** *Da quaesumus domine populo tuo spiritum veritatis et pacis:* W. S. H. Alb. Abin. Twk. (not in Wilson.)
Da quaesumus domine populo tuo salutem mentis: Gr. and all the uses.

Men. Bib. nat. 1238. Gell. Gerb. have: *Benedictio domine quaesumus.* (Gr. 530 for this day. Schult. for Sunday before.)

FERIA III.

Col. 214.] **Offert.** Most of the uses have no respond.

Col. 215.] **Super populum.** *Da nobis domine:* Gr. and all the uses except Sherb. which has *Libera quaesumus domine* (G. 531 and Gerb. 'super populum' for this day.)

FERIA IV.

Col. 218.] **Super populum.** *Adveniat domine:* W. S. Alb. Abin. Twk. (L. 379.)
Adesto supplicationibus: Gr. and the other uses, except Sherb. which has: Excercicia ueneranda domine ieiunii salutaris populi. (G. 527, collect for feria iii. post Dncam. iv. Quad.)

Men. Bib. nat. 1238. Gell. Schult. have: *Exaudi quaesumus domine gemitum.* (Gr. 246. pro peccatis.)

FERIA V.

Office ps. *Peccavimus:* W. Abin. but Abin. has no *Beati immaculati* as W. has.
Beati immaculati: Rom. Cisterc. Dom. (Tms.)
Magnus dominus: S. H. Y. Durh. Alb. Twk. Rouen, Cout. By. Cisterc. Paris, Chart. (Tms.)
Collect. *Praesta quaesumus:* all the uses.

Bib. nat. 1238. and Men. have: *Tribue nobis quaesumus.* (G. 531.)

Col. 219.] **Lesson.** *Domine deus ne despicias:* all the uses; except Cisterc. which has: *Domine: omnes, qui te derelinquant . . . contere eos.* (Ierem. xvii. 13–19.)

Col. 220.] **Gosp.** *Cum audissent:* W. S. Y. Durh. Whit. Sherb. Alb. Abin. Twk. Rouen, Cout. By. (Tms.)
Dicebat iesus ad eos qui crediderunt: M. (the Bobbio gospel for feria v. post Dncam. ii. See above, note on col. 143.)
Rogabat Iesum quidam: H. Paris, Dom. Chart. Bobbio, Rom. (Tms.)
Amen, amen dico vobis Nisi: Cisterc. (see col. 225.)

Col. 221.] **Offert.** in most uses has no respond.
Secret. *Domine deus:* all the uses.

Men. and Bib. nat. 1238. have: *Concede nobis domine.* (G. 530.)

Postc. *Quod ore sumpsimus:* Gr. and the other uses, except Sherb. (Tms.) which have: *Vegetet nos domine* (G. 531.)

FERIA VI.

Col. 222.] **Collect.** Line 2, for *graciam tuam* read *Spiritum sanctum:* Durh. *auxilium gratiae tuae:* S. H. Y. Dom. Paris. *gratiam tuam:* omit Gr. Pam. Men. Aug. Chart. but it is interlined in Whc.

Col. 223.] **Offertory** in most uses has no respond.

Col. 224.] **Super populum**: *Concede nobis quaesumus domine veniam:* W. S. H. Alb. Twk. (not in Wilson.)

Concede quaesumus omnipotens deus ut qui protectionis: Gr. and the other uses.

Men. Bib. nat. 1238. Gell. Gerb. have: Protege domine populum tuum. et in maiestatis tuae patrocinio. (cf. G. 532.)

SABBATO.

Charterhouse has no mass for this Saturday.

Office. *Liberator:* W. H. Abin. (Tms.)

Iudica me deus. Emitte lucem: Rouen. (Tms.)

Miserere mihi domine: all the other uses, and they have *In te domine speravi* as psalm.

Collect. *Proficiat:* Gr. and the other uses except Whit. which has: *Da nobis quesumus domine obseruantiam ieiuniorum deuote peragere ut cum abstinentia carnalis alimonie sancta tibi conuersacione placeamus. Per.* (Cf. G. 512 and 524.) Men. and Bib. nat. 1238. have: *Omnipotens sempiterne deus clementiam.* (G. 531.)

Col. 225.] **Grail.** *Pacifice:* all the uses except Rouen which has: *Eripe me. Liberator meus.*

Gospel. *Amen Amen:* W. S. H. Y. Durh. Whit. Sherb. Alb. Twk. Rouen, Cout. By. (Tms.)

Sublevatis Iesus oculis . . . . et ego in ipsis: Paris (Ioh. xvii. 1–26.) Dom. (Ioh. xvii. 1–11.)

Cogitaverunt principes . . . . abscondit se ab eis: Rom. (Ioh. xii. 10–36.)

Ego lux in mundum . . . sic loquor: Cisterc. (Ioh. xii. 46–50.)

Col. 227.] **Offert.** *Recordare:* W. S. H. Y. Sherb. Whit. (over erasure), Abin. Twk. (in lower margin), Cout. Rouen.

Benedictus es domine: Durh. Alb. Twk. (erased), Cisterc. Dom. Rom.

Collegerunt. Unus autem ex ipsis: Paris.

Secret. *Suscipe:* W. S. Abin. Alb.* Twk. (G. 509.)

Presta quesumus omnipotens deus ut ieiuniorum: Y. Whit. (Cf. G. 531. Men. Bib. nat. 1238. Bib. nat. 12056. with variants, Gerb.)

A cunctis: Gr. Alb. and all the other uses.

Line 5. *presidio:* MS. of W. *praesidia:* G.

Here *Temporale* of Twk. ends.

DNCA. IN RAMIS PALMARUM.

Col. 228.] **Grail.** Line 3. *Assumpsisti* is the general reading. *Suscipe:* CCCO. probably also Rosslyn.

Col. 229.] *Dum appropinquaret* is not in this place in S. H. Y. Durh. Alb. nor the other uses, except Abin. Sherb. has it at morrow mass; so Harl. 1229 (and not the *passio*) but Cisterc. has *passio* for high mass and *Cum appropinquasset* for morrow mass. *Cum appropin-*

quasset was the gospel for low mass and morrow mass at Cluny. ([Hergott] *Vetus Disciplina Monastica*, Parisiis, 1726, p. 307.)

Col. 230.] *Gloria tibi* not said before *Passio:* S. Y. H. Dom. Chart. but it is said in Cisterc.

Col. 240.] **Secret.** *Tibi deus pater:* W. S. Alb. CCCO. Abin. (not in Wilson.)
Concede quaesumus domine: Gr. 11414, and the other uses.
Com. has no respond in most of the uses.
Postc. *Fideles tuos:* W. S. Alb. CCCO. Abin. (not in Wilson.)
Per huius domine operationem: Gr. 11414, and the other uses.

Evreux, Men. Gell. Gerb. have: Praesta nobis omnipotens Deus. (G. 518. collect for 2nd Sunday in Lent.)

FERIA II.

Col. 241.] **Lesson.** Bobbio (Tms. 336) has: *Si bonum est . . . . dicam populus meus est.* (Zachar. xi. &c.)

Col. 242.] Bobbio has *passio S. Marci* before this gospel. Durandus (lib. vi. cap. lxviii.) says that in some churches *passio S. Marci* was read on Monday, *Ante sex dies* on Tuesday, in holy week.
Rom. ends at *a mortuis* 8 lines from bottom.

Col. 244.] **Offert.** Most uses have no respond.

Col. 245.] **Secret.** *Ipsa maiestati:* W. S. Alb. Abin. (G. 546. Secret of Palm Sunday.)
Haec sacrificia: Gr. and the other uses.
Postc. *Satiati munere:* W. S. Abin. (L. 362.)
Prebeant nobis domine divinum: Gr. Alb. and the other uses.

FERIA III.

Col. 255.] **Offert.** Most other uses omit ℣. *Eripe*; but S. 11414 have instead *Qui cogitaverunt.*
Secret. *Dicatae tibi:* W. S. 11414. Alb. Abin. (L. 435.)
Sacrificia nos quaesumus: Gr. and the other uses.
Postc. *Repleti domine sacri:* W. S. Alb. Abin. (G. 547, postc. for this day; also Schult. Men. Bib. nat. 1238. Gell. Gerb.)
Sanctificationibus tuis: Gr. 11414. and the other uses.
Super populum. *Tua nos misericordia:* all the uses, except Abin. and Schult. which have: *Reminiscere miseracionum tuarum domine:* (G. 546, Collect for Monday in holy week.)

FERIA IV.

Office ps. Most of the uses have *Domine exaudi:* but CCCO. has: *Qui cum in forma dei esset, &c.*

Col. 256.] Rouen has for lesson: *Exulta satis . . . . et salvabit eos dominus deus eorum:* (Zach. ix. 9–16.) and Chart. *Quis est iste qui venit de edom . . . nobis dominus.* (Isai. lxiii. 1–7.)

Note the *Dominus vobiscum* and the two prophetical lessons of this mass. (See note on Col. 191.)

Col. 267.] **Offert.** Most of the uses have no respond.
Secret. *Suscipe quaesumus:* W. S. Alb. Abin. CCCO. (G. 548, Secret for this day.)
Purifica nos: Gr. and the other uses.

FERIA V. IN COENA DOMINI.

Col. 272.] *Hoc corpus . . . commemoracionem* is noteworthy: it appears in a twelfth century Benedictional, probably of Christchurch, Canterbury, in this place as anthem to *Iudica me deus* (British Museum, MS. Harl. 2892. fo. 77.) but not elsewhere in the uses.

Col. 273.] *Dominus . . . faciatis* is the anthem in manuscript mentioned above to *Beati inmaculati*, following *Hoc corpus*. Y. Whit. Alb. Sherb. CCCO. Cout. Rom. all stop at *faciatis:* Evensong is inserted after *Communio* in S. H. Y. Durham, Rosslyn, Rouen, Paris.

Benedicamus domino is said at S. H. Durh. Cout. if the bishop did not celebrate. If he did, *Ite missa est* was said. It was always said at Rome.

FERIA VI. PARASCHEVES.

Deus a quo: W. Durh. Alb. Abin. Aug. CCCO. Rosslyn, Leo. Whc. Vit. Rouen MS. 10048. By. Gell. (G. 559, for this day, Pam. 253.) Not in this place in S. H. Y. Whit. Sherb. Rob. Rouen, Cout. Evreux, Cisterc. Chart. Dom. Paris, Rom.

Lesson. *In tribulatione:* all the uses.

Col. 274.] *Deus qui peccati:* W. Durh. Alb. Abin. Aug. CCCO. Rosslyn, Leo. Whc. Rouen MS. 10048. By. Gell. (G. 559, for this day, Pam. 253.)

Deus a quo: the other uses.

W. preserves the arrangement of the collects in the Gelasian Sacramentary.

Line 7. *terrenae creaturae:* Pam. *terreni parentis:* Whc. but Durh. Alb. Abin. Aug. CCCO. Leo. G. read as in W.

Col. 281.] Line 9 from bottom. *Partiti sunt.* See rubrics in S. H. Y. Cf. Durh. (fo. 168b): *duo induti albis nutu cantoris iuxta altare hinc inde trahant ad se duo lintheamina que propter hoc plicata super altare utrinque posita dependebant.* There is much the same at Paris and Cout. No directions at Sherb. or Abin.

The Durham rubric may be traced back to Lanfranc. "Ubi dicitur *Partiti sunt vestimenta mea sibi* sint duo de indutis iuxta altare hinc et inde trahentes ad se duos pannos qui ante officium super altare missi fuerant, lintheo tamen remanente subtus missale." (Lnfc. 222.) See also G. F. Aungier, *History and Antiquities of Syon Monastery*, Westminster, 1840, Appendix, p. 350.

Col. 283.] First bidding prayer. Line 1, after *nobis*, S. H. Y. Rob. add *in primis:* but not Durh. Aug. 11414. Alb. Sherb. Leo. CCCO. Rosslyn, Rouen, Cout. By. Evreux, Cisterc. Chart. Dom. Paris, Rom.

Line 4: after *pacificare* add *et custodire:* S. 11414. H. Durh. Aug. Sherb. CCCO. Rosslyn. Rob. Leo. Whc. Cout. By. Evreux, Dom. Chart. Cisterc. Men. Pam.

Adunare et custodire: add Y. Rouen (also MS. 10048) Paris, Rom. G. Gr.

Flectamus genua: Sherb. has: *Flectamus genua diutissime donec dicatur ps.* Miserere mei deus. *Leuate:* while in Whit. has been added by a later hand in the margin before the collect: Dicatur miserere mei deus.

These two directions show the survival of the interval for private prayer between the invitation of the deacon to kneel, and then to rise up again.

Col. 284.] Line 1. Most of the manuscripts that were in England in the time of Henry VIII. show erasures in this bidding prayer. In Durh. and Abin., *papa nostro N.* has been erased. In Alb. *papa* has been erased. In 11414. *beatissimo papa* has been erased and written in again in a sixteenth century hand: so *papa* in Whit. and Sherb.

Col. 285.] Second line. *Imperatore:* W. 11414. Y. Alb. Abin. Whit. Sherb. Aug. CCCO. Rosslyn, Leo. Rob. Whc. Rouen (print and MS. 10048) Chart. Pam. Gr. G.

Rege: S. H. Durh. Cout. By. Cisterc. Dom. Paris. Men.

In Sherb. *imperatore* is the first reading, but it has been erased, and *rege* written over. In the Morris Sarum Missal, the reading is *imperatore nostro N. et rege nostro N.*

Line 6. *et . . . . victorie* in line 9. omit all the uses except 11414. Y. CCCO., and Mr. Morris' Sarum Missal. In British Museum MS. Arundel 109, the words are added in lower margin in late fifteenth century hand.

In collect for Emperor, line 4. *christianum:* W. Y. Durh. Aug. Whit. Alb. Abin. Leo. Whc. Rouen, Cout. Evreux, Dom.
Christianorum: S. 11414. H. CCCO. Rosslyn, Paris.
Anglorum: Rob.
Romanum: Rom. Cisterc. Chart.
Romanorum: Vit.

In Sherb. *imperium* has been erased, and *regnum* written over. The Morris Sarum Missal has *romanum christianorum.*

line 5. For *qui* read *quae;* but the MS. has *qui* without contraction.

Col. 287.] Most of the mediæval uses, as 11414, have *non dicitur hic* Flectamus genua: and thus omit the invitation to kneel before the collect for the Jews; but S. and Durh. have only *Oratio:* and Sherb. has plainly *Oremus Flectamus genua.*

Col. 288.] *Dictis orationibus,* &c. This rubric seems very precise that the solemn prayers were followed immediately by the mass of the praesanctified without any cross creeping, at this place. G. and Leo. direct the cross to be adored immediately before communion, but there is no trace of this that I can see in the rubric of the text.

Lines 19 and 27. For *sinistris* and *sinistro* read most likely *ministris* et *ministro.*

Sabbato sancto.

For the earlier part of the service on Easter Even see col. 574. of fasc. ii. At col. 583. the rubric directs that these collects and lessons be said after the blessing of the paschal candle.

Most uses have no collect before the lessons. This *Omnipotens sempiterne* is not found elsewhere: but Leo. Schult. Gell. and Whc. have *Deus qui divitias misericordiae* before the lessons, from the same place in G. (566.) and Gr. (147.)

The lessons in the uses vary considerably in number. For example, in Leo. Whc. Rom. there are twelve lessons, like Gr. 147. In G. there are ten; in Men. eight; in Y. Durh. Aug. Rouen MS. 10048 and Evreux, five; Sarum 11414. H. Rob. CCCO. Vit. Rosslyn, Abin. Sherb. Dom. Cisterc. Chart. Dom. Paris, Cout. By. and Rouen, four; and the order in Gr. 62. and Pam. is as in H. Rob. Cout. By. CCCO. Rosslyn, Abin. Sherb. Cisterc. Chart. Dom. and Paris. (See Table on p. 1414.)

Lectiones autem in quibusdam ecclesiis leguntur quatuor, in quibusdam sex, in quibusdam duodecim, et in quibusdam quatuordecim. (Durandus, *Rationale,* Lib. VI. cap. lxxxi.)

Col. 289.] **i. Lesson.** *In principio:* all the uses.

Col. 291.] **i. Collect.** *Deus qui mirabiliter:* all the uses.

Col. 292.] **ii. Lesson.** *Factum est:* W. S. Alb. Abin. H. Y. Durh. Whit. Sherb. CCCO. Rosslyn, Rob. Rouen (both) Cout. By. Paris. Dom. Cisterc. Chart. (Greg. 62.)
Noe: Leo. Whc. Rom. (G. 566.)

Tract. *Cantemus:* all the uses which have *Factum est* as lesson.

Col. 293.] **ii. Collect.** *Deus cuius antiqua:* W. Gr. and all the uses; after *Factum est.* Leo. Whc. Rom. have *Deus incommutabilis* (G. 566 after *In principio*) after *Noe,* which is their second lesson.

iii. Lesson. *Apprehendent:* W. Gr. and all the uses; except Rouen (print.) which has *Scripsit Moyses canticum:* and Leo. Whc.

Rom. which have *Temptavit deus abraham.* (G.) as third lesson.

Col. 294.] **Tract.** *Vinea* in all the cases except Rouen which has *Attende celum.* Leo. Whc. Rom. have no tract after the third lesson.

Collect. *Deus qui in omnibus:* W. Gr. (149.) M. following *Apprehendent* (viii. Lesson) and *Vinea.* In G. the same; but vii. in number. All the other uses have *Deus qui nos ad celebrandum.* except Leo. Whc. Rom. which have *Deus fidelium pater:* after their third lesson, *Tentavit.*

iv. Lesson. *Scripsit moyses:* W. S. Y. Rouen MS. Gr. xi. (149.) G. ix. (567.) (11th Lesson in Leo. Whc. Rom.)

Haec est haereditas: H. Alb. Durh. Whit. CCCO. Rosslyn, Sherb. Abin. Rob. Rouen (print) Cout. By. Cisterc. Chart. Dom. Paris, Pam. Gr. (62.)

Factum est: Leo. Whc. Rom. as fourth lesson.

Col. 295.] **Tract.** *Attende caelum:* W. S. H. Y. Durh. Alb. Whit. Evreux, By. (11th in Gr. 149. Leo. R.)

Vinea facta: Rouen.

No tract in Cout. Paris, Rob. CCCO. Dom.

iv. Collect. *Deus celsitudo humilium:* W. M. xi. Gr. xi. (149.) G. ix. (567.) Leo. Whc. Rom. (as 11th collect.)

Deus qui ecclesiam tuam: S. H. Y. Whit. Durh. Sherb. CCCO. Rob. Abin. Alb. Rouen, Cout. Paris, Pam. Men. Dom.

Deus cuius antiqua: Leo. Whc. Rom. as fourth collect.

Col. 296.] **v. Lesson.** S. H. Abin. Whit. CCCO. Rouen, Cout. Paris, Dom. have no fifth lesson. *Audi israel* is fifth lesson in W. Durh. Alb. Evreux. *Hec est hereditas* fifth lesson Y.

Col. 297.] No other use but W. seems to read *Deus incommutabilis* here; but all pass on to the tract *Sicut cervus.*

Col. 298.] *Sicut cervus* follows the last lesson in all the uses: in those that have four lessons a collect intervenes between the end of the lesson (usually *Deus qui ecclesiam*) except Chart. and in the rite described by Amalarius (*De eccles. officiis*, cap. xix. in M. Hittorp, *de divinis catholicae ecclesiae officiis*, Paris, 1610, col. 343) when *Sicut cervus* follows immediately upon the fourth lesson, *Audi israel.*

In some that have five lessons (Durh. Alb. Evreux) *Sicut cervus* follows immediately upon the fifth lesson, which is *Audi israel*, though in Westminster there is a collect interposed between *Audi israel* and this tract.

Col. 298.] After *Sicut cervus* the uses have *Concede*, or *Omnipotens*, or both, or neither.

Concede only: H. Y. Abin. CCCO. Rouen, Paris. Dom. Cisterc.

Omnipotens only: W. Alb. Durh. Whit. Leo. Rom. G. 568. Gr. 150.

Both collects: S. Rob. Gr. 62. Men. Pam.

Neither: Evreux.

Chart. has here *Deus qui ecclesiam.*

Col. 299.] **Secret.** *Suscipe domine:* W. Gr. and all the uses except H. Cout. which have *Suscipe quaesumus domine plebis tuae.* (G. 571. secret for this day.)

In die paschae.

Col. 301.] **Grail.** ℣. *Epulemur:* W. 11414. Alb. Y. Sherb. CCCO. Drum. Harl. 1229. Cisterc.

Om. S. H. Durh. Rouen, Cout. Paris. Dom. Chart.

Sequence. *Fulgens praeclara:* W. S. H. Y. Durh. Sherb. Whit. Rouen, Paris.

Victimae paschali : Rom. Dom.
Morte christi celebrata adest nobis dies grata : Cout. (*Analecta Liturg.* II. i. No. 392.)

Col. 303.] **Secret.** *Suscipe quaesumus domine :* all the uses except Rosslyn which has *Suscipe propitius domine munera famulorum.* (G. 573. Secret for same day.)

FERIA II. HEBD. PASCHAE.

Col. 304.] **Office.** line 1. *vos :* Durh. Aug. Y. Harl. 1229. Rouen, Rom.
line 4. *vestrum :* Durh. Y. Harl. 1229. Rouen, Rom.
S. H. M. *nos* and *nostro.*

Col. 305.] **Grail.** line 4. ℣. *Nonne cor :* all the uses except Sherb. which has *Angelus domini. Respondens autem.*

Sequence. *Prome casta :* W. H. Durh. Rouen.
Zyma vetus expurgetur : S.
Laudes Salvatori : Y.
Laudes christo redempti uoce modulemus supplici : Sherb. (Kehrein, 92.)
Mane prima sabbati : Whit. Paris.
Victimae paschali : Dom.

Col. 307.] **Secret.** *Paschales hostias :* W. S. Y. Alb. Abin. Whit. Sherb. Cout. (G. 577. secret for feria vi. this week.)
Suscipe quaesumus domine : Gr. H. Durh. Aug. Harl. 1229. Leo. Rob. Whc. Vit. Rouen, By. Paris, Dom. Cisterc. Chart. Rom.
line 1. for *immolantes* Y. Sherb. Cout. G. read *recensentes.*
line 4. *Per resurgentem a mortuis* &c. : *om.* Y. Sherb. Cout. G.

Postc. *Impleatur :* W. S. Y. Alb. Whit. Sherb. Leo. Rouen, Cout. (G. 575. postc. for this day.)
Spiritum nobis : H. Durh. Aug. Harl. 1229. Rob. Whc. Vit. Rouen MS. 10,048, Paris, Dom. Cisterc. Chart. Rom. Gr.

FERIA III. HEBD. PASCHAE.

Col. 308.] **Grail.** line 5. ℣. *Oportebat :* W. Abin.
Surgens Iesus Dominus : S. H. Sherb.
Angelus Domini descendit. Respondens : Y. By. Chart.
Christus resurgens ex mortuis iam non moritur. Laudes Salvatori : Durh. Alb. Whit. Cout. Rouen.
Stetit Iesus in medio : Harl. 1229. Cisterc.
Surrexit dominus et occurrens mulieribus : Paris.
Surrexit dominus de sepulchro : Dom. Rom.

Col. 309.] **Sequence.** *Psalle lyrica :* W. (see H. feria vi post pascha.)
Prome casta concio : S. By.
Concinat orbis cunctus : H. Durh. Rouen.
Victimae paschali : Y. Whit. Dom.
Lira pulchra regi angelico canat per secla : Sherb. (*Analecta liturgica*, II. ii. No. 526.)
Lux illuxit dominica : Cout. (Kehrein, 89.)
Zyma vetus : Paris (Kehrein, 91.)

Gospel. *Secundum Iohannem :* W. In Sherb. *Iohannem* is erased and *Lucam* written over.

Col. 310.] **Secret.** *Suscipe Domine preces ecclesiae :* W. S. Alb. Abin. (not in Wilson.)
Suscipe Domine fidelium preces : Gr. and the other uses.

Col. 311.] **Postc.** *Sanctificent nos :* W. S. Alb. Abin. (G. 530, postc. for feria ii. post Dnc. Passion.)
Spiritum nobis domine . . . . ut quos sacramentis : Paris, By. (Gr. 69.)
Concede quaesumus : Gr. (70) H. Y. Durh. Sherb. Whit. Dom. Aug.

Vit. Leo. Whc. Rob. Harl. 1229, Cisterc. Evreux, Rouen, Cout. Chart. Rom.

Feria iv. hebd. paschae.

Office Ps. *Cantate i.* There are three psalms beginning *Cantate*, the xcv. xcvii. and cxlix. *Cantate i.* would be the xcv. *Cantate ii.* the xcvii. and *Cantate iii.* the cxlix.

Cantate i. W. Rom. (Tms.)

Cantate ii. S. Y. Alb. Whit. Harl. 1229. Cisterc. Durh. Rouen (Tms.)

Cantate iii. Cout.

Confitemini domino : H. Abin. Paris, Chart. Dom.

Harl. 1229. has only *Cantate domino canticum novum* to which Cisterc. adds : *quia mirabilia fecit*, so that it seems likely that the Cistercians had *Cantate ii.*

Col. 312.] **Grail.** ℣. *Venite :* W. (not met with elsewhere.)

Surrexit Dominus et occurrens : S. H. Durh. Whit. Harl. 1229. Alb. Cout. Cisterc. Chart.

In die resurrectionis meae : Y. Sherb.

Christus resurgens ex mortuis : Abin. Rouen, Paris, Dom.

Surrexit Dominus vere : Rom.

Sequence. *Hec est sancta solemnitas :* W. (Kehrein, 82.)

Concinat orbis cunctus : S. Y.

Victimae paschali : H. Sherb. (to which Sherb. puts this rubric : *Et dicatur omnibus dominicis usque ad ascensionem.*)

Psalle lirica : Durh. Whit. (H. Feria vi. post pascha.)

Dic nobis : Rouen (Kehrein, 103.)

Ecce dies celebris : Paris, Cout. (Kehrein, 88.)

Col. 313.] **Secret.** *Sacrificia domine paschalibus gaudiis immolata nobis tue propiciacionis munus optineant*, &c. : W. S. H. Y. Durh. Alb. Abin. Rouen.

Sacrificia Domine paschalibus gaudiis immolamus quibus Ecclesia mirabiliter et pascitur et nutritur. Per Dominum, &c. Gr. (71.) Harl. 1229. Whit. Aug. Leo. Rob. Whc. Pam. Men. Cout. Cisterc. Chart. Dom. Rom. (See G. 574.)

Line 5. *pascatur* in MS. but *pascitur* in most books.

Suscipe domine quesumus preces populi tui : Paris (see col. 299.)

Col. 314.] **Postc.** *Ab omni nos :* W. Gr. and all the uses except Paris, which has *Spiritum nobis* (col. 300) and the Rouen MS. 10048, which has: Concede quesumus domine uetustate purgatos sacramenti tui ueneranda perceptio. innocuam transferat creaturam. Per.

Feria v. hebd. paschae.

Col. 316.] **Grail.** line 4. ℣ *Surrexit dominus vere :* W. Abin.

In die resurrectionis : S. H. Cout. Paris. Dom.

Surrexit dominus et occurrens : Y. Sherb. Rouen.

Surrexit altissimus de sepulchro : Durh. Alb. Whit.

Christus resurgens ex mortuis : Harl. 1229. Cisterc.

Surrexit christus qui creavit omnia : Rom.

Nonne cor nostrum : Chart.

Sequence. *Victimae paschali :* W. Durh.

Dic nobis quibus : S. H.

Alleluia dic nobis maria que sunt etheris noua : Sherb. (var. of *Dic nobis.*)

Prome casta concio : Y.

Mane prima sabbati : Rouen, Cout.

Lux illuxit dominica : Paris (Kehrein, 89.)

Col. 317.] **Secret.** *Suscipe quaesumus Domine:* W. Gr. and all the other uses, except Paris which has *Suscipe domine* (col. 299.)
For *famulorum* in W. read *populorum* in all the uses.
Postc. *Exaudi:* W. Gr. and all the uses, except Paris which has *Spiritum nobis* (col. 300.)

FERIA VI. HEBD. PASCHAE.

Col. 318.] **Grail.** ℣ *Surrexit dominus et occurrens:* W. (not found elsewhere)
Dicite in gentibus: S. H. Rom.
Surrexit altissimus: Y. Sherb. Abin. Rouen.
Surrexit christus et illuxit: Durh. Alb. Whit. Cout.
In die resurrectionis: Harl. 1229. Cisterc.
Angelus domini. Respondens autem: Paris.
Angelus domini: Dom. Chart.
Sequence. *Mane prima sabbati:* W. (Kehrein 93.)
Victimae paschali: S.
Zyma vetus: Y.
Psalle lyrica carmina: H.
Prome casta concio: Sherb.
Hec est sancta: Rouen (Kehrein 82.)
Sexta passus feria: Paris, Cout. (Kehrein 107.)

Col. 320.] **Secret.** *Hostias quaesumus:* W. Gr. and all the other uses, except Paris which has: *Suscipe domine.* (col. 299.)
Postc. *Deus qui adoptionis:* W. S. Abin. (not in Wilson.)
Respice quaesumus Domine: Gr. 11414. and all the other uses, except Paris which has: *Spiritum nobis.*

SABBATO IN ALBIS.

Col. 321.] **Grail.** Line 3 for ℣ *Laudate* Sherb. has *Oportebat pati christum et resurgere* and Chart. has: *Surrexit dominus et occurrens.*

Col. 322.] line 1. *Sit nomen:* S. 11414 (added in lower m.) H.
Om. Y. Durh. Alb. Whit. Sherb. Harl. 1229. Cout. Rouen, Paris, Cisterc. Chart. Dom. Rom.
Sequence. *Iubilans concrepa:* W. Rouen.
Mane prima sabbati: S. H.
Dic nobis: Y.
Victimae paschali: Sherb.
Mundi renovatio nova parit gaudia: Paris (Kehrein 90.)
Salve dies dierum: Cout. (Kehrein 106.)
Gospel. Abingdon defective from this gospel to epistle on col. 324.

Col. 323.] **Secret.** *Concede quaesumus:* W. Gr. and the other uses except Paris which has *Suscipe domine* (col. 299.)
line 4 for *redemptionis* read *reparationis*, and line 5 for *salutis* read *laetitiae* in most uses.
Postc. *Redemptionis:* W. Gr. and the other uses except Paris which has *Spiritum nobis* (see col. 300.)

DOMINICA IN OCTAVIS PASCHAE.

Dominica i. post albas: Harl. 1229. Cisterc.

Some of the uses, Durh. Sherb. St. Albans, have two masses on this day; one, *Quasimodo*, said at the morrow mass; the other, *Resurrexi*, said at the high mass. Others, as Sarum, Coutances, Rouen, and probably Whitby, have *Resurrexi* for Low Sunday, and *Quasimodo* for the following week: while others again, as at W. Hereford, York, Rosslyn, Harl. 1229. Cisterc. Paris, and Rome, have *Quasimodo* only.

Collect. *Praesta quaesumus:* all the uses except Paris and Schult. which have: *Deus cuius providentia.* (G. 579.)

Epistle. *Omne quod natum* in all the uses except Paris which has : *Non cesso gratias agens.*

Col. 324.] **Grail.** *Post dies octo :* W. S. H. (omit *Respondens*) Y. Abin.
Post dies octo. Angelus domini : Alb.
Angelus. Respondens. Pascha nostrum : Whit.
Hec dies. Angelus domini : Sherb.
Gavisi sunt. Angelus : Durh.
Post dies octo. In die resurrectionis : Rouen.
Post dies octo. Gauisi sunt : CCCO.
Dominus regnauit. Iubilate deo : Rosslyn.
Post dies octo. Surrexit dominus de sepulchro : Harl. 1229. Cisterc. Dom.
In die resurrectionis. Post dies octo : Rom.
Hec dies. Nonne cor : Chart.

Gospel. *Cum autem esset sero :* all the uses except Paris, which has : *Erat homo ex phariseis.* Rosslyn begins at *Thomas autem*, col. 325. line 8.

Col. 326.] **Postc.** *Concede quesumus :* W. Alb. Abin. Arbuth. (G. 573, postc. for Easter Even. Gr. 70.)
Quaesumus Domine Deus noster : S. Gr. and the other uses.

DNCA. II. POST PASCHA.

Col. 327.] **Grail.** *Surrexit pastor. Dicite in gentibus :* W.
Ego sum. Surrexit pastor : S. Dom.
Ego sum. Respondens : Y.
Ego sum. Nonne cor : H.
Surrexit. Ego sum : Durh. Alb. Whit. Sherb. Abin.
Ego sum. Christus resurgens : Cout.
Ego sum. Surrexit christus qui creavit : Rouen.
Ego sum. Oportebat : Paris, with sequence *Agnus redemit.*
Cognoverunt. Ego sum : Rom.
Ego sum. Angelus domini : Cisterc.
Lauda hierusalem. Angelus Domini : Chart.

DNCA. III. POST PASCHA.

Col. 329.] **Grail.** *In die resurrectionis. Christus resurgens :* W.
Modicum. Iterum. Surrexit Christus : S.
Modicum. In die resurrectionis : Y.
Modicum. Surgens. Surrexit Dominus vere : H.
In die resurrectionis. Modicum : Alb. Abin.
Surrexit Christus. Iterum : Sherb.
Modicum. Iterum : Whit.
Oportebat : Durh.
Modicum. Surrexit Dominus vere : Rouen.
Iterum. Surrexit Dominus : Cout.
Iterum. Surgens : Paris, with *Agnus.*
Redemptionem. Oportebat : Rom.
Modicum. Surrexit pastor bonus : Cisterc. Dom.
Hec dies. Surrexit dominus : Chart.

Col. 330.] **Postc.** *Sacramenta :* W. Gr. (162) and the other uses except S. and 11.414, which have *Respice quaesumus Domine populum tuum :* (Gr. 74 postc. for Friday in Easter week.)
Sacramenta in text as in Gr. In 2nd line : *quesumus :* omit Durh. Paris, Whit. For *domine* Durh. and Cout. read *deus noster.*
3rd line : for *instruent*, Durh. Paris read *repleant. instruant :* Gr. Rom. H. Y. Leo. Whit. Sherb. Cisterc. Chart. Dom.

Dnca. iv. post pascha.

Col. 331.] **Grail.** *Ego veritatem. Surrexit Dominus:* W.
Vado ad eum. Ego veritatem. Surrexit Dominus vere: S.
Vado. Surrexit Dominus et occurrens: Y. H. Abin.
In die resurrectionis. Vado: Durh. Whit.
Surrexit Dominus. In die resurrect.: Sherb.
Vado. Surrexit christus iam non: Rouen.
Vado. In die resurrectionis: Cout.
Vado. Surrexit dominus de sepulchro: Dom. Paris with *Agnus redemit.*
Dextera. Christus resurgens: Rom.
Vado. Stetit Iesus: Cisterc.
Lauda Hierusalem. Nonne cor nostrum: Chart.
Col. 332.] **Offert.** *Iubilate deo universa . . . psalmum dicite novum,* &c. Alb. Abin. Whit.
Secret. *Deus qui resurgens:* W. S. Alb. Abin. (not in Wilson.)
Deus qui nos per huius: Gr. 11414. and the other uses.
line 2. Alb. has *cassata*, as in text. S. *cessata.*

Dnca. v. post pascha.

Col. 334.] **Grail.** *Surrexit christus iam. Christus mortuus:* W. Abin.
Usque modo. Surrexit Christus iam: S.
Usque modo. Christus resurgens: H.
Usque modo. Surrexit altissimus: Y.
Surrexit christus qui. Usque modo: Durh. Whit. Alb. Sherb.
Usque modo. Surrexit christus et illuxit: Cout.
Usque modo. Crucifixus surrexit tercia die: Rouen.
Angelus domini. Respondens. Christus resurgens: Paris, with prose *Agnus redemit.*
Usque modo. Surrexit dominus: Dom. Cisterc.
Surrexit christus et illuxit. Exivi a patre: Rom.
Hec dies. Angelus domini: Chart.
In die resurrectionis. Usque modo: Aug.

Feria ii. et iii. rogacionibus.

Col. 335.] Common.
This mass is *in litania maiore* of Whc. Rosslyn.

In vigilia ascensionis domini.

Col. 338.] **Collect.** *Praesta quaesumus:* all the uses (G. 588 in ascensa Domini) except Rob. and Rouen MS. 10.048, which have: *Tribue quaesumus omnipotens deus* (G. 589. postc. in ascensa Domini.)
line 3 for *hodierne* Whit. Cisterc. have *venture.* After *quo* S. has *Unigenitus Filius tuus Dominus noster venturae*, while H. has *Filius tuus solemnitatis venturae gloriosus auctor.*
Epistle. *Multitudinis credentium:* all the uses except Dom. Cisterc. Rom. which have: *Unicuique vestrum* (Tms.)
Grail. All the uses as in W. except Rosslyn which has *Confitemini domino et inuocate nomen.* Dom. has *Exiui a patre:* Cisterc. has *Omnes gentes:* Chart. has *Ascendit deus.*
Col. 339.] **Offert.** *Portas celi:* W. Abin. Rouen.
Ascendit deus in iubilatione: Cout. Aug. Cisterc. Chart. Dom.
Viri Galilei: all the other uses.
Col. 340.] After **Postc.** Sherb. has the following. *Oratio bona in aurora.* Gracias ago tibi domine . . . sancte deus. *Item.* In huius diei exortu domine . . . uiuere facias. Amen. (See S.P. E.S iv. 1896. 23.)

IN DIE ASCENSIONIS.

Office Ps. As in W. all the uses except Drum. Rosslyn, By. and Chart. which have : *Omnes gentes plaudite manibus*, which Y. has for the octave.
Rom. has *Cumque* while Pian has *Omnes gentes.*

Col. 341.] **Grail.** *Ascendit:* W. Rouen.
In assumpcione tua. Ascendens: Abin.
Ascendit. Ascendens: S. Y. H. Durh. Alb. Whit. Sherb. Cout. Cisterc. Dom.
Ascendit. Ascendens. Non vos: Drum.
Ascendens. Non vos: Paris.
Ascendit. Dominus in synai: Rom. Rosslyn.
Dominus in synai. Non vos: Chart.
Sequence. *Rex omnipotens:* in all the uses except Dom. which has *Omnes gentes plaudite:* (Kehrein, 118.)

Col. 343.] **Offert.** *Viri galilaei:* W. Abin. Rouen, Cout. Cisterc. Dom. Rom. (Tms.)
Ascendit Deus in iubilatione: Pian, and all the other uses (Tms.)

DNCA. INFRA OCT. ASCENSIONIS.

Col. 344.] **Grail.** *Christus resurgens. Regnabit dominus:* W. Abin.
Regnabit. Non vos: S. Rom.
Dominus in Sina. Non vos: Y. Alb. Rouen.
Non vos. Ascendens christus: H.
Ascendit deus in iubilacione. Non vos: Durh. Whit. Sherb.
Dominus in Sinai. Viri galilei: Cout.
Ascendit deus. Dominus in Synai: Paris, Dom.
Dominus in Sinai: Aug. Cisterc.
Lauda anima. Non vos: Chart.
Sequence. (*Nulla dicitur sequentia:* S. and none in W.)
Victimae paschali: Durh. Whit. Sherb.
Iubilans concrepa: Rouen (Y. ii. 312.)
Choris concinentibus: Cout. (Gautier, II. 19. part of *Ex radice caritatis.*)
Postquam hostem et infirma: Paris. (Kehrein, 115.)

Col. 345.] **Offert.** *Ascendit Deus:* W. Abin. Rouen, Cout. Cisterc. Aug. Dom. Rom. (Tms.)
Viri galilei: Sherb.
Lauda anima mea: S. H. Y. Durh. Whit. By. Paris, Chart. (Tms.)
Secret. *Praesta quaesumus:* W. S. Alb. Abin. (not in Wilson.)
Oblatio nos domine tuo nomini dicanda: Rouen MS. 10.048. (Gr. 165. Super oblata Dnc. ii. post pent. see col. 401.)
Sacrificia nos domine: Gr. and the other uses.
Com. *Pater cum essem:* W. S. Durh. H. Abin. Alb. Aug. Whit. Cout. Paris, Dom. Chart. Cisterc. Rom. (Tms.)
Non vos relinquam: Y. Sherb.
Postc. *Praesta quaesumus:* W. S. Alb. Abin. (not in Wilson.)
Sumptis muneribus: Rouen MS. 10.048 (Gr. 165. as above: cf. col. 401.)
Repleti Domine: Gr. and the other uses.

IN OCTAVA ASCENSIONIS.

Col. 346.] Abin. as in W. but S. H. Durh. and Whit. Chart. Cisterc. have no special mass: they direct *sicut in die.* Alb. gives no mass.
Y. as in text, but with *Rex omnipotens* as sequence.
Epistle. *Unicuique:* W. Y. Sherb. Abin. Rouen, Cout.
Gospel. *Ecce ego mitto:* W. H. Y. Durh. Sherb. Abin. Whit. Rouen, Cout.

Haec sunt verba: Cisterc.
Sherb. has this mass:
Off. Viri Galilei. Cumque intuerentur.
Or. Concede quesumus omnipotens deus.
Ep. Unicuique.
Alleluia. Ascendit deus. Alleluia. Dominus in Syna.
Seq. Et conuescens precepit. (line 10. of *Rex omnipotens*, Sequence for Ascension Day.)
Evang. Ecce ego mitto.
Offert. Ascendit deus.
Sec. Suscipe domine.
Com. Psallite domino qui ascendit.
Postc. Presta nobis quesumus omnipotens et misericors deus.

SABBATO IN VIGILIA PENTECOSTES.

Col. 347.] **Collect** before the lessons is found only in Leofric, G. (597 and 600) and Gr. (150). Before the first lesson in Whc. is *Deus qui in Abrahae.* (Gr. 87.)

The prophesies on Whitsun eve do not vary in number so much as on Easter even. Most of the uses have only four. Gr. (150) and Leofric have six: but G. (598) and Gr. (87) only four. York has five, as in text.

W. differs from the uses in the lessons and collects. *Temptavit* (i.) and *Apprehendent* (iv.) are in the uses, but not the other three. *Nunciavit moyses* (iii.) is indeed the fourth at Rouen, but at Rouen only (both print and manuscript.) The collects after the third and fourth lessons are the only ones common to the uses. (See Tables on p. 1416.)

Lesson i. *Temptavit* is the first lesson in all the uses except Leo. and Rom. which have *In principio* (Gr. 150.)

Col. 349.] **Collect.** *Deus fidelium:* W. (Gr. 148. and G. 566.) is not found in this place in any of the other uses.

Deus qui in Abrahae: all the uses including Rom. except Leo. which has *Omnipotens sempiterne deus indeficiens lumen.* (Gr. 150.) and Whc. which has *Deus qui nobis per prophetarum ora.* (Gr. 152.)

Line 5 for *graciam sancti spiritus* G. and Gr. read *paschale sacramentum.*

Lesson ii. *Mense tercio:* W. (Exod. xix. 1-9.) is not found in the other uses.

Scripsit Moyses canticum: S. H. Alb. Abin. Durh. Aug. Whit. Sherb. Rob. Whc. CCCO. Cout. By. Paris. Chart. Cisterc. Dom.

Factum est: Y. Rom.

Audi israel: Rouen (both print and MS.)

Col. 350.] **Tract.** *Attende caelum:* in most of the uses after the second lesson: except Y. and Rom. which have *Cantemus Domino:* and Rob. which has *Vinea.*

Collect. *Omnipotens sempiterne deus:* W. (L. 316, G. 600, Gr. 88.) Not in the other uses at this place.

Deus qui nobis per prophetarum ora: Y. H. (MS.) Durh. Aug. Alb. Abin. Whit. Sherb. CCCO. Cout. By. Paris, Rouen, Chart. Cisterc. Dom. Rom. after v. lesson (Gr. 87.)

Deus qui es glorificatio: S. H. (printed ed.)

Deus qui nos ad celebrandum: Whc.

Deus qui primis temporibus: Rom. (after ii. lesson.)

Lesson iii. *Nunciavit Moyses:* W. (Exod. xix. 9-22—xx. 18-21.) is iv. lesson at Rouen (both) but it is not found as a lesson anywhere else. All the other uses have *Apprehendent* except Leofric which has *Factum est* for third lesson, and Rom.

which has *Scripsit moyses* for third lesson, though *Apprehenderunt* for fourth.

Col. 352.] **Collect iii.** *Deus qui nos ad celebrandum.* Here W. agrees with the majority of the uses, except Durh. Aug. Alb. Whit. and Whc. which have *Deus incommutabilis virtus.*

Lesson iv. *Apprehendent:* W. There seems to be no use which has this lesson as fourth. The majority have *Audi israel* as fourth and last, except Rouen which has *Nunciavit Moyses* as fourth and last. *Audi israel* is the last at York and Leo. but fifth and sixth in number respectively.

Tract. *Vinea:* usually follows *Apprehendent* except in H. where *Cantemus* follows this lesson and Rob. where *Adtende coelum* follows the same.

The last lesson is followed by a collect in S. H. Abin. Leo. Cout. Paris. Cisterc. Dom.

Deus qui nobis per prophetarum ora: S. Leo.
Omnipotens sempiterne deus qui paschale sacramentum: Abin.
Deus incommutabilis virtus: Cout. Paris, Cisterc. Dom.

Lesson v. and last. *Hec est hereditas:* W. but not found in any other Whitsun eve collection of lessons though in many uses at Easter even.

Col. 353.] **Collect.** *Deus qui ecclesiam:* an Easter even collect after this lesson in Gr. 62. and after *Audi Israel* (Gr. 148.)

Tract. *Sicut cervus* in all the uses.

Col. 354.] **Collect.** *Concede quesumus:* (alone) W. Y. Abin. Sherb. Whc. Leo. Cout. Rouen, Paris, By. Paris, Cisterc. Dom. Rom.

Omnipotens sempiterne deus qui paschale sacramentum: CCCO.
Both collects together: Rob.
Deus incommutabilis: H. Chart.
Deus qui in sacramento festiuitatis: Durh. Alb. (Gr. 88.)
Deus qui nos ad celebrandum: Whit.
Omnipotens sempiterne deus qui hanc festiuitatem aduentu spiritussancti consecrasti: da nobis quesumus ut celestibus desideriis accensi: fontem uite sitiamus dominum nostrum Iesum Christum filium tuum. qui: Rouen (print.)

MISSA IN VIGILIA PENTECOSTES.

Col. 356.] **Secret.** *Hostias populi tui:* W. S. Alb. Abin. CCCO. (L. 320. secret for this day.)

Munera quaesumus domine oblata: Gr. 89. and all the other uses, including Rosslyn.

Line 2. Abin. becomes imperfect and passes on into epistle of Whitsunday.

Postc. *Praesta quaesumus omnipotens:* W. S. Alb. CCCO. (G. 600. postc. for this day.)

Sancti spiritus domine corda: Gr. (90) and all the other uses, including Rosslyn.

IN DIE PENTECOSTES.

Col. 357.] **Office Pss.** CCCO. has two as in W. and Whit.: *Omnium . . . prospiciens: om.* S. H. Y. Rosslyn, Rouen, Chart.

Exurgat . . . . fugiant: om. Alb. Aug. Sherb. Cout. Paris, Cisterc. Rom.

Instead of the two office pss. Drum. and Dom. have: *Confirma hoc.* (Tms.)

In Durham the office ps. is: Omnium . . . . prospiciens. *Iste psalmus dicatur per hanc ebdomadam. Item psalmus* Exurgat deus *et dicatur in commemoracionibus spiritus sancti per annum.*

The mass for Pentecost, up to the middle of the Lesson, wanting in Abingdon.

Col. 358.] **Grail.** *Emitte. Veni sancte spiritus. Paraclitus:* W.
Emitte. Veni sancte spiritus: Drum. Dom. Rom.
Emitte. Spiritus sanctus procedens a throno: S. CCCO. Rouen.
Emitte. Paraclitus Spiritus sanctus: H. Y. Cout. Chart.
Veni sancte spiritus Paraclitus: Durh. Alb. Sherb. Whit Abin. Cisterc.
Spiritus sanctus procedens: Paraclytus: Paris.
Emitte. Spiritus domini: Rosslyn.
Sequence. *Sancti spiritus assit:* W. S. Y. H. Durh. Sherb. Whit. Dom. Rom.
Veni sancte spiritus: Pian.
Fulgens preclara rutilat per orbem: Paris. (Kehrein 95.)

Col. 360.] **Preface.** Drum. has a different preface. *Qui sacramentum paschale.* (G. 600, and Gr. 319, for Whitsun Eve.)

FERIA II. IN HEBD. PENTECOST.

Col. 361.] **Grail.** *Spiritus sanctus. Non vos relinquam:* W.
Emitte. Paraclitus Spiritus: S.
Emitte. Veni sancte Spiritus: Y. H. Sherb. Cout. Rouen.
Veni sancte. Spiritus domini replevit: Durh. Alb. Whit.
Spiritus domini: Paris.
Loquebantur. Veni sancte: Rom.
Veni sancte. Spiritus sanctus procedens: Abin.
Emitte. Spiritus sanctus procedens: Cisterc.
Spiritus domini replevit. Veni sancte: Chart.
Spiritus sanctus procedens. Spiritus domini replevit: Dom.
Sequence. *Eya musa:* W.: (Y. ii. 313.)
Resonet sacrata: S. Durh. Sherb. Rouen.
Alma chorus domini: H. Y. Whit.
Sancti spiritus assit: Paris.
Lux iocunda lux insignis: Cout. (Kehrein, 128.)
Sancti spiritus, or *Veni sancte spiritus:* Rom. Dom.

Col. 363.] **Secret.** *Praesta domine:* W. S. Alb. Abin. (not in Wilson.)
Propitius Domine quaesumus: Y. H. Whit. Sherb. Durh. Aug. Leo. Rob. Whc. Vit. Rouen, Cout. Chart. Cisterc. Dom. Rom. (Gr. 92.)
Munera quesumus domine oblata: Paris. See col. 360 (Gr. 89.)
Postc. *Plenum in nobis:* W. S. Alb. Abin.
Adesto domine: 11414. Y. H. Durh. Aug. Whit. Sherb. Leo. Rob. Whc. Vit. Cout. Rouen, Chart. Cisterc. Dom. Rom. (Gr. 92.)
Sancti Spiritus domine corda: Paris (see col. 360.)

Plenum in nobis is not to be found elsewhere. Gr. 443. & G. 626. have the first sentence as it stands in the text in the postc. of the consecration of bishops; but the ending of the prayer is different.

FERIA III. IN HEBD. PENTECOST.

Col. 364.] **Collect.** *Assit nobis:* in all the uses except Rouen MS. 10048. which has: Adesto domine quesumus populo tuo. (L. 320.)
Grail. *Spiritus qui a patre. Factus est:* W.
Emitte. Veni sancte spiritus: S. Chart.
Emitte. Spiritus sanctus procedens: H. Y.
Veni sancte spiritus. Spiritus sanctus procedens: Durh. Whit.
Veni sancte spiritus. Emitte. Spiritus sanctus procedens: Alb.
Veni sancte spiirtus. Factus est repente: Abin.
Verbo domini. Spiritus domini: Sherb.

Emitte. Paracletus: Rouen.
Emitte. Repleti: Cout.
Veni sancte spiritus: Paris.
Spiritus sanctus docebit. Veni sancte spiritus: Rom.
Loquebantur. Non vos relinquam: Cisterc. Dom.
Sequence. *Alma chorus:* W.
Eya musa: S. Durh. Rouen.
Laudes deo devotas: H. Y. Whit.
Veni sancte spiritus: Sherb. Dom.
Simplex in essentia: Cout. (Kehrein 129.)
Lux iocunda: Paris (Kehrein 128.)

Col. 366.] **Secret.** *Descendat domine:* W. S. Alb. Abin. (Gr. 241, collect in the dedication of a church.)
Purificet nos Domine: Gr. (92) and all the uses except Paris which has: *Munera.* (col. 360) and Rouen MS. 10.048 which has: *Adsit nobis domine* (col. 364.)
Com. *Spiritus qui a patre:* all the uses, except Paris which has: *Spiritus sanctus docebit vos.*
Postc. *Mentes nostras:* all the uses, except Paris, which has: *Sancti spiritus.* (col. 360.)

FERIA IV. IN HEBD. PENTECOST.

Some uses as Durham, Sherborne, St. Albans and Whitby have two masses for this day; one *in solemnitate*, the other *in ieiunio;* the first said after terce, the second, no doubt, said after none.

This is the Durham rubric: *Feria iiii. cantata post capitulum tercia sequitur missa matutinalis in capis scilicet* Spiritus domini *et cetera sicut in die pentecostes set cum prosa* Almiphona. *Feria iiii. ad maiorem missam que erit de ieiunio* Deus cum egredereris.

So also at Sherborne it is *sicut in die:* but at Whitby, Abingdon, St. Augustine's Canterbury, and St. Albans the mass resembles more nearly that in text.

Masses *de ieiunio* may be found in Berno (*de quibusdam rebus missae officium* cap. 7 in Hittorp, Paris 1610. col. 709.) and Men. (107.)

In other rites, Sarum, York, Hereford, there is a combination of the *missa de solemnitate* with the *missa de ieiunio.* For example, the two prophetical lessons are preserved, as in the other Wednesdays in Ember week, while a sequence is sung, suggestive of a festival: but it is not easy to compare this one mass with the two masses spoken of above, and therefore in the following notes the two masses of the Ember days will be compared only with those of Durham, St. Augustine's Canterbury, Sherborne, St. Albans, Whitby and Abingdon.

Durh. and Sherb. have the mass *de solemnitate* of this day as on Whitsunday. Aug. has only the mass collects with the first words of the office.

DE SOLEMNITATE.

Col. 366.] **Office.** *Spiritus domini:* W. Abin. Whit.
Deus dum egredereris. Ps. *Exurgat deus.* Alb. Aug.
Collect. *Mentes nostras:* W. Abin. Whit. Alb. Aug. (over erasure.) (G. 602. Gr. 93.)
Lesson. *Stans Petrus:* W. Abin. Whit. Alb.

Col. 367.] **Grail.** *Spiritus paraclitus: Loquebantur:* W. Whit.
[*Veni Sancte spiritus* in m.] *Non vos relinquam:* Abin.
Veni sancte spiritus. Loquebantur: Alb.
Sequence. *Almiphona:* W. Durh. Whit. (*Analecta liturgica* II. i. No. 135.)

Col. 368.] **Gospel.** *Nemo potest:* W. Alb. Abin. Whit.
Offert. *Confirma:* W. Whit. Abin.
Euntes [read *emitte*] *spiritum:* Alb.

Secret. *Oblata tibi:* W. Alb. Abin. (not in Wilson.)
Accipe quesumus domine: Whit. Aug. (Gr. 93.)
Col. 369.] **Com.** *Factus est:* W. Abin. Whit.
Pacem meam: Alb.
Postc. *Per huius domine:* W. Alb. Abin. (not in Wilson.)
Sumentes: Whit. Aug. (Gr. 93.)

DE IEIUNIO.

Col. 369.] **Office.** *Deus dum:* W. Durh. Aug. Alb. Sherb. Whit. Abin.
Collect. *Omnipotens et misericors:* W. Alb. Abin. Whit. Aug. (G. 603. for same day.)
Mentes nostras: Durh. Sherb.
Lesson. *Dixit salamon:* W. Alb. Abin. Whit.
Stans petrus: Durh. Sherb.
Col. 370.] *Emitte spiritum:* W. Whit.
Verbo domini: Sherb.
Spiritus domini replevit: Abin. Alb.
Veni sancte spiritus: Durh.
Collect. *Da nobis mentem:* W. Whit. Abin. Alb. Aug. (G. 603 collect for this day.)
Presta quesumus omnipotens et misericors: Durh. Sherb. (see col. 372.)
Lesson. *Audi iacob:* (Is. xliv. 1. 2. xliii. 25. 26. xliv. 2. 3.) W. Whit. Abin. Alb.
Per manus apostolorum: Durh. Sherb.
Col. 371.] **Grail.** *Spiritus domini replevit:* W. Sherb. Alb.
Loquebantur: Durh.
Cum essent discipuli: Whit.
Spiritus sanctus docebit: Abin.
Gospel. *Accesserunt.* (Luc. ix. 12–17.) W. Alb. Abin. Whit.
Nemo potest: Durh. Sherb.
Offert. *Lauda:* W.
Meditabor: Alb. Whit. (erased.)
Emitte: Durh. Whit. (in m.)
Benedicite gentes: Abin.
In die solennitatis: Sherb.
Secret. *Solemnibus ieiuniis:* W. Alb. Abin. Whit. Aug. (G. 603. secret for this day.)
Suscipe quesumus domine: Durh. Sherb.

There are many verbal differences between the text of W. and that in Whit. which is nearly the same as the text of G.

Col. 372.] **Com.** *Pacem:* W. Durh. Alb. Abin. Sherb. Whit.
Postc. *Purifica:* W. Abin. Alb. (not in Wilson.)
Sumentes domine: Durh. Sherb. (Gr. 93. postc. for this day.)
Quos uotiua ieiunia castigant: Whit. Aug. (G. 604 postc. for this day.)

FERIA V. IN HEBD. PENTECOST.

Office. *Spiritus domini:* all the uses except Paris which has *Repleatur os meum.*
Office Ps. *Exurgat:* Rouen, Cout.
In te domine speravi: Paris.
Confirma hoc: Dom.
Collect. *Praesta quaesumus:* W. S. Y. Abin. Cout. Rouen (Gr. 93 collect for Feria iv.)
Concede quaesumus: Durh. Alb. Whit. Aug. Leo. Whc. Paris. (Gr. 88.)
Mentes nostras quaesumus: H. (Gr. 92. collect for Feria iv.)

Annue misericors deus: Rob. Sherb. (Gr. 89.)
Deus qui hodierna die: Dom. Rom.
Grail. *Emitte Spiritum. Veni sancte:* W. Sherb. Cout. Rom.
" " *Factus est:* S. H. Rouen.
" " *Spiritus paraclitus:* Y. Dom.
" " *Repleti:* Whit. Durh.
Cum essent discipuli: Alb.
Veni sancte. Emitte. Abin.
Factus est: Paris.

Col. 373.] **Sequence.** *Christe saluator:* W. (*Analecta liturgica*, II. ii. No. 465.)
Alma chorus domini: S. Sherb. Rouen.
Veni sancte spiritus: H. Cout.
Laus iocunda: Y.
Qui procedis ab utroque: Paris. (Kehrein, 130.)

Christe Salvator would seem to commemorate the gift of unknown tongues at Pentecost. It reminds us of the passage: Unde in antiquis sequentiis sunt verba incognita: quia ignotus est nobis modus laudandi deum in patria. (*Expositio misse domini Hugonis Cardinalis O.P.* Nuremberge, Hieron. Holtzel, 1507. 4th leaf of Quire A.)

Col. 374.] **Offert.** *Emitte spiritum:* W. Abin.
Confirma: all the other uses except Paris which has *Lauda anima mea.*
Secret. *Virtute spiritus sancti:* W. S. Sherb. Abin. Alb. Leo (G. 599 secret for Whitsun eve.)
Hostias populi tui: Y. H. Durh. Whit. Rob. Aug. Rouen (print.) Cout. (L. 320. secret for Whitsun eve.)
Propitius domine quaesumus: Whc. (Gr. 92. secret for Whitsun Tuesday.)
Munera quaesumus domine: Paris, Dom. Rom.
Sacrificia domine tuis oblata conspectibus ignis ille diuinus assumat. qui discipulorum christi tui per spiritum sanctum corda succendit. Per. Rouen MS. 10.048. (Gr. 94.)
Com. *Factus est:* all the uses except Paris, which has *Spiritus ubi vult.*
Postc. *Sacris celestibus domine operante spiritu:* W. S. H. Y. Durh. Aug. Alb. Abin. Sherb. Whit. Leo. Rob. Rouen (print) Cout. (L. 317. G. 600. postc. for Whitsun eve.)
Presta quesumus domine ut a nostris mentibus: Whc. Schult. (G. 601.)
Sumpsimus domine sacri dona: Rouen MS. 10.048. (L. 374.)
Sanctus spiritus domine corda: Paris, Dom. Rom.
Line 1. In place of *Sacris* there is *Sacrificiis* in S. H. Rouen: *sacramentis:* Y. Aug. Rob. Rouen omit *operante spiritu sancto* as do the Leonine and Gelasian texts, which also read *sacris.*

FERIA VI. IN HEBD. PENTECOST.

Durh. has this mass only: none *de ieiunio.* Sherb. *sicut in die.*
Office. *Spiritus domini:* W. Whit. Abin.
Repleatur: Alb. Durh. Aug.

Col. 375.] **Grail.** *Repleti. Paraclitus:* W.
Repleti. Veni sancte: Abin.
Cum essent discipuli. Factus est: Durh.
Veni. Factus est: Alb.
Sequence. *Laudes deo:* W. also Sarum sequence for this day. Durh. Alb. Abin. and Whit. have no sequence expressed.

Col. 377.] **Offert.** *Confirma:* W. Whit. Abin.
Lauda anima: Alb.
Emitte spiritum tuum: Durh.

Secret. *Sacrificia:* W. Alb. Durh. Whit. Abin. Aug.
Com. *Factus est repente:* W. Whit. Abin.
Spiritus ubi vult: Alb. Durh.
Postc. *Concede:* W. Alb. Abin. (cf. Gr. 42.)
Sumpsimus domine sacri dona: Whit. Durh. Aug. (Gr. 93.)

De ieiunio.

Office. *Repleatur:* W. Alb. Sherb. Whit. Abin. Aug.
Collect. *Tu nobis domine:* W. Whit. Alb. Abin. (G. 604 collect for this day.)
Da quesumus ecclesie tue: Sherb. (Leonine 320 collect for Whitsun eve: Gr. 93. collect for this day.)
Line 1. *Ut nobis* is the reading of Alb. Aug. Whc. and G.
Lesson. *Exultate:* W. Alb. Whit. Abin.
Aperiens: Sherb. (see col. 375.)
Col. 378.] **Grail.** *Spiritus qui a patre:* W.
Factus est: Whit. Sherb.
Spiritus paracletus: Abin.
Spiritus sanctus procedens: Alb.
Gospel. *Venit ad Iesum:* W. Alb. Whit. Abin.
Factum est in una dierum: Sherb. (col. 376.)
Col. 379.] **Offert.** *Benedicite gentes:* W. see also col. 335.
Lauda anima mea: Alb. Whit. Abin.
Emitte spiritum: Sherb.
Secret. *Ut accepta tibi:* W. Alb. Abin. (Gr. 94, secret for following Saturday.)
Omnipotens sempiterne deus qui non sacrificiorum: Whit. Aug. (G. 604. secret for this day.)
Sacrificia domine tuis oblata: Sherb. (Gr. 94 secret for this day.)
Col. 380.] **Com.** *Spiritus ubi vult:* W. Alb. Whit. Sher. Abin.
Postc. *Annue quaesumus:* W. Whit. Alb. Abin. Aug. (G. 604. postc. for this day.)
Sumpsimus domine sacri dona: Sherb. (Gr. 93 postc. for this day.)

Sabbato post Pentecost.

The mass *de solemnitate* in Durh. and Sherb. is *sicut in die.*
Office. *Spiritus domini:* W. Abin. Whit. Alb.
Karitas dei: Aug.
Collect. *Mentibus nostris:* W. Whit. Abin. Aug. (Gr. 94. collect for this day.)
Line 5. Read *gubernamur*, but *gubernamus* in MS.
Lesson. *Convenit universa:* W. Alb. Whit. Abin.
Col. 381.] **Grail.** *Caritas. Veni sancte:* W.
Veni. Repleti sunt: Alb.
Veni. Apparuerunt apostolis dispartite lingue: Abin.
Veni. Verbo domini: Whit.
Gospel. *Surgens:* W. Alb. Whit. Abin.
Offert. *Emitte:* W.
Confirma: Alb. Whit. Abin.
Col. 382.] **Secret.** *Mitte quesumus domine:* W. Alb. Abin. (L. secret, 372.)
Hec oblacio domine quesumus: Whit. (Gr. 383 secret in *Missa de spiritu sancto.*)
Vt accepta tibi sint: Aug.
Com. *Factus est:* W. Whit. Abin.
Non vos relinquam: Alb.
Postc. *Illo nos igne:* W. Alb. Abin. (Gr. 94. collect for this day.)
Prebeant nobis domine: Whit. Aug. (Gr. 95. postc. for this day.)

DE IEIUNIO.

Office. *Caritas:* W. Alb. Abin. Whit. Durh. Aug.
Collect. *Presta quesumus domine:* W. Alb. Abin. Whit. Aug. (G. 604. collect for this day.)
Mentibus nostris: Durh. Sherb. (see col. 380.)
Lesson. *Effundam:* W. Durh. Whit. Sherb. Alb. Abin.
Col. 383.] **Grail.** *Emitte:* W. Sherb. Abin.
Veni: Alb. Durh.
Repleti: Whit.
Collect. *Da nobis:* W. Alb. Whit. Abin. Aug. (G. 604. collect for this day.)
Illo nos igne: Durh. Sherb. (see col. 382.)
Line 3. For *querere* there is *inquirere* in Alb. Abin. Whit. and G.
Line 5. After *abundare* Whit. adds *concedas.*
Lesson. *Locutus:* W. Sherb. Abin. Alb. Whit. Durh.
Col. 384.] **Grail.** *Spiritus sanctus:* W.
Spiritus qui a patre: Abin.
Verbo domini: Sherb.
Emitte spiritum tuum: Durh.
Loquebantur: Alb.
Factus est: Whit.
Collect. *Deus qui misericordia:* W. Whit. Alb. Abin. Aug. (G. 605 collect for this day.)
Deus qui ob animarum medelam: Durh. Sherb. (Gr. 94 collect for this day.)
Line 1. *misericordiam* is the reading in Alb. and Abin. *misericordia* in Whit. Aug. and G.
Lesson. *Audi israel:* W. Alb. Whit. Durh. Sherb. Abin.
Col. 385.] **Grail.** *Spiritus qui a patre:* W.
Factus est: Abin.
Cum essent discipuli: Alb.
Verbo domini: Whit.
Spiritus domini replevit: Durh.
Collect. *Deus qui nos de presentibus:* W. Alb. Abin. Aug. (G. 605 collect for this day.)
Presta quesumus omnipotens deus ut salutaribus ieiuniis: Durh. Whit. Sherb. (Gr. 94 collect for this day.)
Lesson. *Si in preceptis:* W. Whit. Alb. Durh. Sherb. Abin.
Col. 386.] **Grail.** *Spiritus paraclitus:* W.
Factus est repente: Sherb.
Verbo domini: Alb. Durh.
Caritas dei: Abin.
Collect. *Deus qui non despicis:* W. Alb. Whit. Abin. Aug. (G. 605. collect for this day.)
Presta quesumus omnipotens deus sic nos ab epulis: Sherb. Durh. (Gr. 94. collect for this day.)
Lesson. *Angelus* in the six uses.
Collect. *Deus qui tribus* in the seven uses.
Line 3. After *ut* Durh. has *adveniente spiritu sancto.*
Epistle. *Iustificati:* W. Alb. Whit. Abin.
Convenit universa: Durh. Sherb. (see col. 380.)
Col. 387.] **Grail.** *Laudate dominum:* W. Abin. Whit. Durh.
Laudate. Quoniam confirmata: Sherb.
Laudate. Paraclitus spiritus: Alb.
Gosp. *Egrediente:* W. Alb. Whit.
Surgens: Durh. Sherb. Abin. (see col. 381.)

Abin. is defective here to lesson on Trinity Sunday.

Offert. *Domine deus:* W. Alb. Whit.

Benedictus qui venit: Durh. Sherb.

Secret. *Omnipotens:* W. Alb. (G. 604. secret for Friday in Whitsun week.)

Ut accepta tibi: Durh. Sherb. Aug. (Gr. 94. secret for this day.)

Domine deus noster: Whit. (G. 605. secret for this day.)

Col. 388.] **Com.** *Non vos relinquam:* W. Alb. Whit. Durh.

Ultimo festivitatis die: Sherb.

Postc. *Sumptum:* W. Alb. Whit. (G. 605 postc. for this day.)

Praebeant nobis domine: Durh. Sherb. Aug. (Gr. 95. postc. for this day.)

IN DIE SANCTAE TRINITATIS.

Durham has this rubric: *In octava pentecostes scilicet die sancte trinitatis ad missam matutinalem officium* Spiritus domini *oracio et epistola sicut in die.* ℟ Beata gens alleluia. Veni sancte spiritus. *Euangelium sicut in die offertorium* Confirma. *Prefacio communis.* Communicantes *et* hanc igitur *sicut in die dicantur.* *Communio* Factus est.

There is no mass for the octave of pentecost in Aug.

Collect. *Omnipotens sempiterne deus qui dedisti:* all the uses (Gr. 381.) except the following:

Omnipotens et misericors deus ad cuius beatitudinem: Leo. Rob. (G. 606. collect Dnca. Oct. Pent. L. 368.)

Timentium te domine salvator: Whc. Schult. Gerb. (G. 606. Dnca. Oct. Pent.)

Lesson. *Vidi ostium:* most of the uses.

Gratia domini nostri I. C.: Paris (Gr. 381.)

Gaudete perfecti estote: Cisterc. Dom. Rom.

O altitudo: Pian.

Col. 389.] **Grail.** *Benedictus es domine qui. Benedictus es in. Benedictus es domine deus:* W. Abin. Cisterc. Rom.

Benedictus. Benedicite deum celi. Benedictus es domine: Sherb. Chart. Dom.

Benedictus es domine qui. Benedicite dominum celi quia fecit nobiscum. Libera nos salva nos: Alb.

Benedictus es domine qui. Benedicite deum celi. Benedictus es domine: Durh. Whit. S. H. Y. Rouen.

Benedictus es domine qui. Benedictus es in. Benedicamus patrem. Verbo domini: Paris.

Benedictus. Benedicite deum. Benedicta sit: Cout.

Sequence. *Benedicta sit beata trinitas:* W. S. H. Y. Alb. Durh. Whit. Sherb. Rouen.

Benedicta semper sancta: Cout. (Kehrein, 139.)

Profitentes unitatem: Paris, Dom. (Kehrein, 142.)

Col. 390.] **Gospel.** *Erat homo:* W. S. H. Y. Durh. Whit. Alb. Sherb. Abin. Cout. Rouen, Chart. Dom. Canterbury (at end: *Quere euangelium de trinitate Dominica infra octavam Ascensionis.* see col. 345.)

Cum venerit paraclitus: Rouen (ex devotione) Cisterc. Rom. (Gr. 381.)

Data est mihi: Pian.

In principio erat Verbum: Paris.

Abin. imperfect here to end of Collect for Corpus Christi.

Secret. *Sanctifica quaesumus:* Gr. and the uses.

Remotis obumbrationibus: Leo. Rob. Whc. Vit. Schult. Gerb. (G. 606. secret for Dnca. Oct. Pent.)

Col. 392.] **Com.** Line 1. In place of *Benedicite* there is *Benedicimus* in S. H. Y. Durh. Whit. Sherb. Rouen, Paris, Dom. Cisterc. Chart. Rom.

Line 3. In place of *confitemini* there is *confitebimur* in S. H. Y. Durh. Whit. Cout. Rouen, Paris, Chart. Cisterc. Dom. Pian. *confitebor:* Rom.

Postc. *Proficiat nobis:* Gr. and the uses.

Laetificet nos: Leo. Rob. Whc. Vit. Schult. Gerb. (G. 607. postc. for Dnca. Oct. Pent.)

In festivitate corporis christi.

Festum eucharistie: Rouen. Cout. *de sacrosancto sacramento altaris:* Paris.

It is known that Corpus Christi is a late mediæval festival. It is not, for example, mentioned by Durandus; (See Dr. Achille Ratti, *Contribuzione alla storia eucaristica di Milano*, Ricordo del XIII. Congresso Eucaristico, Milano, Giuseppe Palma, 1895. p. 6.) and yet the mass is common to nearly all the uses. Even the grail is everywhere the same, except in the Cistercian missal. Where there is a sequence it is always *Lauda Sion*, universally attributed to St. Thomas. It is certainly a warning against ascribing great antiquity to masses solely on the ground of uniformity among the uses.

Kyrie fons bonitatis: For text see Y. ii. 244.

Col. 393.] **Grail.** line 5. ℣ *Caro mea:* all the uses except Cisterc. which has: *Demus gloriam Deo.*

Col. 395.] **Offert.** *Sacerdotes:* in all the uses except Whit. which has *Sicut uiuens misit me pater*, and Cisterc. which has *Offerent filii.*

Col. 396.] **Com.** *Quotienscunque:* all the uses except Cisterc. which has *Panem de caelo.*

Abin. imperfect here to Epistle of following Sunday.

Dominica prima post octavas Pentecostes.

Dnca. i. post festum Trinitatis: S. H. Y. (MSS. A. and E.) Chart. Dom.

Dnca. ii. post pentecosten: Leo. Cisterc.

Dnca. i. post pentecosten: Alb. Rom.

Dnca. i. post octavas corporis Christi: H. (MS.)

In dealing with the masses after Pentecost, the number and names given in the different uses have been disregarded, and the masses corresponding to one another in the uses have been compared.

For Monday after Trinity Sunday Lanfranc (226.) has this rubric: Feria ii. si nulla festivitas sit, dicatur missa *Domine in tua misericordia.* It was much the same at Cout.

Col. 397.] **Grail.** ℣ in line 6. *Deus iudex iustus fortis:* Paris.

After the grail Y. has a rubric directing these sequences to be said one after another in order on Sundays up to Advent: *Voce iubilantes. Trinitatem simplicem. Quicunque vult. Adoremus unitatem. Profitentes unitatem.*

Durh. has this rubric: *Usque ad adventum dicantur in dominicis diebus alternatim he prose:* Veni spiritus eternorum [Kehrein 131.] Alma chorus Kehrein 140.] Laudes deo [? Kehrein 122.] Vocem† iubilantes. [Kehrein 148.] For this Sunday Whit. has *Voce iubilantes.*

Sarum directs no sequence to be said until Advent, if not a feast day. Rouen has a rule to the same effect.

Cout. has *Veni sancte* as sequence for every Sunday after Trinity.

Gosp. *Homo quidam:* all the uses (Tms.) except Rom. which has: *Estote misericordes:* (see col. 404.)

Col. 398.] **Secret.** *Deus qui nos ad imaginem:* W. S. Alb. Abin.

Hostias nostras tibi domine dicatas: Gr. (164) and all the other uses.

line 2. after *tuam* read *conditos:* S.

The first three lines of this secret are much the same as a secret in G. (705.) *pro charitate.*

Col. 399.] **Postc.** for first word Y. and Paris have *Sanctis.*

DOMINICA SECUNDA POST OCT. PENTECOST.

Office. line 5. *uirtus:* Sherb. Cout. *fortitudo* is the usual reading.

Col. 400.] **Grail** ℣ in 5th line: *Laudate dominum:* W.
Deus iudex: S. H. Y. Rouen, Chart. Cisterc. Dom.
Domine deus meus in te speravi: Durh. Aug. Alb. Whit. Sherb. Cout. Rom.
Diligam te domine uirtus: Paris.
Offert. *Domine convertere:* W. S. H. Abin. Aug. Rouen, Cout. Chart. Cisterc. Dom. Rom. (Tms.)
Factus est dominus firmamentum: Y. Alb. Sherb. Durh. Whit. Paris. (Tms.)

DOMINICA III. POST OCT. PENTECOST.

Col. 401.] **Collect.** *Deprecacionem:* all the uses, except Rom. which has: *Protector in te sperantium.* (col. 403.)
Col. 402.] **Grail.** line 5 ℣. *Dextera:* W. Abin.
Diligam te domine: S. H. Rouen. Chart. Cisterc. Dom.
Domine deus noster quam admirabile: Y.
Deus iudex iustus: Alb. Durh. Aug. Whit. Sherb. Cout. Rom.
Domine in virtute tua letabitur: Paris.
Col. 403.] **Secret.** *Munera tibi:* all the uses except Rom. which has *Respice domine* (col. 405.)
Com. *Ego clamavi:* all the uses except Rom. which has *Dico vobis gaudium est angelis.*
Postc. *Sacris domine muneribus:* W. S. Alb. Abin. (Men. 178.)
Haec nos communio: H. Y. Durh. Aug. Whit. Sherb. Leo. Rob. Whc. Rouen, Cout. Paris, Dom. Chart. Cisterc. (Gr. 165.)
Sancta tua domine: Rom. (see col. 405.)

DOMINICA IIII. POST OCT. PENTECOST.

Collect. *Protector in te sperancium:* all the uses except Rom. which has *Da nobis quesumus* (col. 406.)
Col. 404.] **Grail.** line 6 ℣. *Lauda anima:* W. Abin.
Domine in virtute tua: S. H. Rouen. Cisterc. Dom.
Diligam te domine virtus: Y. Alb. Durh. Aug. Cout.
Domine deus noster quam: Whit.
In te domine speravi: Paris, Chart.
Deus qui sedes super: Rom.
Gospel. *Estote misericordes:* all the uses, except Rom. which has *Cum turbe irruerent* (col. 407.)
Col. 405.] **Secret.** *Respice domine munera:* all the uses, except Rom. which has *Oblationibus nostris quesumus* (Gr. 166.)
Postc. *Sancta tua nos:* all the uses except Rom. which has *Mysteria nos domine* (col. 408.)

DOMINICA V. POST OCT. PENTECOST.

Col. 406.] **Collect.** *Da quaesumus:* all the uses, except Rom. which has *Deus qui diligentibus.* (col. 408.)
Col. 407.] **Grail.** line 5 ℣. *In te domine:* W. S. Abin. Cisterc. Dom.
Diligam te domine: Whit.
Domine in virtute tua: Y. Durh. Aug. Cout. Rom.
Domine deus virtutum: Alb. Sherb. to which Alb. adds *Domine in virtute tua.*
Eripe me de inimicis: Paris.
Omnes gentes plaudite: Chart.

Gospel. *Cum turbae:* all the uses, except Rom. which has *Amen dico* (col. 410.)

Col. 408.] **Secret.** *Ascendant quaesumus:* W. S. Alb. Abin. (Men. 179.)

Oblationibus quaesumus domine: Gr. 166. and all the other uses except Rom. which has *Propitiare domine supplicationibus.* (col. 410.)

Postc. *Mysteria:* all the uses except Rom. which has *Quos domine* (col. 411.)

DOMINICA VI. POST OCT. PENTECOST.

Collect. *Deus qui diligentibus:* all the uses, except Rom. which has *Deus virtutum.* (col. 411.)

Col. 409.] **Grail.** line 5 ℣. *Confitemini:* W. Abin.

Eripe me de inimicis: S. Chart. Cisterc. Dom.

Omnes gentes plaudite: H. Rouen.

In te domine speravi: Y. Sherb. Rom.

Magnus deus et laudabilis: Alb. Durh. Aug. Cout.

Domine in virtute tua: Whit.

Te decet hymnus: Paris.

Col. 410.] **Gospel.** *Amen dico:* all the uses, except Rom. which has *Cum turba multa* (col. 412.)

Secret. *Propiciare:* all the uses except Rom. which has *Propitiare* in form as col. 413.

Col. 411.] **Postc.** *Quos caelesti:* all the uses except Rom. which has *Repleti domine* (col. 413.)

DOMINICA VII. POST OCT. PENTECOST.

Office ps. *Subiecit:* all the uses except Rom. which has *Quoniam dominus excelsus.*

Collect. *Deus virtutum:* all the uses except Rom. which has *Deus cuius providentia.* (col. 413.)

Grail. *Venite:* W. Abin. S. H. Alb. Durh. Aug. Sherb. Cout. Rouen, Chart. Cisterc. Dom. Rom.

Beata gens. Verbo. Omnes gentes: Y.

Beata gens. Verbo. Attendite popule: Paris.

Beata. Verbo. Magnus dominus: Whit.

Col. 412.] line 2 ℣. For *Te decet* there is *Eripe me de inimicis* in H. Alb. Durh. Aug. Sherb. Rouen, Cout. *Omnes gentes:* Rom.

line 4. ℣. *Replebimur* absent in the uses except W. and Abin.

Gospel. *Cum multa:* all the uses except Rom. which has *Attendite a falsis.* (col. 414.)

Col. 413.] **Secret.** *Propiciare:* all the uses except Rom. which has *Deus qui legalium.* (col. 415.)

Postc. *Repleti:* all the uses except H. (MS.) and Rom. which have *Tua nos domine* (col. 415.)

DOMINICA VIII. POST OCT. PENTECOST.

Collect. *Deus cuius providencia:* all the uses except Rom. which has *Largire nobis* (col. 415.)

Col. 414.] **Grail.** *Esto mihi:* all the uses.

Line 5. ℣ *Venite:* W. Abin.

Attendite popule: S. Cisterc. Dom.

Te decet hymnus: H. Alb. Aug. Cout. Rouen.

Magnus dominus et laudabilis: Y. Rom.

Te decet. Replebimur: Whit. Durh. Sherb.

Exultate deo adiutori: Paris, Chart.

Gospel. *Attendite:* all the uses except Rom. which has *Homo quidam* (col. 416.)

line 2. *Attendete:* MS.

Col. 415.] **Secret.** *Deus qui legalium:* all the uses except Rom. which has *Suscipe munera* (col. 417.)
line 3. *percepcione:* Whit.
line 4. after *famulis* add *oblatum:* S.
line 5. after *munera* add *iusti:* S.
Postc. *Tua nos domine:* all the uses except Rom. which has *Sit nobis domine.* (col. 417.)

DOMINICA IX. POST OCT. PENTECOST.

Collect. *Largire nobis* all the uses, except Rom. which has *Pateant aures* (col. 418.)
Col. 416.] **Grail.** *Domine dominus:* all the uses.
line 5 ℣ *Diligam:* W. Abin.
Exultate deo: S.
Attende popule: H. Rouen.
Eripe me de inimicis: Y. Rom.
In te domine speravi: Alb. Durh. Aug. Whit. Cout.
Domine deus salutis: Paris.
Domine refugium: Chart.
Propitius esto: Cisterc. Dom.
Gospel. *Homo quidam:* all the uses except Rom. which has: *Cum appropinquaret.* (col. 419.)
Col. 417.] **Secret.** *Suscipe munera* all the uses except Rom. which has: *Concede nobis* (col. 420.)
Com. *Primum quaerite:* all the uses except Rom. which has *Qui manducat.*
Postc. *Sit nobis domine:* all the uses except Rom. which has: *Tui nobis domine.* (col. 420.)

DOMINICA X. POST OCT. PENTECOST.

Col. 418.] **Collect.** *Pateant aures:* all the uses, except Rom. which has *Deus qui omnipotentiam.* (col. 420.)
Col. 419.] **Grail.** *Custodi me:* all the uses.
line 6. ℣ *Domine:* W. Abin.
Domine deus salutis: S.
Exultate deo: H. Sherb. Rouen, Cisterc. Dom.
Te decet: Y. Rom.
Attendite popule: Alb. Durh. Whit. Cout. Aug.
Domine refugium: Paris.
Dominus regnavit: Chart.
Gospel. *Cum appropinquaret:* all the uses except Rom. which has: *Dixit Iesus ad quosdam.* (col. 421.)
line 3. In MS. *ui* is at the end of a line and *dens* has been added, partly in margin before the syllable which may be read either as deus or dens.
Col. 420.] **Secret.** *Concede nobis:* all the uses, except Rom. which has: *Tibi domine sacrificia* (col. 422.)
Postc. *Tui nobis domine:* all the uses except Rom. which has *Quesumus domine deus.* (col. 422.)
Line 1. For *Tui* Abin. reads *Huius.*

DOMINICA XI. POST OCT. PENTECOST.

Collect. *Deus qui omnipotenciam:* all the uses except Rom. which has: *Omnipotens sempiterne deus.* (col. 422.)
Col. 421.] **Grail.** *In deo speravit:* all the uses.
line 6 ℣. *Qui sanat:* W. Abin.
Domine refugium: S. H.
Attendite popule: Y.

Exultate deo: Alb. Durh. Aug. Whit. Cout. Cisterc. Dom. Rom.
Domine deus salutis: Sherb. Rouen, Cisterc. Dom.
Venite exultemus: Paris, Chart.

Y. has here a sequence *Stans a longe*, in special reference to the following gospel.

Gospel. *Dixit Iesus ad quosdam:* all the uses, except Rom. which has *Exiens* (col. 423.)

Col. 422.] **Secret.** *Tibi domine:* all the uses, except Rom. which has: *Respice quesumus* (col. 424.)

Com. line 1. *dominum:* S. Y. H. Abin. &c. *deum:* Durh. 1414.

Postc. *Quesumus domine:* all the uses, except Rom. which has *Sentiamus.* (col. 424.)

DOMINICA XII. POST OCT. PENTECOST.

Collect. *Omnipotens sempiterne:* all the uses except Rom. which has: *Omnipotens et misericors.* (col. 425.)

Col. 423.] **Grail.** *Benedicam:* all the uses.
line 5. ℣. *Qui timent:* W. Abin.
Venite exultemus: S. H.
Exultate deo: Y.
Domine deus salutis: Alb. Whit. Durh. Aug. Cout. Rom.
Domine refugium: Sherb. Rouen, Dom. Cisterc.
Quoniam deus magnus dominus: Paris, Chart.

Gospel. *Exiens:* all the uses except Rom. which has: *Beati oculi.* (col. 426.)

Col. 424.] **Secret.** *Respice quaesumus:* all the uses except Rom. which has *Hostias quaesumus.* (col. 427.)

Postc. *Sentiamus:* all the uses except Rom. which has *Vivificet nos.* (col. 427.)

DNCA. XIII. POST OCT. PENTECOST.

Col. 425.] **Collect.** *Omnipotens et misericors:* all the uses except Rom. which has *Omnipotens sempiterne deus* (col. 428.)

Col. 426.] **Grail.** *Respice domine:* all the uses.
line 6. ℣. *Timebunt gentes:* W. Abin.
Quoniam deus magnus dominus: S. H. Chart.
Domine deus salutis: Y.
Domine refugium: Alb. Whit. Durh. Cout. Cisterc. Aug. Rom.
Durh. has: Item. ℣. *Priusquam montes.*
Venite exultemus: Sherb. Rouen. Dom.
Dominus regnavit: Paris.

Gospel. *Beati oculi:* all the uses except Rom. which has: *Cum iret.* (col. 429.)

Col. 427.] **Secret.** *Hostias quaesumus:* all the uses except Rom. which has *Propitiare* (col. 429.)

Postc. *Vivificet:* all the uses except Rom. which has *Sumptis* (col. 429.)

Line 1. For *Vivificet* Cout. has *Purificet.*

DNCA. XIV. POST OCT. PENTECOST.

Col. 428.] **Collect.** *Omnipotens sempiterne:* all the uses except Paris which has: *Absolve quaesumus* (Gr. 121. for Dnca. in mense septimo) and Rom. which has *Custodi* (col. 430.)

Grail. *Bonum est confidere:* W. Abin. Sherb. Whit. Cout. Rouen. Rom.

Bonum est confidere. Ad annunciandum. Quoniam deus magnus: Dom.

Bonum est confiteri. Ad annunciandum. (col. 431.) *Confitemini.* S. H. Y. Paris. Chart. Cisterc.
For *Confitemini* Y. has *Domine refugium.*
line 5. ℣. *Confitemini:* Sherb.
Venite exultemus: Whit. Cout. Rom.
Quoniam deus magnus dominus: Rouen, Cisterc.

Col. 429.] **Gosp.** *Cum iret:* all the uses except Rom. which has: *Nemo potest* (col. 431.)
line 1. For *Cum* there is *Dum* in Durh. 11414. Sherb. Abin. Rouen, Paris, Chart. Cisterc.
Secret. *Propiciare:* all the uses except Paris which has: *Pro nostre seruitutis augmento* (Gr. 121. as collect above) and Rom. which has *Concede.* (col. 432.)
Com. *Panis quem:* all the uses except Rom. which has *Primum querite.*
Postc. *Sumptis domine:* all the uses except Paris which has *Quesumus omnipotens deus* (Gr. 121. as above) and Rom. which has *Purificent* (col. 432.)

The two first Parisian collects for *Dominica xiv.* may be found also in Men. 188. for *Dominica xviii. post pentecosten.*

DNCA. XV. POST OCT. PENTECOST.

Col. 430.] **Office Ps.** *Laetifica:* all the uses except Alb. and Cisterc. which have *Custodi animam.*
Collect. *Custodi:* all the uses except Paris which has *Omnipotens sempiterne deus misericordiam.* (Gr. 124 die dominica vacat, and Men. 189.) and Rom. which has *Ecclesiam* (col. 433.)

Col. 431.] **Grail.** *Bonum est:* W. Abin. Whit. Cout. Rom.
Bonum est confidere. Bonum est sperare (col. 428.) S. H. Y. Alb. Durh. Sherb. Rouen, Paris, Chart. Cisterc. Dom.
line 5 ℣. *Paratum cor:* S. H. Sherb. Paris.
Venite exultemus: Y.
Quoniam deus magnus dominus: Durh. Alb. Cout.
Confitemini: Rouen.
Paratum cor meum: Chart.
Timebunt gentes: Cisterc. Dom.
Gosp. *Nemo potest:* all the uses except Rom. which has: *Ibat Iesus* (col. 434.)

Col. 432.] **Secret.** *Concede nobis:* all the uses except Paris which has: *Sacrificiis presentibus* (Gr. 124.) and Rom. which has: *Tua nos domine* (col. 434.)
Com. *Qui manducat:* all the uses except Rom. which has *Panis quem ego dedero* (col. 429.)
Postc. *Purificent:* all the uses except Paris which has: *Quesumus omnipotens deus ut illius salutaris:* (Gr. 124.) and Rom. which has: *Mentes nostras:* (col. 434.)

DNCA. XVI. POST OCT. PENTECOST.

Col. 433.] **Collect.** *Ecclesiam:* all the uses, except Paris which has *Omnipotens* (col. 428.) and Rom. which has: *Tua nos* (col. 435.)
Grail. *Timebunt:* all the uses.
line 5. ℣. *Qui posuit:* W. Abin.
Qui timent: S. H.
Domine exaudi: Y. Cout
Dextera domini: Sherb.
Confitemini domino: Alb. Durh. Aug. Whit. Cisterc. Dom.
Paratum cor: Rouen.

Redemptionem misit: Paris, Chart.
Cantate domino: Rom.

Col. 434.] **Gospel.** *Ibat:* all the uses except Rom. which has *Cum intraret* (col. 435.)

Secret. *Tua nos domine:* all the uses, except Paris which has: *Propitiare* (col. 429.) and Rom. which has: *Munda* (col. 436.)

Postc. *Mentes nostras:* all the uses except Paris which has: *Sumptis domine* (col. 429.) and Rom. which has: *Purifica* (col. 437.)

DNCA. XVII. POST OCT. PENTECOST.

Whc. has two masses for this Sunday.

Col. 435.] **Collect.** *Tua nos domine:* W. S. H. Y. Whit. Whc. Abin. Rouen, Cisterc. Chart. Dom.

Absolve quesumus domine tuorum delicta: Alb. Durh. Aug. Whc. Leo. Rob.

Custodi: Paris (col. 430.)

Da quaesumus domine populo tuo diabolica vitare contagia: Rom. (col. 454.)

Grail. *Beata gens:* W. Abin. Durh. Aug. Alb. Cisterc. Dom.

Beata gens. *Dextera domini:* S.
" *Qui timent dominum:* Rouen.
" *Confitemini domino:* Cout.
" *Domine exaudi:* Rom.
" *Laudate dominum:* H.
" *Laudate pueri:* Chart.
Unam petii. *Ut videam confitemini:* Y.
Unam petii. *Ut videam.* *Qui timent:* Sherb. Paris.

Gospel. *Cum intraret:* all the uses, except Rom. which has: *Accesserunt* (col. 454.)

Col. 436.] **Secret.** *Munda nos domine:* W. S. H. Y. Abin. Whc. Cout. Rouen, Chart. Cisterc. Dom.

Pro nostrae servitutis augmento: Durh. Aug. Alb. Whit. Rob. Leo. Whc.

Concede nobis domine: Paris (col. 432.)

Maiestatem: Rom. (col. 455.)

Col. 437.] **Postc.** *Purifica domine quaesumus:* S. H. Y. Sherb. Abin. Whc. Cout. Chart. Cisterc. Dom.

Quaesumus omnipotens deus ut quos divina tribuis: Durh. Aug. Whit. Leo. Rob. Whc.

Concede quesumus misericors deus per sacramenta que sumpsimus ut quicquid in nostra mente uiciosum est: ipsius medicacionis dono curetur: per. Alb. (Cf. Men. 195.)

Purificent semper et muniant: Paris (col. 432.)

Sanctificacionibus: Rom. (col. 456.)

FERIA IIII. IN LEGITIMO IEIUNIO.

Legitimum ieiunium, a public, authorised fast, as distinguished from a private fast. (See below, col. 445. line 1. and Rabanus Maurus, *De inst. Cleric.* Lib. II. cap. 25. de privatis ieiuniis, in Hittorp, col. 597.) It is used of the Ember fasts, see the Leofric Missal (p. 53.) and the Missal of Robert of Jumièges (p. 21.) and of other fasts. (See Ducange, s.v. *Jejunia legitima.*) It is used of the ember fasts and also of others in the *Dialogus Ecgberti*, Archbishop of York. (See Thorpe, *Ancient Laws and Institutes of England*, 1840. Record Commission, fo. pp. 324. and 347. § 4.)

Office Ps. *Audi populus:* W. Abin.

Testimonium in Ioseph: S. Rom.

Ego enim sum dominus: Y. Whit. Durh. Sherb.

Cibavit eos ex adipe: H.
Sumite psalmum et date tympanum: Alb. Rouen, Cout. Chart.
Buccinate in neomenia tuba: Paris, Cisterc. Dom.

At end of office psalm Abin. notes: *hic non dicatur* dominus vobiscum.

Col. 438.] **Grail.** *Propicius. Adiuva:* W. Abin. H. Alb. Durh. Rouen, Cout. Paris.
Venite filii. Accedite: S.
Domine refugium. Priusquam. Accedite: Y.
Tribulaciones. Vide: Sherb.
Pro [erasure] *respice super servos tuos. Domine deus virtutum:* Whit.
Quis sicut deus. Suscitans a terra: Chart. Rom.
Beata gens. Verbo Domini: Cisterc. Dom.

Col. 439.] **Grail.** *Quis sicut. Suscitans:* in all the uses, except Rom. Chart. which have: *Beata gens. Verbo domini.*

Col. 440.] **Offert.** line 1. *Meditabar* in MS. but *Meditabor* seems the usual reading.
Secret. *Deus qui de hiis terrae:* W. S. Alb. Abin. (G. 669. Secret for this day.)
Haec hostia domine: Gr. (122. secret for this day) and all the other uses.

FERIA VI. QUATUOR TEMP. SEPTEMB.

Common.

SABBATO IN XII. LECTIONIBUS.

Col. 444.] **Office Ps.** *Venite:* all the uses, except H. Alb. Rouen, which have *Quoniam deus magnus dominus*, and Chart. which has: *Preoccupemus.*

Col. 445.] **Grail.** *Protector. Domine deus:* W. Cout.
Propitius esto. Adiuva nos: S. Y. Durh. Whit. Sherb. Rouen, Paris, Chart. Cisterc. Dom. Rom.
Dirigatur. Elevatio: H.
Propicius esto: Alb.
Domine refugium. Priusquam: Abin. (col. 446.)

Col. 446.] **Grail.** *Domine refugium. Priusquam:* W.
Protector. Domine. (col. 445.) S. H. Y. Durh. Whit. Alb. Sherb. Rouen, Paris, Chart. Cisterc. Dom. Rom.
Propicius esto. Adiuva: Abin.
Ab occultis. Si mei non fuerint: Cout. (col. 447.)
Collect. *Da quaesumus domine fidelibus:* W. S. Alb. Abin. (not in Wilson.)
Tuere quaesumus domine familiam: Gr. (123.) and the other uses.

Col. 447.] **Grail.** *Ab occultis. Si mei:* W. Durh. Alb. Sherb. Rouen, Chart.
Protector. Domine deus virtutum: Abin.
Dirigatur oratio. Elevatio: S. Y. Cisterc. Dom.
Propitius esto. Adiuva: H.
Convertere. Domine: Paris, Rom. (col. 448.)
Domine. Priusquam: Cout. (col. 446.)

Col. 448.] **Grail.** *Convertere. Domine:* W. H. Durh. Alb. Whit. Cout. Rouen, Chart. Cisterc. Dom.
Salvum fac. Ad te domine: S. Abin. Sherb. Paris.
Ad dominum cum trib. Domine libera: Y.
Dirigatur oratio. Elevatio: Rom.
Collect. Line 1. *nos:* H. Y. Abin. Leo. Rob. Chart. Cisterc. Dom. Gr. (123.) *nobis:* S. (except 4 edd.) 11414. Durh. Aug. Rouen, Paris.

Col. 453.] **Secret.** *Quaesumus aomine nostris placare:* W. S. Alb. Abin. (G. 706. secret, *In tribulatione.*)
Concede quaesumus omnipotens: Gr. (123.) and all the other uses.

DNCA. XVIII. POST OCT. PENTECOST.

Col. 454.] **Office Ps.** *Ut sciant:* W. Abin. Alb.*
Laetatus sum: S. H. Y. Durh. Alb. Rouen. Cout. Paris, Cisterc. Dom.
Dilexi quoniam: Chart.
Collect. *Da quaesumus:* W. S. H. Y. Whit. Sherb. Abin. Rouen, Cout. Cisterc. Dom. Chart.
Omnipotens sempiterne deus: Leo. Whc. Durh. Aug. Alb. (Gr. 124. *Dnca. vacat.*)
Fac nos quaesumus domine: Rob. (G. 693.)
Ecclesiam tuam domine: Paris (col. 433.)
Dirigat corda: Rom. (col. 456.)
Before collect, Leo. has *Da quaesumus, domine, populo* added in later hand.
Grail. *Laetatus sum:* all the uses: Abin. as in W.
line 5. ℣. *Qui timent:* H. Alb. Whit. Chart. Cisterc. Dom.
Paratum cor: Y. Cout.
Lauda ierusalem dominum: Sherb.
Redemptorem misit: Durh.
Dextera domini: Rouen.
Laudate dominum omnes: Paris.
Timebunt gentes: Rom.
om. ℣. S.
Gosp. *Pharisaei audientes:* so begin W. Whit. Durh. Alb. Dom. But with *Accesserunt ad Iesum:* S. Y. H. Rouen, Cout. Paris, Chart.
Accesserunt ad eum saducei. Abin.
Ascendens Iesus in naviculam: Rom.
Convenerunt Pharisei: Cisterc.
Col. 455.] **Secret.** *Maiestatem:* W. S. H. Y. Abin. Rouen, Cout. Chart. Cisterc. Dom.
Huius te domine: Aug. Leo. (G. 670. for the ember Friday passed.)
Munda nos domine: Rob. (G. 693.)
Sacrificiis praesentibus: Whc. Durh. Alb. Whit. (Gr. 124.)
Tua nos domine: Paris (col. 435.)
Deus qui nos: Rom. (col. 457.)
Col. 456.] **Postc.** *Sanctificationibus:* W. S. H. Y. Abin. Sherb. Rouen, Cout. Chart. Cisterc. Dom.
Quaesumus omnipotens deus ut illius: Whc. Durh. Whit. Alb.
Purifica domine quaesumus mentes: Rob. (col. 437.)
Caelestis mense quesumus: Aug. Leo. (G. 670. ember Friday.)
Mentes nostras et corpora possideat: Paris. (col. 434.)
Gratias tibi referimus: Rom. (col. 458.)

DNCA. XIX. POST OCT. PENTECOST.

Collect. *Dirigat corda:* W. S. H. Y. Whit. Abin. Cout. Rouen, Chart. Cisterc. Dom.
Da quesumus: Rob. (col. 454.)
Fac nos domine quaesumus: Leo. Whc. (G. 693.)
Tua nos quaesumus domine: Durh. Aug. Alb. Paris. (col. 435.)
Omnipotens et misericors: Rom. (col. 458.)
Col. 457.] **Grail.** *Dirigatur. Elevatio:* all the uses.
line 5 ℣. *Attendite:* W. Abin.
Qui confidunt: S. Rouen.

Dextera domini: H. Paris, Cisterc. Dom.
Qui timent: Y. Aug. Cout.
Laudate dominum: Durh. Alb. Whit.
Qui posuit: Sherb.
Confitemini: Rom.
Letatus sum: Chart.
Gosp. *Ascendens:* all the uses, except Rom. which has: *Loquebatur* (col. 459.)
Secret. *Deus qui nos:* W. S. H. Y. Sherb. Abin. Rouen, Cout. Chart. Cisterc. Dom.
Munda nos: Durh. Aug. Whit. Alb. Leo. Whc. Paris (col. 436.)
Maiestatem: Rob. (col. 455.)
Hec munera quaesumus: Rom. (col. 460.)
Col. 458.] **Postc.** *Gratias tibi:* W. S. H. Y. Sherb. Abin. Rouen, Cout. Chart. Cisterc. Dom.
Purifica quaesumus domine: Durh. Aug. Whit. Alb. Leo. Whc. Paris. (col. 437.)
Sanctificationibus: Rob. (col. 456.)
Tua nos domine: Rom. (col. 461.)

DNCA. XX. POST OCT. PENTECOST.

Office Ps. *Peccavimus:* W. Abin.
Magnus dominus: all the uses except Rom. Cisterc. and Dom. which have *Beati immaculati.*
Collect. *Omnipotens:* W. S. H. Y. Whit. Abin. Cout. Chart. Cisterc. Dom.
Da quaesumus domine: Durh. Aug. Alb. Leo. Whc. Paris (col. 454.)
Dirigat corda nostra: Rob. (col. 456.)
Largire quaesumus: Rom. (col. 461.)
Col. 459.] **Grail.** *Oculi omnium. Aperis:* all the uses.
line 5. ℣. *Domine deus:* W. Abin.
De profundis: S. Rouen, Paris.
Qui confidunt: H. Durh. Whit. Sherb. Cisterc. Dom.
Laudate dominum: Y. Aug.
Dextera dei: Alb. Cout.
Paratum cor: Rom.
Lauda anima mea: Chart.
Gospel. *Loquebatur:* all the uses, except Rom. which has *Erat quidam regulus.* (col. 462.)
Col. 460.] **Secret.** *Hec munera:* W. S. H. Y. Abin. Rouen, Cout. Chart. Cisterc. Dom.
Maiestatem: Durh. Alb. Whit. Leo. Whc. Aug. Paris. (col. 455.)
Deus qui nos: Rob. (col. 457.)
Celestem nobis: Rom. (col. 463.)
Col. 461.] **Postc.** *Tua nos domine:* W. S. H. Y. Abin. Rouen, Cout. Chart. Cisterc. Dom.
Sanctificationibus: Durh. Alb. Whit. Leo. Whc. Aug. Paris. (col. 456.)
Gratias tibi: Rob. (col. 458.)
Ut sacris: Rom. (col. 463.)

DNCA. XXI. POST OCT. PENTECOST.

Office Ps. *Et nunc domine:* W. Abin.
Beati immaculati: all the other uses.
Collect. *Largire:* W. S. H. Y. Abin. Sherb. Whit. Rouen, Cout. Chart. Cisterc. Dom.

Dirigat corda: Durh. Aug. Alb. Leo. Whc. Paris. (col. 456.)
Omnipotens et misericors: Rob. (col. 458.)
Familiam: Rom. (col. 464.)

Col. 462.] **Grail.** *Domine refugium. Priusquam:* all the uses.
line 6. ℣. *Deus iudex:* W. Abin.
Lauda anima: S. Rouen, Paris.
De profundis: H. Whit. Durh. Cisterc. Dom.
Dextera domini: Y. Aug.
Qui confidunt: Alb. Cout.
Laudate dominum: Sherb.
In exitu Israel: Rom.
Qui sanat: Chart.

Gospel. *Erat quidam regulus:* all the uses except Rom. which has *Simile* (col. 465.)

Col. 463.] **Secret.** *Caelestem:* W. S. H. Y. Abin. Rouen, Cout. Chart. Cisterc. Dom.
Deus qui nos: Durh. Aug. Alb. Whit. Leo. Whc. Paris. (col. 457.)
Haec munera quaesumus: Rob. (col. 460.)
Suscipe quaesumus: Rom. (col. 466.)

Postc. *Ut sacris:* W. S. H. Y. Abin. Rouen, Cout. Chart. Cisterc. Dom.
Gratias tibi: Durh. Aug. Alb. Whit. Leo. Whc. Paris. (col. 458.)
Tua nos domine: Rob. (col. 461.)
Immortalitatis: Rom. (col. 466.)

DNCA. XXII. POST OCT. PENTECOST.

Col. 464.] **Collect.** *Familiam tuam:* W. S. H. Y. Whit. Abin. Sherb. Rouen, Cout. Chart. Cisterc. Dom.
Omnipotens et misericors: Durh. Aug. Alb. Leo. Whc. Paris. (col. 458.)
Largire: Rob. (col. 461.)
Deus nostrum: Rom. (col. 466.)

Grail. *Ecce quam. Sicut unguentum:* all the uses, except Chart. which has *Liberasti. In deo laudabimur.*
line 5. ℣. *Mandavit. De profundis:* W. Alb. Abin.
Mandavit or *Qui sanat:* S.
Mandavit. De profundis. Lauda anima. Qui sanat: Y.
Mandavit. Qui sanat: Whit. Rouen, Paris.
Lauda anima: H.
Qui timent: Sherb. Rom.
Qui sanat or *Lauda hierusalem:* Durh.
De profundis: Cout.
Lauda hierusalem: Chart.
Qui sanat: Cisterc. Dom.
Qui confidunt: Aug.

Col. 465.] **Gosp.** *Simile est:* all the uses except Rom. which has: *Abeuntes.* (col. 468.)
Abin. imperfect here till epistle on col. 467.

Col. 466.] **Offert.** *Recordare:* W. H. Durh. Sherb. Paris, Chart.

Stop at line 5 *conspectu principis:* S. Alb. Cout. Rouen, Cisterc. Aug. Dom. Rom.

Y. has: Recordare quod steterim in conspectu tuo ut loquerer pro eis bonum et averterem indignationem tuam ab eis.

line 2 after *potentatui* S. H. Durh. Sherb. &c. add *dominans.*

Secret. *Suscipe domine:* W. S. H. Y. Sherb. Rouen, Cout. Chart. Cisterc. Dom.
Hec munera: Durh. Aug. Whit. Alb. Leo. Whc. Paris. (col. 460.)
Caelestem nobis: Rob. (col. 463.)

Da misericors: Rom. (col. 468.)

Com. *Dico vobis:* all the uses except Rom. which has *Ego clamavi quoniam exaudisti.*

Postc. *Immortalitatis alimoniam:* W. S. H. Y. Sherb. Rouen, Cout. Chart. Cisterc. Dom.

Tua nos domine: Durh. Aug. Whit. Alb. Leo. Whc. Paris (col. 461.)

Ut sacris: Rob. (col. 463.)

Sumpsimus: Rom. (col. 469.)

DNCA. XXIII. POST OCT. PENTECOST.

Office. *Dicit dominus:* W. S. H. Durh. Aug. Whit. Rouen, Cout. Cisterc. Dom. Paris.

Si iniquitates: Y. Alb. Sherb. Chart. Rom.

Collect. *Deus nostrum refugium:* W. S. H. Y. Whit. Sherb. Rouen, Cout. Chart. Cisterc. Dom.

Largire quaesumus domine: Durh. Aug. Alb. Leo. Whc. Paris. (col. 461.)

Deus qui nos regendo: Rob. (Leo. 126.)

Absolve domine quaesumus: Rom.

Col. 467.] **Epistle** ends line 18 at *omnia* in S. Abin.; but continues as in text in H. Y. Durh. Whit. Paris, Rouen, Rom.

Grail. *Liberasti. In deo:* all the uses except Y. which has: *Ecce quam bonum. Mandavit. Lauda anima* and Chart. which has: *Ecce quam bonum. Sicut unguentum. Qui posuit.*

line 4. *nomine:* MS.

line 6. ℣. *Domine refugium:* W. Abin.

Qui posuit: S. Rouen, Paris, Cisterc. Dom.

Qui sanat: Qui posuit: H.

Qui posuit. Laudate dominum: Durh.

Lauda anima: Sherb. Cout.

Lauda iherusalem: Whit.

Ecce quam bonum. Lauda anima: Alb.

De profundis: Aug. Rom.

Col. 468.] **Gosp.** *Abeuntes:* all the uses except Rom. which has: *Loquente* (col. 470.)

Offert. *De profundis:* all the uses, except Y. and Alb. which have *Recordare* (col. 466.)

Secret. *Da misericors:* W. H. Y. Abin. Rouen, Cout. Chart. Cisterc.

Sacris nos domine: S. Dom.

Caelestem nobis: Durh. Aug. Whit. Alb. Leo. Whc. Paris (col. 463.)

Suscipe domine propiciatus: Rob. (col. 466.)

Pro nostrae servitutis: Rom.

Com. *Amen dico:* all the uses except Alb. which has: *Dico vobis* (col. 466.)

Col. 469.] **Postc.** *Sumpsimus domine:* W. S. H. Y. Sherb. Abin. Rouen, Cout. Chart. Cisterc. Dom.

Ut sacris domine: Durh. Aug. Alb. Whit. Leo. Whc. Paris. (col. 463.)

Immortalitatis alimoniam: Rob. (col. 466.)

Quaesumus omnipotens deus: Rom.

DNCA. XXIV. POST OCT. PENTECOST.

At Rouen: *Dominica xxiiii.* officium, gradale, Alleluia, Offertorium, communio ut in dominica precedenti.

Office. *Sperent in te:* W. Abin. Aug.

Dicit dominus ego cogito: S. H. Durh. Whit. Sherb. Cout. Paris. Cisterc. Dom.
Si iniquitates: Y. Alb. Chart.

Office Ps. *Confitebor:* W. Abin. Aug.
Benedixisti domine: S. H. Paris, Cout.

Collect. *Excita domine . . . . uoluntates:* W. H. Abin. Sherb. Vit. Rouen, Cout. Chart. Cisterc. Rom. (Paris on the Saturday before Advent.)
Absolve quaesumus: S. Y. 11414 (over erasure.) Dom.
Familiam tuam: Durh. Aug. Alb. Whc. Paris (col. 464.)
Omnipotens sempiterne deus misericordiam: Whit. (Gr. 124.)
Deus qui nos regendo: Leo.
Deus refugium: Rob. (col. 466.)

Grail. *Iustus es domine:* W. Abin. (as in text.)
Iustus es. Gressus. Qui sanat: Aug.
Liberasti. In Deo. Domine Deus meus: S. (see col. 467.)
" " *Qui sanat. Qui posuit:* H.
" " *Lauda anima:* Sherb.
" " *Qui posuit:* Whit. Paris, Cisterc. Dom.
Ecce quam bonum. Sicut unguentum. Qui sanat: Y.
" " " *Qui posuit:* Alb. Chart.
No special grail in Durh. or Rom.

Col. 470.] **Gospel.** *Loquente Iesu:* all the uses except Rom. which has: *Cum videritis abominationem desolationis.*

Offert. *Domine deus meus:* W. Abin. Aug.
De profundis: S. H. Whit. Sherb. Paris, Cout. Chart. Cisterc. Dom. Rom.
Recordare quod steterim: Y.
Recordare mei: Alb.
No special offertory in Durh.

Secret. *Munda nos domine:* W. (Gr. 173. Secret for *Dominica xxvii.*)
Purificet nos domine: S.
Pro nostrae servitutis: Y. Dom.
Propitius esto domine supplicationibus: Abin. Whit. H. Rouen, Chart. Cisterc. Rom.
Suscipe domine propicius hostias: Durh. Aug. Alb. Leo. Whc. Paris (col. 466.)
Sacrificium tibi domine celebrandum: Sherb. (G. 681.)
Da misericors: Rob. (col. 468.)

Com. *Custodi me domine:* W. Abin. Aug.
Amen dico vobis: S. H. Y. Whit. Sherb. Cout. Paris, Chart Cisterc. Dom. Rom.
Dico vobis: Alb.
No special *communio* in Durh.

Col. 471.] **Postc.** *Concede quaesumus:* W. H. Y. Durh. Vit. Abin. Cout. Chart. Cisterc. Rom.
Sumentes domine dona caelestia: S. Dom. (not in Wilson.)
Immortalitatis alimoniam: Alb. Whit. Aug. Leo. Whc. (col. 466.)
Anime nostre diuino munere: Sherb. (col. 473.)
Sumpsimus domine sacri dona: Rob. (col. 469.)

DNCA. XXV. POST OCT. PENTECOST.

The office, grail, offertory, and communion are placed at the beginning of the mass. They are the same as on Trinity Sunday (col. 388.) except the communion which has verbal changes. At Abin. the same mass is said, and there the communion has not been changed

It is no uncommon thing to remember the mystery of the Trinity on the Sunday before Advent. Lanfranc (213.) has this : Dominica ante Adventum Domini canatur historia de S. Trinitate . . . . . . major [missa] de Sancta Trinitate, missa matutinalis de dominica.

Blessed Cardinal Thomasius prints a mass *de S. Trinitate* for *Dnca. xxiv. post oct. Pent.* al. *Dnca. de S. Trinitate* in which the introit, grail, offertory, and communion are as in the text. (*Opera*, Ed. Vezzosi, Romae 1750. t. v. p. 154.) The Trinity Sunday collect appears at the end of the Sundays after Pentecost in the *Vetus Missale Romanum* (Romae 1756. ed. sec. p. 156.) In the Aquileian patriarchate a festival of the Trinity was kept on the first Sunday after the feast of St. Martin. (*Breviarium secundum ritum patriarchalem Comensis Ecclesie*, Comi, Gotard de Ponte, 1523. fo. 216.) In Sicily a solemn feast of the holy Trinity was kept on the Sunday next before Advent. (Ioh. de Iohanne, *de divinis Siculorum officiis*, Panormi, 1736. p. 334.) In Spain at Pallanza (*Missale Pallantinum*, Pallantiae apud Seb. Martynez, 1568. fo. ccvij) the same. So too at Placentia (*Breviarium secundum ritum et consuetudinem approbatam ecclesie Placentine*, Venetiis, 1530. fo. 221.)

Several churches in France are said by Pierre Le Brun to keep the feast of the Trinity on the last Sunday after Pentecost. He names Narbonne, Clermont, St. Julien de Brionde. Others kept two feasts, just as at Westminster and Abingdon, one on the first, the other on the last, Sunday after Pentecost. Amongst these were Sens, Auxerre, Le Mans, Angers, Avranches, Beauvais, Chartres. (*Explication de la Messe*, Paris, 1777. t. iii. p. 227. Diss. III. Art. ii.) It was on the last Sunday after Pentecost at Orleans. (De Moleon [Le Brun-Desmarettes,] *Voyages liturgiques*, Paris, Delaulne, 1718. pp. 194. 197.) At Clermont the practice continued down to our own time. (*Missale Molinense*, Molinis, 1821, p. 453.) In festo SS. Trinitatis semper occurrente cum Dominica ultima post Pentecost. *Missale Narbonense*, Narbonae, 1778, p. 362. Dominica ultima post pentecosten in festo sanctissimae Trinitatis. *Diurnale Andegavense*, Parisiis, 1734. p. 369. Semper in ultima Dominica [ut dictum est] fit Officium SS. Trinitatis. *Breviarium Metropolitanae ac Primatialis Ecclesiae Senonensis*, Senonis, A. Jannot, 1726. Pars Autum. p. 325. In festo SS. Trinitatis semper concurrente cum Dominica ultima post Pentecosten. *Missale S. Autissiodorensis Ecclesiae*, Trecis, Pet. Michelin, 1738. p. 429. Dominica ante Adventum seu ultima post Pentecosten Missa ut in festo SS. Trinitatis. *Breviarium Ecclesiae Abrincensis*, Rotomagi, Jore, 1733. Dominica ultima post Pentecosten officium sanctissimae Trinitatis secundo, among the Duplicia majora. *Missale Cenomanense*, Cenomani, Monnoyer, 1835. p. 346. Dominica ultima post Pentecosten fit festum hiemale sanctissimae Trinitatis.

At the church of St. Donatianus at Bruges a remembrance of the Trinity was kept on this Sunday. (*Breviarium* . . . *S. Donatiani, Brugensis*, Parrhisiis, A. Bonnemere, 1520.)

A curious practice prevailed at the Crusaders' Church of the Holy Sepulchre. The last Sunday after Pentecost was the Sunday of the Resurrection (I. M. Giovene, *Kalendaria Vetera MSS.* Neapoli, Realis et FF. 1828. p. 15.)

Office. *Dicit deus ego cogito :* S. H. Y. Alb. Whit. Sherb. Paris, Cout. Aug. Dom.

The office, grail, offertory and communion not in Durh. They are at Rouen and Chart. the same as on the foregoing Sunday.

Com. in MS. is *Benedicimus deum* not *dominum* as printed (see col. 392.)

Collect. *Excita domine quesumus potenciam :* W. H. Abin. 11414. Cout. Rouen.

Excita quesumus . . . . *voluntates:* S. Y. Alb. Whit. Sherb. Rob. (col. 469.)

Deus noster refugium : Leo. Whc. Paris.

Col. 472.] **Grail** : see col. 471.

Liberasti. In Deo. Timebunt : S.

Liberasti. In Deo. Lauda iherusalem : Whit.
" " *Qui sanat :* Alb.
" " *Qui posuit :* Y. Cout. Paris, Dom.

Col. 473.] **Offert.** *De profundis :* S. Y. Cout. Paris.
Secret. *Sacrificium tibi :* W. S. H. Abin. Cout. Rouen.
Propitius esto domine supplicationibus : Y. Whit. Alb. Sherb. Rob.
Da quaesumus misericors : Leo. Whc. Paris.
Com. *Amen dico :* S. Y. Whit. Cout.
Postc. *Animae nostrae :* W. Alb. Abin. S. (var.) H. (var.) Rouen Cout.
Concede nobis domine quaesumus : Y. Whit. Sherb. Rob. (col. 471.)
Sumpsimus domine sacri dona : Leo. Whc. Paris.

IN ANNIVERSARIO DEDICACIONIS ECCLESIAE.

Office Ps. *Surgens autem :* W. H.
Dominus regnavit : S. Durh. Alb. Rouen, Paris, Chart.
Quam dilecta : Y. Cisterc. Dom. Rom.
Domum tuam domine decet sanctitudo : Cout.

As in text Durh. has an alternative office psalm : *Suscepimus deus misericordiam.*

Col. 474.] **Grail.** *Locus iste. Deus :* all the uses except Chart. which has : *Quam dilecta. Beati qui. Adorabo.*
line 6. ℣. *O quam metuendus. Adorabo. Fundata. Vox exultationis.* Durh.
line 7. Alb. adds to Grail : *Fundata est domus dei.*

At Rouen : sequitur tempore paschali *All'a. Vox exultationis.*
Tract. omitted in Alb. Sherb.
Quam dilecta : W. S. Y.
Qui confidunt. Montes in circuitu. Item alius tractus. *Laudate dominum. Quoniam confirmata.* Durh.
Qui confidunt : H. Paris, Chart. Cisterc.
Domus mea : Dom.

Col. 475.] **Sequence.** *Ierusalem et syon :* W. S. Sherb. Cout. Paris.
Psallat ecclesia mater : H. Durh.
Rex salomon : Y. Dom. Paris. (alia prosa per octavas.)
Sancte syon assunt encenia : Rouen (Kehrein 877.)

Col. 476.] **Gosp.** *Egressus dominus :* all the uses except Paris and Cisterc. which have : *Non est arbor bona . . . super firmam petram.* (Luc. vi. 43–48.)

Col. 478.] **Postc.** *Deus qui ecclesiam :* W. S. H. Y. Durh. Aug. Alb. Rouen, Paris, Cisterc. Chart. Dom.
Deus qui de vivis : Cout. Paris. (Gr. 187.)
Multiplica quesumus domine per sancta que sumpsimus uirtutem [veritatem : Men.] *in animabus* [manibus : Men.] *nostris. ut te in templo sancto tuo* [om. Men.] *iugiter adoremus. et in conspectu tuo cum tuis* [om. Men.] *angelis gloriemur per. d. n. i. c. f.* Sherb. (Men. 159.)

ORDINARIUM MISSAE.

Col. 481.] *Summe sacerdos* is in the Westminster Psalter in the British Museum 2 A. xxii. fo. 222. It is also in S. (565.) Y. (i. 163.) Durh. (fo. 276.) Whit. (fo. 1.) Rouen, Cout. Paris, and many others.

Col. 486.] The rubric allows a considerable liberty here : see also overleaf col. 487, and at the offertory, col. 500.

The prayer is found after approaching the altar in the mass of Flaccus Illyricus (*Missa Latina* [*Antiqua* running title] Argent. Christianus Mylius, 16°. 1557. p. 20. It is reprinted by Martene (Lib. i. cap. iv. art. xii. ordo iv. t. i. p. 178.) and elsewhere, ending at *Deprecor ergo*, line 14. col. 487.

Col. 487.] *Largire* is found in this place at Y. BM. Harl. 561. the Morris MS. Cout. and several others. Flaccus Illyricus, p. 11.

The abbot or prior at Westminster combed his head and washed his hands in the vestry before saying mass. (Otho c. xi. fo. 29. Cf. Ev. 1.)

Indue me is said with the alb at Rouen, Paris, Cout. By. which for amice have *Pone domine galeam.*

There seem to be no special prayers at vesting in H. Y. or Ev. though S. has *Veni Creator.*

Col. 488.] *Fac me queso:* said at vesting with the alb in the Monastery of St. Gregory in the diocese of Basle (Martene, *op. cit.* ordo xxxii. p. 235.) In Flaccus Illyricus (15) after vesting, when approaching the altar. See also ordo xv. (p. 210.) of Martene.

Precinge me: Harl. 561. Morris MS.

The first four words are found in Rouen, Cout. Paris, but the rest varies much. By. has *Precinge domine lumbos cordis et corporis mei: ut tibi casto corpore et ore servire valeam. In nomine*, &c.

Veccione huius manipuli: in Flaccus Illyricus (13): *Cum mappulam acceperit:* Investione istius mappulae subnixe deprecor domine &c.

Venientes autem venient: Rouen, Paris

Te deprecor omnipotens ut sic merear manipulum: Cout.

Dirumpe domine vincula: Flaccus Illyricus. (12.)

Indue me domine stolam glorie: Rouen, Paris.

Stola iucunditatis indue me: Cout.

Quando miscendo &c. The making of the chalice is common enough before or after vesting for mass, before mass begin; but it is rare at this particular place between taking the stole and chasuble. (See S.P.E.S. vol. iii. p. 79. for references to the Monks of Ainay at Lyons, the churches of Macon and Chalons-sur-Marne.) It was also the practice at Laon; as this rubric after taking the stole shows: Tunc preparata hostia panis integra et munda preparet calicem: vel statim hoc faciat ante evangelium dicens super aquam. *De latere domini.* &c. (*Missale ad usum laudunensis ecclesie*, Paris, J. de Pré, 1491. fo. in *Ordo misse.*) It may be noticed that host and chalice are prepared together.

Deus qui humane substancie: is an altered Christmas collect from L. (467.) often used at the making of the chalice.

There was often an interval between the taking of the stole and the last vestment; preparatory psalms were said here, or even the office of terce, and the chasuble was then taken from the altar. See pontifical of Prudentius, bishop of Troyes (Martene, ordo vi. i. 191.) *Repertorium statutorum ordinis cartusiensis*, Basileae, 1510. Pars 1. Stat. Ant. cap. xliii. De Moleon, *Voyages liturgiques*, Paris 1718. pp. 200. 328. 361.

Col. 489.] *Indue me:* Flaccus Illyricus (13) St. Denis of France (Martene, ordo v. t. i. p. 187.)

Ante conspectum. Some orders have the first words of this prayer but not throughout (Flaccus 44. Martene i. 182. 187. 195.)

iuxta sinistrum cornu altaris. By the left hand horn of the altar at this date is meant the left hand of the spectator standing in the nave before the altar. *Confiteor* was said at this place in the Charterhouse. "Inclinatusque ad sinistrum cornu altaris. dicat orationem : et facit confessionem." (See note to col. 488.) I saw this done so short a time ago as Low Sunday in the year 1895 in an Italian charterhouse, the celebrant at the gospel end of the altar, standing *in plano*, turning himself towards the choir so that he faced his chair. There is an engraving of this moment of the mass as a frontispiece in a Charterhouse mass book published at Lyons in 1713.

Confiteor deo, much as at Sarum ; Alb. adds after *b. marie* the words *Sancto benedicto* (fo. 4.) At Cout. the priest says *Indulgenciam* &c. turned towards the people.

There seems no indication of the time at which *Kyrie* was said, whether before or after office. That a *Kyrie* was sung is plain from col. 392. At S. and H. it was said immediately before *Gloria* or after the office, as in most rites; and in all likelihood that was the place at Westminster.

Gloria. The first lines of this rubric seem to be a trace of the time when *Gloria* was said by priests at Easter only. (Gr. 1.)

Col. 495.] The earlier books have long prayers while *Gloria* is being sung : for example, in the mass of Flaccus Illyricus, where most of the prayers in the text may be found.

Confiteor tibi : Flaccus Illyricus (20.)

Col. 496.] *Domine :* Flaccus Illyricus (24.)

Ignosce : a prayer of Flaccus Illyricus (66.) while the people communicate ; and it is a prayer before mass at the abbey of St. Theodoric at Rhemes. (Martene, ordo ix. t. i. p. 195.) It is also in a 12th century, or earlier, English Missal. (Vit. fo. 16.)

Deus qui non mortem : a prayer of Flaccus Illyricus (57.) while *Sanctus* is sung, to which there is an allusion in the last paragraph. (Vit. fo.15.b.)

Col. 497.] *Deus qui te precipis :* a prayer of Flaccus Illyricus (44.) before the offertory. (See Vit. fo.16.)

Domine deus omnipotens : Durh. (fo.280.) with considerable variants : more, however, in Flaccus Illyricus, where it is said during *Kyrie* or *Gloria.* (24.) At Durh. it begins a leaf after *Summe sacerdos* before a rubric *ante secretam.*

Col. 498.] There is no mention of the collect, epistle or grail before this blessing of the deacon about to sing the gospel.

Does the rubric mean that at all private masses of the monks except for the dead, *Credo* is said ?

Col. 500.] *Si voluerit* at end of rubric may be noticed.

Offerimus : in Morris missal at offering of chalice. See also Flaccus.

Suscipe Sancta Trinitas : S. H. Y. Rouen. By. Paris.

Rouen has it in two forms.

Veni sanctificator : Durh. reads : Veni sancte spiritus et benedic sacrificium istud. Sancta Maria et omnes sancti dei intercedite pro me miserimo† ad deum quatinus ei dignum ualeam offerre sacrificium; immediately before *In spiritu humilitatis*, after which By. has this text: Veni veni veni sanctificator omnipotens eterne deus, &c. Paris has : Veni ineffabilis sanctificator, &c.

Veni creator : Y. Rouen, Cout. and the Morris missal have *Veni creator* here ; though in S. it comes at the beginning of *missa catechumenorum.*

Deus cui omne: this, like *Veni creator*, is said at S. before the mass of the catechumens ; here at the opening of the mass of the faithful.

Deus qui corda fidelium is said here at Cout. followed by *Lavabo inter innocentes.*

For details of the washing of hands see Abbot Ware's Consuetudinary fo.33. (Otho c. xi.)

Col. 501.] *In spiritu:* common to many rites, but ending at 5th line. The remainder may be found at Alb. and Rouen. See also the missal of Fécamp. (Martene, ordo xxvi. t. i. p. 229.)

Orate pro me: this kind of address with an answer is almost universal. At Durh. it is: Orate pro me fratres ut meum et uestrum pariter in conspectu domini acceptum sit sacrificium. *Respondeatur a circumstantibus:* Dominus sit in corde tuo et in labiis tuis et suscipiat sacrificium de ore tuo et de manibus tuis pro nostra omniumque salute. At St. Albans: Orate fratres ut meum pariter et uestrum in conspectu domini acceptum sit sacrificium; with answer: Spiritus sancti gracia illuminet cor tuum et labia tua et accipiet dominus hoc sacrificium de manibus tuis digne pro peccatis et offensionibus nostris. This response is almost word for word as at S. Sherb. and Rouen.

Col. 502.] *Quia per incarnati:* at Alb. said on Christmas Day, Candlemas and Transfiguration.

The texts of the prefaces are not given in Durh.

Col. 503.] *Quia cum unigenitus:* at Alb. on the Epiphany.

Qui corporali: at Alb. in Quadragesima. *In die cinerum usque ad passionem:* Rouen. *Per totam quadragesimam per ebdomadam in missa de tempore:* Paris.

Col. 504.] *Et te quidem:* at Alb. from Easter to Ascension.

Col. 505.] *Qui post resurrectionem:* at Alb. at Ascension.

Col. 506.] *Qui ascendens:* at Alb. at Whitsuntide.

Qui cum unigenito: at Alb. on Trinity Sunday and all Sundays.

This practice Micrologus says is not from Alcuin but from Rome. (cap. lx.)

Col. 507.] *Qui salutem:* at Alb. 'in passione domine et de sancta cruce. So Y.

At S. Sherb. Paris said only 'de sancta cruce.' At Rouen 'a passione usque ad cenam.'

In the Morris missal and H. on Palm Sunday. Micrologus (cap. l.) says the preface is said only in holy week.

Col. 508.] At Alb. *Et te in ueneracione* was said on all feasts of our Lady except Candlemas.

So S. Y. H. but Paris : 'de b. Maria quandocunque de ea celebratur.'

Et te suppliciter. At Alb. 'de apostolis.' So S. Y. H. adding evangelists.

Col. 511.] Like this, the canon at Durh. Alb. Whit. Abin. has no rubrics.

line 15. The text may have been before the erasure : famulo tuo papa N. antistite nostro N. et rege nostro N.

Papa erased in Alb. Durh. Sherb. Whit. but restored in Sherb. and Whit. At Abin. *papa* is erased and *rege* written over.

Papa untouched in 11414.

Col. 512.] line 12. After *Damiani* Sherb. Vit. and By. add: nec non et eorum quorum hodie solempnis in conspectu glorie tue celebratur triumphus.

line 20. Before *Hanc* Sherb. has *cum magna ueneracione.*

line 31. Before *Quam* Sherb. has *Inclinans dic.*

Col. 513.] line 1. Sherb. has : *hic eleuet hostiam dicens.* 11414. has: *hic sacerdos eleuat hostiam dicens.*

In Abbot Ware's Custom book (Otho c. xi. cap. xxiii. fo. 104.) are many cautels about consecration.

line 12. Sherb. has : *hic accipiat calicem.*

line 28. Sherb. has : *extendens brachia.*

line 31. tam : om. Alb.

Col. 515.] line 5. Sherb. has : *hic percuciat pectus suum semel ita dicens.*

At the end of the canon, at *omnis honor et gloria* Cout. has this rubric : *Hic ostendat populo hostiam, deinde ponat eam super corporalia, et cooperiat calicem* &c. The same at Paris, Sens, and in other French missals.

Col. 516.] line 7 from bottom. Before the end of this prayer the fraction has taken place in S. H. Y. and most other rites, so that it would seem likely enough that it took place here at Westminster. It must have taken place before *Hec sacrosancta commixcio* on col. 517 for the rubric to be observed.

Col. 517.] *Adoramus sanctum:* I have not yet found the text of this prayer elsewhere. It was in use at Westminster in Abbot Ware's time. (Otho c. xi. fo. 107.)

Oracio sacerdotis : S. H. Y. Sherb. Durh. Alb. Abin. Vit. Paris.

Col. 518.] *Pax tibi:* Pax tibi frater et ecclesiae sancte Dei : Rouen, Cout. Paris, Sens. Robert omits *sancte* and inserts *universae* before *ecclesiae.*

Habete vinculum pacis &c. : Y. H.

Pax christi et sancte ecclesie exultet semper in cordibus vestris : Sherb.

Pax christi et ecclesie dei habundet semper in cordibus nostris amen : Whit.

Pax tecum. ℟. Et cum spiritu tuo : Rom.

Ante percepcionem. This prayer is in S. Y. (breviary) H. Sherb. Abin. (Trinity MS.)

Domine ihesu christe. I have not found this prayer elsewhere.

Col. 519.] *Agimus tibi.* This is found in H. but not elsewhere.

Col. 520.] *Corpus et sanguis.* This beginning is in Rouen, Cout. Paris at taking the chalice. It must not be inferred that the chalice was given to the recipient at Westminster. At Alb. the formula was : *Quando accipienti porrigitur.* Fiat percepcio corporis et sanguinis domini nostri ihesu christi michi accipienti salus mentis et corporis in uitam eternam. amen. At Sherb. *Cum aliis dederit.* Corpus et sanguis domini nostri ihesu christi proficiat corpori et anime tue in uitam eternam. Amen.

In Ware's Consuetudinary (Otho c. xi. fo. 107) a like formula is used in the first person in the case where the host after consecration has fallen into the chalice.

The time of communion in an English monastic church would seem to be indicated by these examples. This was the time at which the king and queen were communicated at their coronation (see col. 720.) priests and deacons at their ordination (see col. 1260.) those tried by ordeal (B.M. MS. Tib. B. viii. ff. 172 and 186.) probably also monks (col. 1195.) and nuns (col. 1208.) at their profession, though in the latter case the expression *post missam communicentur* is used. In the English Order of the consecration of nuns it is clear that their communion took place immediately after that of the celebrant. (Maskell, II.329.) But at Syon it would seem equally clear that the communion of the professed took place when mass was over. "Also the seyd ii brethren schal holde the towell atte commonyng of the professid after Seynt Johns gospell." (G. J. Aungier, *History and Antiquities of Syon Monastery*, Westminster, J. B. Nichols, 1840. p. 404. See also p. 328.) The general communion of the faithful at Easter would also seem to have taken place after mass. On Easter day Piers the Plowman

dede me to cherche
To here holy the masse, and to be houseled after

The Vision of William concerning Piers the Plowman. (Oxford, Clarendon Press, 1886, ed. Skeat. vol. i. p. 550.)

On the continent the custom of communicating before or after mass would seem to have been, and still is, universal. It became a service separate from the mass, with separate *confiteor*, and the like. (see *Sacerdotale Romanum*, Venetiis, V. a Rabanis, 1537. fo. 104. Ordo communicandi populum in ecclesia: tam in paschate: quam in aliis diebus.) and in the eighteenth century the return to communion during mass was one of the reforms aimed at by the editors of the new French missals of that day. (See J. J. Languet, Archiepiscopi Senon. *Opera omnia*, Senonis, apud A. Janot, 1752. t. ii. col. 1217. Mandatum de novo missali Trecensi. At col. 1222. the omission of the separate *Confiteor* is considered almost Calvinistic. See also *Offices propres . . . de Saint Merry Abbé*, Paris, Le Mercier, 1761. p. xliii. where it is considered necessary to apologise for the custom of giving communion within mass.)

Domine Iesu Christe: at Durh. and Alb. this is said after communion as in text; but in S. Y. H. Sherb. Rouen, Paris and others before communion.

Corpus domini: H. and Whit. have a collect like this; but I have not found anywhere a prayer actually the same.

Col. 521.] *Quod ore sumpsimus:* S. H. Y. Sherb. Abin.

Gracias tibi ago: Durh. S. Y. Sherb.

Hec me communio: Abin. Sherb

There is no mention here of the washing of the hands, so common at this place; but from the Consuetudinary of Westminster it would appear that it was practised. (Otho c. xi. fo. 33.)

Col. 524.] *Placeat tibi:* S. H. Y. Durh. Sher. Abin. Whit. Rouen, By. and many others.

In principio follows here in S. Abin. Paris, Cout.

Benediccio post missam: Alb. Whit. and Sherb. have this blessing on the reader; but without *Dominus vobiscum* or *Oremus:* and, instead of the collect, Whit. and Sherb. have: Dominus custodiat introitum tuum et exitum tuum et auferat a te spiritum elacionis. (See [M. Herrgott] *Vetus disciplina monastica*, Parisiis, Osmont, 4° p. 252. Cap. lvii. par. I. Ord. Cluniac. and p. 464, Cap. xcv. S. Wilhel. Const. Hirsaug. lib. I.) Twk. has: Saluum fac seruum tuum. Mitte ei domine auxilium de sancto. Dominus uobiscum. Oremus. Aufer quesumus domine ab hoc famulo tuo spiritum elationis. et cor eius diuinis instrue lectionibus: quatinus te opitulante. placabile officium perficere mereatur. per dominum nostrum.

The blessing of the bread is as in many rites.

Col. 526.] *Te deprecamur:* a prayer with the same beginning may be found in G. (747.) Leo. 224. Eg. 115 and the Sarum Manual, but I have not been able to find the prayer itself.

Col. 527.] See also col. 1243.

Col. 529.] *Omnipotens sempiterne deus.* Sarum Manual (Henderson) p. 97.* Maskell, i. 140. Eg. 16.

The ending of this prayer varies.

Deus omnipotens: Sarum Manual (as above) Maskell i. 141. Eg. 17. Vit. 235.

line 2. *virtutum:* MS.

Col. 530.] line 12. Maskell stops at *adquirant*.
Domine deus pater: Egbert p. 17. Vit. 234. b.
Col. 531.] *Visibilium et invisibilium:* Egbert p. 114. Ev. 54.
Exaudi domine: Sarum Manual (Henderson) p. 100.* Maskell i. 144.
Col. 532.] *Clementissime:* Sarum Manual (Henderson) p. 101.* Maskell i. 150. Egbert p. 43. Vit. 235. Ev. 53.
For reconciliation of linen see Ware's Custumary (Otho c. xi. fo. 30.)

BENEDICTIONES EPISCOPALES.

In these notes, the Benedictional of Æthelwold has been taken as the basis of comparison. If the benediction can be found in that book, at the same place, no note is printed, as a rule. But if not found there, other benedictionals are indicated; and in the few cases in which the benediction cannot be traced elsewhere this is stated.

Col. 535.] *Benedictio in sabbato:* line 6. *caritatis:* Æ.

Col. 537.] *Benedictio in mane:* Harl. 2892. with a sentence added to first section: first section only in Æ. second and third in Magd.
line 2. for *condere* read *credere*, Pont. Rom.

Col. 538.] line 4. for *sacietatem*, read *societatem* Æ. &c.

Col. 539.] line 6. for *credidit* read *tradidit:* Æ.

Col. 540.] *In vigilia epiphanie:* Harl. 2892. Tib. See collect for this day on col. 62.

Col. 541.] line 26 read *quam* for *qua*.
prima dominica post epiphaniam. This and benedictions for *dnca. ii.* and *iii.* on col. 542. have been altered from text in Æ. but appear *verbatim* in Tib. Harl. 2892. Magd.

Col. 543.] *Benedictio in v^{a} dominica* appears for this Sunday in Tib. but for *vi.* in Harl. 2892.

Feria iv. in capite ieiunii.

Col. 546.] *Exaudi Domine:* S. Y. H. Ev. Durh. Harl. 2892. Leo. Rob. Whc. CCCO. Evreux, Cout. Rouen (G. 504. Gr. 209.)

Col. 547.] *Praeveniat:* S. Y. H. Ev. Durh. Harl. 2892. Whc. Rob. Leo. Evreux, Cout. Rouen (G. 504. Gr. 209.)
line 2. note *famulas* as well as *famulos.*
Adesto Domine . . . nec sit: S. Y. H. Ev. Durh. Harl. 2892. Whc. Rob. Leo. Evreux, Cout. Rouen (G. 504. Gr. 209.)
line 3. *famulabus:* again.
Domine deus noster: S. Y. H. Durh. Ev. Leo. Rob. Whc. Harl. 2892. Rouen, Evreux, Cout. Paris (G. 505. Gr. 209.)

These five prayers are to be found both in the Gelasian and Gregorian Sacramentaries in the same order as in the text, *super poenitentes.*

Col. 548.] *Adesto . . . et sicut publicani:* Paris.
Deus qui mundum: this has not been found elsewhere.

Col. 549.] *Dominus ihesus christus:* Y. H. Rouen, Cout. Paris. An absolution, though in different form, may be found in Dom. and the other uses where the penitential psalms are said.

Col. 550.] Ælfric has: *Kyrie*, *Pater noster*, and *Deus misereatur.*
Exaudi quaesumus domine gemitum: among the *Orationes pro peccatis* (Gr. 246. Leo. 241.)
Exaudi me Domine quoniam benigna is a widely spread anthem. It is in Harl. 2892. S. Y. H. as anthem to psalm *Salvum me fac*, after the distribution of the ashes.

Col. 551.] *Deus qui iuste irasceris:* S. Y. (Gr. 247.)
Omnipotens sempiterne Deus qui misereris: S. Y. Ev. and many others, but not in Wilson.

Col. 552.] *Omnipotens sempiterne Deus parce metuentibus:* Leo. Durh. and many others. (Gr. 474. blessing of ashes in dedication of church.)

Deus qui humiliatione flecteris: Rob. Durh. and many others (not in Wilson.)

Col. 553.] *Deus qui non vis mortem:* this is found nearly everywhere, S. Y. H. Ev. Durh. CCCO. By. Whc. Paris, Rom. but not in Wilson.

The psalm *Venite adoremus* is a verse from the xcivth, the invitatory psalm at Mattins. The anthem, *Immutemur*, is in S. Y. H. Ev. and many other uses.

Col. 554.] For *Memento*, Chart. has *Recognosce.* *Pulvis* is the reading of Chart. and Rom.

For *pulvis* Harl. 2892 has *cinis et pulvis.*

For *pulvis* many rites have *cinis*, such as S. Y. H. Ev. Durh. Cout. By. Dom. Cisterc. and others.

Rosslyn, CCCO. and Paris have *Memento homo quia cinis es et in cinerem reuerteris. puluis es et in puluerem reuerteris.*

In nomine patris et filii et spiritus sancti. Amen: add. S. Cout.

In Rom. the ashes were made of the palms or branches that had been blessed in the foregoing year. This was also the case at Syon. (G. J. Aungier, *History and Antiquities of Syon Monastery*, Westminster, 1840, App. p. 343.) At Fleury they were simply "de cremiis sarmentorum, quae et studiose mundantur et cribrantur a Sacrista." (Jean du Boys [Ioannes a Bosco] *Floriacensis Vetus Bibliotheca*, Lugduni, Horat. Cardon, 1605, i. p. 394.) What remained over and above was kept to put under the monks who lay a dying.

In a pontifical ascribed to Winchester (Cambridge University Library, Ee. ii. 3) the service for the blessing of the ashes resembles that at Sarum, but after the last collect *Concede nobis* there are curious directions for the assembling of the penitents in the corners of the church and sermon to them from the bishop beginning: *Fratres: vox sanguinis fratrum vestrorum*, &c., followed by *Ecce Adam.*

Col. 555.] *in capite ieiunii:* Æ. has this benediction on *dnca ii. xl^e.* and adds a sentence to the last paragraph. Tib. has this benediction almost *verbatim* for Ash Wednesday, for which day it also appears in Harl. 2892. and Rob.[2]

Col. 556.] *feria iiii. quatuor temp.* This and the two following benedictions are in Tib. Magd. and Harl. 2892. They are suggested by the gospels of the ember days.

Col. 558.] *dominica ii.* In Tib. for this Sunday but in Æ. for *dnca. iii.*
line 2. *dicator:* Tib. Magd.
dedicator: Æ. Harl. 2892.

Col. 559.] *dominica iii.* Tib. Harl. 2892. Rob.[2] Magd.
dominica iiii. Tib. Harl. 2892. Rob.[2] Magd.

Col. 560.] *in passione domini:* Tib. Harl. 2892. Rob.[2] Magd.

IN BENEDICTIONE PALMARUM.

Fratres and *In nomine* are at the beginning also of Evesham and Evreux. *In nomine* is sung as a grail at H. between lesson and gospel. It is in Tms. in the same place as W. and Ev.

Col. 561.] **Lesson.** *Venerunt filii:* W. S. Y. H. Durh. CCCO. (Tms.)
Dicite filie syon: Rouen, Cambridge Univ. Lib. Ee. ii. 3. supposed Winchester Pontifical. It may also be found at Aix-en-provence (Missal, 1527.) and Marseilles (Missal, 1530.)
Super montem excelsum ascende tu . . . et opus illius coram eo: Tib. c. 1. fo. 99 in British Museum.

Col. 562.] **Gospel.** *Turba multa:* W. S. Y. CCCO. Lnfc. Ælfric.
Cum appropinquasset: H. Durh. Rouen, Rom. (Tms.) Matth. xxi. 1–10.
Cum appropinquarent Ierosolimam . . . osanna in excelsis: Tib. c. 1. fo. 99. in British Museum (Marc. xi. 1–10.)

Col. 563.] *Deus cuius filius pro salute:* S. Y. H. Ev. Durh. CCCO. Sherb.

Whc. Harl. 2892, Add. MS. 28,188, Ramsey, Rob.[2] By. Cout. Evreux, Paris, *Ordo Romanus* of Hittorp.

Col. 564.] *Deus humanae fragilitatis:* Sherb. CCCO. and Avranches (*Missale ad usum insignis ecclesie Abrincensis*, Rothomagi, Martin Morin, 1505.4°. fo. l.) have this prayer, but it begins with: *Deus qui unigenito filio tuo*, omitting the three words after *Deus* of W.

Omnipotens sempiterne Deus: Sherb. I have been unable to find this prayer elsewhere.

Col. 565.] *Pueri . . . tollentes:* S. H. Sherb. Harl. 2892. Add. MS. 28,188. Rouen, Evreux (Tms.)

Cum angelis et pueris: Lnfc. (218.) Rom. *Ordo Romanus* of Hittorp.

Col. 566.] *per ebdomadam.* Æ. has this *in passione domini.* Harl. 2892. and Tib. *feria ii. in passione domini.*

FERIA V. IN CENA DOMINI.

Col. 567.] The seven penitential psalms with *preces* are common to W. with S. H. Y. Ev. Durh. Rouen, Cout. Paris, and probably CCCO.

It may be noticed that *Gloria Patri* is said at the end of the psalms at W.S.

Note. *Adest o venerabilis pontifex* is common to most uses, and is said before the penitential psalms.

The presence of an archdeacon and of a parish priest or priests may be noticed in this monastic church.

Col. 569.] note. Ps. *Benedicam dominum in omni tempore* is the *xxxiii.* The *i* is a contraction for *in.*

Col. 570.] *Adesto Domine . . . et me qui:* S. Y. Durh. Leo. Rob. CCCO. Rouen (1499 and MS. 10,048.) Paris (G. 550. Gr. 210.)

Praesta quaesumus Domine his famulis tuis: Y. Durh. CCCO. Leo. Rob. Rouen (1499 and MS. 10,048.) Paris. (G. 550. Gr. 210.)

Deus humani generis: S. Y. Ev. CCCO. Leo. Rob. CCCO. Rouen (MS. 10,048.) Paris. (G. 550. Gr. 210.)

These three prayers are found in the same order as in text in G. and Gr. for this day.

Col. 571.] The first absolution has much in common with that on Ash Wednesday (col. 549.) With the second S. Harl. 2892. and Rouen seem to have a common ancestor.

Col. 572.] This benediction may be found in the Sarum Processional for this day. (ed. Henderson, Leeds, 1872. p. 58.)

Note. It may be noticed that at the end of mass on this day the residue of the consecrate hosts are carried between two patens, not in a pix, to the place suitably adorned. At Abingdon this was the practice for carrying the viaticum. "Diaconus missae matutinalis praecedet calicem, quem cum duobus patenis eucharistia imposita deferet, cum ceroferariis &c." (*Chronicon Monasterii de Abingdon*, Rolls Series, 2. ed. Joseph Stevenson. 1858. vol. ii. p. 410.)

The text of *Circumdederunt* may be found in S. (309. note.)

Solve iubente Deo; the text is in Sarum Breviary (Cambridge, 1886. ed. Procter and Wordsworth, fasc. iii. col. 171.) with *Tu es Petrus* and collect.

Col. 573.] note. *Dominus Ihesus:* the text is probably the same as the *communio* of Maundy Thursday. It is also the anthem for the maundy in Lnfc. (220.) and Ev. in both of which the *preces* and collect may also be found; and the anthem is given at length in Harl. 2892. fo. 77.

Congregauit nos is one of the anthems at the maundy in M. Its text is: Congregauit nos christus ad glorificandum seipsum reple domine animas nostras sancto spiritu. Rom. has this anthem and also a respond to *Ubi charitas* beginning *Congregavit nos in unum christi amor*, which still exists in the modern books.

In Sabbato Sancto.

Col. 574.] line 13 from top. *Miserere* was sung at this place in Lnfc. (223.) and Durh. with *Gloria Patri.*

At S. *Dominus illuminatio* was sung without *Gloria Patri.*

Durh. has *Kyrie Eleison* in this place with W.

line 2 from bottom. MS. has *domine:* not, as printed, *domini.*

Note. *Hastam cum serpentis effigie cereo superposito:* See the woodcuts in Dr. Henderson's edition of the Sarum Processional. (Leeds, 1882. pp. 76 and 80.)

A *serpens* was in use at Hereford. (See also John of Avranches, *de officiis ecclesiasticis*, 62. ed. Migne, col. 52.)

A *draco* at Coutances, Bayeux, and Fleury (Jean de Bois [Ioannes a Bosco.] *Floriacensis Vetus Bibliotheca*, Lugduni, Horat. Cardon, 1605. i. p. 398.)

Col. 575.] *Domine Deus noster pater omnipotens:* S. Durh. Aug. Rouen. Cout. Evreux. By.

line 15. S. continues several lines after *eternam.*

Domine sancte pater omnipotens: S. Y. Durh. CCCO. Dom.

The beginning of this prayer is in Eg. Rob. for Candlemas.

Domine Deus pater omnipotens: Aug. (in Cena Domini.) It is the only prayer for blessing the fire on Easter Even in an early sixteenth century Sens missal.

Col. 576.] *Caelesti lumine:* S. H. Evreux. Cf. col. 622. At Evesham it is used for the fire on Shere Thursday.

It is the postcommon for the Epiphany in G. (503) the octave of the Epiphany in Leo. (68) and amongst the Easter postcommons in Gr. (78.)

Exorcizo te: S. Ev. Harl. 2892.

Col. 577.] *Domine Deus omnipotens:* Leo. (131.) Eg. (130) Cout. (with many variants.)

Veniat quaesumus: Y. (many variants) H. Abin. Rouen, Rom.

Col. 578.] *Inventor rutili:* these are a few stanzas from a longer hymn on the lighting of the lamps, ascribed to Prudentius (see Tms. ii. 419.) and thence applied to the lighting of the paschal candle. It seems to have been very widely used in England (S. Y. H. Ev. Sherb. Durh. Lnfc.223. CCCO.) and in Germany. The whole hymn appears in this place in the *Ordo Romanus* of Hittorp, with the exception of one stanza. It appears noted in Tib. c. I. fo. 95 in the British Museum.

Cum rex gloriae Christus infernum debellaturus is sung here at Rouen, By. Cout.

Rom. has nothing sung while passing up the church ; but M. and Pian have *Lumen Christi* said three times. So Tms. Its omission in Rom. is probably an accident.

Col. 579.] *Sicut exaltatus.* I have not found this anthem elsewhere in this place.

"In 1557, the pascal taper for the abbey church of Westminster was 300 pounds weight." (Charles Coates, *History and Antiquities of Reading*, London, 1802. p. 131. note.) In some churches the weight must have been greater than at Westminster; for at Abingdon after it had been wasted by burning during Easter it weighed three hundred pounds, and cost when new six shillings and eightpence. (R. E. G. Kirk, *Accounts of the Obedientiaries of Abingdon Abbey*, Camden Society, 1892. pp. 61. and 67.) At Canterbury it weighed as much as at Westminster. (R. Willis, *Architectural History of Canterbury Cathedral*, London, 1845. p. 55, note.) At Lincoln it was to weigh three stone. (*Statutes of Lincoln Cathedral*, ed. Chr. Wordsworth, Part I. Cambridge, 1892. p. 291.) The ascetic spirit of the Cistercians appears in the order that the paschal candle shall not exceed three pounds in weight (Ph. Guignard, *Les monuments primitifs de la règle cistercienne*, Dijon, 1878. p. 116.) though later on as much as ten pounds troy weight was allowed. (J. T. Fowler, 'Cistercian Statutes A.D. 1256–7,' from *The Yorkshire Archæological Journal*, 1890, p. 130.)

At the Charterhouse they do not seem to have had a paschal candle, and I have never seen one at Easter in their churches. They seem thus to have preserved the early Roman custom, for Abbé Duchesne tells us that the benediction of the paschal candle was not in use in Rome, but was brought in from northern Italy, Gaul, and Spain. (L. Duchesne, *Origines du culte chrétien*, Paris, 1889. p. 241.)

At Rouen in 1499 they do not give any directions as to the inscription upon the paschal candle. In 1697. it was very elaborate (De Moleon [Lebrun des Marettes] *Voyages liturgiques de France*, Paris, 1718. p. 319.) A simpler one is given by Jean du Bois at Fleury. (*Floriacensis Vetus Bibliotheca*, Lugduni, 1605. p. 402.)

Note. *Domine Deus omnipotens qui facis angelos :* Eg. (130.) Rob. (281.) York Pont. (304.) Cout. all much added to.

Col. 580.] note. *Domine Deus omnipotens Deus Abraham :* Eg. (130.) CCCO. (126.) Ev.

Domine Deus noster qui sanctis. I cannot find this collect elsewhere.

Col. 581.] *Vere quia dignum et iustum :* up to this point the text in Gerb. is the same as in Gr. but from hence onwards the blessing is quite different.

line 5 from bottom. CCCO. omits the two clauses beginning *O certe necessarium* and *O felix culpa ;* they are also absent in Tiberius c. i. an English manuscript in the British Museum, of the middle of the eleventh century ; also in *Missale diocesis Coloniensis*, Parrhisiis, 1525. *Missale Frisingense*, Monachii, 1578. *Missale Saltzeburgense*, Venetiis, 1507. *Missale Moguntiaci*, Peter Drach, 1507. *Missale Senonense*, early 16th century. *Sacramentarium ad usum Æcclesiae Nivernensis*, of the 11th century, ed. Crosnier, Niverni, 1873, p. 204. *Ordo Romanus* of Hittorp, col. 79. Clichtoveus also omits them from his text (*Elucidatorium ecclesiasticum*, Parisiis, 1516. fo. 107.) and on the following leaf comments in this fashion in his notes. "Verum salua authoris ipsius (quisquis is fuerit) reuerentia, duæ illæ clausulæ non solum falsam continent sententiam : sed et impiam et blasphemiæ proximam, neque deo rebusque sacris dignam." See also Martene, iv. xxiv. § vi. (iii. 146.)

Col. 582.] line 29. *apes mater eduxit.* In Gr. and Rob. but not in Whc. or Gell. there is a long interpolation in praise of the bees, inspired by the fourth book of the *Georgics* and even containing some of its verses. Leo. has preserved some few lines, and one clause is retained in H. Rouen, and Evreux, though in this last it is added in the lower margin. It appears also at Hyde Abbey, Winchester. (*Liber Vitae*, Hampshire Record Society, 1892. p. 115.)

Col. 583.] line 8. *Qui semper vivis* &c. This ending is found in S. H. and Hyde Abbey (quoted above, p. 116.) It was formerly in the Carmelite Missal. (*Missale antique professionis Regularium beatissime Dei genitricis semperque virginis Marie de Monte Carmelo, ad normam et consuetudinem Hierosolymitane Ecclesie*, Venetiis, apud Iuntas, 1574.)

CCCO. ends differently : per dominum nostrum ihesum christum filium tuum qui tecum uiuit regnat imperat necnon et gloriatur solus deus solus altissimus. una cum sancto spiritu per cuncta secula seculorum amen.

Gr. and the other uses end like a collect : per dominum, &c.

At end of *Exultet*, Evreux has : *Benedic creaturam istam*, &c. Eg. (115.)

S. Y. Ev. Rouen, Cout. and Evreux have two litanies here; one sung in choir, the other going to the font.

Col. 584.] *Omnipotens sempiterne Deus adesto : omit* H. CCCO. Evreux.

There is no blessing of the font in Dom. Cisterc. Chart.

At Westminster, 'an Architect' (perhaps John Carter) reports in 1799 that the font "till lately stood in the South transept." (*Gentleman's Magazine*, vol. lxix. part ii. p. 668.) In 1206 at Evesham the monks had no font, but in 1316 there was one. (see Ev. p. 200.)

Col. 586.] line 7. for *surripiat* read *surrepat* to which in O. the word has been altered.

Col. 587.] Nearly all rites have a litany at this place before the beginning of mass.

Col. 588.] While the individual saints are directly addressed *ora*, the *chorus* of angels, prophets, apostles, martyrs, confessors, and virgins is invoked in the subjunctive mood, *oret*. So also *omnes sancti*. This peculiarity may be found in another English MS. (Brit. Mus. Add. 28,188. fo. 7. litany in the consecration of a church) "omnis chorus angelorum oret, &c." So in the litanies of Rouen and Evreux in this place. Cf. Tms. v. 114.

Col. 593.] *in sabbato*. Harl. 2892. Eg. both on this day. Ramsey has first sentence of benediction on Easter Day *ad vesperam*.

Col. 594.] *in dnca. iiii.* Tib. for *dnca. iii.* Magd. *verbatim*. Only first four words in Æ. Harl. 2892. and Ramsey.

Col. 595.] *in dnca. v.* Tib. for *dnca. iiii.* Magd.

in rogacionibus : title in Æ. Vit. Tib. is *in litania maiore*.

Col. 596.] *in vigilia ascensionis : verbatim* in Magd. but only first few words in Æ.Harl. 2892. Ramsey.

Col. 597.] *dnca. post ascens.* in Æ. for vigil, but Tib. Magd. for this day.

Col. 599.] *per ebdomadam :* so Tib. but Harl. 2892 *in ii. feria* : Æ. Ramsey *in sabbato Pentecostes*.

iiii. feria pentecostes. This and two following benedictions are in Harl. 2892. Tib. and Vit. (203.)

Col. 602.] *in corpore christi*. This is not found elsewhere.

dnca. i. post pentecost : Tib. Harl. 2892.

Col. 603.] *dnca. ii.* Tib. but Harl. for *dnca. iii.* In Æ. (65) for St. Agnes.

dnca. iii. Tib. but Harl. 2892 for *dnca. v.* The blessing occurs also on col. 669. *pro pace*.

in quarta feria quarti mensis : this and the two following are in Tib. (66) and Magd. (31.) They are clearly for the Whitsun ember days, as they contain allusions to the gospel of each day.

Col. 605.] *dnca. v.* Æ. (88) for *dnca. ii.*

Col. 606.] *dnca. vii.* Tib. But in Harl. 2892. *Item alia Dnca. ix.* So also Æ. (93.)

Col. 607.] *dnca. xi.* Æ. (90) *dnca. iv.*

Col. 608.] *dnca. xiii.* Æ. (89.) *Dnca. ii.*

Col. 609.] *in iiii. feria quatuor temporum*. These ember day benedictions are in Harl. 2892. (175) Tib. (76) Magd. (45) Ramsey (101.) Vit. (205) Tanner (252.)

The benediction for this Friday is in York Pont. (185.) for St. Mary Magdalen's day.

Col. 611.] line 13. MS. *quam* but read *que* as Harl. 2892. Tib. &c.

Col. 613.] *dnca. xxiiii.* Tib. Harl. 2892. Magd. In Eg. (81.) *v. Dnca. ante Natale*.

in celebratione nuptiarum : Peckham. (204.)

Col. 614.] *super lynthiamina :* Magd. (152.) Add. MSS. 28,188. fo. 47.b.

line 7. in MS. *candam ;* but Magd. reads *caudam*.

Col. 615.] *Benedictio corporalium*. Eg. (44.)

Col. 616.] These two benedictions for St. Edward are not yet found elsewhere.

Col. 617.] *SS. Fabiani et Sebastiani:* Tib. (88.) Æ. (63.) and Harl. 2892. have St. Sebastian alone. To Ramsey St. Fabian has been added.

S. Agnete: Tib. Harl. 2892.

Col. 618.] *S. Vincencio:* Harl. 2892. Tib.

Æ. Ramsey and the first benediction in Harl. have only the first few words in the text.

Col. 619.] *S. Agnete:* Harl. 2892.

IN DIE PURIFICATIONIS B.M.V.

Col. 620.] *candela rotunda.* The same expression is used in the note to col. 619. There does not seem enough evidence for a decision if it be the same as the *magnus cereus qui dicitur mariale.* (note, line 8.) At Lincoln on this day there was one large candle weighing a stone, while the four chief persons of the choir had a candle weighing one pound. (*Statutes of Lincoln Cathedral*, ed. Chr. Wordsworth, Cambridge, 1892, part i. p. 291.) At Evesham there was a *cereus ornatus;* and at All Souls' College, Oxford, there was in 1448: "j. candelabrum argenteum deauratum cum longo manubrio pro die purificationis beate Marie" (W. H. St. John Hope, *Archaeological Journal*, 1894, vol. li. p. 122.) apparently for holding this large candle. There was also a like candlestick at Christchurch, Canterbury, in Prior Chillenden's time and later. (*Inventories of Christchurch, Canterbury*, pp. 107 and 182. Shortly to be edited by Mr. Hope and the present writer.) What relation it had to the candle carried on this day in the procession at Salisbury which served for the blessing of the font at Easter and Whitsuntide I do not know. (*Processionale . . . Sarum*, ed. W. G. Henderson, Leeds. 1882, p. 143.)

Gaude. Gabrielem are Respond and Verse for this day, the music of which is attributed to the time of St. Boniface IV. (See Tms. iv. 212.)

Deus qui salutem: Gr. 15. for Jan. 1.

Gabrielem was sung at Ev. *Lumen ad reuelationem* and *Nunc dimittis* at Durh. In Ælfric an anthem is sung with a collect in honour of the saint in whose name the place is dedicated. The other uses do not seem to have anthem or collect, but begin at once with collects for the blessing of the candles.

Col. 621.] *Venit lumen:* an anthem at lauds for the Epiphany in the Sarum Breviary. (Tms. iv. 48.)

Domine sancte pater: Y. Ev. Twk. Rob. Eg. (132.)

Col. 622.] *Omnipotens clementissime:* Twk. Rouen.

Caelesti lumine: Twk.

This is an Easter Even collect. (see col. 576.)

Hodie beata virgo: sung at this point also in the *Ordo Romanus* of Hittorp. See also Sarum Processional (p. 144.)

Col. 623.] *Immensae maiestatis:* Durh. Twk. Rosslyn, Rouen.

Omnipotens sempiterne Deus: S. Whit. Twk. Rosslyn, Rouen, Cout. Paris, Rom.

Col. 624.] *Suscipiens Iesum:* a respond at Mattins for this day in Tms. iv. 63. and Sarum Breviary.

Senex puerum portabat: a respond for this day in Tms. iv. 63. It is the anthem at *Benedictus* for this day in the Sarum Breviary.

Col. 625.] *S. Blasio:* Harl. 2892. Ramsey.

S. Agatha: Æ. leaving out three first words.

Col. 626.] *in cathedra S. Petri:* Harl. 2892. almost *verbatim:* Tib. defective in MS. Æ. Ramsey with many variants.

S. Matthia: Harl. 2892. in French part of Ramsey (86.) MS. defective in Tib.

Col. 627.] line 10. for *honorem* read *honore*, Harl. 2892. Ramsey.
S. Gregorio: not found yet anywhere else.
Col. 628.] *S. Cuthberto:* Harl. 2892. Ramsey both with variants.
S. Benedicto: Æ. (105.) Ramsey.
Col. 629.] *in annunciacione dominica:* Eg. (86.) Magd. (41.) Æ. (68.) and Ramsey omit much.
S. Marco: Harl. 2892. (149.) Vit. (199.)
Col. 630.] *Philippo et Iacobo:* Harl. 2892. Vit. Ramsey.
Col. 631.] *S. Iohanne ante portam:* this and two following benedictions are in Peckham.
Col. 632.] *S. Barnaba:* Harl. 2892. Ramsey.
Col. 634.] *App. Petri et Pauli:* line 1. *tenebris:* Tib.
membris: Æ. Rob.[2] Ramsey, Harl. 2892. Vit.
Col. 635.] *S. Pauli:* Harl. 2892. Tib. Vit. Ramsey, Magd. Tanner (272.)
S. Thome: Peckham (156.)
Col. 636.] *in translatione S. Thome:* this and the three following benedictions are in Peckham.
Col. 637.] *S. Iacobo:* Tib. Harl. 2892. Vit. Ramsey.
Col. 638.] *ad vincula:* Tib. Harl. 2892.
Ramsey has variations; and a commemoration of St. Ethelwold.
in inventione S. Stephani: Tib. Harl. 2892.
Col. 639.] *in vigilia S. Laurencii:* Tib. 2892. Vit. Magd. Ramsey.
line 12. *Ut.* Tib.
Et: Harl. 2892. Vit. Magd. Ramsey.
Col. 640.] *in vigilia assumpcionis:* Harl. 2892.
Col. 641.] *in die assumpcionis:* Brit. Mus. Add. MS. 28,188. with many variations; the first words are in Æ. Harl. 2892. Magd. Ramsey followed by a second section quite unlike that in text. The third section in Harl. 2892. and Ramsey is not altogether unlike that in text.
S. Bartholomeo: Harl. 2892.
Col. 642.] *S. Augustino:* Harl. 2892. Tanner, with variants.
in decollatione: line 4 from bottom: *retrusus*, Æ. Vit. Tib. Ramsey.
Col. 643.] *in nativitate S. Marie:* Tib. Eg. but Harl. 2892. *in vigilia.*
Col. 644.] *S. Mattheo:* Harl. 2892. Tib. Ramsey.
S. Ieronimo: Harl. 2892. which begins *Annuit omnipotens.*
Col. 645.] *S. Dyonisio, &c.:* Harl. 2892. Vit Ramsey.
in translatione S. Edwardi: not found yet elsewhere.
Col. 646.] *in die:* Peckham.
S. Luca: Tib. (MS. imperf.) Harl. 2892. *verb.*
Ramsey has variants, and mentions St. Iustus after St. Luke.
Col. 647.] *in vigilia Symonis et Iude:* Harl. 2892.
in die: Harl. 2892. Vit. Ramsey.
Col. 648.] *in vigilia omnium SS.:* Tib. (last half MS. imperfect) Vit. Magd. Harl. 2892. has first words only.
Col. 649.] *in com. animarum:* Peckham (204.)
Col. 650.] *S. Edmundo episcopo:* this and following benediction in Peckham.
Col. 651.] *S. Cecilia:* Tib. Harl. 2892, Vit. Ramsey.
Col. 652.] *S. Katherine:* Peckham.
Col. 653.] *S. Nicholao:* Peckham.
Col. 654.] *in concepcione S. Marie:* Peckham.
S. Lucia: Tib. Harl. 2892.
Benediction in note cannot be found elsewhere.
Col. 655.] *S. Thoma:* Tib. (omitting first seven words.)
Benediction in note for St. Mary Magdalen cannot be found elsewhere.
Col. 656.] *S. Trinitatis:* Harl. 2892. (121.) Tib. (83.) Vit. (217.) Magd. (52.)
ii. feria: Eg. (77.) Æ. (90.) Dnca. v. post pentecosten.

iii. feria : Eg. (77.)
Col. 657.] *iiii. feria :* Eg. (78.)
Æ. (94.) Dnca. xi. post pent.
v. feria : Eg. (78.)
Æ. (96.) Dnca. xiii. post pent.
vi. feria : Magd. (39.)
Col. 658.] *in sabbato* : Harl. 2892. (125.) Tib. (85.) Magd. (39.)
de S. Cruce : Harl. 2892. (123.) Vit. (217.) Magd. (52.) Tanner (263.)
Col. 659.] *de S. Maria :* Harl. 2892. (124.) Tib. (86.) Vit. (218.) Magd. (53.)
in vigilia unius apostoli : Harl. 2892. (191.) Magd. (48.)
Col. 662.] *unius virginis non martyris :* Tib. (129.) Magd. York Pont. (177.) Brit. Mus. Add. MSS. 28,188. last leaf, imperfect.
Col. 663.] *plurimarum virginum non martyrum :* Harl. 2892. (196.)
Col. 664.] *pro rege :* Tib. (131.) Magd. York Pont. (181.)
Last section in York Pont. and Magd. quite different.
in ordinatione episcopi : Tib. (132.) Rob.[2] (71.) Magd. (54.)
Col. 665.] *cum episcopus natale suum fecerit :* Eg. (6.) in ordination of bishops. Tib. (133.) title as in text. Tanner (261.)
in professione monachorum : Harl. 2892. (198.) *in monasterio* Vit. (220.)
Col. 666.] *Super ancillas Dei :* Tib. 134. Tanner (274.) Appendix to Peckham (206.)
pro quolibet defuncto : Tib. (139.) Magd. (56.) Tanner (267.) York Pont. (184.)
Col. 667.] *pro qualibet defuncta :* Tib. (140.) Magd. (56.) Tanner (267.) York Pont. (183.)
Col. 668.] *plurimorum defunctorum :* Magd. (56. bis) York Pont. (193.)
line 3. for *honore* read *onere* Magd. York Pont.
pro omnibus fidelibus defunctis : Tib. (141.) Vit. (222.) Magd. (1.) Tanner (268.) Tanner omits second section but adds a third beginning with same words as the second in text.
in dedicatione ecclesie : Magd. (56 bis.) Ramsey (83.)
Col. 669.] *pro pace :* see col. 603. where it is *benedictio in dominica tercia post pentecost.* Magd. *Dnca. ii. post pentecosten.*
Col. 670.] *Angelorum et de S. Gabriele :* Harl. 2892. (178) for Michaelmas day.
anniversario dedicationis ecclesie : Magd. (56 bis.) Tanner (260.) Add. MSS. 28,188. but with many variants.
pro iter agentibus : Tib. 138. Magd. 55. York Pont. (181.)
line 3. for *manu* read *viam :* Tib. Magd. York Pont.
Col. 671.] *Pro bellantibus :* Harl. 2892 (201.) with title : *In tempore belli sive contra donos* [Danos ?] Tib. (137.) Magd. (55.)
In a note to *panos* in text it is suggested that it is an error for *paganos.* The reading of Harl. would suggest *danos.*
line 1. for *victor* read *victoria* Harl. 2892. Tib. Magd.
pro nauigantibus : not found elsewhere.
Col. 672.] *noviter baptizati :* Eg. (7.) Magd. Harl. 2892. but all with title *post confirmationem :* Æ. (87.) *in sabbato pentecostes.*
pro quolibet infirmo : not found elsewhere.

ORDO CONSECRATIONIS REGIS.

Col. 673.] The long rubric from this column to col. 681. appears in only a few of the copies of the fourth recension. It is in Harl. 561. fo. 24 [118.] and CCCC. 79. fo. 102. and the manuscripts of the *Liber regalis*. It is omitted by O. and the variations of O. throughout the order are followed by a good number of manuscripts, such as Harl. 2901. Royal 12. D. iii. fo. 161. Lansdowne 451. Cleopatra D. vii. in the British Museum ; and Ashmole 842. fo. 64. and 863. p. 401. in the Bodleian Library ; and also in the texts printed by Rymer (*Foedera*, &c. Lond. 1818. vol. ii. pars i. p. 33.) and in the pontifical of Edmund Lacy, bishop of Exeter, the symbol of which in this work is 'Peckham.' These form a group by themselves, the rubrics of which agree generally with O. The rubrics of this group seem in several instances to be taken directly from those of the third recension. (See comparative table, p. 1438.)

Of this group a French version is to be found in CCCC. 20. A large fragment of this French version exists in the muniment room at Westminster Abbey; it has been edited by Mr. E. Scott and printed at the expense of the Dean of Westminster, to whose courtesy I am indebted for some copies.

line 3. After *pulpitum* Harl. 561. adds: *secundum cronicas et registra in abbathia Westmonasterii inuenta.*

Col. 674.] line 9. instead of sentence from *presencialiter* to *committere* at end of paragraph, Harl. 561 has *personaliter interesse tunc tenetur predictus metropolitanus Cantuar' per literas suas patentes vel capitulum ecclesie Cant' ipsa sede vacante per capituli sigillum commune vni de suffragan' eiusdem ecclesie qui dignior inter ipsos poterit reperiri predictum coronacionis et vnccionis officium committere exequendum.*

From this it would seem that Harl. 561. was written under the influence of the monks of Christchurch, Canterbury.

CCCC. 79. follows text of W.

Col. 677.] line 12 for *maiori* Harl. 561 has *maior.* CCCC. 79 has *maiori* as in text.

Col. 678.] line 4. The order in Harl. 2901, Cleopatra, D. vii. and Royal 12. D. iii. fo. 161 in the British Museum and two seventeenth century transcripts Ashmole 842 and 863 in the Bodleian Library, and that printed by Rymer give the following in place of the rubric on col. 678 to col. 681. It may be either the first stage of the longer rubric, or an epitome of it.

Die quo nouus Rex est consecrandus : erunt presentes in palacio quatuor magnates qui eum usque in monasterium subportare debent. Et faciet prius dominus N. de Bello Campo Bedefordie qui a ueteri elemosinarie habet officium. pannum uirgulatum siue burellum, prostrari [prosterni : Royal] sub pedibus Regis incedentis a palacio usque ad pulpitum monasterii pars autem panni illius que est in ecclesia cedet semper in vsus sacriste loci. et reliqua pars tota que est extra ecclesiam distribuetur pauperibus per manus supradicti N. elemosinarii. ¶ Cancellarius vero si episcopus fuerit cum calice lapideo qui est de regali. pontificalibus indutus regem est precessurus. quem cum patena thesaurarius pro more antecedet indutus dalmatica. et eam honorifice eodem modo tenebit : quo [que : Royal] patena a subdiacono inter secretam misse in altum teneri solet. ¶ Duo sceptra regia regem precedencia : portabunt duo comites* quibus illud officium rex committere uoluerit. Atque tres comites* [*—* added in lower margin of Royal] tres gladios gestantes induti serico Regem antecedent. Comes quidem Cestrie qui Primatum sibi uendicat deferendi : portabit gladium qui appellatur curtana. et alium portabit comes huntedonie. tercium vero portabit comes de warewyk. ¶ Pannum de serico quadratum purpureum, quatuor hastis deargentatis [*om.* Royal] sustentatum cum quatuor campanellis argenteis deauratis ultra regem incedentem quocumque ierit gestabunt [portabunt : Rymer] barones de quinque portubus ad quamlibet hastam quatuor assignati pro diuersitate portuum. ne uideatur portus portui preferri. ¶ Et similiter ab eisdem baronibus portabitur pannus de serico ultra reginam post regem incedentem si ipsa die debeat coronari. quos pannos iidem barones suo iure optinebunt : set haste cum campanellis debentur ecclesie [de : *add.* Royal] Westmonasterii.

In Ashmole 842. and 863. this rubric follows the service. In the other manuscripts and prints it precedes *Ordo novum regem*, note 5 to col. 681.

An earlier form of this rubric appears in the account of the coronation of Queen Eleanor, wife of Henry III. in 1236. (*The Red Book of the Exchequer*, ed. by Hubert Hall, Rolls Series, 99. 1896. Part ii. p. 755.) as follows.

De servitiis magnatum in die coronationis regis et reginae.

Anno eodem coronata Regina Alienora, filia Hugonis Comitis Provinciae, apud Westmonasterium, Dominica ante Purificationem ; Rege quidem gestante coronam, assistentibus episcopis E[dmundo] Cantuariensi Archiepiscopo, qui diadema Reginae imposuit, Iocelino Batoniensi, Radulfo Cicestrensi, Regis Cancellario, Rogero Londoniensi, R[oberto] Lincolniensi, W[altero] Karloolensi, [Hugoni] Elyensi et Radulfo Herefordiensi, qui duo [*sic in* MS. ? dominam] illam adduxerant a Provincia ; factae sunt contentiones magnae de servitiis ministerialium domus Regis et de iuribus pertinentibus ad eorum ministeria. Sed reservatis iuribus singulis, ut tumultus quiesceret, usque ad Quindenam Paschae sequentem, isti servierunt ex ordine in festo illo praeeleganti et inaudito.

Cicestrensis [Episcopus] Cancellarius, regem, regalibus indutum et coronam gestantem, praecessit cum calice lapideo, qui est de regalibus Regis a veteri, indutus quidem pontificalibus. Hugo de Pateshulle, tunc temporis domini Regis Thesaurarius, praecessit cum patena, indutus dalmatica. Praecesserunt eum, gestantes tres gladios, Iohannes comes Cestriae et Huntindoniae, indutus serico, qui ratione comitatus Cestriae vendicavit [ius] primatum deferendi gladium qui appellatur Curtana, et ratione comitatus Huntindonesirae gladium alium ; cui contradixit Comes de Warenna, asserens se debere gladium unum gestare ; Rege instante quievit contentio usque ad praedictum terminum, ne oriretur tumultus ; ita quod sine preiudicio utriusque gestavit ea die gladium unum comes Lincolniae. Tertium vero gladium gestavit Thomas Comes de Warewic, suo, ut dicebatur iure. Duo vero sceptra regia, Regem praecedentia, gestabant Ricardus Siward, et Nicholaus de Molis, milites strenui, non suo iure, quia nulli competit illud servitium de iure, nisi quibus Rex illud servitium velit committere.

Pannum vero de serico quadratum, purpureum, quatuor hastis deargentatis sustentatum, cum quatuor campanellis argentatis deauratis, ultra Regem incedentem, quocunque incederet, gestabant Barones de V. Portibus, assignatis ad quamlibet hastam quatuor, pro diversitate portuum, ne videatur portus portui praeferri. Consimiliter iidem pannum sericum supra Reginam post Regem incedentem. Quos quidem pannos suos esse de iure vendicant, et illos optinuerunt in Curia, licet Marchiones de Marchia Walliae, videlicet, Iohannes filius Alani, Radulfus de Mortuo Mari, Iohannes de Monemue, et Walterus de Cliford, nomine Marchiae, ius Marchiae esse dicerent hastas inveniendi et illas deferendi ; sed quodam modo frivolum putabatur. Asserebant autem Barones de V. Portibus ius suum esse sedendi in mensis regiis eadem die a dextris Regis ; et ita sederunt. Pannum vero virgulatum, vel burellum, prosternandum sub pedibus Regis incedentis ab aula vel camera sua, ubi sumit regalia, usque ad pulpitum in Ecclesia Westmonasterii prostrari fecit Willelmus de Bello Campo de Bedefordia qui habet officium Elemosinariae a veteri. Pars autem panni illius quae est infra ecclesiam cedit semper Sacristae in quacunque fuerit ecclesia coronatus Rex. Pars reliqua tota quae est extra ecclesiam distribuitur pauperibus per manus Willelmi Elemosinarii. Et haec de hiis quae acta sunt in ecclesia.

Col. 679.] line 1. The Bishops of Durham and of Bath and Wells have supported the King of England on his way to the abbey church since the days of Richard I. (*Chronica Magistri Rogeri de Houedene*, ed. William Stubbs, Rolls Series, 51. 1870. vol. iii. p. 9.)

line 5. The chancellor 'indutus quidem pontificalibus' carried the stone chalice of St. Edward, 'qui est de regalibus Regis a veteri' at the coronation of Queen Eleanor. (*The Red Book of the Exchequer*, just quoted.)

The stone chalice of St. Edward continued among the Regalia until the troubles in the seventeenth century. It is among the Regalia delivered over by Lancelot Andrewes to Richard Neile. "Item calix Lapideus cum Patinâ vulgo dictum ye Regall." And this is noted among the "Defects found upon view taken of ye parcels": "Imprimis Calix Lapideus cum Patinâ vulgo dictum ye Regall in ye Anticks of the Stone Cup ye Dog's head is broken off, and 3. small Pearles wanting in ye foote thereof." (Bodleian Library, Ashmole MS. 863. pp. 297 and 298.)

line 8. for *regalibus*, CCCC. 79 and Harl. 561 have *antiquo regali thesauro.*

line 10. The treasurer, 'indutus dalmatica,' carried the paten at the Coronation of Queen Eleanor. (See *the Red Book of the Exchequer*, just quoted.)

Col. 680.] All this ceremonial, the carrying of the royal crown before the King, and of the two spurs, the sceptres with the cross and dove at top, and of the three swords, is as ancient as the coronation of King Richard I. (See Roger de Houedene, just quoted.) Four barons carried the canopy under which the King walked. Among the bishops were four barons carrying four golden candlesticks and the royal vestments were carried on a large table on the shoulders of six earls and barons. Of this we have no account in the text. The barons of the Cinque ports held the canopy over the King and the Queen at the coronation of Queen Eleanor. (See *the Red Book of the Exchequer* just quoted.)

For the three swords see Mr. W. H. St. John Hope's edition of Mr. Llewellyn Jewitt's *Corporation Plate*, London, Bemrose, 1895. vol. i. p. lxvi of the Introduction.

One sword called Curtana was carried at the coronation of Queen Eleanor.

The swords were thus interpreted at the coronation of Richard III. "After them came therle of Northumberland bareheaded with the pointlesse sword naked in his hand, which signifyed Mercie. The Lord Stanley bare the Mace of ye Constableshipp. Therle of Kent bare the second sword on ye right hand of the King with a point which signifyed Justice to the Temporallitie. The Lord Lovell bare the third sword on ye left hand of the King with a point which signifyed Justice to the Cleargie." (Bodleian Library, Ashmole MS. 863. p. 439.)

Col. 681.] note 5. *Ordo novum regem* is given by Royal MS. 12 D. iii in the British Museum, Ashmole, 842, fo. 64. in Bodleian Library, by Rymer, and Peckham. See a different rubric in Maskell iii. 1.

Col. 682.] note, line 8. For *elevetur* Peckham has *ducatur.*

In *elevetur* we doubtless have a reminiscence of the raising on the shield before coronation; the meaning of the word having been forgotten, it was changed into *ducatur.* (See Arthur Taylor, *The Glory of Regality*, Lond. 1820. pp. 23. and 299.)

line 13. for *Abbatem et conventum Westmonasterii et alios*, Peckham has merely *et alios prelatos.*

Col. 683.] line 15. After *princeps* to *auri* in line 17, Harl. 568. has instead:

ipse consecrandus ipsum altare tegens pallio tenetur vna cum dicto pallio vnam libram auri integram deo sanctoque Petro apostolorum principi. Cf. Maskell, iii. 7.

line 1 from bottom of note. *Sciscitarique*, &c. is not in Rymer, Harl. 2901. Royal MS. 12. D. iii. nor Ashmole's transcripts, nor Peckham. It is however in Lansd. 451.

Col. 684.] line 5. after *sermonem* Harl. 561. has in place of the rest of the rubric: *In quo quidem sermone debet facere mencionem de solempnitate coronacionis ac vnctionis Regis. ac eciam inquirere et petere debet de clero et populo vt palam dicant si hunc cuncti sibi in Regem eligunt et vt illis Rex consecretur veraciter et vnanimiter exposcunt. Et interim metropolitanus in cathedra sua residebit ante altare more episcopali et coram ipso residebit princeps coronandus in cathedra sibi preparata ex aduerso. Finitoque sermone ad plebem et populo vnanimi ac clero cum consencientibus et acclamantibus.* Fiat fiat amen vel viuat Rex ineternum. *Metropolitanus vel episcopus eundem Regem consecraturus ipsum Regem mediocri distinctaque voce interroget.* Si leges, &c.

Cf. Maskell, iii. 7.

Col. 686.] line 13 after 'Veni creator spiritus' Harl. 561 adds, with musical notes: mentes tuorum visita imple superna gracia que tu creasti pectora *et cetera vt supra in ordinibus. Et chorus prosequitur versus singulos. episcopis illis inchoantibus dicto rege*, &c.

Col. 687.] line 16 after *corde cantantibus* Harl. 561 has this variation:

sed infra litaniam videlicet immediate post versum qui pro domno antistite cantatur surgat metropolitanus vel episcopus versa facie ad regem consecrandum dicat.

Ut presentem famulum tuum in tua pietate iusticia et sanctitate confirmare et conseruare digneris.

chorus prosequitur. Te rogamus.

Ut presentem famulum tuum in tua pietate iusticia et sanctitate confirmare conseruare et benedicere digneris.

chorus prosequitur. Te rogamus.

Ut presentem famulum tuum in tua pietate iusticia et sanctitate confirmare conseruare benedicere et consecrare digneris.

chorus prosequitur. Te rogamus.

Quo dicto iterum prosternat se metropolitanus vel episcopus vsque ad finem letanie postea sequuntur &c.

The words in Roman type are noted.

line 18. For *Ut presentem famulum tuum*, Lansdowne 451. has *Ut presentem electum regem nostrum.*

Omnipotens sempiterne Deus: The second recension gives the title *Consecratio regis* to this prayer.

Col. 691.] After rubric Harl. 561. adds: *more prefacionis hoc modo. Prefacio.*

Col. 692.] At end of preface Lansdowne 451. has: *submisse* per dominum nostrum Ihesum christum: and Harl. 561. adds: *submisse dicat* per dominum: so also Maskell, iii. 18. Peckham has: *Plana voce. Finita prefacione assideat princeps* and thence as in O.

Note †—†. line 1. *Ascendat electus:* Lansd. 451.

line 5. for *princeps* Lansd. 451. has *rex electus.*

line 8. for *principis* Lansd. 451. has *regis electi.*

Col. 693.] line 7. for *argenteis* Harl. 561. has *aureis sive argenteis.*

Unxerunt Salamonem. This anthem appears in the first recension of the coronation service, that of Egbert. (See Comparative Table, p. 1437.) But in one copy of the second recension (CCCC. 44. fo. 285.) its place is taken by: *Antiphona.* Anglica† non es oblita in conspectu domini in te enim exaltetur rex qui regat populum dei anglicum. unguatur oleo letitiae et confortetur dei uirtute.

Col. 694.] line 3. For 'Prospice,' read 'Respice' in Harl. 561. Peckham, Maskell, CCCC. 79.

Col. 695.] line 18. After *crismate* Harl. 561. Lansd. 451. Maskell, have: *metropolitano dicente.* Unguantur caput istud. pectus. scapule et compages brachiorum de oleo sanctificato, &c. as on col. 693.

The anointing with cream can be traced back to the coronation of Edward I. (Thomas Wikes, in Gale and Fulman's *Historiae Anglicanae Scriptores*, Oxon. 1687. vol. ii. p. 101 under the year 1274 says: "sacrosancti Crismatis oleo delibutus, Regni diadema suscepit.") In the third recension only *oleum sanctificatum* is spoken of; so that if *chrisma* be used by Thomas Wikes in the every-day sense it is possible that at Edward I.'s coronation the fourth recension of the coronation service had already come into use.

In Edward II's time we meet with the idea of a special oil brought by Our Lady to St. Thomas of Canterbury. A papal letter to Edward II. sets forth the miracle of a special oil given by the Blessed Virgin to St. Thomas of Canterbury. The King at first refused to be anointed with this, being content with the usual unction; but he seems to have asked the pope's advice whether he should be anointed again with the miraculous oil. (*Calendar of Entries in the Papal Registers relating to Great Britain and Ireland*, 1305–1342. Stationery Office, 1895. Papal Letters, vol. ii. p. 436.) The story of the miracle has been made familiar to us by its reappearance in the reign of Henry IV. (W. Stubbs, *Constitutional History of England*, chap. xviii. Oxford 1878. vol. iii. p. 11.)

Col. 697.] line 6 from bottom of text. After *amictus* Harl. 561 adds: *et collobium.*
line 5 from bottom after *capud* Harl. 561. adds: *et corpus.*
line 4 from bottom, for *permanebit*, Harl. 561. has *permanebunt.*

Col. 698.] line 3 after *prefatum* Harl. 561. adds: *et collobium.*
line 4 after *capite* Harl. adds: *et corpore.*
line 6 after *diligencia* Harl. 561. adds *vel vino albo.*
line 14 after *peractis* for the rest of the rubric Harl. 561. has *benedicat metropolitanus vestimenta regalia sic dicendo.*
Harl. 561. also omits *Oracio* before 'Deus rex regum.'
line 2 from bottom. After *uestimentis* Harl. 561. adds *consecratis.*

A chapter on the regalia appears in Richard of Cirencester's *Speculum Historiale de gestis regum Angliae* (ed. Mayor, Rolls Series, 30. 1869. p. 26.) This reference and the two following descriptions of the regalia in 1207 and 1356. have been given me by Mr. W. H. St. John Hope. It will be noticed that those of King John were thought of sufficient importance to appear in letters patent:

Rex omnibus etc.

Sciatis quod recepimus Sabbato proximo post festum Sancti Nicholai apud Clarendon anno regni nostri ix° per manus Hugonis de Ropeł et Radulphi de Riperia et Iohannis Ruffi hominum Roberti de Ropeł. magnam coronam que venit de Alemannia et j. tunicam de purpura et sandalia de eodem panno et balteum de orfrasio cum lapidibus. unum par sotularium et frettas de orfrasio. et j. par cirothecarum. et dalmaticum de nigra purpura. et pallium regale de purpura cum morsu et brocha auri et pannum sericum ad ferendum supra Regem in coronacione sua. et magnum ceptrum eiusdem regalis. virgam auream cum columba in summo. et ij. enses. scilicet ensem Tristrami. et alium ensem de eodem regali et calcaria aurea de eodem regali. Cupam auri ponderis viij^{to} marcarum et duarum unciarum. et unam crucem auri ponderis trium marcarum et vij. unciarum et dimidie. Et ut predicti Roberti de Ropeł et homines sui inde sint quieti. has literas nostras patentes eis fecimus. Teste domino P. Winton. episcopo apud Clarendon. ix° die Decembris per eundem. (*Rotuli Litterarum Patentium*, ed. T. Duffus Hardy, 1835. Vol. I. Pars i. p. 77.)

There is also a list of the Coronation robes delivered to John, Bishop of Rochester, on his appointment as Treasurer, on the 28th of November, 1356, in the 30th year of the reign of King Edward III.

Item en la Tresorie deinz la haute Toure de Londres.

Premierement les *vestementz* de samyt rouge pour la coronement du *Roi* cest assavoir

Deux *tunicles*, une mantell ove orfraitz d or poudrez des eymeraudes et alt's perles

Item une *stole* de samyt rouge garniz des eymeraudes et perles ove deux pendantz d or garniz de perry

Item deux *chauceons* de samyt de samyt rouge garniz d or

Item une *cappe* de samyt rouge overte d or ove quatre plates d or

Item deux *rochettes* de soye blanque et alt's petites remembrances touchantz a corounment

Item deux paire des *esporons* pour lencoronment du *Roi*

Item deux *ceptres* endorrez ove les summetes de merlotz

Item un *ceptre* court d or ove la summet d un merlot

Item deux *ceptres* courtes d or ove deux croises en les summetz

Item un *espe* appelle *Courtane*

Item deux autres *espeiez* l un ove l escauberk d argent eymellt et l autre ove escauberk de samyt rouge frette d or. (*The Antient Kalendars and Inventories of the Treasury of His Majesty's Exchequer*, ed. by Sir Francis Palgrave, Public Records, 1836, vol. iii. p. 225.)

In the treasury in the cloister of the Abbey of Westminster there were at the same time four crowns :

Item la graunte *Courone* le Roi questoit nadgaires engagee es parties de *Flaundres* nient preise

Item une autre *Courone* nient preise [deinz quele *Corone* sont .iiii. manicles d or grarniz des eymeraudes et perles]

Item la tierce *Courone* nient preise

Item la quarte *Courone* nient preise (p. 223. see also pp. 269. 287. 309.)

'The rich crowne of King Edward' is spoken of in 1. and 2. of Edward IV. (pp. 1. and 2. of the same volume) a silver crown in the 37. of Edward III. (pp. 251. and 267.)

Col. 699.] line 3 for *simul* Harl. 561. has : *tunc induetur.*

Col. 701.] line 3 for *quadrum* Harl. 561. has : *quadratum.*

The royal pall appears in one copy of the second recension (see comparative table, p. 1437.) that of CCCC. 44. after the anointing and the giving of the ring, sword, crown, sceptre, and verge.

Col. 704.] last line : for *regem* Harl. 561. has *principem.*

Col. 705.] line 22 : ipso . . . seculorum : *om.* Lansd. 451.

For *oracio post sceptrum* Harl. 561. and CCCC. 79. have *Sequens oracio dicitur post datum sceptrum* and Lansd. 451. has *Post datum sceptrum dicat metropolitanus.*

Col. 706.] line 9. *columbam auream.* One of the great seals of Edward the Confessor shows the King holding a long staff with a dove at its end. (Allan Wyon, *The great seals of England*, London, 1887. Plate 1.)

Col. 708.] line 3. after *cantante* Harl. 561. adds : *ipsis consecratore et episcopis hympnum prius incipientibus.*

line 5. after *consecrans* Harl. 561. adds : *super.*

After *Sta et retine* there follow in Lansdowne 451. and CCCC. 79. the prayers 'Omnipotens sempiterne deus' and 'Benedic domine fortitudinem' which may be found on col. 717. They follow *Sta et retine* in the second recension. There is no introductory rubric in CCCC. 79. but Lansdowne 451. has : *Sequatur oracio super Regem.*

line 27. *Rege itaque* &c. is in CCCC. 79. but it is omitted in Lansdowne 451. and the other manuscripts which follow O.

Ordo consecracionis reginae.

Col. 709.] *Verum si regina* &c. This rubric is in CCCC. 79. but it is omitted in Harl. 561. as far as *Oracione ista* line 9 of col. 710.
line 10. for *unius* CCCC. 79. has *sanguinei.*

Col. 711.] line 3. for *redimito* Harl. 561. has *redeunto.*

'Deus qui solus habes' and 'Omnipotens sempiterne Deus': Harl. 561. has here in full as on col. 729. So also 'Spiritus sancti gracia' for which see note to col. 730.

Col. 712.] line 3. After 'anulum' Harl. 561. has: et cetera. *prout sequitur. Si tamen non fuerit anulus prius benedictus tunc benedicatur modo subscripto sic.* Dominus vobiscum. *et* Oremus. Creator et conseruator. [See note to col. 730] . . . Salutem Per christum dominum nostrum. Amen *Oracio.* Bene✠dic domine [see note to col. 730] . . . viuat et senescat et multiplicetur in longitudine dierum. Per christum. *Tunc aspergatur aqua benedicta et detur ab episcopo Regine sic dicente* Accipe anulum [see col. 730] . . . aduocare prestante domino nostro Ihesu Christo. qui cum deo patre. et cetera. *Deinde sequitur* Dominus vobiscum oremus Deus cuius est omnis potestas &c. [see col. 731.]

line 7. See col. 731. for text of 'Deus tuorum corona' Harl. 561. has it in full in this place, followed by the rubric: *Deinde aspergat episcopus aquam benedictam super coronam atque incensetur. Et dum corona ponitur capiti regine dicat metropolitanus vel episcopus consecrans sic.* Accipe coronam. [See col. 732.]

line 16. 'Officio nostrae indignitatis' is given in full in Harl. 561. [see col. 732.] but with the reading 'Officio nostre dignitatis' followed immediately by this rubric: *Hic tradatur ei sceptrum in manu dextera et virga in sinistra consecratore dicente* Accipe Virgam [as in Lansd. 451. see note to col. 732.] . . . Qui viuis et regnas. *Hic detur virga sic.* Omnium domine fons [see col. 732.] . . . per dominum. *Coronata autem regina* &c.

Missa specialis pro rege.

Col. 713.] line 11 for *officium* H. 561. has *hoc modo.*

S. (784*) Y. (ii. 174.) H. (446.) and Abin. (fo. 247.) have similar masses. See also lower margin of col. 1145.

The collect for both King and Queen is in Harl. 561. and CCCC. 79. but it is absent in those which follow O.

Col. 714.] note 3. For 'Christus vincit &c.' see British Museum, Vitell. E. xii. fo. 160. b. a noted litany, most likely contemporary with the coronation of Matilda. It has been printed by Dr. Henderson in York. Pont. 279. and in the second edition of Maskell's *Monumenta Ritualia* (Oxford, 1882. Vol. ii. p. 85.)

Col. 715.] After gospel Harl. 2901 has in margin: Credo in unum deum.

Col. 716.] *Dum canitur:* in line 3 of this rubric the words *ad altare* are omitted by Harl. 561. and CCCC. 79.

Note †—†. the portion in square brackets is omitted by Rymer and Royal 12. D. iii.

Col. 717.] 'Omnipotens Deus det tibi' and 'Benedic domine' are repeated here in CCCC. 79.
line 4 *seruiant tibi po:* thus Harl. 561. breaks off.

Benedic Domine: Add. MS. 6157 begins with this prayer.

Col. 718.] The secret for the king and queen is absent in Rymer, Lansdowne 451. and Royal 12. D. iii.

The preface is in CCCC. 79. the MSS. of Ashmole, Harl. 2901. and Royal 12. D. iii. but it is absent in Rymer, Peckham, and Lansdowne 451.

Col. 720.] *Sequetur ante* &c. Instead of this rubric Add. 6157. has: *Benedictio super regem et populum.* Lansdowne 451. has: *Benedictio episcopalis ante* pax domini.

Col. 721.] At end of *communio* Lansdowne 451. has: *In tempore paschali* alleluya alleluya.

Add. 6157. preserves postcommon for the king and queen. Royal 12. D. iii. has *Explicit modus coronandi.*

Col. 722.] *Expleta missa* &c. This long rubric is contained in Add. MS. 6157 and CCCC. 79.

Col. 724.] lines 17 and 24. 'bullas papales' and 'papalium' are struck out also in Add. 6157.

For papal bulls concerning Westminster, see the appendix to John Dart's *Westmonasterium*, especially p. ix. There is a roll containing portions of papal bulls in the Muniment Room at Westminster, parcel 37. transcribed in the middle ages. One is as follows:

Nicholaus Episcopus seruus seruorum dei . . . . . Preterea illi loco quem sub nomine sancte penitencie construendum et meliorandum suscepistis quoniam ut fertur primam antiquitus consecrationem a beato petro accepit cuius licet indigni vicarii simus et quia regia antiquitus sedes est ex auctoritate dei et sanctorum Apostolorum atque huius Romane sedis et nostra concedimus permittimus et solidissime confirmamus ut amplius imperpetuum regie constitutionis et consecrationis locus sit atque repositorium regalium insignium et habitatio perpetua monachorum qui nulli omnino persone nisi Regi subdantur, &c.

Col. 725.] For the names of the nobles serving these offices at Queen Eleanor's coronation see *The Red Book of the Exchequer*, ed. Hubert Hall, Rolls Series, 1896. Part ii. p. 757.

line 6. *mappas tanquam suas recipiet:* written in Add. 6157. over erasure.

line 8. For *dumelye* Add. 6157. has *dunelme.*

ORDO CONSECRATIONIS REGINAE SOLIUS.

Col. 726.] line 16. *unius:* CCCC. 79.

Col. 727.] The manuscripts which follow O. omit the whole of the rubric beginning *Die quo regina* on col. 726. to *coronandam hec oracio* on col. 727. and have that of O. in its place. Lansdowne 451. has, however, *Benedictio regine dicenda in ingressu ecclesie secundum ordinem romanum.*

Col. 728.]

Rubric *Oratione hac* in Add. 6157, is as follows: *Oracione finita procedet regina vt primitus incedebat processionaliter per medium chori usque ad gradus magni altaris quo cum peruenerit prosternet se super tapetum et quissinos prius ibidem per regios ministros honeste preparatos archiepiscopo vel episcopo genuflectendo ymnum incipiente* *Veni creator spiritus* *chorus prosequatur* *mentes tuorum visita imple superna gracia que tu creasti pectora* [*—* noted] *et cetera vt supra in ordinibus Deinde super istam ita prostratam dicatur hec Oracio.* Deus qui solus &c. Cf. Maskell i. 55.

For this rubric in Lansdowne 451. there is only: *Post hanc sequitur benediccio dicenda ante altare.* Deus qui solus &c. Harl. 2901. has: *Item alia benediccio eiusdem coram optimatibus ante altare dicenda* Dominus uobiscum. *Oracio.* Deus qui solus &c.

Col. 729.] line 9. Immediately after *hec oracio* in CCCC. 79. there follows in lower margin: *quam precedet ympnus* Veni Creator spiritus *prout illum incipient quo finito dicatur oracio* Deus qui *ut sequitur.*

Col. 730.] For rubric *Terminata* and what follows Lansdowne 451. has: *Item post hanc in sacri olei vnccione: Sequitur hec. Oracio.* Spiritus sancti gracia . . . secula seculorum Amen [see below in Add. 6157.] *Hic vnguatur oleo sancto.* In nomine patris et filii . . . in secula seculorum. *Oracio.* Omnipotens sempiterne deus. . . . . separetur indigna. Per dominum nostrum. *Hic detur anulus dicente episcopo.* Accipe anulum.

Terminata. line 4 for *crisma* read *oleum per archiepiscopum* in Add. 6157.

line 5 for *dicente episcopo* read in Add. 6157. as in Maskell *Postea de eodem oleo vngetur in pectore modo consimili in modum crucis et ad vtramque vnccionem tam capitis quam pectoris dicetur a pontifice consecrante.* In nomine patris ✠ et filii &c.

For *Tunc subsequatur* read in Add. 6157: *Circulo quem in capite prius gestauerit deposito tunc dicitur* [rubric erased but can still be read] *oracio.*

Spiritus sancti gracia humilitatis nostre officio in [te *interlined*] copiosa descendat vt sicut manibus nostris indignis oleo materiali inuncta [oblita: Lansd.] pinguescis exterius ita eius inuisibili vnguine delibuta inpinguari merearis interius. eiusque spiritali vnccione perfectissime semper imbuta et illicita declinare. tota mente et spernere discas seu valeas [et *interlined*] vtilia anime tue iugiter cogitare optare atque operari queas. auxiliante domino nostro ihesu christo quem cum deo patre et spiritu sancto viuit et regnat deus. in secula seculorum. amen. Oremus [in black, written over a rubric erased very completely] Omnipotens sempiterne affluentem . . . . separetur indigna. Per christum.

Et prouideant ministri quod tunica regine sic fiat quod per consecrantem ante sanctam pectoris vnccionem faciliter possit aperiri a nobiliori domina que dicte regine semper adherebit. et tunc inungatur dicendo. In nomine patris [the last six words from *tunc* to 'patris' written over erasure.] *Sequitur benediccio anuli.*

Dominus vobiscum. *Oremus.*

Creator et conseruator humani generis dator gracie spiritualis et largitor eterne salutis tu domine mitte bene✠diccionem tuam super hunc anulum vt que illum gestauerit sit armata virtute celestis defensionis et proficiat illi ad eternam salutem per christum dominum nostrum. Amen.

Oremus.

Bene✠dic domine ihesu christe anulum istum fidei signaculum quem ancilla tua in signum federis tui. gestatura est vt in tua dileccione perpetue maneat copulata et eam sine macula custodias ineternum qui viuis et regnas cum deo patre.

Alia oracio.

Bene✠dic domine hunc anulum quem nos in tuo sancto nomine benedicimus ut quecunque eum portauerit in tua pace consistat et in tua voluntate permaneat et in amore tuo viuat [crescat *interlined*] et senescat et multiplicetur in longitudinem dierum. per christum.

Tunc aspergatur anulus aqua benedicta et detur ab episcopo regine sic dicente. Accipe anulum, &c.

Cf. Maskell i. 58.

Col. 731.] For *Sequetur benediccio* &c. Add. 6157. has *Benediccio corone Regine.* Of *Deus tuorum* only the three first words occur in Lansdowne 451.

Col. 732.] Before *Tunc subinferet* Maskell i. 59. has *Primitus pileo lineo capiti reginae apposito, ob sanctae unctionis conservationem, quod postea comburetur.*

line 7. For 'Officio nostre indignitatis' Cleopatra D. vii. has 'officio nostre dignitatis.' The whole prayer is omitted in Lansd. 451. which runs thus: Coroneris. per eum qui viuit et regnat per omnia secula seculorum. *Ad complendum: Oracio.* Omnium domine fons [as on line 7 from bottom.]

For *Et tradendo* &c. Add. 6157. has *Deinde tradat ei sceptrum in dextra manu et virgam in sinistra sic dicendo.*

Accipe sceptrum in signis iusticie et potestatis regie necnon virgam virtutis et equitatis et esto pauperibus misericors et affabilis viduis pupillis et orphanis diligentissimam curam exibe vt omnipotens deus adaugeat tibi gloriam suam Qui viuit et regnat deus per omnia secula seculorum. Amen.

Deinde complendo coronacionem regine dicat episcopus consecrans oracionem Omnium domine fons bonorum &c. Lansdowne 451. has after 'Omnium domine fons bonorum': *Tunc tradatur ei sceptrum dicendo*

Accipe virgam virtutis et equitatis et esto pauperibus misericors et affabilis viduis pupillis. et orphanis. diligentissimam curam exhibe: ut omnipotens deus adaugeat tibi gloriam suam. Qui viuit et regnat deus: per omnia secula seculorum.

Col. 733.]

To last line adds Add. 6157. *et notandum quod missa erit eadem sicut in coronacione Regis.* Over erasure.

De exequiis regalibus.

Col. 734.] This rubric appears in the Sarum Manual (p. 57* of the York Manual, ed. W. G. Henderson, Surtees Society, 1875.) It appears in the manuscript from which Maskell has printed in the Cambridge University Library (Mm. 3. 21. fo. 280 [175.] and CCCC. 79.) Also in the British Museum, Cleopatra, D. vii. fo. 192. but it is not in Add. MS. 6157. at this place.

Compare with this the English directions in *Archaeologia*, Vol. i. (There are three editions of this volume and the pages on which the directions appear vary in each edition.) and *Letters and Papers illustrative of the reigns of Richard III. and Henry VII.* xxiv. Rolls Series, 1861. ed. by James Gairdner, Vol. i. p. 1. from MS. I. 7. fo. 7. College of Arms.

PROPRIUM SANCTORUM.

The *Proprium Sanctorum* of By. has not been collated.

IN NATALI SANCTI SYLVESTRI. (Dec. 31.)

Col. 736.] **Collect.** *Da quaesumus:* all the uses (Gr. 15.)
Secret. *Sancti Silvestri:* W. Alb. Abin. (not in Wilson.)
Adesto quesumus Domine: S. Twk. Cout. (Cf. L. 339.)
Sancti confessoris tui Silvestri: Vit. (cf. L. 403.)
Sancti nos quesumus Domine: Y. H. Durh. Aug. Whit. Whc. Sherb. Leo. Rob. Rouen, Paris. Dom. Cisterc. Rom. (Gr. 15.)

Alb. omits *confessoris tui atque pontificis* in line 1, and *pia* in line 3.

Postc. *Sumptum domine celestis:* W. Alb. Abin. (not in Wilson. Cf. S. 767. postc. for St. Basil.)
Quaesumus omnipotens Deus: S. Twk. Sherb. Cout.
Praesta quaesumus omnipotens Deus: Y. H. Durh. Aug. Whit. Leo. Rob. Whc. Vit. Rouen, Paris, Dom. Cisterc. Rom. (Gr. 15.)

IN OCTAVIS S. STEPHANI (Ian. 2.)

Col. 737.] **Gospel** is *Vae vobis* (col. 1072.)
Collect. *Omnipotens sempiterne deus.* (L. 383.) Many rites have it *in die.*

IN VIGILIA SANCTI EDWARDI. (Ian. 4.)

This mass does not appear in the other rites. For Secret and Postc. see Y. (i. 33.)

Collect. line 6 for *inuitacione* read *imitacione.*

IN NATALI S. EDWARDI REGIS. (Ian. 5.)

Col. 738.] **Collect.** *Deus qui hodierna:* W. (S. 933 for translation.)
Omnipotens sempiterne Deus: Y. Abin.

Col. 739.] **Sequence:** not found elsewhere. It has been printed in ***Analecta** liturgica.* II. ii. No. 582.
Organicis: Y. (from the common.)

Col. 740.] **Secret.** *Sacris altaribus:* W. Alb. (fo. 235.)
Sacrificii presentis: Y. Abin. (see col. 738. *in vigilia.*)
Postc. *Vitalis alimonie:* W. Alb. (235.)
Pignus perpetuae: Y. Abin. (see col. 738 *in vigilia.*)

SANCTI WLSINI (Ian. 8.)

There is a full mass in Sherborne for this saint, and with a sequence. (See S.P.E.S. 1896. iv. 24.) St. Wulsin was abbot of Westminster before he became bishop of Sherborne.

The collect is not found elsewhere.

SANCTI HILARII. (Ian. 13.)

Not in G. Gr. Men. or Leo.

Collect. *Deus qui venerabilem:* W. Alb. H. Whit. Rouen. (not in Wilson.)
Sancti confessoris tui et episcopi: Abin. Twk. Cout. (cf. L. 401. *Sancti Martyris Agapiti.*)
Adesto Domine supplicacionibus nostris: S. Durh. Aug.
Deus cuius miseratione delinquentes mutantur: Rob. Whc.
Deus qui nos sanctorum confessorum: Paris. Dom. (cf. Gr. 181.)

Col. 741.] **Secret.** *Hostias tibi domine:* W. (cf. G. 636.)
Sancti Hilarii precibus tibi: S. Alb. Durh. Aug. Whit. Rouen, Cout.
Presta nobis omnipotens Deus: H. Abin. Twk. (L. 402.)
Universitatis conditor: Rob.
Sancti tui nos Domine: Dom.
Suscipe domine munera: Paris. (cf. Gr. 24.)
Postc. *Sumptum domine pignus:* W. S. Alb. Durh. Aug. Whit. Rouen. (Cf. L. 394.)
Sumptis domine sacramentis quesumus: H. Abin.
Refectos domine mense celestis collatione beati hylarii: Twk. (cf. S. 912.)
Corporis sacri et pretiosi sanguinis: H. (MS.) Paris. (L. 295.)
Quaesumus Domine salutaribus repleti: Dom.

SANCTI FELICIS IN PINCIS. (Ian. 14.)

In G. and Gr.
Collect. *Concede quaesumus:* all the uses. (Gr. 18.)
Col. 742.] line 3 for *celebramus* Alb. 11414. Whit. Durh. Paris read *agimus.*
Gospel. *uos* in MS. not *nos.*
Secret. *Hostias tibi:* all the uses. (Gr. 18.)
Postc. *Tua sancta sumentes:* W. S. 11414 (added *in m.*) Alb. (not in Wilson.)
Grata tibi domine sancti felicis confessoris tui nos adiuuet interuentio et presta ut nobis ineternum proficiat tui sacramenti perceptio. Per. Twk.
Quaesumus Domine salutaribus repleti: Y. H. 11414. Aug. Durh. Whit. Leo. Rob. Whc. Vit. Cout. Rouen, Paris, Dom. Cisterc. Chart. Rom. (Gr. 18.)

SANCTI MAURI ABBATIS. (Ian. 15.)

Not in G. Gr. Men. or Leo.
Collect. *Deus qui hodiernam diem:* W. Alb. Whit. Durh. Aug. Twk. (not in Wilson.)
Deus qui aeterne gloriae participem: S. H. Rob. Vit. Cout. Rouen. Paris.
Intercessio: Y. (*in communi*) Dom. Cisterc.
Col. 743.] **Secret.** *Super hec sacrosancta:* W. Alb. Rob. Vit. Cout. (not in Wilson.)
Ecclesiae tuae Domine munera: S.
Sacris domine altaribus: H. Paris, Dom. Cisterc.
Oblatis domine ob honorem beati mauri: Durh. Aug. Whit. (cf. Rob. 168.)
Deprecatio domine beatissimi mauri confessoris tui atque abbatis qui seipsum fecit hostiam uiuam. nos et hec tibi gratificit libamina. Per. Twk.
Postc. *Assit clementissime deus:* W. Alb. Twk. Rob. Vit. Cout. (not in Wilson.)
Supplices te rogamus: S. Durh. Aug. Whit.
Praestet [*Protegat:* Paris] *nobis domine perceptio tui sacramenti:* H. Paris, Dom. Cisterc.
Tua sancta sumentes quesumus: Rouen (cf. G. 664. for S. Magnus.)

SANCTI MARCELLI. (Ian. 16.)

In G. and Gr.
Collect. *Preces populi tui:* all the uses. (Gr. 19.)
line 2. *et* is the reading of the MS. but *ut* is the reading of the other uses.

Col. 744.] **Secret.** *Ut nostre saluti:* W. S. Alb. (not in Wilson.)
Hostias nostras quesumus domine: Twk. (cf. G. 645.)
Suscipe quaesumus domine munera: Y. H. Durh. Aug. Abin. Leo. Rob. Whc. Vit. Rouen, Cout. Paris, Dom. Cisterc. Chart. Rom. (Gr. 19.)
Postc. *Praesta quaesumus:* W. S. Alb. (cf. G. 674.)
Leti domine sumpsimus sacramenta: Twk. (cf. G. 645.)
Satiasti Domine familiam tuam: H. Y. Durh. Aug. Abin. Leo. Rob. Whc. Vit. Cout. Rouen, Paris, Dom. Cisterc. Chart. Rom. (Gr. 19.)

DE SANCTO FURSEO. (Ian. 16.)

Paris seems to be the only use besides W. with an office for St. Fursey. The three Paris collects are
Collect. *Da quaesumus omnipotens deus* (Gr. 180.)
Secret. *Hostias tibi domine pro commemoratione* (G. 636.)
Postc. *Praesta quaesumus omnipotens* (Gr. 15.)

SANCTAE PRISCAE. (Ian. 18.)

Col. 745.] **Collect.** *Da quaesumus omnipotens:* all the uses. (Gr. 19.)
Secret. *Munera nostra quesumus:* W. S. Alb. (not in Wilson.)
Muneribus domine te magnificamus oblatis. que nobis et beate prisce martiris tue patrocinia. et sempiterna concilient gaudia. Per. Twk. (cf. St. Sabina, ii. 932.)
Hostia quaesumus domine: H. Y. Durh. Aug. Whit. Abin. Leo. Rob. Whc. Vit. Rouen, Cout. Paris, Dom. Cisterc. Chart. Rom. (Gr. 19.)
Col. 746.] **Postc.** *Adiuvent nos quaesumus:* W. S. Alb. (G. 639.)
Quaesumus domine salutaribus: Y. H. Durh. Aug. Whit. Abin. Twk. Leo. Rob. Vit. Rouen, Cout. Paris, Dom. Cisterc. Chart. Rom. (Gr. 19.)

SANCTI WLSTANI. (Ian. 19.)

Collect. *Spiritum in nobis:* W. S. H. Twk. (not in Wilson.)
Secret. *Suscipe quaesumus domine:* W. S. H. Twk. (not in Wilson.)
Munera tibi domine dicata sanctifica: H. (MS.)
line 2. *simplicis:* MS. *supplicis:* S. *supplicantes:* 11414. H.
Col. 747.] **Postc.** *Salutaris tui domine misterio:* W. S. H. Twk.
Sancti nos Domine confessoris tui: H. (MS.)

SS. MM. FABIANI ET SEBASTIANI. (Ian. 20.)

St. Fabian has no historical connexion with St. Sebastian beyond the falling on the same day of the two feasts. So in the earlier books each saint has his own mass, as in G. Gr. Vit. and Men. Later, there is only one mass, but the collects for both saints are said in it, as Rob. and Y. Last, the collects are reduced to one, with allusions in them to both saints as in W. and S.
Collect. *Deus qui beatos martires:* W. S. H. Y. Abin. Twk. Leo. Rob. Vit. Cout. Dom. Cisterc. (Gr. 20.)
Infirmitatem nostram respice: Alb. Y. Whit. Durh. Aug. Vit. Rob. Whc. Cout. Rouen, Dom. Rom. (Gr. 20.)
Y. Rob. Vit. Cout. Paris, and Chart. have both these collects.
Secret. *Accepta sit in conspectu:* W. S. H. Y. Alb. Durh. Aug. Abin. Twk. Leo. Rob. Whc. Vit. Cout. Rouen, Dom. Cisterc. Chart. Paris (Gr. 20.)
Hostias tibi domine: Y. H. (MS.) Whitby, Rob. Whc. Vit. Rouen Cout. Paris, Chart. (Gr. 20.)
lines 2 and 3. for *nostre deuocionis oblacio.* Gr. Leo. Vit. Rob. H. Cout. have *nostra devotio.*

Col. 748.] **Postc.** *Sacramentorum tuorum:* W. S. Alb. (cf. L. 369. and G. 528.)

Sacro munere satiati: H. Y. Durh. Aug. Whit. Abin. Leo. Rob. Vit. Rouen, Cout. Paris, Dom. Cisterc. Chart. (Gr. 20.)

Refecti participatione: Y. Rob. Whc. Cout. Vit. Chart. Rom. (Gr. 20.)

Presta quesumus omnipotens deus: ut beatorum martyrum tuorum sebastiani et fabiani quorum memoriam sacramenti participatione recolimus. fidem quoque proficiendo sectemur. Per. Twk. (Cf. S. 837.)

line 6. for *exposcimus*, S. (not 11414 nor Alb.) has *exoramus*, and after *hec* S. and 11414. add *eadem.*

SANCTAE AGNETIS. (Ian. 21.)

In G. and Gr.

Collect. *Omnipotens sempiterne deus:* all the uses. (Gr. 21.)

Col. 749.] **Secret.** *Interveniente quesumus domine:* W. Alb. (not in Wilson.)

Suscipe quaesumus domine: S. (cf. L. 479.)

Placationis tibi domine sacrificium: Twk. (cf. S. 765. secret for St. Barnabas.)

Hostias Domine quas tibi: Y. H. Durh. Aug. Whit. Sherb. Abin. Leo. Rob. Whc. Vit. Rouen, Cout. Paris, Dom. Cisterc. Chart. Rom. (Gr. 21.)

Postc. *Refecti cibo potuque celesti:* W. Alb. Y. H. Durh. Aug. Abin. Sherb. Leo. Rob. Whc. Vit. Rouen, Cout. Paris, Dom. Cisterc. Chart. Rom. (Gr. 21.)

Divini refecti libamine: S. (not in Wilson.)

Celestibus sacramentis refecti supplices te domine deprecamur. ut que in solemnitate beate agnetis letanter percepimus. auxilio eius intercessionis. nobis proficiant ad utriusque profectum salutis. Per. Twk.

S. VINCENTII. (Ian. 22.)

Not in G. but in Gr.

Collect. *Adesto domine supplicationibus:* all the uses. (Gr. 21.)

Grail. *Posuisti:* all the uses.

℣. *Letabitur:* W. Durh.

℣. *Desiderium: Laetabitur:* S. Aug. Paris, Cout.

℣. *Beatus vir:* Y. Twk.

℣. *Desiderium. Iste sanctus:* H.

℣. *Iustus germ.* Abin.

℣. *Vincenti martir sanctissime sedule pro tocius populi salute christum deprecare:* Sherb.

℣. *Vincenti martyr sanctissime sedule pro nobis christum exora.* Twk.

Tract. *Beatus vir:* W. Aug.

Desiderium: S. H. Y. Durh. Abin. Twk. Rouen, Paris.

Sequence. *Christo canamus diei:* W. Y. Abin. (*Analecta liturg.* II. i. no. 379.)

Stola iocunditatis: S. H. Sherb. (Kehrein, 625.)

Precelsa seclis colitur dies: Durh. Whit. (*Analecta liturgica* II. i. no. 138.)

Ecce dies preoptata: Rouen, Cout. Paris. (Kehrein, 735.)

Col. 750.] **Secret.** *Hodiernum domine sacrificium:* W. (Men. 21. Pam. ii. 202. cf. G. 638.)

Gloriosi martyris tui Vincentii: S. Alb. Abin. Twk. (not in Wilson.)

Intercessio quesumus domine: Sherb. (cf. S. 802. Secret for St. Martin's translation.)

Muneribus nostris quesumus domine: Y. H. Durh. Aug. Whit. Leo. Rob. Whc. Vit. Rouen, Cout. Paris, Dom. Cisterc. Chart. Rom. (Gr. 21.)

Postc. *Quaesumus omnipotens deus:* W. Y. H. Durh. Aug. Whit. Sherb. Leo. Rob. Whc. Vit. Rouen, Cout. Paris, Dom. Cisterc. Chart. Rom. (Gr. 22.)

Beati Vincentii martyris tui Domine: S. Alb. Abin. Twk. (not in Wilson.)

SANCTAE EMERENTIANAE (Ian. 23.)

Col. 751.] **Collect.** *Deus qui sancte Emerenciane:* W. (cf. S. 756. Collect for St. Petronilla.)

Deus qui nos beate: Y. (in communi.)

Omnipotens sempiterne deus qui infirma: Twk. (*ex com.*)

Maiestati tue nos domine: Durh. Alb. Sherb. Leo. Rob. Cout. (L. 302.)

"incessabiliter actibus nostris offendimus eius [ipsius: Cout.] precibus expiemur" is the ending in Durh. Sherb. Rob. Cout.

Indulgentiam: Dom. Cisterc.

Da quesumus omnipotens: Rom. (as for St. Prisca.)

Secret. *Sacrificium quod tue:* W. (cf. S. 756. Secret for St. Petronilla.)

Munera tibi domine dicanda meritis beate emerenciane martiris tue placatus intende: et eius salutari deprecacione nosmetipsos sanctificare dignare. per. Durh. Alb. (cf. i. virg. ii. 1107.)

Suscipe quesumus domine munera nostra per intercessionem sancte emerenciane cuius sollempnia celebramus ut ab omnibus mereamur emundari peccatis. Per. Sherb.

Accepta tibi sit domine sacrata: Leo. Rob. Vit. Cout. (L. 393. SS. Felicissimus, &c.).

Suscipe munera: Dom. Cisterc.

Hostia quesumus domine: Rom. (as for St. Prisca.)

Postc. *Quos celesti cibo:* W. (not in Wilson.)

Supplices te rogamus: Durh. Alb. (cf. S. 834.)

Sanctificet nos domine quesumus: Twk. (L. 407. for St. Euphemia.)

Martyrum tuorum nos domine: Leo. (L. 302.)

Iugiter nos domine sanctorum tuorum: Rob. Vit. Cout. (G. 679.)

Auxilientur nobis: Dom. Cisterc.

Quesumus domine salutaribus: Rom. (as for St. Prisca.)

Col. 752.] IN CONVERSIONE SANCTI PAULI (Ian. 25.)

Not in G. or Gr. but in Men. (p. 22.) and Leo.

Office. *Laetemur omnes:* W. S. H. Alb. Durh. Whit. Sherb. Twk. CCCO. Rosslyn, Cout. Dom.

Scio cui credidi: Y. Abin. Aug. Cisterc. Chart. Paris, Rom.

Gaudeamus omnes: Rouen.

Office Ps. *De illustracione:* all the uses; except

Domine probasti: Y. Whit. Dom. Chart. Rom.

Prostratus est seuissimus persecutor et erectus est fidelissimus predicator: Twk. CCCO. Rosslyn.

Non solum autem michi sed et omnibus: Abin.

Dereliquo reposita: Aug. Paris, Cisterc.

Eructauit: Rouen.

Collect. *Deus qui universum mundum:* all the uses.

Lesson. *Saulus adhuc:* all the uses except Chart. which has *Notum vobis . . clarificabunt Deum* (Gal. i. 11–24. col. 853.)

Col. 754.] **Grail.** *Domine prevenisti. Magnus sanctus:* W. Durh. Aug. Twk

Qui operatus est. Gratia Dei. Magnus sanctus: S. H. Y. Sherb. Abin. Dom. Cisterc. Paris.
Qui operatus. Gratia dei. Tu es vas: Rouen, Rom.
Qui operatus. Gratia dei. Sancte paule: Whit.
Qui operatus. Gratia dei. Nimis honorati: Chart.
Constitues. Tu autem. Tu es vas. Predicator. Intercede. Alb.
Domine preuenisti. Vitam petiit. Posui adiutorium: CCCO. Rosslyn.
Domine preuenisti. Vitam petiit. Tu es vas: Cout.

Tract. *Desiderium:* W. Rouen. Cisterc.
Tu es vas. Predicator. Per te. Intercede: all the other uses.
Beatus vir. Potens in terra. Gloria et: Chart.
Rouen has a second tract: *Beatus vir.*

Sequence. *Dixit dominus ex basan:* W. Y.
Solemnitas sancti Pauli: S. H. Durh. Whit. Sherb.
Sancti Pauli conversio: Y. (second sequence.)
Clare sanctorum: Rouen (see col. 1031.)
Iubilemus saluatori qui spem dedit: Cout. (Gautier, i. 329.)
Corde voce pulsa celos: Paris. (Kehrein, 386.)
Letabundus decantet: Dom.

Col. 755.] **Gospel.** *Homo quidam erat diues:* W. H. Abin. Twk. Cout.
Ecce nos reliquimus: the rest.

Offert. *Michi autem:* W. S. H. Y. Abin. Sherb. Dom. Cisterc. Chart. Rom.
Constitues: Alb.
Posuisti domine: Durh. Whit. Twk. CCCO. Rosslyn.
In omnem terram: Aug.
Iustus ut palma: Cout.

Secret. *Apostoli tui:* all the uses (Men. 22.) except Cisterc. which has *Ecclesiae tuae* (L. 337.)

Communio. *Amen dico vobis:* common, except *Magna est gloria eius:* Cout.

Postc. *Salutari refecti misterio:* W. S. Abin. Twk. CCCO Rosslyn. (not in Wilson.)
Perceptis Domine sacramentis: Cisterc. (Gr. 104.)
Satiati [*Sanctificati:* Leo. Rom. *Satiasti nos domine:* Rob. Whc.] *salutari mysterio:* the other uses (Men. 22 and Gr. 22 note, but not as postc. to Conversion of St. Paul.)

SANCTI PREIECTI (Ian. 25.)

Col. 756.] **Collect.** *Beati martiris tui proiecti:* [*preiecti:* S. &c.] W. S. Y. Alb. Durh. Aug. Abin. Sherb. Vit. Rob. Cout. (Men. 22.)
Infirmitatem nostram respice: Cisterc. (Gr. 20. for St. Fabian.)
Martyris tui Praeiecti: H. Twk. Vit. Rouen, Paris.

Secret. *Suscipe domine propicius:* all the uses except Cisterc. which has *Accepta sit.*

line 7. after *acceptas* H. Y. Rob. Paris. Men. add: *et illam quae in eo flagravit dilectio fortis in nobis aspira benignus. Per Dominum.* But Abin. Durh. Aug. Vit. add: *fortem dileccionem in nobis aspira benignus.*

Postc. *Da quesumus domine deus:* W. S. Alb (cf Gr. 110. Postc. for vigil of St. Lawrence.)
Adiuuent nos quesumus domine sacramenta que sumpsimus et Sancti preiecti martiris tui atque pontificis intercessio gloriosa nos protegat. Per. Sherb. (cf. G. 639. postc. for St. Agnes.)
Epularum tuarum alimento saginati te humiliter rogamus domine deus noster. ut beati preiecti martiris tui meritis ubique nos

adiuues. cuius hodie passionis diem celebramus. per. Twk. (cf. ii. 894. postc. for invention of St. Stephen.)
Spiritus nobis Domine : Cisterc.
Votiva Domine pro beati martyris tui Praeiecti : Y. and the other uses. (cf. G. 659. postc. for St. Donatus.)

IN NATALI SANCTI IULIANI (Ian. 27.)

Col. 757.] **Collect.** *Deus qui per ineffabile :* W.
Da quaesumus : Y. (*ex com.* ii. 148.)
Deus qui ecclesiae tuae : S. H. Durh. Cout. Rouen.
Exaudi Domine preces nostras : Dom. (G. 636. for St. Marcellus.)
Deus qui populo tuo : Paris (S. 733. collect for St. Ambrose.)
Secret. *Altaria tua domine :* W.
Respice domine quaesumus : S. H. Durh. Cout. Rouen.
Accepta sit in conspectu : Dom. (Gr. 20. for St. Sebastian.)
Omnipotens sempiterne deus munera tue maiestati oblata : per intercessionem beati iuliani confessoris tui atque pontificis, ad perpetuam nobis fac proficere salutem. Per. Paris. (see p. 1542. 1597.)
Postc. *Sancte immortalitatis alimonia :* W.
Divinis Domine repleti sacramentis : S. H. Durh. Rouen, Cout.
Da quesumus domine fidelibus tuis sanctorum tuorum semper veneratione letari : et eorum perpetua supplicationi muniri : Dom.
Sacramenta salutis nostre suscipientes : concede quesumus omnipotens deus ut beati iuliani confessoris tui atque pontificis nos ubique oratio adiuuet : in cuius veneratione hec tue obtulimus maiestati. Per. Paris. (see pp. 1543. 1597. 1608.)

IN OCTAVIS SANCTAE AGNETIS (Ian. 28.)

In G. and Gr.
Col. 758.] **Collect.** *Deus qui nos annua :* all the uses. (Gr. 22.)
Secret. *Grata tibi sint :* W. S. Alb. Sherb. (G. 639. Secret for St. Agnes.) Sherb. adds this clause following G. after *recensetur* which the others omit :
sic enim ab exordio sui usque in finem beati certaminis extitit gloriosa ut eius nec inicium preterire debeamus nec finem. Per dominum.
Super has quesumus : Y. H. and the rest. (Gr. 22.)
Postc. *Sumpta domine sancta mysteria :* W. S. Alb. Y. (MS.)
Adiuuent nos quesumus domine : Twk. (G. 639. postc. for St. Agnes.)
Sumpsimus domine celebritatis : all the rest. (Gr. 22.)

IN NATALI SANCTAE BRIGIDAE (Feb. 1.)

Not in G. Gr. Men. or Leo.
Col. 759.] **Collect.** *Caelorum atque terrarum :* W. H. Sherb. Rob. CCCO. Rosslyn. Vit. Cout. (not in Wilson.)
Sanctae Brigidae virginis tuae : S. Twk.
Exaudi nos : Cisterc. (cf. L. 459 for St. Cecilia.)
Secret. *Ecclesie tue quesumus domine :* W. H. Sherb. CCCO. Rosslyn, Vit. (cf. first clause of G. 652. secret for St. Peter.)
Sacrificiis domine placatus oblatis : S. Twk. (cf. G. 715. Secret pro mortalitate animalium.)
Omnipotens sempiterne deus respice propitius oblationem populi tui quam offertur †maiestati in honore sancte brigide virginis tue :

ut qui hodie eius transitum laudat in terris, eius quoque in superni poli sede muniatur suffragio. Per dominum. Cout.

Accepta tibi domine sit sacre plebis oblatio: Paris, Cisterc. (cf. Gr. 125. Secret St. Mark, Pope.)

Postc. *Salutis nostre leti libantes:* W.

Beatae Brigidae virginis tuae precibus fidelibus tuis: S. Twk.

Beate Brigide uirginis tue domine precibus confidentes quesumus clemenciam tuam. ut per ea que sumpsimus. eterna remedia capiamus. Per dominum: Sherb. Vit.

Sumpsimus domine celebritatis annuae: H. (L. 480. December ember days.)

Adiuuent nos quesumus domine: CCCO. Rosslyn. (cf. G. 639. postc. for St. Agnes.)

Spirituali refectione sancti corporis et sanguinis domini nostri iesu christi satiati sumus, concede quesumus omnipotens deus: ut per hec sacra mysteria et merita beate brigide virginis tue, mereamur habere vite presentis subsidium, et gaudia celestis paradysi possidere. Per eundem. Cout.

Satiasti domine familiam tuam muneribus: Paris. Cisterc. (cf. Gr. 129.)

IN PURIFICATIONE BEATAE MARIAE (Feb. 2.)

In G. and Gr.

Col. 760.] **Office.** *Suscepimus:* all the uses.

Collect. *Omnipotens:* all the uses. (Gr. 23.)

Lesson. *Ecce ego mitto:* all the uses.

Col. 761.] **Grail.** *Suscepimus.* ℣ *Sicut audivimus:* common.

℣. *Adorabo:* W. S. H. Y. Abin. Twk. Cout. Dom. Chart. Cisterc.

Hodie oblatus: Alb. Whit. Sherb. CCCO. Rosslyn.

Senex puerum. Post partum: Rom.

Tract. *Nunc dimittis:* W. S. Abin. Rouen, Rom.

Gaude maria: Y. H. Durh. Whit. Twk. CCCO. Rosslyn, Dom. Cisterc. Paris.

Diffusa. Accingere. Specie. Propter veritatem. Audi: Alb. Cout. Chart.

Sequence. *Claris vocibus inclita:* W. (*Analecta liturgica*, II. i. No. 411.)

Hac clara die turma: S. H. Durh. Whit. Cout.

Ave praeclara maris stella: Y.

Concentu parili hic te maria: Sherb. Rouen. (Kehrein, 217.)

Lux aduenit veneranda: Paris (Kehrein, 219.)

Letabundus: Dom. (see col. 39.)

Col. 762.] **Gospel.** *Postquam impleti:* all the uses.

Col. 763.] **Offert.** *Diffusa est gracia:* all the uses, except Y. which has: *Ave maria*, Dom. which has: *Felix namque*, and Chart. which has: *Offerentur regi.*

Secret. *Presta quesumus domine:* W. S. Abin. Alb. Twk. CCCO. Rosslyn.

Exaudi domine preces nostras: the other uses. (Gr. 23.)

Preface. *Quia per incarnati:* the uses except Abin. CCCO. which have *Et te in veneratione.*

Com. *Responsum:* all the uses.

Postc. *Perfice in nobis:* W. (Gr. 23. 'super populum.' See also Leo. Rob.)

Da nobis misericors deus eius presenti festiuitate uegetari: Abin. Twk. CCCO. Rosslyn (cf. S. 776*.)

Quesumus domine deus noster: the rest of the uses. (Gr 23.)

In natali S. Blasii (Feb. 3.)

Not in Gr. Men. Leo. or Rob.

Collect. *Omnipotens sempiterne deus:* W. H. Y. Alb. Whit. Twk. Rouen. (not in Wilson.)

Beatus martyr tuus Blasius: S. Sherb. Durh.

Deus qui hanc diem nobis beati blasii martyris tui atque pontificis martyrio consecrasti, concede propitius: vt omnes qui martyrii eius merita veneramur, intercessionibus eius ab eternis gehenne incendiis liberemur. Per dominum. Cout. (not in Wilson.)

Infirmitatem nostram respice omnipotens deus: Paris. (Cf. Gr. 20. collect for St. Fabian.)

Da quesumus omnipotens deus: Dom. (cf. G. 637. for St. Marcellus.)

line 5. In place of *assis . . . et da*, H. Y. have *concede propitius.*

Col. 764]. **Secret.** *Sacrificiis* [*sacris:* Y.] *quesumus domine:* W. Y. H. Alb. Whit. Twk.

Maiestati tue domine: S. Durh.

Magnifica quesumus domine: Rouen. (G. 660. secret in vig. St. Laurent.)

Sanctifica quesumus domine hanc oblationem quam tue pietati in celebritate beati martiris tui: Sherb.

Presta quesumus domine ut beati blasii martyris tui atque pontificis suffragiis tua in nobis munera tuearis, pro cuius honoranda confessione hostias tibi laudis offerimus. per dominum. Cout. (cf. ii. 856.)

Hec hostia domine quesumus: Dom. (Gr. 27. for Quinquagesima.)

Hostias tibi domine: Paris. (Gr. 20 Secret for St. Fabian.)

Postc. *Sumpta quesumus domine:* W. H. Y. Alb. Whit. Twk.

Mysteria quesumus domine: S. Durh.

Tua nos domine sacramenta tibi reddant acceptos: Sherb.

Sancta tua que sumpsimus domine quesumus in beati blasii martiris tui preciosa passione quam celebramus nos foueant. quibus et iugiter satiemur: et semper fideliter desideremus expleri. Per. Rouen.

Sancti nos domine martyris tui atque pontificis blasii precatio sancta per hec sacramenta que sumpsimus tueatur: et quod conscientia nostra non presumit, eius qui tibi placuit oratione nobis donetur. Per dominum nostrum Cout. (cf. ii. 857.)

Refecti participatione muneris sacri: Paris. Dom. (Gr. 20 postc. for St. Fabian.)

Sanctae Agathae. (Feb. 5.)

Col. 765.] **Collect.** *Deus qui inter caetera:* all the uses. (Gr. 23.)

Secret. *Suscipe domine munera:* all the uses (Gr. 24.) except S. which has: *In commemoratione beatae Agathae;* and Twk. which has: *Hec uictima domine quesumus pro beata uirgine Agatha martirio oblata. et mentium* &c.: (Cf. S. 816. St. Margaret of Antioch.)

Postc. *Auxilientur nobis domine:* all the uses. (Gr. 24.) except S. which has: *Caelesti refectam mysterio;* and Twk. which has *Sancta tua domine percipientes tuam deuote misericordiam exoramus. ut beate agathe uirginis intercessione muniti sempiterna mereamur felicitate epulari. Per.* (cf. St. Milburg, ii. 832.)

SS. Vedasti et Amandi. (Feb. 6.)

Not in Gr. Men. or Leo.

Col. 766.] **Collect.** *Deus qui nos* [*populum tuum:* Alb.] *devota:* W. Abin. Twk. Alb. Rob. Vit. Cout.

Adesto domine populo tuo: S. H.
Deus qui nos sanctorum confessorum: Y. (*ex communi*) Dom. Paris.
Omnipotens sempiterne deus qui es sanctorum tuorum splendor mirabilis: Durh. (see note to col. 1089.)
Concede quaesumus omnipotens Deus: Cisterc. (Gr. 18. for St. Felix.)
Beatorum confessorum tuorum pariter: Sherb. (G. 668. SS. Cyprian and Cornelius.)
Secret. *Hostias domine laudis:* W. S. Abin. Alb. Twk. Rob. Vit. (all with variations.)
Plebis tue domine munera: Sherb. (cf. G. 668. SS. Cornelius and Cyprian.)
Propitiare domine supplicationibus: H. Durh.
Sancti tui nos domine: Dom. (Gr. 15 for St. Sylvester.)
Suscipe domine preces et munera: Cout. Cisterc. Paris. (cf. Gr. 105. SS. Processus and Martinianus.)
Postc. *Sumpta munera domine:* W. S. (variants) Alb.
Deus qui nos a delictorum contagiis: H.
Beatorum confessorum tuorum domine: Twk. Abin. Rob. Vit. Cout.
Sacro munere uegetatos sanctorum: Sherb. (cf. G. 668. SS. Cornelius and Cyprian.)
Tua domine sacramenta suppliciter sumentes deprecamur: ut qui beatorum confessorum tuorum atque pontificum uedasti atque amandi ueneramur confessionem presidia senciamus. per: Durh. (cf. S. 821. St. Wandregesilus.)
Quesumus domine salutaribus: Dom. (Gr. 18. for St. Felix.)
Corporis sacri et preciosi: Cisterc. Paris. (Gr. 105. SS. Processus and Martinianus.)

SANCTAE SCHOLASTICAE. (Feb. 10.)

Not in Gr. Men. or Leo.
Col. 767.] **Collect.** *Deus qui beatae:* W. S. Twk. Abin. Alb. Durh. Aug. Whit. Sherb. Rob. (ii.) Vit. M. Cout.
Familiam tuam: H. Whc. Rob. (i.)
Exaudi nos Deus salutaris: Dom. Cisterc. Paris.
Secret. *Suscipe domine quesumus supplicancia desideria:* W. S Abin. Twk.
Suscipe quesumus domine ob honorem: Alb. Durh. Aug. Whit. Sherb. Rob. Vit. Cout.
Accepta tibi: Dom. Cisterc. Paris.
Col. 768.] **Postc.** *Familiam tuam:* W. S. Abin. Twk. (see above, the collect in H. Whc. and Rob. turned into a postc.)
Quos caelesti domine refectione: H. Alb. Sherb. Aug. Durh. Whit. Rob. Vit. Cout. (many variants.)
Saciasti Domine: Dom. Cisterc. Paris.
In Twk. the text of *Familiam* is as follows: Familiam tuam quesumus domine beate scolastice uirginis tue meritis propicius respice. ut sicut ipsius precibus ad optinendum quod cupiunt ymbrem celitus descendere fecisti: ita eius supplicationibus ariditatem &c. as in W.

SANCTAE AUSTREBERTAE. (Feb. 10.)

Collect. *Deus qui inuisibili rore:* W. Abin. Rouen.
Omnipotens sempiterne deus qui beate uirginis tue Austroberte merita nos in presenti festiuitate uenerari uoluisti. adesto precibus supplicancium et presta. ut cuius temporali celebritate gratu-

lamur. eius meritis et precibus eterne beatitudinis premia consequamur. per. Sherb.

Secret. *Sanctifica quesumus domine:* W. Abin. Rouen.

Omnipotens et misericors deus. ut tue maiestati accepta sint munera nostre seruitutis. que et beatam uirginem tuam austrobertam nobis concilient. et eterne felicitatis gaudia diuinitus subministrent. p. d. Sherb.

Col. 769.] **Postc.** *Deus cuius sponsa:* W.

Quesumus domine ut hec diuina que sumpsimus sacramenta. in sancte austreberte virginis commemoratione: ad eternam nos perducant celestis conuiuii refectionem. Per. Abin. Rouen.

Adiuuent nos domine quesumus: Sherb. (cf. S. 681. St. Prisca.)

SANCTI VALENTINI (Feb. 14.)

Collect. *Praesta quaesumus omnipotens:* all the uses. (Gr. 24.)

Secret. *Sacrificium domine quod:* W. S. Alb.

Maiestati tue domine: Twk. (cf. S. 707. St. Blasius.)

Hostias tibi domine beati Valentini: Dom.

Oblatis Domine placare: H. Y. Durh. Whit. Aug. Abin. Sherb. Leo. Rob. Vit. Cout. Rouen, Chart. Cisterc. Paris, Rom. (Gr. 25.)

Col. 770.] **Postc.** *Quos celesti domine:* W. S.

Misteria quesumus domine: Twk. (cf. S. 707. St. Blasius.)

Sumptis domine sacramentis: Dom.

Sit nobis domine: H. Y. Alb. Durh. Whit. Aug. Abin. Sherb. Leo. Rob. Vit. Cout. Rouen, Paris, Cisterc. Chart. Rom. (Gr. 25.)

line 4. *exime:* MS. of W. *exue* S. but in 11414 *exue* is written over an erasure.

IN CATHEDRA SANCTI PETRI (Feb. 22.)

Not in G. or Gr. but in Men. and Leo.

Office. *Statuit:* in all the uses, except Chart. which has *Michi autem.*

Collect. *Deus qui beato Petro:* in all the uses.

Epistle. *Petrus apostolus:* all the uses except Chart. which has *Iam non estis hospites.* (col. 1031.)

Col. 771.] **Grail.** *Exaltent. Confiteantur:* in all the uses except Chart. which has *Nimis. Dinumerabo.*

Sequence. *Senatores celestis curie:* W.

The other uses have no sequence, excepting Rouen, which has *Clare sanctorum.* (See col. 1031.)

Senatores celestis has been printed in *Analecta liturgica* II. ii. No. 583. It seems peculiar to Westminster.

Col. 772.] **Gospel.** *Venit Iesus:* all the uses, except Chart. which has *Dixit Iesus Petro.*

Col. 773.] **Offert.** *Constitues eos:* W. S. Abin.

Veritas: Y. Rouen, Dom. Cisterc.

Michi autem: Sherb.

In omnem terram: Chart.

Tu es petrus: the other uses.

Secret and Postc. The same in all uses.

Com. *Tu es Petrus:* all the uses, except Chart. which has *Ego vos elegi.*

IN NATALI SANCTAE MILBURGAE (Feb. 23.)

Collect. *Deus qui fideles:* W. H.

Twk. has: Omnipotens sempiterne deus qui beatam uirginem

milburgam regali stemate sullimasti. atque anglorum genti in solemnitate huius diei gloriosa patrocinia contulisti : concede propicius familie tue meritis ipsius a peccatorum nexibus absolui. et sanctorum cetibus feliciter adiungi. Per.

Sherborne has : Omnipotens sempiterne deus da nobis in festiuitate beate mulburge† uirginis tue congrua deuocione gaudere. ut et potenciam tuam in eius transitu laudemus. et prouisum nobis percipiamus auxilium. Per. (cf. ii. 979.)

Col. 774.] **Secret.** *Ut nos et hec :* W. H.

Twk. has : Hiis sacrificiis quesumus domine beata uirgine tua milburga intercedente cuncte plebis tue peccamina misericordia dele. Per dominum.

Sherb. has : Quesumus misericors deus ut tue maiestati sint accepta munera nostre seruitutis que et beatam uirginem milburgam nobis concilient. et eterne felicitatis gaudia subministrent. Per. (cf. note to col. 867.)

Postc. *Percepta domine mense :* W. H.

Twk. has : Solemnitatis hodierne festum beate milburge uenerandum celebrantes percepto sacrosancti conuiuii sacramento quesumus domine deus noster. ut cuius solempnia uenerari facis. eius continuis foueamur auxiliis. Per.

Sherb. has : Adiuuent nos domine. (cf. S. 681. St. Prisca.)

IN NATALI S. MATTHIE (Feb. 24.)

Not in G. or Gr. but in Men. and Leo.

Office. *Michi autem :* all the uses.

Collect. *Deus qui beatam Matthiam :* all the uses, except Chart. and Cisterc. which have *Quaesumus omnipotens Deus ut beatus Matthias.* (Gr. 179.)

Lesson. *Exurgens Petrus* : all the uses.

Col. 776.] **Gospel.** *Misit Ihesus duodecim :* W. (col. 1037.)

Confitebor tibi : S. H. Y. Alb. Abin. Durh. Whit. Canterbury, Rouen, Dom. Rom.

Respondens Ihesus dixit : Sherb.

Facta est contentio : Cout. (1037.)

Hoc est preceptum : Cisterc. Chart. Paris (col. 1032.)

Secret. *Deus qui proditoris apostatae :* all the uses (Men. 29.) except Rom. which has : *Hostias domine quas nomini* (cf. L. 344. and Gr. 102. secret for St. Peter's day.) and Chart. and Cisterc. which have *Sacrandum tibi.* (cf. L. 465.)

Postc. *Praesta quaesumus omnipotens :* all the uses (Men. 30.) except Chart. and Cisterc. which have *Perceptis Domine.* (Gr. 132.)

IN NATALI SS. PERPETUAE ET FELICITATIS. (Mart. 7.)

In G. but not in Gr. Men. or Leo.

Col. 777.] **Collect.** *Da nobis quaesumus :* in all the uses. (G. 642.) Rom. from the common of virgins.

Secret. *Intende quaesumus domine munera :* all the uses (G. 642.) including Pian.

Postc. *Sanctarum virginum tuarum :* W. S. Alb.

Praesta nobis quaesumus : H. Sherb. Abin. Rob. Vit. Pian. (G. 642.)

Beatarum Perpetuae et Felicitatis : Alb. Durh. Aug. Cout.

Sacramenta domine que percepimus ad eternam nobis prosint redemptionem. et sanctarum perpetue et felicitatis interuentio corroboret nos in tuo seruitio. Per. Twk.

IN NATALI S. GREGORII (Mart. 12.)

This feast is not in G. but in Gr. Whc. has a vigil.

Col. 778.] **Office.** Read *Sacerdotes*, as in MS.

Collect. *Deus qui animae famuli:* all the uses (Gr. 25.) except Paris and Dom. which have: *Deus qui nos beati Gregorii.*

Secret. *Intercessio quesumus domine:* W. S. Alb.

Hostias domine quesumus nomini: Sherb. (cf. L. 344. secret for St. Peter's day.)

Annue nobis domine: all the other uses. (Gr. 25.) This must be of great antiquity, as in Gr. it is a prayer for the good of the soul of St. Gregory.

Postc. *Pietatem tuam domine:* W. (not elsewhere.)

Corporis sacri pretiosique sanguinis: S.

Prebeant nobis quesumus domine tua sancta presidium. que interuenientibus beati Gregorii meritis. ab omnibus nos absoluant peccatis. Per dominum. Sherb.

Concede nobis quesumus domine ut per sacramentum quod sumpsimus interueniente beato Gregorio quicquid in nostra mente vitiosum est. ipsius medicationis dono curetur. per. Alb. (Cf. Men. 195 and note on col. 437.)

Deus qui sacramenti tui ueneranda perceptione nos saciasti. tribue quesumus bẹato gregorio confessore tuo interueniente nobis per hec a peccatorum nostrorum uinculis absolui. Per. Twk.

Deus qui beatum Gregorium: all the other uses. (Gr. 25.)

IN NATALI SANCTI CYRIACI MARTIRIS (Mart. 16.)

In the other uses this mass appears on August 8th and it is repeated on col. 898.

IN NATALI SANCTI EDWARDI REGIS ET MARTIRIS. (Mart. 18.)

Col. 780.] **Collect.** *Deus cuius misericordia:* W. Abin.

Deus aeterni triumphator imperii: S. Sherb. Rob. (p. 4.)

Deus qui beatum eadwardum: Rob. (p. 3.)

Secret. *Hostias quas tibi:* W. Abin.

Intuere quaesumus aeterne Deus: S. Sherb. Rob. (p. 4.)

Munera nostra quaesumus domine: Rob. (p. 3.)

Col. 781.] **Postc.** *Perceptis quaesumus domine:* W. Abin.

Sancta tua nos Domine: S. Sherb. Rob. (p. 4.)

Purifica nos domine quaesumus: Rob. (p. 4.)

Rob. has an *alia* for postcommon: *Deus qui beati eadwardi martyris tui.*

IN NATALI SANCTI CUTHBERTI. (Mart. 20.)

Collect. *Omnipotens sempiterne deus:* W. Abin. Alb. Durh. Twk. Aug. H. Y. (var.) Whit. Rob. Vit.

Deus qui per inaestimabile munus: S.

Lesson: *Scitis quia misi:* W.

Ecce sacerdos magnus: S. H. Y. Durham, Sherb. Abin

Ecce sacerdos qui quasi stella: Whit.

Omnis pontifex: Twk.

Col. 782.] **Secret.** *Haec tibi quaesumus:* W. H. Alb. Durh. Whit. Abin. Sherb. Aug. Twk. Y. (var.) Rob.

Hostias tibi domine pro commemoratione sancti cuthberhti confessoris tui atque pontificis offerimus. suppliciter deprecantes. ut sicut illi prebuisti sacre fidei claritatem. sic nobis indulgentiam largiaris et pacem. per dominum: Vit.

Suscipe domine quaesumus: S.

Postc. *Protege quesumus domine familiam:* W.

Sancta tua quaesumus Domine: S. Sherb. Twk.

Sumentes domine gaudia sempiterna participatione sacramenti. presta quesumus ut beati cuthberhti confessoris tui atque pontificis cuius natalicia colimus. precibus adiuuemur et meritis. Per dominum nostrum: Vit.

Deus qui nos sanctorum tuorum: Y. H. Durh. Whit. Aug. Alb. Abin. Rob.

IN NATALI SANCTI BENEDICTI (Mart. 21.)

Rob. and Whc. have a vigil to this feast. It is not in G. Gr. or Men. but it is in Leo.

Collect. *Omnipotens sempiterne deus:* W. S. H. Alb. Aug. Whit. Twk. Abin. Sherb. Rob. Leo. Vit. Rouen, Cout. M.

Y. Durh. Paris, Rom. Chart. Cisterc. Dom. have *Intercessio* from *commune.*

Col. 783.] **Lesson.** *Rigabo hortum meum:* W.

Iustus cor suum: S. H. Alb. Durh. Whit. Abin. Rouen.

Iustum deduxit: Paris.

Qui custodierint iustitiam: Sherb. Cout. Twk.

Ecce confessor magnus: M.

Dilectus deo: Dom. Cisterc.

Sequence. *Leta quies magni ducis:* M. (Kehrein, 516.)

Adest nobis dies alma: Sherb. (from the common: S. 704.*)

Laudum carmina: Rouen. (*Analecta liturgica:* II. i. No. 123.)

Col. 784.] **Gospel.** *Dixit Symon Petrus:* W. Abin. Sherb. Alb. Durh. Cisterc. (Col. 1094.)

Nemo accendit: S. H. Whit. Rouen, Cout. Paris, Dom. (Col. 1094.)

Sint lumbi: Chart. (Col. 1084.)

Secret. *Oblatis domine ad honorem:* W. S. H. Alb. Aug. Durh. Twk. Whit. Abin. Sherb. Leo. Rob. Whc. Vit. M.

Sacris altaribus domine hostias: Paris, Dom. Cisterc. Rom.

Postc. *Praestet nobis domine:* W. S. Alb.

Perceptis domine salutaribus sacramentis: Durh. Aug. Whit. Leo. Rob. Vit. Rouen. M.

Perceptis tui corporis: H. Abin. Sherb. Twk. Whc. Cout.

Protegat nos domine: Paris, Dom. Cisterc. Rom.

IN ANNUNTIATIONE SANCTAE MARIAE VIRGINIS. (Mart. 25.)

In G. and Gr.

Office: *Rorate* all the uses, except Rom. which has *Vultum tuum.*

Office Ps. *Et iustitia:* all the uses, with these exceptions:

Benedixisti Domine terram tuam: H.

Celi enarrant: Rouen, Paris, Chart.

Eructavit: Rom.

Collect. *Deus qui de beatae Mariae:* all the uses, (Gr. 25.) except Cisterc. which has *Deus qui hodierna die Verbum tuum.* (Gr. 26.)

Col. 785.] **Lesson.** *Locutus est dominus:* all the uses, except H. Abin. Twk. Dom. Cisterc. which have *Egredietur virga.*

Grail. *Tollite portas:* W. S. H. Alb. Durh. Whit. Abin. Twk. Cout. Rouen, Paris, Dom. Cisterc.

Qui sedes. Qui regis: Y.

In sole posuit. A summo celo: CCCO. Rosslyn.

Benedicta et uenerabilis. Virgo dei genitrix: Sherb.

Diffusa. Propter veritatem: Rom.

Prope est. Laudem domini: Chart.

Tract. *Ave Maria:* W. S. H. Y. Durh. Whit. Abin. Twk. Cout. Rouen, Paris. Dom. Cisterc.

Audi filia: Rom.

line 4. *Quomodo. Spiritus Sanctus. Ideoque:* Y. Whit. CCCO. Rosslyn, Cout. Chart.

Sequence. *Missus gabriel de celis:* W. (Kehrein, 200.)
Ave mundi spes Maria: S. Cout. (Kehrein, 289.)
Mittit ad virginem: H. (Kehrein, 199.)
Virgini Mariae: Y. (ii. 210. Kehrein, 234.)
Aue maria gracia plena: Durh. Sherb. Rouen, Dom. (Kehrein, 264.)
Salve mater Salvatoris: Paris (Kehrein, 248.)

Col. 786.] **Gospel.** *Missus est gabriel:* all the uses.
Offert. *Ave Maria:* all the uses.
Secret. *In mentibus nostris:* all the uses, (Gr. 26.) except Whit. and Twk. which have: *Altari tuo domine.* (cf. Men. 31.)
Preface. *Et te in annuntiatione:* most of the uses; but Alb. and Cout. have *Quia per incarnati.*
Com. *Ecce uirgo:* all the uses.
Postc. *Gratiam tuam:* all the uses. (Gr. 26.)

IN NATALI S. MARIAE AEGYPTIACAE (April. 2.)

Col. 787.] **Collect.** *Presta quesumus omnipotens:* W. Sherb.
Deuotum tibi populum benignissime deus clementer exaudi: vt qui pio affectu venerandam beate marie egyptiace recolit solemnitatem: eius meritis apud te peccatorum obtineat remissionem. Per. Paris.
Secret. *Super hanc hostiam:* W.
Suscipe clementissime deus munera presentis hostie et per beate marie egiptiace merita cuius annuam celebramus solemnitatem largire nobis utriusque uite prosperitatem. Per. Sherb. (cf. S. 799. Secret for St. Swithun.)
Hanc igitur oblationis hostiam terribilis et piissime deus: beata maria egyptiaca suarum precum cumulet incrementis: et ad remedium nobis prouenire deposcat. Per: Paris. (cf. p. 1568.)
Postc. *Auxilientur nobis domine:* W.
Refecti participacione sacra mense spiritualis maiestatem tuam omnipotens deus humiliter deprecamur. quatinus per gloriosam uenerabilis marie egyptiace quam recolimus celebritatem. concedas nobis presentis uite oportunitatem et superne claritatis porcionem. per dominum: Sherb.
Sanctificet nos quesumus domine et muniat intercedente beata maria egyptiaca: diuini muneris sacra libatio: et celestium virtutum coheredes efficiat. Per. Paris. (cf. p. 1568.)

IN NATALI S. RICARDI EPISCOPI. (April. 3.)

Collect. *Deus qui ecclesiam:* W. H. S. Sherb.
Secret. *Concede quaesumus misericors:* W. S. Sherb.
Annue nobis misericors: H.
Col. 788.] **Postc.** *Haec sacrosancta sumpta mysteria:* W. S. Sherb.
Praesta quaesumus Domine ut quod: H.

IN NATALI S. AMBROSII. (April. 4.)

Not in G. or Gr. Men. Leo. or Rob.
Collect. *Deus qui per beati Ambrosii:* W. Abin. Vit.
Deus qui populo tuo aeternae salutis: S. Dom.
Deus qui beatum Ambrosium: H. Durh.
Da quaesumus: Y. (from the common.)
Sancti Ambrosii confessoris tui atque pontificis nos domine iugiter prosequatur oratio et quod peticio nostra non impetrat. ipso pro

nobis interueniente prestetur. per. Alb. Aug. (*in m.*) Whit. Cout.

Deus qui hodiernam diem beati ambrosii confessoris tui atque pontificis sacro transitu consecrasti. concede nobis propicius. inoffensis per eius instituta gressibus pergere. ut eiusdem in regione uiuencium mereamur gaudiis admisceri. Per. Sherb. (cf. ii. 742.)

Concede quesumus domine fidelibus tuis. digne sancti ambrosii confessoris tui atque pontificis celebrare mysteria. vt ea que fideliter exequuntur, et hic experiantur auxilio: et eternis affectibus apprehendant. Per. Rouen.

Deus qui in diuersis nationibus populis preclaros vere fidei doctores et pontifices ecclesie constituisti: concede quesumus vt omnes qui ad sanctissimi doctoris nostri ambrosii festa conueniunt: presentis prosperitatis gaudium et future beatitudinis gloriam consequantur. Per. Paris.

Deus qui conspicis: Cisterc. (S. 965. collect for St. Martin.)

Col. 789.] **Secret.** *Presentis oblacionis nostre:* W. H. Durh.

Haec in nobis sacrificia: S. (cf. Gr. 38. the Friday after the second Sunday in Lent.)

Oblacionem domine fidelis populi ihesu christi filii tui domini nostri sancta dextera benedicat nos quoque per hec gloriosa beati ambrosii pontificis oracio liberet a tocius peccati contagio. Per. Whit.

Ad altaria tua domine ueneranda cum hostiis laudis accedentes fac quesumus ut indulgentiam nobis tribuant et fidei deuotionem. ipsius meritis cuius celebramus festiuitatem. per. Alb. (cf. L. 419.)

Sit tibi quaesumus domine nostrae deuotionis oblatio acceptabilis &c. Aug. Paris.

Hostias tibi domine offerimus pro commemoratione sancti ambrosii confessoris tui atque pontificis suppliciter deprecantes. ut sicut illi prebuisti sacre fidei claritatem. sic nobis eius meritis indulgenciam largiaris et pacem. Per dominum. Sherb. Abin. (Cf. G. 636. Secret for St. Felix.)

Oblatis domine ob honorem beati confessoris tui ambrosii: Vit. (see col. 784.)

Da misericors Deus: Cisterc. (Gr. 129. Secret for St. Martin.)

Omnipotens sempiterne deus munera tue maiestati oblata. per intercessionem beati ambrosii confessoris tui atque pontificis. ad perpetuam nobis fac prouenire salutem. Per. Dom. (cf. p. 1533.)

Supplicatione nostra tibi domine grata pariter existat oblatio. quam pro sancti ambrosii confessoris tui atque pontificis commemoratione deferimus atque indulgentiam nobis eius suffragiis quesumus largiaris. Per. Rouen, Cout.

Postc. *Huius domine percepcione:* W. H. Durh.

Sancti Ambrosii nos quaesumus: S.

Per hanc sacrosancti libaminis sanctificacionem saluati quesumus domine: ut beati ambrosii precibus ad ueram sapienciam perducas nos clemens et propicius. Per. Whit.

Quesumus omnipotens deus ut illius fide et doctrinis instruamur in cuius ueneratione hostiam laudis tue optulimus maiestati. per. Alb.

Misteriis diuinis referti†: Aug. Paris. (cf. S. 968. postc. for St. Bricius.)

Perceptis tui corporis et sanguinis domine sacramentis. concede nobis supplicante beato ambrosio confessore tuo atque pontifice muniri. ut et temporalibus habundemus commodis. et fulciamur eternis. Qui uiuis. Sherb.

Fidelium tuorum quesumus domine vota serenus intende et intercedente beato ambrosio confessore tuo: a cunctis nos aduersitatibus absolutos. festis concede interesse perpetuis. Per. Abin. Vit.

Beati ambrosii confessoris tui atque pontificis precibus domine confidentes quesumus clementiam tuam. ut per ea que sumpsimus: eterna remedia capiamus. Per. Rouen, Cout. (Gr. 24. for St. Agatha.)

Sacramenta salutis nostre suscipientes. concede quesumus omnipotens deus: vt beati ambrosii confessoris tui atque pontificis nos vbique oratio adiuuet: in cuius veneratione hec tua obtulimus maiestati. Per dominum. Dom. (cf. pp. 1533 and 1597.)

Praesta, quaesumus, Domine Deus: Cisterc. (Gr. 129. postc. for St. Martin.)

In natali sancti Guthlaci. (April. 11.)

Collect. *Deus qui nos beati cuthlaci:* W. H. Sherb. Vit.

Adiuua nos domine deprecacione: Rob. (p. 3.)

Adesto domine precibus nostris: Durh. (cf. S. 712* common of a confessor.)

Col. 790.] **Secret.** *Beati confessoris tui cutlaci:* W.

Hostias Domine quaesumus: H. (cf. Gr. 102. secret for St. Peter.)

Respice domine propitius super haec munera: Rob. [p. 3.] (L. 312.)

Da nobis quesumus domine: Vit. (Leo. p. 304.)

Postc. *Participacionem sancti corporis:* W.

Deus fidelium remunerator: H. Rob. [p. 3.] (Cf. G. 637. postc. for St. Marcellus.)

Protector in te sperantium deus familiam: Vit. (Leo. p. 304.)

In natali SS. MM. Tiburcii Valeriani et Maximi. (April. 14.)

Not in G. but in L. and Gr.

Collect. *Praesta quaesumus omnipotens:* all the uses. (Gr. 79.)

Col. 791.] **Secret.** *Hostia haec quaesumus:* all the uses (Gr. 79.) with these exceptions:

Praesentibus Domine quaesumus: S.

Respice domine munera populi tui: Abin. (Gr. 113. Secret for St. Hippolytus.)

Postc. *Sacramenti tui domine:* W. S. Alb. Y. (MS.) (Cf. G. 680.)

Sacramentis domine muniamur acceptis: Abin. (Cf. G. 671. postc. for SS. Marcellus and Apuleius.)

Sacro munere satiati supplices: all the other uses. (Gr. 79.)

In natali Sancti Aelphegi. (April. 19.)

Collect. *Deus qui elphegum summum presulem:* W.

Deus qui beatum Alphegum: S.

Deus qui beatum archipresulem elphegum die hodierna dira passione occumbentem perhennem transtulisti ad gloriam: presta quesumus: ut illius adiuuemur orationibus qui tui nominis extitit predicator gloriosus. per. Durh. Aug.

Deus electorum corona pontificum et gloriosa uictoria certantium qui beatum elphegum et dignitate pontificatus et martyrii palma decorasti: concede propicius ita nos apud te eius intercessionibus adiuuari ut ei in eterna beatitudine possimus adunari. per eundem. Alb. Sherb. Vit.

Col. 792.] **Secret.** *Effunde quesumus domine :* W.
Haec Domine altari tuo : S.
Mensis sacris quesumus domine hostiam sacrare digneris impositam : ut interuentu beati archipresulis ac martyris elph uite nobis prospera presentis. et gaudium future beatitudinis optineat. Per. Durh. Aug.
Sacrificium tibi domine placationis et laudis offerimus suppliciter exorantes : ut beati archipresulis ac martyris tui elphegi continua nos adiuuent suffragia cuius annua celebramus solennia. per. Alb. Sherb. Vit.
Postc. *Grata sint tibi omnipotens deus :* W.
Sumpto Domine sacramento : S.
Sumptis quesumus domine muneribus sacris intercedente beato elphego archipresule ac martyre tuo a cunctis aduersitatibus eruamur : et gaudiis mansuris inseramur. Per. Durh. Aug.
Presta nobis quesumus domine deus : Alb. Sherb. Vit. (Cf. G. 666. postc. for St. Priscus.)

IN NATALI SANCTI ETHELWOLDI. (April. 21.)

This mass does not occur in any of the other uses; there are masses in honour of St. Ethelwold, bishop of Winchester on Aug. 1. and Sept. 10 in Rob. and Vit. Another St. Ethelwold is commemorated on Aug. 12.

SANCTI GEORGII MARTYRIS. (April. 23.)

In Gr. and Leo. but not in G.
Collect. *Deus qui nos beati Georgii :* all the uses (Gr. 79.)
Col. 794.] **Secret.** *Munera domine oblata :* W. Y. (Gr. 79) and the other uses excepting :
Offerimus tibi Domine solemne sacrificium : S. Y. (MS.)
Tanto placabiles quesumus domine nostre tibi sint hostie : Sherb. (L. 401. secret for SS. Adauctus and Felix.)
Postc. *Mensae caelestis dulcedine :* W. S. Alb. Y. (MS.) (not in Wilson.)
Beati georgii martyris tui domine suffragiis exoratus. percepti sacramenti tui nos uirtute defende. per dominum. Sherb. (Men. 84.)
Supplices te rogamus : all the other uses (Gr. 79.)

SANCTI MELLITI EPISCOPI. (April. 24.)

Collect. *Letificet nos quesumus :* W. Aug.
Deus qui populo tuo sanctum dedisti mellitum predicatorem. concede quesumus ut tanti pontificis intercessione et tue pietatis defensione ab omnibus ubique liberemur aduersis. et tranquilla prosperitate in tua laude letemur. Per dominum. Sherb.
Col. 795.] **Secret.** *Suscipe quesumus domine :* W. Aug.
Hec oblacio domine deus. intercedente beato mellito pontifice nos ab omnibus emundet peccatis. et tota uirtute tuis faciat seruire mandatis. Per dominum. Sherb.
Postc. *Sumpta quesumus omnipotens :* W. Aug.
Salutis nostre leti libantes misteria presta quesumus omnipotens deus. ut beati melliti pontificis tui nos adiuuet oracio. et tua nos semper custodiat protectio. per. Sherb. (cf. p. 1626.)

IN NATALI SANCTI MARCI EVANGELISTAE. (April. 25.)

In Gr. this day is taken by the *Litania maior;* but St. Mark is commemorated in Men. on this day and in Leo. on May 18.
Collect. *Deus qui beatum Marcum :* all the uses (Men. 84.) except Y. and Whc. which have : Deus qui nobis per ministerium beati

Marci. Cisterc. has : Ecclesiam tuam, Domine, benignus illustra (Cf. col. 49. St. John Evangelist.)
Lesson. *Sapienciam omnium antiquorum :* W.
Unicuique nostrum data : S. H. Y. Sherb. Cout.
Lingua sapientium : Alb. Durh.
Similitudo : Whit. Rouen, Rom.
Beatus homo : Paris.
Qui timet Deum : faciet bona : Cisterc. Dom. Chart.
Col. 796.] **Secret.** *Beati Marci :* W. S. Abin. Leo. Rouen. Cout. Chart. Dom. Paris, Rom. (Men. 85.)
Hanc Domine quaesumus oblationem : Y. Alb. Durh. Aug. Whit. Sherb. Rob. Whc. Vit.
Donis caelestibus : H.
Suscipe domine munera : Cisterc.
Postc. *Refecti* [*Pasti :* Y. Dom. Leo. *Satiati :* Durh. Aug. Alb. Paris.] *cibo spiritualis alimoniae :* W. S. Y. Durh. Aug. Alb. Abin. Leo. Whc. Cout. Dom. Paris.
Sumpto domine sacramento : H. (G. 655. postc. de vigilia omnium apostolorum.)
Tribuant nobis quaesumus domine : Sherb. Whit. Rob. Vit. Rouen, Rom. (Men. 85.)
Sanctificet nos domine tui perceptio sacramenti : Chart.
Refecti cibo potuque caelesti : Cisterc.

IN NATALI SANCTI VITALIS M. (April. 28.)

In Gr. and Men. but not in G.
Col. 797.] **Collect.** *Praesta quaesumus omnipotens :* all the uses. (Gr. 81.)
line 4. for *muniamur*, Gr. M. Rob. Leo. Men. H. Y. Alb. Durh. Sherb. Aug. Rouen, Cout. Paris, Dom. Cisterc. read *liberemur :* Chart. reads *muniamur* as in text.
Secret. *Sit tibi domine :* W. Alb.
Grata tibi domine : S.
Intende quesumus domine oblata tibi munera : Abin. (S. 915. for St. Firmin.)
Accepta tibi sit in conspectu : all the other uses (Gr. 81.)
Col. 798.] **Postc.** *Quaesumus omnipotens deus :* W. S. Alb. Abin.
Repleti [*Refecti* var.] *participatione muneris sacri :* all the other uses. (Gr. 82.)

IN TRANSLATIONE SANCTI EDMUNDI REGIS ET MARTYRIS. (April. 29.)

This mass seems peculiar to Westminster.

IN NATALI SANCTI ERKENWALDI. (April. 30.)

This seems almost particular to Westminster. Sherborne has three mass-collects (see St. Dunstan, p. 1549.) and epistle and gospel, as follows :
Collect. Deus qui beatum Erkenwaldum pontificem ad regna transtulisti celestia. da nobis per gloriosa eius merita ad regna transire perhennia. Per.
Epistle. Omnis pontifex.
Gospel. Videte uigilate.
Secret. Oblacio quam tibi offerimus domine nos purget ab omni crimine. quo per beati erkenwaldi intercessionem cuius sacram recolimus festiuitatem. eternam mereamur consequi felicitatem. Per dominum.
Postc. Quesumus omnipotens deus ut quod de mensa celesti percepimus intercedente beato erkenwaldo pontifice tuo nostros ad te semper trahat affectus. Per.

IN NATALI AA. PHILIPPI ET IACOBI. (Maii 1.)

In G. and Gr.

Col. 800.] **Office.** *Exclamaverunt:* all the uses.

Office Ps. *Benedicam:* W. Alb.

Exultate: all the other uses.

Collect. *Deus qui nos:* all the uses. (Gr. 82.)

Lesson. *Stabunt iusti:* all the uses except Paris and Cisterc. which have: Exurgens princeps sacerdotum . . . docebant in nomine domini nostri ihesu christi. (Act. v. 17.–21.)

Grail. *Stabunt iusti:* W. S. H. Y. Aug. Cout. Dom. Cisterc. Paris.

In omnem terram. Stabunt iusti: Alb.

Per manus: Durh.

" " *Stabunt:* Whit.

Nimis honorati: Stabunt: Abin.

Gauisi. Stabunt: Sherb.

Nimis honorati. Epulemur: Chart.

Confitebuntur. Tanto tempore: Rom.

Col. 801.] Line 2. ℣. *Isti sunt due olive:* W. Cisterc.

Nonne cor: S.

Ite nuntiate: Y. Paris.

In die resurrectionis meae: H. Dom.

Non vos: Rouen.

Christus resurgens. Non vos: Cout.

Per manus: Aug.

Gospel. *Non turbetur:* all the uses.

Col. 802.] **Offert.** *Confitebuntur:* all the uses, except Alb. which has over erasure: *Repleti sumus.*

Secret. *Deus ecclesiae tuae:* W. S. Abin. (G. 574. Easter Monday.)

Munera Domine quaesumus: all the other uses. (Gr. 82.)

Com. *Tanto tempore:* all the uses.

Postc. *Paschale mysterium recensentes:* W. S. Abin. Y. (MS.)

Quaesumus domine salutaribus: all the other uses. (Gr. 82.)

IN NATALI SANCTI ATHANASII. (Maii 2.)

Durham: *omnia in communi.*

Collect. *Deus qui beatum athanasium:* W.

Da eterne consolacionis pater per huius sancti tui athanasii preces populo tuo salutem et pacem ut tuis tota dilectione inhereat preceptis et que tibi placita sunt tota perficiat uoluntate. Per. Sherb.

Col. 803.] **Secret.** *Munera populi tui:* W.

Sacrificium tibi domine quod indesinenter offerimus gratum. beatus athanasius suffragator efficiat. Per. Sherb.

Postc. *Repleti muneribus sacris:* W.

Tua domine sancta sumentes suppliciter deprecamur. ut cuius ueneramur confessionem. presidia senciamus. Per. Sherb. (cf. p. 1536.)

IN INVENTIONE SANCTAE CRUCIS. (Maii 3.)

In G. but not in L. or Gr.

Office. *Ecce lignum:* W. (see col. 946. and 1114.)

Nos autem gloriari: all the uses.

Office Ps. *Deus misereatur:* all the uses.

Collect. *Deus qui in praeclara:* all the uses. (G. 645.)

Col. 804.] **Epistle.** *Confido de vobis:* all the uses, except Rom. which has: *Hoc enim sentite.*

line 2 from bottom instead of *ergo* MS. has *ego.*

Grail. *Dulce lignum:* W. S. Y. H. Paris, Cout. Dom.

Christus factus. Propter quod. Nos autem: CCCO. Rosslyn.

Dicite in gentibus. Dulce lignum : Alb. Aug. Rouen. Rom.
Exultabunt : Cisterc.
Salua nos. Dulce lignum : Durh.
Nos autem. Angelus domini : Chart.
line 5. ℣. *Christus resurgens :* W.
Dicite in gentibus : S.
Surrexit altissimus : Y.
Angelus Domini : H.
Surrexit dominus : Paris, Dom.
Surrexit christus : Cout.

Sequence. *Salve crux sancta :* S. Y. H. Whit. (Kehrein 64.)
Laudes crucis attollamus : Sherb. Cout. Rouen, Paris. (Kehrein, 60.)

Gospel. *Erat homo ex phariseis :* W. and all the uses except Cout. Paris and Rom. which have : *Simile . . . thesauro.* and Chart. which has : *Nunc iudicium est mundi . . . ut filii lucis sitis* (Ioh. xii. 31–36.)

Offert. *Protege domine plebem :* all the uses, except these :
Dextera domini : Rosslyn, Chart. Rom.
Verbum crucis pereuntibus stultitia : Cisterc.
Ueniens uir splendidissimus ad constantinum regem : CCCO.

Col. 805.] **Secret.** *Sacrificium domine quod immolamus :* all the uses (G. 646.) except Chart. which has : *Supplices domine te rogamus.*

Preface. *Qui salutem :* all the uses.

Com. *Redemptor mundi signo crucis :* W. Abin. Rouen (see col. 949.)
Nos autem gloriari : Rosslyn.
Per signum crucis de inimicis : Rom. Cisterc.
Dominus virtutum ipse est rex glorie : Chart.
Per lignum servi facti : all the other uses.

Postc. *Repleti alimonia caelesti :* all the uses (G. 646.) except Dom. and Cisterc. which have : Ineffabilem clementiam tuam ; and Whc. which has : Deus qui praeclara salutiferae crucis inuentione. (Pam. 289.)

In natali SS. MM. Alexandri Eventii et Theodoli. (Maii 3.)

In Gr. but not in G.

Collect. *Praesta quaesumus omnipotens :* all the uses. (Gr. 82.)

Col. 806.] **Secret.** *Super has quaesumus :* all the uses (Gr. 83.) except these :
Maiestatem tuam nobis : Abin. (G. 681. Secret of SS. Marcellus and Apuleius.)
Sacrificium laudis tibi domine offerimus in tuorum commemoracione sanctorum da quesumus ut quod illis contulit ad gloriam. nobis prosit ad salutem. Per. Sherb.

Postc. *Sumptis domine muneribus :* W. S. Alb. Y. (MS.)
Pasce nos domine : H. Abin. Sherb. (S. 905. postc. SS. Cornelius and Cyprian.)
Refecti participatione muneris sacri : all the other uses including Alb. (Gr. 83.)

In translatione S. Aldelmi. (Maii 5.)

This mass is not in any other of the uses. The collect is repeated on col. 815. There is a mass for this saint with collects from the common in Vit.

In natali S. Iohannis ante portam latinam. (Maii 6.)

In Gr. Leo. and Rob. but not in G. Whc. or Chart.

Col. 807.] **Office.** *In medio ecclesiae :* W. S. H. Y. Alb. Abin. Sherb. Rouen, Dom. Cisterc.

Protexisti : Durh. Alb. Whit. Cout. Paris, Rom.
Collect. *Deus qui conspicis :* all the uses (Gr. 83.)
Epistle. *Qui timet deum :* W. S. H. Y. Alb. Sherb. Durh. Abin. Cout. Cisterc. Dom. Paris.
Similitudo : Rouen.
Benedictus : Whit.
Stabunt iusti : Rom.
Grail. *Primus ad Sion. Hic est :* W. Alb. Durh. Cisterc.
Hic est discipulus : S. Abin.
Hic est discipulus. Ite nuntiate : Y.
Hic est discipulus. In die resurrectionis : H. Cout. Dom.
Confitebuntur. Hic est discipulus : Whit.
Surrexit dominus. Hic est discipulus : Sherb.
Primus ad Syon. In omnem : Rouen.
Primus ad Syon. In die resurrectionis : Paris.
Sequence. *Laus devota :* S. Rouen, Paris.
Virgo mater : Y.
Iohannes Iesu Christo : H. Sherb.
Adest dies celebranda celeberrime ueneranda : Whit.
Gratulemur ad festiuum : Cout. (Kehrein 404.)
Col. 808.] **Gospel.** *Ego sum vitis vera :* W. (see col. 1054.)
Sequere me : S. H. Y. Abin. Whit. Sherb. Cout. Cisterc. Dom.
Designavit dominus : Alb.
Accessit ad Ihesum mater : Durh. Rom. (see col. 880.)
Hec mando vobis : Rouen.
Hoc est preceptum : Paris.
Offert. *Iustus ut palma :* W. S. H. Y. Abin. Sherb.
Michi autem : Alb.
Confitebuntur : Durh. Whit. Cout. Rouen, Paris.
Repleti : Cisterc. Dom.
Secret. *Sic nos domine quaesumus :* W. S. H. Abin. Y. (MS.)
Muneribus nostris quaesumus Domine : all the other uses. (Gr. 83.)
Com. *Ego sum vitis :* W. Durh. Whit. Cout. Rouen, Cisterc. Dom.
Exiit sermo : S. H. Y. Abin. Sherb.
Vos qui secuti : Alb.
Ego vos elegi : Paris.
Laetabitur iustus : Rom.
Col. 809.] **Postc.** *Refecti domine pane :* all the uses (Gr. 83.) except Y. (MS.) which has : *Refice quaesumus Domine populum tuum.*

SS. MM. GORDIANI ET EPIMACHI. (Maii 10.)

In Gr. and Men. but not in G. or L.
Collect. *Da quaesumus omnipotens :* all the uses. (Gr. 83.)
Secret. *Praesta quaesumus domine :* W. S. Alb.[1] H.
Offerendorum tibi munerum deus : Abin. (L. 387.)
Hostias tibi Domine : all the other uses, including Alb. (Gr. 84.)
Col. 810.] **Postc.** *Refice* [*Perfice :* 11414.] *quaesumus domine :* W. S. H. Alb. (var.)
Quaesumus omnipotens Deus : all the uses including Alb. (Gr. 84.)

SS. MM. NEREI ET ACHILLEI ATQUE PANCRATII. (Maii 12.)

In G. but not Gr. St. Pancras only in Gr. and Men. but the two masses are combined in Pam. and Whc. under one heading.
Collect. *Semper nos domine :* W. S. H. Durh. Aug. Whit. Sherb. Alb. Leo. Rob. Whc. ii. Vit. Cout. Dom. Rom. (G. 646.)
Deus qui nos concedis sanctorum : Abin. (Cf. Gr. 109. for SS. Felicissimus and Agapitus.)

Praesta quaesumus omnipotens: Y. Aug. (*in m.*) Whc. Vit Rouen, Cisterc. Chart. (Gr. 84 for St. Pancras.)

Secret. *Sanctorum* [*Martyrum:* H.] *tuorum tibi domine:* W. S. H. Y. Durh. Aug. Alb. Whit. Sherb. Leo. Rob. Whc. ii. Vit. Dom. Cout. Rom. (G. 646.)

Oblatis quaesumus domine: Aug. (*in m.*)

Tanto placabiles: Vit. (for St. Pancras.)

Munera quaesumus domine tibi dicata sanctifica: Whc. Chart. Cisterc. (Gr. 84. for St. Pancras.)

Postc. *Quaesumus domine ut beatorum:* W. S. H. Y. Durh. Aug. Whit. Sherb. Alb. Leo. Rob. Whc. ii. Vit. Dom. Rouen, Cout. Rom. (G. 646.)

Beati Pancratii martiris tui: Whc. Vit. Cisterc. Chart. (Gr. 84 for St. Pancras.)

Sit nobis quaesumus domine: Aug. (*in m.*)

IN NATALI SANCTI DUNSTANI (Maii 19.)

Col. 811.] **Collect.** *Deus qui hodierna die:* W. Aug. (first clause as W. the end differing.)

Deus qui beatum Dunstanum: S. H. Abin.

Da quaesumus: Y. (*in communi.*)

Deus perhennis glorie rex et dator piissime dignare presentis diei gaudia tuo munere illustrare in quo beatissimus pontifex dunstanus eterne lucis gaudia meruit introire. Per. Durh.

Solempnitatem quesumus domine sancti pontificis dunstani celebrantibus ubique adesto propicius. et nobis eius meritis concede gaudia uite celestis. per. Alb.

Deus qui beati archipresulis ac confessoris tui dunstani spiritum luce hodierna regni celestis transtulisti ad gaudia. concede quesumus nobis supplicibus. ut quem annua sollempnitati ueneramur in terris semper habere mereamur intercessorem in celis. Per. Whit.

Deus qui eximium ueritatis tue preconem beatum pontificem dunstanum sanctorum tuorum meritis equalem gloriosis ostendis miraculis. presta quesumus ut quem nobis in terra donasti doctorem. in celo facias habere intercessorem. per dominum. Vit. Sherb.

Deus cuius eximia dulcedo: Rob. (i.)

Omnipotens sempiterne deus: Rob. (ii.)

Sequence. *Hodierna:* W. Whit. Sherb. (*Analecta liturgica*, II. i. No. 413.)

Alma cohors: S.

Col. 812.] **Secret.** *Intercessio quaesumus domine:* W. H. Alb

Suscipe quaesumus Domine munera: S. Aug.

Hostiam tibi domine deus nostre deuocionis offerimus quam tant benignius quesumus suscipias. quanto eam ecclesia tua in uenera cione pontificis tui dunstani diligencius commendat. Per. Durh Whit.

Hoc munus testimonium uiuifice passionis filii tui domine pr commemoratione summi sacerdotis tui dunstani tibi oblatum. tu benedictione eius meritis nobis ad gustum salutis eterne sanctific Per dominum. Vit. Sherb.

Oblacio quam tibi offerimus domine nos purget ab omni crimir quo per eius intercessionem cuius sacram recolimus festiuitatei eternam mereamur consequi felicitatem. Per. Abin. (cf. p. 1545.

Libamina summe deus praestantiae: Rob.

Postc. *Sumpta sacramenta domine quaesumus:* W. H. Alb.

Beati Dunstani confessoris: S.

Assit nobis omnipotens deus beatissimi pontificis tui dunstani iugis oracio que nos illius misterii participacione dignos efficiat. in quo tocius humane salutis summa consistit. Per. Durh. Whit.
Sacramenta que indigni sumpsimus domine nobis mentis et corporis fiant remedia et sancti pontificis tui dunstani intercessio nos ad gaudia perducat celestia. Per dominum. Vit. Sherb.
Quaesumus domine diuino saturati: Aug.
Quesumus omnipotens deus ut quod de mensa celesti percepimus intercedente beato dunstano pontifice tuo. nostros ad te semper trahat affectus. Per: Abin. (cf. p. 1545.)
Sollempni sedulo diuinitus roborate: Rob.

SANCTAE POTENCIANAE [PUDENTIANA]. (Maii 19.)

Not in G. Gr. or Men. but in Pam.
Collect. *Deus qui hodierna die:* W. (cf. St. Scholastica, ii. col. 767.)
Concede nobis quaesumus omnipotens: S.
Exaudi nos deus salutaris noster: Paris, Cisterc. Dom.
Deus qui nos annua: Pam. (Gr. 22. St. Agnes ii.)
Indulgenciam nobis domine: Sherb. (Gr. 24. St. Agatha.)
Omnipotens sempiterne deus. maiestatem tuam ostende supplicibus. ut qui de meritorum qualitate diffidimus. intercedente beata potentiana uirgine tua. non iudicium sed indulgentiam sentiamus. per. Vit.
Col. 813.] **Secret.** *Holocausta hec domine:* W. S.
Munda nos domine sacrificii: Sherb. (cf. S. 512. Dnca. xvii. post Trin.)
Accepta tibi domine sit sacre plebis: Paris, Cisterc. Dom.
Hostias quas tibi offerimus: Pam. (Gr. 21.)
Postc. *Sumptis domine salutis eterne:* W. S. (var.)
Sumentes domine gaudia sempiterna: Sherb. Vit. (cf. G. 664. St. Rufus.)
Saciasti domine familiam tuam: Paris, Cisterc. Dom.
Praesta quaesumus omnipotens: Pam. (295.)
Hostiam hanc domine tua benedictione sanctifica. et eius tibi sit meritis accepta. pro cuius est commemoratione oblata. per. Vit.

IN NATALI S. ETHELBERTI REGIS ET MARTIRIS. (Maii 20.)

This mass appears only in W. there is, however, a complete mass with a different collect in H.
Col. 814.] **Epistle.** *Vobis datum:* see col. 797.

IN NATALI SANCTI ALDELMI EPISCOPI. (Maii 25.)

Col. 815.] **Collect.** *Deus qui nos fecisti:* W. (cf. col. 806.)
Deus qui hodierna die: S. Vit.
Da quesumus omnipotens deus: Abin.
Deus qui inter apostolicos ecclesie doctores sanctum aldelmum pontificem celesti splendore fecisti lucere anime quesumus ut sicut in eo formam salutis agnoscimus. sic eius uestigiis inherere studeamus. per dominum. Sherb.
Secret. *Suscipe domine sacrificia:* W.
His tibi precibus: S. 11414 (*in m.*) Vit.
Super hec munera domine que tibi pro beati Aldelmi festiuitate offeruntur et tuam effunde benediccionem et cordium nobis tribue purificacionem: 11414. Sherb.
Postc. *Quesumus omnipotens deus:* W
Solemnitatem quaesumus Domine: S. 11414. (*in m.*) Vit.
Sancta tua domine que fideliter sumpsimus sancto intercedente

aldelmo. et celestium desideriorum nos nutriant dulcedine: et ab hostium formidine et eterne mortis amaritudine tueantur. Per: 11414. Sherb.

Sancti Urbani episcopi. (Maii 25.)

In Gr. but not G.

Col. 816.] **Collect.** *Da quaesumus omnipotens:* all the uses. (Gr. 87.)

Secret. *Munera quesumus domine:* W. S. Alb. Sherb. Vit.

Sicut beati urbani martiris tui domine merita tibi sunt acceptabilia: ita eo obtinente sacrificia nostra tibi sint placabilia. per. Abin.

Haec hostia domine quaesumus: the other uses. (Gr. 87.)

Postc. *Per hoc admirabile sacramentum:* W.

Sumentes Domine sacramenta caelestia: S. Alb. Sherb.

Beati urbani martyris tui: Vit. Cout.

Refecti domine sacre participacionis dapibus deposcimus: vt sancti vrbani martyris tui precibus semper saciemur divine consolacionis muneribus. Per: Abin. (cf. St. Giles, ii. 934.)

Refecti participatione muneris sacri: all the other uses (Gr. 87.)

In natali S. Augustini anglorum apostoli. (Maii 26.)

Col. 817.] **Collect.** *Deus qui beatum augustinum:* W. Y. H. Abin. Durh. Alb. Sherb. Vit. Cout.

Line 2. *primum: om.* Alb. Durh.

Line 4. S. continues: tribue nobis quaesumus ut cuius meritis.

Deus qui sacratissimum decus primitiue anglorum ecclesie preconem ueritatis pontificem augustinum mirifice rutilare dedisti: tribue quesumus ut cuius annuam sollempnitatem hodierna die celebramus in terris de eius patrociniis gaudere mereamur in celis. Per. Whit.

Deus qui nos veneranda festivitatis: Aug.

Deus qui nos devota beati Augustini: Rob.

Secret. *Oblacio hec tibi domine:* W. Alb. Abin. Sherb. Vit. Cout.

Grata tibi sint Domine: S.

Oblata quaesumus domine munera: Y.

Sancti confessoris tui Augustini nobis Domine: H.

Sit tibi quaesumus domine nostrae devotionis oblatio: Durh. Whit. Aug. (*in m.*)

In hac triumphali sancti patris nostri Augustini sollemnitate: Aug.

Hostias domine laudis tuis altaribus: Rob.

Postc. *Sacramenta sumpta:* W. Alb. Abin.

Sancta tua quaesumus Domine: S.

Mense caelestis participatione: Y. Cout.

Sumentes Domine salutaria sacramenta: H.

Misteriis divinis refecti quaesumus: Durh. Aug. (*in m.*) Whit.

Haec domine uiuifica sacramenta: Aug.

Sacramenta tua domine nostra extergant piacula sanctique augustini oracio. nos adiuuet recte incedere inter omnia huius uite pericula. Per. Sherb.

Salutarem nobis edidit hodierna die beatus augustinus episcopus et confessor in tua domine uirtute letitiam. presta quesumus. ut confessionis eius insignia predicando. eius intercessione tibi placita gloriemur. per. Vit.

Beati augustini confessoris tui: Rob.

Sancti Bedae presbyteri. (Maii 26.)

Col. 818.] **Collect.** *Beati confessoris tui bede:* W.

Adesto domine: Abin. (*in communi.*)

Deus qui sanctissimi sacerdotis tui bede templum cordis sancti spiritus illustracione irradiasti : concede nobis quesumus illius obtinentibus meritis. gaudenter pervenire ad gaudia eterne felicitatis. per. In unitate. Durh.

Omnipotens sempiterne deus qui beatum ecclesie tue confessorem bedam doctorem et tractatorem catholicum tribuisti. concede propicius. ut eius semper erudita doctrinis stabili fide in ueneracione tui nominis et agnicione proficiat. Per. Sherb.

Secret. *His quaesumus domine oblationibus :* W.

Iubilacionis hostias seruitutis per interuentum beatissimi bede confessoris tui benigno quesumus omnipotens pater intuitu benedicito. et ad presentis et future uite concede prodesse prosperitatem cuncte familie. Per. Durh.

Intercessio quesumus domine beati bede confessoris tui hec tibi commendet munera. pro cuius tibi sunt commemoracione oblata. Per. Sherb. (cf. St. Dunstan, ii. 812.)

Postc. *Sacrificii tui nos domine :* W.

Salutis nostre muneribus sollempniter suffulti. tue deus immense pietatis exoramus clementiam : ut de cuius obitu gloriamur in terris. de eius pia intercessione gratulemur in celis. Per. Durh.

Mense celestis : Sherb. (S. 882. postc. de S. Audoeno.)

In natali sancti Germani episcopi. (Maii 28.)

Col. 819.] **Collect.** *Deus qui es sanctorum tuorum splendor mirabilis :* W. Paris (Gr. 107*n.* begins the same.)

Omnipotens sempiterne Deus qui nos beati Germani : S.

Da quaesumus : Y. (*in communi.*)

Adesto domine precibus nostris quas in sancti germani confessoris tui atque pontificis solempnitate deferimus ut qui nostre iusticie fiduciam non habemus eius qui tibi placuit precibus et meritis adiuuemur. Per. Whit.

Secret. *Hostia quesumus domine :* W.

Propitiare Domine quaesumus supplicationibus : S.

Sacrificium tibi domine laudis offerimus in sancti confessoris tui germani celebritate. ut propiciacionem tuam quam nostris operibus non meremur. pii suffragatoris intercessionibus assequamur. Per. Whit.

Sacrificium nostrum tibi domine quesumus : Paris (Gr. 132. for St. Andrew.)

Col. 820.] **Postc.** *Propiciare precibus nostris :* W.

Praesta quaesumus Domine Deus noster ut divinis mysteriis : S.

Quaesumus omnipotens deus ut eius nobis tribuas sequi documenta : cuius celebramus gloriosa sollempnia. Per. Whit. (cf. p. 1579.)

Sacro munere satiati : Paris. (L. 400. G. 546. Gr. 20.)

In natali sanctae Petronillae virginis. (Maii 31.)

Collect. *Annue plebi tue :* W. H. Whit. Vit.

Deus qui beatae Petronillae : S.

Omnipotens sempiterne Deus : Y. (*in communi.*)

Concede quesumus domine fidelibus tuis digne sancte uirginis tue petronille celebrare sollempnia ut eius quam fideliter executur hic experiantur auxilium et eternis affectibus apprehendant. Per. Durh.

Omnipotens sempiterne deus uirtutum largitor sanctarum annue plebi tue ut qui annua beate uirginis tue petronille sollempnia celebramus eius semper et fidei integritate roboremur et piis apud te precibus adiuuemur. Per. Sherb.

Exaudi nos deus salutaris noster : Paris. Dom. Cisterc. (G. 672. for St. Cecilia.)

Secret. *Suscipe domine munera :* W. H. 11414. Sherb. Whit. Vit.

Sacrificium quod tuae offerimus maiestati : S. 11414 (*in m.*)

Hec dona petimus domine placatus intende quibus summum sacrificium continetur et morte preciosa uirginis tue petronille hostia tibi placita consecretur. per. Durh. Cout.

Accepta tibi domine sit sacre plebis oblatio : Paris, Cisterc. Dom. (Gr. 115.)

Col. 821.] **Postc.** *Sacri altaris participacione :* W. H. 11414. Sherb. Whit. Vit.

Perceptis domine salutaribus : S. 11414 (*in. m.*)

Hec nos gratia tua petimus domine : Durh. Cout. (G. 673. for St. Cecilia.)

Satiasti domine familiam tuam : Paris, Cisterc. Dom. (Gr. 9. for St. Anastasia.)

SS. MM. Marcellini et Petri. (Iun. 2.)

In G. Gr. Men. Pam.

Collect. *Deus qui nos annua :* all the uses. (Gr. 96.)

Secret. *Votiva domine deferentes :* W. S. Alb. Sherb. Vit. (G. 647.)

Ut nobis domine hec dona salutaria semper existant. eorum merita quorum pro tuo nomine sanguis effusus est optineant. Per. Abin. (cf. SS. Cyrinus, &c. ii. 829. and p. 1580.)

Haec hostia quaesumus domine : all the other uses. (Gr. 96.)

Col. 822.] **Postc.** *Protegat domine quaesumus :* W. S. (Gr. 124. for SS. Cosmas and Damian.)

Line 3. *indulta* is a more usual reading.

Diuinis refecti sacramentis quesumus domine ut sanctorum tuorum intercessionibus gaudiis mereamur interesse celestibus. Abin. (cf. 829.)

Intercedentibus sanctis : Vit. (G. 647.)

Sacro munere satiati : all the other uses.

In natali S. Herasmi martiris. (Iun. 3.)

This mass does not appear in any of the other uses. In Rom. St. Erasmus is commemorated with SS. Marcellinus and Peter.

In natali S. Bonifacii Sociorumque eius MM. (Iun. 5.)

Col. 823.] **Collect.** *Beatus martir tuus :* W.

Omnipotens sempiterne Deus qui beato Bonifacio : S.

Praesta quaesumus : Y. (*ex communi.*)

Deus qui multitudinem populorum beati bonifacii martiris tui atque pontificis instancia ad agnicionem tui nominis sancti uocare dignatus es. concede propitius ut qui eius hodie sollempnia colimus. semper patrocinia senciamus. per. Sherb. Vit.

Secret. *Munera quesumus domine plebis tue :* W.

Oblationem famulorum tuorum suscipe : S.

Accepta sit in conspectu tuo nostre humilitatis oblacio. et sancti martiris tui atque pontificis bonefacii nobis fiat supplicacione salutaris pro cuius sollempnitate defertur. Per. Sherb. Vit.

Col. 824.] **Postc.** *Conserua domine munus :* W.

Tua nos misericordia : S. (Gr. 53. for St. Prisca.)

Supplices te rogamus omnipotens deus ut interueniente sancto bonefacio martire tuo atque pontifice in cuius hac festiuitate hec celestia sumpsimus sacramenta et tua in nobis semper dona multiplices et uitam nostram ab omni aduersitate defendas. Per. Sherb. Vit.

SS. EPISCOPORUM MEDARDI ET GILDARDI. (Iun. 8.)

Collect. *Quesumus omnipotens deus ut nos geminata leticia:* W. (L. 328 for SS. John and Paul.)
Deus qui sanctam huius diei: S. H. Durh. Whit. Vit. Cout.
Deus qui nos sanctorum confessorum: Rouen, Paris. (Gr. 181. common of confessors.)
Da quaesumus omnipotens: Cisterc.
Exaudi domine preces: Dom.
Secret. *Sint tibi domine quesumus:* W. (cf. G. 651. for SS. John and Paul.)
Respice domine quaesumus populum tuum: S. H. Durh. Whit. Vit. Cout.
Suscipe quesumus domine preces et munera. que ut tuo digna sint conspectui: sanctorum tuorum gildardi et medardi precibus adiuuemur. per. Rouen.
Suscipe domine munera que in eorum solennitate deferimus quorum nos confidimus patrocinio liberari. per. Paris (cf. p. 1626.)
Sancti tui nos quaesumus: Cisterc.
Accepta sit in conspectu tuo: Dom.
Col. 825.] **Postc.** *Gratias agimus tibi domine:* W. S. H. Durh. Whit. Vit.
Corporis sacri: Paris, Rouen.
Praesta quaesumus omnipotens deus ut de perceptis: Cisterc.
Da quaesumus domine fidelibus tuis: Dom.

SS. MM. PRIMI ET FELICIANI. (Iun. 9.)

Not in G. or Gr. but is in Men. Pam. Leo. Rob. Vit.
Collect. *Da quaesumus omnipotens deus:* Cisterc.
Fac nos domine quesumus: ali the other uses. (G. 678.)
Col. 826.] **Secret.** *Hostias tibi domine:* Cisterc.
Fiat domine quesumus: all the other uses. (G. 678.)
Postc. *Quaesumus omnipotens deus ut qui:* Cisterc.
Quaesumus omnipotens deus ut sanctorum: all the other uses. (G. 678.)

TRANSLATIO SANCTI IVONIS EPISCOPI. (Iun. 9.)

Paris and Cout. have Ivo on May 19.
Collect. *Deus qui nos veneranda:* W.
Deus qui beatum Yuonem confessorem tuum piis operibus signis et virtutibus in ecclesia tua clarere fecisti: presta quesumus: ut eius meritis et precibus tua beneficia capiamus. Per. Paris, Cout.
Col. 827.] **Secret.** *Omnipotens sempiterne deus qui piissimi confessoris:* W.
Munus domine quesumus in memoriam dominice passionis oblatum intercedente beato Iuone confessore tuo te nobis iugiter faciat esse placatum. per eundem. Cout. Paris.
Postc. *Leti percepimus omnipotens:* W.
Populum tuum domine unigeniti filii tui sanguine precioso redemptum propitius respice: et beato Iuone confessore tuo intercedente concede: vt hoc tuum sacramentum remissionem criminum, et gratiam nobis obtineat meritorum. per eundem. Cout. Paris.

IN NATALI SANCTI BARNABAE APOSTOLI. (Iun. 11.)

Not in G. Gr. Men. Pam. Leo. Whc. but it is in Rob. and Vit. St. Barnabas is not entered in the calendar of W. but his name appears in Rawl. and 2 A xxii.
Collect. *Deus qui universum orbem:* W. H. Abin.
Ecclesiam tuam quaesumus Domine beati Barnabae: S.
Ecclesiam tuam Domine in omni prosperitate: Y. Durh. Sherb. Rob. Vit.

Sancti apostoli tui barnabe nos quesumus solennitas: Alb. Aug. (*in m.*) Whit. Cout.
Quesumus omnipotens deus ut beatus Barnabas apostolus: Paris. Cisterc. Dom. (Gr. 131. vigil of St. Andrew.)
Deus qui beatum barnabam apostolis tuis praedicatione: M.
Deus qui nos beati Barnabe apostoli tui meritis: Rom. (Gr. 79.)

Col. 828.] **Secret.** *Oblationis nostrae munus:* W. Y. Durh. Abin. Alb. Aug. (*in m.*) Sherb. Whit. Rob. Vit. Rouen.
Placationis tibi Domine sacrificium: S. H.
Munera domine oblata sanctifica et intercedente: Cout. Rom. (Gr. 79. for St. George.)
Sacrandum tibi munus offerimus: Paris, Cisterc. Dom. (Gr. 131. vigil of St. Andrew.)

Postc. *Quod de altari tuo sumpsimus:* W. Y. Durh. Abin. Alb. Aug. (*in m.*) Sherb. Whit. Rob. Vit. Rouen.
Sacramenta caelestia quae pro beati Barnabae: S. H.
Supplices te rogamus omnipotens deus ut quos tuis: Cout. Rom. (Gr. 27.)
Perceptis domine sacramentis suppliciter exoramus: Paris, Cisterc. Dom. (Gr. 132. vigil of St. Andrew.)

SS. MM. Cyrini Basilidis Naboris et Nazarii. (Iun. 12.)

Not in L. or Gr. but in G. Men. Pam. Leo. Whc. Rob. and Vit.

Collect. *Sanctorum martyrum:* all the uses. (G. 647.) except Cisterc. which has *Praesta quaesumus.*

Col. 829.] **Secret.** *Ut nobis domine:* W. Alb.
Da nobis domine purae devotionis: S. H.
Pro sanctorum tuorum: all the other uses, except Cisterc. which has: *Hostia haec.*

Postc. *Divinis refecti sacramentis:* W. S. H. Alb.
Sumptis mysteriis: Y. Sherb.
Semper Domine sanctorum martyrum: all the other uses (G. 647.) except Cisterc. which has: *Sacro munere satiati.*
Instead of *Semper* M. reads *Humiliter.*

In natali sancti Basilii episcopi et confessoris. (Iun. 14.)

Collect. *Deus qui beatum basilium:* W. S. H.
Da quaesumus: Y. Cout.
Exaudi domine: Durh. Paris.
Omnipotens sempiterne deus cui cuncta famulantur: Sherb. Vit. Rob. (p. 150.)

Col. 830.] **Secret.** *Suscipe quaesumus domine:* W. (Gr. 177.)
Sancti Basilii confessoris: S. H.
Munera quesumus domine: Cout.
Preces nostras quesumus domine propiciatus admitte: Sherb. Vit. (L. 294.)
Propitiare domine: Paris.
Hostias tibi domine beati basilii: Rob.

Postc. *Presta quesumus omnipotens deus ut cuius:* W.
Sumptum Domine caelestis remedii: S. H.
Presta quesumus omnipotens deus ut de perceptis: Cout. (Gr. 15.)
Quesumus omnipotens deus ut quod de mensa celesti percepimus intercedente beato basilio confessore tuo atque pontifice nostros ad te semper trahat affectus. per dominum. Sherb. Vit. (see p. 1550.)
Sacro munere satiati supplices: Rob.

IN NATALI SS. MM. VITI ET MODESTI. (Iun. 15.)

Not in Gr. Men. Pam. but in G. Leo. Whc. Rob. and Vit.

Collect. *Da ecclesiae tuae domine:* W. Durh. Alb. Sherb. Whit. Leo. Whc. Rob. Vit. Cout. Rouen, Paris, Rom. (G. 647.)

Concede quaesumus omnipotens deus ut sanctorum martyrum: S. H. (G. 637.)

Deus qui nos concedis: Y.

Adesto Domine supplicationibus nostris: Cisterc.

Deus qui nos annua: Dom.

Col. 831.] **Secret.** *Sicut gloriam:* W. Durh. Alb. Sherb. Whit. Leo. Whc. Vit. Cout. Rouen, Paris, Rom. (G. 648.)

Propitius esto Domine supplicationibus: S. H. (Gr. 176.)

Munera tibi domine dicata sanctifica: Rob.

Muneribus nostris quaesumus Domine precibusque susceptis: Cisterc. (Gr. 15.)

Oblatis quesumus domine placare muneribus: Dom.

Postc. *Refecti domine benedictione:* (G. 648) all the uses with these exceptions:

S. and H. have: *Salutaris alimonie participatione.*

Cisterc. has: *Quaesumus omnipotens deus ut qui caelestia.*

Dom. has: *Haec nos communio.*

S. EDBURGAE VIRGINIS. (Iun. 15.)

Collect. *Deus qui sanctis virginibus:* W.

Deus qui beatae Edburgae virginis tuae animam: H.

Deus qui hodierna die beatam animam sancte edburge uirginis tue celorum regna penetrare fecisti concede propicius eius nos interuentu a peccatorum nostrorum nexibus solui et ab omni semper aduersitate defendi. Per. Whit. Vit.

Col. 832.] **Secret.** *Munera tue pietati dicanda:* W. Vit.

Hostias tibi Domine dicatas beatae virginis Edburgae: H. Whit.

Postc. *Sancta tua domine percipientes:* W. Vit.

Sanctificet nos Domine quaesumus tui: H. (L. 407. for St. Euphemia.)

Adiuuent nos domine quesumus et hec: Whit. (G. 639. for St. Agnes.)

SS. MM. CYRICI ET IULITTE MATRIS EIUS. (Iun. 16.)

Collect. *Exaudi nos domine deus:* W. S. H. Durh. Alb. Sherb. Whit. Vit. Cout. Rouen.

Deus qui nos concedis: Y. Dom.

Omnipotens sempiterne deus da nobis sanctorum martirum tuorum cirici et iulitte matris eius ita digne merita venerari quatinus et ab instantibus liberemur periculis et digni efficiamur gaudiis sempiternis. per. Abin.

Omnipotens sempiterne deus qui sancto cirico et matri eius iulitte una cum sociis: Paris.

Deus qui nos annua: Cisterc.

Col. 833.] **Secret.** *Offerimus tibi domine fidelium tuorum:* all the uses (L. 296.) except Cisterc. and Dom. which have *Oblatis quaesumus Domine placare:* and *Munera tibi domine nostre devotionis:* respectively.

Line 2. The more usual reading inserts *dona* before *solennia.*

Postc. *Quaesumus domine ut salutaribus:* W. Durh. Alb. Sherb. Whit. Abin. Vit. Cout. Rouen. (G. 647.)

Plebs tua domine per haec sancta: S. (cf. G. 717.)

Da quaesumus domine ut salutaribus repleti: H.

Beatorum martyrum tuorum domine quesumus : Paris
Haec nos communio : Cisterc.
Praesta nobis domine quaesumus : Dom.

IN NATALI SANCTI BOTULPHI ABBATIS. (Iun. 17.)

Collect. *Deus omnium regnorum gubernator :* W. Rob. (with different ending.)
Omnipotens sempiterne deus tuorum lumen sanctorum : H. 11414. Arbuth.
Intercessio : Y. Durh.
Deus qui hodierna die sacratissimam beati botulfi confessoris tui atque abbatis sollempnitatem tribuisti : aaesto propicius ecclesie tue precibus ut cuius gloriamur meritis. muniamur suffragiis. Per. Whit.

Col. 834.] **Secret.** *Gratia spiritus sancti :* W.
Hostias nostras tibi Domine reddat acceptas : H.
Munus tibi a deuotis oblatum famulis : 11414. Rob.
Sacrificium tibi domine laudis offerimus pro sancti : Whit. (G. 673. for St. Clement.)
Suscipe Domine sacrificium cuius te voluisti : Arbuth. (cf. G. 507. secret for Saturday after Quinquagesima.)

Postc. *Conserua quaesumus domine plebem :* W.
Tua sancta sumentes quaesumus domine ut sancti Botolphi : H Whit. (G. 664.)
Celestibus pasti dapibus supplices te rogamus : 11414. Rob.
Deus qui nos a delictorum nostrorum : Arbuth. (cf. S. 799. for St. Swithun.)

IN NATALI SS. MM. MARCI ET MARCELLIANI. (Iun. 18.)

In G. Gr. Men. Pam. Leo. Whc. Rob. and Vit.

Collect. *Praesta quaesumus :* (Gr. 96.) all the uses except Whc. which has : *Tuorum nos domine quaesumus precibus :* and Sherb. and Vit. which have : *Sanctorum tuorum nos domine.* (G. 648.)

Col. 835.] **Secret.** *Suscipe domine munera :* W. Alb. (cf. Gr. 12. for St. Stephen.)
Praeveniat nos quaesumus Domine gratia tua : S. (G. 717.)
Munera quesumus domine plebis tue sanctorum tuorum marci et marcelliani fiant grata deprecacione et pro quorum triumphis nomini tuo offeruntur meritis digna efficiantur. Per. Abin.
Munera domine tibi dicata : (Gr. 96.) all the other uses.

Postc. *Ut percepta nos domine :* W. S. Alb. (cf. Gr. 118. for SS. Protus and Hyacinthus.)
Salutaris tui domine munere satiati : (Gr. 96.) all the other uses.

SS. MM. GERVASII ET PROTASII. (Iun. 19.)

In G. Gr. Men. Pam. Leo. Whc. Rob. and Vit.

Collect. *Deus qui nos annua :* (Gr. 97.) all the uses.

Col. 836.] **Secret.** *Hostias tibi domine laudis :* W. S. Abin.
Adesto domine precibus populi tui adesto : Alb. (Gr. 112. for St. Tiburtius.)
Concede nobis omnipotens deus : Sherb. Vit. Cout. (Men. 109.)
Munere domine oblata sanctifica : Dom.
Oblatis quaesumus Domine placare muneribus : all the other uses. (Gr. 97.)

Postc. *Da quaesumus omnipotens deus ut mysteriorum :* W. Alb. (Men. 109.)

Benedictio tua Domine quaesumus per haec : S.
Protegat domine quesumus populum tuum : Sherb. (Gr. 124. for SS. Cosmas and Damian.)
Celestibus refecti sacramentis : Cout. (L. 336.)
Salutaris tui domine : Dom. (Gr. 31.)
Haec nos communio : (Gr. 97.) all the other uses.

IN NATALI SANCTI ALBANI MARTIRIS. (Iun. 22.)

Collect. *Deus qui hodierna die beatum Albanum :* W. Alb. Sherb.
Deus qui hunc diem beati Albani martyrio : S. Whit.
Deus qui hanc solennitatem beati Albani : H. Abin. Cout.
Praesta quaesumus : Y. Cisterc. (*var.*)
Deus qui gentem anglorum primitiis : Durh. Aug.
Praesta quaesumus omnipotens deus ut qui sanctum Albanum : Rob. (p. 5.)
Deus qui sanctum albanum martyrii corona decorare uoluisti. presta quesumus. ut quemadmodum deuotam ipsius passionis agimus memoriam. eius sublimia apud te patrocinia sentiamus. per dominum nostrum. Vit.
Col. 837.] **Secret.** *Haec domine munera :* W. Alb.
Haec hostia salutaris quam in sancti Albani : Sherb. Rob. Vit.
Oblatis quaesumus Domine placare muneribus : Cisterc.
Sicut in beati Albani martyris veneratione : the other uses.
Postc. *Vitali alimonia :* W. Alb.
Quaesumus omnipotens et misericors deus ut quos : Sherb. Rob. Vit.
Sit nobis domine reparatio : Cisterc.
Ut tua nos domine sacramenta : the other uses.

IN NATALI SANCTAE ETHELDRITHAE VIRGINIS. (Iun. 23.)

Collect. *Omnipotens sempiterne deus auctor virtutis :* W. Sherb. Vit.
Deus qui nos hodie : S. H.
Exaudi nos : Durh.
Omnipotens sempiterne Deus : Y. (from the common.)
Omnipotens sempiterne deus da nobis in festiuitate beate etheldride uirginis congrua deuocione gaudere : ut et potenciam tuam in eius transitu laudemus. et prouisum nobis percipiamus auxilium Per dominum. Whit. (cf. St. Frideswide, ii. 979.)
Rob. has two collects : *Deus ineffabilis rerum :* and *Omnipotens praecluissime deus.*
Col. 838.] **Secret.** *Sanctifica quaesumus :* W.
Quae in hoc altari Domine praeposita : S. H.
Domine deus pater omnipotens tocius mundane molis mirificus opifex. suscipe deprecacionem seruorum tuorum cum muneribus hostiarum. que in celebritate famule tue atheldrithe tibi deferimus et concede ut per hec diuina sacramenta cunctos carnales actus ualeamus respuere. atque omnium incrementa uirtutum percipere. Per dominum. Sherb. Vit.
Offerimus domine preces et munera in honore sancte etheldride uirginis gaudentes presta quesumus : ut et conuenienter hec agere et remedium sempiternum ualeamus adquirere. Per. Whit. (ii. 1105.)
Domine deus cunctipotens : Rob.
Postc. *Gregem tuum quaesumus pastor :* W.
Quaesumus omnipotens deus ut quod de mensa : S. H.
Celestibus satiati sacramentis : Sherb. Rob. Vit.
Quesumus omnipotens deus : ut intercedente beata etheldrida uirgine tua illius salutaris capiamus effectum. cuius per hec misteria pignus accepimus. Per. Whit.

VIGILIA S. IOHANNIS BAPTISTAE. (Iun. 23.)

In G. and Gr.

Office. *Ne timeas Zacharia:* all the uses.

Col. 839.] **Office Ps.** *Apparuit autem:* W. Durh. Alb. Abin. Sherb. CCCO Cisterc. Dom.

Domine in virtute tua: the other uses.

Whit. has both.

Collect. *Praesta quaesumus:* all the uses. (G. 97.)

Lesson. *Tu ergo fili:* W. (Jer. i. 17.–19.)

Durh. and Whit. have this for lesson in the first mass of the day.

Priusquam te formarem: all the other uses. (Jer. i. 5.–10.)

Grail. *Fuit homo. Ut testimonium:* all the uses.

Col. 840.] **Gospel.** *Fuit in diebus Herodis:* all the uses.

Col. 841.] **Offert.** *Gloria et honore:* all the uses.

Secret. *Munera domine oblata:* W. H. Y. 11414. Durh. Aug. Alb. Whit. Rosslyn, Leo. Rob. Vit. Cout. Rouen, Paris, Cisterc. Chart. Dom. Rom. (Gr. 97.)

Da quaesumus omnipotens deus ut sicut: S. Abin. Sherb. CCCO. 11414. (*in m.*) Whc. (not in Wilson.)

Com. *Magna est gloria:* all the uses.

Postc. *Beati Iohannis Baptistae:* all the uses. (Gr. 98.)

line 3. *per sanctum corpus et sanguinem filii tui.* is often omitted. It is left out in L. G. and Gr.

IN DIE SANCTI JOHANNIS BAPTISTAE. (Iun. 24.)

There are five masses for this day in L. two in Gr. Men. Pam. Leo. Rob. Vit. Durh. Aug. Abin. Sherb. Whit. Cout. Paris, Cisterc.

G. and others have only one.

Office. *De ventre matris:* all the uses at the High Mass.

Office Ps. *Audite insulae:* W. H. Durh. Sherb. Cisterc. Dom.

Bonum est confiteri: S. Y. Whit. Cout. Rouen, Paris, Chart. Rom.

Misit dominus manum suam: CCCO. Rosslyn.

Collect. *Deus qui praesentem:* (L. 326.) all the uses at the High Mass.

Col. 842.] **Lesson.** *Audite insulae:* all the uses at the High Mass.

Grail. *Priusquam te formarem. Misit dominus:* all the uses at the High Mass.

Line 6. ℣. *Inter natos:* all the uses except Chart. and Rom. which have *Tu puer propheta.*

Line 7. *Precursor domini: add.* Whit.

Fuit homo missus: add. CCCO.

Ne timeas: add. Rom.

Sequence. *Exulta caelum:* W. Sherb. (Y. ii. 291.)

Sancti Baptistae: S. Y. H. Whit. Cout. Rouen.

Praecursoris et baptistae: Paris. (Kehrein, 360.)

Praecursorem summi regis: Dom. (Kehrein, 354.)

Col. 843.] **Gospel.** *Elizabeth impletum est tempus:* all the uses at the High Mass.

Col. 844.] **Offert.** *Iustus ut palma:* all the uses at the High Mass.

Secret. *Tua domine muneribus:* all the uses at the High Mass. (G. 650.)

Com. *Tu puer propheta:* all the uses at the High Mass.

Postc. *Sumat ecclesia:* all the uses at the High Mass. (G. 650.)

IN NATALI SS. MM. IOHANNIS ET PAULI. (Iun. 26.)

In L. G. and Gr.

Col. 845.] **Collect.** *Quaesumus omnipotens deus:* all the uses. (L. 328. G. 651 Gr. 100.)

Line 6. For *veros*, a more usual reading, which is found in Gr. is *vere*. L. and G. omit the word.

Lesson. *Quis nos separabit:* W. Whit. Rouen, Cisterc. Dom. (Rom. viii. 35.–39.)

Hi sunt duo olivae: Paris.

Sancti per fidem: Chart.

Hi sunt viri: the other uses.

Col. 846.] **Secret.** *Hostias altaribus tuis domine:* W. S. Abin. Alb. Sherb. Vit. (L. 329.)

Hostias tibi domine sanctorum: the other uses. (Gr. 100.)

Postc. *Sumptis sacramentis:* W. S. Alb. Abin. (not in Wilson.)

Sumpsimus domine sanctorum martyrum: the other uses. (Gr. 100.)

In natali sancti Leonis. (Iun. 28.)

Not in G. but in Gr. Men. Pam. Leo. Whc. and Vit.

Collect. *Deus qui beatum Leonem:* all the uses. (Gr. 100.)

Col. 847.] **Secret.** *Annue nobis domine:* all the uses. (Gr. 101.)

Postc. *Sumentes domine divina mysteria:* W. S. Alb. (not in Wilson.)

Sancti Leonis confessoris tui atque pontificis: Sherb. Vit. (G. 637. for St. Marcellus.)

Deus qui animae famuli tui Leonis aeternae: the other uses. (Gr. 101.)

Abin. and H. begin differently: *Deus qui beato Leoni confessori tuo aeternae beatitudinis, &c.*

Vigilia apostolorum Petri et Pauli. (Iun. 28.)

In L. G. and Gr.

Office. *Dicit Dominus Petro:* all the uses.

Office Ps. *Caeli enarrant:* W. S. H. Y. Sherb. Cout. Chart. Cisterc. Dom. Rom.

Symon Iohannis: Alb. Durh. Whit.

Si diligis me: CCCO. Rosslyn.

Collect. *Deus qui nos beatorum:* W. S. H. Alb. Durh. Aug. Abin. Whit. CCCO. Rosslyn, Cout. (G. 652.)

Praesta quaesumus omnipotens deus: (Gr. 101.) the other uses.

Line 3. *praevenire.* S. Alb. CCCO. Rosslyn.

praeire. H. Durh. Aug. Abin.

Pam. and Whc. have both collects.

Lesson. *Petrus et Iohannes:* all the uses.

Col. 848.] **Grail.** *In omnem terram:* all the uses, except Alb. which has: *Nimis honorati. Dinumerabo.*

Gospel. *Simon Iohannis diligis:* all the uses.

Col. 849.] **Secret.** *Munera domine propitiationi:* W. S. 11414 (*in. m.*) Abin. Whit. (G. 652.)

Munus populi tui: (Gr. 101.) 11414 and the other uses.

For *populi* several MSS. read *apostoli*.

Com. *Symon Iohannis:* all the uses, except CCCO. Rosslyn, and Chart. which have *Tu es Petrus*.

Postc. *Sumpsimus domine divina mysteria:* W. S. Abin. Alb. CCCO. Whit. (not in Wilson.)

Line 4. for *recolentes* S. reads *praecurrentes*.

Sumptis Domine remediis: H. Sherb. Vit. Cout. (G. 653. postc. for SS. Peter and Paul.)

Deus qui ecclesiam tuam: Rob. Sherb. (Gr. 102.)

Quos caelesti Domine alimento: the other uses. (Gr. 102.)

IN NATALE APOSTOLORUM PETRI ET PAULI. (Iun. 29.)

In L. G. and Gr.

Office. *Nunc scio vere:* all the uses, except Rouen, which has *Iudicant sancti.*

Office Ps. *Et exeuntes processerunt:* W. S. H. Abin. Sherb. Cout.

Domine probasti: Y. Whit. Chart. Cisterc. Dom.

Et petrus ad se: Alb. Durh. 11414. CCCO. Rosslyn, Whit. Paris, Rom.

Col. 850.] **Collect.** *Deus qui hodiernam diem:* all the uses. (Gr. 102.)

Lesson. *Misit Herodes:* all the uses except Rouen which has: *Iam non estis hospites.*

Col. 851.] **Grail.** *Constitues eos. Pro patribus*: W. S. Alb. Sherb. CCCO Rosslyn, Whit. Cout. Rouen, Paris, Chart. Cisterc. Dom. Rom.

Constitues. Tu es petrus: Abin.

Constitues. Tu es pastor: Whit.

Isti sunt: Sherb. Rouen.

Line 6. ℣. *Tu es pastor:* W. Durh.

Tu es Petrus: H. Cout. Paris, Chart. Rom.

Tu es Petrus. Beatus es: Whit.

Non vos me: Y.

Beatus es: Alb. Dom.

Sequence. *Laude iocunda:* W. S. H. Y. Durh. (Rouen reads: Gaude iocunda.)

Agmina laeta plaudant: Sherb. (Y. ii. 292.)

Caeli enarrant: Whit. (Kehrein, 368.)

Roma Petro glorietur: Cout. (Kehrein, 395.)

Gaude Roma caput: Paris (Kehrein, 381.)

Iubar mundo geminatur dies festus renouatur celi luminarium Petrus pastor almi gregis paulus doctor summe legis transiunt ad brauium. &c. Dom. (See W. Hopyl's ed. of 1519.)

Col. 852.] **Gospel.** *Venit Iesus in partes:* all the uses.

Secret. *Hostias domine quas:* all the uses. (Gr. 102.)

Com. *Tu es Petrus:* all the uses, except CCCO. Rosslyn, and Chart. which have: *Simon Iohannis*, and Rouen, which has: *Ego vos elegi.*

Postc. *Quos caelesti:* all the uses. (Gr. 103.)

IN COMMEMORATIONE SANCTI PAULI. (Iun. 30.)

In L. G. Gr. This does not occur in the calendar of W. but it appears in Rawl. and 2 A. xxii. British Museum.

Office. *Scio cui:* all the uses.

Office Ps. *Non solum autem:* W.

Domini probasti: S. Cout. Rouen, Chart. Rom.

De reliquo reposita: H. Paris, Cisterc. Dom.

Reposita est mihi corona: Alb. Durh. Sherb.

Bonum certamen certaui: Rosslyn.

Collect. *Deus qui multitudinem:* all the uses. (G. 654. Gr. 104.)

Col. 853.] **Lesson.** *Notum vobis facio:* (Gal. i. 11–24.) all the uses except Alb. and Chart. which have *Testificor coram deo* (II. Tim. iv. 1–8.)

Abin. Cout. Cisterc. Dom. stop at v. 20.

Col. 854.] **Grail.** *Qui operatus est. Gracia dei:* all the uses except 11414. which has *Qui operatus. Magnus sanctus paulus.*

Line 7. ℣. *Magnus sanctus:* W. S. H. Y. Durh. Alb. Abin. Whit. Rosslyn, Cout. Rouen, Paris, Cisterc. Dom.

Tu es vas: Sherb.

Nimis honorati: Chart.

Sancte Paule: Rom.

Sequence. *Petre summe Christi:* W. (Kehrein, 394.)
Solemnitas sancti Pauli: S. H. Y. Alb. Cout. (Kehrein, 389.)
Laude iocunda melos: Sherb. (*Analecta Liturgica*, II. i. no. 35.)

Col. 855.] **Secret.** *Oblationem tibi Domine:* W. S. Alb. Abin. Whit. Rosslyn, (not in Wilson.)
Apostoli tui Pauli precibus: Cisterc. (Men. 22. for conversion of St. Paul. Gr. 102. for St. Peter.)
Ecclesiae tuas quaesumus Domine: the other uses. (Gr. 104.)
Hostias domine quas nomini: Chart. Dom.

Postc. *Da quaesumus omnipotens:* W. S. Alb. Abin. Whit. Rosslyn. (not in Wilson.)
Quos caelesti Domine alimento: Chart. (Gr. 103. for St. Peter.)
Perceptis Domine sacramentis: (Gr. 104.) the other uses.

MISSA MATUTINALIS DE SANCTO PETRO.

The other rites have a commemoration of St. Peter in the mass of St. Paul.

Collect. *Deus qui beato petro.* (G. 652.)

Col. 856.] **Secret.** *Ecclesie tue.* (G. 652.)

Postc. *Letificet nos.* (G. 653.)

SANCTI MARTIALIS EPISCOPI. (Iun. 30.)

Not in Gr. Men. Pam. Leo. or Rob. and his name is not in any of the Westminster calendars.

Collect. *Omnipotens sempiterne deus cui cuncta:* W. Alb.
Omnipotens sempiterne deus qui beatum marcialem apostolum tuum ecclesie tue sancte preesse voluisti, quesumus eius nobis suffragantibus meritis: pietatis tue gratiam largiaris. Per. Rouen.
Deus qui beatum Marcialem: Cisterc. (cf. Gr. 25. Postc. for St. Gregory the Great.)

Secret. *Praesta quaesumus domine ut beati:* W. (G. 660. for St. Laurence.)
Ante conspectum maiestatis tue quesumus omnipotens deus munera nostra grata perueniant et sancto marciale confessore tuo atque pontifice intercedente peccatorum nostrorum remissio fiant. per. Alb. (cf. St. Machutus, ii. 1001.)
Sacrificium deuotionis nostre quesumus domine placatus intende. et intercedente beato marciale apostolo tuo: misericordie tue nobis opem instanter impende. Per. Rouen.
Annue nobis Domine: Cisterc.

Col. 857.] **Postc.** *Sancti nos domine confessoris:* W.
Diuini perceptio sacramenti famem domine quesumus a nobis repellat animarum et sancti marcialis confessoris tui atque pontificis intercessio ad celestium nos perducat dulcedinem epularum. per. Alb. (cf. St. Machutus, ii. 1001.)
Purificent nos quesumus domine sacramenta que sumpsimus et intercedente beato marciale apostolo tuo per hec ad gaudia eterna peruenire valeamus. Per. Rouen.
Deus qui animae famuli tui Martialis aeternae: Cisterc.

DE SANCTO SWITHUNO EPISCOPO. (Iul. 2.)

Col. 858.] **Collect.** *Deus qui hodiernam diem sacratissimam:* W. S. H. (var.) Abin. (var.)
Da quaesumus: Y. (*ex communi.*)
Omnipotens sempiterne Deus qui hodiernam diem honorabilem nobis beati Swithuni confessoris tui atque pontificis solennitate tribuisti. da quesumus ecclesie tue in hac celebritate leticiam: ut cuius festa pio amore ueneramur in terris. eius intercessione sulleuemur in celis. per. Alb. (cf. ii. 867.)

Deus qui presentis annua solempnitatis gaudia in sancti confessoris tui atque antistitis swithuni commemoracione populis tuis hodierna die tribuisti. da nobis ad illam peruenire beatitudinem quam ipse percipit cuius deuote celebramus festiuitatem. Per. Sherb.

Col. 859.] **Secret.** *Suscipe clementissime deus munus:* W. S. Alb. Sherb. (var.)

Munus quod tibi offerimus: H.

Sacrificium tibi domine offerimus pro sancti: Abin. (G. 673. for St. Clement.)

Postc. *Deus qui nos a delictorum:* W. S. Alb.

Deus qui per sanctum confessorem: H.

Sanctificet nos omnipotens domine deus huius sacri percepcio sacramenti. et gloriosa intercessio sancti swithuni angelorum cetibus faciat aggregari. Per. Abin. Sherb. (var.)

COMMEMORATIO DE MM. PROCESSO ET MARTINIANO. (Iul. 2.)

Not in G. but in Gr. Men. Pam. Vit.

Collect. *Deus qui nos beatorum:* all the uses. (Gr. 105.)

Secret. *Suscipe domine preces:* all the uses. (Gr. 105.)

Line 2. Gr. with several others omits *oblata.*

Postc. *Exultamus in te domine:* W. Alb.[1]

Quaesumus Domine divino refecti: S.

Corporis sacri et pretiosi sanguinis: all the other uses including Alb. (Gr. 105.)

IN TRANSLATIONE S. MARTINI EPISCOPI ET CONFESSORIS. (Iul. 4.)

Not in G. Gr. Men. Pam. or Leo.

Col. 860.] **Collect.** *Deus qui populo tuo:* W. S. H. Y. Durh. Aug. Alb. Abin. Sherb. Whit. Rob. Vit. Rouen, Paris.

Line 3. All except W. Whit. Paris read *concessisti* for *tribuisti.*

Line 5. After *ut* S. reads *qui executor mandatorum tuorum exstitit.*

Deus qui nos beati: Whc. Cout. (var.) (cf. Gr. 108. for St. Stephen.)

Deus qui conspicis quia ex nulla virtute: Cisterc. (Gr. 128. *in natali S. Martini.*)

Secret. *Intercessio Domine sancti Martini:* W. S. Whc. (G. 664. for St. Ruffus.)

Paternis intercessionibus magnifici pastoris martini quesumus familie tue omnipotens deus commendetur oblacio cuius uitalibus decoratur exemplis. Per. Sherb. Vit.

Respice domine quaesumus ad tua sacramenta: Rob.

Da misericors Deus ut haec nos: Cisterc. (Gr. 129.)

Omnipotens sempiterne deus munera: all the other uses. (Pam. 352.)

Postc. *Praestent nobis domine:* W. S. Alb.

Omnipotens sempiterne Deus qui inter caetera miracula: H. Cout.

Quaesumus domine ut salutaribus repleti mysteriis: Whc. (Gr. 18, &c.)

Celesti benedictione omnipotens pater populum tuum sanctifica. et beati martini confessoris tui atque pontificis festiuitate gaudentem. per intercessionem eiusdem protectoris nostri fac nos in eterna gloria cum sanctis tuis gaudere: per. Vit.

Praesta quaesumus Domine Deus noster: Cisterc. (Gr. 129.)

Sacramenta salutis nostrae suscipientes: the other uses.

IN OCTAVA APOSTOLORUM PETRI ET PAULI. (Iul. 6.)

In G. and Gr.

Collect. *Deus cuius dextera:* all the uses. (G. 656.)

Col. 861.] **Lesson.** *Deus personam hominis:* W. Abin. Sherb. Rosslyn, Paris.

Iam non estis: Chart.

Hi sunt viri: the other uses.

Grail. *Iustorum animae:* W. S. H. Y. Durh. Abin. Whit. Cout. Paris, Rom.

Constitues: Alb. Rosslyn.

In omnem terram. Caeli enarrant: Chart. Cisterc. Dom.

Line 1. ℣. *Isti sunt:* W. S. H. Y. Alb. Abin. Rosslyn, Cout. Paris, Dom.

Venite ad me: Durh.

Nimis honorati: Chart.

Per manus Apostolorum: Cisterc.

Vos estis: Rom.

Gospel. *Iussit Iesus discipulos suos:* all the uses except Chart. which has: *Hoc est praeceptum.*

Col. 862.] **Secret.** *Intende precamur vota:* W. S. Alb. Abin. Rosslyn. (L. 345.)

Offerimus tibi Domine preces: the other uses (Gr. 104.)

Postc. *Sumpta domine sacramenta:* W. S. Alb. Abin. Rosslyn (not in Wilson.)

Pignus aeternae vitae: Whc. (G. 657.)

Beatorum apostolorum Domine: Cout. (Men. 115.)

Protege Domine populum tuum et apostolorum: the other uses. (Gr. 104.)

IN TRANSLATIONE SANCTI THOMAE ARCHIEPISCOPI ET MARTIRIS. (Iul. 7.)

Almost all the manuscripts which were in England in the time of Henry VIII. here show signs of the activity of the King's visitors. Abin. is, however, untouched. Whit. and Sherb. have *Thome martiris* erased. The office in 11414 has been brought into conformity with S. the original anthems being erased and the S. anthems written over.

Collect. *Deus qui nos:* all the uses except Whit. which has: *Deus qui translationem beati Thome* (S. 762. for St. Edmund.)

Line 1. In place of *nos* Alb. Durh. and Sherb. have *nobis translationem.*

Sequence. *Solemne canticum:* S. (71.)

Spe mercedis et coronae: Y. Sherb. (Kehrein, 729.)

Gaudet hinc ecclesia: H. (22.)

Secret. *Deus qui panem:* all the uses.

Postc. *Deus qui beatum Thomam:* all the uses.

IN NATALI SS. SEPTEM FRATRUM. (Iul. 10.)

In Gr. and Leo. but not in G.

Col. 864.] **Collect.** *Praesta quaesumus omnipotens deus ut qui:* all the uses. (Gr. 105.) except Abin. which has *Fraterna nos Domine martyrum.* (G. 679.)

W. S. Alb. Whit. Cout. insert names.

Gr. Leo. Rob. H. Y. Chart. Cisterc. Dom. Rom. do not.

Secret. *Respice domine oblationes:* W. S. Alb. Abin. (not in Wilson.)

Sacrificiis praesentibus Domine: all the other uses. (Gr. 105.)

Postc. *Refecti Domine gratiae tuae:* W. S. Alb. Abin. (not in Wilson.)

Quaesumus omnipotens deus ut illius salutaris capiamus effectum : the other uses. (Gr. 106.)

In this latter postc. after *ut* Vit. Durh. and Aug. insert *intercedentibus sanctis tuis.*

IN TRANSLATIONE SANCTI BENEDICTI ABBATIS. (Iul. 11.)

Not in G. Gr. Men. Pam. but in Leo. Whc. Rob. and Vit.

Col. 865.] **Collect.** *Intercessio nos quaesumus :* all the uses.
Lesson. *Qui custodierint :* W. (Sap. vi. 11–21.)
Dedit dominus : Paris.
Dilectus a deo : Cisterc.
Iustus cor suum : the other uses.
Grail. *Domine praevenisti :* W. Durh. Abin. Sherb. Whit.
Os iusti. Lex Dei : S. Cout.
Iustus ut palma : Alb.
Line 2. *Vir domini :* W. Abin. Alb. Sherb. Whit. Cout.
Posui adiutorium : S.
Iustus germinabit : Durh.
Sequence. *Sancti merita benedicti :* Sherb. (Kehrein, 514.)
Laudum carmina creatori : Whit. Rouen (*Analecta Liturgica :* II. i. No. 123.)

Col. 866.] **Secret.** *Sacris altaribus hostias :* all the uses.
Postc. *Protegat nos domine cum tui perceptione :* all the uses.
Line 6. Rob. omits the last five words.
Line 7. for *sentiamus* Abin. Alb. Aug. Sherb. Whit. read *percipiamus.*

IN NATALI SANCTAE MILDRITHAE VIRGINIS. (Iul. 13.)

Collect. *Deus qui populo tuo :* W.
Deus qui nos annua beatae Mildrithae : Aug. (Gr. 24. for St. Agatha.)
Deus qui hodierna die beatam sancte uirginis tue mildrithe animam celorum regna penetrare fecisti. concede propicius. eius nos interuentu a peccatorum nostrorum nexibus absolui. et ab omni semper aduersitate defendi. Per. Sherb. (cf. note to col. 831.)

Col. 867.] **Secret.** *Munera tuae pietati :* W.
Hostiam quaesumus domine qua te nobis : Aug.
Quesumus misericors deus ut tue maiestati accepta sint munera nostre seruitutis. que et beatam uirginem mildritham nobis concilient. et eterne felicitatis gaudia diuinitus sumministrent. Per. Sherb. (cf. note to col. 774.)
Postc. *Sancta tua Domine percipientes :* W.
Immortalis alimoniae sacramenta : Aug.
Adiuuent nos domine quesumus : Sherb. (G. 639.)

IN TRANSLATIONE S. SWITHUNI EPISCOPI. (Iul. 15.)

Collect. *Omnipotens sempiterne deus qui hodiernam diem :* W. S.
Exaudi Domine : Durh.
Deus qui iubar aetherium antistitem swithunum : Rob. Sherb. Vit.
Sherb. begins differently : *Deus qui sanctum antistitem swithunum miraculis et uirtutibus dignatus es.* &c. So also Vit.

Col. 868.] **Secret.** *Suscipe clementissime deus :* W.
Respice quaesumus Domine populum tuum : S.
Munus quod tibi offerimus : Sherb. Rob. Vit.
Postc. *Deus qui nos a delictorum :* W.
Pignus vitae aeternae capientes : S. (G. 657.)

Refectionis eterne pasti dulcedine quesumus domine deus noster ut intercedente beato Swithuno confessore tuo. que in eius sumpsimus sollempnitate. non iudicium nobis set perhenne prestent remedium. per dominum. Sherb.
Deus qui per sanctum confessorem tuum antistitem : Rob. Vit.

IN FESTIVITATE SS. RELIQUIARUM. (Iul. 16.)

Collect. *Praesta quaesumus omnipotens deus :* W. S. H. Y. Sherb. (cf. Vit. fo. 158.b.)
Propitiare nobis quaesumus domine famulis tuis : Abin. Cout.
Col. 869.] **Secret.** *Munera tuae misericors deus maiestati :* W. S. Abin. Sherb. (Vit. fo. 158.b.)
Suscipiat pietas tua quaesumus Domine : H. Y.
Munus quod tibi offerimus : Sherb.
Ecclesiae tuae domine munera : Cout.
Postc. *Divina libantes misteria quaesumus Domine :* W. S. Sherb. Vit.
Divina libantes misteria quae per praesentium : H. Y. Abin.
Sumpta nos domine sacramenta : Cout.
Line 3. for *tuorum* Sherb. reads *eorum*, and after *ubique* Sherb. adds *intercessio.*

IN NATALI SANCTI KENELMI MARTYRIS. (Iul. 17.)

Collect. *Omnipotens et misericors :* W. S. H. Sherb. Whc. Rob.
Praesta quaesumus omnipotens : Abin.
Col. 870.] **Secret.** *Praesentibus domine quaesumus :* W. S. H. Sherb. Whc. Rob.
Presentibus is interlined in 11414. in a later hand: in the original hand is written : *Presencia munera domine quesumus serena pietate intuere.*
Postc. *Percipiat quaesumus domine plebs :* W. S. H. Sherb. Whc. Rob.
Percipiat is interlined in 11414. in a later hand : in the original hand is written : *Quos celesti domine refecisti misterio.*
Tribue clemens et misericors Deus in beati testis : Rob. (*alia.*)

IN NATALI SANCTAE MARGARETAE VIRGINIS. (Iul. 20.)

Col. 871.] **Collect.** *Deus qui beatae virginis :* W. S. H. Y. Durh. Alb.
Deus qui beatam Margaritam virginem ad caelos : Sherb. Whit. Vit. (*added.*) Cout. Paris.
Deus qui inter cetera : Abin.
Omnipotens sempiterne deus auctor virtutis : Rouen.
Omnipotens sempiterne deus qui infirma mundi eligis : Cisterc. (Gr. 21. for St. Agnes.)
Indulgentiam nobis Domine : Dom. (Gr. 24. for St. Agatha.)
Secret. *Haec victima Domine :* W. S. Y. Durh. Alb. Sherb. Whit. Vit. (*added.*) Cout. Rouen, Paris.
Line 1. Whit. reads *munera* for *victima.*
Line 5. Whit. and Paris read *obtineant.*
Munera quaesumus domine benigno suscipe intuitu : H.
Hostias Domine quas tibi offerimus : Cisterc. (Gr. 21. for St. Agnes.)
Suscipe munera domine quae in beatae : Dom. (Gr. 24. for St. Agatha.)
Postc. *Huius domine sacramenti perceptione :* W. Y. Durh. Whit. Cout. Rouen.
Line 5. for *semper vivere* Rouen and Paris read *vicissim manere.*
Percipiat quaesumus Domine plebs tua : S. Vit. (*added.*)

Sumptis Domine sacramentis caelestibus: H.
Purificent nos quesumus domine diuina sacramenta que sumpsimus et beata intercedente uirgine martireque tua margareta. ad presentis uite prosperitatem. et ad future beatitudinem sempiternam nobis ea prouenire concede. Per dominum. Sherb.
Refecti cibo potuque caelesti: Cisterc. (Gr. 21. for St. Agnes.)
Auxilientur nobis domine sumpta mysteria: Dom. (Gr. 24. for St. Agatha.)

SANCTI WLMARI ABBATIS. (Iul. 20.)

Col. 872.] **Collect.** *Intercessio quaesumus domine:* W. (not in Wilson.)
Pretende nobis domine quesumus misericordiam tuam et beati wlmari abbatis intercessio cuius nos dedisti patrociniis adiuuari. tribue ut magestatem tuam exoret pro nobis. Per. Sherb. (cf. L. 297. and St. Giles, ii. 933.)
Secret. *Haec hostia quaesumus:* W.
Intercessio quesumus domine beati wlmari abbatis munera nostra commendet: Sherb. (G. 638. for St. Fabian.)
Postc. *Praesta quesumus Domine ut haec:* W.
Quesumus omnipotens deus ut qui celestia alimenta percepimus intercedente beato wlmaro abbate. contra omnia aduersa muniamur. et ad eterna gaudia spes nobis suppetat et facultas. Per. Sherb. (cf. Gr. 22. for St. Vincent.)

IN NATALI SANCTAE PRAXEDIS VIRG. (Iul. 21.)

Not in G. Gr. Men. Pam. Leo.
Collect. *Assit plebi tuae omnipotens:* W. S. H. Durh. Alb.
Praesta quaesumus domine mentibus nostris: Paris. (G. 638. for St. Agnes.)
Exaudi nos deus salutaris noster: Cisterc. Dom. (Gr. 134. for St. Lucy.)
Da quaesumus omnipotens Deus ut qui beatae Praxedis: the other uses. (Gr. 19. for St. Prisca.)
Sherb. omits *Da.*
Col. 873.] **Secret.** *Suscipe domine quaesumus ob honorem:* W. S. Y. Alb. Abin. Rob. Rouen.
Accepta sit in conspectu tuo: H. (G. 679.)
Preces nostras quesumus domine propiciatus admitte: Durh. Paris. (G. 640.)
Fiant domine tuo grata conspectui: Sherb. Vit. (L. 457.)
Muneribus te Domine magnificamus: Whit. (G. 644. St. Euphemia.)
Hostia domine quesumus quam sancte virginis tue Praxedis: Cout. Chart.
Accepta sit Domine sacratae plebis: Cisterc. Dom. (L. 393. for SS. Felicissimus and Agapitus.)
Postc. *Sancta tua nos domine:* W. S. Y. (MS.) Alb.
Satiasti Domine familiam tuam muneribus sacris: Y. Cisterc. Dom. (L. 394.)
Laeti Domine sumpsimus sacramenta caelestia: H. (G. 698.)
Prosit plebi tuae omnipotens deus: Abin. Rob. Rouen.
Beatae Praxedis virginis tuae domine precibus: Durh. Sherb. Vit. Cout. Paris.
Adiuuent nos quesumus Domine: Whit. (G. 639. St. Agnes.)
Quaesumus domine salutaribus repleti: Chart. (Gr. 18. for St. Felix.

In festivitate S. Mariae Magdalenae. (Iul. 22.)

Not in G. Gr. Men. Leo. Rob. but in Pam.

Collect. *Sacratissimam domine beatae Mariae:* W. Durh. Aug. Alb.

Deus qui beatae Mariae poenitentiam ita tibi: Vit. Cout. (Pam. 319.)

Beatae Mariae Magdalenae quaesumus domine suffragiis: Rom.

Exaudi nos: Cisterc.

Largire nobis clementissime pater: the other uses.

Lesson. *In lectulo meo:* W. (Cantic. Cantic. iii. 1.–6.)

O quam pulcra: Abin. CCCO.

Mulierem fortem: the other uses.

Col. 874.] **Grail.** *Audi filia:* W. S. Durh. Whit. Cout.

Dilexisti. Propterea: H. Rom.

Adiuvabit: Y.

Propter veritatem. Audi: Alb. Dom.

Dilexisti: Abin. CCCO.

Specie tua. Propter veritatem: Cisterc.

Adiuuabit eam. Fluminis impetus: Chart.

Line 1. ℣. *Optimam partem:* W. S. H. Y. Durh. Alb. Whit. CCCO. Cout.

Veni electa: Abin.

Surrexit dominus et occurrens mulieribus: Chart. Cisterc. Dom.

Diffusa est: Rom.

Sequence. *Mane prima sabbati:* W. S. H. Cout. Paris. Rouen (Kehrein, 93.)

Laus tibi Christe qui es creator: Y. Durh. (Y. ii. 66.)

Monti syon: Dom. (see W. Hopyl's ed. of 1519.)

Col. 875.] **Gospel.** *Rogabat Iesum quidam pharisaeus:* all the uses except Sherb. CCCO. Paris, and Rouen, which have: *Maria stabat ad monumentum . . . haec dicit mihi.*

Col. 876.] **Secret.** *Salutaris hostiae munus:* W. H. Durh. Aug. Alb. Vit. Cout. Rouen.

Benedictionem tuam Domine his tibi oblatis tribue: S. CCCO. Abin.

Offerimus Domine preces et munera in honore: Y. Sherb.

Accepta Domine maiestati tuae: Whit. (Pam. 319.)

Hanc igitur oblationis hostiam terribilis et piissime deus beata maria magdalena suarum precum cumulet incrementis: et ad remedium nobis prouenire deposcat. Per. Paris, Dom. (cf. p. 1541.)

Munera quaesumus Domine beate Marie Magdalene: Rom.

Hanc nostre servitutis hostiam: Chart.

Accepta tibi sit, Domine, sacratae: Cisterc.

Postc. *Praebeat nobis Domine:* W. S. H. Durh. Alb. Abin. CCCO. Cout. Rouen.

Line 4. *per huius . . . virtutem: om.* H. Durh. Alb. Abin. CCCO. Cout. Rouen.

Auxilientur nobis Domine: Y. Whit. (Pam. 319.)

Deus qui nos per unigenitum tuum beate Marie Magdalene dilectione multa peccatorum remissionem sanctificasti. concede ut pietatis eius compuncionem. et deuocionis habere premia mereamur. Per. Sherb. Vit.

Sanctificet nos quesumus domine et muniat intercedente beata maria magdalene diuini muneris sacra libatio: et celestium virtutum coheredes efficiat. Per. Paris. Chart. Dom. (cf. p. 1541.)

Satiasti Domine familiam tuam: Cisterc.

Sumpto Domine unico: Rom.

SANCTI WANDRAGESILI CONFESSORIS. (Iul. 22.)

Collect. *Deus qui hodiernam diem:* W. H. Alb. Aug. Vit. Rouen. (cf. Col. 858.)

Deus cuius gratia beati Wandregesili: S.

Intercessio nos: Y. Abin. Paris.

Omnipotens sempiterne deus qui anime famuli tui Wandregesili abbatis eterne beatitudinis premia contulisti. da quesumus: ut qui eius sollempnia colimus in terris eius meritis adiuuemur in celis. per. Durh. Sherb. (*var.*) (cf. St. Philibert, ii. 918.)

Col. 877.] **Secret.** *In sancti Wandragesili:* W.

Piis [*Hiis:* 11414.] *intercessionibus beati Wandragesili:* S.

Sancti wandragesili confessoris tui atque abbatis interuentu domine tibi seruitus nostra complaceat. et oblacio presencium munerum. fiat presidia deuotorum. Per. Sherb. (cf. St. Eusebius, ii. 907.)

Sacris altaribus domine hostias superpositas: Paris.

Sacrificium tibi Domine laudis offerimus: the other uses. (G. 673. for St. Clement.)

Postc. *Beati Wandragesili confessoris:* W.

Tua Domine sacramenta sumentes: S.

Protegat nos domine cum tui perceptione: Paris. (col. 866.)

Tua sancta sumentes quaesumus Domine: the other uses. (G. 664. for St. Magnus.)

IN NATALI S. APPOLLINARIS MARTYRIS (Iul. 23.)

Not in G. Gr. Men. Pam. Leo. but in Rob. and Vit.

Collect. *Clementiam tuam quaesumus omnipotens deus:* W. Y. Rob. Rouen.

Votiva nos Domine beati Apollinaris: S.

Praesta quaesumus omnipotens deus ut intercessione: H. Abin.

Deus fidelium remunerator animarum: Durh. Aug. Alb. Whit. Rom. (G. 637. postc. for St. Marcellus.)

Largire nobis quesumus domine beati apollinaris sacerdotis et martiris tui precibus stipendia salutis eterne. ut casta semper pectora baiulantes. laudes tue clemencie referamus letantes. Per. Sherb. Vit.

Sancti apollinaris domine confessio recensita: Cout. (G. 636. for St. Felix.)

Beati appollinaris martyris tui et pontificis nos domine tuere presidiis: Paris.

Deus qui nos annua: Chart. (cf. Gr. 97. for SS. Gervasius and Protasius.)

Deus qui nos beati Apollinaris: Cisterc. Dom. (Gr. 108. for St. Stephen, Bishop.)

Col. 878.] **Secret.** *Hostiam nostram quaesumus:* W. S. Alb. (L. 301. for St. Laurence.)

Munera domine oblata sanctifica: H. Paris. (Gr. 95. for St. Nicomede.)

Hostias tibi Domine pro commemoratione beati Apollinaris: Y. Durh. Aug. Rob. Whit. (G. 636. for St. Felix.)

Presta quesumus domine ut precibus sancti martiris et episcopi tui appolinaris quem ad laudem nominis tui dicatis muneribus honoramus. pie nobis deuocionis fructus accrescat. Per. Abin.

Hee oblaciones quesumus domine quas tibi offerimus. in honorem beati appollinaris martiris tui atque pontificis cunctis nobis proficiant ad ueniam. Per. Sherb. Vit.

Sicut ad munera abel domine vultu placido respexisti: ita quesumus hec sacrificia sint tibi placabilia. vt beati appollinaris sacer-

dotis et martiris tui: digne peragamus votiua solennia. Per. Rouen.

Sancti Apollinaris martyris tui atque pontificis: Chart. (G. 637. for St. Marcellus.)

Munera tibi Domine dicata sanctifica: Cisterc. Dom. (Gr. 108. for St. Stephen, Bishop.)

Respice Domine propitius super haec munera: Rom.

Postc. *Sumentes domine pignus redemptionis aeternae:* W. S.

Sacramentorum perceptio quaesumus Domine interveniente: H. Abin.

Ut nobis Domine tua sacrificia dent salutem beatus martyr tuus: Y. Rob.

Sumentes Domine gaudia sempiterna: Durh. Aug. Alb. Whit.

Annue quesumus domine ut misteriis tuis iugiter repleamur. et sanctorum semper muniamur auxiliis. Per. Sherb. Vit.

Sicut dedisti domine deus manna in deserto gratuito munere immeritis et ingratis: ita precibus beati martiris tui apollinaris tribue adquisitis cibum sempiterne salutis. Per. Rouen.

Populum tuum quesumus domine cibo spiritali refectum: Chart.

Haec nos communio: Cisterc. Dom. (Gr. 108. for St. Stephen, Bishop.)

Tua sancta sumentes: Rom. (G. 664. for St. Magnus.)

IN NATALI S. CHRISTINAE VIRGINIS. (Iul. 24.)

Collect. *Sanctae Christinae virginis:* W.

Indulgentiam nobis Domine beata Christina: S. Dom. (Gr. 24. for St. Agatha.)

Quaesumus omnipotens Deus ut nostrorum habitacula cordium: H.

Concede nobis quesumus omnipotens deus: Durh. (cf. G. 643. for St. Euphemia.)

Deus qui inter: Abin.

Sancte martiris tue cristine merita nos domine preciosa tueantur. in quibus tue maiestatis opera predicantes. et presens capiamus adiutorium et futurum. Sherb.

Exaudi nos deus salutaris noster: Paris.

Omnipotens sempiterne deus qui infirma: Cisterc. (Gr. 21. for St. Agnes.)

Col. 879.] **Secret.** *Beatae Christinae virginis:* W. H.

Line 3. before *facta* insert *hostia.* H.

Quaesumus omnipotens deus ut qui annua: S.

Suscipe domine tuorum populorum uotiua munera. et sancte cristine. virginis martirisque tue precibus tibi esse grata concede. pro cuius sollempnitate offeruntur. Per. Sherb.

Accepta tibi sit sacre plebis: Paris. (Gr. 125. for St. Mark, Pope.)

Hostias, Domine quas tibi offerimus: Cisterc. (Gr. 21. for St. Agnes.)

Suscipe domine munera quae: Dom. (Gr. 24. for St. Agatha.)

Postc. *Venerandae coenae sacramentorum:* W. H.

Supplices te rogamus omnipotens Deus, ut quos: S. (Gr. 111. for St. Laurence.)

Quos donis celestibus domine saciasti sancte cristine virginis martirisque tue defende presidiis. ut a noxiis omnibus expediti post salutaria tua toto corde curramus. Per. Sherb. (cf. L. 293.)

Saciasti domine familiam tuam muneribus: Paris. (L. 394.)

Refecti cibo potuque: Cisterc. (Gr. 21. for St. Agnes.)

Auxilientur nobis, Domine, sumpta mysteria: (Gr. 24. for St. Agatha.)

IN DIE SANCTI IACOBI APOSTOLI (Iul. 25.)

Not in G. or Gr. but in Men. Pam. Leo. Whc. Rob. and Vit.

Col. 880.] **Collect.** *Esto Domine plebi tuae:* all the uses. (L. 343. for apostles.)

Gospel. *Accessit ad Iesum mater:* all the uses.

Col. 881.] **Secret.** *Oblationes populi tui:* all the uses (L. 332. G. 653. for SS. Peter and Paul.) except Chart. which has *Suscipe munera domine quae in eius.* (Gr. 24. for St. Agatha.)

Line 4. *accepta:* W. Durh.
aptae: L. Aug. Rouen.
apta: G. and the other uses.

Postc. *Beati iacobi apostoli tui:* all the uses. (Men. 116.) except Chart. which has *Refecti cibo potuque caelesti.*

Lines 1–3. *cuius . . . refecisti: om.* Durh. Aug. Alb. Abin. Whit. Leo. Rob. Rouen. M. Cisterc. Dom. (Pam.)

ret. the other uses. (Men.)

Line 5. for *sollempnitate*, read *festivitate.* Rom.

Line 7. *salvator mundi:* retain W. S. Abin. Whit.

EODEM DIE SS. CHRISTOPHORI ET CUCUFATIS.

Collect. *Deus per quem fides:* W. Aug.

Deus mundi creator et rector: S.

Martyrum tuorum Domine Christophori et Cucuphati: H. Cout Rouen.

Deus qui nos concedis: Durh. Abin. (Gr. 109. for SS. Felicissimus and Agapitus.)

Da quesumus omnipotens deus ut beati Christophori: Sherb.

Presta quesumus domine, ut sicut populus christianus martyrum tuorum christofori atque cucufatis temporali solennitate congaudet, ita perfruatur eterna: et quod votis celebrat: comprehendat effectu. Per. Paris. (cf. St. Felix, ii. 885.)

Praesta quaesumus omnipotens deus ut qui sanctorum tuorum solennia: Cisterc. (Gr. 79. for SS. Tiburtius and Valerianus.)

Praesta quaesumus omnipotens deus ut qui . . . . natalicia: Chart. (Gr. 128. for St. Mennas.)

Praesta quaesumus omnipotens deus ut qui gloriosos: Whit. Dom. (Gr. 105. for vii. martyrs.)

Col. 882.] **Secret.** *Accepta sit in conspectu tuo:* W. (G. 679.)

Accipe [*Suscipe.* Durh. Aug. Cout.] *Domine munera dignanter oblata et beatorum martyrum:* S. Durh. Aug. Alb. Cout. (L. 396. for St. Laurence.)

Sacrificium, Domine, quod pro sanctis martyribus: H. (G. 649. for SS. Gervasius and Protasius.)

Benediccio tua domine larga descendat: Whit. (G. 644. for St. Euphemia.)

Presentia munera quesumus domine ita serena pietate intuere: vt sanctispiritus perfundantur benedictione. et in nostris cordibus eam dilectionem validam infundant: per quam martyres tui christoforus et cucufas omnia corporum tormenta deuicerunt. Per. Rouen.

Muneribus nostris quaesumus Domine precibusque: Chart. (L. 449.)

Hostia haec, quaesumus, Domine, quam sanctorum tuorum: Cisterc. (Gr. 107. for SS. Abdon and Sennen.)

Sacrificiis praesentibus domine quaesumus intende: Dom. (Gr. 105. for vii. martyrs.)

Postc. *Perceptis Domine muneribus gratias:* W.

Sumpsimus Domine sanctorum martyrum tuorum: S. Durh. Aug. Alb. Cout. Rouen. (cf. Gr. 108.*n.*)
Da quaesumus omnipotens deus ut mysteriorum virtute: H. (Gr. 177.)
Celestibus refecti sacramentis et gaudiis: Whit. (L. 336.)
Presta quesumus omnipotens deus ut sanctorum martirum: Paris. (G. 657. for SS. Simplex, Faustinus, and Viatrix.)
Da quaesumus Domine Deus noster: Chart. (L 330.)
Sacro munere satiati: Cisterc. (L. 400.)
Quaesumus omnipotens deus ut illius: Dom. (Gr. 31.)

In natali SS. Septem dormientium. (Iul. 27.)

Not in G. Gr. Men. Pam. Leo. Rob.

Collect. *Deus qui ecclesiam tuam:* W. H. Sherb. Vit. Cout.
Deus qui gloriosos aeternae resurrectionis: S. Y. Alb. Abin. Whit.
Deus qui nos sanctorum Maximiani: Durh. (Gr. 181.)
Presta quesumus omnipotens deus ut populus tuus ad plene deuotionis affectum beatorum martyrum tuorum malchi, maximiani, martiniani, dyonisii, iohannis, serapionis et constantini nataliciis preparetur. et eorum patrocinio promerente: plene capiat securitatis augmentum. Per. Rouen.

Col. 883.] **Secret.** *Deus in quo est omnium iustorum requies:* W. S. Y. Alb. Abin. Whit.
Sacrificia ista tibi vero aeternoque pontifici: H. Sherb. Vit.
Munera tibi Domine nostrae devotionis: Cout. (Gr. 109. for SS. Felicissimus and Agapitus.)
Sacramentis tuis quesumus domine intende placatus. et intercedentibus sanctis martiribus tuis: deuotionis nostre proficiant et saluti. per. Rouen.

Postc. *Sanctorum tuorum victorias:* W. S. Y. Alb. Abin. Whit.
Immortalitatis alimonia qua pascimur et potamur [*et potamur: om.* Sherb.] *illuc:* H. Sherb. Vit.
Praesta nobis, Domine, quaesumus intercedentibus: Cout. (Gr. 109. for SS. Felicissimus and Agapitus.)
Quesumus omnipotens deus. ut illius salutaris capiamus: Rouen. (Gr. 31.)

In natali sancti Pantaleonis. (Iul. 28.)

Collect. *Ecclesia tua quesumus:* W.
Deus qui hunc diem beati Pantaleonis: S. H. Durh. Alb. Sherb. Vit. Cout.
Preciosam celebritatem sancti martyris tui Domine: Rob.
Praesta quaesumus omnipotens deus ut qui beati Panthaleonis: Paris. (Gr. 128. for St. Mennas.)
Praesta quaesumus omnipotens Deus ut qui gloriosos: Cisterc.
Deus qui nos concedis: Dom.

Col. 884.] **Secret.** *Haec domine altari tuo munera:* W. Rob.
Beatus Pantaleon martyr tuus: S. H. Durh. Alb. Sherb. Vit. Cout.
Muneribus nostris quaesumus domine: Paris. (Gr. 15.)
Sacrificiis praesentibus Domine: Cisterc.
Munera tibi Domine nostrae devotionis: Dom.

Postc. *Quos supernis domine refecisti:* W. Rob.
Redemptionis nostrae sacro gustu: S. Alb.
Sumpta refectio quam per beati martyris tui: H. Durh. Sherb. Vit. Cout.
Da quesumus domine deus noster ut sicut: Paris. (L. 330.)
Quaesumus omnipotens Deus ut qui gloriosos: Cisterc.
Praesta nobis Domine quaesumus ut intercedentibus: Dom.

SANCTI SAMPSONIS EPISCOPI ET CONFESSORIS. (Iul. 28.)

Collect. *Deus qui nos hanc diem:* W.
Omnipotens sempiterne Deus tribue nobis famulis tuis per intercessionem: S. Sherb.
Omnipotens sempiterne Deus qui in sanctis praecipue laudaris: H. Alb. Cout. Rouen.
Da quesumus omnipotens deus ut beati Sampsonis: Paris. (Gr. 180.)

Col. 885.] **Secret.** *Hostias nostras quaesumus Domine sanctus Sampson:* W.
Deus apostolorum, deus martyrum, deus confessorum: S.
Propitiare quaesumus Domine supplicationi: H.
Hec hostia quesumus domine deus noster quam tibi ad honorem sancti Samsonis confessoris tui atque pontificis immolando deferimus. tuorum nobis tribuat societate gaudere sanctorum. Per. Alb. Rouen.
Hec hostia domine quam in memoriam et honorem sancti samsonis confessoris tui atque pontificis offerimus ante conspectum diuine magestatis tue sit accepta: et tam ad corporum sanitatem quam ad animarum proficiat salutem. per dominum: Sherb. Cout.
Hostias tibi Domine pro commemoratione: Paris (G. 636. for St. Felix.)

Postc. *Leti domine sumpsimus:* W. (G. 645. for St. Juvenal.)
Satiasti nos Domine in hac solemnitate: S.
Miserere supplicibus tuis quaesumus Domine: H.
Deus qui nos hunc diem in honore sancti sampsonis confessoris tui atque pontificis venerabilem excolere fecisti. presta quesumus ut quem letis veneramur obsequiis eius orationibus muniamur et precibus. per. Alb. Rouen.
Saciati domine de tuis sacris muneribus magestatem tuam supplices exoramus: ut intercedente beato sampsone confessore tuo atque pontifice spe fide et caritate nos iugiter repleas et ad regna celestia feliciter perducas. per dominum. Sherb. Cout.
Presta quesumus omnipotens deus ut de perceptis muneribus: Paris. (Gr. 15. for St. Silvester.)

SS. MM. FELICIS, SIMPLICII, FAUSTINI, ET BEATRICIS. (Iul. 29.)

G. and Gr. have different masses for these saints. W. and the majority of the uses follow the mass in G. But Rob. and Vit. have two masses; one, for St. Felix from Gr. the second for the other saints from G. There is a double set of collects in Y. Chart. and Cisterc.

Collect. *Praesta quaesumus:* the only collect in all the uses. (G. 657.) Y. Rob. Vit. Paris, Cisterc. Chart. which have also *Infirmitatem nostram:* (Gr. 106.) and a second collect.
Line 3. *Felicis:* om. Rob.
Line 6. *votis:* after *votis* add *amantissime:* Rob.

Secret. *Hostias tibi Domine pro sanctorum:* all the uses except Y. Whc. Rob. Vit. Paris. Cisterc. Chart. (Gr. 106.) which have: *Accepta sit in conspectu.* and another.

Col. 886.] Line 2. For *honore* read *commemoratione* in Aug. Rob. Cout. Rom.
Line 3. For *obsecrantes:* read *deprecantes* in Rob. Rom. and omit *et* in Rob.
Line 6. After *nobis* add *pariter* in Aug. Rob. Rom.

Postc. *Praesta quaesumus omnipotens deus:* W. H. Y. Durh. Aug. Alb. Abin. Sherb. Whit. Leo. Whc. Rob. Vit. Cout. Rouen. Dom. Rom. (G. 657.)

Benedictionis tuae Domine plebs tibi devota: S.
Spiritum nobis Domine tuae caritatis: Y. Rob. Vit. Paris, Chart. Cisterc. (G. 106.)

In natali SS. MM. Abdon et Sennen. (Iul. 30.)

In G. and Gr.

Collect. *Deus qui sanctis tuis:* all the uses. (Gr. 106.)

Col. 887.] **Secret.** *Frequentata misteria Domine pro sanctorum:* W. S. (not in Wilson.)
Sacrificia ista tibi vero eternoque pontifici: Abin. (S. 966. for St. Mennas.)
Hostia haec quaesumus Domine: the other uses. (Gr. 107.)

Postc. *Sumat Domine plebs fidelis:* W. S. (not in Wilson.)
Immortalitatis alimonia qua pascimur et potamur: Abin. (See H. p. 291. for vii. Sleepers.)
Per huius domine operationem: all the other uses. (Gr. 107.)

In natali S. Germani episcopi et confessoris. (Iul. 31.)

Collect. *Exaudi nos deus salutaris noster:* W. S. H. Alb. Rouen.
Da quaesumus omnipotens Deus: Y. Cisterc. (Gr. 180.)
Beati confessoris tui atque pontificis Germani intercessione ab omni: Durh. Whit.
Maiestatem tuam domine sanctus germanus confessor tuus atque pontifex cuius hodie depositionem celebramus exoret. ut quod nostris meritis non ualemus. eius precibus consequamur. Per dominum: Vit. Whc. Sherb. (var.) Cout.
Exaudi domine preces nostras quas in sancti germani: Paris, Dom. (G. 636 for St. Marcellus.)

Col. 888.] **Secret.** *Sacrificium tibi domine pro sancti Germani confessoris:* W. S. Alb.
Respice quaesumus Domine populum tuum: H.
Respice domine propicius super hec munera: Durh. Whit. (L. 312.)
Altaribus tuis domine munera terrena: Whc. Sherb. Cout. (var.) (L. 303.)
Munera nostra: Rouen.
Propitiare domine supplicationibus nostris et intercedente: Paris, (S. 707.*)
Sancti tui nos quaesumus Domine ubique laetificent: Cisterc. (Gr. 181.)
Accepta sit in conspectu tuo nostrae devotionis: Dom. (G. 679.)

Postc. *Repleti quaesumus Domine substantia caelesti:* W. Alb.
Supplices te rogamus: S.
Exaudi Domine populum tuum: H. (Gr. 133. for St. Andrew.)
Plebs tua domine letetur tui semper: Durh. (L. 401.)
Repletos [*Repleti.* Whit.] *domine eucharistia* [*celesti quesumus ut. add.* Whit.] *sancti Germani confessoris tui atque pontificis* [*sanctus G. confessor tuus atque p.* Whit.] *pia nos intercessio* [*piis . . intercessionibus.* Whit.] *prosequatur* [*tueatur.* Whit.] *ut* [*quatinus.* Whit.] *cuius sollempnia recensemus. senciamus optata presidia. per.* Vit. Sherb. Whit. Whc. Cout.
Repleti muneribus sacris: Rouen. (L. 436.)
Ut nobis domine tua sacrificia: Paris.
Refecti participatione muneris sacri: Cisterc. (Gr. 181.)
Da quaesumus Domine fidelibus tuis sanctorum: Dom. (Gr. 126. for St. Mark, pope.)

SANCTI NEOTI CONFESSORIS. (Iul. 31.)

This mass is not at present to be found elsewhere.
The collect may be compared with that in Arbuth. (313.) for St. Botulph.

AD VINCULA S. PETRI. (Aug. 1.)

Not in G. but in Gr.

Col. 889.] **Collect.** *Deus qui beatum Petrum apostolum:* all the uses. (Gr. 107.)

Lesson. *Egressus Petrus de carcere:* W. S. H. Sherb. Cout. (Act. xii. 12.–17.)

Misit Herodes rex manus: the other uses. (Act. xii. 1.–11.)

Grail. *Constitues:* all the uses except Rouen which has *Iustus non. Tota die.*

Line 2. ℣. *Tu es pastor:* W.

Tu es petrus: Y.

Beatus es Simon: Cisterc.

Solve iubente: the other uses.

Col. 890.] **Sequence.** *Nunc luce alma splendescit:* all the uses. (Y. ii. 72.) except Cout. which has *Totus orbis hilarescat* (Kehrein, 381. line 3.)

Secret. *Offerimus tibi Domine munus placabile:* W. S. Alb. (not in Wilson.)

Suscipe domine hostiam redemptionis humanae: Sherb. Whit. Vit. Cout. (G. 701.)

Oblatum tibi Domine sacrificium vivificet: all the other uses. (Gr. 107.)

Col. 891.] **Postc.** *Divini muneris perceptio:* W. S. Alb. (not in Wilson.)

Letificet nos quesumus domine beati petri apostoli recensita sollempnitas pariterque mentes nostras spirituali sanctificacione fecundet. et castis gaudiis semper exerceat. Per. Whit.

Corporis sacri et pretiosi sanguinis: the other uses. (Gr. 107.)

SANCTORUM MACCABAEORUM. (Aug. 1.)

Not in Gr. but in G. and Pam.

Collect. *Fraterna nos Domine martyrum tuorum:* all the uses: (G. 679.) except Cisterc. which has: *Praesta quaesumus omnipotens deus ut qui gloriosos:* (Gr. 107. for vii. martyrs.)

Secret. *Respice Domine oblationes fidelium:* W.

Mysteria Domine pro sanctorum martyrum: S. (*cf. Iterata mysteria* below.)

Votiva Domine mysteria pro sanctorum tuorum: Y. Leo. Sherb. Vit. Cout. Dom. (Pam. 323.)

Presta quesumus domine ut sicut nobis indiscreta pietas: Alb. Whc. ii. (G. 679.)

Iterata mysteria domine pro sanctorum martirum commemoratione: Whc. Rob. Rouen, Paris, Rom. (G. 680.)

Sacrificiis praesentibus Domine quaesumus: Cisterc. (L. 482.)

Postc. *Refecti Domine gratiae tuae:* W.

Accepta sit in conspectu tuo: H. Durh. Aug. Whit. (G. 679.)

Quaesumus omnipotens Deus ut salutaris: Cisterc. (Gr. 31.)

Praesta quaesumus omnipotens deus ut quorum: the other uses. (Pam. 323.)

SANCTI ETHELWOLDI EPISCOPI. (Aug. 1.)

Collect. *Deus qui beatum ethelwoldum pontificem:* W.

Deus qui in praeclari sideris sancti pontificis: Rob.

Deus qui hodiernam diem beati confessoris tui: Sherb. Rob. (*alia.*) Vit.

Secret. *Oblata servitutis nostrae:* W. Sherb. (var.) Rob. (var.) Vit.

Col. 892.] **Postc.** *Gregem tuum quaesumus domine sancti Ethelwoldi:* W. Rob. *ad vesp.* (var.)

Refectos domine vitalis alimoniae: Sherb. Rob. Vit.

IN NATALI S. STEPHANI PAPAE ET MARTIRIS (Aug. 2.)

In Gr.

Collect. *Deus qui nos beati Stephani:* all the uses. (Gr. 108.)

Secret. *Hostias nostras quaesumus Domine tibi reddat acceptas:* W. S. Y. (MS.)

Suscipe domine munera propicius oblata que seruiuit maiestati: (here a leaf is lost) Abin.

Munera tibi Domine dicata sanctifica: the other uses. (Gr. 108.)

Col. 893.] **Postc.** *Sumentes Domine divina mysteria:* W. S. Y. (MS.)

Haec nos communio: the other uses. (Gr. 108.)

IN INVENTIONE SANCTI STEPHANI SOCIORUMQUE EIUS. (Aug. 3.)

Not in G. Men. Pam. Leo. but in L. Gr. *in m.* and Rob.
In Cisterc. Chart. Dom. and Rom. *sicut in die.* (Dec. 26.)

Col. 894.] **Collect.** *Deus qui es sanctorum tuorum splendor:* all the uses (Gr. 107.*n.*) except *Deus qui celebrandum nobis honorabile:* H. Cout. Sherb. Vit.

Secret. *Sacrificium tibi Domine:* W. S. H. Y. (MS.) Alb. Sherb. Vit. Cout.

Line 3. for *intende* Sherb. Vit. and Cout. read *admitte.*

Munera tibi Domine nostrae devotionis: the other uses. (Gr. 108*n.*)

Postc. *Epularum tuarum alimento saginati:* W. S. 11414. (*in m.*) H. Sherb. Vit. Cout.

Deus qui nos beati prothomartiris tui stephani hodierna inuencione letificas: da nobis per hec sancta que sumpsimus. eius beneuolenciam interna pace sectari. qui etiam pro inimicis dum lapidaretur exorauit dominum nostrum ihesum. 11414.

Quesumus domine salutaria repleti mysteriis: Durh. (Gr. 18. for St. Felix.)

Sumpsimus Domine sanctorum tuorum Stephani: Y. Aug. Whit. Rob. Rouen, Paris. (Gr. 108*n.*)

IN NATALI S. OSWALDI REGIS ET MARTIRIS. (Aug. 5.)

Col. 895.] **Collect.** *Omnipotens sempiterne deus qui huius diei:* all the uses, except Vit. which has: Omnipotens sempiterne deus qui donasti beato osuualdo regi gloriam terrene potestatis in diuinum conuertere amorem. da nobis quesumus eius intercessione. in tui nominis amore iugiter permanere. per.

Sequence. *Regis Oswaldi inclita christo:* Durh. Whit.

Organicis: Y.

Secret. *Munera Domine quae in sancti Oswaldi commemoratione:* all the uses (but with fuller ending) except Durh. and Vit. which have: *Benedictio tua domine larga descendat:* (G. 644. for St. Euphemia.)

Postc. *Praesta quaesumus omnipotens deus ut quod nostra:* W. H. Y. Alb. Abin. Rob.

Vitali alimonia recreati quaesumus omnipotens Deus ut beati Oswaldi: S.

Supplices te rogamus domine deus noster ut quos celestibus donis: Durh. Sherb. Whit. Vit. (Gr. 111 for St. Laurence.)

In natali SS. MM. Sixti Felicissimi et Agapiti. (Aug. 6.)

Sixtus, Felicissimus and Agapitus in L. Sixtus alone in G. while there are separate masses for Sixtus on the one hand, and Felicissimus and Agapitus on the other, in Gr. Leo. Rob.

Col. 896.] **Collect.** *Deus qui nos concedis:* W. S. Y. Alb. Abin. Sherb. Whit. Leo. Rob. Vit. Cout. Paris, Chart. Cisterc. Dom. Rom. (Gr. 109. for SS. Felicissimus and Agapitus.)
Deus qui conspicis quia ex nulla nostra virtute: H. Y. Durh. Aug. Leo. Whc. Rob. Vit. Paris, Cisterc. Chart. (Gr. 108. for St. Sixtus.)
Secret. *Munera tuae Domine maiestati:* W. S. Alb. (not in Wilson.)
Sacrificiis praesentibus Domine quaesumus intende: H. Y. Durh. Aug. Whit. Leo. Whc. Rob. Paris, Cisterc. Chart. (Gr. 108. for S. Sixtus.)
Suscipe Domine munera propitius: Vit. (G. 658. for St Sixtus.)
Munera tibi Domine nostrae devotionis: Y. Abin. Sherb. Leo. Rob. Vit. Cout. Cisterc. Chart. Dom. Rom. (Gr. 109. for SS. Felicissimus and Agapitus.)
Postc. *Beatorum martyrum tuorum Domine intercessione:* W. S. Alb. (not in Wilson.)
Praesta quaesumus Domine Deus noster ut cuius: H. Y. Durh. Aug. Abin. Whit. Leo. Whc. Rob. Paris, Cisterc. Chart. (Gr. 109. for St. Sixtus.)
Repleti sumus domine munere: Vit. (G. 659. for St. Sixtus.)
Praesta nobis Domine quaesumus: Y. Sherb. Leo. Rob. Whc. Vit. Cout. Cisterc. Chart. Dom. Rom. (Gr. 109. for SS. Felicissimus and Agapitus.)

Sancti Donati episcopi et martyris. (Aug. 7.)

Not in Gr. Men. or Pam. but in G.

Col. 897.] **Collect.** *Deus qui es tuorum gloria sacerdotum:* all the uses (G. 659.) except H. which has: *Praesta quaesumus:* and Cisterc. which has: *Infirmitatem nostram* (Gr. 20. for St. Fabian.)
Line 3. for *martiris* read *confessoris* in Rob. and G.
Secret. *Praesta quaesumus Domine ut precibus:* W. Y. Durh. Alb. Sherb. Whit. Leo. Rob. Vit. Cout. Rouen, Dom. Rom. (G. 659.)
Exaudi Domine preces: S.
Praesta quaesumus Domine ut sancti confessoris: Aug. Whc. Paris.
Accepta sit in conspectu: Cisterc. (G. 679.)
Postc. *Omnipotens et misericors Deus qui nos sacramentorum:* W. Y. Durh. Aug. Alb. Sherb. Whit. Whc. Vit. Cout. Rouen, Dom. Rom. (L. 347.)
Devotioni nostrae Domine quaesumus clementer adesto: S.
Votiva Domine dona quae pro beati confessoris: Leo. Rob. Paris. (G. 659.)
Spiritum nobis Domine tuae caritatis: Cisterc. (L. 438.)

Sancti Cyriaci martyris sociorumque eius. (Aug. 8.)

In Gr. Men. Pam. See the same mass on col. 779.

Col. 898.] **Collect.** *Deus qui nos annua:* all the uses. (Gr. 110.)
Secret. *Pro sanctorum tuorum Cyriaci sociorumque eius:* W. S. Alb.
Munera tue: Abin. (col. 806.)
Accepta sit in conspectu: all the other uses (Gr. 110.)

Col. 899.] **Postc.** *Sanctorum martyrum tuorum precibus confidentes:* W. S. Alb. (L. 305.)

Sumat domine plebs fidelis celestis dona remedii: Abin. (S. 833. for SS. Abdon and Sennen.)

Refecti participatione muneris sacri: all the other uses. (Gr. 110.)

IN NATALI S. ROMANI MARTYRIS. (Aug. 9.)

Collect. *Omnipotens sempiterne deus tua nobis quaesumus indulgentiae:* W.

Praesta quaesumus omnipotens deus ut qui: S. Abin. (Gr. 180.)

Intercessio quesumus domine beati romani martiris tui et tuam nobis non desinat placare iusticiam: et nostrum tibi deuotum iugiter efficiat famulatum. Per dominum. Durh. Sherb. Cout.

Omnipotens sempiterne deus fortitudo certantium: Whit. (G. 666. for St. Priscus.)

Sancti Romani martyris tui quesumus domine: Rouen. (L. 401.)

Laetetur ecclesia tua deus beati romani: Paris. (G. 115. for St. Agapitus.)

Adesto Domine supplicationibus: Cisterc. (Gr. 130. for St. Chrysogonus.)

Secret. *Oblata nostra Domine semper oculis:* W.

Muneribus nostris quaesumus Domine precibusque: S. Durh. Cisterc. (L. 449.)

Munera nostra domine propitiatus assume: Sherb. Cout. Rouen. (S. 885. for St. Hermes.)

Huius precibus quesumus domine grata tibi reddatur oblacio pro cuius est festivitate immolanda. per. Whit. (cf. S. 752. for St. Aldelm.)

Suscipe munera quesumus domine que in eius solennitate: Paris. (Gr. 13. for St. John Evangelist.)

Col. 900.] **Postc.** *Beati Romani martiris tui:* W.

Da quaesumus Domine Deus noster ut sicut: S. Durh. (var.) (Gr. 110. for St. Laurence.)

Repleti domine benedictione celesti: Sherb. Whit. Cout. Rouen. (Gr. 116. for St. Hermes.)

Satiasti domine familiam tuam: Paris. (L. 394.)

Quaesumus omnipotens deus ut qui caelestia: Cisterc. (Gr. 27. for Quinquagesima.)

VIGILIA SANCTI LAURENTII. (Aug. 9.)

In G. and Gr.

Office. *Dispersit dedit pauperibus:* all the uses.

Collect. *Adesto domine supplicationibus nostris:* all the uses. (G. 110.)

Grail. *Dispersit. Potens in terra:* all the uses.

Offert. *Oratio mea munda est:* all the uses.

Col. 901.] **Secret.** *Tanto placabiles tibi quaesumus:* W. S. Abin. CCCO. (L. 401.)

Hostias Domine quas tibi offerimus propitius: all the other uses. (Gr. 110.)

Postc. *Sumptis Domine salutis nostrae sacramentis:* W. (not in Wilson.)

Conserva quaesumus Domine munus tuum: S. Abin Whit. CCCO. (not in Wilson.)

Da quaesumus Domine Deus noster ut sicut: all the other uses. (Gr. 110.)

In die sancti Laurentii. (Aug. 10.)

In L. G. and Gr.

Office. *Confessio et pulcritudo:* all the uses.

Office Ps. *Cantate Domino canticum novum:* all the uses.

Collect. *Da nobis quaesumus omnipotens deus:* all the uses. (Gr. 111.)

Lesson. *Qui parce seminat:* all the uses. (ii. Cor. ix. 6.–10.)

Col. 902.] **Grail.** *Probasti. Igne:* all the uses.

Line 4. *Levita:* all the uses except Chart. which has *Beatus vir.*

Line 6. *illuminavit:* most of the uses.

Sequence. *Stola iocunditatis:* all the uses (Kehrein, 625.) except Paris which has: *Prunis datum admiremur* (Kehrein, 624.)

Gospel. *Amen amen:* all the uses.

Offert. *Confessio et pulcritudo:* all the uses.

Secret. *Ut tuis Domine mysteriis digni reddamur:* W. S. H. Abin. CCCO. (not in Wilson.)

Sacrificium nostrum tibi Domine beati Laurentii: Aug. Alb. Whit. Rob. (Gr. 111.)

Accipe [*Suscipe:* Paris] *quaesumus Domine munera dignanter:* the other uses. (Gr. 111.)

Com. *Qui michi:* all the uses.

Postc. *Sacro munere satiati:* all the uses (Gr. 111.) except Aug. Alb. Whit. which have: *Supplices te rogamus:* (Gr. 111.)

In natali sancti Taurini episcopi et confessoris. (Aug. 11.)

Collect. *Omnipotens sempiterne Deus maiestatem:* W.

Omnipotens sempiterne Deus qui in meritis sancti Taurini: H. Cout. Rouen.

Aures clementie tue quesumus domine inclina precibus nostris ut qui confessoris atque pontificis tui taurini annua gaudemus deuotione. ipso intercedente mereamur fieri consortes celestis glorie. per dominum. Alb.

Col. 904.] **Secret.** *Hostias Domine plebis tuae intende propitius:* W.

Suscipe Domine oblationis nostrae: H. Alb. Cout.

Propitiare quesumus domine supplicationibus nostris. et intercedente pro nobis sancto taurino confessore tuo atque pontifice. his sacramentis seruientes, ab omni culpa liberos esse concede. vt purificante nos gratia tua: eisdem quibus famulamur mysteriis, emundemur. Per. Rouen. (cf. p. 1596.)

Postc. *Divina libantes mysteria que in honore sancti confessoris:* W.

Dulcedinem tui amoris immitte quaesumus Domine: H. Alb.

Deus qui nos sanctorum tuorum temporali tribuis solennitate gaudere: presta quesumus: ut beato taurino interueniente in ea numeremur sorte salutis, in qua illi sunt gratia tua gloriosi. Per dominum. Cout.

Quesumus omnipotens deus. ut eius nobis tribuas sequi documenta cuius celebramus solennia. Per. Rouen. (cf. p. 1552.)

Sancti Tyburtii martyris. (Aug. 11.)

In G Gr.

Collect. *Beati Tiburtii nos Domine foveant:* all the uses. (Gr. 112.)

Col. 905.] **Secret.** *Grata tibi sint Domine haec sacrificia:* W. S. Alb. (not in Wilson.)

Sacrificium domine quod suppliciter offerimus: Abin. (S. 711. for St. Valentine.)

Adesto Domine precibus populi tui: all the other uses. (Gr. 112.)
Postc. *Sumpsimus Domine pignus:* all the uses (Gr. 112.) except S. which has [*Da.* 11414.] *Quaesumus omnipotens deus ut interveniente.*
Line 1. Abin. reads *sumptum* for *sumpsimus.*

IN NATALI S. HIPPOLYTI M. SOCIORUMQUE EIUS. (Aug. 13.)

In L. G. Gr.

Collect. *Da nobis quaesumus omnipotens Deus:* all the uses. (Gr. 112.)

Col. 906.] **Secret.** *Respice quesumus Domine munera:* all the uses. (L. 400. Gr. 113.) except Abin. which has: *Ut nobis domine hec dona salutaria semper existant eorum merita quorum pro tuo nomine sanguis effusus est optineant. Per.* (cf. ii. 829. and p. 1553.)

Postc. *Quaesumus omnipotens Deus ut intervenientibus:* W.
Quesumus domine deus noster. ut interueniente sancto ypolito: Vit. (cf. L. 338.)
Quos tuis Domine reficis sacramentis: S. 11414. (*in m.*)
Sacramentorum tuorum Domine communio: 11414. (in text) and the other uses. (Gr. 113.)

IN NATALI S. EUSEBII CONFESSORIS. (Aug. 14.)

In Gr.

Col. 907.] **Collect.** *Deus qui nos beati Eusebii:* all the uses. (Gr. 113.)
Secret. *Sancti Eusebii confessoris tui interventu:* W. S. Alb.
Laudis tuae Domine hostias immolamus: the other uses. (Gr. 113.)

Col. 908.] **Postc.** *Laeti Domine sumpsimus sacramenta:* W. S. Y. (MS.) Alb. (G. 645. for St. Juvenal.)
Dulcedinem tui amoris: Whit. (H. for St. Taurinus.)
Sancti Eusebii confessoris tui: Vit. Cout. (cf. G. 650. for St. John Bapt.)
Refecti cibo potuque caelesti: the other uses. (Gr. 113.)

VIGILIA ASSUMPTIONIS BEATAE MARIAE. (Aug. 14.)

In Gr.

Office. *Salve sancta parens:* all the uses except Paris, Chart. Rom. which have *Vultum tuum.*
Office Pss. *Quae gaudium matris. Quia concupivit:* W.
Quae gaudium matris: H. Y. Sherb.
Benedicta tu in mulieribus: S. Rouen. Cisterc.
Et gaudium: Durh. Whit.
Quae saeculorum. Quae gaudium: Rosslyn.
Eructavit cor meum: Paris, Chart. Rom.
Post partum virgo: Dom.
Collect. *Deus qui virginalem aulam:* all the uses (Gr. 113.)
Lesson. *Ab initio et ante saecula:* all the uses except Whit. and Rom. which have *Ego quasi vitis.*
Grail. *Benedicta et venerabilis. Virgo dei genitrix:* W. S. H. Y. CCCO. Durh. Whit. Sherb. Cout. Rouen, Dom. Cisterc. Rom.
Specie tua. Propter ueritatem: Rosslyn.
Propter veritatem. Audi filia: Paris.
Concupiuit rex. Audi filia: Chart.

Col. 909.] Line 4. ℣. *Per te dei genitrix:* W. Y.
Post partum: S. H. Alb. Durh. Whit. Sherb.
Veni electa: Paris.
Virga Iesse: Cisterc. Dom.
Gospel. *Extollens vocem quaedam mulier:* all the uses.

Offert. *Felix namque:* W. S. H. Y. Durh. Alb. Sherb. Whit. CCCO. Rosslyn, Rouen.
Beata es: Cout. Cisterc. Dom. Rom.
Offerentur regi: Paris, Chart.
Secret. *Munera nostra Domine apud clementiam:* all the uses. (Gr. 114.)
Lines 1–3. *Magna est Domine apud clementiam tuam Dei genetricis oratio*: is the reading in Rob. Whc. Paris, Cisterc. (Gr.) Pam. Men. *Munera nostra* is in the margin of Pam.
Com. *Beata viscera:* W. H. Y. Cout. Rouen, Cisterc. Dom. Rom.
Alma Dei genetrix: S. Durh. Alb. Sherb. Whit.
Benedicta a filio: CCCO. Rosslyn.
Dilexisti: Paris.
Diffusa est gratia: Chart.
Postc. *Concede misericors Deus:* all the uses (Gr. 114.) except Aug. Whit. and Cout. which have: *Concede nobis quaesumus omnipotens Deus.*
Lines 1. 2. *per tanti mysterii dulcedinem: om.* Gr. and many uses.

ASSUMPTIO BEATAE MARIAE VIRGINIS. (Aug. 15.)

In G. and Gr.

Col. 910.] **Office.** *Gaudeamus omnes:* all the uses.
Office Ps. *Hodie Maria:* W. H. Sherb. CCCO. Rosslyn.
Gaudete angeli: Alb.
Magnus Dominus: Chart.
Eructavit: the other uses.
Collect. *Veneranda nobis:* W. S. H. Y. Durh. Aug. Alb. Sherb. Whit. Leo. Rob. Vit. CCCO. Rosslyn, Cout. Rouen, Paris, Dom. (Gr. 114.)
Famulorum tuorum: Whc. Rob. (*alia.*) Vit. (*alia.*) Chart. Cisterc. Rom. (Gr. 114.)
Lesson. *Egredimini:* W. S. (as alternative) Alb. (as alternative.) Rouen.
In omnibus requiem quaesivi: the other uses.

Col. 911.] **Grail.** *Propter veritatem. Audi filia:* W. S. H. Y. Durh. Abin. Sherb. CCCO. Rosslyn, Cout. Rouen, Chart. Cisterc. Dom. Rom.
Benedicta. Propter. Audi: Alb.
Benedicta. Virgo dei: Paris.
Line 6. ℣. *Hodie Maria. Assumpta est:* W. S. Durh. Abin. Sherb. Rouen.
Hodie Maria: Y. H. Cout. Dom.
Assumpta est. Hodie Maria: Alb.
Assumpta est: Cisterc. Rom.
Diffusa est: Chart.
Sequence. *Area virga primae:* W. S. H. Y. Durh. Sherb. Whit. Cout. Rouen. (Kehrein, 255.)
Laetabundus exultet fidelis: Paris. (Kehrein, 13.)
Salve mater salvatoris: Dom. (Kehrein, 248.)

Col. 912.] **Gospel.** *Intravit Iesus in quoddam castellum:* all the uses except Rouen, which has *Exurgens Maria abiit in montana . . . . in deo salutari meo:* (Luc. i. 39–47.)

Col. 913.] **Offert.** *Diffusa est gratia:* W. S. H. Abin. Rouen.
Ave Maria: Y. Sherb.
Felix namque: Durh. Alb. Whit. Cout. Cisterc. Dom.
Beata es virgo Maria: CCCO. Rosslyn, Paris.
Offerentur regi: Chart.

Assumpta est Maria: Rom.

Secret. *Grata tibi Domine munera nostra:* W. S. Alb. Abin. CCCO. Rosslyn. (not in Wilson.)

Intercessio quaesumus Domine beatae Mariae: Leo. (G. 664. for St. Rufus.)

Subveniat quaesumus Domine plebi: the other uses. (Gr. 114.)

Pref. *Et te in assumptione:* W. S. H. Y. Cout. Paris, Chart. Cisterc. Dom.

Et te in veneratione: Aug. Leo. Rob. Vit. (Gr. 330.)

Com. *Diffusa est gratia:* W. H. Abin.

Beata viscera: S. CCCO. Rosslyn, Cisterc. Dom.

Benedicta a filio tuo: Y. Sherb.

Dilexisti iustitiam: Durh. Whit. Chart.

Alma Dei genetrix: Alb. Rouen.

Vera fides geniti purgauit crimina mundi: Cout.

Regina mundi: Paris.

Optimam partem elegit: Rom.

Postc. *Mensae caelestis:* all the uses. (Gr. 114.)

IN OCTAVA S. LAURENTII. (Aug. 17.)

In G.

Collect. *Beati Laurentii nos faciat:* W. S. H. Y. Aug. Alb. Whit. Leo. Whc. Rob. Cout. (G. 662.)

Da nobis quesumus omnipotens deus vitiorum: Abin. (Gr. 111. for St. Laurence's day.)

Iterata festivitate beati Laurentii: Sherb. Vit. (G. 662.)

Excita Domine in ecclesia tua: Rom. (Gr. 111.)

Col. 914.] **Secret.** *Beati Laurentii martyris honorabilem:* all the uses (G. 662.) except Rom. which has *Sacrificium nostrum:* (Gr. 111.)

Postc. *Salutare nobis Domine quaesumus intercessio:* all the uses (G. 662.) except Rom. which has *Supplices te rogamus.* (Gr. 111.)

Line 1. *Salutare* is the reading in W. S. Alb. while H. and also G. read *Solemne.* The rest read *Solemnis.*

IN NATALI SANCTI AGAPITI MARTYRIS. (Aug. 18.)

In G. and Gr.

Col. 916.] **Collect.** *Laetetur ecclesia:* all the uses. (Gr. 115.)

Secret. *Pro beati Agapiti martyris:* W. S. Y. (MS.) Alb. (cf. L. 394. for St. Laurence.)

Deus qui omne bonum in tui sacri corporis: Abin. (S. 966. for St. Martin.)

Suscipe Domine munera: the other uses. (Gr. 115.)

Col. 917.] **Postc.** *Praesta quaesumus Domine ut sacramenti:* W. S. Y. (MS.) Alb. (not in Wilson.)

Saciati sumus domine muneribus sacris: que tanto nobis quesumus uberius sint profutura. quanto sanctis his meritis intercedentibus martirum nos percepisse confidimus. Per. Abin.

Satiasti Domine familiam tuam: the other uses. (Gr. 115.)

IN NATALI SANCTI MAGNI MARTYRIS (Aug. 19.)

In G. and Rob. Vit. but not in Gr. Men. Pam. or Leo.

Collect. *Adesto Domine supplicationibus:* all the uses (G. 664.) except Paris and Cisterc. which have: *Praesta quaesumus omnipotens deus ut qui beati Magni* (Gr. 180. and Gr. 24. for St. Valentine.)

Secret. *Oblatis tibi Domine fidelium:* W. S. Alb. (not in Wilson.)

Praesta [*Da:* H.] *nobis quaesumus omnipotens deus ut nostrae humilitatis:* H. Y. Durh. Aug. Sherb. Whit. Rob. Vit. Rouen.

Muneribus nostris quesumus Domine precibusque susceptis: Paris. (Gr. 15.)

Oblatis quaesumus Domine placare: Cisterc. (Gr. 25. for St. Valentine.)

Col. 918.] **Postc.** *Tua sancta sumentes quaesumus:* W. S. H. Y. Durh. Aug. Alb. Sherb. Whit. Rob. Vit. Cout. Rouen. (G. 664.)

Da quaesumus Domine Deus noster ut sicut commemoratione: Paris. (L. 330.)

Sit nobis Domine reparatio: Cisterc. (L. 372.)

IN NATALI SANCTI PHILIBERTI. (Aug. 20.)

Collect. *Omnipotens sempiterne Deus qui animae:* W. Alb. Sherb. Cout. Rouen.

Intercessio nos quesumus beati Philiberti: Paris. (col. 865.)

Secret. *Munera nostra quesumus Domine propitiatus assume:* W. Sherb. Rouen. (G. 665. for St. Hermes.)

Gratia spiritus sancti quesumus: Alb. (S. 894. for St. Bertinus.)

Propitiare quaesumus Domine supplicationibus nostris: Cout. (S. 707.*)

Sacris altaribus: Paris (*ex communi.*)

Postc. *Exultet quaesumus Domine populus tuus:* W. Sherb. Rouen. (cf. L. 399.)

Conserva quaesumus Domine plebem tuam. per merita sancti philiberti confessoris tui atque abbatis et quam sacramentorum tuorum admirabili dulcedine reficis perpetuis tribue gaudere remediis. per. Alb. (cf. St. Botulph, ii. 834.)

Exultemus quesumus domine deus noster in solennitate beati confessoris tui philiberti vt eius sacra natalitia celebrantes ad impetrandam misericordiam tuam semper eius patrociniis adiuuemur. Per. Cout.

Protegat nos Domine cum tui perceptione: Paris (*ex communi.*)

IN OCTAVA ASSUMPTIONIS BEATAE MARIAE (Aug 22.)

Col. 919.] **Collect.** *Concede quaesumus omnipotens deus nos:* W. H. Sherb. Rosslyn

Famulorum tuorum: Y. (Gr. 114.)

Veneranda: Durh. Whit. Rouen, Paris. (Gr. 114.)

Secret. *Accipe quaesumus Domine munera quae:* W. (cf. G. 663.)

Oblaciones nostras quesumus domine propiciatus intende. quas in honore beate et gloriose semper virginis dei genetricis marie deferimus. nosque eius pia intercessione. ab omni facinore delictorum benignus absolue. Per. Sherb. (cf. G. 643. for Annunciation.)

Subveniat: Whit. Paris. (Gr. 114.)

Postc. *Libera nos ab omni malo:* W.

Celesti munere saciati omnipotens deus tua nos quesumus proteccione custodi. et castimoniam mentibus nostris atque corporibus. intercedente sancta dei genetrice maria propiciatus indulge. cuius iteratam uenerande assumpcionis recolimus sollempnitatem. Per. Sherb. (cf. G. 663.)

Mense celestis: Whit. Paris. (Gr. 114.)

SS. MM. TIMOTHEI ET SYMPHORIANI. (Aug. 22.)

In Gr. Men. Pam. but Rob. and Vit. have a special mass for each.

Col. 920.] **Collect.** *Auxilium tuum nobis Domine:* all the uses. (Gr. 115.)

Secret. *Accepta tibi sit Domine sacratae plebis oblatio:* all the uses. (Gr. 115.)

Postc. *Sacro munere satiati:* W. S. (not in Wilson.)

Divini muneris largitate: the other uses. (Gr. 115.)

IN NATALI SS. MM. TIMOTHEI ET APOLLINARIS (Aug. 23.)

Col. 921.] **Collect.** *Deus qui nos concedis:* W. (Gr. 109. for SS. Felicissimus and Agapitus.)

Deus qui nos annua: H. Alb. Sherb. Vit. Cout. Paris.

Secret. *Munera nostra quaesumus Domine:* W. H. Alb. Vit. Cout. Paris.

Sacrificia ista tibi vero eternoque pontifici: Sherb. (S. 966. for St. Mennas.)

Postc. *Beatorum martyrum tuorum:* W. H. Alb. Vit. Cout. Paris.

Immortalitatis alimonia qua pascimur et potamur: Sherb. (col. 883.)

IN NATALI SANCTI BARTHOLOMAEI. (Aug. 23.)

Not in L. G. or Gr. but in Men. Pam.

Col. 922.] **Collect.** *Omnipotens sempiterne Deus qui huius diei:* all the uses. (L. 474 for St. John Evangelist.)

Col. 923.] **Secret.** *Beati apostoli tui Bartholomei Domine sollemnia:* W. S. H. Y. Durh. Aug. Alb. Abin. Sherb. Whit. Leo. Rob. Vit. Cout. Rouen, Paris, Dom. Rom. (L. 467. for St. Andrew.)

Line 2. after *Domine* add *cuius:* Rom.

Line 3. for *celebrantes,* Y. Durh. Aug. Cout. Rouen, Paris, Dom. read *recensentes:* H. Whit. Leo. Rob. Vit. and L. read *recensemus.*

Lines 3 and 4. for *tuam clementiam deprecamur:* Durh. Aug. Whit. Rob. Vit. Cout. read *quaesumus Domine,* and Rom. reads *quaesumus.*

Lines 6 and 7. for *laudis hostiam immolamus:* Aug. Sherb. Whit. Vit. Rouen and L. read *hostias laudis offerimus.*

Sacrandum tibi domine munus: Whc. (L. 465. for St. Andrew.)

Suscipe munera Domine quae in eius solennitate: Cisterc. Chart. (Gr. 115, for St. Agapitus.)

Postc. *Sumptis Domine salutaribus sacramentis:* W. S. Abin.

Votiva Domine in beati Apostoli tui: Aug.

Refecti cibo potuque caelesti: Cisterc. Chart. (Gr. 113. for St. Eusebius.)

Sumpsimus Domine pignus salutis aeternae: the other uses. (G. 654. for SS. Peter and Paul.)

IN NATALI S. AUDOENI EPISCOPI ET CONFESSORIS (Aug. 25.)

Collect. *Deus qui perennem gloriam:* all the uses except Paris which has *Da quaesumus omnipotens Deus* (*ex communi.*)

Line 6. for *sublimari* Rob. reads *sublevari.*

Col. 924.] **Secret.** *Oblata quaesumus:* all the uses except Paris which has *Hostias tibi Domine.*

Line 3. after *beatissimi* Aug. Abin. Whit. insert *patroni nostri,* and Rouen, *patris nostri.*

Postc. *Mensae caelestis participatione vegetati:* all the uses except Paris which has *Praesta quaesumus omnipotens Deus.*

IN NATALI SANCTI GENESII MARTYRIS. (Aug. 25.)

Collect. *Beati martyris tui Genesii Domine:* W.

Beati Genesii Domine nos foveant: Cisterc. (Gr. 112. for St. Tyburtius.)

Col. 925.] **Secret.** *Suscipe Domine propitius orationem nostram:* W.
Adesto Domine precibus populi tui adesto: Cisterc. (Gr. 112. for St. Tyburtius.)
Postc. *Sacro munere satiati:* W.
Sumpsimus Domine pignus redemptionis: Cisterc. (Gr. 112. for St. Tyburtius.)

IN NATALI SANCTI RUFI MARTYRIS. (Aug. 27.)

In G. but not in Gr.
Collect. *Adesto Domine supplicationibus nostris:* all the uses (G. 664.) except Cisterc. which has *Laetetur ecclesia:* (Gr. 115. for St. Agapitus.)
Col. 926.] **Secret.** *Hostias quas tibi offerimus:* W.
Hostias tibi Domine ob honorem: S. Alb.
Suscipe Domine munera: (Gr. 115. for St. Agapitus.)
Intercessio quesumus domine sancti rufi: Vit. (G. 664. for St. Rufus.)
Oblatis Domine placare muneribus: the other uses. (Gr. 130. for St. Chrysogonus.)
Postc. *Gratias tibi agimus omnipotens Deus:* W.
Caelesti munere satiati: S.
Satiasti Domine familiam tuam: Cisterc. (Gr. 115. for St. Agapitus.)
Caelestibus refecti [*repleti:* Durh. Aug. Alb. Abin. Cout.] *sacra mentis et gaudiis:* the other uses. (L. 336.)

IN NATALI S. AUGUSTINI EPISCOPI ET DOCTORIS (Aug. 28.)

In Men.
Collect. *Deus qui beatum Augustinum:* W. S. H. Abin. Sherb. Cout.
Lines 3–5. for *optimum . . . ecclesiae tuae* S. reads *catholicum.*
Line 5. Rouen omits *ecclesiae tuae.*
Line 7. for *fulciri* H. reads *defendi.*
Deus qui animae famuli tui: Cisterc. (Gr. 25. for St. Gregory.)
Adesto supplicationibus nostris: the other uses (Gr. 130. for St. Chrysogonus.)
Col. 927.] **Secret.** *Sancti confessoris tui:* W. S. H. Y. Durh. Aug. Alb. Abin. Sherb. Whit. Rob. Cout. Rouen, Paris, Dom. Rom. (cf. L. 403.)
Annue nobis Domine: Cisterc.
Sancti tui nos Domine ubique laetificent: Chart. (Gr. 15. for St. Sylvester.)
Postc. *Ut nobis Domine tua sacrificia:* W. H. Y. Durh. Aug. Alb. Abin. Sherb. Whc. Rob. Cout. Rouen, Paris, Dom. Rom. (Men. 126.)
Sumentes Domine salutaria sacramenta: S.
Repleti sumus Domine muneribus sacris que de festiuitate: Whit. (cf. L. 379.)
Deus qui beatum Augustinum: Cisterc. (Gr. 25. for St Gregory)
Presta quesumus omnipotens Deus ut de perceptis: Chart. (Gr. 18. for St. Sylvester.)

SANCTI HERMETIS MARTYRIS (Aug. 28.)

In G. and Gr.
Collect. *Deus qui beatum Hermetem:* all the uses. (Gr. 116.)
Col. 928.] **Secret.** *Munera nostra Domine propitiatus:* W. S. Alb. Sherb. Vit. (G. 665.)
Sacrificium tibi Domine laudis: the other uses. (Gr. 116.)
Postc. *Repleti Domine benedictione:* all the uses. (Gr. 116.)

IN DECOLLATIONE S. IOHANNIS BAPTISTAE. (Aug. 29.)

Not in Gr. but in G. Men. Pam.

Office. *Iohannes autem. Respondens autem:* W. Abin. CCCO. Rosslyn, Cout.
Gloria et honore. Domine Dominus: S.
Laetabitur iustus. Exaudi deus: Chart.
Iustus ut palma. Bonum est confiteri: the other uses.
Collect. *Sancti Iohannis Baptistae et martyris:* all the uses (G. 665.) except Leo. which has *Perpetuis nos Domine* (G. 665.)

Col. 929.] **Lesson.** *Expectatio iustorum:* W. S. H. Y. Abin. CCCO. Rosslyn. Paris, Dom.
Sancti ludibria: Durh. Alb. Whit. Rouen, Chart. Cisterc.
Predicauimus uobis euangelium: Sherb. (1 Thess. ii. 9–20.)
Beatus vir qui in sapientia: Rom.
Grail. *Herodes enim. Propter Herodiadem:* W. Y. Abin. CCCO. Rosslyn.
Posuisti. Desiderium: S. H. Sherb. Cout. Rouen, Chart. Cisterc. Dom.
Domine preuenisti: Durh. Whit.
Iustus ut palma. Ad annunciandum: Alb. Paris, Rom.
Line 5. ℣. *Inter natos:* W. Y. Abin. Sherb. CCCO. Rosslyn, Rouen.
Misso Herodes spiculatore: S. H. Y. Durh. Alb. Abin. Whit. CCCO. Rosslyn, Cout. Paris, Cisterc. Dom.
Beatus vir qui timet: Chart.
Iustus germinabit: Rom.
Sequence. *Sancti Baptistae Christi praeconiis:* W. S. H. Sherb. (Kehrein, 351.)
Deo laudes gloriose concinat: Y. (Y. ii. 93.)
Organicis: Durh. Whit. (Y. ii. 203.)
Precursorem summi regis: Cout. Paris. (Kehrein, 354.)
Superne matris gaudia: Rouen. (Kehrein, 338.)
Gospel. *Misit Herodes ac tenuit Iohannem:* all the uses except Whit. which has: *Audiuit Herodes tetrarcha . . . . nunciauerunt Iesu.* (Matth. xiv. 1–12.)

Col. 930.] **Offert.** *Misit rex:* W. Alb. Abin. CCCO. Rosslyn, Cout.
Posuisti: S. Durh. Sherb. Whit.
In virtute: H. Rouen, Rom.
Iustus ut palma: Y. Paris.
Desiderium animae: Cisterc. Dom.
Gloria et honore: Chart.
Secret. *Munera tibi Domine:* all the uses (G. 665.) except Chart. and Cisterc. which have: *Hostia haec quaesumus Domine:* (Gr 19. for St. Prisca.)

Col. 931.] Line 2. for *qui.* Rob. and Rom. read *quia.*
Lines 4 and 5. some rites omit these lines.
Com. *Ite dicite:* W. Abin. CCCO. Rosslyn, Cout.
Qui vult venire: Chart.
Magna est gloria: the other uses.
Postc. *Conferat nobis Domine sancti:* all the uses (G. 665.) except Chart. and Cisterc. which have *Repleti Domine muneribus hostiae salutaris.* (not in Wilson.)

S. SABINAE VIRGINIS ET MARTYRIS. (Aug. 29.)

Not in G. but in Gr.

Collect. *Sanctae Sabinae uirginis et martyris:* W. Alb.
Beatae Sabinae virginis et martyris precibus: S. (Gr. 24. for St. Agatha.)

Praesta quaesumus omnipotens Deus ut: H. (Gr. 130. for St. Felicitas.)
Exaudi nos deus salutaris noster: Aug. (Men. 127. L. 459. for St. Caecilia.)
Deus qui inter caetera: the other uses. (Gr. 116.)
Col. 932.] **Secret.** *Muneribus nostris Domine te magnificamus:* W. S. Alb. (cf. G. 644.)
Gratanter Domine ad munera: Aug. Cout. (L. 406. Men. 127.)
Hostias tibi Domine beatae Sabinae: the other uses. (G. 116.)
Postc. *Redemptionis nostrae mysteria:* W. S. Alb.
Line 2. for *sumentes.* S. reads *celebrantes.*
Purificet nos Domine quaesumus: Aug. (Men. 127.)
Divini muneris largitate satiati: the other uses. (Gr. 117.)

In natali SS. MM. Felicis et Adaucti. (Aug. 30.)

In L. and Gr. but not in G.
Collect. *Maiestatem tuam Domine:* all the uses (L. 401. Gr. 117.)
Col. 933.] **Secret.** *Hostias Domine tuae plebis intende:* all the uses (Gr. 117.) except S. which has: *Hostias quaesumus Domine quas solemniter.* (not in Wilson.)
Postc. *Repleti Domine muneribus sacris:* all the uses. (Gr. 117.)

In natali sancti Egidii abbatis. (Sept. 1.)

Collect. *Praetende nobis Domine misericordiam tuam:* W. H. Y. 11414. Durh. Abin. Sherb. Cout. Rouen.
Deus qui hodierna die beatum Egidium: S. Durh. (fo. 493.) 11414 (*in m.*)
Omnipotens sempiterne deus qui mirabiliter: Alb. (S. 894. for St. Bertinus.)
Deus qui beatum egidium confessorem tuum atque abbatem misericordem fecisti pro peccatis hominum: da nobis ipsius interuentu peccatorum nostrorum ueniam. et eterne beatitudinis optabilem leticiam. Per. Whit.
Intercessio nos quaesumus: Paris, Dom. (Col. 865.)
Secret. *Muneribus nostris quaesumus Domine:* W. S. Alb. Durh. (fo. 493.) 11414 (written over erasure.)
Intercessio quaesumus beati Egidii: H. Y. Durh. Sherb. Cout. Rouen. (Gr. 664. for St. Rufus.)
Grata tibi sint domine quesumus munera quibus sancti egidii confessoris magnifica sollemnitas recensetur. per. Abin. (the first clause is that of G. 639. for St. Agnes.)
In tuo conspectu Domine quaesumus talia: Whit. (Gr. 178.)
Sacris altaribus Domine hostias: Paris, Dom.
Col. 934.] **Postc.** *Refecti Domine sacrae participatione:* W. Alb.
Protege Domine populum tuum de tua misericordia: S. Durh. (fo. 493.) 11414.
Quaesumus omnipotens Deus ut qui caelestia alimenta: H. Y. Durh. Sherb. Cout. Rouen. (Gr. 27.)
Purificet nos domine quesumus et diuini sacramenti: Abin. (S. 978. for St. Clement.)
Sacramenta que sumpsimus domine: Whit. (S. 973. for octave of St. Martin.)
Protegat nos Domine cum tui: Paris, Dom.

S. Prisci Martyris. (Sept. 1.)

In G. but not in Gr. Men. or Pam.
Collect. *Omnipotens sempiterne Deus fortitudo:* all the uses (G

666.) except Cisterc. which has *Adesto Domine supplicationibus:* (Gr. 130. for St. Chrysogonus.)

Col. 935.] **Secret.** *Eius tibi precibus Domine:* W. H. Y. Durh. Aug. Alb. Sherb. Whc. Rob. Vit. Cout. Rouen, Paris. (G. 666.)

Line 1. for *Eius* Rouen reads *Huius.*

Lines 3 and 4. for *festivitate immolatur* G. and Aug. read *festivitas est immolanda.*

Altaribus tuis Domine munera pro commemoratione: S.

Muneribus nostris quaesumus Domine precibusque: Cisterc. (Gr. 15.)

Postc. *Praesta quaesumus Domine ut sacramenti:* W. H. Y. Durh. Aug. Alb. Sherb. Whc. Rob. Vit. Rouen, Paris (G. 666.)

Refectam Domine sacrae participationis: S.

Quaesumus omnipotens Deus ut qui caelestia: Cisterc. (Gr. 27.)

IN NATALI S. ANTONINI MARTYRIS. (Sept. 2.)

Collect. *Omnipotens Deus fidelium tuorum:* W. Vit.

Presta quesumus omnipotens deus: Paris.

Col. 936.] **Secret.** *Oblatis muneribus maiestati:* W. Vit.

Muneribus nostris quesumus domine: Paris.

Postc. *Muneris sacri refectione:* W. Vit.

Da quesumus domine deus noster: Paris.

IN ORDINATIONE S. GREGORII PAPAE. (Sept. 3.)

Collect. *Omnipotens sempiterne Deus qui beatum Gregorium:* W. Alb. Abin.

Line 3. for *declaratum* Abin. reads *decorasti.*

Line 5. for *ordinare* Alb. Abin. read *ordinari.*

Omnipotens sempiterne deus qui sancto Gregorio summi pontificatus officium contulisti. concede propicius ut illius suffragio a delictorum nostrorum nexibus absoluamur et graciam tue opitulacionis adipisci mereamur. per. Durh.

Deus mundi auctor et conditor qui hodierna die: Aug. Sherb.

Col. 937.] **Secret.** *Hostias Domine quas nomini tuo:* W. Alb. (Gr. 102.)

Purifica quesumus omnipotens deus mentem familie: Durh. (Arbuth. 394. for St. Maurice.)

Beati sacerdotis et confessoris tui Gregorii: Aug. Sherb.

Offerimus tibi domine solenne sacrificium: Abin. (S. 737. for St. George.)

Postc. *Prosint nobis Domine quaesumus tua sancta praesidia:* W. Alb.

Redempcionis eterne poculo satiati: Durh. (Arbuth. 394. for St. Maurice.)

Sancti confessoris tui Gregorii nos quaesumus: Aug. Sherb.

Deus qui hanc sacrosanctam diem pro festiuitate beati gregorii solenniter nobis celebrandam contulisti; da quesumus supplicibus tuis ut meritorum eius patrocinio defensi. et ab omnibus vite huius periculis liberemur et future promissionis premia consequi valeamus. Per. Abin.

IN NATALI S. BERTINI ABBATIS. (Sept. 5.)

Collect. *Cordibus nostris quaesumus Domine caelestis gloriae:* W. Sherb.

Omnipotens sempiterne Deus qui mirabiliter fulges: S. H.

Intercessio nos quesumus: Paris.

Col. 938.] **Secret.** *Gratia tua Domine quae beatum Bertinum:* W. H. Sherb.

Gratia Spiritus sancti Domine quaesumus haec munera: S.

Sacris altaribus: Paris.

Postc. *Quod de mensa tua Domine:* W. H. Sherb.
Tribuant nobis Domine continuum tua sancta subsidium: S.
Protegat nos domine: Paris.

IN NATIVITATE BEATISSIMAE VIRGINIS MARIAE (Sept. 8.)

In G. and Gr.

Office. *Gaudeamus omnes:* all the uses, except Rom. which has *Salve sancta parens.*
Office Ps. *Hodie nata est:* W. Sherb.
Eructavit: S. Y. Durh. Cout. Rouen, Paris, Cisterc. Dom.
Gaudent angeli: Alb.
Venite exultemus: Abin.
Magnus Dominus: Chart.
Virgo dei genitrix: Rom.
Collect. *Supplicationem servorum:* all the uses (Gr. 117.) except Rob. (*alia*) Chart. Cisterc. Rom. which have *Famulis tuis:* (Gr. 118.)
Lesson. *Ego quasi vitis:* W. S. H. Durh. Alb. Abin. Sherb CCCO. Rosslyn, Cout. Rouen, Paris, Cisterc. Chart. Dom.
O quam pulcra: Y.
Dominus possedit me: Whit. Rom.

Col. 939.] **Grail.** *Specie tua. Propter veritatem:* W. Abin.
Audi filia. Specie tua: S. H. Y.
Benedicta. Virgo: Durh. CCCO. Rosslyn, Whit. Cout. Paris, Rom.
Propter veritatem: Alb.
Propter veritatem. Audi filia: Sherb. Cisterc. Dom.
Diffusa. Propter veritatem: Rouen, Chart.
Line 6. ℣. *Nativitas:* W. S. H. Y. Durh. Alb. Abin. Sherb Whit. CCCO. Rosslyn, Cout. Rouen, Paris, Cisterc. Dom.
Specie tua: Chart.
Felix. Post partum: Rom.
Sequence. *Alle caeleste:* W. S. H. Y. Durh. Whit. Sherb. Rouen, (Y. ii. 98.)
Lux advenit veneranda: Cout. (Kehrein, 219.)
Hac clara die turma: (Y. ii. 86.)
Nativitas Mariae: Dom. (Kehrein, 194.)

Col. 940.] **Gospel.** *Liber generationis:* all the uses.

Col. 941.] **Offert.** *Diffusa est gratia:* W. S. H. Abin.
Ave Maria: Y. Sherb. CCCO. Rosslyn, Rom. (*alia.*)
Felix namque: Durh. Alb. Whit. Cisterc. Dom.
Beata es virgo: Cout. Paris, Rom.
Filiae regum: Rouen.
Offerentur regi: Chart.
Secret. *Unigeniti tui Domine nobis succurrat humanitas:* all the uses. (Gr. 118.)

Col. 942.] **Com.** *Diffusa est gratia:* W. H. Abin. Rouen, Chart.
Vera fides: S.
Benedicta filio: Y. CCCO. Rosslyn.
Beata viscera: Durh. Alb. Whit. Cout. Cisterc. Dom. Rom.
Benedicta a filio: Sherb.
Regina mundi: Paris.
Postc. *Sumpsimus Domine celebritatis:* all the uses. (Gr. 118.)
Lines 3 to 5. *intercedente . . . et: om.* some of the uses, with Gr.

SANCTI ADRIANI MARTYRIS. (Sept. 8.)

In Men.

Collect. *Praesta quaesumus omnipotens Deus ut qui:* W. Y.

Durh. Aug. Alb. Sherb. Rob. Vit. Paris, Cisterc. (Gr. 24. for St. Valentine.)

Secret. *Munera haec Domine altari tuo superposita:* W. Alb.

Oblatis, quaesumus, Domine, placare: Cisterc. (Gr. 25. for St. Valentine.)

Munera quaesumus Domine tibi dicata: the other uses (Gr. 84. for St. Pancras.)

Postc. *Praesta quaesumus Domine ut quod:* W.

Sit nobis Domine reparatio: Cisterc. (Gr. 25. for St. Valentine.)

Beati Adriani martyris tui Domine intercessione: the other uses. (Gr. 84. for St. Pancras.)

In natali sancti Gorgonii. (Sept. 9.)

In G. but not in Gr. Men. Pam.

Sherb. has *SS. Dorothei et Gorgonii.*

Collect. *Sanctus martyr tuus Gorgonius:* all the uses. (G. 667.) except Cisterc. which has *Beati Gorgonii nos:* (Gr. 112. for St. Tyburtius.)

Col. 943.] **Secret.** *Grata tibi sit Domine:* all the uses (G. 667.) except Cisterc. which has: *Adesto Domine precibus:* (Gr. 112. for St. Tyburt us.)

Line 2 to 3. *quam . . . devotio:* om. G. and several uses.

Line 5. for *interveniat* there is *intervenit* in G. Rob. *interventor existat* in Rom.

Postc. *Familiam tuam Deus suavitas:* W. S. H. Durh. Aug. Alb. Sherb. Whit. Leo. Rob. Vit. Cout. Rouen, Rom.

Familiam tuam quaesumus Domine Deus propitius: Paris, Dom.

Sumpsimus Domine pignus redemptionis: Cisterc. (Gr. 112. for St. Tyburtius.)

In natali SS. MM. Proti et Iacinthi. (Sept. 11.)

Not in G. but in Gr.

Collect. *Beati Proti et Iacinthi:* all the uses. (Gr. 118.)

Lesson. *Audivi vocem:* W.

That of the other uses is taken from the common.

Col. 944.] **Secret.** *Pro sanctorum tuorum:* all the uses. (Gr. 118.)

Postc. *Ut percepta nos Domine:* all the uses. (Gr. 118.)

SS. MM. Cornelii et Cypriani. (Sept. 14.)

In L. G. Gr.

Col. 945.] **Collect.** *Beatorum martyrum tuorum pariterque pontificum:* W. Rom. (L. 405.)

Praesta quaesumus omnipotens Deus ut sicut populus: S. (cf. L. 455.)

Infirmitatem nostram quaesumus Domine: the other uses. (Gr 119.)

Secret. *Praesta nobis omnipotens Deus ut nostrae humilitatis:* W S. (not in Wilson.)

Adesto Domine supplicationibus nostris: Y. Leo. Whc. Rob. Rouen, Cisterc. Chart. Rom. (Gr. 119.)

Plebis tuae Domine munera: the other uses. (L. 405.)

Col. 946.] **Postc.** *Pasce nos quaesumus Domine:* W. S.

Saciati sumus domine muneribus sacris: Durh. Alb. Whit. (cf. Abin. postc. for St. Agapitus, note to col. 917.)

Quos donis celestibus saciasti: Abin. (cf. L. 293.)

Quaesumus Domine salutaribus repleti mysteriis: the other uses. (Gr. 119.)

EXALTATIO SANCTAE CRUCIS. (Sept. 14.)

In G. and Gr.

Office. *Nos autem gloriari:* W. S. H. Y. Aug. Abin. Cout. Rouen, Paris, Cisterc. Chart. Dom. Rom.
In nomine Domini omne genu: Durh. Alb. Sherb. Whit. CCCO. Rosslyn.
Office Ps. *Deus misereatur:* W. S. H. Y. Aug. Abin. Cout. Rouen, Paris, Dom. Cisterc. Chart. Rom.
Domine exaudi orationem: Durh. Alb. Sherb.
Humiliavit: CCCO. Rosslyn.
Collect. *Deus qui nos hodierna die:* W. H. Durh. Aug. Alb. Sherb. Whit. Leo. Rob. (*alia.*) Paris, Dom. Rom. (G. 667.)
Deus qui unigeniti Filii: the other uses. (Gr. 119.)
Lesson. *Videte qualibet litteris:* W. Y. Sherb. Cout. Paris.
Confido in vobis: S. Durh. Alb. Chart.
In Christo habitat: H. Abin.
Christus factus est: Whit. Rouen, Cisterc. Dom. Rom.
Hoc sentite in vobis: CCCO. Rosslyn.
Col. 947.] **Grail.** *Christus factus est. Propter quod:* all the uses.
Line 6. *Dulce lignum dulces clavos:* W. S. H. Y. Durh. Abin. Whit. Cout. Rouen, Paris, Cisterc. Dom. Rom.
Salua nos Christe: Alb.
Michi autem. Salva nos: CCCO. Rosslyn.
Nos autem gloriari: Sherb. Chart.
Sequence. *Laudes crucis attollamus:* W. S. H. Y. Durh. Whit. Rouen. (Kehrein, 60.)
Salue crux sancta arbor digna: Sherb. (Kehrein, 64.)
Salve crux arbor vite preclara: Cout. Paris, (Kehrein, 75.)
Col. 948.] **Gospel.** *Nunc iudicium est mundi:* all the uses (Ioh. xii. 31.–36.) except Y. which has : *Non est arbor bona.* Paris begins at *Ego si exaltatus fuero.* (v. 32.)
Offert. *Protege Domine plebem:* all the uses except Cisterc. and Chart. which have *Verbum crucis* and *Dextera Domini* respectively.
Col. 949.] **Secret.** *Devotas Domine humilitatis nostrae:* W. S. (*var.*) Y. Durh. Aug. Alb. Abin. Sherb. Whit. Leo. Rob. Vit. CCCO. Rosslyn, Rouen, Cisterc. (G. 667.)
Supplices te rogamus omnipotens Deus ut his: H. (Gr. 45.)
Iesu Christi Domini nostri corpore saginati: Whc. Chart. Rom. (Gr. 119.)
Hec oblatio quesumus domine ab omnibus: Paris. Dom. (S. 749.*)
Com. *Redemptor mundi:* W. Abin. CCCO. Rosslyn, Rouen.
Per lignum servi facti sumus: S. H. Y. Durh. Alb. Whit. Cout. Paris.
Nos autem gloriari: Sherb.
Per signum crucis de inimicis: Cisterc. Dom. Rom.
Dominus virtutum: Chart.
Postc. *Iesu Christi Domini nostri corpore saginati:* W. S. (var.) H. Durh. Aug. Alb. Abin. Sherb. Whit. CCCO. Rosslyn, Leo. Vit. Cout. Rouen. (Gr. 119. as secret for this day.)
Line 2. after *corpore* Whit. Rosslyn add *et sanguine.*
Line 5. *eius mysterium: om.* Durh. Alb. Abin. Whit. CCCO.
Lines 6 and 7. for *perenni . . . perfruamur* S. Durh. Whit. Rouen read *perhennitatis eius glorie salutari pociamur effectu.* Abin. reads *perhennitatis eius glorie saluemur.*
Quaesumus omnipotens Deus ut quos divina: Y. Whc. Rob. Cisterc. Chart. (Gr. 119.)
Sumentes perpetue dona salutis: Whc. ii.

Refecti cibo potuque celesti: Paris, Dom.
Adesto nobis Domine Deus noster: Rom.

SANCTI NICHOMEDIS MARTYRIS. (Sept. 15.)

In Gr.

Collect. *Adesto Domine populo tuo:* all the uses. (Gr. 120.

Col. 950.] **Secret.** *Suscipe Domine propitius munera:* all the uses. (Gr. 120.)

Postc. *Purificent nos quaesumus Domine:* all the uses. (Gr. 120.)

IN NATALI SANCTE EUPHEMIAE MARTYRIS. (Sept. 16.)

Not here in G. but in L. and Gr. In G. on Apr. 13.

Collect. *Omnipotens sempiterne Deus qui infirma:* W. H. Y. Durh. Leo. Whc. Rob. Vit. Cout. Rouen, Paris, Cisterc. Chart. Dom. (Gr. 120.)

Praesta quaesumus Domine precibus: S. Rom. (Gr. 121.)

Deus qui et feminas virtute castitatis armatas victrici martyrio coronasti: presta ut beate euphemie virginis et martiris tue precibus cuius festa veneramur dona tue gracie consequamur. per. Alb.

Intercessione quesumus domine beatorum martyrum tuorum euphemie lucie et geminiani aperi nobis ianuam misericordie tue. nosque a cunctis protege inimicis. et sicut illi letantur in gloria. sic eorum supplicacione beatitudo nobis donetur eterna. Per dominum. Sherb.

Col. 951.] **Secret.** *Muneribus Domine te magnificamus:* W. Alb. (G. 644.)

Munera [*Vota:* Chart. Rom.] *populi tui Domine propitiatus:* S. Sherb. Chart. Rom. (G. 649. for St. John Bapt.)

Hostias Domine quas tibi offerimus propitius suscipe: Dom. (Gr. 21. for St. Agnes.)

Praesta quaesumus Domine Deus noster ut sicut in conspectu: the other uses. (Gr. 120.)

Postc. *Sanctificet* [*Saluificet:* Paris.] *nos Domine quaesumus tui perceptio:* W. H. Y. Durh. Alb. Leo. Whc. Rob. Vit. Cout. Rouen. Paris. Chart. Cisterc. (Gr. 120.)

Sumptis Domine divinis mysteriis: S.

Exaudi Domine preces nostras et sanctorum: Y. Sherb. Chart. Cisterc. Rom. (Gr. 121.)

Refecti cibo potuque: Dom.

IN NATALI S. LAMBERTI EPISCOPI ET MARTYRIS. (Sept. 17.)

Collect. *Praesta quaesumus omnipotens Deus ut beatum:* W. H. Alb. Rouen.

Sancti Lamberti martyris tui atque pontificis Domine: S.

Praesta quaesumus: Y.

Deus qui sanctam huius diei sollempnitatem pro commemoracione sancti lamberti martiris tui atque pontificis fecisti. adesto familie tue precibus. ut qui eius merita in presenti festiuitate recolimus. patrocinia in augmento uirtutum senciamus. per dominum: Sherb. Durh. Vit. Cout. (Durh. ends differently.)

Omnipotens sempiterne deus qui beato lamberto martiri tuo atque pontifici contulisti martirii uictoriam. presta quesumus nobis eius meritis indulgenciam qui ei largiri dignatus es coronam. Per. Whit.

Infirmitatem nostram: Paris.

Deus qui nos beati Lamberti martyris: Cisterc. Dom. (Gr. 108. for St. Stephen, Pope.)

Col. 952.] **Secret.** *Intercessio quaesumus Domini beati Lamberti:* W. H. Durh. Alb. Whit.

Hostias tibi Domine pro commemoratione: S.
Oblata tibi Domine munera sanctifica et interueniente beato lamberto martyre tuo atque pontifice et nobis salutaria te miserante et tibi accepta reddantur. Per dominum. Sherb. Vit. Cout.
Concede nobis omnipotens deus intercedente beato lamberto martyre tuo atque pontifice cuius annuam solennitatem celebramus: ut descendat hic benedictio tua super sacrificium nostrum in transformatione spiritus tui sancti. vt hec benedicendo benedicas sanctificando sanctifices. vt quicumque ex utraque benedictione sumpserimus: eternitatis premium et uitam consequi mereamur eternam. Per. Rouen.
Hostias tibi domine beati lamberti: Paris.
Munera tibi Domine dicata sanctifica: Cisterc.
Haec hostia Domine quaesumus emundet nostra delicta: Dom. (Gr. 27.)

Postc. *Sumpta Domine sacramenta sempiterna dulcedine:* W. H. Durh. Alb. Whit.
Percepto Domine tui corporis et sanguinis sacramento: S.
Letificet nos domine huius participacio sacramenti. ut sicut in beato lamberto martire tuo atque pontifice te mirabilem predicamus sic per illum tue sumamus indulgencie largitatem. Per. Sherb.
Intercessio domine beati landberti martyris tui atque pontificis tuam nobis non desinat applicare iustitiam. et nostrum tibi deuotum iugiter efficere famulatum. Per: Vit. Cout.
Celesti munere satiati quesumus Domine Deus noster: Rouen. (L. 348. for vii. martyrs.)
Refecti participatione muneris sacri: Paris.
Haec nos communio: Cisterc.
Repleti participatione muneris sacri: Dom. (Gr. 20. for St. Fabian.)

IN VIGILIA SANCTI MATTHEI APOSTOLI. (Sept. 20.)

Not in G. Gr. or Pam. but in Men.

Collect. *Da nobis omnipotens Deus ut beati Matthei:* all the uses (cf. Gr. 112 for St. Hippolytus) except Cisterc. which has: *Quaesumus omnipotens Deus ut beatus:* (Gr. 179.)

Col. 953.] **Gospel.** *Vidit Iesus publicanum:* all the uses.

Secret. *Apostolicae reverentiae culmine:* W. Y. H. Durh. Aug. Alb. Abin. Sherb. Whit. Leo. Whc. Rob. Cout. Rouen. Paris, Dom. Rom. (G. 675. for St. Andrew.)
Line 1. *Pro apostolici reverentia culmine:* H. Y.
Apostolici reverentia culminis: Abin. Dom. M.
Apostolice reverencie culmen offerimus sacris misteriis imbuendum: Sherb. Vit. Rom.
Line 8. for *desideria* Sherb. and Vit. read *desiderata.*
Respice quaesumus omnipotens et misericors deus: S.
Sacrandum tibi Domine munus offerimus: Cisterc. (Gr. 179.)
Munus populi tui Domine quaesumus apostolica: Chart. (Gr. 101. for vigil of St. Peter.)

Postc. *Beati Matthei apostoli et evangelistae:* W. H. Y. Durh. Aug. Alb. Abin. Sherb. Whit. Leo. Whc. Rob. Vit. Cout. Rouen, Paris, Dom. Rom. (Gr. 13. for St. John, Evang.)
Praesta quaesumus omnipotens Deus ut divino: S. (G. 693.)
Percèptis, Domine, sacramentis, suppliciter exoramus: Cisterc.
Beati Matthei evangelistae Domine precibus: Chart. (Gr. 13. for St. John, Evang.)

In die S. Matthei apostoli et evangelistae. (Sept. 21.)

Not in G. or Gr. but in Men. and Pam.

Col. 954.] **Collect.** *Beati Matthei apostoli et evangelistae:* all the uses (Gr. 13. for St. John Evang.) except Chart. and Cisterc. which have *Ecclesiam tuam Domine benignus:* (Gr. 13. for St. John Evang.)

Lesson. *Similitudo:* all the uses, except H. Y. Sherb. Rosslyn, Paris, Chart. Cisterc. Dom. which have *Unicuique vestrum.*

Sequence. *Laus devota:* Sherb. Rouen. (H. 366.)

Stans a longe: Whit. (Y. ii. 305.)

Iocundare plebs fidelis: Paris. (Kehrein, 427.)

Col. 955.] **Gospel.** *Cum transiret inde:* all the uses.

Secret. *Supplicationibus apostolicis beati Matthei:* all the uses (L. 475. for St. John Evang.) except Chart. and Cisterc. which have: *Suscipe munera Domine quae in eius:* (Gr. 13. for St. John Evang.)

Post. *Sumpsimus Domine venerabile sacramentum:* W. S. Abin. Rosslyn.

Refecti cibo potuque: Chart. Cisterc. (Gr. 13. for St. John Evang.)

Perceptis Domine sacramentis beato Matthaeo: the other uses (Gr. 104. for St. Paul.)

In natali SS. MM. Mauricii sociorumque eius. (Sept. 22.)

Not in G. or Gr.

Col. 956.] **Collect.** *Annue quaesumus omnipotens Deus ut nos:* W. S. Y. Durh. Aug. Alb. Sherb. Whit. Whc. Rob. Vit. Cout. Paris, Chart. Dom. Rom.

Deus qui es sanctorum tuorum splendor: H. Abin. Leo. Rouen. (Gr. 107*n*. for St. Stephen and his companions.)

Deus qui nos concedis: Cisterc.

Sequence. *Alludat laetus ordo:* W. Rouen (*Analecta Liturgica*, II. i. p. 67.)

Ecce pulcra: S. Y. Sherb. Cout. (Y. ii. 204.)

Mirabilis: Paris. (Y. ii. 298.)

Col. 957.] **Secret.** *Praesentes hostias Domine merita:* W. S. Abin.

Munera tibi Domine nostrae devotionis: Cisterc.

Respice Domine munera quae in passione: the other uses. (L. 298.)

Postc. *Sumptis Domine caelestibus:* W. S. Abin. Sherb. (*var.*) Vit. (*var.*)

Praesta nobis Domine quaesumus intercedentibus: Cisterc.

Caelestibus refecti sacramentis et gaudiis: the other uses. (L. 336.)

In natali S. Teclae virginis et martyris. (Sept. 23.)

Col. 958.] **Collect.** *Presta quesumus omnipotens Deus ut sancte:* W.

Omnipotens sempiterne Deus auctor virtutis et amator: S. H. Y.

Deus qui hodie beate tecle uirginis nos annua sollempnitate letificas: concede propicius. ut eius meritis adiuuemur. cuius castitatis irradiamur exemplis. Per. 11414. (cf. Gr. 22. for St. Agnes.)

Sancte uirginis tue tecle quesumus domine supplicacionibus tribue nos foueri. ut cuius nos uenerandam sollempnitatem celebramus obsequio. eius intercessionibus commendemur et meritis. Per dominum. Sherb.

Indulgentiam nobis quaesumus Domine: Paris. (Gr. 24. for St. Agatha.)

Secret. *Sanctae Teclae virginis et martyris tuae:* W.

Offerimus tibi Domine preces et munera: S.

Intende quaesumus munera altaribus tuis: H.

Suscipe domine munera per intercessionem sancte tecle uirginis tue

cuius sollempnia celebramus. ut per hec ab omnibus mereamur emundari peccatis. per dominum nostrum. Sherb. (cf. p. 1626.)
Suscipe Domine munera que in beate: Paris (Gr. 115. for St. Agapitus.)

Postc. *Mense celestis participatio quesumus:* W.
Prosint nobis Domine quaesumus sumpta mysteria: S. (G. 686.)
Supplices te rogamus omnipotens Deus: H. (Gr. 130. for St. Felicitas.)
Quesumus omnipotens deus ut cuius nos tribuis communicare memoria. eius facias imitatores. Per dominum. Sherb.
Auxilientur nobis: Paris (cf. Postc. on Col. 1107.)

IN NATALI SS. MM. COSMAE ET DAMIANI. (Sept. 27.)

In G. and Gr.

Col. 959.] **Collect.** *Magnificet te Domine sanctorum:* W. S. Sherb. Cout. (G. 668.)
Praesta quaesumus omnipotens Deus ut qui: the other uses. (Gr. 124.)

Secret. *In tuorum Domine preciosa morte iustorum:* W. S. Sherb. Cout. (G. 668.) 11414.
Respice domine munera: Abin. (cf. G. 661. for St. Tiburtius.)
Sanctorum tuorum nobis Domine pia non desit: the other uses. (Gr. 124.)

Postc. *Sit nobis Domine sacramenti tui:* W. S. Cout. (G. 668.)
Sumpta sacramenta domine sempiterna dulcedine nos reficiant et beatorum martirum tuorum cosme et damiani interuentu dignos maiestati tue nos perficiant. Per. Abin.
Protegat Domine quaesumus populum: the other uses. (Gr. 124.)

IN DIE SANCTI MICHAELIS ARCHANGELI. (Sept. 29.)

In L. G. and Gr.

Col. 960.] **Office.** *Benedicite Dominum omnes angeli:* all the uses.

Office Ps. *Benedic anima:* all the uses.

Collect. *Deus qui miro ordine:* all the uses. (Gr. 125.)

Lesson i. *Factum est proelium:* W. Durh. Abin. Sherb. Rouen, Cisterc.
Significavit deus quae oportet fieri cito: the other uses.

Col. 961.] **Lesson ii.** *Significavit:* W. Cisterc. Vit. (*in m.*)

This is an instance of two prophetical lessons on one day. (cf. Ember Wednesdays.)

Grail. *Benedicite. Benedic:* all the uses.
Line 6. ℣. *In conspectu:* W. S. H. Y. Durh. Alb. Abin. Sherb. CCCO. Rosslyn. Cout. Rouen, Paris, Cisterc. Dom.
In conspectu. Concussum est mare: Whit.
Concussum est mare: Drum.
Sancte michael. Concussum est mare. Qui facit angelos: Rom.

Sequence. *Ad celebres rex:* W. S. H. Y. Sherb. Whit. Rouen (Kehrein, 168.)
Laus erumpat ex affectu: Cout. Paris, Dom. (Kehrein, 169.)

Col. 962.] **Gospel.** *Quis putas maior:* all the uses.

Offert. *Stetit angelus. In conspectu:* W.
Stetit angelus: the other uses.

Secret. *Munus populi tui quaesumus:* W. S. Abin. CCCO. Rosslyn. (G. 669.)
Hostias tibi Domine laudis offerimus: the other uses. (Gr. 125.)

Col. 964.] **Com.** *Benedicite omnes angeli:* all the uses.

Postc. *Beati archangeli tui Michaelis:* all the uses. (Gr. 125.)

In natali S. Hieronymi (Sept. 30.)

Collect. *Deus qui nobis per beatum:* W. S. H. Abin. Sherb. Vit. Cout. M.
Sancti Hieronymi nos Domine natalitia: Y. Durh. Alb. Whit. Whc. Rob. Rouen. (G. 665. for St. Hermes.)
Deus qui beati Hieronymi mentem: Aug.
Praesta quaesumus omnipotens et misericors Deus ut intercedente: Leo. (Gr. 81. for St. Vitalis.)
Deus qui nos annua beati Hieronymi: Whc. Cisterc. Dom. (Gr 113. for St. Eusebius.)
Adesto quesumus Domine precibus nostris: Paris, Chart. (G. 659. for St. Donatus.)
Deus qui ecclesiae tuae in exponendis sacris: Rom.
Secret. *Clementia tua Domine munera:* W. S. Alb. Abin.
Hostias tibi Domine pro beati Hieronymi: H. Cout. Chart. M.
Accepta sit in conspectu tuo Domine: Y. Durh. Whit. Whc. Rob. (var.) Rouen. (Gr. 20. for St. Sebastian.)
Munera nostrae devotionis quae in beati: Aug.
Suscipe hanc oblationem piissime deus. et presta per intercessionem sanctissimi confessoris tui atque sacerdotis hieronimi magnis facinoribus nostris inmensam misericordiam tuam. nosque per contritionem cordis humiliati. mactando uitia. iugulando delicta. dignum tibi acceptabileque prepara holocaustum. Per. Vit. Sherb.
Muneribus nostris precibusque susceptis: Leo. (Gr. 15.)
Deus qui nobis per beatum hieronimum confessorum sacerdotemque tuum scripture sacre veritatem. et mystica sacramenta reuelare dignatus es: presta quesumus: ut cuius natalicia colimus: eius semper erudiamur doctrinis. per. Paris.
Laudis tuae Domine hostias immolamus: Cisterc. Dom. (Gr. 113. for St. Eusebius.)
Donis caelestibus quaesumus Domine libera nos: Rom.
Col. 965.] **Postc.** *Praesta Domine quaesumus ut:* W. S. Alb. Abin.
Repleti alimonia caelesti: H. Y. Aug. Whc. Rom.
Exultet Domine populus tuus: Durh. Sherb. Whit. Rob. Vit. Cout. Rouen. (cf. G. 665. for St. Hermes.)
Quaesumus Domine salutaribus repleti mysteriis: Leo. (Gr. 18. for St. Felix.)
Propiciare domine supplicationibus nostris et intercedente pro nobis beato hieronimo confessore tuo per hec sacra que tue obtulimus maiestati: ab omni culpa libera nos esse concede. Per. Paris.
Refecti cibo potuque: Cisterc. Dom.
Omnipotens sempiterne deus qui ecclesie tue: Chart. M.

SS. episcoporum Germani Remigii et Vedasti. (Oct. 1.)

Collect. *Sanctorum confessorum tuorum Domine:* W. Durh. Aug. Alb. Whit.
Deus qui populo tuo eterne salutis: Paris, Dom. (S. 733 for St. Ambrose.)
Concede quaesumus omnipotens Deus ut ad meliorem vitam: Cisterc. (Gr. 18. for St. Felix.)
Exaudi quaesumus Domine populum tuum: the other uses.
Secret. *Preces nostras quaesumus Domine et tuorum:* W. S. H. Y. Abin. Sherb. Whit. Vit. Whc. Rob. Cout.
Tibi nos quesumus domine hec hostia reddat: Durh. Aug. Alb.
Offerimus tibi domine preces et munera sanctorum: Rouen. (S. 914 for St. Tecla.)

Omnipotens sempiterne deus munera tue maiestati oblata. per intercessionem beati remigii confessoris tui atque pontificis ad perpetuam nobis fac prouenire salutem. Per. Paris, Dom. (cf. p. 1533.)
Suscipe Domine preces et munera: Cisterc. (Gr. 105. for SS. Processus and Martinianus.)

Col. 966.] **Postc.** *Repleti sacramento reparationis humanae:* W. S. H. Y. Durh. Aug. Alb. Abin. Sherb. Vit. Whit. Whc. Rob. Cout. (all with many variations.) Cf. L. 297.
Benedictionis tue gratiam domine plebs christiana suscipiat. vt sanctorum merita preciosa celebrans: honoris tui fructum referat. pia solennitate pontificum. Per. Rouen.
Sacramenta salutis nostre suscipientes: concede quesumus omnipotens deus: vt beati remigii confessoris tui atque pontificis nos vbique oratio adiuuet, in cuius veneratione hec tue obtulimus maiestati. Per dominum. Paris, Dom. (cf. p. 1543.)
Corporis sacri et pretiosi sanguinis: Cisterc. (Gr. 105. for SS. Processus and Martinianus.)

IN NATALI SANCTI LEODEGARII EPISCOPI ET MARTYRIS. (Oct. 2.)

Collect. *Omnipotens sempiterne Deus sancto Leodegario:* W. Durh. Aug. Alb. Whit.
Deus qui hodierna die beatum Leodegarium : S. Sherb.
Da quaesumus omnipotens Deus ut venerabilis: H.
Praesta quaesumus: Y.
Summe omnipotens Deus qui vitam: Rob.
Deus qui beatum martyrem tuum Leodegarium in agone: Rob. (*alia*) Rouen.
Omnipotens sempiterne deus qui hunc diem: Cout. (S. 810. for St. Swythun.)
Infirmitatem nostram respice omnipotens deus: Paris. (Gr. 20. for St. Fabian.)
Da quaesumus omnipotens Deus ut qui beati Leodegarii: Cisterc. (Gr. 87. for St. Urban.)
Laetetur ecclesia tua Deus beati Leodegarii: Dom. (Gr. 115. for St. Agapitus.)

Col. 967.] **Secret.** *Talis sit in conspectu tuo:* W.
Praesta quaesumus Domine ut beati Leodegarii: S. H. (cf. G. 660. for St. Laurence.)
Hostiam nostram quesumus domine: Durh. (L. 301. for St. Laurence.)
Offerimus hostias nomini tuo Domine: Aug. Alb. Sherb. Whit. (L. 384. for St. Stephen.)
Auditis nominibus offerentium: Rob.
Munera nostra quesumus domine placatus assume: et beati leodegarii martyris tui atque pontificis, precibus a cunctis nos nexibus peccatorum propitiatus absolue. Per dominum. Cout.
Concede nobis omnipotens deus intercedente: Rouen. (col. 952 Rouen. secret for St. Lambert.)
Hostias tibi domine Leodegarii martyris tui: Paris.
Haec hostia quaesumus Domine emundet: Cisterc. (Gr. 27.)
Suscipe Domine munera quae in eius: Dom. (Gr. 24. for St. Agatha.)

Postc. *Deliciis salutaribus quos refecisti:* W.
Refecti participatione muneris sacri: S. Paris, Cisterc. (Gr. 82. for St. Vitalis.)
Sumpsimus Domine in sancti martyris: H. (G. 638. for St. Fabian.)
Sacri altaris participatione refecti: Durh. (S. 927.)

Concede quaesumus domine deus noster ut perpetuo: Aug. Alb. Sherb. Whit.

Pacem tuam domine nostris illabere: Rob.

Repleti muneribus sacris quesumus omnipotens deus vt in cuius hec commemoratione percepimus: eius semper meritis adiuuemur. Per dominum. Cout. (cf. p. 1606.)

Celesti munere satiati: Rouen (col. 952. postc. for St. Lambert.)

Satiasti domine familiam tuam: Dom. (L. 394.)

SANCTAE FIDIS VIRGINIS ET MARTYRIS. (Oct. 6.)

Collect. *Deus qui praesentem diem:* W. S. Y. Durh. Aug.

Deus qui nos ad celebrandum beatae Fidis: H. Alb. Abin. Whit. Sherb.

Quesumus domine deus noster vt nobis beate fidis virginis et martyris tue hodierna festiuitas salutis prestet incrementum: cuius admiranda vita salutare prebet exemplum. per dominum. Cout. Rouen.

Exaudi nos deus salutaris: Paris.

Secret. *Suscipe Domine preces et hostias:* W. S. Y. Durh. Aug.

Super has Domine quaesumus hostias: H. Alb. Abin. Sherb. Whit.

Deus qui es semper gloriosus in sanctis tuis: qui vt mundi fortia queque confundas in minimis quoque virtutem tue potentie demonstras: suscipe hanc oblationem tuam quam tibi pro commemoratione beatissime virginis et martyris tue fidis offerimus, et presta: vt apud te nos eius iuuet oratio: cuius tibi placuit sancta vita gloriosa passio. Per dominum. Cout. Rouen.

Accepta tibi Domine sit sacre plebis: Paris.

Col. 968.] **Postc.** *Quos refecisti Domine caelesti:* W. H. Y. Durh. Aug. Alb. Abin. Whit.

Sacri altaris participatione refecti: S.

Exultet domine populus tuus fidelis in sancte uirginis et martiris tue fidis commemoracione celestibus refectus misteriis et cuius uotiuo letatur officio. releuetur auxilio. Per. Sherb.

Prosit nobis domine huius sacramenti sancta libatio: et beate fidis virginis et martyris tue nos apud te gloriosa subleuet intercessio. Per dominum. Cout. Rouen.

Saciasti domine familiam tuam: Paris.

IN NATALI S. MARCI PAPAE.

In G. and Gr.

Collect. *Exaudi Domine preces nostras:* all the uses (Gr. 125.) except S. Rob. Sherb. M. which have *Sanctorum martyrum tuorum Marci:* (G. 671. for SS. Marcellus and Apuleius.) H. M. have both these collects.

Secret. *Praesta quaesumus Domine ut sancti Marci.* W. Alb. (G. 659. for St. Donatus.)

Maiestatem tuam nobis Domine quaesumus: S. Y. Sherb. Rob. (G. 671. for SS. Marcellus and Apuleius.)

Munera que tibi domine pro sancti marci confessoris tui atque pontificis commemoratione deferimus. quesumus ut eius obtentu nobis proficiant ad salutem. per dominum nostrum. Vit.

Sit tibi Domine nostrae deuotionis oblatio acceptabilis: Per. H. Whit.

Accepta tibi sit Domine sacrae plebis: the other uses. (Gr. 125.)

Col. 969.] **Postc.** *Conseruent nos Domine quaesumus munera:* W. Alb. (cf. Gr. 179.)

Sacramentis quaesumus Domine muniamur: S. Sherb. Rob. (cf. G. 671. for SS. Marcellus and Apuleius.)

Omnipotens sempiterne Deus qui nos sacramentorum : H.
Misteriis celestibus refecti quesumus domine deus beati marci confessoris tui atque pontificis ubique intercessione nos protege. cuius annua ueneracione hec tue obtulimus maiestati. per. Whit.
Da quaesumus Domine fidelibus populis : the other uses (Gr. 125.)

SANCTI DIONYSII MARTYRIS SOCIORUMQUE EIUS. (Oct. 9.)

Collect. *Deus qui hodierna die beatum :* all the uses, except Cisterc. which has : *Deus qui nos annua.*
Sequence. *Superae harmoniae :* W. (*Analecta Liturgica.* II. i. No. 267.)
Ecce pulcra : S. Y. (Y. ii. 204.)
Gaude prole Grecia : H. Cout. Rouen, Paris. (Kehrein, 546.)
Col. 970.] **Secret.** *Offerendorum tibi munerum :* W. S. (L. 387.)
Hostia Domine quaesumus quam in sanctorum : H. Y. Durh. Aug. Alb. Whc. Rob. Paris, Dom.
Suscipiat clemencia tua domine : Abin. (Drum. 30. *cuiuslibet sancti.*)
Oblata tibi domine munera populi tui : Sherb. Vit. Cout. Rom. (L. 396.)
Presentibus domine quesumus intende : Whit. (S. 735. for SS. Tyburtius and Valerianus.)
Salutari sacrificio domine populus tuus : Leo. (L. 402.)
Hec munera domine que in honore sanctorum tuorum dyonisii rustici et eleutherii offerimus ab omnibus nos peccatis emundent : tibique reddant acceptos : Per. Rouen.
Oblatis Domine quaesumus placare muneribus : Cisterc. (Gr. 130. for St. Chrysogonus.)
Postc. *Sumpsimus Domine votiva :* W. S. (L. 408.)
Quaesumus omnipotens Deus ut qui caelestia : H. Durh. Aug. Alb. Whc. Rob. Paris, Dom. (Gr. 27.)
Sumptis Domine caelestibus sacramentis : Y. Sherb. Vit. Cout. Rom. (Gr. 37.)
Diuina libantes mysteria que : Abin. (Drum. 30. *cuiuslibet sancti.*)
Epularum tuarum alimento saginati : Whit. (S. 840. for invention of St. Stephen.)
Haec Domine quae sumpsimus votiva : Leo.
Sacramentorum tuorum domine munere vegetati : tuam supplices deprecamur clementiam. vt quorum solennia presentialiter agimus : eorum meritis ad eterna gaudia peruenire mereamur. Per. Rouen.
Haec nos communio Domine : Cisterc.

IN NATALI S. PAULINI EPISCOPI ET CONFESSORIS. (Oct. 10.)

Col. 971.] **Collect.** *Deus qui nos hodie beati paulini :* W. H.
Da quaesumus omnipotens deus ut beati : Y. Durh. (Gr. 180.)
Deus cui beatus paulinus pontifex ita sanctitatis gracia decoratus complacuit. ut tuorum consorcium in celis promereretur sanctorum. da ecclesie tue quesumus eius interuentu perpetuam consequi leticiam. Per. Sherb.
Ecclesiam tuam Domine benignus illustra : Whit. (Gr. 13. for St. John Evang.)
Secret. *Haec sacra quaesumus Domine quae pro venerandis :* W.
Ecclesiae tuae Domine munera sanctifica : H.
Sancti tui nos domine ubique letificent : Durh. (Gr. 15. for St. Sylvester.)
*Muneribus nostris quesumus domine sancti paulini confessoris tui intercessione graciam tue placacionis intersere et collata

nobis remedia tuearis et conferenda propicius largiaris. Per. Sherb.

De supernis angelorum sedibus clementissime deus ad presentis hostie oblacionem respice. et tuo antistite paulino interueniente. nobis presentis uite tranquillitatem tribue. et gloriam hereditatis perpetue. Per. Whit.

Postc. *Pignus perpetuae salutis :* W.

Sumpta nobis Domine sacramenta : H.

Presta quesumus omnipotens deus ut de perceptis : Durh. (Gr. 15. for St. Sylvester.)

Sacramenta que indigni sumpsimus domine quesumus nobis et mentis et corporis fiant remedia et continua sancti pontificis tui paulini intercessio nos ad gaudia perducat celestia. Per. Sherb.

Gregem tuum pastor eterne deus conserua : et beati paulini confessoris tui atque pontificis intercessione guberna. ut cuius festo superni amoris dulcedine pascimur : eius obtentu a temporalis uite perturbacionibus eruamur. et mansuris supernorum ciuium gaudiis inseramur. Per. Whit.

In natali S. Ethelburgae virginis. (Oct. 11.)

Col. 972.] **Collect.** *Deus universae bonitatis auctor :* W.

Deus qui fideles tuos gloriosa beate athelburge uirginis tue festiuitate letificas. fac nos quesumus per ipsius merita uite perhennis gaudia promereri. Per. Sherb.

Secret. *Munera presentis hostiae :* W.

Hec hostia domine quam in beate athelburge uirginis tue commemoracione tue offerimus maiestati. perpetuam nobis quesumus ipsa pro nobis intercedente conferat salutem. Per dominum. Sherb.

Col. 973.] **Postc.** *Repleti libamine spiritualis :* W.

Presta quesumus domine ut quos beate athelburge uirginis tue pia commemoracione celestibus recreas alimentis. eius semper supplicacione. ab omni malo defendas. Per dominum. Sherb.

In natali S. Nigasii martyris sociorumque eius. (Oct. 11.)

Collect. *Deus qui nos hanc diem :* W.

Deus qui sanctam nobis huius diei : S. H. Alb. Cout.

Presta quesumus omnipotens deus vt sicut deuotissime : Rouen, (S. 902. for SS. Cornelius and Cyprianus.)

Secret. *Preces Domine tuorum :* W. S. Alb. (G. 677.)

Oblata tibi Domine munera pro sanctorum : H. Cout. Rouen.

Haec hostia quaesumus Domine : H. (MS.)

Col. 974.] **Postc.** *Sanctorum martyrum tuorum Domine :* W. S. Alb. Cout. (G. 677.)

Omnipotens et misericors Deus qui nos sacramentorum : H. Rouen. (L. 347.)

Sacramenti tui Domine sumpta benedictio : H. (MS.)

In natali S. Wilfridi episcopi et confessoris. (Oct. 12.)

Collect. *Fac nos quesumus Domine beati :* W.

Da quaesumus omnipotens Deus ut beati Wilfridi : H. (Gr. 15. for St. Sylvester.)

Deus cuius gratia beatus Wilfridus : Y. Sherb

Deus qui nos annua beati Wilfridi confessoris tui atque pontificis sollempnitate letificas : eius quesumus continua intercessione super nos misericordiam tuam multiplica. ut cuius patrociniis gratulamur : ipsius suffragiis perpetue salutis nobis auxilium adesse senciamus. Per. Whit.

Secret. *Benedictio tua quaesumus Domine:* W.
Sanctificetur quaesumus Domine huius nostrae: H.
Sancti tui nos, Domine, ubique laetificent: H. (MS.)
Purifica quaesumus omnipotens Deus mentem: Y. (Arbuth. 394. for St. Maurice, Bishop.)
Hostias nostras quesumus domine: Sherb. (G. 645. for St. Juvenal.)
Intercessio quesumus beatissimi Wilfridi pontificis misericordie tue: Whit. (S. 723. for St. Gregory.)

Col. 975.] **Postc.** *Beati Wilfridi confessoris tui: . . . domine precibus confidentes:* W.
Infunde quaesumus Domine Deus per haec: H.
Beati Wilfridi . . . . Domine suffragiis exoramus: H. (MS.)
Redemptionis aeternae pabulo satiati: Y.
Letificent nos quesumus domine sacramenta celestia. que nobis intercedente beato wlfrido confessore tuo uberius confidimus profitura.† *Per.* Sherb.
Prestent nobis domine quesumus tua sancta misteria presidium: Whit. (S. 680. for St. Sulpicius.)

In die sancti Edwardi. (Oct. 13.)

Office. *Gaudeamus:* W. S. Whit.
Gloria et honore: H.
Os iusti: Y. Abin. Sherb. Rouen, Dom.
Collect. *Omnipotens sempiterne Deus qui beatum regem:* W. Y. Whit. (S. 934.)
Deus qui beatum regem Edwardum confessorem: S. Alb.
Deus qui Unigenitum Filium tuum: H.
Omnipotens sempiterne deus qui beatissimum regem edwardum eternitatis gloria et honore coronasti: fac nos quesumus ita eum venerari in terris vt cum eo semper regnare possimus in celis. Per. Abin. Sherb. H. (MS.)
Deus qui hodierna die: Rouen. (col. 738.)
Deus qui nos beati Eduardi annua: Dom.

Col. 976.] **Secret.** *Quos beati regis Edwardi:* W. (S. 934.)
Sacris altaribus assistentes nos: S. Alb. Sherb. Rouen.
Sacrificii praesentis oblationem quaesumus: Y. H. Abin.
Munus tibi a deuotis oblatum famulis eterne rerum conditor. dignanter respice. et meritis almi regis et confessoris edwardi intercedentibus celesti benedictione sanctifica. nobisque cunctorum ueniam peccaminum concede: ut ad celestis augmentum tuis fidelibus proficiat gaudii. Per. Whit.
Laudis tue domine hostias: Dom.
Postc. *Ut nobis salutem conferant:* W. (S. 934.)
Vitalis alimoniae convivio saginati: S. Alb. Sherb. Rouen.
Pignus perpetuae salutis sumentes: H. Y. Abin.
Celestibus pasti dapibus supplices te rogamus omnipotens deus. quatinus per gloriosa almi regis et confessoris edwardi merita eternis iubeas nos sociari gaudiis. Per. Whit.
Refecti cibo potuque: Dom.

In natali sancti Calixti papae et martyris. (Oct. 14.)

Not in G. but in Gr.
Collect. *Deus qui nos conspicis ex nostra infirmitate:* all the uses. (Gr. 126.)

Col. 977.] **Secret.** *Mystica nobis Domine prosit oblatio:* all the uses. (Gr. 126.)

Postc. *Praesta quaesumus Domine ut cuius passione:* W. S. (not in Wilson.)
Quaesumus omnipotens Deus ut reatum: the other uses. (Gr. 126.)

IN NATALI SANCTI LUCAE EVANGELISTAE. (Oct. 18.)

Not in G. nor Gr. but in Men. Pam.

Col. 978.] **Collect.** *Interveniat pro nobis Domine:* all the uses (Men. 137.) except Cisterc. which has *Ecclesiam tuam:* (Gr. 13. for St. John Evang.)
Secret. *Donis caelestibus da nobis:* W. S. H. Y. Durh. Aug. Alb. Abin. Sherb. Whit. Leo. Whc. Rob. Vit. Cout. Rouen, Dom. Rom. (Men. 137.)
line 6. *Operentur* is the usual reading.
Munera nostra Domine quaesumus: Paris (G. 665. for St. Hermes.)
Suscipe munera Domine quae: Chart. Cisterc. (Gr. 182.)

Col. 979.] **Postc.** *Praesta quaesumus omnipotens aeterne Deus:* W. S. H. Y. Durh. Aug. Alb. Abin. Sherb. Whit. Leo. Whc. Rob. Vit. Cout. Rouen, Rom. (Men. 137.)
Repleti Domine benedictione caelesti: Paris, Dom. (Gr. 116. for St. Hermes.)
Refecti cibo potuque caelesti: Chart. Cisterc.

IN NATALI SANCTAE FRIDESWYDAE VIRGINIS. (Oct. 19.)

Collect. *Omnipotens sempiterne Deus da nobis:* W. H.
Omnipotens sempiterne Deus auctor virtutis: S.
Deus qui nos hodie: Abin.

IN NATALI SS. XI. MILLIUM VIRGINUM. (Oct. 21.)

Col. 980.] **Collect.** *Deus qui digne tibi sacratis:* W. Alb. Chart.
Deus qui sanctam nobis huius diei: S. H. Y. Durh. Aug.
Da nobis quesumus domine deus noster sanctarum virginum martyrumque tuarum palmas incessabili deuotione venerari: ut quas digna mente non possumus celebrare: humilibus saltem frequentemus obsequiis. Per. Paris. (Cf. L. 462. and G. 642.)
Deus qui nos annua beatae Vrsulae: Cisterc. (Gr. 24. for St. Agatha.)
Omnipotens sempiterne deus qui infirma mundi: Dom. (Gr. 21. for St. Agnes.)
Deus gloria virginum et amator: Dom. (*alia.*)
Da nobis quesumus domine deus noster vt qui: M.
Secret. *Fac nos quaesumus Domine beatarum:* W.
Praesentia munera quaesumus Domine: S. Y. Durh. Aug.
Intende quaesumus Domine munera: H. M.
Votiua domine dona mystici libaminis pro sanctarum uirginum tuarum ueneratione tue maiestati oblata nostra expurgent facinora. et purificatos nos tanti mysterii exequendi reddant acceptos. per. Alb.
Concede quesumus omnipotens ut huius: Paris (Gr. 160. for iv. Sunday after Epiph.)
Haec hostia placationis et laudis: Cisterc. Chart. (Gr. 129. for St. Cecilia.)
Hostias Domine quas tibi offerimus: Dom. (Gr. 110. for St. Laurence.)

Col. 981.] **Postc.** *Caelestis Domine alimoniae refecti:* W. Alb.
Sumpsimus Domine sanctarum virginum martyrumque: S. Y. Durh. Aug. (G. 638. for St. Fabian.)

Supplices te rogamus omnipotens Deus ut: H. (Gr. 130. for St. Felicitas.)
Munera tua nos deus a delectationibus: Paris. (Gr. 160. for iv. Sunday after Epiph.)
Satiasti Domine familiam tuam: Chart. Cisterc. (Gr. 19. for St. Marcellus.)
Refecti cibo potuque: Dom.
Presta nobis domine quesumus intervenientibus: M. (Gr. 180.)

IN NATALI S. ROMANI ARCHIEPISCOPI. (Oct. 23.)

Collect. *Deus cui beatus Romanus pontifex:* W. S. Alb. Whit. Cout. Rouen.
Omnipotens sempiterne Deus qui hanc diem: H.
Da quaesumus: Y.
Exaudi nos: Durh.
Secret. *Suscipe quaesumus omnipotens Deus mysticam:* W. Alb. Whit. Cout. Rouen.
Sacrificium devotionis nostrae quaesumus: S.
Interventionibus sancti confessoris tui Romani: H.
Col. 982.] **Postc.** *Familiam tuam quaesumus Domine quam:* W. Alb. Whit. Cout. Rouen.
Concede quaesumus Domine Deus noster ut mysteria: S.
Satiati quaesumus Domine muneribus sacris: H.

IN NATALI SS. MM. CRISPINI ET CRISPINIANI. (Oct. 25.)

Collect. *Deus qui sanctis martyribus tuis:* W. Durh. Alb. Whit. Arbuth. Rouen. (Gr. 106. for SS. Abdon and Sennen.)
Deus qui sanctis martyribus . . . coronam: S.
Sanctorum martyrum tuorum nos Domine: H. Sherb. Vit. Cout. (G. 649. for SS. Gervasius and Protasius.)
Omnipotens sempiterne deus qui in sanctorum martyrum tuorum crispini et crispiniani cordibus flammam tue dileccionis accendisti: da mentibus nostris eandem fidei caritatisque virtutem: vt quorum gaudemus triumphis. proficiamur exemplis. Per. Abin.
Deus qui nos concedis sanctorum: Paris, Dom. (Gr. 180.)
Praesta quaesumus omnipotens Deus ut qui: Cisterc. (Gr. 79. for St. Tiburtius and Valerianus.)
Col. 983.] **Secret.** *Sacrificiis presentibus Domine que tibi:* W. (cf. L. 482.)
Concede quaesumus omnipotens Deus ut his: S. (G. 649. for SS. Gervasius and Protasius.)
Suscipe Domine tuorum populorum munera: H. Sherb. Vit. Cout.
Frequentata mysteria Domine pro sanctorum: Alb. (S. 833. for SS. Abdon and Sennen.)
Munera tibi domine nostre deuocionis: Abin. Paris, Dom. (Gr. 109. for SS. Felicissimus and Agapitus.)
Maiestatem tuam nobis Domine: Whit. (G. 671. for SS. Marcellus and Apuleius.)
Accipe quesumus domine munera que tibi offerimus pro sanctorum martyrum tuorum crispini et crispiniani sollennitate: et sincero corde fac nos tuis sacramentis interesse. Per. Rouen.
Hostia haec quaesumus Domine quam: Cisterc. (Gr. 19. for St. Prisca.)
Postc. *Caelestis doni benedictione percepta:* W. (L. 327.)
Sanctorum martyrum tuorum Crispini: S.
Beatorum martyrum tuorum . . . festivitate: H. Vit. Cout.
Sumat domine plebs fidelis: Alb. (S. 833. for SS. Abdon and Sennen.)

Presta nobis domine quesumus intercedentibus: Abin. Paris, Dom. (Gr. 180.)
Sit nobis domine sacramenti tui: Sherb. (G. 668. for SS. Cosmas and Damian.)
Sacramentis domine muniamur acceptis: Whit. (Gr. 671. for SS. Marcellus and Apuleius.)
Sacramenti tui domine quesumus sumpta benedictio: Rouen. (G. 680.)
Sacro munere satiati: Cisterc. (Gr. 20. for St. Sebastian.)

IN VIGILIA APOSTOLORUM SIMONIS ET IUDAE. (Oct. 27.)

In Men. and Pam.
Collect. *Concede quaesumus omnipotens Deus ut sicut:* all the uses (G. 655.) except Cisterc. which has *Praesta quaesumus omnipotens Deus:* (Gr. 101. for vigil of St. Peter.)
Col. 984.] **Secret.** *Accepta tibi sit Domine nostrae devotionis:* W. S. (not in Wilson.)
Munus populi tui Domine quaesumus apostolica: Chart. Cisterc. (Gr. 101. for vigil of St. Peter.)
Muneribus nostris Domine apostolorum: the other uses. (G. 655.)
Postc. *Quaesumus Domine salutaribus repleti:* W. S. (cf. G. 647. for SS. Peter and Marcellinus.)
Quos caelesti Domine alimento: Cisterc. (Gr. 102 for vigil of St. Peter.)
Sumpto Domine sacramento: the other uses. (Gr. 655.)

IN NATALI SS. APOSTOLORUM SIMONIS ET IUDAE. (Oct. 28.)

In Men. Pam.
Collect. *Deus qui nos per beatos apostolos:* all the uses; (G. 656.) except Cisterc. which has: *Deus qui nos annua:* (Gr. 179.)
Col. 985.] **Secret.** *Gloriam Domine sanctorum apostolorum:* all the uses; (G. 656.) except Cisterc. which has: *Munera Domine quae pro apostolorum:* (Gr. 179.)
Postc. *Sanctificati divino mysterio quaesumus:* W. S. Abin. (L. 342.)
Omnipotens sempiterne Deus mundi creator: Rob.
Quaesumus Domine salutaribus repleti: Cisterc. (Gr. 179.)
Perceptis Domine sacramentis suppliciter: the other uses. (G. 656.)

IN NATALI S. QUINTINI MARTYRIS. (Oct. 31.)

Collect. *Omnipotens sempiterne Deus qui beatum Quintinum:* W. Durh. Alb. Whit.
Deus qui ecclesiam tuam annua beati Quintini: S.
Deus qui ecclesiam tuam meritis et orationibus: H. Abin.
Praesta quaesumus: Y.
Omnipotens deus fidelium tuorum indeficiens conseruator qui hunc diem in gloriosi martyris tui quintini clarificare dignatus es passione. exaudi preces supplicantis ecclesie et presta ut que deuote expetit. eo suffragante consequi mereatur. Per. Sherb. (ii. 935.)
Deus qui nos beati quintini martyris tui instantia ad agnitionem tui nominis vocare dignatus es: concede propitius, vt cuius natalitia colimus, etiam patrocinia sentiamus. Cout.
Sancti Quintini martyris tui nos quesumus domine veneranda festiuitas muniat: et fragilitatis nostre subsidium nobis dignanter exoret. Per. Rouen.

Adesto Domine supplicationibus: Paris, Dom. (Gr. 130. for St. Chrysogonus.)
Laetetur ecclesia tua Deus: Cisterc. (Gr. 115. for St. Agapitus.)

Col. 986.] **Secret.** *In veneratione beati Quintini:* W. S. H. Durh. Alb. Abin.
Oblatis muneribus maiestati tue domine deuote supplicamus. ut beatus martir quintinus gratanter exoptet hoc nos misterium dignanter perficere. Per. Sherb. (cf. St. Antoninus, ii. 936.)
Praesentia munera quesumus domine ita serena: Whit. Rouen. (S. 924. for St. Melorus.)
Hostias domine laudis tuis altaribus adhibemus: quas beati quintini martyris tui patrocinio tibi credimus commendandas, cuius natalitia celebramus. Cout. (cf. p. 1615.)
Hostias domine quas tibi offerimus: Paris.
Suscipe Domine munera quae in eius: Cisterc. (Gr. 115. for St. Agapitus.)
Muneribus nostris precibusque susceptis: Dom. (Gr. 15.)

Postc. *Percipiat Domine quaesumus plebs tua:* W. S. Durh. Alb.
Praebeant nobis Domine divinum tua sancta: H.
Auxilium tuum quesumus domine intercedente gloriosissimo quintino martire tuo a cunctis nos defendat periculis: ut qui illi tota deuocione congaudent. ab omni aduersitate saluentur. Per. Abin.
Muneris sacri refeccione uegetati clemenciam tuam domine suppliciter exposcimus. ut beatus martir quintinus tuum pro nobis imploret auxilium. et sempiterne felicitatis gaudium. Per. Sherb. (cf. St. Antoninus, ii. 936.)
Quaesumus omnipotens deus ut qui caelestia: Whit. Dom. (cf. Gr. 27. for Quinquagesima.)
Beati quintini martyris tui domine precibus confidentes: Cout. (Gr. 24. for St. Agatha.)
Sumpsimus domine sancti martyris tui quintini: Rouen. (G. 638. for St. Fabian.)
Presta quesumus domine ut sacramenti tui: Paris.
Satiasti Domine familiam tuam: Cisterc. (Gr. 19. for St. Marcellus.)

VIGILIA OMNIUM SANCTORUM. (Oct. 31.)

Not in G. nor Gr. but in Men. Pam.

Collect. *Domine Deus noster multiplica super nos:* all the uses. (cf. L. 347.)

Lesson. *Ego Iohannes vidi in medio:* all the uses except Chart. which has *Iusti inperpetuum.*

Col. 987.] **Secret.** *Altare tuum Domine muneribus:* all the uses. (Men. 139.)

Col. 988.] **Postc.** *Sacramentis Domine et gaudiis:* all the uses. (Men. 139.)

IN DIE OMNIUM SANCTORUM. (Nov. 1.)

Not in G. or Gr., but in Men. and Pam.

Office. *Gaudeamus omnes:* all the uses.

Office Ps. *Exultate iusti:* all the uses except Chart. which has *Magnus dominus.*

Collect. *Omnipotens sempiterne Deus qui nos omnium sanctorum:* all the uses (L. 341. for Apostles.)

Lesson. *Ego Iohannes vidi alterum angelum ascendentem:* all the uses (Rev. vii. 2–12.) except Sherb. CCCO. Rosslyn, which begin at verse 1. of chap. vii. *Post haec vidi quatuor angelos.*

Col. 989.] **Grail.** *Timete. Inquirentes:* all the uses except Paris, which has *Gloriosus. Dextera.*

Line 2. ℣. *Iudicabunt:* W. S. H. Y. Durh. Alb. Sherb. Whit. Cout. Rouen, Paris, Cisterc. Dom.
Gloriosus. Iudicabunt: CCCO. Rosslyn.
Sancti tui Domine: Chart.
Venite. Haec est vera: Rom.

Sequence. *Christo inclito candida:* W. S. H. Y. Cout. Rouen, Paris. (Kehrein, 336.)
O alma: Durh.
Sanctorum gloria recolenda: Sherb. (S.P.E.S. 1896. iv. 29.)
Laus honor sit Eloy: Whit. (*Analecta Liturgica:* II. i. No. 122.)
Supernae matris gaudia: Dom. (Kehrein, 338.)

Col. 990.] **Secret.** *Munera tibi Domine nostrae devotionis:* all the uses (cf. Gr. 180. for many martyrs.)

Col. 991.] **Postc.** *Da quaesumus fidelibus:* all the uses. (Gr. 126. for St. Mark, Pope.)
Lines 2 and 3. *per . . . participationem:* *om.* most uses.

In natali S. Eustachii sociorumque eius. (Nov. 2.)

Collect. *Deus qui beatum Eustachium:* W. Y. Aug. Abin. Sherb. Vit. Rob. Cout.
Lines 5 to 7: for *omnibus . . . sempiternum* Abin. and Vit. read *omni tribulacione tuum nobis presta auxilium. et sempiterne consolacionis interminabile:* as also Aug. but for *interminabile* it reads *tuae mirabile.*
Da nobis quaesumus Domine sanctorum: S. Durh. Alb. Whit. Rouen.

Secret. *Sit tibi omnipotens pater:* all the uses except S. which has *Assume quaesumus* and Rouen which has *Ad martyrum tuorum eustachii:* (cf. G. 641. for St. Valentine.)

Col. 992.] **Postc.** *Sicut beatus Eustachius:* all the uses except S. which has *Sumpsimus Domine divina*, and Rouen which has *Protege quesumus domine plebem tuam:* (cf. G. 641. for St. Valentine.)

In natali S. Leonardi abbatis. (Nov. 6.)

Col. 993.] **Collect.** *Maiestati tuae quaesumus Domine:* W. H. Y. Durh. Twk. Alb. Abin. Whit. Cout. Rouen.
Preces nostras quaesumus Domine caelesti dono: S.
Omnipotens sempiterne deus qui hunc diem honorabilem: Sherb. (S. 810. for St. Swythun.)

Secret. *Muneribus sacris et precibus:* W. H. Y. Durh. Twk. Alb Abin. Whit. Cout. Rouen.
Suscipe Domine munera tue pietati: S.
Munera populi tui quesumus domine placatus assume. et beati leonardi confessoris tui suffragio. a cunctis nos nexibus peccatorum propiciatus absolue. Per. Sherb. (cf. ii. 803.)

Postc. *Purificet semper et muniat tui nos:* W. H. Y. Durh. Twk. Alb. Abin. Whit. Cout. Rouen.
Purificet [*Sanctificet:* 11,414] *nos Domine quaesumus tui perceptio:* S.
Repleti muneribus sacris quesumus omnipotens deus ut in cuius hec ueneracione peregimus eius semper meritis adiuuemur. Per. Sherb. (cf. p. 1598.)

In natali SS. martyrum iv. coronatorum. (Nov. 8.)

In L. G. and Gr.

Col. 994.] **Collect.** *Praesta quaesumus omnipotens Deus ut qui gloriosos:* all the uses. (Gr. 127.)

Secret. *Benedictio tua Domine larga descendat:* all the uses (Gr.

127.) except Abin. which has: *Oblata tibi libamina tua domine suscipe pro misericordia. et sanctis tuis martiribus intercedentibus quorum instat festiuitas. eterna nobis prestetur puritas. Per.*

Postc. *Caelestibus refecti sacramentis et gaudiis:* W. S. H. Y. Durh. Aug. Alb. Whit. Leo. Whc. Rob. Rouen, Paris, Chart. Cisterc. Dom. Rom. (Gr. 127.)

Percepta domine sacramenta suam in nobis operentur virtutem: et sanctorum nos tueatur intercessio martyrum. quorum sancta et omni laude festiuitas instat digna. Per. Abin.

Sumptis sacramentis sanctorum tuorum quesumus semper nos festa letificent: et magestati tue perpetua placatione commendent. Per. Sherb. Vit. Cout.

IN NATALI S. THEODORI MARTYRIS. (Nov. 9.)

In Gr.

Col. 995.] **Collect.** *Deus qui nos beati Theodori:* all the uses. (Gr. 127.)

Secret. *Muneribus Domine oblatis beati Theodori:* W. S.

Praesentibus quaesumus Domine intende muneribus: H. Abin.

Suscipe Domine fidelium preces: the other uses. (Gr. 128.)

Postc. *Divini muneris largitate satiati:* W. Alb. (L. 449.)

Sancta tua nos Domine sumpta: S. H. Abin.

Sancti nos quesumus domine theodori martiris oracio et assequi faciat semper mente que gerimus: et debite seruitutis actione sectari. Per dominum. Sherb. Vit. Cout.

Praesta nobis Domine quaesumus intercedente: the other uses. (Gr. 128.)

IN NATALI SANCTI MENNAE MARTYRIS. (Nov. 11.)

In Gr.

Col. 996.] **Collect.** *Praesta quaesumus omnipotens Deus ut qui:* all the uses. (Gr. 128.)

Secret. *Sancto Menna martyre tuo:* W.

Sacrificia ista tibi vero aeternoque: S.

Beati Mennae martyris tui sollemnia recensentes: H. Abin. (L. 466. for St. Andrew.)

Oblatis quaesumus Domine placare: Dom. (Gr. 25 for St. Valentine.)

Muneribus nostris precibusque: the other uses. (Gr. 128.)

Postc. *Hoc in nobis quaesumus Domine gratia:* W. S.

Sumptis sacramentis Domine quaesumus nutriatur: H. Abin.

Benediccio tua domine impleat corda fidelium talesque perficiat. que et martirum honorificent passiones et remedia salutis eterne eisdem patrocinantibus assequantur. Per. Sherb.

Sit nobis Domine reparatio: Dom. (Gr. 25 for St. Valentine.)

Da quaesumus Domine Deus noster: the other uses. (Gr. 128.)

IN NATALI S. MARTINI EPISCOPI ET CONF. (Nov. 11.)

In Gr.

Col. 997.] **Collect.** *Deus qui conspicis quia:* all the uses. (Gr. 128.)

Grail. *Inveni David:* W. Cout. Dom.

Domine praevenisti. Vitam: S. H. Rouen. Cisterc.

Iuravit. Dixit Dominus: Y. Durh. Sherb. Paris.

Ora pro nobis. Dum sacramenta: Alb.

Iuravit. Beatus vir: Whit.

Ecce sacerdos. Inveni David: Abin.

Ecce sacerdos. Non est inventus. Rom.

Line 1. ℣. *Hic Martinus. O martine.* W.

Hic Martinus: S. H. Y. Durh. Alb. Sherb. Abin. Cout. Rouen, Paris, Dom.
Hic Martinus. Oculis ac manibus: Whit.
Posuisti Domine: Cisterc.
Beatus vir: Rom.
Sequence. *Sacerdotem Christi:* W. S. H. Y. Durh. Sherb. Whit. Rouen. (Kehrein, 646.)
Gaude Sion: Cout. Paris. (Kehrein, 647.)

Col. 998.] **Secret.** *Deus qui omne bonum in tui:* W. S.
Haec oblatio Domine quaesumus in sancti: H.
Ad altaria tua domine veneranda: Abin. (L. 419.)
Omnipotens sempiterne deus munera tue maiestati oblata: Paris. (Pam. 352.)
Maiestatem tuam domine suppliciter deprecamur: M. (cf. end of Gr. 172.)
Da quaesumus misericors Deus ut haec: the other uses. (Gr. 129.)
Postc. *Dulcedinem tui amoris immitte:* W.
Auxiliare quaesumus Domine populo tuo: S.
Haec nos communio salutaris ab omni: H.
Praesta nobis quesumus omnipotens et misericors deus: vt beati martini confessoris tui doctrinis eruditi et precibus roborati redempcionis nostre misterium quod sumpsimus incessabiliter ambiamus. Per. Abin. (cf. p. 1624.)
Sacramenta salutis nostre suscipientes concede quesumus misericors deus: vt beati martini confessoris tui atque pontificis nos vbique oratio adiuuet: in cuius veneratione hec tue obtulimus maiestati. Per. Paris. (cf. p. 1533.)
Praesta quaesumus Domine Deus noster ut quorum: the other uses. (Gr. 129.)

IN NATALI S. BRITII EPISCOPI ET CONF. (Nov. 13.)

Col. 999.] **Collect.** *Conserva Domine quaesumus populum tuum:* W. S. H. Durh. Aug. Alb. Whit.
Da quaesumus: Y.
Deus qui beatum bricium gloriosissimo magistro suo martino in pontificatum succedere fecisti: ipsius meritis fac nos omnipotencie tue placere sibique in lucis perpetue felicitate coherere. Per. Abin.
Sancti nos domine brictii† confessoris: Vit. Sherb. Cout. (G. 665. for St. Hermes.)
Misericordiam tuam domine nobis quesumus interueniente beato brictio† confessore tuo atque pontifice clementer impende: et nobis peccatoribus ipsius propiciare suffragiis. Per. Rouen.
Da quesumus omnipotens deus ut beati: Paris, Dom. (Gr. 15. for St. Sylvester.)
Adesto Domine precibus nostris quas: Chart. (G. 659. for St. Donatus.)
Deus qui animae famuli tui Brixii†: Cisterc. (Gr. 25. for St. Gregory.)

Col. 1000.] **Secret.** *Haec hostia Domine tibi sit acceptabilis:* W. Abin.
Sancti Bricii confessoris tui atque pontificis: S. H. Alb. (G. 637. for St. Marcellus.)
Hostiam nostram quaesumus Domine: Durh. Aug. Whit. (L. 301.)
Sanctifica quesumus domine hanc oblationem quam tue pietati in celebritate beati brictii confessoris tui atque pontificis offerimus. suppliciter obsecrantes ut quod tue maiestati oblatum est in eius

commemoratione. nobis proueniat in salutis augmentationem. Per. Vit. Sherb. Cout.
Sancti confessoris tui brictii† *nos domine tuere presidiis : et eius intercessionibus semper adiuuemur. Per.* Rouen.
Hostias tibi Domine : Paris.
Propitiare domine supplicationibus nostris : Chart.
Annue nobis Domine ut meritis beati Brixii† *:* Cisterc.
Sancti tui nos Domine ubique : Dom. (Gr. 15. for St. Sylvester.)
Postc. *Refecti mensae caelestis collatione :* W. Alb. Abin. (var.)
Mysteriis refecti divinis Domine Deus noster : S.
Praesta quaesumus Domine Deus noster ut interveniente : H.
Da quesumus omnipotens Deus ut qui beati bricii : Durh. Aug. Whit. (Gr. 180. collect.)
Fragilitatem nostram quesumus domine propitius intuere. ut beati brictii† *confessoris tui atque pontificis patrociniis foueamur. cuius festiuitate letamur. Per.* Vit. Sherb. Cout.
Plebs tua domine beati sacerdotis tui brictii† *te glorificatione magnificet. et eodem semper precante : te mereamur habere rectorem. Per.* Rouen.
Presta quesumus omnipotens deus : Paris, Dom. (Gr. 15. for St. Sylvester.)
Solennis nobis intercessio bricii : Chart.
Deus qui beatum Brixium† *:* Cisterc. (Gr. 25. for St. Gregory.)

IN NATALI S. MACHUTI EPISCOPI ET CONF. (Nov. 15.)

Collect. *Deus lumen indeficiens :* W.
Omnipotens sempiterne Deus populi tui preces : S. H.
Omnipotens sempiterne deus maiestatem tuam suppliciter exoramus ut per intercessionem beati machuti confessoris tui atque pontificis cuius hodie annuam festiuitatem recolimus. cum temporalibus incrementis eterne prosperitatis augmentum capiamus. Per Sherb. Vit. (cf. St. Taurinus, ii. 903.)
Da quaesumus omnipotens deus : Paris.
Col. 1001.] **Secret.** *Ante conspectum maiestatis tuae :* W.
Oblationes nostras quaesumus Domine propitiatus : S.
Hostias Domine tuae plebis intende : H.
Munera quesumus domine tue magestati oblata per intercessionem beati machuti confessoris tui atque pontificis. ad perpetuam nobis tribue proficere salutem. Per. Sherb. Vit. (cf. Paris secret for St. Julian : col. 759.)
Hostias tibi : Paris.
Postc. *Divini perceptio sacramenti famem :* W.
Quos donis caelestibus satiasti : S. (cf. L. 293.)
Divina libantes mysteria quaesumus : H.
Tua nos domine sacramenta tibi reddant acceptos. et beati machuti supplicacio faciat esse deuotos. Per. Sherb. Vit.
Praesta quaesumus omnipotens deus : Paris.

IN NATALI S. EDMUNDI ARCHIEPISCOPI. (Nov. 16.)

Collect. *Deus qui largifluae bonitatis :* all the uses.
Col. 1002.] **Secret.** *Beati Edmundi confessoris tui :* all the uses except Y. which has : *Votiva Domine mysteria.*
Postc. *Mentes nostras quaesumus Domine susceptis :* all the uses except Y. which has : *Ut nobis Domine tua sacrificia.*

IN NATALI SANCTAE HILDAE VIRGINIS. (Nov. 17.)

Collect. *Exaudi nos deus salutaris noster :* W. Durh.
Deus qui hodierna die beate hylde uirginis tue animam ad osten-

dendum sanctitatis eius meritum inter agmina angelorum celum penetrare fecisti. concede nobis ipsius meritis ita innocenter uiuere. ut ad eadem mereamur gaudia peruenire. Per. Whit. (cf. ii. 767.)

Col. 1003.] The **Secret** and **Postc.** for this day at Whit. are :

Suscipe quesumus domine ob honorem: (S. 817. for St. Praxedis.) and *Quos celesti domine refeccione saginasti beate:* (S. 711. for St. Valentine.)

IN OCTAVA SANCTI MARTINI. (Nov. 18.)

Collect. *Concede quaesumus omnipotens et misericors:* W. S. H. Durh. Sherb. Whit. Vit.

Secret. *Haec oblatio Domine quaesumus:* W. S. H. Durh. Whit. Vit. Sherb.

Col. 1004.] **Postc.** *Sacramenta Domine Deus quae sumpsimus:* W. S. H. Durh. Whit. Vit.

IN NATALI SANCTI EDMUNDI REGIS ET MART. (Nov. 20.)

Collect. *Deus ineffabilis misericordiae:* W. S. Y. H. Alb. Durh. Aug. Abin. Sherb. Rob. Vit. Rouen.

Sequence. *Dulci simphonia omnis:* Sherb. (S.P.E.S. 1896. iv. 29.)

Secret. *Hoc* [*om.* Durh. Aug. Whit.] *sacrificium redemptionis* [*deuotionis:* Durh. Aug. Sherb. Whit. Abin. Vit. Rob.] *nostrae:* all the uses given above.

Lines 5. and 6. for *pro . . . assume* Durh. and Aug. read *per hoc nobis salutem mentis et corporis benignus impende.*

Col. 1005.] **Postc.** *Sint tibi omnipotens Deus:* all the uses given above. Y. (MS.) has *Mentes nostras quaesumus Domine.*

Line 6. for *vitae . . . praemia.* Durh. Aug. Vit. and Rouen read *premia vite perpetue.*

IN NATALI SANCTAE CAECILIAE VIRG. ET MART. (Nov. 22.)

In L. G. and Gr.

Collect. *Sanctae martyris tuae Caeciliae supplicationibus:* W. (G. 672.)

Deus qui nos annua beatae Caeciliae: the other uses. (Gr. 129.)

Secret. *Praesta quaesumus misericors Deus ut sicut divina:* W. S. (cf. G. 498. for St. Stephen.)

Placationis tibi Domine sacrificium in hac: Abin. (S. 765 for St. Barnabas.)

Haec hostia Domine placationis et laudis: the other uses (Gr. 129.)

Col. 1006.] **Postc.** *Venerandae cenae sacramentorum:* W. (not in Wilson.)

Sacramentorum tuorum Domine participes effecti: S. Y. (MS.) (not in Wilson.)

Haec [*Sic:* Men. Pam. Vit.] *nos domine tua gratia semper exerceat:* Durh. Aug. Whit. Vit. (G. 673.)

Libantes domine mense tue beata misteria: Abin. (L. 462. for St. Felicitas.)

Satiasti Domine familiam tuam: the other uses. (Gr. 129.)

IN NATALI SANCTAE FELICITATIS MARTYRIS. (Nov. 23.)

In L. G. and Gr.

Collect. *Praesta quaesumus omnipotens Deus ut beatae:* W. S. Y. H. Alb. Abin. Durh. Aug. Sherb. Leo. Rob. Cout. Rouen, Chart. Cisterc. Paris, Rom. (Gr. 130.)

Lesson. *Mulier sapiens:* W.

Domine Deus meus: Durh.

Sapiencia vincit: Abin.

Col. 1007.] **Secret.** *Munera tibi Domine pro sanctae:* W. S. Sherb. Rob. (cf. G. 674. which omits the last clause.)
Vota populi tui Domine: the other uses. (Gr. 130.)
Postc. *Haec Domine sacramenta sumentes:* W. S. Alb. (not in Wilson.)
Vota populi tui domine: Rob. (Secret of other uses.)
Supplices te rogamus omnipotens Deus: the other uses. (Gr. 130.)

SANCTI CLEMENTIS PAPAE ET MART. (Nov. 23.)

In L. G. and Gr.
Office. *Dicit Dominus:* all the uses.
Office Ps. *Misericordias:* W. Abin.
Domine exaudi: S. Alb. Sherb. Whit. Cout. Paris, Dom. Cisterc.
Beatus vir: Rom.
Collect. *Omnipotens sempiterne Deus qui in omnium sanctorum:* W. Rouen. (L. 459.)
Deus qui nos annua beati Clementis: the other uses. (Gr. 129.)
Col. 1008.] **Lesson.** *Rogo vos:* W. S. H. Abin. (Phil. iv. 1–3.)
Doctrinis variis: Y. Sherb. Whit.
Omnis pontifex: Durh. Rouen.
Beatus vir qui: Cout.
Iustus cor suum: Paris.
Secret. *Pro passione beati Clementis gratanter:* W. S. Y.(MS.) Abin. (var.) (not in Wilson.)
Sacrificium tibi Domine laudis: Sherb. Cout. Rouen. (G. 673.)
Deus qui omne bonum: Whit. (col. 998. for St. Martin.)
Munera Domine oblata sanctifica: the other uses. (Gr. 130.)
Postc. *Purificet nos Domine quaesumus:* W. S. Y. (MS.) Abin. Rouen. (not in Wilson.)
Beati martyris tui Clementis domine natalicia: Sherb. (Pam. 354. cf. G. 673.)
Percipiat quesumus domine plebs tua: Whit. (S. 814. for St. Kenelm.)
Corporis sacri et pretiosi: the other uses. (Gr. 130.)

IN NATALI SANCTI CHRYSOGONI MARTYRIS. (Nov. 24.)

Not in G. but in L. and Gr.
Col. 1009.] **Collect.** *Adesto Domine supplicationibus:* all the uses. (Gr. 130.)
Secret. *Munera nostra quaesumus Domine sereno:* W. S. Y. (MS.) H. Alb. (not in Wilson.)
Da nobis domine quesumus semper tibi hec uota gratanter exsoluere quibus sancti martiris tui grisogoni passionem recolimus et presta. vt in eius laude tuam gloriam predicemus. Per. Abin. (cf. L. 306.)
Oblatis quaesumus Domine placare: the other uses. (Gr. 130.)
Postc. *Annue quaesumus Domine ut mysteriis:* W. S. H. Alb. Sherb. Cout. (Pam. 356.)
Tui Domine perceptione sacramenti: the other uses. (Gr. 131.)

IN NATALI SANCTAE CATHERINAE VIRG. ET MART. (Nov. 25.)

Col. 1010.] **Collect.** *Deus qui es corona virginum:* W.
Omnipotens sempiterne Deus qui corpus gloriosae: S.
Exaudi nos Deus salutaris: Cisterc. (Gr. 134. for St. Lucy.)
Deus qui dedisti legem Moysi: the other uses.
Sequence. *Dilecto regi:* W. H. (H. p. 362.)
Odas hac in die laetas: S. Y. (Y. ii. 130.)
Laus resultet Katerinae cui cesserunt fragramine: Sherb.

Flos campi mundi floruit in die hodierna Flos de conualle prodiit ascendens ad superna: Whit. (fo. 199.) I do not find that this has been printed.

Vox sonora nostri chori: Cout. Paris (Kehrein, 812.)

Gaude chorus hac in die: Rouen (*Analecta Liturgica:* II. i. no. 127.)

Adest dies: Dom. (see W. Hopyl's ed. of 1519.)

Col. 1011.] **Secret.** *Munera Domine praesentis sacrificii:* W. H. Y. Durh. Aug. Twk. Alb. Abin. Sherb. Whit. Cout. Rouen, Paris, Chart. Rom.

Suscipe quaesumus Domine propitius: S.

Accepta tibi sit Domine sacratae: Cisterc. (Gr. 136 for St. Lucy.)

Hostia quaesumus Domine quam tibi: Dom.

Postc. *Sumptis Domine salutis aeternae:* W. Y. Durh. Aug. Twk. Alb. Abin. Sherb. Whit. Cout. Rouen, Paris, Chart. Rom.

Lines 3 to 7. for *beatae . . . expellas:* read *sicut liquor qui de membris sancte katerine virginis iugiter manat languidorum corpora sanat. sic eius oracio cunctas a nobis iniquitates expellat.* in Durh. Aug. Abin. Sherb. Whit. Rouen. Chart. Rom.

Da quaesumus Domine per haec sancta: S.

Susceptis Domine salutis aeternae mysteriis suppliciter deprecamur ut sicut liquor: H.

Satiasti Domine familiam tuam: Cisterc. (Gr. 135. for St. Lucy.)

Quaesumus Domine salutaribus repleti: Dom. (Gr. 179.)

In natali S. Saturnini martyris. (Nov. 29.)

In G. and Gr.

Collect. *Deus qui nos beati Saturnini:* all the uses. (Gr. 131.)

Col. 1012.] **Secret.** *Oblatum tibi Domine munus:* W. S. Alb.

Munera tibi Domine dicata sanctifica: the other uses. (Gr. 131.)

Postc. *Ut haec communio nos domine:* W. S.

Supplices te rogamus omnipotens Deus: H. Twk. (L. 347.)

Sanctificet nos Domine quaesumus tui perceptio: the other uses. (Gr. 131.)

Vigilia Sancti Andreae apostoli. (Nov. 29.)

In G. and Gr.

Office. *Dominus secus mare:* all the uses.

Office Ps. *At illi continuo:* all the uses except 11414. Rouen and Paris, which have *Caeli enarrant.*

Collect. *Quaesumus omnipotens Deus ut beatus:* all the uses. (Gr. 131.)

Col. 1013.] **Gospel.** *Stabat Iohannes:* all the uses.

Col. 1014.] **Secret.** *Sacrandum tibi Domine munus:* all the uses (Gr. 131.) except Twk. which has *Intercessio quesumus domine beati andree:* (*ex communi.*)

Lines 3. and 4. for *sollemnitatem* to *prevenientes.* most read: *sollemnia recolentes.*

Postc. *Perceptis salutaribus sacramentis humiliter:* W. S. (not in Wilson.)

Presta nobis eterne largitor: Twk. (*ex communi.*)

Perceptis Domine sacramentis suppliciter: the other uses. (Gr. 132.)

In die Sancti Andreae apostoli. (Nov. 30.)

In L. G. and Gr.

Col. 1015.] **Office.** *Mihi autem:* all the uses except Sherb. which has *Dominus secus mare. At illi relictis.*

Collect. *Maiestatem tuam Domine suppliciter:* all the uses. (L. 466.)

Lesson. *Corde creditur:* all the uses. (Rom. x. 10–18.)

Col. 1016.] **Grail.** *Constitues:* all the uses.

Line 1. *Dilexit Andream Dominus:* all the uses except Chart. which has *Venite ad me.*

Sequence. *Sacrosancta hodiernae:* W. S. H. Y. Sherb. Whit. Rouen. (Kehrein, 401.)

Exultemus et laetemur et andreae: Cout. Paris. (Kehrein, 399.)

Gospel. *Ambulans Iesus iuxta mare:* all the uses.

Col. 1017.] **Secret.** *Sacrificium nostrum tibi Domine:* all the uses. (G. 675.)

Com. *Venite post me:* all the uses except Rosslyn and Chart. which have *Dicit Andreas Simoni Petro invenimus Messiam.*

Postc. *Sumpsimus Domine divina mysteria:* all the uses. (Gr. 133.)

In natali S. Nicolai episcopi et conf. (Dec. 6.)

Collect. *Deus qui beatum Nicolaum:* all the uses.

Col. 1018.] **Sequence.** *Christo regi cantica:* W. Durh. Sherb. Whit. (*Analecta Liturgica:* II. i. No. 420.)

Congaudentes exultemus: S. H. Y. Cout. Rouen, Paris (Kehrein, 665.)

Col. 1019.] **Secret.** *Sanctifica quaesumus Domine munera:* all the uses except Cout. which has: *Hostias quaesumus domine pietati in sancti nicolai confessoris tui atque pontificis commemoratione deferimus: que illius interuentu maiestati tue ad laudem, et fragilitati nostre sint ad salutem. Per dominum.*

Postc. *Sacrificia quae sumpsimus Domine pro sollemnitate:* all the uses except Sherb. and Cout. which have: *Sumentes domine salutis nostre subsidium. quesumus ut beati nicholai confessoris tui atque pontificis interuentu. ad uite eterne proficiamus augmentum. Per.*

In octava Sancti Andreae. (Dec. 7.)

In G. but not Gr. Men. Pam.

Collect. *Protegat nos Domine saepius:* all the uses. (G. 676.)

Col. 1020.] **Secret.** *Indulgentiam nobis Domine quaesumus:* all the uses, (G. 676.) except Whit. which has *Sacrificium nostrum.*

Postc. *Praebeat nobis Domine quaesumus beatus:* W. S. Alb. Twk. (not in Wilson.)

Sumpsimus domine: Whit.

Adiuvet familiam tuam tibi Domine supplicando: the other uses. (G. 676.)

In conceptione [sanctificatione: Dom.] sanctae Mariae. (Dec. 8.)

Y. Durh. Alb. Abin. Rouen, Chart. and Cisterc. have mass for nativity of B. V. M.

Collect. *Omnipotens sempiterne Deus qui per beatae Mariae:* W.

Supplicationem servorum tuorum Deus miserator exaudi: S. Cout. Paris.

Supplicacionem: Alb.

Deus qui beatae Mariae virginis conceptionem: H. Twk.

Deus ineffabilis misericordie qui prime piacula mulieris per uirginem expianda sanxisti. da nobis quesumus concepcionis eius digne sollempnia uenerari. que unigenitum tuum uirgo concepit et uirgo peperit dominum nostrum. 11414. Sherb. Whit.

Deus qui beatissimam virginem mariam post anime infusionem per copiosum gratie munus mirabiliter ab omni peccati macula mundasti. et in sanctitatis puritate postea confirmasti. presta quesumus: vt qui in honorem sue sanctificationis congregamur eius intercessionibus a te de instantibus periculis eruamur. Per. Dom.

Maiestatem tuam omnipotens deus supplices deprecamur: vt qui hodie exultantibus animis, beatissime semperque virginis marie conceptionis festum diem celebrare gaudemus: eius gloriosis precibus et meritis, ab instantibus malis, et a morte perpetua liberemur. Per. M.

Deus qui per immaculatam conceptionem dignum: Rom. (this is the collect in a modern Roman missal of 1874.)

Famulis tuis quaesumus Domine caelestis gratiae munus: Pian.

Col. 1021.] **Lesson.** *Cum vidisset Balaam quod placeret:* W. (Num. xxiv 1.–3. 5.–9. 17.–19.)

Ego quasi vitis: S. H. Alb. Whit. Cout. Paris.

Dominus possedit . . . filiis hominum. 11414.

Dominus possedit . . . salutem a Domino. Twk. Sherb. M. Rom. Pian.

Ab initio et ante saecula: Dom.

Grail. *Specie tua:* W.

Audi filia. Specie tua: S. H.

Benedicta. Concepcio gloriosa: 11414.

Benedicta. Virgo: Alb. Twk. Sherb. Whit. Cout. Paris, Pian. M.

Adiuvabit eam. Fluminis impetus: Dom.

Qualis est. Dilecta nostra: Rom.

Line 1. ℣. *Conceptio.* W. S. H. Alb. Cout. Paris.

Ave maria: Twk. Sherb.

Tota pulcra: Whit.

Magnificat anima mea: Dom.

Veni regina: Rom.

Felix es: Pian.

Col. 1022.] **Sequence.** *Dies iste celebretur:* S.

Alle Caeleste: H.

Hac clara: Whit. (Y. ii. 86.)

Ave praeclara maris stella: Sherb. (S. 879.)

Aue maria: 11414. (perhaps Kehrein, 264.)

Ave porta semper clausa: Dom. (see W. Hopyl's ed. of 1519.)

Gospel. *Liber generationis:* W. S. H. Alb. Twk. Sherb. Whit. Cout. Rouen, Paris, Pian, M.

Missus est angelus gabriel: Dom.

Loquente Iesu ad turbas: Rom.

Secret. *Sanctifica Domine muneris oblati:* W. Twk. H. (MS.) M.

Unigeniti tui nobis Domine succurrat humanitas: S. Alb. Cout. Paris, Dom. Pian.

Salutarem omnipotens Pater hostiam immolantes: H. 11.414. Sherb. Whit.

Suscipere digneris per temetipsum: Rom.

Postc. *Per haec redemptionis:* W.

Sumpsimus Domine celebritatis annuae votiva sacramenta: S. Alb. Cout. Paris, Dom. Pian.

Caelestis alimoniae vegetati libamine: H. 11.414. Sherb. Whit.

Repleti uitalibus alimoniis et diuinis reparati misteriis supplices te rogamus omnipotens deus ut beate marie semper uirginis cuius uenerandam colimus conceptionem. pia interuentione coniungi mereamur gaudiis ciuium supernorum. Per. Twk. H. (MS.) M.

Odorem domine sacrificii huius suscipe: Rom.

IN NATALI SANCTI DAMASI PAPAE ET CONF. (Dec. 11.)

In Pam.

Collect. *Omnipotens sempiterne Deus da quaesumus:* W.

Exaudi Domine preces nostras: Cisterc. M. (L. 345.)

Misericordiam tuam [*nobis:* Alb.] *Domine:* H. Alb. Durh. Aug. Twk. Sherb. Whc. Paris. (Pam. 359.)

Da quaesumus omnipotens Deus ut beati Damasi: Dom.

Excita Domine preces nostras: Rom.

Col. 1023.] **Secret.** *Da nobis Domine quaesumus semper haec vota:* W. H. Durh. Aug. Alb. Twk. Sherb. Paris. (Pam. 359.)

Sancti tui nos Domine ubique laetificent: Dom. (Gr. 15. for St. Sylvester.)

Accepta tibi sit Domine sacratae: Cisterc. Rom. (L. 393.)

Postc. *Sacris muneribus sumptis:* W.

Sumptum Domine caelestis remedii: H. Durh. Aug. Alb. Twk. Sherb. Whc. Paris. (Pam. 359.)

Praesta quaesumus omnipotens Deus ut de perceptis: Dom. (Gr. 15. for St. Sylvester.)

Da quaesumus Domine fidelibus populis: Cisterc. Rom. (Gr. 126. for St. Mark, pope.)

IN NATALI S. LUCIAE VIRG. ET MART. (Dec. 13.)

In Gr.

Collect. *Exaudi nos Deus salutaris noster:* all the uses. (Gr. 134.)

Col. 1024.] **Secret.** *Gratanter Domine munera dicanda:* W. S. (cf. L. 406. for St. Euphemia.)

Deus uirtutum celestium quesumus ut sacrificia: Twk. Whit. (Pam. 360.)

Da virtutem †celestium deus: vt sacrificia pro sancte lucie solennitate delata desyderiorum nos temporalium doceant habere contemptum: et ambire faciant dona celestium gaudiorum Per. Cout. Sherb.

Hec hostia domine placacionis et laudis: Abin. (Gr. 129. for St. Caecilia.)

Accepta tibi sit Domine sacratae: the other uses. (Gr. 135.)

Postc. *Sanctae Luciae martiris tuae nos Domine:* S. Y. (MS.) Alb.

Leti domine sumpsimus sacramenta celestia: Twk. Sherb. Whit. Cout. (Pam. 360.)

Adiuuent nos quesumus domine et hec: Abin. (G. 639. for St. Agnes.)

Satiasti Domine familiam tuam: the other uses. (Gr. 135.)

S. IUDOCI EPISCOPI ET CONF. (Dec. 13.)

Collect. *Deus qui beatissimum Iudocum:* W. Sherb.

Da quesumus omnipotens deus ut sancti confessoris tui iudoci nos ubique conseruet oratio. cuius hanc festiuitatem consecrat ueneranda translatio. per. Vit. (fo. 74. b.)

Deus qui hodiernam diem sacratissimam nobis in beatissimi sacerdotis tui iudoci sollemnitate tribuisti. adesto propitius ecclesie tue precibus. ut cuius gloriatur meritis. muniatur suffragiis. per. Vit. (fo. 148.) (see col. 1076.)

Secret. *Sacrificia haec quaesumus Domine:* W.

Hostias domine laudis tuis altaribus adhibemus quas sancti iudoci patrocinio petimus commendari. cuius nos uoluisti commemoracione letari. Per. Sherb. Vit. (fo. 148.) (cf. p. 1605.)

Hec tibi munera domine accepta reddantur: et sancti iudoci interuentu corda nostra electa tibi hospitia efficiantur. per. (Vit. fo. 75.)

Col. 1025.] **Postc.** *Sumpta refectio Domine quaesumus:* W.

Beati iudoci confessoris tui domine commemoracione gaudentes et precibus confidentes quesumus clemenciam tuam. ut per ea que sumpsimus. eterna remedia capiamus. per. Sherb.

Sumpta domine diuini sacramenti refectio. firma sit corporibus et mentibus nostris saluatio: tuamque nobis gratiam sancti iudoci obtineat supplicatio. per. Vit. (fo. 75.)

Presta quesumus domine deus noster. ut per hec sacramenta que sumpsimus. intercedentibus beati iudoci confessoris tui meritis. eterna remedia capiamus. per. Vit. (fo. 148.)

IN NATALI S. BARBARAE VIRGINIS. (Dec. 16.)

Collect. *Deus qui beatissimam virginem:* W. (This collect is in Cout. among the additional masses for St. Barbara on Dec. 4.)

Intercessio nos domine sancte barbare: Sherb. (G. 673. for St. Felicitas.)

Deus cuius dilectionem beata barbara omni terreno amori anteposuit presta quesumus ut cuius martirii triumphum hodierna die recolimus. eius suffragiis ad celestia regna peruenire possimus. per. Whit.

Omnipotens sempiterne Deus qui infirma: Cisterc. (Gr. 21. for St. Agnes.)

Secret. *In sanctae martyris tuae:* W. (cf. G. 641. for St. Juliana.)

Munera maiestati tue oblata quesumus domine gratanter assume. et intercessione beate barbare martiris tue. tribue nos redempcione gaudere. Per dominum. Sherb.

Hostiam nostre deuotionis tibi domine offerimus quam precibus beate barbare martiris tue acceptabilem maiestati tue esse deposcimus. per. Whit.

Hostias Domine quas tibi offerimus: Cisterc. (Gr. 21. for St. Agnes.)

Col. 1026.] **Postc.** *Libantes Domine mensae munera beata:* W. (L. 462. for St. Felicitas, G. 641. for St. Juliana.)

Ut hec nos communio domine dignos efficiat. beate barbara† *uirginis et martiris suffragio. quesumus pie intercessionis optineat. Per.* Sherb.

Ut nobis domine veri corporis et sanguinis filii tui sit fructuosa perceptio beate barbare martiris tue nos tibi iugiter commendet oratio. Per eundem. Whit.

Refecti cibo potuque caelesti: Cisterc. (Gr. 21. for St. Agnes.)

IN DIE SANCTI THOMAE APOSTOLI. (Dec. 21.)

In G. Pam. Men. but not Gr.

Collect. *Da nobis Domine quaesumus beati Thomae:* all the uses (G. 676.) except Cisterc. which has: *Quaesumus omnipotens Deus ut beatus Thomas:* (Gr. 179.)

Epistle. *Iam non estis:* W. Pian, and most of the uses.

Benedictio Domini: Rom.

Scimus quoniam: Chart.

Gospel. *Thomas unus ex duodecim:* all the uses except Chart. which has *Misit Iesus duodecim.*

Col. 1028.] **Secret.** *Debitum Domine nostrae reddimus:* all the uses, (G. 676.) except Cisterc. which has *Sacrandum tibi Domine munus:* (Gr. 179.)

Postc. *Prosit plebi tuae misericors Deus:* W. S. Twk. Abin. (not in Wilson.)

Adesto nobis quaesumus misericors Deus: Paris, Rom.
Perceptis Domine sacramentis: Cisterc. (Gr. 179.)
Conserva Domine populum tuum: the other uses (G. 676.)

Commune Sanctorum.

In Cisterc. there is no common at all, and in Dom. there are only lessons and gospels.

In vigilia unius apostoli.

Not in Chart.

Collect. *Quaesumus omnipotens Deus ut nostra devotio:* W. S. (G. 659. for Vigil of St. Laurence.)
Concede nobis quaesumus omnipotens Deus venturam: H. Y. Abin. Sherb. Whit. Rob. (ii.) Vit. By. Cout. Paris (Men. 159.)
Quaesumus omnipotens deus ut qui beati N.: Durh. Aug. Alb. Whit. Drum.
Quaesumus omnipotens deus ut beatus (Ill.) apostolus tuum pro nobis: Twk. CCCO. Leo. Rob. (Gr. 179.)
Concede quesumus omnipotens deus ut sicut apostoli: Rouen. (S. 947. for Vigil of SS. Simon & Jude.)
Da quesumus omnipotens deus ut beati N.: Rom. (cf. Gr. 180. common of confessors.)

Col. 1030.] **Secret.** *Intercessio quaesumus domine:* W. Twk. CCCO. (cf. G. 664. for St. Rufus.)
Accepta sit tibi Domine nostrae devotionis oblatio: S. H. Y. Sherb. Vit. Rob. By. Cout. Paris. (Men. 160.)
Hostia quesumus domine quam in sancti .N. apostoli tui honore: Durh. Aug. Alb. Whit. Drum. (cf. Gr. 19. for St. Prisca.)
Sacrandum tibi domine munus offerimus: Leo. Rob. (Gr. 179.)
Apostolici reverentia: Rouen, Rom. (G. 675. for vigil of St. Andrew.)

Postc. *Praesta nobis aeterne largitor:* W. S. H. Y. Twk. Abin. Sherb. Whit. CCCO. Drum. Vit. By. Cout. Paris. (Men. 160.)
Quesumus domine salutaribus repleti: Durh. Aug. Alb. (Gr. 179.)
Perceptis domine sacramentis suppliciter exoramus: Rob. (Gr. 179.)
Beati apostoli tui N. quesumus domine supplicatione placatus et veniam: Rouen, Rom.

In die.

Col. 1031.] **Collect.** *Deus qui ecclesiam tuam beati N.:* W. Twk. CCCO.
Exaudi Domine populum tuum: S. Vit. Whc. Rob. (Gr. 133. for St. Andrew.)
Da nobis quaesumus Domine beati apostoli: H. (G. 676. for St. Thomas.)
Quaesumus omnipotens Deus ut beatus apostolus N.: Y. Abin. Leo. By. Cout. Rouen, Chart. Rom. (Gr. 179.)
Omnipotens sempiterne deus qui huius diei venerandam: Durh. Aug. Alb. Sherb. Whit. Drum. (L. 474. for St. John Evangelist.)
Deus qui nos beatorum apostolorum tuorum commemoratione letificas: Paris.

Sequence. *Clare sanctorum senatus:* W. S. (i.) H. (i.) Y. Sherb. Whit. (i.) By. Cout. Rouen, Paris. (Kehrein, 369.)
Celi enarrant: Whit. (ii.) (Kehrein, 368.)

Alleluya nunc decantet: S. (ii.) Cout. (i.) (Kehrein, 374.)
Celi solem imitantes: Cout. (iii.) (Kehrein, 371.)
Laus deuota: Rouen, ii. (H. 366.)

Col. 1032.] **Secret.** *Munus oblatum quesumus domine:* W. Twk. Abin. CCCO. Drum.
Beati apostoli tui N. solemnia: S. Vit. (L. 466. for St. Andrew.)
Debitum Domine nostrae reddimus servitutis: H. (G. 676.)
Sacrandum tibi Domine munus: Y. Leo. By. Cout. Rouen, Chart. Rom. (Gr. 179.)
Suscipe Domine propitius orationem nostram: Durh. Aug. Alb. Sherb. Whit.
Sacrificium nostrum tibi domine beati apostoli: Whc. Rob. (G. 675. for St. Andrew.)
Munera domine que pro apostolorum tuorum commemoratione: Paris. (Gr. 82. for SS. Philip and Jacob.)

Col. 1033.] **Postc.** *Celebrantes que apostoli tui N.:* W. (cf. L. 334. for SS. Peter and Paul.)
Tuere nos misericors Deus per haec: S. Vit. (cf. G. 674. for Vigil of St. Andrew.)
Votiua domine in beati apostoli tui. N. gloriosa celebritate dona percepimus: Alb. Durh. Aug. Whit. Sherb. (cf. G. 661. for St. Laurence.)
Conserva Domine populum tuum et quem: H. (G. 676. for St. Thomas Ap.)
Presta Domine sacramentis beato apostolo tuo N.: Drum. CCCO.
Perceptis Domine sacramentis beato apostolo tuo N.: Abin. Twk. (Gr. 104. for St. Paul.)
Perceptis Domine sacramentis suppliciter exoramus: Y. Abin. Cout. By. Rouen. (cf. Gr. 132.)
Sumpsimus Domine divina mysteria: Rob. Whc. (cf. L. 464. for St. Andrew.)

In natali plurimorum apostolorum.

This mass is not in S. H. Alb. Durh. Aug. Sherb. Twk. Abin. Cout. Chart. Paris.

Collect. *Deus mundi creator:* W. Drum.
Deus qui nos annua beatorum apostolorum N. et N.: Y. Whit. CCCO. Drum. Leo. Rob. By. Rouen, Rom. (Gr. 179.)
Deus qui nos beatorum apostolorum tuorum N. et N. gloriosa: Vit. (G. 652. for vigil of SS. Peter and Paul.)
Da nobis quesumus domine deus noster beatorum: Vit. (Gr. 133. for St. Andrew.)
Concede quesumus omnipotens deus ut sicut apostolorum tuorum: Whc. (G. 655. for vigil of all apostles.)

Col. 1035.] **Sequence.** *Hodiernae lux diei:* W. (*Analecta Liturgica:* II. ii. 181.)
Clare sanctorum: Y. Rouen. (Kehrein, 369.)

Secret. *Offerimus Domine munera tuorum tibi grata:* W. Drum. (L. 307.)
Munera Domine quae pro apostolorum tuorum N. et N.: Y. Whit. CCCO. Drum. Leo. Rob. By. Rouen, Rom.
Apostolorum tuorum precibus domine: Vit. (L. 331.)
Muneribus nostris domine apostolorum: Whc. (G. 655.)

Postc. *Sumentes domine divina mysteria:* W. Drum.
Quaesumus Domine salutaribus repleti mysteriis: Y. Whit. CCCO. Drum. Leo. Rob. By. Rouen, Rom.
Pignus uite eterne capientes. humiliter: Vit. (G. 657. for octave of SS. Peter and Paul.)

Sumpto domine sacramento suppliciter: Whc. (G. 655. for vigil of apostles.)

IN NATALI UNIUS EVANGELISTAE.

Col. 1039.] **Collect.** *Domine sancti tui. N.*: W. Y. (MS.) Whc. Rob. (G. 668. for SS. Cosmas and Damian.)
Interveniat pro nobis Domine: S.
Beati evangeliste tui N. quesumus domine supplicatione: Vit. (Gr. 13. for St. John Evang.)

Col. 1040.] **Sequence.** *Laus devota mente*: S. H. By.
Plausu chorus laetabundo: Y.
Iocundare: Y.
Secret. *Donis caelestibus da nobis Domine tibi*: W. S.
[*Ad*: Vit.] *Altaria tua domine ueneranda cum hostiis*: Rob. Vit. Whc. (L. 419.)

Col. 1041.] **Postc.** *Praesta quaesumus omnipotens Deus*: W. S.
Beati euangeliste tui N. festiuitate gaudentes clementiam tuam deprecamur omnipotens deus ut tribuas nos iugiter eius confessione benedici. et patrociniis confoueri. Per. Vit.
Sacramentis domine et gaudiis optata caelebritate: Rob. Whc.

IN NATALI UNIUS MARTYRIS.

Col. 1042.] **Collect.** *Deus qui hodierna die beatum N.*: W. Drum.
Adesto Domine supplicationibus nostris: S. (L. 396. for St. Laurence.)
Praesta quaesumus omnipotens deus ut interveniente: H. (Gr. 81. for St. Vitalis.)
Praesta quaesumus omnipotens Deus ut qui beati . . . . in tui nominis amore: Y. Durh. Aug. Alb. Abin. Sherb. Whit. Cout. Rouen, Chart. Paris, M. (Gr. 180.)
Deus qui nos annua beati N. martiris: Durh. (*episcopus*) Aug. Rom. (cf. Gr. 129. for St. Clement.)
Deus mundi creator et rector qui hunc diem beati N. martyris tui passione consecrasti: concede ut omnes qui martyrii eius merita ueneramur, eius intercessionibus ab eternis gehenne incendiis liberemur. Per. Twk.
Adesto domine fidelibus tuis nec ullis: Vit. (L. 339. for SS. Peter & Paul.)
Uotivos nos quesumus domine beati martyris tui .N. Vit. (Men. 161.)
Omnipotens sempiterne deus fortitudo certantium: Drum. Leo. Whc. Rob. (G. 666. for St. Priscus.)
Deus qui hunc diem beati N.: Drum.
Presta quesumus omnipotens deus ut qui . . . a cunctis malis imminentibus: CCCO. (Gr. 84. for St. Pancras.)
Preces populi tui: Whit. (*mart. atque pont.*)
Infirmitatem nostram respice: Paris, (*martyre episcopo*) Rom.
Letetur ecclesia tua deus beati. N. *martyris*: Paris (Gr. 115. for St. Agapetus.)

Col. 1048.] **Sequence.** *Adest nobis dies alma*: W. (Kehrein, 438.)
Organicis canamus: S. Durh. Whit. Rouen, Paris. (see col. 1093.)
Ecce pulcra: H. (Y. ii. 204.)

Col. 1055.] **Secret.** *Praesentia munera Domine serena pietate*: W. S. Twk. Cout. (Men. 161.)
Muneribus nostris quaesumus Domine precibusque: H. Y. Durh. Aug. Alb. Sherb. Drum. Leo. Rob. Rouen, Paris, Chart. Rom. (Gr. 180.)

Offerimus tibi domine solenne sacrificium pro veneranda: Abin. (S. 737. for St. George.)

Hostias domine beati N. martyris tui dicatas: Whit. Paris, Rom. (Gr. 127. for St. Caesarius.)

Suscipe domine propitius orationem nostram cum oblationibus hostiarum superimpositis. et martiris tui N. deprecatione pietati tue perfice benignus acceptas. et illam que in eo flagrauit fortem dilectionem in nobis asspira benignus. per: Vit.

Quesumus omnipotens deus ut beati .N. martyris tui pia non desit oratio: Vit. (see note to col. 1074.)

Suscipe domine fidelium preces cum oblacionibus hostiarum et intercedente beato N. *martyre tuo atque pontifice per hec pie deuocionis officia ad celestem gloriam transeamus. per:* Durh.

Hostiam nobis quaesumus Domine sancti N. martyris tui et veneranda: CCCO.

Intende quaesumus Domine oblata tibi munera: CCCO. (*temp pasch.*) Drum. (cf. S. 915. for St. Firmin.)

Sacrificium Domine quod suppliciter: Drum. (cf. S. 711. for St. Valentine.)

Eius precibus domine quesumus gratuita: Whc. (cf. G. 666.)

Munera tibi domine dicata sanctifica et intercendente: Whit. Durh. Rom. (*m. atque pont.*) (Gr. 96. for SS. Marcus and Marcellianus.)

Suscipe munera quesumus domine que in eius solennitate deferimus: Paris (Gr. 13. for St. Stephen.)

Col. 1056.] **Postc.** *Quesumus domine deus noster ut interueniente:* W. Durh. Alb. (L. 338.)

Quos refecisti Domine caelesti mysterio: S. (L. 357.)

Da quaesumus Domine Deus noster ut sicut: H. Y. Durh. Aug. Sherb. Vit. Whit. Leo. Rob. Rouen, Chart. Paris, Rom.

Haec nos communio: Aug. Durh. Rom. (L. 450.)

Sacramentorum tuorum domine benediccione satiati: Twk. Drum. (cf. L. 369.)

Votiva domine pro beati martyris tui N. passione: Vit. (G. 661. for St. Laurence.)

Sumentes domine divina misteria quesumus ut beati N.: CCCO. (S. 838. for St. Stephen, Pope.)

Tua sancta sumentes: CCCO. (*temp. pasch.*) Drum. (S. 675. for St. Felix.)

Sancti nos domine martiris tui atque pontificis: Drum. (L. 397.)

Repleti domine benedictione caelesti: Whc. (cf. Gr. 116.)

Refecti participatione muneris sacri: Paris, Rom. (L. 322.)

Praesta nobis domine deus noster ut sacramenti tui participacione: Whit. (G. 666. for St. Priscus.)

Satiasti domine familiam tuam muneribus sacris: Paris, (Gr. 11. for St. Anastasia.)

In natali plurimorum martyrum.

Col. 1058.] **Collect.** *Deus qui hodiernam diem beatorum N. et N.:* W. Alb. Twk. Drum. (Gr. 102. for St. Peter begins the same.)

Omnipotens sempiterne Deus da nobis sanctorum martyrum: S.

Deus qui nos concedis sanctorum martyrum tuorum N. et N.: H. Y. 11414. Durh. Aug. Abin. Sherb. Drum. Leo. Rob. Cout. Rouen, Paris, Chart. Rom. (Gr. 180.)

Omnipotens sempiterne deus qui per gloriosa bella certaminis ad inmortales triumphos sanctos martyres extulisti: da cordibus nostris dignam pro eorum commemoratione laeticiam. ut quorum patrocinia pio amore amplectimur. eorum precibus adiuuemur. per. Vit.

Deus qui hanc sacratissimam diem beatorum martyrum tuorum N. passione consecrasti: presta quesumus ut eorum suffragia apud te senciamus in celis. quorum hic pio amore sollempnia uenera- mur in terris. per. Whit. Drum.

Da quaesumus omnipotens deus ut qui sanctorum: CCCO. (G. 637. for St. Marcellus.)

Concede quaesumus omnipotens deus ut sanctorum: Whc. (G. 637. for St. Sebastian &c.)

Deus qui nos annua sanctorum tuorum: Rom. (Gr. 97. for SS. Gervasius and Protasius.)

Omnipotens sempiterne deus qui in [*cordibus: add.* Whc.] *sanctorum:* S. Whc. (*martyrum atque pontificum.*)

Beatorum martyrum tuorum pariterque pontificum: Rom. (cf. L. 405. for SS. Cornelius and Cyprianus.)

Presta quesumus omnipotens deus: ut qui sanctorum martyrum tuorum .N. et .N. natalicia colimus: a cunctis malis imminentibus eorum intercessionibus liberemur. Per. Paris. (cf. ii. 805.)

Col. 1065.] **Sequence.** *Ecce pulcra canorum:* W. S. H. Y. Sherb. Whit. Cout. Rouen.

Mirabilis deus in sanctis: Paris (Y. ii. 298.)

Superne matris: Paris (Kehrein, 338.)

Col. 1074.] **Secret.** *Suscipe quaesumus Domine munera populi tui:* W. S. Drum. (G. 680.)

Munera tibi Domine nostrae devotionis: H. Y. Durh. Aug. Alb. Abin. Sherb. Leo. Rob. By. Cout. Rouen, Chart. Paris, Rom.

Assume quesumus omnipotens deus in honore: Twk. (S. 959. for St. Eustache.)

Sanctorum tuorum domine pia non desit oratio, que et munera nostra conciliet: et tuam nobis indulgentiam semper obtineat. Per. Paris. (cf. G. 646. for SS. Nereus and Achilleus.)

Salutari sacrificio domine populus tuus semper: Vit. Whit. (L. 402.)

Suscipe quesumus domine munera populi tui: Whc. Drum.

Hostia hec quesumus domine quam: Drum. (Gr. 19. for St. Prisca.)

Sanctorum tuorum domine tibi grata confessio: CCCO.

Oblatis quaesumus domine placare: Rom. (Gr. 182.)

Adesto domine supplicationibus nostris: Rom. (Gr. 119. for SS. Cornelius and Cyprianus.)

Omnipotens sempiterne deus munera tue maiestati oblata: Abin (*pont.*) (Pam. 352.)

Col. 1075.] **Postc.** *Sacramentorum tuorum domine participatione:* W. S.

Praesta nobis omnipotens deus ut intercedentibus: S. H. Y. Durh. Aug. Alb. Abin. Sherb. Vit. Whit. Leo. Rob. By. Cout. Rouen, Paris, Chart. Rom. (Gr. 180.)

Sacramenti tui domine quesumus: Twk. (S. 735. for St. Tyburtius &c.)

Sacramenta domine que pro martirum tuorum N. beata passione percepimus ipsorum nobis quesumus fiant intercessione salutaria. in quorum nataliciis sunt exultanter impleta: Per. Whit.

Sanctorum tuorum nos quesumus domine semper: Whc. (L. 445.)

Ut percepta nos domine sancta vivificent: CCCO.

Celestibus refecti sacramentis: Drum. (L. 336.)

Sacramentis Domine muniamur acceptis: Drum. (G. 671. for SS. Marcellus and Apuleius.)

Protege Domine populum tuum et participatio: Drum. Paris. (S. 759. for SS. Marcellinus and Peter.)

Haec nos communio: Rom. (L. 450.)
Deus qui nos sacramenti tui veneranda: S. (*m. et pont.*)
Quesumus omnipotens deus ut eius nobis tribuas sequi documenta. cuius celebramus gloriosa solennia. Per. Whit. (*m. et pont.*) (cf. pp. 1552. 1579.)
Quesumus domine salutaribus repleti mysteriis: Rom. (Gr. 179. common of Apostles.)

In natali unius Confessoris.

Col. 1076.] **Collect.** *Deus qui hodiernam diem sanctissimam:* W. Abin. Sherb. (cf. col. 858. for St. Swithun, and St. Wandragesil, col. 876.)
Da quaesumus omnipotens Deus ut beati N.: S. H. Y. Abin. (*C. et p.*) Leo. Cout. Rouen (*Conf. et pont.*) Chart. Paris, Rom. (Gr. 180.)
Exaudi domine preces nostras: Durh. Aug. Alb. Cout. Paris, Rom. (G. 636. for St. Marcellus.)
Quesumus omnipotens deus ut nostra deuotio: Whc. (G. 659. for vigil of St. Laurence.)
Adesto domine precibus nostris quas in sancti: Whc. Vit. (*pont.*) CCCO. (G. 659. for St. Donatus.)
Omnipotens sempiterne Deus qui hodiernam diem: Drum. (S. 810. for Translation of St. Swythun.)
Deus tuorum gloria sacerdotum: Drum. (G. 659. for St. Donatus.)
Deus qui per inestimabile munus gratiae: Drum. (S. 724. for St. Cuthbert.)
Da quesumus omnipotens deus ut qui beati N.: Whit. (*conf. et pont.*) (cf. Gr. 87. for St. Urbane.)

Col. 1082.] **Sequence.** *Alma cohors:* W. S. (Kehrein, 503.)
Adest nobis dies alma: S. H. Durh. Sherb. Whit. Cout. Rouen. (Kehrein. 438.)
Organicis canamus: Cout. (see col. 1093.)
Superne matris gaudia: Cout. Rouen, Paris, (Kehrein, 338.)
Hic sanctus: Paris.

Col. 1088.] **Secret.** *Oblacio quam tibi offerimus:* W.
Respice quaesumus Domine munera populi tui: S.
Propitiare quaesumus Domine supplicationibus nostris: S. Twk. Abin. (*doctor.*) Vit. (*pont.*) Rob. Paris.
Sancti tui nos Domine ubique laetificent: H. Y. Abin. (*conf. et pont.*) Leo. Whc. Cout. Rom. (Gr. 181.)
Munera domine quesumus tibi dicata: Durh. Aug. Alb. Drum. Cout. (Gr. 84. for St. Pancras.)
Sacrificium tibi domine laudis offerimus: Sherb. (G. 673. for St. Clement.)
Hostias tibi domine pro commemoratione sancti N. confessoris: Paris (S. 831. for St. Felix, &c.)
Quesumus omnipotens deus ut beati N. confessoris tui atque pontificis pia: Whit. Rouen (*var.*) (cf. L. 403.)
Magnifica domine beati ill. confessoris: Whc. (G. 660. for St. Laurence.)
Eius tibi precibus domine quesumus grata reddatur: CCCO. (G. 666. for St. Priscus.)
Muneribus nostris quaesumus Domine sancti N.: Drum. (cf. S. 892. for St. Egidius.)
Sacrificium nostrum tibi Domine quaesumus: Drum. (G. 675. for St. Andrew.)
Sanctorum tuorum nobis domine pia non desit oratio: Rouen (see note to col. 1074.)
Laudis tue domine hostias immolamus: Chart. (L. 297.)

Sancti N. confessoris atque pontificis quaesumus Domine annua: Rom. (G. 637. for St. Marcellus.)

Postc. *Pignus aeterne deus vitae aeternae:* W. Alb. (*unius abbatis.*) (G. 657. for octave of SS. Peter and Paul.)

Praesta quaesumus Domine Deus noster ut divinis: S.

Quos tuis Domine reficis sacramentis sancti N.: S.

Praesta quaesumus omnipotens Deus ut de perceptis: Durh. Aug. Alb. Abin. (*doctor.*) Whit. Drum. Leo. Whc. Cout. Rouen. Paris, Rom. (Gr. 181.)

Beati N. confessoris tui atque pontificis Domine: H. Y. Abin.

Deus qui nos a delictorum contagiis: Twk. (S. 799. for St. Swythun.)

Tua domine sancta sumentes suppliciter deprecamur: Sherb. (S. 821. for St. Wandragesilus.)

Sancti confessoris tui .N. tribue nos supplicationibus foueri. ut cuius depositionem annuo celebramus obsequio: eius apud te intercessionibus et meritis commendemur. per dominum. Vit. (*pont.*)

Satiati sumus domine muneribus sacris: Cout. (cf. Drum. 89. for SS. Martin, Patrick, &c.)

Sumentes domine divina mysteria sancti N.: Drum. (S. 787. for St. Leo.)

Beati confessoris tui domine quesumus deprecatione: Drum.

Ut nobis domine tua sacrificia dent salutem: CCCO. Whc. Rob. Paris. (S. 815. for St. Arnulf.)

Refecti cibo potuque: Chart. (L. 392.)

Deus fidelium remunerator animarum: Rom. (G. 637. for St. Marcellus.)

UNIUS CONFESSORIS NON PONTIFICIS.

Col. 1089.] **Collect.** *Adesto domine precibus nostris quas in sancti:* W. S. H. Y. Durh. Aug. Abin. Whc. Rouen, Rom. (G. 659. for St. Donatus.)

Deus qui nos beati N. confessoris tui: Rom. (Gr. 108. for St. Stephen, Pope.)

Deus qui sanctam nobis huius diei sollempnitatem: Twk. (S. 971. for St. Anian.)

Omnipotens sempiterne deus qui es sanctorum tuorum splendor mirabilis. quique hodierna die beatum confessorem tuum N. beatitudinis eterne gloria sublimasti. concede propitius. ut cuius merita ueneramur in terris. intercessionibus eius auxilio apud tuam misericordiam muniamur in celis. Per. Vit.

Deus qui in sanctorum tuorum meritis: Twk. (see col. 1091.)

Secret. *Suscipe quesumus domine hostiam:* W. S. (Gr. 177.)

Suscipe Domine sacrificium placationis et laudis: S. (L. 297.)

Munera tibi Domine oblata sanctifica: H. (Gr. 84. for St. Pancras.)

Hostias tibi domine: Vit. (S. 831. for St. Felix.)

Propitiare Domine quaesumus supplicationibus nostris et interveniente: Y. Durh. Aug.

Famulorum tuorum domine munus: Twk. (Drum. 69. for conf. and doctor.)

Huius tibi precibus: Abin.

Sancti confessoris tui N. quesumus domine annua sollennitas, pietati tue nos reddat acceptos. vt per hec pie placationis officia, et illum beata retributio comitetur: et gratie tue nobis dona consiliet. Per. Rouen.

Laudis tuae domine hostias immolamus: Rom. (L. 297.)

Presta nobis quesumus omnipotens deus ut nostre humilitatis: Rom. (L. 402.)

Postc. *Praesta quaesumus omnipotens Deus ut cuius festivitate:* W. S. (715.*)

Quesumus omnipotens deus. ut eius nobis sequi tribuas documenta. cuius celebramus gloriosa sollemnia. Per. Vit. (see p. 1622.)

Ut nobis domine tua sacrificia dent salutem: H. Y. Durh. Aug. Rouen. (S. 815. for St. Arnulf.)

Refecti cibo potuque: Rom. (L. 392.)

Quaesumus omnipotens Deus ut qui caelestia: Rom. (Gr. 84. fo. SS. Gordianus and Epimachus.)

Annue quesumus domine ut misteriis: Twk. (col. 1009. for St. Chrysogonus.)

In natali unius confessoris et doctoris.

Collect. *Deus qui beatum. N. confessorem tuum doctorem:* W. Twk.

Exaudi Domine preces nostras: S. (G. 636. for St. Marcellus.)

Deus qui beatum N. ecclesie tue in exponendis scripture sancte misteriis. doctorem optimum et electum antistitem prouidisti: da nobis eius semper et doctrinis instrui. et oracione fulciri. Per. Abin.

Deus qui populo tuo aeternae salutis: Drum. (S. 733. for St. Ambrose.)

Secret. *Suscipe Domine sacrificium placationis et laudis:* W. Twk. (L. 297.)

Munera quaesumus Domine tibi dicata: S. (Gr. 84. for St. Pancras.)

Famulorum tuorum Domine munus tibi reddatur: Drum.

Col. 1090.] **Postc.** *Sumentes Domine salutaria sacramenta:* W. Drum.

Praesta quaesumus omnipotens Deus ut de perceptis: S. (Gr. 181.)

Presta nobis quesumus omnipotens et misericors deus ut beati .N. confessoris tui doctrinis eruditi. et precibus roborati. redemptionis nostre misterium quod sumpsimus incessabiliter ambiamus: per. Twk. (cf. p. 1608.)

In translatione.

Collect. *Deus qui hunc diem sanctissimum:* W.

Deus qui nos beati .N. confessoris tui ueneranda letificas translatione: eius intercessione ad tue uisionis claritatem nos transferre dignare. Per. Twk.

Secret. *In sancti N. confessoris tui Domine sollemnitate:* W. Twk.

Postc. *Impetret quaesumus Domine fidelibus tuis auxilium:* W. (Arbuth. 303. for St. Andrew.)

Beati .N. confessoris tui domine quesumus deprecatione nos adiuua. in cuius ueneratione tua contigimus sacramenta. Per. Twk.

In natali unius abbatis.

Col. 1091.] **Collect.** *Deus qui in sanctorum tuorum meritis:* W.

Deus qui beatum N. confessorem tuum atque abbatem: S.

Intercessio nos quaesumus Domine beati N.: H. Y. Durh. Abin. Cout. Rouen, Paris, Chart. Rom.

Adesto domine precibus nostris quas in sancti N.: Alb. Sherb. (G. 659. for St. Donatus.)

Deus omnium regnorum gubernator qui tribuisti famulis tuis annua beati N. abbatis solempniter celebrare. festa nostrorum quesumus dele clemencius peccaminum vulnera ut a te mereamur percipere gaudia repromissa. Per. Whit. (cf. ii. col. 833. and Rob. p. 5. for St. Botulf.)

Omnipotens sempiterne deus qui mirabiliter fulges : (S. 894. for St. Bertin.)

Col. 1093.] **Sequence.** *Organicis :* W. H. Rouen.

Adest nobis : S. (Kehrein, 438.)

Col. 1094.] **Secret.** *Beati N. confessoris tui atque abbatis :* W.

Sacrificium Domino quod pro sancti N. confessoris : S.

Sacris altaribus Domine hostias superpositas : H. Y. Durh. Abin. Cout. Rouen, Paris, Rom.

Propiciare domine supplicacionibus nostris. et interveniente pro nobis : Durh. Alb. (S. 707.*)

Hostias tibi domine offerimus pro commemoratione : Sherb. (G. 636. for St. Felix.)

Munus tibi a deuotis famulis tuis : Whit. (Rob. p. 5. for St. Botulf.)

Oblatis domine [ob] honorem beati N. confessoris tui placare : Drum. (S. 726. for St. Benedict.)

Hostias tibi domine beati N. confessoris tui dicatas : Chart. (Gr. 18. for St. Felix.)

Col. 1095.] **Postc.** *Quos donis celestibus domine satiasti :* W. (L. 293.)

Libantes Domine sacrosancta mysteria : S.

Praestet nobis Domine perceptio tui sacramenti : H. Abin.

Protegat nos quaesumus domine cum tui perceptione : Y. Durh. Cout. Rouen, Paris, Rom.

Pignus eterne deus : Alb. Drum. (col. 1088.)

Presta quesumus omnipotens deus ut de perceptis : Sherb. (Gr. 181.)

Celestibus pasti dapibus supplices te rogamus : Whit. (Rob. p. 5. for St. Botulf.)

Quesumus domine salutaribus repleti : Chart. (Gr. 18. for St. Felix.)

IN NATALI PLURIMORUM CONFESSORUM.

Collect. *Magnificantes Domine clemenciam tuam :* W. Vit. (fo. 154.) (L. 393. for SS. Felicissimus and Agapitus.)

Beatorum confessorum tuorum N. et N. nos quaesumus Domine tuere praesidiis : S.

Deus qui nos sanctorum tuorum N. et N. confessionibus : S. H. Y. Durh. Aug. Alb. Abin. Whit. Leo. Rob. Cout. Rouen, Paris. (Gr. 181.)

Deus qui nos confessorum sanctorum tuorum Wlsini et Swithuni confessionibus : Sherb.

Adesto domine populo tuo cum sanctorum tuorum : Twk. (L. 311.)

Deus qui conspicis nos ex nostra infirmitate : CCCO. (Gr. 126. for St. Calixtus.)

Praesta quaesumus omnipotens deus ut sicut devotissime Christianus populus : Drum. (cf. L. 455.)

Exaudi Domine populum tuum et sanctorum : Drum. (cf. L. 294.)

Adesto Domine populo tuo Drum. (S. 709. for SS. Vedast and Amandus.)

Sanctorum confessorum nos domine quesumus foveat pretiosa confessio et pia iugiter intercessio tueatur : Whc.

Col. 1096.] **Secret.** *Da nobis Domine quaesumus purae devotionis :* W. Twk. CCCO. Drum. (S. 766. for St. Basilides.)

Adesto Domine precibus populi tui : S. (Gr. 112. for Tyburtius.)

Suscipe Domine preces et munera : H. Y. Durh. Aug. Alb. Abin. Whit. Drum. Leo. Rob. Cout. Rouen.

Sanctorum confessorum et episcoporum Wlsini et Swithuni precibus tibi domine quesumus nostra grata reddatur oblacio : Sherb.

Suscipe domine munera que in eorum tibi solennitate deferimus, quorum nos confidimus patrocinio liberari. Per. Paris. (cf. p. 1544.)
Praesta nobis omnipotens Deus ut nostrae humilitatis: Drum. (col. 945. for SS. Cornelius and Cyprian.)
Hec nos gratia tua petimus domine semper exerceat: Whc. (G. 673. for St. Cecilia.)
Munera plebis tue domine quesumus beatorum: Vit. (L. 330. for SS. Peter and Paul.)
Postc. *Adesto domine populo tuo ut que sumpsit:* W. Drum. (cf. Gerb. 31.)
Fideles tui Deus caelestis doni remediis recreentur: S.
Corporis sacri et pretiosi sanguinis: H. Y. Durh. Aug. Alb. Abin. Whit. Drum. Leo. Rob. Cout. Rouen, Paris. (Gr. 181.)
Sumptis domine sacris muneribus: Twk. (S. 745. for St. Alexander, &c.)
Quos diuinis domine reficis sacramentis: Abin.
Salutis nostre leti libantes misteria presta quesumus omnipotens deus ut sanctorum confessorum tuorum pontificum Wlsini et Swithuni nos semper adiuuet oracio: Sherb. (cf. p. 1544.)
Beatorum confessorum tuorum nos uirtute confirma. per: Vit.
Sumpta munera domine sanctorum confessorum: CCCO. Drum.
Sumentes domine gaudia sempiterna: Whc. (G. 664. for St. Rufus.)

IN NATALI UNIUS VIRGINIS.

Col. 1097.] **Collect.** *Omnipotens sempiterne Deus auctor virtutis:* W. (S. 724.*)
Exaudi nos Deus salutaris noster ut sicut de beatae N.: S. Paris. (G. 672. for St. Cecilia.)
Deus qui inter caetera: H. Durh. Aug. Abin. Sherb. CCCO. Drum. Cout. Rouen, Chart. Rom. (Gr. 181.)
Deus qui nos beatae N. virginis martyrisque tuae annua: Y. Abin. Whit. Whc. Rob. Paris.
Indulgentiam nobis domine quaesumus beata N. virgo et martyr: 11414. Alb. Vit. Whit. Drum. Paris, Rom. (G. 640. for St. Agatha.)
Omnipotens sempiterne deus qui infirma mundi: Twk. Drum. (G. 672. for St. Cecilia.)
Praesta quaesumus omnipotens Deus ut beatae: Drum. (Gr. 130. for St. Felicitas.)
Col. 1102.] **Sequence.** *Virginis venerandae:* W. Durh. Sherb. Whit. Rouen. (Kehrein, 472.)
Exultemus in hac die: S. H. Y. Cout. (Y. ii. 205.)
Virgines egregie, virgines sacrate: Paris. (Kehrein, 478.)
Col. 1105.] **Secret.** *Offerimus domine preces et munera:* W. S. Rob.
Hostias Domine quas tibi offerimus: S. (Gr. 21. for St. Agnes.)
Praesta quaesumus Domine Deus noster ut sicut in tuo: S. Vit. (Gr. 120. for St. Euphemia.)
Suscipe munera Domine quae in beatae: H. Durh. Aug. Abin. Whit. Drum. Cout. Rouen, Paris, Chart. Rom. (Gr. 182.)
Hostias tibi Domine beatae N. virginis: Y. Whit. Whc. Rob. Paris, Rom. (Gr. 116. for St. Sabina.)
Fiant domine tuo grata conspectui munera: Alb. (L. 457.)
Que in hoc altari proposita domine: Twk. (L. 335, 339.)
Suscipe quesumus domine ob honorem sacre: Abin. (S. 817. for St. Praxedis.)
Suscipe domine munera per intercessionem sancte martiris tue

cuius sollempnia celebramus. ut ab omnibus mereamur emundari peccatis. per. Sherb. (cf. p. 1594.)

Quesumus omnipotens deus ut tue maiestati accepta sint munera nostre seruitutis. que et beatam uirginem tuam N. nobis concilient et eterne felicitatis gaudia diuinitus sumministrent. Per. Sherb.

Grata tibi sint quesumus domine munera: CCCO. (This is the first clause of G. 639. for St. Agnes.)

Accepta tibi domine sit sacre plebis oblatio: Paris.

Col. 1107.] **Postc.** *Sacri altaris participatione refecti:* W. (S. 927. for St. Faith.)

Placeant tibi quaesumus Domine nostrae servitutis: S.

Auxilientur nobis Domine sumpta mysteria: H. Durh. Aug. Vit. Whit. Cout. Rouen, Paris, Chart. Rom. (Gr. 182.)

Adiuvent nos quaesumus Domine haec mysteria: Y. Sherb. Whit. Drum. Whc. Rob. Paris (G. 639. for St. Agnes.)

Quesumus omnipotens deus ut quod de mensa: Alb. Drum. (S. 780. for St. Etheldred.)

Libantes domine mense tue beata misteria: Twk. (L. 462.)

Presta nobis quesumus domine: 11414. (S. 748.)

Sancta tua nos domine quesumus sancte virginis: Abin. (S. 817. for St. Praxedes.)

Sanctificet nos domine quesumus tui percepcio: Sherb. (L. 407. for St. Euphemia.)

Redemptionis nostrae mysteria sumentes: CCCO.

Divini muneris largitate satiati: Rom. (L. 449.)

Adiuuent nos quesumus domine et hec mysteria sancta que sumpsimus et beate .N. intercessio veneranda. Per. Paris.

UNIUS VIRGINIS NON MARTYRIS.

Collect. *Deus qui nos hodie beatae N. virginis tuae:* W. Alb. Twk. Vit. CCCO. Drum. (S. 777. for St. Etheldreda.)

Omnipotens sempiterne Deus auctor virtutis: S. Drum.

Exaudi nos Deus salutaris noster: H. Durh. Aug. Rom. (Gr. 134. for St. Lucy.)

Omnipotens sempiterne Deus da nobis: Y.

Beate N. natalicia veneranda: Drum. (G. 651. for SS. John and Paul.)

Deus qui nos beate N. virginis tue annua: Cout. Chart. (Gr. 24.)

Secret. *Munera tibi Domine dicanda meritis:* W.

Offerimus tibi Domine preces et munera: S. Y. Twk. Alb. Drum.

Accepta tibi sit Domine sacratae plebis: H. Chart. Rom. (L. 393.)

Hostias domine quas tibi offerimus: Durh. Aug. (Gr. 21. for St. Agnes.)

Hostias tibi domine beate N. uirginis tue dicatas: Vit. (Gr. 116. for St. Sabina.)

Annue quaesumus omnipotens Deus ut sacrificia: CCCO.

Grata sit tibi domine hec oblatio plebis tue: quam tibi offerimus in honorem sancte N. virginis, vt cunctis proficiat ad salutem. Per dominum. Cout.

Col. 1108.] **Postc.** *Supplices te rogamus omnipotens Deus:* W. Drum. (S. 834. for St. German.)

Prosint nobis Domine quaesumus sumpta mysteria: S. (G. 686.)

Satiasti Domine familiam tuam: H. Y. Chart. Rom. (L. 394.)

Hec nos domine quesumus gracia semper exerceat: Durh. Aug CCCO. (S. 967. for St. Mennas.)

Sacri altaris participatione refecti: Alb. (see col. 1107.)

Sancta tua nos domine quesumus sancte virginis tue N. meritis: Twk. (S. 817. for St. Praxedes.)

Adiuuent nos quesumus domine et hec sancta misteria que sumpsimus: Vit. Drum. Cout. (G. 639. for St. Agnes.)

In natali plurimarum virginum.

Collect. *Omnipotens sempiterne deus qui idoneos nos esse:* W. Alb. Drum. (S. 730* *virg. non. m.*)

Deus qui ut humanum genus ad confessionem: S. Twk. Drum.

Exaudi nos Deus salutaris noster ut sicut de beatarum: Y. Abin. Cout. Rom. (L. 459. for St. Cecilia.)

Deus qui nos in tantis periculis: Vit. (Gr. 33.)

Sanctarum virginum tuarum quesumus domine supplicationibus tribue: CCCO. (cf. L. 296.)

Da nobis Domine Deus noster sanctarum: Drum. Paris. (L. 462.)

Secret. *Intercedentibus sanctis virginibus tuis:* W. Alb. (cf. G. 647. for SS. Petrus and Marcellinus.)

Fac nos quaesumus omnipotens Deus ut qui: S. Drum.

Accipe Domine munera quae in beatarum virginum: Y. (L. 392.)

Intende quesumus domine munera altaribus tuis: Twk. Abin. CCCO. Drum. Rom. (L. 461.)

Sanctarum virginum tuarum N. quaesumus Domine: Drum. (cf. L. 296.)

Concede quesumus omnipotens deus ut huius sacrificium: Vit. Paris (Gr. 42.)

Hostias quesumus domine quas tibi offerimus: Cout. (Gr. 21. for St. Agnes.)

Col. 1109.] **Postc.** *Respice domine propicius plebem tuam:* W. Alb. CCCO. Drum. (p. 81.)

Praesta quaesumus omnipotens Deus ut qui in sanctarum: S.

Percepta Domine sacramenta vivificent nos semper: Y.

Sanctarum virginum festivitate et sacramenti diuini munere uegetati quesumus domine ut sicut bonis tuis per tuam gratiam temporaliter fouemur. ita perfruamur eternis. Per. Twk. (cf. ii. 777.)

Supplices te rogamus omnipotens deus ut intercedentibus: Abin. (Gr. 130. for St. Felicitas.)

Munera tua nos deus supplicatione sanctarum virginum: Vit. Paris. (Gr. 160. for iv[th] Sunday after Epiph.)

Hec nos domine gratia tua semper exerceat: Cout. (G. 673. for St. Cecilia.)

Praesta nobis Domine quaesumus intercedentibus: Rom. (Gr. 180. *plurimorum martyrum.*)

Unius Matronae.

Collect. *Quesumus omnipotens deus ut nobis:* W.

Exaudi nos Deus salutaris noster: S. Paris, Rom. (G. 672. for St. Cecilia.)

Omnipotens sempiterne Deus: Y.

Secret. *Annue quaesumus omnipotens deus ut sacrificia:* W.

Accepta tibi Domine sit sacrae plebis: S. Rom. Paris (L. 393.)

Offerimus: Y.

Col. 1110.] **Postc.** *Sumptis sacramentis domine quesumus nutriatur:* W.

Satiasti Domine familiam tuam muneribus: S. Y. Paris, Rom (L. 394.)

INDICES.

I.

INDEX OF SANCTORALE.

In this index and also in Index II. where the number of the fasciculus is not given before the number of the column, the entry should be looked for in the second fasciculus.

II.

INDEX OF VOTIVE MASSES.

III.

INDEX OF LITURGICAL FORMS.

In this index of liturgical forms only those have been entered which are given in full, either in the text or in the notes.

For convenience of reference, the spelling of the manuscript has not always been followed either in this index or in some of the notes, but many of the words, especially the first, have been spelt as they are often printed in the modern editions of liturgical books and of the vulgate.

The following contractions have been used in this index :

aia. = anima.
all'a. = alleluia.
ant. = antiphona.
ap. = apostolus.

b. = beatus.

C. = Christus.
cap = capitulum.
com. = communio.
conf. = confessor.

Dns. = Dominus.
Ds. = Deus.

ep. = epistola.
episc. ben. = episcopalis benedictio.

gr. = graduale.

I. = Iesus.
int. = officium (introitus).
invitat. = invitatorium.

m. = martyr.
mia. = misericordia.
ms. = misericors.
noie. = nomine.
nr. = noster.

off. = offertorium.
ops. = omnipotens.

pont. = pontifex.
pra. = praesta.

pref. = praefatium.
ps. = psalmus.

q. = qui.
qs. = quaesumus.

℟ = responsorium.

s. = sanctus.
seq. = sequentia.
sp. = spiritus.

tr. = tractus.

℣ = versiculus.

IV.

INDEX TO THE PREFACES, APPENDICES, AND LITURGICAL INTRODUCTION.

In this Index where the number of the fasciculus is not given, the entry should be looked for in the third fasciculus.